U0829226

权威解读

中华人民共和国民法典学习问答

总则编　物权编

杜　涛　主编
（全国人大常委会法制工作委员会民法室副主任）

中国法制出版社
CHINA LEGAL PUBLISHING HOUSE

目　录

第一编　总　　则

第二编　物　　权

第一编　总　则

1. 民法典的调整范围是什么?

法律的调整范围就是法律所规范的社会关系类型。民法调整的是平等主体的自然人、法人和非法人组织之间的人身关系和财产关系。

民事主体是民事关系的参与者、民事权利的享有者、民事义务的履行者和民事责任的承担者。民事主体的具体类型，包括自然人、法人和非法人组织三类。自然人、法人、非法人组织之间的社会关系多种多样，并非所有社会关系都由民法调整。民法仅调整他们之间的民事关系，即作为平等主体的自然人、法人、非法人组织之间发生的社会关系。例如，行政机关在从事行政管理活动时，会与自然人或法人形成行政法律关系，这种行政法律关系中双方的地位是不平等的，不属于民法调整范围。行政机关从事民事活动，如因购买商品而与公司签订买卖合同，民法要求其必须以机关法人的身份进行，此时机关法人与其他民事主体之间的法律地位是平等的，这种买卖合同关系则由民法调整。

2. 民法调整的民事关系包括哪些类型?

民法所调整的民事关系根据权利义务所涉及的内容不同可以分为两大类，即民事主体之间的财产关系和人身关系。人身关系是指民事主体之间基于人格和身份形成的无直接物质利益因素的民事法律关系。人身关系有的与民事主体的人格利益相关，有的与民事主体的特定身份相关，如配偶之间的婚姻关系，父母子女之间的抚养和赡养关系。财产关系是指民事主体之间基于物质利益而形成的民事法律关系。财产关系包括静态的财产支配关系，如所有权关系，还包括动态的财产流转关系，如债权债务关系等。就财产关系所涉及的权利内容而言，财产关系包括物权关系、债权关系等。

3. 民法典如何保护民事主体的权利和合法权益?

民事权利及其他合法权益受法律保护是民法的基本精神，也是民事立法的出发点和落脚点。《民法典》第 3 条规定，民事主体的人身权利、财产权利以及其他合法权益受法律保护，任何组织或者个人不得侵犯。

民法典规定保护民事主体的各种人身权利、财产权利以及其他合法权益。人身权利包括生命权、健康权、姓名权、肖像权、名誉权、荣誉权、隐私权、婚姻自主权、监护权等；财产权利包括所有权、用益物权、担保物权、股权等。民法除保护人身权利和财产权利外，兼具有人身和财产性质的知识产权、继承权等也受法律保护。除列明的民事权利外，民法典总则编还规定保护其他合法权益，原因在于，有些民事权益法律并未明确规定，但确有必要予以保护的，法律也应当予以保护。民事权利及其他合法权益受法律保护，就要求任何组织或者个人不得侵犯。不得侵犯就是任何组织或者个人不得非法侵占、限制、剥夺他人的民事权利及其他合法权益，也不得干涉他人正常行使民事权利及其他合法权益。

民法典不仅在总则编对保护民事权利作了规定，在其他各编中也都有配套的相关规定。如物权编中规定，国家、集体、私人的物权和其他权利人的物权受法律平等保护，任何组织或者个人不得侵犯；同时在第三章专门规定了物权保护制度。合同编规定，依法成立的合同，受法律保护。人格权编规定，民事主体的人格权受法律保护，任何组织或者个人不得侵害。继承编规定，国家保护自然人的继承权。

4. 什么是平等原则?

平等原则是指民事主体，不论法人、自然人还是非法人组织，不论法人规模大小、经济实力雄厚与否，不论自然人是男、女、老、少、贫、富，不论非法人组织经营什么业务，在从事民事活动时，他们相互之间在法律地位上都是平等的，他们的合法权益受到法律的平等保护。平等原则是民事法律关系区别于行政法律关系的特有原则，也是发展社会主义市场经济的客观要求。

首先，民事主体的法律地位一律平等体现为自然人的权利能力一律平等。权利能力就是自然人享有民事权利、承担民事义务的法律资格，这种法律资格，不因自然人的出身、身份、职业、性别、年龄、民族、种族等而不同，所有自然人在法律人格上而言都是平等的、没有差别的。其次，平等原则体现为所有民事主体在从事民事活动时双方的法律地位平等。虽然国家行政机关在从事行政管理时，作为管理者与被管理的行政相对人的地位是不平等的，存在隶属关系或管理与被管理的关系。但当机关法人与其他民事主体包括自然人、法人或者非法人组织从事民事交易时，二者的法律地位则是平等的。民法为了维护和实现民事主体之间法律地位的平等性，确保民事主体之间能平等协商交易条款，还规定当事人一方利用优势地位强加给另一方的不公平的“霸王条款”无效。最后，平等原则还体现为所有民事主体的合法权益受到法律的平等保护。平等保护就是民事主体的权利在法律上都是一视同仁受到保护的。平等保护还意味着民事主体的权利受到侵害时，在法律适用上是平等的，能够获得同等的法律救济。正因如此，我国民事诉讼法规定，民事诉讼当事人有平等的诉讼权利，人民法院审理民事案件对当事人在适用法律上一律平等。

5. 什么是自愿原则？

《民法典》第 5 条规定，民事主体从事民事活动，应当遵循自愿原则，按照自己的意思设立、变更、终止民事法律关系。这就是自愿原则。自愿原则，也称意思自治原则，就是民事主体有权根据自己的意愿，自愿从事民事活动，按照自己的意思自主决定民事法律关系的内容及其设立、变更和终止，自觉承受相应的法律后果。自愿原则体现了民事活动最基本的特征，可以从以下四个方面来理解。首先，民事主体有权自愿从事民事活动。民事主体参加或不参加某一民事活动由其自己根据自身意志和利益自由决定，其他民事主体不得干预，更不能强迫其参加。其次，民事主体有权自主决定民事法律关系的内容。民事主体决定参加民事活动后，可以根据自己的利益和需要，决定与谁建立民事法律关系，并决定具体的权利、义务内容，以及民事活动的行为方式。再次，民事主体有权自主决定民事法律关系的变动。民事法律关系的产生、变更、终止应由民事主体自己根据本人意志自主决定。最后，民事主体应当自觉承受相应法律后果。与民事主体自愿参加民事活动、自主决定民事法律关系相伴的是，民事主体需要自觉承受相应法律后果。自愿或者说意思自治的必然要求就是，每个人对自己的行为负责。自愿原则要求民事主体在行使权利的同时自觉履行约定或法定的义务，并承担相应的法律后果。

6. 什么是公平原则？

《民法典》第6条规定，民事主体从事民事活动，应当遵循公平原则，合理确定各方的权利和义务。

公平原则要求民事主体从事民事活动时秉持公平理念，公正、平允、合理地确定各方的权利和义务，并依法承担相应的民事责任。公平原则体现了民法促进社会公平正义的基本价值，对规范民事主体的行为发挥着重要作用。公平原则首先要求民事主体在从事民事活动时，按照公平观念行使权利、履行义务，特别是对于双方民事法律行为，要求一方的权利和义务应当相适应，双方之间的权利和义务应当对等，不能一方承担义务而另一方只享有权利，也不能一方享受的权利和承担的义务相差悬殊。公平原则还要求民事主体合理承担民事责任，在通常情况下适用过错责任，要求责任与过错的程度相适应，特殊情况下，也可以根据公平原则合理分担责任。如《民法典》第1186条规定，受害人和行为人对损害的发生都没有过错的，依照法律的规定由双方分担损失。

公平原则作为民法的基本原则，不仅仅是民事主体从事民事活动应当遵守的基本行为准则，也是人民法院审理民事纠纷应当遵守的基本裁判准则。

7. 什么是诚信原则?

《民法典》第7条规定，民事主体从事民事活动，应当遵循诚信原则，秉持诚实，恪守承诺。这规定的就是诚信原则。

诚信原则要求所有民事主体在从事任何民事活动时，包括行使民事权利、履行民事义务、承担民事责任时，都应该秉持诚实、善意，信守自己的承诺，要求民事主体在行使权利、履行义务过程中，讲诚实、重诺言、守信用。

诚信原则作为民法最为重要的基本原则，被称为民法的“帝王条款”，是各国民法公认的基本原则。通常认为，诚实信用原则要求民事主体从事民事活动应当讲诚实、守信用，以善意的方式行使权利、履行义务，不诈不欺，言行一致，信守诺言。具体而言，民事主体应当从以下几个方面遵循诚信原则：民事主体在着手与他人开展民事活动时即应当讲诚实，如实告知交易相对方自己的相关信息，表里如一，不弄虚作假，如合同编规定的缔约过失责任，针对的就是缔结合同时的不诚信的行为；民事主体在与他人建立民事法律关系后，应当信守诺言、恪守信用，按照自己作出的承诺行使权利、履行义务，言而有信；民事主体应当本着善意的原则，相互配合，保护对方的合理期待与信赖利益；民事主体应当尊重他人的合法权益，尊重社会公共利益；民事主体应当善意行使权利，不得滥用权利；民事主体不得规避法律，不得故意曲解合同条款等。诚信原则的内涵和外延都是概括性的、抽象的，因此诚信原则有广泛的适用性，民事主体从事任何民事活动都应当遵守该原则，不论民事主体自己行使权利，还是在与他人建立民事法律关系之前、之中、之后都必须始终贯彻诚信原则，按照诚信原则的要求善意行事。

由于诚信原则具有高度抽象性和概括性，使得诚信原则对于民事主体从事民事活动、司法机关进行民事裁判活动都具有重要作用。诚信原则不仅对民事主体开展民事活动进行指导，是民事主体从事民事活动的行为规则，要求民事主体行使权利、履行义务都应善意不欺、恪守信用；同时，诚信原则对司法机关裁判民事纠纷也具有积极作用，在当事人没有明确约定或法律没有具体规定时，司法机关可以根据诚信原则填补合同漏洞、弥补法律空白，平衡民事主体之间、民事主体与社会之间的利益，进而实现社会的公平正义。

8. 从事民事活动可以违反法律、违背公序良俗吗？

《民法典》第 8 条规定，民事主体从事民事活动，不得违反法律，不得违背公序良俗。守法和公序良俗原则，是现代民法的一项重要基本原则。

公序良俗是指公共秩序和善良习俗。守法和公序良俗原则要求自然人、法人和非法人组织在从事民事活动时，不得违反各种法律的强制性规定，不得违背公共秩序和善良习俗。守法和公序良俗原则又可以细分为两项具体要求：

一是民事主体从事民事活动不得违反法律。不得违反法律中的“法律”不仅包括民事法律，还包括其他部门法。所谓不得违反法律，就是要求不违反法律的强制性规定。民事主体在从事民事活动时，只要法律未明文禁止，又不违背公序良俗，就可以根据自己的利益和需要创设权利、义务内容。民事主体在从事民事活动时享有较大的自主空间，可实现充分的意思自治。由于民法的基本原则之一就是意思自治，民法在通常情况下不会干预民事主体的行为自由，民法的大多数规范都是任意性规范。对于任意性规范，民事主体可以结合自身的利益需要，决定是否纳入自己的意思自治范围。但是，任何人的自由都并非毫无限制，民法同样需要维护社会基本的生产、生活秩序，需要维护国家的基本价值追求，法律的强制性规范就是为了实现这一目的而制定的，民事主体在从事民事活动时，应当遵守法律的强制性规定。

二是民事主体从事民事活动不得违背公序良俗。不得违背公序良俗原则，就是不得违背公共秩序和善良习俗。公共秩序，是指政治、经济、文化等领域的基本秩序和根本理念，是与国家和社会整体利益相关的基础性原则、价值和秩序，在以往的民商事立法中被称为社会公共利益，在英美法系中也被称为公共政策。善良习俗是指基于社会主流道德观念的习俗，也被称为社会公共道德，是全体社会成员所普遍认可、遵循的道德准则。善良习俗具有一定的时代性和地域性，随着社会成员的普遍道德观念的改变而改变。公共秩序强调的是国家和社会层面的价值理念，善良习俗突出的则是民间的道德观念，二者相辅相成，互为补充。

守法和公序良俗原则的两项不同要求之间，首先要求民事主体从事民事活动不得违反法律。民事主体从事任何民事活动都需要遵守法律的强制性规定，对于民法的任意性规定，民事主体是否按照任意性规定从事民事活动，法律并不强制要求，民事主体可以根据自己的利益作出相应的选择和判断。由于民事活动复杂多样，法律不可能预见所有损害社会公共利益、公共道德秩序的行为而作出详尽的禁止性规定，因此，有必要辅之以公序良俗原则，并明确规定违背公序良俗的民事法律行为无效，以弥补法律禁止性规定的不足，实现对民事主体意思自治的必要限制，弘扬社会公共道德、维护社会公共秩序，实现民事主体的个体利益与社会公共利益的平衡。

9. 什么是绿色原则？

《民法典》第9条规定，民事主体从事民事活动，应当有利于节约资源、保护生态环境。

绿色原则是贯彻宪法关于保护环境规定的要求，同时也是落实党中央关于建设生态文明、实现可持续发展理念的要求，将环境资源保护上升至民法基本原则的地位，具有鲜明的时代特征，将全面开启环境资源保护的民法通道，有利于构建生态时代下人与自然的新型关系，顺应绿色立法潮流。将绿色原则确立为基本原则，规定民事主体从事民事活动，应当有利于节约资源、保护生态环境，这样规定，既传承了天地人和、人与自然和谐共生的我国优秀传统文化理念，又体现了党的十八大以来的新发展理念，与我国是人口大国、需要长期处理好人与资源生态的矛盾这样一个国情相适应。

绿色原则作为民法的基本原则：一是确立国家立法规范民事活动的基本导向，即要将节约资源、保护生态环境作为重要的考量因素；二是要求民事主体本着有利于节约资源、保护生态环境的理念从事民事活动，树立可持续发展的观念；三是司法机关在审判民事案件、适用民事法律规定时，要加强对节约资源、保护生态环境的民事法律行为的保护。

10. 处理民事纠纷的依据包括哪些?

《民法典》第 10 条规定，处理民事纠纷，应当依照法律；法律没有规定的，可以适用习惯，但是不得违背公序良俗。

处理民事纠纷的依据就是人民法院、仲裁机构在处理民事纠纷时据以作出裁判的规则。根据民法典规定，人民法院、仲裁机构等在处理民事纠纷时，首先应当依照法律。这里的法律是指广义的法律，包括全国人大及其常委会制定的法律和国务院制定的行政法规，也不排除地方性法规、自治条例和单行条例等。根据我国《立法法》第 8 条第 8 项规定，民事基本制度只能由全国人民代表大会及其常委会制定的法律规定。行政法规可以根据法律的规定或经法律的授权，针对特定领域的民事关系作出具体的细化规定。此外，有的法律授权地方性法规对某种特定的民事关系作出具体规定。如《农村土地承包法》第 68 条规定，各省、自治区、直辖市人民代表大会常务委员会可以根据本法，结合本行政区域的实际情况，制定实施办法。

《民法典》第 10 条还规定，法律没有规定的，可以适用不违背公序良俗的习惯。习惯是指在一定地域、行业范围内长期为一般人确信并普遍遵守的民间习惯或者商业惯例。适用习惯受到两个方面的限制：一是适用习惯的前提是法律没有规定。所谓法律没有规定，就是相关的法律、行政法规、地方性法规对特定民事纠纷未作出规定。二是所适用的习惯不得违背公序良俗。因此，并非所有的习惯都可以作为处理民事纠纷的依据，只有不违背公序良俗的习惯才可以适用，当然适用习惯也不得违背法律的基本原则。对于在特定民事领域需要遵从和适用习惯，在民法典总则编以外的其他各编中也有相应的规定。

11. 有了民法典之后，民法典的规定与其他民事单行法律的关系如何处理？

《民法典》第 11 条规定，其他法律对民事关系有特别规定的，依照其规定。民法典出台后，将作为一般法，各民商事单行法作为特别法，根据立法法的规定，特别法的规定将优先适用。对于民法典的规范适用问题，需要注意的是：首先，民法典总则编与物权编、合同编、人格权编、婚姻家庭编、继承编、侵权责任编之间的关系，总则编也是一般性规定，其他各编中对相同问题有特殊规定的，应当先适用其他各编的规定。比如，关于民事法律行为的效力问题，《民法典》第153条规定，违反法律、行政法规的强制性规定的民事法律行为无效。但是，该强制性规定不导致该民事法律行为无效的除外。违背公序良俗的民事法律行为无效。第154条规定，行为人与相对人恶意串通，损害他人合法权益的民事法律行为无效。而《民法典》第497条规定，有下列情形之一的，该格式条款无效：（1）具有本法第一编第六章第三节和本法第五百零六条规定的无效情形；（2）提供格式条款一方不合理地免除或者减轻其责任、加重对方责任、限制对方主要权利；（3）提供格式条款一方排除对方主要权利。由于总则编第153条、第154条属于一般规定，第497条属于特别规定，对于格式合同条款的效力问题，则应当优先适用第497条的规定。其次，物权编、合同编、人格权编、婚姻家庭编、继承编、侵权责任编与其他民事单行法律的关系，相对于其他民事单行法律而言，民法典的各分编则属于一般性规定，在民事单行法律有特别规定时，需要优先适用民事单行法律。比如，《民法典》第188条规定，向人民法院请求保护民事权利的诉讼时效期间为3年。法律另有规定的，依照其规定。最后，民法典物权编、合同编、人格权编、婚姻家庭编、继承编、侵权责任编之间的相互关系，需要根据民法典的规定来确定适用的法律规范。比如，《民法典》合同编第

464 条第 2 款规定，婚姻、收养、监护等有关身份关系的协议，适用有关该身份关系的法律规定；没有规定的，可以根据其性质参照适用本编规定。人格权编第 1001 条规定，对自然人因婚姻家庭关系等产生的身份权利的保护，适用本法第一编、第五编和其他法律的相关规定；没有规定的，可以根据其性质参照适用本编人格权保护的有关规定。

12. 民法典的效力范围是什么？

《民法典》第 12 条规定，中华人民共和国领域内的民事活动，适用中华人民共和国法律。法律另有规定的，依照其规定。中华人民共和国领域包括中华人民共和国领土、领空、领海，以及根据国际法视为我国领域的我国驻外使馆，国籍为中国的船舶、航空器等。在中华人民共和国领域内的民事活动，一般来说都得适用我国法律。《民法典》第 12 条但书规定，法律另有规定的，依照其规定。其中最为重要的就是涉外民事关系的法律适用问题，关于涉外民事关系的法律适用，涉外民事关系法律适用法有专门的规定。除此之外，有些单行民事法律也对涉外民事关系的法律适用进行了规定。根据这些涉外民事关系法律适用的特别规定，在中华人民共和国领域内的涉外民事活动，应当根据特定民事法律关系类型的不同而具体适用相应的法律规范，并非一概必须适用中国法律。在民法典起草过程中，有的意见提出，应该规定在中华人民共和国领域外的民事活动，也可以适用中华人民共和国法律。对于中华人民共和国领域外的民事活动是否适用中华人民共和国法律，由于涉及国际私法的法律适用问题，各国国际私法均有相应的规定，且不同的民事法律关系所适用的法律亦有不同规定，法律适用情况比较复杂。故民法典未对此作出规定，但这并不意味着在中华人民共和国领域外的民事活动，就不能适用中华人民共和国法律，需要根据具体情况和所在国法律的具体规定确定。

13. 什么是民事权利能力？

民事权利能力是指民事主体享有民事权利、承担民事义务的法律资格。法律规定了自然人的民事权利能力，也即确认了自然人的民事主体地位，这是自然人依法享有民事权利、承担民事义务的前提。自然人的民事权利能力既包括自然人享有民事权利的资格，也包括自然人承担民事义务的资格。从含义上来说，称为“民事权利义务能力”显得更为全面。采用“民事权利能力”，突出了民法以保护民事权利为核心的立法精神。

民事权利能力具有不可剥夺的特征。自然人生存期间，其民事权利能力不因任何原因丧失、消灭。自然人受到刑事处罚、丧失民事行为能力等，都不能导致其民事权利能力的减损或者消灭。法律包括公法都不得对自然人的民事权利能力进行限制或者剥夺。自然人即使因被判处刑事处罚而在监狱服刑，或者被判处剥夺政治权利，其民事权利能力这一法律资格也不受影响。

14. 民事权利能力与民事权利有什么不同？

民事权利能力与民事权利是既有联系又有区别的两个不同

概念。第一，民事权利能力是一种法律资格，是自然人取得民事权利的前提。自然人享有民事权利能力，并不等同于取得实际的民事权利。第二，民事权利能力是法律规定的，民事权利是自然人依据民事法律行为、事实行为、法律规定的事件或者法律规定的其他方式所取得的。第三，民事权利能力与自然人不可分离。自然人一旦出生，即具有民事权利能力，死亡是自然人丧失民事权利能力的唯一法定事由，并且民事权利能力不得以任何方式予以转让，也不能抛弃或者继承。根据民事权利的类型不同，自然人与民事权利之间的关系存在一定差别。对于财产方面的具体民事权利，自然人可以选择享有、转让或者放弃。生命权、健康权等人身权，自然人一旦出生，即依法律规定当然享有，但不可以转让，非依法律规定并经法定程序，不得进行限制或者剥夺。

15. 自然人的民事权利能力从何时始，到何时终？

根据《民法典》第 13 条的规定，自然人的民事权利能力始于出生，终于死亡。出生是自然人脱离母体并生存的法律事实。一般认为，出生须具备两项要件：一是胎儿与母体分离，与母体分离之前为胎儿，分离之后即成为法律上的人。二是与母体分离之际保有生命。胎儿与母体分离之际无生命的，是死体。分离之际保有生命的，即是“出生”，而不论其出生后生命延续的时间长短。如何判断“出生”，学说上有全部露出说、断脐带说、初啼说、独立呼吸说等。关于“死亡”的判断，也存在不同的学说，有呼吸停止说、脉搏停止说、心脏跳动停止说、脑死亡说等。实践中，具体如何判断“出生”和“死亡”，涉及医学理论和医学实践发展等问题，法律中对此没有规定具体的判断标准。

16. 如何确定自然人的出生时间和死亡时间?

出生和死亡均是法律事件，能够引起一定法律关系的产生、变更或者消灭。出生时间和死亡时间的判断具有重要的法律意义。例如，被继承人的死亡时间直接决定继承开始的时间，影响遗产的范围、继承人的范围等。

根据《民法典》第 15 条的规定，出生证明、死亡证明记载的时间是判断自然人出生时间、死亡时间的最基本依据。出生证明，即出生医学证明，记载有新生儿的姓名、性别、出生时间、父母亲姓名等。出生医学证明由国家卫生与计划生育部门统一印制，以省、自治区、直辖市为单位统一编号。国家卫生与计划生育部门主管全国出生医学证明工作，委托各级卫生行政部门负责辖区内出生医学证明的具体事务管理工作。出生医学证明必须由经批准开展助产技术服务并依法取得母婴保健技术服务许可证的医疗保健机构签发，并遵循严格的程序规范。出生证明是记载出生时间的原始凭证，具有证明出生时间的准确性和规范性，因此法律将出生证明记载的时间作为确定自然人出生时间的最基本的依据。

死亡证明是指有关单位出具的证明自然人死亡的文书。主要包括以下几类：公民死于医疗单位的，由医疗单位出具死亡医学证明书；公民正常死亡但无法取得医院出具的死亡证明的，由社区、村（居）委会或者基层卫生医疗机构出具证明；公民非正常死亡或者卫生部门不能确定是否属于正常死亡的，由公安司法部门出具死亡证明；死亡公民已经火化的，由殡葬部门出具火化证明。死亡证明是记载死亡时间的原始凭证，具有证明死亡时间的准确性和规范性，因此法律将死亡证明记载的时间作为确定自然人死亡时间的最基本的依据。

没有出生证明、死亡证明的，以户籍登记或者其他有效身份登记记载的时间为准。户籍登记是国家公安机关按照国家户籍管理法律法规，对公民的身份信息进行登记记载的制度。关于出生登记，我国《户口登记条例》第7条第1款规定："婴儿出生后一个月以内，由户主、亲属、抚养人或者邻居向婴儿常住地户口登记机关申报出生登记。"第2款规定："弃婴，由收养人或者育婴机关向户口登记机关申报出生登记。"在户主、亲属等持婴儿的出生医学证明向公安机关申报出生登记后，公安机关依据出生医学证明记载的婴儿的姓名、出生时间等信息，进行户籍登记。公民个人收养的婴儿未办理出生登记的，由收养人持民政部门出具的收养登记证向收养人常住户口所在地的公安派出所申报出生登记。社会福利机构抚养的查找不到生父母的弃婴、儿童，由该机构持婴儿、儿童基本情况证明等，向该机构所在地公安派出所申报出生登记。办理户籍登记应当遵循严格的法定程序，户籍登记记载的出生时间因此具有较强的法律效力。民法典将户籍登记记载的出生时间，作为确定自然人出生时间的重要依据，没有出生证明的，以户籍登记记载的出生时间为准。

关于死亡登记，根据我国户籍管理制度，自然人死亡后，户主、亲属等应当在规定的时间内向公安机关申报死亡登记，注销户口。我国《户口登记条例》第 8 条规定，“公民死亡，城市在葬前，农村在一个月以内，由户主、亲属、抚养人或者邻居向户口登记机关申报死亡登记，注销户口”。办理户籍登记应当遵循严格的法定程序，户籍登记记载的死亡时间因此具有较强的法律效力。民法典将户籍登记记载的死亡时间，作为确定自然人死亡时间的重要依据，没有死亡证明的，以户籍登记记载的死亡时间为准。

民法典规定的户籍登记以外的其他有效身份登记，包括我国公民居住证、港澳同胞回乡证、台湾居民的有效旅行证件、外国人居留证等。

1. 公民居住证。随着我国城镇化的快速推进，大量人口离开户籍地就业、就读。为了促进新型城镇化的健康发展，推进城镇基本公共服务和便利常住人口全覆盖，保障公民合法权益，国务院于 2015 年颁布了《居住证暂行条例》，对居住证的申领条件、登载内容作了规定。该条例第 2 条规定：“公民离开常住户口所在地，到其他城市居住半年以上，符合有合法稳定就业、合法稳定住所、连续就读条件之一的，可以依照本条例的规定申领居住证。”第 4 条规定：“居住证登载的内容包括：姓名、性别、民族、出生日期、公民身份号码、本人相片、常住户口所在地住址、居住地住址、证件的签发机关和签发日期。”从各地的地方性法规来看，申请居住证需要提交居民身份证和居民户口簿，居住证记载的关于个人身份的基本内容都是来源于居民身份证和居民户口簿。因此，居住证记载的居民出生日期与户籍登记、身份证记载的出生日期是一致的。为了便利群众从事民事活动，满足实践需求，《民法典》第 15 条将居住证记载的出生时间也作为判断自然人出生时间的重要依据。

2. 港澳同胞回乡证、台湾居民的有效旅行证件、外国人居留证等。这些身份证件都是我国公安机关或者国家主管机关遵循法定程序签发的，可以作为判断自然人出生时间的重要依据。以外国人居留证件的办理及登记项目为例，《出境入境管理法》第 30 条规定："外国人所持签证注明入境后需要办理居留证件的，应当自入境之日起三十日内，向拟居留地县级以上地方人民政府公安机关出入境管理机构申请办理外国人居留证件。申请办理外国人居留证件，应当提交本人的护照或者其他国际旅行证件，以及申请事由的相关材料，并留存指纹等人体生物识别信息。公安机关出入境管理机构应当自收到申请材料之日起十五日内进行审查并作出审查决定，根据居留事由签发相应类别和期限的外国人居留证件。外国人工作类居留证件的有效期最短为九十日，最长为五年；非工作类居留证件的有效期最短为一百八十日，最长为五年。"第 33 条规定："外国人居留证件的登记项目包括：持有人姓名、性别、出生日期、居留事由、居留期限，签发日期、地点，护照或者其他国际旅行证件号码等。外国人居留证件登记事项发生变更的，持证件人应当自登记事项发生变更之日起十日内向居留地县级以上地方人民政府公安机关出入境管理机构申请办理变更。"外国人居留证件是我国公安机关出入境管理机构依照法定程序签发的，其记载的外国人出生时间可以作为判断该外国人出生时间的重要依据。

出生证明、死亡证明以及户籍登记或者其他有效身份登记记载的时间由于各种原因，也有可能出现记载错误的情况。如果有其他证据足以推翻出生证明、死亡证明以及户籍登记或者其他有效身份登记记载的时间的，应以该证据证明的时间为准。

17. 胎儿利益的保护有什么特别规定?

自然人的民事权利能力始于出生，胎儿尚未与母体分离，不是独立的自然人，不能依据民事权利能力的一般规定对其进行保护。法律有必要对胎儿利益的保护作出特别规定。《民法典》第 16 条明确规定："涉及遗产继承、接受赠与等胎儿利益保护的，胎儿视为具有民事权利能力。但是，胎儿娩出时为死体的，其民事权利能力自始不存在。"

依据这一规定，涉及遗产继承、接受赠与等胎儿利益保护的，胎儿视为具有民事权利能力。采用"视为"一词主要是与《民法典》第 13 条的规定相对应。《民法典》第 13 条规定："自然人从出生时起到死亡时止，具有民事权利能力，依法享有民事权利，承担民事义务。"自然人的民事权利能力始于出生，胎儿尚未出生，本不具有民事权利能力，但又有必要在一定情形下对胎儿的利益进行保护，赋予胎儿民事权利能力，因此采用"视为"具有民事权利能力的表述。

从其他国家和地区的相关规定来看，瑞士、匈牙利和我国台湾地区对胎儿利益采取总括的保护方式，没有限定具体的范围。法国、德国、日本等只在涉及赠与、遗产继承、损害赔偿等某些事项上，对胎儿的利益进行保护。

民法典将胎儿利益保护的范围规定为"涉及遗产继承、接受赠与等胎儿利益保护的"。在这些情形下，胎儿视为具有民事权利能力。此处的“遗产继承”不仅包括法定继承，也包括遗嘱继承、遗赠。胎儿是法定继承人的，按照法定继承取得相应的遗产份额；有遗嘱的，胎儿按照遗嘱继承取得遗嘱确定的份额。胎儿不是法定继承人的，被继承人也可以立遗嘱将个人财产赠给胎儿，将来按遗赠办理，胎儿取得遗产继承权。“接受赠与”指赠与人可以将财产赠与胎儿，胎儿此时视为具有民事权利能力，享有接受赠与的权利。除了遗产继承和接受赠与，实践中还有其他涉及胎儿利益保护的情况，因此《民法典》第 16 条用了一个“等”字，没有将胎儿利益保护限定在继承范围以内，原则上也包括侵权等其他需要保护胎儿利益的情形。

为了更周延地保护胎儿利益，根据《民法典》第 16 条的规定，胎儿自母亲怀孕之时起就应当被视为具有民事权利能力，但是胎儿出生时为死体的，其民事权利能力则自始不存在。

18. 以什么年龄标准划分成年人和未成年人?

随着年龄的增长，自然人具有了一定的阅历，也积累了较丰富的社会经验和知识，识别、判断能力较强，并能够充分预见到自己的行为后果，已经可以独立生活和工作，此时，法律便明确其为“成年人”。成年不仅意味着其可以独立行使更多的权利，更意味着要独立承担更多的义务，拥有更大自主权的同时，也要对自己的行为后果独立负责。各国家或者地区根据人们的生理、智力发育情况和社会生活状况等，对成年人年龄标准的规定各不相同。在我国，《民法典》第 17 条将成年人年龄标准确定为 18 周岁，即 18 周岁以上的自然人为成年人。

与“成年人”概念相对的是“未成年人”，不满18周岁的自然人为未成年人。未成年人的身体、心智发育还没有完全成熟，法律上需要对其予以特殊保护，促进其健康成长。

19. 区分成年人与未成年人有何法律意义？

在民法中区分成年人与未成年人的法律意义主要有以下三个方面：一是判断民事法律行为的效力。成年人可以独立实施民事法律行为，未成年人只可以独立实施部分民事法律行为，实施其他民事法律行为要经过其法定代理人的同意或者追认。二是确定婚姻家庭关系中的权利义务。民法典规定了父母、祖父母、外祖父母或者兄姐等近亲属对未成年人的抚养义务。例如，第1074条第1款规定：“有负担能力的祖父母、外祖父母，对于父母已经死亡或者父母无力抚养的未成年孙子女、外孙子女，有抚养的义务。”三是设立监护。为了保护未成年人的人身、财产权利及其他合法权益，对未成年人应当设立监护人。父母是未成年人的监护人，未成年人的父母已经死亡或者没有监护能力的，依法由其他有监护能力的人担任监护人。但法律只对丧失或者部分丧失民事行为能力的成年人设立监护，依法确定监护人。

20. 什么是民事行为能力？

民事行为能力是指民事主体独立参与民事活动，以自己的行为取得民事权利或者承担民事义务的法律资格。民事行为能力与民事权利能力不同，民事权利能力是民事主体从事民事活动的前提，民事行为能力是民事主体从事民事活动的条件。所有的自然人都有民事权利能力，但不一定都有民事行为能力。自然人一经出生即当然享有民事权利能力，但要独立从事民事活动，实施民事法律行为，还必须要具有相应的民事行为能力。自然人的辨识能力因年龄、智力、精神健康等因素不同而有差异。民法典根据自然人辨识能力的不同，将自然人的民事行为能力分为完全民事行为能力、限制民事行为能力和无民事行为能力，学理上称之为“三分法”。完全民事行为能力人具有健全的辨识能力，可以独立进行民事活动；限制民事行为能力人只能独立进行与其辨识能力相适应的民事活动；无民事行为能力人应当由其法定代理人代理实施民事活动。

21. 哪些人是完全民事行为能力人？

《民法典》第 18 条第 1 款规定：“成年人为完全民事行为能力人，可以独立实施民事法律行为。”根据这一规定，成年人，即年满 18 周岁的自然人，具有完全民事行为能力，为完全民事行为能力人，可以独立实施民事法律行为，并独立对民事法律行为的法律后果负责。例如，成年人可以独立签订房屋租赁合同，行使合同约定的权利，履行合同约定的义务。但是，这一规定的成年人指辨认识别能力正常的成年人，对于辨认识别能力不足的成年人则根据具体情况的不同归为限制民事行为能力人或者无民事行为能力人。

根据《民法典》第 18 条第 2 款的规定，16 周岁以上的未成年人，如果以自己的劳动收入为主要生活来源的，表明其已经具备成年人的辨识能力，可以独立实施民事法律行为，独立承担民事法律行为的后果，因此可以视为完全民事行为能力人。

22. 哪些人是限制民事行为能力人？

根据《民法典》第 19 条和第 22 条的规定，下列两类人是限制民事行为能力人：一是 8 周岁以上的未成年人，但不能辨认自己行为的除外；二是因智力障碍、精神障碍以及其他疾病导致不能完全辨认自己行为的成年人。

限制民事行为能力人实施民事法律行为由其法定代理人代理或者经其法定代理人同意、追认，但是可以独立实施纯获利益的民事法律行为或者与其年龄、智力、精神健康状况相适应的民事法律行为。

同意是指事前同意，即限制民事行为能力人实施民事法律行为要经法定代理人的事前同意；追认指事后追认，即限制民事行为能力人实施的民事法律行为要经过法定代理人的事后追认，才能对限制民事行为能力人发生效力。但是，限制民事行为能力人已经具有一定的辨认识别能力，法律应当允许其独立实施一定的民事法律行为。可以独立实施的民事法律行为包括两类：一类是纯获利益的民事法律行为，例如接受赠与等。限制民事行为能力人通常不会因这类行为遭受不利益，可以独立实施。另一类是与其年龄、智力、精神健康状况相适应的民事法律行为，例如 8 周岁的儿童购买学习用品等。限制民事行为能力人对实施这类行为有相应的认知能力，可以独立实施。

就可以独立从事的民事法律行为的范围来看，限制民事行为能力的成年人与限制民事行为能力的未成年人既有相同之处，又有不同之处。相同之处在于这两类限制民事行为能力的自然人均可以独立实施纯获利益的民事法律行为。不同之处在于，限制民事行为能力的未成年人可以独立实施与其年龄、智力相适应的民事法律行为，限制民事行为能力的成年人可以独立实施与其智力、精神健康状况相适应的民事法律行为。未成年人的年龄直接影响着其社会阅历和知识能力，其智力仍处于正常发育阶段，还没有完全发育成熟，年龄、智力是影响未成年人认知能力的两个最重要因素。与未成年人处于正常的智力发育阶段不同，限制民事行为能力的成年人实施民事法律行为需要考虑的智力因素，包括先天的智力障碍，在正常的智力发育期由于各种原因导致的智力低下，以及智力发育成熟后，由于疾病、意外事故等各种原因引起的智力损伤和老年期的智力明显衰退导致的痴呆等。限制民事行为能力的成年人实施民事法律行为需要考虑的精神健康因素主要指因精神疾病引起的认知判断能力不足的情况，其不能正常参与民事活动，从事较为复杂的民事法律行为。

23. 哪些人是无民事行为能力人?

根据《民法典》第 20 条和第 21 条的规定，下列三类人是无民事行为能力人：一是不满 8 周岁的未成年人；二是不能辨认自己行为的成年人；三是不能辨认自己行为的 8 周岁以上的未成年人。

无民事行为能力人因对普通的事物和行为欠缺基本的认识判断能力，也不能正常预见自己行为的法律后果，不能独立实施民事法律行为，应当由其法定代理人代理实施民事法律行为。

24. 谁是无民事行为能力人、限制民事行为能力人的法定代理人？

《民法典》第23条规定："无民事行为能力人、限制民事行为能力人的监护人是其法定代理人。"代理无民事行为能力人、限制民事行为能力人实施民事法律行为是监护人履行监护职责的重要内容。监护人在保护被监护人的身心健康，照顾被监护人的生活，管理和保护被监护人的财产过程中，都必不可少地要代理被监护人从事一些民事法律行为，例如签订合同等。赋予监护人法定代理人资格，方便监护人更好地履行监护职责，同时也可以对这种代理行为按照民法典总则编关于代理的规定加以规范，更好地保护无民事行为能力人、限制民事行为能力人的利益。

25. 不能辨认或者不能完全辨认自己行为的成年人，为什么要认定为无民事行为能力人或者限制民事行为能力人？

无民事行为能力或者限制民事行为能力的成年人辨认识别能力不足，往往是因为先天因素或者疾病、事故原因造成的，短时期内难以恢复，有的甚至是不可逆转的。将不能辨认或者不能完全辨认自己行为的成年人，认定为无民事行为能力人或者限制民事行为能力人，一是对该成年人就可以依照法定程序选任监护人，保护其人身权益、财产权益及其他合法权益；二是法定代理人可以通过主张该成年人所实施的民事法律行为无效，或者撤销该民事法律行为，避免该成年人的权益受到损害；三是有利于保护交易安全，交易相对人可以事先决定是否与该成年人进行交易，如果在不知情的情况下进行了交易，相对人也可以通过催告法定代理人及时予以追认或者依法撤销该民事法律行为，尽快确定民事法律行为的效力。

26. 认定成年人为无民事行为能力人或者限制民事行为能力人，为什么要通过法院判决？

认定成年人为无民事行为能力人或者限制民事行为能力人，需要向法院提出申请，并由法院作出判决。主要原因是无民事行为能力或者限制民事行为能力的认定对成年人的权益影响重大。将成年人认定为无民事行为能力人或者限制民事行为能力人，既是对辨认识别能力不足的成年人的保护，也是对这些成年人自由实施民事法律行为的限制，因此必须通过法定程序进行。此外，这些成年人辨认识别能力缺失的程度也有所不同，一般人难以认定，宜由法院综合各方面情况作出判断。

27. 谁可以向人民法院申请认定成年人为无民事行为能力人或者限制民事行为能力人？

根据《民法典》第 24 条的规定，下列人员可以向人民法院申请认定成年人为无民事行为能力人或者限制民事行为能力人：(1) 利害关系人。利害关系人的情况比较复杂，其具体范围无法在法律中明确规定，应当具体情况具体分析。一般而言，主要包括本人的近亲属、债权债务人等。但具体案件中，这些主体是否都有资格向法院提出申请，也要在个案中根据实际情况作出判断。认定利害关系人是否是适格的申请主体，需要看该成年人的民事行为能力状况对其是否有重要意义或者影响。例如，成年人的债务人如果不是为了确定民事法律行为的效力，也不得向法院申请认定该成年人为无民事行为能力人、限制民事行为能力人。(2) 有关组织。包括居民委员会、村民委员会、学校、医疗机构、妇女联合会、残疾人联合会、依法设立的老年人组织、民政部门等。

28. 被人民法院认定为无民事行为能力人或者限制民事行为能力人的人，什么情况下可以恢复为限制民事行为能力人或者完全民事行为能力人?

根据《民法典》第 24 条的规定，被人民法院认定为无民事行为能力人或者限制民事行为能力人的，经本人、利害关系人或者有关组织申请，人民法院可以根据其智力、精神健康恢复的状况，认定该成年人恢复为限制民事行为能力人或者完全民事行为能力人。具体包括以下几种情况：由无民事行为能力人恢复为限制民事行为能力人、由限制民事行为能力人恢复为完全民事行为能力人、由无民事行为能力人恢复为完全民事行为能力人。

根据这一规定，可以申请的主体范围包括：(1) 本人。(2) 利害关系人。利害关系人的情况比较复杂，其具体范围无法在法律中明确规定，应当具体情况具体分析。一般而言，主要包括本人的监护人、债权债务人等。但具体案件中，这些主体是否都有资格向法院提出申请，也要在个案中根据实际情况作出判断。认定利害关系人是否是适格的申请主体，需要看本人的民事行为能力状况对其是否有重要意义或者影响。(3) 有关组织。包括居民委员会、村民委员会、学校、医疗机构、妇女联合会、残疾人联合会、依法设立的老年人组织、民政部门等。

29. 什么是住所?

住所是指民事主体进行民事活动的中心场所或者主要场所。自然人的住所一般指自然人长期居住、较为固定的居所。自然人的住所对婚姻登记、宣告失踪、宣告死亡、债务履行地、司法管辖、诉讼送达等具有重要的法律意义。例如，甲与乙发生民间借贷纠纷，甲一般应当向乙方住所地人民法院提起诉讼，乙方住所地直接决定案件的管辖法院。

要注意住所与居所的区别。居所指自然人实际居住的一定处所，其与住所的区别是，一个自然人可以同时有两个或多个居所，但只能有一个住所。一般的居所都是自然人临时居住，为暂时性的，住所则为长期固定的。

30. 如何确定自然人的住所?

依据《民法典》第25条的规定，自然人以户籍登记或者其他有效身份登记记载的居所为住所。户籍登记是国家公安机关按照国家户籍管理法律法规，对公民的身份信息进行登记记载的制度。我国《户口登记条例》第6条规定："公民应当在经常居住的地方登记为常住人口，一个公民只能在一个地方登记为常住人口。"依据该规定，公民应当在经常居住地的公安机关进行户籍登记，户籍登记记载的居所即是其长期居住、较为固定的居所。

"其他有效身份登记"主要包括居住证和外国人的有效居留证件等。随着城镇化的推进，大量人口离开户籍地工作、学习，这些自然人进行民事活动的中心场所发生明显变化，经常居住地与户籍登记地发生偏离。完全以户籍登记记载的居所为标准判断公民的住所，已经不符合当前实际需要。为了促进新型城镇化的健康发展，推进城镇基本公共服务和便利常住人口全覆盖，保障公民合法权益，促进社会公平正义，国务院于2015年颁布了《居住证暂行条例》，对居住证的申领条件、记载内容等作出了规定。该条例第2条规定："公民离开常住户口所在地，到其他城市居住半年以上，符合有合法稳定就业、合法稳定住所、连续就读条件之一的，可以依照本条例的规定申领居住证。"第4条规定："居住证登载的内容包括：姓名、性别、民族、出生日期、公民身份号码、本人相片、常住户口所在地住址、居住地住址、证件的签发机关和签发日期。"依据该规定，居住证的持有人往往都在相关城市工作、生活居住半年以上。居住证记载的居住地住址也可以作为公民住所，这有利于促进公民正常从事民事活动，在出现民事纠纷时，便利公民起诉应诉。此外，对外国人、无国籍人等在中国的住所，可以根据我国主管机关遵循法定程序签发的有效居留证件等进行判断。

31. 谁是未成年人的法定监护人？

根据《民法典》第 27 条第 1 款的规定，父母是未成年子女的监护人。父母具有抚养、教育和保护未成年子女的法定义务，与未成年子女的关系最为密切，对未成年人的健康成长至关重要。基于此，父母无条件地成为未成年人的法定监护人。只有在父母死亡或者没有监护能力的情况下，才可以由其他个人或者有关组织担任监护人。

32. 未成年人的父母已经死亡或者没有监护能力时，由谁担任该未成年人的监护人？

根据《民法典》第 27 条第 2 款的规定，未成年人的父母已经死亡或者没有监护能力的，由下列有监护能力的人按顺序担任监护人：（1）祖父母、外祖父母；（2）兄、姐；（3）其他愿意担任监护人的个人或者组织，但是须经未成年人住所地的居民委员会、村民委员会或者民政部门同意。

这三类人应当按照上述顺序来担任未成年人的监护人。如果依照上述顺序应当担任监护人的个人认为自己不适合担任监护人，或者认为其他具有监护资格的人更适合担任监护人的，可以依照《民法典》第30条的规定进行协商；协商不成的，按照法定的监护争议解决程序处理，由居民委员会、村民委员会、民政部门或者人民法院综合各方面情况，根据最有利于被监护人的原则在依法具有监护资格的人中指定监护人。例如，未成年人的祖父母作为第一顺位的监护人，认为自己年事已高，未成年人的姐姐各方面条件更好，由其姐姐担任监护人更有利于未成年人成长，可以先与其姐姐进行协商，协商不成的，依法通过监护争议程序解决。但在法院依法指定监护人前，未成年人的祖父母不得拒绝履行监护职责。

33. 无民事行为能力或者限制民事行为能力的成年人的监护人由谁担任?

根据《民法典》第28条的规定，无民事行为能力或者限制民事行为能力的成年人，由下列有监护能力的人按顺序担任监护人：（1）配偶；（2）父母、子女；（3）其他近亲属；（4）其他愿意担任监护人的个人或者组织，但是须经被监护人住所地的居民委员会、村民委员会或者民政部门同意。

这四类人应当按照上述顺序来担任该成年人的监护人。如果依照上述顺序应当担任监护人的个人认为自己不适合担任监护人，或者认为其他具有监护资格的人更适合担任监护人的，可以依照《民法典》第30条的规定进行协商；协商不成的，按照法定的监护争议解决程序处理，由居民委员会、村民委员会、民政部门或者人民法院综合各方面情况，根据最有利于被监护人的原则在依法具有监护资格的人中指定监护人。

34. 什么是遗嘱监护？

《民法典》第 29 条规定了遗嘱监护："被监护人的父母担任监护人的，可以通过遗嘱指定监护人。"父母与子女之间血缘关系最近，情感最深厚，最关心子女的健康成长与权益保护，应当允许其选择自己最信任的、对于保护子女最有利的人担任监护人。依据这一条规定，被监护人（包括未成年人、无民事行为能力或者限制民事行为能力的成年人）的父母可以通过立遗嘱的形式为被监护人指定监护人，但前提是被监护人的父母正在担任着监护人。如果父母因丧失监护能力没有担任监护人，或者因侵害被监护人合法权益被撤销监护人资格等不再担任监护人的，就不能再通过立遗嘱的形式为被监护人指定监护人。

35. 遗嘱监护与法定监护冲突时，谁优先适用？

《民法典》第 27 条、第 28 条规定了法定监护，明确了担任监护人的顺序。如果遗嘱监护指定的监护人与法定监护发生冲突时，一般情况下，遗嘱监护具有优先地位。而且，遗嘱监护指定的监护人，可以不限于第 27 条、第 28 条规定的具有监护资格的人。但是，遗嘱指定的监护人应当具有监护能力，能够履行监护职责。如果遗嘱指定后，客观情况发生变化，遗嘱指定的监护人因患病等原因丧失监护能力，或者因出国等各种原因不能够履行监护职责，就不能执行遗嘱，应当依法另行确定监护人。

36. 什么是协议监护?

协议监护是指依法具有监护资格的人之间协商确定由谁担任监护人。《民法典》第 30 条对协议监护作了明确规定。

《民法典》第 27 条、第 28 条分别对未成年人、无民事行为能力和限制民事行为能力的成年人规定了具有监护资格的人的范围和其担任监护人的顺序。但这一顺序不是强制性的，具有监护资格的人之间可以根据各自与被监护人的生活联系状况、经济条件、能够提供的教育条件或者生活照料措施等，在尊重被监护人意愿的基础上，经过充分协商，选择合适的监护人。

协议监护具有以下三个特点：第一，协议主体必须是依法具有监护资格的人，即《民法典》第 27 条、第 28 条规定的具有监护资格的人。未成年人的父母有监护能力的，不得与其他人签订协议，确定由其他人担任监护人，推卸自身责任。对于未成年人，协议监护只限于父母死亡或者没有监护能力的情况，协议的主体为：(1) 祖父母、外祖父母；(2) 兄、姐；(3) 经未成年人住所地的居民委员会、村民委员会或者民政部门同意的其他愿意担任监护人的个人或者有关组织。对于父母丧失监护能力的，父母可以不作为协议监护的主体，但对协议确定监护人也可以提出自己的意见，具有监护资格的人在协议确定未成年人的监护人时，从有利于保护被监护人的利益出发，对其意见应当尽量予以尊重。对于无民事行为能力或者限制民事行为能力的成年人，协议的主体为：（1）配偶；（2）父母、子女；(3）其他近亲属；（4）经该成年人住所地的居民委员会、村民委员会或者民政部门同意的其他愿意担任监护人的个人或者有关组织。第二，协议确定的监护人必须从具有监护资格的人之间产生，不得在法律规定的具有监护资格的人之外确定监护人。在具有监护资格的人之外确定监护人的，协议监护无效。第三，协议监护是具有监护资格的人合意的结果，合意产生后，由协议确定的监护人担任监护人，履行监护职责。监护人一旦确定，即不得擅自变更，否则要承担相应的法律责任。

37. 协议监护中，如何尊重被监护人的真实意愿？

协议确定监护人对被监护人的利益影响重大，因此，《民法典》第30条明确规定，“协议确定监护人应当尊重被监护人的真实意愿”。被监护人都是无民事行为能力人或者限制民事行为能力人，“尊重被监护人的真实意愿”不是简单地征求被监护人的意见，要结合多种情况进行综合考量判断，探求其内心真实的愿望。限制民事行为能力的未成年人和成年人已经具备了一定的认知判断能力以及较强的表达能力，协议确定监护人应当直接听取其意见，并对其意见是否反映其真实意愿，结合其他一些因素，例如是否受到胁迫等进行判断。无民事行为能力的被监护人，不具有独立的认知判断能力，但这不意味着这些被监护人没有真实意愿。对于无民事行为能力的被监护人，也应当结合各种情况，例如被监护人与哪一个具有监护资格的人生活联系最为密切等因素，去发现并充分尊重被监护人的真实意愿，这对于保护被监护人的身心健康，具有重要意义。

38. 对监护人的确定有争议时，有什么解决途径？

实践中，对监护人的确定有时会产生争议，既包括争当监护人的情况，也包括推卸、拒不担当监护人的情况，主要包括以下四类情形：一是具有监护资格的人均认为自己适合担任监护人，争当监护人的；二是按照《民法典》第 27 条、第 28 条规定的顺序应当担任监护人的人，认为自己没有监护能力，无法履行监护职责或者认为其他具有监护资格的人更适宜担任监护人的；三是后一顺序具有监护资格的人要求前一顺序具有监护资格的人依法履行监护职责的；四是具有监护资格的人均推卸监护职责，拒不担当监护人的情况。如果出现这些有争议的情况，怎么解决？

《民法典》第 31 条第 1 款明确规定了对监护人的确定有争议时的两种解决途径：一是由被监护人住所地的居民委员会、村民委员会或者民政部门指定监护人。该指定并没有终局效力。有关当事人对该指定不服的，可以向人民法院提出申请，由人民法院指定监护人。人民法院的指定具有终局效力，被指定的监护人应当履行监护职责，不得推卸。二是有关当事人可以不经居民委员会、村民委员会或者民政部门的指定，直接向人民法院提出申请，由人民法院指定监护人。

39. 居民委员会、村民委员会、民政部门或者人民法院指定监护人时，应当遵守哪些原则？

《民法典》第31条第2款规定了居民委员会、村民委员会、民政部门或者人民法院指定监护人的原则：

一是应当尊重被监护人的真实意愿。“尊重被监护人的真实意愿”不是简单地征求被监护人的意见，要结合多种情况进行综合考量判断，探求其内心真实的愿望。限制民事行为能力的未成年人和成年人已经具备了一定的认知判断能力以及较强的表达能力，指定监护人时应当直接听取其意见，并对其意见是否反映其真实意愿，结合其他一些因素，例如是否受到胁迫等进行判断。无民事行为能力的被监护人，不具有独立的认知判断能力，但这不意味着这些被监护人没有真实意愿。对于无民事行为能力的被监护人的真实意愿，也应当结合各种情况，例如被监护人与哪一个具有监护资格的人生活联系最为密切等因素，去发现并充分尊重被监护人的真实意愿。

二是要按照最有利于被监护人的原则指定。这是指居民委员会、村民委员会、民政部门或者人民法院指定监护人时，应当结合具有监护资格的人与被监护人的生活情感联系、有无利害冲突，具有监护资格的人的品行、身体状况、经济条件以及能够为被监护人提供的教育水平或者生活照料措施等，综合进行判断，并尊重被监护人的真实意愿，选择最有利于被监护人健康成长或者健康恢复、最利于保护被监护人合法权益的人担任监护人。

40. 什么是临时监护？

对监护人的确定产生争议时，需要启动监护争议解决程序，由居民委员会、村民委员会、民政部门或者人民法院来指定监护人。但监护争议解决程序需要一定的时间，在指定监护人前，被监护人的人身权利、财产权利及其他合法权益有可能处于无人保护状态，例如具有监护资格的人互相推诿，都不愿担任监护人，此时，为了保护被监护人的合法权益，需要为被监护人确定一个临时的监护人，这就是临时监护制度。临时监护人行使全部监护人的职责，一直到指定监护人之后，临时监护人的职责才解除。根据《民法典》第 31 条第 3 款的规定，临时监护人由被监护人住所地的居民委员会、村民委员会、法律规定的有关组织或者民政部门担任。

41. 指定监护有什么法律效力？

根据《民法典》第 31 条第 4 款的规定，依照监护争议解决程序，由居民委员会、村民委员会、民政部门或者人民法院指定监护人后，被指定的监护人应当履行监护职责，不得推卸责任，不得擅自变更。如果擅自变更为由其他人担任监护人的，不免除被指定的监护人的责任。被监护人侵害他人的合法权益，或者被监护人自身受到损害的，被指定的监护人仍应当承担责任，擅自变更后的监护人也要根据过错程度承担相应的责任。

42. 没有依法具有监护资格的人的，谁来担任监护人？

如果出现没有《民法典》第 27 条、第 28 条规定的具有监护资格的人的情况，即被监护人的父母死亡或者没有监护能力，也没有其他近亲属，或者其他近亲属都没有监护能力，而且还没有符合条件的其他愿意担任监护人的个人或者组织，在这种情况下，根据《民法典》第 32 条的规定，监护人由民政部门担任，也可以由具备履行监护职责条件的被监护人住所地的居民委员会、村民委员会担任。也就是说，民政部门要承担主要的兜底性监护职责，监护人缺位时，民政部门就要担任兜底监护人。如果被监护人住所地的居民委员会、村民委员会具备履行监护职责条件也愿意担任监护人的，也可以由居民委员会、村民委员会担任监护人。

43. 什么是意定监护？

根据《民法典》第 33 条的规定，意定监护是指具有完全民事行为能力的成年人，与其近亲属、其他愿意担任监护人的个人或者组织事先协商，以书面形式确定自己的监护人，在自己丧失或者部分丧失民事行为能力时，由该监护人履行监护职责。

意定监护是在监护领域对自愿原则的贯彻落实，是具有完全民事行为能力的成年人对自己将来的监护事务，按照自己的意愿事先所作的安排。具有完全民事行为能力的成年人确定自己丧失或者部分丧失民事行为能力时的监护人，应当事先取得被选择方的认可，即经双方协商一致。意定监护对被监护人的权益影响很大，应以书面方式为宜，明确写明经双方认可的内容，对于其真实性、合法性加以保障，从根源上减少意定监护纠纷。

意定监护作为一种确定监护人的方式，是相对于法定监护来说的。意定监护是对成年人完全基于自己意愿选择监护人的尊重，自己意愿是起决定性作用的；法定监护是基于法律规定的条件和程序确定监护人，《民法典》第 27 条至第 32 条对此作了规定。一般而言，意定监护优先于法定监护予以适用。只有在意定监护协议无效或者因各种原因，例如协议确定的监护人丧失监护能力，监护协议无法履行的情况下，才适用法定监护。

44. 监护人的职责有哪些?

《民法典》第 34 条第 1 款明确规定了监护人的职责："监护人的职责是代理被监护人实施民事法律行为，保护被监护人的人身权利、财产权利以及其他合法权益等。"

弥补被监护人民事行为能力的不足是监护制度设立的重要目的，被监护人往往不能独立实施民事法律行为，这就需要由监护人代理实施，因此民法典将"代理被监护人实施民事法律行为"从监护职责中单列出来作强调。监护人保护被监护人的人身权利、财产权利以及其他合法权益的职责，主要包括：保护被监护人的身心健康，促进未成年人的健康成长，对成年被监护人也要积极促进其健康状况的恢复；照顾被监护人的生活；管理和保护被监护人的财产；对被监护人进行教育和必要的管理；在被监护人合法权益受到侵害或者与人发生争议时，代理其进行诉讼等。相关单行法也对监护人的监护职责作出了较为具体的规定。例如，《未成年人保护法》设专章对未成年人的父母或者其他监护人的监护职责作出了具体规定。《未成年人保护法》第 11 条规定，父母或者其他监护人应当关注未成年人的生理、心理状况和行为习惯，以健康的思想、良好的品行和适当的方法教育和影响未成年人，引导未成年人进行有益身心健康的活动，预防和制止未成年人吸烟、酗酒、流浪、沉迷网络以及赌博、吸毒、卖淫等行为。第 13 条规定，父母或者其他监护人应当尊重未成年人受教育的权利，必须使适龄未成年人依法入学接受并完成义务教育，不得使接受义务教育的未成年人辍学。精神卫生法对精神障碍患者的监护人职责作出了规定。《精神卫生法》第 30 条、第 31 条规定，诊断结论、病情评估表明，就诊者为严重精神障碍患者并已经发生伤害自身的行为，或者有伤害自身的危险，没有实施住院治疗而在家居住的，监护人应当做好看护管理。第 49 条规定，精神障碍患者的监护人应当妥善看护未住院治疗的患者，按照医嘱督促其按时服药、接受随访或者治疗。

45. 监护人因履行监护职责所享有的权利有哪些？

监护人在履行监护职责的过程中，也会因此享有一定的权利。例如，监护人为保护被监护人的人身权益，享有医疗方案的同意权；监护人为了保护被监护人的财产权益，享有财产的管理和支配权；被监护人合法权益受到侵害或者与人发生争议时，监护人享有代理被监护人参加诉讼的权利等。监护人享有这些权利，是为履行监护职责所需要，目的还是保护被监护人的人身、财产权利及其他合法权益。监护人行使这些权利时，其他人不得侵害或者剥夺。有关法律中也对监护人因履行监护职责所享有的权利作出了规定。《广告法》第33条规定，广告主或者广告经营者在广告中使用无民事行为能力人、限制民事行为能力人的名义或者形象的，应当事先取得其监护人的书面同意。《母婴保健法》第19条规定，依照本法规定施行终止妊娠或者结扎手术，本人无行为能力的，应当经其监护人同意，并签署意见。

46. 监护人在哪些情况下应当承担法律责任？

被监护人都是未成年人或者辨识能力不足的成年人，监护人是否能履行好监护职责，对被监护人权益影响很大。监护人如果不履行监护职责或者侵害被监护人合法权益的，应当承担相应的法律责任，主要包括两个方面：一是对被监护人的侵权行为承担责任。《民法典》第1188条规定，无民事行为能力人、限制民事行为能力人造成他人损害的，由监护人承担侵权责任。监护人尽到监护职责的，可以减轻其侵权责任。有财产的无民事行为能力人、限制民事行为能力人造成他人损害的，从本人财产中支付赔偿费用；不足部分，由监护人赔偿。二是监护人不履行监护职责或者侵害被监护人合法权益，造成被监护人人身、财产损害的，应当承担民事责任。《民法典》第179条对承担民事责任的主要方式作出了规定，包括停止侵害、赔偿损失等。

47. 什么情况下要为被监护人安排必要的临时生活照料措施?

因发生疫情等突发事件的紧急情况，监护人因被隔离、治疗或者其他原因，暂时无法履行监护职责，此时被监护人的生活如果处于无人照料状态的，为了被监护人的利益，居民委员会、村民委员会或者政府部门就应当安排对被监护人进行临时生活照料。因此，《民法典》第34条第4款规定：“因发生突发事件等紧急情况，监护人暂时无法履行监护职责，被监护人的生活处于无人照料状态的，被监护人住所地的居民委员会、村民委员会或者民政部门应当为被监护人安排必要的临时生活照料措施。”这里的“突发事件”，是指突发事件应对法中规定的突然发生，造成或者可能造成严重社会危害，需要采取应急处置措施予以应对的自然灾害、事故灾难、公共卫生事件和社会安全事件。

安排临时生活照料措施与民事监护中的临时监护制度不同。两者虽然都有临时生活照料的内容，但临时生活照料措施与临时监护制度适用的前提条件和内容存在很大差别。首先，在发生疫情等突发事件的紧急情况下，比如在新冠肺炎疫情期间，监护人被集中隔离、治疗的，监护人还存在，其监护人的资格并没有被剥夺，这与临时监护制度发生的条件不同。临时监护制度的设立前提是没有监护人，而安排临时生活照料措施是因为监护人被隔离、治疗，只是暂时无法照料被监护人，不能履行监护职责，需要安排对被监护人进行临时生活照料。其次，对于临时监护，临时监护人的监护职责也包括保护被监护人的人身权利、财产权利以及其他合法权益等许多方面，而安排临时生活照料措施只是安排人员照料被监护人的日常生活。最后，临时监护属于监护，临时监护人涉及许多行使权利和履行义务的情况。比如，享有财产管理和支配权、代理诉讼的权利，承担因被监护人侵权引起的法律责任等。而进行临时生活照料的人员是不可能享有这些权利并承担这些义务的。

因此，临时生活照料措施主要就是对被监护人进行生活照料。而临时监护则除了照料生活之外，还有许多情况需要处理，可能包括一些涉及被监护人的权利义务的重大决定，这是临时生活照料措施解决不了的。采取临时生活照料措施，只是进行临时性生活照料，如果监护人因病去世，就应当及时确定新监护人。如果对确定新监护人发生异议难以确定，被监护人的人身、财产以及其他合法权益仍处于无人保护的状态，符合临时监护的适用条件，就应由被监护人住所地的居民委员会、村民委员会、法律规定的有关组织或者民政部门担任临时监护人。

48. 监护人履行监护职责应当遵循什么原则?

监护人履行监护职责涉及被监护人的人身、财产等各个方面，法律难以对所有具体履行职责的行为作出规范，因此《民法典》第 35 条确立了监护人履行监护职责应当遵循的两项基本原则：

一是最有利于被监护人的原则。即监护人在保护被监护人的人身权利、财产权利及其他合法权益的过程中，要综合各方面因素进行权衡，选择最有利于被监护人的方案，采取最有利于被监护人的措施，使被监护人的利益最大化。例如，监护人要选择最有利于成年被监护人健康状况恢复的治疗方案、护理措施等；在将被监护人自住以外的房产出租时，选择合适的承租人，以市场价确定租金，并且租金收益归被监护人所有，监护人不得据为己有。《民法典》第35条还同时明确，除为维护被监护人利益外，监护人不得处分被监护人的财产。对被监护人财产的处分，必须是为维护被监护人的利益，如为了被监护人的生活、教育等，并且也要符合最有利于被监护人的原则。

二是尊重被监护人意愿的原则。这一原则区分未成年人和成年人而在具体内容上有所区别。未成年人的监护人在作出与未成年人的利益有关的决定时，应当征求未成年人的意见，在未成年人提出自己的意见后，再根据未成年人的年龄、社会经验、认知能力和判断能力等，探求、尊重未成年被监护人的真实意愿。而对成年被监护人的意愿，要做到“最大限度地”尊重。如果某项民事法律行为，根据被监护人的智力、精神健康状况，被监护人可以独立实施，则监护人不得代理实施，要创造条件保障、支持被监护人独立实施。监护人不得干涉被监护人有能力独立处理的事务，应促进被监护人按照自己的意愿独立、正常生活。

49. 什么是撤销监护人资格诉讼?

实践中，监护人严重侵害被监护人合法权益的行为时有发生，为了更好地保护被监护人的人身、财产权利，法律明确规定了撤销监护人资格诉讼。即在监护人实施了严重侵害被监护人合法权益的行为时，有关个人或者组织可以向人民法院提出申请，要求撤销监护人资格，人民法院经审理后，如情况属实，则依法撤销监护人资格，并同时为被监护人另行指定监护人。

50. 什么情况下可以提起撤销监护人资格诉讼？

根据《民法典》第 36 条第 1 款的规定，监护人有下列情形之一的，有关个人或者组织可以提起撤销监护人资格诉讼：一是监护人实施严重损害被监护人身心健康的行为，例如性侵害、出卖、遗弃、虐待、暴力伤害被监护人等。二是监护人怠于履行监护职责，或者无法履行监护职责且拒绝将监护职责部分或者全部委托给他人，导致被监护人处于危困状态。例如，父母有吸毒、赌博等恶习，怠于履行监护职责，导致儿童面临严重危险等；父母外出打工，也没有将监护职责委托给他人，留下年龄较小的儿童独立在家生活，处于危困状态等。三是兜底性规定，即只要有严重侵害被监护人合法权益的行为，均可以撤销监护人资格。例如，教唆、利用未成年人实施违法犯罪行为等。

51. 哪些人可以提起撤销监护人资格诉讼？

根据《民法典》第 36 条第 2 款的规定，有权向法院申请撤销监护人资格的有关个人、组织包括其他依法具有监护资格的人，居民委员会、村民委员会、学校、医疗机构、妇女联合会、残疾人联合会、未成年人保护组织、依法设立的老年人组织、民政部门等。

实践中，对于一些严重侵害被监护人合法权益的行为，存在上述个人和民政部门以外的组织因各种原因未及时向人民法院提出撤销监护人资格的申请，导致被监护人的合法权益无法得到保护的情形。对于这种情况，《民法典》第 36 条第 3 款明确规定："前款规定的个人和民政部门以外的组织未及时向人民法院申请撤销监护人资格的，民政部门应当向人民法院申请。"

52. 人民法院如何处理撤销监护人资格诉讼?

人民法院受理撤销监护人资格诉讼后，应当全面审查调查评估报告等证据材料，听取被申请人、有表达能力的被监护人以及村（居）民委员会、学校、邻居等的意见。如果查明监护人确实实施了严重侵害被监护人合法权益的行为，可以判决撤销监护人资格，并按照最有利于被监护人的原则依法指定新的监护人。撤销监护人资格诉讼往往要持续一定的时间。在此期间内，如果被监护人的人身、财产等合法权益处于无人保护状态的，人民法院应当安排必要的临时监护措施。

53. 被人民法院撤销监护人资格后，法定扶养义务人是否应当继续履行负担的义务?

实践中，监护人往往由父母、子女、配偶等法定扶养义务人担任。监护人被撤销监护人资格后，就不能再继续履行监护职责。但负担被监护人抚养费、赡养费、扶养费等法定扶养义务是基于血缘等关系确立的法律义务，该义务不因监护人资格的撤销而免除。父母、子女、配偶等法定扶养义务人被人民法院撤销监护人资格后，应当继续履行负担被监护人抚养费、赡养费、扶养费等义务。

54. 被撤销监护人资格的人什么情况下可以恢复监护人资格？

有的监护人在监护人资格被撤销后，确有悔改表现，有继续担任监护人的愿望的，在一定情况下可以恢复监护人资格。根据《民法典》第 38 条的规定，恢复监护人资格需要满足以下条件：

一是监护人资格的恢复必须要向法院申请，由人民法院决定是否予以恢复。二是只有被监护人的父母或者子女可以申请恢复监护人资格，其他个人或者组织的监护人资格一旦被撤销，即不再恢复。三是不存在对被监护人实施故意犯罪的情形，如对被监护人实施性侵害、虐待、遗弃被监护人等构成刑事犯罪的，不得恢复监护人资格。但对因过失犯罪，例如因过失导致被监护人受到伤害等被撤销监护人资格的，则可以根据具体情况来判断是否恢复监护人资格。四是确有悔改表现，即被监护人的父母或者子女不但要有悔改的意愿，还要有实际的悔改表现，这需要由人民法院根据具体情形予以判断。五是要尊重被监护人的真实意愿，如果被监护人不愿意其父母或者子女继续担任监护人的，则不得恢复监护人资格。

即使符合以上全部条件，法院也还需要综合考虑各方面情况，从有利于被监护人权益保护的角度，决定是否恢复监护人资格。监护人资格恢复后，人民法院指定的监护人与被监护人的监护关系同时终止。

55. 什么情形下监护关系终止？

根据《民法典》第 39 条第 1 款的规定，有下列情形之一的，监护关系终止：

一是被监护人取得或者恢复完全民事行为能力。未成年人年满 18 周岁成为成年人，或者年满 16 周岁，以自己的劳动收入为主要生活来源，即取得完全民事行为能力。无民事行为能力或者限制民事行为能力的成年人的智力、精神健康状况恢复正常，即恢复完全民事行为能力。被监护人取得或者恢复完全民事行为能力，监护就没有存在的必要，监护关系即终止，监护人不再履行监护职责。

二是监护人丧失监护能力。监护人具有监护能力，是具有监护资格的必要条件，如果丧失监护能力，也就不得再担任监护人，监护关系终止。监护人丧失监护能力的情形较为复杂，需要根据具体情况具体判断，例如监护人因疾病成为无民事行为能力人，即丧失了监护能力。

三是被监护人或者监护人死亡。被监护人或者监护人一方死亡，监护关系即自动终止。

四是人民法院认定监护关系终止的其他情形。包括监护人资格被人民法院撤销，有正当理由向法院申请变更监护人并得到法院许可等。

要注意的是，在有些监护关系终止的情形下，例如监护人死亡、丧失监护能力或者被撤销监护人资格等，被监护人仍然需要监护的，就应当根据具体情况，依据法律的规定另行确定监护人。对于监护人死亡或者丧失监护能力等情形，可以依照《民法典》第 27 条至第 32 条重新确定监护人。对于撤销监护人资格的，由人民法院依照《民法典》第 36 条的规定，按照最有利于被监护人的原则依法指定监护人。

56. 什么是宣告失踪?

宣告失踪是指自然人下落不明达到法定的期限，经利害关系人申请，人民法院依照法定程序宣告其为失踪人的一项制度。自然人的失踪将使与其相关的法律关系处于不确定状态，法律设立宣告失踪制度，就是为了调整这种不确定状态，保护相关当事人的利益。通过设立宣告失踪制度，由人民法院宣告自然人失踪，以结束失踪人财产无人管理以及其应当履行的义务不能得到及时履行的不确定状态，保护失踪人和利害关系人的利益，维护社会经济秩序的稳定。

57. 宣告失踪的条件是什么?

根据《民法典》第 40 条的规定，宣告失踪的条件包括：

第一，自然人下落不明满 2 年。所谓下落不明，是指自然人持续不间断地没有音讯的状态。

第二，利害关系人向人民法院申请。申请宣告失踪的利害关系人，包括被申请宣告失踪人的配偶、父母、子女、兄弟姐妹、祖父母、外祖父母、孙子女、外孙子女以及其他与被申请人有民事权利义务关系的人。利害关系人申请宣告失踪的，应当向下落不明人住所地基层人民法院提出。申请书应当写明失踪的事实、时间和请求，并附有公安机关或者其他有关机关关于该公民下落不明的书面证明。

第三，由人民法院依据法定程序进行宣告。宣告失踪在法律效果上将对自然人的财产利益产生重大影响，必须由司法机关经过严格程序来进行。因此，宣告失踪只能由人民法院作出，其他任何机关和个人无权作出宣告失踪的决定。人民法院审理宣告失踪案件，适用特别程序。人民法院受理宣告失踪案件后，应当发出寻找下落不明人的公告。宣告失踪的公告期间为 3 个月。公告期间届满，人民法院应当根据被宣告失踪的事实是否得到确认，作出宣告失踪的判决或者驳回申请的判决。

58. 下落不明的时间如何计算？

根据《民法典》第 41 条的规定，自然人下落不明的时间自其失去音讯之日起计算。战争期间下落不明的，下落不明的时间自战争结束之日或者有关机关确定的下落不明之日起计算。

59. 如何确定失踪人的财产代管人？

自然人被宣告为失踪人后，就需要确定失踪人的财产代管人，由其代为处理涉及失踪人的相关财产事宜，这既是对失踪人利益的保护，同时也是对失踪人的债权人等利害关系人合法权益的保护。根据《民法典》第42条的规定，失踪人的财产由其配偶、成年子女、父母或者其他愿意担任财产代管人的人代管。如果对代管有争议，或者没有上述人员，或者上述人员无代管能力的，则由人民法院指定的人代管。

60. 财产代管人的职责是什么？

法律规定财产代管人制度的目的之一就是保护失踪人在下落不明状态下的财产权益，因此《民法典》第43条第1款对财产代管人的职责首先明确规定，财产代管人应当妥善管理失踪人的财产，维护失踪人的财产权益。财产代管人应以像对待自己事务一样的注意义务，来管理失踪人的财产，既包括对失踪人财产的保管，也包括作为代理人收取失踪人的到期债权。与其他有偿的法律关系不同，财产代管人管理失踪人的财产并非基于合同约定，而是直接来自法律的规定，代管财产的目的也不是从中获利，该种管理财产的行为通常是无偿的。因此，法律对财产代管人的职责规定得也较为原则，财产代管人管理失踪人的财产，只要尽到善良管理人的义务，即能够像管理自己的事务一样管理失踪人的财产，就满足了法律规定的要求。

财产代管人的职责不仅仅是维护失踪人的财产权益，还包括代失踪人履行义务，即从失踪人的财产中支付失踪人所欠税款、债务和应付的其他费用。这里的“其他费用”，包括赡养费、扶养费、抚育费和因代管财产所需的管理费等必要的费用。

61. 财产代管人造成失踪人财产损失，应负什么法律责任?

代管人应当根据有利于保护失踪人财产的原则管好失踪人的财产，不得滥用代管权对失踪人的财产挥霍浪费、挪用牟利或者将失踪人的财产据为己有，侵害失踪人的财产权益。由于失踪人的代管人进行代管是一种无偿的行为，故《民法典》第 43 条第 3 款规定，只有代管人因故意或重大过失造成失踪人财产损失的，才应当承担赔偿责任，对于因一般的过失造成的损害不承担赔偿责任。存在代管人因故意或重大过失造成失踪人财产损失情形的，在失踪人失踪期间，失踪人的利害关系人可以向人民法院请求财产代管人承担民事责任，并可以依照《民法典》第 44 条的规定，向人民法院申请变更财产代管人。

62. 什么情况下可以变更财产代管人?

财产代管人一旦确定，没有特殊情况是不能变更的，变更财产代管人需要有法定的事由。依照《民法典》第 44 条第 1 款的规定，如果出现财产代管人不履行代管职责、侵害失踪人财产权益或者丧失代管能力等事由，表明该财产代管人已经不再适格，失踪人的利害关系人就可以向人民法院申请变更财产代管人。财产代管人不履行职责，既可以表现为不行使失踪人的权利，比如不收取失踪人的债权，也可以表现为不履行失踪人应当履行的义务，比如不履行清偿债务、缴纳税款义务等。侵害失踪人财产权益，可以表现为不当处分失踪人的财产，滥用代管权对失踪人的财产挥霍浪费，与他人恶意串通侵夺失踪人的财产等。财产代管人丧失代管能力，可以表现为财产代管人丧失了行为能力等。出现上述情形，明显对失踪人不利，甚至会严重侵害失踪人的财产利益。因此，法律规定这些情况下失踪人的利害关系人可以向人民法院申请变更财产代管人。这里的利害关系人既包括失踪人的近亲属，也包括其他利害关系人，如失踪人的债权人。

还有一种情况可以变更财产代管人，即财产代管人本身有正当理由的，可以向人民法院申请变更财产代管人。比如，财产代管人因为工作原因要到其他地方居住，或者因为身体健康原因无法继续履行财产代管职责，这时财产代管人可以向人民法院申请变更财产代管人。

人民法院变更财产代管人后，变更后的财产代管人有权要求原财产代管人及时移交有关财产并报告财产代管情况。

63. 撤销失踪宣告的条件是什么?

根据《民法典》第45条第1款的规定，撤销失踪宣告的条件包括：一是失踪人重新出现。自然人因失去音讯下落不明而被宣告失踪，失踪宣告的撤销自然就要以这种状态的消除为条件。这里失踪人重新出现的含义，即重新得到了失踪人的音讯，从而消除了其下落不明的状态。二是经本人或者利害关系人申请。这里利害关系人的范围应当与申请宣告失踪的利害关系人范围一致，包括被申请宣告失踪人的配偶、父母、子女、兄弟姐妹、祖父母、外祖父母、孙子女、外孙子女以及其他与失踪人有民事权利义务关系的人。撤销失踪宣告申请也应当向下落不明人住所地基层人民法院提出。三是应当由人民法院作出撤销失踪宣告。自然人失踪只能由人民法院依据法定程序进行宣告，因此，该宣告的撤销也应当由人民法院通过法定程序来作出。

64. 被宣告失踪后，失踪人重新出现的法律效果是什么?

根据《民法典》第 45 条第 2 款的规定，失踪人重新出现，有权要求财产代管人及时移交有关财产并报告财产代管情况。失踪人一旦重新出现，就应当恢复对自己财产的控制，财产代管人的代管职责应当相应结束，应停止代管行为，移交代管的财产并向本人报告代管情况。

65. 什么是宣告死亡?

宣告死亡是指自然人下落不明达到法定期限，经利害关系人申请，人民法院经过法定程序在法律上推定失踪人死亡的一项民事制度。自然人长期下落不明会使得与其相关的财产关系和人身关系处于不稳定状态，通过宣告死亡制度，可以及时了结下落不明人与他人的财产关系和人身关系，从而维护正常的经济秩序和社会秩序。宣告自然人死亡，是对自然人死亡在法律上的推定，这种推定将产生与生理死亡基本一样的法律效果，因此，宣告死亡必须具备法律规定的条件。

66. 宣告死亡的条件是什么?

根据《民法典》第 46 条的规定，宣告死亡的条件是：

第一，自然人下落不明的时间要达到法定的长度。一般情况下，下落不明的时间要满 4 年。如果是因意外事件而下落不明，下落不明的时间要满 2 年。自然人因意外事件下落不明的，其生存的可能性明显小于一般情况下的下落不明，因此这种情况下宣告死亡，法律要求的下落不明时间长度应当短于一般情况下宣告死亡。对于因意外事件下落不明的自然人，如果与该意外事件有关的机关证明该自然人不可能生存的，利害关系人就可以据此申请宣告该自然人死亡，而不必等到下落不明满 2 年。

第二，必须要由利害关系人提出申请。此处所说的利害关系人，应当是与被宣告人是生存还是死亡的法律后果有利害关系的人。依照民事诉讼法的规定，利害关系人申请宣告其死亡的，向下落不明人住所地基层人民法院提出。申请书应当写明下落不明的事实、时间和请求，并附有公安机关或者其他有关机关关于该公民下落不明的书面证明。

第三，只能由人民法院经过法定程序，宣告自然人死亡。依照民事诉讼法的规定，人民法院审理宣告死亡案件，适用民事诉讼法关于特别程序的规定。人民法院受理宣告死亡案件后，应当发出寻找下落不明人的公告，公告期间为 1 年。因意外事故下落不明，经有关机关证明该公民不可能生存的，宣告死亡的公告期间为 3 个月。公告期间届满，人民法院应当根据被宣告死亡的事实是否得到确认，作出宣告死亡的判决或者驳回申请的判决。

67. 对同一自然人，有的利害关系人申请宣告死亡，有的利害关系人申请宣告失踪，怎么处理？

宣告死亡和宣告失踪都是基于自然人下落不明，为了维护社会经济关系的稳定而设立的法律制度，二者都以被宣告人下落不明达到一定法定期间为前提，都需要利害关系人提出宣告申请，并且都由人民法院作出宣告的判决。但是，宣告死亡与宣告失踪在法律后果上又存在明显差异。一般来说，宣告死亡与自然死亡的法律效力相同，不但影响被宣告人财产的处分，而且也影响与其相关的身份关系，如夫妻关系与父母子女关系，同时，其遗产继承开始，其遗嘱也发生效力；宣告失踪的法律后果是为其设定财产代管人，只发生财产方面的影响而不会影响到身份关系的变化。根据《民法典》第 47 条的规定，对同一自然人，有的利害关系人申请宣告死亡，有的利害关系人申请宣告失踪，符合法律规定的宣告死亡条件的，人民法院应当宣告死亡。

68. 被宣告死亡的人的死亡时间如何确定？

宣告死亡是人民法院经利害关系人的申请，按照法定程序推定下落不明的公民死亡的法律制度。这种推定的一项重要内容，就是推定被宣告死亡人死亡的时间。一般来说，宣告死亡与自然死亡的法律效力相同，如何推定被宣告死亡的自然人的死亡时间涉及继承的开始、身份关系解除等，如遗产的具体范围、继承人的具体范围、遗嘱效力之发生时间以及代位继承是否发生等遗产继承有关重大事项，具有重要的法律意义。根据《民法典》第48条的规定，被宣告死亡的人，人民法院宣告死亡的判决作出之日视为其死亡的日期；因意外事件下落不明宣告死亡的，意外事件发生之日视为其死亡的日期。

69. 被宣告死亡但并未死亡的自然人实施的民事法律行为效力如何?

宣告死亡是人民法院经利害关系人的申请，按照法定程序推定下落不明的公民死亡的法律制度。因此，自然人被宣告死亡从本质上讲是一种拟制的死亡，有可能本人并没有自然死亡或者说真正死亡。这个被宣告死亡但并未真正死亡的自然人，可能在被宣告死亡期间还在从事民事活动，包括吃穿住行等各种活动。如果因为他已经被宣告死亡了，就不承认他所从事的民事法律行为的效力，无疑是不合情理的，也不利于维护交易安全和社会经济秩序。因此，《民法典》第49条明确规定，自然人被宣告死亡但是并未死亡的，不影响该自然人在被宣告死亡期间实施的民事法律行为的效力。

70. 撤销死亡宣告的条件是什么?

根据《民法典》第50条的规定，撤销死亡宣告的条件包括：一是被宣告死亡人重新出现。自然人因失去音讯下落不明而被宣告死亡，死亡宣告的撤销自然就要以这种状态的消除为条件。这里被宣告死亡的人重新出现的含义，即重新得到了被宣告死亡人的音讯，从而消除了其下落不明的状态。二是经本人或者利害关系人申请。这里利害关系人的范围应当与申请宣告死亡的利害关系人范围一致。申请也应当向下落不明人住所地基层人民法院提出。三是应当由人民法院作出撤销死亡宣告。宣告死亡是人民法院经过法定程序作出的，具有宣示性和公信力，产生相应的法律后果。即使被宣告人事实上没有死亡，也不能在重新出现后当然使得与其相关的民事法律关系恢复到原来的状态。因此，撤销死亡宣告必须经本人或者利害关系人申请，同样由人民法院通过法定程序，作出新判决，撤销原判决。

71. 宣告死亡对被宣告死亡的人的婚姻关系有什么法律效果？

宣告死亡是自然人下落不明达到法定期限，经利害关系人申请，人民法院经过法定程序在法律上推定失踪人死亡的一项民事制度。宣告自然人死亡，是对自然人死亡在法律上的推定，这种推定将产生与生理死亡基本一样的法律效果。因此，《民法典》第 51 条明确规定，被宣告死亡的人的婚姻关系，自死亡宣告之日起消除。

72. 撤销死亡宣告对被宣告死亡的人的婚姻关系有什么法律效果?

自然人被宣告死亡，其婚姻关系自死亡宣告之日起消除。如果被宣告死亡的人重新出现，死亡宣告被人民法院撤销的，根据《民法典》第51条的规定，一般情况下，其婚姻关系自撤销死亡宣告之日起自行恢复，但是有两种例外情形：一是其配偶再婚。在自然人被宣告死亡后，其与配偶的婚姻关系即告消灭，配偶就有可能与其他人结婚。此时，即使死亡宣告被撤销，被宣告死亡的人与其配偶之间的婚姻关系也不能再行恢复。二是其配偶向婚姻登记机关书面声明不愿意恢复的情形。死亡宣告被撤销后，其配偶虽未再婚，但由于日久年深，可能已经不愿意恢复婚姻关系了。如果此时还规定婚姻关系自行恢复，那么双方就得再走离婚程序，不太合理。因此，法律明确规定，如果被宣告死亡人的配偶向婚姻登记机关书面声明不愿意恢复婚姻关系的，其婚姻关系便不再自行恢复。

73. 撤销死亡宣告后如何处理宣告死亡期间的收养关系?

被宣告死亡的人在被宣告死亡期间，其子女被他人依法收养的，在死亡宣告被撤销后，这一收养关系应当如何处理?《民法典》第1097条规定，生父母送养子女，应当双方共同送养。据此，父母可以未经本人同意为由主张收养关系无效。但是，被宣告死亡的人在被宣告死亡期间，在法律上与子女的亲权关系已经消灭，已不存在经其同意的问题。因此，《民法典》第52条规定，被宣告死亡的人在死亡宣告被撤销后，不得以未经本人同意为由主张收养关系无效。当然，如果各方当事人经过友好协商，一致同意解除收养关系，法律也是允许的。

74. 撤销死亡宣告后，取得其财产的人是否应当返还财产？

被撤销死亡宣告的人的财产已被第三人合法取得的，第三人可不予返还。但对于依民法典继承编取得财产的人，根据《民法典》第53条第1款的规定，被撤销死亡宣告的人有权请求其返还财产。这主要是由于：一方面，被宣告死亡的人重新出现，财产可以继承的推定被推翻；另一方面，继承人乃是无偿取得财产，故而规定被撤销死亡宣告的人有权请求其返还财产。但是，进一步来说，继承人取得财产毕竟是因宣告死亡而起，属于合法取得，也自然将其作为自己的财产而使用、消费，乃至损毁，以致不能返还。如规定这种情况下继承人应当按原值折价补偿，于情理不合。因此，《民法典》第53条第1款同时规定，无法返还的，给予适当补偿。

但是，如果自然人被宣告死亡乃是利害关系人隐瞒真实情况所导致，并且该利害关系人还因之获得利益，取得被宣告死亡人的财产，则该利害关系人存在过错，其取得财产带有非法性，不但不应受到利益上的保护，而且还应当承担相应的责任。因此，《民法典》第53条第2款规定，利害关系人隐瞒真实情况，致使他人被宣告死亡而取得其财产的，除应当返还财产外，还应当对由此造成的损失承担赔偿责任。

75. 什么是个体工商户？

《民法典》第 54 条规定，自然人从事工商业经营，经依法登记，为个体工商户。根据这一规定，有经营能力的自然人，经市场监督管理部门登记，领取个体工商户营业执照，从事工商业经营的，即成为个体工商户。国务院公布的个体工商户条例和原国家工商行政管理总局公布的个体工商户登记管理办法对个体工商户的登记都作了具体规定。

1. 登记机关。市场监督管理部门是个体工商户的登记管理机关。县、自治县、不设区的市、市辖区市场监督管理部门为个体工商户的登记机关，负责本辖区内的个体工商户登记。登记机关可以委托其派出机构办理个体工商户登记。

2. 申请登记。国家对个体工商户实行市场平等准入、公平待遇的原则。申请办理个体工商户登记，申请登记的经营范围不属于法律、行政法规禁止进入的行业的，登记机关应当依法予以登记。个体工商户可以个人经营，也可以家庭经营。个人经营的，以经营者本人为申请人；家庭经营的，以家庭成员中主持经营者为申请人。申请登记为个体工商户，应当向经营场所所在地登记机关申请注册登记。申请人应当提交登记申请书、身份证明和经营场所证明。

3. 登记事项。个体工商户登记事项包括经营者姓名和住所、组成形式、经营范围、经营场所。个体工商户使用名称的，名称作为登记事项。

经营者姓名和住所，是指申请登记为个体工商户的公民姓名及其户籍所在地的详细住址。

组成形式，包括个人经营和家庭经营。家庭经营的，参加经营的家庭成员姓名应当同时备案。经营范围，是指个体工商户开展经营活动所属的行业类别。登记机关根据申请人申请，参照《国民经济行业分类》中的类别标准，登记个体工商户的经营范围。经营场所，是指个体工商户营业所在地的详细地址。个体工商户经登记机关登记的经营场所只能为一处。申请注册登记或者变更登记的登记事项属于依法须取得行政许可的，应当向登记机关提交许可证明。

4. 办理登记。登记机关对申请材料依法审查后，按照下列规定办理：（1）申请材料齐全、符合法定形式的，当场予以登记；申请材料不齐全或者不符合法定形式要求的，当场告知申请人需要补正的全部内容。（2）需要对申请材料的实质性内容进行核实的，依法进行核查，并自受理申请之日起 15 日内作出是否予以登记的决定。（3）不符合个体工商户登记条件的，不予登记并书面告知申请人，说明理由，告知申请人有权依法申请行政复议、提起行政诉讼。予以注册登记的，登记机关应当自登记之日起 10 日内发给个体工商户营业执照。

5. 变更、注销登记。个体工商户登记事项变更的，应当向登记机关申请办理变更登记。个体工商户变更经营者的，应当在办理注销登记后，由新的经营者重新申请办理注册登记。家庭经营的个体工商户在家庭成员间变更经营者的，依照前述规定办理变更手续。个体工商户不再从事经营活动的，应当到登记机关办理注销登记。

关于个体工商户从事“工商业经营”的范围，只要是不属于法律、行政法规禁止进入的行业，个体工商户均可进入并开展经营活动。实践中个体工商户从事经营的领域主要有：批发和零售业，住宿和餐饮业，居民服务、修理和其他服务业，制造业，农、林、牧、渔业，交通运输、仓储和邮政业，租赁和商务服务业，信息传输、软件和信息技术服务业，文化、体育和娱乐业，科学研究和技术服务业，建筑业，卫生和社会工作，房地产业，教育，采矿业，电力、热力、燃气及水生产和供应业，水利、环境和公共设施管理业，金融业等行业。

个体工商户可以使用名称，也可以不使用名称。个体工商户决定使用名称的，应当向登记机关提出申请，经核准登记后方可使用。一户个体工商户只能使用一个名称。

76. 个体工商户的债务承担如何确定?

个体工商户可以个人经营，也可以家庭经营，对于个体工商户经营产生的债务，《民法典》第 56 条第 1 款明确规定，个人经营的，以个人财产承担；家庭经营的，以家庭财产承担；无法区分的，以家庭财产承担。对于实践中判断是个人经营还是家庭经营，主要看是个人投资还是家庭投资，是个人享用经营收益还是家庭共同享用经营收益，司法实践中一般有以下认定标准：一是以公民个人名义申请登记的个体工商户，用家庭共有财产投资，或者收益的主要部分供家庭成员享用的，其债务应以家庭共有财产清偿。二是夫妻关系存续期间，一方从事个体经营，其收入为夫妻共有财产的，债务亦应以夫妻共有财产清偿。此外，个体工商户的债务，如以其家庭共有财产承担责任，应当保留家庭成员的生活必需品和必要的生产工具。

77. 什么是农村承包经营户？

《民法典》第55条规定，农村集体经济组织的成员，依法取得农村土地承包经营权，从事家庭承包经营的，为农村承包经营户。

实行以家庭承包经营为基础、统分结合的双层经营体制，是我国改革开放历史新时期的重要标志性举措，是我国农村改革的重大成果，是我国宪法确立的农村基本经营制度。多年来的农村改革的实践证明，实行家庭承包经营，符合生产关系要适应生产力发展要求的规律，使农户获得了充分的经营自主权，充分调动了亿万农民的生产积极性，极大地解放和发展了农村生产力，实现了我国农业的巨大发展和农村经济的全面繁荣。

家庭承包经营是集体经济组织内部的一个经营层次，是双层经营体制的基础。实行家庭承包经营，符合农业生产的特点，可以使农户根据自然条件、市场需求和效益原则等因素，确定农业生产的品种、结构和项目，广泛采用农业新品种、新技术，进行农业结构调整，使农民成为农业生产经营的独立的市场主体。实行家庭承包经营，使农户的利益与生产发展密切相关，有效地激发了广大农民对土地长效投入的热情。改良土壤、兴建农田水利设施和购置农机具已成为农户的积极选择。有效利用土地，以科学技术发展生产已成为广大农民内在持久的动力，促进了我国农业的可持续发展。

《农村土地承包法》第3条明确规定：“国家实行农村土地

承包经营制度。农村土地承包采取农村集体经济组织内部的家庭承包方式，不宜采取家庭承包方式的荒山、荒沟、荒丘、荒滩等农村土地，可以采取招标、拍卖、公开协商等方式承包。”第5条第1款规定：“农村集体经济组织成员有权依法承包由本集体经济组织发包的农村土地。”第16条第1款规定：“家庭承包的承包方是本集体经济组织的农户。”从这些规定可以看出，家庭承包方式，是指以农村集体经济组织的每一个农户家庭全体成员为一个生产经营单位，作为承包人与发包人建立承包关系，承包耕地、林地、草地等用于农业的土地。

农村土地家庭承包的承包方是本集体经济组织的农户。农户是农村中以血缘和婚姻关系为基础组成的农村最基本的社会单位。它既是独立的生活单位，又是独立的生产单位。作为生产单位的农户，一般是依靠家庭成员的劳动进行农业生产与经营活动的。对农村土地实行家庭承包的，农户成为农村集体经济中一个独立的经营层次，是农村从事生产经营活动的基本单位。以户为生产经营单位，与一般的自然人个人作为民事主体有所区别，也不同于非法人组织这类民事主体。因此法律对其单独进行规定，即农村集体经济组织的成员，依法取得农村土地承包经营权，从事家庭承包经营的，为农村承包经营户。

承包是以“户”为单位进行。土地承包合同由“户”的代表与发包方签订，土地承包经营权证书是按户制作并颁发。在家庭承包的情况下，农户是交易活动的主体，其信用建立在家庭信用的基础上，发包方或交易相对一方也以农户家庭为对象，与其从事交易活动。农户也是以户的财产承担责任，以确保义务的履行。从这个角度讲，以户为经营单位符合我国农村的实际情况，有利于农村经济活动的进行。

需要进一步说明的是：第一，家庭承包中，是按人人有份分配承包地，按户组成一个生产经营单位作为承包方。第二，本集体经济组织的农户作为承包方，主要是针对耕地、草地和林地等适宜家庭承包的土地的承包。第三，农户内的成员分家析产的，单独成户的成员可以对原家庭承包的土地进行分别耕作，但承包经营权仍是一个整体，不能分割。

78. 农村承包经营户的债务承担如何确定？

农村土地家庭承包的承包方是本集体经济组织的农户。农户是农村中以血缘和婚姻关系为基础组成的农村最基本的社会单位。它既是独立的生活单位，又是独立的生产单位。作为生产单位的农户，一般是依靠家庭成员的劳动进行农业生产与经营活动的。对农村土地实行家庭承包的，农户成为农村集体经济中一个独立的经营层次，是农村从事生产经营活动的基本单位。在承包期内，无论承包户内人口发生什么样的变化，是增是减，只要作为承包户的家庭还存在，承包户仍然是一个生产经营单位。在承包经营活动中，无论是全体家庭成员从事生产经营劳动和经营活动，还是部分家庭成员从事生产经营劳动和经营活动，另一部分家庭成员从事其他职业或者家务劳动，农户仍然是一个对外承担责任的主体。同时，考虑到随着我国城乡经济结构的调整和城镇化的发展，农村剩余劳动力向城镇的转移会不断增加，有的家庭成员进城务工就业，分门立户，已完全不参与家庭土地承包经营，也不分享承包家庭的收益，在这种情况下，可以不再承担原所在家庭承包经营的债务。因此，《民法典》第 56 条第 2 款规定，农村承包经营户的债务，以从事农村土地承包经营的农户财产承担；事实上由农户部分成员经营的，以该部分成员的财产承担。

79. 什么是法人？其有哪些特点？是如何分类的？确立法人制度的意义是什么？

法人是具有民事权利能力和民事行为能力，依法独立享有民事权利和承担民事义务的组织。法人的特点包括：

一是法人不是自然人，属于社会组织，是一种集合体，由法律赋予该组织单独的法律人格。法人可以是人的集合体，也可以是财产的集合体。

二是具有民事权利能力和民事行为能力。法人可以以自己的名义，通过自身的行为享有和行使民事权利，设定和承担民事义务。法人的民事权利能力和民事行为能力，从法人成立时产生，到法人终止时消灭。

三是依法独立享有民事权利、承担民事义务。法人有自己独立的民事主体地位，可以自己的名义独立从事民事活动，享有民事权利，承担民事义务。

四是独立承担民事责任。法人以其全部财产独立承担民事责任，能否独立承担民事责任，是区别法人组织和非法人组织的重要标志。

根据民法典的规定，法人分为营利法人、非营利法人和特别法人。以取得利益分配给股东等出资人为目的成立的法人，为营利法人，包括有限责任公司、股份有限公司和其他企业法人等。为公益目的或者其他非营利目的成立，不向出资人、设立人或者会员分配所取得利润的法人为非营利法人，包括事业单位、社会团体、基金会、社会服务机构等。机关法人、农村集体经济组织法人、城镇农村的合作经济组织法人、基层群众性自治组织法人，为特别法人。

从国际上对法人的分类情况看，大致有以下四种：一是公法人与私法人。公法人是指以社会公共利益为目的，由国家或者公共团体依公法所设立的行使或者分担国家权力、政府职能的法人，如机关法人、某些事业单位法人等；私法人是指以私人利益为目的，由私人依私法而设立的不拥有公共权力的法人，如企业法人等。二是社团法人与财团法人。社团法人是以社员为基础的人的集合体，也称人的组合，公司、行业协会等是典型的社团法人。财团法人是指为一定目的而设立的，并由专门委任的人按照规定的目的使用的各种财产，也称财产组合，基金会、宗教活动场所、慈善组织等都是典型的财团法人。三是营利法人与非营利法人。营利法人是指以营利并将利润分配给其成员为目的的法人，如公司等企业法人；非营利法人不以营利为设立的目的，同时所得利润不分配给设立人或者投资人，而是继续用于法人的发展，如事业单位法人、社会团体法人、捐助法人等。四是公益法人与非公益法人。公益法人是指以公益为其设立目的的法人，如学校、医院、慈善组织等；非公益法人，是指不以公益为其设立目的的法人，如企业法人等。

确立法人制度，可以使具备法人条件的组织取得独立的民事主体资格，在法律上拥有独立的人格，像自然人一样有完全的民事权利能力和民事行为能力，从而有利于社会组织实现自己所承担的任务。如对企业来说，通过法人制度的确立，有利于维护企业的自主权，发挥企业作为市场主体的积极作用。特别是对国有企业来说，法人制度的确立，有利于促进政企分开，使企业真正成为自主经营、自负盈亏的主体，以增强企业自身的活力，促进国有经济的发展。

80. 法人应当如何成立？

法人应当依法成立：一是法人的成立必须合法，其设立目的和宗旨要符合国家利益和社会公共利益的要求，其组织机构、设立宗旨、经营范围、经营方式等要符合法律、法规等的要求。二是法人成立的条件和程序应当符合法律、行政法规的规定，包括法人应当有自己的名称、组织机构、住所、财产或者经费，并且还需要满足法律、行政法规规定的其他条件和程序。如《公司法》第23条规定："设立有限责任公司，应当具备下列条件：（一）股东符合法定人数；（二）有符合公司章程规定的全体股东认缴的出资额；（三）股东共同制定公司章程；（四）有公司名称，建立符合有限责任公司要求的组织机构；（五）有公司住所。"第29条规定："股东认足公司章程规定的出资后，由全体股东指定的代表或者共同委托的代理人向公司登记机关报送公司登记申请书、公司章程等文件，申请设立登记。"第6条规定："设立公司，应当依法向公司登记机关申请设立登记。符合本法规定的设立条件的，由公司登记机关分别登记为有限责任公司或者股份有限公司；不符合本法规定的设立条件的，不得登记为有限责任公司或者股份有限公司。”

此外，设立法人，法律、行政法规规定须经有关机关批准的，依照其规定。如民办教育促进法规定，设立民办学校，应当经教育主管部门批准；医疗机构管理条例规定，设立医疗机构应当经卫生主管部门批准等。应当指出的是，根据行政许可法的规定，地方性法规和省、自治区、直辖市人民政府规章，不得设定应当由国家统一确定的公民、法人或者其他组织的资格、资质的行政许可；不得设定企业或者其他组织的设立登记及其前置性行政许可。因此，只有法律、行政法规可以对法人的设立设定行政许可。

81. 法人的民事权利能力和民事行为能力，从何时产生，到何时消灭？

法人的民事权利能力是法律赋予的，是法人作为一个独立的民事主体应当具备的基本资格。法人民事权利能力的获取意味着法人作为一个独立民事主体的成立，丧失这一权利能力则意味着法人的消灭。因而，法人的权利能力从成立时发生，至法人终止时消灭。

法人的民事行为能力是法人独立地实施民事行为，行使民事权利、承担民事义务的资格。法人的民事行为能力在时间上和民事权利能力相一致，始于法人成立，终于法人消灭，在法人存续期间始终存在。法人的民事行为能力和其民事权利能力在范围上亦一致，是法人能够以自己的行为行使权利和承担义务的范围，即民事行为能力的范围不能超出其权利能力所限定的范围。

法人通过参与社会活动来实现一定经济利益或者公益目的，为确保经济秩序和交易的安全，国家要依法通过设立登记制度赋予法人以民事权利能力和民事行为能力。例如，企业法人设立时须经过市场监管部门登记，使企业成为独立民事主体，从而赋予其从事经营活动的能力与资格；同样，事业单位和社会团体等非营利法人的成立也应分别经编制部门、民政部门注册登记而取得法人资格，享有民事权利能力和民事行为能力。

82. 法人如何承担民事责任？

对于法人来说，是以其全部财产独立承担民事责任。这里强调两点：一是全部财产。法人作为独立的民事主体，要独立进行民事活动，独立承担民事活动的后果。因此，法人应有必要的财产和经费，这是其享有民事权利和承担民事义务的物质基础，也是其得以独立承担民事责任的财产保障。法人要以其全部财产承担民事责任，而不是只以部分财产承担民事责任。二是独立承担民事责任。“独立”的含义，即任何法人的债务只能由它自己承担，国家、投资者和法人组织内部的成员不对法人的债务负责。如有限责任公司是由股东出资设立的，而具有法人身份的公司在民事责任方面是与股东严格区分的，即便是股东出资设立了这家公司，两者的责任也要严格区分，若法人对外需要承担民事责任，要以自身的财产来承担，不能由投资设立该公司的股东以自己的财产来承担。但是，对于合伙企业、个人独资企业等不具备法人资格的组织，因为其不能独立承担民事责任，当其财产不足以清偿债务时，要由出资人或者设立人承担无限责任。

83. 法人的法定代表人如何确定？其以法人名义从事的民事活动，其法律后果是否要由法人承受？

法人的法定代表人由谁担任，是依据法律的规定或者法人章程的规定确定的。一是根据法律规定确定。有的法律，如公司法规定了公司的法定代表人由谁担任："公司法定代表人依照公司章程的规定，由董事长、执行董事或者经理担任，并依法登记。公司法定代表人变更，应当办理变更登记。"再如，民办教育促进法规定，民办学校的法定代表人由理事长、董事长或者校长担任。二是如果没有法律规定，就要根据法人章程来确定法人的法定代表人。

法定代表人对外以法人名义进行民事活动时，其与法人之间并非代理关系，而是代表关系，且其代表职权来自法律的明确授权，故不需要有法人的授权委托书。法定代表人对外的职务行为即为法人行为，其后果由法人承担。法人对法定代表人职务行为所负的责任，也包括越权行为的责任。民法典合同编规定，法人的法定代表人或者非法人组织的负责人超越权限订立的合同，除相对人知道或者应当知道其超越权限外，该代表行为有效，订立的合同对法人或者非法人组织发生效力。需要说明的是，法人除了要对其法定代表人的职务行为承担责任外，还要对其工作人员的职务行为承担责任。民法典在侵权责任编规定，用人单位的工作人员因执行工作任务造成他人损害的，由用人单位承担侵权责任。

法人不得以法人章程等对法定代表人的内部职权限制对抗善意第三人。法人章程是指法人依法制定的，规定法人的经营活动范围、内部管理制度等重大事项的文件，是法人的自我管理规范，载明了法人组织和活动的基本准则。法人章程具有法定性、真实性、自治性和公开性的基本特征，是法人设立和运营的基础和依据。法人章程对法人来说非常重要，但作为法人内部的行为规范，在通常情况下不易被法人外部的人员所知道，所以在确定其外部效力方面，要考虑对善意相对人的权益保护。所谓“善意相对人”是指对法人章程或者法人权力机构对法定代表人代表权的限制，不知情或者不应当知情的权利人。法人章程或者法人权力机构对法定代表人的对外代表权限进行了限制，但该法定代表人超越了自己的权限与相对人签订了合同，或者实施了其他法律行为的，如果相对人不知道或者不应当知道该限制规定的，则法人不得以法定代表人的行为超越了其权限而主张不承担或免除其应承担的法律责任。如甲公司章程规定法定代表人在签订合同之前，应该经董事会授权，但该法定代表人在没有经董事会授权的情况下就与乙公司签订了合同，如果乙公司不知道或者不应当知道甲公司的章程规定，则属于善意相对人，在此情况下，乙公司仍有权要求甲公司履行该合同。

84. 法定代表人因执行职务造成他人损害的，由谁承担民事责任?

法定代表人因执行职务造成他人损害的，属于职务侵权。

法定代表人的职务侵权行为应当同时符合以下两个要素：一是法定代表人的行为构成对第三人的侵权，包括对第三人人身权和财产权的侵害。二是该侵权行为应为法定代表人执行职务的行为。例如，甲公司的法定代表人李某驾车出差途中，发生交通事故，将行人张某撞伤，即属于李某的职务侵权行为。由于法定代表人的职务行为是代表法人实施的，因而应由法人承担民事责任。但是，法定代表人的行为如果与执行职务无关，则不构成职务侵权。在上述例子中，如果作为法定代表人的李某是在自己休假旅行过程中发生交通事故，将行人张某撞伤，则不构成职务侵权，甲公司无需承担责任，要由李某本人承担责任。

法人的法定代表人是代表法人从事民事活动的负责人，其以法人名义从事的民事活动的法律后果由法人承受，所以法定代表人的职务侵权行为亦应由法人来承担民事责任。需要指出的是，法人的法定代表人的职务侵权行为与法人一般工作人员的职务侵权行为，在归责原则上，对外都是由法人承担责任。民法典侵权责任编规定，用人单位的工作人员因执行工作任务造成他人损害的，由用人单位承担侵权责任。用人单位承担侵权责任后，可以向有故意或者重大过失的工作人员追偿。

对于法定代表人的职务侵权行为，法人对外承担民事责任后，在对内责任方面，可以依照法律或者法人章程的规定，向有过错的法定代表人追偿。这一规定涉及法定代表人职务侵权行为的内部责任分担问题。在一般情况下，在职务侵权行为中，行为的法律后果完全由法人承担，法定代表人不需承担该行为的民事责任，但在以下两种情况下，法人可以向有过错的法定代表人追偿：

一是根据法律规定。如果有关法律法规明文规定了法定代表人对职务侵权行为应该承担相应的责任，那么在此种情形下，法人可以在对外赔偿后，依据法律法规规定，向有过错的法定代表人进行追偿。

二是根据法人章程规定。如果法人的章程中明确规定了法定代表人对职务侵权行为应该承担相应的责任，那么在此种情形下，法人可以在对外赔偿后，依据法人章程的规定，向有过错的法定代表人进行追偿。

85. 法人的住所如何确定？

法人以其主要办事机构所在地为住所。依法需要办理法人登记的，应当将主要办事机构所在地登记为住所。

法人住所，是指法人主要办事机构所在地。确定法人的住所，对于确定法人主要办事机构所在地和诉讼管辖地、破产清算地等具有重要意义。此外，法人住所地的确定也可以在涉外法律关系上，决定准据法的适用。我国的《涉外民事关系法律适用法》明确规定："法人及其分支机构的民事权利能力、民事行为能力、组织机构、股东权利义务等事项，适用登记地法律。法人的主营业地与登记地不一致的，可以适用主营业地法律。法人的经常居所地，为其主营业地。"许多国家主张以法人的住所地法作为法人的属人法。因此，在这些国家处理国际民商事纠纷时，如需要适用法人的属人法，就需适用法人的住所地法。

依法需要办理法人登记的，应当将主要办事机构所在地登记为住所。法人设立登记是法人依法成立，取得民事主体资格的要件。企业法人、部分事业单位法人和绝大多数社会团体法人应当依法进行设立登记，登记的内容包括法人的住所一项。根据《民法典》第63条的规定，依法需要办理法人登记的，都应当将主要办事机构所在地登记为住所。

86. 法人存续期间登记事项发生变化的，是否应当依法向登记机关申请变更登记？

法人变更登记是指法人存续期间登记事项发生变化的，应当依法将有关变化情况向登记机关报告，并申请办理变更手续。因登记而取得法人资格的法人，其登记事项的变更应进行变更登记，变更登记的机关为原登记机关。对于非因登记而取得法人资格的机关法人，以及部分社会团体法人和事业单位法人，其变更则不需要登记。

企业法人变更登记的事项通常包括：合并与分立，变更组织形式，增设或者撤销分支机构，以及法人经营范围、注册资本、住所、法定代表人、经营方式的变动等。

87. 法人的实际情况与登记的事项不一致的，能否对抗善意相对人？

法人登记是对法人参与社会活动的一项管理制度，为保证法人的构成和运行合法，保持法人状态的相对稳定和被社会知情，国家依法设立专门机关对法人进行登记并公示管理。法人登记是法人确立民事权利能力和民事行为能力，变更民事权利能力和民事行为能力，以及消灭民事权利能力的要件。法人登记的目的在于保护相对人的利益，维护交易安全，同时也有利于国家职能部门掌握情况，实施监督管理。除依法不需要进行登记的法人以外，法人登记通常包括法人的设立登记、变更登记和注销登记。

《民法典》第 65 条规定，法人的实际情况与登记的事项不一致的，不得对抗善意相对人。例如，法定代表人登记事项与实际情况不符，导致在法人内部存在的运行体制与其在登记机关公示的内容不完全相符，在此种情况下，对善意相对人不发生法律效力。因为登记有一个基本的公示功能，登记事项系对相对人的事先告知，对法人和相对人同等发生效力，推定各方当事人共同认可登记内容。如果法人实际情形与登记不一致的，发生的法律后果由法人自行承担，对相对人不发生效力。但是需要指出的是，如果法人在进行民事活动时主动告知相对人实际情形的，则相对人即不属于善意相对人，不适用《民法典》第 65 条的规定。

88. 什么是法人登记公示制度？确立这一制度的意义是什么？

法人登记公示制度是指登记机关要依法及时公示法人登记的有关信息。法人登记事项经公示之后，即可产生两种法律效力，包括对抗力和公信力。通过赋予公示的登记事项以对抗力来保护登记人的合法权益，同时，通过赋予公示的登记事项以公信力来保护善意第三人，从而维护交易安全。

确立对法人登记信息的公示制度，其意义在于：一是有利于保护交易安全。法人登记公示制度对交易安全的保护，集中表现在公示的效力上，即对抗力与公信力。公示的对抗力表现为已经公示的，可以对抗；未经公示的，不能对抗。公示的公信力表现为一旦公示，外界即可信赖该公示的内容，即使有瑕疵，对信赖该公示的善意第三人也将加以保护。二是有利于降低社会成本。公示制度的对抗力和公信力使当事人的权利义务确定化、稳定化，与之交易的第三人不必花费大量的时间和金钱去辨别公示内容的真伪。因此，公示制度大大降低了市场交易成本，即信息收集、进行谈判、订立契约并检查、监督契约实施的费用。另外，公示制度明确了当事人的责任，无论在登记过程中，还是在交易过程中均需尽注意义务，在使当事人谨慎从事的同时，也可以减少纠纷，降低整个社会的司法成本。

登记机关应当依法及时公示法人登记的有关信息。依据企业法人登记管理条例、公司登记管理条例、社会团体登记管理条例、民办非企业单位登记管理暂行条例和有关实施细则的规定，法人的相关登记机关包括：一是市场监督管理部门，即原工商行政管理部门，是企业法人的登记机关；二是编制部门，是事业单位的登记机关；三是民政部门，是社会团体和民办非企业单位，即社会服务机构的登记机关。同时，上述这些法规对登记机关公示法人登记信息作出了具体规定，包括设立登记、变更登记和注销登记信息都要对外进行公示。

89. 法人合并、分立后，其权利和义务如何承担?

法人合并，是指由两个以上的法人合并为一个新法人，是法人在组织上的一种变更。法人合并分为新设合并和吸收合并。所谓新设合并，是指原法人资格随即消灭，新法人资格随即确立。所谓吸收合并，是指一个或多个法人归并到一个现存的法人中，被合并的法人资格消灭，存续法人的主体资格仍然存在。法人发生合并，它的权利义务，应当由合并后的法人享有和承担。

法人分立，是指一个法人分成两个或两个以上的法人，是法人在组织上的一种变更。法人的分立分为新设式分立和派生式分立两种方式。所谓新设式分立，是指原法人分立为两个或者两个以上新的法人，原法人不复存在。所谓派生式分立，是指原法人仍然存在，但从原法人中分立出来一个新的法人，原法人的资格不变。法人发生分立，其权利和义务由分立后的法人享有连带债权，承担连带债务，但是债权人和债务人另有约定的除外。法人分立后，不仅原有的一切债权债务依法由分立后的法人或者其他组织承担，而且原有的财产所有权、经营权、知识产权等也都转移给分立后的法人。因此，分立后的各法人对原债权享有连带债权，对原债务承担连带债务，但是债权人和债务人另有约定的，可以依照约定处理。

90. 法人终止的条件有哪些?

法人终止，是指法人权利能力的终止。法人终止的条件包括：

第一，具有法定事由，包括三种：一是法人解散。二是法人被宣告破产。法人不能清偿到期债务，并且资产不足以清偿全部债务或者明显缺乏清偿能力的，债权人可以向法院提出对债务人进行破产清算的申请。作为债务人的法人被法院依法宣告破产的，法人终止。从域外一些国家的立法看，也把破产作为法人终止的法定原因，如《德国民法典》规定，社团因破产开始，丧失权利能力。三是法律规定的其他原因。除了前两项原因外，有法律规定的其他原因，法人也要终止。

第二，依法完成清算。在上述原因发生后，法人的主体资格并不立即消灭，只有经过清算，法人主体资格才归于消灭。法人清算，是指清算组织在法人终止时，依据职权清理并消灭法人的全部财产关系的程序。清算的形式有二：一是依破产程序进行清算；二是非依破产程序，而是依民法等有关规定清算。清算一般在法人终止时进行，但在法人负债过重时，经法人机关决定，由主管部门批准，也可以自动清算。人民法院也可以根据法人的债权人或其他利害关系人的申请责令法人清算。

第三，依法进行注销登记。法人注销登记是法人依法终止，消灭其民事主体资格的要件。清算终结，应由清算组织向登记机关办理注销登记并公告，完成注销登记和公告，法人即告消灭。法人注销登记机关与设立登记机关相同，法人注销登记应提交的文件因法人种类不同而不同。

此外，法人设立，法律、行政法规规定须经有关机关批准的，依照其规定。相应地，法人终止，法律、行政法规规定须经有关机关批准的，依照其规定。如医疗机构管理条例规定，医疗机构歇业，必须向原登记机关办理注销登记。经登记机关核准后，收缴《医疗机构执业许可证》。

91. 法人在哪些情况下需要解散？

法人解散是指已成立的法人基于一定的合法事由而使法人消灭的法律行为。本法规定了法人解散的五种情形：

一是法人章程规定的存续期间届满或者法人章程规定的其他解散事由出现。法人章程规定了法人的存续期间的，如规定自成立之日起 10 年，那么到了 10 年法人存续期满后，该法人即可以自行解散。此外，如果法人章程规定了其他解散事由，一旦该事由出现，法人也可以解散。

二是法人的权力机构决议解散。根据民法典的规定，营利法人应当设权力机构。权力机构行使修改法人章程、选举或者更换执行机构、监督机构成员，以及法人章程规定的其他职权。法人的权力机构，如股东大会，可以作出决议解散法人。

三是因法人合并或者分立需要解散。法人合并，两个以上的法人合并为一个新法人，被合并的法人自然也就解散了。法人分立，一个法人分立为两个以上的新法人，原法人自然也就解散了。

四是法人依法被吊销营业执照、登记证书，被责令关闭或者被撤销。在此种情况下，由于法人被依法给予行政处罚，失去了从事原活动的资格，所以法人也就被解散了。

五是法律规定的其他情形。这是一项兜底的规定，除了上述四项情形外，如果符合其他法律规定的法人解散情形的，法人也应当解散。如公司法规定，公司经营管理发生严重困难，继续存续会使股东利益受到重大损失，通过其他途径不能解决的，持有公司全部股东表决权10%以上的股东，可以请求人民法院解散公司。

92. 如何理解法人的解散清算制度?

法人解散的，除合并或者分立的情形外，清算义务人应当及时组成清算组进行清算。法人清算，是指在法人解散时，清算义务人成立清算组，依据职权清理并消灭法人的全部财产关系的程序。法人除了因合并或者分立的情形而解散不需要清算外，因其他情形而解散的，都要依法进行清算。

清算的任务是：清查法人财产，核实债权债务，编制资产负债表，依法或依章程向有关部门移交财产，依法律规定的范围和程序清偿债务等。法人清算必须由清算义务人指定清算组进行。清算终结，应由清算组向登记机关办理注销登记并公告，完成注销登记和公告，法人即告消灭。

法人的董事、理事等执行机构或者决策机构的成员为清算义务人。清算义务人，是指在法人解散后，负有清算责任的主体，也称清算人。

董事，是指由法人权力机构选举产生的法人执行机构的成员，是公司内部治理的主要力量。根据公司法的规定，董事由股东大会选举产生，可以由股东或非股东担任。董事的任期，一般都是在公司内部细则中予以规定，有定期和不定期两种。定期把董事的任期限制在一定的时间内，每届任期不得超过3年。不定期是指从任期那天算起，满一定年限应当进行改选，但可连选连任。

理事是指在非营利法人中，由选举产生的管理法人事务的人员，是法人内部治理的主要力量，对内管理法人事务，对外代表法人进行活动。

除了董事、理事为清算义务人外，法律、行政法规对清算义务人另有规定的，依照其规定。如根据公司法的规定，有限责任公司的清算义务人是全体股东。根据社会团体登记管理条例、事业单位登记管理暂行条例和有关实施细则的规定，社会团体的清算义务人是其业务主管单位及其他有关机关；事业单位的清算义务人是其举办单位和其他有关机关。

清算义务人未及时履行清算义务，造成损害的，应当承担民事责任；主管机关或者利害关系人可以申请人民法院指定有关人员组成清算组进行清算。

93. 法人的清算程序是什么？清算组职权包括哪些？

关于法人的清算程序和清算组职权，民法典没有作具体规定，而是明确依照有关法律的规定。这里的有关法律主要是指公司法和社会团体登记管理条例、事业单位登记管理暂行条例、民办非企业单位登记管理暂行条例及有关实施细则等。

1. 关于清算程序。公司法对公司法人的清算程序作出了明确的规定：公司应当在解散事由出现之日起 15 日内成立清算组，开始清算。有限责任公司的清算组由股东组成，股份有限公司的清算组由董事或者股东大会确定的人员组成。逾期不成立清算组进行清算的，债权人可以申请人民法院指定有关人员组成清算组进行清算。人民法院应当受理该申请，并及时组织清算组进行清算。清算组应当自成立之日起 10 日内通知债权人，并于 60 日内在报纸上公告。债权人应当自接到通知书之日起 30 日内，未接到通知书的自公告之日起 45 日内，向清算组申报其债权。债权人申报债权，应当说明债权的有关事项，并提供证明材料。清算组应当对债权进行登记。在申报债权期间，清算组不得对债权人进行清偿。

事业单位登记管理暂行条例实施细则规定，清算组织应当自成立之日起 10 日内通知债权人，并于 30 日内至少发布三次拟申请注销登记的公告。债权人应当自第一次公告之日起 90 日内，向清算组织申报其债权。此外，民办非企业单位登记管理暂行条例和社会团体登记管理条例规定，民办非企业单位、社会团体在办理注销登记前，应当在业务主管单位和其他有关机关的指导下，成立清算组织，完成清算工作。

2. 关于清算组职权。公司法规定，清算组在清算期间行使下列职权：一是清理公司财产，分别编制资产负债表和财产清单。清算组在清理公司财产、编制资产负债表和财产清单后，应当制定清算方案，并报股东会、股东大会或者人民法院确认。二是通知、公告债权人。三是处理与清算有关的公司未了结的业务。四是清缴所欠税款以及清算过程中产生的税款。五是清理债权、债务。六是处理公司清偿债务后的剩余财产。公司财产在分别支付清算费用、职工的工资、社会保险费用和法定补偿金，缴纳所欠税款，清偿公司债务后的剩余财产，有限责任公司按照股东的出资比例分配，股份有限公司按照股东持有的股份比例分配。七是代表公司参与民事诉讼活动。

法律、行政法规等对公司以外的法人解散后清算的程序和清算组职权没有规定的，可以参照适用公司法的上述规定。

94. 清算期间法人存续，为什么不得从事与清算无关的活动？

清算期间，法人还继续存在，仍然具有民事权利能力和民事行为能力，但是其民事权利能力是受到限制的，即不得从事与清算无关的活动，以保护债权人和其他人的利益。如果法人在清算期间，仍然继续从事经营活动，会产生新的债权债务关系，这势必影响到原债权人的利益，同时在法人处于清算的状态下，再开展业务活动，对有关相对人的权益也会造成侵害。所以，清算期间法人虽然存续，但是不得从事与清算无关的活动。公司法、社会团体登记管理条例、事业单位登记管理暂行条例、民办非企业单位登记管理暂行条例等法律、行政法规，均规定法人在清算期间不得开展与清算无关的活动。对违反这一规定的，公司法还规定了相应的法律责任：公司在清算期间开展与清算无关的经营活动的，由公司登记机关予以警告，没收违法所得。

95. 法人清算后的剩余财产，如何处理？

法人清算后的剩余财产，是指法人财产在分别支付清算费用、职工的工资、社会保险费用和法定补偿金，缴纳所欠税款，清偿公司债务后的剩余财产。对法人清算后的剩余财产，一般要根据法人章程的规定或者法人权力机构的决议来处理，但是法律另有规定的，依照其规定。如公司法规定，公司财产在分别支付清算费用、职工的工资、社会保险费用和法定补偿金，缴纳所欠税款，清偿公司债务后的剩余财产，有限责任公司按照股东的出资比例分配，股份有限公司按照股东持有的股份比例分配。因此，对有限责任公司和股份有限公司法人在清算后的剩余财产的处理，要适用公司法的规定。此外，为公益目的成立的非营利法人终止时，不得向出资人、设立人或者会员分配剩余财产。剩余财产应当按照法人章程的规定或者权力机构的决议用于公益目的；无法按照法人章程的规定或者权力机构的决议处理的，由主管机关主持转给宗旨相同或者相近的法人，并向社会公告。

96. 清算结束后，法人就能立即终止吗？

在清算程序结束后，对经过登记设立的法人，还要再经过注销登记程序，法人才终止。注销登记是指登记主管机关依法对歇业、被撤销、宣告破产或者因其他原因终止营业的法人，取消法人资格的行为。如根据公司法的规定，公司清算结束后，清算组应当制作清算报告，报股东会、股东大会或者人民法院确认，并报送公司登记机关，申请注销公司登记，公告公司终止。

有些法人设立是依法不需要经过登记程序的，如根据工会法的规定，工会社团法人资格的取得是由工会法直接规定的，依法不需要办理法人登记。对这些法人在清算结束时，不需要进行注销登记，法人即终止。

97. 被宣告破产的法人如何终止?

破产，是指债务人因不能偿债或者资不抵债时，由债权人或债务人诉请法院宣告破产并依破产程序偿还债务的一种法律制度。狭义的破产制度仅指破产清算制度，广义的破产制度还包括重整与和解制度。

依据民法典的规定，法人被人民法院宣告破产的，依法进行破产清算并完成法人注销登记时，法人终止。这里的“依法”主要是指企业破产法和其他规定了法人破产清算的法律，如农民专业合作社法、民办教育促进法等。

法人因破产而终止要经过两个程序：

一是破产清算。破产清算制度，是对债务人宣告破产、清算还债的法律制度，即在债务人丧失清偿能力时，由法院强制执行其全部财产，公平清偿全体债权人的法律制度。根据企业破产法的规定，破产清算分为破产宣告、变价和分配、破产程序的终结 3 个环节。

二是注销登记。企业破产法规定，管理人应当自破产程序终结之日起 10 日内，持人民法院终结破产程序的裁定，向破产人的原登记机关办理注销登记。管理人于办理注销登记完毕的次日终止执行职务。但是，存在诉讼或者仲裁未决情况的除外。

法人被人民法院宣告破产的，依据上述企业破产法的规定进行破产清算并完成法人注销登记时，法人终止。

需要说明的是，企业破产法规定，其他法律规定企业法人以外的组织的清算，属于破产清算的，参照适用本法规定的程序。目前，农民专业合作社法和民办教育促进法已经对农民专业合作社和民办学校的破产清算作了规定，在破产财产的清偿顺序上突出了对农民和受教育者的保护，具体是：

农民专业合作社法规定，农民专业合作社破产适用企业破产法的有关规定，但是破产财产在清偿破产费用和共益债务后，应当优先清偿破产前与农民成员已发生交易但尚未结清的款项。

民办教育促进法规定，民办学校终止时，应当依法进行财务清算。民办学校自己要求终止的，由民办学校组织清算；被审批机关依法撤销的，由审批机关组织清算；因资不抵债无法继续办学而被终止的，由人民法院组织清算。对民办学校的财产按照下列顺序清偿：（1）应退受教育者学费、杂费和其他费用；（2）应发教职工的工资及应缴纳的社会保险费用；（3）偿还其他债务。非营利性民办学校清偿上述债务后的剩余财产继续用于其他非营利性学校办学；营利性民办学校清偿上述债务后的剩余财产，依照公司法的有关规定处理。

98. 法人的分支机构以自己的名义从事民事活动，产生的民事责任如何承担？

法人分支机构，在性质上属于法人的组成部分，不具有独立责任能力，其行为的后果仍由法人承担。公司法规定，公司可以设立分公司。设立分公司，应当向公司登记机关申请登记，领取营业执照。分公司不具有法人资格，其民事责任由所属法人承担。

法人的分支机构与有独立责任能力的子公司不同，具体体现在：一是设立方式不同。子公司一般由两个以上股东发起设立，是独立法人，独立承担民事责任，在其自身经营范围内独立开展各种业务活动；法人分支机构由设立公司在其住所地之外依法设立，设立时不要求注册资金，属于总公司的分支机构，虽然也可以独立开展业务活动，但应在设立公司授权范围内进行。二是名称和领取的营业执照不同。子公司在登记部门领取《企业法人营业执照》，名称中不冠以母公司的名字；而法人分支机构则领取的是《营业执照》，名称为总公司的分公司。三是法律责任能力不同。子公司由于是独立法人，其从事民事活动的法律后果由其自身承担，只能就其自身资产承担民事责任；而分支机构虽然也可以以自己的名义从事民事活动，但其不具有法人资格，自身没有承担法律责任的能力，其从事民事活动的后果要由设立它的法人承担，也可以先以该分支机构管理的财产承担，不足以承担的，由法人承担。

法人的分支机构虽然在法人授权范围内可以对外从事各种

民事活动，但法人的分支机构属于法人的组成部分，其承担责任的能力有一定的限制。因此，法人的分支机构进行民事活动所需承担的责任，要由法人承担，也可以先以该分支机构管理的财产承担，不足以承担的，由法人承担。在涉及分支机构的诉讼中，可以将法人的分支机构与法人一起列为共同被告。比如，企业法人的分支机构为他人提供担保，发生法律纠纷的，人民法院在审理过程中可以将该企业法人和分支机构列为共同被告参加诉讼。

99. 法人设立分支机构是否需要登记?

《民法典》第 74 条第 1 款规定，法律、行政法规规定分支机构应当登记的，依照其规定。根据这一规定，法人设立分支机构是否需要登记，要根据相关法律、行政法规的规定。根据企业法人登记管理条例的规定，企业法人设立不能独立承担民事责任的分支机构，由该企业法人申请登记，经登记主管机关核准，领取《营业执照》，在核准登记的经营范围内从事经营活动。此外，基金会管理条例规定，基金会拟设立分支机构的，应当向原登记管理机关提出登记申请，并提交拟设机构的名称、住所和负责人等情况的文件。登记管理机关应当自收到前述所列全部有效文件之日起 60 日内作出准予或者不予登记的决定。准予登记的，发给《基金会分支机构登记证书》；不予登记的，应当书面说明理由。基金会分支机构的设立登记的事项包括：名称、住所、公益活动的业务范围和负责人。

100. 设立人为设立法人从事的民事活动，其法律后果是由设立人承受，还是由法人承受？

法人的设立人是指申请设立法人，并在法人的设立过程中承担相应民事责任的人。在公司法中，一般称法人的设立人为发起人。在法人的设立过程中，设立人依法筹办法人设立的各种事务，其在法人设立过程中的行为，直接影响到法人能不能成立，以及成立以后法人的状况。所以设立人对设立法人应当承担法定的责任。

设立人在法人的设立过程中，应当履行好作为设立人的责任，使法人能够顺利地成立。法人成立后，将依法继受设立过程中所产生的权利义务。但是如果法人没有成立，在设立活动期间产生的民事责任义务，要由法人的设立人承担，因为设立中的法人还不具有民事权利能力和民事行为能力，不能承担民事责任。法人无论因何种原因不能成立，设立人都应当对设立行为所产生的法律后果承担法律责任。设立人为二人以上的，享有连带债权，承担连带债务。

由于信息不对称，第三人往往不知道设立人的行为目的，不知道设立人以自己的名义所从事的民事法律行为与之后成立的法人之间的关系。所以，为保护第三人的合法权益，民法典规定，设立人为设立法人以自己的名义从事民事活动产生的民事责任，第三人有权选择请求法人或者设立人承担。

101. 什么是营利法人？营利法人包括哪些？

以取得利润并分配给股东等出资人为目的的成立的法人，为营利法人。营利法人有两个特征：一是成立的目的是取得利润，即以营利为目的。二是取得利润后要分配给股东等出资人，即出资人取得利润。这两个特征同时具备是营利法人与其他法人的根本区别所在。

营利法人包括有限责任公司、股份有限公司和其他企业法人等。

一是有限责任公司。根据公司法的规定，有限责任公司是指由 50 个以下的股东出资设立，每个股东以其所认缴的出资额对公司承担有限责任，公司以其全部资产对其债务承担责任的经济组织。有限责任公司包括国有独资公司以及其他有限责任公司。

二是股份有限公司。股份有限公司是指公司资本为股份所组成，股东以其认购的股份为限对公司承担责任的企业法人。公司法规定，设立股份有限公司，应当有 2 人以上 200 人以下为发起人。由于所有股份公司均须是负担有限责任的有限公司（但并非所有有限公司都是股份公司），所以一般称为“股份有限公司”。公司的资本总额平分为金额相等的股份；公司可以向社会公开发行股票筹资，股票可以依法转让；法律对公司股东人数只有最低限制，无最高人数的限定性规定。股东以其所认购股份对公司承担有限责任，公司以其全部资产对公司债务承担责任；每一股有一个表决权，股东以其所认购持有的股份，享受权利，承担义务。此外，公司应当将经注册会计师审查验证过的会计报告公开。

除了有限责任公司、股份有限公司外，营利法人还包括其他企业法人等。企业法人登记管理条例规定，具备法人条件的下列企业，应当依照本条例的规定办理企业法人登记：（1）全民所有制企业；（2）集体所有制企业；（3）联营企业；（4）在中华人民共和国境内设立的中外合资经营企业、中外合作经营企业和外资企业（现统称为外商投资企业）；（5）私营企业；（6）依法需要办理企业法人登记的其他企业。上述这些企业法人，如果不是按照公司法成立的公司法人，没有采用公司法人的组织结构，则属于《民法典》第76条所规定的“其他企业法人”。

102. 营利法人如何成立？

营利法人经依法登记成立，“依法”是指依公司法、公司登记管理条例、企业法人登记管理条例等法律、行政法规。公司法、公司登记管理条例、企业法人登记管理条例对设立有限责任公司、股份有限公司和其他企业法人等营利法人的条件和登记程序等作了明确的规定。

一是设立条件。根据公司法的规定，设立有限责任公司应当具备下列条件：（1）股东符合法定人数；（2）有符合公司章程规定的全体股东认缴的出资额；（3）股东共同制定公司章程；（4）有公司名称，建立符合有限责任公司要求的组织机构；（5）有公司住所。股东认足公司章程规定的出资后，由全体股东指定的代表或者共同委托的代理人向公司登记机关报送公司登记申请书、公司章程等文件，申请设立登记。

根据公司法的规定，设立股份有限公司应当具备下列条件：(1) 发起人符合法定的人数。(2) 有符合公司章程规定的全体发起人认购的股本总额或者募集的实收股本总额。(3) 股份发行、筹办事项符合法律规定。(4) 发起人制订公司章程，采用募集方式设立的经创立大会通过。(5) 有公司名称，建立符合股份有限公司要求的组织机构。(6) 有公司住所。

根据《企业法人登记管理条例》的规定，申请企业法人登记的单位应当具备下列条件：(1) 名称、组织机构和章程；(2) 固定的经营场所和必要的设施；(3) 符合国家规定并与其生产经营和服务规模相适应的资金数额和从业人员；(4) 能够独立承担民事责任；(5) 符合国家法律、法规和政策规定的经营范围。

二是设立登记程序。《公司法》明确规定，设立公司，应当依法向公司登记机关申请设立登记。符合本法规定的设立条件的，由公司登记机关分别登记为有限责任公司或者股份有限公司。设立股份有限公司，应当由董事会向公司登记机关申请设立登记。以募集方式设立股份有限公司的，应当于创立大会结束后 30 日内向公司登记机关申请设立登记。

此外，在公司设立登记程序中，还有公司名称预核准这样一个重要的环节。根据公司登记管理条例的规定，设立有限责任公司，应当由全体股东指定的代表或者共同委托的代理人向公司登记机关申请名称预先核准；设立股份有限公司，应当由全体发起人指定的代表或者共同委托的代理人向公司登记机关申请名称预先核准。

除了有限责任公司、股份有限公司外，其他企业法人的登记适用企业法人登记管理条例的相关规定。

103. 营利法人的成立日期以营业执照签发日期为准吗?

营业执照是市场监督管理部门，即原工商行政管理部门发给企业等营利法人，准许其从事某项生产经营活动的凭证。企业等营利法人经登记主管机关核准登记注册，领取《企业法人营业执照》后，企业即告成立。营业执照签发日期为营利法人的成立日期。

公司营业执照应当载明公司的名称、住所、注册资本、经营范围、法定代表人姓名等事项。公司营业执照记载的事项发生变更的，公司应当依法办理变更登记，由公司登记机关换发营业执照。营业执照分为正本和副本，二者具有相同的法律效力。正本应当置于公司住所或营业场所的醒目位置。营业执照不得伪造、涂改、出租、出借、转让。

《企业法人营业执照》是企业等营利法人取得法人资格和合法经营权的凭证。企业等营利法人凭据《企业法人营业执照》可以刻制公章、开立银行账户、签订合同，进行经营活动。登记主管机关可以根据企业法人开展业务的需要，核发《企业法人营业执照》副本。

104. 营利法人必须制定法人章程吗？法人章程应载明哪些内容？

营利法人应当依法制定法人章程。法人章程是指根据法人性质、任务和业务活动需要制定的关于法人的活动范围、组织机构以及内部成员之间的权利义务等的重要文件，是法人从事生产经营活动的行为准则。法人章程的内容可以分为绝对必要记载的事项和任意记载的事项。前者是指法律规定在章程中必须具备的内容，包括法人名称、住所、经营范围、注册资金、投资数额、投资者的姓名、法人的组织机构、利润分配和亏损承担等。章程一经登记就具有法律效力，成为法人的行为准则，对公司、股东、董事、监事、高级管理人员均具有约束力。

公司法规定，有限责任公司章程应当载明公司名称和住所，公司经营范围，公司注册资本，股东的姓名或者名称，股东的出资方式、出资额和出资时间，公司的机构及其产生办法、职权、议事规则，公司法定代表人，以及股东会会议认为需要规定的其他事项。股东应当在公司章程上签名、盖章。修改有限责任公司的章程，必须由股东会决定。

对于股份有限公司的章程，公司法规定应当载明下列事项：公司名称和住所，公司经营范围，公司设立方式，公司股份总数、每股金额和注册资本，发起人的姓名或者名称、认购的股份数、出资方式和出资时间，董事会的组成、职权和议事规则，公司法定代表人，监事会的组成、职权和议事规则，公司利润分配办法，公司的解散事由与清算办法，公司的通知和公告办法，股东大会会议认为需要规定的其他事项。公司章程由创立大会通过。公司法规定，发行股份的股款缴足后，必须经依法设立的验资机构验资并出具证明。发起人应当自股款缴足之日起 30 日内主持召开公司创立大会。创立大会由发起人、认股人组成。

105. 营利法人为什么要设权力机构？权力机构行使哪些职权？

营利法人设立权力机构是公司进行内部治理的需要，也是维护股东权益的需要。股东是公司财产的所有者，虽然他们不直接参与公司的经营管理，但对公司的经营管理，每个股东都有表达其意见的权利。股东会、股东大会就是由公司全体股东所组成的，对公司一系列重大问题发表意见、作出决议的公司最高决策机构。公司通过设立权力机构，来决定公司的重大问题，包括公司的发展方向、经营规模和盈利分配等，既有利于加强对公司的内部治理，增强公司的核心竞争力，提高公司的经营业绩，实现公司的可持续发展，也有利于确保股东等投资人的合法权益。

根据公司法的规定，有限责任公司的权力机构是股东会，股份有限公司的权力机构是股东大会，由全体股东组成。国有独资公司不设股东会，由国有资产监督管理机构行使股东会职权。国有资产监督管理机构可以授权公司董事会行使股东会的部分职权，决定公司的重大事项，但公司的合并、分立、解散、增加或者减少注册资本和发行公司债券，必须由国有资产监督管理机构决定；其中，重要的国有独资公司合并、分立、解散、申请破产的，应当由国有资产监督管理机构审核后，报本级人民政府批准。

营利法人权力机构的职权有：修改法人章程，选举或者更换执行机构、监督机构成员，以及法人章程规定的其他职权，如决定公司的经营方针和投资计划，审议批准董事会的报告，审议批准监事会或者监事的报告，审议批准公司的年度财务预算方案、决算方案，审议批准公司的利润分配方案和弥补亏损方案，对公司增加或者减少注册资本作出决议，对发行公司债券作出决议，对公司合并、分立、解散、清算或者变更公司形式作出决议等。

106. 营利法人为什么要设执行机构？执行机构行使哪些职权？

营利法人设立了权力机构，就必须同时设立执行机构来执行权力机构的决定，否则权力机构的决定就会落空，法人也无法正常运转。根据《民法典》第 81 条的规定，营利法人的执行机构包括两种模式：一是执行机构为董事会或者执行董事；二是未设董事会或者执行董事的，执行机构为法人章程规定的主要负责人。

根据公司法的规定，有限责任公司、股份有限公司的执行机构为董事会。董事会是股东会或股东大会这一权力机构的执行机构，对公司股东会或股东大会负责并报告工作。股东会或股东大会所作的决定，董事会必须执行。

执行机构行使召集权力机构会议，决定法人的经营计划和投资方案，决定法人内部管理机构的设置，以及法人章程规定的其他职权。例如，根据公司法的规定，董事会还负责制订公司的年度财务预算方案、决算方案，制订公司的利润分配方案和弥补亏损方案，制订公司增加或者减少注册资本以及发行公司债券的方案，制订公司合并、分立、解散或者变更公司形式的方案，决定聘任或者解聘公司经理及其报酬事项，并根据经理的提名决定聘任或者解聘公司副经理、财务负责人及其报酬事项，以及制定公司的基本管理制度等。

107. 营利法人设立监督机构的意义是什么？监督机构有哪些职权？营利法人是否必须设立监督机构？

营利法人可设监事会或者监事等监督机构。营利法人设立监督机构旨在加强对法人执行机构的监督，防止董事会滥用权力，维护法人和股东的财产安全，是加强法人内部治理的重要机制。公司股东为防止董事会滥用职权，违反法律和公司章程损害股东的利益，客观上就要求对董事会的活动及其经营管理的公司业务进行监督。但是，由于股东在管理公司方面受到知识能力和时间上的限制，需要由作为公司监督机构的监事会，代表股东监督公司业务执行，并对股东大会负责。

营利法人的监督机构的职责为：检查公司财务，监督执行机构成员、高级管理人员执行法人职务的行为，以及法人章程规定的其他职责。根据公司法规定，监事会、不设监事会的监事的职权具体包括：当董事、高级管理人员的行为损害公司的利益时，要求董事、高级管理人员予以纠正；提议召开临时股东会会议，在董事会不履行公司法规定的召集和主持股东会会议职责时，召集和主持股东会会议；向股东会会议提出提案；依法对董事、高级管理人员提起诉讼等。

营利法人设立权力机构和执行机构是法律的强制性要求，但设立监督机构不是法律强制性的规定。这主要是考虑到营利法人的范围比较广，除了有限责任公司、股份有限公司外，还有非公司的企业法人。这些企业法人没有实行公司的治理模式，没有设立监督机构，所以民法典没有规定营利法人应当设立监督机构，而是规定“营利法人设监事会或者监事等监督机构的”，监督机构依法履行相应的职责。

108. 什么是“揭开公司的面纱”规则？规定这一规则有什么意义？

公司法的法理基础，就是利用法人独立地位和出资人有限责任充分发挥其作用，提升效率，发展生产力。如果滥用法人独立地位和出资人有限责任，则应对法人债务承担连带责任，这一规则被称为“揭开公司的面纱”，又叫“法人人格否认”。这里的“否认”，并非否认法人资格，而是否认其独立地位，需出资人承担无限连带责任，保护债权人利益。

针对股东采用转移公司财产、将公司财产与本人财产混同等手段，造成公司可以用于履行债务的财产减少，严重损害公司债权人利益的行为，“揭开公司的面纱”规则应运而生。“揭开公司的面纱”是在英美法系国家的司法实践中发展起来的判例规则，意为在具体案例中忽视公司的法人人格，责令背后的股东或公司的内部人员对公司债权人直接承担责任。我国公司法引入了这一规则，规定公司股东应当遵守法律、行政法规和公司章程，依法行使股东权利，不得滥用公司法人独立地位和股东有限责任损害公司债权人的利益。适用这一规则要符合以下三个要素：一是公司股东滥用公司法人独立地位和股东有限责任，逃避债务；二是债权人的利益受到严重损害；三是公司股东滥用公司法人独立地位和股东有限责任的行为与债权人的利益受到损害之间存在因果关系。符合上述三个要素的，则可认定股东滥用法人独立地位和出资人有限责任逃避债务，严重损害法人债权人的利益，应当对法人债务承担连带责任。

民法典也规定了“揭开公司的面纱”规则，明确营利法人的出资人不得滥用法人独立地位和出资人有限责任损害法人债权人的利益。滥用法人独立地位和出资人有限责任，逃避债务，严重损害法人债权人的利益的，应当对法人债务承担连带责任。

109. 什么是关联关系？营利法人的控股出资人、实际控制人、董事、监事、高级管理人员利用关联关系给法人造成损失的，是否应当承担赔偿责任？

根据公司法的规定，关联关系是指公司控股股东、实际控制人、董事、监事、高级管理人员与其直接或者间接控制的企业之间的关系，以及可能导致公司利益转移的其他关系。但是，国家控股的企业之间不仅因为同受国家控股而具有关联关系。公司的控股股东、实际控制人、董事、监事、高级管理人员不得利用其关联关系损害公司利益。违反这一规定，给公司造成损失的，应当承担赔偿责任。

上市公司董事与董事会会议决议事项所涉及的企业有关联关系的，不得对该项决议行使表决权，也不得代理其他董事行使表决权。该董事会会议由过半数的无关联关系董事出席即可举行，董事会会议所作决议须经无关联关系董事过半数通过。出席董事会的无关联关系董事人数不足三人的，应将该事项提交上市公司股东大会审议。

民法典在公司法的基础上，进一步明确所有的营利法人的控股出资人、实际控制人、董事、监事、高级管理人员利用关联关系给法人造成损失的，应当承担赔偿责任，以维护法人的合法权益。

110. 营利法人的权力机构、执行机构作出决议的会议召集程序、表决方式违反法律、行政法规、法人章程，或者决议内容违反法人章程的，营利法人的出资人是否可以请求人民法院撤销该决议？

营利法人的权力机构、执行机构违反法律、行政法规或者违反法人章程作出决议包括两种情况：一是程序违反法律、行政法规或者法人章程；二是内容违反法人章程。就第一种情况来说，又包括两种情形：一是作出决议的会议召集程序违反法律、行政法规或者法人章程；二是作出决议的会议表决方式违反法律、行政法规或者法人章程。

《民法典》第85条规定，营利法人的权力机构、执行机构作出决议的会议召集程序、表决方式违反法律、行政法规、法人章程，或者决议内容违反法人章程的，营利法人的出资人可以请求人民法院撤销该决议。但是，营利法人依据该决议与善意相对人形成的民事法律关系不受影响。这一规定旨在保护善意的、不知情的相对人。

在民商事法律关系中，营利法人作为行为主体实施法律行为的过程可以分为两个方面：一是法人内部的意思形成，通常表现为法人权力机构、执行机构，即股东会、股东大会或董事会作出决议；二是法人对外作出意思表示，通常表现为法人对外作出的签订合同等民事法律行为。出于保护善意相对人和维护交易安全的考虑，在法人内部意思形成过程存在瑕疵的情况下，只要对外的意思表示行为不存在无效的情形，法人就应受其表示行为的制约。如转让股权的股东会决议因未经股权所有人同意而不成立，由此产生的股权转让属无权处分行为。如果股权受让人在受让股权时尽了合理的注意义务，且支付了合理对价，则属于善意相对人，可通过善意取得制度获得转让的股权。因此，法院虽然可以撤销法人权力机构、执行机构违反公司章程作出的决议，但并不意味着对法人与善意相对人形成的民事法律关系的必然否定。在营利法人的权力机构或者执行机构所作决议被人民法院的判决撤销后，营利法人依据该决议与相对人之间形成的法律关系是否受到影响，主要看该相对人是否为善意。如果相对人在与营利法人形成法律关系时不知道或者不应当知道作出决议的会议在召集程序、表决方式方面违反法律、行政法规或者法人章程的规定，或者决议内容违反法人章程的规定，则为善意相对人，其与营利法人依据该决议形成的民事法律关系不受影响；反之，如果相对人在与营利法人形成该法律关系时知道或者应当知道作出决议的会议在召集程序、表决方式方面违反法律、行政法规或者法人章程的规定，或者决议内容违反法人章程的规定，则不能成为善意相对人，无权根据《民法典》第85条规定主张相应的利益。

111. 营利法人从事经营活动，应当遵守哪些道德义务？

一是应当遵守商业道德。商业道德是指道德规范在商业活动中的具体应用，是职业道德的一种，为人们提供了判断商务活动是否符合道德规范的行为准则。商业道德的基本要求包括文明经商、礼貌待客、遵纪守法、货真价实、买卖公平、诚实无欺、诚实信用、信守契约等。在商业道德中，诚实信用是市场经济活动的一项基本商业道德准则，也是现代法治社会的一项基本法律原则。诚实信用原则要求人们在民事活动中应当讲诚实、守信用，恪守诺言，诚实不欺，正当行使权利和履行义务，在追求自己正当利益的同时不损害他人和社会公共利益等。

二是维护交易安全。维护交易安全，保护善意的交易相对人利益是民事主体从事经营活动的基本准则。在市场经济条件下，很多交易是在陌生人的环境中进行的。当事人几乎没有可能彼此进行深入的了解，相互之间的交易主要是建立在相互信赖的基础上。对这种信赖的保护，在法律上表现为对善意相对人利益的保护。如果善意相对人的利益不能得到很好的保护，则整个交易链可能就会断裂，交易秩序就会受到损害。所以，营利法人从事经营活动，应当注重维护交易安全，不侵害与之交易的善意相对人的权利，以维护整个交易秩序。维护交易安全同时也是民事法律制度的一个重要任务，通过民事法律规范来维护交易安全，保护善意相对人的利益，形成良好的营商法治环境。

三是接受政府和社会的监督。营利法人要自觉接受政府和社会的监督。政府的监督，更多地体现在行政监管责任上，市场监督管理等有关部门要依据法定职责，对营利法人的经营行为进行监督，发现营利法人存在违法行为，侵害国家利益、社会公共利益等的，要依法进行查处。营利法人在经营活动中也要自觉接受政府的监督，对有关部门的执法活动予以积极配合。此外，营利法人还要自觉接受社会的监督，包括新闻媒体的监督、公众的监督等。

四是承担社会责任。作为营利法人，其不仅仅是谋取自身利益最大化的经济体，同时也是国家经济发展、社会文明进步的重要推动者。企业在发展过程中，不仅要关注自身的利益，同时也要承担好应尽的社会责任。一般来说，企业的社会责任可以表现为对消费者权益负责、注重生态环境保护、热心公益宣传和慈善捐助、帮助社会中需要帮助的弱势群体等。在国家发生自然灾害、传染病疫情等突发事件时，能积极响应政府号召，捐款捐物，积极参加救灾抗疫活动等，都体现了企业等营利法人的社会责任。

112. 什么是非营利法人？其范围是什么？

非营利法人是为公益目的或者其他非营利目的成立，不向出资人、设立人或者会员分配所取得利润的法人。一个法人是否为非营利法人，取决于两个因素：一是成立目的的非营利性；二是不分配利润。

1. 成立目的的非营利性。非营利法人是为公益目的或者其他非营利目的成立的。公益目的，是指法人所从事的活动属于社会公益事业。根据公益事业捐赠法的规定，公益事业是指非营利的下列事项：（1）救助灾害、救济贫困、扶助残疾人等困难的社会群体和个人的活动；（2）教育、科学、文化、卫生、体育事业；（3）环境保护、社会公共设施建设；（4）促进社会发展和进步的其他社会公共和福利事业。

除了公益目的外，为其他非营利目的而成立的法人也属于非营利法人。如行业协会，是社会中介组织，它的产生和发展是社会分工和市场竞争日益加剧的结果，反映了同一行业的企业自我服务、自我协调、自我监督、自我保护的意识和要求。具体说来，行业协会的成立必须以同行业的企业为主体，建立在自愿原则的基础上。行业协会的成立以谋取和增进全体会员企业的共同利益为宗旨，不属于为公益目的，但属于《民法典》第87条规定的为其他非营利目的，也属于非营利法人。

2. 不分配利润。非营利法人也可以取得利润，但是不得向出资人、设立人或者会员分配所取得的利润。这也是与这类法人设立的目的为非营利相一致的，因为出资人、设立人成立这类法人的目的本身不是获取利润，而是为了公益目的或者为会员服务，所以法人取得的利益是不能向出资人、设立人或者会员分配的。

非营利法人的范围包括事业单位、社会团体、基金会、社会服务机构等。社会服务机构也称为民办非企业单位，是指自然人、法人或者其他组织为了提供社会服务，利用非国有资产设立的非营利性法人，如民办非营利学校、民办非营利医院等。民办教育促进法规定，民办学校的举办者可以自主选择设立非营利性或者营利性民办学校。非营利性民办学校的举办者不得取得办学收益，学校的办学结余全部用于办学。非营利性民办学校即为非营利法人。成立社会服务机构，应当经其业务主管单位审查同意，并依法进行登记。社会服务机构不得从事营利性经营活动。

“社会服务机构”这一概念来自慈善法。慈善法规定，本法所称慈善组织，是指依法成立、符合本法规定，以面向社会开展慈善活动为宗旨的非营利性组织。慈善组织可以采取基金会、社会团体、社会服务机构等组织形式。与之相衔接，民法典也沿用了“社会服务机构”这一概念，作为与事业单位、社会团体、基金会并列的一种非营利法人。

113. 事业单位如何取得法人资格？

事业单位是国家为适应经济社会发展需要，提供公益服务而设立的法人组织，由国家机关举办或者其他组织利用国有资产举办，从事教育、科研、文化、卫生、体育、新闻出版、广播电视、社会福利、救助减灾、统计调查、技术推广与实验、公用设施管理、物资仓储、监测、勘探与勘察、测绘、检验检测与鉴定、法律服务、资源管理事务、质量技术监督事务、经济监督事务、知识产权事务、公证与认证、信息与咨询、人才交流、就业服务、机关后勤服务等活动。事业单位具有公益性和知识密集性的特点。

根据《民法典》第88条的规定，成立事业单位在程序上分为两种：

一是具备法人条件，依法经登记取得事业单位法人资格。《事业单位登记管理暂行条例》及其实施细则对事业单位的设立条件、程序作出了明确的规定。事业单位经县级以上各级人民政府及其有关主管部门批准成立后，应当依法登记或者备案。县级以上各级人民政府机构编制管理机关所属的事业单位登记管理机构负责实施事业单位的登记管理工作。

二是具备法人条件，依法不需要办理法人登记的，从成立之日起，具有事业单位法人资格。根据《事业单位登记管理暂行条例》及其实施细则的规定，法律规定具备法人条件、自批准设立之日起即取得法人资格的事业单位，不再办理事业单位法人登记，由有关主管部门按照分级登记管理的规定向登记管理机关备案。县级以上各级人民政府设立的直属事业单位直接向登记管理机关备案。对备案的事业单位，登记管理机关应当自收到备案文件之日起30日内发给《事业单位法人证书》。

114. 事业单位法人如何设立决策机构?

事业单位设立理事会作为其决策机构，是建立和完善事业单位法人治理结构的重要举措，有利于创新事业单位体制机制，实现管办分离。《民法典》第89条明确了理事会作为事业单位决策机构的法律地位，有利于加强事业单位的法人治理，进一步激发事业单位的活力，促进事业单位的健康发展。

事业单位法人设理事会的，除法律另有规定外，理事会为其决策机构。根据国务院办公厅2011年发布的《关于建立和完善事业单位法人治理结构的意见》，理事会一般由政府有关部门、举办单位、事业单位、服务对象和其他有关方面的代表组成。直接关系人民群众切身利益的事业单位，本单位以外人员担任的理事要占多数。根据事业单位的规模、职责任务和服务对象等方面特点，兼顾代表性和效率，合理确定理事会的构成和规模。要吸收事业单位外部人员参加决策层，扩大参与事业单位决策和监督的人员范围，进一步规范事业单位的行为，确保公益目标的实现。

《关于建立和完善事业单位法人治理结构的意见》指出，面向社会提供公益服务的事业单位要探索建立和完善法人治理结构。不宜建立法人治理结构的事业单位，要继续完善现行管理模式。根据这一精神，《民法典》第89条对事业单位设立理事会没有作强制性的统一要求。根据该条的规定，不是所有事业单位的决策机构都是理事会，只有设立理事会且法律没有另有规定的，理事会才为其决策机构。

需要说明的是，如法律已经明确规定了有关事业单位的决策机构的，要依据其规定。如高等教育法规定，国家举办的高等学校实行中国共产党高等学校基层委员会领导下的校长负责制。中国共产党高等学校基层委员会按照中国共产党章程和有关规定，统一领导学校工作，支持校长独立负责地行使职权，其领导职责主要是：执行中国共产党的路线、方针、政策，坚持社会主义办学方向，领导学校的思想政治工作和德育工作，讨论决定学校内部组织机构的设置和内部组织机构负责人的人选，讨论决定学校的改革、发展和基本管理制度等重大事项，保证以培养人才为中心的各项任务的完成。根据这一规定，国家举办的高等学校的决策机构为中国共产党高等学校基层委员会。

115. 社会团体如何取得法人资格？

社会团体，是指基于会员共同意愿，为公益目的或者会员共同利益等非营利目的设立的社会组织。社会团体包括两种：一是为公益目的而设立的，如中国红十字会、中华慈善总会等；二是为会员共同利益设立的，如行业协会、商会等。

社会团体在设立程序上分为两种：

第一，经依法登记成立，取得法人资格。根据社会团体登记管理条例的规定，社会团体应当具备法人条件。成立社会团体，应当经其业务主管单位审查同意，并依照该条例的规定进行登记。社会团体的登记机关为民政部门。

根据社会团体登记管理条例的规定，申请成立社会团体，应当经其业务主管单位审查同意，由发起人向登记管理机关申请登记。筹备期间不得开展筹备以外的活动。申请登记社会团体，发起人应当向登记管理机关提交下列文件：（1）登记申请书；（2）业务主管单位的批准文件；（3）验资报告、场所使用权证明；（4）发起人和拟任负责人的基本情况、身份证明；（5）章程草案。登记管理机关应当自收到上述所列全部有效文件之日起60日内，作出准予或者不予登记的决定。准予登记的，发给《社会团体法人登记证书》；不予登记的，应当向发起人说明理由。社会团体登记事项包括：名称、住所、宗旨、业务范围、活动地域、法定代表人、活动资金和业务主管单位。社会团体的法定代表人，不得同时担任其他社会团体的法定代表人。

第二，依法不需要办理法人登记，一经成立即具有法人资格。根据社会团体登记管理条例的规定，两类社会团体不需要办理法人登记，一经成立即具有法人资格：一是参加中国人民政治协商会议的人民团体。目前，参加中国人民政治协商会议的人民团体共有 8 个，包括中华全国总工会、中国共产主义青年团、中华全国妇女联合会、中国科学技术协会、中华全国归国华侨联合会、中华全国台湾同胞联谊会、中华全国青年联合会、中华全国工商业联合会。二是由国务院机构编制管理机关核定，并经国务院批准免于登记的团体，共有 14 个，包括中国文学艺术界联合会、中国作家协会、中华全国新闻工作者协会、中国人民对外友好协会、中国人民外交学会、中国国际贸易促进委员会、中国残疾人联合会、宋庆龄基金会、中国法学会、中国红十字会、中国职工思想政治工作研究会、欧美同学会、黄埔军校同学会、中华职业教育社。

根据社会团体登记管理条例的规定，自批准成立之日起即具有法人资格的社会团体，应当自批准成立之日起 60 日内向登记管理机关提交批准文件，申领《社会团体法人登记证书》。登记管理机关自收到文件之日起 30 日内发给《社会团体法人登记证书》。

需要说明三点：（1）社会团体凭《社会团体法人登记证

书》申请刻制印章，开立银行账户。社会团体应当将印章式样和银行账号报登记管理机关备案。（2）社会团体的分支机构、代表机构是社会团体的组成部分，不具有法人资格，应当按照其所属的社会团体的章程所规定的宗旨和业务范围，在该社会团体授权的范围内开展活动、发展会员。社会团体的分支机构不得再设立分支机构。（3）社会团体不得设立地域性的分支机构。

116. 社会团体法人是否必须设立权力机构、执行机构和监督机构?

社会团体法人应当设会员大会或者会员代表大会等权力机构，一般会员人数相对较少的社会团体实行会员大会制度，由全体会员组成的会员大会作为该团体的决策机构。而会员人数相对较多的社会团体则实行会员代表大会制度，由全体会员选出代表他们的意志行事的一部分人召开大会，行使会员赋予的权利，对会员负责，作为该社会团体的决策机构。

社会团体的会员大会或者会员代表大会的职责在该社会团体的章程中作出规定，一般包括选举产生该社会团体的理事会、监事会，修改该社会团体的章程，审议批准理事会、监事会的工作报告，审议批准理事会提交的工作规划，决定该社会团体的重大事项等。

同样，社会团体法人应当设理事会等执行机构。理事长或者会长等负责人按照法人章程的规定担任法定代表人，理事会在会员大会或者代表大会闭会期间执行其决议。

但需要指出的是，社会团体法人不是必须设立监督机构。在民法典立法过程中，有的意见建议规定社会团体还应当设立监督机构，以监督理事会等执行机构依法行使职权。经研究认为，社会团体是否设立监督机构，应属其会员自治范畴，由社会团体法人自行决定，民法典不必对此作出强制性的统一规定。

117. 什么是捐助法人？其范围是什么？

捐助法人是为公益目的，以捐助财产设立的非营利法人。捐助法人的特点包括：一是为公益目的设立，二是法人的财产全部来自捐助。

捐助法人的范围主要包括基金会、社会服务机构、宗教活动场所等。

基金会、社会服务机构、宗教活动场所等组织具备法人条件，经依法登记，取得捐助法人资格。

第一，基金会。根据基金会管理条例的规定，国务院民政部门和省、自治区、直辖市人民政府民政部门是基金会的登记管理机关。

第二，社会服务机构。社会服务机构进行法人登记，目前适用民办非企业单位登记管理暂行条例的规定。该条例明确规定了社会服务机构（即民办非企业单位）登记的管理机关为民政部门，同时规定了社会服务机构的设立条件和设立登记程序。

第三，宗教活动场所。宗教活动场所是指开展宗教活动的寺院、宫观、清真寺、教堂及其他固定处所。《民法典》第 92 条第 2 款规定，依法设立的宗教活动场所，具备法人条件的，可以申请法人登记，取得捐助法人资格。目前，关于宗教场所的规定，主要有《宗教事务条例》和国家宗教事务局制定的《宗教活动场所设立审批和登记办法》。需要指出两点：一是宗教活动场所的法人登记以具备法人条件为前提。考虑到不同宗教的做法不同，依法设立的宗教活动场所是否登记为法人，由其自行申请。二是法律、行政法规对宗教活动场所有规定的，依照其规定。《民法典》第 92 条的规定不影响国家依法对宗教活动场所进行规范和管理。宗教活动场所从事各类活动必须符合《宗教事务条例》等法规的规定，接受宗教事务部门依法对其进行的监督检查。

118. 捐助法人是否必须设立决策机构、执行机构和监督机构?

为了加强对捐助法人的内部治理，《民法典》第 93 条规定捐助法人应当设理事会、民主管理组织等决策机构，并设执行机构、监督机构。理事长等负责人按照法人章程的规定担任法定代表人。

1. 基金会。根据基金会管理条例的规定，基金会设理事会，是基金会的决策机构。理事为 5 人至 25 人，理事任期由章程规定，但每届任期不得超过 5 年。理事任期届满，连选可以连任。用私人财产设立的非公募基金会，相互间有近亲属关系的基金会理事，总数不得超过理事总人数的三分之一；其他基金会，具有近亲属关系的不得同时在理事会任职。在基金会领取报酬的理事不得超过理事总人数的三分之一。理事会设理事长、副理事长和秘书长，从理事中选举产生，理事长是基金会的法定代表人。

基金会设监事。监事任期与理事任期相同。理事、理事的近亲属和基金会财会人员不得兼任监事。监事依照章程规定的程序检查基金会财务和会计资料，监督理事会遵守法律和章程的情况。监事列席理事会会议，有权向理事会提出质询和建议，并应当向登记管理机关、业务主管单位以及税务、会计主管部门反映情况。

2. 社会服务机构。目前，对社会服务机构法人的组织机构还没有统一的法律、行政法规的规定，但有的法律、行政法规对有关社会服务机构的组织机构作出了规定，如民办教育促进法实施条例规定，民办学校理事会、董事会或者其他形式决策机构的负责人应当品行良好，具有政治权利和完全民事行为能力。国家机关工作人员不得担任民办学校理事会、董事会或者其他形式决策机构的成员。民办学校的理事会、董事会或者其他形式决策机构，每年至少召开一次会议。经三分之一以上组成人员提议，可以召开理事会、董事会或者其他形式决策机构临时会议。民办学校的理事会、董事会或者其他形式决策机构讨论下列重大事项，应当经三分之二以上组成人员同意方可通过：（1）聘任、解聘校长；（2）修改学校章程；（3）制定发展规划；（4）审核预算、决算；（5）决定学校的分立、合并、终止；（6）学校章程规定的其他重大事项。民办学校内部组织机构的设置方案由校长提出，报理事会、董事会或者其他形式决策机构批准。

3. 宗教活动场所。根据宗教事务条例的规定，宗教活动场所应当成立管理组织，实行民主管理。宗教活动场所管理组织的成员，经民主协商推选，并报该场所的登记管理机关备案。

119. 向捐助法人捐助财产的捐助人对所捐财产享有哪些权利?

捐助人出于从事慈善活动的目的，向基金会、社会服务机构、宗教活动场所等捐助法人捐赠财产，为了保护捐助人的权益和捐助财产的安全，使捐助财产真正用于慈善事业，《民法典》第 94 条明确了捐助人对所捐助财产使用、管理情况的监督权，以及捐助法人对捐助人行使这一权利的相应配合义务。

一是捐助人的监督权。捐助人有权向捐助法人查询捐助财产的使用、管理情况，并提出意见和建议。慈善法、基金会管理条例也作了类似的规定。慈善法规定，捐赠人有权查询、复制其捐赠财产管理使用的有关资料，慈善组织应当及时主动向捐赠人反馈有关情况。慈善组织违反捐赠协议约定的用途，滥用捐赠财产的，捐赠人有权要求其改正；拒不改正的，捐赠人可以向民政部门投诉、举报或者向人民法院提起诉讼。基金会管理条例规定，捐赠人有权向基金会查询捐赠财产的使用、管理情况，并提出意见和建议。对于捐赠人的查询，基金会应当及时如实答复。基金会违反捐赠协议使用捐赠财产的，捐赠人有权要求基金会遵守捐赠协议或者向人民法院申请撤销捐赠行为、解除捐赠协议。

二是捐助法人对捐助人行使监督权的配合义务。对于捐助人行使对所捐财产的监督权，捐助法人应当予以积极配合，包括当捐助人查询所捐财产的使用、管理情况时，应当积极提供有关财务资料；对于捐助人提出的有关意见、建议，应当认真听取、研究，并及时作出解释、回应，对合理化建议应当及时采纳；对于捐助人的查询，应当及时、如实答复，不能拖延、敷衍，更不能弄虚作假，欺骗捐助人。

三是捐助人可以请求撤销捐助法人违法或者违反章程规定的决定。需要指出的是，即使法院依法撤销了该捐助法人所作的违法或者违反法人章程的决定，但捐助法人依据该决定与善意相对人形成的民事法律关系不受影响，这也是保护善意相对人的权益，维护交易安全的需要。如某一捐助法人的理事会，违反法律规定的程序作出一项决定，将获得捐助的一处房产卖掉。即使该决定因违反法定程序而被人民法院撤销，但是如果买房人在购房时为善意，对该法人所作决定违法或者违反章程规定的事实为不知情或者不应当知情，在此情况下，该买房人为善意相对人，可以取得该房产的所有权。

120. 为公益目的成立的非营利法人终止时，剩余财产如何处理？

为公益目的成立的非营利法人，包括捐助法人和事业单位法人，以及部分社会团体法人。这些法人的财产，要么来自捐助财产，要么来自国有资产，所以在这些法人终止时，其剩余财产的处理是受到限制的。

一是剩余财产不得向出资人、设立人或者会员分配。剩余财产是指法人解散清算完成后所剩余的法人财产。这些财产不能向出资人、设立人或者会员分配，这是营利法人与非营利法人的重要区别。对于营利法人来说，剩余财产是可以向出资人、设立人分配的，而对于非营利法人，其财产来源是国有资产或者捐助财产，在存续期间还享受了国家在财政、税收、土地等方面的优惠政策，所以在终止时，其财产需要继续用于公益事业，不得向出资人、设立人或者会员分配。

二是剩余财产应当按照法人章程的规定或者权力机构的决议用于公益目的。非营利法人的剩余财产应当按照法人章程的规定或者理事会等权力机构的决议继续用于公益目的。非营利法人的章程中一般会规定法人终止后剩余财产的处理，主要是转给其他宗旨相同或者相近的非营利法人，如非营利性民办学校终止后，其剩余财产转给其他的非营利性民办学校。如果法人章程中没有规定，也可以由理事会等法人权力机构作出决议，将剩余财产继续用于公益事业。需要说明的是，非营利法人终止后的剩余财产只能按照法人章程的规定或者权力机构的决议用于公益事业，不能用于营利活动。

三是剩余财产无法按照法人章程的规定或者权力机构的决议处理的，由主管机关主持转给宗旨相同或者相近的法人，并向社会公告。如果法人终止后，其剩余财产的处理，既没有法人章程的规定，理事会等权力机构也没有作出相关决议，在此情况下，要由主管机关主持转给宗旨相同或者相近的法人，并向社会公告。如一所非营利的民营医院终止后，其剩余财产，可以由主管机关主持转给另外一家非营利的民营医院，并向社会公告。

需要指出的是，由于非营利法人的范围比较广，包括捐助法人和事业单位法人，以及部分社会团体法人。对各类非营利法人剩余财产的处理，如果其他法律另有规定的，要依照其规定。另外，事业单位终止后剩余财产的处理，原则上要符合国有资产管理的有关规定。

121. 哪些法人属于特别法人?

机关法人、农村集体经济组织法人、城镇农村的合作经济组织法人、基层群众性自治组织法人这4种法人，既不同于营利法人，也不同于非营利法人，有其自身的特殊性，所以民法典将其统归于特别法人。

一是机关法人。机关法人是指依法行使国家权力，并因行使国家权力的需要而享有相应的民事权利能力和民事行为能力的国家机关。在进行民事活动时，国家机关以法人身份出现，与作为其相对人的自然人、法人或者非法人组织一样是平等的民事主体，不是行政主体。

机关法人是依据宪法和法律的规定，为履行法定职能而特许设立，其成立无须经专门机构核准登记。同时，机关法人的经费纳入国家预算，由国家财政拨给。机关法人可以以法人身份与其他民事主体进行民事活动，如购置办公用品等。正是由于机关法人的上述特点，使其既不是营利法人，也不是非营利法人，属于特别法人。在国际上，一般将机关法人称为公法人。

二是农村集体经济组织法人。农村集体经济组织产生于20世纪50年代初的农业合作化运动，是为实行社会主义公有制改造，在自然乡村范围内，由农民自愿联合，将其各自所有的生产资料（土地、较大型农具、耕畜）投入集体所有，由集体组织农业生产经营，农民进行集体劳动，各尽所能，按劳分配的农业社会主义经济组织。农村集体经济组织是农村集体资产经营管理的主体，依法代表农民集体行使农村集体资产所有权。农村集体经济组织作为一类特殊的组织，既有对外的营利性，又有对内的集体利益保障性，既不同于营利法人，也不同于非营利法人，属于特别法人。

三是城镇农村的合作经济组织法人。城镇农村的合作经济组织是按照自愿互利、民主管理、协作服务原则组建的农村经济组织，主要是指供销合作社等。供销合作社地位性质特殊，既体现党和政府政策导向，又承担政府委托的公益性服务，既有事业单位和社团组织的特点，又履行管理社有企业的职责，既要办成以农民为基础的合作经济组织，又要开展市场化经营和农业社会化服务，具有不同于营利法人、非营利法人的特殊性，属于特别法人。

四是基层群众性自治组织法人。基层群众性自治组织是指在城市和农村按居民、村民的居住地区建立起来的居民委员会和村民委员会。居民委员会和村民委员会具有群众性、自治性、基层性，不同于国家政权组织和其他政治、经济等社会组织，有必要赋予其单独的一类法人资格。

122. 什么是机关法人？其可以从事哪些民事活动？

机关法人包括两类：

一是有独立经费的机关。机关法人的经费来自财政拨款。

机关法人的设立依据是宪法和国务院组织法、地方各级人民代表大会和地方各级人民政府组织法、监察法、人民法院组织法、人民检察院组织法等法律，其设立的目的是代表国家行使公权力，履行法定的职责。因此，必须有独立的经费作为机关法人履行职责和对外承担民事责任的基础。机关法人的独立经费，来自国家的财政拨款。

机关法人在对外从事民事活动时必然要面临责任承担的问题，其享有独立的经费就成为其对外承担责任的基础。机关作为预算单位享有独立经费，确保其可以对外承担民事法律责任。

二是有独立经费的承担行政职能的法定机构。行政职能是指行政管理职能，是行政主体作为国家管理的执法机关，在依法对国家政治、经济和社会公共事务进行管理时应承担的职责和所具有的功能，如行政许可、行政处罚等，但不涉及立法、司法和军事等国家职能。行政职能一般由国家的行政机关行使，包括各级人民政府及政府有关部门，均享有行政管理职能。除了行政机关以外，一些法定机构，依据法律、行政法规的授权也享有行政管理职能，这些法定机构在行使法定行政职能时，也享有与行政机关相同的行政主体地位，具有机关法人资格。《民法典》第 97 条相比《民法通则》关于机关法人的规定，在范围上作了扩大，将有独立经费的承担行政职能的法定机构也作为机关法人，适应了实践的发展需要。

承担行政职能的法定机构主要包括部分依法举办的事业单位。如中国证券监督管理委员会、中国银行保险监督管理委员会等，依据证券法、商业银行法、保险法等法律的规定，对证券期货市场、金融、保险行业实施监督管理，这类机构虽然性质为事业单位，但因其履行公共管理职能，因而具有机关法人资格。

需要指出的是，有独立经费的机关和承担行政职能的法定机构从成立之日起，即具有机关法人资格，不需要进行设立登记。

机关法人履行法定职能所从事的活动包括两种：一种是公法意义的活动，如行政管理活动；另一种则是私法意义上的活动，即民事活动，如购买办公用品等。《民法典》第 97 条规定，机关法人从其成立之日起即具有法人资格，可以从事为履行职能所需要的民事活动，换言之，如果所从事的民事活动与该机关法人履行的职能不相符，就不具有合法性，是不被允许的，如机关法人不能从事经营性的活动等。

123. 机关法人终止后，其民事权利和义务由谁享有和承担？

机关法人被撤销的，法人终止。机关法人成立后，可能会因为机构改革等原因而被撤销，这样该机关法人在法律上就终止了。机关法人终止后，其民事权利和民事义务由继任的机关法人享有和承担。如根据 2018 年党和国家机构改革方案，组建国家市场监督管理总局，不再保留国家工商行政管理总局、国家质量监督检验检疫总局、国家食品药品监督管理总局。那么，国家工商行政管理总局这一机关法人终止，其民事权利、民事义务由继任的国家市场监督管理总局享有和承担。如国家工商行政管理总局在被撤销前与另一个民事主体签订了民事合同，其根据该合同享有的权利、承担的义务均由继任的国家市场监督管理总局享有和承担。

如果机关法人被撤销后，没有继任的机关法人的，则由作出撤销决定的机关法人享有和承担被撤销的机关法人的民事权利、义务。

124. 农村集体经济组织如何取得法人资格?

农村集体经济组织是农村集体资产经营管理的主体，依法代表农民集体行使农村集体资产所有权。明确农村集体经济组织的法人地位，有利于其更方便地从事民事活动，增强农村集体经济的发展活力。

农村集体经济组织具有其自身的独特性：一是属于经济组织，具有营利性。二是具有集体利益保障性。作为农村集体组织成员的村民以承包地等资产加入农村集体经济组织，通过该组织的经营活动取得分红等收入，农村集体经济组织具有保障成员利益的功能和责任。三是组织成员具有相对封闭性。农村集体经济组织的成员是该组织所覆盖的社区的村民，这些村民以承包地等资产加入农村集体经济组织，成为组织成员，所以集体经济组织的成员资格与村民作为土地承包经营权人的身份密不可分，组织成员具有相对封闭性，所在社区以外的人员一般不能成为农村集体经济组织的成员。

正是由于农村集体经济组织的上述特点，使得其既不同于企业法人，又不同于农民专业合作组织，也不同于社会团体。

因此，农村集体经济组织虽然已经在法律上具备了市场经济主体地位，但其只能属于特殊的法人类型，需要专门的立法加以规定。

由于民法通则没有明确赋予农村集体经济组织法人资格，使得其权利义务关系不明确，不利于其对外从事民事活动。长期以来，由于性质不清，登记五花八门，我国的农村集体经济组织存在底数不清、权属不明、经营不畅等多种问题。民法典赋予农村集体经济组织法人资格，有利于其以自己的名义对外从事经营等民事活动，对于发展农村经济、提高农民收入、实现乡村振兴具有重要意义。

2016 年，《中共中央、国务院关于稳步推进农村集体产权制度改革的意见》指出："健全适应社会主义市场经济体制要求、以公平为核心原则的农村产权保护法律制度。抓紧研究制定农村集体经济组织方面的法律，赋予农村集体经济组织法人资格，明确权利义务关系，依法维护农村集体经济组织及其成员的权益，保证农村集体经济组织平等使用生产要素，公平参与市场竞争，同等受到法律保护。"目前，农村集体经济组织立法已经列入第十三届全国人大常委会立法规划的第三类项目，有关方面正在研究论证。民法典作为民事基本法，明确了农村集体经济组织的法人地位，有关农村集体经济组织如何取得法人资格，可以通过农村集体经济组织的专项立法作出具体规定。所以，《民法典》第 99 条规定农村集体经济组织依法取得法人资格。法律、行政法规对农村集体经济组织有规定的，依照其规定。

125. 城镇农村的合作经济组织如何取得法人资格？

城镇农村的合作经济组织是按照自愿互利、民主管理、协作服务原则组建的经济组织，主要是指供销合作社等。供销合作社是为农服务，以农民为主体的集体所有制合作经济组织，是党和政府密切联系农民群众的桥梁纽带和做好农业、农村、农民工作的重要载体。

近年来，党和国家着力深化供销社改革，把这一改革作为加强党在农村基层执政基础的战略需要，也是抓好精准扶贫、实现全面小康的重要保障，是深化农业供给侧结构性改革的重要举措。2015 年 3 月公布的《中共中央、国务院关于深化供销社综合改革的决定》明确提出，“确立供销合作社的特定法律地位。在长期的为农服务实践中，供销合作社形成了独具中国特色的组织和服务体系，组织成分多元，资产构成多样，地位性质特殊，既体现党和政府政策导向，又承担政府委托的公益性服务，既有事业单位和社团组织的特点，又履行管理社有企业的职责，既要办成以农民为基础的合作经济组织，又要开展市场化经营和农业社会化服务，是党和政府以合作经济组织形式推动‘三农’工作的重要载体，是新形势下推动农村经济社会发展不可替代、不可或缺的重要力量。为更好发挥供销合作社独特优势和重要作用，必须确立其特定法律地位，抓紧制定供销合作社条例，适时启动供销合作社法立法工作”。2019 年 1 月公布的《中共中央、国务院关于坚持农业农村优先发展做好“三农”工作的若干意见》指出，继续深化供销合作社综合改革，制定供销合作社条例。

根据上述规定精神，供销合作社具有特殊的法律地位，既不同于企业法人等营利法人，又不同于事业单位、社会团体等非营利法人，属于民法典规定的特殊法人类型，具体可以通过制定供销合作社条例这样的专门立法，来明确供销合作社如何取得法人资格。所以，民法典规定，城镇农村的合作经济组织依法取得法人资格。这里的“依法”即是指依据有关供销合作社的专门立法，可以是法律，也可以是行政法规。

126. 什么是非法人组织？其范围包括哪些？

非法人组织是指不具有法人资格但可以以自己的名义进行民事活动的组织，亦称非法人团体。非法人组织，在日本包括非法人社团和非法人财团，在我国台湾地区称为非法人团体。

非法人组织的特点包括：

一是虽然不具有法人资格，但能够依法以自己的名义从事民事活动。这类组织没有法人资格，不能独立承担民事责任，是介于自然人和法人之间的一种社会组织。但该类组织具有民事权利能力和民事行为能力，能够以自己的名义从事民事活动。

二是依法成立。非法人组织在设立程序上须履行法定的登记手续，经有关机关核准登记，这是非法人组织的合法性要件。只有依法成立，才具有民事权利能力和民事行为能力。

三是有一定的组织机构。即拥有符合法律规定的名称、固定的从事生产经营等业务活动的场所，以及相应的组织管理机构和负责人，使之能够以该组织的名义对外从事相应的民事活动。

四是有一定的财产或经费。虽然非法人组织不能独立承担民事责任，也不要求其有独立的财产，但由于它是经依法登记的组织，可以以自己的名义对外从事民事活动，享受民事权利、承担民事义务，因此它应该有与其经营活动和经营规模相适应的财产或者经费，作为其参与民事活动，享受民事权利、承担民事义务的物质基础和财产保证。应当指出的是，非法人组织的财产或经费，与法人的财产或者经费不同，即它不是独立的，是其所属法人或公民财产的组成部分，归该法人或公民所有。

五是不具有独立承担民事责任的能力。由于非法人组织没有独立的财产或经费，因而它不具有独立承担民事责任的能力。该类组织与法人的最大区别，就是不能独立承担民事责任，当其因对外进行民事活动而需要承担民事责任时，如其自身所拥有的财产能够承担责任，则由其自身承担；如其自身所拥有的财产不足以承担责任，则由其出资人或设立人承担连带责任。

非法人组织的范围包括个人独资企业、合伙企业、不具有法人资格的专业服务机构，如律师事务所、会计师事务所、资产评估机构等。

127. 非法人组织应当如何设立？

设立非法人组织的程序包括两种：一是设立登记，即设立非法人组织应当依法进行登记；二是设立审批，即设立非法人组织依法经有关机关批准。如果法律、行政法规规定应当经过批准才能设立某一非法人组织的，则依照其规定，经批准设立。如律师法、注册会计师法均规定，设立律师事务所、会计师事务所应当分别经作为主管部门的司法部门、财政部门批准。

个人独资企业法、合伙企业法、律师法、注册会计师法、资产评估法等法律对个人独资企业、合伙企业、不具有法人资格的专业服务机构的设立程序作出了具体规定。

128. 非法人组织如何承担民事责任?

非法人组织不具有法人资格，不能独立承担民事责任。所以，虽然非法人组织有自己的财产，但当其财产不足以对外清偿债务时，其出资人或者设立人应当以其个人或者家庭财产承担无限责任。具体是：

1. 个人独资企业。根据个人独资企业法的规定，投资人以其个人财产对企业债务承担无限责任。个人独资企业财产不足以清偿债务的，投资人应当以其个人的其他财产予以清偿。个人独资企业投资人在申请企业设立登记时明确以其家庭共有财产作为个人出资的，应当依法以家庭共有财产对企业债务承担无限责任。

2. 合伙企业。根据合伙企业法的规定，普通合伙企业的合伙人对合伙企业债务承担无限连带责任。合伙企业不能清偿到期债务的，合伙人承担无限连带责任。合伙人由于承担无限连带责任，清偿数额超过法律规定的亏损分担比例的，有权向其他合伙人追偿。所谓“亏损分担比例”是指合伙企业的利润分配、亏损分担，按照合伙协议的约定办理；合伙协议未约定或者约定不明确的，由合伙人协商决定；协商不成的，由合伙人按照实缴出资比例分配、分担；无法确定出资比例的，由合伙人平均分配、分担。

3. 不具有法人资格的专业服务机构。律师法、注册会计师法等法律对律师事务所、会计师事务所的民事责任承担作了规定。

一是律师事务所。合伙律师事务所可以采用普通合伙或者特殊的普通合伙形式设立。合伙律师事务所的合伙人按照合伙形式对该律师事务所的债务依法承担责任。

二是会计师事务所。合伙设立的会计师事务所的债务，由合伙人按照出资比例或者协议的约定，以各自的财产承担责任。合伙人对会计师事务所的债务承担连带责任。

需要指出的是，对非法人组织的民事责任问题，如果其他法律另有规定的，要依照其规定，而不适用《民法典》第 104 条的规定。如合伙企业法对特殊的普通合伙企业的民事责任问题作了特别规定：一个合伙人或者数个合伙人在执业活动中因故意或者重大过失造成合伙企业债务的，应当承担无限责任或者无限连带责任，其他合伙人以其在合伙企业中的财产份额为限承担责任。合伙人在执业活动中非因故意或者重大过失造成的合伙企业债务以及合伙企业的其他债务，由全体合伙人承担无限连带责任。合伙人执业活动中因故意或者重大过失造成的合伙企业债务，以合伙企业财产对外承担责任后，该合伙人应当按照合伙协议的约定对给合伙企业造成的损失承担赔偿责任。因此，对特殊的普通合伙企业的民事责任要依据这一规定来适用。又如，合伙企业法规定，有限合伙企业由普通合伙人和有限合伙人组成，普通合伙人对合伙企业债务承担无限连带责任，有限合伙人以其认缴的出资额为限对合伙企业债务承担责任。因此，对有限合伙的民事责任承担问题要适用这一特别规定。再如，律师法规定，个人律师事务所的设立人对律师事务所的债务承担无限责任。国家出资设立的律师事务所，依法自主开展律师业务，以该律师事务所的全部资产对其债务承担责任。这一规定也不同于《民法典》第 104 条的规定，属于法律的特别规定，要优先适用。

129. 在哪些情形下，非法人组织应当解散？

非法人组织解散，意味着该组织民事主体资格的消灭，不再具有民事权利能力和民事行为能力。非法人组织解散的事由有以下两种：

一是章程规定的存续期间届满或者章程规定的其他解散事由出现。如果非法人组织在其章程中明确规定了该组织的存续期间，那么该期间一旦届满，该组织没有继续存续的意愿，即可以解散。如章程规定了非法人组织的存续期间为自成立之日起 8 年，但到了 8 年存续期满后，该组织可以解散。此外，如果非法人组织的章程规定了其他解散事由，一旦该事由出现，则该组织也可以解散。

二是出资人或者设立人决定解散。非法人组织的出资人或者设立人可以根据该组织的经营情况等，自行决定解散该组织，即使非法人组织章程规定的存续期间没有届满，出资人或者设立人也可以决定解散该组织。如章程规定了非法人组织的存续期间为自成立之日起 8 年，但到了第 5 年，其出资人或者设立人不想继续经营了，也可以决定解散该组织。

除了上述两项情形外，如果有关法律规定了非法人组织的解散情形的，一旦这些法定情形出现，该组织也应解散。

130. 为什么要加强对自然人人身自由、人格尊严的法律保护?

人身自由，包括身体行动的自由和自主决定的自由，是自然人自主参加社会各项活动、参与各种社会关系、行使其他人身权和财产权的基本保障，是自然人行使其他一切权利的前提和基础。人格尊严，包括静态和消极的人格尊严，以及动态和积极的人格尊严也即人格形成和人格发展，涉及姓名权、名誉权、荣誉权、肖像权、隐私权等方面。人格尊严不受侵犯，是自然人作为人的基本条件之一，也是社会文明进步的一个基本标志。由于人身自由和人格尊严的含义非常广泛，所以也能够包含通常所说的人格独立和人格平等。所有的人格权都以人身自由和人格尊严为价值基础，是这两种价值的具体表现，是以维护和实现人身自由和人格尊严为目的。人身自由和人格尊严是人格权获得法律保护的价值依据，是自然人自主参加社会各项活动、参与各种社会关系、行使其他人身权和财产权的基本保障，是自然人行使其他一切权利的前提和基础。我国宪法对于人身自由、人格尊严高度重视，专门作了规定。《宪法》第 37 条规定，中华人民共和国公民的人身自由不受侵犯。任何公民，非经人民检察院批准或者决定或者人民法院决定，并由公安机关执行，不受逮捕。禁止非法拘禁和以其他方法非法剥夺或者限制公民的人身自由，禁止非法搜查公民的身体。第38条规定，中华人民共和国公民的人格尊严不受侵犯。禁止用任何方法对公民进行侮辱、诽谤和诬告陷害。基于此，民法典在民事权利一章专门对此予以规定，明确“自然人的人身自由、人格尊严受法律保护”。

131. 自然人享有哪些具体的人格权？

人格权是存在于民事主体人格上的权利，是民事主体对其特定的人格利益享有的权利，关系到每个人的人格尊严和人身自由，是民事主体最基本、最重要的权利。1986年民法通则设专节规定了人身权，其中大部分内容都是关于人格权的规定。从人格权的主体看，民法通则区分了自然人的人格权和法人的人格权。民法典继承了民法通则的规定和做法，同时根据近40年的发展，进一步丰富了具体人格权的类型。根据《民法典》第110条的规定，自然人主要享有以下人格权：

1. 生命权。生命权是指自然人享有的以维护生命安全和生命尊严为内容的权利，其以自然人的生命安全利益为内容，以生命安全和生命维持为客体，以维护人的生命活动延续为基本内容。生命权是自然人享有的最基本的人格权。

2. 身体权。身体权指自然人享有的以维护身体完整和行动自由为内容的权利，其是自然人保持其身体组织完整并支配其肢体、器官和其他身体组织的权利。

3. 健康权。健康权是指自然人享有的以维护自己的身心健康为内容的权利，其是以自然人维护其机体生理机能正常运作和功能完善发挥为内容的权利。健康是维持人体正常生命活动的基础，健康权是自然人重要的人格权。

4. 姓名权。姓名权指自然人享有的依法决定、使用、变更或者许可他人使用自己姓名的权利。

5. 肖像权。肖像权是指自然人享有的依法制作、使用、公开或者许可他人使用自己肖像的权利，其体现为自然人对自己的肖像上体现的精神利益和物质利益所享有的权利。

6. 名誉权。名誉权是指自然人、法人和非法人组织就其品德、声望、才能、信用等所获得的社会评价，所享有的保有和维护的权利，也就是说其是自然人就其自身属性和价值所获得的社会评价，所享有的保有和维护的权利。

7. 荣誉权。荣誉权是指民事主体对自己所获得的荣誉及其利益所享有的保持、支配的权利。

8. 隐私权。隐私权指自然人享有的私人生活安宁与不愿为他人知晓的私密空间、私密活动、私密信息等依法受到保护，不受他人刺探、侵扰、泄露和公开的权利。

9. 婚姻自主权。婚姻自主权是指自然人享有的结婚、离婚自由不受他人干涉的权利。

132. 法人、非法人组织是否享有人格权？享有哪些人格权？

与自然人享有的人格权益相比，法人和非法人组织不能享有生命权、身体权、健康权等专属于自然人的权利。此外，对自然人的人格权保护具有充分的伦理价值，而法人和非法人组织享有一定范围的人格权，更多是基于现实的法律技术的需要，更多涉及财产利益，或者间接地保护组织背后的自然人，而不是基于人身自由和人格尊严而产生的。因此，法律对法人、非法人组织的人格权种类是严格限制的。根据民法典总则编的规定，法人、非法人组织主要享有以下人格权：

1. 名称权。名称权是指法人和非法人组织享有的依法使用、变更、转让或者许可他人使用自己名称的权利。

2. 名誉权。名誉权是指法人和非法人组织就其品德、声望、才能、信用等所获得的社会评价，所享有的保有和维护的权利。

3. 荣誉权。荣誉权是指法人、非法人组织对其获得的荣誉及其利益所享有的保持、支配的权利。

133. 个人信息是否受法律保护?

信息社会中，人的存在不仅涉及生物体征方面的信息，如身高、性别等，也涉及人作为社会成员的基本社会文化信息，如姓名、职业、宗教信仰、消费倾向、生活习惯等。越来越多的人类活动都有信息形式的记录。个人信息权利是公民在现代信息社会享有的重要权利，明确对个人信息的保护对于保护公民的人格尊严，使公民免受非法侵扰，维护正常的社会秩序具有现实意义。据此，民法典总则编在民事权利一章中单列一条，对自然人的个人信息受法律保护和其他民事主体对自然人个人信息保护的义务作出明确规定。民法典人格权编则在总则编的基础上对个人信息保护的基本原则和基本规则作了规定，为下一步个人信息保护法的制定提供了依据，奠定了基本框架。根据总则编的规定，其他民事主体对自然人个人信息保护有以下义务：

一是任何组织和个人需要获取他人个人信息的，有依法取得并确保信息安全的义务。

二是不得非法收集、使用、加工、传输他人个人信息，不得非法买卖、提供或者公开他人个人信息。违反个人信息保护义务的，应当依法承担民事责任、行政责任甚至刑事责任。其他法律对其他民事主体对自然人个人信息保护的义务有具体规定。例如《消费者权益保护法》第 29 条第 1 款、第 2 款规定，经营者收集、使用消费者个人信息，应当遵循合法、正当、必要的原则，明示收集、使用信息的目的、方式和范围，并经消费者同意。经营者收集、使用消费者个人信息，应当公开其收集、使用规则，不得违反法律、法规的规定和双方的约定收集、使用信息。经营者及其工作人员对收集的消费者个人信息必须严格保密，不得泄露、出售或者非法向他人提供。经营者应当采取技术措施和其他必要措施，确保信息安全，防止消费者个人信息泄露、丢失。在发生或者可能发生信息泄露、丢失的情况时，应当立即采取补救措施。刑法还规定了侵犯公民个人信息罪。

134. 自然人是否享有身份权利?

自然人作为重要的民事主体，除了享有财产权，还享有人身权。人身权包括人格权利和身份权利。《民法典》第 109 条至第 111 条对人格权益作了概括性规定。身份权利是自然人因婚姻家庭关系而产生的权利，包括自然人因婚姻关系产生的身份权利和因家庭关系产生的身份权利。前者是夫妻之间的身份权利。后者是因家庭关系产生的身份权利，例如父母对子女的亲权和履行监护职责产生的权利。家庭是社会的细胞，也是社会和谐稳定的基础。自然人作为婚姻家庭中的一员，享有身份权利。保护自然人的身份权利，对于构建和睦稳定的婚姻家庭关系极为重要。基于此，民法典总则编特别强调，自然人因婚姻家庭关系等产生的人身权利受法律保护。民法典婚姻家庭编在该规定的基础上，对自然人享有的身份权利作了较为详细的规定。考虑到身份权利和人格权利虽然不同，但是两者存在密切的关系。建立和维持与他人之间的身份关系，本身就是人格发展的必要条件，婚姻家庭关系的发展和尊严是个人发展和尊严的特别表现形式，保护身份权利往往同时就是保护人格利益。且两种权利都不可转让，具有极强的道德性等相似的属性。《民法典》第 2 条、第 3 条等条文也将这两种权利统称为“人身关系”和“人身权利”。据此，为完善身份权利的保护，体现民法典编纂的体系性，《民法典》第 1001 条还规定，对自然人因婚姻家庭关系等产生的身份权利的保护，适用本法总则编、婚姻家庭编和其他法律的相关规定；没有规定的，可以根据其性质参照适用人格权编人格权保护的有关规定。

135. 如何理解“民事主体的财产权利受平等保护”的原则?

平等保护财产权利是民法关于财产权利保护的基本规则。该规则对于激发人们创造财富的积极性具有重要意义，正所谓“有恒产者有恒心”；对于构建以公平为核心的财产保护体系，促进社会主义市场经济健康有序发展也极为重要。民法的任务之一是保护我国宪法规定的基本经济制度下民事主体的财产权，中央一再强调，对各种民事主体所享有的财产权利应当给予平等保护。党的十八届三中全会提出，要完善产权保护制度，公有制经济财产权不可侵犯，非公有制经济财产权同样不可侵犯。国家保护各种所有制经济的产权和合法权益，保证各种所有制经济同等受法律保护。党的十八届四中全会明确提出，要实现公民权利保障的法治化。《中共中央、国务院关于完善产权保护制度依法保护产权的意见》和中央经济工作会议明确提出，加强产权保护制度建设，平等保护各种所有制组织的财产权和自然人的财产权。我国宪法规定，公民的合法财产受法律保护。2007 年颁布的物权法明确规定，国家物权、集体物权、私人物权受法律保护。物权法从物权的角度，对物权的平等保护作了规定。但是民事主体所享有的财产权益不限于物权。根据民法典总则编第五章的规定，民事主体还享有债权、知识产权、股权等投资性权利。对自然人所享有的这些财产权益也应当予以平等保护。为了落实中央的要求，贯彻宪法的精神，《民法典》

第 113 条在物权法规定的基础上，明确规定，民事主体的财产权利受法律平等保护。

民事主体的财产权利受法律平等保护是由民法调整的社会关系的性质决定的。《民法典》第 2 条规定，民法调整平等主体的自然人、法人和非法人组织之间的人身关系和财产关系。第 4 条规定，民事主体在民事活动中的法律地位一律平等。平等集中反映了民事法律关系的本质属性，是民事法律关系区别于其他法律关系的主要标志。《民法典》第 113 条在民法典规定平等原则的基础上，单列一条规定民事主体的财产权利受法律平等保护。这一条的核心是“平等保护”。民事主体的财产权利受法律平等保护也是市场经济的内在要求。我国宪法规定，国家实行社会主义市场经济。公平竞争、平等保护、优胜劣汰是市场经济的基本法则。在社会主义市场经济条件下，各种所有制经济形成的市场主体都处于平等地位，享有相同权利，遵守相同规则，承担相同责任。如果不对民事主体的财产权利平等保护，解决纠纷的办法、承担的法律责任不一样，就不可能发展社会主义市场经济，也不可能坚持和完善社会主义基本经济制度。如对不同民事主体的财产权利不进行平等保护，势必损害民事主体依法创造、积累财产的积极性，不利于民富国强、社会和谐。

136. 什么是物权？

财产权主要有物权、债权、继承权和知识产权中的财产权。财产可分为有形财产和无形财产，物权是对有形财产的权利。

物权是民事主体依法享有的一项重要的财产权利。这种权利是权利人在法律规定的范围内对特定的物享有的直接支配和排他的权利。由于物权是直接支配物的权利，因而物权又被称为“绝对权”；物权的权利人享有物权，任何其他人都不得非法干预，物权的权利人以外的任何人都是物权的义务人，因此物权又被称为“对世权”。在权利性质上，物权与债权不同。债权的权利义务限于当事人之间，如合同的权利义务限于订立合同的各方当事人；债权是要求债务人作为或者不作为的权利，债权人也只能要求债务人作为或者不作为，不能要求与其债权债务关系无关的人作为或者不作为；债权依赖于债务人而存在，债权的行使要基于相对人的意思和行为。

物权的权利人对物享有直接支配的权利，是物权的主要特征之一。各种物权均以直接支配物作为其基本内容。“直接”即权利人实现其权利不必借助于他人，在法律规定的范围内，完全可以按照自己的意愿行使权利。“支配”有安排、利用的意思，包括占有、使用、收益和处分的权能总合。“直接支配”指的是不需要他人的协助、配合，权利人就能对物自主利用。对所有权来说，权利人可以按照自己的意愿行使占有、使用、收益和处分的权利。直接支配还有排除他人干涉的含义，其他人负有不妨碍、不干涉物权人行使权利的义务。物权的排他性是指一物之上不能有相互冲突的物权，比如所有权，一物之上只能有一个所有权，此物是我的就不是你的（区分所有权等是特例）；即使一物之上可以设定若干个抵押权，但由于是按照抵押权设定的先后顺序优先受偿，其间也不存在冲突。民法典物权编对物权中的基本规则、所有权、用益物权、担保物权和占有等各项具体制度作了较为详细的规定。

137. 什么是物?

物是物权领域的基础性概念，物的范围直接决定物权法律制度的调整范围，明确物的范围对于构建物权法律制度极为重要。德国、日本、我国台湾地区等国家和地区的相关规定，不少都对物的范围作了规定。我国 2007 年颁布的物权法也对物的范围作了规定。鉴于“物”这个概念的重要性，《民法典》第 115 条借鉴吸收物权法的规定，对物的范围作了规定。法律上所指的物，主要是不动产和动产。“不动产”是不可移动的物，如土地以及房屋、林木等土地附着物。“动产”是不动产以外的可移动的物，如机动车、电视机等。不动产和动产是物权法律制度中对物的分类，之所以进行这样的分类，主要是便于根据不动产和动产各自的特点分别予以规范。物权法律制度上的物指有体物或者有形物，有体物或者有形物是物理上的物，包括固体、液体、气体，也包括电等没有形状的物。所谓有体物或者有形物主要是与精神产品相对而言的，著作、商标、专利等是精神产品，是无体物或者无形物，精神产品通常不是物权制度规范的对象。同时，并非所有的有体物或者有形物都是物权制度规范的对象，能够作为物权制度规范对象的还必须是人力所能控制、有利用价值的物。随着科学技术的发展，一些原来无法控制且无法利用的物也可以控制和利用了，也就纳入了物权制度的调整范围，物权制度规范的物的范围也在不断扩大。网络虚拟财产是现代网络社会的重要财产类型，对于 Q 币等网络虚拟财产是否属于物的范围，民法典立法过程中争议相当大，有鉴于此，民法典并没有将其纳入物的范围加以调整，但是《民法典》第127条明确规定，法律对数据、网络虚拟财产的保护有规定的，依照其规定。这为网络虚拟财产的保护提供了明确的法律依据。

精神产品原则上不属于物权制度的调整范围，但是在有些情况下，其财产权利可以作为担保物权的标的，比如可以转让的注册商标专用权、专利权、著作权等知识产权中的财产权，可以出质作为担保物权的标的，形成权利质权，由此权利也成了物权的客体。因此，民法典规定，法律规定权利作为物权客体的，依照其规定。

138. 什么是物权法定原则？

物权是一项重要的民事权利，是一种直接支配权，被称为“绝对权”“对世权”，权利人不需要他人的协助、配合，就能对物自主利用。因此，物权关系的义务人不同于债权关系的义务人，债权的实现在多数情况下需要债务人的积极配合，而物权关系的义务人最基本的义务是不妨碍、不干涉物权人行使权利。只要义务人不妨碍、不干涉，物权人就能实现其权利，达到对物的利用并享有收益的目的。物权不同于债权，债权的权利义务发生在当事人之间，遵循自愿原则，具体内容由当事人约定，比如合同是当事人之间的协议，对合同内容如何约定原则上由当事人决定。物权的权利人行使权利，对所有其他人都有约束力，物权人以外的任何人都是义务人，都有尊重物权、不干涉权利人行使物权的义务。物权调整的权利人和义务人之间的关系与合同当事人之间的权利义务关系不同，其间的权利义务不能由权利人单方面决定，也难以由某个权利人和若干个义务人决定，权利人和义务人之间的权利义务必须由法律规定，对权利人和义务人之间的规范也只能由法律规定。这就是物权法定原则。物权法定是物权法律制度的基本原则之一。物权法定中的“法”，指法律，即全国人大及其常委会制定的法律，除法律明确规定可以由行政法规、地方性法规规定的外，一般不包括行政法规和地方性法规。需要说明的是，物权法定中的法律，既包括民法典物权编，也包括其他法律，如土地管理法、城市房地产管理法、矿产资源法、草原法、森林法、海域使用管理法、渔业法、海商法、民用航空法等，这些法律中都有对物权的规定。

物权法定，有两层含义：一是物权由法律规定，当事人不能自由创设物权；二是违背物权法定原则，所设“物权”没有法律效力。《民法典》第 116 条规定：“物权的种类和内容，由法律规定。”其一是物权的种类，只能由法律规定，当事人之间不能创立。物权的大的种类包括所有权、用益物权和担保物权；用益物权还可分为土地承包经营权、建设用地使用权、宅基地使用权、居住权和地役权；担保物权还可分为抵押权、质权和留置权。其二是物权的权利义务内容，一般也只能由法律规定，如土地承包经营权的承包期多长，承包经营权何时设立，承包经营权的流转权限，承包地的调整、收回、被征收中的权利义务等。物权法律制度的规定许多都是强制性规范，当事人应当严格遵守，不能由当事人约定排除，除非法律规定了“有约定的按照约定”“当事人另有约定的除外”这些例外情形。

139. 什么是债权？产生债权的原因有哪些？

债是民事领域的一个重要概念，债权是现代社会生活中民事主体的一项重要财产权利。绝大多数国家和地区的民法都将债及债权作为一种重要的制度加以规定。民法典民事权利一章规定的是民事权利，因此从权利角度对债作了规定。债是因合同、无因管理、不当得利、侵权行为以及法律的其他规定，在特定当事人之间发生的权利义务关系。首先，债是一种民事法律关系，是民事主体之间以权利义务为内容的法律关系。其次，债是特定当事人之间的法律关系。债的主体各方均为特定当事人。再次，债是特定当事人之间得请求为或者不为一定行为的法律关系。享有权利的人是债权人，负有义务的人是债务人。债是以请求权为特征的法律关系，债权人行使债权，只能通过请求债务人为或者不为一定行为得以实现。最后，债是因合同、侵权行为、无因管理、不当得利以及法律的其他规定而发生的法律关系。根据民法典总则编的规定，债的发生原因包括以下几种：

一是合同。合同是民事主体之间设立、变更、终止民事法律关系的协议。民法典合同编对合同之债的规则作了详细的规定。

二是侵权行为。侵权行为，是指侵害他人民事权益的行为。民法典侵权责任编对侵权行为之债作了较为详细的规定。

三是无因管理。无因管理，是指没有法定的或者约定的义务，为避免他人利益受损失进行管理的行为。民法典合同编第三分编对无因管理之债和不当得利之债的规则作了详细的规定。

四是不当得利。不当得利，是指没有法律根据，取得不当利益，造成他人损失的情形。民法典合同编第三分编对无因管理之债和不当得利之债的规则作了详细的规定。

五是法律的其他规定。合同、侵权行为、无因管理、不当得利是债发生的主要原因，除此以外，法律的其他规定也可能会引起债的发生，使民事主体依法享有债权。

140. 什么是知识产权？知识产权的客体有哪些？

知识产权是国际上广泛使用的一个法律概念，是民事主体对其创造性的客体依法享有的专有权利。设立知识产权的目的在于调动人们从事智力创作和科学技术研究的积极性，从而创造出更多、更好的精神财富。民法通则将知识产权作为民事主体的基本民事权利之一予以规定，适应了我国改革开放和知识产权国际保护的需要。民法通则出台后，我国制定了多部保护知识产权的法律法规，1982 年通过了商标法，1984 年通过了专利法，1990 年通过了著作权法，国务院也颁布实施了著作权法实施条例、专利法实施细则、商标法实施条例等行政法规。

根据民法典第 123 条的规定，知识产权是权利人依法就下列客体所享有的专有权利：

一是作品。对作品的知识产权保护主要规定在著作权相关法律法规中。《著作权法》第 3 条规定："本法所称的作品，包括以下列形式创作的文学、艺术和自然科学、社会科学、工程技术等作品：（一）文字作品；（二）口述作品；（三）音乐、戏剧、曲艺、舞蹈、杂技艺术作品；（四）美术、建筑作品；（五）摄影作品；（六）电影作品和以类似摄制电影的方法创作的作品；（七）工程设计图、产品设计图、地图、示意图等图形作品和模型作品；（八）计算机软件；（九）法律、行政法规规定的其他作品。”权利人依法就作品享有的专有权利是著作权。根据著作权法的规定，著作权是指著作权人对其作品享有的人身权和财产权，包括发表权、署名权、修改权、保护作品完整权、复制权、发行权、出租权、展览权、表演权、放映权、广播权、信息网络传播权、摄制权、改编权、翻译权、汇编权和应当由著作权人享有的其他权利。

二是发明、实用新型、外观设计。对发明、实用新型、外观设计的知识产权保护主要规定在专利权相关法律法规中。《专利法》第2条规定，本法所称的发明创造是指发明、实用新型和外观设计。发明，是指对产品、方法或者其改进所提出的新的技术方案。实用新型，是指对产品的形状、构造或者其结合所提出的适于实用的新的技术方案。外观设计，是指对产品的形状、图案或者其结合以及色彩与形状、图案的结合所作出的富有美感并适于工业应用的新设计。专利权是指专利权人依法就发明、实用新型、外观设计所享有的专有权利，任何组织或者个人未经专利权人许可，不得实施其专利。根据《专利法》第60条的规定，未经专利权人许可，实施其专利，即侵犯其专利权，引起纠纷的，由当事人协商解决；不愿协商或者协商不成的，专利权人或者利害关系人可以向人民法院起诉，也可以请求管理专利工作的部门处理。

三是商标。对商标的知识产权保护主要规定在商标权相关法律法规中。《商标法》第 3 条第 1 款、第 2 款、第 3 款规定，经商标局核准注册的商标为注册商标，包括商品商标、服务商标和集体商标、证明商标……本法所称集体商标，是指以团体、协会或者其他组织名义注册，供该组织成员在商事活动中使用，以表明使用者在该组织中的成员资格的标志。本法所称证明商标，是指由对某种商品或者服务具有监督能力的组织所控制，而由该组织以外的单位或者个人使用于其商品或者服务，用以证明该商品或者服务的原产地、原料、制造方法、质量或者其他特定品质的标志。权利人依法就商标享有的专有权利是商标专用权。商标专用权是商标专用权人在核准商品上使用注册商标的专有权利。根据《商标法》第 3 条规定，商标注册人享有商标专用权，受法律保护。

四是地理标志。地理标志，是指标示某商品来源于某地区，该商品的特定质量、信誉或者其他特征，主要由该地区的自然因素或者人文因素所决定的标志。权利人依法就地理标志享有专有权。目前我国没有专门的法律法规对权利人依法就地理标志享有的专有权利作出规定，对地理标志享有的专有权利分散规定在商标法、农业法、商标法实施条例等法律法规中。《商标法实施条例》第 4 条第 1 款规定，商标法第 16 条规定的地理标志，可以依照商标法和本条例的规定，作为证明商标或者集体商标申请注册。《农业法》第 23 条第 3 款规定，符合国家规定标准的优质农产品可以依照法律或者行政法规的规定申请使用有关的标志。符合规定产地及生产规范要求的农产品可以依照有关法律或者行政法规的规定申请使用农产品地理标志。《农业法》第 49 条第 1 款规定，国家保护植物新品种、农产品地理标志等知识产权，鼓励和引导农业科研、教育单位加强农业科学技术的基础研究和应用研究，传播和普及农业科学技术知识，加速科技成果转化与产业化，促进农业科学技术进步。

就地理标志享有专有权利的权利人有其特殊性。由于地理标志是标识商品产自某地区的特定质量、信誉或者其他特征的标志，其商品符合使用该地理标志条件的自然人、法人或者非法人组织都可以使用地理标志。《商标法实施条例》第 4 条第 2 款规定，以地理标志作为证明商标注册的，其商品符合使用该地理标志条件的自然人、法人或者其他组织可以要求使用该证明商标，控制该证明商标的组织应当允许。以地理标志作为集体商标注册的，其商品符合使用该地理标志条件的自然人、法人或者其他组织，可以要求参加以该地理标志作为集体商标注册的团体、协会或者其他组织，该团体、协会或者其他组织应当依据其章程接纳为会员；不要求参加以该地理标志作为集体商标注册的团体、协会或者其他组织的，也可以正当使用该地理标志，该团体、协会或者其他组织无权禁止。《商标法》第 16 条第 1 款规定，商标中有商品的地理标志，而该商品并非来源于该标志所标示的地区，误导公众的，不予注册并禁止使用；但是，已经善意取得注册的继续有效。

五是商业秘密。商业秘密，是指不为公众所知悉、能为权利人带来经济利益、具有实用性并经权利人采取保密措施的技术信息和经营信息。权利人依法对商业秘密享有专有权。目前我国没有专门的法律法规对权利人依法就商业秘密享有的专有权利作出规定，对商业秘密专有权利的保护分散规定在反不正当竞争法、合同法等法律中。《反不正当竞争法》第9条规定："经营者不得实施下列侵犯商业秘密的行为：（一）以盗窃、贿赂、欺诈、胁迫、电子侵入或者其他不正当手段获取权利人的商业秘密；（二）披露、使用或者允许他人使用以前项手段获取的权利人的商业秘密；（三）违反保密义务或者违反权利人有关保守商业秘密的要求，披露、使用或者允许他人使用其所掌握的商业秘密；（四）教唆、引诱、帮助他人违反保密义务或者违反权利人有关保守商业秘密的要求，获取、披露、使用或者允许他人使用权利人的商业秘密。经营者以外的其他自然人、法人和非法人组织实施前款所列违法行为的，视为侵犯商业秘密。第三人明知或者应知商业秘密权利人的员工、前员工或者其他单位、个人实施本条第一款所列违法行为，仍获取、披露、使用或者允许他人使用该商业秘密的，视为侵犯商业秘密。"《民法典》第501条规定，当事人在订立合同过程中知悉的商业秘密或者其他应当保密的信息，无论合同是否成立，不得泄露或者不正当地使用；泄露、不正当地使用该商业秘密或者信息，造成对方损失的，应当承担损害赔偿责任。

六是集成电路布图设计。集成电路布图设计，是指集成电路中至少有一个是有源元件的两个以上元件和部分或者全部互联线路的三维配置，或者为制造集成电路而准备的上述三维配置。权利人依法对集成电路布图设计享有专有权。民法典出台前，我国民事法律对权利人依法就集成电路布图设计享有的专有权利未作出规定，仅有《科学技术进步法》第20条第1款使用"集成电路布图设计专有权"表述。对集成电路布图设计专有权利的保护主要由《集成电路布图设计保护条例》规范。该条例第7条规定，布图设计权利人享有下列专有权：（一）对受保护的布图设计的全部或者其中任何具有独创性的部分进行复制；（二）将受保护的布图设计、含有该布图设计的集成电路或者含有该集成电路的物品投入商业利用。

七是植物新品种。植物新品种，是指经过人工培育的或者对发现的野生植物加以开发，具备新颖性、特异性、一致性和稳定性并有适当命名的植物品种。对植物新品种的知识产权保护主要规定在种子法、农业法，植物新品种保护条例等相关法律法规中。

八是法律规定的其他客体。除了《民法典》第123条明确列举的知识产权的客体，该条第2款第8项规定了"法律规定的其他客体"。该项规定实际上为未来知识产权客体的发展留出了空间。

141. 什么是继承权？自然人对哪些财产享有继承权？

继承权是指自然人依照法律的规定或者被继承人生前立下的合法有效的遗嘱而取得被继承人遗产的权利。当自然人死亡时，将其生前个人所有的合法财产，依法转移给他的继承人，有利于提高自然人参加经济建设的积极性，为社会、家庭和个人积累财富，满足人们日益增长的物质生活和文化生活的需要。所以，继承权是自然人的一项基本民事权利。《宪法》第13条第2款规定，国家依照法律规定保护公民的私有财产权和继承权。宪法作为根本大法，确立了关于保护公民私有财产权和继承权的原则。《民法典》第124条明确规定自然人依法享有继承权。民法典继承编以这一条规定为依据，在继承法和其他法律的基础上对继承的具体规则作了详细规定。对自然人继承权的保护，是保护自然人个人财产所有权的必然要求。

依照我国法律规定，自然人享有继承权，自然人可以继承的被继承人的财产范围为被继承人合法的私有财产。《民法典》第 124 条第 2 款的规定是对自然人合法的私有财产权在继承制度上的保护。《宪法》第 13 条第 1 款、第 2 款规定，公民的合法的私有财产不受侵犯。国家依照法律规定保护公民的私有财产权和继承权。《民法典》第 266 条规定，私人对其合法的收入、房屋、生活用品、生产工具、原材料等不动产和动产享有所有权。第 267 条规定，私人的合法财产受法律保护。在自然人生存时，这主要通过对其所享有的物权、债权、知识产权、股权等一系列民事权利的保护来实现。在自然人死亡后，其合法的私有财产可以作为遗产，由继承人依法继承，实现对自然人合法私有财产进行保护的目的。根据《继承法》第 3 条的规定，遗产是公民死亡时遗留的个人合法财产，包括：公民的收入，公民的房屋、储蓄和生活用品，公民的林木、牲畜和家禽，公民的文物、图书资料，法律允许公民所有的生产资料，公民的著作权、专利权中的财产权利，公民的其他合法财产。考虑到继承法实施以来，社会物质财富极大丰富，老百姓所享有的财产也越来越多样，对可继承财产进行一一列举已不可能，难免挂一漏万，基于此，民法典继承编对可以继承的财产没有再采取列举的方法进行规定，而是用概括规定的方式明确规定，遗产是自然人死亡时遗留的个人合法财产。

142. 什么是股权等投资性权利?

在现代商业社会，股权等投资性权利是民事主体所享有的重要商事权益，明确保护这些投资性权利，对于促进民事主体进行投资性活动，繁荣经济，创造财富具有重要意义。股权等投资性权利虽然属于商事权益，但我国实行民商合一的立法体例，所以，股权等投资性权益也属于广义上的民事权益。在民法中对此作出明确规定，既可以加强对这些投资性权利的保护，也可以为公司法、证券法、合伙企业法等商事单行法作进一步规定提供依据。基于此，《民法典》第125条最终规定，民事主体依法享有股权和其他投资性权利。根据民法典的规定，民事主体享有的投资性权利主要包括两类:

一是股权。股权，是指民事主体因投资于公司成为公司股东而享有的权利。根据行使目的和方式的不同，股权可分为自益权和共益权。自益权，是指股东基于自身利益诉求而享有的权利，可以单独行使，包括资产收益权、剩余财产分配请求权、股份转让权、新股优先认购权等；共益权，是指股东基于全体股东或者公司的利益诉求而享有的权利，包括股东会表决权、股东会召集权、提案权、质询权、公司章程及账册的查阅权、股东会决议撤销请求权等。民事主体通过投资于公司成为公司股东后依法享有股权。民事主体依法享有股权。《公司法》第4条规定，公司股东依法享有资产收益、参与重大决策和选择管理者等权利。公司法还区分不同的公司形式，对民事主体投资于公司成为公司股东后的权利作了详细规定。

二是其他投资性权利。其他投资性权利，是指民事主体通过投资享有的权利。如民事主体通过购买证券、基金、保险等进行投资而享有的民事权利。根据这一条规定，民事主体依法享有其他投资性权利。这些投资性权利的具体权利内容根据证券法等具体法律规定依法享有。

143. 民事主体享有的民事权益范围是否仅限于民法典规定的民事权益种类？

民法典总则编第五章专章规定了民事主体的民事权利，具体包括人格权、身份权、物权、债权、知识产权、继承权、股权和其他投资性权利。考虑到民事权利和利益多种多样，立法中难以穷尽，而且随着社会、经济的发展，还会不断地有新的民事权益纳入法律的保护范围，因此，《民法典》第 126 条对民事主体享有的民事权利和利益作了兜底性规定，即民事主体享有法律规定的其他民事权利和利益。该规定有以下两层含义：一是民事主体所享有的民事权益不限于民法典列明的前述几项民事权益。虽然民法典基本上将民事主体现在所享有的民事权益作了完全列举，但是随着社会的发展，新的民事权益还会不断出现，为了适应社会的发展，并且为未来新的民事权益的保护提供法律依据，这一条作了兜底性规定。二是民事主体享有的其他民事权益必须由法律作明确规定。人们在社会中所享有的利益很多，为了防止民事权益的泛化，影响民事主体的行为自由，不是所有的利益都适宜由法律加以保护。所以，民法典所保护的民事权益必须是法律明确规定的民事权利和利益。

144. 数据和网络虚拟财产是否受法律保护？

随着互联网和大数据技术的快速发展，网络虚拟财产、数据等各种新型财产出现。但在民法典编纂过程中，是否规定和如何规定数据和网络虚拟财产，存在较大争议。有的意见认为，数据和网络虚拟财产是民事权利的客体之一。但数据和网络虚拟财产是新兴事物，其概念范畴、保护范围、权利属性、权利和义务的内容等都较为复杂，理论和实践中对这些问题存在较大争议，其他国家和地区对数据和网络虚拟财产的保护也仍然处于探索阶段。民法典未针对民事权利的客体作专门规定，可以将数据和网络虚拟财产纳入现有的各种民事权利中予以保护。有的意见认为，为了适应信息社会和互联网快速发展的新情况，体现民法典的时代性，有必要对数据和网络虚拟财产等新型民事权利客体作出规定。这有助于解决实践纠纷，为互联网未来发展提供保障支持。但鉴于数据和网络虚拟财产的复杂性，限于民法典的篇章结构，如何界定数据和网络虚拟财产，如何明确数据和网络虚拟财产的权利属性和权利内容，应由专门法律加以规定。基于此，《民法典》第127条对数据和网络虚拟财产的保护作了原则性规定，即规定“法律对数据、网络虚拟财产的保护有规定的，依照其规定”。一方面，确立了依法保护数据和网络虚拟财产的原则；另一方面，鉴于数据和网络虚拟财产的权利性质存在争议，需要对数据和网络虚拟财产的权利属性作进一步深入研究，进一步总结理论和司法实践的经验，为以后立法提供坚实基础。

145. 我国法律是否对未成年人、老年人、残疾人、妇女、消费者的权益进行特殊保护？

未成年人、老年人、残疾人、妇女、消费者等民事主体，由于其心理、生理或者市场交易地位原因，可能在民事活动中处于弱势地位。为保护整体上处于弱势地位的民事主体的民事合法权益，我国不少法律对未成年人、老年人、残疾人、妇女、消费者等特殊群体所享有的民事权利有特别保护规定。如消费者权益保护法通过规定消费者的权利和经营者的义务来保护消费者的合法权益，规定消费者的知情权、选择权等权利，规定经营者负有保障消费者安全、质量保证、告知和召回等义务。未成年人保护法、老年人权益保障法、残疾人保障法、妇女权益保障法分别对未成年人、老年人、残疾人、妇女的民事权利有特别保护规定。所以对于未成年人、老年人、残疾人、妇女、消费者等特殊群体所享有的民事权利的保护，除了适用民法典的保护规则外，还要适用特别法的特殊保护。基于此，《民法典》第 128 条对弱势群体民事权利的特别保护作出衔接性规定，即法律对未成年人、老年人、残疾人、妇女、消费者等的民事权利有特别保护规定的，依照其规定。

146. 民事主体取得民事权利的方式有哪些？

民事权利的取得，是指民事主体依据合法的方式获得民事权利。根据《民法典》第 129 条的规定，民事权利可以依据以下方式取得：

一是民事法律行为。民事法律行为，是指民事主体通过意思表示设立、变更、终止民事法律关系的行为，民法理论一般称为法律行为。如订立买卖合同的行为、订立遗嘱、放弃继承权、赠与等。民法典总则编第六章专章规定了民事法律行为，对民事法律行为的概念、成立、效力等作了规定。民事法律行为以意思表示为核心要素，没有意思表示则没有民事法律行为。意思表示，是指行为人为了产生一定民法上的效果而将其内心意思通过一定方式表达于外部的行为。根据《民法典》第143条规定，具备下列条件的民事法律行为有效：（1）行为人具有相应的民事行为能力；（2）意思表示真实；（3）不违反法律、行政法规的强制性规定，不违背公序良俗。民事权利可以依据民事法律行为取得。如订立合同是民事法律行为，合同一方可以通过订立合同取得合同约定的权利。

二是事实行为。事实行为，是指行为人主观上没有引起民事法律关系发生、变更或者消灭的意思，而依照法律的规定产生一定民事法律后果的行为。如自建房屋、拾得遗失物、无因管理行为、劳动生产等。事实行为有合法的，也有不合法的。拾得遗失物等属于合法的事实行为，侵害他人的人身、财产的侵权行为是不合法的事实行为。民事权利可以依据事实行为取得，如民事主体因无因管理行为取得对他人的无因管理债权等。

三是法律规定的事件。法律规定的事件，是指与人的意志无关而根据法律规定能引起民事法律关系变动的客观情况，如自然人的出生、死亡，自然灾害，生产事故，果实自落以及时间经过等。民事权利可以依据法律规定的事件取得，如民事主体因出生取得继承权等。

四是法律规定的其他方式。除了民事法律行为、事实行为、法律规定的事件，民事权利还可以依据法律规定的其他方式取得。如民法典规定，因人民法院、仲裁机构的法律文书或者征收决定等，导致物权设立、变更、转让或者消灭的，自法律文书或者征收决定等生效时发生效力。为了公共利益的需要，依照法律规定的权限和程序可以征收集体所有的土地和组织、个人的房屋及其他不动产。

147. 民事主体行使民事权利是否不受任何限制?

民事主体有权按照自己的意愿行使自己的民事权利，但是这种权利不是绝对的，权利义务是对等的，行使权利的同时，也应当履行法律规定和当事人约定的义务。民事主体依法享有的民事权利和承担的民事义务是民事法律关系的内容。在民事法律关系中，民事权利和民事义务是相互对立、相互联系的。民事权利的内容要通过相应的民事义务表现，民事义务的内容由相应的民事权利限定。在很多情况下，民事主体享有权利的同时，负担法律规定的或者当事人约定的义务。如合同双方当事人一般相互约定各自的权利义务，一方当事人享有合同权利的同时，也负有约定的合同义务。民事主体行使权利时，应当履行法律规定的和当事人约定的义务。基于此，《民法典》第131 条明确规定，民事主体行使权利时，应当履行法律规定的和当事人约定的义务。

148. 什么是权利不得滥用规则？为什么民法典要规定该规则？

不得滥用民事权利，指民事权利的行使不得损害国家利益、社会公共利益或者他人合法权益。每一个民事主体都有权行使自己所享有的权利，法律也鼓励民事主体行使自己的权利，但是权利的行使，有一定界限，行使民事权利损害国家利益、社会公共利益或者他人合法权益的，为滥用民事权利。民法一方面鼓励权利主体正当地行使权利，另一方面为权利的行使划定了明确的界限，即不得滥用民事权利损害国家利益、社会公共利益或者他人合法权益。滥用民事权利损害国家利益、社会公共利益或者他人合法权益可构成侵权。滥用民事权利和侵权存在区别：权利滥用的前提是有正当权利存在，且是权利行使或与权利行使有关的行为，侵权行为一般事先没有正当权利存在；权利不得滥用原则是对民事主体行使民事权利的一定限制，通过限制民事主体不得滥用权利损害国家利益、社会公共利益或者他人合法权益达到民事权利与国家利益、社会公共利益、他人合法权益的平衡，而侵权责任制度的目的是保护民事主体的权利。

我国法律对权利不得滥用原则有相关规定。《宪法》第 51 条规定，中华人民共和国公民在行使自由和权利的时候，不得损害国家的、社会的、集体的利益和其他公民的合法的自由和权利。权利不得滥用是宪法上的一项基本原则。《民法典》第 7 条规定，民事主体从事民事活动，应当遵循诚信原则，秉持诚实，恪守承诺。第 8 条规定，民事主体从事民事活动，不得违反法律，不得违背公序良俗。第 9 条规定，民事主体从事民事活动，应当有利于节约资源，保护生态环境。这些规定实际上都是民事主体行使权利应当遵守的最基本原则，在这些规定的基础上，《民法典》第 132 条具体规定，民事主体不得滥用民事权利损害国家利益、社会公共利益或者他人合法权益。

构成权利滥用一般需要满足以下要件：一是民事主体享有权利。这是构成权利滥用的前提性要件。如果民事主体根本就不享有权利，就不构成权利滥用。二是民事主体行使权利。民事主体只有在行使权利过程中才可能构成权利滥用，如果民事主体的行为根本就不是行使权利，则其行为不属于滥用权利，而属于侵权行为、违约行为等行为。三是民事主体行使权利的行为损害了国家利益、社会公共利益或者他人合法权益。这是构成权利滥用的后果性要件。如果民事主体的权利行使行为没有对国家利益、社会公共利益或者他人合法权益造成损害，也不构成滥用权利。在立法过程中，对于滥用权利是否要以民事主体的主观故意作为要件有不同意见。主流意见认为，构成滥用权利要以民事主体主观上具有故意为要件，即民事主体行使权利是以损害国家利益、社会公共利益或者他人合法权益为目的。

149. 什么是民事法律行为？

民事法律行为是民事主体通过意思表示设立、变更、终止民事法律关系的行为，其核心是意思表示。民事法律行为具有以下三个特征：一是民事法律行为是民事主体实施的行为。民事法律行为作为一种法律事实，必须是由自然人、法人和非法人组织这些民事主体实施的行为，非民事主体实施的行为不是民事法律行为，如司法机关作出的裁决、行政机关作出的处罚决定等也会产生法律后果，但其不是以民事主体身份作出的行为，因而裁决和处罚决定不属于民事法律行为。二是民事法律行为应当是以发生一定的法律效果为目的的行为。民事主体在社会生产生活中会从事各种各样的活动，但并非任何行为都是民事法律行为。只有以设立、变更、终止民事法律关系为目的的行为才是民事法律行为，其最终结果是让民事主体具体地享受民事权利、承担民事义务。三是民事法律行为是以意思表示为核心要素的行为。意思表示是民事法律行为最为核心的内容。民事法律行为之所以能对民事主体产生法律约束力，就是因为其是民事主体按照自己的意思作出的，这也是民事法律行为与事实行为最根本的区别。

民事法律行为制度作为民法中的一项重要法律制度，广泛适用于民法典的各个部分：一是适用于合同行为。合同可以说是最为典型的民事法律行为，民法典合同编部分规定的各种典型合同都是民事法律行为具体规则的体现，其他类型的合同也可以适用本章关于民事法律行为的规定。二是适用于婚姻、遗嘱、收养等身份关系。三是在物权领域也有一定适用的空间。民法典物权编虽没有规定物权行为的独立性和无因性，但这不能完全排除民事法律行为的适用，例如许多用益物权和担保物权的设立都是通过订立合同来实现的，如签订抵押合同、质押合同、建设用地使用权合同，这些合同不但可以适用合同编的相关规定，也可以适用民事法律行为的相关规则。四是适用于商事领域。我国实行民商合一的立法传统，公司法、票据法、信托法等民商事特别法也要适用民法典总则编的规定。

150. 民事法律行为是怎样成立的?

依据不同的标准，民事法律行为可以有不同的分类。依据民事法律行为的行为人数的不同，可以分为单方民事法律行为、双方民事法律行为和多方民事法律行为。不同的民事法律行为，其成立要件和成立时间是不同的。具体包括以下情形：(1) 单方民事法律行为。单方民事法律行为是指根据一方的意思表示就能够成立的行为。与双方民事法律行为不同，单方民事法律行为不存在相对方，其成立不需要其他人的配合或者同意，而是依据行为人自己一方的意志就可以产生自己所期望的法律效果。在现实生活中单方民事法律行为也不少，这些民事法律行为从内容上划分，主要可以分为两类：一是行使个人权利而实施的单方行为，如所有权人抛弃所有权的行为等，这些单方民事法律行为仅涉及个人的权利变动，不涉及他人的权利变动；二是涉及他人权利变动的单方民事法律行为，如立遗嘱等。(2) 双方民事法律行为。双方民事法律行为是指双方当事人意思表示一致才能成立的民事法律行为。双方民事法律行为是现实社会经济生活中存在最多、运用最广的民事法律行为。最为典型的双方民事法律行为是合同。双方民事法律行为与单方民事法律行为的最大区别是行为的成立需要双方的意思表示一致，仅凭一方的意思表示而没有经过对方的认可或者同意不能成立。(3) 多方民事法律行为。多方民事法律行为是指根据两个以上的民事主体的意思表示一致而成立的行为。多方民事法律行为与双方民事法律行为的相同之处是都需要所有当事人意思表示才能成立；不同之处是双方民事法律行为的当事人只有两个，而多方民事法律行为的当事人有两个以上。订立公司章程的行为和签订合伙协议的行为就是较为典型的多方民事法律行为。此外，还有一种较为特殊的民事法律行为，即决议行为。决议行为是两个或者两个以上的当事人基于共同的意思表示而意图实现一定法律效果而实施的行为。决议行为一般并不需要所有当事人意思表示一致才能成立，而是多数人意思表示一致就可以成立。

151. 民事法律行为可以采用哪些形式？

民事法律行为的形式是民事法律行为的核心要素意思表示的外在表现形式。民事法律行为可以采用书面形式、口头形式或者其他形式。所谓书面形式，是指以文字等可以有形形式再现民事法律行为内容的形式。书面形式明确肯定，有据可查，对于防止争议和解决纠纷、保障交易安全有积极意义。在现实生活中，对于重要的民事法律行为，为了避免争议，当事人一般愿意采用书面形式。书面形式是合同书、信件、电报、电传、传真等可以有形地表现所载内容的形式。以电子数据交换、电子邮件等方式能够有形地表现所载内容，并可以随时调取查用的数据电文，视为书面形式。所谓口头形式，是指当事人以面对面的谈话或者以电话交流等方式形成民事法律行为的形式。口头形式的特点是直接、简便和快捷，在现实生活中数额较小或者现款交易的民事法律行为通常都采用口头形式，如在自由市场买菜、在商店买衣服等。口头形式也是老百姓在日常生活中广泛采用的一种形式。口头形式虽然也可以适用于法人、非法人组织之间，但由于口头形式没有凭证，容易发生争议，发生争议后，难以取证，不易分清责任。

除书面形式和口头形式外，民事法律行为还可以采用其他形式。例如在合同领域，可以根据当事人的行为或者特定情形推定合同的成立，也被称为默示合同。此类合同当事人未用语言或者文字明确表示成立，而是根据当事人的行为推定成立。这类合同在现实生活中很多，例如租房合同的期限届满后，出租人未提出让承租人退房，承租人也未表示退房而是继续交房租，出租人也接受了租金。根据双方的行为，可以推定租赁合同继续有效。再如，乘客乘坐公共汽车并到达目的地时，尽管乘车人和承运人之间没有形成书面形式或者口头形式的合同，但可以依当事人的行为推定双方的运输合同成立。

152. 民事法律行为何时生效?

民事法律行为的生效是指民事法律行为产生法律约束力。民事法律行为生效后，其法律拘束力主要体现在以下三个方面：一是对当事人产生法律拘束力。这种效力是民事法律行为的对内效力。一旦民事法律行为生效后，当事人应当依照民事法律行为的内容，按照诚信原则正确、全面地行使权利、履行义务，不得滥用权利，违反义务。在客观情况发生变化时，当事人必须依照法律规定或者取得对方同意后，才能变更或者终止民事法律行为。二是对当事人以外的第三人产生一定的法律拘束力，这种法律拘束力是民事法律行为的对外效力。民事法律行为一旦生效后，任何组织和个人不得侵犯当事人的权利，不得非法阻挠当事人履行义务。三是民事法律行为生效后的法律效果还表现在，当事人违反民事法律行为规范的，应当依法承担民事责任，必要时人民法院也可以采取强制措施要求当事人继续履行民事法律行为所规定的义务。

民事法律行为自成立时生效。也就是说，民事法律行为的生效时间与民事法律行为的成立原则上是一致的。那么民事法律行为何时成立呢？根据民法典的规定，民事法律行为可以基于双方或者多方的意思表示一致成立，也可以基于单方的意思表示成立。法人、非法人组织依照法律或者章程规定的议事方式和表决程序作出决议的，该决议行为成立。需要注意的是：第一，成立时就生效的民事法律行为必须是具备一般有效要件的民事法律行为，也就是行为人应当具有相应的民事行为能力，意思表示应当真实，且不违反法律、行政法规的强制性规定，也不违背公序良俗。第二，一些特殊的民事法律行为即使具备一般有效要件，在成立时也不立即生效，只有满足特殊生效要件后才生效。

153. 有相对人的意思表示何时生效？

有相对人的意思表示按照具体分类确定生效时间规则，具体包括：一是以对话方式作出的意思表示。所谓以对话方式作出的意思表示，是指采取使相对方可以同步受领的方式进行的意思表示，如面对面交谈、电话等方式。在以这种方式进行的意思表示中，表意人作出意思表示和相对人受领意思表示是同步进行的，没有时间差。表意人作出意思表示并使相对人知道时即发生效力。因此，以对话方式作出的意思表示，相对人知道其内容时生效。

二是以非对话方式作出的意思表示。以非对话方式作出的意思表示，是指表意人作出意思表示的时间与相对人受领意思表示的时间不同步，二者之间存在时间差。非对话的意思表示在现实生活中存在的形式多样，如传真、信函等。对于非对话方式作出的意思表示，以到达相对人时生效。需要强调的是，这里“到达”并不意味着相对人必须亲自收到，只要进入相对人通常的地址、住所或者能够控制的地方（如信箱）即可视为到达，意思表示被相对人的代理人收到也可以视为“到达”。送达相对人时生效还意味着即使在意思表示送达相对人前相对人已经知道该意思表示内容的，该意思表示也不生效。

三是以非对话方式作出的采用数据电文形式的意思表示。“数据电文”系指经由电子手段、电磁手段、光学手段或类似手段生成、发送、接收或存储的信息，这些手段包括但不限于电子数据交换、电子邮件、电报、电传或传真。随着互联网技术的发展，数据电文的范围还在扩展，如现在广泛应用于社会交往的文字型微信、微博等。采用数据电文方式作出的意思表示虽然也是以非对话方式进行的，但由于其发出和到达具有自动性、实时性等特点，意思表示发出即到达，其生效规则也与一般的非对话方式作出的意思表示的生效时间有所区别。具体而言，以非对话方式作出的采用数据电文形式的意思表示，相对人指定特定系统接收数据电文的，该数据电文进入该特定系统时生效；未指定特定系统的，相对人知道或者应当知道该数据电文进入其系统时生效；当事人对采用数据电文形式的意思表示的生效时间另有约定的，按照其约定。

154. 无相对人的意思表示何时生效?

无相对人的意思表示由于不涉及意思表示的受领问题，所以一般自意思表示完成时就发生法律拘束力。因此，无相对人的意思表示在完成时生效。这是无相对人意思表示生效的一般性规则。但有时法律对无相对人的意思表示的生效时间会作出特别规定，例如我国继承法就明确规定，遗嘱这种无相对人的意思表示自遗嘱人死亡时发生效力。所以，如果法律对无相对人意思表示的生效时间另有规定的，依照其规定。

155. 以公告方式作出的意思表示何时生效?

实践中，在意思表示有相对人的情况下，可能会发生意思表示的表意人不知道相对人的具体地址、相对人下落不明的情形。对表意人来说，要通过信函、邮件等方式送达相对人是困难的，其意思表示就有可能迟迟不能生效，从而影响其利益。例如，合同中的一方当事人根据法律或者当事人的约定行使解除权，但找不到另一方当事人，按照传统方式就很难将意思表示送达相对人，这就会严重影响该当事人行使撤销权。对此，必须允许表意人采取特殊方式送达其意思表示。因此，表意人在这种情况下可以公告方式作出意思表示。根据法律规定，对于以公告方式作出的意思表示，公告发布时生效。这里的“公告方式”既可以是在有关机构的公告栏例如人民法院的公告栏发布公告；也可以是在报纸上刊登公告。以公告方式作出的意思表示，表意人一旦发出公告能够为社会公众所知道，就认为意思表示已经到达，即发生效力。需要注意的是，表意人并不是在任何情况下都可以采用公告方式作出意思表示，只有在表意人非因自己的过错而不知相对人的下落或者地址的情况下才可以采用公告方式作出意思表示，否则对相对人很不公平。在表意人知道相对人下落的情况下，表意人不得采用公告方式作出意思表示，除非相对人同意。

156. 作出意思表示的方式有哪些?

在现实生活中，行为人作出意思表示的方式很多，归纳起来大体上可以分为两类：一是以明示的方式作出意思表示。所谓明示的意思表示，就是行为人以作为的方式使得相对人能够直接了解到意思表示的内容。以明示方式作出的意思表示具有直接、明确、不易产生纠纷等特征。所以，实践中明示的意思表示是运用得最为广泛的一种形式。比较典型的是表意人采用口头、书面方式直接向相对人作出的意思表示。二是以默示的方式作出意思表示。这种方式又称为行为默示，是指行为人虽没有以语言或文字等明示方式作出意思表示，但以行为的方式作出了意思表示。这种方式虽不如明示方式那么直接表达出意思表示的内容，但通过其行为可以推定出其作出一定的意思表示。在现实生活中，以默示方式作出的意思表示也比较常见。例如，某人向自动售货机投入货币的行为即可推断其作出了购买物品的意思表示。又比如某人乘坐无人售票的公交车时，其投币行为就可以视为其具有缔结运输合同的意思表示。除此之外，在现实生活中也会出现一种特殊情形，即行为人作出意思表示时既无语言等明示方式，也无行为等默示方式，在一定条件下仍可视为意思表示。这种情形就是以沉默的方式作出的意思表示。沉默是一种既无语言表示也无行为表示的纯粹的缄默，是一种完全的不作为，原则上，纯粹的不作为不能视为当事人有意思表示。也就是说，与明示和默示原则上可以作为意思表示的方式不同，沉默原则上不得作为意思表示的方式。只有在有法律规定、当事人约定或者符合当事人之间的交易习惯时，才可以视为意思表示。例如，根据有关规定，试用买卖的买受人在试用期内可以购买标的物，也可以拒绝购买。试用期间届满，买受人对是否购买标的物未作表示的，视为购买。在这条规定中，试用期间届满后，买受人对是否购买标的物未作表示就是一种沉默，但这种沉默就可以视为买受人作出了购买的意思表示。

157. 什么是意思表示的撤回？

意思表示的撤回，是指在意思表示作出之后但在发生法律效力之前，意思表示的行为人欲使该意思表示不发生效力而作出的意思表示。意思表示之所以可以撤回，是因为意思表示生效才能发生法律约束力，在其尚未生效之前，不会对意思表示的相对人产生任何影响，也不会对交易秩序产生任何影响，在此阶段应当允许行为人使未发生法律效力的意思表示不产生预期的效力，这也是对行为人意思自由的充分尊重。因此，行为人可以撤回意思表示。当然，允许行为人撤回意思表示，并不是在任何情况下都可以撤回，这种撤回是有条件的，即撤回意思表示的通知应当在意思表示到达相对人前或者与意思表示同时到达相对人。如果撤回意思表示的通知在意思表示到达相对人之后到达的，该意思表示已经生效，是否能够使其失效，则取决于相对人是否同意。因此，行为人若要撤回意思表示，必须选择以快于意思表示作出的方式发出撤回的通知，使之能在意思表示到达之前到达相对人。如果意思表示的行为人作出意思表示以后又立即以比作出意思表示更快的方式发出撤回通知，按照通常情况，撤回的通知应当先于或者最迟会与意思表示同时到达相对人，但因为其他原因耽误了，撤回的通知在意思表示到达相对人后才到达相对人，在这种情况下，相对人应当根据诚信原则及时通知意思表示的行为人，告知其撤回的通知已经迟到，意思表示已经生效；如果相对人怠于通知行为人，行为人撤回意思表示的通知视为未迟到，仍发生撤回表示的效力。

158. 意思表示的解释应当遵循什么原则？

对于有相对人的意思表示，第一，要按照意思表示所使用的词句进行解释。意思表示是由词句构成的，所以，解释意思表示必须首先从词句的含义入手。这些词句是由表意人和相对人双方形成的，对有相对人的意思表示的解释又涉及对相对人信赖利益的保护，因此绝不能抛开词句对意思表示进行完全的主观解释。对词句的解释应当按照一个合理人通常的理解来进行。第二，如果按通常的理解对有相对人的意思表示所使用的词句进行解释比较困难或者不合理的，则应当结合相关条款、行为的性质和目的、习惯以及诚信原则，确定意思表示的含义。相关条款是意思表示的构成部分，与其他条款有着密切联系，因此不仅要从词句的含义去解释，还要结合相关条款对意思表示进行分析判断，而不是孤立地去看待某个条款。这一点在解释合同的含义时极为重要，对合同含义的解释一定要整体考虑合同的上下文，根据不同条款之间的关联性来进行解释。根据行为的性质和目的解释，是指在对意思表示进行解释时，应当根据当事人作出该意思表示所追求的目的来对有争议的意思表示进行解释。按照自愿原则，民事主体可以在法律规定的范围内，为追求其目的而表达其意思，进而与相对人设立、变更、终止民事法律关系。意思表示本身不过是行为人实现自己目的的手段。因此，在解释意思表示时，应当充分考虑行为人作出该意思表示的目的。如果意思表示的词句与当事人所明确表达的目的相违背，且行为人与相对人对该词句的含义发生了争议的，可以按照双方当事人的目的进行解释。按照习惯解释，是指在意思表示发生争议以后，应当根据当事人所知悉的生活和交易习惯来对意思表示进行解释。依据诚信原则解释，是指根据诚信原则对有争议的意思表示进行解释。

对于无相对人的意思表示，不能完全拘泥于所使用的词句，而应当结合相关条款、行为的性质和目的、习惯以及诚实信用原则，确定行为人的真实意思。与有相对人的意思表示解释规则相比，无相对人的意思表示解释规则最大的不同就是，无相对人的意思表示因无相对人，对其的解释就主要探究表意人的内心真实意思，对客观情况考虑较少。

159. 民事法律行为的有效要件有哪些?

民事法律行为应当具备的有效条件包括：第一，行为人具有相应的民事行为能力。民事行为能力是行为人通过自己行为参与民事活动，享有权利和承担义务的能力。与作为法律资格的民事权利能力相比，民事行为能力是行为人实施民事法律行为的相应保证。这里的“相应”，强调行为人所实施的民事法律行为应当与其行为能力相匹配：对于完全民事行为能力人而言，可以从事一切民事法律行为，其行为能力不受限制；对于限制行为能力人而言，只能实施与其年龄、智力、精神健康状况等相适应的民事法律行为，实施其他行为需要经过法定代理人的同意或者追认；而无行为能力人由于不具备行为能力，其实施的民事法律行为是无效的。第二，意思表示真实。意思表示作为法律行为的核心要素，其真实性对于保证行为人正确实现行为目的至关重要。应当注意，此处的真实应作扩大解释，实际上还包含了传统民法理论意思表示自由的含义。例如，在因欺诈、胁迫实施民事法律行为的情形中，受欺诈人、受胁迫人的意思表示虽然从表面看是真实的，但实际上并非其内心自由意志的体现。在意思表示不真实的情况下，民事法律行为不能具备完全的法律效力。第三，不违反法律、行政法规的强制性规定，不违背公序良俗。

160. 无民事行为能力人实施的民事法律行为效力如何？

自然人的民事行为能力因年龄、智力、精神健康状况等划分为三种不同类型。其中，第一类是完全民事行为能力人，指的是年满 18 周岁的成年人。16 周岁以上的未成年人，以自己的劳动收入为主要生活来源的，视为完全民事行为能力人。完全民事行为能力人可以独立实施民事法律行为。第二类是限制民事行为能力人，包括 8 周岁以上的未成年人以及不能完全辨认自己行为的成年人。限制民事行为能力人可以独立实施纯获利益的民事法律行为或者与其年龄、智力、精神健康状况相适应的民事法律行为；实施其他民事法律行为由其法定代理人代理，或者经其法定代理人同意、追认。第三类是无民事行为能力人，包括不满 8 周岁的未成年人以及不能辨认自己行为的成年人。无民事行为能力人由其法定代理人代理实施民事法律行为。无民事行为能力人尽管在民事权利能力方面同其他民事主体一律平等，但由于其不具备自己实施民事行为的能力，因此在法律上规定由其法定代理人代理其实施民事法律行为，而将其自身实施的民事法律行为则一律规定为无效。这样规定，符合民事法律行为有效要件中“行为人具有相应的民事行为能力”的要求，也是许多国家和地区立法的通行做法。

161. 限制民事行为能力人实施的民事法律行为的效力如何？

自然人的民事行为能力分为完全民事行为能力、限制民事行为能力以及无民事行为能力。其中，限制民事行为能力人，是指不能完全辨认自己行为的人，其民事行为能力介于完全民事行为能力人和无民事行为能力之间，包括8周岁以上的未成年人以及不能完全辨认自己行为的成年人。限制民事行为能力人由于具备一定的行为能力，法律上认可其从事一定民事法律行为的效力，而不像无民事行为能力人那样一概否定其行为效力。但是，限制民事行为能力人的行为能力又不像完全民事行为能力人那样完全、充分，因此法律又必须对其从事的民事法律行为的效力进行一定限制，这既是对限制民事行为能力人的保护，避免其因实施与行为能力不匹配的民事法律行为而利益受损，同时也有助于维护交易安全。具体而言，原则上，限制民事行为能力人所从事的民事法律行为，须经法定代理人同意或者追认才能有效。同时，考虑到限制民事行为能力人并非完全没有民事行为能力，因此除原则上规定其行为须经法定代理人同意或者追认有效之外，对于部分民事法律行为无须经法定代理人同意或者追认即可有效。这些行为主要包括两类：一是纯获利益的民事法律行为。二是与限制民事行为能力人的年龄、智力、精神健康状况相适应的民事法律行为，这些民事法律行为多与日常生活相关。如8周岁以上的未成年人购买价值不高的学习用品、平日出行乘坐交通工具等；不能完全辨认自己行为的精神病人，在其健康状况允许时，可以实施某些民事法律行为，而不经其法定代理人追认。

162. 以虚假的意思表示实施的民事法律行为效力如何？

虚假的意思表示，学理上称为“虚伪表示”，是指行为人与相对人都知道自己所表示的意思并非真意，通谋作出与真意不一致的意思表示。虚假表示的特征在于，双方当事人都知道自己所表示出的意思不是真实意思，民事法律行为本身欠缺效果意思，双方均不希望此行为能够真正发生法律上的效力。一般而言，虚假表示在结构上包括内外两层行为：外部的表面行为是双方当事人共同作出与真实意思不一致的行为，也可称作伪装行为；内部的隐藏行为则是被隐藏于表面行为之下，体现双方真实意思的行为，也可称作非伪装行为。比如，双方名为买卖实为赠与，买卖并非双方的真实意思表示，属于表面行为或伪装行为；赠与是双方的真实意思表示，属于隐藏行为或者非伪装行为。尽管隐藏行为的存在与虚伪表示联系在一起，但虚假表示与隐藏行为并不总是一一对应。具体而言，无虚假表示就无所谓隐藏行为，有隐藏行为也就存在虚假表示，但存在虚假表示，并不一定有隐藏行为。比如，以逃避债务为目的假装财产赠与，赠与行为是虚假表示，但并不存在隐藏行为。

对于以虚假意思表示作出的民事法律行为的效力，即行为人与相对人以虚假的意思表示实施的民事法律行为无效。之所以对通过虚假表示实施的民事法律行为的效力予以否定，是因为这一“意思表示”所指向的法律效果并非双方当事人的内心真意，双方对此相互知晓，如果认定其为有效，有悖于意思自治的原则。而对于行为人以虚假的意思表示隐藏的民事法律行为的效力，则依照有关法律规定处理。具体来说，如果这种隐藏行为本身符合该行为的生效要件，那么就可以生效。如在名为赠与实为买卖的行为中，赠与行为属于双方共同以虚假意思表示实施的民事法律行为，无效；而隐藏于赠与形式之后的买卖则是双方共同的真实意思表示，其效力能否成就取决于其是否符合买卖合同有关的法律规定：如果符合买卖合同生效要件的法律规定，则为有效；反之，则无效。

163. 因重大误解实施的民事法律行为的效力如何？

重大误解，是我国民法自民法通则和合同法以来一直沿用的概念。尽管民法通则和合同法均规定了重大误解制度，但对于如何界定重大误解，法律并未作出规定。《最高人民法院关于贯彻执行〈中华人民共和国民法通则〉若干问题的意见（试行）》第71条规定："行为人因对行为的性质、对方当事人、标的物的品种、质量、规格和数量等的错误认识，使行为的后果与自己的意思相悖，并造成较大损失的，可以认定为重大误解。"根据民法典的规定，基于重大误解实施的民事法律行为，行为人有权请求人民法院或者仲裁机构予以撤销。

164. 以欺诈手段实施的民事法律行为的效力如何？

民法中的欺诈，一般是指行为人故意欺骗他人，使对方陷入错误判断，并基于此错误判断作出意思表示的行为。欺诈的构成要件一般包括四项：一是行为人须有欺诈的故意。这种故意既包括使对方陷入错误判断的故意，也包括诱使对方基于此错误判断而作出意思表示的故意。二是行为人须有欺诈的行为。这种行为既可以是故意捏造虚假事实，也可以是故意隐瞒应当告知的真实情况等。三是受欺诈人因行为人的欺诈行为陷入错误判断，即欺诈行为与错误判断之间存在因果关系。四是受欺诈人基于错误判断作出意思表示。

根据民法典的规定，一方以欺诈手段，使对方在违背真实意思的情况下实施的民事法律行为，受欺诈方有权请求人民法院或者仲裁机构予以撤销。具体而言：第一，欺诈系由民事法律行为的一方当事人实施，而相对人因此欺诈行为陷入错误判断，并进而作出了意思表示。换言之，如果没有行为人的欺诈行为，相对人将不会作出这种意思表示，民事法律行为不会成立。第二，欺诈的构成并不需要受欺诈人客观上遭受损害后果的事实，只要受欺诈人因欺诈行为作出了实施民事法律行为的意思表示，即可成立欺诈。第三，欺诈的法律后果为可撤销，享有撤销权的是受欺诈人。

165. 第三人欺诈的民事法律行为效力如何？

民法中的欺诈，一般是指行为人故意欺骗他人，使对方陷入错误判断，并基于此错误判断作出意思表示的行为。在这一过程中，受欺诈人一定是民事法律行为的一方当事人，其由于欺诈人的欺诈行为陷入错误判断，并据此作出意思表示；但实施欺诈行为的人除民事法律行为的当事人外，还有可能是第三人。这里的第三人，一般是指民事法律行为的双方当事人之外、与一方存在某种关系的特定人。当事人之外的第三人对其中一方当事人实施欺诈，有可能仅仅是为了帮助对方当事人达成交易，如得知买受人欲购买朋友的二手汽车，便极力劝说，尽管知道该车性能不好、出过事故，但谎称该车性能良好，从未出过事故，买受人遂信以为真，购买了该二手汽车。第三人实施欺诈也有可能最终为实现自己的目的，如第三人为达到使 A 尽快偿还所欠其债务的目的，劝说 B 购买 A 所收藏的仿真画作，谎称该画作为真品，B 信以为真，购买了该画作，A 用所得的价款偿还了对第三人的债务。由于第三人欺诈的行为同样对受欺诈人的利益造成了损害，因此需要加以规制。根据民法典的规定，第三人实施欺诈行为，使一方在违背真实意思的情况下实施的民事法律行为，对方知道或者应当知道该欺诈行为的，受欺诈方有权请求人民法院或者仲裁机构予以撤销。具体而言：第一，当事人以外的第三人对一方当事人实施了欺诈行为，并致使该当事人陷入错误判断且据此作出了意思表示。欺诈行为的具体形式，有可能是故意告知虚假信息，或者故意隐瞒真实情况，也可能存在其他不同形式，但其根本目的在于使受欺诈人陷入错误认识，作出“若了解真实情况便不会作出的”意思表示。第二，受欺诈人享有对民事法律行为的撤销权，但该撤销权行使须满足一定条件。具体来说，第三人实施欺诈行为，只有在受欺诈人的相对方非属于善意时，受欺诈人才能行使撤销权。相对方的这种非善意表现为，对于第三人的欺诈行为，其知道或者应当知道。实践中，对于第三人实施的欺诈行为，受欺诈人的相对方既可能知情，也可能不知情。例如，在欺诈买受人购买朋友二手车的例子中，二手车的出卖人既可能知道交易的达成系其朋友欺诈买受人的结果，也可能对此并不知情，单纯认为买受人愿意购买自己的二手车。法律仅赋予相对方知情时受欺诈人撤销民事法律行为的权利，体现了对善意相对人的保护。第三，撤销权的行使须通过人民法院或者仲裁机构行使。

166. 以胁迫手段实施的民事法律行为的效力如何？

所谓胁迫，是指行为人通过威胁、恐吓等不法手段对他人在思想上施加强制，由此使他人产生恐惧心理并基于恐惧心理作出意思表示的行为。在民法理论中，胁迫与欺诈一样，都属于意思表示不自由的情形。当事人因受胁迫而作出意思表示，其意思表示并没有产生错误，受胁迫人在作出符合胁迫人要求的意思表示时，清楚地意识到自己意思表示的法律后果，只是这种意思表示的作出并非基于受胁迫人的自由意志。胁迫的构成要件一般应当包括：一是胁迫人主观上有胁迫的故意，即故意实施胁迫行为使他人陷入恐惧以及基于此恐惧心理作出意思表示。二是胁迫人客观上实施了胁迫的行为，即以实施或将要实施某种加害行为威胁受胁迫人，以此使受胁迫人产生心理恐惧。这种加害既可以是对受胁迫人自身的人身、财产权益的加害，也可以是对受胁迫人的亲友甚至与之有关的其他人的人身、财产权益的加害，客观上使受胁迫人产生了恐惧心理。三是胁迫须具有不法性，包括手段或者目的的不法性，反之则不成立胁迫。例如，出租人以向法院起诉为要挟，要求承租人按合同约定及时履行交付租金的义务，此种情形便不属于应受法律调整的胁迫行为。四是受胁迫人基于胁迫产生的恐惧心理作出意思表示。换言之，意思表示的作出与胁迫行为存在因果关系。此处因果关系的判断，应以受胁迫人自身而非其他人为标准。由于胁迫侵害了被胁迫人的自由意志，法律对通过胁迫手段实施的民事法律行为加以规制。根据民法典的规定，一方或者第三人以胁迫手段，使对方在违背真实意思的情况下实施的民事法律行为，受胁迫方有权请求人民法院或者仲裁机构予以撤销。具体而言：第一，民事法律行为的一方当事人或者第三人实施了胁迫行为。这种行为的具体方式，既可以是威胁对受胁迫人或其亲友的人身权益造成损害，如以损害受胁迫人的荣誉为要挟；也可以是威胁对受胁迫人或其亲友的财产权益造成损害，如不将房子出租给胁迫人，胁迫人就烧掉房子。实施胁迫行为的主体既包括民事法律行为的一方当事人，也可以是民事法律行为之外的第三人。第二，受胁迫人基于对胁迫行为所产生的恐惧作出了意思表示。受胁迫人尽管作出的意思表示是其真实意思的外在表达，但这种意思表示的作出系受到胁迫人胁迫行为的结果。第三，受胁迫人享有对民事法律行为的撤销权。胁迫是对受胁迫人意志自由的侵害，其效力不应得到法律的承认。从民法理论上讲，胁迫行为具有不法性，且构成对受胁迫人利益的侵害，应当认定因胁迫实施的民事法律行为无效。但考虑到民事活动的复杂性以及意思自治的民事基本原则，受胁迫人在其权益受损时，有权基于自身的利益衡量对民事法律行为的效力作出选择。因此，将因胁迫实施的民事法律行为效力规定为可撤销，同时赋予受胁迫人以撤销权。

167. 显失公平的民事法律行为的效力如何?

根据民法典的规定，一方利用对方处于危困状态、缺乏判断能力等情形，致使民事法律行为成立时显失公平的，受损害方有权请求人民法院或者仲裁机构予以撤销。具体而言：(1) 主观上民事法律行为的一方当事人利用了对方处于危困状态、缺乏判断能力等情形。这意味着，一方当事人主观上意识到对方当事人处于不利情境，且有利用这一不利情境之故意。所谓危困状态，一般指因陷入某种暂时性的急迫困境而对于金钱、物的需求极为迫切等。例如，一方利用对方家有重病患者、为治疗病患出卖房产之机，以远低于市场价格购买该房产。所谓缺乏判断能力，是指缺少基于理性考虑而实施民事法律行为或对民事法律行为的后果予以评估的能力，如金融机构的从业人员向文化水平较低的老年人兜售理财产品，由于缺少判断能力，这些老年人以高昂价格购买了实际收益率较低的理财产品。(2) 客观上民事法律行为成立时显失公平。此处的显失公平是指双方当事人在民事法律行为中的权利义务明显失衡、显著不相称。至于“失衡”“不相称”的具体标准，则需要结合民事法律行为的具体情形，如市场风险、交易行情、通常做法等加以判断。需要说明的是，对于显失公平的判断时点，应以民事法律行为成立时为限。由于民事法律行为从成立到实际履行往往有一个过程，这一过程中的许多因素都可能对双方当事人的权利义务产生影响，如果不限定判断的时点，对于显失公平的判定将会缺少客观标准，也无法将原已存在的“权利义务失衡”结果与民事法律行为成立后当事人以外因素对权利义务产生的影响相区分。因此，将显失公平结果的判定限定为民事法律行为成立时。关于显失公平民事法律行为的效力，从尊重权益受损方意思自治的角度，将其规定为可撤销的民事法律行为。受损方可以基于民事法律行为的具体情况，选择是否向法院或者仲裁机构撤销这一行为。

168. 撤销权的消灭期间是如何规定的？

民事法律行为因不同事由被撤销的，其撤销权应当在一定期间内行使。这一点是由撤销权的性质所决定的。在民法理论上，撤销权属于形成权，行为人可以通过自己的行为直接行使权利，实现权利目的。但是，撤销权的行使将使得可撤销的民事法律行为效力终局性地归于无效，这将对相对人的利益产生重大影响，因此，享有撤销权的权利人必须在一定期间内决定是否行使这一权利，从而保护相对人的利益，维护交易安全。这一期间被称为除斥期间，除斥期间经过，撤销权终局性地归于消灭，可撤销的民事法律行为自此成为完全有效的民事法律行为。由于导致民事法律行为可撤销的事由多样，不同情况下除斥期间的起算以及期间的长短也应有所不同。具体而言：（1）撤销权原则上应在权利人知道或者应当知道撤销事由之日起 1 年内行使，但自民事法律行为发生之日起 5 年内没有行使的，撤销权消灭。（2）对于因重大误解享有撤销权的，权利人应在知道或者应当知道撤销事由之日起 90 日内行使，否则撤销权消灭。同欺诈、胁迫、显失公平等影响意思表示自由的情形相比，重大误解权利人的撤销事由系自己造就，不应赋予其与其他撤销事由同样的除斥期间。因此，本条将重大误解的撤销权除斥期间单独确定为90日，并仍以权利人知道或者应当知道撤销事由之日起算。(3）对于因胁迫享有撤销权的，应自胁迫行为终止之日起1年内行使，否则撤销权消灭。同欺诈、重大误解等其他撤销事由相比，胁迫具有特殊性。受胁迫人在胁迫行为终止前，即使知道胁迫行为的存在，事实上仍然无法行使撤销权。考虑到这一特殊情况，本条将因胁迫享有撤销权的除斥期间起算规定为“自胁迫行为终止之日起”，期间仍为1年。(4）对于权利人知道撤销事由后明确表示或者以自己的行为表明放弃撤销权的，撤销权消灭，不受1年期间的限制。权利人无论是明确表示还是通过行为表示对撤销权的放弃，均属于对自己权利的处分，依据意思自治的原则，法律予以准许。

169. 违反法律、行政法规的强制性规定以及违背公序良俗的民事法律行为效力如何？

根据民法典的规定，违反法律、行政法规的强制性规定的民事法律行为无效，但是该强制性规定不导致该民事法律行为无效的除外。法律规范分为强制性规范与任意性规范。任意性规范的目的是引导、规范民事主体的行为，并不具备强制性效力，民事法律行为与任意性规范不一致的，并不影响其效力。任意性规范体现的是法律对主体实施民事法律行为的一种指引，当事人可以选择适用，也可以选择不适用。与任意性规范相对的是强制性规范，后者体现的是法律基于对国家利益、社会公共利益等的考量，对私人意思自治领域所施加的一种限制。民事主体在实施民事法律行为时，必须服从这种对行为自由的限制，否则会因对国家利益、社会公共利益等的侵害而被判定无效。但是，民事法律行为因违反强制性规定无效有一种例外，即当该强制性规定本身并不导致民事法律行为无效时，民事法律行为并不无效。这里实际上涉及对具体强制性规定的性质判断问题。某些强制性规定尽管要求民事主体不得违反，但其并不导致民事法律行为无效。违反该法律规定的后果应由违法一方承担，没有违法的当事人不应承受一方违法的后果。例如，一家经营水果的商店出售种子，农户购买了该种子，该商店违法经营种子，必须承担相应违法责任，但出于保护农户的目的，不宜认定该买卖行为无效。再如，我国台湾地区“民法”第912条规定，典权约定期限不得逾30年，逾30年者，缩短为30年。此种情形下，如果双方约定的典权超过30年，该约定并不无效，只是缩短为30年。

根据民法典的规定，违背公序良俗的民事法律行为也是无效的。公序良俗是公共秩序和善良习俗的简称，违反公序良俗的行为类型包括但不限于：（1）危害国家政治、经济、财政、税收、金融、治安等秩序类型；（2）危害家庭关系行为类型；（3）违反性道德行为类型；（4）违反人权和人格尊重行为类型；（5）限制经济自由行为类型；（6）违反公正竞争行为类型；（7）违反消费者保护行为类型；（8）违反劳动者保护行为类型等。同强制性规定一样，公序良俗也体现了国家对民事领域意思自治的一种限制。因此，对公序良俗的违背也构成民事法律行为无效的理由。

170. 恶意串通的民事法律行为的效力如何?

所谓恶意串通，是指行为人与相对人互相勾结，为牟取私利而实施的损害他人合法权益的民事法律行为。恶意串通的民事法律行为在主观上要求双方有互相串通、为满足私利而损害他人合法权益的目的，客观上表现为实施了一定形式的行为来达到这一目的。比如，甲公司生产的一批产品质量低劣，卖不出去，甲公司找到乙公司负责采购的业务人员向其行贿，二者相互串通订立该产品的买卖合同，乙公司将其以合格产品买入。在该例中，甲公司与乙公司采购人员相互勾结签订合同，损害乙公司利益的行为就属于恶意串通的民事法律行为。尽管民法的基本原则中包含自愿原则，即当事人可以按照自己的意思设立、变更、终止民事法律关系，但民事主体却不得滥用民事权利损害国家利益、社会公共利益或者他人合法权益。因此，行为人与相对人恶意串通，损害他人合法权益的民事法律行为无效。

171. 民事法律行为部分无效的，其他部分的效力如何?

在传统民法理论中，根据民事法律行为无效原因与整体行为内容之间的关系，可以将民事法律行为的无效分为全部无效以及部分无效。如果无效原因及于整体的民事法律行为，则民事法律行为自然全部无效，这一点没有问题。但是，当无效原因只及于民事法律行为的部分内容，则如何处置其他部分的民事法律行为的效力问题？根据民法典的规定，如果民事法律行为的部分无效，不影响其他部分效力，其他部分仍然有效。具体来说，民事法律行为的无效事由既可以导致其全部无效，也可以导致其部分无效。在部分无效时，如果不影响其他部分的效力，其他部分仍可有效。这意味着，只有在民事法律行为的内容效力可分且相互不影响的情况下，部分无效才不会导致其他部分同时无效。反之，当部分无效的民事法律行为会影响其他部分效力的，其他部分也应无效。具体可包括以下几种情况：（1）民事法律行为的标的数量超过国家法律许可的范围。例如，借贷合同中，双方当事人约定的利息高于国家限定的最高标准，则超过部分无效，不受法律保护，但在国家所限定的最高标准以内的利息仍然有效。又如，遗嘱继承中，被继承人将其全部遗产均遗赠他人，并未给胎儿保留必要的遗产份额，违反了继承相关的法律规定。因此，在遗产的应继份范围内的那部分遗赠是无效的，但其他部分的遗赠仍然有效。（2）民事法律行为的标的可分，其中一项或数项无效。比如，同一买卖合同的标的物有多个，其中一个或数个标的物因属于国家禁止流通物而无效，其他标的物的买卖仍为有效。（3）民事法律行为的非根本性条款因违法或违背公序良俗而无效。例如，雇佣合同中有条款约定“工作期间发生的一切人身伤害，雇主概不负责”。这一条款因违反相关劳动法律以及公序良俗原则而无效，但雇佣合同的其他权利义务条款并不因此无效。

172. 民事法律行为无效、被撤销或者确定不发生效力的后果是怎样的?

民事法律行为无效、被撤销以及确定不发生效力，意味着民事法律行为的目的不能实现，应当恢复到民事法律行为成立或实施之前的状态，就如同这一行为未曾发生一样。这其中包括三种情况：（1）民事法律行为无效，即民事法律行为因具备无效条件而被确定为自始无效、当然无效、绝对无效。（2）民事法律行为被撤销，是指民事法律行为因具备撤销事由，经撤销权人行使撤销权而无效。民事法律行为被撤销前属于有效行为，撤销以后则自始没有法律约束力。（3）民事法律行为确定不发生效力，是指民事法律行为虽已成立，但由于生效条件确定无法具备而不能生效。典型的情形包括两种：一是法律、行政法规规定须经批准生效的民事法律行为，因未经批准而无法生效；二是附条件生效民事法律行为，生效条件确定无法具备。这两种情况下，民事法律行为因双方合意一致已经成立，但却不能生效，属于确定不生效。

民事法律行为无效、被撤销以及确定不发生效力的法律后果包括：（1）返还财产。这是指民事法律行为被确认无效、被撤销或者确定不发生效力后，行为人因民事法律行为所取得的财产应当予以返还，相对人亦享有对已交付财产的返还请求权。（2）折价补偿。民事法律行为无效、被撤销或者确定不发生效力后，返还财产应当作为恢复原状的原则做法。但是，在有些情况下，返还财产并不具备现实条件或者没有必要，此时应当通过折价补偿的方式来达到使财产关系恢复原状的目的。(3) 赔偿损失。民事法律行为无效、被撤销以及确定不发生效力后，一般而言都存在损失赔偿的问题。如果因无效、被撤销以及确定不发生效力而给对方造成损失，主观上有故意或者过失的当事人应当赔偿对方的损失；双方都有过错的，应当各自承担相应的赔偿责任。

173. 什么是附条件的民事法律行为？

民事法律行为成立之后的效力问题，当事人之间可以自行约定，这也是意思自治原则的体现。民事法律行为中所附条件，是指当事人以未来客观上不确定发生的事实，作为民事法律行为效力的附款。所附条件具有以下特点：第一，条件系当事人共同约定，并作为民事法律行为的一部分内容。条件体现的是双方约定一致的意思，这是与法定条件最大的不同之处，后者是指由法律规定的、不由当事人意思决定并具有普遍约束力的条件。当事人不得以法定条件作为其所附条件。第二，条件是未来可能发生的事实。这意味着，已经过去的、现在的以及将来确定不会发生的事实不能作为民事法律行为的所附条件。如果是将来必然发生的事实，应当作为附期限。应当注意，这种条件事实发生的不确定性应当是客观存在的，如果仅仅是当事人认为事实发生与否不确定，但实际上必然发生或者不发生的，也不能作为所附条件。第三，所附条件是当事人用以限定民事法律行为效力的附属意思表示。应当将所附条件与民事法律行为中的供货条件、付款条件等相互区分，后者是民事法律行为自身内容的一部分而非决定效力的附属意思表示。第四，所附条件中的事实应为合法事实，违法事实不能作为民事法律行为的附条件。如不能约定以故意伤害他人作为合同生效的条件。

以所附条件决定民事法律行为效力发生或消灭为标准，条件可以分为生效条件和解除条件。所谓生效条件，是指使民事法律行为效力发生或者不发生的条件。生效条件具备之前，民事法律行为虽已成立但未生效，其效力是否发生处于不确定状态。条件具备，民事法律行为生效；条件不具备，民事法律行为就不生效。比如，甲、乙双方签订房屋买卖合同，约定甲将所居住的房产出卖给乙，条件是甲出国定居，不在国内居住。当条件具备时，此房屋买卖合同才生效。所谓解除条件，又称消灭条件，是指对已经生效的民事法律行为，当条件具备时，该民事法律行为失效；如果该条件确定不具备，则该民事法律行为将继续有效。在附条件的民事法律行为中，所附条件的出现与否将直接决定民事法律行为的效力状态。附生效条件的民事法律行为，自条件成就时生效。附解除条件的民事法律行为，自条件成就时失效。

174. 什么是附条件民事法律行为的条件拟制?

在附条件的民事法律行为中，条件的成就或不成就直接关系到民事法律行为的效力状况。对附生效条件的民事法律行为来说，条件成就，民事法律行为就开始生效；条件不成就，民事法律行为就确定不发生效力。对附解除条件的民事法律行为来说，条件成就，民事法律行为就失效，反之民事法律行为继续有效。尽管民事法律行为成立时，当事人可以对于民事法律行为的效力共同约定附条件，但自此之后，当事人却有可能从自己的利益出发，不正当地促成或者阻止条件成就，以达到对自己有利的结果。比如，在附生效条件的民事法律行为中，一方当事人希望行为尽快生效，就可能采取不正当手段促使条件成就；在附解除条件的民事法律行为中，一方当事人希望行为继续其效力，就可能以不正当手段阻止条件成就。在附条件的民事法律行为中，无论是生效条件还是解除条件，条件的成就与否都具有或然性。这种或然性恰恰体现了民事法律行为当事人的意思自治，应当予以尊重。当一方当事人为了自己的利益通过不正当手段人为促成或者阻止条件成就时，不仅对意思自治原则造成了侵害，更有可能损害对方当事人的利益，因此法律应当予以规范。根据民法典的规定，当事人为自己的利益不正当地阻止条件成就的，视为条件已成就；不正当地促成条件成就的，视为条件不成就。具体而言：第一，当事人主观上有为自己利益人为改变条件状态的故意。换言之，当事人从自己利益的角度考虑，主观上具有使条件成就或者不成就的故意。第二，当事人为此实施了人为改变条件成就状态的行为。民事法律行为中所附条件，其成就与否本不确定。当事人为自己利益实施了促成或阻止条件成就的行为。第三，该行为具有不正当性。这主要是指当事人的此种行为违反了诚信原则，不符合事先约定。例如，甲和乙约定，当甲不在 A 公司工作时，就把位于 A 公司附近的自住房产出卖给乙。乙为了尽快得到甲的房产，暗中找到 A 公司的经理，让其辞退甲，从而使得买卖合同生效。

175. 什么是附期限的民事法律行为?

当事人除可以通过附条件决定民事法律行为效力状态之外，还可通过对民事法律行为附期限的方式来决定民事法律行为的效力发生与终止，这同样体现了当事人意思自治的民事基本原则。与所附条件相比，民事法律行为所附期限具有以下特点：第一，条件的发生与否属于不确定的事实，但期限的到来则是确定发生的事实。因此，对附期限的民事法律行为来说，其生效或失效本身并不具有或然性，是将来一定能够发生的事实。第二，附期限的民事法律行为体现了当事人对民事法律行为生效或失效的期限约定，所附期限属于民事法律行为的附属意思表示，体现了双方的意思自治。第三，期限的到来是必然确定的，但到来的具体时日却未必十分确定。比如，“等到下次天下雨时，我就把那批雨伞卖给你”，下次下雨是将来必定发生的事实，但具体哪一天会下雨则不能确定。

根据所附期限决定民事法律行为的生效或失效，期限可以分为生效期限和终止期限。所谓生效期限，是指决定民事法律行为效力发生的期限。期限届至，民事法律行为生效；期限届至前，民事法律行为虽已成立但并未生效。例如，甲对乙说“下次天下雨时，从你那里购买100把雨伞”，“下次天下雨”是将来必定发生的事实，且期限届至时，购买雨伞的买卖合同生效，因此这一期限属于生效期限。所谓终止期限，是指决定民事法律行为效力消灭的期限。期限届至，民事法律行为失效；期限届至前，民事法律行为始终有效。例如，甲对乙说“明年3月1日，把我租给你的房屋还给我”，“明年3月1日”是必然到来的事实，期限届至时，房屋租赁合同失效。

需要强调的是：第一，附期限民事法律行为中的所附期限，不同于民事法律行为的履行期限。履行期限，是当事人对已生效民事法律行为的履行义务所施加的期限限制。这种情况下，民事法律行为已经生效，权利义务已经发生，只是由于履行期限尚未届至，当事人所负义务没有强制履行的效力。而对于附生效期限的民事法律行为而言，在期限到来前，民事法律行为并未生效，权利义务尚未生成，当事人当然不存在义务履行的问题。第二，同附条件的民事法律行为一样，原则上，民事法律行为均可附期限。但是，依民事法律行为的性质不得附期限的除外。这样的行为主要包括身份上的行为，如结婚、收养等。

176. 代理适用范围有多大？

代理作为一项独立的法律制度，有其特定的适用范围，《民法典》第161条规定：“民事主体可以通过代理人实施民事法律行为。依照法律规定、当事人约定或者民事法律行为的性质，应当由本人亲自实施的民事法律行为，不得代理。”根据这一规定，代理的适用范围原则上限于民事法律行为。但一般认为，一些与合同密切相关的准民事法律行为、事实行为和程序行为，如要约邀请、要约撤回、订约时样品的交付和受领、办理合同公证等，也允许代理。不是所有民事法律行为都允许代理，下列三类民事法律行为不得代理：一是依照法律规定应当由本人亲自实施的民事法律行为。例如，《民法典》第 1049 条规定，要求结婚的男女双方应当亲自到婚姻登记机关申请结婚登记。二是依照当事人约定应当由本人亲自实施的民事法律行为。当事人双方基于某种原因，约定某一民事法律行为必须由本人亲自实施的，当事人自然应当遵守这一约定，不得通过代理人实施该民事法律行为。三是依照民事法律行为的性质，应当由本人亲自实施的民事法律行为。这主要是指具有人身性质的身份行为，如结婚、离婚、收养、遗嘱、遗赠等。这些身份行为不得代理，有的法律中已作了明确规定，如上述《民法典》第 1049 条的规定，有的法律中没有作出明确规定，但由于其人身性质不允许他人代理。

177. 代理的效力是怎样的？

在代理的法律关系中，存在着三个主体，即被代理人（本人）、代理人和相对人。根据《民法典》第 162 条的规定，代理人在代理权限内，以被代理人名义实施的民事法律行为，对被代理人发生效力。这就是说，民事法律行为产生的法律效果是归属于被代理人的，即代理人实施的民事法律行为所设立、变更、终止民事法律关系的一切结果都归属于被代理人。一方面，代理的民事法律行为有效时，形成的权利义务应当由被代理人承受；另一方面，代理的民事法律行为无效时，引起的赔偿损失等民事责任也应当由被代理人承担。当然，代理人实施的民事法律行为并不都能发生代理的效力。代理行为要发生代理效力，必须符合下列两个条件：一是代理人在代理权限内实施民事法律行为。二是代理人必须以被代理人的名义实施民事法律行为。代理人在实施民事法律行为时，必须以被代理人的名义进行，即明确向相对人表明替被代理人来实施该民事法律行为。

178. 代理有哪些类型？

根据代理权产生依据的不同，代理可以分为委托代理和法定代理。所谓委托代理，是指代理人按照被代理人的委托来行使代理权的代理，又被称为“意定代理”或者“授权代理”等。委托代理是代理的主要类型。所谓法定代理，是指法定代理人依照法律的规定行使代理权的代理。也就是说，法定代理人的代理权来自于法律的直接规定，无须被代理人的授权，也只有在符合法律规定条件的情况下才能取消代理人的代理权。除了这两种类型之外，民法通则还规定了另一种代理类型，叫作指定代理。民法典没有再单独规定指定代理，主要是考虑到指定代理权和法定代理权的来源都是法律规定，代理人必须根据法律的规定取得代理权并行使代理职责，在法律上和实务中区别意义不大。因此，将指定代理纳入法定代理的范围中加以规范。

179. 代理人不履行或者不完全履行职责的责任如何承担？

代理人行使代理权，应当基于被代理人利益的考虑，忠实履行代理职责，否则，就要承担相应的民事责任。根据《民法典》第164条的规定，代理人不履行或者不完全履行职责，造成被代理人损害的，应当承担民事责任。代理人行使代理权完全是为了被代理人的利益，应当在代理权限内忠实履行代理职责，如果不履行或者不完全履行代理职责，造成被代理人的损害的，自然应当承担民事责任。关于代理人职责的内容，以及如何履行代理职责，在委托代理和法定代理情况下各有不同。委托代理时，被代理人对于代理事项、权限和期间等一般都有明确授权，代理人首先应当根据被代理人的授权来行使代理权，在授权范围内认真维护被代理人的合法权益，想方设法完成代理事项。法定代理时，法律会对代理人的权限及相关职责作明确规定，代理人必须根据法律规定来行使代理权。

180. 委托代理的授权委托书有哪些要求？

委托代理是指按照代理人的委托来行使代理权的代理。在法律、行政法规没有特别规定或者当事人没有约定的情况下，委托代理授权可以采取书面形式、口头形式或者其他形式中的任何一种。其中，书面形式是最主要的一种授权形式，称为授权委托书。在内容方面，授权委托书应当包括代理人的姓名或者名称、代理事项、代理权限、代理期限等，被代理人还应当在授权委托书上签名或者盖章。法律对授权委托书的形式和基本内容作出提示性规定，能够为委托代理的当事人提供形式上的基本指引，有助于减少实践中的纠纷。

181. 共同代理在代理权行使方面有什么要求?

共同代理，是指数个代理人共同行使一项代理权的代理。共同代理有以下几个特征：一是有数个代理人。二是只有一个代理权。比如，被代理人授权甲、乙一起为其购买一台电视机和一台电冰箱，就属于共同代理。三是共同行使代理权。共同行使，是指只有经过全体代理人的共同同意才能行使代理权，即数人应当共同实施代理行为，享有共同的权利义务。任何一个代理人单独行使代理权，均属于无权代理。如果数个代理人对同一个代理权可以单独行使，也属于单独代理，而不是共同代理。比如，被代理人授权甲、乙一起为其购买一台电视机和一台电冰箱，但谁买都可以，此种情况属于单独代理，而不是共同代理。根据《民法典》第 166 条的规定，共同代理，应当共同行使代理权，但是当事人另有约定的除外。

182. 代理违法应当如何承担责任?

被代理人、代理人利用委托代理关系从事的违法行为可分为两类：一是代理事项本身违法，如委托代理人销售假冒伪劣产品；二是代理事项不违法，但代理人实施的代理行为违法，如委托代理人销售合法产品，代理人将该产品贴上假冒商标进行销售。代理违法造成第三人损害的，自应承担民事责任，但由被代理人承担还是代理人承担应当区分不同情形加以确定：如果代理事项违法，但代理人不知道或者不应当知道该代理事项违法，此时应由被代理人承担民事责任。如果代理事项违法，代理人知道或者应当知道该代理事项违法仍然实施了代理行为，此时代理人与被代理人应当承担连带责任。如果代理事项不违法，但代理人实施了违法的代理行为，被代理人不知道或者不应当知道该行为违法，或者知道后表示反对的，此时应由代理人承担民事责任。如果代理事项不违法，但代理人实施了违法的代理行为，被代理人知道或者应当知道该行为违法未作反对表示的，此时被代理人应与代理人承担连带责任。

183. 代理人能不能自己代理和双方代理?

自己代理，是指代理人以被代理人的名义与自己实施民事法律行为。比如，甲授权乙销售一吨钢材，乙以甲的名义将钢材卖给自己，便构成自己代理。双方代理，是指代理人同时代理被代理人和相对人实施同一民事法律行为。构成双方代理，必须符合两个条件：一是代理人必须既获得被代理人的委托代理授权，又获得相对人的委托代理授权。二是代理人同时代理双方为同一民事法律行为的当事人。比如，甲授权乙销售一吨钢材，丙授权乙购买一吨钢材，乙作为两方的代理人以甲和丙的名义签署一份钢材买卖合同，便构成双方代理。在自己代理的情形，代理人往往更会注重自己的利益，从而损害被代理人的利益。在双方代理的情形，一个民事法律行为的双方当事人利益难免冲突，不免会厚此薄彼，很容易损害其中一方当事人的利益。因此，根据民法典的规定，原则上禁止自己代理和双方代理。当然，如果被代理人觉得没有损害其利益或者愿意承受这种不利益，法律没有必要强行干预。

184. 什么是复代理？什么情况下允许复代理？

复代理，又称再代理、转代理或者次代理，是指代理人为了实施其代理权限内的行为，而以自己的名义为被代理人选任代理人的代理。与复代理相对的是本代理，或者称原代理，是指被代理人直接选任代理人而成立的代理。在复代理关系中，存在原代理人和复代理人两个代理人，存在原代理人对被代理人的代理和复代理人对被代理人的代理两层代理。

复代理具有以下几个特征：

1. 以本代理的存在为前提。必须有一个本代理，才能在其基础上产生复代理。没有本代理，复代理就无从谈起。

2. 复代理人是原代理人以自己的名义选任的代理人。原代理人以自己的名义选任复代理人是复代理的重要特征。如果是被代理人自己选任，当然就是本代理。如果原代理人以被代理人的名义选任另一个代理人，则不属于复代理，而是在该代理人与被代理人之间直接产生一个新的代理关系。

3. 复代理人行使的代理权是原代理人的代理权，但原代理人的代理权并不因此丧失。复代理人是由原代理人以自己名义选任的，其代理权直接来源于原代理人的代理权，而且权限范围不得大于原代理权的权限范围。同时，原代理人选任复代理人后，其代理权并不因此而消灭，仍然保有其代理人地位，其与被代理人之间的代理法律关系没有发生变化。如果代理人失去其代理权，而向被代理人推介他人接替自己担任代理人的，是向被代理人推介新代理人的行为，而不是选任复代理人的行为。

4. 复代理人是被代理人的代理人，而不是代理人的代理人。复代理人以被代理人的名义实施民事法律行为，其法律效果直接归属于被代理人。如果复代理人以代理人的名义实施民事法律行为，就不是复代理，而属于一般代理了。

在委托代理中，代理关系一般都是建立在被代理人对代理人一定的人身信任基础上，代理人是否合适，被代理人在委托授权时都会充分考虑。如果代理人自己擅自另行选任复代理人，其选任的复代理人不一定能够得到被代理人的信任，因此不能强加于被代理人。同时，如果代理人觉得自己不合适继续担任代理人，随时可以辞任，由被代理人另行选任其他代理人，而没有必要由代理人擅自选任复代理人。基于此，原则上应当不允许代理人选任复代理人。但在特殊情况下，允许代理人选任复代理人，有利于更好地保护被代理人的合法权益，不应一概否定复代理的存在。

根据《民法典》第 169 条的规定，明确只有在两种情况下才允许复代理：

1. 被代理人允许。被代理人的允许，包括事先同意和事后追认。《民法典》第 169 条规定，代理人需要转委托第三人代理的，应当取得被代理人的同意或者追认。有的情况下，被代理人考虑到代理人独任代理存在一些困难，准许代理人便宜行事，选任复代理人协助其实施民事法律行为；有的情况下，代理人选任复代理人的行为事先没有征得被代理人同意，但被代理人经考虑事后追认了复代理的行为。在这两种情况下，被代理人基于自己利益等考虑同意复代理，法律自无再加禁止的理由。

2. 出现紧急情况。根据《民法典》第169条第3款的规定，在紧急情况下代理人为了维护被代理人利益的需要，可以转委托第三人代理。关于“紧急情况”，《最高人民法院关于贯彻执行〈中华人民共和国民法通则〉若干问题的意见（试行）》第80条作了一定的界定：“由于急病、通讯联络中断等特殊原因，委托代理人自己不能办理代理事项，又不能与被代理人及时取得联系，如不及时转托他人代理，会给被代理人的利益造成损失或者扩大损失的，属于民法通则第六十八条中的‘紧急情况’。”出现了紧急情况，从维护被代理人利益的需要出发，法律允许复代理的存在。

185. 复代理的法律效果如何？

对被代理人和复代理人而言，一方面，代理人经被代理人同意、追认或者紧急情况下选任了复代理人，复代理人就成为被代理人的代理人，可以被代理人的名义实施民事法律行为，该民事法律行为直接对被代理人发生效力。另一方面，复代理人是被代理人的代理人，被代理人就代理事务可以越过原代理人直接指示复代理人，复代理人应当按照被代理人的指示实施民事法律行为。

对原代理人和复代理人而言，原代理人以自己的名义选任了复代理人，其可以基于自己的判断指示复代理人实施民事法律行为，即复代理人需要接受被代理人和原代理人的双重指示。

当然，在被代理人和原代理人的指示不一致时，复代理人应当优先按照被代理人的指示来实施民事法律行为。

对被代理人和原代理人而言，原代理人选任了复代理人后，复代理人所实施的民事法律行为的效力直接对被代理人发生，如果出现问题造成被代理人损害的，原则上原代理人不再承担任何责任。但根据《民法典》第169条规定，在两种情况下原代理人仍然需要承担责任：一是原代理人在选任复代理人时存在过错，比如明知复代理人的品德或者能力难以胜任代理工作仍然选任其担任复代理人的；二是复代理人的行为是根据原代理人的指示来实施的。这两种情况下，原代理人也需要对被代理人承担责任。

186. 什么是职务代理?

职务代理，顾名思义，是指根据代理人所担任的职务而产生的代理，即执行法人或者非法人组织工作任务的人员，就其职权范围内的事项，以法人或者非法人组织的名义实施的民事法律行为，无须法人或者非法人组织的特别授权，对法人或者非法人组织发生效力。职务代理能够弥补商事交易中法定代表人制度的不足，满足法人对外交易的需求，也能够增强交易结果的确定性和可预见性，使交易相对人能够迅速、准确地判断代理人是否有代理权，维护正常的交易秩序、降低交易成本、提高交易效率。

187. 无权代理的效力如何？

无权代理大致可以分为三种类型：一是没有代理权的无权代理。这是指行为人根本没有得到被代理人的授权，就以被代理人名义从事的代理。比如，行为人伪造他人的公章、合同书或者授权委托书等，假冒他人的名义实施民事法律行为，就是典型的无权代理。二是超越代理权的无权代理。这是指行为人与被代理人之间有代理关系存在，行为人有一定的代理权，但其实施的代理行为超出了代理范围的代理。例如，甲委托乙购买300台电视机，但是乙擅自与他人签订了购买500台电视机的合同；或者甲委托乙购买电视机，但是乙购买了电冰箱，这些都是超越代理权的无权代理。三是代理权终止后的无权代理。这是指行为人与被代理人之间原本有代理关系，由于法定情形的出现使得代理权终止，但是行为人仍然从事的代理。行为人没有代理权却以被代理人的名义实施民事法律行为，不符合被代理人的意愿，法律效果不能直接及于被代理人，本当无效。但是，考虑到行为人实施的民事法律行为并非都是对被代理人不利，有些对被代理人可能是有利的；而且，既然代理行为已经完成，行为人有为被代理人实施民事法律行为的意思表示，相对人有意与被代理人缔约，如果被代理人愿意事后承认，从鼓励交易、维护交易秩序稳定以及更好地保护各方当事人利益的角度出发，也没有必要一概否定其效力。因此，法律规定了一定的条件，如果符合法定条件的，允许行为人实施的民事法律行为对被代理人发生效力。根据《民法典》第171条规定，对于无权代理行为，被代理人可以追认该行为，使之确定地发生法律效力，也可以拒绝追认使之确定地不发生法律效力；善意相对人可以在被代理人追认前行使撤销权使之确定地不发生效力，如果相对人希望尽早确定其效力，可以催告被代理人予以追认。

188. 什么是表见代理?

所谓表见代理，是指行为人虽无代理权而实施代理行为，如果相对人有理由相信其有代理权，该代理行为有效。根据民法典的规定，无权代理非经被代理人追认，不对被代理人发生效力，这是法律为了保护被代理人的合法权益，维护其意思自治，不让其承担不测之损害。但在某些情况下，相对人是善意的且无过失，如果完全尊重被代理人的意思，强令代理行为无效，置善意相对人的利益于不顾，势必影响交易安全。要求相对人在任何情况下都必须详细考察被代理人的真正意思，不仅要花费很大的成本，实际中也很难做到。因此，只要相对人对行为人有代理权形成了合理信赖，即使实际情况相反，也应保护这种信赖利益，在一定程度上牺牲被代理人的利益，而将无权代理的效果归属于被代理人，以维护交易安全。这就是表见代理制度。

189. 什么情况下委托代理终止?

根据《民法典》第 173 条的规定，有下列情形之一的，委托代理终止：第一，代理期限届满或者代理事务完成。如果授权时明确了具体的代理期限，期限届满，没有继续授权，委托代理就应当终止。同时，代理人完成了全部代理事务，即使代理期限没有届满，代理关系已失去继续存在的理由，也应当终止。第二，被代理人取消委托或者代理人辞去委托。当然，如果因为被代理人取消委托或者代理人辞去委托造成损失的，行为人应当依法赔偿损失。第三，代理人丧失民事行为能力。代理人要以被代理人的名义实施民事法律行为，必须具有民事行为能力。如果代理人丧失民事行为能力，委托代理当然终止。第四，代理人或者被代理人死亡。委托代理关系是建立在被代理人与代理人之间信任的基础之上，具有严格的人身属性，如果代理人或者被代理人死亡，委托代理也应终止。第五，作为代理人或者被代理人的法人、非法人组织终止。如果代理人或者被代理人是法人或者非法人组织的，该法人或者非法人组织由于种种原因终止，此时，委托代理也当然终止。

190. 被代理人死亡后，哪些情况下代理行为仍然有效？

根据《民法典》第 174 条的规定，被代理人死亡后，有下列情形之一的，委托代理人实施的代理行为仍然有效：第一，代理人不知道且不应当知道被代理人死亡。此时代理人仍然在继续实施代理行为。如果令代理行为无效，对代理人和相对人不甚合理。第二，被代理人的继承人予以承认。被代理人死亡，其继承人知道代理人的存在后，对其代理人地位予以承认的，代理人可以继续实施代理行为。第三，授权中明确代理权在代理事务完成时终止。被代理人的委托授权中明确了代理权直到代理事务完成时才终止的，即使被代理人死亡，也应当尊重其意思，代理人可以继续从事代理活动，其实施的代理行为仍然有效。第四，被代理人死亡前已经实施，为了被代理人的继承人的利益继续代理。被代理人死亡前代理人已经实施了代理行为，被代理人死亡后，如果继续实施该代理行为有利于被代理人的继承人的利益，代理人应当完成该代理行为。

191. 哪些情形下法定代理终止?

根据《民法典》第 175 条的规定，有下列情形之一的，法定代理终止：第一，被代理人取得或者恢复完全民事行为能力。法定代理产生的一个重要原因，是被代理人为无民事行为能力人或者限制民事行为能力人，需要监护人作为其法定代理人，代理其实施民事法律行为。如果被代理人取得或者恢复完全民事行为能力，法定代理就没有存在的必要，自然终止。第二，代理人丧失民事行为能力。代理人代理被代理人实施民事法律行为，当然必须具有行为能力。如果代理人丧失民事行为能力，法定代理当然终止。第三，代理人或者被代理人死亡。代理人或者被代理人死亡的，法定代理当然终止。第四，法律规定的其他情形。比如，民法典规定，财产代管人不履行代管职责、侵害失踪人财产权益或者丧失代管能力的，失踪人的利害关系人可以向人民法院申请变更财产代管人。如果财产代管人变更，原来的财产代管人与失踪人之间的代理关系自然终止。

192. 按份责任中每个责任人承担多大的份额？

按份责任，是指责任人为多人时，各责任人按照一定的份额向权利人承担民事责任，各责任人之间无连带关系。也就是说，责任人各自承担不同份额的责任，不具有连带性，权利人只能请求属于按份责任人的责任份额。《民法典》第 177 条规定，二人以上依法承担按份责任，能够确定责任大小的，各自承担相应的责任；难以确定责任大小的，平均承担责任。根据这一规定，两个或者两个以上的民事主体依法承担按份责任。每个民事主体应当承担的份额，又分两种情形：

1. 能够确定责任大小的。两个或者两个以上的民事主体没有依照法律规定或者当事人的约定履行民事义务，可以根据每个民事主体对造成损害的后果的可能性来确定责任份额。判断这种可能性，可以综合每个民事主体的过错程度、未依照法律规定或者当事人约定履行义务的具体行为与法律后果之间的因果关系的紧密程度、公平原则、诚信原则等因素。法律不可能脱离具体案件，事先抽象出各种确定责任份额的标准，只能由人民法院、仲裁机构在具体案件中综合考虑各种因素来确定。

2. 难以确定责任大小的。责任分配的尺度有时很难有一个可以量化的标准，在某些情形下，由于案情复杂，很难分清每一个不依照法律规定或者当事人约定履行民事义务的行为对损害后果的作用力究竟有多大。针对这种情形，法律规定，难以确定责任大小的，每个行为人平均承担民事责任。

193. 连带责任中责任人对外承担多大的责任，内部责任份额怎么划分？

连带责任，是指依照法律规定或者当事人约定，两个或者两个以上当事人对共同产生的不履行民事义务的民事责任承担全部责任，并因此引起内部债务关系的一种民事责任。《民法典》第 178 条第 1 款规定，二人以上依法承担连带责任的，权利人有权请求部分或者全部连带责任人承担责任。据此，对于依法应当承担连带责任的，权利人向一个或者数个连带责任人请求的，被请求的连带责任人就应当承担全部责任。

连带责任人对外承担了责任后，通常需要在内部确定各自的责任。《民法典》第 178 条第 2 款规定，连带责任人的责任份额根据各自责任大小确定；难以确定责任大小的，平均承担责任。实际承担责任超过自己责任份额的连带责任人，有权向其他连带责任人追偿。根据这一规定，责任大小一般依据如下原则确定：一是根据各自的过错。确定责任份额时，应当对每个责任主体在不履行民事义务时的过错进行比较，有故意或者有重大过失等较大过错的，承担的责任份额较大；过错较小的，如只有轻微过失的，可以承担较小的责任份额。二是对原因力进行比较。原因力，是指在构成不履行义务的多个原因中，每一个原因对于结果的发生或者扩大所起的作用。原因力也是确定连带责任人责任数额的一个方面，特别是在无过错责任的情况下，需要对各责任主体在不履行民事义务时所起的作用进行比较，所起的作用较大的，应当承担较大的责任份额；所起的作用较小的，应当承担较小的责任份额。三是平均分担责任份额。如果根据过错和原因力难以确定连带责任人责任大小的，可以视为各连带责任人的过错程度和原因力大小是相当的，在这种情况下应当由连带责任人平均承担责任份额。如三名连带责任人承担连带责任，那么每人分担责任份额的三分之一。

在一个或者数个连带责任人清偿了全部责任后，实际承担责任的人有权向其他连带责任人追偿。行使追偿权的前提是连带责任人实际承担了超出自己责任的份额，没有超出自己责任的份额，不得行使追偿权。

194. 承担民事责任的方式有哪些?

《民法典》第 179 条规定，承担民事责任的方式主要有：(1) 停止侵害；(2) 排除妨碍；(3) 消除危险；(4) 返还财产；(5) 恢复原状；(6) 修理、重作、更换；(7) 继续履行；(8) 赔偿损失；(9) 支付违约金；(10) 消除影响、恢复名誉；(11) 赔礼道歉。

根据这一规定，承担民事责任的方式主要有：(1) 停止侵害。这主要是要求行为人不实施某种侵害。这种责任方式能够及时制止侵害，防止侵害后果的扩大。例如，某人正在散布谣言诽谤他人，受害人有权请求其停止侵害。(2) 排除妨碍。这是指行为人实施的行为使他人无法行使或者不能正常行使人身、财产权益，受害人可以要求行为人排除妨碍权益实施的障碍。例如，某人在他人家门口堆放垃圾，妨碍他人通行，同时污染了他人的居住环境，受害人有权请求行为人将垃圾清除。(3) 消除危险。这是指行为人的行为对他人人身、财产权益造成现实威胁，他人有权要求行为人采取有效措施消除这种现实威胁。例如，某人的房屋由于受到大雨冲刷随时有倒塌可能，危及邻居的人身、财产安全，但房屋的所有人不采取措施。此时，邻居可以请求该房屋的所有人采取措施消除这种危险。(4) 返还财产。返还财产责任是因行为人无权占有他人财产而产生。没有法律或者合同根据占有他人财产，就构成无权占有，侵害了他人的财产权益，行为人应当返还该财产。(5) 恢复原状。这是指行为人通过修理等手段使受到损坏的财产恢复到损坏发生前的状况的一种责任方式。(6) 修理、重作、更换。这主要是违反合同应当承担的民事责任形式，是违反合同后所采取的补救措施。例如，修建的房屋不符合要求，义务人应当无偿地进行修理；加工制作的产品不符合约定，虽经修理也不能使用，义务人就应当重作。(7) 继续履行。就是按照合同的约定继续履行义务。当事人订立合同都是追求一定的目的，这一目的直接体现在对合同标的的履行，义务人只有按照合同约定的标的履行，才能实现权利人订立合同的目的。所以，继续履行合同是当事人一方违反合同后应当负的一项重要的民事责任。(8) 赔偿损失。这是指行为人向受害人支付一定额数的金钱以弥补其损失的责任方式，是运用较为广泛的一种责任方式。(9) 支付违约金。违约金是当事人在合同中约定的或者由法律直接规定的一方违反合同时应向对方支付一定数额的金钱，这是违反合同可以采用的承担民事责任的方式，只适用于合同当事人有违约金约定或者法律规定违反合同应支付违约金的情形。(10) 消除影响、恢复名誉。这是指人民法院根据受害人的请求，责令行为人在一定范围内采取适当方式消除对受害人名誉的不利影响，以使其名誉得到恢复的一种责任方式。(11) 赔礼道歉。这是指行为人通过口头、书面或者其他方式向受害人进行道歉，以取得谅解的一种责任方式。赔礼道歉主要适用于侵害名誉权、荣誉权、隐私权、姓名权、肖像权等人格权益的情形。

195. 什么是不可抗力？不可抗力情形下，是否承担民事责任？

《民法典》第 180 条第 2 款规定，不可抗力是不能预见、不能避免且不能克服的客观情况。不可抗力是独立于人的行为之外，不受当事人意志所支配的现象，是人力所不可抗拒的力量。行为人完全因为不可抗力不能履行民事义务，表明行为人的行为与不履行民事义务之间不存在因果关系，同时也表明行为人没有过错，如果让行为人对自己无法控制的情形承担责任，对行为人来说是不公平的。因此，很多国家和地区都将不可抗力作为免除行为人承担民事责任的事由予以规定。我国《民法典》第 180 条第 1 款明确规定："因不可抗力不能履行民事义务的，不承担民事责任。法律另有规定的，依照其规定。"通常情况下，因不可抗力不能履行民事义务的，不承担民事责任。但法律规定因不可抗力不能履行民事义务，也要承担民事责任的则需要依法承担民事责任。因此法律作了除外规定。具体什么情况下应承担民事责任、承担责任的程度等要依照法律的规定确定。

196. 什么是正当防卫？正当防卫如何承担责任？

正当防卫，是指本人、他人的人身权利、财产权利遭受不法侵害时，行为人所采取的一种防卫措施。正当防卫应当同时具备以下六个要件：（1）必须是为了使本人、他人的人身、财产权利免受不法侵害而实施的。（2）必须有不法侵害行为发生。所谓不法侵害行为，是指对某种权利或者利益的侵害为法律所明文禁止，既包括犯罪行为，也包括其他违法的侵害行为。（3）必须是正在进行的不法侵害。正当防卫的目的是制止不法侵害，避免危害结果的发生，因此，不法侵害必须是正在进行的，而不是尚未开始，或者已经实施完毕，或者实施者确已自动停止。（4）必须是本人、他人的人身权利、财产权利遭受不法侵害，在来不及请求有关国家机关救助的情况下实施的防卫行为。（5）必须是针对不法侵害者本人实行，即正当防卫行为不能对没有实施不法侵害行为的第三者（包括不法侵害者的家属）造成损害。（6）不能明显超过必要限度造成损害。正当防卫是有益于社会的合法行为，但应受一定限度的制约，即正当防卫应以足以制止不法侵害为限。

正当防卫作为行为人不承担责任和减轻责任的情形，其根据是行为的正当性、合法性，表明行为人主观上没有过错。正当防卫是法律赋予当事人自卫的权利，属于受法律鼓励的行为，目的是保护当事人本人、他人不受侵犯。因此，《民法典》第181条明确规定，因正当防卫造成损害的，不承担民事责任。当然，如果正当防卫超过必要的限度，造成不应有的损害的，正当防卫人应当承担适当的民事责任。如何认定防卫过当呢?通常认为，从权衡各方利益的角度考虑，既要有利于维护防卫人的权益，也要考虑到对不法行为人的合法权益的保护，防卫行为应以足以制止不法侵害为必要限度。从防卫的时间上讲，对于侵害人已经被制伏或者侵害人已经自动停止侵害行为的，防卫人不得再进行攻击行为；从防卫手段来讲，能够用较缓和的手段进行有效防卫的情况下，不允许用激烈手段进行防卫。对于没有明显危及人身、财产等重大利益的不法侵害行为，不允许采取造成重伤等手段对侵害人进行防卫。

197. 什么是紧急避险？紧急避险如何承担民事责任？

紧急避险，是指为了使本人或者他人的人身、财产权利免受正在发生的危险，不得已采取的紧急避险行为，造成损害的，不承担责任或者减轻责任的情形。紧急避险应当同时具备以下要件：（1）必须是为了使本人、他人的人身、财产权利免受危险的损害。（2）必须是对正在发生的危险采取的紧急避险行为。倘若危险已经消除或者尚未发生，或者虽然已经发生但不会对合法权益造成损害，则不得采取紧急避险措施。某人基于对危险状况的误解、臆想而采取紧急避险措施，造成他人利益损害的，应向他人承担民事责任。（3）必须是在不得已情况下采取避险措施。所谓不得已，是指当事人面对突然而遇的危险，不得不采取紧急避险措施，以保全更大的利益，且这个利益是法律所保护的。（4）避险行为不能超过必要的限度。所谓不能超过必要的限度，是指在面临紧急危险时，避险人须采取适当的措施，以尽可能小的损害保全更大的利益，即紧急避险行为所引起的损害应轻于危险所可能带来的损害。

危险有时来自于人的行为，有时来自于自然原因。不管危险来源于哪儿，紧急避险人避让风险、排除危险的行为都有其正当性、合法性，因此在所有国家都是作为不承担责任和减轻责任的情形之一。根据《民法典》第 182 条第 1 款、第 2 款规定，因紧急避险造成损害的，由引起险情发生的人承担民事责任。危险由自然原因引起的，紧急避险人不承担民事责任，可以给予适当补偿。例如，甲因在河堤上取土致使河堤决口。乙驾驶从丙处借来的农用车正巧从此经过，迫不得已将车推进决口处，决口被成功堵塞。丙的农用车的损失，应由甲承担赔偿责任。如果危险是由自然原因引起的，紧急避险人为了他人的利益而采取了避险行为，造成第三人利益损害的，紧急避险人免予对第三人承担责任。例如，甲、乙、丙是邻居，丙的房子因雷击失火，甲为了引消防车进入灭火，推倒了乙的院墙，使消防车进入后及时扑灭了丙家的大火。按照紧急避险的抗辩事由，甲对乙不承担责任，应由受益人丙对乙给予适当补偿。如果危险是由自然原因引起的，紧急避险人是为了本人的利益而采取了避险行为，造成第三人利益损害的，紧急避险人本人作为受益人，应当对第三人的损害给予补偿。例如，甲、乙是邻居，甲的房子因雷击失火，甲为了引消防车进入灭火，推倒了乙的院墙，使消防车进入后及时扑灭了自己家的大火。甲作为受益人对乙不承担责任，但应对乙给予适当补偿。

198. 为保护他人民事权益而使自己受损的，由谁承担民事责任？

在日常生活中，为保护他人民事权益被侵害而使自己受到损害的情况为数不少。例如，为了防止被抢劫的人的人身、财产遭受损失，阻止抢劫者逃逸，被刺伤。又如，儿童不慎落水，见义勇为者在施救中受伤，等等。为了弘扬社会主义核心价值观，鼓励和支持舍己为人的高尚行为，不让见义勇为者流血又流泪，《民法典》第183条规定，因保护他人民事权益使自己受到损害的，由侵权人承担民事责任，受益人可以给予适当补偿。没有侵权人、侵权人逃逸或者无力承担民事责任，受害人请求补偿的，受益人应当给予适当补偿。

199. 见义勇为造成受助人损害的，救助人是否承担民事责任？

根据《民法典》第184条规定，因自愿实施紧急救助行为造成受助人损害的，救助人不承担民事责任。这一规定包括以下几个要件：第一，救助人自愿实施紧急救助行为。自愿实施紧急救助行为，是指一般所称的见义勇为或者乐于助人的行为，不包括专业救助行为。第二，救助人以救助为目的实施紧急救助行为。这一条所称的救助行为应是在紧急情况下，救助人实施的救助他人的行为。第三，救助人需以“救助”受助人为行为的主观目的。第四，救助人对因救助行为造成受助人的损害不承担民事责任。

200. 违约责任与侵权责任竞合时如何处理?

如果一方当事人的违约行为侵害了对方的人身、财产权益,则同时构成侵权行为,即违约方的同一行为违反了两种法律义务。这时违约方既负有违约责任,也负有侵权责任,这就是违约责任与侵权责任的竞合。违约责任与侵权责任的竞合,是指义务人的违约行为既符合违约要件,又符合侵权要件,导致违约责任与侵权责任一并产生。从另一方面来说,受损害方既可以就违约责任行使请求权,也可以就侵权责任行使请求权。这就产生了两种请求权竞合的情况。在两种请求权同时存在的情况下,如果允许受损害方同时行使双重请求权,则使违约方承受双重责任,这对违约方来说显失公平;从受损害方说,受损害方获得双重补偿,又构成受损害方不当得利,也不合理。因此,根据公平原则,《民法典》第186条规定,因当事人一方的违约行为,损害对方人身权益、财产权益的,受损害方有权选择请求其承担违约责任或者侵权责任。根据这一规定,受损害方可以在两种请求权中选择行使一种请求权。这意味着受损害方只能行使一种请求权,如果受损害方选择行使一种请求权并得到实现,那么另一种请求权即告消灭。但是,如果受损害方行使一种请求权未果,而另一种请求权并未因时效而消灭,则受损害方仍可行使另一种请求权。由于合同纠纷与侵权纠纷在管辖法院和适用法律方面存在区别,允许受损害方选择有利于自己的一种诉由提起诉讼,对受损害方比较方便,也有利于对受损害方的保护。对违约方来说，这两种责任无论对方要求其承担哪一种，都是合理的。

201. 民事责任和行政责任、刑事责任竞合时如何处理？

法律责任按照不同的标准可以作不同的分类，根据法律责任的类型，法律责任可以分为民事责任、行政责任和刑事责任。民事责任是自然人、法人或者非法人组织因违反民事法律、违约或者因法律规定的其他事由而依法承担的不利后果，包括侵权责任、违约责任等。行政责任，是指因违反行政法律或行政法规而应当承担的法定的不利后果。刑事责任，是指因违反刑事法律而应当承担的法定的不利后果。

法律责任竞合，是指行为人的同一行为符合两个或两个以上不同性质的法律责任的构成要件，依法应当承担多种不同性质的法律责任制度。民事责任、行政责任和刑事责任虽然是三种性质不同的法律责任，却可能因为同一法律行为而同时产生。一个行为既违反了民法又违反了行政法或者刑法，由此同时产生民事责任、行政责任或者刑事责任，即发生责任竞合。例如，缺陷产品的致害行为，既可能依侵权责任法承担民事责任，依产品质量法承担行政责任，构成犯罪的，还要依刑法承担刑事责任。由此，经营者的一个违法行为导致了民事、行政、刑事责任竞合的情形。

通常情况下，民事责任、行政责任和刑事责任独立存在，并行不悖。但是在特定的情况下，某一责任主体的财产不足以同时满足承担民事赔偿责任和承担罚款、罚金及没收财产等行政或刑事责任时，三种责任就发生了冲突，难以同时承担，此时就产生哪一种责任优先适用的问题。民事责任优先原则就是解决这类责任竞合时的法律原则，即某一责任主体的财产不足以同时满足民事赔偿责任与行政责任或者刑事责任中的罚款、罚金时，优先承担民事赔偿责任，这也是《民法典》第187条规定的要旨所在。例如，一个企业生产伪劣产品，造成消费者人身、财产损害，并构成生产伪劣产品罪，其需要同时承担对消费者的民事责任以及生产伪劣产品罪的刑事责任，如果刑事责任包含罚金，其财产不足以同时支付对受害人的赔偿以及罚金时，对受害人的民事赔偿责任优先于罚金承担。

当然，民事责任优先原则的适用也是有条件的。第一，责任主体所承担的民事责任须合法有效，其发生的依据或者基于法律的规定或者基于约定；第二，责任主体的财产不足以同时满足民事责任、行政责任和刑事责任，如果都能满足，则三种责任并行不悖，责任人同时承担三种责任，只有在财产不足以同时满足时，才出现民事责任优先的问题。

202. 什么是诉讼时效?

诉讼时效，是指权利人在一定期间不行使权利，在该期间届满后义务人获得抗辩权，如在诉讼中提出抗辩则可以拒绝履行其义务的法律制度。诉讼时效制度的功能主要是促使权利人及时行使权利、稳定生活秩序、维护法律秩序和交易安全。

203. 我国的普通诉讼时效期间是多长？

《民法典》第 188 条第 1 款明确规定："向人民法院请求保护民事权利的诉讼时效期间为三年。法律另有规定的，依照其规定。"之所以规定 3 年的普通诉讼时效期间，是因为诉讼时效制度有利于促使权利人及时行使权利，维护交易秩序和安全。任何一种法律制度都需要符合一国的传统，考虑社会百姓的可接受程度，都要具体地、历史地进行分析。中国社会几千年的传统是避诉的，当事人为了亲情和友情，为了社会关系的维持，往往不愿提起诉讼，在婉转表达的权利要求不能实现时，才提起诉讼，这样时间上常常比较晚。此外，近年来，社会生活发生深刻变化，交易方式与类型也不断创新，权利义务关系更趋复杂，要求权利人在 2 年的普通诉讼时效期间内行使权利，已不适应中国社会现状与司法实践，不利于保护债权人合法权益，不利于建立诚信社会，适当延长普通诉讼时效期间是必要的。但是，同样应当看到，督促权利人在合理期间内行使权利，公平分配权利义务关系等都是诉讼时效制度的重要功能。诉讼时效期间过长，可能使权利人主观上产生错误认识，出现"躺在权利上睡大觉"的情况。在整个社会的宏观面上降低解决纠纷的效率，使得权利义务关系较长时间地处于不稳定状态，对社会经济的健康发展是不利的。

《民法典》第 188 条第 2 款中的"法律另有规定的，依照其规定"，是允许特别法对诉讼时效作出不同于普通诉讼时效期间的规定。市场经济要求加快经济流转，通信手段和交易方式的创新使得行使权利更加便利。在商事领域可能存在需要短于普通诉讼时效期间的情形。法律另有规定时，根据特别规定优于一般规定的原则，优先适用特别规定。

204. 普通诉讼时效期间从何时开始起算？

普通诉讼时效期间的起算规则，主要有两种立法例。一种是客观主义起算规则，即从请求权可以行使时，诉讼时效期间开始起算。另一种是主观主义起算规则，即从权利人知道或者应当知道权利受侵害时，诉讼时效期间开始起算。《民法典》采取普通诉讼时效期间的主观主义起算模式，第 188 条第 2 款规定："诉讼时效期间自权利人知道或者应当知道权利受到损害以及义务人之日起计算。法律另有规定的，依照其规定。但是，自权利受到损害之日起超过二十年的，人民法院不予保护；有特殊情况的，人民法院可以根据权利人的申请决定延长。"

205. 分期履行的债务，诉讼时效期间如何起算？

分期履行债务是按照当事人事先约定，分批分次完成一个债务履行的情况。分期付款买卖合同是最典型的分期履行债务。例如，甲、乙签订合同买卖机床，约定：总价款 50 万元；甲先交 20 万元后乙发货；乙安装调试完成后甲再交 20 万元；甲用该机床生产出质量合格产品后，再交剩余 10 万元。在这个例子中，当事人虽然约定分 3 次缴付 50 万元的总价款，但实际上是一个合同的完整履行。分期履行债务具有整体性和唯一性，系这一条规定的“同一债务”。

对于分期履行债务诉讼时效期间的起算，《最高人民法院关于审理民事案件适用诉讼时效制度若干问题的规定》（法释〔2008〕11 号）第 5 条规定，当事人约定同一债务分期履行的，诉讼时效期间从最后一期履行期限届满之日起计算。该司法解释在实践中已经执行近 10 年，系最高人民法院在法律没有明确规定又存在现实需要的情况下作出的解释，取得了较好的司法效果，为法律相关制度的设计提供了实践资料。《民法典》吸收了该司法解释的内容，在第 189 条规定：“当事人约定同一债务分期履行的，诉讼时效期间自最后一期履行期限届满之日起计算。”这样规定的主要理由是：

一是由同一债务的特性决定的。整体性和唯一性是“同一债务”的根本特性。在“同一债务”的履行过程中，当事人可以约定分期履行的期限和数额，可以约定每次履行的时间节点和履行条件，但不论如何分期，都是一个债务履行，债务的内容和范围在债务发生时就已经确定，不因分期偿还而发生变化，诉讼时效期间自该“一个债务”履行期限届满之日起计算。

二是符合诉讼时效制度的立法目的。诉讼时效制度的立法目的在于稳定交易秩序，而不是限制甚至剥夺权利人的权利。当事人约定分期履行债务的目的在于全面履行合同约定的义务。债权人之所以同意债务人分次偿还同一债务，有可能是当事人之间存在长期友好合作关系或是比较熟悉的关系，债权人为了使债务人能够全面履行债务，给予债务人一定的宽限期；或者是债权人为了促成合同的达成与交易的顺利完成，同意债务人分期履行义务。债权人没有及时主张权利是出于与债务人之间的信赖关系，这种信赖关系能够产生经济利益。因此，法律应尽量维持当事人之间的债权债务关系和信任关系，促进双方的友好合作。如果对分期履行的每笔债务分别计算诉讼时效，有可能导致债权人因为担心债权“过期”而频繁主张权利，不仅不利于维持当事人之间债权债务关系的稳定，还可能损害信赖利益。规定从最后一期履行期限届满之日起计算诉讼时效期间，可以保护权利人的合理信赖利益。

三是减少诉累、实现诉讼效率。规定诉讼时效期间从最后一期履行期限届满之日起计算，符合现实中老百姓的社会认知，也符合商事交易习惯。法律的这一规定可以避免当事人为频繁主张权利而激化矛盾，有利于节约司法资源，减少诉累，实现诉讼效率。例如，当事人双方对某一合同约定分十期履行，履行过程中第三期至第五期违约，如果法律规定每一期债务履行期限届满之日起分别计算诉讼时效期间，权利人在第三期违约时起诉一次、第四次违约时起诉一次、第五次违约时又起诉一次，三次起诉的事实基本相似，无疑给当事人造成诉累，也增加了法院的工作负担，浪费了有限的司法资源。因此，法律规定从最后一期履行期限届满之日起，计算同一债务分期履行的诉讼时效期间，具有明显的现实意义。

四是促进交易，增加社会财富。当事人订立分期履行合同，目的在于全面履行合同约定的义务。现代社会合同标的额越来越大，如房屋买卖合同，买受方很难一次性付清全部合同价款。此外，合同履行期也不断拉长，如房屋装修合同，因装修复杂程度的不同，有的可能需要履行数月至一年的时间。因此，当事人约定同一债务分期履行，能够尽可能地促成交易达成、降低交易风险和交易成本，利用分期履行的机会检验合同履行的情况；还能够加快资金回笼，投入新一轮的生产中，这有利于市场交易的健康发展和加快社会财富的积累。法律对当事人约定同一债务分期履行的情况应当进行认可和保护，对其诉讼时效期间的起算作出明确规定。

206. 无民事行为能力人或者限制民事行为能力人对其法定代理人的请求权的诉讼时效期间从何时起算？

无民事行为能力人或者限制民事行为能力人须由法定代理人代为实施法律行为及行使权利。实践中，法定代理人与被代理人之间一般是家庭近亲属关系，如父母、祖父母、配偶或者其他监护人。他们在生活中对无民事行为能力人或者限制民事行为能力人的照管上有一定优势，这种优势一方面有利于无民事行为能力人或者限制民事行为能力人的生活，但另一方面也会造成权利人无法主张其所享有的权利。在法定代理关系存续期间，无民事行为能力人的全部民事法律行为或者限制民事行为能力人主张权利的行为，本质上都依赖于法定代理人的意志。但是，他们自己主张权利在实际上是不可能的。此外，以诉讼方式主张请求权会妨害家庭团结及当事人之间的信赖关系，可能出现法定代理人不继续认真履行代理职责的情况，这对被代理人不利。当法定代理终止后开始计算诉讼时效期间不会害及无民事行为能力人或者限制民事行为能力人的利益。因此，立法有必要对这种特殊情形的请求权的诉讼时效期间起算作出特殊规定。因此，《民法典》第 190 规定：“无民事行为能力人或者限制民事行为能力人对其法定代理人的请求权的诉讼时效期间，自该法定代理终止之日起计算。”

207. 未成年人遭受性侵害的损害赔偿请求权的诉讼时效期间从何时起算？

当前，社会上存在一些未成年人遭受性侵害的情况。由于受社会传统观念影响，不少遭受性侵害的未成年人及其监护人有所顾忌，从未成年人名誉、健康成长、成年结婚等现实角度考虑，往往不愿、不敢公开寻求法律保护。受害人成年之后自己寻求法律救济，却往往已超过诉讼时效期间。这种情况虽然不多，但为了突出对未成年人的保护，给受性侵害的未成年人成年后提供寻求法律保护的机会，应当规定诉讼时效起算的特殊规则。为此，《民法典》第 191 规定：“未成年人遭受性侵害的损害赔偿请求权的诉讼时效期间，自受害人年满十八周岁之日起计算。”理解这一条规定时还应注意两点：

一是诉讼时效是权利人在法定期间内不行使权利，该期间届满后，义务人拒绝履行其给付义务的法律制度，即诉讼时效期间是权利人可以行使权利的“最晚”期间。在权利受到损害后、诉讼时效期间届满前的时间范围内，权利人都可以主张权利。因此，未成年人遭受性侵害的，在年满 18 周岁之前，其法定代理人当然可以代为行使请求权。此处的请求权应当认为是法定代理人代为向人民法院请求，人民法院依法作出的生效判决具有既判力，受害人在年满 18 周岁之后对相关处理不满意要求再次处理的，应当符合民事诉讼法等法律的规定。如果年满18周岁之前，其法定代理人选择与侵害人“私了”的方式解决纠纷，受害人在年满18周岁之后，可以依据这一条的规定请求损害赔偿。

二是未成年人遭受性侵害的损害赔偿请求权的诉讼时效期间，自受害人年满18周岁之日起计算。其具体的诉讼时效期间，适用《民法典》第188条3年的普通诉讼时效期间的规定，即从受害人年满18周岁之日起计算3年；符合《民法典》第194条、第195条诉讼时效中止、中断情形的，可以相应中止、中断。

208. 诉讼时效期间届满产生什么法律效果？

《民法典》第192条对诉讼时效期间届满的法律后果作了规定：“诉讼时效期间届满的，义务人可以提出不履行义务的抗辩。诉讼时效期间届满后，义务人同意履行的，不得以诉讼时效期间届满为由抗辩；义务人已自愿履行的，不得请求返还。”

诉讼时效期间届满的，义务人可以提出不履行义务的抗辩。这就意味着，权利人享有起诉权，可以向法院主张其已过诉讼时效之权利，法院应当受理。如果义务人不提出时效完成的抗辩，法院将以公权力维护权利人的利益；如果义务人行使抗辩权，法院审查后会依法保护义务人的抗辩权，不得强制义务人履行义务。但是，义务人行使时效抗辩权不得违反诚实信用原则，否则即使诉讼时效完成，义务人也不能取得时效抗辩权。例如，在诉讼时效期间届满前，义务人通过与权利人协商，营造其将履行义务的假象，及至时效完成后，立即援引时效抗辩拒绝履行义务。该种行为违反诚信原则，构成时效抗辩权的滥用，不受保护。

诉讼时效期间届满后，义务人同意履行的，不得以诉讼时效期间届满为由抗辩；义务人已自愿履行的，不得请求返还。诉讼时效期间届满后，权利人虽不能请求法律的强制性保护，但法律并不否定其权利的存在。若义务人放弃时效利益自愿履行的，权利人可以受领并保持，受领不属于不当得利，义务人不得请求返还。诉讼时效期间届满后，义务人同意履行的，不得以诉讼时效期间届满为由抗辩。这是因为诉讼时效届满后，义务人可以处分自己的时效利益。此时义务人同意履行义务，属于对时效利益的放弃。义务人放弃时效利益的行为属于单方法律行为，并且是处分行为，自义务人放弃时效利益的意思表示到达权利人时即发生时效利益放弃的法律效果，不以权利人同意为条件。放弃的意思表示既可以是承认的明示方式，也可以是不主张时效利益的默示方式。对于义务人已自愿履行的情况，自愿履行意味着义务人自愿解除了债务的自然债务属性，恢复了原本可以获得司法强制执行的可能性，使权利人因时效完成而转化的自然权利回升为法律权利。因此，自愿履行的，不能再请求返还。

209. 人民法院能否主动适用诉讼时效的规定?

民法典将诉讼时效产生的法律后果明确为抗辩权，诉讼时效期间届满的直接效果是义务人取得抗辩权。抗辩权属于私权的一种，可以选择行使，也可以选择不行使。义务人对时效利益的处分不违反法律的规定，也没有侵犯国家、集体及他人的合法权益，人民法院不应当主动干预。在借鉴世界有关立法例的经验和吸收最高人民法院司法解释的基础上，《民法典》第193条规定，诉讼时效应由当事人自主选择是否行使，人民法院不得主动适用诉讼时效的规定。

210. 什么是诉讼时效中止制度？

诉讼时效中止，是因法定事由的存在使诉讼时效停止进行，待法定事由消除后继续进行的制度。在诉讼时效进行中的某一时间内，出现了权利人主张权利的客观障碍，导致权利人无法在诉讼时效期间内行使权利，可能产生不公平的结果，因此法律规定了诉讼时效中止制度。

诉讼时效制度的目的之一是督促权利人及时行使权利，但当当事人主观上没有行使权利的怠慢，却受制于客观因素无法行使权利时，如果法律规定诉讼时效期间继续进行，会导致权利人因时效经过而受损，产生不公平的结果，也与诉讼时效制度的目的相悖。

根据《民法典》第194条第1款规定，引起诉讼时效中止的障碍类型主要有：

一是不可抗力。不可抗力指的是不能预见、不能避免并不能克服的客观情况，如自然灾害。适用本项规定应注意，需要发生不可抗力导致权利人在客观上不能行使权利，才能引起诉讼时效中止。虽然发生了不可抗力，但并不影响权利人行使权利的，诉讼时效不为中止。

二是无民事行为能力人或者限制民事行为能力人没有法定代理人，或者法定代理人死亡、丧失民事行为能力、丧失代理权。因为无民事行为能力人或者限制民事行为能力人不能独立实施民事法律行为，法定代理人缺位会对其行使权利造成客观障碍。境外不少立法例均规定这种情况下诉讼时效中止。为了更好地保护无民事行为能力人或者限制民事行为能力人，使其不会因诉讼时效期间届满而利益受损，作了本项规定。

三是继承开始后未确定继承人或者遗产管理人。未确定继承人即继承财产的权利主体没有确定，无法有效地对被继承人的债务人行使权利，被继承人的债权人也不知道向谁主张权利，被暂时划定在继承财产中的他人的财产权利也无法主张。未确定遗产管理人的，遗产的权利不能分割。这些情况都属于非因主观原因而由于权利人、义务人不存在的客观障碍导致权利无法行使，符合诉讼时效中止制度的要求。

四是权利人被义务人或者其他人控制。例如，权利人被义务人以非法拘禁等方式限制人身自由，会导致其无法主张权利，这种障碍是客观的。再如，义务人和权利人之间存在代表与被代表的关系，义务人是权利人的法定代表人。权利人欲提起诉讼，需要法定代表人签字授权或者盖章，但法定代表人显然不会允许对自己提起诉讼进行授权或者同意盖章。又如，权利人是义务人的控股子公司。同理，子公司无法取得控股公司的诉讼授权。这些都属于客观障碍。《最高人民法院关于审理民事案件适用诉讼时效制度若干问题的规定》（法释〔2008〕11 号）第 20 条第 3 项对此也有明确规定。

五是其他导致权利人不能行使请求权的障碍。法律充分考虑到，由于社会生活及司法实践的纷繁复杂，法律不可能逐一列举需要中止时效的事由。在列举规定类型化情形的同时，规定兜底条款，为实践的发展留有余地，并赋予法官一定的自由裁量权。

211. 什么是诉讼时效中断制度？

诉讼时效中断，指诉讼时效期间进行过程中，出现了权利人积极行使权利等法定事由，从而使已经经过的诉讼时效期间归于消灭，重新计算期间的制度。

权利人不行使权利是诉讼时效制度存在的事实基础，如果在诉讼时效期间内出现了与这一基础事实相反的事实，就必须使已经经过的时效期间归于无效，否则就背离了诉讼时效制度的设立宗旨。诉讼时效中断的特征表现为：一是发生于诉讼时效的进行中，诉讼时效尚未开始计算或者已经届满的情况下排除其适用。二是发生了一定的法定事由导致诉讼时效存在的基础被推翻。三是它使已经进行的诉讼时效重新起算，以前经过的期间归于消灭。

根据《民法典》第 195 条规定，引起诉讼时效中断的情形主要有：

一是权利人向义务人提出履行请求。提出履行请求本身就意味着权利人在积极行使自己的权利，应当发生诉讼时效中断的结果。请求有诉讼请求和诉外请求两种，诉讼请求主要是起诉，诉外请求是权利人对其义务人在诉外行使权利的意思表示。

这种意思表示可以表现为催促义务人履行义务，也可以表现为权利人主动抵销债权、行使同时履行抗辩权等情形。规定权利人向义务人提出履行请求作为诉讼时效中断的情形，符合我国社会避讼的法律文化传统，契合我国熟人社会的社会实践，能够减轻当事人的诉累和人民法院的压力。

二是义务人同意履行义务。这是权利人在诉讼外行使权利的一种形式。义务人同意履行义务，表明义务人知道权利人权利的存在，并且主观上承认该权利，很多情况下是权利人向义务人主张权利时义务人作出一种承诺。这种承诺是权利人积极履行权利才能取得的结果，使得权利人与义务人之间的权利义务关系重新明确、稳定下来，义务人同意履行义务，引起权利人的信赖，权利人往往给义务人必要的准备时间以履行义务。总之，是权利人没有怠于行使权利，法律才规定该情形可以引起诉讼时效的中断。《最高人民法院关于审理民事案件适用诉讼时效制度若干问题的规定》（法释〔2008〕11 号）第 16 条规定，义务人作出分期履行、部分履行、提供担保、请求延期履行、制定清偿债务计划等承诺或者行为的，应当认定为同意履行义务。该司法解释对实践中如何掌握认定义务人同意履行义务作了明确规定。

三是权利人提起诉讼或者申请仲裁。起诉是权利人在人民法院提起诉讼，请求法院强制义务人履行义务。民商事仲裁是平等主体的公民、法人和其他组织之间请求仲裁机构裁决合同纠纷和其他财产权益纠纷。劳动仲裁是当事人向劳动争议仲裁委员会请求裁决处理劳动争议纠纷。农村土地承包经营纠纷仲裁是就农村土地承包经营纠纷，向农村土地承包仲裁委员会申请裁决。提起诉讼、申请仲裁是权利人行使权利最有效、最强有力的方法，足以表明权利人积极行使权利，世界上主要国家和地区均把提起诉讼作为引起诉讼时效中断的事由进行规定。

四是与提起诉讼或者申请仲裁具有同等效力的其他情形。实践是复杂的、发展的，法律无法穷尽规定所有引起诉讼时效中断的情形。权利人如果实施了在法律上与提起诉讼或者申请仲裁具有同等效力的其他行为，能够表明其在积极行使权利而非怠于行使权利，也应当产生引起时效中断的效力。例如，调解是与提起诉讼或者申请仲裁具有同等效力的典型情形之一。《最高人民法院关于审理民事案件适用诉讼时效制度若干问题的规定》（法释〔2008〕11 号）第 14 条规定，权利人向人民调解委员会以及其他依法有权解决相关民事纠纷的国家机关、事业单位、社会团体等社会组织提出保护相应民事权利的请求，诉讼时效从提出请求之日起中断。该条司法解释也认可了调解可以引起诉讼时效中断的效力。再如，控告也是一种与提起诉讼或者申请仲裁具有同等效力的情形，可以引起诉讼时效中断。该司法解释第 15 条第 1 款规定，权利人向公安机关、人民检察院、人民法院报案或者控告，请求保护其民事权利的，诉讼时效从其报案或者控告之日起中断。此外，该司法解释第 13 条规定的申请仲裁，申请支付令，申请破产、申报破产债权，为主张权利而申请宣告义务人失踪或死亡，申请诉前财产保全、诉前临时禁令等诉前措施，申请强制执行，申请追加当事人或者被通知参加诉讼，在诉讼中主张抵销等，都属于与提起诉讼或者申请仲裁具有同等效力的情形，可以引起诉讼时效中断。

212. 哪些请求权不适用诉讼时效的规定?

根据《民法典》第196条规定，不适用诉讼时效的请求权包括：

1. 请求停止侵害、排除妨碍、消除危险。

请求停止侵害，指的是所有权人或者其他物权人请求对物权造成侵害的人停止侵害行为或者侵害状态的权利。

请求排除妨碍，指的是所有权人或者其他物权人请求妨碍人停止妨碍、去除妨碍的权利。

请求消除危险，指的是所有权人或者其他物权人请求造成危险状态的人消除该危险的权利。

停止侵害、排除妨碍和消除危险是所有权和其他物权的功能，其目的是解决对物权权能的障碍、发挥物的效用，回复权利人对权利客体的支配。根据物权的理论，无论经过多长时间，法律不可能任侵害物权的行为取得合法性。如果请求停止侵害、排除妨碍、消除危险的权利适用诉讼时效，将会发生物权人必须容忍他人对其行使物权进行侵害的结果，这对权利人不公平，也违反物权法基本理论，不论是民法学界还是司法实务界，均认为这三种请求权不应适用诉讼时效。

2. 不动产物权和登记的动产物权的权利人请求返还财产。

物可以分为不动产和动产，相应地物权可以分为不动产物权和动产物权。不动产物权价值重大、事关国计民生和整个社会稳定，一般用登记作为不动产物权享有和变动的公示方法。不动产登记部门是国家设立的，不动产一经登记具有强大的公示公信力，也就意味着不动产物权的权利人请求返还财产适用诉讼时效已不可能。原因在于，不动产登记簿上的记载就显示了物权的归属，任何人在与他人进行交易行为时，负有注意和谨慎义务，应关注不动产的登记情况。通常只要登记簿记载的权利人与实际占有不符，就会使他人对占有人是否为真正物权人产生疑问，而且只要登记簿记载的权利人不改变，其无论经过多长期间都不会使他人对无权占有人产生信赖，认为其是合法物权人并与之发生民事法律关系。我国不动产物权采取登记生效主义，非经登记不发生效力。《民法典》第209条规定，不动产物权的设立、变更、转让和消灭，经依法登记，发生效力；未经登记，不发生效力，但法律另有规定的除外。如在不动产登记制度条件下仍规定已登记的物权人请求返还财产适用诉讼时效，则必然导致时效制度与不动产登记制度相互矛盾，动摇不动产登记制度的权威性。

动产以占有和交付为所有权享有和变动的公示方法。理论上讲，他人无权占有动产后，动产即与所有人分离，动产物权的权利人如果长期不请求返还财产，他人基于占有公示产生的对抗力就越来越强，第三人随着时间推移越发相信无权占有人就是事实上物的所有人，进而基于这种信赖与之发生一定的法律关系。信赖利益是民法上的重要利益。法律对信赖利益进行保护，对维护新产生的民事法律关系的效力及整个社会经济秩序的稳定均有积极意义。但是，有的意见提出，如果规定动产物权的权利人请求返还财产一概不适用诉讼时效，在理论上似乎出现一个矛盾。例如，甲占有乙价值10元的物，又向乙借款100万元。如果规定所有的动产物权的权利人请求返还财产均不适用诉讼时效，乙对价值10元的物可以长期请求返还，但对于更大价值的100万元债权，却只能在普通诉讼时效期间的3年内主张，看似法律对价值小的法益保护更重。此外，实践中，一律规定所有的动产物权的权利人返还财产请求权不适用诉讼时效，在操作上面临很多困难，也没有必要。一般动产价值小、流动大、易损耗，如果不适用诉讼时效的规定，多年后再提起诉讼，一是因年代久远存在举证困难，二是增加诉累，三是不利于矛盾的及时解决。综合考虑，可以规定这类普通动产适用诉讼时效。船舶、航空器和机动车等动产，价值较大，被称为"准不动产"，准用不动产管理的很多规则，这类动产多进行物权登记。《民法典》第225条规定，船舶、航空器和机动车等物权的设立、变更、转让和消灭，未经登记，不得对抗善意第三人。由此可见，法律对船舶、航空器和机动车等动产的登记采取登记对抗主义。如果进行了登记，与不动产登记一样，产生强有力的公示公信效力，登记动产物权的权利人请求返还财产不适用诉讼时效。

综上考虑，本项规定：不动产物权和登记的动产物权的权利人请求返还财产的请求权，不适用诉讼时效的规定。

3. 请求支付抚养费、赡养费或者扶养费。

抚养费指义务人基于抚养义务所支付的费用，支付对象一般是晚辈，如子女、孙子女、外孙子女等。赡养费指义务人基于赡养义务所支付的费用，支付对象一般是长辈，如父母、祖父母、外祖父母等。扶养费指义务人基于扶养义务所支付的费用，支付对象一般是平辈，如配偶、兄弟姐妹等。

受抚养、赡养或者扶养者一般都是年幼、年老或者缺乏劳动能力的人，抚养费、赡养费或者扶养费是这些人的生活来源，若无此等费用，将严重影响他们的生活。因此，法律规定，请求支付抚养费、赡养费或者扶养费的，不适用诉讼时效的规定。

4. 依法不适用诉讼时效的其他请求权。

本项属于兜底性条款。因为无法穷尽列举所有不适用诉讼时效的情形，法律中明确规定不适用诉讼时效的请求权，均属于本项规定的情形。

213. 什么是诉讼时效法定性?

诉讼时效制度关系到法律秩序的清晰稳定，是对民事权利的法定限制，其规范目的具有公益性，以牺牲罹于时效的权利人的利益为代价，为交易关系提供安全保障，关乎社会公共利益及法律秩序的统一，这要求诉讼时效期间及其计算方法明确且为社会知晓，诉讼时效的中止、中断的事由只能由法律作出明确规定，不属于当事人自行处分的事宜，权利人和义务人不可以自行约定。

诉讼时效的法定性，体现在：

1. 诉讼时效的期间和计算方法法定。该期间由法律明确规定，当事人必须按照法律规定的期间执行，不得改动。诉讼时效期间可以在一般法中规定，如民法典总则编规定“向人民法院请求保护民事权利的诉讼时效期间为三年”；也可以在特别法中规定，如民法典合同编第 594 条规定“因国际货物买卖合同和技术进出口合同争议提起诉讼或者申请仲裁的时效期间为四年”。当事人不得通过约定缩短或延长诉讼时效期间。如果允许当事人约定延长，有以下不利：一是对义务人不利，会危及现在和将来在当事人之间形成的财产秩序。二是第三人往往不知道当事人对诉讼时效延长的约定，基于对义务人财产状况合理的信赖而进行交易，这可能对第三人造成不可预知的潜在侵害。三是当事人约定延长诉讼时效期间，不利于督促义务人及时行使权利。因此，不应该允许当事人延长诉讼时效。如果允许当事人约定缩短，权利人可能没有必需的准备时间来行使权利，对权利人保护不利，另外与诉讼时效制度的设计也是不相吻合的。同时需要注意的是，诉讼时效法定还意味着只能由法律对诉讼时效作出规定，法规、规章都不得对此进行规定。

2. 诉讼时效中止、中断的事由法定。诉讼时效可以通过中止、中断进行法定变更，但相应情形须由法律明确作出规定，当事人不可以创设法律没有规定的情形使诉讼时效擅自变更。否则，诉讼时效便失去了确定性。

3. 当事人擅自约定诉讼时效的效果由法律明确规定。当事人违反规定擅自对诉讼时效的期间、计算方法以及中止、中断的事由进行约定的，则约定无效。

214. 诉讼时效能否预先放弃？

诉讼时效放弃可以分为两种：一种是时效届满前预先放弃，另一种是诉讼时效届满后放弃。诉讼时效利益不得在时效期间届满前预先放弃。如果允许预先放弃时效利益，权利人可能会利用强势地位，损害义务人的权利。从公平保护的角度，不应该允许当事人预先约定放弃时效利益，否则等于权利人可以无期限地行使权利，违反了诉讼时效制度的法定性，与诉讼时效制度设立的目的不相吻合，因此当事人对诉讼时效利益的预先放弃无效。但是，诉讼时效期间届满后，义务人取得拒绝履行义务的抗辩权。根据私法自治原则，当事人有权在法律规定的范围内，自由处分其权利或者利益，选择是否放弃诉讼时效利益。放弃诉讼时效是单方法律行为，自成立时发生法律效力；同时又是处分行为，须依意思表示为之。可以在诉讼中也可以在诉讼外作出；可以明示也可以默示。

基于公共利益考量，法律一方面需要强调诉讼时效的法定性，部分地限制意思自治原则；另一方面如果过于强调诉讼时效的法定性，有可能会导致公权力对私权利的过分干预，进而破坏意思自治原则的根基。因此，需要尊重意思自治原则在民法体系中的重要地位，规定当事人不得预先放弃时效利益，但对时效期间届满的时效利益，是否提出诉讼时效抗辩乃是义务人的权利，可以允许其自由处分。这种规定是立法在诉讼时效制度的法定性价值与意思自治原则价值之间进行平衡。《最高人民法院关于审理民事案件适用诉讼时效制度若干问题的规定》（法释〔2008〕11 号）第 2 条规定，当事人违反法律规定，约定延长或者缩短诉讼时效期间、预先放弃诉讼时效利益的，人民法院不予认可。《民法典》借鉴了境外立法例和我国最高人民法院的司法解释，在第 197 条第 2 款明确规定：“当事人对诉讼时效利益的预先放弃无效。”

215. 仲裁时效与诉讼时效是什么关系?

在我国，仲裁主要包括民商事仲裁、劳动争议仲裁和农村土地承包经营纠纷仲裁三种。《仲裁法》第 74 条规定，法律对仲裁时效有规定的，适用该规定。法律对仲裁时效没有规定的，适用诉讼时效的规定。关于仲裁时效的特别规定主要有：

一是劳动争议调解仲裁法对于劳动争议仲裁时效有明确规定。该法第 27 条规定："劳动争议申请仲裁的时效期间为一年。仲裁时效期间从当事人知道或者应当知道其权利被侵害之日起计算。前款规定的仲裁时效，因当事人一方向对方当事人主张权利，或者向有关部门请求权利救济，或者对方当事人同意履行义务而中断。从中断时起，仲裁时效期间重新计算。因不可抗力或者有其他正当理由，当事人不能在本条第一款规定的仲裁时效期间申请仲裁的，仲裁时效中止。从中止时效的原因消除之日起，仲裁时效期间继续计算。劳动关系存续期间因拖欠劳动报酬发生争议的，劳动者申请仲裁不受本条第一款规定的仲裁时效期间的限制；但是，劳动关系终止的，应当自劳动关系终止之日起一年内提出。"

二是民法典合同编对仲裁时效有明确规定。该法第 594 条规定："因国际货物买卖合同和技术进出口合同争议提起诉讼或者申请仲裁的时效期间为四年。"

三是农村土地承包经营纠纷调解仲裁法对仲裁时效有明确规定。该法第 18 条规定："农村土地承包经营纠纷申请仲裁的时效期间为二年，自当事人知道或者应当知道其权利被侵害之日起计算。”

除了上述规定外，没有关于仲裁时效的特别规定。因此长期以来，我国仲裁时效适用民法通则有关诉讼时效期间中止、中断等有关规定。在立法过程中，有的意见提出，这一方式在实践中得到了检验，是可行的，建议继承民法通则的立法模式。经过反复研究，认为该种意见可以采纳，因此《民法典》第198条明确规定，法律对仲裁时效有规定的，依照其规定；没有规定的，适用诉讼时效的规定。这一规定既为特别法对仲裁时效作规定留有接口，也为仲裁时效准用诉讼时效的规定提供依据。

216. 什么是除斥期间？

除斥期间是民法典总则中的一项重要制度，其目的在于促使法律关系早日确定，防止相对人因为消极等待而蒙受损害。民法理论通说认为，撤销权、解除权，是适用除斥期间最典型的权利。撤销权，是指民事法律行为成立时存在重大误解、欺诈、胁迫、显失公平等情形，一方当事人根据法律规定享有在一定期间内请求确认该民事法律行为自始无效的权利。解除权，是指民事法律行为生效后，在出现法律规定或者当事人约定的特定事由时，当事人可以在一定期间内作出意思表示使该民事法律行为失去效力的权利。

除斥期间的起算点原则上应自权利行使无法律上的障碍时开始计算。但在权利人未必知道其权利存在的场合，法律通常规定自权利人知道其权利存在之时起开始计算。例如，《民法典》第541条的规定：“撤销权自债权人知道或者应当知道撤销事由之日起一年内行使。自债权人的行为发生之日起五年内没有行使撤销权的，该撤销权消灭。”根据这一规定，债权人撤销权的行使期间自撤销权人知道或者应当知道撤销事由时起算。与诉讼时效的法定性不同，除斥期间可以由当事人进行约定，甚至在法律允许的情况下，可以由一方向对方单方提出除斥期间。例如，《民法典》第564条规定：“法律规定或者当事人约定解除权行使期限，期限届满当事人不行使的，该权利消灭。法律没有规定或者当事人没有约定解除权行使期限，自解除权人知道或者应当知道解除事由之日起一年内不行使，或者经对方催告后在合理期限内不行使的，该权利消灭。”这一规定明确了合同解除可以由法律规定除斥期间，也可以由当事人直接约定除斥期间，并允许在法律没有规定或当事人未约定期限时由对方催告确定合理期间。

除斥期间是权利预设期间，以促使法律关系尽早确定为目标，为达制度目的，需要规定除斥期间经过后，权利人的权利即归于消灭，要么使原本不确定的法律关系明确固定，要么使既有的法律关系归于消灭，都会引起实体法上效果的变化。所以除斥期间没有中断的可能性，一般也不会发生中止。

除斥期间不像诉讼时效一样可以高度抽象出共同性，因此规定比较分散。关于诉讼时效，各国一般都在法律条文中使用“诉讼时效”“消灭时效”等表述，我国民事立法一贯采用“诉讼时效”的表述；而对除斥期间，虽然在法律条文中没有明确体现“除斥期间”的表述，但常常使用“撤销权消灭”“作为自愿放弃权益”“不行使而消灭”“视为放弃”“视为拒绝追认”“视为权利消灭”等表述。

217. 民法中的期间是按照什么标准计算的?

根据《民法典》第 200 条的规定，我国民法中规定的期间计算单位共有四种，分别是年、月、日和小时。期日为不可分的特定时间点，不发生计算的问题，但期间为一定的时间段，存在计算的问题。期间计算一般采取历法计算法和自然计算法相结合的方式。在民法典规定的四种期间计算单位中，年、月采用公历的历法规则，这样每年的时间差距相差不大，既符合我国的社会实际，又符合国际通用规则，便于生产生活和国际交往。日、小时采用自然计算法，1 日为 24 小时。这一条规定继承自《民法通则》第 154 条第 1 款的规定：民法所称的期间按照公历年、月、日、小时计算。

218. 期间如何起算?

《民法典》第 201 条规定："按照年、月、日计算期间的，开始的当日不计入，自下一日开始计算。按照小时计算期间的，自法律规定或者当事人约定的时间开始计算。"

1. 按照年、月、日计算期间的，期间开始的当日不计入，自下一日开始计算。

按日计算期间的情况。例如甲乙双方于 2017 年 1 月 13 日签订合同，约定第 30 日交货，则签订合同的当日即 2017 年 1 月 13 日不算入期间，期间从 2017 年 1 月 14 日开始起算，2017 年 2 月 12 日为第 30 日，即交货日期。同样，如果甲乙双方于

2017年2月13日签订合同，约定第30日交货，则2017年3月15日为交货日。

按月计算期间的情况。例如甲乙双方于2017年1月13日签订合同，约定9个月后交货，则期间从2017年1月14日开始计算9个月，到2017年10月13日为交货日。如果甲乙双方于2017年12月31日签订合同，约定9个月后交货，则期间从2018年1月1日起计算9个月，则2018年9月30日为交货日。

因为一年中各自然月的天数不一致，闰年与平年的2月的天数也不一致，所以按日计算期间的情况下，相同的期间长度在不同月份、年份可能产生不同的计算结果。

按年计算期间的情况。例如甲乙双方于2016年1月13日签订合同，约定3年后交货，则期间从2016年1月14日开始计算3年，则2019年1月13日为交货日；如果约定5年后交货，则2021年1月13日为交货日。

可见，在以年为计算单位的情况下，期间计算的结果不受一年中各自然月天数、闰年与平年的影响。

2. 按照小时计算期间的，自法律规定或者当事人约定的时间开始计算。

按照小时计算期间，可以有两种起算方法：一种是自法律规定的时间开始计算，另一种是自当事人约定的时间开始计算。前一种情况下，例如，从8时开始计算3个小时，则期间应该到11时结束。又如，从8时30分开始计算26个小时，则期间应该到第二日10时30分结束。后一种情况下，可以允许当事人根据商业交易习惯或者双方都认可的方式约定期间起算方式，如整数计算法，不论期间从何时开始计算，都约定按照最近将要到达的整数时间点开始计算。8 时 38 分达成交易合同，则从 9 时开始计算期间。

219. 期间结束如何计算?

《民法典》第 202 条规定："按照年、月计算期间的，到期月的对应日为期间的最后一日；没有对应日的，月末日为期间的最后一日。"在以日定期间的情况下，算足该期间之日即为期间最后一日。在按照年、月计算期间的情况下，期间结束日根据是否按照整月计算，会有两种不同的结果。在不按照整月计算的情况下，例如甲乙二人于 2017 年 1 月 15 日签订劳务合同，约定 1 个月的履行期，则期间开始日为 2017 年 1 月 16 日，期间结束日为 2017 年 2 月 15 日。甲乙二人于 2017 年 2 月 15 日签订劳务合同，约定一个月的履行期，则期间开始日为 2017 年 2 月 16 日，期间结束日为 2017 年 3 月 15 日。由此可见，期间最后一日总是到期月的签订合同的对应日。在按照整月计算的情况下，如果甲乙二人于 2017 年 1 月 31 日签订劳务合同，约定一个月的履行期，则期间开始日为 2017 年 2 月 1 日，期间结束日为 2017 年 2 月 28 日。如果甲乙二人于 2017 年 2 月 28 日签订劳务合同，约定一个月的履行期，则期间开始日为 2017 年 3 月 1 日，期间结束日为 2017 年 3 月 31 日。由此可见，期间最后一日总是月末日。

220. 期间的最后一日是法定休假日的，怎么计算期间结束日？

按照《民法典》第 202 条的规定计算出期间最后一日，如果该日是法定休假日，对民事法律行为的产生、变更或者消灭会产生重大影响，因此《民法典》第 203 条第 1 款规定期间顺延到法定休假日结束后的第一日届满。例如，2017 年 8 月 15 日，甲承包的鱼塘中的鱼全部死亡。9 月 30 日，甲得知鱼死亡是村里造纸厂排放废水造成的，其诉讼时效期间开始起算，3 年后的 2020 年 10 月 1 日诉讼时效期间届满。但是，10 月 1 日是国庆节假期，当年国庆节放假为 10 月 1 日至 7 日。甲的诉讼时效期间从 10 月 1 日顺延到 10 月 8 日，即国庆节假期结束后的第一日届满。

221. 期间末日结束点怎么确定？

1 日共 24 个小时，24 时为 1 日的结束点，因此《民法典》第 203 条第 2 款规定，期间的最后一日的截止时间为 24 时。但银行、证券交易所等均有业务时间，到达业务时间，业务停止运作，在时间联系点上业务结束时间更有意义，没有必要规定到 24 时结束。因此《民法典》第 203 条第 2 款规定，有业务时间的，停止业务活动的时间为截止时间。这种规定是符合社会生活实际情况的。

第二编　物　权

1. 物权编规范的对象是什么?

《民法典》第205条规定:“本编调整因物的归属和利用产生的民事关系。”物的归属是指物归谁所有,物的归属关系就是所有权关系。物的利用是所有权人对其所有物自己使用或者交他人使用,物的利用关系就是物在利用中产生的关系,是所有权人与利用人的关系以及利用人和其他人的关系。《民法典》物权编通过确定归属和利用的规则来调整民事主体之间因物的归属和利用产生的民事关系。需要明确的是,物权编并不一般性地调整所有的物的归属和利用的关系,只调整平等主体之间因物的归属和利用而产生的财产关系,也就是这一条规定的“民事关系”。按照法律部门的划分,物权编属于民法,调整横向的社会关系;经济社会管理活动中管理者与被管理者之间的纵向关系,也涉及财产的归属和利用问题,但此类关系主要是由行政法、经济法调整,不属物权编调整的范围。

2. 什么是物权的平等保护原则?

《民法典》第207条规定:“国家、集体、私人的物权和其他权利人的物权受法律平等保护,任何组织或者个人不得侵犯。”这一条体现了物权平等保护的原则。民法典是调整平等主体之间的财产关系和人身关系的法律,作为民法典重要组成部分的物权编,调整的是平等主体之间因物的归属和利用而产生的民事关系。平等保护各个民事主体的物权是由民法调整的社会关系的性质决定的。对于民法的平等原则,《民法典》第4条规定:“民事主体在民事活动中的法律地位一律平等。”

3. 为什么要对国家、集体和私人的物权平等保护?

宪法规定:“国家实行社会主义市场经济。”在社会主义市场经济条件下,各种所有制经济形成的市场主体都在统一的市场上运作并发生相互关系,各种市场主体都处于平等地位,享有相同权利,遵守相同规则,承担相同责任。如果对各种市场主体不给予平等保护,解决纠纷的办法、承担的法律责任不一样,那就不可能发展社会主义市场经济,也不可能坚持和完善社会主义基本经济制度。在财产归属依法确定的前提下,作为物权主体,不论是国家的、集体的物权,还是私人的物权,也都应当给予平等保护。需要说明的是,平等保护不是说不同所有制经济在国民经济中的地位和作用是相同的。依据宪法规定,公有制经济是主体，国有经济是主导力量，非公有制经济是社会主义市场经济的重要组成部分，它们在国民经济中的地位和作用是不同的。这主要体现在国家宏观调控、公共资源配置、市场准入等方面，对关系国家安全和国民经济命脉的重要行业和关键领域，必须确保国有经济的控制力，而这些在经济法、行政法中都有明确的规定。

4. 什么是物权公示原则?

《民法典》第208条规定："不动产物权的设立、变更、转让和消灭，应当依照法律规定登记。动产物权的设立和转让，应当依照法律规定交付。"这一条是对物权公示原则的规定。物权公示原则说的是两个方面的问题：第一个方面，物权人享有物权、物权的内容变更或者物权消灭以什么方式确定。比如买房屋或者买电视，买主什么时候拥有该房屋或者电视的所有权，以什么方式确定，以什么方式消灭？这些都是物权的设立、变更、转让和消灭的方式问题，称为物权变动。第二个方面，由于物权具有排他性，要求成千上万的义务人负有不作为的义务，因此必须让广大的义务人清楚地知道谁是权利人，不应该妨碍谁。此外，权利人转让自己的物时，也要让买主知道他有无资格转让该物。这都要求以令公众信服的特定方式确定，让大家很容易、很明白地知道该物是谁的，以维护权利人和社会公众的合法权益。这是物权的公信问题。

5. 物权公示的主要方法有哪些？

《民法典》第 208 条规定，物权公示的主要方法是：不动产物权的设立、变更、转让和消灭经过登记发生效力，动产物权的设立、转让通过交付发生效力。也就是说，要获得不动产的所有权，就要进行登记；变更不动产所有权的内容，比如一人所有变为两人所有，也要进行登记；将不动产出售，还要进行登记。登记之后不动产所有权的设立、变动或者消灭才有效。要获得一个动产的所有权，要通过交付。比如买一台电视，就要通过交付，买主才有所有权。因此，物权变动的关节点，不动产就是登记，动产就是交付。了解一项不动产归谁所有，要查登记机关的登记簿；了解一个动产属于谁，要看谁占有它。因此，简单地讲，确定物权的归属就是不动产看登记，动产看占有。民法典有关财产归属的规定是人类文明的优秀成果，各国有关财产归属的规定大同小异。如果不采取这种方法，而采取别的什么方法，必然使经济秩序混乱不堪，最终影响经济的发展和社会的进步。

6. 不动产登记对不动产物权的设立、变更、转让和消灭具有什么意义？

《民法典》第 209 条第 1 款规定："不动产物权的设立、变更、转让和消灭，经依法登记，发生效力；未经登记，不发生效力，但是法律另有规定的除外。"

不动产对整个社会都具有重大意义，不动产物权是物权编最重要的内容。不动产物权的重要意义和作用，又与不动产登记制度有着紧密的联系。《民法典》第 209 条第 1 款的规定表明，除法律另有规定外，不动产物权登记原则上是不动产物权的法定公示手段，是不动产物权设立、变更、转让和消灭的生效要件，也是不动产物权依法获得承认和保护的依据。例如，当事人订立了合法有效的买卖房屋合同后，只有依法办理房屋所有权转让登记后，才发生房屋所有权变动的法律后果；不经登记，法律不认为发生了房屋所有权的变动。此外，不动产物权登记还可以派生出不动产物权登记推定真实的效力，即除有相反证据外，法律认为记载于不动产登记簿的人是该不动产的权利人。这既是不动产物权交易安全性和公正性的需要，也是不动产物权公示原则的必然要求。因此，对相信不动产登记簿记载的权利而取得该项权利的人，法律认可其权利取得有效并予以保护，但对明知不动产登记簿记载的权利有瑕疵而取得该项权利的人，法律则不予以保护。

7. 依法属于国家所有的自然资源，所有权是否需要登记？

《民法典》第 209 条第 2 款规定，依法属于国家所有的自然资源，所有权可以不登记。民法典作此规定，主要有以下考虑：第一，规定不动产物权登记生效，是物权公示原则的体现。法律明确规定哪些自然资源属于国家所有，比权利记载于不动产登记簿有着更强的公示力，也就无需再通过不动产登记来达到生效的法律效果。第二，不动产物权登记生效，针对的主要是当事人通过法律行为进行物权变动的情况。该款所规定的国家依照法律规定对自然资源享有所有权，不属于因法律行为而产生物权变动的情况，因此也就无需进行登记来享有所有权。需要说明的是，该款只是规定依法属于国家所有的自然资源，所有权可以不登记，至于在国家所有的土地、森林、海域等自然资源上设立用益物权、担保物权，则需要依法登记生效。

实践中，为了加强对国有自然资源的管理的和有效利用，有关管理部门对国有自然资源进行了资产性登记。一些法律法规也有这方面的规定，如草原法规定，未确定使用权的国家所有的草原，由县级以上人民政府登记造册，并负责保护管理。但这种资产性登记，与民法典规定的作为公示方法的不动产物权登记性质不同，它只是管理部门为“摸清家底”而从事的一种管理行为，并不产生民法上的效力。

8. 不动产登记，由什么机构负责办理？民法典对不动产统一登记是如何规定的？

《民法典》第 210 条规定：“不动产登记，由不动产所在地的登记机构办理。国家对不动产实行统一登记制度。统一登记的范围、登记机构和登记办法，由法律、行政法规规定。”2014 年 11 月国务院颁布了不动产登记暂行条例，对统一登记的范围、登记机构和登记办法等作出详细的规定，对不动产统一登记制度的具体实施提供了法律依据。

9. 当事人申请登记，应当提供什么材料？

《民法典》第 211 条规定，当事人申请登记，应当根据不同登记事项提供权属证明和不动产界址、面积等必要材料。民法典对此只是原则性地作出衔接性的规定。当事人申请登记所需要提供的具体材料，《不动产登记暂行条例》第 16 条作了详细的规定，包括：(1) 登记申请书；(2) 申请人、代理人身份证明材料、授权委托书；(3) 相关的不动产权属来源证明材料、登记原因证明文件、不动产权属证书；(4) 不动产界址、空间界限、面积等材料；(5) 与他人利害关系的说明材料；(6) 法律、行政法规以及《不动产登记暂行条例实施细则》规定的其他材料。此外，关于登记申请的其他一些问题，如具体的不动产物权登记申请是共同申请还是单方申请，提交的申请材料不齐全或者不符合法定形式时该如何处理等，不动产登记暂行条例都作出了具体规定。

10. 不动产登记机构应当履行什么职责？

《民法典》第 212 条规定，登记机构应当履行下列职责：(1) 查验申请人提供的权属证明和其他必要材料；(2) 就有关登记事项询问申请人；(3) 如实、及时登记有关事项；(4) 法律、行政法规规定的其他职责。申请登记的不动产的有关情况需要进一步证明的，登记机构可以要求申请人补充材料，必要时可以实地查看。

民法典对于登记机构职责的问题只是作了较为原则的规定，随着不动产统一登记制度的建立，不动产登记暂行条例在总结实践经验的基础上作出了更为具体的规定。例如，《不动产登记暂行条例》第18条规定，不动产登记机构应当对下列事项进行查验：(1) 不动产界址、空间界限、面积等材料与申请登记的不动产状况是否一致；(2) 有关证明材料、文件与申请登记的内容是否一致；(3) 登记申请是否违反法律、行政法规规定。《不动产登记暂行条例》第19条规定，对下列事项不动产登记机构可以对申请登记的不动产进行实地查看：(1) 房屋等建筑物、构筑物所有权首次登记；(2) 在建建筑物抵押权登记；(3) 因不动产灭失导致的注销登记；(4) 不动产登记机构认为需要实地查看的其他情形。对可能存在权属争议，或者可能涉及他人利害关系的登记申请，不动产登记机构可以向申请人、利害关系人或者有关单位进行调查。

11. 民法典禁止登记机构从事什么行为？

《民法典》第213条规定，登记机构不得有下列行为：(1) 要求对不动产进行评估；(2) 以年检等名义进行重复登记；(3) 超出登记职责范围的其他行为。

民法典在规定登记机构应当履行的职责的基础上，又作出上述规定，主要是针对在立法调研过程中发现的一些问题。一些地方的不动产登记机构，履行职责态度不端正，管理不严格，不思如何准确及时登记申请事项、如何为当事人提供便利，而是挖空心思，利用手中职权给当事人设置重重障碍，在为单位和个人谋取私利上做足功夫，炮制出评估、年检等诸多名目，收取高额费用。这些现象在抵押登记领域尤为突出，群众的意见很大。这种情况从另一面也反映出在不动产登记方面法律法规还有待完善。因此，上述规定对这些行为予以明确禁止，在明确列举“要求对不动产进行评估”和“以年检等名义进行重复登记”这两项反映较多的问题的同时，又规定了一项兜底内容，即“超出登记职责范围的其他行为”，以防止这些登记机构改头换面，钻法律的空子，同时，也为当事人在权益受到侵害时提供法律武器。

12. 不动产物权的设立、变更、转让和消灭，何时发生效力？

《民法典》第 214 条规定，不动产物权的设立、变更、转让和消灭，依照法律规定应当登记的，自记载于不动产登记簿时发生效力。

《民法典》第 209 条规定，除法律另有规定外，不动产物权的设立、变更、转让和消灭，经依法登记，发生效力，未经登记，不发生效力，确立了不动产物权登记生效的原则。第 214 条则具体明确了不动产物权设立、变更、转让和消灭登记生效的时间，即“自记载于不动产登记簿时发生效力”，也就是说，不动产物权登记，自登记机构将不动产物权有关事项记载于不动产登记簿时，始告完成。

13. 当事人订立了有关不动产物权的合同，但没有登记，合同是否有效？

《民法典》第 215 条规定，当事人之间订立有关设立、变更、转让和消灭不动产物权的合同，除法律另有规定或者当事人另有约定外，自合同成立时生效；未办理物权登记的，不影响合同效力。

为了设立、变更、转让和消灭不动产物权，当事人之间一般都会签订合同。除非法律有特别规定，合同一经成立，只要不违反法律的强制性规定和社会公共利益，就可以发生效力。合同只是当事人之间的一种合意，并不必然与登记联系在一起。而不动产物权的变动只能在登记时生效，登记是与物权变动联系在一起的，是物权变动的公示方法。依法成立生效的合同也许不能发生物权变动的结果，这可能是因为客观情势发生变迁，使得物权的变动成为不可能；也可能是物权的出让人“一物二卖”，其中一个买受人先行进行了不动产登记，其他的买受人便不可能取得合同约定转让的物权。如果当事人之间仅就物权的变动达成合意，而没有办理登记，合同仍然有效。例如，当事人双方订立房屋买卖合同之后，合同就已经生效，如果没有办理登记手续，房屋所有权不能发生移转，但买受人基于有效合同而享有的占有权仍然受到保护。违约的合同当事人一方应该承担违约责任。依不同情形，买受人可以请求债务人实际履行合同，即请求出卖人办理不动产转让登记，或者请求债务人赔偿损失。

14. 不动产登记簿有什么法律效力?

《民法典》第216条第1款规定，不动产登记簿是物权归属和内容的根据。在民法典确立了不动产物权登记生效的原则之后，不动产登记簿就自然成为不动产物权的法律根据，这是不动产物权公示原则的当然体现，也是保障物权变动安全的必要手段。这一规定在民法学上一般称为权利正确性推定原则，即在不动产登记簿上记载某人享有某项物权时，推定该人享有该项权利，其权利的内容也以不动产登记簿上的记载为准。

不动产登记簿记载的权利和事实上的权利应当是一致的，法律也要求登记机构正确履行职责，如实记载登记事项，但是由于现实经济生活的复杂性，也会产生两者不相符的情形。由于当事人自己的过错或者登记机关的过错，可能会出现登记的权利和事实上的权利不一致的情况。因此，规定不动产登记簿的正确性推定效力，对实现不动产物权变动中的客观公正有十分重要的意义，正因为登记簿有此效力，第三人依据登记簿取得的权利才受到法律的保护，交易的安全才有了保障。由此可见，法律规定物权的归属和内容以不动产登记簿为根据，目的就是从国家公信力的角度对物权相对人的利益进行保护，从而建立一个能以客观标准衡量的公正的经济秩序。法律在为建立公正安全的交易秩序而保护相对人利益的同时，也为可能的事实权利人提供了异议登记、更正登记等救济手段。

15. 不动产权属证书有什么法律效力？它与不动产登记簿是什么关系？

《民法典》第 217 条规定，不动产权属证书是权利人享有该不动产物权的证明。不动产权属证书记载的事项，应当与不动产登记簿一致；记载不一致的，除有证据证明不动产登记簿确有错误外，以不动产登记簿为准。

不动产权属证书，即不动产的所有权证、使用权证等，是登记机关颁发给权利人作为其享有权利的证明。根据物权公示原则，完成不动产物权公示的是不动产登记，不动产物权的归属和内容应以不动产登记簿为根据。不动产物权证书只是不动产登记簿所记载内容的外在表现形式。在社会生活和交易过程中，不动产权利人为了证明自己的权利状况，可以出示权属证书。

实践中，个人、组织仍存在重视不动产权属证书而轻视不动产登记簿的现象，这样将削弱不动产物权的公示性，影响不动产交易的安全。因此，民法典规定，不动产权属证书是权利人享有该不动产物权的证明。不动产权属证书记载的事项，应当与不动产登记簿一致；记载不一致的，除有证据证明不动产登记簿确有错误外，以不动产登记簿为准。

16. 民法典对查询、复制不动产登记是怎样规定的？

《民法典》第 218 条规定，权利人、利害关系人可以申请查询、复制不动产登记资料，登记机构应当提供。

不动产登记暂行条例对此也有相关规定。第 27 条规定："权利人、利害关系人可以依法查询、复制不动产登记资料，不动产登记机构应当提供。有关国家机关可以依照法律、行政法规的规定查询、复制与调查处理事项有关的不动产登记资料。"第 28 条规定："查询不动产登记资料的单位、个人应当向不动产登记机构说明查询目的，不得将查询获得的不动产登记资料用于其他目的；未经权利人同意，不得泄露查询获得的不动产登记资料。"

不动产登记制度是建立和完善物权法律制度的基础。但是，对于哪些人可以查询和复制登记资料，社会中有不同的意见。立法机关经研究认为，物权公示真正的目的，不是要求全社会的人都知道特定不动产的信息。物权公示虽然是针对不特定的人，但这个不特定的人不是全社会的人。登记资料只要能够满足合同双方当事人以外或者物权权利人以外的人中可能和这个物权发生联系的这部分人的要求，就达到了登记和物权公示的目的。如果不加区别地认为所有人都可以去查询、复制登记资料，实际上是一种误导，甚至会带来不必要的麻烦。因此，民法典规定，权利人、利害关系人可以申请查询、复制登记资料，登记机构应当提供。

17. 什么是更正登记，如何进行更正登记？

《民法典》第 220 条第 1 款规定，权利人、利害关系人认为不动产登记簿记载的事项错误的，可以申请更正登记。不动产登记簿记载的权利人书面同意更正或者有证据证明登记确有错误的，登记机构应当予以更正。

更正登记的目的是保护事实上的权利人的物权，实践中不动产登记簿记载的权利因各种原因可能并不真实，要许可真正的权利人或者利害关系人依据真正的权利状态对不动产登记簿记载的内容进行更正，消除登记权利与真正权利不一致的状态，避免第三人依据不动产登记簿取得不动产登记簿上记载的物权。更正登记有两种方式：一种是经权利人（包括登记上的权利人和事实上的权利人）以及利害关系人申请的登记；另一种是登记机关自己发现错误后作出的更正登记。

18. 什么是异议登记？

《民法典》第220条第2款规定，不动产登记簿记载的权利人不同意更正的，利害关系人可以申请异议登记。登记机构予以异议登记，申请人自异议登记之日起15日内不提起诉讼的，异议登记失效。异议登记不当，造成权利人损害的，权利人可以向申请人请求损害赔偿。

所谓异议登记，就是将事实上的权利人以及利害关系人对不动产登记簿记载的权利所提出的异议记入登记簿。当登记权利与真正权利不一致时，更正登记的程序可能较为费时，有时申请更正的权利人与登记簿上记载的权利人之间的争议一时难以化解，法律有必要建立异议登记制度，对真正权利人提供临时性保护措施。

19. 异议登记有什么效力?

异议登记的法律效力是，登记簿上所记载的权利失去正确性推定的效力，第三人不得主张依照登记所获取的权利受到保护。

异议登记虽然可以对真正权利人提供保护，但这种保护应当是临时性的。由于它同时也给不动产物权交易造成了一种不稳定的状态，为使不动产物权的不稳定状态早日恢复正常，法律必须对异议登记的有效期间作出限制。因此，民法典规定，申请人在异议登记之日起 15 日内不提起诉讼的，异议登记失效。申请人在异议登记之日起 15 日内不起诉，说明异议登记的申请人不积极行使其权利，为使登记簿上记载的权利人的利益和正常的交易秩序不致受到严重的影响，法律规定这时该异议登记失去其效力。

由于异议登记可以使登记簿上所记载权利失去正确性推定的效力，同时，异议登记的申请人在提出申请时也无需充分证明其权利受到了损害，因此，如果申请人滥用异议登记制度，可能会给登记簿上记载权利人的利益造成损害。所以，民法典规定，异议登记不当，造成权利人损害的，权利人可以向申请人请求损害赔偿。

20. 什么是预告登记?

《民法典》第 221 条规定，当事人签订买卖房屋的协议或者签订其他不动产物权的协议，为保障将来实现物权，按照约定可以向登记机构申请预告登记。预告登记后，未经预告登记的权利人同意，处分该不动产的，不发生物权效力。预告登记后，债权消灭或者自能够进行不动产登记之日起90日内未申请登记的，预告登记失效。

预告登记，是指为保障合同将来履行而进行的不动产登记，该合同所要达到的目的是在将来发生不动产物权变动。这种登记是不动产登记的特殊类型。其他的不动产登记都是对现实的不动产物权进行登记，而预告登记所登记的，不是不动产物权，而是将来发生不动产物权变动的请求权。预告登记的本质特征是使被登记的请求权具有物权的效力，也就是说，进行了预告登记的请求权，对后来发生的未经预告登记的权利人同意的不动产物权的处分行为，具有对抗的效力，这样，所登记的请求权就得到了保护。

21. 预告登记有什么效力？

预告登记的功能是限制房地产开发商等债务人处分其权利，即“预告登记后，未经预告登记的权利人同意，处分该不动产的，不发生物权效力”，以保障债权人将来实现其债权。比如，老百姓购买预售的住房，它涉及公民的基本生存权利，所以法律上承认买受人获得指定的房屋的权利有特殊保护的必要。但是，因为购房人在与开发商订立预售合同后，只享有合同法上的请求权，该项权利没有排他的效力，所以购房人无法防止开发商将房屋以更高的价格出卖给他人即“一房二卖”这种情况的发生，而这种情况发生时购房人只能主张开发商违约，要求损害赔偿，而无法获得指定的房屋。在建立了预告登记制度的情况下，购房人如果将他的这一请求权进行预告登记，因为预告登记具有物权的排他效力，所以开发商违背预告登记内容的处分行为就不能发生法律效力。这些处分行为既包括一房二卖，也包括在已出售的房屋上设定抵押权等行为。这样，购房者将来肯定能够获得约定买卖的房屋。因此，预告登记对解决商品房预售中一房二卖这样一些敏感的社会问题有着特殊的作用。依照民法典的规定，预告登记不仅可以针对当事人签订买卖房屋协议的情况，还包括签订其他不动产物权协议的情况。因而，建立预告登记制度，具有广泛的保障债权实现的意义。

22. 民法典对登记错误的法律责任是如何规定的?

《民法典》第 222 条规定，当事人提供虚假材料申请登记，造成他人损害的，应当承担赔偿责任。因登记错误，造成他人损害的，登记机构应当承担赔偿责任。登记机构赔偿后，可以向造成登记错误的人追偿。

实践中登记错误的发生主要有两种情况：一是登记机构工作人员因疏忽、过失等原因造成错误；二是登记申请人等采取欺骗手段或者与登记机关的人员恶意串通造成错误。民法典作为民事基本法，对于登记错误责任问题，作出的只是原则性的规定。《民法典》第 222 条规定，因登记错误，造成他人损害的，登记机构应当承担赔偿责任。登记错误的受害人处于相对弱势的地位，这样规定，是为了对受害人提供更加充分的保护。登记机构赔偿后，可以向造成登记错误的人追偿。

23. 不动产登记费应当如何收取?

《民法典》第223条规定，不动产登记费按件收取，不得按照不动产的面积、体积或者价款的比例收取。

在立法过程中，多数意见认为，登记机构不是营利性组织，目前我国各地的不动产登记机构，从事的登记工作一般也只是对登记申请人提供的有关材料是否符合规定的条件进行审核，在此基础上收取登记费，不宜与不动产的面积、体积或者价款等因素挂钩，把这些作为计费的标准。据此，民法典作出上述规定。立法过程中，有些意见认为，民法典不宜对登记收费问题作规定，登记收费的问题属于具体的程序性问题，可以由将来的不动产登记法去作规定。立法机关经研究认为，民法典关系人民群众的切身利益，为社会各方面普遍关注，对于社会生活中反映较多、与人民群众利益关系较为密切的问题，应当作出适当的规定。

24. 动产物权的设立和转让，自何时发生效力?

《民法典》第224条规定，动产物权的设立和转让，自交付时发生效力，但是法律另有规定的除外。不动产物权以登记为公示手段，与此相对应，动产物权以占有和交付为公示手段。占有主要在静态下，即在不发生物权变动的情况下发挥动产物权的公示作用；而交付主要是在动态下，即在发生物权变动的情况下发挥动产物权的公示作用。

这里的“动产物权的设立和转让，自交付时发生效力”，主要指的是当事人通过合同约定转让动产所有权和设立动产质权两种情况。交付，指的是物的直接占有的转移，即一方按照民事法律行为的要求，将物的直接占有移转给另一方的事实。

这里的“法律另有规定的除外”，主要指的是：第一，物权编第二章第二节对动产物权设立和转让特殊情况的规定，如动产物权设立和转让前，权利人已经占有该动产的，物权自民事法律行为生效时发生效力。动产物权设立和转让前，第三人占有该动产的，负有交付义务的人可以通过转让请求第三人返还原物的权利代替交付。动产物权转让时，当事人又约定由出让人继续占有该动产的，物权自该约定生效时发生效力。第二，物权编第二章第三节对主要是非依法律行为而发生的物权变动问题所作的规定。第三，物权编担保物权分编对动产抵押权和留置权的相关规定。

25. 船舶、航空器和机动车等物权是否要登记，登记产生什么法律效力？

《民法典》第225条规定，船舶、航空器和机动车等的物权的设立、变更、转让和消灭，未经登记，不得对抗善意第三人。

一些法律对船舶、航空器的物权登记效力问题已有规定。例如，海商法规定，船舶所有权的取得、转让和消灭，应当向船舶登记机关登记；未经登记的，不得对抗第三人。设定船舶抵押权，由抵押权人和抵押人共同向船舶登记机关办理抵押权登记；未经登记的，不得对抗第三人。还有民用航空法等也有类似规定。

上述规定为民法学界普遍认可，实践中也没有什么问题，为了保持法律的稳定性，民法典延续了对这类动产登记对抗主义原则的规定。船舶、航空器和机动车因价值超过一般动产，在法律上被视为一种准不动产，但是船舶、航空器和机动车等本身具有动产的属性，其物权变动并不是在登记时发生效力，依照民法典规定，其所有权转移一般在交付时发生效力，其抵押权在抵押合同生效时设立。但是，法律对船舶、航空器和机动车等动产规定有登记制度，其物权的变动如果未在登记部门进行登记，就不产生社会公信力，不能对抗善意第三人。所谓善意第三人，就是指不知道也不应当知道物权发生了变动的物权关系相对人。例如，甲将其汽车卖给乙并交付，但没有进行登记，这时该汽车所有权已经转移给乙，但如果甲又背着乙将汽车卖给不知情的丙并登记，乙就不能以事先已经取得该汽车所有权而对抗丙，丙获得该汽车的所有权。

26. 动产物权设立和转让前，权利人已经占有该动产的，物权自何时发生效力?

《民法典》第226条规定，动产物权设立和转让前，权利人已经占有该动产的，物权自法律行为生效时发生效力。

这里规定的是设立或者转让动产物权时的一种特殊的情形，即物权的受让人已经取得了动产的占有，其后又与动产的所有权人达成移转所有权或者设定质权合同的情形。例如，承租人或者借用人，依据租赁合同或者借用合同已经取得了动产的占有，其后又与动产的所有权人达成协议，购买该项动产或者在动产上设定质权。这种情况在实际生活中也经常发生，因此物权编需要加以规定。这里规定的法律行为，主要是指动产所有权人与受让人订立动产转让的协议以及与质权人订立动产出质协议。

在受让人已经取得对动产的占有又依据法律行为取得其物权的情况下，动产物权的公示已经在事先完成，物权受让人已经能够依物权的排他性行使物权。因此，物权的变动就在当事人之间的关于物权变动的协议生效时生效。

27. 什么是动产物权的指示交付?

《民法典》第 227 条规定，动产物权设立和转让前，第三人占有该动产的，负有交付义务的人可以通过转让请求第三人返还原物的权利代替交付。该条是关于动产物权指示交付的规定。

动产物权的变动由交付这一行为完成。民法上，交付的原意仅指现实交付，即动产占有的现实转移。例如甲向乙出售蔬菜 5 斤，蔬菜自甲手中转至乙的菜篮里，由乙获得对蔬菜的直接控制和支配，此时法律意义的交付行为完成。通过交付这一行为，动产上物权的变动能够被人们从外部加以识别。但实践中，动产的交付并非全是由让与人之手直接交到受让人之手，民法典所规定的指示交付即是一种例外情形，它与现实交付具有同等效力。

指示交付，又称返还请求权的让与，是指让与动产物权的时候，如果让与人的动产由第三人占有，让与人可以将其享有的对第三人的返还请求权让与受让人，以代替现实交付。举例说明，甲将自己的自行车出租给乙使用，租期一个月，租赁期未满之时，甲又将该自行车出售给丙，由于租期未满，自行车尚由乙合法使用，此时为使得丙享有对该自行车的所有权，甲应当将自己享有的针对乙的返还原物请求权转让给丙以代替现实交付。

关于民法典所规定的指示交付，其逻辑前提是，动产物权的让与人对其所转让的物不享有物理意义上直接占有和直接控制的可能，让与人无法通过现实交付的方式使得动产物权发生变动。条文中的“第三人”即指能够对转让的物进行物理意义上直接占有和直接控制的一方，例如前例中根据租赁或者借用协议而占有自行车的乙，或者根据保管合同、动产质押协议等而占有动产的保管人、质权人等，都可以成为民法典规定的“第三人”。

除去这一类基于合同等关系而产生的能够对动产进行直接占有和控制的“第三人”外，还有一类“第三人”，也在本条的适用范围之内，即不具备法律上的正当原因而占有动产的无权占有人，例如甲将自己收藏的古董出售给乙，买卖合同达成时甲不知该古董已被丙盗去，甲此时只能向乙转让他对于丙的返还原物请求权来代替实际交付，而丙即是本条所指的“第三人”。

28. 民法典对动产物权占有改定是如何规定的？

《民法典》第228条规定，动产物权转让时，当事人又约定由出让人继续占有该动产的，物权自该约定生效时发生效力。该条是关于动产物权占有改定的规定。

社会生活中，出卖人虽然将其动产出卖，但是在某一段时间内仍可能还有使用的需要；或者买受人已经取得了该动产所有权但是需要出卖人对该动产进行暂时保管或者改进。在这种情况下，动产虽然还未现实交付给买受人，但由于双方约定由让与人继续占有该动产，动产的所有权已在该约定生效时发生移转。

占有改定必须符合下列三项要件：第一，让与人与受让人达成移转动产物权的合意，使得受让人取得动产所有权。第二，让与人与受让人之间还需具有由让与人继续占有该动产的双方约定。第三，让与人已经对物进行了直接占有或者间接占有，否则不能适用占有改定。

最后，需要说明的是，除去现实已经存在的动产，占有改定制度还适用于将来可取得的动产。

29. 人民法院、仲裁机构的法律文书或者征收决定等对物权的设立、变更、转让或者消灭产生的效力如何?

《民法典》第229条规定，因人民法院、仲裁机构的法律文书或者人民政府的征收决定等，导致物权设立、变更、转让或者消灭的，自法律文书或者征收决定等生效时发生效力。

物权的设立、变更、转让或者消灭，依其发生根据可以分为依法律行为而发生的物权变动和非依法律行为而发生的物权变动。依法律行为发生的物权变动，是指以当事人单方意思表示或双方（或多方）当事人共同的意思表示为基础进行的物权变动，此种物权变动必须遵循物权公示的一般原则才能发生效力，即不动产物权要办理变更登记，动产物权要交付。但是物权的设立、变更、转让或者消灭，有时并非基于原权利人的意思表示，而是依照法律的规定直接发生物权变动的效力。这一条主要规定了基于公权力的行使而使物权发生变动的情形：

1. 因国家司法裁判权的行使、仲裁裁决而导致物权的设立、变更、转让或者消灭。此类物权变动中，人民法院、仲裁机构的法律文书的生效时间，就是当事人的物权设立、变动的时间。这里需要说明两点：第一，导致物权变动的人民法院、仲裁机构的法律文书，指直接为当事人创设或者变动物权的判决书、裁决书、调解书等，例如离婚诉讼中确定当事人一方享有某项不动产的判决、分割不动产的判决、使原所有人恢复所有权的判决等。此类设权或者确权的法律文书本身，具有与登记、交付等公示方法相同的效果，因而依据此类法律文书而进行的物权变动，无需再进行一般的物权公示而直接发生效力。第二，由于法院的判决书或者仲裁机构的裁决等，所针对的只是具体当事人而非一般人，对当事人以外的第三人来说公示力和公信力较弱，因此根据《民法典》第 232 条规定，对于依照法院判决或者仲裁裁定而享有的物权，在处分时，如果法律规定需要办理登记的，不经登记不发生物权效力。

2. 因国家行政管理权的行使而导致物权的设立、变更、转让或者消灭。此类物权变动，主要指因人民政府的征收决定等而产生的物权变动。国家征收，是国家取得财产的特殊方式，按照土地管理法的规定，国家征收土地，县级以上人民政府要进行公告，这已起到了公示作用，因此人民政府的征收决定生效之时即发生物权变动的效力。

30. 因继承而取得物权自何时发生效力?

《民法典》第230条规定，因继承取得物权的，自继承开始时发生效力。此类物权变动，也属于非依法律行为而发生的物权变动，可以不依一般的公示原则直接发生效力。继承是导致物权变动的一个重要方式，继承从被继承人死亡时开始。因继承发生的物权变动，继承人自继承开始时，基于法律的直接规定而取得对遗产的所有权。

需要说明的是，根据《民法典》第232条的规定，无论是因法定继承还是因遗嘱继承而取得物权，如果涉及的遗产为不动产，依照法律规定应该办理登记，但继承人或者受遗赠人未办理登记的，其后的处分行为不发生物权效力。

31. 因事实行为而设立或者消灭物权自何时发生效力?

《民法典》第231条规定，因合法建造、拆除房屋等事实行为设立或者消灭物权的，自事实行为成就时发生效力。

首先，要理解什么是“事实行为”，就要从“法律事实”说起。法律事实可分为自然事实和人的行为，其中自然事实包括两种：一是状态，即某种客观情况的持续，如下落不明、未成年人已成年等；二是事件，即某种客观情况的发生，如人的生死、不可抗力事由的出现等。在法律世界中，引起法律后果的自然事实是有限的，仅限于法律的明文规定。能够产生法律后果的事实主要表现为人的行为，而人的行为又可分为法律行为、准法律行为和事实行为。事实行为不以意思表示为要素，即对行为人是否表达了某种心理状态法律不予考虑，只要有某种事实行为存在，法律便直接赋予其法律效果。

其次，具体到物权编的规定，能够引起物权设立或者消灭的事实行为，如：用钢筋、水泥等材料建造房屋，用布料缝制衣服，将缝制好的衣物抛弃或者将制作好的家具烧毁等。物权编规定的“自事实行为成就时发生效力”，就是指房屋建成之时、衣服制成之时、衣服被抛弃之时或者家具被烧毁之时，这些物的所有权或为设立或为消灭，即自事实行为成就时发生效力，而不需要遵循一般的物权公示方法。

最后，需要说明一点的是，我国存在许多因合法建造房屋等事实行为设立物权的情况，这种情形下的建房有的虽然缺少登记行为，但不能将这种行为形成的建筑物作为无主财产对待，对其所有权法律承认归建房人所有。比如农民在其宅基地上建造住房，自建造完成之日，就取得该房屋的所有权。但根据《民法典》第 232 条的规定，此类合法建造的房屋因建造完成而取得所有权，如果按照法律规定应当办理登记而未登记的，所有权人其后的处分行为，不发生物权效力。

32. 非依法律行为所发生的不动产物权变动，是否还需要登记?

《民法典》第 232 条规定，处分依照本节规定享有的不动产物权，依照法律规定需要办理登记的，未经登记，不发生物权效力。

物权变动的公示方式，动产一般为交付，不动产一般为登记。通过前述方法物权变动可以被人们从外部察知，从而保护交易安全。但依照《民法典》第229条至第231条的规定，物权的变动还可因法院判决、政府征收决定、继承以及合法建造房屋等直接发生效力，而不必遵循依法律行为而发生的物权变动应当遵循的一般公示方法，这可能损害交易秩序和交易安全，涉及不动产物权变动时更甚。

考虑到对交易安全的保护，民法典明确，处分依照《民法典》第229条至第231条的规定享有的物权，依照法律规定需要办理登记的，未经登记，不发生物权效力。举例说明，甲乙向法院诉请离婚，法院判决原甲的房屋归乙所有。在判决生效时，乙取得该房屋的所有权，但尚未去登记机构办理变更登记，此时乙将房屋转卖给丙，丙信赖乙出示的法院判决而与之交易。与此同时，甲将该房屋转卖于丁，丁信赖的是登记簿上甲为所有权人的登记记录。那么乙对丙的处分行为能否发生物权效力而由丙取得房屋所有权呢？按照民法典的规定，答案是否定的。尽管乙为真正的房屋所有权人，也有权对房屋进行处分，但未经登记，该处分行为不发生所有权转移的效力，丙只能要求乙承担违约责任、返还价款等，房屋的所有权由丁取得。

33. 为什么要规定物权的保护？

加强对物权的保护，是维护权利人合法权益的必然要求。物权编第三章对物权受到侵害时如何保护权利人作出规定，权利人依照规定有权要求侵权人返还原物、排除妨害、损害赔偿等。

34. 物权保护的争讼程序有哪些?

物权受到侵害，物权人有权选择和解、调解、仲裁、诉讼等途径救济。和解是当事人之间私了。调解是通过第三人调停解决纠纷。仲裁是当事人协议选择仲裁机构，由仲裁庭裁决解决争端。诉讼包括民事、行政、刑事三大诉讼，物权保护的诉讼主要指提起民事诉讼。

35. 什么是物权确认请求权?

《民法典》第 234 条规定，因物权的归属、内容发生争议的，利害关系人可以请求确认权利。物权确认请求权是物权保护请求权的一种，物权归属或者内容发生争议时，利害关系人可以请求有关行政机关、人民法院等部门确认。

36. 什么是返还原物权请求权?

《民法典》第 235 条规定，无权占有不动产或者动产的，权利人可以请求返还原物。返还原物权请求权是物权保护的一项基本权利，很多立法对此都有规定。物权人的物被他人侵占，物权人有权请求返还原物，使物复归于物权人事实上的支配。

37. 什么是排除妨害、消除危险请求权？

《民法典》第 236 条规定，妨害物权或者可能妨害物权的，权利人可以请求排除妨害或者消除危险。

请求排除妨害是物权保护的一项基本方式。物权遭受妨害的，物权人有权请求排除妨害。例如，侵权人设置路障妨害通行，物权人可以请求排除妨害。被排除的妨害需具有不法性，倘若物权人负有容忍义务，则无排除妨害请求权。

请求消除危险，又称请求防止侵害。侵害虽未发生，但物权面临遭受侵害的危险，存在被侵害的可能，对于这种可能发生的侵害，物权人有权请求相对人为一定行为或者不为一定行为，防止侵害，消除既存的危险，以避免侵害的发生。

38. 什么是恢复原状请求权？

恢复原状是物权保护的基本方式，修理、重作、更换属于广义的恢复原状。《民法典》第 179 条第 1 款规定了承担民事责任的方式，其中第 5 项为恢复原状，第 6 项为修理、重作、更换。修理指物毁损时，通过一定的办法使其恢复到毁损之前的状态；重作指当物灭失、损毁到不能使用等情形时，重新作相同性质、相同用途的物，使其达到与原物相同的价值；更换指物毁损并且有与此物相同的种类物存在时，予以更换。不动产或者动产毁损，物权人可以请求恢复原状，包括修理、重作、更换。

39. 什么是损害赔偿请求权?

损害赔偿是物权保护的一项基本方式。物权受到侵害，给物权人造成损失，物权人有权请求赔偿损失。赔偿损失包括金钱赔偿、代物赔偿。例如将他人的椅子弄坏，赔偿的方式有多种，如修理好椅子，或者赔把新椅子，或者赔偿与椅子价值相当的钱，或者赔偿其他东西折抵。

请求赔偿损失以外的其他民事责任请求权有很多种类。除了赔偿损失，民法典总则编在民法通则的基础上，还规定了其他一些承担民事责任的方式，包括停止侵害、排除妨碍、消除危险、返还财产、恢复原状、修理、重作、更换、继续履行、支付违约金、消除影响、恢复名誉、赔礼道歉。这其中有的责任方式主要适用于违约责任领域，有的主要适用于人身权侵权领域。对于物权受到侵害而言，根据《民法典》第 238 条的规定，权利人可以依法请求损害赔偿，也可以依法请求承担其他民事责任。

40. 什么是物权保护方式的单用和并用?侵害物权产生的民事责任、行政责任和刑事责任如何适用?

物权受到侵害的，当事人可以通过请求确认权利、返还原物、排除妨害、消除危险、修理、重作、更换、恢复原状、损害赔偿等方式保护自己的权利。上述保护方式，可以单独适用，也可以根据权利被侵害的情形合并适用。

法律责任包括民事责任、行政责任、刑事责任。侵害物权，除承担民事责任外，违反行政管理规定的，应当依法承担行政责任；构成犯罪的，依法追究刑事责任。

41. 什么是所有权？所有权包括哪些基本内容？

我国《民法典》第240条规定："所有权人对自己的不动产或者动产，依法享有占有、使用、收益和处分的权利。"民法典对所有权规定了四项内容，这些内容在传统理论上被称为所有权的"权能"。虽然不同国家在所有权概念上对所有权权能的规定各有不同，但在理论上通常都认为所有权具有四项基本权能：

1. 占有。占有就是对于财产的实际管领或控制，拥有一个物的一般前提就是占有，这是财产所有者直接行使所有权的表现。

2. 使用。使用是权利主体对财产的运用，发挥财产的使用价值。所有权人可以自己使用，可以授权他人使用，都是所有权人行使使用权的行为。

3. 收益。收益是通过财产的占有、使用等方式取得的经济效益。使用物并获益是拥有物的目的之一。收益通常与使用相联系，但是处分财产也可以带来收益。收益也包括孳息。

4. 处分。处分是指财产所有人对其财产在事实上和法律上的最终处置。处分权一般由所有权人行使，但在某些情况下，非所有权人也可以有处分权，如对于运输的货物，如果发生紧急情况，承运人也是可以依法进行处分的。

对于所有权有几项权能，在理论上意见并不完全一致，但上述四项权能为学者一致认可。传统民法理论还认为，所有权的权能分为两种：一是积极的权能，二是消极的权能。前述几项权能是积极的权能。所有权的消极权能，指所有权人在法律限制内，有排除他人干涉的权利。《民法典》第114条第2款对物权的定义也规定了“排他”的性质，这一规定当然适用于所有权。可以认为民法典也规定了所有权的消极权能。

42. 所有权有哪些特性？

除了上一个问题介绍的所有权权能，一般认为，所有权本身具有如下一些特性：

1. 完全性。所有权又被称为完全权，其具有占有、使用、收益和处分等完全权能。所有权是用益物权、担保物权等他物权的源泉，与所有权不同，用益物权、担保物权仅在使用、收益上有一定范围的支配权，并不具有所有的权能。

2. 整体性。所有权不是占有、使用、收益和处分等各项权能的总和，而是对标的物有统一支配力，是整体的权利。所有权人在其物上设定他物权，即使其物的占有、使用、收益、处分等权能分别归他人享有，所有权人的所有权性质也不受影响。

3. 恒久性。所有权有恒久性，其存在没有存续期间，不因时效而消灭。

4. 弹力性。所有权人在其所有物上为他人设定权利，即使所有权的所有已知表面权利均被剥夺，仍潜在地保留其完整性，这种剥夺终止后，所有权当然地重新回复其圆满状态。

43. 所有权人与用益权人、担保物权人是什么关系？

《民法典》第 241 条规定："所有权人有权在自己的不动产或者动产上设立用益物权和担保物权。用益物权人、担保物权人行使权利，不得损害所有权人的权益。"所有权人在自己的不动产或者动产上设立用益物权和担保物权，是所有权人行使其所有权的具体体现。由于用益物权与担保物权都是对他人的物享有的权利，因此都称为"他物权"，与此相对应，所有权称为"自物权"。所有权是他物权的本源和基础，用益物权与担保物权的设定，源于所有权人对其所有权的行使。所有人依据法律与合同为他人设定用益物权，他人取得、行使用益物权，必须依据法律与合同的规定进行，他人享有的用益物权，是从所有权中分离出来的权能。所有权人依据法律与合同用自己的物为他人债务提供担保，是行使所有权中的处分权，他人取得、行使担保物权，必须依据法律与合同的规定进行，他人享有的担保物权，也是从所有权中分离出来的权能。因此，设定他物权，是所有权人行使所有权的结果。也正因如此，用益物权人、担保物权人行使权利必须依据法律与合同进行，不得损害所有权人的权益。

44. 什么是国家专有，国家专有哪些财产？

《民法典》第 242 条规定："法律规定专属于国家所有的不动产和动产，任何组织或者个人不能取得所有权。"这是对国家专有的原则规定。国家专有是指只能为国家所有而不能为任何其他人所拥有。国家专有的财产由于不能为他人所拥有，因此不能通过交换或者赠与等任何流通手段转移所有权，这与非专有的国家财产的性质不同。非专有的国家财产是可以流转的，如国家用于投资的财产。国家专有的财产范围很宽，各项具体的专有财产由各个相关单行法律、行政法规规定，这一条只作概括性规定。

国家专有的财产包括但不限于以下各项：（1）国有土地。（2）海域。（3）水流。（4）矿产资源。（5）野生动植物资源。（6）无线电频谱资源。

45. 什么是征收？

征收是国家以行政权取得他人财产的行为。征收的主体是国家，通常是政府以行政命令的方式从集体、单位和个人取得土地、房屋等财产，集体、单位和个人必须服从。征收是物权变动的一种极为特殊的情形。在征收法律关系中，政府行使行政权，因此其属于行政关系，不属于民事关系。但由于征收是所有权丧失的一种方式，是对所有权的限制，同时又是国家取得所有权的一种方式，因此各国民法通常都从这一民事角度对此作原则规定。

46. 征收中的公共利益如何界定？如何给予补偿？

征收通常都附有严格的条件限制。在我国，由于公共建设任务繁重而征收较多，在征收集体所有土地和城乡居民房屋的过程中，侵害群众利益的问题时有发生，社会对此普遍关注。在物权编制定过程中，对于征收的问题意见较多，主要集中在征收的公共利益和征收补偿两个方面：

1. 关于公共利益。有人认为，应在民法典中明确界定公共利益的范围，以限制有的地方政府滥用征收权力，侵害群众利益。立法专家反复研究认为：在不同领域内，在不同情形下，公共利益是不同的，情况相当复杂，民法典难以对公共利益作出统一的具体界定，还是分别由土地管理法、城市房地产管理法等单行法律规定较为切合实际。现行有的法律如信托法、测绘法已经对公共利益的范围作了一些具体界定。因此，《民法典》第 243 条第 1 款对于征收的公共利益目的和可以征收的财产作了原则规定：“为了公共利益的需要，依照法律规定的权限和程序可以征收集体所有的土地和组织、个人的房屋以及其他不动产。”

2. 关于征收补偿。有人认为，在现实生活中，存在征收土地的补偿标准过低，补偿不到位，侵害群众利益的问题，建议对补偿问题作出明确规定。对于群众反映较大的问题，《民法典》第 243 条第 2 款、第 3 款有针对性地对征收的补偿原则和补偿内容作了明确规定：“征收集体所有的土地，应当依法及时足额支付土地补偿费、安置补助费以及农村村民住宅、其他地上附着物和青苗等的补偿费用，并安排被征地农民的社会保障费用，保障被征地农民的生活，维护被征地农民的合法权益。征收组织、个人的房屋以及其他不动产，应当依法给予征收补偿，维护被征收人的合法权益；征收个人住宅的，还应当保障被征收人的居住条件。”考虑到各地的发展很不平衡，具体的补偿标准和补偿办法，由土地管理法等有关法律依照民法典规定的补偿原则和补偿内容，根据不同情况作出规定。针对现实生活中补偿不到位和侵占补偿费用的行为，《民法典》第 243 条第 4 款明确规定："任何组织或者个人不得贪污、挪用、私分、截留、拖欠征收补偿费等费用。"

47. 对现实中存在的违法征收、破坏耕地的情况，民法典有什么规定？

我国地少人多，耕地宝贵且后备资源贫乏。国家历来重视对耕地的保护，实行最严格的耕地保护制度，严格控制农用地转为建设用地。为了切实加强对耕地的保护，制止违法违规用地行为，针对现实生活中滥用征收权力、违法征地的行为，《民法典》第 244 条原则规定："国家对耕地实行特殊保护，严格限制农用地转为建设用地，控制建设用地总量。不得违反法律规定的权限和程序征收集体所有的土地。"

根据土地管理法等法律、行政法规的有关规定，有关耕地保护的基本政策是：

1. 严格控制耕地转为非耕地。国家实行土地用途管制制度。国家编制土地利用总体规划，规定土地用途，将土地分为农用地、建设用地和未利用地。严格限制农用地转为建设用地，控制建设用地总量，对耕地实行特殊保护。

按照有关法律规定，建设占用土地，涉及农用地转为建设用地的，应当办理农用地转用审批手续。永久基本农田转为建设用地的，由国务院批准。在土地利用总体规划确定的城市和村庄、集镇建设用地规模范围内，为实施该规划而将永久基本农田以外的农用地转为建设用地的，按土地利用年度计划分批次按照国务院规定由原批准土地利用总体规划的机关或者其授权的机关批准。在已批准的农用地转用范围内，具体建设项目用地可以由市、县人民政府批准。在土地利用总体规划确定的城市和村庄、集镇建设用地规模范围外，将永久基本农田以外的农用地转为建设用地的，由国务院或者国务院授权的省、自治区、直辖市人民政府批准。

2. 实行占用耕地补偿制度。非农业建设经批准占用耕地的，按照“占多少，垦多少”的原则，由占用耕地的单位负责开垦与所占用耕地的数量和质量相当的耕地；没有条件开垦或者开垦的耕地不符合要求的，应当按照省、自治区、直辖市的规定缴纳耕地开垦费，专款用于开垦新的耕地。

根据有关法律规定，省、自治区、直辖市人民政府应当制定开垦耕地计划，监督占用耕地的单位按照计划开垦耕地或者按照计划组织开垦耕地，并进行验收。省、自治区、直辖市人民政府应当严格执行土地利用总体规划和土地利用年度计划，采取措施，确保本行政区域内耕地总量不减少、质量不降低。耕地总量减少的，由国务院责令在规定期限内组织开垦与所减少耕地的数量与质量相当的耕地；耕地质量降低的，由国务院责令在规定期限内组织整治。新开垦和整治的耕地由国务院自然资源主管部门会同农业农村主管部门验收。个别省、直辖市确因土地后备资源匮乏，新增建设用地后，新开垦耕地的数量不足以补偿所占用耕地的数量的，必须报经国务院批准减免本行政区域内开垦耕地的数量，易地开垦数量和质量相当的耕地。

3. 永久基本农田保护制度。国家实行永久基本农田保护制度，对于经国务院农业农村主管部门或者县级以上地方人民政府批准确定的粮、棉、油、糖等重要农产品生产基地内的耕地，有良好的水利与水土保持设施的耕地，正在实施改造计划以及可以改造的中、低产田和已建成的高标准农田，蔬菜生产基地，农业科研、教学试验田以及国务院规定应当划为永久基本农田的其他耕地，根据土地利用总体规划划为永久基本农田，实行严格保护。划定永久基本农田主要是为了对耕地实行特殊保护。永久基本农田经依法划定后，任何单位和个人不得擅自占用或者改变其用途。国家能源、交通、水利、军事设施等重点建设项目选址确实难以避让永久基本农田，涉及农用地转用或者土地征收的，必须经国务院批准。

4. 其他。对保护耕地还有许多规定。例如：（1）提高地力，维护排灌工程设施，防止土地荒漠化、盐渍化、水土流失和土壤污染。（2）非农业建设的用地原则是，必须节约使用土地，可以利用荒地的，不得占用耕地；可以利用劣地的，不得占用好地。禁止占用耕地建窑、建坟或者擅自在耕地上建房、挖砂、采石、采矿、取土等。禁止占用永久基本农田发展林果业和挖塘养鱼。（3）禁止闲置、荒芜耕地。已经办理审批手续的非农业建设占用耕地，一年内不用而又可以耕种并收获的，应当由原耕种该幅耕地的集体或者个人恢复耕种，也可以由用地单位组织耕种；一年以上未动工建设的，应当按照省、自治区、直辖市的规定缴纳闲置费；连续二年未使用的，经原批准机关批准，由县级以上人民政府无偿收回用地单位的土地使用权；该幅土地原为农民集体所有的，应当交由原农村集体经济组织恢复耕种。(4) 开发未利用土地。国家鼓励单位和个人按照土地利用总体规划，在保护和改善生态环境、防止水土流失和土地荒漠化的前提下，开发未利用的土地；适宜开发为农用地的，应当优先开发成农用地。国家依法保护开发者的合法权益。(5) 土地复垦。因挖损、塌陷、压占等造成土地破坏，用地单位和个人应当按照国家有关规定负责复垦；没有条件复垦或者复垦不符合要求的，应当缴纳土地复垦费，专项用于土地复垦。复垦的土地应当优先用于农业。

48. 什么是征用?

征用是国家强制使用单位、个人的财产。强制使用就是不必得到所有权人的同意，在国家有紧急需要时即直接使用。国家需要征用单位、个人的不动产和动产的原因，是抢险、救灾等在社会整体利益遭遇危机的情况下，需要动用一切人力、物力进行紧急救助。所以，法律许可在此种情况下限制组织或者个人的财产所有权。国家以行政权命令征用财产，被征用的单位、个人必须服从，这一点与征收相同。但征收是剥夺所有权，征用是在紧急需要时强制使用单位、个人的财产，紧急情况结束后被征用的财产要返还给被征用的单位、个人，因此征用与征收有所不同。

我国宪法、土地管理法、防震减灾法、防洪法、传染病防治法、药品管理法、国防法、戒严法、国家安全法等法律对征用都作了规定，考虑到征用如征收一样也是对所有权的限制，因此民法典也对征用作了规定。《民法典》第 245 条规定：“因抢险救灾、疫情防控等紧急需要，依照法律规定的权限和程序可以征用组织、个人的不动产或者动产。被征用的不动产或者动产使用后，应当返还被征用人。组织、个人的不动产或者动产被征用或者征用后毁损、灭失的，应当给予补偿。”该条对征用的条件以及补偿等作了规定。征用的前提条件是出现抢险救灾、疫情防控等紧急情况，平时不得采用。征用应符合法律规定的权限和程序。使用后应当将征用财产返还权利人，并且给予补偿。

49. 由谁代表国家行使国家财产所有权?

《民法典》第246条第2款规定，国有财产由国务院代表国家行使所有权。法律另有规定的，依照其规定。我国的许多法律已经明确规定由国务院代表国家行使所有权，由国务院代表国家行使所有权也是现行的管理体制。

国有财产由国务院代表国家行使所有权，同时依照法律规定也可以由地方人民政府等部门行使有关权利。我国很多法律法规对此都有相应的规定，如《土地管理法》第5条规定："国务院自然资源主管部门统一负责全国土地的管理和监督工作。县级以上地方人民政府自然资源主管部门的设置及其职责，由省、自治区、直辖市人民政府根据国务院有关规定确定。"《森林法》第9条规定："国务院林业主管部门主管全国林业工作。县级以上地方人民政府林业主管部门，主管本行政区域的林业工作。乡镇人民政府可以确定相关机构或者设置专职、兼职人员承担林业相关工作。"

50. 民法典为何规定矿藏属于国家所有?

《民法典》第 247 条规定，矿藏、水流、海域属于国家所有。矿藏，主要指矿产资源，即存在于地壳内部或者地表的，由地质作用形成的，在特定的技术条件下能够被探明和开采利用的，呈固态、液态或气态的自然资源。《宪法》第 9 条规定，矿藏等自然资源，属于国家所有，即全民所有。《矿产资源法》第 3 条第 1 款规定，矿产资源属于国家所有，由国务院行使国家对矿产资源的所有权。地表或者地下的矿产资源的国家所有权，不因其所依附的土地的所有权或者使用权的不同而改变。民法典依据宪法规定矿藏属于国家所有。矿藏属于国家所有，指国家享有对矿产资源的占有、使用、收益和处分的权利。矿产资源是国民经济和社会发展的重要物质基础，只有严格依照宪法的规定，坚持矿藏属于国家所有，即全民所有，才能保障我国矿产资源的合理开发、利用、节约、保护和满足各方面对矿产资源日益增长的需求，适应国民经济和社会发展的需要。

国家对矿藏的所有权可以有多种行使方式。《矿产资源法》第 3 条第 2 款规定，勘查、开采矿产资源，必须依法分别申请、经批准取得探矿权、采矿权，并办理登记。《矿产资源法》第 4 条第 1 款规定，国家保障依法设立的矿山企业开采矿产资源的合法权益。依照规定，民事主体可以依法取得开发和经营矿藏的权利，其性质为采矿权。取得该权利后，通过开发和经营矿藏取得对矿藏的所有权。民事主体取得采矿权并不影响国家的所有权。国家保护合法的采矿权。但该采矿权与对矿藏的所有权不同，前者是他物权，后者是所有权。国家保障矿产资源的合理利用。

51. 民法典为何规定水流属于国家所有?

我国是水资源贫乏的国家，人均水资源仅为世界平均水平的四分之一。同时，水资源在时间和地区分布上很不平衡。由于所处的独特的地理位置和气候条件，我国面临水资源短缺、洪涝灾害频繁、水环境恶化三大水问题，对国民经济和社会发展具有全局影响。《民法典》第 247 条规定，矿藏、水流、海域属于国家所有。

水流，是江、河等的统称。此处水流应包括地表水、地下水和其他形态的水资源。民法典规定水流属于国家所有。水流属于国家所有，指国家享有对水流的占有、使用、收益和处分的权利。《宪法》第 9 条第 1 款规定，水流等自然资源属于国家所有，即全民所有。《水法》第 3 条规定，水资源属于国家所有。水资源的所有权由国务院代表国家行使。水流是我国最宝贵的自然资源之一，是实现可持续发展的重要物质基础。只有严格依照宪法的规定，坚持水流属于国家所有，即全民所有，才能保障我国水资源的合理开发、利用、节约、保护和满足各方面对水资源日益增长的需求，适应国民经济和社会发展的需要。

52. 民法典为何规定海域属于国家所有?

我国是海洋大国，蕴藏着丰富资源。对于丰富的资源，国家有责任实施管理，对于我国辽阔的海域，需要由国家行使管理职能。这些管理以海域的国家所有权为法律依据。

《民法典》第 247 条规定，矿藏、水流、海域属于国家所有。海域，是指中华人民共和国内水、领海的水面、水体、海床和底土。这是一个空间资源的概念，是对传统民法中“物”的概念的延伸与发展。内水，是指中华人民共和国领海基线向陆地一侧至海岸线的海域。领海，是指沿着国家的海岸、受国家主权支配和管辖下的一定宽度的海水带。

《海域使用管理法》第 3 条第 1 款规定，海域属于国家所有，国务院代表国家行使海域所有权。任何单位或者个人不得侵占、买卖或者以其他形式非法转让海域。长期以来，在海域权属问题上存在一些模糊认识，出现了一些不正常现象。个别地方政府或者有关部门擅自将海域所有权确定为本地所有或者某集体经济组织所有，用海单位在需要使用海域时直接向乡镇和农民集体经济组织购买或者租用；个别乡镇竟然公开拍卖海域或者滩涂；有的村民也认为，祖祖辈辈生活在海边，海就是村里的。这些认识和行为，不利于维护海域的使用秩序，而且损害了国家的所有权权益。因此，法律明确规定海域属于国家所有，国家享有对海域的占有、使用、收益和处分的权利。这不仅能纠正思想上的错误认识，而且有助于树立海域属于国家所有的意识和有偿使用海域的观念，使国家的所有权权益能在经济上得到实现。

53. 我国为何实行土地的社会主义公有制?

我国实行土地的社会主义公有制。《宪法》第6条第1款规定，中华人民共和国的社会主义经济制度的基础是生产资料的社会主义公有制，即全民所有制和劳动群众集体所有制。土地是宝贵的自然资源，同时也是最基本的生产资料。《土地管理法》第2条第1款规定，中华人民共和国实行土地的社会主义公有制，即全民所有制和劳动群众集体所有制。土地所有制的法律表现形式是土地所有权，即土地所有者对其土地享有占有、使用、收益和处分的权利。

土地由国家管理，这是由土地的特殊作用和特殊地位所决定的。第一，土地是人类赖以生存的最基本的物质基础，是一个国家最珍贵的资源，必须由国家进行管理；第二，土地的开发利用涉及社会的整体利益，与国民经济的发展息息相关，直接影响社会进步与稳定，因此，土地应当由国家管理，从社会整体利益出发进行必要的控制；第三，土地是自然、经济、社会历史的结合体，土地的开发利用会受制于一定的自然、社会经济条件，应当由国家综合平衡，控制调节，获取符合公共利益的最佳成效；第四，我国实行土地社会主义公有制，国家应当具有统一管理土地的职能。

54. 哪些土地属于国家所有?

《民法典》第249条规定，城市的土地，属于国家所有。法律规定属于国家所有的农村和城市郊区的土地，属于国家所有。

1. 城市的土地属于国家所有。《宪法》第 10 条第 1 款规定，城市的土地属于国家所有。《土地管理法》第 8 条第 1 款规定，城市市区的土地属于国家所有。国家对于城市的土地享有所有权，且城市的土地所有权只属于国家。

2. 法律规定属于国家所有的农村和城市郊区的土地，属于国家所有。《宪法》第 10 条第 2 款规定，农村和城市郊区的土地，除由法律规定属于国家所有的以外，属于集体所有。《土地管理法》第 8 条第 2 款规定，农村和城市郊区的土地，除由法律规定属于国家所有的以外，属于农民集体所有。

55. 哪些自然资源属于国家所有?

自然资源包括土地资源、水资源、矿产资源、生物资源、气候资源、海洋资源等。《宪法》第 6 条规定，中华人民共和国社会主义经济制度的基础是生产资料的社会主义公有制。《宪法》第 9 条第 1 款规定，矿藏、水流、森林、山岭、草原、荒地、滩涂等自然资源，都属于国家所有，即全民所有；由法律规定属于集体所有的森林和山岭、草原、荒地、滩涂除外。《民法典》第 250 条规定，森林、山岭、草原、荒地、滩涂等自然资源，属于国家所有，但法律规定属于集体所有的除外。这一条有关森林、山岭、草原、荒地、滩涂等自然资源所有权的规定是依据宪法作出的。我国绝大多数自然资源都属于国家所有，这是我国不同于资本主义国家经济制度的基本特征之一。民法典根据宪法和有关法律的规定，对自然资源的归属作出规定，对进一步保护国有自然资源，合理开发利用国有自然资源，具有重要意义。

56. 民法典为何规定野生动植物资源属于国家所有？

野生动植物是我国一项巨大的自然财富。野生动植物作为自然生态系统的重要组成部分，是人类宝贵的自然资源，为人类的生产和生活提供了丰富的资源，对人类发展有重要的促进作用。

《民法典》第251条规定，野生动植物资源属于国家所有。依据我国《野生动物保护法》第2条第2款的规定，野生动物，是指珍贵、濒危的陆生、水生野生动物和有重要生态、科学、社会价值的陆生野生动物。依据《野生植物保护条例》第2条第2款的规定，野生植物，是指原生地天然生长的珍贵植物和原生地天然生长并具有重要经济、科学研究、文化价值的濒危、稀有植物。《野生动物保护法》第3条第1款规定，野生动物资源属于国家所有。因此，民法典规定野生动植物资源属于国家所有，有利于保护我国的野生动植物资源，有利于更加合理地利用野生动植物资源。

57. 民法典为何规定无线电频谱资源属于国家所有？

无线电频谱资源是有限的自然资源。为了充分、合理、有效地利用无线电频谱，保证各种无线电业务的正常运行，防止各种无线电业务、无线电台站和系统之间的相互干扰，《民法典》第252条规定，无线电频谱资源属于国家所有。无线电频谱资源属于国家所有，是指国家对无线电频谱资源享有占有、使用、收益和处分的权利。《无线电管理条例》第3条规定，无线电频谱资源属国家所有。国家对无线电频谱资源实行统一规划、合理开发、有偿使用的原则。

58. 哪些文物属于国家所有?

《民法典》第253条规定，法律规定属于国家所有的文物，属于国家所有。在此需要明确的是，并不是所有的文物都归国家所有，而是法律规定属于国家所有的文物，属于国家所有。文物的所有者可以是各类民事主体，民事主体可以按照法律规定享有对文物的所有权。依照《文物保护法》第5条的规定："中华人民共和国境内地下、内水和领海中遗存的一切文物，属于国家所有。古文化遗址、古墓葬、石窟寺属于国家所有。国家指定保护的纪念建筑物、古建筑、石刻、壁画、近代现代代表性建筑等不可移动文物，除国家另有规定的以外，属于国家所有。国有不可移动文物的所有权不因其所依附的土地所有权或者使用权的改变而改变。下列可移动文物，属于国家所有：（一）中国境内出土的文物，国家另有规定的除外；（二）国有文物收藏单位以及其他国家机关、部队和国有企业、事业组织等收藏、保管的文物；（三）国家征集、购买的文物；（四）公民、法人和其他组织捐赠给国家的文物；（五）法律规定属于国家所有的其他文物。属于国家所有的可移动文物的所有权不因其保管、收藏单位的终止或者变更而改变。国有文物所有权受法律保护，不容侵犯。"

59. 民法典为何规定国防资产属于国家所有?

《民法典》第 254 条第 1 款规定，国防资产属于国家所有。国防是国家生存与发展的安全保障，是维护国家安全统一，确保实现全面建设小康社会目标的重要保障。建立强大巩固的国防是中国现代化建设的战略任务。规定国防资产的国家所有权对我国的国防建设有重大意义。根据《国防法》第 37 条的规定，国家为武装力量建设、国防科研生产和其他国防建设直接投入的资金、划拨使用的土地等资源，以及由此形成的用于国防目的的武器装备和设备设施、物资器材、技术成果等属于国防资产。国防资产归国家所有。《国防法》第 39 条第 1 款规定，国家保护国防资产不受侵害，保障国防资产的安全、完整和有效。

60. 哪些基础设施属于国家所有?

《民法典》第 254 条第 2 款规定，铁路、公路、电力设施、电信设施和油气管道等基础设施，依照法律规定为国家所有的，属于国家所有。依据该规定，并不是所有的铁路、公路、电力设施、电信设施和油气管道等基础设施，都属于国家所有，而是依照法律规定为国家所有的基础设施才属于国家所有。此处的基础设施不仅仅包括铁路、公路、电力设施、电信设施和油气管道这几种，只要是依照法律规定为国家所有的基础设施都被包括在本规定之内。

铁路、公路、电力设施、电信设施和油气管道等都是国家重要的基础设施，建设铁路、公路、电力设施、电信设施和油气管道等基础设施对方便人民生活、提高人民生活水平有重要意义，确保铁路、公路、电力设施、电信设施和油气管道等基础设施的安全对于国民经济发展和保障人民群众生命财产安全意义重大。因此，规定铁路、公路、电力设施、电信设施和油气管道等基础设施，依照法律规定为国家所有的，属于国家所有，对于提高基础设施的建设速度、使用效率和保障基础设施的安全等都有重要意义。

61. 国家机关对其直接支配的不动产和动产享有什么权利？

《民法典》第255条规定，国家机关对其直接支配的不动产和动产，享有占有、使用以及依照法律和国务院的有关规定处分的权利。国家机关的财产也是国有资产的重要组成部分。明确国家机关对其直接支配的财产享有的权利，哪些权利必须依照法律和国务院的有关规定行使，这对保护国家机关的财产具有重要意义。

保护国有财产权，防止国有财产流失，是我国的一项长期任务。国有财产权作为一种物权，有关这种权利的归属及其内容的基本规则已经在民法典物权编中作出规定，但也要看到，国有财产的行使及其监管又具有特殊性，因而单纯依靠物权编的规定是不够的，还需要制定专门的国有财产管理法，区分经营性财产和非经营性财产，建立不同的管理制度。依据这一条规定，国家机关应当依法对其直接支配的财产行使占有、使用和处分的权利，国家机关对其占用的财产的处分必须依照法律规定的限制和程序进行。不得擅自处置国有财产。这一条对国家机关对其直接支配的国有财产行使占有、使用和处分的权利作出了规定，加强了对国家机关直接占有的国有财产的保护。

62. 国家举办的事业单位对其直接支配的不动产和动产享有什么权利？

《民法典》第256条规定，国家举办的事业单位对其直接支配的不动产和动产，享有占有、使用以及依照法律和国务院的有关规定收益、处分的权利。国有事业单位的财产也是国有资产的重要组成部分。明确国有事业单位对其直接支配的财产享有的权利，哪些权利必须依照法律和国务院的有关规定行使，这对保护国有事业单位的财产具有重要意义。民法典总则编将事业单位归为非营利法人，非营利法人指为公益目的或者其他非营利目的成立，不向出资人、设立人或者会员分配所取得利润的法人。《事业单位登记管理暂行条例》第15条规定，事业单位开展活动，按照国家有关规定取得的合法收入，必须用于符合其宗旨和业务范围的活动。事业单位接受捐赠、资助，必须符合事业单位的宗旨和业务范围，必须根据与捐赠人、资助人约定的期限、方式和合法用途使用。

国家举办的事业单位应当依法对其直接支配的财产行使占有、使用、收益和处分的权利，不得擅自处置国有财产。《民法典》第256条对国家举办的事业单位对其直接支配的国有财产行使占有、使用、收益和处分的权利作出了规定，加强了对国家举办的事业单位直接占有的国有财产的保护。

63. 什么是国家出资的企业出资人制度?

《民法典》第257条规定，国家出资的企业，由国务院、地方人民政府依照法律、行政法规规定分别代表国家履行出资人职责，享有出资人权益。

这里的“国家出资的企业”，不仅包括国家出资兴办的公司，如国有独资公司，也包括国家控股、参股有限责任公司和股份有限公司等，还包括国家投资的未进行公司制改造的其他企业。

民法典根据党的有关国有资产管理体制改革的政策，规定由国务院、地方人民政府依照法律、行政法规的规定分别代表国家履行出资人职责，享有出资人权益。关于国务院和地方人民政府的具体分工，根据《企业国有资产法》第4条第2款的规定，国务院确定的关系国民经济命脉和国家安全的大型国家出资企业，重要基础设施和重要自然资源等领域的国家出资企业，由国务院代表国家履行出资人职责。其他的国家出资企业，由地方人民政府代表国家履行出资人职责。

需要明确的是，国家实行国有企业出资人制度的前提是国家统一所有，国家是国有企业的出资人。中央政府与地方政府都只是分别代表国家履行出资人职责，享有出资人权益。不能把国家所有与政府所有等同起来，更不能把国家所有与地方政府所有等同。

为了履行出资人职责，中央政府和地方政府通过各自设立的国有资产管理委员会，代表国家享有公司法规定的资产收益、重大决策和选择管理者等出资人权益；对国有资产保值、防止国有资产流失负监管责任。中央政府和地方政府代表国家履行出资人职责时，要尊重、维护国有及国有控股企业经营自主权。

64. 民法典针对侵害国有财产的行为作了哪些禁止性规定？

《民法典》第258条规定，国家所有的财产受法律保护，禁止任何组织或者个人侵占、哄抢、私分、截留、破坏。

国有财产属于全民所有，是国家经济、政治、文化、社会发展的物质基础。加大对国有资产的保护力度，切实防止国有资产流失，是巩固和发展公有制经济的重要内容。《宪法》第12条规定，社会主义的公共财产神圣不可侵犯。国家保护社会主义的公共财产。禁止任何组织或者个人用任何手段侵占或者破坏国家的和集体的财产。从实际情况看，目前经济领域中受侵害最严重的往往是国有资产，民法典既然要体现平等保护的原则，就要从实际出发，有必要就加强对国有资产的保护、切实防止国有资产流失作出有针对性的规定，明确提出国家所有的财产受法律保护，禁止任何组织或者个人侵占、哄抢、私分、截留、破坏。

对于国家所有的财产，前文已做详细介绍，此处不再赘述。需要注意的是，国家的财政收入、外汇储备和其他国有资金也属于国家所有的财产。

这里的“侵占”，是指以非法占有为目的，将其经营、管理的国有财产非法占为己有。“哄抢”，是指以非法占有为目的，组织、参与多人一起强行抢夺国有财产的行为。“私分”，是指违反国家关于国有财产分配管理规定，以单位名义将国有财产按人头分配给单位内全部或者部分职工的行为。如违反国家关于国有资金与企业资金的分账比例管理制度，由单位领导班子集体决策或者由单位负责人决定并由直接责任人员经手实施，擅自将国有资金转为企业资金，进而以单位发奖金、节日慰问费等名义私分国有资产。“截留”，是指违反国家关于国有资金等国有财产拨付、流转的决定，擅自将经手的有关国有财产据为己有或者挪作他用的行为。如有的政府部门将其经手的，应当向农村集体支付的土地征收补偿费不及时支付或者留下挪作他用。“破坏”，是指故意毁坏国有财产，影响其发挥正常功效的行为。如采取爆破的方式毁坏国有铁路，影响国家正常交通运输的行为。

侵占、哄抢、私分、截留、破坏国有财产的，应当承担返还原物、恢复原状、赔偿损失等民事责任；违反行政管理规定和刑法的，还应当承担相应的法律责任。有关单位的责任人也要依法承担行政责任甚至是刑事责任。

65. 国有财产管理、监督机构及其工作人员的职责是什么？

《民法典》第259条第1款规定，履行国有财产管理、监督职责的机构及其工作人员，应当依法加强对国有财产的管理、监督，促进国有财产保值增值，防止国有财产损失；滥用职权，玩忽职守，造成国有财产损失的，应当依法承担法律责任。

加大对国有财产的保护力度，切实防止国有财产流失，是巩固和发展公有制经济的重要内容。从国有财产流失的主要情形看，加大对国有财产的保护力度，切实防止国有财产流失，就必须加强对国有财产的管理、监督工作。

需要明确提出的是：第一，履行国有财产管理、监督职责的机构不仅仅是中央政府和地方政府设立的国有资产监督管理委员会（局），还包括其他机构，比如，财政部门、审计部门、水利部门、外汇管理部门等。国家机关和国家举办事业单位内部设立的国有资产管理部门等也负有一定的国有财产管理、监督职责。第二，国有财产管理、监督机构应当支持企业依法自主经营，除履行出资人职责以外，不得干预企业的生产经营活动。第三，民法典还强调了国有财产管理、监督机构的工作人员的责任。如果滥用职权、玩忽职守，造成国有财产损失的，还要依法承担行政责任、刑事责任等。

66. 违反国有资产管理规定造成国有资产损失的法律责任是什么？

《民法典》第 259 条第 2 款规定，违反国有财产管理规定，在企业改制、合并分立、关联交易等过程中，低价转让、合谋私分、擅自担保或者以其他方式造成国有财产损失的，应当依法承担法律责任。

造成国有财产流失的，主要发生在国有企业改制、合并分立、关联交易的过程中。

国有企业改制，是指国有企业通过重组、联合、兼并、租赁、承包经营、合资、转让国有产权和股份制、股份合作制等多种形式，建立符合市场经济规律的以产权为核心的现代企业制度。如今，国有企业的公司化改革已经基本完成。国有企业改制过程中，必须依法进行清产核资、财务审计、资产评估、公开信息。涉及国有产权转让的，应当采取拍卖、招投标等竞价转让方式以及国家法律法规规定的其他方式。

国有企业的分立，是指一个国有企业法人分成两个或者两个以上企业法人。因分立而保留的企业应申请变更登记；因分立而新开办的企业应申请开业登记。国有企业的合并，是指两个或两个以上的国有企业法人，合并为一个企业法人或合并为一个新的企业法人。因合并而保留的企业，应申请变更登记，因合并而终止的企业，应申请注销登记；因合并而新开办的企业，应申请开业登记。企业法人分立、合并，它的权利和义务，由分立、合并后法人享有和承担。

关联交易是指企业关联方之间的交易。根据财政部颁布的《企业会计准则第 36 号——关联方披露》的规定，一方控制、共同控制另一方或对另一方施加重大影响，以及两方或两方以上同受一方控制、共同控制或重大影响的，构成关联方。所谓控制，是指有权决定一个企业的财务和经营政策，并能据以从该企业的经营活动中获取利益。所谓共同控制，是指按照合同约定对某项经济活动所共有的控制，仅在与该项经济活动相关的重要财务和经营决策需要分享控制权的投资方一致同意时存在。所谓重大影响，是指对一个企业的财务和经营政策有参与决策的权力，但并不能够控制或者与其他方一起共同控制这些政策的制定。由于关联交易方可以运用行政力量撮合交易的进行，从而有可能使交易的价格、方式等在非竞争的条件下出现不公正情况，形成对股东或部分股东权益的侵犯。

在上述国有企业改制、合并分立、关联交易中，造成国有财产损失的有以下常见情形：（1）低价转让。有的不按规定进行国有资产评估或者压低评估价格；有的不把国家划拨的土地计入国有股；有的对专利、商标等无形资产不作评估；有的将国有资产无偿转让或者低价折股、低价出售给非国有单位或者个人；有的在经营活动中高价进、低价出。（2）违反财务制度，合谋私分侵占国有资产。有的将应收账款做成呆账、坏账；有的私设“小金库”，以后再提取侵占私分。（3）擅自担保。有的根本不认真调查被担保人的资信情况，未经法定程序和公司章程规定，擅自向非国有单位或者个人担保，造成国有财产损失。

民法典针对上述现实中造成国有财产流失的主要情形，规定上述违反国有财产管理规定的行为，应当依法承担法律责任，包括赔偿损失等民事责任，纪律处分等行政责任。构成犯罪的，还要依法承担刑事责任。

67. 集体所有的不动产和动产主要有哪些？

《民法典》第260条规定：“集体所有的不动产和动产包括：（一）法律规定属于集体所有的土地和森林、山岭、草原、荒地、滩涂；（二）集体所有的建筑物、生产设施、农田水利设施；（三）集体所有的教育、科学、文化、卫生、体育等设施；（四）集体所有的其他不动产和动产。”

《宪法》第6条第1款规定，中华人民共和国的社会主义经济制度的基础是生产资料的社会主义公有制，即全民所有制和劳动群众集体所有制。集体所有根据所有人身份不同，可以分为农村集体所有和城镇集体所有。集体财产是广大人民群众多年来辛勤劳动积累的成果，是发展集体经济和实现共同富裕的重要物质基础。确认集体财产的范围，对保护集体的财产权益，维护广大集体成员的合法财产权益都具有重要意义。因此，物权编依据宪法和有关法律的规定，以列举加概括的方式，对集体所有的不动产和动产的范围作出了规定。

这里首先要明确集体财产所有权的主体是集体。集体所有是公有制的一部分，集体的成员不能独自对集体财产行使权利，离开集体时不能要求分割集体财产。集体所有财产主要包括：

1. 法律规定属于集体所有的土地和森林、山岭、草原、荒地、滩涂。土地是人类社会生产和生活的物质基础。《宪法》第10条第2款规定："农村和城市郊区的土地，除由法律规定属于国家所有的以外，属于集体所有；宅基地和自留地、自留山，也属于集体所有。"土地管理法也作了相同的规定。关于集体所有的土地，有两点需要说明一下：一是集体所有的土地的所有者只是农民集体，城镇集体没有土地的所有权。二是集体所有的土地主要包括耕地，也包括宅基地和自留地、自留山。除了土地外，根据《宪法》第9条第1款规定，森林、山岭、草原、荒地、滩涂等自然资源，根据法律规定，也可以属于集体所有。

2. 集体所有的集体企业的厂房、仓库等建筑物；机器设备、交通运输工具等生产设施；水库、农田灌溉渠道等农田水利设施；以及集体所有的教育、科学、文化、卫生、体育等公益设施。集体所有的财产主要有两个来源：一是集体自己出资兴建、购置的财产，二是国家拨给或者捐赠给集体的财产。

3. 除上述几种常见的集体财产外，集体财产还包括集体企业所有的生产原材料、半成品和成品，村建公路、农村敬老院等集体所有的其他不动产和动产。

68. 农民集体所有的财产归谁所有?

《民法典》第 261 条第 1 款规定："农民集体所有的不动产和动产，属于本集体成员集体所有。"

农民集体所有的不动产和动产，最主要的就是本集体所有的土地，以及法律规定属于集体所有的森林、山岭、草原、荒地、滩涂，集体所有的建筑物、生产设施、农田水利设施以及教育、科学、文化、卫生、体育设施等不动产和动产。

农民集体所有的财产属于本集体成员集体所有。农民集体成员有两个特征：一是平等性，即不分加入集体时间长短，不分出生先后，不分贡献大小，不分有无财产投入，等等，其成员资格都一律平等。二是地域性和身份性。一般来说农民集体成员往往就是当地的村民，他们所生的子女，自出生后自动取得该集体的成员资格。此外，也有的成员是通过婚姻或收养关系迁入本集体取得成员资格。也有因移民迁入本集体而取得成员资格。需要说明的是，农民只能在一个农民集体内享有成员权利，不能同时享有两个或者多个集体成员权利。

因下列情形，丧失农民集体成员资格：一是死亡，包括自然死亡和宣告死亡。二是因婚姻、收养关系以及法律或政策的规定迁出本农民集体而丧失。如出嫁城里，取得城市户籍而丧失原集体经济组织成员资格。又如因被录用为国家公务员、全家户口迁入设区的市而丧失原集体经济组织成员资格。如果整体征收农村集体土地或者整体移民搬迁等，该农民集体不存在了，其成员资格也当然丧失。

69. 哪些事项需要经本农民集体成员决定？

农民集体所有的特征就要求民主管理集体事务，涉及集体成员重大利益的事项，必须依照法定程序经本集体成员决定。《民法典》第261条第2款规定："下列事项应当依照法定程序经本集体成员决定：（一）土地承包方案及将土地发包给本集体以外的组织或者个人承包；（二）个别土地承包经营权人之间承包地的调整；（三）土地补偿费等费用的使用、分配办法；（四）集体出资的企业的所有权变动等事项；（五）法律规定的其他事项。"

1. 土地承包方案及将土地发包给本集体以外的组织或者个人承包。土地承包方案以及将土地发包给本集体以外的组织或者个人承包，直接关系到本集体成员的切身利益，直接关系到以家庭承包经营为基础的双层经营体制的长期稳定。根据农村土地承包法的规定，土地承包应当按照下列程序进行：首先，由本集体经济组织成员的村民会议选举产生承包工作小组；其次，由该承包工作小组依照法律、法规的规定拟订并公布承包方案；最后，依法召开本集体经济组织成员的村民会议，讨论承包方案。承包方案必须经本集体经济组织成员的村民会议三分之二以上成员或者三分之二以上村民代表同意。按照土地管理法的规定，农民集体所有的土地由本集体经济组织以外的单位或者个人承包经营的，必须经村民会议三分之二以上成员或者三分之二以上村民代表同意，并报乡（镇）人民政府批准。

2. 个别承包经营者之间承包地的调整。原则上，在承包期内发包方不得调整承包地。如果因自然灾害严重毁损承包地等特殊情形需要适当调整的，按照土地管理法、农村土地承包法的规定，必须经本集体经济组织成员的村民会议三分之二以上成员或者三分之二以上村民代表的同意，并报乡（镇）人民政府和县级人民政府农业等行政主管部门批准。

3. 土地补偿费等费用的使用、分配办法。征收集体所有的土地，应当支付土地补偿费、安置补助费、土地附着物补偿费等费用。现实中，这部分费用一般支付给被征地的农民集体，其中一部分费用分配给成员、补偿受影响的土地承包经营权人。因为征收集体土地直接影响被征地农民的生产生活，这部分费用的使用和分配办法必须经集体成员通过村民会议等方式决定。

4. 集体出资的企业的所有权变动等事项。实践中，很多农村集体经济组织都投资兴办企业，一方面实现共同致富，另一方面也解决了大量农业人口的就业问题。集体出资的企业收益属集体成员集体所有。如果将该企业出让或者抵押的，也要经过本集体成员讨论决定，不能由该企业负责人或者本集体管理人擅自作主。

5. 法律规定的其他事项。村民委员会组织法规定，乡统筹的收缴方法，村提留的收缴及使用；村集体经济项目的立项、承包方案及村公益事业的建设承包方案；宅基地的使用方案等涉及村民利益的事项，必须提请村民会议讨论决定，方可办理。

70. 集体所有的土地等自然资源，由谁来行使所有权？

《民法典》第262条规定："对于集体所有的土地和森林、山岭、草原、荒地、滩涂等，依照下列规定行使所有权：（一）属于村农民集体所有的，由村集体经济组织或者村民委员会依法代表集体行使所有权；（二）分别属于村内两个以上农民集体所有的，由村内各该集体经济组织或者村民小组依法代表集体行使所有权；（三）属于乡镇农民集体所有的，由乡镇集体经济组织代表集体行使所有权。"

物权编根据我国广大农村集体所有权基本形式，规定相应的主体来代表集体行使所有权，与民法通则、土地管理法、农村土地承包经营法等现行法律的相关规定保持一致。

1. 属于村农民集体所有的，由村集体经济组织或者村民委员会依法代表集体行使所有权。这里的"村"是指行政村，即设立村民委员会的村，而非自然村。该行政村农民集体所有的土地等集体财产，一般由该行政村集体经济组织来代表集体行使所有权。如果没有村集体经济组织或者村集体经济组织不健全，则由村民委员会来行使村集体所有权。

2. 分别属于村内两个以上农民集体所有的，由村内各该集体经济组织或者村民小组依法代表集体行使所有权。这里的"分别属于村内两个以上农民集体所有"主要是指该农民集体所有的土地和其他财产在改革开放前就分别属于两个以上的生产队，现在其土地和其他集体财产仍然分别属于相当于原生产队的各该农村集体经济组织或者村民小组的农民集体所有。如果村内有集体经济组织的，就由村内的集体经济组织行使所有权，如果没有村内的集体经济组织，则由村民小组来行使。

3. 属于乡镇农民集体所有的，由乡镇集体经济组织代表集体行使所有权。这种情况包括：一是指改革开放以前，原来以人民公社为核算单位的土地，在公社改为乡镇以后仍然属于乡镇农民集体所有；二是在人民公社时期，公社一级掌握的集体所有的土地和其他财产仍然属于乡镇农民集体所有。在上述两种情况下，由乡镇集体经济组织来行使所有权。

农村集体经济组织、村委会和村民小组不是集体财产的所有人，只是依法代表集体行使所有权，并且向所属集体负责，接受其监督。

71. 城镇集体对其所有的不动产和动产享有哪些权利?

《民法典》第263条规定："城镇集体所有的不动产和动产，依照法律、行政法规的规定由本集体享有占有、使用、收益和处分的权利。"

集体所有制经济是公有制的重要组成部分，而城镇集体经济是集体所有制经济重要形式之一。根据《宪法》第8条第2款的规定，城镇中的手工业、工业、建筑业、运输业、商业、服务业等行业的各种形式合作经济，都是社会主义劳动群众集体所有制经济。根据《城镇集体所有制企业条例》第4条第1款的规定，城镇集体所有制企业是财产属于劳动群众集体所有、实行共同劳动、在分配方式上以按劳分配为主体的社会主义经济组织。劳动群众集体所有，依照城镇集体所有制企业条例的规定，是指本集体企业的劳动群众集体所有；或者是集体企业的联合经济组织范围内的劳动群众集体所有；或者是投资主体有两个或者两个以上的集体企业，并且劳动群众集体所有的财产占主导地位。

城镇集体经济在我国社会主义经济长期发展中，发挥了举足轻重的作用。在我国社会主义初级阶段，城镇集体经济仍然是我国经济发展的重要力量，对巩固社会主义经济基础，建设社会主义市场经济发挥着至关重要的作用。物权编考虑到城镇集体经济在我国社会主义经济建设中所发挥的历史作用和现实作用，依据宪法、相关法律和法规，从物权的角度对城镇集体所有权作了原则规定。

第一，集体财产权行使的主体是本集体。集体所有、集体管理、集体经营是集体所有制的应有之义，因此，行使城镇集体财产权的，只能是该集体，而不能由个别集体成员独断专行。

第二，集体财产权的客体只能属于该城镇集体所有的不动产和动产。如果城镇集体企业已经改制，如成为有限责任公司或者股份有限公司、个人独资企业或者合伙企业，应当分别适用公司法、个人独资企业法或者合伙企业法的规定。

第三，城镇集体财产权的内容，包括对本集体所有财产所享有的占有、使用、收益和处分的权利。作为本集体所有财产的所有人，享有所有权的“占有、使用、收益和处分”四项权能，全面支配本集体所有的财产。

第四，行使财产权应当依照法律、行政法规的规定。现行法律方面主要是宪法、民法通则和物权编等有关规定。行政法规目前主要是城镇集体所有制企业条例。今后，随着城镇集体企业改革的不断深入，在实践经验比较成熟时，还会制订或者修改相关的法律、行政法规。

72. 集体经济组织或者村民委员会、村民小组如何履行公布集体财产状况的职责？

《民法典》第264条规定："农村集体经济组织或者村民委员会、村民小组应当依照法律、行政法规以及章程、村规民约向本集体成员公布集体财产的状况。集体成员有权查阅、复制相关资料。"

集体所有的财产关系到集体成员的切身利益，因此，集体成员有权参与对集体财产的民主管理和民主监督。物权编从广大集体劳动群众普遍关心的和涉及群众切身利益的实际问题入手，规定了行使集体财产所有权的组织应当向本集体成员公布集体财产的状况，这是完善集体事务民主监督和民主管理的基础。

1. 这里规范的主体是行使集体财产所有权的组织，包括农村集体经济组织、城镇集体企业，也包括代表集体行使所有权的村民委员会、村民小组。

2. 公布的内容是本集体的财产状况，包括集体所有财产总量的变化（如集体财产的收支状况、债权债务状况），所有权变动的情况（如转让、抵押），集体财产使用情况（如农村集体土地承包），集体财产分配情况（征收补偿费的分配）等涉及集体成员利益的重大事项。

3. 公布的要求。向本集体成员公布集体财产状况的，应当依照法律、行政法规、章程和村规民约，做到以下三点：一是公布的内容要真实可靠，有凭有据，不得谎报、虚报、瞒报。本集体成员对于公布的内容，有权进行查询，集体经济组织或者村民委员会、村民小组应当自觉接受查询。二是公布要做到及时。可以采取定期的形式，也可以根据集体财产重大变动事项，根据进展的不同阶段随时公布。三是公布内容简洁明了，便于集体成员了解。公布的形式和方法可根据实际情况因地制宜、灵活多样，如采用张榜公布、召开集体成员大会或者代表大会等。

73. 物权编针对侵害集体所有的财产的行为作了哪些禁止性规定?

《民法典》第 265 条第 1 款规定："集体所有的财产受法律保护，禁止任何组织或者个人侵占、哄抢、私分、破坏。"

集体所有的财产是劳动群众集体多年来通过辛苦劳动创造、积累的物质财富，是发展集体经济、实现共同富裕的物质基础。近年来，集体经济发展迅速，集体资产存量迅速增长，但由于集体资产的管理还相当薄弱等原因，以致集体资产严重流失，不仅使集体经济遭受了损失，使集体生产力受到破坏，而且直接损害劳动群众的切身利益，影响了社会的和谐发展。依法保护集体财产是巩固和发展公有制经济的现实需要，也是物权编的应有之义。物权编根据集体财产保护的特点，依据宪法和民法通则等法律，明确规定："集体所有的财产受法律保护，禁止任何组织或者个人侵占、哄抢、私分、破坏。"

针对损害集体财产的主要行为，物权编强调了禁止任何组织或者个人侵占、哄抢、私分、破坏集体财产。“侵占”是指以非法占有为目的，将其经营、管理的集体财产非法占为己有。“哄抢”是指以非法占有为目的，组织、参与多人一起强行抢夺集体财产的行为。“私分”是指违反集体财产分配管理规定，擅自将集体财产按人头分配给部分集体成员的行为。“破坏”是指故意毁坏集体财产，致使其不能发挥正常功效的行为。

侵占、哄抢、私分、破坏集体所有财产的，应当承担返还原物、恢复原状、赔偿损失等民事责任；违反行政管理规定和刑法的，还应当承担相应的法律责任。有关单位的责任人也要依法承担行政责任甚至是刑事责任。

74. 集体经济组织的负责人作出的决定侵害集体成员合法权益的怎么办?

《民法典》第265条第2款规定：“农村集体经济组织、村民委员会或者其负责人作出的决定侵害集体成员合法权益的，受侵害的集体成员可以请求人民法院予以撤销。”

集体所有的财产一般要由集体经济组织经营管理，村民委员会也可以代表集体经营管理村集体所有的财产。因为集体所有的性质，集体所有的财产应当采取民主管理的模式，涉及集体成员重大利益的事项，应当依照法定程序或者章程规定，由本集体成员（或者其代表）来共同决定。本集体成员有权参与集体经济组织的民主管理，监督集体经济组织的各项活动和管理人员的工作。现实中，有的集体经济组织、村委会的负责人违反法定程序或者章程规定，擅自决定或者以集体名义作出决定，低价处分、私分、侵占集体所有的财产，严重侵害集体成员的财产权益。针对这种情况，物权编赋予了集体成员请求人民法院撤销集体经济组织、村民委员会或者其负责人作出的不当决定的权利。

关于集体成员的诉权，主要有以下三个内容：一是，每个集体经济组织成员都可以针对集体经济组织、村民委员会或者其负责人作出的损害其权益的决定，向人民法院请求撤销该决定。这里的“集体经济组织”不仅仅包括农村集体经济组织，也包括城镇集体经济组织。二是，提起诉讼的事由。是集体经济组织、村民委员会或者其负责人作出的决定，侵害了该集体成员的合法财产权益。三是，提起诉讼的时间。根据民法总则的规定，集体成员从知道或者应当知道其权利被侵害时起三年内，可以向人民法院提起诉讼，请求撤销集体经济组织或者村民委员会管理人作出的不当决定。

75. 物权编针对私人对不动产和动产享有所有权是如何规定的?

《民法典》第 266 条规定：“私人对其合法的收入、房屋、生活用品、生产工具、原材料等不动产和动产享有所有权。”

《宪法》第 11 条规定，在法律规定范围内的个体经济、私营经济等非公有制经济，是社会主义市场经济的重要组成部分。国家保护个体经济、私营经济等非公有制经济的合法的权利和利益。国家鼓励、支持和引导非公有制经济的发展，并对非公有制经济依法实行监督和管理。第 13 条第 1 款规定，公民的合法的私有财产不受侵犯。物权编依据宪法的精神，参照民法通则等法律，规定：“私人对其合法的收入、房屋、生活用品、生产工具、原材料等不动产和动产享有所有权。”

1. 作为私人所有权的主体，这里的“私人”不但包括我国的公民，还包括在我国合法取得财产的外国人和无国籍人。不仅包括自然人，还包括个人独资企业、个人合伙等非公有制企业。

2. 物权编根据民法通则的规定，列举了以下最常见、最重要的几类私有的不动产和动产。

（1）收入。是指人们从事各种劳动获得的货币收入或者有价物。主要包括：①工资。指定期支付给员工的劳动报酬，包括计时工资、计件工资、职务工资、级别工资、基础工资、工龄工资、奖金、津贴和补贴、加班加点工资和特殊情况下支付的报酬等。②从事智力创造和提供劳务所取得的物质权利，如稿费、专利转让费、讲课费、咨询费、演出费等。③因拥有债权、股权而取得的利息股息红利所得。④出租建筑物、土地使用权、机器设备、车船以及其他财产取得的所得。⑤转让有价证券、股权、建筑物、土地使用权、机器设备、车船以及其他财产取得的所得。⑥得奖、中奖、中彩以及其他偶然性质的所得。⑦从事个体经营的劳动收入、从事承包土地所获得的收益等。

2. 房屋。房屋是我国公民最主要、最基本的生活资料，包括依法购买的城镇住宅，也包括在农村宅基地上依法建造的住宅，也包括商铺、厂房等建筑物。因为城镇土地属于国家所有，农村宅基地属于农民集体所有，私人可以对房屋享有所有权，对该房屋占用的土地只能依法享有建设用地使用权或者宅基地使用权。

3. 生活用品。包括家用电器、私人汽车、家具和其他用于生活方面的物品。

4. 生产工具和原材料。生产工具指人们在进行生产活动时所使用的器具，如机器设备、车辆、船舶等运输工具。原材料是指生产产品所需要的物质基础材料，如矿石、木材、钢铁等。生产工具和原材料是重要的生产资料，是生产所必需的基础物质。

5. 除上述外，私人财产还包括其他的不动产和动产，如图书、个人收藏品、牲畜和家禽等。

这里必须强调的是，私人只能对其合法获得的财产享有所有权，换句话说，物权编和其他法律只保护私人的合法财产权，对非法获取的财产，不但不能受到法律的保护，而且还要依法追缴。行为人还要承担返还原物、赔偿损失等法律责任，构成犯罪的，还要依法追究刑事责任。

76. 物权编针对侵害私有财产行为作了哪些禁止性规定?

《民法典》第 267 条规定："私人的合法财产受法律保护，禁止任何组织或者个人侵占、哄抢、破坏。"

在法律上明确保护私有财产，可以使财产所有人产生一种制度预期，对自己的财产产生安全感，一方面可以激励人们依法创造财富的积极性，另一方面可以起到鼓励交易，并形成稳定有序的市场秩序，推动市场经济向前发展的作用。物权编依据宪法的精神，根据私有财产保护的特点规定："私人的合法财产受法律保护，禁止任何组织或者个人侵占、哄抢、破坏。”

这里的“私人的合法财产”是指私人拥有所有权的财产，不但包括合法的收入、房屋、生活用品、生产工具、原材料等不动产和动产，也包括私人合法的储蓄、投资及其收益等。私有财产受到法律保护的前提是这些财产是合法的财产，非法取得的财产不但不受法律保护，还要依法予以追缴。行为人还要依法承担法律责任。

保护私有财产的重要内容是私人的合法财产所有权不受侵犯，如非经法律规定的权限和程序，不得征收个人的房屋和其他不动产，也不得非法查封、扣押、冻结、没收私人合法的财产。任何组织或者个人不得侵占、哄抢、破坏私人合法的财产。侵占、哄抢、破坏私人合法财产的，应当承担返还原物、恢复原状、赔偿损失等民事责任；违反行政管理规定和刑法的，还应当承担相应的法律责任。

77. 企业出资人的权利是什么？

《民法典》第268条规定：“国家、集体和私人依法可以出资设立有限责任公司、股份有限公司或者其他企业。国家、集体和私人所有的不动产或者动产投到企业的，由出资人按照约定或者出资比例享有资产收益、重大决策以及选择经营管理者等权利并履行义务。”

所谓出资人，就是向企业投入资本的人。出资人作为股东，有权依法享有资产收益、参与重大决策和选择经营管理者等权利：

1. 享有资产收益。只要出资人按照章程或者其他约定，如期、足额地履行了出资义务，就有权向企业请求分配红利。一般而言，出资人应当按照其实缴出资比例或者股东协议、章程等约定分取红利。

2. 参与重大决策。出资人通过股东会或者股东大会等作出决议的方式决定企业的重大行为。企业的重大行为包括：企业资本的变化，如增加或者减少注册资本、利润分配和弥补亏损、公司的预算和决算事项；企业的融资行为，如发行公司债券，企业的对外投资，向他人提供担保、购置或者转让主要资产等；企业的合并、分立、变更组织形式、解散、清算等；修改企业章程等。上述权利，由出资人按照章程或者法律规定的方式行使。企业经营管理者必须尊重和保证出资人决定重大决策的权利，不得擅自处分企业财产。

3. 选择经营管理者。出资人有权通过股东会或者股东大会作出决议选举或者更换公司的董事或者监事，决定董事或者监事的薪酬，通过董事会来聘任或者解聘经理等企业高级管理人员。

作为出资人，不但享有上述权利，还要履行相应的义务。如按照约定或者章程的规定，按期、足额地缴纳出资；不得滥用出资人的权利干涉企业正常的经营活动等。

78. 法人对其不动产和动产享有哪些权利?

《民法典》第269条规定："营利法人对其不动产和动产依照法律、行政法规以及章程享有占有、使用、收益和处分的权利。营利法人以外的法人，对其不动产和动产的权利，适用有关法律、行政法规以及章程的规定。”

根据民法典总则编的规定，营利法人是依法成立的，有自己的名称、组织机构、住所、财产或者经费，是能够独立承担民事责任、享有民事权利和承担民事义务的经济组织。营利法人取得法律上独立的民事主体资格。出资人将其不动产或者动产投到营利法人后，即构成了营利法人独立的财产，营利法人享有法人财产权，即依照法律和章程的规定对该财产享有占有、使用、收益和处分的权利，出资人不能直接对其投入的资产进行支配，这是营利法人实现自主经营、自负盈亏，独立承担民事责任的物质基础。

营利法人以外的法人对其不动产和动产权利，适用有关法律和章程的规定。营利法人之外的法人包括机关法人、事业单位法人、社会团体法人等。其中机关法人和国家举办的事业单位法人，其财产属于国家所有，对其直接支配的不动产和动产的收益权和处分权也要受到法律和国务院有关规定的限制。

79. 物权编对社会团体法人、捐助法人财产受法律保护是如何规定的?

《民法典》第270条规定：“社会团体法人、捐助法人依法所有的不动产和动产，受法律保护。”

社会团体法人是非营利法人。民法典总则编规定，法人具备法人条件，基于会员共同意愿，为公益目的或者会员共同利益等非营利目的设立的社会团体，经依法登记成立，取得社会团体法人资格；依法不需要办理法人登记的，从成立之日起，具有社会团体法人资格。社会团体法人必须拥有会员。社会团体法人的范围十分广泛，既有为公益目的设立的，亦有为会员共同利益等非营利目的设立的。前者如中华慈善总会、中国红十字会等，后者如商会、行业协会等。社会团体既有依法登记成立的，也有依法不需要办理法人登记而成立的。

捐助法人也是非营利法人。捐助法人是民法总则增加的法人类型。1986 年民法通则根据当时的经济社会发展状况，规定了企业法人、机关法人、事业单位法人和社会团体法人这四种法人类型。随着我国经济社会各方面的蓬勃发展，这四种法人类型已不能满足经济社会发展的需求。基金会、社会服务机构无法纳入民法通则确立的法人分类。此外，寺庙等宗教活动场所也无法人资格。民法典总则编规定，具备法人条件，为公益目的以捐助财产设立的基金会、社会服务机构等，经依法登记成立，取得捐助法人资格。依法设立的宗教活动场所，具备法人条件的，可以申请法人登记，取得捐助法人资格。法律、行政法规对宗教活动场所有规定的，依照其规定。

关于财产受法律保护，物权编在“国家所有权和集体所有权、私人所有权”一章，规定了“国家所有的财产受法律保护”，“集体所有的财产受法律保护”，“私人的合法财产受法律保护”，同时规定，国家、集体和私人依法可以出资设立有限责任公司、股份有限公司或者其他企业。国家、集体和私人所有的不动产或者动产，投到企业的，由出资人按照约定或者出资比例享有资产收益等权利。最后又规定“社会团体法人、捐助法人依法所有的不动产和动产，受法律保护。”

80. 什么是建筑物区分所有权?

《民法典》第271条规定："业主对建筑物内的住宅、经营性用房等专有部分享有所有权，对专有部分以外的共有部分享有共有和共同管理的权利。"

根据这一条的规定，业主的建筑物区分所有权包括对其专有部分的所有权、对建筑区划内的共有部分享有共有和共同管理的权利。

一是业主对专有部分的所有权。即这一条规定的，业主对建筑物内的住宅、经营性用房等专有部分享有所有权，有权对专有部分占有、使用、收益和处分。

二是业主对建筑区划内的共有部分共有的权利。即这一条规定的，业主对专有部分以外的共有部分如电梯、过道、楼梯、水箱、外墙面、水电气的主管线等享有共有的权利。

三是业主对建筑区划内的共有部分共同管理的权利。民法典规定，业主可以自行管理建筑物及其附属设施，也可以委托物业服务企业或者其他管理人管理。业主可以设立业主大会，选举业主委员会，共同决定制定和修改业主大会议事规则，制定和修改管理规约，选举业主委员会或者更换业主委员会成员，选聘和解聘物业服务企业或者其他管理人，使用建筑物及其附属设施的维修资金，筹集建筑物及其附属设施的维修资金，改建、重建建筑物及其附属设施，改变共有部分的用途或者利用共有部分从事经营活动等。业主大会和业主委员会，对任意弃置垃圾、排放大气污染物或者噪声、违反规定饲养动物、违章搭建、侵占通道、拒付物业费等损害他人合法权益的行为，有权依照法律、法规以及管理规约，要求行为人停止侵害、消除危险、排除妨害、赔偿损失。

81. 为什么要对业主行使专有部分所有权作出限制性规定？

《民法典》第 272 条规定："业主对其建筑物专有部分享有占有、使用、收益和处分的权利。业主行使权利不得危及建筑物的安全，不得损害其他业主的合法权益。"

按照这一规定，业主对建筑物内属于自己所有的住宅、经营性用房等专有部分可以占有、使用，实现居住或者营业的目的；也可以依法出租，获取收益；还可以出借，解决亲朋好友居住之难；或者在自己的专有部分上依法设定负担，例如，为保证债务履行将属于自己的住宅或者经营性用房抵押给债权人等；还可以将住宅、经营性用房等专有部分出售给他人。

业主的专有部分是建筑物的重要组成部分，但与共有部分又不可分离，例如没有电梯、楼道、走廊，业主就不可能出入自己的居室、经营性用房等专有部分；没有水箱、水、电等管线，业主就无法使用自己的居室、经营性用房等专有部分。因此，建筑物的专有部分与共有部分具有一体性、不可分离性，故业主对专有部分行使专有所有权应受到一定限制，这与建筑物区分所有权的特殊性是分不开的。对此，《民法典》第 272 条规定，业主行使专有部分所有权时，不得危及建筑物的安全，不得损害其他业主的合法权益。

一是业主行使专有部分所有权时，不得危及建筑物的安全。

例如，业主在对专有部分装修时，不得拆除房屋内的承重墙，不得在专有部分内储藏、存放易燃易爆等危险物品，危及整个建筑物的安全。

二是业主行使专有部分所有权时，不得损害其他业主的合法权益。《民法典》第 286 条第 1 款、第 2 款规定，业主应当遵守法律、法规以及管理规约。业主大会或者业主委员会，对任意弃置垃圾、排放污染物或者噪声、违反规定饲养动物、违章搭建、侵占通道、拒付物业费等损害他人合法权益的行为，有权依照法律、法规以及管理规约，请求行为人停止侵害、排除妨碍、消除危险、恢复原状、赔偿损失。第 287 条规定，业主对建设单位、物业服务企业或者其他管理人以及其他业主侵害自己合法权益的行为，有权请求其承担民事责任。

82. 业主是否可以以放弃对共有部分的权利为由不履行相应的义务？

《民法典》第 273 条规定："业主对建筑物专有部分以外的共有部分，享有权利，承担义务；不得以放弃权利为由不履行义务。业主转让建筑物内的住宅、经营性用房，其对共有部分享有的共有和共同管理的权利一并转让。"

业主对专有部分以外的共有部分享有共有权，即每个业主在法律对所有权未作特殊规定的情形下，对专有部分以外的走廊、楼梯、过道、电梯、外墙面、水箱、水电气管线等共有部分，对物业管理用房、绿地、道路、公用设施以及其他公共场所等共有部分享有占有、使用、收益或者处分的权利。但是，如何行使占有、使用、收益或者处分的权利，还要依据物权法及相关法律、法规和建筑区划管理规约的规定。业主对专有部分以外的共有部分的共有权，还包括对共有部分共负义务。同样，业主对共有部分如何承担义务，也要依据物权法及相关法律、法规和建筑区划管理规约的规定。例如，依据《民法典》第286条的规定，业主对共有部分承担的义务有，不得在共有部分任意弃置垃圾、违章搭建，不得随意侵占通道等。

业主对专有部分以外的共有部分不仅享有共有的权利，还享有共同管理的权利，有权对共用部位与共用设备设施的使用、收益、维护等事项行使管理的权利，同时对共有部分的管理也负有相应的义务。由于业主对专有部分以外的共有部分既享有权利，又负有义务，有的业主就可能以放弃权利为由，不履行义务。对此，《民法典》第273条明确规定，业主不得以放弃权利为由不履行义务。例如，业主不得以不使用电梯为由，不交纳电梯维修费用；在集中供暖的情况下，不得以冬季不在此住宅居住为由，不交纳暖气费用。

83. 建筑区划内的道路、绿地、物业服务用房、公共设施以及其他公共场所归谁所有？

《民法典》第274条规定："建筑区划内的道路，属于业主共有，但是属于城镇公共道路的除外。建筑区划内的绿地，属于业主共有，但是属于城镇公共绿地或者明示属于个人的除外。建筑区划内的其他公共场所、公用设施和物业服务用房，属于业主共有。"

在物权法起草、审议和征求意见中，多数意见反映，目前建筑区划内的道路、绿地、公用设施、物业服务用房以及其他公共场所的所有权归属不明，导致业主与开发商、业主与物业公司纠纷多，矛盾大，物权法应当对建筑区划内的道路、绿地、公用设施、物业服务用房以及其他公共场所的归属作出明确规定。但在物权法中如何规定，存在着不同意见。

现实的情况是，建筑区划内的绿地基本归业主所有。道路有的归业主所有，有的归市政所有。关于物业管理用房的归属，《物业管理条例》第 37 条规定，物业管理用房的所有权依法属于业主。未经业主大会同意，物业服务企业不得改变物业管理用房的用途。

立法部门经调查研究认为，建筑区划内的道路、绿地、公用设施、物业服务用房以及其他公共场所作为建筑物的附属设施原则上归业主共有。因此《民法典》第 274 条规定："建筑区划内的道路，属于业主共有，但属于城镇公共道路的除外。建筑区划内的绿地，属于业主共有，但属于城镇公共绿地或者明示属于个人的除外。建筑区划内的其他公共场所、公用设施和物业服务用房，属于业主共有。"该条规定绿地、道路归业主所有，不是说绿地、道路的土地所有权归业主所有，而是说绿地、道路作为土地上的附着物归业主所有。

84. 建筑区划内的车位、车库归谁所有?

《民法典》第 275 条规定："建筑区划内，规划用于停放汽车的车位、车库的归属，由当事人通过出售、附赠或者出租等方式约定。占用业主共有的道路或者其他场地用于停放汽车的车位，属于业主共有。”

经过对我国房地产市场的实际做法和存在的问题进行调查研究，并借鉴国外的通常做法，属于业主共有的财产，应是那些不可分割、不宜也不可能归任何业主专有的财产，如电梯等公用设施、绿地等公用场所。从房地产市场的情况看，一般来说，专门用来停放汽车的车库、车位的归属，是由当事人通过出售、附赠或者出租等方式约定归业主专有或者专用的。这样，既容易操作，也可以避免纠纷。由于车库、车位和住宅的配套比例不同、业主之间享有的住宅面积不同、商品房销售的状况不同等原因，如果规定车库、车位归业主共有，很难操作，因此，《民法典》第275条区分不同的情况对车位、车库的归属作了规定。

一是建筑区划内，规划用于停放汽车的车位、车库的归属，由当事人通过出售、附赠或者出租等方式约定。建筑区划内，规划用于停放汽车的车位、车库，即开发商在开发项目前，经政府核发的建设工程规划许可证批准同意，规划用于停放汽车的车位、车库。此类车位、车库，在开发商开发后，通过出售、附赠或者出租等方式，与当事人约定车位、车库的归属和使用。

二是占用业主共有的道路或者其他场地用于停放汽车的车位，属于业主共有。规划外的占用业主共有的道路或者其他场地用于停放汽车的车位、车库，由于属于规划外，且是占用业主共有的道路或者其他场地建设的，较易形成属于业主共有的共识，属于业主共有。

关于车位、车库的归属，一些地方性法规根据实践的发展，在物权法的基础上作出进一步的规范。如《上海市住宅物业管理规定》第 61 条第 1 款规定，物业管理区域内，建设单位所有的机动车停车位数量少于或者等于物业管理区域内房屋套数的，一户业主只能购买或者附赠一个停车位；超出物业管理区域内房屋套数的停车位，一户业主可以多购买或者附赠一个。第 2 款规定，占用业主共有的道路或者其他场地用于停放机动车的车位，属于业主共有。第 3 款规定，建设单位所有的机动车停车位向业主、使用人出租的，其收费标准应当在前期物业合同中予以约定。业主大会成立前，收费标准不得擅自调整；业主大会成立后，需要调整的，建设单位应当与业主大会按照公平、合理的原则协商后，向区房屋行政管理部门备案。

85. 车位、车库是否应当首先满足业主的需要?

《民法典》第 276 条规定："建筑区划内，规划用于停放汽车的车位、车库应当首先满足业主的需要。"

现实生活中，不少小区没有车位、车库或者车位、车库严重不足，有的开发商将车位、车库高价出售给小区外的人停放，有的小区开发商公示车位、车库只售不租。为规范建筑区划内，规划用于停放汽车的车位、车库的使用，最大限度保障业主对车位、车库的需要，这一条规定，建筑区划内，规划用于停放汽车的车位、车库应当首先满足业主的需要。关于"首先满足业主的需要"的含义，2007 年物权法和民法典物权编未作明确规定，其含义可以根据总结的实践经验不断完善。实践中司法解释和地方性法规根据实际情况的发展作出了一些规范和解释。

如《最高人民法院关于审理建筑物区分所有权纠纷案件具体应用法律若干问题的解释》第 5 条第 1 款规定，建设单位按照配置比例将车位、车库，以出售、附赠或者出租等方式处分给业主的，应当认定其行为符合《物权法》第 74 条第 1 款有关“应当首先满足业主的需要”的规定。第 2 款规定，前款所称配置比例是指规划确定的建筑区划内规划用于停放汽车的车位、车库与房屋套数的比例。《上海市住宅物业管理规定》第 62 条第 1 款规定，物业管理区域内的机动车停车位，应当提供给本物业管理区域内的业主、使用人使用。建设单位尚未出售的停车位，应当出租给业主、使用人停放车辆，不得以只售不租为由拒绝出租。停车位不得转让给物业管理区域外的单位、个人；停车位满足业主需要后仍有空余的，可以临时按月出租给物业管理区域外的单位、个人。

86. 业主如何组建业主大会、业主委员会？

《民法典》第 277 条规定：“业主可以设立业主大会，选举业主委员会。业主大会、业主委员会成立的具体条件和程序，依照法律、法规的规定。地方人民政府有关部门、居民委员会应当对设立业主大会和选举业主委员会给予指导和协助。”

房屋的所有权人为业主，业主是建筑区划内的主人。业主大会是业主的自治组织，是基于业主的建筑物区分所有权的行使产生的，由全体业主组成，是建筑区划内建筑物及其附属设施的管理机构。因此，只要是建筑区划内的业主，就有权参加业主大会，行使专有部分以外共有部分的共有以及共同管理的权利，并对小区内的业主行使专有部分的所有权作出限制性规定，以维护建筑区划内全体业主的合法权益。故这一条第1款规定，业主可以设立业主大会。如果建筑区划内业主人数众多的，可以设立本建筑物或者建筑区划内所有建筑物的业主委员会，故这一条第1款中规定，业主可以选举业主委员会。业主委员会是本建筑物或者建筑区划内所有建筑物的业主大会的执行机构，按照业主大会的决定履行管理的职责。业主大会、业主委员会成立的具体条件和程序，依照法律、法规的规定。

由于业主大会是业主的自治组织，其成立应由业主自行筹备，自主组建。但是，一个建筑区划内，业主从不同的地方入住，互不相识，入住的时间又有先后，有的相差几年，因此，成立业主大会和选举业主委员会对于业主来说有一定的难度。业主大会的设立和业主委员会的选举关系着业主如何行使自己的权利，维护自身的合法权益，关系到广大业主的切身利益，关系到建筑区划内的安定团结，甚至关系到社会的稳定，对此，这一条第2款规定，地方人民政府有关部门、居民委员会应当对设立业主大会和选举业主委员会给予指导和协助。地方人民政府有关部门、居民委员会应当向准备成立业主大会的业主予以指导，提供相关的法律、法规及规章，提供已成立业主大会的成立经验，帮助成立筹备组织，提供政府部门制定的业主大会议事规则、业主管理公约等示范文本，协调业主之间的不同意见，为业主大会成立前的相关活动提供必要的活动场所，积极主动参加业主大会的成立大会等。

87. 哪些共有和共同管理的重大事项需要业主共同决定？

《民法典》第 278 条第 1 款规定："下列事项由业主共同决定：（一）制定和修改业主大会议事规则；（二）制定和修改管理规约；（三）选举业主委员会或者更换业主委员会成员；（四）选聘和解聘物业服务企业或者其他管理人；（五）使用建筑物及其附属设施的维修资金；（六）筹集建筑物及其附属设施的维修资金；（七）改建、重建建筑物及其附属设施；（八）改变共有部分的用途或者利用共有部分从事经营活动；（九）有关共有和共同管理权利的其他重大事项。"

建筑区划内的下列事项需要由业主共同决定：

1. 制定和修改业主大会议事规则。业主大会议事规则是业主大会组织、运作的规程，是对业主大会宗旨、组织体制、活动方式、成员的权利义务等内容进行记载的业主自律性文件，需要由业主共同决定。

2. 制定和修改建筑物及其附属设施的管理规约。建筑物及其附属设施的管理规约是业主自我管理、自我约束、自我规范的规则约定，涉及每个业主的切身利益，应当由全体业主共同制定和修改。

3. 选举业主委员会和更换业主委员会成员。业主通过业主大会选举能够代表和维护自己利益的业主委员会委员，成立业主委员会。对不遵守建筑物及其附属设施的管理规约，责任心不强的业主委员会的委员，予以更换。

4. 选聘和解聘物业服务企业或者其他管理人。物业服务企业或者其他管理人的物业管理资质如何，管理水平如何，与业主利益有着直接的关系，通过业主大会集体决策，可以较好地选聘和解聘物业服务企业或者其他管理人。

5. 使用建筑物及其附属设施的维修资金。建筑物及其附属设施的维修资金主要用于业主专有部分以外的共有部分的共用部位、共用设施设备保修期满后的维修、更新、改造、维护等，涉及业主的切身利益。使用建筑物及其附属设施的维修资金，属于有关共有和共同管理权利的重大事项，应当由业主共同决定。

6. 筹集建筑物及其附属设施的维修资金。筹集维修资金关系到业主的切身利益，是否筹集以及如何筹集，属于有关共有和共同管理权利的重大事项，应当由业主共同决定。

7. 改建、重建建筑物及其附属设施。建筑物及其附属设施的改建、重建，涉及业主建筑物区分所有权的行使，涉及费用的负担，需要业主共同决定。

8. 改变共有部分的用途或者利用共有部分从事经营活动。鉴于改变共有部分的用途或者利用共有部分从事经营活动，关于到业主的切身利益，属于有关共有和共同管理权利的重大事项，应当由业主共同决定。

9. 有关共有和共同管理权利的其他重大事项。除上述所列事项外，对建筑区划内有关共有和共同管理权利的其他重大事项，也需要由业主共同决定。例如，如何对物业服务企业的工作予以监督，如何与居民委员会协作，维护好建筑区划内的社会治安等。

88. 业主如何决定共有和共同管理的重大事项?

《民法典》第278条第2款规定:“业主共同决定事项,应当由专有部分面积占比三分之二以上的业主且人数占比三分之二以上的业主参与表决。决定前款第6项至第8项规定的事项,应当经参与表决专有部分面积四分之三以上的业主且参与表决人数四分之三以上的业主同意。决定前款其他事项,应当经参与表决专有部分面积过半数的业主且参与表决人数过半数的业主同意。”

一是表决程序首先要有专有部分面积占比三分之二以上的业主且人数占比三分之二以上的业主参与表决。因此,参与表决的业主需同时满足两个条件:一是参与表决的业主的专有部分面积占比三分之二以上,二是参与表决的业主人数占比三分之二以上。

二是决定该条第1款第6项至第8项规定的事项,应当经参与表决专有部分面积四分之三以上的业主且参与表决人数四分之三以上的业主同意。根据该规定,这三类事项决定的作出,必须同时具备两个条件,才为有效的决定:一是经参与表决专有部分面积四分之三以上的业主,二是参与表决人数四分之三以上的业主同意。

三是筹集建筑物及其附属设施的维修资金,改建、重建建筑物及其附属设施,改变共有部分的用途或者利用共有部分从事经营活动外的有关共有和共同管理权利的其他重大事项,属于建筑区划内的一般性、常规性事务,其决定的作出,应当经参与表决专有部分面积过半数的业主且参与表决人数过半数的业主同意。根据这一规定，建筑区划内的一般性、常规性事务，必须同时符合如下两个条件：一是经参与表决专有部分面积过半数的业主的同意；二是参与表决人数过半数的业主同意。

89. 业主是否可以将住宅改变为经营性用房?

《民法典》第 279 条规定："业主不得违反法律、法规以及管理规约，将住宅改变为经营性用房。业主将住宅改变为经营性用房的，除遵守法律、法规以及管理规约外，应当经有利害关系的业主一致同意。"

将住宅改变为经营性用房，使原本用于居住的房屋改为用于经营的房屋，住宅的性质、用途则由居住变为商用。这一改变将带来许多弊端，危害性大，主要表现有：一是干扰业主的正常生活，造成邻里不和，引发社会矛盾，这是当前物业小区的主要矛盾之一。二是造成小区车位、电梯、水、电等公共设施使用紧张。三是容易产生安全隐患，例如，来往小区人员过多，造成楼板的承重力过大，外来人员流动快且杂，增加了小区不安全、不安定的因素，防火防盗压力大，隐患多。四是使城市规划目标难以实现。本来某个地区的住宅原本规划为居住的，但由于将住宅大量改为经营性用房，用于商业目的，结果造成该地区交通拥堵、人满为患。五是造成国家税费的大量流失。因此，《物业管理条例》第 49 条规定，物业管理区域内按照规划建设的公共建筑和共用设施，不得改变用途。业主依法确需改变公共建筑和共用设施用途的，应当在依法办理有关手续后告知物业服务企业；物业服务企业确需改变公共建筑和共用设施用途的，应当提请业主大会讨论决定同意后，由业主依法办理有关手续。随着这方面实践经验的不断积累和完善，国家有关部门还将对这一问题作出具体的规定。另外，作为业主自我管理、自我约束、自我规范的建筑区划内有关建筑物及其附属设施的管理规约也可以依法对此问题作出规定。业主将住宅改变为经营性用房的，除遵守法律、法规以及管理规约外，应当经有利害关系的业主一致同意。

如何确定业主为有利害关系的业主，因改变住宅为经营性用房的用途不同，影响的范围、程度不同，要具体情况具体分析。总之，不论是否为相邻或者不相邻的业主，凡是因住宅改变为经营性用房受到影响的业主，均是这一条所说的有利害关系的业主。《最高人民法院关于审理建筑物区分所有权纠纷案件具体应用法律若干问题的解释》第 11 条规定，业主将住宅改变为经营性用房，本栋建筑物内的其他业主，应当认定为物权法第七十七条所称“有利害关系的业主”。建筑区划内，本栋建筑物之外的业主，主张与自己有利害关系的，应证明其房屋价值、生活质量受到或者可能受到不利影响。

90. 业主大会或者业主委员会作出的决定对业主有约束力吗?

《民法典》第 280 条规定：“业主大会或者业主委员会的决定，对业主具有法律约束力。业主大会或者业主委员会作出的决定侵害业主合法权益的，受侵害的业主可以请求人民法院予以撤销。”

业主大会依据法定程序作出的决定，反映了建筑区划内绝大多数业主的意志与心声。业主委员会是由业主大会从热心公益事业、责任心强、具有一定组织能力的业主中选举产生出来的，作为业主的代表履行对建筑物及其附属设施的具体管理职责，为全体业主服务的组织。业主委员会作为业主大会的执行机构，具体实施业主大会作出的决定。业主大会或者业主委员会作为自我管理的权力机关和执行机关，其作出的决定，对业主应当具有法律约束力。因此，这一条第 1 款规定，业主大会或者业主委员会的决定，对业主具有法律约束力。

对业主具有约束力的业主大会或者业主委员会的决定，必须是依法设立的业主大会、业主委员会作出的，必须是业主大会、业主委员会依据法定程序作出的，必须是符合法律、法规及规章，不违背公序良俗，不损害国家、公共和他人利益的决定。业主大会或者业主委员会的决定，对业主具有法律约束力。

现实中，可能有的业主大会或者业主委员会不遵守法律、法规、管理规约，或者不依据法定程序作出某些决定，侵害业主的合法权益，针对这一情形，为了切实保护业主的合法权益，这一条第 2 款规定，业主大会或者业主委员会作出的决定侵害业主合法权益的，受侵害的业主可以请求人民法院予以撤销。这一规定，赋予了业主请求人民法院撤销业主大会或者业主委员会作出的不当决定的权利。业主在具体行使这一权利时，还要依据民法典总则编、民事诉讼法等法律的规定。例如，撤销的请求，要向有管辖权的人民法院提出，要有明确的诉讼请求和事实、理由等。《物业管理条例》第 12 条第 5 款规定，业主大会或者业主委员会作出的决定侵害业主合法权益的，受侵害的业主可以请求人民法院予以撤销。

91. 建筑物及其附属设施的维修基金归谁所有，如何使用？

《民法典》第 281 条第 1 款规定：“建筑物及其附属设施的维修资金，属于业主共有。经业主共同决定，可以用于电梯、屋顶、外墙、无障碍设施等共有部分的维修、更新和改造。建筑物及其附属设施的维修资金的筹集、使用情况应当定期公布。”

该条首先规定建筑物及其附属设施的维修资金属于业主共有。但是维修资金的使用涉及业主能否正常使用建筑物及其附属设施，关系到每个业主的切身利益，因此，《民法典》第 281 条第 1 款规定，维修资金的使用应当经业主共同决定，并根据民法典第 278 条的规定程序共同决定。

关于维修资金的用途，《民法典》第 281 条第 1 款规定主要用于业主专有部分以外的共用部分的维修。例如电梯、水箱等的维修。至于业主专有部分以外的哪些部分为共有部分，哪些设施为建筑物的附属设施，要根据每一栋建筑物、每一个建筑区划的不同情况具体分析。建设部和财政部联合印发的住宅共用部位共用设施设备维修基金管理办法规定，共用部位，是指住房主体承重结构部位（包括基础、内外承重墙体、柱、梁、楼板、屋顶等），户外墙面、门厅、楼梯间、走廊通道等。共用设施设备，是指住宅小区或单幢住房内，建设费用已分摊进入住房销售价格的共用的上下水管道、落水管、水箱、加压水泵、电梯、天线、供电线路照明、锅炉、暖气线路、煤气线路、消防设施、绿地、道路、路灯、沟渠、池、井、非经营性车场车库、公益性文体设施和共用设施设备使用的房屋等。

为便于业主及时了解建筑物及其附属设施维修资金的筹集情况，应依法监督维修资金的使用，《民法典》第 281 条第 1 款还明确规定，维修资金的筹集、使用情况应当定期予以公布。

92. 紧急情况下如何使用建筑物及其附属设施的维修资金?

《民法典》第 281 条第 2 款规定："紧急情况下需要维修建筑物及其附属设施的，业主大会或者业主委员会可以依法申请使用建筑物及其附属设施的维修资金。"

在民法典编纂过程中，有的意见提出，建筑物及其附属设施的维修资金目前主要由住建部门的专门机构管理，实践中，存在的突出问题有：一是收取难；二是签字表决难；三是维修资金的使用范围难以界定；四是提取使用程序烦琐，需要提出申请，提供符合"双过三分之二"的业主签字同意证明，由管理机构抽查核对等，周期太长；五是使用监管难；六是保值增值难。目前实践中，紧急动用维修资金的一般做法是，紧急申请，紧急公示，尽快使用维修，事后再找业主补签同意。建议增加规定紧急情况下维修申请使用建筑物及其附属设施的维修资金的相关规定。经了解，目前一些地方性法规已经对紧急情况下维修资金的使用作了特别规定。如《上海市住宅物业管理规定》第 66 条等。

此处对紧急情况下需要维修建筑物及其附属设施使用维修

资金作了指引性规定，即需“依法申请”。此处的“依法”，既包括法律，也包括行政法规、部门规章和地方性法规等。

93. 利用业主的共有部分产生的收入，归谁所有？

《民法典》第 282 条规定：“建设单位、物业服务企业或者其他管理人等利用业主的共有部分产生的收入，在扣除合理成本之后，属于业主共有。”例如，很多小区会在业主的共有部分设置广告，这些广告收入，在扣除合理成本之后，应该属于业主共有。再如，占有业主共有的道路或者其他场地设置的车位，出租车位的租金收入，在扣除合理的成本之后，也应该属于业主共有。《最高人民法院关于审理建筑物区分所有权纠纷案件具体应用法律若干问题的解释》第 17 条规定，本解释所称建设单位，包括包销期满，按照包销合同约定的包销价格购买尚未销售的物业后，以自己名义对外销售的包销人。《物业管理条例》第 54 条规定，利用物业共用部位、共用设施设备进行经营的，应当在征得相关业主、业主大会、物业服务企业的同意后，按照规定办理有关手续。业主所得收益应当主要用于补充专项维修资金，也可以按照业主大会的决定使用。

94. 业主如何分担建筑物共有部分及其附属设施的费用？

《民法典》第 283 条规定：“建筑物及其附属设施的费用分摊、收益分配等事项，有约定的，按照约定；没有约定或者约定不明确的，按照业主专有部分面积所占比例确定。”

为保证建筑物及其附属设施能够正常运转和使用，保证业主的正常生活，需要对建筑物共有部分及其附属设施进行养护和维修，这就带来了费用如何产生，业主如何负担的问题。建筑物共有部分及其附属设施不仅存在着养护、维修的问题，还存在着经营收益如何分配的问题。例如，业主大会决定，将建筑物楼顶出租给企业做广告后，广告收入如何分配，是居住顶层的业主多拿一些，还是业主平均分配；是作为业主大会、业主委员会的活动经费，还是作为维修资金用于建筑物及其附属设施的维修。《物业管理条例》第 54 条规定，利用物业共用部位、共用设施设备进行经营的，应当在征得相关业主、业主大会、物业服务企业的同意后，按照规定办理有关手续。业主所得收益应当主要用于补充专项维修资金，也可以按照业主大会的决定使用。

民法典对这一问题的规定，一是建筑物及其附属设施的费用分摊，有约定的按照约定；没有约定或者约定不明确的，按照业主专有部分面积所占比例确定。二是建筑物及其附属设施的收益分配，有约定的按照约定；没有约定或者约定不明确的，按照业主专有部分面积所占比例确定。

95. 业主可以采取什么形式对建筑物及其附属设施予以管理？

《民法典》第 284 条规定："业主可以自行管理建筑物及其附属设施，也可以委托物业服务企业或者其他管理人管理。对建设单位聘请的物业服务企业或者其他管理人，业主有权依法更换。"

目前，对建筑物及其附属设施进行管理主要有两种形式：一是业主委托物业服务企业或者其他管理人管理，二是业主自行管理。物业服务企业，是指依法设立、具有独立法人资格，从事物业管理服务活动的企业。《物业管理条例》第32条第1款规定，从事物业管理活动的企业应当具有独立的法人资格。

对建筑物及其附属设施进行管理，除委托物业公司外，也有业主自行管理的。但是，随着经济的发展、科技的进步，建筑领域不断出现新技术、新产品，建筑物及其附属设施的科技含量越来越高，管理的难度加大，所以还是选择专业化、市场化、社会化的物业管理公司对建筑物及其附属设施进行管理为好。《物业管理条例》第4条规定，国家鼓励采用新技术、新方法，依靠科技进步提高物业管理和服务水平。

通常情况下，一栋楼或者一个住宅小区建好后，就要对建筑物及其附属设施进行管理，但业主们是陆陆续续迁入居住的，业主大会尚未成立，不能及时委托物业服务公司。在这种情况下，只能由建设单位选聘物业服务公司对建筑物及其附属设施进行管理。物业管理条例规定，在业主、业主大会选聘物业服务企业之前，建设单位选聘物业管理企业的，应当签订书面的前期物业服务合同。建设单位与业主签订的买卖合同应当包含前期物业服务合同约定的内容。建设单位在销售住宅或者经营性用房时，应当向业主明示前期物业服务合同。业主应当履行与建设单位签订的前期物业服务合同，服从物业公司的管理。业主大会成立后，可以对建设单位选聘的物业公司予以更换。故这一条第2款规定，对建设单位聘请的物业服务企业或者其他管理人，业主有权依法更换。

96. 业主有权监督物业公司的物业管理活动吗?

《民法典》第 285 条第 1 款规定:“物业服务企业或者其他管理人根据业主的委托,依照民法典第三编有关物业服务合同的规定管理建筑区划内的建筑物及其附属设施,接受业主的监督,并及时答复业主对物业服务情况提出的询问。”

业主依法选好物业服务企业或者其他管理人后,应当签订物业管理合同,将自己对建筑物及其附属设施的管理权利委托给选聘的物业服务企业或者其他管理人。《物业管理条例》第 34 条第 1 款规定,业主委员会应当与业主大会选聘的物业服务企业订立书面的物业服务合同。因此,业主与物业服务企业或者其他管理人之间是一种合同关系。《物业管理条例》第 34 条第 2 款规定,物业服务合同应当对物业管理事项、服务质量、服务费用、双方的权利义务、专项维修资金的管理与使用、物业管理用房、合同期限、违约责任等内容进行约定。

物业服务企业或者其他管理人与业主签订委托合同后,应当按照合同的约定向业主提供相应的服务。《物业管理条例》第 35 条第 2 款规定,物业服务企业未能履行物业服务合同的约定,导致业主人身、财产安全受到损害的,应当依法承担相应的法律责任。

在履行物业服务合同的过程中,物业服务机构或者其他管理人还应当接受业主的监督。物业管理条例规定,业主委员会应当及时了解业主、物业使用人的意见和建议,监督和协助物业服务企业履行物业服务合同。因此,《民法典》第 285 条第 1

款规定，物业服务企业或者其他管理人根据业主的委托，依照民法典第三编有关物业服务合同的规定管理建筑区划内的建筑物及其附属设施，接受业主的监督，并及时答复业主对物业服务情况提出的询问。

97. 物业服务企业或者其他管理人是否有义务配合执行政府依法实施的应急处置措施和其他管理措施?

《民法典》第285条第2款规定："物业服务企业或者其他管理人应当执行政府依法实施的应急处置措施和其他管理措施，积极配合开展相关工作。"在新冠肺炎疫情防控中，广大物业服务企业执行政府依法实施的防控措施，承担了大量的具体工作，得到了社会的普遍认可。因此，结合疫情防控工作，明确物业服务企业和业主的相关责任和义务。这一条规定了物业服务企业或者其他管理人应当执行政府依法实施的应急处置措施和其他管理措施，积极配合开展相关工作，业主应当依法予以配合。

98. 民法典对业主义务有何规定?

《民法典》第286条第1款规定："业主应当遵守法律、法规以及管理规约，相关行为应当符合节约资源、保护生态环境的要求。对于物业服务企业或者其他管理人执行政府依法实施的应急处置措施和其他管理措施，业主应当依法予以配合。"

遵守法律、法规以及管理规约是居住于建筑区划内的业主应当履行的最基本的义务。业主首先应当遵守法律、法规，法律、法规对业主的义务作了一些规定，如《民法典》第944条第1款规定，业主应当按照约定向物业服务人支付物业费。业主还应当遵守管理规约。根据《民法典》第278条规定，业主共同决定制定和修改管理规约。《物业管理条例》第17条规定，管理规约应当对有关物业的使用、维护、管理，业主的共同利益，业主应当履行的义务，违反管理规约应当承担的责任等事项依法作出约定。管理规约应当尊重社会公德，不得违反法律、法规或者损害社会公共利益。管理规约对全体业主具有约束力。此外，建设单位在销售物业之前，可以制定临时管理规约，业主也应该遵守，如果建设单位制定的临时管理规约侵害业主的合法权益或者业主认为不合适，可以依法修改。此外，这一条还规定物业服务企业或者其他管理人应当执行政府依法实施的应急处置措施和其他管理措施，积极配合开展相关工作，业主应当依法予以配合。

《民法典》第286条第3款还规定，业主或者其他行为人拒不履行相关义务的，有关当事人可以向有关行政主管部门报告或者投诉，有关行政主管部门应当依法处理。

99. 对损害业主合法权益的行为应当如何处理？

《民法典》第286条第2款规定，业主大会或者业主委员会，对任意弃置垃圾、排放污染物或者噪声、违反规定饲养动物、违章搭建、侵占通道、拒付物业费等损害他人合法权益的行为，有权依照法律、法规以及管理规约，请求行为人停止侵害、排除妨碍、消除危险、恢复原状、赔偿损失。

遵守法律、法规以及管理规约是居住于建筑区划内的业主应当履行的最基本的义务。目前，有些建筑区划内的个别业主，不遵守法律、法规和管理规约的规定，任意弃置垃圾、排放污染物或者噪声、违反规定饲养动物、违章搭建、侵占通道、拒付物业费，损害了部分业主甚至是全体业主的合法权益，对这些行为如何处理，《物权法》第 83 条第 2 款作了规定，即业主大会和业主委员会，有权依照法律、法规以及管理规约，要求行为人停止侵害、消除危险、排除妨害、赔偿损失。业主对侵害自己合法权益的行为，可以依法向人民法院提起诉讼。这一规定表明，对建筑区划内侵害他人合法权益的行为处置的办法有三种：一是，业主大会、业主委员会依照法律、法规和管理规约的规定，要求其停止侵害、消除危险、排除妨碍，赔偿损失。二是，受到侵害的业主个人依据民事诉讼法等法律的规定，向人民法院提起诉讼。三是，共同受到侵害的业主，推选代表人，依据民事诉讼法等法律的规定，向人民法院提起诉讼。

此外，《民法典》第 287 条规定，业主对建设单位、物业服务企业或者其他管理人以及其他业主侵害自己合法权益的行为，有权请求其承担民事责任。

100. 什么是相邻关系?

相邻关系是指不动产的相邻各方因行使所有权或者用益物权而发生的权利义务关系。相邻关系是指两个以上相互毗邻的不动产所有人，在行使所有权时，因相邻各方给予便利或者接受限制而发生的权利义务关系。相邻关系不是一种单独的物权，而是所有权的延伸和扩展，是所有权权能的体现。但也有学者认为，相邻关系从权利角度来讲可以称为相邻权，它是为调节在行使不动产所有权中的权益冲突而产生的权利。

按照相邻关系的规定，不动产权利人在对自己的不动产行使权利时，要克制自己对权利的任意使用，以避免给相邻不动产造成损害。例如，在建造建筑物时，要注意避免损害相邻建筑物的通风、采光和日照；在使用自己的不动产时，要控制废水、废气、噪声等给相邻不动产造成损害；在自己的土地上开掘地基时，要避免邻地及建筑物发生动摇。

101. 相邻关系与地役权有什么区别?

相邻关系与地役权是互相联系又有区别的两个概念。地役权是指土地所有权人使用别人土地的权利。地役权发生在两个不同归属的土地之间。为他人利用而提供便利的土地叫供役地，接受便利而得以使用或者经营的土地叫需役地。所以，地役权是存在于他人土地之上的物权，属于他物权。

相邻关系与地役权的重要区别之一是相邻关系的“必需”性，即不动产权利人必须借助相邻不动产，才能对自己的不动产正常使用，因此，他有权要求相邻的不动产一方提供必要的便利。例如甲承包的土地不能直接通到公路，甲要到自己的土地上进行耕作或运输种子、化肥、农作物等，必须要经过乙的承包地。按照相邻关系的规定，甲有权通行于乙的土地，乙无权阻拦。地役权则是不动产的权利人之间，就一方使用另一方的不动产签订许可其使用的合同。

相邻关系和地役权的区别具体体现在以下三个方面：一是两者的设立方式不同。相邻关系是法定的，而地役权通常是由当事人各方通过合同设立的。二是两者受到损害后的救济请求权不同。相邻关系受到侵害后，一般提起所有权的行使受到妨害之诉；地役权受到损害后，受害人可以直接提起地役权受损害的请求之诉。三是两者提供便利的内容不同。地役权的设立是为了使其他所有权人的权利得到更好地行使，是一个比较高的标准；而相邻关系的规定是为了维持生产、生活的必备条件，对他们各自的权利给予一定限制，这是为了达到权利正常使用的最低标准。

102. 处理相邻关系的原则是什么?

《民法典》第 288 条规定："不动产的相邻权利人应当按照有利生产、方便生活、团结互助、公平合理的原则，正确处理相邻关系。"

《民法通则》第 83 条规定："不动产的相邻各方，应当按照有利生产、方便生活、团结互助、公平合理的精神，正确处理截水、排水、通行、通风、采光等方面的相邻关系。给相邻方造成妨碍或者损失的，应当停止侵害，排除妨碍，赔偿损失。" 2007 年制定的物权法对民法通则规定的处理相邻关系的原则予以重申。另外，相邻关系的种类繁多，不可能在民法典物权编中一一予以体现，明确规定按照有利生产、方便生活、团结互助、公平合理的精神正确处理相邻关系的原则，仍然为人们处理所有相邻关系提出原则性要求，同时为人民法院审理缺乏法律规定的新型相邻关系纠纷案件提供原则指导。

我国民法典对相邻关系原则的规定，揭示了相邻关系是法定的本质特征。一是体现在不动产权利人对相邻不动产权利人的避免妨害的注意义务；二是体现在不动产权利人在不使用邻地就不能对自己的不动产进行正常使用时，有权在对邻地损害最小的范围内使用邻地，邻地权利人不能阻拦，但是如果这种使用给相邻不动产造成了损害，则应进行赔偿。这就是“团结互助、公平合理”的原则要求。

103. 处理相邻关系的依据是什么?

需要用法律调整的相邻关系的种类很多，随着社会经济的发展，其范围还在不断扩大。因此，物权法不可能对需要调整的相邻关系一一列举，只能择其主要作出原则性规定。但是在现实生活中，基于相邻关系发生的纠纷的种类很多，人民法院或者其他有权调解、处理的机关在处理纠纷时，又必须依据一定的规范，所以《民法典》第 289 条规定，法律、法规对处理相邻关系有规定的，依照其规定；法律、法规没有规定的，可以按照当地习惯。

处理相邻关系，首先依照我国民法典关于相邻关系的规定，我国其他法律、法规对处理相邻关系有规定的，也依照这些法律、法规的规定。例如，我国水法对用水、排水等水事纠纷的处理作了比较具体的规定。《水法》第 56 条规定：“不同行政区域之间发生水事纠纷的，应当协商处理；协商不成的，由上一级人民政府裁决，有关各方必须遵照执行。在水事纠纷解决前，未经各方达成协议或者共同的上一级人民政府批准，在行政区域交界线两侧一定范围内，任何一方不得修建排水、阻水、取水和截（蓄）水工程，不得单方面改变水的现状。”

处理民事关系，首先应当依照民事法律的规定，在民事法律未作规定的情况下，法官在处理民事纠纷时，依习惯作出判断。

104. 民法典对用水、排水的相邻关系作了哪些规定？

《民法典》第 290 条第 1 款规定：“不动产权利人应当为相邻权利人用水、排水提供必要的便利。”

相邻的不动产权利人基于用水、排水而发生的相邻关系的内容非常丰富。关于用水，由于我国法律规定水资源属于国家所有，所以我国《水法》第 48 条第 1 款规定：“直接从江河、湖泊或者地下取用水资源的单位和个人，应当按照国家取水许可制度和水资源有偿使用制度的规定，向水行政主管部门或者流域管理机构申请领取取水许可证，并缴纳水资源费，取得取水权。但是，家庭生活和零星散养、圈养畜禽饮用等少量取水的除外。”从以上规定可以看出，在我国对国家所有的水资源实行行政许可的取水制度，但是依照我国《水法》第 3 条的规定，农村集体经济组织的水塘和由农村集体经济组织修建管理的水库中的水，归各该农村集体经济组织使用。关于排水，我国《水法》第 28 条规定：“任何单位和个人引水、截（蓄）水、排水，不得损害公共利益和他人的合法权益。”

《最高人民法院关于贯彻执行〈中华人民共和国民法通则〉

若干问题的意见（试行）》从审判的角度对用水与排水的相邻关系作了一些规定，主要是：

1. 关于生产、生活用水的排放。相邻一方必须使用另一方的土地排水的，应当予以准许；但应在必要限度内使用并采取适当的保护措施排水，如仍造成损失的，由受益人合理补偿。相邻一方可以采取其他合理的措施排水而未采取，向他方土地排水毁损或者可能毁损他方财产，他方要求致害人停止侵害、消除危险、恢复原状、赔偿损失的，应当予以支持。

2. 关于房屋滴水。处理相邻房屋滴水纠纷时，对有过错的一方造成他方损害的，应当责令其排除妨碍、赔偿损失。

105. 对自然流水的使用应当遵守哪些规定？

自然流水是生活在水流所流经区域的上游与下游人民以及水流两岸人民的共同财富。为了协调好上游与下游以及水流两岸人民使用自然流水的关系，有必要在民法典物权编中对自然流水的使用问题作出规定。

关于对自然流水的使用问题，特别法有规定的，应当先适用特别法的规定。我国水法规定，水资源属于国家所有。我国对跨行政区域的河流实行水资源配置制度。国家按照水资源供需协调、综合平衡、保护生态、厉行节约、合理开源的原则制定水资源中长期供求规划。

从我国水法的规定来看，跨行政区域的自然流水的使用要遵从政府的行政调配，但不跨行政区域的自然流水的使用要适用《民法典》第 290 条第 2 款的规定。包括两个方面：

一方面是，对自然流水的利用，应当在不动产的相邻权利人之间合理分配。例如，一条山谷中的溪流从上到下流经两个自然村，两个村的村民都依赖这条溪流生产和生活。在旱季上游来水减少，上游村的村民对水量的需求增大，即使在这样的情况下，也应该考虑到下游村民对水的需要，上游村的村民不能在溪流上筑坝，截取全部水流。

另一方面是，对自然流水的排放，应当尊重自然流向。这包括以下两个方面：第一，低地权利人的承水、过水义务，从高地自然流至之水，低地权利人不得妨阻。第二，水流地权利人变更水流或者宽度的限制，不得随意变更水流的方向或宽度。

106. 不动产权利人是否应当为相邻不动产权利人的通行提供便利?

《民法典》第290条第1款规定："不动产权利人应当为相邻权利人用水、排水提供必要的便利。"

不动产权利人原则上有权禁止他人进入其土地，但他人因通行等必须利用或进入其土地的，不动产权利人不能阻挠，而应当提供必要的便利。主要是：

1. 一方必须在相邻一方使用的土地上通行的，应当予以准许；因此造成损失的，应当给予适当补偿。

2. 对于一方所有的或者使用的建筑物范围内历史形成的必经通道，所有权人或者使用权人不得堵塞。因堵塞影响他人生产、生活，他人要求排除妨碍或者恢复原状的，应当予以支持。但有条件另开通道的，可以另开通道。

107. 不动产权利人在哪些情形之下不得阻止他人进入其土地？

不动产权利人原则上有权禁止他人进入其土地，但相邻不动产权利人有通行权的情况下，不动产权利人不能阻止相邻不动产权利人行使通行权。除此之外，《民法典》第 291 条规定，不动产权利人对相邻权利人因通行等必须利用其土地的，应当提供必要的便利。该条规定中还有个“等”字，即在通行之外的某些情形之下，不动产权利人应当允许他人进入其土地。我民法典没有明确规定不动产权利人在哪些情形之下不得阻止他人进入其土地，参考大陆法系一些国家或地区的法律规定，大致有以下两种情形：

第一，依当地习惯，许可他人进入其未设围障的土地刈取杂草，采集枯枝、枯干，采集野生植物，或放牧牲畜等。

第二，他人物品或者动物偶然失落于其土地时，应允许他人进入其土地取回。

108. 不动产权利人建造、修缮建筑物能否临时使用相邻的土地？

《民法典》第 292 条规定：“不动产权利人因建造、修缮建筑物以及铺设电线、电缆、水管、暖气和燃气管线等必须利用相邻土地、建筑物的，该土地、建筑物的权利人应当提供必要的便利。”

相邻不动产权利人难免需要临时或长期利用邻地，调节这种因利用邻地而产生的权利义务关系，是相邻关系的重要内容。如果没有法律规范邻里之间的这种行为，极易在邻里之间产生纠纷。不动产权利人，特别是土地的权利人因建造、修缮建筑物暂时而且有必要使用相邻的土地、建筑物的，相邻的土地、建筑物的权利人应当提供必要的便利。例如，甲要在自己的建设用地使用权范围内建自己的房屋，有必要将脚手架临时搭在相邻的乙的土地范围内，乙不能阻拦，而应提供必要的便利。

为了解决因施工而临时占用邻人土地而产生的纠纷，《最高人民法院关于贯彻执行〈中华人民共和国民法通则〉若干问题的意见（试行）》第97条规定，相邻一方因施工临时占用他方使用的土地，占用的一方如未按照双方约定的范围、用途和期限使用的，应当责令其及时清理现场，排除妨碍，恢复原状，赔偿损失。

109. 民法典对相邻建筑物的通风、采光和日照的相邻关系是如何规定的?

《民法典》第293条规定："建造建筑物，不得违反国家有关工程建设标准，不得妨碍相邻建筑物的通风、采光和日照。"

通风、采光和日照是衡量一个人居住质量的重要标准。随着城市化的发展，在现代都市，建筑物的通风、采光和日照问题日益成为社会关注的问题。由于城市土地价值的提升，导致建筑物之间的距离比过去缩小，高层建筑进一步普及，这些变化使得建筑物之间通风、采光和日照的矛盾越来越多，因此，民法典有必要对通风、采光和日照的问题作进一步规定。

由于我国地域辽阔，各地经济发展很不平衡，所以在物权法中很难规定具体的标准；又由于以某个社会发展阶段，对建设工程标准的要求也有所不同，因此不宜在物权法中规定具体的标准。所以《民法典》第293条只是原则性地规定："建造建筑物，不得违反国家有关工程建设标准，妨碍相邻建筑物的通风、采光和日照。"具体的工程建设标准，还得参照相关部门发布的规定和标准。

110. 民法典关于相邻不动产之间污染物的排放有哪些限制性规定？

《民法典》第294条规定："不动产权利人不得违反国家规定弃置固体废物，排放大气污染物、水污染物、土壤污染物、噪声、光辐射、电磁辐射等有害物质。"

在现代社会，人们生活环境的质量日益受到社会的重视，各国政府都在加大环境保护的力度，其中重要的举措就是加强有关环境保护方面的立法。但是保护环境不能只靠环境保护法，在与环境有关的相邻关系以及侵害环境的民事责任等方面，则是民法的重要任务之一。民法典作为重要的民事法律，应充分体现人文关怀，因此，有必要对相邻不动产之间基于环境而产生的相邻关系问题作出规定。

一些大陆法系国家的民法明确规定了相邻关系中的容忍义

务，即遭受来自于相邻不动产的污染物侵害时，此种侵害如果是轻微的，或者按地方习惯认为不构成损害的，则应当容忍，不能阻止相邻不动产排放或释放污染物。只有此种侵害超过必要的限度或者可容忍的限度时，才可以通过法律途径要求相邻不动产权利人停止侵害、消除危险、排除妨害，以及赔偿损失。《民法典》第 294 条虽然没有明确规定相邻不动产权利人之间排放污染物的容忍义务，但按照《民法典》第 288 条规定的处理相邻关系的“有利生产、方便生活、团结互助、公平合理”的原则，已经包含了相邻不动产权利人之间应当互负容忍义务。但互负容忍义务是有限度的，在国家规定的标准以内应当容忍，如果超过国家规定的标准，受害的不动产权利人有权要求侵害人停止侵害、消除危险、排除妨害，以及赔偿损失。

111. 不动产权利人施工时应对相邻不动产承担什么义务？

《民法典》第 295 条规定：“不动产权利人挖掘土地、建造建筑物、铺设管线以及安装设备等，不得危及相邻不动产的安全。”

不动产权利人有权在自己具有所有权或者使用权的土地范围内进行工程建设，但是要注意相邻不动产的安全，避免对相邻不动产造成不应有的损害。所谓“不得危及相邻不动产的安全”主要包括以下三个方面：

第一，在自己的土地上开挖地基时，要注意避免使相邻土地的地基发生动摇或塌陷之危险，致使相邻土地上的建筑物受到损害。

第二，在与相邻不动产的疆界线附近处理设水管时，要预防土沙崩溃、水或污水渗漏到相邻不动产。

第三，不动产权利人在自己的土地范围内种植的竹木根枝伸延，危及另一方建筑物的安全和正常使用时，应当消除危险，恢复原状。

《最高人民法院关于贯彻执行〈中华人民共和国民法通则〉若干问题的意见（试行）》第103条从审判的角度，对相邻一方进行工程建设时避免损害相邻不动产的注意义务作了规定，即："相邻一方在自己使用的土地上挖水沟、水池、地窖等或者种植的竹木根枝伸延，危及另一方建筑物的安全和正常使用的，应当分别情况，责令其消除危险，恢复原状，赔偿损失。"

我国建筑法对施工现场对相邻建筑物的安全、地下管线的安全提出了明确要求。该法第39条第2款规定："施工现场对毗邻的建筑物、构筑物和特殊作业环境可能造成损害的，建筑施工企业应当采取安全防护措施。"第40条规定："建设单位应当向建筑施工企业提供与施工现场相关的地下管线资料，建筑施工企业应当采取措施加以保护。"

112. 利用相邻不动产时应承担何等注意义务？

《民法典》第296条规定："不动产权利人因用水、排水、通行、铺设管线等利用相邻不动产的，应当尽量避免对相邻的不动产权利人造成损害。"

《民法典》第290条第1款规定："不动产权利人应当为相邻权利人用水、排水提供必要的便利。"第291条规定："不动产权利人对相邻权利人因通行等必须利用其土地的，应当提供必要的便利。”第292条规定：“不动产权利人因建造、修缮建筑物以及铺设电线、电缆、水管、暖气和燃气管线等必须利用相邻土地、建筑物的，该土地、建筑物的权利人应当提供必要的便利。”这三条都是从义务的角度规定的，即不动产权利人应当按照有利生产、方便生活、团结互助、公平合理的原则，为相邻不动产权利人因用水、排水、通行、铺设管线等而使用自己的不动产负容忍义务，提供必要的便利。但从使用一方来讲，在行使相邻权的同时，也要负尽量避免对被使用的相邻不动产的权利人造成损害的义务，在无法避免造成损害的情况下，要给予合理的补偿，这也是公平合理原则的体现。

利用相邻土地引水、排水可能无法避免地给相邻土地的权利人造成损失，但应选择损害最小的处所或方法进行引水或者排水，仍有损害的情况下，要给予相邻土地的权利人以赔偿。利用相邻土地通行，一般都会对相邻土地的权利人造成损害，特别是在相邻土地上开路的情况下，损害是避免不了的，享有通行权的人必须给予赔偿。《最高人民法院关于贯彻执行〈中华人民共和国民法通则〉若干问题的意见（试行）》第100条规定：“一方必须在相邻一方使用的土地上通行的，应当予以准许；因此造成损失的，应当给予适当补偿。”关于必须利用相邻不动产铺设管线的，应选择相邻不动产损害最小之处所或方法进行，并按照损害的大小，给予赔偿。关于在自己的土地上进行建筑活动，而有必要临时使用相邻土地、建筑物，如有损害，应当给予相邻土地、建筑物的权利人赔偿。

113. 什么是共有？共有的形式有哪些？

《民法典》第 297 条规定：“不动产或者动产可以由两个以上组织、个人共有。共有包括按份共有和共同共有。”

共有是指多个权利主体对一物共同享有所有权。共有的主体称为共有人，客体称为共有财产或共有物。各共有人之间因财产共有形成的权利义务关系，称为共有关系。

财产的所有形式一般可分为单独所有和共有两种。单独所有是指财产所有权的主体是单一的，即一个人单独享有对某项财产的所有权。所谓共有，是指某项财产由两个或两个以上的权利主体共同享有所有权，换言之，是指多个权利主体对一物共同享有所有权。例如，两个人共同所有一艘船舶。我国《海商法》第 10 条规定：“船舶由两个以上的法人或者个人共有的，应当向船舶登记机关登记；未经登记的，不得对抗第三人。”

根据这一条规定，共有包括按份共有和共同共有。按份共有和共同共有的区别在于，按份共有人对共有的不动产或者动产按照其份额享有所有权，共同共有人对共有的不动产或者动产共同享有所有权。

114. 什么是按份共有？

《民法典》第 298 条规定：“按份共有人对共有的不动产或者动产按照其份额享有所有权。”

按份共有，又称分别共有，是与共同共有相对应的一项制度，指数人按应有份额对共有物共同享有权利和分担义务。

在按份共有中，各共有人对共有物享有不同的份额。各共有人的份额，其具体数额一般是由共有人明确约定的。例如，甲、乙合购一辆汽车，甲出资 3 万元，乙出资 2 万元，甲、乙各按出资的份额对汽车享有权利、分担义务。在按份共有中，各共有人的份额必须是明确的，如果按份共有人对共有的不动产或者动产享有的份额没有约定或者约定不明确的，依照《物权法》第 104 条的规定，按照出资额确定；不能确定出资额的，视为等额享有。

在按份共有中，每个共有人对共有财产享有的权利和承担的义务，是依据其不同的份额确定的。共有人的份额决定了其权利义务的范围。共有人对共有物持有多大的份额，就对共有物享有多大权利并承担多大义务，份额不同，共有人对共有财产的权利义务也不同。例如，甲乙二人共同出资购买一处房屋，甲出资 6 万元，乙出资 4 万元。甲乙二人共同决定将该房屋出租获取收益。在租金的分配上，甲有权获得租金总额的 60%，乙则获得租金总额的 40%。反之，在对该房屋维修费用的负担上，甲应负担 60%，而乙则承担 40%。

按份共有与分别所有是不同的。在按份共有中，各个共有人的权利不是局限在共有财产的某一部分上，或就某一具体部分单独享有所有权，而是各共有人的权利均及于共有财产的全部。当然，在许多情况下，按份共有人的份额可以产生和单个所有权一样的效力，如共有人有权要求转让其份额，但是各个份额并不是一个完整的所有权，如果各共有人分别单独享有所有权，则共有也就不复存在了。

115. 什么是共同共有？

《民法典》第 299 条规定："共同共有人对共有的不动产或者动产共同享有所有权。"

共同共有是指两个或两个以上的民事主体，根据某种共同关系而对某项财产不分份额地共同享有权利并承担义务。共同共有的特征是：第一，共同共有根据共同关系而产生，以共同关系的存在为前提，例如夫妻关系、家庭关系；第二，在共同共有关系存续期间，共有财产不分份额。这是共同共有与按份共有的主要区别；第三，在共同共有中，各共有人平等地对共有物享有权利和承担义务。

116. 民法典对共有人管理共有物是如何规定的？

《民法典》第 300 条规定："共有人按照约定管理共有的不动产或者动产；没有约定或者约定不明确的，各共有人都有管理的权利和义务。"

多人共有一物的，对共有物的管理是事关各共有人的大事，所以也是共有相关法律规范中的重要内容。只有明确了各共有人之间在管理共有物方面的权利和义务关系，才能减少共有人之间发生纠纷的可能性，使共有物更大地发挥其作用和价值，为全体共有人服务。

第 300 条规定的对共有物的"管理"是一个外延宽泛的大概念。包括共有人对共有物的保存、使用方法和简易修缮。对共有物的处分和重大修缮则不属于对共有物管理的内容，而是在物权编第八章共有中另条规定。另外，这一条没有区分按份共有、共同共有而对共有物的管理分别作出规定，应当说按份共有人与共同共有人对共有物的管理的权利、义务还是略有区别的。

117. 按份共有人如何对共有物进行管理?

1. 按份共有人对共有物的保存。

对共有物的保存是指以维持共有物的现状为目的，保持共有物的完好状态，通过相应的管理措施，避免共有物的毁损、灭失。

2. 按份共有人对共有物的使用方法。

按份共有人对共有物的使用与按份共有人决定对共有物的使用方法是两个性质不同的问题。按份共有人对共有物的使用及收益分配是《民法典》第 298 条调整的内容，即各共有人按照其份额对共有物享有所有权；而按份共有人商定对共有物的使用方法则属于对共有物管理的内容。因为对共有物的使用方法决定着共有物的状态及使用寿命。

3. 按份共有人对共有物的简易修缮。

对共有物的简易修缮与对共有物的重大修缮不同。对共有物的简易修缮是出于对共有物的保存目的，即保持共有物现有的状态。例如，给共有的房屋破损的玻璃换上好的玻璃等。而对共有物作重大修缮，目的往往是增加共有物的效用或价值。例如，将共有居住房屋改造成商业用房出租。对共有物的重大修缮，往往需费过巨，依照《民法典》第 301 条的规定，需要在按份共有人间实行多数决定通过。而对共有物的简易修缮，往往需费甚少，按这一条规定，只需共有人按约定办理。如果没有约定或者约定不明确的，各共有人都有义务对共有物作简易修缮。

118. 民法典对共有物的处分及重大修缮、变更性质或者用途是如何规定的?

《民法典》第 301 条规定：“处分共有的不动产或者动产以及对共有的不动产或者动产作重大修缮、变更性质或者用途的，应当经占份额三分之二以上的按份共有人或者全体共同共有人同意，但是共有人之间另有约定的除外。”

《民法典》第 301 条区分按份共有和共同共有，对共有物的处分或者重大修缮问题作出了不同的规定。

119. 按份共有人如何对共有物进行处分?

民法典在对按份共有物的处分问题上兼顾效益原则和公平原则，在对共有物的处分问题上，实行“绝对多数决”原则。即：占份额三分之二以上的按份共有人同意，即可处分共有物。传统民法从公平原则出发，规定只有在全体按份共有人同意的前提下，才能对共有物进行处分。在我国物权法的起草过程中，经过对此问题深入细致地研究，认为传统民法的规定存在一定弊端，并不能适应新时代对物尽其用的要求。全体同意原则不仅使按份共有人间易滋生矛盾，丧失合作信心，也会阻碍物之及时有效的利用。在当今社会，机会稍纵即逝，很多情况下，等到每个共有人都首肯，机会早已丧失，物则不能尽其用。因此，我国物权法在对按份共有的共有物处分问题上采用“绝对多数决”的原则。本次民法典编纂沿用了物权法的规定，未作修改。但如果按份共有人约定对共有物的处分应经全体共有人一致同意，则应当依照约定行事。

120. 按份共有人如何对共有物进行重大修缮、变更性质或者用途?

按份共有人对共有物的重大修缮，指在不改变共有物性质的前提下，提高共有物的效用或者增加共有物的价值。例如，甲乙丙兄弟三人决定将共有的房屋重建。由于对共有物的重大修缮较对共有物的保存而言需费较大，需要各共有人按照自己所占共有物份额的比例支付重大修缮费用，因此为维护多数共有人的利益，我国物权法对共有物作重大修缮的行为规定实行“绝对多数决”的原则，即占共有物三分之二以上份额的共有人同意，才能对共有物作重大修缮。

《民法典》第 301 条只是规定占份额三分之二以上共有人同意，即可对共有物进行重大修缮。应当说这样规定是有其合理性的。因为既能体现物尽其用的原则，又能兼顾多数共有人的利益，可以说是兼顾了效率原则与公平原则。

121. 共同共有人如何对共有物进行处分?

共同共有根据共同关系而产生，以共同关系的存在为前提。共同共有最重要的特征之一就是各共有人平等地对共有物享有权利并承担义务。因此，处分共有物必须经全体共同共有人同意。例如，甲乙二人为夫妻关系，甲乙二人共同共有一辆汽车。在对这辆汽车的转让问题上，必须在甲乙二人一致同意转让的前提下，才能进行。

对共同共有物的处分须经全体共有人“一致决”的原则是传统民法的通例。在我国司法实践中也是坚持对共有物须经全体共同共有人一致决的原则。《最高人民法院关于贯彻执行〈中华人民共和国民法通则〉若干问题的意见（试行）》第 89 条规定：“共同共有人对共有财产享有共同的权利，承担共同的义务。在共同共有关系存续期间，部分共有人擅自处分共有财产的，一般认定无效。但第三人善意、有偿取得该项财产的，应当维护第三人的合法权益；对其他共有人的损失，由擅自处分共有财产的人赔偿。”

法律规定对共有物的处分须经全体共同共有人同意，但共有人另有约定的除外。例如甲乙二人为夫妻关系，甲乙二人可以对共有财产约定一个各自可以处分的财产范围，例如对价值 100 元以下的共有财产的处分，可以不经过另一共有人的同意。如果双方有此约定，则依约定行事。

共同共有最重要的特征之一就是各共有人平等地对共有物享有权利并承担义务。《民法典》第 1062 条第 2 款规定：“夫妻对共同财产，有平等的处理权。”

122. 共同共有人如何对共有物进行重大修缮、变更性质或者用途?

无论是夫妻共有财产，还是家庭共有财产，对共有财产作重大修缮，特别是对价值较大的共有财产作重大修缮，往往事关各共有人的利益，一般需要从共有财产中支付费用，还可能基于修缮而使共有人在一段时间内不能使用，或者影响共有物所创造的价值。所以《民法典》第 301 条规定，在对共有物作重大修缮的，须经全体共同共有人一致同意，但共有人另有约定的除外。

共同共有最重要的特征之一就是各共有人平等地对共有物享有权利和承担义务。共同共有以法律规定的或者合同约定的共同关系为前提，而这种共有关系的当事人之间在多数情况下具有一定的人身关系，如婚姻关系或者亲属关系。家庭是社会的细胞，家庭成员之间除了具有人身关系之外，还具有一定的财产关系，而共同共有则是家庭财产的一个常态。法律为了维护家庭关系的稳定，有必要对夫妻共有、家庭共有等共有形式的共有人之间的权利义务作出明确规定，在保护各共有人利益的同时，也维护共有人之间的和睦。

123. 共有人如何承担共有物的管理费用?

《民法典》第 302 条规定：“共有人对共有物的管理费用以

及其他负担，有约定的，按照其约定；没有约定或者约定不明确的，按份共有人按照其份额负担，共同共有人共同负担。”

对共有物的管理费用主要包括以下几项：

第一，对共有物的保存费用，即为保持共有物免于毁损、灭失，处于良好安全状态或使用状态而支付的费用。例如对共有的汽车在一年中支付的保险费、养路费、车船使用税、保养费、存放费等。

第二，对共有物作简易修缮或者重大修缮所支出的费用。如修理共有的电视机所支付的修理费；装修共有房屋所支付的费用。

对共有物的其他负担，例如因为共有物对共有人以外的人造成损害，而向受害人支付的偿金。如共有的房屋倒塌造成他人损害，而向受害人赔偿的医疗费、误工损失费等。

在按份共有中，对共有物的管理费用以及其他负担，有约定的，按照约定；没有约定或者约定不明确的，按份共有人按照其份额负担。

在共同共有中，对共有物的管理费用以及其他负担，原则上由共同共有人共同负担，即从其他的共有财产，如共有的积蓄中支付，但是共同共有人另有约定的，依照其约定。

124. 分割共有财产的原则有哪些？

《民法典》第 303 条规定：“共有人约定不得分割共有的不动产或者动产，以维持共有关系的，应当按照约定，但是共有人有重大理由需要分割的，可以请求分割；没有约定或者约定不明确的，按份共有人可以随时请求分割，共同共有人在共有的基础丧失或者有重大理由需要分割时可以请求分割。因分割造成其他共有人损害的，应当给予赔偿。”

这一条规定了分割共有财产的三种基本原则：

1. 依据共有人约定分割的原则。

无论是按份共有，还是共同共有，共有人对共有财产的分割有约定的依其约定。共有人约定不得分割共有的不动产或者动产，以维持共有关系的，应当按照约定，但共有人有重大理由需要分割的，可以请求分割。

2. 依法分割的原则。

共有人对共有财产是否可以分割，在什么情况下可以分割没有约定，或者约定不明确的，应当依据民法典的规定予以分割。即这一条规定的，按份共有人可以随时请求分割，共同共有人在共有的基础丧失或者有重大理由需要分割时可以请求分割。

（1）按份共有人可以随时请求分割。按份共有是各共有人按照确定的份额对共有财产享有权利承担义务的共有。按份共有人对其应有份额享有相当于分别所有的权利。因此，按份共有关系存续期间，按份共有人有权请求从共有财产中分割出属于自己的份额。这种请求不需要征得其他共有人的同意，只要共有人提出请求，就会产生分割的后果。

（2）共同共有人在共有的基础丧失或者有重大理由需要分割时可以请求分割。共同共有是共有人对全部共有财产不分份额地享有权利承担义务的共有。在共有关系存续期间，各共有人对共有财产没有确定的份额，无论在权利的享有上还是在义务的负担上都无份额比例之分。那么，在共有人对共有财产的分割没有约定的情况下，通常共有人只有在共同共有关系消灭时才能协商确定各自的财产份额，对共有财产予以分割。因此，这一条规定共同共有人在共有的基础丧失或者有重大理由需要分割时可以请求分割共有财产。共同共有人共有的基础丧失，如夫妻财产的共同共有，因婚姻关系的解除而失去了共有的基础，在这种情况下，夫或者妻一方可以请求分割共有的财产。有重大理由需要分割，如在婚姻关系存续期间，夫妻二人约定由原来的夫妻共同财产制，改变为夫妻分别财产制，在这种情况下，夫或者妻一方也可以请求分割共有的财产。本次《民法典》第 1066 条增加规定了婚姻关系存续期间，夫妻一方可以向人民法院请求分割共同财产的情形。

3. 损害赔偿的原则。

共有财产关系的客体为一项特定的统一的财产，如图书馆，其功能、作用、价值是确定的。因某些法定的特殊原因，共有人分割共有财产，会使共有财产的功能丧失或者削弱，降低它的价值，还有可能给其他共有人造成损害，因此这一条规定，因分割对其他共有人造成损害的，应当给予赔偿。

125. 共有物分割可以采取哪些方式？

《民法典》第 304 条规定："共有人可以协商确定分割方式。达不成协议，共有的不动产或者动产可以分割并且不会因分割减损价值的，应当对实物予以分割；难以分割或者因分割会减损价值的，应当对折价或者拍卖、变卖取得的价款予以分割。

共有人分割所得的不动产或者动产有瑕疵的，其他共有人应当分担损失。”

分割共有的不动产或者动产，可以采取各共有人间协商确定的方式。协商的内容，由共有人自由决定，当然须得共有人全体的同意。当无法达成协议时，共有人可提请法院进行裁判分割。裁判分割应遵循这一条规定的关于实物分割、变价分割或者折价赔偿的原则：（1）实物分割。在不影响共有物的使用价值和特定用途时，可以对共有物进行实物分割。（2）变价分割。如果共有物无法进行实物分割，例如，甲乙共有一头牛或者一辆汽车，实物分割将减损物的使用价值或者改变物的特定用途时，应当将共有物进行拍卖或者变卖，对所得价款进行分割。还有一种情形，也适用变价分割的方式，即各共有人都不愿意接受共有物，这时也可以采取将共有物出卖，分割价金的方式。（3）折价赔偿。折价赔偿的分割方式主要存在于如下情形，即对于不可分割或者分割将减损其价值的共有物，如果共有人中的一人愿意取得共有物，可以由该共有人取得共有物，并由该共有人向其他共有人作价赔偿。

这一条第 2 款规定，共有人分割所得的不动产或者动产有瑕疵的，其他共有人应当分担损失，即所谓的瑕疵担保责任，包括权利的瑕疵担保责任和物的瑕疵担保责任。前者指共有人应担保第三人就其他共有人分得之物不得主张任何权利；后者指共有人对其他共有人应担保其分得部分于分割前未隐含瑕疵。本款的规定是为了防止共有物分割后，共有人发现权利或者利益受到侵害而得不到赔偿的情况发生。此种瑕疵担保责任，应同于合同法中出卖人对买受人所负的瑕疵担保责任。

126. 民法典为何规定按份共有人可以转让其享有的份额?

《民法典》第305条中规定:“按份共有人可以转让其享有的共有的不动产或者动产份额。其他共有人在同等条件下享有优先购买的权利。”在共有关系存续期间,按份共有人有权转让其享有的共有的不动产或者动产份额。各共有人有权处分其份额的原因如下:(1)按份共有中各共有人的所有权可划分为份额,各共有人拥有其份额,自然有权将其份额进行处分,这是买卖自由原则的体现,也是所有权的本质所决定的。(2)我国现行法的规定也未限制共有人处分其份额的权利。

127. 按份共有人转让其享有的份额时,如何分割共有物?

《民法典》第305条规定:“按份共有人可以转让其享有的共有的不动产或者动产份额。其他共有人在同等条件下享有优先购买的权利。”共有人转让共有份额后,受让人可能继续与其他原共有人共有,或者分割共有份额。共有人请求分割共有物的行为是一种单方法律行为,一经作出即产生效力。分割共有物的方法依据当事人的约定,如果当事人没有约定或约定不明时,则按照以下方法加以分割:(1)如果共有物能够分割,则将共有物按照共有人各自的份额加以分配;(2)如果共有物不适合分割,如分割会减少共有物的价值,则可以将共有物拍卖或变卖而分割其价金,或者共有人之一人取得共有物,向其他共有人按照各自的份额支付相应的对价。

128. 按份共有人转让其享有的份额是否需要经过其他共有人同意？

在一般情况下，按份共有人转让其享有的共有份额，无须得到其他共有人同意。但各共有人不得侵害其他共有人的利益，并受法律的限制。法律有特别规定的，共有人处分其份额应遵守法律的规定。如《海商法》第16条第1款规定："船舶共有人就共有船舶设定抵押权，应当取得持有三分之二以上份额的共有人的同意，共有人之间另有约定的除外。"此外，在共有关系中有禁止共有人出让其份额的约定的，对共有人应当具有约束力。共有人之一不按照约定处分自己应有份额的，应当无效。但是这种约定是对所有关系的特别限制，不能对抗善意第三人，如果第三人受让其份额为善意无过失，发生共有份额所有权转移的后果。

129. 如何理解按份共有人转让其享有的份额时其他共有人的优先购买权？

《民法典》第305条规定："按份共有人可以转让其享有的共有的不动产或者动产份额……"共有人转让其份额时其他共有人在同等条件下享有优先购买权。此处"同等条件下"是指其他共有人就购买该份额所给出的价格等条件与欲购买该份额的共有关系以外的第三人相同。即当其他共有人与第三人出价相同时，其他共有人有优先购买的权利。法律规定其他共有人优先购买权，是为了简化共有关系，防止因外人的介入而使共有人内部关系趋于复杂。此处优先购买权是共有人相对于非共有人而言的，在共有人之间并无优先的问题，当数个共有人均欲行使其优先购买权时，应由出卖人自行决定。此种优先购买权仅具有债的效力，不得对抗善意第三人。而且共有人有相反的约定的，依其约定。

130. 按份共有人转让其享有的共有的不动产或者动产份额的，是否应当通知其他共有人？

《民法典》第 306 条第 1 款规定："按份共有人转让其享有的共有的不动产或者动产份额的，应当将转让条件及时通知其他共有人。其他共有人应当在合理期限内行使优先购买权。"

按份共有人转让其享有的共有的不动产或者动产份额的，应当将转让条件及时通知其他共有人。按份共有人欲转让其享有的共有的不动产或者动产份额的，其他共有人决定是否行使同等条件下的优先购买权的前提是其知道欲转让份额的按份共有人的转让条件，因此，根据这一规定，按份共有人首先应当将转让条件及时通知其他共有人。

131. 按份共有人行使优先购买权有无期限要求？

《民法典》第 306 条第 1 款规定："按份共有人转让其享有的共有的不动产或者动产份额的，应当将转让条件及时通知其他共有人。其他共有人应当在合理期限内行使优先购买权。"

根据这一条规定，其他共有人知道了转让条件后，应当在合理期限内行使优先购买权。因具体的行使期限情况比较复杂，这一条未规定具体的期限，只规定了其他共有人应当在“合理期限”内行使优先购买权，实践中如何确定“合理期限”，可以参考司法解释的相关规定。《最高人民法院关于适用〈中华人民共和国物权法〉若干问题的解释（一）》第11条规定，优先购买权的行使期间，按份共有人之间有约定的，按照约定处理；没有约定或者约定不明的，按照下列情形确定：（1）转让人向其他按份共有人发出的包含同等条件内容的通知中载明行使期间的，以该期间为准；（2）通知中未载明行使期间，或者载明的期间短于通知送达之日起15日的，为15日；（3）转让人未通知的，为其他按份共有人知道或者应当知道最终确定的同等条件之日起15日；（4）转让人未通知，且无法确定其他按份共有人知道或者应当知道最终确定的同等条件的，为共有份额权属转移之日起6个月。

132. 两个以上共有人都主张行使优先购买权的，如何处理？

《民法典》第306条第2款规定：“两个以上其他共有人主张行使优先购买权的，协商确定各自的购买比例；协商不成的，按照转让时各自的共有份额比例行使优先购买权。”

如果三人以上按份共有，其中一个按份共有人欲转让其享有的共有的不动产或者动产份额，其他两个以上共有人都主张行使优先购买权的，如何处理？根据这一条第2款的规定，首先两个以上其他共有人主张行使优先购买权的，协商确定各自的购买比例。如果协商不成的，按照转让时各自的共有份额比例行使优先购买权。《最高人民法院关于适用〈中华人民共和国物权法〉若干问题的解释（一）》第14条规定，两个以上按份共有人主张优先购买且协商不成时，请求按照转让时各自份额比例行使优先购买权的，应予支持。

133. 共有人对外如何享有权利，承担义务？

《民法典》第307条规定："因共有的不动产或者动产产生的债权债务，在对外关系上，共有人享有连带债权、承担连带债务，但是法律另有规定或者第三人知道共有人不具有连带债权债务关系的除外……"

这一条第一句中规定了因共有财产产生的债权债务关系的对外效力。按照该规定，不论是按份共有还是共同共有，只要是因共有的不动产或者动产产生的债权债务，在对外关系上，共有人对债权债务享有连带债权、承担连带债务，但法律另有规定或者第三人知道共有人不具有连带债权债务关系的除外。连带的方法，是共有人享有连带债权时任一共有人都可向第三人主张债权，共有人承担连带债务时，第三人可向任一共有人主张债权。

这一条对因共有财产产生的债权债务关系的对外效力不区分按份共有和共同共有，是为了保护善意第三人的权益，对于第三人来说，很难获知共有人的共有关系的性质，此种情形下若不使各共有人承担连带义务，很容易发生共有人推托履行义务的可能，对债权人不利。在第三人不知道共有人内部关系的情况下，法律规定共有人对其享有连带债权、承担连带债务，第三人可向共有人中的任何一个共有人主张其债权，从而保护了善意第三人的权利。

但是，当法律另有规定或者第三人知道共有人不具有连带债权债务关系时，共有人不用承担连带责任而是按照约定或者共有人享有的份额各自享有债权、承担债务。

134. 共有人在内部如何分配权利，分担义务？

《民法典》第 307 条规定："因共有的不动产或者动产产生的债权债务，在对外关系上，共有人享有连带债权、承担连带债务，但是法律另有规定或者第三人知道共有人不具有连带债权债务关系的除外；在共有人内部关系上，除共有人另有约定外，按份共有人按照份额享有债权、承担债务，共同共有人共同享有债权、承担债务……"

因共有财产产生的债权债务关系，在共有人内部关系上，除共有人另有约定外，按份共有人按照份额享有债权，承担债务；共同共有人共同享有债权，承担债务。

按份共有人按照其份额对共有的物享有所有权，在内部关系上，除共有人另有约定外，按份共有人按照其份额享有权利，承担义务。共同共有人共同对共有的物享有所有权。在内部关系上，共同共有人共同享有权利，承担义务。

135. 共有人偿还债务超过自己应当承担的份额时怎么办？

《民法典》第 307 条规定：“……偿还债务超过自己应当承担份额的按份共有人，有权向其他共有人追偿。”

偿还债务超过自己应当承担份额的按份共有人，有权向其他共有人追偿。这样规定的理论基础是按份共有人在内部关系上是按照其份额承担义务的。《合伙企业法》第 40 条规定：“合伙人由于承担无限连带责任，清偿数额超过本法第三十三条第一款规定的其亏损分担比例的，有权向其他合伙人追偿。”

136. 共有人对共有物没有约定是按份共有还是共同共有，或者约定不明确的，怎么办？

《民法典》第 308 条规定：“共有人对共有的不动产或者动产没有约定为按份共有或者共同共有，或者约定不明确的，除共有人具有家庭关系等外，视为按份共有。”

共同共有是指共有人对全部共有财产不分份额地享有权利并承担义务的共有。共同共有的共有人只有在共有关系消灭时才能协商确定各自的份额。当共有人对共有的不动产或动产没有约定为按份共有或者共同共有，或者约定不明确的，如果推定为共同共有，共有人对共有财产的份额还是不明确。因此，民法典规定，共有人对共有的不动产或者动产没有约定为按份共有或者共同共有，或者约定不明确的，除共有人具有家庭关系等外，视为按份共有。这样规定，在共有人对共有的不动产或者动产没有约定为按份共有或者共同共有，或者约定不明确时，就能很明确地确定各共有人享有的份额。

137. 按份共有人对共有的物所享有的份额，没有约定或者约定不明确的怎么办？

《民法典》第309条规定：“按份共有人对共有的不动产或者动产享有的份额，没有约定或者约定不明确的，按照出资额确定；不能确定出资额的，视为等额享有。”

份额是抽象的，并不是指共有物具体的或实体的部分，它既不是对共有物在量上的划分，也不是就共有物划分使用部分。份额是对共有物的所有权在观念上的划分，只是确定各共有人行使权利的比例或者范围而已。各按份共有人有权依其应有份额对共有物的全部行使权利。如两人共同出资购买了一套房屋，每人的应有份额为二分之一，并非每人对这套房屋享有所有权，而是在这套房屋上只有一个所有权，每人对这套房屋都享有二分之一的所有权。又如A、B二人共有一头羊，二者的份额相等，不能说羊头和腿属于A，羊的其他部分属于B，只能是在羊的利用上，二者享有同等权利或平均分配卖羊所得的价金。

按份共有人对共有的不动产或者动产享有的份额，有约定时，按照其约定确定份额，没有约定或者约定不明确时，首先按照出资额确定按份共有人享有的份额，在不能确定出资额的情况下，推定为等额享有。按份共有依共有人意思而成立，共有人应有份额依共有人的约定而定；没有特别约定，但共有关系基于有偿行为而发生的，按其出资比例而确定。既然共有关系的成立是当事人意思自治的结果，那么各共有人应有份额也应贯彻同样的原则，即由当事人约定，当事人没有约定应有份额时则依出资比例确定共有份额，在不能确定出资额的情况下，推定为等额享有，不仅易于操作，且能简化当事人之间的法律关系，符合社会生活中最基本的公平准则。

138. 两个以上组织、个人共同享有用益物权、担保物权时，是否可以适用共有的规定？

《民法典》第 310 条规定："两个以上组织、个人共同享有用益物权、担保物权的，参照适用本章的有关规定。"

民法典物权编中的共有制度是专为所有权的共有而规定的，但实际生活中，并非只有所有权才能共有，用益物权、担保物权均可共有。比如，二人以上共同享有一块土地的建设用地使用权。此种情况就是两个以上的主体共同享有用益物权。如甲乙丙三人分别借款给债务人丁，三人同时就丁所有的房屋设定一个抵押权，份额为均等，并办理一个抵押权登记时，就发生抵押权的准共有。此种情况就是两个以上的主体共同享有担保物权。这一条就对用益物权和担保物权的准共有作出的规定。两个以上的主体共同享有用益物权和担保物权的按份共有或共同共有，在性质上与对所有权的共有没有差别，为了条文的简约以及对实践中这种情况的处理，《民法典》第 310 条规定，两个以上组织、个人共同享有用益物权、担保物权的，参照适用本章的有关规定。

所谓准共有是指数人按份共有或者共同共有数人共同共有

所有权以外的财产权。准共有有以下特征：(1) 准共有的标的物是所有权之外的财产权，包括用益物权、担保物权等。(2) 准共有即准用共有的有关规定，各人就所有权之外的财产究竟是准用共同共有还是按份共有，应当视其共有关系而定。(3) 准共有准用按份共有或共同共有的前提是规范该财产权的法律没有特别规定。如果有，则应首先适用第九章所有权取得的特别规定。

139. 什么是物权的取得?

所有权取得可分为一般取得和特别取得，善意取得、拾得遗失物等财产取得方式是所有权的特别取得。讲所有权的特别取得需先讲物权的取得。物权的取得可细分为不动产物权的取得、动产物权的取得、用益物权的取得。

能够取得不动产物权、动产物权、用益物权的法律事实主要有以下行为和事实：(1) 合同。通过买卖、互易、赠与取得物权。(2) 善意取得。受让人基于对不动产登记、动产占有的信赖，以对价善意受让不动产、动产的物权，纵使出让人无转让的权利，受让人依然能够取得该不动产、动产的物权。(3) 继承、遗赠。公民死亡后，继承人、受遗赠人取得遗产的物权。公民死亡的时间是继承人、受遗赠人取得遗产物权的时间。(4) 赔偿、补偿。通过获得赔偿、补偿取得物权。(5) 判决、裁决。通过人民法院判决、仲裁庭裁决取得物权。判决、裁决生效的时间是当事人取得物权的时间。(6) 划拨。通过划拨取得物权。(7) 时效。通过取得时效取得物权。(8) 生产。通过生产劳动取得物的所有权。产品成就的时间是当事人取得产品所有权的时间。(9) 先占。通过先占取得动产所有权。(10) 添附。通过添附取得动产所有权。(11) 收归。将无主物、无人认领的遗失物等、无人继承又无人受遗赠的遗产收归国有，将无人继承又无人受遗赠的遗产收归集体所有。(12) 征收。通过征收税费和政府有偿征收，取得物的所有权。(13) 没收。通过没收从事违法活动的财产，取得物的所有权。(14) 罚款。通过罚款取得金钱所有权。

财产权的取得还可分为合法取得和违法取得。财产权的合法取得，指财产权的取得符合法律规定。《民法通则》第 72 条第 1 款规定："财产所有权的取得，不得违反法律规定。"所有权的取得，应当符合法律规定。

财产权的违法取得，指财产权的取得违反法律规定。对于违法取得的偷盗物、抢劫物、抢夺物、贪污物，偷盗人、抢劫人、抢夺人、贪污人不能取得物的所有权，这些物品的所有人不变。

140. 什么是善意取得?

善意取得，指受让人以财产所有权转移为目的，善意、对价受让且占有该财产，即使出让人无转移所有权的权利，受让人仍取得其所有权。善意取得既适用于动产，又可适用于不动产。善意取得中的受让人需是善意的，即不知出让人是无处分权人，否则不构成善意取得。

善意取得是所有权特别取得的重要方式，善意取得的条件包括：第一，受让人需是善意的，不知出让人是无处分权人。

第二，受让人支付了合理的价款。第三，转让的财产应当登记的已经登记，不需要登记的已经交付给受让人。三项条件必须同时具备，否则不构成善意取得。

善意取得既适用于动产，又可适用于不动产。当事人出于善意，从无处分权人手中购买了房屋并登记过户，善意人取得房屋所有权。

有意见认为善意取得对所有权人保护不利。善意取得对所有权人有一定限制，但善意取得基于占有的公信力，旨在维护交易安全，这项制度存在是必要的。

141. 什么是遗失物的善意取得?

遗失物的善意取得是善意取得的特殊问题。对此问题，《民法典》第 312 条规定：“所有权人或者其他权利人有权追回遗失物。该遗失物通过转让被他人占有的，权利人有权向无处分权人请求损害赔偿，或者自知道或者应当知道受让人之日起二年内向受让人请求返还原物；但是，受让人通过拍卖或者向具有经营资格的经营者购得该遗失物的，权利人请求返还原物时应当支付受让人所付的费用。权利人向受让人支付所付费用后，有权向无处分权人追偿。”

出让人让与的动产若是遗失物，遗失人有权向善意取得人请求返还原物，善意取得人应当返还，善意取得人返还后可以向让与人追偿。倘若该遗失物是由善意取得人通过拍卖或者向具有经营资格的经营者购得，遗失人需偿还其购买之价金，方能取回其物。

对善意取得的另一意见，认为应当规定盗赃物的善意取得。物权法没有规定盗赃物的善意取得，立法的考虑是，对被盗、被抢的财物，所有权人主要通过司法机关依照刑法、刑事诉讼法、治安管理处罚法等有关法律的规定追缴后退回。在追赃过程中，如何保护善意受让人的权益，维护交易安全和社会经济秩序，可以通过进一步完善有关法律规定解决，物权法对此可以不作规定。

142. 善意受让人取得动产后，该动产上的原有权利是否消灭？

《民法典》第313条规定："善意受让人取得动产后，该动产上的原有权利消灭。但是，善意受让人在受让时知道或者应当知道该权利的除外。"因此，善意受让人取得动产后，该动产上的原有权利消灭。例如，该动产上有抵押的权利，抵押权消灭。但是，善意受让人取得动产时，知道该动产已被抵押的，抵押权不消灭。

143. 拾得遗失物要不要返还？

《民法典》第314条规定："拾得遗失物，应当返还权利人。拾得人应当及时通知权利人领取，或者送交公安等有关部门。"《民法通则》第79条规定："所有人不明的埋藏物、隐藏物，归国家所有。接收单位应当对上缴的单位或者个人，给予表扬或者物质奖励。拾得遗失物、漂流物或者失散的饲养动物，应当归还失主，因此而支出的费用由失主偿还。”《铁路旅客运输规程》第55条规定，对旅客的遗失物品应设法归还原主。如旅客已经下车，应编制客运记录，注明品名、件数等移交下车站。不能判明时，移交列车终点站。

遗失物是非故意抛弃而丢失的物品。遗失物与废弃物不同，废弃物是故意抛弃之物。丢失遗失物的人，称遗失物丢失人。拾得遗失物，是发现并占有遗失物。拾得遗失物的人，称拾得人。

拾得人拾得遗失物，知道遗失物所有人的，应当及时通知其领取，或者送交遗失物；不知道遗失物丢失人的，可以张贴招领告示，寻找遗失物丢失人；也可以将遗失物上缴公安机关或者有关单位，例如，学生将捡到的手套交学校。

144. 有关部门收到遗失物后该怎样处理？

《民法典》第315条规定：“有关部门收到遗失物，知道权利人的，应当及时通知其领取；不知道的，应当及时发布招领公告。”

有关单位收到遗失物，应当查找遗失物丢失人，请其认领。无人认领的，上缴公安机关。

公安机关收到遗失物，应当查找遗失物丢失人，请其认领，或者存放遗失物品招领处，待人认领。自公安机关收到遗失物发布招领公告之日起6个月无人认领的，遗失物归国家所有。公安机关可以拍卖、变卖遗失物，所得价金缴国库。

145. 什么是遗失物的保管?

对遗失物的保管,《民法典》第 316 条规定:“拾得人在遗失物送交有关部门前,有关部门在遗失物被领取前,应当妥善保管遗失物。因故意或者重大过失致使遗失物毁损、灭失的,应当承担民事责任。”

《最高人民法院关于贯彻执行〈中华人民共和国民法通则〉若干问题的意见(试行)》第 94 条规定,拾得物灭失、毁损,非因拾得人故意造成的,不承担民事责任。拾得人将拾得物据为己有的,应当责令其返还或者承担赔偿责任。

拾得人拾得遗失物,在返还失主或者送交有关部门前,应当妥善保管遗失物。有关部门收到遗失物在遗失物被领取前,也应当妥善保管遗失物。拾得人或者有关部门因故意或者重大过失致使遗失物损坏灭失的,应当承担民事责任。

遗失物不易保管或者保管费用过高的,公安机关可以及时拍卖、变卖,保存价金。拾得人和有关单位不能自行拍卖、变卖遗失物。

146. 拾得人拾得遗失物能向遗失物丢失人请求报酬吗?

《民法典》第 317 条规定:“权利人领取遗失物时,应当向拾得人或者有关部门支付保管遗失物等支出的必要费用。权利人悬赏寻找遗失物的,领取遗失物时应当按照承诺履行义务。拾得人侵占遗失物的,无权请求保管遗失物等支出的费用,也无权请求权利人按照承诺履行义务。”

对返还遗失物是拾金不昧还是获取报酬，有不同的规定。德国、瑞士、日本和我国台湾地区的民法典都规定了拾得人可以向有权受领人请求拾得人的报酬。

拾得人拾得遗失物，有人主张拾得人应获得报酬，遗失物所有人不支付酬金的，拾得人享有留置权。物权法未采纳这种意见。路不拾遗、拾金不昧是崇高道德风尚，立法要有价值取向，弘扬中华传统美德。拾得人因拾得遗失物、寻找遗失物丢失人、保管遗失物而实际支付的费用，可以按无因管理请求遗失物所有人偿还。无人认领的，由公安机关在上缴国库前支付。

拾得人隐匿遗失物据为己有的，构成侵犯所有权。遗失物所有人可以请拾得人偿还，公安机关可以责令拾得人缴出。拾得人丧失报酬和费用请求权。拾得人将数额较大的遗失物占为己有，拒不交出构成犯罪的，处二年以上五年以下有期徒刑，并处罚金。

147. 无人认领的遗失物归谁所有?

无人认领的遗失物归国家所有。对于认定财产无主案件，《民事诉讼法》第192条规定，人民法院受理申请后，经审查核实，应当发出财产认领公告。公告满一年无人认领的，判决认定财产无主，收归国家或者集体所有。对于无人认领的遗失物，《民法典》第318条规定，遗失物自发布招领公告之日起一年内无人认领的，归国家所有。

公安机关收到遗失物，应当查找遗失物丢失人，请其认领，或者存放遗失物品招领处，待人认领。自公安机关收到遗失物发布招领公告之日起 6 个月无人认领的，遗失物归国家所有。公安机关可以拍卖、变卖遗失物，所得价金缴国库。

148. 拾得漂流物、发现埋藏物或者隐藏物该如何处理？

《民法典》第 319 条规定：“拾得漂流物、发现埋藏物或者隐藏物的，参照适用拾得遗失物的有关规定。法律另有规定的，依照其规定。”

对于这个问题，除了民法典之外，还有一些法律、行政法规等都作了相关规定，如：《刑法》第 270 条规定，将代为保管的他人财物非法占为己有，数额较大，拒不退还的，处二年以下有期徒刑、拘役或者罚金；数额巨大或者有其他严重情节的，处二年以上五年以下有期徒刑，并处罚金。将他人的遗忘物或者埋藏物非法占为己有，数额较大，拒不交出的，依照前款的规定处罚。本条罪，告诉的才处理。《城镇国有土地使用权出让和转让暂行条例》第 2 条第 1 款规定，国家按照所有权与使用权分离的原则，实行城镇国有土地使用权出让、转让制度，但地下资源、埋藏物和市政公用设施除外。

漂流物、埋藏物和隐藏物的现实问题非常复杂，应当分情况区别处理：

1. 拾得漂流物或者失散的饲养动物，应当归还失主，因此而支出的费用由失主偿还。拾得漂流物、失散的饲养动物，可参照拾得遗失物的相关规定。

2. 发现埋藏物。埋藏物品的人，称埋藏人。发现埋藏物的人，称发现人。发现人发现埋藏物，可视情况分别处理：一是能够判定埋藏人，且埋藏物不易为他人发现，发现人可以不挖取埋藏物，并将埋藏物继续掩埋好，且将发现情况告知埋藏人。二是能够判定埋藏人，且埋藏物易为他人发现，发现人可依前种情形处理，也可以将埋藏物挖出，交还埋藏人。三是不能判定埋藏人，且埋藏物不易为他人发现，发现人可以不挖取埋藏物，并将埋藏物继续掩埋好。发现人可以将发现情况告知有关单位或者公安机关。四是不能判定埋藏人，且埋藏物易为他人发现，发现人可依前种情形处理，也可以挖取埋藏物，按拾得不知遗失物丢失人的遗失物的办法处理。发现人发现的埋藏物倘若是文物，应依文物保护法处理。

3. 发现隐藏物。隐藏物是隐藏于它物之中的物品，如隐藏于夹墙中的物品。隐藏物品的人，称隐藏人，发现隐藏物的人，称发现人。发现隐藏物适用发现埋藏物的相关规定。

149. 如果拾得的漂流物、发现的埋藏物或者隐藏物为文物的该如何处理？

由于漂流物、埋藏物和隐藏物的概念在外延上同“文物”的概念存在交叉，在如何处理埋藏物和隐藏物的问题上，有的意见认为，埋藏物和隐藏物的问题复杂，近期的埋藏物、隐藏物可视为遗失物处理，但历史上的埋藏物，属于文物。根据文物保护法的规定，中华人民共和国境内地下、内水和领海中遗存的一切文物，属于国家所有，任何单位或者个人非经报批都不得私自发掘，非以发掘为目的的基本建设工程或者农业生产活动中，任何单位或者个人发现文物，应立即报告当地文化行政管理部门。

考虑到文物保护法中对构成文物的物（包括漂流物、埋藏物和隐藏物）的权属及处理程序作了详细规定，因此对于文物的处理不宜笼统参照拾得遗失物的有关规定，所以《民法典》第319条规定但书“法律另有规定的，依照其规定”。此外，由于遗失物、漂流物、埋藏物和隐藏物的概念在外延上同“文物”的概念存在交叉，无论是遗失物、漂流物、埋藏物或者隐藏物，只要构成“文物”，文物保护法的规定将优先适用。

150. 民法典对主物、从物是如何规定的?

《民法典》第320条规定：“主物转让的，从物随主物转让，但是当事人另有约定的除外。”主物与从物的划分规则，是指在两个以上的物发生互相附着或者聚合而且在经济上发生密切的关联之后，当物上的权利发生变动时，为确定物的归属所适用的规则。物的主从关系的划分并非人为拟制，而是经济实践的反映。现实中的物常常是由许多单一物结合在一起组成的物。当物上的权利发生变动时，必须考虑各部分是否也随之发生权利的变动，因此制定主物与从物之间的关系规则非常必要。

要准确把握这一条关于主物转让的，从物随主物转让的一般规则，首先需要对主物和从物的概念进行理解。主物、从物的概念不同于物的整体与其重要成分之间的关系。物的重要成分是物的组成部分，而主物和从物在聚合之前分别为独立的物。例如，自行车与车锁，在聚合之前为独立的物。在聚合之后，根据它们的作用可以决定主从关系，并决定权利的变动。但物的重要成分与物的整体本身就是一个物，例如汽车与其发动机，如果没有发动机的作用，汽车就不能称之为汽车，也就无法发挥物的整体的效用。因此法律上的规则是，不许可在物的整体上和该物的重要成分上分设两个独立的权利；而主物从物之间的关系却不同，在从物随主物转让的一般规则下，均承认当事人例外约定的效力。例如甲将自行车出售给乙，完全可以约定自行车车锁不售仍由甲所有。

正是基于对主物从物仍为两物的认识，各国立法例均作出规定，许可原权利人依特别的约定对从物进行处分。这一考虑的基本原因在于：主物和从物毕竟是两个物，从物附着于主物一般也有其可分性，从物与主物的分离并不妨碍主物的经济效用的发挥。

最后一点需要说明的是，在主物和从物的关系中，必须有从物附着于主物的事实，即主物和从物必须发生空间上的联系，并且从物对主物需发挥辅助性的作用。

151. 民法典对孳息归属是如何规定的?

《民法典》第 321 条规定：“天然孳息，由所有权人取得；既有所有权人又有用益物权人的，由用益物权人取得。当事人另有约定的，按照其约定。法定孳息，当事人有约定的，按照约定取得；没有约定或者约定不明确的，按照交易习惯取得。”

孳息是与原物相对而言的，指由原物而产生的物，包括天然孳息与法定孳息：

1. 天然孳息的概念和归属。天然孳息是指依物的自然属性所产生的物。天然孳息的范围非常广，主要来源于种植业和养殖业，如耕作土地获得粮食和其他出产物，种植果树产生果实，养殖牲畜获得种子畜和奶产品等。天然孳息是原物的出产物，一方面人们占有使用原物并对其进行生产劳动，其目的就是获得出产物、收获物，因此法律规定天然孳息的归属，实际上就是对劳动的保护；另一方面日常生活中也常发生原物在脱离所有权人的情况下而产生孳息的情形，因此确定孳息的归属尤显必要。

天然孳息，自从与原物脱离后，会立即产生归属的问题，但是关于天然孳息的处理原则，民法中甚为复杂。根据我国物权法，关于天然孳息归属的基本规则，是在承认原物的所有权人有取得权利的大前提下，同时许可他人享有排斥原物所有权人的取得权利。他人的这一权利可以基于物权产生，例如基于用益物权；也可因债权产生，例如因当事人约定而取得孳息。

2. 法定孳息的概念和归属。法定孳息是指依一定的法律关系由原物所生的物，是原物的所有权人进行租赁、投资等特定的民事法律活动而应当获得的合法收益。如房屋出租所得的租金，依股本金所得的股息等。

法定孳息（利息、租金等）按照一般的交易规则，利息应由债权人取得，租金应由出租人取得，但也不排除其他情形的存在。因此关于法定孳息的归属，原则更为变通。物权法因此规定，当事人有约定的，按照约定取得；没有约定或者约定不明确的，按照交易习惯取得。

152. 什么是添附？

加工、附合、混合统称添附，是指不同所有人的物被结合、混合在一起成为一个新物，或者利用别人之物加工成为新物的事实状态。其中附合、混合为物与物相结合，加工为劳力与他人之物相结合。添附的发生有的基于人的行为，也有的基于自然的偶然因素。添附包括三种情况：

一是加工。加工是指将他人的物加工制造成新物。加工是一种事实行为，是劳动与动产的结合，包括劳力、知识技术与时间的投入。比如，在他人的纸张上作画成为艺术品，或将他人的树根进行雕刻成为根雕艺术品等。值得注意的是，这一条中的加工是一种事实行为，加工他人材料制造成新物，不包括存在加工承揽合同的情况。

关于加工物的归属问题，有材料主义与加工主义两种观点。材料主义认为，有材料才能加工，加工后虽形式发生改变，但材料的本质并未变化，因此应由材料所有人取得加工物的所有权。加工主义认为，加工物的形成是加工人劳动的成果，应由加工人取得所有权。其他国家和地区有两种规定模式，一种是以材料主义为原则，以加工主义为例外，如法国、日本和我国台湾地区；另一种是以加工主义为原则，以材料主义为例外，如德国和瑞士。

二是附合。附合是指不同所有人的物密切结合在一起而成为一种新物。比如，误将他人的漆刷了自己的墙。

三是混合。混合是指不同所有人的物掺合、融合在一起而成为新物。比如，误将两人的米混合在一起、误将两人的油混合在一起等。无法识别，或者虽有办法识别分离，但识别分离经济上不合理。混合和附合的不同在于，混合后各所有人的原物已达到不能凭视觉识别的程度。

153. 因添附产生的物如何确定归属？

《民法典》第322条规定："因加工、附合、混合而产生的物的归属，有约定的，按照约定；没有约定或者约定不明确的，依照法律规定；法律没有规定的，按照充分发挥物的效用以及保护无过错当事人的原则确定。因一方当事人的过错或者确定物的归属造成另一方当事人损害的，应当给予赔偿或者补偿。"

根据这一条规定，因加工、附合、混合而产生的物的归属，按照以下原则确定：

首先，有约定的，按照约定。当事人之间如果就因添附产生的物的归属有约定的，确定因添附产生的物的归属时，先按照当事人的约定。

其次，没有约定或者约定不明确的，依照法律规定。如果当事人未就因添附产生的物的归属事先作约定，或者事先约定了，但约定不明确的，依照法律规定确定物的归属。

最后，法律没有规定的，按照充分发挥物的效用以及保护无过错当事人的原则确定。如果当事人未就因添附产生的物的归属事先作出约定，也没有相应的法律规定的，按照两个原则确定物的归属：

一是充分发挥物的效用原则。法律把添附作为取得所有权的一种根据，其原因就在于添附发生后，要恢复各物之原状事实上已不可能，或者虽有可能但经济上很不合理，因此有必要使添附物归一方所有或各方共有。确定添附物的归属时，应以充分发挥物的效用为原则。一般情况下，加工他人的动产的，加工物的所有权属于材料的所有权人。但是，因加工致使其价值显著大于原材料价值的，可以由加工人取得该加工物的所有权。动产因附合而为不动产的重要成分，可以由不动产所有权人取得该动产的所有权。

二是保护无过错当事人原则。在考虑充分发挥物的效用确定添附物的同时，还需考虑当事人是否有过错。如一般情况下，加工他人的动产的，加工物的所有权属于材料的所有权人。但是，因加工致使其价值显著大于原材料价值的，可以由加工人取得该加工物的所有权。如果加工人明知被加工的物是他人之物，故意对原材料进行加工，即使加工价值显著大于原材料价值，也可以综合考虑充分发挥物的效用和保护无过错当事人原则，将添附物判决由材料的所有权人所有。

154. 将添附物确定归一方所有，造成另一方损害的，是否赔偿或者补偿？

《民法典》第322条规定：“因加工、附合、混合而产生的物的归属，有约定的，按照约定；没有约定或者约定不明确的，依照法律规定；法律没有规定的，按照充分发挥物的效用以及保护无过错当事人的原则确定。因一方当事人的过错或者确定物的归属造成另一方当事人损害的，应当给予赔偿或者补偿。”

将添附物确定归一方所有，会造成另一方的损害。根据这一条规定，因一方当事人的过错或者确定物的归属造成另一方当事人损害的，应当给予赔偿或者补偿。例如在加工的情况下，确定添附物归加工人所有的，所有人应支付材料的原所有者相当的价款，确定添附物归材料所有人所有的，所有人应支付给加工人其加工的劳动报酬。再如误将他人的漆刷了房屋的墙，此种情况下，漆的所有权只能归房屋所有人，但应支付他人漆的价款。一方当事人有过错，造成另一方当事人损害的，应当给予赔偿；一方当事人无过错，因确定物的归属造成另一方当事人损害的，应当给予补偿。

155. 用益物权人享有哪些基本权利?

《民法典》第 323 条规定："用益物权人对他人所有的不动产或者动产，依法享有占有、使用和收益的权利。"

用益物权是权利人对他人所有的不动产，依法享有占有、使用和收益的权利。用益物权是以对他人所有的物为使用、收益的目的而设立的，因而被称作"用益"物权。用益物权制度是物权法律制度中一项非常重要的制度，与所有权制度、担保物权制度等一同构成了物权制度的完整体系。

依照物权法规定，用益物权人对他人所有的不动产，依照法律规定享有占有、使用和收益的权利。

1. 占有的权利。

"占有"是对物的实际控制。用益物权作为以使用收益为目的的物权，自当以权利人对物的实际占有为必要。利用他人之物为使用收益，必然要对物予以实际支配。没有占有就不可能实现对物的直接利用。

2. 使用和收益的权利。

"使用"是依物的自然属性、法定用途或者约定的方式，对物进行实际上的利用。"收益"是通过对物的利用而获取经济上的收入或者其他利益。用益物权的设立目的是对物的使用和收益。比如在他人的土地上自建房屋以供居住；在他人的土地上耕种、畜牧以供自用或出售而获得收益；在他人土地上建造楼宇用以出售、出租以取得收益等。

156. 用益物权有哪些基本特征？

作为物权体系的重要组成部分，用益物权具备物权的一般特征，同时还具有自身的特性，除了以对物的实际占有为前提、以使用收益为目的以外，还有以下四个方面的特征：

1. 用益物权是所有权派生出来的物权。

所有权是权利人对自己的不动产或者动产，依法享有占有、使用、收益和处分的权利，包括在自己的财产上设立用益物权或担保物权的权利。用益物权则是在他人所有的财产上设立的权利，即对他人的财产享有占有、使用和收益的权利。因此，用益物权被作为"他物权"。

2. 用益物权是受限制的物权。

相对于所有权而言，用益物权是不全面的、受一定限制的物权。其一，所有权是物权权利种类中最完全，也是最充分的权利。所有权的权利人对自己的财产，依法享有完全的直接支配力，包括占有、使用、收益和处分。而用益物权只具有所有权权能的一部分权能，其权利人享有的是对财产占有、使用和收益的权利。虽然权利人依法可以将其享有的用益物权予以转让、抵押等，但不具有对财产的所有权进行处分的权利。其二，所有权具有恒久性，只要所有物存在，所有权人对所有物便享有永久的权利，而用益物权则具有期限性。虽然设定的期限往往较长，但不是永久期限，期限届满时，用益物权人应将占有、使用之物返还于所有权人。其三，用益物权人必须根据法律的规定及合同的约定正确行使权利。用益物权人应当保护和合理开发利用所有权人的不动产，按照设定权利时约定的用途和使用方法利用所有权人的财产，不得损害所有权人的权益。

3. 用益物权是一项独立的物权。

用益物权是对所有权有所限制的物权。用益物权虽由所有权派生，以所有权为权源，但用益物权一经设立，便具有独立于所有权而存在的特性。所有权对物的支配力受到约束，对物占有、使用和收益的权能由用益物权人行使，所有权人不得干涉。所有权人不得随意收回其财产，不得妨碍用益物权人依法行使权利。用益物权具有对物的直接支配性和排他性，可以对抗所有权人的干涉。同时，用益物权的义务人包括任何第三人，用益物权可以对抗所有第三人的侵害，包括干预、占有和使用客体物等。因此，用益物权是一项独立的物权。

4. 用益物权以不动产为客体。

用益物权以不动产尤其是土地为使用收益的对象。由于不动产特别是土地的稀缺性、不可替代性且价值较高，以及土地所有权依法不可移转性，使在土地等不动产上设立用益物权成为经济、社会发展的必然要求。

157. 建立用益物权制度的意义是什么？

用益物权制度的建立，对社会、经济发展有着重要意义，可以促进资源的有效有序利用。

1. 促进资源的有效利用。

随着社会、经济的发展，人们对物质尤其是对土地等资源的需求不断扩大，而土地等资源相对稀缺、不可替代。用益物权法律制度，可以在不能取得土地等资源的所有权或不必取得他人之物的所有权时，使得用益物权人可以通过对他人所有之物的占有、使用而获得收益，同时为社会提供财富。而对于所有人，也可以通过设定用益物权，将其所有的土地等资源交由他人使用收益，由此所有人可以不必直接使用其所有物也能获得收益。所有权人和用益物权人都可取得相应利益，表明资源的使用价值得到了更为有效、充分的实现。

2. 维护资源的有序利用。

首先，通过用益物权制度，确定所有权人与用益物权人之间的权利义务，以达到权利人之间的利益平衡。用益物权制度并非是单纯为维护用益物权人的利益而建立的制度，而是在维护用益物权人权利的同时，兼顾所有权人利益的制度。用益物权制度是平衡用益物权人和所有权人之间利益保障的法律制度。

其次，用益物权制度所规定的所有权人与用益物权人之间的权利义务，是法定的权利义务，当事人不得随意变更。这样就避免了一方利用其社会或者经济上的优势地位，迫使对方放弃权利，或者无端地增加本不应由对方履行的义务。以此来保障双方权利义务关系的长久与稳定。

再次，用益物权一般需要通过登记的公示方法将土地等资源上的权利状态昭示社会。通过公示来保障用益物权人的权利不为他人所侵害，并保障交易的安全。同时，通过对用益物权的设立目的、土地等资源的用途等进行登记，防止用益物权人任意改变土地等资源的原有用途。

最后，用益物权制度赋予了权利人对土地等资源的占有、使用和收益的权利。同时，还要求权利人在行使权利时，应当承担保护和合理开发利用资源的义务。这对保护和合理开发利用资源，促进社会经济的可持续发展有重要意义。

158. 组织、个人利用自然资源为什么要取得用益物权？

《民法典》第 324 条规定："国家所有或者国家所有由集体使用以及法律规定属于集体所有的自然资源，组织、个人依法可以占有、使用和收益。"

根据宪法的规定，公有制有两种形式：一是国家所有，二是集体所有。土地等自然资源的公有制，决定了单位、个人利用土地等资源，必然要在国家所有或者集体所有的土地等资源上取得用益物权。

民法典物权编具有较强的本土性，与一国的基本经济制度密切相关。用益物权制度也概莫能外。我国是在土地公有制基础上实行社会主义市场经济，城市土地归国家所有，农村土地归集体所有。作为土地所有者的国家自己不使用土地而交给各类企业等使用，是国有土地使用关系的主要形式；作为土地所有者的农村经济组织自己不使用土地而交给农户使用，是农村土地使用关系的主要形式。因此，用益物权制度，对于实行社会主义市场经济的我国所具有的意义和所发挥的作用，要远远超过对于实行资本主义市场经济的国家。

民法典物权编根据我国的基本经济制度，以及建立和完善社会主义市场经济体制的要求，在用益物权编中设专章分别规定了土地承包经营权、建设用地使用权、居住权、宅基地使用权等用益物权。

159. 物权编为什么要规定自然资源有偿使用制度？

《民法典》第 325 条规定："国家实行自然资源有偿使用制度，但是法律另有规定的除外。"这是关于我国自然资源使用制度的规定。在用益物权中作出这一规定，一方面是由物权法用益物权制度自身决定的，另一方面也是完善自然资源使用制度的要求。

从用益物权制度自身看，对自然资源的使用和收益，是用益物权制度的应有之义。随着社会经济的发展，土地资源、矿产资源、水资源等自然资源的使用和收益问题日益成为现代物权法用益物权制度的重要课题。物权法在用益物权部分中就自然资源的使用和收益问题作出相应规定，体现了与时俱进。

从自然资源使用制度看，土地等自然资源一方面是整个社会赖以存续的共同物质基础，具有社会性；另一方面又只能在具体的使用中实现价值，使用权属必须确定。我国是社会主义公有制国家，自然资源主要归国家所有即全民所有。国家适应社会主义市场经济发展的客观要求，通过自然资源的有偿使用制度，在确保自然资源的社会性的基础上，将自然资源的使用权属确定下来。权利人利用国家所有的自然资源已经成为社会经济生活中的重要内容，由此产生的建设用地使用权等财产权利已经成为社会财富的重要方面。

我国的自然资源使用制度是建立在社会主义公有制基础上的，适应社会主义市场经济的发展，按照土地管理法、矿产资源法、水法等法律以及国务院的有关规定，我国对自然资源实行有偿使用为原则，无偿利用为例外的制度。

160. 用益物权人行使权利，应当注意什么？

《民法典》第326条规定："用益物权人行使权利，应当遵守法律有关保护和合理开发利用资源、保护生态环境的规定。所有权人不得干涉用益物权人行使权利。"

用益物权是在他人所有的不动产上享有的占有、使用和收益的权利。在我国，多为在国家所有或者集体所有的土地上行使建设用地使用权、农村土地承包经营权和宅基地使用权，以及行使对国家所有的矿产资源、水资源等自然资源开发利用的权利。用益物权人在行使权利的同时，应当履行遵守法律有关保护和合理开发利用土地等资源的义务。

土地、矿产、水资源等自然资源，具有不可再生性或者稀缺匮乏性。因此，十分珍惜、合理开发利用土地等自然资源，是促进社会经济可持续发展的基本要求。对保护和合理开发利用资源，我国土地管理法、农村土地承包法、矿产资源法等相关法律都作出了明确规定。作为相关的用益物权人，在享有权利的同时，应当严格遵守有关法律，积极保护和合理开发利用自然资源。

161. 为什么所有权人不得干涉用益物权人行使权利?

所有权人不得干涉用益物权人行使权利，是由所有权与用益物权、所有权人与用益物权人之间的关系决定的。用益物权虽由所有权派生，但它是一项独立的物权，当事人依法取得用益物权后对所有人的不动产或动产享有占有、使用、收益和依法转让该用益物权的权利。用益物权具有直接支配性和排他性，可以依法直接行使权利，不受第三人的侵害和所有权人的干涉。比如农村土地承包经营权人依法享有承包地使用、收益和土地承包经营权流转的权利，有权自主组织生产经营和处置产品。发包人应当尊重承包人的生产经营自主权，不得干涉承包人依法进行正常的生产经营活动，等等。

所有权人不得干涉用益物权人行使权利，是用益物权人正常行使权利的基本保障。当然，如果用益物权人在行使权利时存在违背法律规定，未合理利用和保护资源等损害所有权人权益的行为，所有权人有权依法制止，并要求其赔偿损失。

162. 用益物权人因征收、征用使用益物权消灭或影响用益物权行使的，有权获得补偿吗?

《民法典》第327条规定：“因不动产或者动产被征收、征用致使用益物权消灭或者影响用益物权行使的，用益物权人有权依据民法典第二百四十三条、第二百四十五条的规定获得相应补偿。”

用益物权是当事人依照法律规定，对他人所有的不动产享有占有、使用和收益的权利。用益物权虽由所有权派生出来，但它是一项独立的物权。用益物权人是对他人所有的物享有占有、使用和收益的权利人，虽然不是物的所有权人，但也是具有独立物权地位的权利人。在他人的不动产被征收、征用致使所有权消灭或者影响所有权行使的，应当依法给予所有权人补偿。同时，因他人的不动产被征收、征用致使用益物权消灭或者影响用益物权行使的，用益物权人也有权依法获得相应的补偿。

我国《宪法》第 10 条第 3 款规定：“国家为了公共利益的需要，可以依照法律规定对土地实行征收或者征用并给予补偿。”这一规定表明征收和征用，应当遵循三个原则：

一是公共利益需要的原则。实施征收、征用，必须是出于公共利益的需要，这是征收、征用的前提条件。公共利益通常是指全体社会成员的共同利益和社会的整体利益。

二是依照法定程序的原则。征收、征用在一定程度上限制了他人的财产权。为了防止这种手段的滥用，平衡他人财产保护和公共利益需要的关系，征收、征用必须严格依照法律规定的程序进行。

三是依法给予补偿的原则。尽管征收和征用是为了公共利益需要，但都不能采取无偿剥夺的方式，必须依法给予补偿。

163. 征收、征用应当如何对用益物权人给予补偿?

征收主要是针对不动产，而不动产中又以征收集体所有的土地最具代表性。因此，对征收集体土地，如何对所有权人即农民集体和用益物权人即承包经营权人给予补偿，就显得尤为重要。

《民法典》第243条第2款规定："征收集体所有的土地，应当依法及时足额支付土地补偿费、安置补助费以及农村村民住宅、其他地上附着物和青苗等的补偿费用，并安排被征地农民的社会保障费用，保障被征地农民的生活，维护被征地农民的合法权益。"该款明确规定了要给予集体所有土地的用益物权人补偿。而具体补偿范围和标准，则要根据土地管理法的规定办理。在适用《土地管理法》第48条的规定时，应当把握以下几点：

一是征地补偿和安置补助的原则是征收土地应当给予公平、合理的补偿，保障被征地农民原有生活水平不降低、长远生计有保障。

二是征收土地应当依法及时足额支付土地补偿费、安置补助费以及农村村民住宅、其他地上附着物和青苗等的补偿费用，并安排被征地农民的社会保障费用。

三是征收农用地的土地补偿费、安置补助费标准由省、自治区、直辖市通过制定公布区片综合地价确定。制定区片综合地价应当综合考虑土地原用途、土地资源条件、土地产值、土地区位、土地供求关系、人口以及经济社会发展水平等因素，并至少每3年调整或者重新公布一次。

四是征收农用地以外的其他土地、地上附着物和青苗等的补偿标准，由省、自治区、直辖市制定。对其中的农村村民住宅，应当按照先补偿后搬迁、居住条件有改善的原则，尊重农村村民意愿，采取重新安排宅基地建房、提供安置房或者货币补偿等方式给予公平、合理的补偿，并对因征收造成的搬迁、临时安置等费用予以补偿，保障农村村民居住的权利和合法的住房财产权益。

五是县级以上地方人民政府应当将被征地农民纳入相应的养老等社会保障体系。被征地农民的社会保障费用主要用于符合条件的被征地农民的养老保险等社会保险缴费补贴。被征地农民社会保障费用的筹集、管理和使用办法，由省、自治区、直辖市制定。

《民法典》第245条规定，因抢险救灾、疫情防控等紧急需要，依照法律规定的权限和程序可以征用组织、个人的不动产或者动产。被征用的不动产或者动产使用后，应当返还被征用人。组织、个人的不动产或者动产被征用或者征用后毁损、灭失的，应当给予补偿。根据这一规定，组织、个人的不动产或者动产被征用或者征用后毁损、灭失，致使用益物权消灭，或者影响用益物权行使的，应当对用益物权人给予补偿。

164. 什么是海域使用权？

海域使用权是指单位或者个人依法取得对国家所有的特定海域排他性的使用权。单位和个人使用海域，必须依法取得海域使用权。海域使用权取得的方式主要有三种：一是单位和个人向海洋行政主管部门申请；二是招标；三是拍卖。有关单位和个人使用海域的申请被批准或者通过招标、拍卖方式取得海域使用权后，海域使用权人应当办理登记手续。依照法律规定属于国务院批准用海的，由国务院海洋行政主管部门登记造册，向海域使用权人颁发海域使用权证书；属于地方人民政府批准用海的，由地方人民政府登记造册，向海域使用权人颁发海域使用权证书。根据使用海域不同的用途，海域使用权最高期限分别为：养殖用海 15 年；拆船用海 20 年；旅游、娱乐用海 25 年；盐业、矿业用海 30 年；公益事业用海 40 年；港口、修造船厂等建设工程用海 50 年。海域实行有偿使用制度，单位和个人使用海域，应当按照国务院的规定缴纳海域使用金。为了切实保护养殖用海渔民的利益，目前海域主管部门在实际工作中对有争议的海域、海洋自然保护区、渔业资源保护区、传统赶海区等涉及公共利益的海域不进行招标和拍卖。同时，对于专业渔民使用海域从事养殖生产的，可以在规定的面积内减缴或者免缴海域使用金。海域使用权作为一项重要的财产权利，可以依法转让、继承。

165. 为什么规定海域使用权受法律保护?

《民法典》第 328 条规定："依法取得的海域使用权受法律保护。"在 2007 年物权法起草过程中，有的意见提出，海域使用权应与建设用地使用权等并列为用益物权，建议专章规定海域使用权，强化海域使用权的物权特点，增加海域使用权抵押以及设立海域使用权时优先考虑渔民利益等内容。物权法没有对海域使用权专章规定，主要是考虑到海域使用权是一个综合性的权利，包括利用海域从事建设工程、海水养殖、海底探矿采矿、旅游等多种活动。物权法有关用益物权的规定，是根据土地的不同用途产生的不同法律关系分别规定为土地承包经营权、建设用地使用权和宅基地使用权，没有综合规定为土地使用权。因此，如果将海域使用权专章规定，就会造成物权法用益物权编体系的不平衡。所以，强化海域使用权的物权特点，弥补现行海域使用管理法不足的问题，还是应当留待修改海域使用管理法时一并解决。因此，这一条只是对海域使用权作了原则性的规定，确立了海域使用权用益物权的属性，明确依法取得的海域使用权受法律保护。根据特别法优先于普通法的原则，海域使用权首先应当适用海域使用管理法的规定；海域使用管理法没有规定的，适用民法典的有关规定。

166. 为什么规定探矿权、采矿权、取水权和使用水域、滩涂从事养殖、捕捞的权利受法律保护？

《民法典》第 329 条规定："依法取得的探矿权、采矿权、取水权和使用水域、滩涂从事养殖、捕捞的权利受法律保护。"我国对自然资源实行有偿使用制度。矿产资源法、水法、渔业法分别对组织和个人利用自然资源的权利作出了较为全面的规定。但是，由于这些法律多是从行政管理的角度对权利进行规范的，这些权利的物权属性并不明确，财产权利的内容并不完善，更缺少对这些权利相应的民事救济措施。因此，实践中也出现了一些侵犯权利人合法权益的行为，比如，内水的传统捕捞区被改变用途后，从事捕捞的渔民无法得到相应的补偿和安置等。因此，对于探矿权、采矿权、取水权、从事养殖、捕捞的权利确实需要在法律上明确其财产权利的属性。但是探矿权、采矿权，取水权和从事养殖、捕捞的权利与一般的用益物权有所不同，具有自身的特点。用益物权一般是通过合同设立，探矿权、采矿权，取水权和从事养殖、捕捞的权利是经行政主管部门许可设立的。考虑到探矿权、采矿权，取水权和从事养殖、捕捞的权利主要是对国家自然资源的利用，权利人取得这些权利后，即享有占有、使用和收益的权利，其权能与用益物权是一致的，同时也需要办理登记并进行公示，符合物权公示的原则。因此，物权法对将这些权利纳入用益物权编，并作了原则性、衔接性的规定，明确这些权利受物权法以及相关法律的保护。至于对这些权利的规定存在的一些不完善的问题，可以通过修改相关法律加以解决。根据特别法优于普通法的适用原则，探矿权、采矿权，取水权，利用水域、滩涂从事养殖、捕捞的权利，首先应当适用矿产资源法、水法和渔业法等法律的规定；矿产资源法、水法和渔业法等法律没有规定的，适用民法典的有关规定。

167. 什么是统分结合的双层经营体制?

“统分结合的双层经营”包含了两个经营层次：一是家庭分散经营层次。家庭分散经营是指农村集体经济组织的每一个农户家庭全体成员为一个生产经营单位，承包集体农村土地后，以家庭为单位进行的农业生产经营。二是集体统一经营层次。集体统一经营就是农村集体经济组织以村或者村民小组（或者乡镇）为生产经营单位，对集体所有的土地、房屋等集体资产享有、形式集体所有权，并组织本集体经济组织成员开展统一的生产经营。需要注意的是，双层经营的基础是家庭承包，但必须统分结合，不能因为家庭经营而忽略集体经营，特别是必须强调对农村土地的集体所有权，承包方享有的仅仅是对农村土地的用益物权。40 多年来农村改革的实践证明，实行家庭承包经营，符合生产关系要适应生产力发展要求的规律，使农户获得了充分的经营自主权，充分调动了亿万农民的生产积极性，极大地解放和发展农村生产力。

168. 任何土地都可以承包经营吗?

《民法典》第 330 条第 2 款规定：“农民集体所有和国家所有由农民集体使用的耕地、林地、草地以及其他用于农业的土地，依法实行土地承包经营制度。”土地承包经营权作为一种用益物权，属于他物权，这种他物权是针对特定对象而设定的，即是农民集体所有和国家所有由农民集体使用的农村土地。农村土地是指农民集体所有和国家所有依法由农民集体使用的耕地、林地、草地，以及其他依法用于农业的土地。因此，能够设立土地承包经营权的土地仅仅是农村土地，排除了城市的国有建设用地。根据农村土地承包法的规定，能够设定土地承包经营权的土地只能是农业用地，因此农村的建设用地也不可以承包经营。农业用地主要包括以下三种类型：一是农民集体所有的耕地、林地、草地。二是国家所有依法由农民集体使用的耕地、林地、草地。三是其他依法用于农业的土地。用于农业的土地，主要有耕地、林地和草地，还有一些其他依法用于农业的土地，如养殖水面、四荒地等。此外，还有荒山、荒丘、荒沟、荒滩等“四荒地”。

169. 农村土地承包有几种方式?

根据农村土地承包法的规定，对于不同的农村土地，应采取的承包方式是不同的。农村土地承包经营制度，包括两种承包方式，即家庭经营方式的承包和以招标、拍卖、公开协商等方式的承包。第一种就是农村集体经济组织内部的家庭承包方式。所谓家庭承包方式是指，以农村集体经济组织的每一个农户家庭全体成员为一个生产经营单位，作为承包人承包农民集体的耕地、林地、草地等农业用地，对于承包地按照本集体经济组织成员是人人平等地享有一份的方式进行承包。第二种就是其他方式的承包。由于有些农业用地并不是本集体经济组织成员都能均分，如菜地、养殖水面等由于数量少，在本集体经济组织内做不到人人有份，只能由少数农户来承包；有的“四荒地”虽多，但本集体经济组织成员有的不愿承包，有的根据自己的能力承包的数量不同。这些不宜采取家庭承包方式的农村土地，可以采取招标、拍卖、公开协商等方式承包。不论是采取哪种方式承包，都必须按照农村土地承包法规定的原则、程序和方式进行。

170. 土地承包经营权人享有什么权利?

《民法典》第331条规定:“土地承包经营权人依法对其承包经营的耕地、林地、草地等享有占有、使用和收益的权利,有权从事种植业、林业、畜牧业等农业生产。”这一条规定了承包人对承包地享有的占有、使用和收益这几项最基本、最重要的权利。具体来说:第一,依法享有对承包地占有的权利。占有的权利是土地承包经营权人对本集体所有的土地直接支配和排他的权利。土地承包经营权是在集体或国家所有由集体使用的土地上使用、收益的权利,为实现其使用、收益的目的,必然以对土地占有为前提。第二,依法享有对承包地使用的权利。农村土地承包经营权设立的目的,就在于让承包人在集体的土地上进行耕作、养殖或者畜牧等农业生产。因此,承包人在不改变土地的农业用途的前提下,有权对其承包的土地进行合理且有效的使用。至于从事农业生产的方式、种类等均由承包人自行决定,其他任何第三人都无权进行干涉。第三,依法获取承包地收益的权利。收益权是承包人获取承包地上产生的收益的权利,这种收益主要是从承包地上种植的农林作物以及畜牧中所获得的利益。承包方对承包地享有的收益权是农村集体土地家庭承包制度的重要内容。对承包人的收益权应当依法保护,使其得到充分的实现。

承包经营权人除了享有上述权利外,还享有以下权利:(1)承包期及承包期届满后的延期。(2)依法互换、转让土地承包经营权。承包方承包土地后,可以行使承包经营权自己经营;也可以将承包地依法互换、转让。（3）依法流转土地经营权。（4）承包期内，发包人不得收回承包地。（5）承包地被依法征收、征用、占用的，有权依法获得相应的补偿。（6）法律、行政法规规定的其他权利。其他法律、行政法规对土地承包经营权人所享有的权利作了规定的，土地承包经营权人即享有这些权利。例如，《农村土地承包法》第32条规定，承包人应得的承包收益，依照继承法的规定继承。林地承包的承包人死亡，其继承人可以在承包期内继续承包。

171. 承包期限有多长？

《民法典》第332条第1款规定："耕地的承包期为三十年。草地的承包期为三十年至五十年。林地的承包期为三十年至七十年。"土地承包经营权是一种他物权，他物权与所有权相比的一个差别就是，他物权一般都是有期限的物权，这一条规定的就是土地承包经营权的期限，即承包期限。承包期限是指农村土地承包经营权存续的期间，在此期间内，承包方享有土地承包经营权，依照法律的规定和合同的约定，行使权利，承担义务。根据农村土地承包法和民法典物权编的规定，不同的土地类型承包期是不一样的。耕地是指种植农作物的土地，包括灌溉水田、望天田（又称天水田）、水浇地、旱地和菜地；草地是指生长草本植物为主，用于畜牧业的土地，包括天然草地、改良草地和人工草地；林地是指生长乔木、竹类、灌木、沿海红树林的土地，包括有林地、灌木林地、疏林地、未成林造林地等。

172. 二轮承包到期后，是否可以继续承包？

保持土地承包关系稳定并长久不变，有利于坚持和完善农村基本经营制度，坚持农村土地集体所有，坚持家庭经营基础性地位。党的十九大提出，保持土地承包关系稳定并长久不变，第二轮土地承包到期后再延长 30 年。耕地承包期届满后再延长 30 年，是保持土地承包关系稳定并长久不变的重大举措，彰显了党中央坚定保护农民土地权益的决心，给广大农民吃上了“定心丸”。

因此，《民法典》第 332 条第 2 款规定：“前款规定的承包期限届满，由土地承包经营权人依照农村土地承包的法律规定继续承包。”所谓“依照农村承包的法律规定”所指的就是农村土地承包法的有关规定。《农村土地承包法》第 21 条第 2 款首先规定“前款规定的耕地承包期届满后再延长三十年……”，即第二轮土地承包到期后再延长 30 年。土地承包期再延长 30 年，就使我国农村土地承包关系从第一轮承包开始保持稳定长达 75 年。根据此规定，第二轮土地承包到期后，不得将承包地打乱重分，应当由农户继续承包，将耕地承包期再延长 30 年。再延长的 30 年期限，以各地第二轮土地承包到期为起点计算。同时规定“草地、林地承包期届满后依照前款规定相应延长”。因此，草地、林地的承包期届满后，比照耕地承包期届满后再延长 30 年的规定，作相应延长。例如，如果草地、林地的现承包期为 40 年，该承包期届满后再延长 40 年；如果草地、林地的现承包期为 50 年，该承包期届满后再延长 50 年。

173. 土地承包经营权从什么时候开始设立？

《民法典》第333条第1款规定："土地承包经营权自土地承包经营权合同生效时设立。"根据此规定，土地承包经营权的设立，不以登记为要件，土地经营权的设立以土地承包合同生效为准。

确定取得土地承包经营权的时间，需要根据承包合同的生效时间判断。农村土地承包法明确规定土地承包合同应当采用书面形式。因此，承包合同成立的时间应当是当事人签名、盖章或者按印之时。合同生效是指合同产生法律约束力。合同生效后，当事人依法受到合同的约束，必须遵循合同的规定，依照诚信原则，正确行使权利，履行义务，而不得滥用权利，违反义务。民法典合同编规定，依法成立的合同，自成立时生效。合同的生效，除了附条件、附期限的合同以外，在通常情况下，与合同的成立是一致的。《农村土地承包法》第23条规定，承包合同自成立之日起生效。因此，农村土地承包法的规定与民法典总则编关于民事法律行为的生效时间、民法典合同编关于合同生效时间的规定是一致的，即承包合同自成立之日起生效。

174. 土地承包经营权证如何发放？

《民法典》第333条第2款规定："登记机构应当向土地承包经营权人发放土地承包经营权证、林权证等证书，并登记造册，确认土地承包经营权。"

物权法上的登记制度，是土地等不动产物权公示的方法。

其功能是对物权的设立、变更、转让或者消灭产生公示作用。登记不仅可以表彰物权的设立，明确归属而且有助于解决物权的冲突。土地承包经营权登记制度通过国家登记机构对土地承包经营权予以确认，有利于明确权利归属，稳定土地承包关系，也有利于维护农村土地承包经营权互换、转让和土地经营权流转的安全。《农村土地承包法》第 24 条第 1 款规定，国家实行土地承包经营权统一登记制度，由统一的登记机构对耕地、林地、草地等进行登记。土地承包经营权证书、林权证等证书，是承包方享有土地承包经营权的法律凭证。承包方签订承包合同，取得土地承包经营权后，登记机构应当颁发土地承包经营权证或者林权证等证书，并登记造册，将土地的使用权属、用途、面积等情况登记在专门的簿册上，以确认土地承包经营权。

175. 承包户之间可以互换承包地吗？

《民法典》第 334 条规定："土地承包经营权人依照法律规定，有权将土地承包经营权互换、转让……"

《农村土地承包法》第 33 条规定，承包方之间为方便耕种或者各自需要，可以对属于同一集体经济组织的土地的土地承包经营权进行互换，并向发包方备案。土地承包经营权互换，是土地承包经营权人将自己的土地承包经营权交换给他人行使，自己行使从他人处换来的土地承包经营权。互换从表面上看是地块的交换，但从性质上看，是由交换承包的土地引起的权利本身的交换。权利交换后，原有的发包方与承包方的关系，变为发包方与互换后的承包方的关系，双方的权利义务同时做出相应的调整。互换土地承包经营权，是农户在自愿的基础上，在同一集体经济组织内部，对人人有份的承包经营权进行的交换。该种交换改变了原有的权利分配，涉及承包义务的履行，因此，应当报发包方备案。

176. 承包人可以转让土地承包经营权吗？

《民法典》第 334 条规定："土地承包经营权人依照法律规定，有权将土地承包经营权互换、转让……"

土地承包经营权转让，指土地承包经营权人将其拥有的未到期的土地承包经营权以一定的方式和条件移转给他人的行为。《农村土地承包法》第 34 条规定，经发包方同意，承包方可以将全部或者部分的土地承包经营权转让给本集体经济组织的其他农户，由该农户同发包方确立新的承包关系，原承包方与发包方在该土地上的承包关系即行终止。土地承包经营权转让不同于土地承包经营权互换。互换土地承包经营权，承包方与发包方的关系虽有变化，但互换土地承包经营权的双方只不过是对土地承包经营权进行了置换，并未丧失该权利。而转让土地承包经营权，承包方与发包方的土地承包关系即行终止，转让方也不再享有土地承包经营权。根据《农村土地承包法》第 34 条的规定，转让土地承包经营权的条件是：第一，程序上，转让土地承包经营权需要征得发包方的同意。征得发包方同意，是完全有必要的。首先，从合同原理而言，承包方转让土地承包经营权，意味着其与发包方所签订的承包合同的权利义务要一并转移给他人，是需要征得相对方同意的。其次，从土地所有权的角度而言，发包方作为集体土地所有权的代表方，代表集体行使土地所有权，用益物权人发生变动，征得其同意也是合理的。最后，从管理的角度看，为了避免转让方与受让方日后因为转让发生争议，经过发包方同意确认双方转让了土地承包经营权，也有助于避免纠纷。第二，主体上，转让方为承包方，受让方必须是本集体经济组织的其他农户。因此，不允许再将土地承包经营权转让给本集体经济组织以外的人。第三，后果上，受让方与发包方成立新的承包关系，转让方与发包方的原承包关系终止。土地承包经营权转让后，意味着承包方将土地承包合同的所有权利义务转移给受让方，承包方与发包方之间的权利义务关系也就终止了。土地承包经营权转让后，出让方的全部权利义务转移给受让方，在受让方和发包方之间形成新的承包关系。

177. 承包人可以将自己的承包地卖给他人盖房吗?

《民法典》第334条规定："土地承包经营权人依照法律规定，有权将土地承包经营权互换、转让。未经依法批准，不得将承包地用于非农建设。"土地承包经营权转让，应当按照土地的原有用途使用土地，不得借流转而改变承包地的原有用途。承包地应当用于种植业等农业生产，不得改变农用土地的用途，将其用于非农业建设。比如不得在承包地上建窑、建坟或者擅自在承包地上建房、挖砂、采石、取土等。

178. 土地承包经营权互换、转让必须办理登记手续吗?

《民法典》第335条规定:“土地承包经营权互换、转让的,当事人可以向登记机构申请登记;未经登记,不得对抗善意第三人。”

根据此规定,土地承包经营权的互换、转让采用登记对抗主义,也就是说,当事人签订土地承包经营权的互换、转让合同,并经发包方备案或者同意后,该合同即发生法律效力,不强制当事人登记。这样规定,一方面是从中国农村的实际出发,农民承包的是本集体经济组织所有的土地,承包方案又是经村民会议通过的,聚集而居的农户对于自己和本集体经济组织的其他农户的承包地的情况应当是清楚的,实际上已经起到公示作用。另一方面考虑到在某些情况下,土地承包经营权互换、转让后,如果并未将变动的事实通过登记的方式予以公示,他人比较难以了解到土地承包经营权发生了变动,会由此受到损害。因此,民法典将登记的决定权交给农民,当事人要求登记的,可以登记。未经登记的,不能对抗善意第三人。

179. 承包期内,发包方可以随意调整承包地吗?

《民法典》第336条第1款规定:“承包期内发包人不得调整承包地。”保持土地承包关系稳定并长久不变,是党和国家农村政策的核心内容,多年来,中央在这个问题上的政策没有变化。民法典物权编保留了农村土地承包法和物权法的规定,再次明确承包期内发包方不得调整承包地。发包方在承包期内不得调整承包地：第一，发包方不得单方要求调整承包地。发包方一般不得以任何理由要求承包方调整承包地。当然，如果承包方自己有合理理由，请求发包方适当调整，只要符合有关规定，发包方是可以调整的。第二，在承包期内，发包方不得调整。这里的承包期就包括二轮承包期，也包括根据法律规定延长后的承包期。

180. 在什么情况下才可以调整承包地？

《民法典》第336条第2款规定："因自然灾害严重毁损承包地等特殊情形，需要适当调整承包的耕地和草地的，应当依照农村土地承包的法律规定办理。"

这么规定，主要是考虑到在几十年的承包期内，农村的情况会发生很大的变化，完全不允许调整承包地也难以做到。如果出现个别农户因自然灾害严重毁损承包地等特殊情形，仍然不允许对承包地进行小调整，将使一部分农民失去土地，在农村的社会保障制度尚不健全、实现非农就业尚有困难的情况下，将使这部分农民失去最基本的生活来源，既有悖社会公平，也不利于社会稳定。因此，在特殊情形下，应当允许按照法律规定的程序对个别农户之间的承包地进行必要的小调整。

《农村土地承包法》第28条第2款的规定："承包期内，因自然灾害严重毁损承包地等特殊情形对个别农户之间承包的耕地和草地需要适当调整的，必须经本集体经济组织成员的村民会议三分之二以上成员或者三分之二以上村民代表的同意，并报乡（镇）人民政府和县级人民政府农业农村、林业和草原等主管部门批准。承包合同中约定不得调整的，按照其约定。”因此，即使调整承包地，也得依法办理：第一，调整的事由。关于在哪些情况下可以调整承包地，本款规定是“因自然灾害严重毁损承包地等特殊情形”，即只有在特殊情形下，才可以适当调整承包地。这里的“特殊情形”，主要是指部分农户因自然灾害严重毁损承包地的。第二，调整的范围。调整指的是对个别农户之间承包的土地进行小范围的适当调整，调整只限于个别农户，不能对所有农户进行普遍调整。第三，调整的对象。允许进行必要的调整的土地仅限于耕地和草地，对于林地，即使在上述特殊情形下，也不允许调整。第四，调整的程序。调整还应当经过法定程序，未经法定程序不得进行调整。法定程序就是，经本集体经济组织成员的村民会议三分之二以上成员或者三分之二以上村民代表的同意，并报乡（镇）人民政府和县级人民政府农业农村、林业和草原等主管部门批准。第五，合同约定优先。因特殊情形需要对个别农户之间的承包地进行调整，而承包合同中又约定不得调整的怎么办？对此，《农村土地承包法》第 28 条第 2 款规定：“……承包合同中约定不得调整的，按照其约定。”即如果承包合同中约定不得调整的，也不得调整。这样规定既符合承包人的意愿，也有利于维护承包关系的长期稳定。当然，如果发包人和承包人尤其是承包人自愿协商变更的，可以按照变更后的承包合同办理。

181. 发包人可以任意收回承包地吗?

《民法典》第337条规定:“承包期内发包人不得收回承包地。法律另有规定的,依照其规定。”

根据此规定,除法律对承包地的收回有特别规定外,在承包期内,无论承包方发生什么样的变化,只要作为承包方的家庭还存在,发包方都不得收回承包地。如承包方家庭中的一人或者数人死亡的;子女升学、参军或者在城市就业的;妇女结婚,在新居住地未取得承包地的;承包方在农村从事各种非农产业的等,只要作为承包方的农户家庭没有消亡,发包方都不得收回其承包地。但因家庭成员全部死亡而导致承包方消亡的,发包方应当收回承包地,另行发包。

当然,并非一律不得收回,根据有关规定,在符合法律规定的情形下,也是可以收回的。根据农村土地承包法的规定,承包农户即使全家都进城落户,不管是否纳入城镇住房和社会保障体系,也不管是否丧失农村集体经济组织成员身份,其进城落户前所取得的农村土地承包经营权仍然受国家保护。在农户进城落户的问题上,一定要强调自愿原则,充分尊重农民意愿,让他们自己选择,不能强迫命令“逼”农民进城,特别是不得以退出土地承包经营权作为农户进城落户的条件。农民不管是进城落户前还是落户后,是否保留土地承包经营权,由农民选择而不代替农民选择。农户进城落户后,其所取得的土地承包经营权不受任何影响。农户既可以根据自己的意愿,并按照农业生产季节回来耕作;也可以按照自愿有偿原则依法在本集体经济组织内转让土地承包经营权；还可以依法向他人流转土地经营权；当然，如果农户自愿将承包地交回发包方，也是允许的。以上种种进城农户对自身土地承包权益的处分，都是允许的，由农户自主选择。有关部门或者各地方可以根据实际情况在一定程度上支持、引导或者鼓励，但一定要建立在自愿原则的基础上。

182. 承包地被征收了，承包人有权获得补偿吗？

土地承包经营权是在集体所有的土地上派生出来的用益物权，土地承包经营权人是享有用益物权的权利人。农村土地承包法规定，承包方的权利之一就是，承包地被依法征收、征用、占用的，有权依法获得相应的补偿。因此，《民法典》第338条规定，承包地被征收的，土地承包经营权人有权依据本法第二百四十三条的规定获得相应补偿。

183. 什么是承包地的“三权分置”？

随着我国工业化、信息化、城镇化和农业现代化进程，农村劳动力大量转移，农业物质技术装备水平不断提高，农户承包地流转明显加快。正是在这种背景下，党中央提出探索“三权分置”改革，出台了一系列关于“三权分置”改革的文件。“三权”分别是指集体所有权、农户承包权和土地经营权，“三权分置”就是要落实集体所有权，稳定农户承包权，放活土地经营权，充分发挥“三权”的各自功能和整体效用，形成层次分明、结构合理、平等保护的格局。“三权分置”改革的核心问题是家庭承包的承包户在经营方式上发生转变，即由农户自己经营，转变为将承包地流转给他人经营，实现土地承包经营权和土地经营权的分离。“三权分置”是农村土地经营方式在改革过程中两次“两权”分离的结果：第一次“两权”分离，农户通过家庭承包的方式，从集体土地所有权中分离出土地承包经营权，实现了集体统一经营向承包方家庭经营的转变；第二次“两权”分离，承包方通过出租（转包）、入股等方式，将承包地流转给他人经营，从土地承包经营权中分离出土地经营权，实现了从承包方直接经营到交由他人经营的转变。

184. 可以采取哪些方式流转土地经营权？

《民法典》第339条规定：“土地承包经营权人可以自主决定依法采取出租、入股或者其他方式向他人流转土地经营权。”承包方取得土地承包经营权后可以通过与他人签订合同，将土地经营权流转给他人，由他人经营。土地经营权是从土地承包经营权中派生出来的新的权利。根据法律规定，土地经营权流转的方式主要有三种：一是出租。出租就是承包方以与非本集体经济组织成员的受让方签订租赁合同的方式设立土地经营权，由受让方在合同期限内占有、使用承包地，并按照约定向承包方支付租金。二是入股。入股就是承包方将土地经营权作为出资方式，投入到农民专业合作社、农业公司等，并按照出资协议约定取得分红。承包方以土地经营权入股后，即成为农民专业合作社的成员或者公司的股东，享有法律规定的合作社成员或公司股东的权利，可以参与合作社、公司的经营管理，与其他成员、股东一道共担风险、共享收益。三是其他方式。其他方式就是出租、入股之外的方式，比如根据《农村土地承包法》第47条规定，承包方可以用承包地的土地经营权向金融机构融资担保。这也是一种设立土地经营权的方式。在当事人以土地经营权设定担保物权时，一旦债务人未能偿还到期债务，担保物权人就有权就土地经营权优先受偿。

185. 土地经营权人享有什么权利？

《民法典》第340条规定：“土地经营权人有权在合同约定的期限内占有农村土地，自主开展农业生产经营并取得收益。”根据此规定和农村土地承包法的相关规定，土地经营权人的权利具体包括：（1）占有权。土地经营权人取得土地经营权后，即有权占有承包方的承包地。所谓占有，就是对承包地的支配并排除他人非法干涉。（2）使用权。土地经营权人对承包地享有使用权，就是利用承包地开展农业生产经营的权利。（3）收益权。土地经营权人占有、使用承包地的最终目的就是取得农业生产经营的收益。比如利用耕地种植粮食作物、经济作物，产出粮食等农产品；利用林地种植林木后，依法砍伐林木；利用草地放牧牛羊等。（4）改良土壤、建设附属设施的权利。《农村土地承包法》第43条规定，经承包方同意，受让方可以依法投资改良土壤，建设农业生产附属、配套设施，并按照合同约定对其投资部分获得合理补偿。（5）再流转的权利。《农村土地承包法》第46条规定，经承包方书面同意，并向本集体经济组织备案，受让方可以再流转土地经营权。根据此规定，土地经营权人可以再次流转其土地经营权。（6）以土地经营权融资担保的权利。根据《农村土地承包法》第 47 条的规定，土地经营权人可以以土地经营权提供担保向金融机构融资。需要注意的是，土地经营权人以土地经营权设定担保同样要征得承包方的书面同意，并且向发包方备案。（7）其他权利。土地经营权人还可以根据法律规定或者合同约定享有其他权利。比如，在流转合同有约定的情况下，承包地被依法征收或者征用时，土地经营权人可以获得相应补偿等。

186. 土地经营权是否可以申请登记？

需要区分不同情况。根据《民法典》第 341 条的规定："流转期限为五年以上的土地经营权，自流转合同生效时设立。当事人可以向登记机构申请土地经营权登记；未经登记，不得对抗善意第三人。"因此，只有流转期限五年以上的土地经营权才可以申请登记。

187. "四荒地"的土地经营权是否可以流转？

《民法典》第 342 条规定："通过招标、拍卖、公开协商等方式承包农村土地，经依法登记取得权属证书的，可以依法采取出租、入股、抵押或者其他方式流转土地经营权。"因此，承包"四荒地"后应当依法登记，取得权属证书。在此前提下，承包方才可以依法向他人流转土地经营权。

188. 什么是建设用地使用权?

《民法典》第 344 条规定:“建设用地使用权人依法对国家所有的土地享有占有、使用和收益的权利,有权利用该土地建造建筑物、构筑物及其附属设施。”

建设用地使用权是用益物权中的一项重要权利。出让人通过设立建设用地使用权,使建设用地使用权人对国家所有的土地享有了占有、使用和收益的权利,建设用地使用权人可以利用该土地建造建筑物、构筑物及其附属设施。建设用地包括住宅用地、公共设施用地、工矿用地、交通水利设施用地、旅游用地、军事设施用地等。物权法中的建筑物主要是指住宅、写字楼、厂房等。构筑物主要是指不具有居住或者生产经营功能的人工建造物,比如道路、桥梁、隧道、纪念碑、水池、水塔等;附属设施主要是指附属于建筑物、构筑物的一些设施。

189. 为什么建设用地使用权可以在土地的地表、地上或者地下分别设立?

《民法典》第 345 条规定:“建设用地使用权可以在土地的地表、地上或者地下分别设立。”

土地资源具有稀缺性和不可再生性。随着人类社会的进步和发展,特别是现代化专业技术的进步,使分层次开发土地成为土地利用的新趋势。我国一些地区也出现利用地下空间建造地下商场、车库等设施,利用地上空间建造走廊、天桥等情况。

由于我国现行法律、行政法规未对土地分层出让的问题作出过规定，实践中对于专门利用地下或者地上空间的权利性质仍不明确，造成一些土地登记机构无法办理登记手续，相关设施权利人的权利得不到确认和法律上的保护。因此，在民法典中，对土地分层次利用的权利进行规范势在必行。

我国城市的土地属于国家所有，农村的土地属于集体所有。土地的性质决定了土地上下空间的所有权属于国家和集体，当事人只能通过设定建设用地使用权等用益物权的方式取得对土地以及上下空间的使用。目前，集体土地需要征收为国家所有后才能出让，国家在出让建设用地使用权时，只要对建筑物的四至、高度、建筑面积和深度作出明确的规定，那么该建筑物占用的空间范围就是可以确定的。根据《民法典》第 348 条第 2 款第 3 项的规定，建设用地使用权出让时，应当在合同中明确规定建筑物、构筑物以及附属设施占用的空间范围，这样建设用地使用权人对其取得的建设用地的范围就能界定清楚。比如，同一块土地地下 10 米至地上 100 米的建设用地使用权出让给甲公司建住宅；地下 20 米至 50 米的建设用地使用权出让给乙公司建地下停车场。在分层出让建设用地使用权时，不同层次的权利人是按照同样的规定取得土地使用权的，在法律上他们的权利和义务是相同的。承担相同的权利和义务，只不过其使用权所占用的空间范围有所区别。

190. 如何调整同一块土地不同用益物权人之间的关系？

根据民法典物权编的规定，不动产的权利人根据相邻关系的规定，应当为相邻各权利人提供必要的便利，并在其权利受到损害时，可以请求相邻权利人补偿。不动产的权利人想提高自己土地的便利和效益，可以通过设定地役权取得对他人土地的利用。以上规定完全适用于分层设立的建设用地使用权。在土地分层出让的情况下，不同层次的建设用地使用权人之间应当适用相邻关系的规定。如果建设用地使用权人一方需要利用另一方的建设用地，同样可以通过设定地役权来解决。比如，甲地下商场建成后，想再开一扇通到地面的大门，需要利用地面乙公司的建设用地。那么甲商场就可以和乙公司签订地役权合同，向乙公司支付一定的费用后取得在地面开门的权利。总之，物权法所有适用于“横向”不动产之间相邻关系和地役权等规定都适用于“纵向”不动产之间。新设立的建设用地使用权，不得损害已设立的用益物权。

191. 设立建设用地使用权，可以采取什么方式？

《民法典》第347条第1款规定：“设立建设用地使用权，可以采取出让或者划拨等方式。”

建设用地使用权出让的方式主要有两种：有偿出让和无偿划拨。有偿出让是建设用地使用权出让的主要方式，是指出让人将一定期限的建设用地使用权出让给建设用地使用权人使用，建设用地使用权人向出让人支付一定的出让金。有偿出让的方式主要包括拍卖、招标和协议等。划拨是无偿取得建设用地使用权的一种方式，是指县级以上人民政府依法批准，在建设用地使用权人缴纳补偿、安置等费用后将该幅土地交付其使用，或者将建设用地使用权无偿交付给建设用地使用权人使用的行为。划拨土地没有期限的规定。

192. 什么情况下应当采取公开竞价的方式设立建设用地使用权?

《民法典》第 347 条第 2 款规定:“工业、商业、旅游、娱乐和商品住宅等经营性用地以及同一土地有两个以上意向用地者的,应当采取招标、拍卖等公开竞价的方式出让。”

招标、拍卖等公开竞价的方式,具有公开、公平和公正的特点,能够充分体现标的物的市场价格,是市场经济中较为活跃的交易方式。我国土地资源的稀缺性,决定了采取公开竞价的方式能够最大限度体现土地的市场价值。从保护土地资源和国家土地收益的大局看,采取公开竞价的方式不仅是必要的,而且其适用范围应当不断扩大。《城市房地产管理法》第 13 条规定,土地使用权出让,可以采取拍卖、招标或者双方协议的方式。商业、旅游、娱乐和豪华住宅用地,有条件的,必须采取拍卖、招标方式;没有条件,不能采取拍卖、招标方式的,可以采取双方协议的方式。采取双方协议方式出让土地使用权的出让金不得低于按国家规定所确定的最低价。

近年来,由于建设用地总量增长过快,工业用地出现的问题日益突出,低成本工业用地过度扩张,违法违规用地、滥占耕地的现象屡禁不止。2004 年,国务院在颁布的“关于深化改革严格土地管理的决定”中提出,工业用地要逐步实行招标、拍卖等公开竞价的方式。2006 年 8 月,国务院发布的“关于加强土地调控有关问题的通知”规定，国家根据土地等级、区域土地利用政策等，统一制定并公布各地工业用地出让最低价标准。工业用地出让最低价标准不得低于土地取得成本、土地前期开发成本和按规定收取的相关费用之和。工业用地必须采用招标、拍卖、挂牌方式出让，其出让价格不得低于公布的最低价标准。低于最低价标准出让土地，或以各种形式给予补贴或返还的，属非法低价出让国有土地使用权的行为，要依法追究有关人员的法律责任。这一条根据现行法律的规定，并结合现实中土地出让的新情况，进一步扩大了采取公开竞价出让建设用地的范围，从“豪华住宅”扩大到“商品住宅”，并把“工业用地”纳入到公开竞价出让方式的范围，同时明确对于同一土地有两个以上意向用地者的，一律采取公开竞价的方式。该规定已发展了现行城市房地产管理的规定，符合国家利用土地的政策。

193. 民法典物权编为何严格限制以划拨方式设立建设用地使用权？

《民法典》第 347 条第 3 款规定：“严格限制以划拨方式设立建设用地使用权。”

我国土地管理法和城市房地产管理法对于采用划拨方式设立建设用地使用权的范围有严格的限制。下列建设用地，确属必需的，可以由县级以上人民政府依法批准划拨：（1）国家机关用地和军事用地；（2）城市基础设施用地和公益事业用地；（3）国家重点扶持的能源、交通、水利等基础设施用地；（4）法律、行政法规规定的其他用地。由于国家机关用地和军事用地等情况会长期存在，完全取消以划拨方式设立建设用地使用权不现实，划拨方式还会在相当长的时期存在。但是，并不表明属于以上划拨范围的用地，就当然可以采取划拨的方式。划拨方式应当是“确属必需的”才能采取。通过划拨方式取得的建设用地使用权，没有期限的规定，但是该权利仍是一项独立的财产权利，其性质属于用益物权，适用“建设用地使用权”一章的规定。考虑到划拨建设用地的特殊性，有关法律对划拨建设用地的用途、转让条件和抵押等方面都有一些限制性规定。为了切实加强土地调控，制止违法违规用地行为，作为民事基本法律的物权法也对划拨建设用地的问题作出了明确规定，《民法典》第347 条第 3 款规定，严格限制以划拨方式设立建设用地使用权。

194. 建设用地使用权出让合同主要包括什么内容?

《民法典》第 348 条第 1 款规定：“通过招标、拍卖、协议等出让方式设立建设用地使用权的，当事人应当采用书面形式订立建设用地使用权出让合同。”以出让方式设立建设用地使用权的，不论是采取拍卖、招标等公开竞价方式，还是采取协议的方式，双方当事人应当签订建设用地使用权出让合同，以明确双方当事人的权利和义务。

《民法典》第 348 条第 2 款规定，建设用地使用权出让合同一般包括下列条款：（1）当事人的名称和住所；（2）土地界址、面积等；（3）建筑物、构筑物及其附属设施占用的空间；（4）土地用途、规划条件；（5）建设用地使用权期限；（6）出让金等费用及其支付方式；（7）解决争议的方法。

195. 设立建设用地使用权是否需要办理登记手续？

《民法典》第349条规定："设立建设用地使用权的，应当向登记机构申请建设用地使用权登记。建设用地使用权自登记时设立。登记机构应当向建设用地使用权人发放权属证书。"建设用地使用权登记是指登记机构将土地的权属、用途、面积等基本情况登记在登记簿上，并向建设用地使用权人颁发使用权证书。设立建设用地使用权，建设用地使用权人应当向登记机构申请建设用地使用权登记，经登记设立。登记机构应当向建设用地使用权人发放建设用地使用权证书。建设用地使用权适用登记生效的原则。

以划拨方式设立建设用地使用权的，根据目前的规定当事人不需要签订合同，而是通过"国有土地划拨决定书"的形式，将建设用地使用权划拨给建设用地使用权人。但是，划拨土地也应当按照规定办理登记手续。

196. 建设用地使用权人是否可以改变土地用途？

《民法典》第350条规定："建设用地使用权人应当合理利用土地，不得改变土地用途；需要改变土地用途的，应当依法经有关行政主管部门批准。"土地资源的重要性和稀缺性要求建设用地使用权人必须合理地利用土地。加强对土地用途的管制，是我国土地管理的重要内容。现行有关土地管理的法律、法规以及规范性文件，都对土地用途作了相关的规定。加强对土地用途管制，一直也是我国土地行政主管部门对土地市场进行整治的内容之一。

我国法律对以划拨方式使用建设用地的用途有着明确的规定，建设用地使用权人应当严格依照其用途使用土地。以出让方式设立的建设用地使用权，不同的土地用途其出让金是不同的。建设用地使用权出让合同中对土地用途都需要作出明确的规定，擅自改变约定的土地用途不仅是一种违约行为，而且也是违法行为。

建设用地使用权人取得建设用地使用权后，确需改变土地用途的，应当向土地行政主管部门提出申请。土地行政主管部门经过审查后，认为改变的土地用途仍符合规划，同意对土地用途作出调整的，根据目前的规定，还需要报县、市人民政府批准，出让人和建设用地使用权人还应当重新签订建设用地使用权出让合同或者变更合同相应的条款，并按照规定补交不同用途和容积率的土地差价。如果是将划拨方式取得的建设用地使用权改为有偿使用方式的，在改变土地用途后，建设用地使用权人还应当补缴土地出让金。以变更合同条款的形式改变土地用途的，还要到登记机构办理变更登记，签订新的建设用地使用权合同，并办理登记手续。

197. 在哪些情况下建设用地使用权人应当支付出让金等费用？

《民法典》第351条规定："建设用地使用权人应当依照法律规定以及合同约定支付出让金等费用。"这一条规定了建设用地使用权人支付出让金等费用的义务。根据这条规定，支付出让金应当根据有关法律的规定以及合同的约定。

1. 支付土地出让金的情况。

目前，在其他法律中主要规定了在两类情况下，权利人应当支付土地出让金等费用。

（1）在取得建设用地使用权时，采用出让等有偿使用方式的，应当支付出让金等费用。《土地管理法》第 2 条第 5 款规定："国家依法实行国有土地有偿使用制度。但是，国家在法律规定的范围内划拨国有土地使用权的除外。"

（2）在建设用地使用权转让时，通过划拨取得的建设用地使用权应当补缴出让金。《城市房地产管理法》第 39 条规定："以出让方式取得土地使用权的，转让房地产时，应当符合下列条件：（一）按照出让合同约定已经支付全部土地使用权出让金，并取得土地使用权证书；（二）按照出让合同约定进行投资开发，属于房屋建设工程的，完成开发投资总额的百分之二十五以上，属于成片开发土地的，形成工业用地或者其他建设用地条件。转让房地产时房屋已经建成的，还应当持有房屋所有权证书。"第 40 条规定："以划拨方式取得土地使用权的，转让房地产时，应当按照国务院规定，报有批准权的人民政府审批。有批准权的人民政府准予转让的，应当由受让方办理土地使用权出让手续，并依照国家有关规定缴纳土地使用权出让金。以划拨方式取得土地使用权的，转让房地产报批时，有批准权的人民政府按照国务院规定决定可以不办理土地使用权出让手续的，转让方应当按照国务院规定将转让房地产所获收益中的土地收益上缴国家或者作其他处理。"

2. 支付土地出让金等费用的意义。

出让金等费用的本质是应当归国家所有的土地收益。这一本质是由我国的土地有偿使用制度决定的。在过去很长一段时期内，国有土地是由国家以行政手段无偿交给用地单位使用的。这种土地使用制度有很多弊端：（1）土地资源配置效益差，利用效率低，土地资源浪费严重，国家却缺乏调节余缺的机制。（2）国有土地收益大量流失，土地收益留在了用地者的手中，国家的土地所有权虚置。（3）市场机制缺失，土地作为生产力要素其价值得不到正常体现，导致市场主体实际上的不平等地位。由于不同企业都从政府无偿得到不同位置和数量的土地，拥有较多土地且位置优越的企业与缺乏土地且位置较差的企业，实际上处于不平等的竞争地位。

198. 建设用地使用权人为什么要按规定支付出让金等费用?

我国实行土地公有制，建设用地使用权人使用国家所有的土地，国家收取土地出让金等费用，是国家所有权在经济上的体现。支付出让金等费用，既是土地管理法、城市房地产管理法等有关法律、行政法规中规定的法定义务，又是建设用地使用权出让合同约定的合同义务。

出让金等费用的本质是应当归国家所有的土地收益。这一本质是由我国的土地有偿使用制度决定的，实行国有土地有偿使用制度，收取出让金等费用有重要意义：（1）土地公有制是社会主义公有制的重要组成部分，在市场经济条件下，实行国有土地有偿使用制度，通过收取出让金等费用取得土地收益，才能使国家对土地的所有权在经济上得到实现，才能真正保障社会主义公有制的主体地位。（2）土地是巨大的社会财富，而且会随着经济和社会的发展不断增值。国家掌握了国有土地的收益，就有足够的财力组织社会化大生产，更好地实现社会主义国家的经济功能。（3）土地是基本的生产要素，通过收取或者补交出让金使土地使用权进入市场，有助于形成包括消费品市场、生产资料市场和资金、劳动力、土地等生产要素市场的完整的社会主义市场体系。

正是因为交纳出让金等费用对国家和社会意义重大，法律、行政法规对不交纳出让金等费用的行为规定了相应的法律责任。例如，《城市房地产管理法》第67条规定，违反本法第四十条第一款的规定转让房地产的，由县级以上人民政府土地管理部门责令缴纳土地使用权出让金，没收违法所得，可以并处罚款。在有出让合同的情况下，不支付出让金的行为同时还是一种违约行为。因此，除了行政法上的责任，法律、行政法规还规定了相应的违约责任。例如，《城市房地产管理法》第16条规定："土地使用者必须按照出让合同约定，支付土地使用权出让金；未按照出让合同约定支付土地使用权出让金的，土地管理部门有权解除合同，并可以请求违约赔偿。"

总之，通过支付出让金等费用，向国家上缴土地收益，是国家土地有偿使用制度的重要内容，也是土地管理法、城市房地产管理法等有关法律、行政法规中规定的法定义务。《民法典》第348条已经将出让金等费用及其支付方式列为建设用地使用权出让合同的条款之一，按时、足额支付出让金，更是建设用地使用权人的合同义务，应当一秉诚实信用，认真履行。

199. 建设用地使用权人建造的建筑物、构筑物及其附属设施的归属如何确定？

《民法典》第352条规定："建设用地使用权人建造的建筑物、构筑物及其附属设施的所有权属于建设用地使用权人，但是有相反证据证明的除外。"

首先，这条规定确定了一个一般规则：在多数情况下，建设用地使用权人建造的建筑物、构筑物及其附属设施的所有权是属于建设用地使用权人的。建筑物、构筑物及其附属设施的所有权具有相对独立性。我国是社会主义公有制国家，建设用地使用权人依法取得国有土地的使用权后，就有权利用该土地建造建筑物、构筑物及其附属设施。

其次，建设用地使用权人建造的建筑物、构筑物及其附属设施由建设用地使用权人所有作为通常情况，但仍然存在这样的例外：在现在的城市房地产建设中，一部分市政公共设施是通过开发商和有关部门约定，由开发商在房地产项目开发中配套建设，但是所有权归国家。这部分设施，其性质属于市政公用，其归属就应当按照有充分的证据证明的事先约定来确定，而不是当然地归建设用地使用权人。后续通过房地产交易成为建设用地使用权人的权利人也应当尊重这种权属划分。

最后，还应当注意，这里规定的建筑物、构筑物及其附属设施必须是合法建造产生的。对于非法占地、违规搭建的违法行为，土地管理法以及其他法律法规的有关规定都明确规定了制裁措施，这种违章建筑是要被没收和强制拆除的，不会产生合法的所有权。

200. 建设用地使用权能否流转?

《民法典》第 353 条规定:“建设用地使用权人有权将建设用地使用权转让、互换、出资、赠与或者抵押，但是法律另有规定的除外。”

同支付出让金等费用一样，建设用地使用权的依法流转也是我国土地有偿使用制度的重要内容。有关法律、行政法规对此已经有了明确的规定，例如，《土地管理法》第 2 条第 3 款规定:“任何单位和个人不得侵占、买卖或者以其他形式非法转让土地。土地的使用权可以依法转让。”《城市房地产管理法》第 37 条规定:“房地产转让，是指房地产权利人通过买卖、赠与或者其他合法方式将其房地产转移给他人的行为。”第 48 条规定:“依法取得的房屋所有权连同该房屋占用范围内的土地使用权，可以设定抵押权。以出让方式取得的土地使用权，可以设定抵押权。”根据这些法律、行政法规的规定，建设用地使用权可以依法转让、互换、出资、赠与或者抵押。

201. 建设用地使用权在流转方面有哪些限制?

为保护和合理利用土地资源，维护房地产交易秩序，法律、行政法规对建设用地使用权的流转还作了一定的限制。《物权法》第 353 条规定的除外条款指的就是这些限制性规定，主要包括以下两个方面：

1. 关于以出让方式取得的建设用地使用权流转的限制。

根据法律和行政法规的规定，即便是以出让方式取得的建设用地使用权，在有些情况下也是不能直接进入流转的。例如，《城市房地产管理法》第38条规定："下列房地产，不得转让：（一）以出让方式取得土地使用权的，不符合本法第三十九条规定的条件的；（二）司法机关和行政机关依法裁定、决定查封或者以其他形式限制房地产权利的；（三）依法收回土地使用权的；（四）共有房地产，未经其他共有人书面同意的；（五）权属有争议的；（六）未依法登记领取权属证书的；（七）法律、行政法规规定禁止转让的其他情形。"第39条规定："以出让方式取得土地使用权的，转让房地产时，应当符合下列条件：（一）按照出让合同约定已经支付全部土地使用权出让金，并取得土地使用权证书；（二）按照出让合同约定进行投资开发，属于房屋建设工程的，完成开发投资总额的百分之二十五以上，属于成片开发土地的，形成工业用地或者其他建设用地条件。转让房地产时房屋已经建成的，还应当持有房屋所有权证书。"总之，建设用地使用权的流转及其限制，在有关法律、行政法规中已经有了比较完备的规定。在这一条的贯彻和执行中要注意吸取已有规定在贯彻实施中的成果和经验，使建设用地使用权的流转更为有序，实现地尽其利。

2. 关于划拨取得的建设用地流转的限制。

根据法律、行政法规的规定，对于划拨取得的建设用地，要通过行政审批，并交纳相应的土地出让金或者土地收益，才能流转。

202. 建设用地使用权流转合同应当如何订立？

《民法典》第 354 条规定：“建设用地使用权转让、互换、出资、赠与或者抵押的，当事人应当采用书面形式订立相应的合同。使用期限由当事人约定，但是不得超过建设用地使用权的剩余期限。”

关于合同形式，在合同法理论上，必须采取书面形式的合同属于一种要式合同，要式合同一般适用于交易复杂，涉及利益巨大的情形。建设用地使用权涉及对土地这一重要自然资源的利用，关系到国家、社会和用地个人的重大利益，要求采用书面形式可以有效地明确权利、义务，避免潜在争议。不仅我国现有法律作了这样的规定，其他国家和地区关于土地等不动产的交易也都要求采用书面形式。

关于使用期限，《城市房地产管理法》第 43 条规定：“以出让方式取得土地使用权的，转让房地产后，其土地使用权的使用年限为原土地使用权出让合同约定的使用年限减去原土地使用者已经使用年限后的剩余年限。”其他国家关于地上权的规定中也有类似的时间限制。建设用地使用权本身就是一种有时限的权利，从理论上说，建设用地使用权人不可能超过自己权利范围的流转权利。在我国的现实中也不允许用益物权人这样扩张权利，侵害作为所有人的国家的利益。所以在建设用地使用权期间确定的情况下，建设用地使用权的流转也必须受到这一期间的限制。这也是符合现有法律规定和国际通行做法的。

203. 物权法对建设用地使用权的变更登记有怎样的规定？

《民法典》第 355 条规定："建设用地使用权转让、互换、出资或者赠与的，应当向登记机构申请变更登记。"这一条是关于建设用地使用权流转后变更登记的规定。

《民法典》第 214 条规定："不动产物权的设立、变更、转让和消灭，依照法律应当登记的，自记载于不动产登记簿时发生效力。"建设用地使用权作为重要的用益物权，不但其取得需要登记，其流转也需要及时变更登记。否则该流转行为就无法发生法律效力，权利人的利益就得不到充分保障。

我国的不动产登记制度正在进一步发展完善中。《不动产登记暂行条例》第 3 条规定，不动产首次登记、变更登记、转移登记、注销登记、更正登记、异议登记、预告登记、查封登记等，适用本条例。第 5 条规定，下列不动产权利，依照本条例的规定办理登记，其中列举的第 5 项为建设用地使用权。因此有关建设用地使用权流转后变更登记的规定，应当适用不动产登记暂行条例的相关规定。

204. 建设用地使用权流转的，该土地上的建筑物等是否一并处分？

《民法典》第 356 条规定："建设用地使用权转让、互换、出资或者赠与的，附着于该土地上的建筑物、构筑物及其附属设施一并处分。"

根据法律、行政法规的规定，建设用地使用权流转时，其地上建筑物和其他附着物同时流转。《城市房地产管理法》第32条规定："房地产转让、抵押时，房屋的所有权和该房屋占用范围内的土地使用权同时转让、抵押。"《城镇国有土地使用权出让和转让暂行条例》第23条规定："土地使用权转让时，其地上建筑物、其他附着物所有权随之转让。"第33条第1款规定："土地使用权抵押时，其地上建筑物、其他附着物随之抵押。"

在我国，建筑物、其他附着物的归属虽然具有相对独立性，但在转让中必须实行"房地一致"原则，以避免出现"空中楼阁"的尴尬局面。"房随地走"作为实现房地一致的方式之一，已经在法律实践和社会生活中得到普遍接受。这一条规定与已有法律制度是一致的，也符合社会生活实际。

205. 建筑物等流转的，相应的建设用地使用权如何处理？

《民法典》第357条规定："建筑物、构筑物及其附属设施转让、互换、出资或者赠与的，该建筑物、构筑物及其附属设施占用范围内的建设用地使用权一并处分。"这条是关于建设用地使用权随建筑物、构筑物及其附属设施的流转而一并处分的规定。

在理解和适用这一条规定时，要特别注意和第356条的衔接，这两条实际上作为一个整体，只要建设用地使用权和地上房屋有一个发生了转让，另外一个就要相应转让。从法律后果上说，不可能也不允许把"房"和"地"分别转让给不同的主体。此外，这一条中所讲的附属设施占用范围内的建设用地使用权有可能是一宗单独的建设用地使用权，也有可能是共同享有的建设用地使用权中的份额，特别是在建筑物区分所有的情况下。转让占用范围内的建设用地使用权不可能也不应该导致对业主共同享有的建设用地使用权的分割。在这种情况下，除了这一条外，还要依据业主的建筑物区分所有权的有关规定，才能全面确定当事人的权利义务。

206. 建设用地使用权提前收回的，应当如何对建设用地使用权人进行补偿?

《民法典》第 358 条规定："建设用地使用权期限届满前，因公共利益需要提前收回该土地的，应当依据本法第二百四十三条的规定对该土地上的房屋及其他不动产给予补偿，并退还相应的出让金。"

以出让方式设立的建设用地使用权都有期限。根据《土地管理法》第 58 条的规定，为了公共利益需要使用土地的，由有关政府土地行政主管部门报经原批准用地的人民政府或者有批准权的人民政府批准，可以收回国有土地使用权，并应当对土地使用权人给予适当补偿。实践中，当事人一般也在建设用地使用权出让合同中对提前收回的情况作出约定。原国土资源部和原国家工商局制定的出让合同示范文本（已失效）就有提前收回建设用地的内容："根据社会公共利益需要提前收回土地使用权的，出让人应当依照法定程序报批，并根据收回时地上建筑物、其他附着物的价值和剩余年期土地使用权价格给予受让人相应的补偿。”这一条对提前收回的补偿标准作了更为细化的规定。首先，对于建设用地上的房屋及其他不动产，应当依据征收的规定给予补偿。《民法典》第243条第1款、第3款规定：“为了公共利益的需要，依照法律规定的权限和程序可以征收集体所有的土地和组织、个人的房屋以及其他不动产。征收组织、个人的房屋以及其他不动产，应当依法给予征收补偿，维护被征收人的合法权益；征收个人住宅的，还应当保障被征收人的居住条件。”因此，有关征收的规定是补偿的依据。其次，对于房屋所占用的建设用地，不适用征收的规定。征收是国家把集体所有的土地和单位、个人的不动产变为国有财产，是一种改变所有权的法律行为。我国城市的土地属于国家所有，建设用地使用权人取得的是对土地使用的权利，国家收回本来就属于自己的建设用地，不适用有关征收的规定。但是，为了公共利益的需要，国家可以提前收回建设用地使用权。由于建设用地使用权人是按照建设用地的使用期限交纳出让金的，因此，提前收回建设用地使用权的，出让人还应当向建设用地使用权人退还相应的出让金。

207. 为什么住宅建设用地使用权可以自动续期？

《民法典》第359条第1款规定：“住宅建设用地使用权期限届满的，自动续期。续期费用的缴纳或者减免，依照法律、行政法规的规定办理。”

国家通过出让的方式，使建设用地使用权人获得一定期间内利用土地的权利。根据《城镇国有土地使用权出让和转让暂行条例》第 12 条的规定，建设用地使用权出让的最高年限为：居住用地 70 年；工业用地 50 年；教育、科技、文化、卫生、体育用地 50 年；商业、旅游、娱乐用地 40 年、综合或者其他用 50 年。

建设用地使用权期间届满后，就面临建设用地使用权如何续期的问题。《城市房地产管理法》第 22 条第 1 款规定："土地使用权出让合同约定的使用年限届满，土地使用者需要继续使用土地的，应当至迟于届满前一年申请续期，除根据社会公共利益需要收回该幅土地的，应当予以批准。经批准准予续期的，应当重新签订土地使用权出让合同，依照规定支付土地使用权出让金。" 2007 年制定物权法草案时，曾经根据现行法律的规定，对建设用地使用权的续期作出了规定。但是，物权法草案向全社会征求意见后，一些部门和群众对建设用地使用权续期的规定提出了不同的意见。有人提出，一幢公寓多户居住，建设用地使用权期间届满，是由住户个人申请续期还是业主委员会统一申请续期，意见不一致时怎么办，需要明确。建设用地使用权续期的问题，确实和老百姓的利益息息相关，应当保障老百姓安居乐业，使有恒产者有恒心。如果规定住宅建设用地需要申请续期，要求成千上万的住户办理续期手续，不仅难以操作，加重了老百姓的负担，也增加了行政管理的成本，不利于社会的安定。在听取各方面的意见后，物权法草案对住宅建设用地使用权和非住宅建设用地使用权的续期分别作出了规定，明确规定住宅建设用地使用权期间届满的，自动续期。

208. 住宅建设用地使用权的续期费用如何缴纳或者减免？

《民法典》第 359 条第 1 款规定："住宅建设用地使用权期限届满的，自动续期。续期费用的缴纳或者减免，依照法律、行政法规的规定办理。"

2018 年 8 月第十三届全国人大常委会第五次会议《关于〈民法典各分编（草案）〉的说明》中提到，关于住宅建设用地使用权期间届满续期问题。2016 年 11 月，《中共中央、国务院关于完善产权保护制度依法保护产权的意见》提出，要研究住宅建设用地等土地使用权到期后续期的法律安排，推动形成全社会对公民财产长久受保护的良好和稳定预期。根据党中央批准的有关工作安排，该项工作由国务院有关部门研究，提出方案后，国务院提出法律修改议案，修改城市房地产管理法或者物权法。目前，国务院有关部门尚未正式提出方案和修法议案。物权编草案根据现行《物权法》第 149 条、《城市房地产管理法》第 22 条的规定，对此先作出一个原则性规定，即住宅建设用地使用权期间届满的，自动续期。续期费用的缴纳或者减免，依照法律、行政法规的规定（草案第 152 条第 1 款）。国务院正式提出修改有关法律的议案后，再进一步做好衔接。

209. 为什么非住宅建设用地使用权没有采取自动续期的办法？

《民法典》第 359 条第 2 款规定："非住宅建设用地使用权

期限届满后的续期，依照法律规定办理。该土地上的房屋及其他不动产的归属，有约定的，按照约定；没有约定或者约定不明确的，依照法律、行政法规的规定办理。”

因为非住宅建设用地和住宅建设用地有较大的区别。非住宅建设用地的使用期限相对比较短，使用用途也各不相同。有的建设用地使用权人仅需要在特定的期限内使用建设用地，过了该期限，就没有使用该土地的必要。因此，不宜将自动续期作为非住宅建设用地使用权适用的一般原则，是否续期应当由建设用地使用权人自己决定。根据这一条的规定，非住宅建设用地使用权的续期，按照法律规定办理，即建设用地使用权可以在建设用地使用权期间届满前 1 年申请续期。只要建设用地使用权人提出续期的要求，出让人就应当同意，只有在公共利益需要使用该建设用地的情况下，出让人才有权拒绝建设用地使用权人续期的要求，收回该土地。

210. 建设用地使用权期届满后建筑物归谁所有?

关于建设用地使用权期限届满后建筑物归属的问题，《城镇国有土地使用权出让和转让暂行条例》第 40 条规定，土地使用权期间届满，土地使用权及其地上建筑物、其他附着物所有权由国家无偿取得。有人提出，建设用地使用权期间届满，应当根据公平的原则来确定建筑物等归属，而不宜一律规定归国家所有。现实中也有法律对于非住宅建设用地使用权期间届满后该土地上的厂房等不动产归属的问题作出规定。因此，对于非住宅建设用地到期后地上物归属的问题，解决的办法是，有约定的，应当按照约定，比如按照合同的约定处理等；没有约定或者约定不明确的，应当按照有关法律规定办理。

211. 建设用地使用权消灭的，是否需要办理登记手续？

建设用地使用权消灭的情况主要包括：建设用地使用权期间届满、建设用地使用权提前收回以及因自然灾害等原因造成建设用地使用权灭失等情形。建设用地使用权消灭后，出让人应当及时办理注销登记。根据国土资源部颁布的土地登记规则的规定："县级以上人民政府依法收回国有土地使用权的，土地行政管理部门在收回土地使用权的同时，办理国有土地使用权注销登记，注销土地证书。国有土地使用权出让或者租赁期满，未申请续期或者续期申请未获批准的，原土地使用者应当在期满之日前十五日内，持原土地证书申请国有土地使用权注销登记。因自然灾害等造成土地权利灭失的，原土地使用者或者土地所有者应当持原土地证书及有关证明材料，申请土地使用权或者土地所有权注销登记。"

《民法典》第360条规定，建设用地使用权消灭的，出让人应当及时办理注销登记。登记机构应当收回权属证书。规定注销登记由出让人办理，主要是考虑到出让人全面掌握建设用地使用权消灭的情形，有利于及时办理相关的登记手续。

212. 物权法对集体所有的土地作为建设用地是如何规定的?

《民法典》第361条规定:“集体所有的土地作为建设用地的,应当依照土地管理的法律规定办理。”

2007年制定物权法时,考虑到我国土地制度改革正在深化,各地的情况差异较大,土地行政主管部门正在进行土地制度试点和研究,尚待总结实践经验,并在此基础上规范和完善。而且,集体建设用地制度如何改革,还是需要通过修改土地管理法等法律从根本上解决这个问题,目前物权法对此作出规定的时机还不成熟。但是,作为民事基本法律的物权法,还是有必要作出原则且灵活的规定,为今后土地制度改革留下空间。因此,这一条对建设用地使用集体所有的土地的情况仅作了原则性规定,明确集体所有的土地作为建设用地的,应当按照土地管理的法律规定办理。

2019年土地管理法修改,增加了集体经营性建设用地的相关规定。第23条规定,各级人民政府应当加强土地利用计划管理,实行建设用地总量控制。土地利用年度计划,根据国民经济和社会发展计划、国家产业政策、土地利用总体规划以及建设用地和土地利用的实际状况编制。土地利用年度计划应当对本法第六十三条规定的集体经营性建设用地作出合理安排。土地利用年度计划的编制审批程序与土地利用总体规划的编制审批程序相同,一经审批下达,必须严格执行。

213. 如何理解民法典上的宅基地使用权?

《民法典》第362条规定:“宅基地使用权人依法对集体所有的土地享有占有和使用的权利,有权依法利用该土地建造住宅及其附属设施。”民法典上的宅基地使用权包括以下要点:

1. 宅基地归集体所有。

这是宅基地使用权能够成为用益物权的前提。根据《宪法》第10条的规定,宅基地和自留地、自留山一样,属于集体所有。因此,农民使用宅基地是对集体所有的土地的使用。

2. 宅基地的用途是建造住宅及其附属设施。

根据土地管理法和国家的有关规定,土地的利用必须符合国家对土地的用途管制。我国人多地少,只有最严格地管制土地用途,控制建设用地总量,保护耕地,才能有效地保护资源,实现优化配置。所以农民取得宅基地,必须依法办理有关手续,不得超量多占,也不得违反有关规划,改变土地用途。

3. 宅基地使用权是一种带有社会福利性质的权利,是农民的安身之本。

宅基地使用权和土地承包经营权一样,由作为集体成员的农民无偿取得,无偿使用。宅基地使用权是农民基于集体成员身份而享有的福利保障。在我国社会保障体系尚未覆盖广大农村的现实下,土地承包经营权解决了农民的基本衣食来源,宅基地使用权解决了农民的基本居住问题。这两项制度以其鲜明的福利色彩成为维护农业、稳定农村的重要制度。正是因为保障功能依然是宅基地使用权制度的首要功能,所以关于宅基地使用权取得、行使和转让的问题，必须尊重这一现实，以利于保护农民利益，构建和谐社会。

214. 民法典对宅基地使用权的取得、行使和转让是怎样规定的？

《民法典》第363条规定："宅基地使用权的取得、行使和转让，适用土地管理的法律和国家有关规定。"这条是衔接性规定，现行法律和国家有关规定中对宅基地使用权的取得、行使和转让作了如下规定：

根据《土地管理法》第62条的规定，农村村民一户只能拥有一处宅基地，其宅基地的面积不得超过省、自治区、直辖市规定的标准。人均土地少、不能保障一户拥有一处宅基地的地区，县级人民政府在充分尊重农村村民意愿的基础上，可以采取措施，按照省、自治区、直辖市规定的标准保障农村村民实现户有所居。农村村民建住宅，应当符合乡（镇）土地利用总体规划、村庄规划，不得占用永久基本农田，并尽量使用原有的宅基地和村内空闲地。编制乡（镇）土地利用总体规划、村庄规划应当统筹并合理安排宅基地用地，改善农村村民居住环境和条件。农村村民住宅用地，由乡（镇）人民政府审核批准；其中，涉及占用农用地的，依照民法典第四十四条的规定办理审批手续。农村村民出卖、出租、赠与住宅后，再申请宅基地的，不予批准。国家允许进城落户的农村村民依法自愿有偿退出宅基地，鼓励农村集体经济组织及其成员盘活利用闲置宅基地和闲置住宅。国务院农业农村主管部门负责全国农村宅基地改革和管理有关工作。

此外，中共中央、国务院通过有关文件，多次强调农村居民建住宅要严格按照所在的省、自治区、直辖市规定的标准，依法取得宅基地。农村居民每户只能有一处不超过标准的宅基地，多出的宅基地，要依法收归集体所有。同时禁止城镇居民在农村购置宅基地。

215. 为什么物权法对宅基地使用权作出了衔接性规定？

为准确体现国家土地管理制度的有关内容，2007 年的物权法关于宅基地使用权的取得和行使的规定经过了反复研究，多次修改，立法考虑主要是：

1. 关于宅基地使用权的取得。

宅基地使用权的取得主要涉及国家土地管理制度。土地管理法以及有关法规中已经对宅基地使用权的取得及其必要限制作出了明确规定。实际中遇到的问题应当依照这些规定处理。有关法律法规实施中出现的问题，可以通过国家土地管理制度的进一步发展完善，逐步解决。物权法作为调整平等主体间财产关系的民事法律，对国家土地管理制度的具体内容可以不作重复规定，只作出必要的衔接性规定即可。

2. 关于宅基地使用权的转让和抵押。

我国地少人多，必须实行最严格的土地管理制度。目前，我国农村社会保障体系尚未全面建立，宅基地使用权是农民基本生活保障和安身立命之本。从全国范围看，放开宅基地使用权转让和抵押的条件尚不成熟。特别是农民一户只有一处宅基地，这一点与城市居民是不同的。农民一旦失去住房及其宅基地，将会丧失基本生存条件，影响社会稳定。为了维护现行法律和现阶段国家有关农村土地政策，也为今后修改有关法律或者调整有关政策留有余地，民法典的规定应当与土地管理的法律规定保持一致。

我国的土地管理制度正在改革，有关法律法规也在完善。对于宅基地使用权的转让和抵押问题，为适应未来发展的需要，给进一步深化改革留有空间，2007 年物权法对宅基地使用权的转让和抵押问题作出衔接性的规定是必要的。民法典编纂对这一条仅作了个别文字修改。

216. 对因自然灾害失去宅基地的村民还能重新分配宅基地吗?

《民法典》第 364 条规定："宅基地因自然灾害等原因灭失的，宅基地使用权消灭。对失去宅基地的村民，应当依法重新分配宅基地。"这条规定包含以下内容：

首先，因自然灾害导致宅基地灭失的，应当重新分配宅基地。这里的宅基地灭失就是指宅基地无法再用于居住的情况。

自然灾害等原因可能使土地不再适用某种用途，例如由于河流改道，原来的住宅和宅基地有可能完全被淹没而成为水面；又如由于山体滑坡，原来住宅所在的土地不能再建房居住。在发生这类自然灾害，原有宅基地不可能再用于建设住宅的情况下，就必须对丧失居住条件的集体成员提供新的宅基地以维持生计。

其次，可以享受重新分配宅基地的权利人应当是成员。宅基地使用权是基于集体成员身份享有的一种保障性的权利。所以重新分配宅基地时，应当按照规定的标准分配给属于本集体且丧失基本居住条件的村民。

最后，重新分配宅基地应当按照国家有关规定，注意节约利用和保护耕地。根据《土地管理法》第62条和国家的有关规定，宅基地应当符合乡（镇）土地利用总体规划，尽可能利用原有的宅基地和村内空闲地。尽量珍惜每一寸土地，特别是要严格限制对耕地的占用。

217. 宅基地使用权转让或者消灭的，是否应当办理登记？

《民法典》第365条规定，已经登记的宅基地使用权转让或者消灭的，应当及时办理变更登记或者注销登记。

这一条是关于宅基地使用权的变更登记和注销登记的规定。《民法典》第363条对宅基地使用权的取得、行使和转让作了与其他法律和国家有关规定的衔接性规定，已经为未来宅基地使用权制度的发展完善留下了空间。这一条考虑到我国广大农村的实际情况以及登记制度的现状，虽然没有明确要求所有宅基地使用权一旦发生变更一律登记，但是对于已经登记的宅基地使用权转让或者消灭的，则明确规定了应当及时办理变更或者注销登记。

从长远发展上，宅基地使用权的设立、变更和消灭应当进行登记。宅基地使用权既涉及国家对土地资源的管理，又是一种重要的用益物权；对宅基地使用权的有关变化及时办理登记既有利于加强土地管理，又有利于表彰物权的状态，从而减少争端。目前有的地方的宅基地使用权的登记制度不够完善，有的宅基地还没有登记。这一现状尽管还没有引发大的矛盾和纠纷，然而在宅基地使用权发生变动时就有可能带来潜在的风险。这一条规定既切合了我国物权制度发展的大方向，也有利于从实际出发，未雨绸缪，防患于未然。

218. 居住权有哪些特征？

《民法典》第366条规定，居住权人有权按照合同约定，对他人的住宅享有占有、使用的用益物权，以满足生活居住的需要。

根据这一条规定，居住权有以下法律特征：

1. 居住权是在他人住宅上设立的物权。

居住权是在他人所有的住宅上设立的物权。设立居住权是住宅所有权人处分自己财产的一种方式，住宅所有权人根据自己的意思自由在自己所有的住宅的全部或者部分为他人设立居住权。此外，根据这一条规定，居住权只能在他人所有的住宅上设立，其他类型的房屋上不能设立居住权。

2. 居住权是一种用益物权。

用益物权是以支配标的物的使用价值为内容的物权。我国的用益物权主要包括土地承包经营权、建设用地使用权、宅基地使用权、居住权和地役权等。根据民法典的规定，居住权是一种用益物权，是指居住权人对他人所有的住宅的全部或者部分及其附属设施享有占有、使用的权利，以满足生活居住的需要。特别应注意的是，并非所有居住他人住宅的权利均是这一条规定的居住权。如果当事人之间存在抚养、扶养、赡养、租赁、借用等关系，也同样可能享有居住他人住宅的权利。但由此而享有的权利不具有物权的排他效力，不是这一条所规定的居住权，不能适用本章的规定。

3. 居住权是为特定自然人设定的。

居住权是住宅所有人为特定自然人的利益在自己所有的住宅上设定的权利，法人或其他组织不能享有居住权。享有居住权的主体范围具有有限性，居住权人以外的人一般不能享有居住权，但有的国家允许居住权人的家庭成员居住，并详细规定了可以居住的自然人的范围。

4. 居住权是为特定自然人生活居住的需要而设定的权利。

居住权人只能将享有居住权的住宅用于满足其生活居住的需要，一般情况下，居住权人不能将其享有居住权的住宅出租，但是当事人另有约定的除外。根据《民法典》第 369 条的规定，居住权不得转让、继承。

5. 居住权人按照合同约定对他人的住宅享有占有、使用的权利。

一般情况下，当事人通过订立居住权合同并对居住权进行登记后设立居住权。居住权人对他人的住宅享有的占有、使用的具体权利义务，根据所有权人和居住权人之间订立的居住权合同确定。居住权人为充分地使用其居住的住宅，对住宅的各种附属设施亦有使用权。

219. 居住权合同应该采用什么形式?

《民法典》第 367 条第 1 款规定，设立居住权，当事人应当采用书面形式订立居住权合同。

根据民法典规定，居住权既可以基于当事人的约定设立，也可以基于被继承人的遗嘱设立。这一条是对通过居住权合同设立居住权的合同形式和内容的规定。根据这一条第 1 款规定，设立居住权，当事人应当采用书面形式订立居住权合同。住宅所有权人为满足他人生活居住的需要想在自己所有的住宅上为他人设立居住权的，途径之一就是通过住宅所有权人与他人订立居住权合同，再按照订立的居住权合同向登记机构申请居住权登记。因设立居住权需明确一些具体的权利义务的约定，这一条规定，设立居住权的，当事人应当采用书面形式订立居住权合同。

220. 居住权合同包括哪些内容?

《民法典》第 367 条第 2 款规定，居住权合同一般包括下列条款：（1）当事人的姓名或者名称和住所；（2）住宅的位置；（3）居住的条件和要求；（4）居住权期限；（5）解决争议的方法。

1. 当事人的姓名或者名称和住所。当事人的姓名或者名称和住所，是合同中最基本的要件。如果不写明当事人，合同由谁履行就不明确，当事人的权利和义务更无从谈起。居住权合同的当事人一般为住宅的所有权人和居住权人。2019 年 4 月审议的民法典物权编草案二次审议稿本项规定的是“当事人的姓名和住所”，有的意见提出，存在有的老年人以房养老，可能将住宅出售给法人或者非法人组织，购买住宅的法人或者非法人组织在住宅上给老年人设立居住权的情况，建议增加当事人的名称的规定，2019 年 12 月审议的民法典草案将本项修改为“当事人的姓名或者名称和住所”。

2. 住宅的位置。居住权合同中应当明确住宅的具体位置，以确定当事人设立居住权的住宅。一般情况下，合同中明确的住宅的位置应与住宅房屋产权证上的位置一致。

3. 居住的条件和要求。居住权合同中可以约定居住的条件和要求，主要包括当事人的权利义务。设立居住权的合同应当尽可能清晰地确定当事人之间的权利义务关系，避免纠纷的发生，或者在发生纠纷时有明确的规则可供遵循。权利方面，当事人可以协商约定居住权人占有、使用的具体权利，如是否可以与其家属共同居住，是否可以让其所雇佣的保姆等为其生活所需的服务、护理人员居住。义务方面，当事人可以协商约定双方的义务，如不得改变房屋的结构、用途，保管房屋的义务，承担房屋的日常负担及返还房屋等。

4. 居住权期限。民法典物权编草案二次审议稿未规定本项，是 2019 年 12 月审议的民法典草案增加规定的内容，有的意见提出，为扩大居住权的适用范围，应该允许当事人对居住权期限进行约定。居住权制度创设初始，为达到保护居住权人的目的，具有长期性的特点，一般持续至居住权人终生。为保障当事人设立居住权的意思自由，扩大居住权制度的适用性，根据民法典规定，当事人可以就居住权的存续期限作出约定。

当事人可以根据不同情况、不同需求在居住权合同中约定居住权的期限。如给未成年人设立居住权的，可以约定居住权期限存续至未成年人成年之时。如果当事人未对居住权期限作出约定，根据民法典规定，居住权人死亡的，居住权消灭。

5. 解决争议的方法。居住权合同可以就合同履行发生争议的解决方法作出约定。因履行居住权合同发生争议的，所有权人和居住权人可以双方协商解决，协商不成的，提交双方当事人指定的仲裁委员会仲裁，或者依法向人民法院起诉。

需要注意的是，这一条所规定的内容并非全部都是居住权合同必须约定的内容。其中第 1 项“当事人的姓名或者名称和住所”、第 2 项“住宅的位置”作出明确约定，如果欠缺这两项内容将导致居住权的主体和客体不明，不可能设立居住权。其他各项均非合同必须约定的内容，如果当事人未作确定，不影响居住权的设立。

221. 居住权设立是否有偿？

《民法典》第 368 条中规定，居住权无偿设立，但是当事人另有约定的除外。

居住权制度产生初始，是房屋所有权人为与其有特定人身关系的人设立，无偿性是居住权制度的特征之一。设立居住权一般情况下带有扶助、友善、帮助的性质。按照这一条规定，居住权无偿设立，即居住权人无需向房屋的所有人支付对价。

居住权一般情况下无偿设立。居住权是用益物权的一种，一般情况下具有无偿性，其与房屋租赁存在本质区别。主要表现在：一是保护方式存在区别。居住权是一种支配权，租赁权是一种请求权。居住权为一种独立的用益物权，具有物权的所有特征：对世性、绝对性、直接支配性等。租赁法律关系属于债权，具有相对性，租赁权人只能对抗特定的债务人。尽管房屋租赁权的效力强化后，租赁权人也具有对抗第三人的效力，但与作为物权的居住权对抗效力和对抗范围存在区别。二是设立方式存在区别。居住权需要经过登记才发生物权的效力，租赁权只需要双方的合意就发生法律效力，其设立不以登记为条件。三是期限存在区别。租赁权的租期由合同双方当事人约定，但不得超过 20 年，超过 20 年的部分无效，如果双方未约定租期，为不定期租赁，对于不定期租赁，任何一方当事人都可以随时解除合同。居住权的期限具有长期性的特点，除当事人另有约定外，通常至居住权人死亡时居住权消灭。四是取得权利支付的对价存在区别。取得居住权一般是无偿的，带有扶助、友善、帮助的性质。居住权人即便在特殊情况下需要向房屋的所有人支付费用，费用也是很少的。而租赁合同则是一种双务、有偿合同，取得租赁权，以支付租金为条件。

但是，这一条规定，居住权无偿设立，但是当事人另有约定的除外。根据这一条规定，居住权以无偿设立为原则，当事人可以就是否无偿设立作出约定。

222. 如何设立居住权？

《民法典》第 368 条中规定，设立居住权的，应当向登记机构申请居住权登记。居住权自登记时设立。

我国物权制度有“登记生效”与“登记对抗”两种物权变动模式，对居住权的设立，采用登记生效的物权变动模式。不动产登记簿是确定居住权的根本依据。居住权的设立登记，是指将设立居住权的事实依法记载于不动产登记簿的行为。这一条规定，设立居住权的，应当向登记机构申请居住权登记。居住权自登记时设立。根据这一条规定，当事人签订居住权合同后，居住权并未设立，当事人需持居住权合同到不动产登记机构申请居住权登记。不动产登记机构将设立居住权的情况登记在不动产登记簿上，居住权自登记时设立。如果仅就住宅的部分设立居住权，就应当在居住权合同中明确，并在不动产登记簿上予以明确。

223. 居住权是否可以转让、继承?

《民法典》第369条中规定，居住权不得转让、继承。

居住权不得转让。居住权人对他人的住宅享有占有、使用的权利，但只能由居住权人本人享有，居住权人不得将其享有的居住权转让。

居住权不得继承。居住权人死亡的，居住权消灭，居住权人的继承人不能继承居住权人对住宅享有的居住权。

224. 设立居住权的住宅是否可以出租?

《民法典》第369条中规定，设立居住权的住宅不得出租，但是当事人另有约定的除外。

设立居住权的住宅不得出租。居住权是居住权人占有、使用他人住宅的权利，其目的是满足权利人生活居住的需要。因此，一般情况下，居住权人对设立居住权的住宅不享有收益权。这一条规定，设立居住权的住宅不得出租，但是当事人另有约定的除外。一般情形下，居住权人不可将住宅出租给他人以收取租金，但如果当事人根据需要，双方达成协议，也可以将设立居住权的住宅出租。

225. 居住权何时消灭？

《民法典》第370条中规定，居住权期限届满或者居住权人死亡的，居住权消灭。居住权消灭的，应当及时办理注销登记。

由于居住权制度设计的目的是保障居住权人的生活居住的需要，其期限一般具有长期性、终生性。这一条规定，居住权期限届满或者居住权人死亡的，居住权消灭。

根据这一条规定，居住权消灭主要包括两种情形：

一是居住权期限届满。当事人可以根据自己的意思自由在居住权合同中约定居住权期限，居住权期限届满的，居住权消灭。例如，住宅所有权人给未成年人设立居住权的，可以约定居住权至居住权人成年时消灭，作出如此约定的，居住权人成年时，居住权即消灭。再如，当事人可以约定自合同签订之日起20年，居住权消灭，作出如此约定的，约定期限届满的，居住权消灭。居住权因期限届满消灭的，居住权人有返还房屋的义务。

二是居住权人死亡。当事人可以根据意思自由约定居住权期限，如果没有约定，居住权一般至居住权人死亡时消灭。

这一条规定，居住权消灭的，应当及时办理注销登记。根据这一条规定，居住权消灭的，当事人应当及时到不动产登记机构办理注销登记，将登记于不动产登记簿的居住权信息注销。

226. 居住权的设立方式包括哪些?

《民法典》第 371 条规定，以遗嘱方式设立居住权的，参照适用本章的有关规定。

根据民法典的规定，设立居住权，有以下几种方式，不同的设立方式，居住权设立的时间不同。

一是合同。当事人订立居住权合同是设立居住权最主要的形式。通过订立居住权合同设立居住权的，必须到登记机构申请居住权登记，居住权自登记时设立。

二是遗嘱。住宅所有权人可以以遗嘱的方式为他人设立居住权，即住宅所有权人在自己的遗嘱里明确为他人设立居住权。

三是法院判决。除本章规定的以合同和遗嘱方式设立居住权外，居住权还可以通过法院判决的形式设立。《民法典》第 229 条规定，因人民法院、仲裁机构的法律文书或者人民政府的征收决定等，导致物权设立、变更、转让或者消灭的，自法律文书或者征收决定等生效时发生效力。《最高人民法院关于适用〈中华人民共和国婚姻法〉若干问题的解释（一)》第 27 条第 3 款规定，离婚时，一方以个人财产中的住房对生活困难者进行帮助的形式，可以是房屋的居住权或者房屋的所有权。司法实践中，如离婚判决时，法官可以依法将居住权判给一些有特殊需要的人，这也是依法律规定设定居住权的一种方式。

227. 什么是地役权?

地役权是传统民法用益物权中的一项重要权利，是按照合同约定利用他人的不动产，以提高自己不动产效益的权利。自己的不动产为需役地，他人的不动产为供役地。地役权具有以下特点：第一，地役权的主体为不动产的权利人。地役权人、供役地人都是不动产的权利人，既可以是不动产的所有权人，如集体土地所有权人、建筑物的所有权人，也可以是不动产的使用权人，如土地承包经营权人、建设用地使用权人、宅基地使用权人。第二，地役权是按照合同设立的。地役权合同是地役权人和供役地权利人之间达成的以设立地役权为目的和内容的合同。第三，地役权是利用他人的不动产。利用他人的不动产来提高自己不动产的效益，是地役权设立的主要目的。第四，地役权是为了提高自己不动产的效益。第五，地役权具有从属性。地役权虽然为独立的一种用益物权，但是与其他用益物权相比，地役权从属于需役地，其目的是提高需役地的效益，必须与需役地相结合而存在。

228. 设立地役权必须签订书面合同吗?

《民法典》第 373 条第 1 款规定，设立地役权，当事人应当采用书面形式订立地役权合同。因此，根据此规定，设立地役权的民事法律行为属于要式法律行为，必须采用书面方式这一特定形式。设立地役权事关不动产权利的行使，关系重大，为避免因权利义务内容不明确而产生纠纷，法律规定地役权设立应当以合同书的形式。

229. 地役权合同包括哪些条款?

《民法典》第 373 条第 2 款规定，地役权合同一般包括下列条款：(1) 当事人的姓名或者名称和住所。(2) 供役地和需役地的位置，包括如地块名称、地块编码、面积、东南西北四至等内容。(3) 利用目的和方法。当事人应当在合同中约定所设立地役权的目的为何，以及实现此目的的具体方法也应当明确，因为不同的方法对供役地的影响是不同的。(4) 地役权期限。地役权作为一种他物权，属于有期限物权。因此，有必要明确地役权的存续期限，即利用供役地的具体起止时间。(5) 费用及其支付方式。地役权设立可以是有偿的，也可以是无偿的，均由双方当事人约定。对于有偿设立的地役权，地役权人与供役地权利人在合同中，应当明确约定费用及其支付方式。(6) 解决争议的方法。双方当事人可以通过和解、调解、仲裁、诉讼等途径解决争议。

230. 地役权何时设立?

《民法典》第 374 条规定，地役权自地役权合同生效时设立。《民法典》第 502 条第 1 款规定，依法成立的合同，自成立时生效，但是法律另有规定或者当事人另有约定的除外。一般而言，地役权合同的成立以双方当事人均签名、盖章或者按指印之时为准，如果一方先签名另一方后签名的，应以后签名的时间为成立之时。

231. 地役权必须登记吗？

《民法典》第374条规定，当事人要求登记的，可以向登记机构申请地役权登记；未经登记，不得对抗善意第三人。地役权登记的具体程序和要求，《不动产登记暂行条例实施细则》有详细的要求。办理地役权登记应当按照规定的条件、提交相应的材料，到相应的登记机关办理。

232. 供役地权利人需要履行什么义务？

供役地权利人主要有两个方面义务。第一，允许地役权人利用其土地。供役地权利人承担的首要义务就是允许地役权人利用其土地。在地役权人利用供役地时，多多少少会给供役地权利人带来不便。对于供役地权利人来说，必须要按照合同的约定，向地役权人提供所涉土地，并要容忍供役地上的负担。在供役地上设定的负担可能有不同的类型：（1）允许他人利用自己的土地。比如，允许地役权人在自己的土地上挖沟排水，或者铺设管线，或者铺路等。（2）对自己行使土地的权利进行的某种限制。比如，甲乙双方设立地役权，需役地权利人乙需在甲所有的土地上架设高压电线，双方约定甲不得在供役地上种植树木，仅能种植水稻等低矮粮食作物。地役权设立后，甲必须按照合同约定，限制自己所有权的行使方式，不能随意种植作物。(3) 放弃部分使用自己土地的权利。比如，设定通行的地役权，地役权人在供役地上铺设道路通行，供役地权利人就需要放弃利用该部分土地的权利。(4) 容忍对供役地造成某种程度上的损害。只要地役权人按照合同约定的目的和方法行使地役权，即便在一定程度上对供役地造成损害，供役地权利人也得允许。第二，不得妨碍地役权人行使权利。供役地权利人一方面得容忍地役权人使用其土地，另一方面，在地役权人利用其土地时，也不得妨碍。妨碍地役权人行使地役权有不同的表现形式。可能是妨碍地役权人行使主要权利。妨碍地役权也可能是妨碍附属性的权利。

233. 地役权人有什么义务?

《民法典》第 376 条规定，地役权人应当按照合同约定的利用目的和方法利用供役地，尽量减少对供役地权利人物权的限制。根据此规定，包括：第一，按照合同约定的利用目的和方法利用供役地。地役权人的主要权利就是利用供役地，以提高自己土地的效益。地役权人在行使地役权的时候，必须按照合同约定的目的和方法行使，不得超越合同约定的范围。第二，尽量减少供役地权利人物权的限制。地役权的实现，是供役地权利人为了需役地的便利而承受的负担。因此，地役权人按照合同约定的利用目的和方法利用供役地时，应当采取对供役地损害最小的方法为之，在利用供役地的同时，不要过分损害其利益。

234. 地役权的期限有限制吗?

地役权作为用益物权，属于他物权的一种。他物权与所有权的一个区别就是，所有权属于永久物权，他物权一般而言都属于有期限物权。地役权也是如此，地役权属于有期限的他物权。《民法典》第 377 条规定，地役权期限由当事人约定；但是，不得超过土地承包经营权、建设用地使用权等用益物权的剩余期限。根据此规定，地役权期限由当事人约定。因此，双方当事人应当在签订地役权合同时协商确定地役权的期限。当事人协商确定的地役权期限，应当写入书面合同中。在地役权合同中，当事人应当尽量将地役权期限条款写得明确具体。当事人因结合地役权设立的具体需要，视情况作出规定：(1) 对于为一次性、临时性目的设立的地役权，当事人应当尽量明确地役权行使的具体日期、时间点或者时间段。比如，甲乙双方为了临时通行目的设立的地役权，应明确需役地权利人乙何年何月何日何时将从甲的供役地上通过。(2) 对于长期性的地役权，当事人则应当写明地役权行使的期限，从何时开始到何日终止。(3) 对于附解除条件的地役权，所附条件不仅要合法有效，还得具体明确，确保地役权解除的条件能够很好确定。(4) 对于附终止期限的地役权，也应明确约定所附期限，否则约定不明将徒增纠纷。当然，当事人在合同中对地役权的期限没有约定或者约定不明确的，可以事后作出补充协议。

根据此规定，地役权期限不得超过土地承包经营权、建设用地使用权等用益物权的剩余期限。这是对涉及特殊类型用益物权的地役权期限作出的特别规定。用益物权属于他物权，属于有期限物权。地役权具有从属性，地役权必须依附于所涉不动产权利。比如，供役地属于用益物权，所设定的地役权不能脱离该用益物权，供役地的用益物权消灭的，在其上所设的地役权自然消灭。同样，需役地权利人对土地所享有的如果并非所有权，那么需役地权利人所享有的权利到期终止后，为该权利所设立的地役权也就失去意义，固然应当终止。

235. 土地所有权人享有地役权时，设立土地承包经营权等用益物权后，用益物权人是否能继续享有地役权？

根据《民法典》第 378 条的规定，土地所有权人享有地役权的，设立土地承包经营权、宅基地使用权等用益物权时，该用益物权人继续享有已经设立的地役权。土地所有人享有地役权，就是该土地作为需役地，在他人土地上设立了地役权。如 A 地块和 B 地块分别属于甲乙两村集体所有，且两地相邻，均为农业用地，因地理位置的不同，A 地缺水干涸，B 地上有一片湖泽。甲村为了给本村 A 地浇灌的目的，与乙村在 B 地上设立期限为 20 年的取水地役权，两村签订书面合同并进行了登记，约定在 B 地上挖较宽的河道引水，并每年支付一定的费用。10 年后甲村将 A 地块承包给了村民丙，丙获得 A 地块的土地承包经营权。根据这一条规定，设立土地承包经营权等用益物权时，该用益物权人可以继续享有地役权。丙作为 A 地块的用益物权人，可以继续享有地役权，丙仍可以从 B 地块取水。如果丙的土地承包经营权期限为 30 年，根据甲村与乙村所签订的地役权合同，地役权期限为 20 年。丙承包 A 地块时已过 10 年，因此，丙只能再继续享有剩余 10 年的地役权。再过 10 年，如果丙想继续设立地役权，则需与乙村再行签订地役权合同。

集体所有的建设用地可以设立宅基地使用权。根据这一条规定，集体所有的土地享有地役权，如果在该集体土地上设立宅基地使用权，宅基地使用权人作为用益物权人，也可以继续享有该地役权。

236. 土地所有权人负担地役权时，设立土地承包经营权等用益物权后，用益物权人是否能继续负担地役权？

根据《民法典》第 378 条的规定，土地所有权人负担地役权的，设立土地承包经营权、宅基地使用权等用益物权时，该用益物权人继续负担已经设立的地役权。集体所有土地为供役地，就是在集体所有土地上添加了地役权负担。土地所有人负担地役权的，设立用益物权时，用益物权人需要继续负担已设立的地役权。集体所有的农业用地在设立土地承包经营权时，已设立的地役权需要由土地承包经营人继续负担。集体所有的建设用地在设立宅基地使用权时，已设立的地役权需要由宅基地使用权人继续负担。如甲村所有的 A 地块农业用地和乙村所有的 B 地块建设用地相邻，因 A 地块缺水，需要从 B 地块铺设水管，故甲村与乙村签订地役权合同，约定在 B 地块上设立地役权，供甲村取水之用。同时，因信息化建设需要，乙村需要在 A 地块上架设光缆，故乙村与甲村签订了地役权合同，约定乙村享有地役权，可以在 A 地块上架设通讯光缆。后甲村村民丙承包了A地块，取得了土地承包经营权。乙村村民丁经审批获得了B地块上的宅基地使用权。根据这一条规定，丙和丁需要继续负担已经设立的地役权，即丙仍应允许乙村在其所承包的农业用地上架设光缆，而丁则仍应继续允许甲村在B地块上铺设取水管道。

237. 村民承包了集体所有的土地获得土地承包经营权后，村集体可以随意在该承包地上设立地役权吗？

土地承包经营权属于用益物权，用益物权人对他人所有的不动产或者动产，依照法律享有占有、使用和收益的权利。用益物权是一种独立的物权，用益物权一旦设立，用益物权人便独立地对标的物享有占有、使用和收益的权利。用益物权人不仅对所用益的标的物享有支配的权利，而且可以排除包括土地所有权人在内的一切人的干涉，这是用益物权的本质特征之一。根据民法典的规定，用益物权包括土地承包经营权、建设用地使用权、宅基地使用权等。因此，《民法典》第379条规定，土地上已设立土地承包经营权、建设用地使用权、宅基地使用权等用益物权的，未经用益物权人同意，土地所有权人不得设立地役权。根据此规定，用益物权具有优先效力，这种效力可以对抗所有权人的所有权。第一，用益物权设立在先。土地所有人此前已经为他人设立了用益物权。比如，国有建设用地已经出让给他人，或者集体所有的农业用地已经发包给村民，或者集体所有的建设用地已经划定给村民作为宅基地使用。此时他人在先取得用益物权。用益物权人对所涉土地即享有占有、使用、收益的权利。这种占有是排他性的占有，包括排除所有权人。第二，未经在先用益物权人同意，所有权人不得设立地役权。根据法律规定，如果用益物权在先设立，土地所有权人应当尊重用益物权人的权利。如果所有权人想以所涉地块为供役地为他人设立地役权，必须征得用益物权人的同意。不论所有人想设立哪种地役权，这种地役权对在先用益物权影响或大或小，都必须取得用益物权人的同意。所有权人不能因为所设立的用益物权影响不大，而不征得用益物权人的同意。比如，在农田上架设通信光缆的通过权地役权，虽然对承包者的农业生产不会造成太大的影响，仍应获得该承包地的土地承包经营权人的同意方可设立。

238. 地役权可以单独转让吗?

用益物权为独立物权。用益物权一旦设立，用益物权人便独立地享有对标的物的使用权、收益权，亦即该权利是独立存在的，依当事人之间设立用益物权的行为或者法律的直接规定而发生。用益物权是一种主权利，而不是从属其他物权的权利。因此，作为用益物权的土地承包经营权、建设用地使用权都是一种独立的权利，它不从属于其他权利。而地役权作为一种为了需役地的便利而产生的用益物权，与需役地的关系又极为密切，由此发生了主从权利的关系，即地役权从属于需役地的使用权。地役权不能与需役地分离而单独转让，它必须随着需役地的使用权转移而一同转移。当需役地的使用权发生转让时，地役权也应当随之发生转让。

由于地役权的成立必须有需役地与供役地同时存在，因此，在法律属性上地役权与其他物权不同。地役权虽然是一种独立的用益物权，但它仍然应当与需役地的所有权或者使用权共命运，必须与需役地所有权或者使用权一同移转，不得与需役地分离而单独让与，这就是地役权的从属性，主要表现在三种情形：第一，地役权人不得自己保留需役地的所有权或者用益物权，单独将地役权转让。如需役地权利人甲与供役地权利人乙为通行目的签订地役权合同，约定甲可以经乙所有土地的通行。丙系甲的邻居，丙也想借乙所有的地块通行，遂与甲商量，由甲将甲对乙享有的地役权转让给丙。乙是否可以拒绝丙通行？根据《民法典》第380条的规定，地役权不得单独转让。因此，乙有权拒绝丙的通行。第二，地役权人不得自己保留地役权，而单独将需役地的使用权转让。甲享有A、B两个地块的土地承包经营权。由于B地块为旱地，遂与乙签订地役权合同，约定甲可以从乙的C地块上取水灌溉供B地块使用。后甲将B地块的土地承包经营权转让给同村村民丙。甲的A地块因地理环境发生变化也需取水灌溉，此时甲是否可以从B地块取水呢？由于地役权从属性，甲不能单独转让B地块的土地承包经营权，保留对C地块的地役权。故甲不得基于此前因B地块享有的地役权而从C地块取水。第三，地役权人也不得将需役地的使用权与地役权分别让与不同的人。这也是地役权从属性的表现之一。如同村村民甲乙丙分别享有A、B、C三地块的土地承包经营权。由于B地块交通不便，故乙与甲协商，在A地块上设立以通行为目的的地役权，乙可以从A地块通过。后乙将B地块的土地承包经营权转让给甲。因C地块交通亦变得不便，故丙与乙商量，将乙对 A 地块享有的地役权转让给自己，因乙不再承包经营 B 地块，乙遂同意，双方签订地役权转让合同。此时，丙是否可以经 A 地通行呢？根据《民法典》第 380 条的规定，因乙将其土地承包经营权及所设地役权分别转让给不同的主体，这种转让是不允许的。因此，并不能取得该地役权。

《民法典》第 380 条还规定，土地承包经营权、建设用地使用权等转让的，地役权一并转让，但是合同另有约定的除外。第一，当设立了地役权的土地承包经营权、建设用地使用权转让时，以该等土地承包经营权、建设用地使用权的土地为需役地的地役权须一并转让。第二，当事人在合同中有不同约定的，地役权并不必然一并转让。如果当事人在设立地役权合同时，明确约定地役权仅为特定权利主体设立，如果需役地的所有权或者使用权转移时，地役权消灭。法律尊重当事人的意思自治。此时，如果需役地的所有权或者使用权转移，并不会导致地役权的转移。

239. 地役权可以单独抵押吗？

地役权是一种财产权利，但与其他财产权不同的是，地役权不得与土地承包经营权、建设用地使用权等用益物权分离而单独存在。地役权是为了提高土地利用的便利设立的，脱离建设用地使用权、土地承包经营权等用益物权，地役权也就失去了存在的意义。对于受让地役权的主体来说，没有取得土地承包经营权和建设用地使用权，地役权也就无从发挥作用。地役权作为土地使用权的物上权利或者物上负担，与土地使用权紧紧联系在一起，因此，应一并转让，否则受让的土地价值就会降低或者丧失。因此，《民法典》第381条规定，地役权不得单独抵押；土地经营权、建设用地使用权等抵押的，在实现抵押权时，地役权一并转让。

地役权具有从属性，是为了提升需役地的使用价值而设定的，脱离需役地，地役权一般情况下无独立价值，地役权单独抵押没有现实意义。法律因此规定地役权不得单独抵押。在特殊情形下，有些地役权对于特定当事人而言有一定的经济价值。比如甲乙丙三公司分别享有国有土地使用权的A、B、C三地块毗邻。B地块交通方便，A、C两地块的交通受限。甲公司与乙公司商量，就经B地块通行设立地役权。此地役权对于交通不便的丙公司即具经济效用。如甲公司向丙公司融资，需要丙公司愿意接受地役权抵押作为担保，甲公司是否可以将该地役权抵押给丙公司呢？根据民法典的规定，也是不允许的。

《民法典》第381条规定，土地经营权、建设用地使用权等抵押的，在实现抵押权时，地役权一并转让。可以从两个方面来理解此规定：第一，需役地的相关权利抵押时，不需单独再就地役权设定抵押权。如对A地块享有国有土地使用权的甲公司与乙公司签订了地役权合同，约定甲公司可以在乙公司享有国有土地使用权的B地块上铺设燃气管道。甲公司因为融资需要将A地块的国有土地使用权抵押给丙银行，故甲公司与丙银行签订国有土地使用权抵押合同。双方在抵押合同中无需就甲公司对B地块享有的地役权作出特别约定。第二，抵押权实现时，地役权一并转让。上述案例中，如果甲公司到期未能偿还丙银行的债务，需要处置其抵押的A地块的国有土地使用权。

丙银行遂申请法院拍卖 A 地块的国有土地使用权，丁公司取得了该地块的国有土地使用权。此时，根据这一条的规定，甲公司对 B 地块享有的地役权应当一并转让给丁公司。

240. 需役地部分转让时，受让人是否可以享有地役权？

需要视情况而定。地役权具有不可分性，地役权的享有和存在都及于需役地和供役地的全部，不能分割为数个不同部分或者仅仅以一部分而存在。即使供役地或者需役地被分割，地役权在被实际分割后的需役地和供役地的各个部分上仍然存在。地役权的不可分性体现在两个不同方面：需役地部分转让时，地役权的权利不变；供役地部分转让时，地役权约束也不受影响。

《民法典》第 382 条规定，需役地以及需役地上的土地承包经营权、建设用地使用权等部分转让时，转让部分涉及地役权的，受让人同时享有地役权，因此，需役地以及需役地上的土地承包经营权、建设用地使用权等部分转让时，转让部分涉及地役权的，受让人同时享有地役权。需役地以及需役地上的土地承包经营权、建设用地使用权部分转让，产生了分属不同权利人的两个或者多个用益物权时，地役权在部分转让后的需役地的各个部分上依然存续。这是因为地役权是为整个需役地提供便利，如果土地的用益物权已经部分转让为各个部分，这种为需役地的便利而使用供役地的需要与权利，也应当继续存在于已经被部分转让的需役地上。所以，地役权也应当在需役地被部分转让后的各个部分继续存在。

还需要注意以下三个方面：

一是部分转让的标的。部分转让包括两种情况：第一种是需役地部分转让。所谓需役地部分转让，就是需役地的所有权部分转让。由于我国的土地所有权属于国家或者集体，因此，土地所有权的转让应该包括集体所有的土地变为国家所有（也就是国家通过征收方式取得土地所有权），或者不同集体之间土地所有权的转让。如甲村与乙村相邻，因甲村部分土地耕种不便，遂与乙村协商，在乙村所有的A地块上设立以通行为目的的地役权，期限为50年。10年后甲村的部分土地B地块被依法征收，该部分土地出让给了开发商丙公司。丙公司在开发建设过程中，欲继续从A地块通行。乙村认为开发商丙公司并未与其签订有效的地役权合同，也未支付费用，遂拒绝丙公司通行。丙公司是否有权通行呢？根据这一条规定，甲村的B地块所有权由甲村转让给由当地政府所代表的国家，当地政府作为受让人，可以继续享有甲村与乙村在A地块上所设立的地役权。在B地块出让后，根据《民法典》第382条的规定，丙公司作为土地用益物权人，有权继续享有该地块上已设立的地役权。因此，丙公司仍可以从A地块通行。第二种是需役地上的土地承包经营权、建设用地使用权等的部分转让。这种情况主要是在国有土地上设定了建设用地使用权，或者在集体土地上设定了土地承包经营权、宅基地使用权、土地经营权等用益物权。这些需役地上的用益物权部分转让时也涉及地役权的效力问题。例如，土地承包经营权人甲为取水方便，在乙的承包地上设定了以取水为目的的地役权，后甲将自己的承包地一分为二，将土地承包经营权分别转让给了丙、丁，并办理了登记。丙、丁到乙的承包地取水，遭到阻拦。根据这一条规定，甲的土地承包经营权部分转让了，因地役权的不可分性，作为受让人的丙、丁仍然可以在乙的承包地上行使取水地役权；乙不得阻止丙、丁行使取水地役权。

二是转让部分需涉及地役权。不论是土地所有权的转让，还是用益物权的转让，只有在转让部分涉及地役权时，才涉及地役权的效力问题。如果所转让的部分不涉及地役权，则不得享有地役权。

三是受让人的权利。根据这一条规定，受让人同时享有地役权。所谓同时，即只要受让人所受让的土地使用权、用益物权与地役权有关，即可以享有该地役权。受让人享有地役权是基于法律的规定享有的，并不需要当事人就此再另行签订协议。

241. 供役地部分转让时，地役权对受让人是否有约束力？

需要根据转让部分是否与地役权相关来判断。地役权的不可分性的第二个方面就体现在供役地及其权利部分变动时，地役权约束也不受影响。《民法典》第383条规定，供役地以及供役地上的土地承包经营权、建设用地使用权等部分转让时，转让部分涉及地役权的，地役权对受让人具有法律约束力。与需役地部分转让时，地役权可以由受让方享有一样，供役地部分转让的，地役权的约束力对受让方也有约束力。原因也就在于，地役权为整个供役地的负担，而不仅仅只是部分供役地的负担。也就是说，应有部分的变化不应影响地役权的存在。

供役地的所有权部分转让时，转让部分涉及地役权的，地役权对受让人具有法律约束力。如甲所有的某地块与乙村的A地块相邻，因灌溉需要，遂与乙村签订以取水为目的的地役权合同，约定甲村可以在A地块埋设供水管道，期限为50年。20年后，乙村将其所有的A地块部分转让给了丙村，丙村欲在该地块上建筑厂房，故要求甲村拆除该地块上的供水管道。根据这一条规定，虽然乙村将供役地A地块的部分所有权转让了，此时，受让方仍需要受地役权的约束，故丙村不得要求甲村拆除供水管道。

供役地上的土地承包经营权、国有土地使用权等部分转让时，地役权对受让人有约束力。供役地上的国有土地使用权等用益物权部分转让时，如果所转让部分涉及地役权的，因地役权的不可分性，受让人仍需要负担地役权的义务。如甲乙两公司享有国有土地使用权的两地块相邻，甲公司为供电需要，在乙公司的地块上设立了地役权，乙公司允许甲公司架设高压电线，并办理了地役权登记。后乙公司将设立了地役权的部分地块的国有土地使用权转让给了丙公司。根据民法典的上述规定，丙公司仍应允许甲公司的高压线在该地块上通过。

供役地以及供役地上的用益物权部分转让时，转让部分不涉及地役权的，地役权对受让人不再具有约束力。如甲承包了村里100亩的农业用地，其中包括20亩养殖水塘。乙也是该村承包户，因乙所承包的土地缺水，遂与甲约定，乙可以定期到甲的水塘取水灌溉，并向甲支付费用，双方签订了地役权合同并办理了登记。后甲将养殖水塘之外的80亩承包地的土地承包经营权转让给丙。因丙受让的承包地与甲乙双方就取水设定的地役权并无关系，故丙不受此地役权约束。

242. 在什么情况下，供役地权利人可以使地役权消灭？

地役权消灭就是地役权因法定事由而归灭失。地役权与其他物权相比的一个重要区别就是地役权的权利内容是由双方当事人通过合同约定。地役权合同是地役权的基础，双方当事人可以在合同中就地役权的设立、存续、消灭等作出约定。《民法典》第 384 条规定，地役权人有下列情形之一的，供役地权利人有权解除地役权合同，地役权消灭：（1）违反法律规定或者合同约定，滥用地役权；（2）有偿利用供役地，约定的付款期限届满后在合理期限内经两次催告未支付费用。

根据此规定，供役地权利人行使单方解除权的法定事由包括：第一，地役权人违反法律规定或者合同约定，滥用地役权。认定地役权人是否滥用地役权，可以从两个方面判断。其一是根据合同约定判断。一般而言，地役权合同会就供役地和需役地的位置、地役权的利用目的和方法等作出约定，如果地役权人违反合同约定的目的、方法等行使地役权，即可以认定为构成滥用地役权，此时供役地权利人可以单方解除地役权合同。其二是根据法律规定判断。根据法律判断地役权人是否滥用地役权，所依据的法律既包括民法典的规定，也包括其他与行使地役权相关法律。第二，有偿利用供役地的，地役权人在约定的付款期间届满后在合理期限内经两次催告仍未支付费用。地役权合同是否有偿，由地役权人和供役地权利人约定。如果地役权为有偿，那么，地役权人必须按照合同的约定履行付款义务。如果地役权人无正当理由，在合同约定的履行期间届满后，仍没有按照合同约定支付供役地权利人费用的，而且在一个合理期限内经两次催告，地役权人仍不履行付款义务的，表明地役权人没有履行合同的诚意，或者根本不可能再履行合同，供役地权利人可以解除地役权合同。否则，不仅对供役地权利人不公平，而且还会给其造成更大的损失。供役地权利人解除地役权合同的，地役权消灭。

243. 地役权变动需要登记吗?

不动产物权由于某种原因发生变动时，应当将其变更、转让或者消灭的情形记载于不动产登记簿上，以防止纠纷的发生。公示对于市场经济秩序的建立和维护具有十分重要的意义。登记制度是市场经济社会国家维护秩序，保障交易安全的重要法律手段。地役权变更、转让或者消灭都是物权变动的内容。如果地役权虽然已经发生了变动，但没有办理变更登记或者注销登记，则在法律上并没有真正完成物权的变动。从法律效果上来看，只要作为公示内容的物权现状没有变动，便可以视为物权变动没有发生过。例如，当地役权人取得供役地的用益物权时，因混同而导致地役权消灭时，就应当及时办理地役权的注销登记，使供役地负担的变化情况及时向公众公示。之所以要求当事人及时办理变更登记或者注销登记，是因为该供役地的用益物权很有可能会转让给第三人，有负担的不动产和没有负担的不动产在价值上是完全不同的，对受让人而言，受让了具有负担的不动产之后，将会使受让人的权利行使受到一定的限制，这样对受让人是不公平的。因此，为了维护登记簿的公示力、公信力，必须要在地役权人办理变更、转让或者注销该地役权登记后，地役权变动才能生效，否则地役权仍然存在。同时，向公众公开不动产负担的情况，对保护受让人的利益、防止纠纷都具有十分重要的作用。

《民法典》第 385 条规定，已经登记的地役权变更、转让或者消灭的，应当及时办理变更登记或者注销登记。根据此规定：第一，需要办理变动登记的地役权范围。《民法典》第 374 条规定，地役权设立不以登记为要件，登记仅具有对抗善意第三人的效力。因此，并非所有的地役权都会办理登记。没有办理登记的地役权，即使变更、消灭之后，也不可能再去办理变更、注销登记。只有当事人自己申请办理了登记的地役权，为了确保地役权的公示公信力，便于第三人知晓物权状态，才有必要去办理变更、注销登记。第二，变动登记的类型。这一条规定，有两种情况需要办理地役权变动登记：其一是变更登记。地役权变更、转让的，应当办理变更登记。其二是注销登记。地役权消灭的，应当办理注销登记。地役权消灭可能是因为地役权合同约定的期限届满，也可能是由于供役地权利人行使单方解除权消灭，等等。只要地役权消灭的，都应当依法办理地役权注销登记。第三，办理地役权变动登记的主体。办理地役权变动登记，应当由地役权合同的双方当事人共同办理。办理地役权登记的机构负责地役权变更和注销登记。第四，地役权变动登记的法律效果。根据《民法典》第 374 条规定，地役权登记具有对抗善意第三人的效力。因此，如果地役权变更、转让未办理变更登记，地役权消灭未办理注销登记的，当事人不得对抗善意第三人。

244. 什么是担保物权?

担保物权是指在借贷、买卖等民事活动中，债务人或者债务人以外的第三人将特定的财产作为履行债务的担保，在债务人不履行到期债务或者发生当事人约定的实现担保物权的情形时，担保物权人依法就担保财产优先受偿的权利。担保物权包括抵押权、质权和留置权。担保物权具有以下特征：

第一，担保物权以确保债权人的债权得到清偿为目的。因此，在担保物权设立时，要有被担保债权的存在，这是担保物权的一个重要属性：从属性，从属于所担保的债权。担保物权的从属性体现在担保物权的设立上，还体现在担保物权的转让、消灭等方面。债权人在其债权无法获得清偿时，便可以要求实现担保物权。担保物权人在两种情况下可以实现担保物权：一是债务履行期届满时，债务人不履行债务的；二是发生当事人约定的可以实现担保物权的情形的。

第二，担保物权具有优先受偿的效力。优先受偿是指在债务人到期不清偿债务或出现当事人约定的实现担保物权的情形时，债权人可以对担保财产进行折价或拍卖、变卖担保财产，以所得的价款优先实现自己的债权。担保物权的优先受偿性主要体现在两个方面：一是优先于其他不享有担保物权的普通债权；二是有可能优先于其他物权，如后顺位的担保物权。需要注意的是，担保物权的优先受偿性并不是绝对的，如果民法典或其他法律有特别的规定，担保物权的优先受偿效力会受到影响。

第三，担保物权是在债务人或第三人的财产上成立的权利。债务人既可以以自己的财产，也可以以第三人的财产为债权设立担保物权。可以用于担保的财产范围比较广，既包括现在的财产也包括将来的财产；既包括不动产也包括动产，在特定情形下还包括权利。

第四，担保物权具有物上代位性。债权人设立担保物权并不以使用担保财产为目的，而是以取得该财产的交换价值为目的，因此，担保财产即使毁损、灭失，只要代替该财产的交换价值还存在，担保物权的效力仍存在，此时担保物权的效力转移到了该代替物上。这就是担保物权的物上代位性。

245. 担保物权的适用范围是什么？

根据《民法典》第 387 条第 1 款的规定，担保物权的适用范围限定在借贷、买卖等民事活动发生的债权债务关系中。根据这一规定，第一，担保物权适用于民事活动，不适用于国家行政行为、司法行为等不平等主体之间产生的关系。担保物权是平等民事主体之间为确保债权的实现而设定的。第二，为了引导当事人设定担保物权，民法典上述规定列举了借贷、买卖两种典型的可以设定担保物权的民事活动，但可以设定担保物权的民事活动很广泛，并不仅限于这两种民事活动。第三，因侵权行为产生的债权不能用事先设定担保物权的方式加以保障，但因侵权行为已产生的债权，属于普通债权，可以用设定担保物权的方式确保该债权实现。

246. 什么是反担保?

反担保是指替债务人提供担保的第三人，无论该第三人是提供人的担保还是物的担保，为了保证自己的追偿权得到实现，可以要求债务人为自己追偿权的实现提供担保。《民法典》第387 条第2 款对反担保作了规定。在由第三人提供担保物权的债权债务关系中，在债务人未清偿到期债务或出现当事人约定的可以实现担保物权的情形时，提供担保财产的第三人应当承担担保责任，债权人可以就第三人提供的担保财产实现自己的债权。第三人基于担保合同以及替代债务人清偿债务这一法律事实，有权向债务人追偿。第三人为保障自己追偿权的实现，可以要求债务人向自己提供担保，这里的担保可以是债务人或其他人提供的担保物权，也可以是其他人提供的保证。反担保的法律性质、具体规则适用等方面与设立担保物权一样。

247. 什么是担保合同的从属性?

担保物权的一个重要特点是其附随性，没有主债权债务关系的存在，担保关系也就没有了存在以及实现的可能和价值。体现主债权债务关系的主要是主债权债务合同，体现担保关系的主要是担保合同。担保关系必须以主债权债务关系的存在为前提。担保合同是主债权债务合同的从合同，其效力受到主债权债务合同效力的影响。《民法典》第388 条第1 款规定，主债权债务合同无效的，担保合同无效，但是法律另有规定的除外。

需要指出的是，担保合同随主债权债务合同的无效而无效只是一般规则，并不是绝对的，在法律另有规定的情况下，担保合同可以作为独立合同存在，不受主债权债务合同效力的影响。例如，最高额抵押合同就具有相对的独立性，在连续的交易关系中，其中一笔债权债务无效，并不影响整个最高额抵押合同的效力。需要注意的是，主债权债务合同无效，担保合同无效的除外情形，只能由法律规定。当事人之间不能约定主债权债务合同无效，担保合同仍有效。

248. 担保合同被确认无效后，债务人、担保人和债权人是否承担民事责任?

在主债权债务合同无效导致担保合同无效时，虽然不存在履行担保义务的问题，但债务人、担保人或者债权人并非不承担任何法律后果。根据《民法典》第 157 条的规定，民事法律行为无效后，行为人因该行为取得的财产，应当予以返还；不能返还或者没有必要返还的，应当折价补偿。有过错的一方应当赔偿对方由此所受到的损失；各方都有过错的，应当各自承担相应的责任。法律另有规定的，依照其规定。同样的道理，在主债权债务合同无效，担保合同也无效的情况下，如果债务人、担保人或者债权人对合同的无效有过错的，应当根据其过错各自承担相应的民事责任。这里的“相应的民事责任”指当事人只承担与其过错程度相当的民事责任。例如，担保合同无效完全是由于主债权债务合同违背公序良俗导致的，过错完全在债务人与债权人，责任应完全由债务人和债权人自己承担。

需要强调的是，导致担保合同无效的原因很多，主债权债务合同无效导致担保合同无效只是原因之一。在主债权债务合同有效的情况下，担保合同也可能无效。例如，担保合同因违反法律、行政法规的强制性规定而无效，因担保人为无民事行为能力人而无效，等等。也就是说，判断担保合同是否有效，不能仅以主债权债务合同是否有效为标准，还要看担保合同本身是否有民法典规定的合同无效情形。在主债权债务合同有效，担保合同无效的情形下，债务人、担保人或者债权人对担保合同无效有过错的，也应当各自承担相应的民事责任。在这种情况下，如果债务人为担保人，主债权债务合同仍然有效，只是主债权失去担保，其对担保合同无效有过错的，应当对债权人承担过错责任；如果第三人为担保人的，担保人不再承担责任，但是担保人对担保合同无效有过错的，其对债务未能履行的部分，承担相应的过错责任。

249. 担保物权的担保范围是什么？

担保物权的担保范围是指担保人所承担的担保责任范围。《民法典》第389条规定，担保物权的担保范围包括主债权及其利息、违约金、损害赔偿金、保管担保财产和实现担保物权的费用。当事人另有约定的，按照其约定。根据这一规定，担保物权的担保范围包括：

1. 主债权。主债权指债权人与债务人之间因债的法律关系所发生的原本债权，例如，金钱债权、交付货物的债权或提供劳务的债权。主债权是相对于利息和其他附随债权而言，不包括利息以及其他因主债权而产生的附随债权。

2. 利息。利息指实现担保物权时主债权所应产生的一切收益。利息可以按照法律规定确定，也可以由当事人自己约定，但当事人不能违反法律规定约定过高的利息，否则超过部分的利息无效。

3. 违约金。违约金指按照当事人的约定，一方当事人违约时，应当根据违约情况向另一方支付的一定数额的金钱。在担保行为中，只有因债务人的违约行为导致产生支付违约金的义务时，违约金才可以纳入担保物权的担保范围。此外，当事人约定了违约金，一方违约时，应当按照该约定支付违约金。如果约定的违约金低于或高于造成的损失时，当事人可以请求人民法院或仲裁机构予以调整，此时应当以人民法院或仲裁机构最终确定的违约金数额为准。

4. 损害赔偿金。损害赔偿金指一方当事人因违反合同或因其他行为给债权人造成的财产、人身损失而给付的赔偿额。损害赔偿金的范围可以由法律直接规定，或由双方当事人约定，在法律没有特别规定或当事人没有约定的情况下，应按照完全赔偿原则确定具体赔偿数额。赔偿全部损失，既包括赔偿直接损失，也包括赔偿可得利益损失。

5. 保管担保财产的费用。保管担保财产的费用指债权人在占有担保财产期间因履行善良保管义务而支付的各种费用。在担保期间，质权人和留置权人有妥善保管担保财产的义务，但保管的费用应当由债务人或提供担保的第三人承担，该费用可以纳入担保物权的担保范围。

6. 实现担保物权的费用。实现担保物权的费用指担保物权人在实现担保物权过程中所花费的各种实际费用，如对担保财产的评估费用、拍卖或变卖担保财产的费用、向人民法院申请强制变卖或拍卖的费用等。

对担保物权所担保的债权范围，当事人之间可以自行约定。上述“主债权及其利息、违约金、损害赔偿金、保管担保财产和实现担保物权的费用”属于担保物权的法定担保范围，当事人约定的效力优先于法定担保范围。

250. 什么是担保物权的物上代位性?

担保物权的物上代位性指担保物权的效力及于担保财产因毁损、灭失所得的赔偿金等代位物上，是担保物权的重要特征。由于担保物权人设立担保物权并不以占有和使用担保财产为目的，而是以支配担保财产的交换价值为目的，所以，即使担保财产本身已经毁损、灭失，只要该担保财产交换价值的替代物还存在，该担保物权的效力就自动转移到了该替代物上。《民法典》第 390 条对担保物权的物上代位性作了明确规定：“担保期间，担保财产毁损、灭失或者被征收等，担保物权人可以就获得的保险金、赔偿金或者补偿金等优先受偿。被担保债权的履行期限未届满的，也可以提存该保险金、赔偿金或者补偿金等。”

251. 担保财产的代位物包括哪些?

根据《民法典》第 390 条，担保财产的代位物包括：

1. 保险金。担保人为担保财产投保的，因保险事故发生而致使担保财产毁损、灭失时，担保人可以请求保险人支付保险金。该保险金可以作为代位物。

2. 赔偿金。担保财产因第三人的侵权行为或其他原因毁损、灭失时，担保人所获得的损害赔偿金可以作为担保财产的代位物。但是，如果担保财产是由于债权人的原因导致担保财产毁损、灭失的，债权人向担保人支付的损害赔偿金不能作为担保财产的代位物。

3. 补偿金。这里的补偿金主要指担保财产被国家征收时，担保人从国家得到的补偿金。

252. 怎样处置担保财产的代位物?

在因担保财产毁损、灭失或者被征收产生代位物的时候，可能会出现两种情况：一种情况是担保物权人的债权已经到期或出现当事人约定的可以实现担保物权的情形。此时，担保物权人可以立即在代位物上实现自己的优先受偿权。另一种情况是担保物权人的债权还没有到期。在这种情况下，担保物权人可以提前在代位物上实现自己的债权，如果担保物权人还希望保留自己的期限利益，也可以不立即在代位物上实现担保物权，而等到债权履行期限届满或出现当事人约定的可以实现担保物权的情形时，再在代位物上优先受偿。担保人可以自己或应担保物权人的要求向提存机构提存该保险金、赔偿金或补偿金等。

253. 债权人未经担保人同意允许债务人转移债务的，有什么法律后果？

第三人提供担保一般是基于其与债务人之间的信任关系或者对债务人的资产、信誉有所了解。在担保关系中，一旦未经担保人同意，债务人擅自转移债务的，将给担保人带来较大风险，因为担保人对新的债务人可能一无所知。因此，《民法典》第391条规定："第三人提供担保，未经其书面同意，债权人允许债务人转移全部或者部分债务的，担保人不再承担相应的担保责任。"

正确理解这一条应当注意以下几点：一是该条只适用于第三人提供担保财产的情况，如果担保财产是由债务人自己提供的，除非债权人明确放弃担保物权或者债务的受让人明确表示愿意代为提供新的担保，否则债权人同意债务人转移债务的行为并不意味着债务人担保责任的免除。二是债权人允许债务人转移债务必须要经提供担保的第三人的书面同意。设立担保需要以书面形式，担保人如果继续为新的债务人担保，这种变更也应当秉承书面形式的原则，否则视为不存在担保人的同意。三是该条规定的债务转移不但包括债务人将债务全部转移给他人，也包括将部分债务转移给他人。债权人许可债务人部分转移的，原债务人并不退出债务关系，只是其所应承担的债务额减少，新债务人与原债务人共同向债权人承担债务。部分转移债务的也必须经担保人同意，否则担保人对转移出去的部分债务不承担担保责任。四是未经担保人书面同意，债权人许可债务人转移全部债务的，可以免除担保人全部担保责任；债权人许可债务人转移部分债务的，可以免除担保人部分的担保责任，担保人还要对债务人未转移的债务承担担保责任。

254. 物的担保与人的担保是什么关系？

物的担保是以物担保债务的履行，包括本编规定的抵押权、质权和留置权；人的担保是以人的信誉担保债务的履行，指合同编规定的保证。对于在被担保的债权上既有物的担保又有人的担保的情况下，应如何处理物的担保与人的担保的关系问题，《民法典》第392条作了明确规定："被担保的债权既有物的担保又有人的担保的，债务人不履行到期债务或者发生当事人约定的实现担保物权的情形，债权人应当按照约定实现债权；没有约定或者约定不明确，债务人自己提供物的担保的，债权人应当先就该物的担保实现债权；第三人提供物的担保的，债权人可以就物的担保实现债权，也可以请求保证人承担保证责任。提供担保的第三人承担担保责任后，有权向债务人追偿。"该条区分三种情况对物的担保与人的担保的关系作了规定：

1. 在当事人对物的担保和人的担保的关系有约定的情况下，应当尊重当事人的意思自治，按约定实现担保权。

2. 在没有约定或者约定不明确，债务人自己提供物的担保的情况下，应当先就物的担保实现担保物权。因为，如果担保权人先行使债务人提供的物的担保，就可以免去提供担保的第三人日后再向债务人行使追索权的烦琐，减少债权实现的成本和费用。在债务人自己提供物的担保的情况下，请求债务人先承担担保责任，也符合公平原则。

3. 在没有约定或者约定不明确，第三人提供物的担保，又有人的担保的情况下，应当允许当事人进行选择。这是因为：在没有约定或者约定不明确的情况下，提供物保的第三人与保证人处于担保人的平等地位，都不是偿还债务的最终义务人。因此，债权人无论是先实现物的担保还是先实现人的担保，物的担保人或保证人都存在向债务人追索的问题。为保障债权人的债权得以实现，法律应当尊重债权人的意愿，允许担保权人享有选择权。

255. 担保物权消灭的原因有哪些?

《民法典》第393条对担保物权消灭的原因作了归纳：

1. 主债权消灭。担保物权是从属于主债权的权利，主债权消灭的，担保物权也随之消灭。这里的“主债权消灭”是指主债权的全部消灭，根据担保物权的不可分性，主债权的部分消灭，担保物权仍然存在，担保财产仍然担保剩余的债权，直到债务人履行全部债务时为止。此外，这里的“主债权消灭”指客观效果，与因谁的清偿而导致“主债权消灭”无关。债务人自己清偿债务或者第三人代债务人清偿债务导致主债权消灭的，担保物权均消灭。

2. 担保物权实现。“担保物权实现”是指债务人到期不履行债务时，债权人与担保人约定以担保财产折价或者拍卖、变卖担保财产所得的价款优先受偿。担保物权是为担保债权而设定的，担保物权实现就意味着担保物权人权利的实现，担保物权自然就归于消灭。但是需要强调的是，担保物权一旦实现，无论其所担保的债权是否全部清偿，担保物权都消灭。

3. 债权人放弃担保物权。债权人放弃担保物权导致担保物权消灭。这里的“放弃”是指债权人的明示放弃，明示放弃主要包括两种情形：一是债权人用书面的形式明确表示放弃担保物权。二是债权人以行为放弃。例如，因债权人自己的行为导致担保财产毁损、灭失的，视为债权人放弃担保物权。

4. 法律规定的其他导致担保物权消灭的情形。这是一个兜底性条款，主要是指民法典或者其他法律规定的担保物权消灭的特殊情形，例如，留置权人对留置财产丧失占有或者留置权人接受债务人另行提供担保的，留置权消灭。这是留置权消灭的特殊原因。

256. 什么是抵押权?

抵押权是指为担保债务的履行，债务人或者第三人不转移财产的占有，将该财产抵押给债权人，债务人不履行到期债务或者发生当事人约定的实现抵押权的情形，债权人有权就该财产优先受偿的权利。

抵押法律关系的当事人为抵押人和抵押权人，客体为抵押财产。抵押人指为担保债务的履行而提供抵押财产的债务人或者第三人。抵押权人指接受抵押担保的债权人。抵押财产指抵押人提供的用于担保债务履行的特定的物。

抵押权具有以下几个特征：

1. 抵押权是担保物权。

抵押权以抵押财产作为债权的担保，抵押权人对抵押财产享有的权利，可以对抗物的所有人以及第三人。这主要体现在抵押权人对抵押财产有追及、支配的权利。追及权，表现在抵押财产转让的，抵押权不受影响。支配权，表现在抵押权人在抵押财产担保的债权已届清偿期，或发生当事人约定的实现抵押权的情形时，有权依法以抵押财产折价或以拍卖、变卖抵押财产的价款优先受偿。

2. 抵押权是债务人或者第三人以其所有的或者有权处分的特定的财产设定的物权。

作为抵押权客体的财产，必须是债务人或第三人所有的或者依法有权处分的财产。债权人自己所有的财产不能作为抵押财产。抵押财产可以为不动产和动产，用于抵押的财产应当是特定的，即是确定的或是有具体指向的。

3. 抵押权是不转移标的物占有的物权。

抵押权设定后，抵押人不必将抵押财产转移于抵押权人占有，抵押人仍享有对抵押财产的占有、使用、收益和处分的权利，这是抵押权区别于质权、留置权的特征。抵押权无需转移抵押财产占有有下列优势：一是设定抵押权后，抵押人仍能占有抵押财产而进行使用、收益和处分；二是抵押权人无需承担保管抵押财产的义务；三是由于抵押财产仍然保存在抵押人处，抵押人可以对其抵押财产进行保值增值，充分发挥物的价值。

4. 抵押权人有权就抵押财产优先受偿。

优先受偿，指当债务人有多个债权人，其财产不足清偿全部债权时，有抵押权的债权人，可以优先于其他无抵押权的债权人而受到清偿。

实现抵押权应当具备以下条件之一：一是债务清偿期限届

满，债务人不履行义务。二是发生当事人约定的实现抵押权的情形。当双方约定的实现抵押权的条件成就，即使债务清偿期限没有届满，抵押权人也有权实现抵押权。

257. 哪些财产可以抵押?

根据《民法典》第 395 条第 1 款的规定，可以抵押的财产包括：

1. 建筑物和其他土地附着物。建筑物包括住宅、体育馆等，但并非所有的建筑物都可以抵押，只有抵押人有权处分的建筑物才可以抵押。例如，依照城市房地产管理法，依法取得的房屋所有权可以设定抵押权。因此，私人建造或者购买的住宅、商业用房，集体所有的乡镇企业厂房等，只要取得了所有权，就可以抵押。对于产权属于全民所有的房屋，未经依法批准，使用单位不得抵押。其他土地附着物，指附着于土地之上的除房屋以外的不动产，包括桥梁、隧道、大坝、道路等构筑物，以及林木、庄稼等。

2. 建设用地使用权。建设用地使用权是权利主体依法对国家所有的土地享有的占有、使用和收益的权利。按照现行法律规定，取得建设用地使用权主要有以下几种方式：（1）通过无偿划拨取得。（2）通过出让取得。（3）通过有偿转让取得。建设用地使用权取得的方式不同，权利人享有的处分权也不同，建设用地使用权可否抵押，取决于法律是否赋予权利人处分的权利。比如，依照城市房地产管理法，依法取得的房屋占用范围内的土地使用权，以及以出让方式取得的土地使用权，可以设定抵押权。

3. 海域使用权。海域属于国家所有，国家是海域所有权的唯一主体。单位和个人使用海域，必须依法取得海域使用权。海域使用权是一种用益物权，民法典规定，依法取得的海域使用权受法律保护。根据海域使用管理法，海域使用权取得的方式主要有三种：一是单位和个人向海洋行政主管部门申请；二是招标；三是拍卖。海域使用权作为一项重要的财产权利，可以依法转让、继承、抵押。

4. 生产设备、原材料、半成品、产品。生产设备包括：工业企业的各种机床、计算机、化学实验设备、仪器仪表设备、通讯设备，海港、码头、车站的装卸机械，拖拉机、收割机、脱粒机等农用机械等。原材料指用于制造产品的原料和材料，比如，用于炼钢的铁矿石，用于造纸的纸浆，用于生产家具的木料，用于制作面粉的小麦，用于建设工程的砖、瓦、沙、石等。半成品指尚未全部生产完成的产品，比如，尚未组装完成的汽车，尚未缝制纽扣的服装，尚未成熟的农作物等。产品指生产出来的物，比如，汽车、轮船等交通工具，仪表、仪器、机床等生产设备，电视机、电冰箱、大米、白面等生活用品。

5. 正在建造的建筑物、船舶、航空器。实践中，建设工程往往周期长、资金缺口大，以正在建造的建筑物、船舶、航空器作为贷款的担保，对于解决建设者融资难，保证在建工程顺利完工具有重要作用。

6. 交通运输工具。交通运输工具包括：飞机、船舶、火车、各种机动车辆等。

7. 法律、行政法规未禁止抵押的其他财产。这是一项兜底性规定，以适应不断变化的经济生活需要。

258. 什么是浮动抵押？

浮动抵押指权利人以现有的和将有的全部财产或者部分财产为其债务提供抵押担保。债务人不履行到期债务或者发生当事人约定的实现抵押权的情形，债权人有权就抵押财产确定时的动产优先受偿。比如，企业以现有的以及未来可能买进的机器设备、库存产成品、生产原材料等动产担保债务的履行。抵押权设定后，抵押人可以将抵押的原材料投入产品生产，可以买入新的机器设备，也可以卖出产品，抵押财产处于一种浮动的状态。然而，抵押权人实现抵押权时，抵押财产应当是确定的，抵押财产需要从之前浮动的状态变为固定的状态。根据《民法典》第411条的规定，当发生债务履行期限届满债权未实现、抵押人被宣告破产或者解散、当事人约定的实现抵押权的情形成就或者出现严重影响债权实现的其他情形时，抵押财产确定，也就是说此时抵押人有什么财产，这些财产就是抵押财产。抵押财产确定前，抵押权人对于抵押人处分的财产不能追及，抵押人新增的财产要作为抵押财产；抵押财产确定后，对于抵押人转出的抵押财产，抵押权不受影响，仍对这些财产具有追及效力，而对于抵押人新增的财产，抵押权人不享有担保物权。抵押人以其全部财产设定浮动抵押的，只需要在登记时注明以全部财产抵押，即对抵押财产作概括性描述，不必详列抵押财产清单。以部分财产抵押的，则需要列明抵押的财产类别。

浮动抵押具有不同于固定抵押的两个特征：第一，浮动抵押设定后，抵押的财产不断发生变化，直到约定或者法定的事由发生，抵押财产才确定。第二，浮动抵押期间，抵押人处分抵押财产的，抵押权人对抵押财产无追及的权利，只能就约定或者法定事由发生后确定的财产优先受偿。

259. 设立浮动抵押的条件是什么？

《民法典》第396条规定：“企业、个体工商户、农业生产经营者可以将现有的以及将有的生产设备、原材料、半成品、产品抵押，债务人不履行到期债务或者发生当事人约定的实现抵押权的情形，债权人有权就抵押财产确定时的动产优先受偿。”按照该条规定，设立浮动抵押应当符合下列条件：

第一，设立浮动抵押的主体限于企业、个体工商户、农业生产经营者。企业可以是国有独资企业、合伙企业、个人独资企业、公司制企业，只要注册登记为企业的组织都可以设定浮动抵押。个体工商户是以个人或者家庭经营为主的经济单位，注册登记为个体工商户的，也都可以设立浮动抵押。农业生产经营者，主要指农村承包经营户，也可以是其他从事农业生产的人。除了上述三项主体，非营利的法人和非法人组织、特别法人以及非从事生产经营的自然人等不可以设立浮动抵押。

第二，设立浮动抵押的财产限于生产设备、原材料、半成品、产品。对除此以外的动产不得设立浮动抵押，对不动产也不得设立浮动抵押。

第三，实现抵押权的条件是不履行到期债务或者发生当事人约定的实现抵押权的事由。

第四，浮动抵押优先受偿的效力范围为抵押财产确定时的动产。根据《民法典》第411条，在债务履行期限届满债权未实现，抵押人被宣告破产或者解散，当事人约定的实现抵押权的情形，严重影响债权实现的其他情形发生时，浮动抵押财产予以确定，债权人有权就该确定的抵押财产优先受偿。

浮动抵押是特殊的动产抵押，尽管其具有不同于一般动产抵押的特征，但也适用动产抵押的一般规则。如在抵押财产范围、抵押合同、抵押权的设立与对抗效力、抵押权的优先受偿顺位等方面都适用动产抵押的一般规则。

260. 房屋所有权和建设用地使用权抵押的关系是什么？

建筑物所有权和建筑物占用范围内的建设用地使用权各为独立的不动产权利。由于房屋具有依附土地存在的天然特性，房屋所有权依法转让，必然产生建设用地使用权是否一并转让的问题；同样，建设用地使用权依法转让，也会产生该土地上的建筑物所有权是否一并转让的问题。由于房地产的不可分性，我国在处理房地产关系时的一个重要原则就是“地随房走或房随地走”原则。所谓“地随房走”就是转让房屋的所有权时，建设用地使用权同时转让。所谓“房随地走”，就是转让建设用地使用权时，该土地上的房屋所有权也应一并转让。这一原则也同样适用于抵押。在设定抵押权时，房屋的所有权和建设用地使用权应当一并抵押，只有这样，才能保证实现抵押权时，房屋所有权和建设用地使用权同时转让。为此，《民法典》第397条第1款规定：“以建筑物抵押的，该建筑物占用范围内的建设用地使用权一并抵押。以建设用地使用权抵押的，该土地上的建筑物一并抵押。”

对于实践中出现的一些将房屋抵押，但不抵押建设用地使用权，或抵押建设用地使用权，但不抵押房屋所有权的情况，《民法典》第 397 条第 2 款规定：“抵押人未依据前款规定一并抵押的，未抵押的财产视为一并抵押。”也就是说，即使抵押人只办理了房屋所有权抵押登记，没有办理建设用地使用权抵押登记，实现房屋抵押权时，建设用地使用权也一并作为抵押财产。同样，只办理了建设用地使用权抵押登记，没有办理房屋所有权抵押登记的，实现建设用地使用权的抵押权时，房屋所有权也一并作为抵押财产。如果将房屋所有权和建设用地使用权分别抵押给不同的债权人，前者的抵押效力及于建设用地使用权，后者的抵押效力及于房屋所有权，债权人在实现抵押权时，要以抵押登记的先后顺序确定优先受偿顺序。

261. 乡镇、村企业的建筑物和建设用地使用权抵押的关系是什么？

乡镇、村企业的建设用地使用权为集体所有的土地上设立的土地使用权。我国对耕地实行特殊保护，严格限制农用地转化为建设用地。在 2019 年土地管理法修改之前，除兴办乡镇、村企业，村民建设住宅和建设乡镇、村公共设施和公益事业经依法批准使用农民集体所有的土地以外，任何组织和个人进行建设需要使用土地的，必须依法申请使用国有土地。2019 年土地管理法修改时，创新性地改变了过去农村土地必须征为国有土地才能进入市场的问题，允许土地利用总体规划、城乡规划确定为工业、商业等经营性用途并经依法登记的集体经营性建设用地，通过出让、出租等方式交由单位或者个人使用、建设。除法律另有规定或当事人另有约定外，通过出让等方式取得的集体经营性建设用地使用权可以转让、互换、出资、赠与或抵押，集体经营性建设用地使用权的出租、出让及其转让、互换、出资、赠与、抵押，参照同类用途的国有建设用地执行。

乡镇、村企业的建设用地与入市的集体经营性建设用地在使用主体、审批程序等方面有不同。将乡镇、村企业的建设用地使用权抵押的，抵押权的实现可能会带来建设用地使用权出让的效果，即入市的效果。由于集体经营性建设用地入市有严格的要求，必须符合规划、符合用途管制、经依法登记确权、通过集体的决议程序等，如果对乡镇、村企业的建设用地使用权抵押不作任何限制，可能出现规避法律，以抵押为名，使不符合入市要求的集体所有的土地流入市场。《民法典》第 398 条规定："乡镇、村企业的建设用地使用权不得单独抵押。以乡镇、村企业的厂房等建筑物抵押的，其占用范围内的建设用地使用权一并抵押。"也就是说，乡镇、村企业不能仅以集体所有的建设用地使用权抵押，但可以将乡镇、村企业的厂房等建筑物抵押，以厂房等建筑物抵押的，其占用范围内的建设用地使用权一并抵押。法律虽然允许乡镇、村企业的建设用地使用权随厂房等建筑物一并抵押，但对实现抵押权后土地的性质和用途作了限制性规定。《民法典》第 418 条规定，以集体所有土地的使用权依法抵押的，实现抵押权后，未经法定程序，不得改变土地所有权的性质和土地用途。也就是说，即使乡镇、村企业的建设用地使用权随其厂房等建筑物被拍卖、变卖了，受让的土地仍然属于农村集体所有，如果该土地原为工业用途，买受人应当严格按照该用途使用土地，未经有关部门批准，买受人不能将该土地用于商业、旅游和住宅建设。

262. 禁止抵押的财产有哪些？

根据《民法典》第399条规定，下列财产不得抵押：

1. 土地所有权。

土地所有权包括国有土地的所有权和集体所有土地的所有权。我国法律没有规定国有和集体所有的土地所有权可以抵押。如果允许土地所有权抵押，实现抵押权后，必然带来土地所有权归属的改变，从而违反宪法和法律关于我国土地只能归国家或集体所有的规定，因此，土地所有权不得抵押。

2. 宅基地、自留地、自留山等集体所有土地的使用权。

宅基地是农民生活的必需和赖以生存的所在，特别是农民一户只有一处宅基地，农村居民出卖、出租住房后再申请宅基地的不予批准，这一点与城市居民是不同的。农民一旦失去住房及其宅基地，将会丧失基本生存条件，影响社会稳定。因此，宅基地使用权不得抵押。自留地、自留山是农民作为生活保障的基本生产资料，带有社会保障性质，从保护广大农民根本利益出发，禁止以自留地、自留山的使用权抵押。虽然宅基地、自留地、自留山等集体所有土地的使用权不得抵押，但也有一些集体所有的土地的使用权依法可以抵押，例如，土地管理法规定的通过出让等方式取得的集体经营性建设用地使用权等，因此，法律规定可以抵押的集体所有土地的使用权可以依法抵押。

3. 学校、幼儿园、医疗机构等为公益目的成立的非营利法人的教育设施、医疗卫生设施和其他公益设施。

对于为公益目的成立的属于非营利法人的学校、幼儿园、医疗机构等的教育设施、医疗卫生设施和其他公益设施不得抵押，主要理由为：属于非营利法人的学校、幼儿园、医疗机构等不论是公办的，还是民办的，都是为社会公益目的而设立的。如果允许以教育设施、医疗卫生设施抵押，一旦实现抵押权，不仅公益目的难以达到，严重的可能造成学生失学、公众无法看病就医，影响社会安定。而对于属于营利法人的民办学校、民办医疗机构等，其教育设施、医疗卫生设施等可以依法抵押。

除学校、幼儿园、医疗机构外，其他以公益为目的成立的非营利法人的社会公益设施也不得抵押，比如，不得将公共图书馆、科学技术馆、博物馆、少年宫、敬老院等用于社会公益目的的设施抵押。

4. 所有权、使用权不明或者有争议的财产。

如果一项财产的所有权或使用权不明确，甚至是有争议的，将其抵押不仅可能侵犯所有权人或使用权人的合法权利，而且可能引起矛盾和争议，危害交易安全。因此，所有权、使用权不明或者有争议的财产不得抵押。

5. 依法被查封、扣押、监管的财产。

依法查封、扣押财产，指人民法院或行政机关采取强制措施将财产就地贴上封条或运到另外的处所，不准任何人占有、使用或处分。依法监管的财产，指行政机关依照法律规定监督、管理的财产。依法被查封、扣押、监管的财产，其合法性处于不确定状态，法律不能予以确认和保护。因此，禁止以依法被查封、扣押、监管的财产抵押。

6. 法律、行政法规规定不得抵押的其他财产。

这是一项兜底性规定。除上述五项所列不得抵押的财产外，在设定抵押权时，还要看其他法律、行政法规有无禁止抵押的规定。

263. 抵押合同要采取哪种形式订立？

设立抵押权是抵押人与抵押权人之间的法律行为，该种行为不仅要求当事人双方意思表示一致，还要求通过一定的法律形式表现出来，该种法律形式就是合同。合同有口头和书面之分，口头合同一般适用于数额不大或者即时结清的民事法律行为，对于比较重大、容易发生纠纷或者需经一段时间才能终结的民事法律行为，则应当采用比较严格的书面形式。抵押涉及的财产数额较大，法律关系比较复杂，而且要在一段时间内为债权担保，因此，《民法典》第 400 条第 1 款明确规定："设立抵押权，当事人应当采用书面形式订立抵押合同。"

264. 抵押合同一般包括哪些内容？

根据《民法典》第 400 条第 2 款的规定，抵押合同一般包括以下内容：

1. 被担保债权的种类和数额。

被担保债权的种类，主要指主债权是财物之债，还是劳务之债。被担保债权的数额，指主债权的财物金额，或者对劳动者支付的工资、劳务费的金额。

2. 债务人履行债务的期限。

履行债务的期限，指债务人履行债务的最终日期。超过债务履行期限债务人未履行债务的，就产生实现抵押权以偿还债务的法律后果。由于履行债务的期限是抵押权人可以实现抵押权的起算点，因此，抵押合同对此应有明确规定。

3. 抵押财产的名称、数量等情况。

抵押财产是设立抵押权的关键所在，没有抵押财产，则不可能产生抵押权，抵押权最终要以抵押财产的变价来实现。所以在抵押合同中要对抵押财产的相关情况有所描述，包括抵押财产的名称、数量等情况，以确定抵押财产为何种物以及价值量。

4. 担保的范围。

抵押财产担保的范围包括主债权及其利息、违约金、损害赔偿金和实现抵押权的费用。当事人可以在合同中约定抵押担保的范围只包括上述一项或者几项，也可以约定对上述各项都承担担保责任。担保范围依当事人的约定而确定；当事人对担保的范围没有约定的，抵押人应当对主债权及其利息、违约金、损害赔偿金和实现担保物权的费用承担担保责任。

民法典对于抵押合同的内容的要求是指导性的，不是强制性的。抵押合同除包括上述四项内容外，当事人可能还有其他需要约定的事项，这些内容也可以在协商一致的情况下在抵押合同中进行约定。

265. 什么是流押条款？流押条款的效力如何？

流押条款，指债权人在订立抵押合同时与抵押人约定，债务人不履行债务时抵押财产归债权人所有。对于流押条款的效力，《民法典》第401条规定："抵押权人在债务履行期限届满前，与抵押人约定债务人不履行到期债务时抵押财产归债权人所有的，只能依法就抵押财产优先受偿。"根据这一条规定，当事人订立流押条款的，发生实现抵押权的情形时，抵押财产不能直接归债权人所有，而是应当根据民法典中实现抵押权的规定就抵押财产优先受偿。抵押人与抵押权人可以就实现抵押权的方式协议，当事人可以采用以抵押财产折价或者拍卖、变卖抵押财产的方式对抵押财产优先受偿。折价实际上就是将抵押财产的所有权转让给抵押权人，在以抵押财产折价时，抵押财产的价格要参照当时的市场价格确定，这比流押条款依订立时的抵押财产价格确定更公平合理，因而也更容易为双方当事人接受。当事人就抵押权的实现方式达不成协议的，抵押权人可以直接请求人民法院拍卖、变卖抵押财产。

当事人之间订有流押条款的，债权人依法就抵押财产优先受偿，需要满足抵押权设立的前提条件，即不动产抵押权经登记设立；动产抵押权经抵押合同生效设立，未登记的不得对抗善意第三人。

266. 不动产抵押权何时设立？

财产抵押是重要的民事法律行为，法律除要求设立抵押权要订立书面合同外，还要求对某些财产办理抵押登记，不经抵押登记，抵押权不发生法律效力。这类财产主要是不动产，民法典规定，不动产物权的设立、变更、转让和消灭，经依法登记，发生效力；未经登记，不发生效力，但是法律另有规定的除外。根据《民法典》第 402 条的规定，需要进行抵押登记的财产主要为不动产，包括：（1）建筑物和其他土地附着物；（2）建设用地使用权；（3）海域使用权；（4）正在建造的建筑物。抵押权的效力，除了要求抵押合同合法有效这一要件以外，还必须符合物权法的公示原则。对于上述条文规定的不动产设立抵押的，应当办理抵押登记，抵押权自登记时设立。

267. 动产抵押权何时设立？

根据《民法典》第 403 条的规定，以动产抵押的，抵押权自抵押合同生效时设立；未经登记，不得对抗善意第三人。对于动产抵押，抵押权不以登记为生效要件，登记仅具有对抗效力，主要原因在于：第一，对于某些交通运输工具的抵押，如民用航空器、船舶等，有关法律都采用了登记对抗制度。对于其他价值相对较小的动产抵押，更没有必要实行登记生效主义。第二，如果对动产抵押要求抵押登记才能生效，可能会对当事人造成不方便，增加抵押人的交易成本。此外，动产具有便于移动、流动性强的特点，即使办理了抵押登记，也不能保证所有权人不将已抵押的动产转让给他人。因此，民法典对以动产抵押的没有采用登记生效制度。

生产设备、原材料、半成品、产品，正在建造的船舶、航空器，交通运输工具等动产都可以成为抵押的客体。此外，企业、个体工商户、农业生产经营者还可以以现有的以及将有的生产设备、原材料、半成品、产品抵押。当事人以这些动产抵押的，可以办理抵押登记，也可以不办理抵押登记，抵押权不以登记为生效条件，而是自抵押合同生效时设立。合同生效后，即使当事人没有办理登记，债务人不履行债务时，抵押权人仍然可以就实现抵押权的价款优先受偿。但是，办理与不办理抵押登记的法律后果是不同的，未办理抵押登记的，不得对抗善意第三人。善意第三人，指不知道也不应当知道该财产已经被抵押的事实的人。所谓不得对抗善意第三人，包括两个方面的含义：一是合同签订后，如果抵押人将抵押财产转让，对于善意取得该财产的第三人，抵押权人无权追偿，抵押权人将失去在该财产上的抵押权。二是抵押合同签订后，如果抵押人以该财产再次设定抵押或质押，而后位抵押权人进行了抵押登记或后位质权人因交付取得了对该动产的占有，那么，实现抵押权时，后位抵押权人和质权人可以优先于前面未经抵押登记的抵押权人受偿。办理抵押登记的，抵押权具有对抗第三人的法律效力，也就是说，抵押财产登记后，不论抵押财产转移到谁手中，抵押权都具有追及效力，在满足实现抵押权的条件时抵押权人可以就该抵押财产实现抵押权。同时在受偿顺序上，已登记的抵押权优先于未登记的抵押权、后设立的抵押权和质权受偿。

268. 动产抵押设立后，如何保护正常经营活动的买受人?

动产抵押设立后，具有优先受偿的效力，但是《民法典》第 404 条规定了例外情形，即“以动产抵押的，不得对抗正常经营活动中已经支付合理价款并取得抵押财产的买受人”。这主要是因为，原材料、半成品、产品等动产在性质上属于存货，常常在正常经营活动中被卖出，并且按照一般的交易习惯，正常经营活动中的买受者也很少去查询该动产上的权利负担。如果严格遵循动产抵押权的追及效力和优先受偿效力，那么所有动产的买受人为避免买受的货物被在先设立的抵押权所追及，在每次交易前都必须查阅登记资料来看该货物上是否设有抵押，这样将使动产交易活动变得极其滞重，也让动产以占有作为权利外观的一般规则受到冲击，不能适应现代商业的需要。为此，民法典在动产抵押的情形中对正常经营活动中的买受人确立了特别保护规则。

按照《民法典》第 404 条的规定，受到保护的买受人必须符合以下条件：第一，买受人是在正常经营活动中买受了抵押财产，即出卖人出卖抵押财产是其正常的经营活动，而买受人既可以是在存货融资中，买受出卖人在正常经营过程中出售的已设定担保的存货的人，也可以是市场交易中的消费者。买受人取得的标的物应当是出卖人通常销售的动产，而出卖人也一般以销售该类动产为业。第二，买受人必须已经支付合理价款。在判断买受人支付价款是否合理时，应当根据转让标的物的性质、数量以及付款方式等具体情况，参考转让时交易地市场价格以及交易习惯等因素综合认定。第三，买受人已取得抵押财产，即抵押财产的所有权已通过交付转让给买受人。具备这三个条件，无论该动产抵押是否登记，抵押财产的买受人都可以对抗抵押权人，即买受人可以取得买受的抵押财产的所有权并且不受抵押权人的追及。

269. 如何处理同一财产上的抵押权和租赁权？

为了保护承租人尤其是不动产承租人的利益，现代各国民法都逐渐采取增强租赁权的做法，规定了“买卖不破租赁”规则，即租赁关系成立后，即使出租人将租赁物转卖给第三人，该原已存在的租赁关系仍然对买受人有效，承租人仍然可以向受让人主张租赁权，受让人取得的是一项有租赁关系负担的财产所有权。设定抵押也属于处分行为，在实现抵押权时会导致租赁物所有权的变动，可能影响到事先存在的租赁关系，为了保障承租人权利，落实“买卖不破租赁”原则，《民法典》第405条规定：“抵押权设立前，抵押财产已经出租并转移占有的，原租赁关系不受该抵押权的影响”。根据这一条规定，因实现抵押权而将抵押财产转让时，在抵押权设立前已经存在的租赁关系不当然终止，承租人可以在租赁合同的有效期内继续享有承租的权利。在判断租赁关系受不受抵押权的影响时，要看在抵押权设立前抵押财产是否已出租并转移占有。不动产抵押权在登记时设立，动产抵押权在订立抵押合同时设立，认定抵押权设立的时间分别以抵押登记和订立合同的时间为准。要求已出租的抵押财产须在抵押权设立前转移占有，主要是考虑到保护承租人的权利要以承租人对租赁物有一定的支配利益为前提，如果承租人尚未取得对租赁物的占有，在设定抵押时债权人没有理由知道该租赁关系的存在，此时如果主张在先订立的租赁关系不受抵押权的影响则对抵押权人不公平。

在抵押权成立在先租赁权成立在后时，出于物权的公示效力，抵押权经登记当然优先于后设立的租赁关系，该租赁关系不能对抗抵押权，抵押权实现时租赁关系应当终止。对于未登记的动产抵押权，可以适用动产抵押权未经登记不得对抗善意第三人的规则。

270. 抵押期间抵押人是否可以转让抵押财产？

对于抵押期间，抵押人能否转让抵押财产，《民法典》第406条规定："抵押期间，抵押人可以转让抵押财产。当事人另有约定的，按照其约定。抵押财产转让的，抵押权不受影响。抵押人转让抵押财产的，应当及时通知抵押权人。抵押权人能够证明抵押财产转让可能损害抵押权的，可以请求抵押人将转让所得的价款向抵押权人提前清偿债务或者提存。转让的价款超过债权数额的部分归抵押人所有，不足部分由债务人清偿。"

根据这一条规定，抵押人对其所有的抵押财产享有占有、使用、收益、处分的权利，抵押期间抵押人可以转让抵押财产，而不需要经过其他人的同意。如果抵押权人与抵押人在设立抵押权时约定抵押人在抵押期间不得转让抵押财产，那么抵押人不能转让抵押财产，但是该约定不得对抗善意受让人。抵押财产转让的，抵押权不受影响，即无论抵押财产转让到哪里，也无论抵押财产的受让人是谁，抵押权人对该抵押财产都享有抵押权，在实现抵押权的条件成就时，可以追及该抵押财产并就抵押财产进行变价和优先受偿。

由于抵押权人并不占有、控制抵押财产，因此，对于抵押财产的状态和权属状况不可能随时知悉，因此，抵押人在转让抵押财产时负有及时通知抵押权人的义务。抵押人如果在转让抵押财产时未及时通知抵押权人，虽然不影响抵押权的效力，但是如果因未及时通知造成抵押权人损害的，应当承担赔偿责任。抵押人转让抵押财产的，抵押权人虽然对该财产具有追及效力，但是在一些情况下抵押财产的转让有可能损害抵押权人的利益，例如，某甲将其日常生活所用的汽车抵押给某乙并进行了登记，后来又将该汽车转让给某丙用于营业用途，由于汽车用途的改变会加大汽车的损耗，汽车的价值也会相应降低，尽管汽车转让后某乙对该汽车仍享有抵押权，但是在其实现抵押权时，汽车的价值可能已经贬损到不能完全清偿其债权。在这种情况下，抵押权人能够证明抵押财产转让可能损害抵押权的，可以请求抵押人将转让所得价款提前清偿债务或者提存。在这种情况下，抵押权的效力及于抵押财产转让的价款上，抵押权人可以要求以该价款实现其抵押权，转让的价款超过债权数额的部分归抵押人所有，不足部分由债务人清偿，抵押权因得到实现而消灭。

271. 抵押权是否可以单独转让或者作为其他债权的担保？

作为担保物权的一种，抵押权以其所担保的债权存在为前提，没有债权，就不可能有抵押权，抵押权失去了债权，也就失去了存在的意义。由于抵押权不具有独立存在的特性，因此，《民法典》第 407 条规定："抵押权不得与债权分离而单独转让或者作为其他债权的担保……"根据这一规定，抵押权人转让抵押权的，抵押权应当与其所担保的债权一同转让；抵押权人以抵押权向他人提供担保的，抵押权应当与其所担保的债权一同向他人提供担保。单独转让抵押权或者单独以抵押权作为其他债权担保的行为无效。

这里所讲的抵押权不得与债权分离而单独转让，是指抵押权人不得将抵押权单独让与他人而自己保留债权。例如，甲向乙借款 100 万元，以价值 120 万元的房屋抵押担保债务的履行，乙不能仅将该房屋的抵押权转让给丙而不转让债权，由于抵押权就其担保的债权而言所具有的附随性，没有债权，丙得到的抵押权是空的，是没有价值的。同样道理，抵押权人也不得单独将抵押权作为其他债权的担保而自己保留债权，抵押权只有在与其所担保的债权一同作为其他债权的担保时才有意义。

272. 债权转让的，抵押权是否一并转让？

由于抵押权具有附随性，被担保的债权转让的，抵押权应当随被担保债权的转让而移转于受让人，因此，《民法典》第 407 条规定，"债权转让的，担保该债权的抵押权一并转让"。需要注意的是，关于这一规定，还有一项但书规定，"但是法律另有规定或者当事人另有约定的除外"。对于"法律另有规定"，例如，《民法典》第 421 条规定，最高额抵押担保的债权确定前，部分债权转让的，最高额抵押权不得转让。对于“当事人另有约定”，既可以是抵押权人在转让债权时，与受让人约定，只转让债权而不转让担保该债权的抵押权，这种情形大多发生在债权的部分转让时；也可以是第三人专为特定的债权人设定抵押的，该第三人与债权人约定，被担保债权的转让未经其同意的，抵押权因债权的转让而消灭。在上述情形下，债权转让的，担保该债权的抵押权不一并转让。

273. 抵押人的行为足以使抵押财产价值减少时，如何处理?

抵押权设立后，抵押权人并不实际占有抵押财产，抵押财产仍由抵押人占有、使用和收益，在抵押期间，有可能由于抵押人的行为致使抵押财产价值减少，损害抵押权人的利益。抵押人使抵押财产价值减少的行为主要包括两个方面：一是抵押人采取积极的行为致使抵押财产价值减少，如砍伐抵押的林木、拆除抵押的房屋、驾驶抵押的机动车因操作不当造成车辆损坏；二是抵押人消极的不作为致使抵押财产价值减少，如对抵押的危旧房屋不做修缮、对抵押的机动车不进行定期的维修保养、有库房却任由抵押的机器设备在室外风吹雨淋。

抵押权是为抵押权人的利益设定的，当抵押人的行为侵害抵押权人的利益时，应当给予抵押权人保全抵押财产价值、维护抵押担保效力的权利。因此，《民法典》第408条规定，抵押人的行为足以使抵押财产价值减少的，抵押权人有权请求抵押人停止其行为。抵押权人可以要求抵押人停止砍伐林木或者拆除房屋，加紧房屋修缮或者对车辆定期保养。抵押人对抵押权人的要求不予理睬、不停止其行为的，抵押权人可以请求人民法院强制抵押人停止其侵害行为。

实践中，很多时候，即使抵押人停止其行为，也已经造成抵押财产价值减少，使抵押权人的利益受到损害，基于此，《民法典》第 408 条规定："……抵押财产价值减少的，抵押权人有权请求恢复抵押财产的价值，或者提供与减少的价值相应的担保。抵押人不恢复抵押财产的价值，也不提供担保的，抵押权人有权请求债务人提前清偿债务。"根据这一规定，抵押权人有权要求抵押人恢复抵押财产的价值，如将破旧的房屋修缮好，将损坏的车辆修理好。抵押财产的价值难以恢复或者恢复的成本过高的，抵押权人也可以要求抵押人提供与减少的价值相应的担保，如抵押人砍伐的林木价值约为 10 万元，抵押权人有权要求抵押人提供价值相当于 10 万元的新的抵押财产或者质押财产，或者由第三人对这 10 万元的债务提供保证担保。经抵押权人要求，抵押人不恢复抵押财产的价值也不提供担保的，抵押权人为保护自己的利益，防止抵押财产的价值进一步减少，有权要求债务人提前清偿债务。

需要注意的是，抵押财产价值减少是由于抵押人的行为造成，即只有抵押人对抵押财产价值减少有过错的，才按照上述规定处理。对于抵押人对抵押财产价值减少无过错时如何处理的问题，《民法典》第 408 条没有作出规定。对于非可归责于抵押人的原因致使抵押财产价值减少的，如果请求抵押人恢复抵押财产的价值或者提供与减少的价值相当的担保，对抵押人有失公正。如果抵押人因抵押财产的毁损、灭失获得了赔偿金、保险金等，根据《民法典》第 390 条的规定，抵押权人可以就获得的保险金、赔偿金等优先受偿，被担保债权的履行期限未届满的，也可以提存该保险金、赔偿金等。当然，此时原抵押财产仍应当作为债权的担保。对于非因抵押人的过错致使抵押财产价值减少，抵押人又不能获得保险金、赔偿金的情形，抵押权人不能请求抵押人恢复抵押财产的价值或者提供与减少的价值相应的担保，更不能请求债务人提前清偿债务，还是应当以原抵押财产作为债权的担保。

274. 抵押权人能否放弃抵押权和抵押权的顺位？

抵押权作为抵押权人享有的一项权利，《民法典》第 409 条明确规定，抵押权人可以放弃抵押权从而放弃其债权就抵押财产优先受偿的权利。抵押权人不行使抵押权或者怠于行使抵押权的，不得推定抵押权人放弃抵押权。抵押权人放弃抵押权，不必经过抵押人的同意。抵押权人放弃抵押权的，抵押权消灭。

抵押权的顺位是抵押权人优先受偿的顺序，《民法典》第 414 条对确定抵押权优先受偿顺序的原则作了规定。抵押权的顺位作为抵押权人享有的一项利益，《民法典》第 409 条明确规定，抵押权人可以放弃其顺位，即放弃优先受偿的次序利益。抵押权人放弃抵押权顺位的，放弃人处于最后顺位，所有后顺位抵押权人的顺位依次递进。但在放弃人放弃抵押权顺位后新设定的抵押权不受该放弃的影响，其顺位仍应在放弃人的抵押权顺位之后。

但在被担保的债权既有以债务人自己的财产作抵押担保又

有其他担保的情形下，为了保护保证人等其他担保人的合法利益，《民法典》第 409 条同时规定，债务人以自己的财产设定抵押，抵押权人放弃该抵押权、抵押权顺位的，其他担保人在抵押权人丧失优先受偿权益的范围内免除担保责任，但是其他担保人承诺仍然提供担保的除外。

275. 抵押权能否变更？

根据《民法典》第 409 条的规定，抵押权人与抵押人可以协议变更抵押权的顺位以及被担保的债权数额等内容。所谓抵押权顺位的变更，是指将同一抵押财产上的数个抵押权的清偿顺序互换。抵押权的顺位变更后，各抵押权人只能在其变更后的顺序上行使优先受偿权。对抵押权顺位以及被担保的债权数额等内容的变更，如果在同一抵押财产上还有其他抵押权人的，可能对这些抵押权人产生不利的影响，例如，当事人协议将第三顺位的抵押权变更为第一顺位的，那么就会影响原第一顺位与第二顺位抵押权的实现，甚至使他们完全得不到清偿；又如，抵押权人与抵押人协议增加被担保的债权数额的，就会影响后顺位的抵押权人行使其优先受偿的权利。为了保护同一财产上其他抵押权人的合法利益，《民法典》第 409 条特别规定，抵押权的变更未经其他抵押权人书面同意的，不得对其他抵押权人产生不利影响。未经其他抵押权人书面同意变更抵押权，对其他抵押权人产生不利影响的，变更无效。

但在被担保的债权既有以债务人自己的财产作抵押的抵押担保又有其他担保的情形下，为了保护保证人等其他担保人的合法利益，《民法典》第409条同时规定，债务人以自己的财产设定抵押，抵押权人变更抵押权的，其他担保人在抵押权人丧失优先受偿权益的范围内免除担保责任，但其他担保人承诺仍然提供担保的除外。

276. 当事人协议实现抵押权的方式有哪些?

债务人不履行到期债务或者发生当事人约定的实现抵押权的情形的，抵押权人可以与抵押人就如何处理抵押财产进行协商，如果双方达成协议，可以按照协议的方式实现抵押权。《民法典》第410条提供了三种抵押财产的处理方式供抵押权人与抵押人协议时选择：

1. 折价方式。

在实现抵押权的条件成就时，抵押权人可以与抵押人协议，以折价的方式实现抵押权。折价的方式为参照市场价格确定一定的价格将抵押财产的所有权转移给抵押权人，以实现债权。对于流押条款，民法典规定抵押权人只能依法就抵押财产优先受偿，这是为了避免债务履行期限届满前，抵押权人利用其优势地位，将价值高于被担保债权的抵押财产直接转归其所有，从而对抵押人造成不公平。民法典限制的只是在债务履行期限届满前作出将来转移所有权的协议，在需要实现抵押权的时候，已不存在可能给抵押人造成不利的情势了，这时双方可以协议以折价的方式来清偿抵押权人的债权。如果双方确定的抵押财产的价款高于被担保的债权时，超出的部分要归抵押人所有，这样抵押权人与抵押人的权益就都得到了保护。

2. 拍卖方式。

拍卖是抵押权实现的最为普通的一种方式。拍卖是指以公开竞争的方法将标的物卖给出价最高的买者。以拍卖的方式实现抵押权有很大优点，因为拍卖是以公开竞价的方式出卖标的物，拍卖的价款能够最大限度地体现拍卖财产的价值，从而充分发挥抵押财产对债权的担保作用。

3. 变卖方式。

除前述两种方式外，《民法典》第410条规定双方还可以协议以变卖的方式实现抵押权。变卖就是以生活中一般的买卖形式出让抵押财产，以变卖抵押财产的价款来实现债权。为了保障变卖的价格公允，变卖抵押财产应当参照市场价格。

277. 当事人协议实现抵押权时损害其他债权人利益的，其他债权人怎么办?

抵押权人与抵押人协议处理抵押财产时，可能涉及抵押人的其他债权人的利益，如果抵押财产折价过低或者拍卖、变卖的价格远低于市场价格，如一套抵押住房的市场价格为100万元，抵押权人与抵押人却仅以50万元的价格协议变卖，在该抵押权人就变卖所得价款优先受偿后，可供后顺位的抵押权人以及其他债权人实现其债权的数额就会大大减少，从而损害他们的利益。为保障其他债权人的利益，《民法典》第410条规定，协议损害其他债权人利益的，其他债权人可以请求人民法院撤销该协议。根据《民法典》第152条的规定，其他债权人应当自知道或者应当知道撤销事由之日起一年内请求人民法院撤销该协议。这里规定的“一年”是一个固定期间，不得中止、中断。

278. 当事人就实现抵押权未能达成协议时怎么办?

如果抵押权人与抵押人就实现抵押权未能达成协议，应当如何实现抵押权呢？抵押权人与抵押人未就实现抵押权达成协议，主要有两种情形：一是双方就债务履行期限届满债权未受清偿的事实没有异议，只是就采用何种方式来处理抵押财产的问题达不成一致意见；二是双方在债务是否已经履行以及抵押权本身的问题上存在争议，如双方对抵押合同的有关条款或者抵押权的效力问题存在争议，这些问题实际上是实现抵押权的前提条件，双方对此发生争议，也就根本谈不上协议以何种方式实现抵押权了。对于第一种情形，即抵押权人与抵押人仅就抵押权实现方式未达成协议的，为了简便抵押权的实现程序，《民法典》第410条规定，抵押权人可以请求人民法院拍卖、变卖抵押财产。对于第二种情形，抵押权人仍应当采取向人民法院提起诉讼的方式解决。

279. 浮动抵押中，什么情形下抵押财产确定?

《民法典》第396条规定，企业、个体工商户、农业生产经营者可以将现有的以及将有的生产设备、原材料、半成品和产品抵押，即在上述动产上设定浮动抵押，当债务人不履行到期债务或者发生当事人约定的实现抵押权的情形时，债权人有权就抵押财产确定时的动产优先受偿。浮动抵押区别于固定抵押的一个重要特征就是抵押财产的范围不确定，浮动抵押设定后，抵押人仍然有权继续占有、经营管理并自由处分其财产，这样就使抵押财产不固定，在抵押期间不断发生变化。但是，当抵押权人需要行使抵押权时，抵押财产应当是确定的；只有抵押财产被确定，抵押权人才能将抵押财产折价或者拍卖、变卖以实现抵押权。因此，抵押财产的确定是抵押权实现的前提条件。当然，一般情况下也只有在需要实现抵押权时，才有必要确定抵押财产。抵押财产的确定是实现浮动抵押权中的一个重要问题。

《民法典》第411条规定了浮动抵押中抵押财产确定的四种情形：

第一，债务履行期限届满，债权未实现的，抵押财产确定。这种情况下，无论抵押权人是否向抵押人提出实现抵押权的要求，抵押财产均应确定，自债务履行期限届满之日起，抵押人不得再处分抵押财产。

第二，抵押人被宣告破产或者解散的，抵押财产确定。这一规定主要适用于抵押人为法人或非法人组织的情形。抵押人被宣告破产或者解散所产生的直接法律后果就是抵押人依法进行清算程序、完成注销登记后终止。由于抵押人的主体将要终止，有必要在主体终止前将抵押财产确定下来，从而依法进入相关的清算程序，通过清偿了结权利义务关系。

第三，发生当事人约定的实现抵押权的情形的，抵押财产确定。抵押权人为保障自己的债权得到清偿，可以与抵押人约定提前实现抵押权的情形。当事人约定实现抵押权的情形的，一旦发生了该情形，抵押财产即被确定，抵押权人可以要求实现抵押权。

第四，发生严重影响债权实现的其他情形的，抵押财产确定。严重影响债权实现的情形，范围比较广泛，既可以是因经营不善导致抵押人经营状况恶化或严重亏损；也可以是因抵押人放弃其债权、无偿转让财产、以明显不合理的低价转让财产等，致使其设立浮动抵押的财产价值明显减少；还可以是抵押人为逃避债务而隐匿、转移财产。抵押人有上述行为，严重影响债权实现的，抵押权人为保全抵押财产达到一定的数额，可以向抵押人要求确定抵押财产，以实现抵押权。

上述四种情形为抵押财产确定的法定情形，发生其中任一情形的，自该情形发生时浮动抵押即转化为固定抵押，抵押财产确定，抵押人不得再处分抵押财产，抵押权人可以依法实现抵押权。

280. 抵押财产被人民法院依法扣押的，孳息如何处理？

抵押财产的孳息，是指由抵押财产而产生的收益。孳息分为天然孳息和法定孳息。抵押权设立后，抵押财产仍由抵押人占有、使用、收益和处分，因抵押财产的使用而产生的孳息应当归抵押人所有，抵押权的效力不及于该孳息。

但是，债务人不履行到期债务或者发生当事人约定的实现抵押权的情形，因抵押权人行使抵押权致使抵押财产被人民法院依法扣押的，如果抵押财产的孳息仍为抵押人收取，则会使抵押人为收取孳息而拖延处理抵押财产，不利于保护抵押权人的利益。此时剥夺抵押人对抵押财产孳息的收取权，有利于抵押权人顺利实现抵押权，也能够充分发挥抵押财产担保债权受偿的功能。针对这种情况，《民法典》第 412 条对抵押财产孳息的收取作出了特别规定。

根据上述规定，抵押财产被人民法院扣押的，抵押权的效力及于抵押财产的孳息，自扣押之日起抵押权人有权收取该抵押财产的天然孳息和法定孳息。需要说明的是，抵押权的效力及于抵押财产的孳息须具备两个条件：（1）必须是抵押财产被扣押后，抵押权人才能收取孳息；（2）抵押财产被扣押后，抵押权人已经通知应当给付法定孳息的义务人。因为法定孳息如租金的取得，取决于义务人的给付行为，通常情况下义务人负有向抵押人给付孳息的义务，如果抵押权人未将扣押事实通知义务人，义务人就无法将孳息交付给抵押权人，抵押权的效力也就无法及于该孳息，因此，该条规定“但是抵押权人未通知应当清偿法定孳息义务人的除外”。

由于收取孳息可能要付出一些费用，如收取果实的劳务费等，这些费用应当首先得到满足，也就是说，孳息应当先充抵收取孳息的费用，再用于清偿抵押权人的债权。

281. 抵押财产变现后，其价款超过债权数额或者不足清偿债权时如何处理?

抵押权的实现是抵押权的根本效力所在，也是抵押权人最重要的权利。抵押权的实现就是将抵押财产的交换价值兑现，抵押权人以变价款优先受偿。抵押财产价值的最初估算与最终的变价款可能并不一致，这与当事人在设定抵押权时对抵押财产价值的估值是否准确以及市场价格不断变化有关。因此，抵押财产按照《民法典》第410条规定的方式和程序折价或拍卖、变卖后，其价款可能超出其所担保的债权数额或不足清偿债权。但是，无论抵押财产的变价款如何，设定抵押权时的主债权是清楚的，实现抵押权应当以清偿抵押担保范围的债权为界。抵押财产作为债权的担保，仅以最终实现债权为目的，抵押财产折价或拍卖、变卖所得的价款如果超过债权数额，由于债权已经得到清偿，超过部分应当归抵押人所有。如果抵押财产的变价款不足以清偿债权，抵押权人也只能以该变价款优先受偿，不能要求抵押人恢复抵押财产的价值或提供与减少的价值相应的担保，除非抵押财产的价值减少是由抵押人的行为造成的。在抵押权人实现抵押权后，抵押人已就其抵押财产承担了担保责任，抵押权因实现而消灭，但是未清偿的部分债权，仍然在债权人与债务人之间存在，只是不再是抵押权担保的债权，债务人仍然负有清偿债务的义务，如果债务人与抵押人不是同一人，抵押财产的变价款不足清偿的债务由债务人承担，抵押人不再承担责任。

282. 同一财产向两个以上债权人抵押的，数个抵押权是什么清偿顺序？

《民法典》第414条第1款规定，同一财产向两个以上债权人抵押的，拍卖、变卖抵押财产所得的价款按照下列规定清偿：

首先，抵押权已登记的，按照登记的时间先后确定清偿顺序。民法典规定，以不动产抵押的，应当办理抵押登记，抵押权自登记时发生效力。以动产抵押的，抵押权自抵押合同生效时发生效力；未经登记，不得对抗善意第三人。这一条规定的按照抵押权登记的时间先后确定清偿顺序的原则，既适用于不动产抵押，也适用于动产抵押，数个已登记的抵押权，都按照登记的先后顺序清偿。

其次，抵押权已登记的先于未登记的受偿。这一原则是针对动产抵押而言的。根据《民法典》第 403 条的规定，当事人以动产抵押的，可以自愿办理抵押登记，而不要求必须办理登记，动产抵押权自抵押合同生效时发生效力。但是，当事人是否办理抵押登记，在法律效力上还是有差别的，办理抵押登记的，抵押权人可以对抗第三人。这是因为办理抵押登记的，公示性较强，所以法律给予已登记的抵押权以特别的保护。在清偿顺序的问题上，抵押权已登记的先于未登记的受偿。

最后，抵押权未登记的，按照债权比例清偿。这一原则也是针对动产抵押而言的。在同一抵押财产上设定数个抵押权时，各抵押权人互为第三人，为保障其清偿顺位应当及时进行登记。如果每一个抵押权都没有办理登记，那么无论各抵押权设立先后，相互间均不得对抗。因此，各抵押权人对抵押财产拍卖、变卖所得的价款享有同等的权利，按照各自的债权的比例受偿。

283. 同一财产上存在其他可以登记的担保物权的，如何确定其清偿顺序？

一些权利质权在办理出质登记时设立，这些以登记为公示方法的权利质权的清偿顺序如何确定，《民法典》第 414 条第 2 款规定："其他可以登记的担保物权，清偿顺序参照适用前款规定。"需要注意的是，本款规定的是在同一财产上存在多个其他可以登记的担保物权的清偿顺序，即参照已经登记的按照登记的时间先后确定清偿顺序、已经登记的先于未登记的受偿、未登记的按照债权比例清偿的规则来确定。

284. 同一财产既设立抵押权又设立质权的，如何确定其清偿顺序？

动产既可以成为抵押权的标的也可以成为质权的标的。由于动产抵押不需要转移标的物的占有，且在抵押合同生效时设立，与动产质权的设立要件不同，因此，同一动产上可能既设有抵押权又设有质权。同一财产上存在不同类型的担保物权时，需要确立担保物权优先次序所应遵循的原则，理顺担保物权竞合时的清偿顺序。

《民法典》第415条规定，同一财产既设立抵押权又设立质权的，拍卖、变卖该财产所得的价款按照登记、交付的时间先后确定清偿顺序，即以权利公示的时间先后决定清偿顺序。这一条在具体适用时，主要有以下两种情况：

1. 先质押后抵押的情形。

在动产上先设立质权后设立抵押权的，由于质权以动产的交付作为生效要件，并且交付具有公示效力，因此，先设立的质权应当优先受偿，后设立的抵押权无论是否登记都不影响在先设立的质权的优先受偿顺序。在动产质权和动产抵押权中，交付和登记都是公示方式，本身并不存在效力强弱之分，都具有对抗后产生的权利的效力。质权因交付行为设立并取得对抗效力，而抵押权因抵押合同生效设立，如果进行登记则取得向后的对抗效力，由于质权的公示时间即动产交付的时间先于抵押权的设立时间，质权优先于抵押权受偿。

2. 先抵押后质押的情形。

在动产上先设立抵押权后设立质权的，抵押权和质权的清偿顺序会因先设立的抵押权是否登记而有所不同。

（1）已登记的动产抵押权与动产质权。

如果在先设立的抵押权进行了抵押登记，该抵押权便具有了对抗第三人的效力，而质权是设立在后的权利，虽然动产的交付也具有公示效力，但该质权不能对抗设立在先的具有对抗效力的抵押权人。抵押权登记时间在前，质权的交付时间在后，根据上述规定，抵押权优先于质权受偿。

（2）未登记的动产抵押权与动产质权。

如果在签订抵押合同后未进行抵押登记，之后在该动产上设立质权的，由于同一个财产上并存的抵押权和质权的清偿顺序取决于权利公示的时间先后，抵押权没有登记即没有公示，质权因交付行为而设立并取得公示效力，质权优先于抵押权受偿。抵押权人在取得动产抵押权后应当及时进行登记，否则可能会失去优先清偿的顺位。

285. 买卖价款抵押权是什么？

现代商业社会中，以赊购或贷款方式购买生产设备、原材料、半成品、产品等动产的商业活动非常普遍，这种方式对于增加生产、促进资金融通有巨大作用。为了保障在上述买卖活动中提供融资的出卖人或贷款人的债权，特别是平衡该类债权人与债务人的其他担保物权人之间的优先受偿顺位，《民法典》第416条参考国外的相关制度，规定了买卖价款抵押权制度。买卖价款抵押权是指，为了担保债务人买入动产时对出卖人或贷款人支付价款的债务的履行，在买入的该动产上为出卖人或贷款人设定的，经依法登记取得法律规定的优先受偿权的抵押权。由于买卖价款抵押权人可以优先于债务人在该动产上的除留置权人以外的其他担保物权人受偿，因此，在国外的相关制度以及学术理论中被称为“超级优先权”。

286. 买卖价款抵押权的设立需要符合哪些条件？

《民法典》第416条规定：“动产抵押担保的主债权是抵押物的价款，标的物交付后十日内办理抵押登记的，该抵押权人优先于抵押物买受人的其他担保物权人受偿，但是留置权人除外。”根据该条，买卖价款抵押权的设立需要符合下列条件：

一是买卖价款抵押权所担保的主债权是抵押财产的价款。买卖价款抵押权设立时，主债权为债务人买入动产时需要支付的价款，即该条规定的“主债权是抵押财产的价款”。根据债权人主体的不同，主债权可以分为两类：一类是动产出卖人请求动产买受人支付价款的债权；另一类是贷款人请求动产买受人返还其发放的用于支付动产价款的贷款债权，后者涉及三方当事人，即动产买受人、动产出卖人和贷款人，买受人与贷款人协商，约定以贷款人发放的贷款向出卖人支付价款，买受人为担保贷款人的债权，在买受的动产上为该债权设定抵押。可见，买卖价款抵押权所担保的债权有其特殊性，必须是债务人应当支付的买受动产的价款。

二是买卖价款抵押权的客体是买受的动产。在买卖价款抵押权的设立过程中，必须以债务人买受的动产作为抵押财产，以担保买受该动产所应支付的价款，作为抵押财产的动产要与所担保的价款债权具有对应关系。

三是买卖价款抵押权的标的物所有权须转移给买受人。抵押权是在债务人或第三人的财产上设立的担保物权，在买卖价款抵押权的设立过程中，只有买受的标的物的所有权转移于买受人即债务人时，抵押权才能有效设立。因此，买受的标的物须经交付。

四是买卖价款抵押权须办理抵押登记。由于买卖价款抵押权人对抵押财产具有优先于债务人的除留置权人以外的其他担保物权人受偿的效力，为了向相关交易主体公示存在优先权，保障交易安全，该条明确了其在规定的期限内进行抵押登记的要求，如果未在动产交付后10日内办理抵押登记，该抵押权仅构成一般的动产抵押权，不构成买卖价款抵押权。

287. 买卖价款抵押权的优先受偿效力是如何体现的？

对于买卖价款抵押权的优先受偿效力，《民法典》第416条规定“该抵押权人优先于抵押物买受人的其他担保物权人受偿”。买卖价款抵押权经登记优先于在其后设立的担保物权。根据这一条规定，买卖价款抵押权具有的特殊优先受偿效力还体现在其优先于在先设立的担保物权，这主要指债务人先前为他人设定了浮动抵押的情形。设定浮动抵押以后，浮动抵押权人对于抵押人现有的及将有的动产享有抵押权，抵押人嗣后取得的动产，将自动成为抵押财产的一部分。这时就产生了在先设立的浮动抵押权与在后设立的买卖价款抵押权竞存的情形。根据上述规定，后设立的买卖价款抵押权优先于先设立的动产浮动抵押权，而不适用《民法典》第414条规定的按照登记时间先后确定清偿顺序。

赋予买卖价款抵押权特殊的优先受偿效力，主要基于以下考虑：从抵押人的角度来说，在先设立并登记的浮动抵押可能会减弱其他贷款人的贷款意愿，如果买卖价款抵押权能够优先受偿，便能解决浮动抵押的存在给抵押人后续经营带来的融资困境。从买卖价款抵押权人的角度来说，买卖价款抵押权优先受偿，出卖人、贷款人不需要事先调查债务人的财产上是否存在浮动抵押，降低交易成本，促进货物的销售及资金的融通。从浮动抵押权人的角度来说，浮动抵押制度的特征在于赋予抵押人在正常经营活动中自由处分财产的权利，从而以抵押人在经营过程中取得的收益偿还债务。抵押人出于生产经营的需要，以买卖价款抵押权的形式获得融资，有利于生产经营的顺利进行，并且买卖价款抵押权的优先受偿效力仅及于买受的新动产，并不会影响抵押人在其他财产上设立的浮动抵押权。

288. 买卖价款抵押权的优先受偿效力有无限制?

买卖价款抵押权并不是在任何情况下都具有最优先受偿的效力，《民法典》第456条规定，同一动产上已经设立抵押权或质权，该动产又被留置的，留置权人优先受偿。从理论上讲，留置权属于法定担保物权，其直接依据法律规定产生，而抵押权与质权均为意定担保物权，法定担保物权优先于意定担保物权为公认的物权法原则。因此，在同一个动产上同时存在买卖价款抵押权和留置权时，留置权优先受偿。

289. 以建设用地使用权抵押的，实现抵押权时有什么特别规定？

依照《民法典》第 395 条和第 397 条的规定，债务人或者第三人有权处分的建设用地使用权可以抵押。以建设用地使用权抵押的，该土地上现有的建筑物一并抵押；抵押人未一并抵押的，未抵押的建筑物视为一并抵押。建设用地使用权抵押，是指抵押人以其依法取得的建设用地使用权用不转移占有的方式向抵押权人提供债务履行担保的行为；当债务人到期不履行债务时，抵押权人有权以处分该建设用地使用权所得的价款优先受偿。建设用地使用权抵押后，抵押人仍然有权依法对该土地进行开发，建造建筑物。对于该土地上新增的建筑物，由于其不在抵押合同约定的抵押财产的范围内，因此不属于抵押财产。

为了实现抵押权，需要处分抵押的建设用地使用权时，如果该土地上已存在建筑物，一般来讲，只有将建筑物与建设用地使用权一并处分，才能实现建设用地使用权的使用价值和交换价值，这就是为什么我们在实践中要遵循“房随地走”的原则。因此，《民法典》第 417 条规定，处分抵押的建设用地使用权实现抵押权时，虽然新增的建筑物不属于抵押财产，仍可以将其与建设用地使用权一并处分。但处分后，由于新增的建筑物不属于抵押财产，处分新增建筑物所得的价款，抵押权人没有优先受偿的权利，只能以处分建设用地使用权所得的价款优先受偿。

290. 以集体所有土地的使用权抵押的，其抵押权实现有什么特别规定？

根据我国法律规定，可以依法抵押的集体所有土地的使用权有农村土地的土地经营权，乡镇、村企业的建设用地使用权，集体经营性建设用地使用权。以家庭承包或其他方式承包的农村土地，属于农民集体所有或国家所有，依法由农民集体使用，乡镇、村企业的建设用地、集体经营性建设用地属于农民集体所有。为了保护我国农村集体土地，防止农业用地的流失，促进农村经济的发展，集体所有土地的使用权的流转应当坚持土地所有权的性质和土地用途不变的原则。《民法典》第418条规定，以集体所有土地的使用权抵押的，实现抵押权后，未经法定程序，土地的所有权不得转移，仍归国家所有或集体所有，也不得擅自改变土地的原有用途，即对农村土地的土地经营权实现抵押权时，未经依法批准不得将承包地用于非农建设；对依照法律可以抵押的集体建设用地使用权实现抵押权时，不得改变土地利用总体规划、城乡规划确定的土地用途。

291. 抵押权的存续期间是多久?

考虑到随着市场经济的快速运转，如果允许抵押权一直存续，可能会使抵押权人怠于行使抵押权，不利于发挥抵押财产的经济效用，制约经济的发展。规定抵押权的存续期间，能够促使抵押权人积极行使权利，促进经济的发展。为此，《民法典》第419条规定："抵押权人应当在主债权诉讼时效期间行使抵押权；未行使的，人民法院不予保护。"

需要注意的是，该条规定的是抵押权人在主债权诉讼时效期间内未行使抵押权的，人民法院不予保护。也就是说，过了主债权诉讼时效期间后，抵押权人丧失的是抵押权受人民法院保护的权利即获得司法强制执行的权利，而抵押权本身并没有消灭，如果抵押人自愿履行担保义务的，抵押权人仍可以行使抵押权。

292. 什么是最高额抵押?

最高额抵押权是指为担保债务的履行，债务人或者第三人对一定期间内将要连续发生的债权提供抵押担保，债务人不履行到期债务或者发生当事人约定的实现抵押权的情形的，抵押权人有权在最高债权额限度内就该担保财产优先受偿。

最高额抵押权具有以下特征：

首先，最高额抵押权是限额抵押权。设定抵押时，抵押人与抵押权人协议约定抵押财产担保的最高债权限额，无论将来实际发生的债权如何增减变动，抵押权人只能在最高债权额范围内对抵押财产享有优先受偿权。实际发生的债权超过最高限额的，以抵押权设定时约定的最高债权额为限优先受偿；不及最高限额的，以实际发生的债权额为限优先受偿。

其次，最高额抵押权是为将来发生的债权提供担保。最高额抵押权设定时，不以主债权的存在为前提，是典型的担保将来债权的抵押权。这里的“将来债权”，是指设定抵押时尚未发生，在抵押期间将要发生的债权。

再次，最高额抵押权所担保的最高债权额是确定的，但实际发生额不确定。设定最高额抵押权时，债权尚未发生，为担保将来债权的履行，抵押人和抵押权人协议确定担保的最高数额，在此额度内对债权担保。

最后，最高额抵押权是对一定期间内连续发生的债权做担保。这里讲的一定期间，不仅指债权发生的期间，更是指抵押权担保的期间，如对 2020 年 1 月 1 日至 12 月 31 日间发生的债权提供担保。连续发生的债权，是指所发生的债权次数不确定，且接连发生的债权。这里讲的对一定期间内连续发生的债权做担保，是指在担保的最高债权额限度内，对某一确定期间内连续多次发生的债权做担保，如最高债权额为 300 万元，担保期间为 1 年，那么，在 1 年之内，无论发生多少次债权，只要债权总额不超过 300 万元，这些债权都可以就抵押财产优先受偿。

最高额抵押是随着商品经济发展而产生的一项重要的抵押担保制度，最高额抵押与一般抵押相比具有一定的优越性。例如，甲向乙连续多次借款，如果采用一般财产抵押的办法，那么每次借款都要设定一个抵押担保，签订一次抵押合同，进行一次抵押登记，手续十分烦琐；而在借款之前设定一个最高额抵押，无论将来债权发生几次，只要签订一个抵押合同、做一次抵押登记就可以了，这样做既省时、省力，还可以加速资金的融通，促进经济发展。

293. 最高额抵押权设立前已经存在的债权，可否转入最高额抵押担保的债权范围?

最高额抵押是对将要发生的债权提供担保，那么，最高额抵押权设立前已经存在的债权，能否被转入最高额抵押担保的债权范围内呢？最高额抵押权的本质特征不在于其所担保的债权为将来债权，而在于所担保的债权为不特定债权，且具有最高限额。因此，只要最终实际发生的债权总额不超过双方约定的最高债权额，即使该债权发生在最高额抵押权设立前，也应当被允许增补到最高额抵押所担保的债权范围内。是否将已经存在的债权转入最高额抵押担保的债权范围，是当事人自己的权利，只要双方协商同意，法律应当允许。为此，《民法典》第420条第2款规定，最高额抵押权设立前已经存在的债权，经当事人同意，可以转入最高额抵押担保的债权范围。

294. 最高额抵押权是否随其所担保的主债权的转让而转让?

关于最高额抵押权是否随其所担保的债权的转让而转让的

问题，应当区别不同情况分别对待。最高额抵押所担保的债权确定后，债权在约定的最高限额内就抵押财产优先受偿，此时最高额抵押与一般抵押没有什么区别。根据一般抵押权随债权的转让而转让的原则，债权转让的，最高额抵押权一并转让。最高额抵押担保的债权确定前，最高额抵押权是否随部分债权的转让而转让呢？对此，《民法典》第421条规定："最高额抵押担保的债权确定前，部分债权转让的，最高额抵押权不得转让，但是当事人另有约定的除外。"主要考虑到最高额抵押是对一定期间内连续发生的所有债权做担保，而不是单独对其中的某一个债权做担保。因此，最高额抵押权并不从属于特定债权，而是从属于主合同关系。部分债权转让的，只是使这部分债权脱离了最高额抵押权的担保范围，对最高额抵押权并不发生影响，最高额抵押权还要在最高债权额限度内，对已经发生的债权和将来可能发生的债权做担保。因此，最高额抵押担保的债权确定前，部分债权转让的，最高额抵押权并不随之转让，除非当事人另有约定。

根据这一条但书的规定，当事人可以约定在最高额抵押担保的债权确定前，最高额抵押权随部分债权的转让而转让。当事人的约定主要有以下两种情形：（1）部分债权转让的，抵押权也部分转让，原最高额抵押所担保的债权额随之相应减少。在这种情况下，转让的抵押权需要重新做抵押登记，原最高额抵押权需要做变更登记。（2）部分债权转让的，全部抵押权随之转让，未转让的部分债权成为无担保债权。

295. 最高额抵押担保的债权确定前，有关内容是否可以变更？

根据《民法典》第422条的规定，最高额抵押担保的债权确定前，抵押权人与抵押人可以通过协议变更最高额抵押的有关内容。当事人可以协议变更的内容主要包括：

一是债权确定的期间。抵押权人与抵押人一般会在最高额抵押合同中约定债权确定的期间。最高额抵押担保的债权确定前，当事人可以协议延长最高额抵押合同中约定的确定债权的期间，也可以协议缩短该期间。

二是债权范围。当事人可以协议变更最高额抵押权担保的债权范围。例如，某家电经销商与某家电制造商签订一份最高额抵押合同，对一定期间内连续购进该家电制造商生产的电视机所要支付的货款提供担保。抵押期间，双方可以约定在最高额抵押担保范围内，同时为家电制造商的电冰箱的货款提供担保。

三是最高债权额。当事人可以协议提高或者降低抵押财产担保的最高债权额。

是否变更债权确定的期间、债权范围以及最高债权额，取决于当事人的协商一致；但是在同一抵押财产上还有其他抵押权人特别是后顺位的抵押权人时，变更的内容可能对他们产生一定的影响，甚至损害他们的合法权益。例如，最高额抵押合同中约定的债权确定的最后日期在后顺位抵押权的债务履行期限届满之前，如果最高额抵押权人与抵押人协议延长债权确定的期间，将债权确定的最后日期延长至该后顺位抵押权的债务履行期限届满之后，就会对后顺位抵押权人实现其抵押权产生不利的影响。为防止抵押权人与抵押人的变更损害其他抵押权人的利益，《民法典》第422条以但书的形式特别规定：变更的内容不得对其他抵押权人产生不利影响。根据这一规定，抵押权人与抵押人的变更对其他抵押权人产生不利影响的，该变更无效。

296. 什么是最高额抵押权所担保债权的确定？

最高额抵押权的实现除了需要符合实现抵押权的条件外，还需要担保债权额的确定。最高额抵押权担保的债权额之所以需要确定：一是最高额抵押权是对一定期间内将要连续发生的债权提供抵押担保。最高额抵押权所担保的最高债权额是确定的，但实际发生的债权额在抵押期间具有不确定性和变动性。但债权终需要清偿，在清偿条件出现时，债务人具体应清偿多少债权，应有一个确定数额。二是最高额抵押权仍属于抵押权的一种，抵押权人在实现优先受偿权时，具体优先受偿的范围为多大，应当有一个定额。

297. 最高额抵押权所担保债权确定的事由有哪些？

根据《民法典》第423条的规定，具有下列情形之一的，最高额抵押权所担保的债权确定：

1. 约定的债权确定期间届满。

债权确定的期间是指确定最高额抵押权所担保的债权实际

数额的时间。对债权确定的期间进行约定是最高额抵押合同的重要内容。当事人约定的债权确定期间届满，最高额抵押权所担保的债权额即自行确定。

2. 没有约定债权确定期间或者约定不明确，抵押权人或者抵押人自最高额抵押权设立之日起满二年后请求确定债权。

实践中，当事人可能没有约定确定的债权期间，或者即使有约定，但约定的期间不明确。在这种情况下，抵押权人或者抵押人自最高额抵押权设立之日起满 2 年后请求确定债权。这里规定的“2 年”是一个固定期间，不存在中止、中断的问题，其起算点是最高额抵押权设立之日。

3. 新的债权不可能发生。

在新的债权不可能发生的情况下，最高额抵押权所担保的债权额确定。“新的债权不可能发生”主要包括两种情形：一是连续交易的终止。二是最高额抵押关系的基础法律关系消灭而导致新的债权不可能发生。在上述情况下，债权额的确定时间不受当事人约定或法定确定期间的影响。

4. 抵押权人知道或者应当知道抵押财产被查封、扣押。

在最高额抵押权存续期间，抵押财产被法院查封、扣押的，其有可能被拍卖或变卖。抵押财产被拍卖、变卖的价格直接影响到最高额抵押权人债权利益的实现。查封、扣押抵押财产实际上隔断了抵押财产与担保债权的关系，也脱离了最高额抵押人、抵押权人对抵押财产的影响和控制。因此，无论是从保护最高额抵押权人、其他债权人利益的角度，还是从稳定担保关系的角度，都应当确定最高额抵押所担保的债权额。最高额抵押权所担保的债权的确定，以抵押权人知道或者应当知道抵押财产被查封、扣押为标准，即在抵押权人收到查封通知或知道查封事实等时，最高额抵押所担保的债权才能确定，以保护抵押权人的利益和节约交易成本。

5. 债务人、抵押人被宣告破产或者解散。

在最高额抵押权存续期间，债务人、抵押人有可能被宣告破产或者解散。债务人、抵押人被宣告破产或者解散所产生的直接后果就是债务人、抵押人依法进行清算程序、完成注销登记后终止。由于债务人或抵押人的主体将要终止，有必要在主体终止前将最高额抵押所担保的债权额确定下来，从而依法进入相关的清算程序，通过清偿了结权利义务关系。

6. 法律规定债权确定的其他情形。

除了《民法典》第 423 条第 1 项至第 5 项所规定的可以确定债权额的法定事由外，在民法典其他条款或其他法律中也有可能规定确定债权的其他情形。如发生当事人约定的实现最高额抵押权的事由时，最高额抵押权人有权在最高债权额限度内就该担保财产优先受偿，此时就意味着担保债权额的确定。

298. 最高额抵押权所担保债权的确定产生什么样的法律效力?

最高额抵押权所担保债权的确定将产生以下法律效力：一是最高额抵押权转变为普通抵押权。在债务人到期不履行债务或者出现当事人约定的实现抵押权的情形时，抵押权人可以依照普通抵押权的规定行使其抵押权。二是确定被担保债权的范围。被担保债权额确定时存在的主债权，不论其是否已到清偿期或者是否附有条件，均属于最高额抵押权担保的范围。被担保债权确定时存在的被担保主债权的利息、违约金、赔偿金，不论在确定时是否已经发生，都属于被担保债权的范围。但是在最高额抵押权担保的债权确定后才发生的主债权不属于被担保债权的范围。三是最高额抵押权所担保的债权确定后，一旦债权到期或者出现当事人约定的可以实现抵押权的情形，抵押权可以就抵押财产优先受偿，但优先受偿的额度不得超过双方当事人约定的最高担保额。抵押权人实现最高额抵押权时，如果实际发生的债权额高于最高限额的，以最高额为限，超过部分不具有优先受偿的效力；如果实际发生的债权额低于最高限额的，以实际发生的债权额为限对抵押财产优先受偿。

299. 最高额抵押权适用哪些条款？

与一般抵押权相比，最高额抵押权具有特殊性：一是最高额抵押权具有一定独立性。在一般抵押权中，抵押权完全从属于主债权，附随于主债权而设立、转让和消灭。最高额抵押权的设立、转让和消灭在一定程度上独立于主债权。在设立上，没有债权存在，不能设立一般抵押权；但最高额抵押权往往为将来债权而设，不需要依附于现成的债权。在转让上，一般抵押权要求债权转让的，抵押权也随之转让；但在最高额抵押权中，除当事人另有约定外，最高额抵押权担保的债权确定前，部分债权转让的，最高额抵押权不得转让。在消灭上，一般抵押权要求主债权消灭的，抵押权也消灭；但是在最高额抵押权中，只要产生最高额抵押权的基础关系还存在，部分债权的消灭不影响最高额抵押权的存在。二是最高额抵押权所担保的债权在设立时具有不确定性。在一般抵押权设立时，所担保的债权是特定的，所担保的债权额是明确的；但是最高额抵押权设立时，所担保的债权额是不确定的，一直到《民法典》第 423 条规定的确定债权额的事由出现时，所担保的债权额才确定。三是在最高额抵押权中，当事人必须约定抵押权人得以优先受偿的最高债权数额。当事人约定的享有担保的最高债权数额并非最高额抵押权所担保的实际债权额，因为实际债权额到底是多少，只有依法确定后才清楚。当实际发生的债权额超过最高限额时，以最高限额为准实现抵押权；实际发生的债权额低于最高限额的，以实际发生的数额为准实现抵押权。在一般抵押权中，当事人并不需要约定优先受偿的最高债权数额。以上三点是一般抵押权与最高额抵押权的主要区别。但从性质上讲，最高额抵押权仍属于抵押权的一种，与一般抵押权具有许多共性。除适用《民法典》第十七章第二节最高额抵押权的条文外，第十七章第一节一般抵押权的许多规定也可以适用于最高额抵押权。因此，《民法典》第 424 条规定："最高额抵押权除适用本节规定外，适用本章第一节的有关规定。"

最高额抵押权可以适用《民法典》第十七章第一节一般抵押权的规定主要有：一是关于抵押权设立的规定。关于最高额抵押权设立的当事人、设立程序、可用于抵押的财产等内容与一般抵押权基本相同。二是关于抵押权登记与生效时间的规定。三是关于抵押权与其他权利的关系的规定。如抵押权与租赁权的关系、同一财产上多个抵押权的清偿顺序、同一财产上抵押权与质权的清偿顺序等规定。四是关于抵押权的实现。最高额抵押权的实现程序和方式均可适用一般抵押权的实现程序和方式。五是关于抵押财产保全的规定。此外抵押权人放弃抵押权或抵押权顺位的规定、抵押权存续期间的规定也可适用于最高额抵押权。

300. 什么是动产质权?

动产质权是指债务人或者第三人将其动产移转给债权人占有作为债权的担保，当债务人不履行到期债务或者当事人约定的实现质权的情形出现时，债权人享有以该动产折价或者就拍卖、变卖该动产的价款优先受偿的权利。

质押法律关系的当事人为质押人和出质人，客体为质押财产。出质人指为担保债务的履行而提供质押财产的债务人或者第三人。质权人指接受质押担保的债权人。质押财产指出质人提供的用于担保债务履行的特定的动产。

质权具有以下法律特征：

一是动产质权是担保物权。债务人或第三人将质押财产交由债权人占有，是为了担保债权的实现。质权人占有质押财产实际上是取得了质押财产上的交换价值。在一般情况下，其只能占有质押财产，而不能使用、收益。质权是为了保证特定债权的实现而设定，附随于债权而存在。

二是动产质权是在他人的财产上设立的物权。动产质权是在债务人或第三人的动产上设定的担保物权，因此，属于他物权。质权的标的可以是债务人自己的财产，也可以是第三人的财产。

三是动产质权以债权人占有质押财产为生效条件。质权人只有占有质押财产才享有质权，移转质押财产的占有是质权与抵押权的根本区别。

四是动产质权是就质押财产价值优先受偿的权利。由于动产质权的设定是以担保特定债权的实现为目的，因此，当债务履行期限届满或出现当事人约定的实现质权的情形时，质权人有权就质押财产折价或以拍卖、变卖该质押财产的价款优先受偿。

301. 哪些动产禁止出质？

《民法典》第426条规定：“法律、行政法规禁止转让的动产不得出质。”因此，可以出质的动产除了需要符合一般的物的特征外，还必须是依法可以流通和让与的动产，如果以法律、行政法规禁止转让的动产出质的，则该设立质权的民事法律行为无效。可以设定质权的动产应当是十分宽泛的。但是，法律、行政法规规定禁止流通的动产不得设定质权，如毒品、管制枪支。设定动产质权是一种民事权利，对于禁止性的限定是十分严格的。规定禁止转让的动产的依据只能是全国人大及其常委会制定的法律、国务院制定的行政法规。其他规范性文件，不能作为规定禁止转让动产的依据。

302. 质权合同要采取哪种形式订立？

设定质权的行为为要式行为，应当采用书面的形式进行。

虽然口头合同简单、易行，但一旦发生争议，不易证明其存在及具体内容，为了便于确定当事人的权利义务、民事责任等法律关系，减少纠纷的发生，《民法典》第427条规定，应当采用书面形式订立质押合同。

对于设立动产质押合同未采用书面形式的，依据《民法典》第490条第2款的规定，法律、行政法规规定或当事人约定合同应当采用书面形式订立，当事人未采用书面形式但是一方已经履行主要义务，对方接受时，该合同成立。

303. 动产质权合同一般包括哪些内容?

当事人在订立质押合同时，对权利义务应尽可能约定清楚、明确。《民法典》第427条规定了质押合同一般包括的条款，但该条关于合同内容的规定是指导性的。合同的内容是当事人双方真实意思的表示，应当由当事人自己确定，如果双方签订的质押合同的条款与该条规定不一致，不会必然导致质押合同无效。根据该条规定，动产质押合同一般包括的内容主要有：

1. 被担保债权的种类和数额。被担保债权，通常被称为主债权。担保合同是为主债权的实现而订立的。主债权的种类，有金钱债权、特定物给付债权、种类物给付债权以及以作为或不作为为标的的债权等。数额是指主债权是以金钱来衡量的数量；不属于金钱债权的，可以明确债权标的额的数量、价款等。被担保债权的种类和数额，是确定质权发生的依据，也是质权人实现质权时优先受偿的范围的确定基础。

2. 债务人履行债务的期限。债务人履行债务的期限是指债务人偿付债务的时间。质押合同订立后，在主债权清偿期限届满前，质权人享有的只是占有质押财产的权利。其优先受清偿的权利虽然已经成立，但此间质权人实际享有的只是与主债权价值相当的优先受偿的期待权。质权人对质押财产的变价受偿必须要等到债务履行期限届满且债务人没有履行债务，或者出现了当事人在合同中约定的实现质权的情形，才能进行。质押合同规定债务人履行债务的期限，可以准确确定债务人清偿债务的时间，明确质权人实现质权的时间，保证债权人及时实现质权。

3. 质押财产的名称、数量等情况。质押财产是设立动产质权的关键所在。没有质押财产，则不可能产生质权。动产质押合同，是为担保质权人的债权而在债务人自己的或者第三人的财产上设定质权的担保合同，质权最终要以质押财产的变价来实现。所以在动产质押合同中要对质押财产的相关情况有所描述，包括质押财产的名称、数量等情况，以确定质押财产为何种物以及价值量。

4. 担保的范围。动产质权担保的范围，是指质权人实现质权时可以优先受偿的范围。质权担保的范围应当由当事人协商确定。但是当事人对担保范围未作约定或者约定不明确时，质权的担保范围包括主债权及其利息、违约金、损害赔偿金、保管担保财产和实现担保物权的费用。

5. 质押财产交付的时间、方式。质押财产交付的时间是质押合同中的重要内容，质押财产的交付直接关系到质权的生效。当事人在质押合同中约定质押财产的交付时间，就可以明确出质人应当在何时将质押财产移转给质权人，质权人在何时接受质押财产，以确定质权的效力。质押财产交付的方式除了现实交付以外，还有简易交付、指示交付等方式，约定质押财产的交付方式可以明确质押合同的履行方式，有利于保障质权人债权的实现，维护交易安全，减少纠纷。

304. 什么是流质条款？流质条款的效力如何？

流质条款，指债权人在订立质押合同时与出质人约定，债务人到期不履行债务时质押财产归债权人所有。对于流质条款的效力，《民法典》第428条规定：“质权人在债务履行期限届满前，与出质人约定债务人不履行到期债务时质押财产归债权人所有的，只能依法就质押财产优先受偿。”根据这一条规定，当事人订立流质条款的，当债务履行期限届满时，不发生质押财产所有权转移的效力，而是应当根据《民法典》第436条、第438条规定的实现质权的方式就质押财产优先受偿。需要注意的是，当事人之间订有流质条款的，债权人依法就质押财产优先受偿，需要满足质权设立的前提条件，即存在合法有效的质押合同，并且通过交付或登记设立了质权。如果质权没有有效设立，质权人不能对质押财产享有优先受偿权。

305. 动产质权何时设立？

动产质权的标的是动产。动产具有易于转移、难以控制的特点。为了保障动产质权的实现，也为了保护善意第三人的合法权益，《民法典》第429条规定：“质权自出质人交付质押财产时设立。”出质人与质权人订立动产质押合同，该合同自成立时生效。但是在移转质押财产的占有之前，并不发生担保物权的效力；出质人只有将质押财产通过交付的形式实际移转给质权人占有时，质权才发生效力。根据上述条文的规定，质押财产是否移转是质权是否生效的判断标准：当事人没有移转质押财产，质权无效。其质押合同是否有效要根据民法典合同编的有关规定判断，质权无效并不当然导致合同无效，不应将质权有效与否与质押合同的效力合二为一混同判断。

306. 质权人是否有权收取质押财产的孳息?

《民法典》第430条第1款规定，质权人有权收取质押财产的孳息，但是合同另有约定的除外。根据该规定，质权人能否收取孳息有两种情况：一是如果当事人在合同中明确约定质权人无权收取质押财产所产生的孳息，则质权人不能收取质押财产的孳息作为债权的担保；二是如果当事人对质权人能否收取孳息没有约定或约定不明的，质权人有权依照上述条文的规定收取质押财产所产生的孳息。质押财产所产生的孳息包括自然孳息和法定孳息。质权人依法收取孳息时，并不当然取得所有权，而是取得对孳息的质权，孳息成为质权的标的。如果孳息是金钱，质权人可以直接用于清偿；如果孳息是物，可以由质权人与出质人协议将该孳息折价或拍卖、变卖，以所得价款优先受偿。

依法收取的孳息首先应当充抵收取孳息的费用，然后充抵主债权的利息和主债权。例如，以母牛作为质押财产的，如果母牛产幼畜，债务清偿期限届满，债务人没有清偿债务，那么质权人可以将幼畜折价或拍卖、变卖，所得价款先充抵幼畜的接生费用等。

307. 质权人可否使用、处分质物？

《民法典》第431条规定，质权人在质权存续期间，未经出质人同意，擅自使用、处分质押财产，造成出质人损害的，应当承担赔偿责任。当事人设定质权的目的在于担保质权人的债权能够得到清偿，质权人取得质押财产、控制质押财产是为了质押财产不被出质人随意处分而使担保落空，质权人使用、处分质押财产显然不是设定质权的目的。因此，质权人非经出质人同意不得擅自使用、处分质押财产。质权人未经出质人同意，擅自使用质押财产、处分质押财产，一旦造成质押财产毁损、灭失给出质人造成损害的，质权人要根据法律规定承担民事责任。

308. 质权人是否有妥善保管质物的义务？

根据《民法典》第432条的规定，质权人在占有质押财产的同时即产生妥善保管质押财产的义务。质权人该项义务的承担，一是因为质押财产虽然依据动产质押合同归质权人占有，但是其所有权仍是出质人的，在质权人占有质押财产期间，因质权人未尽妥善保管义务致使质押财产灭失或者毁损，是对出质人的质押财产所有权的侵害；二是因为质权人占有质押财产是为了自己债权的实现，如果质押财产毁损、灭失，不仅侵害出质人的利益，同时也影响了自己的权益。

所谓妥善保管，即以善良管理人的注意义务加以保管。善良管理人的注意义务，是指依照一般交易上的观念，认为有相当的知识经验及诚意的人所应负的注意义务，即以一种善良的心和应当具备的知识来保管质押财产。例如，对于字画的保管应当注意防潮、防虫蛀、防灰尘等。如果达不到应当注意的保管标准的，就不是妥善保管。质权人违反保管义务造成质押财产毁损、灭失的，应当承担赔偿责任，该项赔偿责任是基于出质人的所有权而产生的请求权。

309. 质权人的行为可能使质押财产毁损、灭失的，出质人有什么权利？

根据《民法典》第 432 条的规定，如果出质人认为质权人的行为可能使质押财产毁损、灭失的，出质人可以请求质权人将质押财产提存，或请求提前清偿债务并返还质押财产。这是为了更好地保护质押财产，以保护出质人与质权人双方的利益。“可能”即也许、或许，而不是已经发生。这种可能性是否产生，不能仅凭出质人的想象，要有一定的事实发生。如字画出质后，出质人发现质权人存放字画的房屋漏雨可能危及字画。“提存”就是将质押财产放到出质人与质权人约定的第三人处存放。目前，我国主要是公证机构在做此类业务。出质人提前清偿债权的，质权人应当返还质押财产。

310. 因不能归责于质权人的事由可能使质押财产毁损或者价值明显减少时，质权人有什么权利？

因不能归责于质权人的事由可能使质押财产毁损或者价值明显减少，是指质押财产可能毁损或者价值明显减少不是由于质权人的保管不善所导致的，而是由于自然原因等导致的。这种可能使质押财产毁损和价值明显减少的事由应当是已经发生的事实；价值减少的状态应当是明显的，因为一般的物都存在价值减少的可能，正常的价值减少应当在质权人的预想之内。

《民法典》第433条规定，当质押财产可能存在损坏或者价值明显减少的事实足以危害质权人的利益时，质权人为保全其质权不受损害，可以要求出质人提供相应的担保。规定质押财产的替代担保，主要是由于质押是以质押财产所具有的交换价值确保债权的实现。如果质押财产的价值可能明显减少或者质押财产毁损，将直接危害到质权人的利益，法律应当赋予质权人维护其担保利益的救济手段，允许质权人要求出质人提供相应的担保。“相应的担保”是指与毁损或者价值明显减少的数额相当的担保。

当质押财产有可能损坏或者价值明显减少的情况出现时，质权人请求出质人提供相应的担保，但出质人不提供的，质权人可以拍卖或者变卖质押财产，并与出质人通过协议将拍卖或者变卖所得的价款提前清偿债权，也可以将处分质押财产的价款提存。此时质权人拍卖、变卖质押财产无需经过出质人同意。拍卖、变卖所得的价款，性质上属于质押财产的替代物，质权人不当然取得价款的所有权，出质人可以用该价款提前向质权人清偿债务；如果以该价款提存的，则要等债务履行期限届满，以提存的价款清偿债务。

311. 质权人可否将质押财产转质?

质权人为担保自己或他人的债务，在占有的质押财产上再次设定质权的行为称为转质，所成立的质权为转质权。因转质而取得质权的人为转质权人。转质既可以适用于动产质权，也可以适用于权利质权。民法典不提倡转质，也没有禁止转质，事实上是允许转质。但是为了保护出质人的利益，《民法典》第 434 条规定了质权人转质时应当承担的法律责任：“质权人在质权存续期间，未经出质人同意转质，造成质押财产毁损、灭失的，应当承担赔偿责任”。

312. 质权人能否放弃质权?

质权人放弃质权，是指质权人放弃其因享有质权而就质押财产优先于普通债权人受清偿的权利的行为。质权人有权处分自己的质权。当质权人以放弃质权的方式处分质权时，应当符合法律的规定。质权人放弃质权应当明示作出意思表示。质权人不行使质权或者怠于行使质权的，不能推定为质权人放弃质权。质权人放弃质权，原因可能是多方面的。如果是质权人单方的意思表示，无须取得出质人的同意。质权因质权人的放弃而消灭。

质权人放弃质权，不得有损于其他利害关系人的利益。有时，在同一债权上既有质权担保又有其他担保。在这种情况下，质权人放弃质权时，则直接影响其他担保人的利益。为了确保其他担保人的利益不因质权人放弃质权的行为而受到影响，《民法典》第435条规定，在质权人放弃质权时，如果是债务人以自己的财产出质的，其他担保人在质权优先受偿的范围内，不再承担担保责任；但是其他担保人承诺仍然承担担保责任的，法律并不干涉。例如，某项债权既有以债务人自己的财产质押担保，又有第三人保证的，质权人放弃质权，必然会对保证人造成影响。根据《民法典》第392条的规定，被担保的债权既有物的担保又有人的担保的，在没有约定或者约定不明确的情况下，债务人自己提供物的担保的，债权人应当先就该物的担保实现债权，再请求保证人承担保证责任。在债务人不履行债务的情形下，如果质权人放弃了在债务人的财产上设定的质权，担保责任则将由保证人全部承担，加重了保证人的负担。本着公平的原则，在质权担保主债权的全部时，质权人放弃质权的，保证人免除全部保证责任；在质权担保的是主债权的部分责任时，质权人放弃质权的，保证人在质权所担保的债权范围内免除担保责任。在质权人放弃在债务人的财产上设定的质权的情形下，如果其他担保人承诺仍然提供保证的，应当尊重当事人自愿的意思表示，其他担保人的担保责任不予免除。

313. 什么情况下质权人应当返还质押财产？

债务人于债务履行期限届满时履行了债务或者出质人提前

清偿了所担保的债权，质权消灭，质权人对其占有的质押财产负有返还给出质人的义务。质权人依质押合同有权占有质押财产，但是在质权消灭时，质权人就丧失了继续占有质押财产的依据，应当将质押财产返还出质人。出质人因清偿债务，将质押财产上存在的担保物权负担消灭，出质人可以依法请求质权人返还质押财产；质权人拒不返还的，应当承担民事责任。

质权人返还质押财产的对象为出质人，出质人可以是债务人，也可以是第三人。当出质人不是债务人而是第三人时，债务人虽然清偿了债务，但是由于用于担保的质押财产的所有权是第三人的，所以应当返还给第三人而非债务人。

314. 什么情况下质权人可以实现质权？

质权人实现质权，是指在债权已届清偿期而债务人不履行债务或发生当事人约定的实现质权的情形时，处分占有的质押财产并优先受偿的行为。质押担保的目的在于确保债权的清偿。当债务人不履行债务或者违约时，质权人有权将占有的质押财产以折价、拍卖、变卖等方式变价后优先受偿。

折价是指债务人在履行期限届满未履行其债务时，经出质人与质权人协议，依据质押财产的品质、市场价格等因素，把质押财产的所有权由出质人转移给质权人，从而实现质权的一种方式。折价必须由出质人与质权人协商一致，否则只能拍卖或变卖。折价与流质不同：折价是发生在债务履行期限届满，债务人不履行债务，质权人实现质权时；流质是债权人在债务履行期间届满前与出质人约定，债务人届期不履行债务时质押财产归债权人所有。

拍卖是指按照拍卖程序，以公开竞价的方式将质押财产卖给出价最高者的买卖。变卖是指直接将质押财产变价卖出的行为，变卖没有公开竞价等形式与程序上的限制，方便、快捷、变价成本小。《民法典》第436条规定，实现质权时，仅要求质押财产折价时双方当事人达成协议，没有要求拍卖、变卖质押财产需要协议，也没有对拍卖、变卖质押财产的主体作出限定。在实现质权时，质权人可以自行拍卖、变卖其占有的质押财产。

与拍卖财产相比，对财产进行折价或者变卖由于没有公开的竞价模式，可能会与财产的实际价值偏离较大。为了保护出质人的利益，避免出质人的财产以较低价格折价或者变卖，《民法典》第436条规定，对质押财产折价或者变卖的，应当参照市场价格。

315. 什么是出质人的质权行使请求权？

为了督促担保物权人及时行使权利，稳定交易秩序，民法典对抵押权规定了存续期间。质权同样存在主债权到期而未及时行使质权的问题。但质权与抵押权不同：一是抵押权并不移转抵押财产，而质权移转质押财产，质押财产由质权人占有。二是抵押权人由于不占有抵押财产，往往积极行使抵押权，以保证债权的实现，而质权人由于控制着质押财产，往往不急于行使质权。根据抵押权与质权的不同，民法典未规定质权的存续期间，但是为了避免质权人滥用权利、怠于行使权利，《民法典》第437条赋予了出质人针对质权人的质权行使请求权的权利。出质人在债务履行期限届满，债务人不能偿还债务时，有权请求质权人及时行使质权；如果质权人经出质人请求后仍不行使的，出质人有权向人民法院申请拍卖、变卖质押财产，以清偿债务。

316. 质权人怠于行使质权，应负什么责任？

质押财产存在着毁损、灭失以及价值下跌的风险。因此，一旦债务履行期限届满，而债务人未清偿债务的，质权人应当及时行使质权，以免给出质人造成损失，出质人也有权请求质权人行使权利。质权人怠于行使权利致使质押财产价格下跌，或者发生其他毁损、灭失等情形，质押财产无法获得与原有价值相当的变价款。在此情形下，质权人对于出质人的损失要承担赔偿责任。需要注意的是，根据《民法典》第 437 条第 2 款规定，出质人首先要有请求质权人及时行使质权的行为；其次要有证据证明造成损害是由于质权人怠于行使质权造成的，损害的事实应当与质权人怠于行使质权有直接因果关系。

317. 质权实现后的价款如何处理？

质权的实现是质权的根本效力所在，也是质权人最重要的权利。质权实现就是将质押财产的交换价值兑现，质权人以变价款优先受偿。质押财产价值的最初估算值与最终的变价值可能并不一致，这与当事人在设定质权时对质押财产的估算是否准确以及市场价格不断变化有关。但是，无论质押财产的变价款如何，设定质权时的主债权都是清楚的。因此，实现质权应当以清偿质押担保范围的债权为界，质押财产折价、拍卖、变卖后，超过所担保的债权数额的，超出部分归出质人所有；不足部分由债务人清偿。

根据《民法典》第 438 条的规定，质权人在实现质权时，应当注意以下三种情况：

首先，如果数个可分的质押财产为同一债权担保时，各个质押财产都担保债权的全部，但在实现质权时，如果质权人折价、拍卖或者变卖部分质押财产的价款足以清偿质押担保范围的债权，则应停止折价、拍卖或者变卖其余的质押财产。因为质押财产的所有权归出质人，出质人只是以质押财产担保质权人的债权，一旦债权受清偿，质权也就消灭了，剩余的质押财产应当归还出质人。

其次，如果以一个质押财产作为债权担保的，质押财产的变价款超出所担保的债权的，应当将剩余价款还给出质人。

最后，如果质押财产的变价款不足以清偿所担保的债权的，出质人以全部变价款交给质权人后，质权消灭。担保债权未清偿的部分，仍然在债权人与债务人之间存在，但不再是质权担保的债权，而是无质权担保的普通债权，债务人仍负有清偿债务的义务。如果债务人和出质人不是同一人时，未偿还的债务由债务人承担，出质人不再承担责任。

318. 什么是最高额质权？

最高额质权是指为担保债务的履行，债务人或者第三人对一定期间内将要连续发生的债权提供质押财产担保的，债务人不履行到期债务或者发生当事人约定的实现质权的情形，质权人有权在最高债权额限度内就该质押财产优先受偿。最高额质权制度对于配合继续性交易的发展，扩大担保融资，促进社会经济的繁荣，具有重要的作用。

与动产质权相比，最高额质权有自己的特征；但就根本属性而言，其仍属于质权，物权编关于动产质权的许多规定可以适用于最高额质权。比如，最高额质权的设立、最高额质权的实现、质押财产的保全等内容都可以适用关于动产质权的相关规定。

最高额质权与最高额抵押权具有许多相同之处，主要体现在：一是两者在设立、转移和消灭上均在一定程度独立于主债权；二是两者担保的债权都是不特定债权；三是两者均有最高担保额的限制；四是在实现担保物权时，均需要对担保的债权进行确定。基于以上相同点，《民法典》第439条规定，最高额质权可以参照适用本编第十七章第二节最高额抵押权的有关规定。最高额质权所担保债权的转让、最高额质权的变更以及最高额质权所担保债权的确定、最高额质权设立前已存在的债权经当事人同意以转入最高额质押担保的债权范围等都可以参照适用最高额抵押权的相关规定。这里之所以强调“参照”适用，主要是考虑到最高额质权与最高额抵押权性质不同：最高额质权需要质权人占有担保财产，其本质属于质权；最高额抵押权不需要抵押权人占有担保财产，其本质属于抵押权。因此，只宜“参照”，不宜直接适用。

319. 什么是权利质权?

权利质权是指以出质人提供的财产权利为标的而设定的质权。权利质权与动产质权有一些相同的特征，都是以担保债权实现为目的，性质都是价值权、担保权。但是，由于标的物不同，权利质权与动产质权相比又具有一定的特殊性。物权编专设权利质权一节，内容主要就是关于权利质权的一些特殊规定；这一节没有规定的，则适用动产质权一节的有关规定。

随着经济高度发展，以票据、有价证券及其他财产凭证替代有形财产和货币流通越加广泛。充分利用这些财产凭证所体现的无形财产权，对促进资金融通和商品流通、发展经济有着重要作用。设立权利质权的目的和意义即在于此。

320. 哪些权利可以出质?

权利质权的标的是出质人提供的作为债权担保的权利。但并不是所有的权利都可以作为权利质权的标的，可以出质的权利必须是财产权、具有让与性且必须是适于设定质权的权利。按照《民法典》第 440 条的规定，可以出质的权利包括：

1. 汇票、本票、支票。

汇票是指出票人签发的，委托付款人在见票时或者在指定日期无条件支付确定的金额给收款人或者持票人的票据。

本票是指出票人签发的，承诺自己在见票时无条件支付确定的金额给收款人或者持票人的票据。

支票是指出票人签发的，委托办理支票存款业务的银行或者其他金融机构在见票时无条件支付确定的金额给收款人或者持票人的票据。

2. 债券、存款单。

债券是指由政府、金融机构或者企业为了筹措资金而依照法定程序向社会发行的，约定在一定期限内还本付息的有价证券。

存款单是指存款人在银行或者储蓄机构存了一定数额的款项后，由银行或者储蓄机构开具的到期还本付息的债权凭证。

3. 仓单、提单。

仓单是指仓储保管人应存货人的请求而填发的提取仓储物的凭证。仓单是提取仓储物的凭证。存货人或者仓单持有人在仓单上背书并经保管人签字或者盖章的，可以转让提取仓储物的权利。

提单是指用以证明海上货物运输合同和货物已经由承运人接收或者装船，以及承运人保证据以交付货物的单证。

4. 可以转让的基金份额、股权。

基金份额是指向投资者发行的，表示持有人按其所持份额对基金财产享有收益分配权、清算后剩余财产取得权和其他相关权利，并承担相应义务的凭证。

股权是指股东因向公司直接投资而享有的权利。在我国，公司包括有限责任公司和股份有限公司。有限责任公司股东的股权是通过公司签发的出资证明书来体现的，股份有限公司股东的股权是通过公司签发的股票来体现的。出资证明书和股票就是股东享有股权的法定凭证，股东凭此证券就可以享有相应的股权。

只有可以转让的基金份额和股权才可以作为权利质权的标的；有的基金份额和股权依法不得转让，则不能出质；有的基金份额和股权有转让限制，这些股票和基金份额在出质时也需要遵守相应的限制。

5. 可以转让的注册商标专用权、专利权、著作权等知识产权中的财产权。

知识产权是指人们对于自己的创造性智力活动成果和经营管理中的标记所依法享有的权利，包括注册商标专用权、专利权和著作权等。知识产权主要是一种财产权利；但某些知识产权如著作权既具有人身权部分又具有财产权部分，只有财产权部分才能作为权利质权的标的。

注册商标专用权是指注册商标所有人依法对注册商标享有的独占使用权。根据商标法的规定，注册商标所有人享有注册商标转让权和注册商标许可权。这两者都是注册商标专用权中的财产权，都可以作为权利质权的标的。

专利权是指由国家专利主管机关授予专利申请人或其继受人在一定期限内实施其发明创造的专有权，包括发明专利权、实用新型专利权及外观设计专利权。根据专利法的规定，专利权人享有专利转让权和专利实施许可权。这两者都是专利权中的财产权，都可以作为权利质权的标的。

著作权是指文学、艺术和科学作品的创作者对其创作完成的作品所享有的权利。根据著作权法的规定，著作权可分为人身权和财产权两部分。人身权包括发表权、署名权、修改权和保护作品完整权。财产权是指著作权人对作品的使用权和获得报酬权。只有著作权中的财产权才可以作为权利质权的标的。

6. 现有的以及将有的应收账款。

应收账款是指权利人因提供一定的货物、服务或者设施而获得的要求义务人付款的权利，不包括因票据或者其他有价证券而产生的付款请求权。应收账款实质上属于一般债权，包括尚未产生的将来的债权，但仅限于金钱债权。应注意的是，应收账款的概念中包括了“公路、桥梁等收费权”。本项用了“现有的以及将有的应收账款”表述，意在明确将来发生的债权可以作为质押的客体。

7. 法律、行政法规规定的可以出质的其他财产权利。

这是对可以出质的权利作的兜底规定。随着经济的发展和融资需求的扩大，在平衡风险和利益的前提下，可用于担保的财产范围也会发生变化。上述前六项规定并不能涵盖所有可以出质的权利范围，为此《民法典》第440条作了一个授权性规定，根据现实需要、权利质押的可行性、市场风险等因素，法律、行政法规可以规定其他权利可以出质；只要在法律、行政法规中明确规定可以出质的，也适用权利质权的有关规定。

321. 以汇票、支票、本票、债券、存款单、仓单、提单出质的，权利质权何时设立？

《民法典》第427条规定，设立质权，当事人应当采用书面形式订立质押合同。以汇票、本票、支票、债券、存款单、仓单、提单出质的，双方当事人应当订立书面质押合同。合同内容一般包括被担保债权的种类和数额，债务人履行债务的期限，出质权利的名称、数额，担保的范围等。合同订立后，质权并不当然设立。以汇票、本票、支票、债券、存款单、仓单、提单出质的，其质权设立的情形可以分为两种：

第一，有权利凭证的，质权自权利凭证交付质权人时设立。

权利凭证是指记载权利内容的象征性的证书，通常采用书面形式，如汇票、本票、支票、存款单、仓单、提单和一部分实物债券等都有权利凭证。此时出质人需要将该权利凭证交付给质权人，质权自交付时设立。

第二，没有权利凭证的，质权自有关部门办理出质登记时设立。

在我国，部分债券如记账式国库券和在证券交易所上市交易的公司债券等都已经实现无纸化，这些债券没有权利凭证，如果要出质，就必须到法律、法规规定的有关登记部门办理出质登记，质权自登记时设立。债券质押登记，基于不同的债券品种，以及交易所债券市场和银行间债券市场的区分等，分别到中国证券登记结算机构、中央国债登记结算有限公司、上海清算所等登记。

此外，如果票据法等其他法律对于以汇票、本票、支票等出质的权利质权的设立有特别规定的，依照其规定。

322. 以汇票、支票、本票、债券、存款单、仓单、提单出质的，权利质权人行使权利有什么特别规定？

载明兑现日期或者提货日期的汇票、本票、支票、债券、存款单、仓单、提单的兑现日期或者提货日期届至时，原则上必须兑现或者提货，以免除第三债务人的债务。如果不按时兑现或者提货，有可能会给债务人自身带来损失，最终影响所担保的主债权的实现。

因此，《民法典》第442条针对这一情况作了特殊规定。依据这一规定，汇票、本票、支票、债券、存款单、仓单、提单的兑现日期或者提货日期先于主债权到期的，质权人有权不经过出质人同意，将汇票、本票、支票、债券或者存款单上所载款项兑现，将仓单或者提单上所载货物提货。但是质权人兑现款项或者提取货物后不能据为己有，必须通知出质人，并与出质人协商，或者用兑现的款项或提取的货物提前清偿债权，或者将兑现的款项或提取的货物提存。提前清偿债权的，质权消灭；提存的，质权继续存在于提存的款项或者货物上，在主债权到期时可以以该提存的款项或者货物优先受偿。出质人只能在提前清偿债权和提存中选择，不能既不同意提前清偿债权也不同意提存。

323. 以基金份额、股权出质的，权利质权何时设立？出质人是否可以转让？

以基金份额、股权出质的，双方当事人应当订立书面质押合同。在订立质押合同后，质权并不当然设立。以基金份额、股权出质的，应当到有关部门办理出质登记，质权自登记时设立。

《民法典》第443条第2款规定了对出质人处分基金份额和股权的限制。基金份额和股权出质后，原则上不能转让。一方面，出质人的基金份额和股权虽然被出质了，但是质权人无权转让作为债权担保的基金份额和股权，否则构成对基金份额持有人和股东权利的侵害。另一方面，基金份额和股权虽然为出质人所有，但是其作为债权的担保，是有负担的，如果随意转让可能会损害质权人的利益，不利于担保债权的实现。所以，原则上基金份额和股权出质后，不能转让；但如果出质人与质权人协商一致，都同意转让已出质的基金份额和股权，这属于双方当事人对自己权利的自由处分，法律自然允许。转让基金份额和股权所得的价款，并不当然用于清偿所担保的债权，因为此时债务清偿期限尚未届至，出质人应当与质权人协商，将所得的价款提前清偿所担保的债权或者提存。提前清偿债权的，质权消灭。提存的，质权继续存在于提存的价款上，在债务履行期限届满时，质权人可以对该价款优先受偿。出质人只能在提前清偿债权和提存中选择，不能既不同意提前清偿债权，也不同意提存。

324. 以注册商标专用权、专利权、著作权等知识产权中的财产权出质的，权利质权何时设立？出质人可否转让或者许可他人使用？

以注册商标专用权、专利权、著作权等知识产权中的财产权出质的，双方当事人应当订立书面质押合同。订立质押合同后，质权并不当然设立，须办理出质登记才能设立。这主要是因为知识产权是一种无形财产权，无法以占有的方式来公示，所以知识产权出质必须以登记的方式来公示。

《民法典》第 444 条第 2 款规定了对出质人处分知识产权的限制。以注册商标专用权、专利权、著作权等知识产权中的财产权出质的，权利虽然仍属于知识产权人，但由于该知识产权是有负担的权利，因此，出质人不能自由转让或者许可他人使用，否则可能会损害质权人的利益。因为一方面转让的费用和许可他人使用的费用都要归出质人收取，另一方面出质人有权无限制地转让其注册商标专用权、专利权、著作权等知识产权中的财产权，这必然会导致该质押财产价值下降，损害质权人的利益，不利于担保债权的实现。但是如果经出质人与质权人协商同意，可以转让或者许可他人使用出质的注册商标专用权、专利权、著作权等知识产权中的财产权。因为经过质权人同意，是否会损害其利益可以由质权人自己判断，法律不加干涉。

按照该款规定，转让或者许可他人使用出质的注册商标专用权、专利权、著作权等知识产权中的财产权所得的价款，不当然用于清偿所担保的债权。因为此时债务清偿期限尚未届至，出质人应当与质权人协商，将所得的价款提前清偿所担保的债权或者提存。提前清偿债权的，质权消灭。提存的，质权继续存在于提存的价款上，在债务履行期限届满时，质权人可以对该价款优先受偿。出质人只能在提前清偿债权和提存中选择；不能既不同意提前清偿债权，也不同意提存。

325. 以应收账款出质的，权利质权何时设立？出质人是否可以转让？

以应收账款出质的，双方当事人应当订立书面质押合同。在订立质押合同后，质权并不当然设立，双方当事人还须到有关部门办理出质登记后质权才设立。

《民法典》第445条第2款规定了应收账款出质后对出质人权利的限制，即出质人不得随意转让应收账款。这主要是为了保护质权人的利益，防止出质人随意处置应收账款，保证债权的实现。出质人只有在取得质权人同意的情况下才能转让应收账款。转让应收账款所得的价款，并不当然用于清偿所担保的债权。因为此时债务清偿期限尚未届至，出质人应当与质权人协商，将所得的价款提前清偿所担保的债权或者提存。提前清偿债权的，质权消灭。提存的，质权继续存在于提存的价款上，在债务履行期限届满时，质权人可以对该价款优先受偿。出质人只能在提前清偿债权和提存中选择，不能既不同意提前清偿债权，也不同意提存。

326. 权利质权可否适用动产质权的有关规定?

权利质权与动产质权都是以客体的交换价值的取得为目的的担保物权，并不因客体是有体物还是无体物而性质不同，两者共同构成质权的组成部分，在很多内容上是相同的。但是权利质权的标的物为权利，动产质权的标的物为动产，因此，两者在某些具体方面如权利的生效上还存在一定的区别。

民法典第十八章第一节对动产质权是作为质权的一般形式加以规定的，第二节对权利质权仅在某些内容上作了特殊规定，其他没有规定的内容可以适用动产质权的规定，如关于质押合同的订立以及质押合同的一般条款、流质条款的效力、质权人的权利和义务、质权的保全、质权的放弃、质权的实现方式和最高额质权等。

327. 什么是留置权?

留置权是指在债务人不履行到期债务时，债权人有权依照法律规定留置已经合法占有的债务人的动产，并就该动产优先受偿的权利。这时，债权人便为留置权人，占有的动产便为留置财产。留置权具有以下几项特征：第一，从属性。留置权以担保债权的目的而存在，因此，留置权为从属于所担保债权的从权利，具有从属性。留置权依主债权的存在而存在，依主债权的转移而转移，并因主债权的消灭而消灭。第二，法定性。留置权为法定担保物权，具有法定性。留置权只能直接依据法律的规定发生，不能由当事人自由设定。只要债务人不履行到期债务，债权人即可以依照法律规定留置已经合法占有的债务人的动产，并在满足法律规定的条件下，折价或者拍卖、变卖留置财产以受偿。第三，不可分性。留置权的不可分性表现为：一是留置权所担保的是债权的全部，而不是部分。二是留置权的效力及于债权人所留置的全部留置财产，留置权人可以对留置财产的全部行使留置权，而不是部分。只要债权未受全部清偿，留置权人就可以对全部留置财产行使权利，不受债权分割或者部分清偿以及留置财产分割的影响。当然，为了公平起见，根据法律规定，留置财产为可分物的，债权人留置的财产的价值应当相当于债务的金额，而不应留置其占有的债务人的全部动产。

328. 债权人可以留置债务人的任何财产吗？

《民法典》第448条规定，债权人留置的动产，应当与债权属于同一法律关系，但是企业之间留置的除外。法律首先明确规定，债权人留置的动产，应当与债权属于同一法律关系。因此，一般而言，留置财产的范围仅限于与债权属于同一法律关系的动产。所谓同一法律关系，就是留置财产应当与债权所形成的债权债务关系属于同一个民事法律关系。根据债法的基本原理，债通常包括合同之债，还包括侵权之债，以及不当得利、无因管理之债。同一法律关系最为常见的就是因合同产生的债权债务关系。如甲将手表交由乙修理，手表修理好后，甲拒绝支付修理费，乙依法可以留置该手表。此时，因定作人甲与承揽人乙之间形成了承揽合同关系，基于此承揽关系乙占有了甲交付的动产即手表，甲未支付的修理费也是基于双方的承揽关系产生的报酬，乙留置的动产与乙享有的债权（即甲所欠报酬）就属于同一承揽合同关系。同一法律关系还可以是因侵权形成的同一债权债务关系。如甲开着货车运输货物，途中由于货物捆绑不严，其中一箱货物遗落将乙砸伤，甲未向乙支付合理的医疗费用，乙遂将该箱货物留置，要求甲支付医疗费用方肯返还。此时，乙要求支付医疗费用的侵权债权，与甲遗落的货物（造成侵权的原因），即属于同一侵权法律关系。

法律同时规定，企业之间留置的除外。因此，在一般民事主体之间留置财产与债权应属于同一法律关系，而在企业之间行使留置权，留置财产与债权则没有此限制，这意味着企业之间，只要债权人合法占有债务人的动产，债务人不履行债务，债权人即可留置其动产，而不论该动产是基于何种法律关系占有。这么规定，主要是考虑到，在商业实践中，企业之间相互交易频繁，追求交易效率，讲究商业信用，如果严格要求留置财产必须与债权的发生具有同一法律关系，则有悖交易迅捷和交易安全原则。比如，甲运输公司与乙贸易公司经常有业务往来，因乙公司欠了甲公司一笔运费，后丙公司支付运费后委托甲公司将一批货物运给乙公司，甲公司为了实现催要运费的目的，遂将该批货物扣留，要求乙公司支付此前所欠运费方肯交货。在此种情况下，虽然甲公司所承运的货物与乙公司所欠的运费之间并不属于同一法律关系，但是根据这一条但书的规定，甲公司仍有权行使留置权。

329. 当事人之间在合同中明确约定不得留置的财产，一方可以行使留置权吗？

《民法典》第449条规定，法律规定或者当事人约定不得留置的动产，不得留置。根据此规定，在以下两种情况下，当事人不得行使留置权：

1. 法律规定不得留置的动产，不得留置。（1）如果法律明确规定，对特定动产，任何人不得留置，民事主体从事民事活动时，就有义务遵守法律的此类规定，不得对此类动产行使留置权。（2）行使留置权，也不能违反公序良俗。比如，因当地发生重大传染病疫情，甲公司遂紧急从外地采购大量医疗物资用于本公司办公场所防治疫情，并委托乙运输公司将该等医疗物资运回，尚未支付运费。医疗物资运抵后，乙公司欲留置所承运的医疗物资。由于甲公司采购的医疗物资属于防治传染病疫情所急需的物资，如果乙公司留置该等物资，势必影响公共卫生秩序，危及公共卫生安全，有悖公序良俗，故乙公司不得行使留置权。

2. 当事人约定不得留置的动产，不得留置。根据此规定，当事人已经明确约定不得留置的动产，都不能成立留置权。原因在于，留置权属于法定担保物权。法律之所以规定留置权，主要是基于公平原则，为了保护债权人的利益，确保债权人债权的实现，并不涉及公共利益或者其他第三人的利益。如果债权人基于意思自治而自愿放弃这种法律规定的民事权利，法律自然不会予以干涉。比如，承揽合同当事人事先在合同中约定排除留置权，则在定作人未向承揽人支付报酬或者材料费等价款时，承揽人也不得留置完成的工作成果，而应当依债权本身的效力提起追索价款及违约金的诉讼。当事人约定的方式，既可以在订立合同之时约定，并写入合同条款，也可以在合同履行过程中达成协议。既可以是书面方式约定，也可以是口头约定。当然，从利于举证的角度而言，当事人约定限制留置权的行使条款，最好以书面方式在相关合同中明确规定。

330. 留置财产的数量或者金额有限制吗？

《民法典》第450条规定，留置财产为可分物的，留置财产的价值应当相当于债务的金额。需要从以下三个方面把握：

第一，可分物与不可分物的划分。这是从物的分割是否影响其价值或效用的角度对物进行的划分。不可分物就是将其分割的话将影响其价值或者失去其效用的物。如一块手表，如果将手表拆分成零件，将失去手表作为计时器的功能。可分物是指经分割而不损害其经济用途或者失去其价值的物。如一袋大米，将其分割成数小袋，大米经济价值和作为粮食的效用并不会受到影响。正因为可分物和不可分物在是否可以分割属性上的差异，在行使留置权时，有必要加以区分，针对物的不同属性，设计更为合理的权利义务结果，确保留置权的行使更加公平合理。

第二，对可分物行使留置权。根据法律规定，留置财产为可分物的，留置财产的价值应当相当于债务的金额。因此，如果涉案动产为可分物，债权人在行使留置权时，就需要受到这一条的限制，即行使留置权时，仅能留置与债务金额相当价值的财产，而不得超越此范围行使留置权，否则构成权利滥用。

第三，对不可分物行使留置权。如果留置财产为不可分物，由于该物的分割会减损其价值，留置权人可以留置整个物。比如，甲公司提供原材料，委托乙公司定作特制锅炉一台，约定定作费用为 50 万元。该台锅炉制作完成后，市场价值约 1000 万元。因甲公司未向乙公司支付报酬，故欲留置该锅炉。虽然加工承揽合同的标的物价值远远超出甲公司所欠费用，乙公司仍有权留置该锅炉。因为锅炉属于不可分物，如果分割将失去其应有的效用，价值也将大大减损，因此不能适用这一条的规定。对于不可分物，债权人可以将其全部留置。

331. 留置权人对留置财产需要承担什么义务？

行使留置权的前提是债权人合法占有债务人的不动产。因此，留置财产此时已经脱离了债务人的控制，而由债权人合法控制。民事主体享有权利的同时，也应当履行法律规定或者合同约定的义务。债权人在行使留置权的同时，也是如此。留置权人占有、控制着债务人的动产，由于留置财产的所有权仍属于债务人，作为所有权人，债务人对留置财产享有利益。因此，法律有必要为留置权人设定义务，避免留置财产陷于灭失风险之中，危及债务人的所有权。如果留置财产毁损或者灭失，不仅损害了债权人的所有权，也不利于实现留置权。因此，《民法典》第451条规定，留置权人负有妥善保管留置财产的义务。

332. 留置权人未妥善保管留置财产，造成损失需要赔偿吗？

《民法典》第451条还规定，因保管不善致使留置财产毁损、灭失的，留置权人应当承担赔偿责任。根据此规定，如果留置权人未保管好留置财产，是需要承担赔偿责任的。比如，甲公司从某市购买了一批粮食，委托乙运输公司运输，由于甲公司未按约定支付运费，乙公司遂留置了部分承运的粮食，并将留置的粮食存放在该公司仓库。由于乙公司的仓库并非专业粮仓，导致所留置的粮食全部发霉变质，无法再行销售。乙公司作为专业的运输公司，知道储存粮食应具有相应的条件，未按照粮食的通常储存方式存放所留置的粮食，不能说是尽到了妥善保管的义务。因此，乙公司应当赔偿甲公司的损失。当然，如果留置权人尽到了妥善保管义务，因保管不善之外的其他原因造成留置财产的损失的，则不应承担赔偿责任。

333. 留置财产的孳息由谁收取?

《民法典》第 452 条规定，留置权人有权收取留置财产的孳息。这主要是考虑到留置财产由债权人控制，留置财产的孳息由其收取更为便利，更为可行。

首先，收取留置财产的孳息属于留置权人的权利。既然是留置权人的权利，那么留置权人既可以行使，也可以放弃。只有在留置权人放弃不行使时，债务人才可以自行收取留置财产的孳息。在特殊情形下，妥善收取孳息也是留置权人保管义务的内容。

其次，留置权人收取的孳息仅限于留置财产的孳息，不能超出此范围收取。留置权人既可以收取留置财产的法定孳息，也可以收取留置财产的天然孳息。

最后，留置权人的权利仅仅是收取孳息，并非直接能获得孳息的所有权。所谓收取，就是通过事实行为或者法律行为获得并控制留置财产的孳息。收取之后，留置财产的孳息所有权归属需要根据法律的规定或者当事人约定判断。一般而言，各国物权法会对物的孳息的归属作出规定。《民法典》也对孳息的归属作了规定，第 321 条第 1 款规定，天然孳息，由所有权人取得；既有所有权人又有用益物权人的，由用益物权人取得。当事人另有约定的，按照其约定。第 2 款规定，法定孳息，当事人有约定的，按照约定取得；没有约定或者约定不明确的，按照交易习惯取得。因此，除非法律另有规定或者当事人有约定外，留置财产的孳息的所有权归属应该根据物权编的此规定确定。如果债务人和留置权人并未就留置财产的孳息的归属作出明确约定，孳息的所有权应当属于债务人。

334. 留置权人是否可以随时行使留置权？

根据《民法典》第 453 条的规定，留置权人实现留置权必须具备两个条件：第一，留置权人须给予债务人以履行债务的宽限期。债权已届清偿期债务人仍不履行债务，留置权人并不能立即实现留置权，而必须经过一定的期间后才能实现留置权。这个一定的期间，称为宽限期。根据实践经验和公平原则，这一条规定，留置权人与债务人应当约定留置财产后的债务履行期间；没有约定或者约定不明确的，留置权人应当给债务人 60 日以上履行债务的期间，但鲜活易腐等不易保管的动产除外。第二，债务人于宽限期内仍不履行义务。债务人在宽限期内履行了义务，留置权归于消灭，留置权人当然不能再实现留置权。如果债务人仍不履行义务，留置权人便可以按法律规定的方法实现留置权。债务人未履行债务，包括债务人不完全履行债务。比如，债务人本应偿还 100 万元，实际偿还 80 万元。

335. 可以通过哪些方式实现留置权？

根据《民法典》第 453 条的规定，留置权实现的方法有三种，即折价、拍卖和变卖。第一种是折价。折价是指留置权人与债务人协议确定留置财产的价格，留置权人取得留置财产的所有权以抵销其所担保的债权。这种方法比较简单，但必须双方当事人协商一致，否则就应当采取拍卖或者变卖的方法。第二种是拍卖。拍卖是指依照拍卖法规定的拍卖程序，于特定场所以公开竞价的方式出卖留置财产的方式。拍卖的公开性和透明度都比较高，但同时费用也较高。第三种是变卖。变卖是指以一般的买卖形式出卖留置财产的方式。由于拍卖的费用较高，有的双方当事人不愿意负担这一费用，因此，采取费用较为低廉的变卖方式。

336. 债权人迟迟不行使留置权，债务人该怎么办?

如果留置权人长期持续占有留置财产而不实现，不符合“物尽其用”的原则，也会对社会、经济生活产生不利影响。而且，在有的情况下，留置财产会有自然损耗或者贬值的可能，如果长期不实现留置权，留置财产的价值会受影响，对债务人不利。因此，为避免留置权人无限期地占有、控制留置财产而不行使留置权，有必要适当限制留置权人的权利。故《民法典》第454条规定，债务人可以请求留置权人在债务履行期限届满后行使留置权；留置权人不行使的，债务人可以请求人民法院拍卖、变卖留置财产。

根据此规定，债务人有权请求留置权人行使留置权。比如，甲因为乙未按时支付修理费，留置了乙所有的贵重设备，该设备的价值远远高于应支付的修理费。乙公司已陷入经营困难，无法支付修理费。乙公司所有的设备在市场上很畅销，如果甲不及时处置所留置的设备，可能造成该设备贬值，大大影响乙公司利用该设备变现的能力，从而导致乙公司资金损失。当然，债务人请求留置权人行使留置权必须是债务履行宽限期届满后。因为在债务履行宽限期，留置权人尚无法判断债务人是否能够履行其债务。债务人请求留置权人行使留置权后，留置权人应当在合理期间行使留置权，而不能仍迟迟不作为，损害债务人利益。

为了防止留置权人怠于行使留置权。法律进一步规定，留置权人不行使的，债务人可以请求人民法院拍卖、变卖留置财产。因此，如果留置权人不及时行使留置权，债务人可以依法请求法院实现债权人的留置权，法院即可以依法拍卖或者变卖留置财产。

337. 留置财产价值超过债权数额的，剩余部分归谁？

《民法典》第 455 条规定，留置财产折价或者拍卖、变卖后，其价款超过债权数额的部分归债务人所有，不足部分由债务人清偿。留置财产的价值是变动的，在留置财产被折价或者拍卖、变卖后，可能出现三种情况：一是留置财产的价值与债权金额相等，即留置财产折价或者被拍卖、变卖所得的价款刚好满足留置权人的债权，留置权的债权完全得以实现，两者的债权债务关系以及担保关系均告消灭。二是留置财产的价值高于债权金额，即留置财产折价或者被拍卖、变卖所得的价款超过了留置权人的债权数额，超过的部分应当归债务人所有。如果是留置权人处分留置财产的，留置权人在扣除自己应得部分后，应当将剩余部分返还给债务人。三是留置财产的价值低于债权金额，即留置财产折价或者被拍卖、变卖所得的价款不足以清偿留置权人的债权。由于留置财产不能完全满足留置权人的债权，所以留置权人与债务人之间的债权债务关系并不因实现留置权而完全消灭，留置权人仍可以就留置财产不足以清偿的部分要求债务人偿还。

338. 同一动产上，先有了抵押权，后被留置的，抵押权人和留置权人谁享有优先受偿权?

留置权行使的对象为动产。动产由于其可以移动性，且根据我国法律规定，动产的很多物权公示不以登记为要件，因此，难免存在同一动产上设定了相互冲突的物权。在同一动产上，可能同时存在不同性质的担保物权，在权利相互冲突时，需要法律规则明确不同权利之间的效力关系。比如，同一动产上已设立了抵押权或者质权，该动产又被留置的，应当如何处理留置权与抵押权或者质权的关系?《民法典》第456条规定，同一动产上已设立抵押权或者质权，该动产又被留置的，留置权人优先受偿。因此，同一动产同时存在留置权与抵押权或者质权的，留置权的效力优先于抵押权或者质权。这样规定，主要是基于以下考虑：(1) 总结了我国立法经验和司法实践经验。我国的一些法律已明确规定，同一标的物上同时存在抵押权与留置权的，留置权优先于抵押权。例如，我国《海商法》第25条规定，船舶优先权先于船舶留置权受偿，船舶抵押权后于船舶留置权受偿。上述所称船舶留置权，是指造船人、修船人在合同另一方未履行合同时，可以留置所占有的船舶，以保证造船费用或者修船费用得以偿还的权利。人民法院的审判实践也承认了留置权优先于抵押权这一原则。《最高人民法院关于适用〈中华人民共和国担保法〉若干问题的解释》中规定，同一财产上抵押权与留置权并存时，留置权人优先于抵押权人受偿。(2) 从法理上讲，留置权属于法定担保物权，其直接依据法律规定而产生，而抵押权与质权均为约定担保物权。法定担保物权优先于约定担保物权为公认的物权法原则。

需要注意的是：

一是留置权的效力绝对优先。在同一动产上，无论留置权是产生于抵押权或者质权之前，还是产生于抵押权或者质权之后，留置权的效力都优先于抵押权或者质权。也就是说，留置权对抵押权或者质权的优先效力不受其产生时间的影响。

二是留置权对抵押权或者质权的优先效力不受留置权人在留置动产时是善意还是恶意的影响。理论上，有的观点认为，为了防止当事人利用留置权的优先效力，恶意在已设有抵押权的动产上行使留置权，妨碍或者排除动产上抵押权的行使，提出应当明确规定，同一动产上留置权产生于抵押权或者质权之后的，只有留置权人属于善意时，留置权效力才优先于已存在的抵押权或者质权。需要指出的是，这里的“善意”指留置权人对同一动产已存在的抵押权或者质权不知情；与之相对应的“恶意”指留置权人对同一动产上已存在的抵押权或者质权知情，而并非恶意串通的意思。留置权产生的基础是公平原则，在适用留置权规则的许多情况下，留置权人一般都使被留置动产的价值得到保全，且留置权人的债权与被留置动产的价值相比往往是微不足道的。在这种情况下，仅仅以留置权人知道或者应当知道该动产上存在抵押权或者质权就否定其优先效力，对留置权人是不公平的。实践中，留置权人留置某一动产时往往知道该动产上存在抵押权或者质权。例如，某一汽车所有人将该汽车送到某一修理厂修理，修理厂可能对该汽车上存在抵押权是知情的，但这并不妨碍修理厂在汽车所有人不支付修理费的情况下留置该汽车且以该留置权对抗存在的抵押权或者质权。基于以上考虑，这一条并没有强调留置权优先于抵押权或者质权的效力以留置权人善意作为前提。当然，如果留置权人与债务人恶意串通成立留置权，其目的就是排除在动产上的抵押权或者质权，这已经超出了“恶意和善意”的范畴，属于严重违反诚实信用原则的恶意串通行为。在这种情况下，不但留置权不能优先于抵押权或者质权，该留置权也应当视为不存在。

339. 留置权在什么情况下消灭?

《民法典》第457条规定，留置权人对留置财产丧失占有或者留置权人接受债务人另行提供担保的，留置权消灭。根据此规定，留置权消灭的情况主要有：

1. 因留置权人对留置财产丧失占有而消灭。留置权人对留置财产丧失占有的，留置权消灭。立法这么规定，首先，符合法理。因为留置权产生的前提条件是债权人对债务人财产的合法占有。留置权人的这种占有应当为持续不间断的占有，如果丧失占有，留置权人对留置财产不再控制则不宜再享有此权利。其次，符合我国的立法经验和司法实践。我国《海商法》第25

条第2款规定，船舶留置权在造船人、修船人不再占有所造或者所修的船舶时消灭。我国的司法实践也承认，留置权人对留置财产丧失占有时，留置权消灭。例如，《最高人民法院关于适用〈中华人民共和国担保法〉若干问题的解释》第114条中明确规定，留置权人将留置物返还给债务人后，以其留置权对抗第三人的，人民法院不予支持。最后，此种做法也与不少域外立法例相似。

需注意的是，若留置权人非依自己的意愿暂时丧失对留置财产占有的，留置权消灭；但这种消灭并不是终局性的消灭，留置权人可以依占有的返还原物之诉要求非法占有人返还留置物而重新获得留置权。比如，甲留置了乙的财产，但丙非法占有了留置财产。根据占有保护的规定，甲有返还占有的权利，此时甲并不丧失留置权。

2. 因留置权人接受债务人另行提供担保而消灭。留置权作为一种法定担保物权，其功能主要是通过留置权人合法占有债务人的动产，促使债务人尽快偿还债务。如果债务人为清偿债务另行提供了相当的担保，该担保就构成了留置权的替代，债权人的债权受偿得到了充分的保障，原留置财产上的留置权理应消灭。而且，在债务人提供相当担保的情况下，如果留置财产上的留置权仍然存在，就对债务人的利益限制过多，妨碍了债务人对留置财产的利用，不符合诚实信用原则和公平原则。因此，这一条同时规定，留置权人接受债务人另行提供担保的，留置权消灭。

根据法律规定，债务人另行提供担保导致留置权消灭的，应当满足以下条件：一是债务人另行提供的担保应当被债权人接受；若债权人不接受新担保的，留置权不消灭。二是债务人另行提供的担保所能担保的债权应当与债权人的债权额相当。由于留置权是以先行占有的与债权有同一法律关系的动产为标的物，留置物的价值有可能高于被担保的债权额，但债务人另行提供的担保所能担保的债权不以留置物的价值为标准，一般应与被担保的债权额相当。当然在双方当事人协商一致的情况下，债务人另行提供的担保所能担保的债权也可以低于或者高于债权人的债权额。

340. 什么是占有?

占有是对物的一种事实上的控制与支配。根据占有是否具有法律上的原因，可以分为有权占有和无权占有。有权占有，主要指基于合同等债的关系而产生的占有，如根据运输或者保管合同，承运人或者保管人对托运或者寄存货物发生的占有；无权占有，主要发生在占有人对不动产或者动产的占有无正当法律关系，或者原法律关系被撤销或无效时占有人对占有物的占有，包括误将他人之物认为己有或者借用他人之物到期不还等。两种占有发生的原因虽然各不相同，但法律后果的处理不外乎两类情形：其一是在占有过程中，被占有的不动产或者动产的使用、收益以及损害赔偿责任该如何确定；其二是当被占有的不动产或者动产遭到第三方侵夺或者妨害时，占有人能够行使哪些权利保护自己对不动产或者动产的占有。

341. 占有关系应根据什么法律规定处理?

《民法典》第458条规定，基于合同关系等产生的占有，有关不动产或者动产的使用、收益、违约责任等，按照合同约定；合同没有约定或者约定不明确的，依照有关法律规定。理解这一条，可以从两个问题入手：

1. 占有过程中，被占有的不动产或者动产的使用、收益以及损害赔偿责任该如何确定。对此，因有权占有和无权占有的区别而存在差别。对于因合同等债的关系而产生的占有，这一条明确规定，有关被占有的不动产或者动产的使用、收益、违约责任等，按照合同约定；合同没有约定或者约定不明确的，依照合同法等有关法律的规定。比如，甲承租乙的商业房产用于经营，交付后，甲即有权占有乙所有的房产。对于甲在经营过程中，如何使用此房产、如何获得收益，由双方当事人根据租赁合同约定即可。当事人如果没有约定的，则可以根据法律规定确定。如《民法典》第720条规定，在租赁期限内因占有、使用租赁物获得的收益，归承租人所有，但是当事人另有约定的除外。关于无权占有情形下，有关不动产或者动产的使用、收益及损害赔偿责任等，《民法典》第459条至第461条作了具体规定，无权占有是本编规定的重点。

2. 被占有的不动产或者动产被侵夺的，该如何处理？对此，不因有权占有和无权占有的区别而有所不同，它们都可适用《民法典》第462条的规定，即占有的不动产或者动产被侵占的，占有人有权请求返还原物；对妨害占有的行为，占有人有权请求排除妨害或者消除危险；因侵占或者妨害造成损害的，占有人有权依法请求损害赔偿。

342. 占有人造成占有物损害的，是否需要承担赔偿责任？

占有人占有动产或者不动产，在使用过程中必然会发生损耗或者损害，这种风险需要在当事人之间合理分配。《民法典》第 459 条规定，占有人因使用占有的不动产或者动产，致使该不动产或者动产受到损害的，恶意占有人应当承担赔偿责任。因此，需要区分不同的情况：

第一，有权占有时的责任分担。在有权占有的情况下，如基于租赁或者借用等正当法律关系而占有他人的不动产或者动产时，当事人双方多会对因使用而导致不动产或者动产的损害责任作出约定。大多数情况下，对于因正常使用而导致不动产或者动产的损耗、折旧等，往往由所有权人负担，因为有权占有人所支付的对价就是对不动产或者动产因正常使用而发生损耗的补偿。

实践中，在有权占有情况下，被占有的不动产或者动产因使用而产生损害，其责任确定和解决方法并不棘手。按照一般的惯例，如果要把自己的不动产或者动产租给他人使用，应当先收取一定的押金，作为不动产或者动产被他人损坏后的担保。此外，相关的法律也会对特定情形下占有物损害的责任作出规定。如《民法典》第 784 条规定，承揽人应妥善保管定作人提供的材料以及完成的工作成果，因保管不善造成毁损、灭失的，应当承担赔偿责任。

第二，无权占有时的责任承担。对于无权占有时，无权占有人需要承担何种责任，就需要根据无权占有的具体情况判断。根据占有人的主观状态，可以分为善意占有和恶意占有。所谓善意占有就是占有人在主观上认为自己有权占有标的物。所谓恶意占有，指明知或者因重大过失不知自己为无权占有而仍然进行的占有。法律作了规定，即占有人因使用占有的不动产或者动产，致使该不动产或者动产受到损害的，恶意占有人应当承担赔偿责任。

343. 物被他人占有的，权利人是否可以请求返还？

《民法典》第 460 条规定，不动产或者动产被占有人占有的，权利人可以请求返还原物及其孳息；但是，应当支付善意占有人因维护该不动产或者动产支出的必要费用。根据此规定：首先，不论被侵占的标的物是动产还是不动产，权利人都有权请求返还。其次，有权请求返还的人是权利人。这里的权利人既可以是所有权人，也可以是依法对标的物享有占有使用权的人。比如，抵押权人占有抵押物，后被他人非法侵占，此时，抵押权人有权要求其返还。再次，无论是善意占有人还是恶意占有人，都有义务返还。最后，应当返还的既包括原物，也包括孳息。

关于请求占有人返还的标的物除原物之外，是否应当包括孳息。对于恶意占有人，理应包括孳息。对于善意占有人，考虑到既然善意占有人被法律推定为适法享有权利的人，善意占有人对占有物的使用及收益得到法律的承认，对于占有物的收益，善意占有人有权保留。同时考虑到，国外关于善意占有可以保留孳息的规定，是同必要费用返还请求权相关的。如果保留孳息，则善意占有人不得向权利人请求返还其为维护该动产或者不动产而支出的必要费用。因此，这一条明确规定，权利人可以请求返还原物及其孳息，但应当支付善意占有人因维护该不动产或者动产支出的必要费用。

根据民法典的规定，占有人返还原物及其孳息之后，善意占有人因维护该不动产或者动产而支出的必要费用，有权请求权利人支付。首先，有权请求权利人支付费用的仅限于善意占有人，如果占有人为恶意的，则不能要求权利人支付任何费用。其次，返还的费用限于因维护该不动产或者动产所支出。所谓维护，就是确保该标的物处于良好的状态或者正常使用状态。如占有的房屋漏水了，请维修工人予以加固防漏，因此支付的修理费。最后，有权要求支付的费用是必要的，此等费用的金额应该是合理的，而不能明显超出正常水平。如甲合法占有了乙的机动车，因该机动车部分零件损耗，需要更换方能正常使用。甲遂委托汽车修理厂维修，并指示修理厂做全面检修，更换了很多本来属于正常的零部件，支付了大量修理费。根据这一条规定，甲只能要求乙支付必要的费用，即维护该车正常运行所必要的维修费用。

344. 占有物灭失后取得了保险金，权利人是否有权要求返还此保险金？

《民法典》第461条规定，占有的不动产或者动产毁损、灭失，该不动产或者动产的权利人请求赔偿的，占有人应当将因毁损、灭失取得的保险金、赔偿金或者补偿金等返还给权利人；权利人的损害未得到足够弥补的，恶意占有人还应当赔偿损失。

毁损的含义易于理解，它使得被占有的不动产或者动产的使用价值或者交换价值降低。而所谓灭失，指被占有的不动产或者动产对于占有人来说，不复存在；这包括物的实体消灭和丧失下落，或者被第三人善意取得而不能返还。善意占有人在占有物上所行使的权利，被推定为其合法享有，其对被占有物的使用被规定为占有人的权利。但该物毕竟在法律上不属于占有人所有，如果造成占有物毁损、灭失的，占有人还应当对物的真正权利人承担赔偿责任。但法律还应当考虑减轻善意占有人的责任，以贯彻法律对善意占有人的保护。因此，在确定善意占有人的责任时，应当依照不当得利的返还原则，即只有善意占有人因物的毁损、灭失而获得利益时，才对物的权利人承担赔偿责任；如果未获得利益，则不必赔偿。所谓因物的毁损、灭失而获得利益，指占有人所受积极利益，如当物的毁损、灭失由第三人造成时，占有人取得的赔偿金或者替代物；而消极利益，指占有人因物的毁损灭失而减少支出的费用，则不在此列。

恶意占有是占有人明知或者因重大过失不知自己为无权占有而仍然进行的占有。是否为恶意占有，依占有人取得占有时的具体情况而进行判断。取得时为善意，而后得知自己为无权占有的，自其知道之时起，变为恶意占有人。恶意占有人明知自己无权而仍然占有他人之物，其占有不仅缺乏法律上的正当根据，道德上也乏善可陈，因此，各国立法均对恶意占有人苛以较重的责任。

恶意占有人通常系由侵权行为取得占有，因此，在决定恶意占有人责任时，应参考侵权损害赔偿的原则，损失多少赔多少，除去占有物的价值外，还包括物的权利人所失的利益。此外，占有物的价值，以物的实际价值为准；恶意占有人取得占有时的价值与物的权利人请求返还时的价值不同的，以较高价值为准。

还需要说明的是，权利人（回复请求权人）因被占有物的毁损、灭失所受的损害，因权利种类的不同而有差别。当权利人为所有权人时，赔偿范围应为物的价额；当权利人为运送人、质权人或者租赁人时，对于占有物仅有限定的利益，其赔偿应以其限定的利益为限。例如，因占有物的灭失而不能回复所生之损害，质权人只能请求赔偿质权的价额，运送人只能请求赔偿与其运费相当的金额，其残余之额应为所有权人保留。

345. 占有人的权利是否受到法律保护？

《民法典》第 462 条规定，占有的不动产或者动产被侵占的，占有人有权请求返还原物；对妨害占有的行为，占有人有权请求排除妨害或者消除危险；因侵占或者妨害造成损害的，占有人有权依法请求损害赔偿。

占有保护请求权以排除对占有的侵害为目的，因而属于一种物权的请求权。根据占有受侵害的不同情形，分别发生占有物返还请求权、占有妨害排除请求权和占有危险消除请求权。

1. 占有物返还请求权。占有物返还请求权发生于占有物被侵夺的情形。此种侵夺占有而构成的侵占，是指非基于占有人的意思，采取违法的行为使其丧失对物的控制与支配。需要注意的是，非因他人的侵夺而丧失占有的，如因受欺诈或者胁迫而交付的，不享有占有物返还请求权。此种情形下，原占有人要回复占有，必须依法律的规定，主张撤销已经成立的法律关系等去解决。此外，还需说明一点，即这一条所规定占有物返还请求权的要件之一为侵占人的行为必须是造成占有人丧失占有的直接原因，否则不发生依据这一条规定而产生的占有物返还请求权。例如，遗失物之拾得人，虽然拾得人未将遗失物交送有关机关而据为己有，但此种侵占非这一条所规定的情形。拾得人将遗失物据为己有的行为，并非是失主丧失占有的直接原因（失主最初丧失对物的占有，可能是由于疏忽大意遗忘物品等），因此，失主对于拾得人不得依占有物返还请求权为据提起诉讼，而应依其所有权人的地位提请行使返还原物请求权。

2. 排除妨害请求权。占有被他人妨害时，占有人得请求妨害人除去妨害。妨害除去请求权的相对人，为妨害占有的人。数人相继为妨害的，以现为妨害的人为请求权的相对人；继续妨害的，占有人可请求相对人停止妨害；一次妨害的，占有人可请求相对人除去妨害。排除妨害的费用应由妨害人负担。占有人自行除去妨害的，其费用可依无因管理的规定向相对人请求偿还。

3. 消除危险请求权。消除危险请求权中的危险，应为具体的事实的危险；对于一般抽象的危险，法律不加以保护。具体的事实的危险，指其所用的方法，使外界感知对占有的妨害。例如，违反建筑规则建设高危建筑、接近邻地开掘地窖等，而产生对邻地的危险。需要说明的是：（1）危险消除请求权中的危险，必须持续存在；请求权行使之时危险已经消失的，不得请求防止。（2）必须有客观的产生危险的事实；被请求人有无故意或者过失，法律在此不问。

346. 占有人返还原物的请求权，应当在什么期限内行使？

《民法典》第 462 条第 2 款规定，占有人返还原物的请求权，自侵占发生之日起 1 年内未行使的，该请求权消灭。根据这一条规定：

1. 占有保护请求权中的排除妨害请求权和消除危险请求权，原则上同妨害或者危险的持续状态紧密相连。如果妨害已经消失或者危险已经不存在，自然没有排除妨害或者消除危险请求权提请的必要；如果此种妨害或者危险造成了实际的损害，占有人当然可以提起损害赔偿请求权，而此项损害赔偿请求权应当受 2 年普通诉讼时效的限制；如果妨害或者危险持续发生，那么此项排除妨害或者消除危险的请求权自然没有受时效限制的道理。

2. 占有人返还原物请求权可因一定期间内不行使而消灭。此项期间各国规定如德国、瑞士、日本民法及我国台湾地区“民法”，大多规定为 1 年。如《日本民法典》第 201 条规定，占有保持之诉，须在妨害存在期间或者妨害终止之后 1 年以内提起。但因工程对占有物发生的损害，不能在其工程开工后经过 1 年或者其工程竣工时提起。占有保全之诉，可以在妨害危险存在期间提起。此时，如果工程对占有物有损害之虞，准用前项但书的规定。占有回复之诉，须在被侵夺时起，1 年以内提起。该期间有的国家明定为消灭时效，有的规定为除斥期间。但是从占有保护制度的设立目的和实际功能上讲，此项期间设为除斥期间更妥。其理由在于消灭时效可因事实而中断或者中止，而且它以受侵害人知道或者应当知道受侵害之时开始起算，如果按照消灭时效来规定，此项期间可能远比 1 年要长，那么将使权利处于长期不稳定的状态。并且通常情况下，占有物返还请求权因除斥期间经过而未行使的，占有人如果对物享有其他实体权利（如所有权），自然可以依照其实体权利提出返还请求，因此，也没有必要在这一条中规定更长的期间进行保护。

权威解读

中华人民共和国
民法典学习问答

合同编

杜 涛 主编
（全国人大常委会法制工作委员会民法室副主任）

中国法制出版社
CHINA LEGAL PUBLISHING HOUSE

目　录

第三编　合　　同

第三编　合　　同

1. 合同编的调整范围是什么？

合同是民事主体之间设立、变更、终止民事法律关系的协议。合同编的调整范围是因合同产生的民事关系。政府对经济的管理活动，属于行政管理关系，不适用合同编。企业、单位内部的管理活动，是管理与被管理的关系，不是平等主体之间的关系，也不适用合同编。

关于政府机关参与的合同，应当区别不同情况分别处理。（1）政府机关作为平等的主体与对方签订合同的，如购买办公用品，属于一般的合同关系，适用合同编。（2）政府机关签订的属于行政管理关系的协议，如有关综合治理、计划生育、环境保护等协议，不是民事关系，不适用合同编。（3）关于政府的采购活动。对于政府采购行为本身，由政府采购法来规范，而政府与对方之间订立的政府采购合同要适用民法典合同编的规定。《政府采购法》第 43 条第 1 款明确规定："政府采购合同适用合同法。采购人和供应商之间的权利和义务，应当按照平等、自愿的原则以合同方式约定。"政府采购法第五章专门对政府采购合同作了规定，就政府采购合同的订立、履行、变更等作了有针对性的规定。政府采购合同既要适用合同编，也要适用这些规定。(4) 关于指令性任务或国家订货任务问题。我国实行社会主义市场经济体制，指令性计划不是合同法普遍适用的基本原则。根据抢险救灾、疫情防控以及保证国防重点建设等需要，在个别情况下，国家需要下达指令性任务或国家订货任务，为此，在合同编关于合同的订立一章中规定，国家根据抢险救灾、疫情防控或者其他需要下达国家订货任务、指令性任务的，有关民事主体之间应当依照有关法律、行政法规规定的权利和义务订立合同。

2. 什么是合同的相对性原则？

合同相对性原则在整个合同制度中具有重要的基础地位。实践中，当事人基于交易的实际情况，自愿选择订立合同的对方当事人、自愿约定合同的内容，对交易具有明确预期。法律设定合同相对性原则，使合同仅对当事人产生法律约束力，是对民法自愿原则即意思自治原则的体现和保障，有利于保护并实现合同当事人的交易预期，进而达到鼓励交易的目的。若没有合同相对性原则，交易将处于一种不确定的状态，极大地阻碍交易发展。

合同相对性原则是指合同项下的权利与义务只由合同当事人享有或者承担，合同仅对当事人具有法律约束力，对合同当事人之外的第三人不具有法律约束力。具体而言，对于依法成立的合同，只能由合同当事人享有合同上的权利，当事人之外的任何第三人不能向合同债务人主张合同上的权利；合同义务由合同当事人承担，合同债权人不得要求当事人之外的第三人承担合同义务，当事人之外的第三人也不得代为履行合同义务；合同债务人不履行合同义务或者履行合同义务不符合约定的，应当向债权人承担违约责任，而非向当事人之外的第三人承担违约责任。

3. 当事人对合同条款的理解有争议的，应当如何确定争议条款的含义？

合同条款是基于合同当事人意思表示一致而订立的，但在实践中由于种种原因，当事人可能会对合同某些条款的理解发生争议。对争议条款含义的确定，应当探究当事人双方订立合同时真实的意思表示。当事人对合同条款的理解有争议的，可以直接适用《民法典》第 142 条第 1 款确定争议条款的含义。《民法典》第 142 条第 1 款规定，有相对人的意思表示的解释，应当按照所使用的词句，结合相关条款、行为的性质和目的、习惯以及诚信原则，确定意思表示的含义。

《民法典》第 142 条第 1 款具体适用到合同领域，对合同争议条款的解释规则，可作以下理解：第一，首先要按照条款所使用的词句进行解释。一些词句在不同的场合可能表达出不同的含义，对条款中词句的理解首先应当按照一个合理人通常的理解来进行。也就是说，法官应当考虑一个合理的人在通常情况下对有争议的条款所能理解的含义作为解释词句含义的标准。第二，对条款中词句的理解不能孤立进行，要结合其他相关条款、行为的性质和目的、习惯以及诚实信用原则，综合判断、确定争议条款的含义。

4. 当事人订立合同，可以采用哪些形式？

合同可以采用书面形式、口头形式或者其他形式。所谓书面形式是指可以有形地表现所载内容的形式，包括合同书、信件、电报、电传、传真等。书面形式明确肯定，有据可查，对于防止争议和解决纠纷、保障交易安全有积极意义。口头形式是指当事人以面对面的谈话或者以电话交流等方式达成协议。以口头形式订立合同的特点是直接、简便、快速，数额较小或者现款交易通常采用口头形式，如在自由市场买菜、在商店买衣服等。除了书面形式和口头形式，合同还可以以其他形式订立。例如，可以根据当事人的行为或者特定情形推定合同的成立，也被称为默示合同。此类合同是指当事人未用语言或者文字明确表示成立，而是根据当事人的行为推定合同成立。如租赁房屋的合同，在租赁房屋的合同期满后，出租人未提出让承租人退房，承租人也未表示退房而是继续交房租，出租人仍然接受租金。根据双方当事人的行为，我们可以推定租赁合同继续有效。再如，当乘客乘上公共汽车并到达目的地时，尽管乘车人和承运人之间没有形成书面形式或者口头形式的合同，但可以依当事人的行为推定双方的运输合同成立。

5. 订立合同的书面形式包括哪些?

书面形式的核心特征是可以有形地表现所载内容。书面形式具体包括合同书、信件、电报、电传、传真等，但也不限于这几类。合同的书面形式有多种，凡是“可以有形地表现所载内容的形式”都可以作为合同的书面形式。以电子数据交换、电子邮件等方式能够有形地表现所载内容，并可以随时调取查用的数据电文，视为书面形式。即数据电文要符合书面形式，必须满足两个条件：一是能够有形地表现所载内容；二是可以随时调取查用。第一个条件是书面形式的本质特征，不管采用哪种方式订立合同，都要符合这一条件；第二个条件是针对数据电文所作的专门要求。如果采取的数据电文形式不能保存下来，以供随时调取查用，就丧失了书面形式所具备的易于取证、易于分清责任的优点，也就不宜作为书面形式。

6. 合同一般包括哪些内容?

合同的内容是由当事人约定的，体现为一系列合同条款。合同条款是合同中经双方当事人协商一致、规定双方当事人权利义务的具体条文。合同的权利义务，除法律规定的以外，主要由合同的条款确定。合同的条款是否齐备、准确，决定了合同能否成立以及能否顺利地履行、实现订立合同的目的。合同的条款非常重要，但并不是说当事人签订的合同中缺了其中任何一项就会导致合同的不成立或者无效。主要条款的规定只具有提示性与示范性。合同条款由当事人约定，一般包括当事人的姓名或者名称和住所、标的、数量、质量、价款或者报酬、履行期限、履行地点和方式、违约责任、解决争议的方法，但不限于这些条款。不同的合同，由其类型与性质决定，其主要条款或者必备条款可能是不同的。比如，买卖合同中有价格条款，而在无偿合同如赠与合同中就没有此项。

在订立合同的过程中，如果一方当事人坚持合同的订立以对特定事项达成协议为条件，则在这些特定事项未达成协议前，合同不成立。如果当事人各方在订立合同时，有意将一项合同的内容留待进一步商定，则尽管这一项条款没有确定，也不妨碍合同的成立。

实践中，经济贸易活动具有多样性，合同的示范文本对于提示当事人在订立合同时更好地明确各自的权利义务起到了积极作用。订立合同可以参照各类合同的示范文本，这样可以使当事人订立合同更加认真、更加规范，尽量减少合同规定缺款少项、容易引起纠纷的情况。当然，示范文本只是作为当事人订立合同时的参考，并不是要强制当事人采用。

7. 合同订立方式有哪些?

合同本质上是一种合意。使合同得以成立的合意是指当事人对合同必备条款达成一致意见。合同订立方式，就是当事人达成合意的方式。

要约、承诺方式是最为典型的合同订立方式。当事人合议的过程，是对合同内容协商一致的过程，很多都是经过要约、承诺完成的。向对方提出合同条件作出签订合同的意思表示称为“要约”，而另一方如果表示接受就称为“承诺”。一般而言，一方发出要约，另一方作出承诺，合同就成立了。但是，有时要约和承诺往往难以区分。许多合同是经过了一次又一次的讨价还价、反复协商才得以达成。

除要约、承诺这一典型的合同订立方式外，实践中还存在其他缔约方式。例如证券场内交易，每一瞬间都有大量的买方和卖方的报价发出，交易系统按照价格优先、时间优先的规则由电脑自动撮合、逐笔不断成交，这种缔约方式就有别于要约、承诺方式。

8. 什么是要约？

要约是希望与他人订立合同的意思表示。要约在不同的情况下可以称为“发盘”“发价”等，发出要约的人称为“要约人”，接收要约的人称为“受要约人”。

一项订约的意思表示要成为一个要约，要取得法律效力，必须具备一定的条件。如不具备这些条件，作为要约在法律上就不能成立。根据《民法典》第 472 条的规定，要约应当符合下列条件：

一是要约的内容具体确定。要约的内容必须具备足以使合同成立的主要条件，这要求要约的内容必须是具体的和确定的，必须明确清楚，不能模棱两可、产生歧义。要约的效力在于，一经受要约人承诺，合同即可成立。因此，如果一个订约的意思表示含混不清、内容不具备一个合同的最根本的要素，是不能构成一个要约的。即使受要约人作出承诺，也会因缺乏合同的主要条件而使合同无法成立。一项要约的内容可以很详细，也可以较为简明，一般法律对此并无强制性要求。只要其内容具备使合同成立的基本条件，就可以作为一项要约。但究竟怎样才算具备了使合同成立的基本条件，如果法律有类似规定的要依据规定进行判断，最重要的是要根据具体情况进行判断。

二是要约必须表明经受要约人承诺，要约人即受该意思表示约束。这一点很重要，很多类似订约意思表示的表达实际上并不表示如果对方接受就成立了一个合同，如“我打算5000元把我的钢琴卖掉”，尽管是特定当事人对特定当事人的陈述，也不构成一个要约。能否构成一个要约要看这种意思表示是否表达了与被要约人订立合同的意愿。这要根据特定情况和当事人所使用的语言表达来判断。当事人在合同中一般不会采用诸如“如果承诺，合同就成立”这样明确的词语来表示。“要约必须表明经受要约人承诺，要约人即受该意思表示约束”中的“表明”，并不是要有明确的词语进行说明，而是整个要约的内容表明了这一点。

9. 什么是要约邀请？

要约邀请又称要约引诱，是邀请或者引诱他人向自己发出要约的表示，可以是向特定人发出的，也可以是向不特定的人发出的。要约邀请在实践中较为常见。要约邀请只是邀请他人向自己发出要约，自己再视情况予以承诺。要约邀请处于合同的准备阶段，虽然也是一种表示行为，但本身不具有使民事法律关系发生变动的内心意图，也不产生民法上的效果，没有法律约束力。但要约邀请也并不是单纯地建议他人与自己进行有关合同的讨论，而是明确提出订立合同的建议，只不过没有提出合同的具体内容。虽然在理论上，要约邀请与作为意思表示的要约有很大区别，例如要约具有内容具体确定、受要约人的承诺对要约人具有约束力等特点，但事实上在很多情况二者往往很难区分。当事人可能原意是发出要约，但由于内容不确定只能被看作是一个要约邀请。当事人可能原意是发出要约邀请，但由于符合了要约的条件而会被认定为是一个要约。

10. 要约邀请的类型有哪些？

实践中，比较典型的要约邀请类型有：

1. 拍卖公告。拍卖是一种特殊买卖方式。一般认为，在拍卖活动中，竞买人的出价为要约，拍卖人击槌（或者以其他方式）拍定为承诺。拍卖人在拍卖前刊登或者以其他形式发出拍卖公告，对拍卖物及其价格进行宣传介绍等，属于要约邀请。

2. 招标公告。招标投标是一种特殊的订立合同的方式，广泛应用于货物买卖、建设工程、土地使用权出让与转让、技术转让等领域。这种方式的好处是，能够在最接近公平、合理的价格上达成交易、订立合同。对于招标公告或者招标通知，一般都认为属于要约邀请，不是要约。而投标是要约，招标人选定中标人，为承诺。

3. 招股说明书、债券募集办法和基金招募说明书。招股说明书是股份有限公司发起人向社会公开募集股份时或者公司经批准向社会公开发行新股时，向社会公众公开的说明文书。按照我国公司法的规定，发起人向社会公开募集股份，必须公告招股说明书，并制作认股书。法律规定要制定招股说明书并向社会公告，其目的是让社会公众了解发起人或者公司的情况和认股人所享有的权利和承担的义务。招股说明书是向社会发出的要约邀请，邀请公众向公司发出要约，购买公司的股份。

债券募集办法与基金招募说明书是应实践需求在合同法基础上新增加的要约邀请类型。公司发行公司债券，应当按照规定公告公司债券募集办法，对投资者作出投资决策有重大影响的信息予以记载并披露。投资者根据债券募集办法记载的情况决定是否购买债券。基金招募说明书是基金发起人公开发售基金时，为基金投资者提供的对基金情况进行说明的文件。投资者根据基金招募说明书载明的情况判断是否申购基金。债券募集办法和基金招募说明书，在性质上与招股说明书类似，都是具有法律意义的说明性文件，归属于要约邀请。

4. 商业广告和宣传。商业广告是指商品经营者或者服务提供者通过一定媒介和形式直接或者间接地介绍自己所推销的商品或者服务的广告。实践中，商品经营者或者服务提供者除通过商业广告外，还通过其他一些形式对商品或者服务进行宣传。商业广告和宣传的目的在于宣传商品或者服务的优点，并以此引诱顾客购买商品或者接受服务，为要约邀请。但法律并不排除商业广告和宣传如果符合要约的条件也可以成为要约。

5. 寄送的价目表。寄送的商品价目表是商品生产者或者销售者推销商品的一种方式。这种方式当然表达行为人希望订立合同的意思，但并不表明他人表示承诺就立即达成一个合同，自然不符合要约的条件，只能视作要约邀请。

一般的商业广告和宣传并不能构成一个要约，但也不排除有些内容确定的商业广告和宣传构成要约。依照《民法典》第472条规定，一项意思表示构成要约应当符合下列条件：一是内容具体确定；二是表明经受要约人承诺，要约人即受该意思表示约束。认定一项商业广告或者商业宣传是否符合要约的条件，需要根据实际情况进行判断。例如一项商业广告称："我公司现有某型号的水泥1000吨，每吨价格200元，在10月1日前保证现货供应，欲购从速。"该商业广告的内容具体确定，"在10月1日前保证现货供应"的内容可能会被认定为其表明了一经承诺即受约束的意思，从而被视为要约。

11. 要约何时生效?

《民法典》第137条对有相对人的意思表示的生效时间作了专门规定。要约属于有相对人的意思表示，要约生效的时间自然应当适用《民法典》第137条规定。《民法典》第137条区分以对话方式作出的意思表示与以非对话方式作出的意思表示，对其生效时间分别作出规定，并对以非对话方式作出的采用数据电文形式的意思表示时间作了专门规定。

依照《民法典》第137条的规定，要约生效的时间可以从以下三个方面理解：

一是以对话方式发出的要约。所谓以对话方式发出的要约是指要约人采取使相对方可以同步受领的方式进行意思表示，如面对面交谈、电话等方式。在以这种方式进行的意思表示中，要约人作出意思表示和相对人受领意思表示是同步进行的，没有时间差。因此，要约人作出意思表示，相对人知道其内容时，要约生效。

二是以非对话方式发出的要约。对于以非对话方式发出的要约，要约人作出意思表示的时间与相对人受领意思表示的时间不同步，二者之间存在时间差。以非对话方式作出的意思表示在现实生活中存在的形式多样，如传真、信函等。《民法典》第137条规定以非对话方式作出的意思表示，到达相对人时生效。要约也属于一种意思表示，那么以非对话方式发出的要约，自然是到达相对人时生效。

三是以非对话方式作出的采用数据电文形式的要约。依照《民法典》第137条第2款规定，可以分三个层次对以数据电文形式发出的要约的生效时间予以理解：

第一，对以非对话方式发出的采用数据电文形式的要约，相对人指定特定系统接收数据电文的，该数据电文进入该特定系统时生效。这里的“特定系统”是指由某一方特别指定的接收系统。例如一项要约明确指定了承诺应当发回的系统。如果只是在文件中显示了电子邮件或者传真印件的地址，但没有特别指定，则不应视为明确指定的一个信息系统。“进入”概念用以界定数据电文的收到时间。所谓一项数据电文进入一个信息系统，其时间是在该信息系统内可投入处理的时间。

第二，未指定特定系统的，相对人知道或者应当知道该数据电文进入其系统时生效。

第三，当事人对采用数据电文形式发出的要约的生效时间另有约定的，按照其约定。这是对《民法典》第 5 条自愿原则的贯彻落实，体现了民事活动对当事人意愿的尊重。

12. 什么是承诺？

所谓承诺，是指受要约人同意接受要约的全部条件以缔结合同的意思表示。从性质上来说，承诺与要约一样，都属于意思表示。意思表示是指行为人为了产生一定民法上的效果而将其内心意思通过一定方式表达于外部的行为，是实现当事人意思自治的工具。承诺的表意人即受要约人具有使合同得以成立的意图。承诺应当以通知或者其他适当的方式作出，并在承诺期限内到达要约人。符合生效要件的承诺可以发生受要约人预期的法律效果，使合同得以成立。在商业交易中，与要约称作“发盘”“发价”相对称，承诺称作“接受”。

对承诺的定义，可以从以下三个方面理解：

一是承诺须由受要约人作出。要约是要约人向受要约人发出的，受要约人是要约人选定的交易相对方，只有受要约人才具有作出承诺的资格，受要约人以外的第三人不具有承诺的资格。因此，第三人进行承诺不是承诺，只能视作对要约人发出了要约。但如果订约的意思表示是向不特定人发出的，并且该订约的意思表示符合要约条件构成要约的，则不特定人中的任何人均可以作出承诺，其一旦作出承诺，受要约人即为特定。

二是承诺须向要约人作出。承诺是对要约的同意，受要约人意在与要约人订立合同，当然要向要约人作出。如果承诺不是向要约人作出，则作出的承诺意思表示不视为承诺，不能达到与要约人订立合同的目的。

三是承诺的内容须与要约的内容保持一致。这是承诺最核心的要件，承诺必须是对要约完全的、单纯的同意。因为受要约人如想与要约人订立合同，必须在内容上与要约的内容保持一致，否则要约人就可能拒绝受要约人而使合同不能成立。如果受要约人在承诺中对要约的内容加以扩张、限制或者变更，便不能构成承诺，并可能构成一项新的要约。判断承诺的内容是否与要约的内容一致并非易事，受要约人对要约简单地回答同意并不多见，因此必须对受要约人的承诺进行分析。如果仅仅是表述的形式不同，而不是实质的不一致，则不应当否定承诺的效力。如果承诺中提出了一些新的条件，就要分析这些新的条件是否从实质上改变了要约的内容。如果没有从实质上改变要约的内容，则应当认为是对要约的承诺。如果从实质上改变了要约的内容，则不应认为是一项承诺，而构成了一项新要约。

13. 承诺的方式有哪些？

承诺属于一种意思表示。意思表示是一个将意思由内到外表示的过程，一个人内心可能有很多的主观意思，但为了让他人知晓，使内心意思产生外在的法律效果，就应当通过适当的方式表示出来。承诺方式，是指受要约人将其承诺的意思表示传达给要约人所采用的方式。对一项要约作出承诺即可使合同成立，因此承诺以何种方式作出是很重要的事情。

根据《民法典》第480条规定，承诺应当以通知的方式作出，根据交易习惯或者要约表明也可以通过行为作出承诺。这一条中“通知的方式”是典型的明示方式。“通过行为作出承诺”属于默示的方式，这里的“行为”通常是指履行行为，比如预付价款、装运货物或在工地上开始施工等。以通知方式作出承诺具有直接、明确、不易产生纠纷的特点，因此承诺一般应以通知的方式作出。但是商业实践中往往还存在一些交易习惯，根据这些交易习惯，承诺也可以通过行为作出。这些交易习惯一般为从事该项交易的当事人所知晓，“通过行为作出承诺”的方式在要约人的预期之内，不会损害要约人的利益，因此法律予以认可。除了交易习惯外，如果要约人在要约中表明了可以通过行为作出承诺，那么受要约人通过行为作出承诺的，符合要约人的意愿，自然也应当予以认可。

《民法典》第480条规定是对承诺方式的一般性规定，原则上承诺需要以通知的方式或者通过行为作出，但并没有排除沉默方式的承诺。沉默是一种既无语言表示也无行为表示的纯粹的缄默，完全不作任何表示，是一种完全的不作为。受要约人的沉默原则上不得推断受要约人同意要约。《民法典》第140条第2款规定，沉默只有在有法律规定、当事人约定或者符合当事人之间的交易习惯时，才可以视为意思表示。据此，沉默视为承诺的条件非常严格，如果没有要约人与受要约人事先的约定，也没有要约人与受要约人之间交易的习惯做法，在没有法律特别规定的情况下，仅仅由要约人在要约中表明如果不答复就视为承诺是不行的。以下两个例子，很能说明这个问题。其一：甲和乙之间的供酒合同将于 12 月 31 日到期，甲要求乙提出续展合同的条件。乙在其要约中规定“最晚在 11 月底以前，如果我方未收到你方的答复，我方将推定你方同意按上述条件续展合同”。甲发现乙所提议的条件完全不可接受，因此未予答复。这样，当事人之间未能达成新的合同，先前的合同到期失效。其二：在一项长期供酒协议中，乙惯常不经明确表示承诺而直接履行甲的订单。11 月 15 日，甲为准备新年向乙订一大批货。乙既没有答复，也没有按要求的时间供货。此时乙构成违约，因为根据当事人间业已建立的习惯做法，乙的缄默视同对甲的订单的承诺。

14. 承诺何时生效？

承诺生效具有重要的法律意义。依照合同编的规定，承诺生效时，合同即成立，合同一成立即对当事人双方都产生法律约束力。承诺何时生效还直接影响承诺生效地点的确定。《民法典》第 492 条规定，承诺生效的地点为合同成立的地点。因此，承诺何时生效与合同成立的地点密切相关，与管辖法院的确定等都有密切联系。《民法典》第 484 条区分以通知方式作出的承诺与通过行为作出的承诺，对承诺的生效时间分别作了规定。

一是关于以通知方式作出的承诺的生效时间。《民法典》第 137 条对有相对人的意思表示的生效时间作了规定。承诺是一种有相对人的意思表示，以通知方式作出的承诺自然应当适用《民法典》第137条的规定。《民法典》第137条规定区分意思表示是以对话方式作出的还是非对话方式作出的，分别对意思表示的生效时间作了规定。据此，对于以通知方式作出的承诺的生效时间，也应当区分承诺是以对话方式作出的还是以非对话方式作出的，分别对待。

1. 承诺是以对话方式作出的，即受要约人通过面对面交谈、电话等方式向要约人作出承诺的，受要约人作出承诺和要约人受领承诺是同步进行的，没有时间差。受要约人作出承诺并使要约人知道时即发生效力。

2. 承诺是以非对话方式作出的，比如受要约人通过信函、传真、电子邮件等方式向要约人作出承诺的，受要约人作出承诺的时间与要约人受领承诺的时间不同步，二者之间存在时间差。以非对话方式作出的承诺的生效时间应当为“到达要约人时”。例如，实践中如果由于邮局等原因导致承诺通知延误的，在承诺仍为有效的前提下，承诺生效的时间应当为实际到达要约人时，不能以投递承诺通知时为准，也不能以邮局通常情形下会实际送达到要约人的时间为准。以非对话方式作出的采用数据电文形式的承诺，要约人指定特定系统接收数据电文的，该数据电文进入该特定系统时生效；未指定特定系统的，要约人知道或者应当知道该数据电文进入其系统时生效。要约人与受要约人对采用数据电文形式的承诺的生效时间另有约定的，按照其约定。

二是通过行为作出承诺的生效时间。承诺不需要通知的，根据交易习惯或者要约的要求作出承诺的行为时，承诺生效。

举例说明：为建立一个数据库，甲要求乙编写一套专门的程序。在未给甲发出承诺通知的情况下，乙开始编写程序，并在完成后要求甲根据要约中所开列的条件付款。这种情况下，乙无权要求付款，因为乙从未通知甲，乙对要约的所谓承诺没有生效。但如果甲在其要约中通知乙随后的两周甲不在，如果乙有意承诺该要约，为节省时间，应立即着手编写程序。这种情况下，一旦乙开始编写工作，合同即告成立，即便乙未将承诺立即通知甲或在以后阶段通知甲。

15. 逾期承诺会产生什么样的法律效果？

根据《民法典》第 486 条规定，对逾期承诺的法律效果可以从两个方面理解：

一是逾期承诺视为新要约。“承诺期限”不但指要约人在要约中确定的承诺期限，还指要约人未确定承诺期限，而根据实际情况推断的合理期限。逾期承诺包括两类情形：第一类情形是，受要约人超过承诺期限发出承诺。这种情况下，承诺到达要约人时肯定也已经超过承诺期限。第二类情形是，承诺虽然是在承诺期限内发出的，按照通常情形不能及时到达要约人，并且也确实没有在承诺期限内到达要约人。在以上两类情形下，承诺到达要约人时，要约的承诺期限已过，受要约人发出的承诺对要约人不产生约束力，此承诺已不能作为一项有效承诺，只能作为一项新的要约。对该项新要约，原受要约人成为新要约的要约人，原要约人成为新要约的受要约人，双方位置互换，可以按照要约、承诺规则作新的处理。

二是虽然承诺已经迟延到达要约人，但是如果要约人及时通知受要约人该承诺有效的，该承诺仍为有效。这体现了对要约人意愿的尊重，也符合受要约人的利益，有利于促进交易。何谓“及时”，要根据交易的实际情况予以判断。

《民法典》第487条还对因传递迟延造成的逾期承诺的法律效果作了专门规定。依照《民法典》第487条规定，受要约人在承诺期限内发出承诺，按照通常情形能够及时到达要约人，但是因其他原因致使承诺到达要约人时超过承诺期限的，该承诺有效，但允许要约人及时否定该承诺的效力，即如果要约人及时通知受要约人因承诺超过期限不接受该承诺的，则该承诺对要约人不产生约束力。

16. 承诺对要约内容作出变更会产生什么法律效果？

根据承诺对要约内容作出的是实质性变更还是非实质性变更，将会产生不同的法律效果。

依照《民法典》第488条规定，受要约人对要约的内容作出实质性变更的，不产生承诺的效力，只能作为一项新要约。有关合同标的、数量、质量、价款或者报酬、履行期限、履行地点和方式、违约责任和解决争议方法等的变更，是对要约内容的实质性变更。该条对于实质性条款项目的开列具有提示性质，在实际交易的具体合同中，哪些条款内容的变更构成实质性变更，还需就个案进行具体分析。

依照《民法典》第489条规定，承诺对要约的内容作出非实质性变更的，除要约人及时表示反对或者要约表明承诺不得对要约的内容作出任何变更外，该承诺有效，合同的内容以承诺的内容为准。

17. 采用合同书形式订立的合同，合同成立时间如何确定？

采用合同书形式订立合同，为民事主体之间订立合同所经常采用。合同书记载着全部内容，当事人的姓名或者名称和住所、当事人各方的权利义务等都在合同书中作出明确约定。采用合同书形式订立的合同，一般来说，合同的内容比较复杂，合同条款也比较多。依照《民法典》第490条规定，当事人采用合同书形式订立合同的，自当事人均签名、盖章或者按指印时合同成立。在合同书中当事人的签名、盖章或者按指印是十分重要的，没有各方当事人的签名、盖章或者按指印，就不能最终确认当事人对合同的内容协商一致，也就不能认定合同成立。经过各方当事人签名、盖章或者按指印的合同，其证据效力是最强的，在当事人发生纠纷时，合同书是判断当事人各方权利义务、责任的最基础证据。

18. 法律、行政法规规定或者当事人约定合同应当采用书面形式订立，当事人未采用书面形式，该合同是否成立？

法律、行政法规规定或者当事人约定合同应当采用书面形式订立，一般来说，主要是考虑到有些合同类型各方权利义务关系比较复杂，采用书面形式订立合同对明确各方当事人的权利义务、责任至关重要，对促进合同履行、预防和处理纠纷都具有重要意义。如果法律、行政法规规定或者当事人约定合同应当采用书面形式订立，当事人就应当采用书面形式订立合同。但是，并不能反推说，当事人未采用书面形式的，合同一定不成立。《民法典》第 490 条第 2 款规定就属于当事人未按照规定或者约定采用书面形式但合同仍成立的一种情形。依照该款规定，即使合同没有按照法律、行政法规规定或者当事人约定采用书面形式订立，但是一方已经履行主要义务，对方接受时，应视为合同成立符合双方当事人的共同意愿，该合同成立。

19. 电子合同的成立时间如何确定?

近年来信息网络技术及其应用发展迅速，当事人通过信息网络销售商品或者提供服务已经较为普遍，“线上交易”成为合同交易中的重要类型。为了回应信息网络技术的发展，适应实践需要，《民法典》第 491 条第 2 款对电子合同的成立时间作了规定，即当事人一方通过互联网等信息网络发布的商品或者服务信息符合要约条件的，对方选择该商品或者服务并提交订单成功时合同成立，但是当事人另有约定的除外。对此，可以从以下两个方面理解：

一是关于当事人一方通过互联网等信息网络发布的商品或者服务信息符合要约条件。对于传统交易，当事人往往会通过商店橱窗展示货物及其价格，也可能会通过商业广告和宣传、寄送价目表等形式发布商品或者服务信息，当事人的这些行为一般视为要约邀请，目的在于希望他人向自己发出要约，展示或者发布信息的人不受约束。欲与发布信息的该当事人订立合同，要先向发布信息的该当事人发出要约。而对于“线上交易”，当事人发布商品或者服务信息的信息网络系统，往往具有互动性，相对方不仅可以浏览商品或者服务的价格、规格等具体信息，还可以在网上直接选择交易标的、提交订单，这种情况下当事人通过信息网络发布商品或者服务信息的行为就不能简单地认为是要约邀请，该行为符合要约条件的，应当作为要约对待。符合要约条件，是指符合《民法典》第472条规定的要约条件。《民法典》第472条规定，要约是希望与他人订立合同的意思表示，该意思表示应当符合下列条件：（1）内容具体确定；（2）表明经受要约人承诺，要约人即受该意思表示约束。“内容具体确定”是指当事人通过信息网络发布的商品或者服务信息要达到内容具体确定的程度，比如对商品的名称、数量、质量、规格、价格、运费等都作了明确表述。“表明经受要约人承诺，要约人即受该意思表示约束”这一要约条件需要根据实践中的具体情况进行判断，一般来说可以从相对方是否能够直接选择商品或者服务并提交订单等情况进行综合判断。

二是关于相对方选择该商品或者服务并提交订单成功。当事人通过信息网络发布的商品或者服务信息符合要约条件的，相对方可以直接作出承诺达成交易。相对方选择该商品或者服务并成功提交订单，即属于作出承诺。订单一旦提交成功，合同即成立，订单提交成功的时间即为合同成立的时间。合同成立后，对双方当事人均产生了法律约束力，发布商品或者服务信息的当事人应当按时交付商品或者提供服务。

以上是电子合同成立的一般规则。合同法奉行合同自愿原则，允许当事人对此作出另外约定。实践中，通过信息网络发布商品或者服务信息的当事人往往是通过设置格式条款的方式作出特别的意思表示，对方必须勾选同意该格式条款方能提交订单。通过信息网络发布商品或者服务信息的当事人提供的格式条款不得违反民法典合同编、消费者权益保护法、电子商务法等法律关于格式条款规制的规定。

20. 采用数据电文形式订立的合同，如何确定合同成立地点？

一般来说，承诺生效时合同成立，承诺生效地点为合同成立地点。而对于以数据电文形式订立的合同成立地点，难以按照承诺生效的地点为合同成立地点的一般规则予以认定。依照《民法典》第 492 条第 2 款规定，采用数据电文形式订立的合同，原则上以收件人的主营业地为合同成立的地点。这里的收件人是指要约人，即收到承诺的人。如果收件人没有主营业地，其住所地为合同成立的地点，即收件人是自然人的，合同成立的地点以自然人的住所地为准；收件人是法人的，合同成立的地点以法人的主要办事机构所在地为准。该条规定的“数据电文形式”与《民法典》第 137 条第 2 款规定的“数据电文”应作同一理解，指经由电子手段、电磁手段、光学手段或类似手段生成、发送、接收或存储的信息，这些手段包括但不限于电子数据交换、电子邮件、电报、电传或传真。此外，合同成立地点的确定应当尊重当事人的意愿，对于采用数据电文形式订立的合同，也应当允许当事人对合同成立地点作另外约定。当事人作出另外约定的，按照其约定确定合同成立地点。

21. 对于采用合同书形式订立的合同，合同成立地点如何确定？

依照《民法典》第 493 条规定，当事人采用合同书形式订立合同的，以签名、盖章或者按指印的地点为合同成立的地点；如果各方当事人签名、盖章或者按指印的时间不同步，则以最后签名、盖章或者按指印的地点为合同成立的地点。当然，如果当事人对合同成立的地点另有约定的，则应当尊重当事人的意愿，以当事人之间的约定确定合同成立的地点。

22. 什么是强制缔约义务？

根据民法上的自愿原则，民事主体可以自己决定要不要订立合同、与谁订立合同，可以自主决定合同内容。但民法上的自愿原则并不是无限制的，为了维护国家利益、社会公共利益或者照顾弱势一方利益等政策考量，有必要在特定情形下对民法自愿原则予以适当限制。民事主体的强制缔约义务即属于对民法自愿原则的限制。

《民法典》第 494 条规定了三类强制缔约义务：

一是按照国家订货任务、指令性任务订立合同。国家根据抢险救灾、疫情防控或者保证国防军工、重点建设以及国家战略储备等需要，下达国家订货任务、指令性任务的，必须予以充分保障，有关民事主体不得以合同自愿为借口而不落实国家下达的订货任务、指令性任务。因此，《民法典》第 494 条第 1 款明确规定，国家根据抢险救灾、疫情防控或者其他需要下达国家订货任务、指令性任务的，有关民事主体之间应当依照有关法律、行政法规规定的权利和义务订立合同。

二是关于强制发出要约义务。一般情况下，民事主体可以自行决定是否发出要约、向谁发出要约、何时发出要约，自行决定要约内容等，但在特定情形下，要约人必须发出要约，并且发出要约的时间、相对人、内容等还要受到一定限制。《民法典》第 494 条第 2 款规定，依照法律、行政法规的规定负有发出要约义务的当事人，应当及时发出合理的要约。此处的“法律”是指狭义的法律，即全国人民代表大会和全国人民代表大会常务委员会制定的法律；“行政法规”是由国务院制定。对于负有发出要约义务的当事人来说，一是发出要约是其义务，不得拒绝；二是发出要约要“及时”；三是发出的要约内容要“合理”。至于何谓“及时”“合理”，要根据法律、行政法规的规定视具体情况进行判断。目前我国法律、行政法规中，对发出要约义务作出规定的主要是证券法。《证券法》第 65 条至第 70 条、第 73 条对强制投资者、收购人向上市公司所有股东发出收购要约作了具体规定。证券法设立强制要约收购制度，是对投资者、收购人从事上市公司股份收购交易的重大限制，有其特殊的政策考量，即保证收购的公平性，保护上市公司广大中小股东在公司并购过程中的利益，避免中小股东因持有股份份额较小、获取的信息不对称等原因而利益受损，使中小股东也可以分享上市公司因控制权转移而获得的股份溢价，为中小股东提供一个以合理价格退出上市公司的选择。

三是强制作出承诺义务。强制作出承诺义务，是强制缔约义务中的典型类型。《民法典》第 494 条第 3 款明确规定，依照法律、行政法规的规定负有作出承诺义务的当事人，不得拒绝对方合理的订立合同要求。目前我国法律、行政法规中，对作出承诺义务的规定主要集中于具有公共服务属性的行业，这些行业与社会公众利益密切相关。例如，《民法典》第 648 条规定，向社会公众供电的供电人，不得拒绝用电人合理的订立合同要求。对于公共运输行业，《民法典》第 810 条规定，从事公共运输的承运人不得拒绝旅客、托运人通常、合理的运输要求。此外，有些情形下强制缔约义务的设立是为了促进行政管理制度的落实，维护社会公共利益。例如，《机动车交通事故责任强制保险条例》第 10 条第 1 款规定，投保人在投保时应当选择从事机动车交通事故责任强制保险业务的保险公司，被选择的保险公司不得拒绝或者拖延承保。

23. 什么是预约合同？

《民法典》第 495 条对预约合同的定义作了界定，即当事人约定在将来一定期限内订立合同的认购书、订购书、预订书等，构成预约合同。预约合同最本质的内涵是约定将来一定期限内订立合同。当事人就将来一定期限内订立合同达成合意，即可构成预约合同。将来应当订立的合同称为本约或者本约合同，约定订立本约的合同称为预约或者预约合同。对此，应当着重把握三点：一是预约合同的成立，必须是双方当事人达成了合意，对双方当事人均具有约束力。例如，甲、乙约定，甲将于两个月期满后，把自己的房子以市场价格优先卖给乙，乙届时应当购买。该约定不仅对甲具有约束力，对乙也有约束力，甲、乙之间的约定构成预约合同。此外，预约合同也可能是多方当事人达成的，例如甲、乙二人拟合伙经营某一共同事业，还想再邀请丙加入，为确保将来合伙合同能够成立，甲、乙二人可以先与丙订立预约合同，约定将来一定期限内订立合伙合同。二是预约合同当事人合意的内容是将来订立本约，就将来订立本约的意思表示达成一致。如果当事人只是就将来达成某一交易进行磋商甚至已经就部分条款达成初步合意，但没有将来订立本约的意思表示，仍然不成立预约合同。三是将来订立本约应当是确定的。当事人在约定的期限内确定要订立合同。如果是否订立本约并不确定，例如当事人约定两个月期满后再“考虑”订立本约，此种情形下将来订立本约并没有成为当事人的一项确定性义务，也就不构成预约合同。

预约合同与本约合同有所区别。是否要另行订立合同，是预约合同与本约合同最显著的区别。预约合同的目的在于订立本约合同，预约合同当事人的义务就是在一定期限内订立本约合同，订立本约合同是预约合同得到履行的结果。本约合同当事人可直接履行各自义务（例如一方交付货物、另一方支付货款），实现合同目的，无须再另行订立合同。

当事人签订的认购书、订购书、预订书并不是确定无疑一定构成预约合同，其是否构成预约合同，关键还是要看当事人是否对将来一定期限内订立本约合同达成合意。如果认购书、订购书、预订书等不符合预约合同的这一本质内涵，就不能构成预约合同。另外，即使属于这一条没有列举的其他形式，例如有的意向书，只要符合预约合同的这一本质内涵，也属于预约合同。

24. 当事人一方不履行预约合同约定的订立合同义务的，对方可以请求其承担什么责任？

预约合同既然是一项以订立本约为目的的独立合同，当事人违反约定，不履行订立本约的义务，也应当承担违约责任。但违反订立本约的义务与违反本约义务毕竟不同，预约合同的违约责任与本约合同的违约责任也有所差别。基于此，《民法典》第 495 条采用了“预约合同的违约责任”的表述，规定当事人一方不履行预约合同约定的订立合同义务的，对方可以请求其承担预约合同的违约责任。当然，如果一方违约，符合合同编规定的解除合同条件的，非违约方也可以请求解除预约合同。依据民法典合同编第八章关于“违约责任”的规定，违约责任的形式主要有违约金责任、定金责任、继续履行和赔偿损失等。预约合同的违约责任原则上也可以包括以上几种责任形式。预约合同广泛适用于买卖、租赁等各种市场交易，涉及的交易形态多种多样，即使是同一交易形态，涉及的具体情况也可能差异较大，因此民法典仅是原则性规定违约方应当承担预约合同的违约责任，使制度设计保持一定的灵活性，以便为实践留下空间。总体来说，对于预约与本约的理解，应当放在整个的交易链条中予以考虑，预约虽然是独立的合同，但与本约存在紧密的内在联系，应将预约放在从预约订立到本约得到履行的整个交易链条中予以考虑。如果当事人在预约阶段就对整个交易的主要内容通过谈判达成一致，本约的内容不需要再作过多协商，那么对于预约合同，要求当事人承担“继续履行”的违约责任，即订立本约的责任也就有实现的空间。在此基础上更进一步，如果预约合同阶段在整个交易环节中的位置非常重要，预约合同的订立及预约合同的履行（预约合同的履行即本约合同的订立）就完成了整个交易的绝大部分，使整个交易达到比较高的成熟度，本约合同义务的履行在整个交易环节中只是占有非常小的分量，非常容易实现，那么对预约合同的违约损害赔偿范围就可以很接近于本约合同的违约损害赔偿范围。预约合同阶段在整个交易环节中的位置，预约合同的订立及履行使整个交易所达到的成熟度，都应当在计算预约合同违约损害赔偿范围中予以体现。

25. 什么是格式条款?

格式条款是自19世纪以来发展起来的，是某些行业在进行频繁的、重复性的交易过程中为了简化合同订立的程序而形成的。这些行业的主体一般是发展较大且具有一定规模的企业，往往具有垄断性，如水、电、热力、燃气、邮电、电信、保险、铁路、航空、公路、海运等行业。既有公用事业，也有一般的大企业。使用格式条款的好处是，简捷、省时、方便、降低交易成本，但其弊端在于，一方往往利用其优势地位，制定有利于自己而不利于交易对方的条款，这一点在消费者作为合同相对方时特别突出。因此，有必要在立法上予以限制。

《民法典》第496条第1款规定了格式条款的定义，即格式条款是当事人为了重复使用而预先拟定，并在订立合同时未与对方协商的条款。格式条款最实质的特征在于“未与对方协商”。按照自愿原则，当事人有权自主选择与谁订立合同、自主决定合同的内容。但格式条款的提供方为了追求交易便捷、高效等，利用自己的优势地位，事先拟定合同，相对方往往只能选择接受或者拒绝，不能实质上影响合同内容。相对方虽然在合同上签字予以确认，但并一定是真正的内心意愿表达。“未与对方协商”就是指格式条款提供方没有就条款内容与相对方进行实质上的磋商，相对方对条款内容并没有进行实际修改的余地。这一条对格式条款的定义还用了“为了重复使用”，从格式条款的通常外在形貌予以描述。格式条款的提供方通常是基于重复使用进而提高交易效率的目的拟定格式条款。正是因为要重复使用，相对方往往对格式条款内容没有进行实质磋商并修改的余地。但此处的“为了重复使用”，不能作僵化理解，不是要当事人去证明真正实际重复使用了多次，只要格式条款提供方具有重复使用的目的，不论使用的次数多少，都可认为是“为了重复使用”。

26. 如何理解格式条款提供方对格式条款所负有的提示、说明义务?

格式条款是优势一方当事人单方提供的，并没有经过与相对方的充分磋商，相对方对条款的内容并不充分了解，对与自己有重大利害关系的条款并不一定能注意到，即使注意到了，也不一定真正理解。为了让相对人在缔约时，能够充分注意并理解格式条款的内容，从而对合同订立的效果作出合理的判断，《民法典》第 496 条第 2 款规定了格式条款提供方对与对方有重大利害关系条款的提示、说明义务。依照该规定，格式条款提供方应当采取“合理的方式”提示对方注意免除或者减轻其责任等与对方“有重大利害关系的条款”，还要按照对方的要求，对该条款予以说明、解释，使相对方真正理解该条款的含义。采用“合理的方式”，目的在于使相对方充分注意。例如实践中一些格式条款采用特别的字体予以提示。对于采取“合理的方式”具体指应当采用什么方式，要视具体情况而定，要能引起相对方的注意。“有重大利害关系的条款”，一般来说主要包括但不限于格式条款提供方免除或者减轻其责任、加重对方责任、限制或者排除对方主要权利等。“有重大利害关系的条款”的认定要视格式条款的具体情况而定。例如，对于经营者单方提供的与消费者之间的格式条款，“有重大利害关系的条款”就不能仅限于以上几类，对消费者权益有重大影响的内容都要提示、说明。消费者权益保护法还对此作了特别规定。《消费者权益保护法》第 26 条第 1 款规定：“经营者在经营活动中使用格式条款的，应当以显著方式提请消费者注意商品或者服务的数量和质量、价款或者费用、履行期限和方式、安全注意事项和风险警示、售后服务、民事责任等与消费者有重大利害关系的内容，并按照消费者的要求予以说明。”

27. 格式条款提供方未履行提示或者说明义务，会产生什么法律后果？

《民法典》第496条第2款规定，对于格式条款提供方未履行提示或者说明义务，致使对方没有注意或者理解与其有重大利害关系的条款的，对方可以主张该条款不成为合同的内容，即合同内容要排除掉该条款，当事人不再依据该条款确定当事人双方的权利义务与责任。此外，“该条款不成为合同的内容”，只能由相对方主张，格式条款提供方无权主张，这也是从制度设计上对相对方所作的倾斜性保护。

28. 格式条款在哪些情形下无效？

格式条款无效情形，属于合同成立后的效力评价层面。《民法典》第497条总括性地规定了格式条款无效的情形：

一是与其他民事法律行为通用的无效情形，即具有《民法典》第六章第三节和《民法典》第506条规定的无效情形。《民法典》第六章第三节对民事法律行为的无效情形作了总括性规定，包括无民事行为能力人实施的民事法律行为，限制民事行为能力人超出其年龄、智力、精神健康状况实施的民事法律行为，以虚假意思表示实施的民事法律行为，违反法律、行政法规的强制性规定的民事法律行为，违背公序良俗的民事法律行为等。如果格式条款具有民法典第六章第三节规定的民事法律行为的无效情形，该格式条款也是无效的。《民法典》第

506 条是对合同中免责条款无效情形的规定，如果合同中有免除“造成对方人身损害的”或者“因故意或者重大过失造成对方财产损失的”责任的条款，则该条款无效。如果格式条款具有《民法典》第 506 条规定的情形，当然也是无效的。

二是格式条款特有的无效情形。格式条款是单方提供，对方并没有就条款进行实际磋商的机会，格式条款提供方可能会恣意追求自己的单方利益，违背公平原则，不合理地分配合同交易中的风险和负担。格式条款提供方不合理地免除或者减轻其责任、加重对方责任、限制对方主要权利，以及格式条款提供方排除对方主要权利，均属于违背公平原则的情形。格式条款具有这些情形的，该格式条款无效。

需要注意的是，民法典与消费者权益保护法是一般法和特别法的关系。消费者权益保护法对格式条款有特别规定的，适用该特别规定。对于格式条款无效情形，《消费者权益保护法》第 26 条规定，经营者不得以格式条款作出排除或者限制消费者权利、减轻或者免除经营者责任、加重消费者责任等对消费者不公平、不合理的规定；格式条款含有这些内容的，其内容无效。《消费者权益保护法》第 26 条基于有利于保护消费者的考虑，对格式条款无效情形作了特别规定，这些特别规定相对于合同编的规定优先适用，即格式条款中存在的“排除或者限制消费者权利、减轻或者免除经营者责任、加重消费者责任”的内容，可以直接认为是不合理、不公平的，应当认定无效。

29. 对格式条款的理解发生争议的，如何对格式条款进行解释？

当事人双方对格式条款的理解发生争议时，就需要对格式条款进行合理的解释，以平衡双方利益。格式条款具有为了重复使用、单方事先拟定、对方未参与协商等特点，相对于一般合同条款有其特殊性。基于此，格式条款的解释规则也具有不同于一般合同条款的特殊之处。

《民法典》第498条针对格式条款的特点，对格式条款规定了专门的解释规则。一是按照通常理解予以解释。格式条款是为了重复使用而拟定的，因此对格式条款也应当按照通常理解予以解释，即既不按照提供格式条款一方的理解予以解释，也不按照个别的相对方的理解予以解释，而是按照可能订立该格式条款的一般人的理解予以解释，这对保护相对方的利益是公平的。

二是不利解释规则。对格式条款有两种以上解释的，应当如何处理？格式条款提供方往往处于优势地位，相对方不能实际参与格式条款内容的拟定与磋商，无法对格式条款内容施加影响，因此在对格式条款内容有两种以上解释时，有必要给予相对方倾斜性的保护，即作出不利于提供格式条款一方的解释。

合同既有格式条款，也有非格式条款的，如果格式条款和非格式条款不一致，应当如何处理？非格式条款优先采信规则已经成为国际上普遍采用的规则。格式条款是单方拟定并提供给相对方使用、相对方未实际参与协商，不能充分体现相对方的真实意愿。而非格式条款是双方当事人自由协商的结果，与格式条款相比，更能体现双方当事人的真实意愿。优先采用非格式条款更符合民法上的自愿原则，对当事人也更为公平。据此，《民法典》第 498 条规定，格式条款和非格式条款不一致的，应当采用非格式条款。

30. 什么是悬赏广告？

悬赏广告在经济社会中较为常见。依据《民法典》第 499 条规定，悬赏广告的构成要满足以下三个条件：一是要以公开的方式作出声明。公开的具体方式，可以是通过广播电视、报纸期刊或者互联网等媒介发布，也可以是在公众场所发传单、在公开的宣传栏张贴广告等。二是悬赏人在声明中提出明确的要求，即要完成特定行为。声明对于该要求，要有具体、明确的表达，不能含混不清。三是悬赏人具有支付报酬的意思表示，即对完成特定行为的人给付一定报酬。悬赏人应当对报酬的形式、给付方式等作出明确的表达；如果报酬是给付金钱，应当明确金钱的币种、数额等。对于满足以上条件的悬赏广告，完成该特定行为的人可以请求悬赏人支付报酬，悬赏人不得拒绝。

31. 什么是缔约过失责任？

缔约过失责任是指当事人在订立合同过程中，因违背诚信原则而给对方造成损失的赔偿责任。缔约过失责任是以诚信原则为基础的民事责任。诚信原则贯穿合同交易的各个环节，当事人在订立合同过程中进行协商、谈判也要遵循诚信原则，当事人负有相互协助、照顾、保护以及重要情况的告知义务。在这个阶段，合同尚未成立，但一方对另一方在协商、谈判中实施的行为已经产生了合理信赖。如果当事人在这个阶段实施了违背诚信原则的行为，例如隐瞒了重要事实和情况等，使对方的信赖利益受损，缔约过失责任即成立。

根据《民法典》第500条规定，有下列情况之一，给对方当事人造成损失的，应当承担缔约过失责任：

一是假借订立合同，恶意进行磋商。指根本没有与对方订立合同的目的，与对方进行谈判协商只是个借口，目的是损害对方或者第三人的利益。例如，甲知道乙有转让餐馆的意图，甲并不想购买该餐馆，但为了阻止乙将餐馆卖给竞争对手丙，却假意与乙进行了长时间的谈判。当丙买了另一家餐馆后，甲中断了谈判，导致乙只能以比丙出价更低的价格将餐馆予以转让。

二是故意隐瞒与订立合同有关的重要事实或者提供虚假情况。这也是合同订立过程中比较典型的违背诚信原则的行为。根据诚信原则的要求，当事人在订立合同过程中，对有关的重要事实和情况负有告知义务。当事人故意隐瞒重要事实和情况，造成对方损失的，应当承担缔约过失责任。

三是有其他违背诚信原则的行为。在合同订立过程中，当事人依照诚信原则进行谈判，有谈成的，有谈不成的，中途停止谈判也是正常的。但如果当事人违反了诚信原则要求的互相协助、照顾、保护、通知等义务，实施了违背诚信原则的行为，造成对方损失的，就要承担缔约过失责任。

32. 当事人承担缔约过失责任，应当赔偿对方哪些损失？

在合同订立过程中，当事人基于对对方的信赖，为合同的成立做了一些前期准备工作，对方当事人违背诚信原则损害了当事人的信赖利益，应当予以赔偿。缔约过失责任的赔偿范围以受损害的当事人的信赖利益的损失为限，包括直接利益的减少，如谈判中发生的费用，还包括受损害的当事人因此失去与第三人订立合同机会的损失。具体的损失额根据案件实际情况进行计算，但不得超过合同履行利益即合同成立并得到履行后所获得的利益。

33. 当事人在订立合同过程中是否负有保密义务？

当事人在合同订立过程中，可能会知悉对方的商业秘密或者其他应当保密的信息，《民法典》第501条明确规定，当事人对此负有保密义务，将其作为当事人的一项法定义务。

依照《民法典》第501条规定，无论合同是否成立，当事人均不得泄露或者不正当地使用应当保密的信息。按照我国《反不正当竞争法》第9条第4款的规定，商业秘密是指不为公众所知悉、具有商业价值并经权利人采取相应保密措施的技术信息、经营信息等商业信息。商业秘密中的技术信息涉及有关技术数据、技术知识，表现为产品配方、工艺流程、设计图纸等，可以给权利人带来很大的经济利益。商业秘密中的经营信息涵盖广泛，包括管理方法、销售策略、发展规划、客户名单等，对其经营活动意义重大，往往是其立足市场、保持竞争力的重要基础。当事人为达成协议，可能会将自身掌握的商业秘密告知对方，但一般也会提醒对方不得泄露、使用。在这种情况下，对方当事人负有不予泄露的义务，也不能不正当使用。在有些情况下，虽然一方当事人没有明确告知对方当事人有关信息是商业秘密，但基于此种信息的特殊性质，按照一般的常识，对方当事人也不得泄露或者不正当地使用，否则有悖诚信原则。比如，乙与丙是两个主要的轿车生产商。甲有意与乙或者丙达成一项合资企业协议。在与乙的谈判过程中，甲收到了乙关于新型车设计方案的详细资料。尽管乙没有明确要求甲将该信息作为商业秘密予以保密，但因为这是一种新车的设计方案，甲负有不向丙披露的义务，也不能将该设计方案用于自己的生产程序。

此外，还有其他一些信息虽然不构成商业秘密，但也对当事人的经营活动具有重大意义，也属于应当保密的信息。根据诚信原则，当事人在订立合同过程中知悉这些信息的，无论合同是否成立，也不得泄露或者不正当地使用。当然有些情况下，当事人双方在合同谈判的过程中交换的信息可能很有用、也很有价值，但也不一定都属于应当保密的信息。比如当事人要购买一种机器，可以向很多生产或者出售这种机器的商家发出要约邀请，邀请他们发出要约，介绍所生产或者出售的机器的价格、性能、技术指标等基本信息。在这个过程中，当事人会了解到这些基本信息，这些基本信息对于更好地选择商家订立合同很有价值，但一些情况下也可能不属于应当保密的信息。

当事人泄露、不正当地使用该商业秘密或者其他应当保密的信息造成对方损失的，应当承担赔偿责任。违法泄露或者不正当地使用商业秘密的，不仅限于承担民事赔偿责任，还有可能承担行政责任甚至刑事责任。

34. 当事人未依照法律、行政法规的规定办理合同批准等手续，会产生什么法律后果？

法律、行政法规对合同规定了批准等手续的，当事人应当依法办理批准等手续。法律、行政法规对相当一些合同规定了批准等手续，但不是所有的批准等手续都能影响合同的生效。《民法典》第502条专门对未办理批准等手续影响合同生效的情形作了规定。“未办理批准等手续影响合同生效”是指只有办理了批准等手续，合同才能生效；反之，未办理批准等手续，合同不生效。目前来看，规定合同应当办理批准等手续的法律、行政法规较多，但明确规定必须办理批准等手续合同才生效的，只有国务院于1998年颁布的行政法规《探矿权采矿权转让管理办法》。《探矿权采矿权转让管理办法》第10条规定，审批管理机关批准当事人转让探矿权、采矿权的，转让合同自批准之日起生效。除该规定之外，其他的法律、行政法规仅是规定一些合同应当办理批准等手续，但没有明确未办理批准等手续影响合同生效。法律、行政法规要求某些合同应当办理批准等手续，是国家基于社会管理的需要，对特定的合同交易活动进行管理和控制的一种手段。当事人未办理批准等手续是否影响合同生效，涉及法律、行政法规设定有关批准等手续进行社会管理的性质、目的判断问题，需要结合具体情况，在设定批准等手续的社会管理政策与合同法保障意思自治、鼓励交易之间作平衡性判断。

对于未办理批准等手续影响合同生效的情形，如果当事人未办理批准等手续，该合同不生效。但此类合同中往往存在履行报批等义务条款及相关条款，这些条款对报批等义务的履行甚至违反报批义务的责任等作了专门约定。这类报批条款的履行是整个合同生效的前提和基础，合同生效后，才能进入到合同的履行环节，当事人一方才能请求对方履行合同义务。《民法典》第502条明确将履行报批等义务条款以及相关条款作为一种特殊的条款予以独立对待，即使合同整体因未办理批准等手续不生效，也不影响合同中履行报批等义务条款以及相关条款的效力，也即合同中履行报批等义务条款以及相关条款的效力不受合同整体不生效的影响。

既然合同中履行报批等义务条款以及相关条款独立生效，负有报批义务的一方当事人未履行义务的，对方也就可以单独就违反报批义务要求其承担责任。《民法典》第502条规定，应当办理申请批准等手续的当事人未履行义务的，对方可以请求其承担违反该义务的责任。从责任形式上来说，这一条“违反该义务的责任”可以参照合同违约责任，可以包括继续履行、赔偿损失等责任形式。在确定损害赔偿额时，要将报批义务放到交易整体中予以考虑，综合考量办理报批手续在整个交易中的重要性、报批后批准的难易度、报批义务履行后整个交易的完成度和成熟度等因素。如果办理报批手续是整个交易最关键的环节，并且报批后予以批准的可能性非常高，报批义务履行后当事人之间就完成了整个交易的绝大部分，整个交易就能达到很高的完成度和成熟度，那么违反报批义务的损害赔偿额就应当更高甚至可以接近于整体合同的履行利益，但不能超过整体合同的履行利益。

35. 无权代理人以被代理人的名义订立合同，被代理人已经开始履行合同义务或者接受相对人履行的，会产生什么法律效果?

行为人无代理权却以被代理人的名义实施民事法律行为，不符合被代理人的意愿，法律效果不能直接及于被代理人，本应对被代理人不发生效力，但是考虑到行为人实施的民事法律行为并非都是对被代理人不利的，有些可能是对被代理人有利的；而且，既然代理行为已经完成，如果被代理人事后愿意承认，从鼓励交易、维护交易秩序稳定以及更好地保护各方当事人利益的角度出发，也没有必要一概否定其效力。

无权代理人以被代理人的名义订立合同后，被代理人对该无权代理行为享有追认的权利。一般情况下，被代理人实际进行追认的，都是以口头或者书面等明示的方式作出追认的意思表示。但在一些情况下，被代理人没有以明示的方式作出追认或者拒绝的意思表示，但已经开始履行合同义务或者接受相对人履行。被代理人开始履行合同义务或者接受相对人履行的行为，是对无权代理行为的正面反馈，属于一种积极的作为。《民法典》第503条对此作出明确规定，被代理人已经开始履行合同义务或者接受相对人履行的，视为对合同的追认。

36. 法定代表人或者负责人超越权限订立合同，会产生什么效力?

在日常经济社会生活中，法人或者非法人组织的民事活动是经过其法定代表人、负责人进行的。但是实践中存在一些法定代表人、负责人超越权限订立合同的情形，如何对待此类合同的效力？法人的法定代表人或者其他组织的负责人是代表法人或者其他组织行使职权的，一般来说，法人的法定代表人或者其他组织的负责人本身就是法人或者其他组织的组成部分，法定代表人的行为或者其他组织负责人的行为就是法人或者其他组织的行为，因此，他们执行职务的行为所产生的法律后果都应当由法人或者其他组织承受。对此，《民法典》第 61 条第 2 款作了明确规定，法定代表人以法人名义从事的民事活动，其法律后果由法人承受。法人的法定代表人或者非法人组织的负责人以法人或者其他组织的名义与相对人订立合同的，相对人一般认为法定代表人或者其他组织的负责人就是代表法人或者其他组织，相对人往往并不知道也难以知道，一般也没有义务知道法定代表人或者其他组织负责人的权限到底有多大，法人或者其他组织的内部管理规定也不应对合同的相对人形成约束力。如果法人的法定代表人或者其他组织的负责人超越权限而订立合同的，代表行为无效，所订立的合同对法人或者非法人组织不发生效力，将会严重损害合同相对人的利益，不利于保护交易的安全，也会助长一些法人或者其他组织借此逃避责任，谋取不当利益。

依照《民法典》第 504 条规定，法人的法定代表人或者非法人组织的负责人超越权限订立合同的，一般情况下代表行为有效，所订立的合同对法人或者非法人组织发生效力。但如果合同的相对人在订立合同时知道或者应当知道法人的法定代表人或者其他组织的负责人的行为是超越权限的，而仍与之订立合同，则具有恶意，此时没有对合同的相对人加以保护的必要，即该合同对法人或者非法人组织不发生效力。

37. 市场主体超越经营范围订立的合同有效吗？

经营范围是市场主体从事经营活动的业务范围。我国在相当一段时间内对市场主体经营范围的管控还是比较严格的。1986 年公布、1987 年施行的《民法通则》第 42 条规定，企业法人应当在核准登记的经营范围内从事经营。第 49 条规定，企业法人超出登记机关核准登记的经营范围从事非法经营的，除法人承担责任外，对法定代表人可以给予行政处分、罚款，构成犯罪的，依法追究刑事责任。1993 年颁布的《公司法》第 11 条规定“公司应当在登记的经营范围内从事经营活动”，对经营范围的管理仍然比较严格。相应地，超越经营范围而订立的合同往往会被认定为无效合同。随着我国社会主义市场经济的快速发展，这种做法越来越不能适应实践需求，不利于保障交易安全，不利于促进市场交易和激发市场活力。1999 年合同法颁布后，司法实践对超出经营范围订立的合同的效力作了进一步探索。1999 年最高人民法院公布施行的《最高人民法院关于适用〈中华人民共和国合同法〉若干问题的解释（一）》第 10

条规定："当事人超越经营范围订立合同，人民法院不因此认定合同无效。但违反国家限制经营、特许经营以及法律、行政法规禁止经营规定的除外。"该规定原则上确立了当事人超越经营范围订立合同一般不影响合同效力。2005 年全面修订后的《公司法》第 12 条规定，公司的经营范围由公司章程规定，并依法登记。公司可以修改公司章程，改变经营范围，但是应当办理变更登记。至此，我国对于公司法人的经营范围已经基本放开。理论和实务中对于超越经营范围订立的合同的效力也取得了趋于一致的认识，即合同效力一般不因超越经营范围而受到影响。

《民法典》第 505 条对当事人超越经营范围订立的合同的效力问题予以明确，即当事人超越经营范围订立的合同的效力，应当依照民法典总则编第六章第三节和合同编的有关规定确定，不得仅以超越经营范围确认合同无效。民法典总则编第六章第三节和合同编对合同的效力问题作了全面、系统的规定。对当事人超越经营范围订立的合同效力的判断，应当依照这些规定确定，例如要看是否有违反法律、行政法规强制性规定的情形等，而不得仅以超越经营范围确认合同无效。

38. 哪些免责条款是无效的？

合同中的免责条款是指合同中的双方当事人在合同中约定的免除或者限制一方或者双方当事人责任的条款。一般来说，当事人经过充分协商确定的免责条款，只要是完全建立在当事人自愿的基础上，免责条款又不违反社会公共利益，法律是承认免责条款的效力的。但是对于严重违反诚信原则和社会公共利益的免责条款，法律是禁止的，否则不但将造成免责条款的滥用，而且还会严重损害一方当事人的利益，也不利于保护正常的合同交易。

《民法典》第506条规定了以下两种免责条款无效：一是造成对方人身伤害的条款无效。对于人身的健康和生命安全，法律是给予特殊保护的。如果允许免除一方当事人对另一方当事人人身伤害的责任，那么就无异于纵容当事人利用合同形式对另一方当事人的生命健康进行摧残，这与保护公民的人身权利的宪法原则是相违背的。在实践当中，这种免责条款一般也都是与另一方当事人的真实意思相违背的。所以对于这类免责条款应当加以禁止。二是因故意或者重大过失给对方造成财产损失的免责条款无效。之所以将免除因故意或者重大过失造成对方财产损失的条款确认无效，是因为这种条款严重违反了诚信原则，如果允许这类条款的存在，就意味着允许一方当事人利用这种条款不公平对待对方当事人，损害对方当事人的权益，这是与合同制度的设立目的相违背的。

39. 合同不生效、无效、被撤销或者终止的，解决争议方法条款的效力是否受影响？

合同不生效、无效、被撤销或者终止，虽不能产生当事人所预期的法律效果，但并不是不产生任何法律后果。《民法典》第157条规定，民事法律行为无效、被撤销或者确定不发生效力后，行为人因该行为取得的财产，应当予以返还；不能返还或者没有必要返还的，应当折价补偿。有过错的一方应当赔偿对方由此所受到的损失；各方都有过错的，应当各自承担相应的责任。在合同终止的情况下，双方当事人之间也有民事责任的存在。对于如何解决双方之间的民事争议，双方当事人在合同中往往订有解决争议的条款，当事人希望用约定的解决争议的方法来解决双方之间的争议。依照《民法典》第 507 条规定，这些条款的效力是独立于合同的效力的，合同的生效与否、有效与否、被撤销与否或者终止与否都不影响解决争议条款的效力。该条所说的有关解决争议方法的条款包括以下 4 种形式：

一是仲裁条款。仲裁条款是仲裁协议的一种表现形式，是当事人在合同中约定的用仲裁方式解决双方争议的条款。我国对合同争议采取或仲裁或诉讼的制度，仲裁条款有排除诉讼管辖的效力。如果当事人在合同中订有仲裁条款，则当事人在发生争议时，不能向人民法院提出诉讼。《仲裁法》第 19 条第 1 款规定，仲裁协议独立存在，合同的变更、解除、终止或者无效，不影响仲裁协议的效力。

二是选择受诉法院的条款。我国《民事诉讼法》第 34 条规定，合同或者其他财产权益纠纷的当事人可以书面协议选择被告住所地、合同履行地、合同签订地、原告住所地、标的物所在地等与争议有实际联系的地点的人民法院管辖，但不得违反本法对级别管辖和专属管辖的规定。当事人选择受诉人民法院的条款，不受合同效力的影响。

三是选择检验、鉴定机构的条款。当事人可以在合同中约定，若对标的物质量或技术的品种发生争议，在提交仲裁或者诉讼前，应当将标的物送交双方认可的机构或科研单位检验或鉴定，这种解决争议方法的约定出于双方自愿，不涉及合同的实体权利和义务，应当承认其效力。

四是法律适用条款。依照我国《涉外民事关系法律适用法》第41条规定，对于具有涉外因素的合同争议，当事人可以协议选择合同适用的法律。当然，外国法律的适用将损害我国社会公共利益的，应当适用我国法律。当事人就法律适用条款所达成的协议的效力具有独立性，不受合同效力的影响。

40. 合同履行应当遵循哪些原则？

依照《民法典》第509条规定，合同履行应当遵循全面履行原则、诚信原则以及绿色原则。

全面履行原则指当事人应当按照约定全面履行自己的义务。例如，买卖合同的出卖人应当按照约定的履行期限、履行地点和方式，将符合约定的数量、质量要求的标的物的所有权转移于买受人，买受人应当按照约定的价款金额、结算方式支付价款。当事人应当履行的义务不限于合同的主要义务，对于当事人约定的其他义务，当事人也应当按照约定履行。例如，房产买卖合同中，出卖人不但要履行转移房产所有权于买受人这一合同主要义务，还要按照约定与买受人办理物业交割手续等。在二手车买卖合同中，出卖人不但要履行转移车辆所有权于买受人这一主要义务，还要按照约定向买受人提供车辆行驶证等必要资料文件。

合同履行也应当遵循诚信原则，当事人应当按照诚信原则行使合同权利，履行合同义务。当事人除应当按照合同约定履行自己的义务外，也要履行合同未作约定但依照诚信原则应当履行的通知、协助、保密等义务。

绿色原则是落实党中央关于建设生态文明、实现可持续发展理念的要求，是贯彻宪法关于保护环境的要求。合同履行应当遵循绿色原则指当事人在履行合同过程中，应当避免浪费资源，避免污染环境和破坏生态。

41. 合同约定不明时，如何确定合同内容？

合同内容一般包括合同主体即当事人的姓名或者名称和住所、标的、数量、质量、价款或者报酬、履行期限、履行地点和方式等。一般来说，合同的标的、数量是合同的必备条款，需由当事人明确约定。当事人对合同的标的、数量没有约定或者约定不明确的，合同内容无法确定，合同不成立。但当事人就质量、价款或者报酬、履行期限、履行地点和方式等没有约定或者约定不明的，一般并不影响合同成立，可以就这些内容进行补充。这也体现了合同法应当尽可能鼓励交易、促成交易达成的立法目的。

依照《民法典》第510条规定，合同生效后，当事人就质量、价款或者报酬、履行地点等内容没有约定或者约定不明确的，第一，可以协议补充。按照民法自愿原则，当事人有权自主决定合同内容。在当事人就合同有关内容没有约定或者约定不明确时，由当事人通过协商的方式达成补充协议，是对民法自愿原则的体现和落实，也是最有效地补充合同内容、保障合同得以履行的方式。第二，如果当事人就有关内容不能达成补充协议，则按照合同有关条款或者交易习惯确定。合同各条款都是当事人协商一致的结果，体现了当事人的真实意愿。合同条款与条款之间在表达上往往存在一定的关联，在合同欠缺有关内容或者对有关内容约定不明确时，可以结合相关条款探寻当事人真实的意图，进而补充所欠缺的内容或者将不明确的内容予以明确。交易习惯在一定范围内被普遍接受和采用，或者在特定当事人之间经常使用。在合同欠缺有关内容或者对有关内容约定不明确时，交易习惯也可以用来对合同内容进行补充。

42. 如果当事人就有关合同内容约定不明确，依照《民法典》第510条规定仍不能确定的，如何处理？

当事人在合同中对质量、价款或者报酬、履行地点、履行期限、履行方式、履行费用没有约定或者约定不明确，依照《民法典》第510条规定仍不能确定，即既不能通过协商达成补充协议，又不能按照合同的有关条款或者交易习惯确定的，适用《民法典》第511条规定确定合同相关内容。具体而言，质量要求不明确的，按照强制性国家标准履行；没有强制性国家标准的，按照推荐性国家标准履行；没有推荐性国家标准的，按照行业标准履行；没有国家标准、行业标准的，按照通常标准或者符合合同目的的特定标准履行。价款或者报酬不明确的，按照订立合同时履行地的市场价格履行；依法应当执行政府定价或者政府指导价的，依照规定履行。履行地点不明确，给付货币的，在接受货币一方所在地履行；交付不动产的，在不动产所在地履行；其他标的，在履行义务一方所在地履行。履行期限不明确的，债务人可以随时履行，债权人也可以随时请求履行，但是应当给对方必要的准备时间。履行方式不明确的，按照有利于实现合同目的的方式履行。履行费用的负担不明确的，由履行义务一方负担；因债权人原因增加的履行费用，由债权人负担。

43. 如何确定电子合同交付商品或者提供服务的时间？

电子合同成立并生效后，即进入合同履行阶段。《民法典》第 512 条根据电子合同履行中的实践情况，吸收电子商务法的有关规定，区分电子合同的标的为交付商品或者提供服务，分别作出规定，并有针对性地对采用在线传输方式交付标的物的情形作出专门规定。

一是关于电子合同标的为交付商品的情形。商品的交付时间具有重要的法律意义。商品的交付时间是判断动产所有权是否转移以及标的物毁损、灭失的风险由哪一方当事人承担的依据。

通过互联网等信息网络订立的电子合同生效后，当事人负有交付商品的义务。实践中，交付方式主要有两种：（1）门店自取；（2）采用快递物流方式交付。其中，采用快递物流方式更为常见。门店自取的方式交付商品，属于面对面交付，交付时间不会产生纠纷。采用快递物流方式交付的，收货人的签收时间为交付时间。

二是关于电子合同标的为提供服务的情形。实践中，电子合同标的为提供服务的情况也比较常见，涉及教育培训、文化娱乐、交通出行等各个领域。对此，《民法典》第 512 条规定，电子合同的标的为提供服务的，原则上生成的电子凭证或者实物凭证中载明的时间为提供服务时间。但是，实践中所生成的电子凭证或者实物凭证，有的没有载明时间，也有的电子凭证或者实物凭证载明的时间与实际提供服务时间不一致，这些情况下，以实际提供服务的时间为准。

三是关于采用在线传输方式交付标的物的情形。电子合同的有些标的物，例如一些数字产品，通常采用在线传输方式交付。这种情形下，合同标的物进入对方当事人指定的特定系统且能够检索识别的时间为交付时间。如果进入相对方指定的特定系统的电子合同标的物本身不能够检索识别，例如当事人发送的是已经感染病毒的标的物，则不能直接将标的物进入相对方指定的特定系统的时间作为交付时间，应当由负有交付义务的当事人承担不利的法律后果。

此外，当事人可以对交付商品或者提供服务的方式、时间另行约定。如果当事人作出另外约定的，按照其约定。

44. 执行政府定价、政府指导价的，合同约定的交付期限内，政府价格调整时，如何确定合同履行的实际价格？

我国实行宏观经济调控下主要由市场形成价格的机制，价格分为市场调节价和政府指导价、政府定价。市场调节价，是指由经营者自主制定，通过市场竞争形成的价格。政府指导价，是指由政府价格主管部门或者其他有关部门按照定价权限和范围规定基准价及其浮动幅度，指导经营者定价的价格。政府定价，是指由政府价格主管部门或者其他有关部门按照定价权限和范围制定的价格。

合同交易中，价格通常按照市场调节价由当事人共同商定。国家对合同交易规定有政府指导价的，当事人应当在指导价的幅度内商定价格。国家对合同交易规定了政府定价的，当事人均应当遵守，一方违反价格管理规定的，另一方可以请求其退还多收的价金。

依照《民法典》第513条规定，合同执行政府定价、政府指导价的，如果合同约定的履行期限内政府定价、政府指导价调整，则按标的物交付时的价格计价。逾期交付的，遇价格上涨时，按原价格执行；价格下降时，按新价格执行。逾期提取标的物或者逾期付款的，遇价格上涨时，按新价格执行；价格下降时，按原价格执行。

45. 以支付金钱为内容的债，如何确定债务履行的币种？

法定货币依靠国家规定成为一定地域内合法流通的货币。《中国人民银行法》第16条第1款规定，中华人民共和国的法定货币是人民币。我国香港、澳门特别行政区的法定货币分别为港币、澳门币。美国法定货币为美元、英国法定货币为英镑等。

依照《民法典》第514条规定，在合同交易中，对于以支付金钱为内容的债务，当事人可以约定以哪一币种履行债务。如果法律没有特别规定，当事人也没有约定的，债权人可以请求债务人以实际履行地的法定货币履行。

46. 选择之债中，哪一方当事人享有选择权？

选择之债指债的标的有多项，而债务人只需履行其中一项，例如食用油加工厂与供货商约定，供货商应当在两个月内供应100吨大豆或者150吨花生，这种情况下供货商只需履行其中一项。选择之债首先要解决的问题就是哪一方当事人享有选择权。《民法典》第515条采用了一般原则加除外规定的方式，对选择权的归属主体作出规定。依照该条规定，标的有多项而债务人只需履行其中一项的，原则上选择权归属于债务人。将选择权赋予债务人，有利于债务人根据自身情况作出最适宜债务履行的选择，能够更大程度地确保交易实现。同时，该条规定了法律另有规定、当事人另有约定或者另有交易习惯三种例外。一是法律对选择权的归属主体另有规定的，应当按照该规定确定享有选择权的主体。二是民事活动应当遵循自愿原则，在当事人对选择权的归属主体作出特别约定的情况下，应当尊重当事人的选择，按照当事人的约定确定选择权的归属主体。三是交易习惯在某一地域、某一领域、某一行业等范围内被普遍接受和采用，或者在特定当事人之间经常使用。适用交易习惯确定选择权的归属主体符合当事人的预期，有利于公平、合理地平衡当事人之间的利益。对于选择之债中选择权的归属主体，在法律没有特别规定、当事人没有约定的情况下，如果有相关交易习惯存在，即适用该交易习惯确定选择权的归属主体。

债的标的之确定，有赖于享有选择权的当事人行使选择权。

享有选择权的当事人不行使选择权，债的标的就无法确定。享有选择权的当事人应当在约定期限内作出选择；当事人未对选择权行使约定期限的，应当在履行期限届满前作出选择。同时，考虑到选择权的行使直接关系到债的标的的确定，选择权转移对当事人影响重大，因此《民法典》第515条在行使选择权的约定期限和履行期限届满后，又设定了一个催告期间以作缓冲，使不及时行使选择权的一方予以充分注意。依照《民法典》第515条规定，享有选择权的当事人在约定期限内或者履行期限届满未作选择的，相对方可以催告其在合理期限内作出选择；经催告后在合理期限内仍未选择的，选择权转移至对方。这就意味着，即使当事人对选择权的行使期限作了约定，在约定期限届满未作选择的，相对方都要先进行催告。只有当有选择权的当事人在催告后的合理期限内仍未选择的，选择权才转移至对方。

47. 选择之债中，当事人以哪种方式行使选择权？

《民法典》第516条第1款规定，有选择权的当事人行使选择权应当采用通知的方式，通知到达对方时，标的即确定，不需要经过相对方同意。标的一旦确定，对双方当事人均产生约束力。除非经过相对方同意，享有选择权的当事人不得再自行变更标的。

48. 选择之债中，可选择的标的发生不能履行情形的，如何处理？

《民法典》第 516 条第 2 款从尽可能促成债务履行的角度出发，规定可选择的标的发生不能履行情形的，享有选择权的当事人不得选择不能履行的标的，即只能从剩余的标的中选择。同时为了公平、合理平衡当事人双方之间的利益，作了除外规定即“但是该不能履行的情形是由对方造成的除外”。意思就是，如果该不能履行的情形是由相对方即无选择权的当事人造成的，享有选择权的当事人既可以在剩余标的中选择，也可以选择该不能履行的标的进而主张相应的法律效果。例如，在一项合同交易中约定了多项可选择的标的，如果债权人享有选择权，标的不能履行是由债务人造成的，那么债权人也可以选择该不能履行的标的，进而依法主张解除合同或者要求债务人承担违约责任。

49. 什么是按份债权、按份债务？

《民法典》第 517 条对按份债权和按份债务的定义作了界定，即债权人为二人以上，标的可分，按照份额各自享有债权的，为按份债权；债务人为二人以上，标的可分，按照份额各自负担债务的，为按份债务。依照该规定，按份债权和按份债务的标的都是可分的，标的不可分不能成立按份债权或者按份债务。当然标的可分的债权并不都是按份债权，标的可分的债务并不都是按份债务，标的可分的债权或者债务也可依照法律规定或者当事人约定成立连带债权或者连带债务。按份债权的债权人为二人以上，按照份额各自享有债权，每个债权人只能就自己的份额向债务人主张债权，不得超过自己份额行使债权。按份债务的债务人为二人以上，按照份额各自负担债务，每个债务人只就自己应当承担的份额向债权人履行债务，对超过自己份额的债务有权拒绝。《民法典》第517条对按份债权和按份债务的定义所作的界定，同时包含了按份债权和按份债务的内外部效力，即各债权人之间对内按照份额享有权利，对外按照各自份额行使权利；各债务人之间对内按照份额分担债务，对外按照各自份额履行债务。

《民法典》第517条还对份额难以确定的情形作了规定。按份债权人的份额或者按份债务人的份额，法律有规定或者当事人有约定的，依照法律规定或者当事人约定。如果法律没有规定，当事人也没有约定或者约定不明确，难以确定按份债权人或者按份债务人的份额的，视为份额相同，每个债权人平均分享债权，每个债务人平均分担债务。

50. 什么是连带债权、连带债务？

《民法典》第518条第1款规定，债权人为二人以上，部分或者全部债权人均可以请求债务人履行债务的，为连带债权；债务人为二人以上，债权人可以请求部分或者全部债务人履行全部债务的，为连带债务。

连带债务设立的目的是最大限度地保障债权人的利益，每一个债务人对全部债务均负有履行义务，实际上相当于以全体债务人的全部财产担保债务履行。就连带债权而言，每一个债权人均可以请求债务人履行全部债务，这就会存在某一债权人受领全部给付后并没有按照内部份额返还其他债权人的情况，其他债权人的利益有受到损害的风险。由此可见，连带债权对债权人而言并不有利。实践中，连带债务比连带债权也更为常见。

连带债务的成立对债权人相当有利，但对各债务人影响重大，对其成立有必要作严格的限制。《民法典》第518条第2款规定，连带债务由法律规定或者当事人约定。既没有法律规定，也没有当事人约定的，不可成立连带债务。连带债权的各债权人共享同一债权，但可以由某一债权人单独行使该债权，这种情况也要有法律的明确规定或者当事人之间的特别约定。

51. 某一连带债务人向债权人承担债务后，如何向其他连带债务人追偿?

连带债务人向债权人履行债务后，债权相应消灭，连带债务人与债权人之间的外部关系转化为该连带债务人与其他连带债务人之间的内部关系。《民法典》第519条规定，连带债务人实际承担的债务须超过自己的债务份额，才能向其他连带债务人行使追偿权，并且行使追偿权的范围限于实际承担债务超过自己份额的部分。连带债务在内部关系上表现为各债务人按照各自的份额分担债务。基于此，连带债务人应当就实际承担债务超过自己份额的部分，在其他连带债务人未履行的份额范围内行使追偿权，即只能主张其他连带债务人各自应当承担的债务份额内未履行的部分，而不是就该超出部分要求其他债务人承担连带债务。例如，债权人甲对连带债务人乙、丙、丁享有150万元的债权，乙、丙、丁约定平均分担该笔债务，即就内部关系而言每人的债务份额为50万元。现乙向甲清偿了全部债务，乙就超过自己份额的部分即100万元有权向丙、丁追偿，就这100万元丙、丁并不对乙承担连带债务，而是每人只承担各自份额50万元，乙也无权要求丙或者丁各自承担超过50万元的债务部分。

《民法典》第519条还规定，连带债务人在向其他连带债务人追偿时，相应地享有债权人的权利。连带债务人所享有的债权人的权利，比较典型的是债权所附的担保等从权利。连带债务人之一通过清偿债务使债权人对连带债务人的债权消灭的，由作出清偿的连带债务人在一定范围内取得原债权人的地位，取得原债权人所享有的担保权等权利。同时考虑到连带债务规则设立的目的主要是保护债权人，为了合理平衡债权人与享有追偿权的连带债务人之间的利益，《民法典》第519条还规定，实际承担债务的连带债务人享有债权人的权利，但是不得损害债权人的利益。举一例予以说明：某一债权人对连带债务人A、B、C享有100万元债权，连带债务人A、B、C内部约定了各自份额，A承担50万元、B承担30万元、C承担20万元，D还就自己的财产为债务人B就连带债务向债权人设定了抵押。现A向债权人清偿了70万元债务，B、C未向债权人清偿。依照这一条规定，A不仅享有追偿权，还享有债权人的权利，即A就超过自己份额的部分即20万元有权向B、C追偿，同时还取得了债权人对 D 提供的抵押财产所享有的抵押权。但是，本案中债权人还有 30 万元未获清偿，依照这一条规定，连带债务人享有债权人的权利不得损害债权人的利益，那么债权人就未获清偿的 30 万元债务对 D 提供的抵押财产所享有的抵押权，在顺位上要优先于 A 就抵押财产所取得的抵押权。

此外，为了合理平衡享有追偿权的连带债务人与其他连带债务人之间的利益，《民法典》第 519 条还规定，其他连带债务人对债权人的抗辩，可以向该债务人主张。比如，其他连带债务人对债权人的债权数额有异议的，本可以向债权人提出抗辩，现就可以向享有追偿权的连带债务人提出抗辩。再如，实际承担债务的连带债务人甲向其他连带债务人乙追偿，并行使债权人对连带债务人乙所享有的抵押权时，为债权人设定抵押的连带债务人乙认为抵押权未依法设立、已经变更或者消灭的，本可以向债权人提出抗辩，现就可以向进行追偿的连带债务人甲主张抗辩。

52. 某一连带债务人在向其他连带债务人进行追偿时，如果其他连带债务人之一发生了破产等情形致使不能履行其应当分担的份额的，如何处理？

实际承担债务超过自己份额的连带债务人在向其他连带债务人进行追偿时，只能要求其他连带债务人在各自未履行的份额范围内分担债务。如果其他连带债务人之一发生了破产等情形致使不能履行其应当分担的份额的，实际承担债务的连带债务人的追偿权就难以全部实现。《民法典》第 519 条第 3 款基于公平考虑，规定被追偿的连带债务人不能履行其应分担份额的，其他连带债务人应当在相应范围内按比例分担。该规定中的“其他连带债务人”是指除不能履行其应分担份额的连带债务人之外的所有连带债务人，包括实际承担债务后行使追偿权的连带债务人。举例如下：连带债务人A、B、C、D对债权人E负200万元债务，连带债务人内部平均分担债务，即每个连带债务人的内部分担份额为50万元。A向E清偿了200万元债务，使连带债务人对债权人的债务全部消灭，A就自己实际承担的债务超出自己份额的部分即150万元享有向B、C、D的追偿权，B、C、D各自向A分担50万元。现B破产，A向B只追偿到20万元，B应分担的另外30万元份额已经不能履行。此时，依照这一条规定，B不能履行的30万元份额，由A、C、D三个连带债务人按照比例（50:50:50）分担，每人分担10万元份额，即A就B不能履行的30万元债务，自己承担10万元，可以向C、D每人主张10万元。

53. 债权人免除部分连带债务人的债务的，其他连带债务人是否还需要向债权人履行债务？

依照《民法典》第520条规定，债权人免除其中一个或者部分连带债务人的债务的，债权人仍可向其他债务人请求履行，但是其他债务人承担的连带债务数额要扣除被免除的连带债务人应当承担的内部份额。例如，债权人对连带债务人甲、乙、丙享有100万元债权，就连带债务人内部而言，甲承担20万元、乙承担30万元、丙承担50万元。现债权人表示免除甲的债务。此时，债权人仍可向乙、丙主张债权，但是要扣除甲承担的份额 20 万元，即乙、丙对债权人只承担 80 万元连带债务。

54. 对于连带债权，实际受领债权的连带债权人是否应当向其他连带债权人返还？

依照《民法典》第 521 条规定，实际受领债权的连带债权人，应当按比例向其他连带债权人返还，返还的数额按照连带债权人的份额比例计算。例如，连带债权人甲、乙、丙对债务人享有 300 万连带债权，连带债权人甲、乙、丙内部份额比例为 5∶2∶3。债务人向甲给付 100 万元债权。这种情况下，债权人应当按照比例 5∶2∶3 向连带债权人乙、丙返还，即向乙返还 20 万元，向丙返还 30 万元，甲留下自己的债权比例部分 50 万元。

55. 什么是利益第三人合同？

利益第三人合同可以分为不真正利益第三人合同和真正利益第三人合同，这两者的主要差别在于，不真正利益第三人合同坚守合同相对性原则，真正利益第三人合同则突破了合同相对性。合同相对性原则指依法成立的合同，仅对当事人具有法律约束力，对当事人之外的第三人不具有法律约束力。

《民法典》第 522 条第 1 款对不真正利益第三人合同作了规定，即当事人约定由债务人向第三人履行债务，债务人未向第三人履行债务或者履行债务不符合约定的，应当向债权人承担违约责任。由债务人向第三人履行债务，是债权人与债务人之间所作的约定，该约定不对第三人产生法律约束力。第三人不享有请求债务人履行的权利，履行请求权仍然属于作为合同当事人的债权人。债务人未向第三人履行债务或者履行债务不符合约定的，债务人应当向债权人承担违约责任，而不是向第三人承担违约责任。第三人没有享受到预期利益的，第三人可以依据其与债权人之间的约定等另作处理。

《民法典》第522条第2款是关于真正利益第三人合同的规定，即法律规定或者当事人约定第三人可以直接请求债务人向其履行债务，第三人未在合理期限内明确拒绝，债务人未向第三人履行债务或者履行债务不符合约定的，第三人可以请求债务人承担违约责任；债务人对债权人的抗辩，可以向第三人主张。

一是只有在法律规定或者当事人约定第三人可以直接请求债务人向其履行债务的，才构成真正的利益第三人合同，第三人才能取得履行请求权。根据合同相对性原则，合同项下的权利与义务只由合同当事人享有或者承担，履行请求权只归债权人享有。而真正的利益第三人合同赋予合同当事人之外的第三人履行请求权，这是对合同相对性原则的突破，自应当严格掌握，要以有法律规定或者当事人约定为前提。有的法律对特定的合同直接赋予第三人履行请求权，例如依据保险法的规定，对于投保人与保险人订立的保险合同，被保险人或者受益人即使不是投保人，在保险事故发生后，也享有向保险人请求赔偿或者给付保险金的权利。除了法律规定，更多情形下的真正的利益第三人合同是合同当事人双方以合意的形式赋予第三人履行请求权。以当事人约定的方式设立真正的利益第三人合同，赋予第三人履行请求权，体现了民法的自愿原则，是对当事人双方意愿的尊重。真正的利益第三人合同结构是基本合同加第三人约款。在第三人约款中，债权人与债务人特别约定，债务由债务人向第三人履行，第三人可以直接请求债务人向其履行。如果合同当事人仅是约定由债务人向第三人履行债务，没有赋予第三人履行请求权的，不属于本款规定的真正的利益第三人合同，可以按照这一条第 1 款规定的不真正利益第三人合同处理。

二是利益第三人合同是为第三人的利益而设置，按照民法的自愿原则，即使是为他人赋予利益，他人也有权拒绝。因此，本款对利益第三人合同还规定了第三人的拒绝权，第三人在合理期限内可以拒绝，未在合理期限内明确拒绝的，第三人就取得了直接请求债务人履行的权利，可以直接请求债务人向其履行。

三是债务人未向第三人履行债务或者履行债务不符合约定的，第三人可以请求债务人承担继续履行、赔偿损失等违约责任。一般认为，第三人对债务人虽取得履行请求权，但由于其不是合同当事人，合同本身的权利，如解除权、撤销权等，第三人不得行使。

四是债务人基于债务人地位对债权人所享有的抗辩，不应因向第三人履行而受到影响。债务人对债权人的抗辩，可以向第三人主张。

56. 什么是由第三人履行的合同?

由第三人履行的合同，又称第三人负担的合同，指双方当事人约定债务由第三人履行的合同。例如，甲、乙约定，甲欠乙的钱由丙偿付，即是由第三人履行的合同；再如，某一产品的经销商与买受人订立买卖合同，双方约定由该产品的生产商直接向买受人交付产品，也属于比较典型的由第三人履行的合同。由第三人履行的合同，往往具有减少交易环节，提高交易效率的功能。《民法典》第523条对由第三人履行的合同作了规定，即当事人约定由第三人向债权人履行债务，第三人不履行债务或者履行债务不符合约定的，债务人应当向债权人承担违约责任。根据该条规定，由第三人履行的合同，具有三个特点：

一是合同是在债权人与债务人之间订立，以债权人、债务人为合同双方当事人，第三人不是合同当事人。第三人向债权人履行债务的原因，可能基于第三人与债务人之间存在的法律关系（例如，第三人与债务人存在交易、委托等合同关系），也可能基于非法律关系（例如，第三人基于与债务人之间的情谊，自愿向债权人履行债务）等。第三人向债权人履行债务是基于什么原因，不属于由第三人履行合同的问题，不影响由第三人履行合同的成立和生效。

二是合同标的是第三人向债权人的履行行为。由第三人履行的合同，不是由债务人直接向债权人履行债务，而是由第三人向债权人履行债务。根据合同相对性原则，合同仅对合同当事人产生法律约束力。对于由第三人履行的合同，虽然合同债权人与债务人约定由第三人向债权人履行债务，但是由于第三人不是合同当事人，合同对该第三人并没有法律约束力。第三人不向债权人履行债务的，可能会向债务人承担责任，但这是基于债务人与第三人的约定，而不是基于由第三人履行的合同。

三是第三人不履行债务的违约责任，由债务人承担，而不是由第三人承担。债务人是合同当事人，而不是第三人的代理人。第三人不履行债务或者履行债务不符合约定的，由债务人向债权人承担违约责任。

需要注意的是，《民法典》第 523 条规定的由第三人履行的合同没有突破合同相对性，不解决债权人是否具有直接请求第三人履行的问题。债权人是否享有直接请求第三人履行的权利，属于真正利益第三人合同的范畴，要看债务人与第三人之间是否订有以债权人为受益人的真正利益第三人合同。例如，某一产品的经销商甲与买受人乙订立买卖合同，甲、乙之间约定由该产品的生产商丙直接向买受人乙交付产品，甲、乙之间的该约定属于由第三人（丙）履行的合同，乙不能依据由第三人履行的合同请求丙直接向其履行。但同时，经销商甲又与生产商丙订立了真正利益第三人合同，约定买受人乙可以直接请求丙向其履行的，乙取得了直接请求丙向其履行的权利，丙不履行或者履行不符合约定的，乙可以依法要求丙承担违约责任。

57. 什么是同时履行抗辩权？

同时履行抗辩权是指在没有先后履行顺序的双务合同中，一方当事人在对方当事人未履行或者履行不符合约定的情况下，享有拒绝对待给付的权利。同时履行抗辩权针对的是当事人互负债务，但是没有先后履行顺序的情况。从公平角度考虑，这种情况下当事人应当同时履行，当事人可以行使同时履行抗辩权对抗对方当事人的履行请求权。《民法典》第525条对同时履行抗辩权作了明确规定。根据该条规定，同时履行抗辩权的成立，要具备以下四个要件：

一是须基于同一双务合同互负债务，在履行上存在关联性。例如，买卖合同中，卖方负有交付货物的义务，买方负有交付货款的义务。租赁合同中，出租人负有提供租赁物的义务，承租人负有交付租金的义务。单务合同仅一方负有债务，另一方享有债权，自然不适用同时履行抗辩权。

二是当事人的债务没有先后履行顺序。如果当事人互负债务，但是按照当事人约定等能够确定先后履行顺序的，自无同时履行抗辩权的适用余地，可能会适用的是后履行抗辩权和不安抗辩权制度。

三是须双方所负的债务均已届履行期。如果一方当事人的债务尚未到期，在对方当事人请求履行时，该当事人可以主张债务履行期尚未届至的抗辩，无需适用同时抗辩权制度。

四是对方当事人未履行自己所负的债务或者履行债务不符合约定仍然提出履行请求。履行债务不符合约定的情况，包括部分履行、瑕疵履行等。例如，1万吨大米的买卖合同，卖方交付了8000吨大米，尚缺2000吨，抑或卖方交付的1万吨大米的质量不符合约定，但卖方仍然要求买方支付全部货款。再如，房屋租赁合同的出租人提供的房屋，存在屋顶漏水等严重问题，仍然请求承租人支付全部租金。

关于同时履行抗辩权的效力，《民法典》第 525 条规定，对于对方不履行债务的，当事人在对方履行之前有权拒绝其履行请求。对于对方履行债务不符合约定的，当事人有权拒绝其相应的履行请求。例如，前面举的例子，1 万吨大米的买卖合同，卖方交付了 8000 吨大米，尚缺 2000 吨，买方可以只支付 8000 吨大米的货款，有权拒绝支付尚缺的 2000 吨大米的货款。

同时履行抗辩权属延期的抗辩权，只是暂时阻止对方当事人请求权的行使，而非永久的抗辩权。对方当事人完全履行了合同义务，同时履行抗辩权消灭，当事人应当履行自己的义务。当事人行使同时履行抗辩权致使合同迟延履行的，该当事人不承担违约责任。

58. 什么是后履行抗辩权?

后履行抗辩权是指在双务合同中应当先履行的一方当事人未履行或者履行债务不符合约定的，后履行的一方当事人享有拒绝对方履行请求或者拒绝对方相应履行请求的权利。

《民法典》第 526 条对后履行抗辩权的成立要件及效力作了规定。依照这一条规定，后履行抗辩权的成立，需具备以下要件：

一是需基于同一双务合同。双方当事人因同一合同互负债务，在履行上存在关联性。后履行抗辩权不适用于单务合同。

二是当事人的债务有先后履行顺序。当事人互负债务，并且能够确定先后履行顺序。这种履行顺序的确立，或依法律规定，或按当事人约定，或按交易习惯。一些法律对双务合同的履行顺序作了规定。当事人在双务合同中也可以约定履行顺序，谁先履行，谁后履行。在法律未有规定、合同未有约定的情况下，双务合同的履行顺序可依交易习惯确立。例如，在饭馆用餐，先吃饭后交钱。在旅店住宿，先住宿后结账。合同也可采用其他一些方法确立谁先履行。例如，在一项买卖合同中，谁也不愿先履行，卖方不愿先交货，怕买方收货不交钱。在这种情况下，当事人可以约定由银行协助双方履行，买方先将货款打入银行，由银行监管此款，卖方即行发货，买方验收后，银行将款项拨付卖方。合同按此顺序履行。

三是应当先履行的当事人不履行债务或者履行债务不符合约定。例如，对于应先交付租赁物再付租金的租赁合同，出租方不按时交付租赁物或者交付的租赁物不符合约定。再如，对于先供货再付款的买卖合同，供货方不交付商品或者交付的商品不符合约定。

四是后履行一方当事人的债务已届履行期。如果后履行一方当事人的债务尚未到期，在对方当事人请求履行时，后履行一方当事人可以主张债务履行期尚未届至的抗辩，无需适用后履行抗辩权制度。

符合上述条件，后履行的一方当事人可以行使后履行抗辩权，对抗应先履行债务的对方当事人的履行请求。应先履行合同债务的当事人不能行使后履行抗辩权。

关于后履行抗辩权的效力，后履行抗辩权属延期的抗辩权，只是暂时阻止对方当事人请求权的行使，非永久的抗辩权。对方当事人履行了合同义务，后履行抗辩权消灭，当事人应当履行自己的义务。后履行一方当事人行使后履行抗辩权致使合同迟延履行的，该当事人不承担违约责任，迟延履行的责任由对方承担。后履行一方当事人行使后履行抗辩权，不影响追究应当先履行一方当事人的违约责任。

59. 什么是不安抗辩权？

双务合同中，在后履行债务一方丧失或者可能丧失债务履行能力的情况下，仍然要求应先履行债务一方先作出给付，有悖公平，因此法律设立不安抗辩权制度，赋予应先履行债务一方在这些情况下中止履行债务的权利。依照《民法典》第527条规定，不安抗辩权的成立需具备以下要件：

一是当事人需基于同一双务合同互负债务。这也是合同编规定的三大抗辩权，即同时履行抗辩权、后履行抗辩权和不安抗辩权共同的成立要件。三大抗辩权均不适用于单务合同。

二是当事人互负的债务有先后履行顺序。这也是不安抗辩权和后履行抗辩权共同的成立要件，只是不安抗辩权应当由先履行债务的一方当事人享有，后履行抗辩权由后履行债务的一方当事人享有。当事人互负的债务没有先后履行顺序的，属于同时履行抗辩权的成立要件。

三是后履行的当事人发生了丧失或者可能丧失债务履行能力的情形。这些情形包括经营状况严重恶化，转移财产、抽逃资金以逃避债务，丧失商业信誉，以及其他丧失或者可能丧失履行债务能力的情形。例如，某商业银行根据其与某企业之间的借款合同发放贷款前，由于市场骤然变化致使该企业产品难以销售，很可能导致无力还贷，商业银行有权行使不安抗辩权，中止发放贷款。又如，某娱乐文化公司邀请一明星歌手演唱，约定先付演出费若干，因歌手生病住院可能难以如期演唱，娱乐文化公司即可以行使不安抗辩权，不向歌手预付约定的演出费。

对于后履行的当事人发生了丧失或者可能丧失债务履行能力的情形，应先履行债务的当事人必须要有确切的证据证明。如果有确切的证据证明，则属于正当行使不安抗辩权，可以中止履行顺序在先的债务；如果没有确切的证据证明而中止履行的，则属于违约行为，应当先履行债务的当事人要承担违约责任。由此可以看出，有无确切的证据证明是非常关键的因素，直接决定中止履行行为是正当行使不安抗辩权，还是属于违约行为。“有无确切的证据证明”，不是由先履行债务的当事人单方决定的。如果事后双方当事人对“有无确切的证据证明”产生争议，应当由应先履行债务的一方当事人承担举证责任，由仲裁机构或者法院作出最终裁断。因此，应当先履行债务的当事人要根据自己掌握的对方丧失或者可能丧失债务履行能力的证据情况谨慎为之，慎重行使不安抗辩权，不能凭空推测或凭借主观臆想而断定对方丧失或者可能丧失债务履行能力，没有确切证据证明而单方中止履行合同的，应当承担违约责任。

60. 当事人行使不安抗辩权会产生什么效力?

不安抗辩权具有两个层次的效力。在第一层次上，符合不安抗辩权成立要件的，应当先履行债务的当事人可以中止履行。但不安抗辩权属延期抗辩权，中止履行只是一个暂时的状态。

在第二层次上，当事人行使不安抗辩权中止履行后，应当给对方当事人一个“补救”机会，即要求对方当事人在一定期限内提供担保。如果对方提供了适当担保的，消除了影响先履行债务一方当事人债权实现的情形，先履行债务一方自然应当恢复履行。何谓“适当担保”，只能在具体案件中作具体判断，法律无法划定统一的标准。对方在合理期限内未恢复履行能力并且未提供适当担保的，视为以自己的行为表明不履行主要债务，中止履行的一方即行使不安抗辩权的一方不但可以解除合同，还可以请求对方承担赔偿损失等违约责任。

61. 债权人分立、合并或者变更住所没有通知债务人，致使履行债务发生困难的，债务人如何处理？

债权人分立、合并或者变更住所应当及时通知债务人，以便债务人履行债务。如果没有通知债务人，致使债务人履行债务发生困难的，此时债务人可以中止履行或者将标的物提存。这种情形下债务人中止履行或者将标的物提存，不能算作是债务人违约。当然，如果债权人分立、合并或者变更住所没有通知债务人，但并不会使债务履行发生困难的，此时债务人不得以此为由中止履行或者将标的物提存，否则属于债务人违约。

62. 债务人是否可以提前履行债务？

民法典合同编将全面履行作为合同履行的原则，当事人应当按照约定全面履行自己的义务，包括按照约定的履行期限履行债务。履行期限是债权人和债务人双方根据自身经济活动的情况和需要而作出的约定，属于合同的重要内容。债务人提前履行债务，属于违反合同约定的行为，可能会给债权人带来不便，甚至会损害债权人利益。例如，甲订购了乙家具公司的沙发、桌椅用于新购住房使用，并约定了送货日，现乙家具公司要提前送货，而此时甲新购住房仍然在装修中，乙家具公司提前履行债务的行为就会损害债权人利益。

从贯彻合同全面履行的原则和保护债权人利益考虑，《民法典》第530条规定，债权人可以拒绝债务人提前履行债务。提前履行债务，是相对于合同约定的履行期限而言的。例如，合同约定6月6日履行，债务人6月5日履行即为提前履行。但如果合同约定6月份履行，没有具体到6月份的哪一天履行，则债务人在6月份的任何一天履行都不算提前履行。

基于诚信原则，如果债务人提前履行不损害债权人利益的，债权人应当接受债务人提前履行，不得拒绝，《民法典》第530条对此予以明确规定。但是，债务人提前履行给债权人增加额外的费用，例如仓储费用等，由债务人负担。例如，甲与乙约定，由乙于3月15日向甲交付货物，但乙于3月10日提前向甲交付货物，提前交付货物除了导致甲要支付额外的储存费用外并不会损害甲的利益，甲接受了乙3月10日交付货物，那么甲因乙提前交货而额外支付的5天储存费用，要由乙承担。

63. 债务人是否可以部分履行债务?

合同编将全面履行作为合同履行的原则，当事人应当按照约定全面履行自己的义务，包括按照约定履行全部债务。债务人履行部分债务，属于违反合同约定的行为，原则上属于违约行为。

如果债务人部分履行不损害债权人的利益，基于诚信原则，债权人应当接受债务人部分履行债务，不得拒绝。《民法典》第531条对此予以明确规定。例如，一家航空公司承诺在某一确定日期一次性地将10辆汽车从A地运往B地。履行期限到来时，某些情况使得该航空公司很难（尽管不是不可能）在一次航班中找到足够的舱位。航空公司提议在一周内连续两次将这批汽车运走。有证据表明，航空公司这样做并不会对汽车购买人造成不方便，因为在下个月之前并不需要实际使用这些汽车。在这种情况下，债权人拒绝部分履行没有合法理由。

债权人接受债务人部分履行，可能会额外增加一些费用，这些费用由债务人负担。例如以上所举的例子中，汽车购买人分两次到机场提货承担的额外费用，应当由航空公司承担。

64. 当事人的姓名、名称发生变更或者法定代表人、负责人、承办人发生变动，当事人是否可以以此为由不履行合同义务？

合同生效后，当事人的姓名变更、法人或者非法人组织的名称变更，并没有实质上改变合同主体。法人或者非法人组织的法定代表人、负责人、承办人，是代表法人或者非法人组织从事民事活动，合同的权利义务由法人或者非法人组织承受，合同一方当事人是法人或者非法人组织，而不是其法定代表人、负责人、承办人。

《民法典》第532条明确规定，合同生效后，当事人不得因姓名、名称的变更或者法定代表人、负责人、承办人的变动而不履行合同义务。当事人以此为由不履行合同义务的，应当承担违约责任。

65. 什么是情势变更制度?

情势变更制度是指合同依法成立后，客观情况发生了无法预见的重大变化，致使原来订立合同的基础丧失或者动摇，如继续履行合同则对一方当事人明显不公平，因此允许变更或者解除合同以维持当事人之间的公平。《民法典》第533条明确规定了情势变更制度，对情势变更制度的适用条件及法律效果作了规定。依照该条规定，情势变更制度的适用需要满足以下基本条件：

一是合同成立后，合同的基础条件发生了重大变化。第一，这种重大变化是一种客观情况，要达到足以动摇合同基础的程度。哪些客观情况能称为该“重大变化”，要根据客观情况本身及其对合同基础的影响等进行具体判断。第二，这种重大变化应发生在合同成立后至履行完毕前的期间内。如果这种重大变化发生在履行完毕后，合同权利义务因履行完毕而终止，自然没有调整合同权利义务的必要和可能。第三，这种重大变化应当是当事人在订立合同时无法预见的。如果当事人在订立合同时能够预见或者应当预见但没有预见到，或者虽然预见到但没有反映到合同权利义务关系的设定上，由此产生的不利后果均由该当事人自己承受，不能适用情势变更制度对合同关系进行调整。第四，这种重大变化不能属于商业风险。对于合同履行过程中的商业风险，按照独立决定、独立负责的原则，遭受不利的当事人应当自行承担不利后果。某一客观情况的变化是属于正常的商业风险，还是属于可引起情势变更制度适用的"重大变化"，法律无法划定统一的标准，只能在具体个案中综合各方面情况作具体判断，不能单纯以价格涨跌幅度大小、合同履行难易等作简单判断。

二是继续履行合同对于当事人一方明显不公平。意思自治是合同法的基石，当事人之间的合同是双方当事人意思自治的产物，应当得到双方当事人严格遵守。情势变更制度是为了实现合同正义，对当事人意思自治所作的调整，但这种调整必须限制在非常必要的情形内。合同严守是原则，情势变更制度只能是例外。只有在继续履行合同对于一方当事人明显不公平时，才可能适用情势变更制度，对当事人之间的权利义务关系进行干预和调整。

满足以上情势变更制度适用条件的，可以产生以下法律效果：

一是受不利影响的当事人有权请求与对方重新协商。对于因情势变更造成的双方权利义务严重失衡的状态，受不利影响的当事人请求与对方协商的，对方应当积极回应，参与协商。双方当事人应依诚信原则，本着公平原则，重新调整权利义务关系，变更或者解除合同。

二是双方当事人在协商过程中，就合同的变更或者解除达不成一致意见，协商不成的，当事人可以请求法院或者仲裁机构作最终裁断。人民法院或者仲裁机构应当结合案件的实际情况，判断是否符合情势变更制度的适用条件，对此人民法院或者仲裁机构应当严格掌握，避免当事人以情势变更制度作为逃避履行合同的借口，损害合同的效力和权威，破坏正常的交易秩序。符合情势变更制度适用条件的，人民法院应当根据公平原则，就变更合同还是解除合同，变更合同、解除合同后的法律后果等作出裁断。

需要注意的是，情势变更制度是对当事人权利义务显著失衡状态所作的必要调整，当事人本身并不享有实体法意义上的合同解除权或者变更权，当事人仅在程序上可以向法院或者仲裁机构提出请求，仅是对变更或者解除合同存有一种可能性，最终是否变更或者解除合同，是否有必要对当事人的权利义务进行调整，如何调整，由人民法院或者仲裁机构审酌判定。

66. 行政部门是否可以对合同进行监督？

民法典明确将自愿原则即意思自治原则作为民法的基本原则。《民法典》第 5 条规定，民事主体从事民事活动，应当遵循自愿原则，按照自己的意思设立、变更、终止民事法律关系。意思自治原则是合同法的基石，是发展社会主义市场经济的基本要求。民事主体有权自主决定民事法律关系的内容、自主决定民事法律关系的变动，其他任何组织和个人均不得任意干预，要保障当事人享有充分的合同自由。

依照《民法典》第 534 条规定，市场监督管理部门和其他有关行政主管部门的监督处理，应当符合下列条件：第一，监督处理的对象是当事人利用合同实施危害国家利益、社会公共利益的违法行为，不得干涉当事人依法享有的合同权利。第二，应当依照法律、行政法规规定负责监督处理。法律、行政法规对需要监督处理事项作出明确的规定，同时也对有关部门实施监督处理的具体权限和程序作出规定。有关部门应当依法行政，不得超越法定权限，不得违反法定程序。

67. 什么是债权的保全？

债权的保全，又称责任财产的保全，是指债权人行使代位权和撤销权，防止债务人的责任财产不当减少，以确保无特别担保的一般债权得以清偿。从保全责任财产的角度，债权的保全属于一般担保的手段。

68. 什么是代位权？

代位权指债务人怠于行使权利，债权人为保全债权，以自己的名义代位行使债务人对相对人的权利。依照《民法典》第535条规定，债权人行使代位权应当符合以下条件：

一是需债务人享有对外的债权。这是代位权存在的基础。倘若债务人没有对外的债权，就无所谓代位权。

二是需债务人怠于行使其债权或者与该债权有关的从权利。“怠于行使”是指债务人应当行使其权利，且能够行使而不行使。如果债务人已经行使了权利，不管行使权利的实际效果如何，债权人都不能行使代位权。代位权的客体，即债务人怠于行使的权利，限于债务人的债权或者与该债权有关的从权利（例如抵押权、质押权等），并且不能是专属于债务人自身的权利。专属于债务人自身的权利，例如基于扶养关系所产生的抚养费、赡养费、扶养费请求权只能由债务人自己行使，债权人不能代位行使。

三是债务人怠于行使自己的权利，已影响债权人的到期债权实现。债务人怠于行使权利若不影响债权人的到期债权实现，则不发生代位权。例如，虽然债务人怠于行使某一债权，但债务人的其他资产充足，足以清偿对债权人所负的债务，在这种情况下，债权人不得代位行使债务人的债权。

四是需债务已陷于迟延履行。债务人的债务履行期限未届满的，债权人不能行使代位权。债务履行期限已届满，债务陷于迟延履行，债权人方可行使代位权。

具备上述条件，债权人即可代位行使债务人对相对人的债权或者与该债权有关的从权利。债权人行使代位权的范围，以债务人的债权额和债权人的债权额为限，超越此范围，债权人不能行使。例如，债权人对债务人的债权额为 200 万元，债务人对相对人的债权额为 100 万元，债权人只能请求债务人的相对人向债务人清偿 100 万元，而不能请求偿还 200 万元。又如，债权人对债务人的债权额为 60 万元，债务人对相对人的债权额为 100 万元，债权人行使代位权的请求数额只能是 60 万元，而不能请求偿还 100 万元。

债权人行使代位权，债务人的相对人的地位不应受到影响，债务人的相对人对债务人的抗辩（不限于抗辩权），如同时履行抗辩权、后履行抗辩权、时效届满的抗辩权等，同样可以对抗债权人。债权人行使代位权的必要费用，由债务人负担。

69. 债权人的债权到期前，债权人是否可以行使代位权？

债权人的债权到期的，债务人怠于行使其权利，影响债权人的债权实现的，债权人可以直接向法院提起代位权诉讼。但是债权人的债权未到期的，债务人怠于行使权利的行为也可能会影响债权人的债权将来实现，例如债务人的债权诉讼时效期间即将届满而债务人仍不积极主张权利、债务人的相对人破产而债务人怠于申报破产债权等。为了保护债权人的利益，即使债权人的债权未到期，也应当允许债权人代位行使债务人的权利，作出中断诉讼时效、申报债权等必要的行为。就债权人可以代位债务人作出中断诉讼时效的行为，针对的是债权人的债权到期前，债务人的债权或者与债权有关的从权利存在诉讼时效期间即将届满的情况。例如，债权人甲对债务人乙享有债权，债务人乙对丙享有债权，保证人丁为乙对丙的债权提供了保证担保，丙自身无财产，现债务人乙对保证人丁所享有的保证债权的诉讼时效期间即将届满仍不积极主张权利，影响甲对乙的债权将来实现的，甲可以代位向丁主张保证债权，请求丁向乙履行保证债务。此外，债务人的相对人破产，债务人不积极申报破产债权，影响债权人的债权将来实现的，债权人可以代位向债务人的相对人的破产管理人申报破产债权。

70. 当事人行使代位权会产生什么法律效果?

《民法典》第537条对代位权的行使效果作了规定，即人民法院认定代位权成立的，由债务人的相对人向债权人履行义务，债权人接受履行后，债权人与债务人、债务人与相对人之间相应的权利义务终止。需要注意的是，该条规定的是“相应的”权利义务终止，即债权人与债务人、债务人与相对人之间权利义务只是就相对人向债权人履行债务的这一数额部分终止。试举一例予以说明。债权人甲对债务人乙享有100万元到期债权，债务人乙对相对人丙享有80万元债权，债务人乙怠于行使对丙的债权，影响债务人乙对债权人甲的债权实现。甲依法对丙提起代位权诉讼，法院认定代位权成立，由丙向甲履行80万元债务后，乙与丙之间的债权债务终止，但甲与乙之间的债权债务并没有全部终止，只是80万元部分的债权债务终止。在代位权诉讼后，甲仍可向乙另行提起诉讼，要求乙清偿剩余的20万元债务。

71. 什么是撤销权?

撤销权指债务人有积极减少责任财产，影响债权实现的行为，债权人享有撤销该行为的权利。债权人撤销权与代位权都具有保全债务人责任财产的功能，但又有所差异。债权人行使代位权是防止债务人消极行使权利而听任责任财产不当减少，债权人行使撤销权是通过撤销债务人积极减少责任财产的不当行为来达到债权保全的目的。

72. 债权人行使撤销权要满足哪些条件?

民法典将债务人积极减少责任财产的不当行为区分为两种类型，分别对债权人撤销权的成立要件予以规定。一种类型的撤销权主要是针对债务人无偿处分财产的行为，另一种类型的撤销权主要是针对债务人有偿处分财产的行为。

《民法典》第538条对债务人无偿处分财产情形下撤销权的成立要件作了规定：一是债务人要有无偿处分财产的行为。实践中比较典型的无偿处分财产的行为有债务人放弃其债权、放弃债权担保、无偿转让财产等。无偿转让财产的行为，既包括无偿转让动产或者不动产等有形财产的行为，也包括无偿转让股权、债权、知识产权、网络虚拟财产等财产权益的行为。除了以上几种比较典型的无偿处分财产行为外，债务人实施的其他各种无偿处分财产的行为，债权人均可以撤销。此外，债务人恶意延长其到期债权的履行期限的行为，债权人也可以撤销。但对于债务人的身份行为，如结婚、离婚、收养等，也可能会影响到债务人的财产状况，但不能成为撤销权行使的对象，否则就构成了对债务人人身权利的不当限制。二是债务人的行为要影响债权人债权的实现。债务人无偿处分财产等行为，要影响到债权人债权的实现，方有予以撤销的必要。该条规定的是债务人的行为是无偿情形下撤销权的成立要件，不要求利益受到影响的债务人的相对人主观上存在过错，不管债务人的相对人对于其与债务人之间的行为影响债权人的债权实现是否知情，都不影响撤销权的成立。至于如何认定“影响债权人债权的实现”要结合债权人的债权情况、债务人的责任财产状况等在个案中予以具体判断，不可僵化理解，既要防止对债务人行为的不当、过分干预，也要防止设定过于严苛的条件损害撤销权的正常行使。

《民法典》第539条对债务人的行为是有偿行为情形下撤销权的成立要件作了规定：一是要有以明显不合理的低价转让财产、以明显不合理的高价受让他人财产或者为他人的债务提供担保的行为。债务人以明显不合理的低价转让财产、以明显不合理的高价受让他人财产的，虽然债务人的相对人也付出了一定代价，但因其明显不合理，实际上减少了债务人的责任财产，可以成为撤销权的行使对象。至于何谓“明显不合理的低价”“明显不合理的高价”，需要结合具体交易情况，在个案中作具体判断。“为他人的债务提供担保的行为”，既包括为他人的债务担任保证人，也包括为他人的债务以自己的财产设定抵押、质押等，这些行为也会对债权人的债权实现造成重大影响，因此将其纳入撤销权的行使对象。二是债务人的行为影响债权人的债权实现。债务人以明显不合理的低价转让财产、以明显不合理的高价受让他人财产或者为他人的债务提供担保的行为，要在客观上影响债权人债权的实现，方能撤销。三是债务人的相对人主观上存在恶意，即债务人的相对人知道或者应当知道其与债务人之间的行为影响债权人的债权实现。这一要件是与债务人的行为是无偿行为时行使撤销权所不同之处。

当事人只能以提起诉讼的方式行使撤销权。原因在于撤销权是对债务人行为自由的干预，打破了合同相对性原则，直接影响到第三人的利益，由法院对撤销权的行使予以审查，有利于防止撤销权的不当使用，并有利于使各方的法律关系及时得以明确，使被打破的秩序及时稳定下来。

73. 撤销权的行使范围如何确定?

债权人向人民法院提起诉讼，行使撤销权的目的在于恢复债务人的责任财产而保全债权，这在一定程度上限制了债务人自由处分财产的权利，突破了合同相对性原则，也会对债务人的相对人的利益产生一定影响。因此，债权人行使撤销权的范围不宜过宽。

《民法典》第540条规定，撤销权的行使范围以债权人的债权为限。依照该规定，债权人行使撤销权的范围应以自己的债权为限。例如，债权人对债务人享有50万元的金钱债权，债务人无偿或者低价处分财产的行为有多项，既将自己价值50万元的汽车赠与他人，又将房产以低于市价50万元的价格出售于他人，那么债权人应当在债务人减少责任财产50万元的额度范围内请求撤销债务人的行为，可以选择撤销债务人的汽车赠与行为或者低价出售房产的行为之一，但不得请求将汽车赠与行为和低价出售房产行为这两项行为一并撤销。当然，如果债务人的行为是无法分割的，即使债务人减少责任财产的数额超过了债权人的债权额，债权人也可以撤销。两个或者两个以上债权人同时提起撤销权诉讼，请求撤销债务人的行为的，人民法院可以合并审理，以各债权人为原告，债务人为被告，此时撤销权的行使范围以作为原告的各债权人的债权额总和为限。债权人行使撤销权会支付一定的费用。依照《民法典》第540条规定，债权人行使撤销权的必要费用，由债务人负担。

74. 当事人行使撤销权的期限有无限制？

债权人行使撤销权，是对债务人行为的限制，债务人影响债权人的债权实现的行为被撤销的，自始没有法律约束力。因此，债权人撤销权的行使足以改变既存秩序，也会对交易安全制度带来一定的挑战。为了保持社会秩序的相对稳定，应当对撤销权的行使期间作一定的限制。

《民法典》第541条对撤销权的行使期间作了规定。依照该规定，撤销权原则上应在债权人知道或者应当知道撤销事由之日起1年内行使，但自债务人的行为发生之日起5年内没有行使的，撤销权消灭。将撤销权行使期间起算点规定为“债权人知道或者应当知道撤销事由之日起”有利于保护债权人的利益，防止其因不知撤销事由存在而错失撤销权的行使。同时规定“自债务人的行为发生之日起5年”的客观期间，有助于稳定民事法律关系，维护交易秩序。

75. 债务人的行为被撤销，会产生什么法律效果？

依照《民法典》第542条规定，债权人的撤销权成立，债务人的行为被人民法院撤销的，债务人的行为自始没有法律约束力。债务人放弃其债权、放弃债权担保的行为被撤销后，债务人的相对人仍对债务人负有债务、担保人仍对债务人负有担保责任。债务人无偿或者低价转让财产的行为、高价受让财产的行为被撤销后，债务人尚未给付的，不得再向相对人给付，相对人也不再享有请求债务人给付的权利；债务人已经向相对人给付或者已经互相给付的，债务人、债务人的相对人负有返还财产、恢复原状的义务，不能返还的应当折价补偿。债务人为他人的债务提供担保的行为被撤销后，债务人不再负有担保责任；债务人已经承担担保责任的，担保权人对债务人负有返还义务。

76. 合同成立后，合同内容需要调整的，当事人可以变更合同吗?

《民法典》第 543 条规定：“当事人协商一致，可以变更合同。”

合同的变更是指合同成立后，当事人对合同的内容进行修改或者补充。合同是当事人经协商一致达成的，合同成立后，就对当事人具有法律约束力，任何一方未经对方同意，都不得改变合同的内容。但是，当事人在订立合同时，有时无法对涉及合同的所有问题都作出明确的约定；合同订立后，也会出现一些新的情况，导致合同内容需要调整。因此，当事人可以本着协商的原则，依据合同成立的规定，确定是否就变更事项达成协议。如果双方当事人就变更事项达成了一致意见，变更后的内容就取代了原合同的内容，当事人就应当按照变更后的内容履行合同。

合同变更，首先要求存在已成立的有效合同关系，这是合同变更的前提，无效、被撤销、确定不发生效力的合同不能被变更。

其次，要求对合同的内容进行变更。合同变更可能是数量的增加或者减少；可能是履行地点的变更，例如由北京改为上海，也可能是履行方式的变更，例如由出卖人送货改为买受人自己提货；可能是合同履行期的提前或者延期，也可能是违约责任的重新约定；当事人给付价款或者报酬的调整更是常发生的合同变更事项；合同担保条款以及解决争议方式的变化也会导致合同的变更。以增加新的合同条款方式补充合同，尽管原合同内容没有发生变化，但增加了新的合同条款，所以合同也同样发生变更。

最后，要求当事人就变更事项协商一致，根据《民法典》第 136 条第 2 款，一方当事人非依法律规定或者未经对方当事人同意不得擅自变更合同的内容，否则，变更后的内容不仅对另一方没有约束力，而且这种擅自改变合同的做法也是一种违约行为，当事人应当承担违约责任。当事人的协商一致，可能是事先协商约定一定条件下的变更权，也可能是事后协商。

如果双方当事人就变更事项达成了一致意见，变更后的内容就取代了原合同的内容，当事人就应当按照变更后的内容履行合同，合同没有发生变更的部分对当事人仍具有法律约束力。但是，除非当事人另有约定，合同变更原则上仅对合同未履行的部分具有约束力，如果当事人在合同变更前已经作出了履行，则除当事人另有明确约定外，合同的变更不具有溯及力，当事人所作出的履行仍然有效。当事人协商一致的合同变更原则上不影响当事人要求赔偿损失的权利，除非当事人有免除或者改变对方违约责任的明确意思。

同时，当事人之间的合同变更，未经第三人同意，不得对该第三人产生不利影响，否则对第三人不发生效力。例如，《民法典》第 422 条规定：“最高额抵押担保的债权确定前，抵押权人与抵押人可以通过协议变更债权确定的期间、债权范围以及最高债权额。但是，变更的内容不得对其他抵押权人产生不利影响。”又如，《民法典》第 695 条、第 765 条的规定等。

合同的变更不仅可以通过当事人协商一致的民事法律行为实现，还可以通过人民法院的判决或者仲裁机构的仲裁裁决实现，例如《民法典》第 533 条第 1 款规定，构成情势变更的情况下，当事人可以请求人民法院或者仲裁机构变更合同。另外，当事人也可以在符合法律规定的前提下单方变更合同，例如第 777 条规定的定作人单方变更、第 805 条规定的发包人变更、第 829 条规定的托运人变更和第 922 条规定的受托人情况紧急情形下的单方变更委托人指示。判决、仲裁裁决变更和当事人单方变更必须以符合法律的规定为前提。

77. 债权可以转让吗?

《民法典》第 545 条第 1 款规定：“债权人可以将债权的全部或者部分转让给第三人，但是有下列情形之一的除外：（一）根据债权性质不得转让；（二）按照当事人约定不得转让；（三）依照法律规定不得转让。”

债权转让是指不改变债权的内容，由债权人通过合同将债权转让给第三人。从鼓励交易、促进市场经济发展的目的来看，法律应当允许债权人的转让行为，承认债权的经济价值，使债权具有流通性，实现担保融资、托收、贴现、保理、资产证券化等多种交易模式的构建可能。因此，债权原则上具有可转让性，债权人可以转让其债权，无论该债权是现有的还是将有的债权，只要债权可以被特定化。此时，债权人作为让与人，与第三人作为受让人之间，必须经过协商一致达成债权转让合同，转让合同作为民事法律行为应当适用民事法律行为的一般性规定。同时依据《民法典》第 502 条，如果按照法律、行政法规规定，债权转让应当办理批准等手续的，依照其规定；如未办理批准等手续影响债权转让合同生效的，不影响合同中履行报批等义务条款以及相关条款的效力；应当办理申请批准等手续的当事人未履行义务的，对方可以请求其承担违反该义务的责任。债权人既可以将债权全部转让，也可以将债权部分转让。债权全部转让的，第三人作为受让人取代原债权人即让与人的地位，成为新的债权人；债权部分转让的，第三人作为受让人，除受让人和让与人另有约定外，受让人与让与人按份享有债权。

但是，为了维护社会公共利益或者特定主体的私人利益，法律又对债权的可转让性进行了一定限制，民法典明确有以下情形之一的，债权人不得转让其权利：

1. 根据债权性质不得转让的权利。

根据债权性质不得转让的权利，主要包括以下类型：（1）当事人基于信任关系订立的委托合同、赠与合同等产生的债权。例如，赠与合同的赠与人明确表示将赠与的钱用于某贫困地区希望小学的建设，受赠人如果将受赠的权利转移给他人，用来建造别的项目，显然违反了赠与人订立合同的目的，损害了赠与人的合法权益。（2）债权人的变动必然导致债权内容的实质性变更，例如要求医院进行手术或者要求律师提供咨询的债权；不作为债权一般也不可被单独转让。（3）债权人的变动会危害债务人基于基础关系所享有的利益，实质性地增加了债务人的负担或风险，或实质性地损害了债务人的利益。例如承租人请求交付租赁物的债权；甲有权请求保安公司提供保安服务，防止保管木材的仓库失窃，但后来该仓库出售给了乙，乙计划以该仓库存放电子设备，由于存放电子设备的安全风险比存放木材高很多，这就导致债务人的风险实质性增加。

在债权的部分转让中，不可分的债权根据债权性质不得被部分转让。同时，债权部分转让如果实质性地增加了债务人的负担或者风险的，也不得被部分转让。金钱债权的部分转让不会实质性增加债务人的履行负担，故金钱债权可以部分转让。对于非金钱债权而言，只有对该债权的履行是可分的，并且部分转让不会实质性增加债务人的履行负担或者风险的，才可以被部分转让。

2. 按照当事人约定不得转让的权利。

当事人可以对债权的转让作出特别约定，禁止债权人将权利转让给第三人，以使得债务人不会面对可能更为苛刻的新债权人、交易清算明晰、回避会计财务等事务手续的繁杂、避免因忽略转让通知而向让与人错误履行的风险、确保抵销利益、避免受让人住所地不利的法律和税收制度等利益。这种约定只要是有效的，债权人就应当遵守该约定，不得再将权利转让给他人，否则其行为构成违约，造成债务人利益损害的，债权人应当承担违约责任。

3. 依照法律规定不得转让的权利。

我国一些法律中对某些权利的转让作出了禁止性规定。对于这些规定，当事人应当严格遵守，不得违反法律的规定擅自转让法律禁止转让的权利。例如，我国文物购销一直实行国家统一管理、收购和经营的政策，禁止私自倒卖文物的行为。为了保护国家的历史文化遗产，严格控制文物的出境，禁止公民个人私自将文物卖给外国人。私人收藏的文物其所有权受国家的法律保护，其所有权的转移必须严格遵守国家法律的规定，转移的渠道要受法律的限制。因此，公民不得违反规定将文物买卖合同中取得文物的债权转让给外国人。《信托法》第 11 条第 4 项规定，专以诉讼或者讨债为目的设立的信托无效。因此，不得专以诉讼或者讨债为目的设立信托而进行债权转让。

应当注意的是，债权不得转让的目的有可能是维护社会公共利益，也有可能是保护让与人、债务人或者特定第三人的私人利益，如果是后一种保护目的，则被保护主体的同意原则上可以使得债权具有可转让性。例如《保险法》第 34 条第 2 款规定，按照以死亡为给付保险金条件的合同所签发的保险单，未经被保险人书面同意，不得转让或者质押。保险单债权的禁止转让是为了保护被保险人，避免发生道德风险，此时，被保险人的书面同意可以使得保险单债权能够被转让。同时，还需要注意的是，《民法典》第 761 条规定，可以将现有的或者将有的应收账款转让给保理人，这与《民法典》第

440 条第 6 项所规定的将有的应收账款也可以被出质的精神是一致的，但是这些债权的转让不得违反法律、行政法规的强制性规定和违背公序良俗。

有关证券、债券、票据等权利的转让，存在证券法、票据法等特别法规定，依据《民法典》第 11 条，应当适用这些特别规定。同时，在我国法律中，除了通过民事法律行为转让债权外，还存在一些法定的债权移转情形，债权转让的一些规则可以参照适用于这些情形；在应收账款质押中，对应收账款债务人的效力也可以参照适用债权转让的规则。

78. 债权人甲和债务人乙约定甲不得转让债权，甲违反约定未经乙同意把债权转让给丙，丙能否取得债权？

此时要根据债权种类以及丙的善恶意予以不同处理。《民法典》第 545 条第 2 款规定：“当事人约定非金钱债权不得转让的，不得对抗善意第三人。当事人约定金钱债权不得转让的，不得对抗第三人。”考虑到债务人利益保护和债权流通性之间的平衡，在通过民事法律行为转让该类债权时，如果被转让的债权是非金钱债权，区分受让人的善恶意予以不同处理。在受让人为善意时，受让人取得债权，债务人不能对受让人主张债权禁止转让的抗辩，以保护善意的受让人并保障债权的流通价值；在受让人为恶意时，受让人仍然取得债权，但债务人有权向受让人主张债权禁止转让的抗辩。如果被转让的债权是金钱债权，金钱债权的转让对债务人所造成的影响较小，而金钱债权的流通性价值在实践中却非常重要，其与融资之间的关系更为密切，实践中的债权转让也主要是金钱债权的转让。此时，无论受让人善意还是恶意，都能取得债权，债务人不能对受让人主张债权禁止转让的抗辩，债务人因此所遭受的损失，有权请求让与人承担违约损害赔偿责任。

79. 甲把自己对乙的债权转让给丙，但没有将此事告诉乙，丙请求乙履行债务，乙可以拒绝吗?

《民法典》第546条第1款规定："债权人转让债权，未通知债务人的，该转让对债务人不发生效力。"债权转让通知的目的是保护债务人，据此，是否通知债务人不影响受让人对转让债权的取得。在让与人和受让人之间的关系上，受让人取得转让债权不以通知债务人作为条件，债权转让合同效力不因未通知债务人而受影响。如果转让债权已经存在，则除非让与人和受让人另有约定，受让人在债权转让合同生效时即取得债权；如果被转让的权利是将来债权或者尚不具备可转让性的债权，则在债权转让合同生效之后，转让债权成为现存权利或者具备可转让性时，受让人才取得债权。但是，为保护债务人，债权转让未通知债务人，该转让对债务人不发生效力，即使受让人取得了债权，债务人有权拒绝受让人的履行请求；债务人向让与人履行债务的，债权消灭。如果债权转让通知了债务人，则债权转让对债务人发生效力，此时债务人即对受让人负有履行义务，并且有权以此拒绝让与人的履行请求；如果债务人仍然向让与人履行，则不发生债权消灭的效力。这样规定一方面尊重了债权人对其权利的行使，有利于保障债权的流通性；另一方面也防止债务人的利益受到损害，同时债权转让通知作为保护债务人的客观时点，避免了考察债务人主观因素所可能导致的不确定性进而过分增加债务人的审查成本和难度。

80. 甲把自己对乙的债权转让给丙，并通知了乙，甲可否未经丙同意撤销债权转让的通知？

《民法典》第546条第2款规定："债权转让的通知不得撤销，但是经受让人同意的除外。"债权转让通知债务人后，按照有效的债权转让合同，为保护受让人的利益，让与人对受让人负有不得撤销转让通知的义务。如果让与人在转让通知后有权随意单方撤销转让通知，则债务人有权拒绝受让人的履行请求，在债务人向让与人作出履行后，债务人的债务消灭，此时受让人仅能向让与人请求，会因此而遭受讼累、承受让与人的破产风险等不利益，不利于受让人地位的保障和债权的流通。因此，原债权人无权撤销转让权利的通知，只有在受让人同意的情况下，才能撤销其转让权利的通知。同时，这也同样有助于保护债务人的利益，避免债权人单方撤销转让通知时债务人的审查困难。

81. 甲把自己对乙的债权转让给丙，并通知了乙，乙所享有的对甲的抗辩，能否对丙主张？

《民法典》第548条规定："债务人接到债权转让通知后，

债务人对让与人的抗辩，可以向受让人主张。”债权人转让债权，不需要经债务人同意，因此债务人的利益不应因债权人转让权利的行为而遭受损害，受让人所享有的权利也不应优于让与人曾经享有的权利，而是享有和让与人同样的权利；同时，受让人较之债务人也更有能力控制由此所产生的风险。为了保护债务人利益，根据这一条规定，债务人接到债权转让通知后，债务人对让与人的抗辩，可以向受让人主张。但是在受让人取得债权后，在债务人接到转让通知后因债务人和让与人之间的民事法律行为所产生的债务人对让与人的抗辩，未经受让人同意，一般对受让人不能发生效力。

债务人接到债权转让通知后，可以行使抗辩来保护自己的利益，债务人的抗辩并不随债权的转让而消灭，所以，在债权转让的情况下，债务人可以向作为新债权人的受让人行使该抗辩。这些抗辩包括阻止或者排斥债权的成立、存续或者行使的所有事由所产生的一切实体抗辩以及程序抗辩，包括诉讼时效完成的抗辩，债权不发生的抗辩，债权因清偿、提存、免除、抵销等而消灭的抗辩，基于双务合同产生的同时履行抗辩权、不安抗辩权和先履行抗辩权，先诉抗辩权以及程序上的抗辩等。债务人可以行使这些抗辩对抗新债权人的请求。债权让与后，债务人还可能因某项事实产生新的抗辩，比如，附解除条件的合同权利转让后，合同规定的解除条件成就时，债务人可以向受让人提出终止合同的抗辩。

82. 甲把自己对乙的债权转让给丙，并通知了乙；乙对甲也享有债权，且该债权比甲对乙的债权先到期，乙能否向丙主张抵销？

《民法典》第549条规定：“有下列情形之一的，债务人可以向受让人主张抵销：（一）债务人接到债权转让通知时，债务人对让与人享有债权，且债务人的债权先于转让的债权到期或者同时到期；（二）债务人的债权与转让的债权是基于同一合同产生。”债权人转让权利不需要经债务人同意，因此债务人的利益不应因债权人转让权利的行为而遭受损害。如果债务人对债权人也享有债权，那么，在这种情况下，债务人可以依照法律的规定向受让人行使抵销权。抵销是债权债务终止的情形之一，根据《民法典》第568条第1款规定，当事人互负债务，该债务的标的物种类、品质相同的，任何一方可以将自己的债务与对方的到期债务抵销；但是，根据债务性质、按照当事人约定或者依照法律规定不得抵销的除外。

根据《民法典》第549条第1项的规定，债务人对受让人主张抵销权的条件如下。首先，债务人必须对让与人享有债权，且标的物种类、品质相同。其次，债务人对让与人享有债权的法律原因必须在债务人接到债权转让通知时已经存在。这是为了避免债务人在接到债权转让通知后才紧急从他人处低价取得对让与人的债权，进而损害受让人的利益，受让人此时也无法预防此种情形的出现。最后，债务人对让与人的债权先于转让的债权到期或者同时到期。例如，债务人于7月1日接到债权转让通知，债务人对让与人的债权是8月1日到期，而转让的债权是同年8月1日或者9月1日到期，此时债务人就可以向受让人主张抵销。

根据《民法典》第549条第2项的规定，债务人对受让人主张抵销权的条件如下。首先，债务人必须对让与人享有债权，且标的物种类、品质相同。其次，债务人对让与人的债权与转让债权是基于同一合同产生的。由于这两个债权是基于同一合同产生的，因此具有密切的联系，受让人就应当认识到债务人对让与人可能基于该合同享有债权，因此受让人能够在订立债权转让合同时对这种抵销可能性进行预先的安排。例如，甲作为卖方和乙签订货物买卖合同，甲在交完货之后将其对乙的支付价款的债权转让给丙，并通知了乙。丙向乙请求支付价款时，乙以甲交的货有质量瑕疵为由，主张以乙对甲享有的违约赔偿债权抵销该支付价款债权。此时，转让债权与乙对甲的违约赔偿债权都是基于该货物买卖合同产生的，乙可以向丙主张抵销。

应当注意的是，如果债务人在接到债权转让通知时，债务人的抵销权依照法律规定已经产生，其可以行使抵销权但尚未行使，即使在债权转让后，债务人原本可以主张抵销的利益此时也应加以保护，因此在债务人接到转让通知后，仍可以向受让人主张该抵销。例如，转让的债权于8月1日到期，债务人对让与人的债权于同年9月1日到期，而债务人于9月15日接到转让通知。债务人接到债权转让通知时，债务人已经依据《民法典》第568条第1款的规定取得抵销权，在其接到债权转让通知后，仍然可以向受让人主张之前已经产生的抵销权。

债务人向受让人主张此种抵销的，应当依据第568条第2款的规定通知受让人，并且抵销不得附条件或者附期限。

83. 甲是债权人，乙是债务人，乙可否在未经甲同意的情况下把自己对甲的债务转移给丙？

《民法典》第551条规定："债务人将债务的全部或者部分转移给第三人的，应当经债权人同意。债务人或者第三人可以催告债权人在合理期限内予以同意，债权人未作表示的，视为不同意。"债务转移是指不改变债务的内容，债务人将债务全部或者部分转让给第三人。正如债权人可以全部或者部分转让债权一样，债务人也可以依照法律规定将债务全部或者部分转移给第三人。债务转移分为以下情况：一种情况是债务的全部转移，在这种情况下，新的债务人完全取代了原债务人，新的债务人负责全面地履行债务；另一种情况是债务的部分转移，即原债务人和新债务人负有按份债务。

但是，尤其是在债务中最为主要的合同债务中，债权人和债务人的合同关系是产生在相互了解的基础上，在订立合同时，债权人一般要对债务人的资信情况和偿还能力进行了解，而对于取代债务人或者加入到债务人中的第三人的资信情况及履行债务的能力，债权人不可能完全清楚。所以，如果债务人不经债权人的同意就将债务转让给了第三人，那么，对于债权人来说显然是不公平的，不利于保障债权人合法利益的实现。债务人不论转移的是全部债务还是部分债务，都需要征得债权人同意。未经债权人同意，债务人转移债务的行为对债权人不发生效力。债权人有权拒绝第三人向其履行，同时有权要求债务人履行义务并承担不履行或者迟延履行债务的法律责任。转移债务要经过债权人的同意，这也是债务转移制度与债权转让制度最主要的区别。

在债务转移中，首先，要求存在债务。债务原则上具有可转移性，但根据债务的性质、当事人的约定或者法律规定也存在不得被转移的情形。例如，著名画家作画的义务、演员演出的义务、保管义务、当事人约定不得转移的义务等。但是，债务转移需要债权人的同意，这些原则上不得被转移的债务，如果目的是保护债权人的利益，则债权人同意本身已经保护了债权人自己的利益，债权人同意债务转移本身就使得这些债务具有了可转移性。其次，要求有效的债务转移合同。最为常见的是债务人和第三人之间签订债务转移合同，该债务转移合同适用民事法律行为和合同的一般规定。如果法律、行政法规规定应当办理批准等手续才生效的，应依法办理这些手续。最后，按照这条第 1 款的规定，该债务转移需要经过债权人的同意。如果债务人与第三人订立的债务转移合同未征得债权人同意，则此时可以认为是由第三人代为履行债务而非债务转移，债务人仍负有向债权人履行的义务，债权人仍有权向债务人请求履行债务，但不能请求第三人履行债务。在债务转移经过债权人同意后，第三人向债权人履行债务时，债权人不能拒绝受领。债务人、第三人可以和债权人三方共同签订债务转移合同。债权人的同意也可以事先作出，此时债务转移仅需要通知债权人即可对债权人发生效力。债权人的同意可以采取明示或默示的方式，例如债权人未明确表示同意，但他已经将第三人作为其债务人并请求其履行，可以认为债权人已经同意债务转移。同时，为了保护债权人的利益，对于债权人的单纯沉默应当作出特别规定。这条第 2 款规定债务人或者第三人可以催告债权人在合理期限内予以同意，债权人未作表示的，视为不同意。

应当注意的是，债务转移合同也有可能是债权人和第三人之间签订。此时，该合同一般情况下对债务人是有利的，但是，也有可能出现债务人对此不存在利益的情形，甚至债务人有合理的理由要求履行债务，例如债务人考虑到其被取代对声誉的影响，或者无法通过履行债务训练团队以吸引未来的业务，甚至可能已经和他人签订辅助性的合同以履行债务，此时可能要被迫解除这些合同。因此，该类债务转移合同至少应当通知债务人，债务人应当能够拒绝债权人和第三人之间签订的债务转移合同对其发生效力。这类似于《民法典》第 522 条第 2 款规定的真正的利益第三人合同的构建方案。当然，债权人也可以通过将其对债务人的债权依法转让给第三人，实现同样的交易目的。

除另有约定外，全部债务被转移后，第三人作为新债务人完全取代原债务人的地位，成为新的债务人，债权人有权请求该第三人履行债务，并在第三人不履行债务或者不完全履行债务时请求第三人承担责任；债务被部分转移的，除另有约定外，第三人和债务人对债权人负有按份债务。除另有约定外，债务人对第三人的履行能力不负有担保义务。至于第三人履行债务后与债务人之间的关系，依据第三人与债务人之间的约定或者第三人履行后的后果而处理。

84. 甲是债权人，乙是债务人，丙可否与乙约定自己加入债务，成为新债务人与乙一起向甲负有债务？

《民法典》第552条规定："第三人与债务人约定加入债务并通知债权人，或者第三人向债权人表示愿意加入债务，债权人未在合理期限内明确拒绝的，债权人可以请求第三人在其愿意承担的债务范围内和债务人承担连带债务。"债务加入，即第三人加入到债务中，作为新债务人和原债务人一起向债权人负有连带债务。债务加入与债务转移之间的区别在于，债务转移中，原则上原债务人不再作为债务人，而由第三人作为债务人，因此债务转移又被称为免责的债务转移；但债务加入中，第三人和原债务人一起对债权人负有连带债务，因此债务加入也被称为并存的债务转移。可以看出，较之债务转移，债务加入对债权人更为有利。在究竟是债务转移还是债务加入意思不清晰时，考虑到债权人对债务人资力和履行能力的信赖，基于保护债权人利益的价值，债务人不应轻易地从债务中摆脱，可以推定为债务加入。

同样应当区分的是债务加入和连带保证。两者均增加了担保债权实现的责任财产，但不同在于：第一，保证债务是债务人不履行债务时，保证人承担保证责任的从属性债务，而债务加入时第三人作为连带债务人，没有主从关系；第二，连带保证具有保证期间和诉讼时效的限制，而债务加入后产生的连带债务仅具有诉讼时效的限制；第三，连带保证人承担保证责任后，可以向债务人追偿，而债务加入人作为连带债务人履行债务后，是否对债务人有追偿权，取决于其与债务人之间的约定。

在债务加入中，同样要求存在债务，还要求存在债务加入合同。该债务加入合同可以是第三人和债务人约定，也可以是第三人直接向债权人表示愿意加入。考虑到债务加入一般对债权人不会造成损失，但是，任何人均有权拒绝获利，且在例外情形中也可能对债权人增加不便，因此这一条规定，债权人有权在合理期限内对此予以明确拒绝。债务人、第三人也可以和债权人三方共同签订债权转移合同，此时债权人已经表示了同意。当然，在第三人向债权人表示愿意加入债务，或者债权人和第三人之间签订债务加入合同，与债务转移合同中的情形相同，该类债务加入合同至少应当通知债务人，债务人应当能够拒绝债权人和第三人之间签订的债务转移合同对其发生效力，这同样类似于《民法典》第 522 条第 2 款规定的真正的利益第三人合同的构建方案。

构成债务加入后，除另有约定外，第三人和债务人负有同一内容的债务，但债务人并不因此而免负债务，而是与第三人一起对债权人负有连带债务，当然，连带债务的范围应当限制在第三人愿意承担的债务范围内。此时，民法典关于连带债务的规定应当在债务加入中被适用。同时，《民法典》第 553 条和第 554 条关于新债务人抗辩、抵销权和承担有关从债务的规定，在债务加入中，也应当被适用。但需要注意的是，由于在债务加入中，债务人并未被取代而摆脱债务，仍然要对债权人负有债务，因此，为债务人提供的担保并不因第三人加入债务而受到影响，但该担保仍然仅对债务人发生担保效力，而对加入的第三人不发生担保效力。例如，《民法典》第 697 条第 2 款就规定，第三人加入债务的，保证人的保证责任不受影响。

应当指出的是，当事人也可以通过约定作出不同于连带债务的其他选择，例如可以约定，债权人应当先对新债务人请求，但是如果新债务人不履行或者不完全履行债务的，原债务人的债务没有消灭，债权人仍有权请求原债务人履行，即将原债务人作为次级债务人，原债务人此时更类似于保证人的地位，虽然仍然存在是否受到保证期间限制等一些不同。

85. 当事人可以将自己在合同中的权利和义务一并转让给第三人吗?

《民法典》第 555 条规定："当事人一方经对方同意，可以将自己在合同中的权利和义务一并转让给第三人。"合同权利义务的一并转让，又被称为概括转让或者合同地位转让，是指合同关系的一方当事人将其合同权利义务一并转移给第三人，由第三人全部地承受这些权利义务。合同权利义务的一并转让不同于债权转让、债务转移的是，它是一方当事人对其当事人地位的转让，其转让的内容实际上包括但不限于债权转让和债务转移，并非债权转让和债务转移的简单组合，而是第三人成为新的当事人，与当事人地位联系在一起的撤销权、解除权等权利，也均转移给第三人。合同权利义务的一并转让主要发生于双务合同，只有双务合同中的当事人一方才可以转让此种权利和义务。在单务合同中，由于一方当事人可能仅享有权利或仅承担义务，因此不能出让全部的权利义务，故单务合同一般不发生合同权利义务的一并转让。比如，赠与合同的被赠与人只享有权利而不承担义务，这些合同的当事人一般不可能出现将合同权利义务一并转让的情况。

根据民法典的规定，债权人转让债权应当通知债务人；债务人转移债务必须经债权人的同意。合同权利义务的一并转让既包括了债权的转让，又包括了债务的转移，这可能会对对方当事人产生不利，因此，当事人一方将合同权利义务一并转让时，应当经过对方当事人的同意。如果当事人一方未经对方当事人同意，将自己的权利和义务一并转让的，对对方当事人不发生效力。

合同权利义务的一并转让，除当事人另有约定外，原则上转让的当事人一方退出合同关系，其当事人地位被第三人所取代，第三人成为新的当事人，享有当事人的所有权利，承担当事人的所有义务。这并未排除当事人的其他约定，例如当事人可以约定，转让方继续对债务承担连带债务和对债权享有连带债权，或者转让方对债务承担约定的担保责任。

86. 在什么情况下当事人的债权债务终止？

《民法典》第557条规定："有下列情形之一的，债权债务终止：（一）债务已经履行；（二）债务相互抵销；（三）债务人依法将标的物提存；（四）债权人免除债务；（五）债权债务同归于一人；（六）法律规定或者当事人约定终止的其他情形。合同解除的，该合同的权利义务关系终止。"债的性质，决定了债是有期限的民事法律关系，不可能永恒存在，有着从设立到终止的过程。债权债务终止，是指有效的债权债务因具备法定情形和当事人约定的情形，使得债权、债务归于消灭，债权人不再享有债权，债务人也不必再履行债务。

债务已经履行，是指债务人按照债的标的、质量、数量、价款或者报酬、履行期限、履行地点和方式正确地、适当地全面履行了债务。第三人按照债权人和债务人之间的约定或者依照法律规定履行、债务人按照约定或者依照法律规定向第三人履行、债权人和债务人协商一致以他种给付代替原定给付，也属于债务的全面履行。

债务相互抵销，指当事人互负债务、互享债权，以自己的到期债权充抵对方的债权，使自己的债务与对方的债务在等额内消灭。比如，乙在合同约定的还款日期，应支付给甲 10 万元人民币货款，与此同时甲也欠乙 10 万元人民币，并已到支付日期，此时，乙可以向甲表明，自己不偿还甲的 10 万元债务，甲也不必偿还欠乙的 10 万元债务。两相抵销，互不相欠。《民法典》第 568 条、第 569 条规定了抵销的具体条件和后果。

提存是指由于法律规定的原因，债务人无法向债权人交付合同标的物时，债务人将该标的物交给提存部门而消灭债务的制度。比如，债务人乙在合同约定的履行期限，准备向债权人甲交付货物，但却无法找到债权人，乙根据法律有关规定，将该货物交给提存部门，货物被提存后，债务即消灭。

债权人免除债务是指债权人放弃自己的债权。债权人可以免除债务的部分，也可以免除债务的全部。比如，债务人乙应当偿还债权人甲 2 万元人民币，甲表示乙可以少还或者不还，就是债权人免除债务。甲表示只需要偿还 1 万元，是债务的部分免除；表示 2 万元都不必偿还，是债务的全部免除。免除部分债务的，债权债务部分终止；免除全部债务的，债权债务全部终止。《民法典》第 575 条对免除进行了具体规定。

债权和债务同归于一人是指由于某种事实的发生，使原本由一方当事人享有的债权，而由另一方当事人负担的债务，统归于一方当事人，使得该当事人既是债权人，又是债务人。比如，甲公司与乙公司签订了房屋租赁合同，在乙公司尚未支付租金时，甲、乙二公司合并成立了一个新的公司，甲公司的债权和乙公司的债务都归属于新公司，原甲公司和乙公司之间的债权债务自然终止。《民法典》第 576 条具体规定了此种终止事由。

除前述债权债务终止的情形外，出现了法律规定的终止的其他情形的，合同的权利义务也可以终止。比如，根据《民法典》第 934 条规定，委托人死亡、终止或者受托人死亡、丧失民事行为能力、终止，构成委托合同的特殊终止事由。《民法典》第 940 条规定，建设单位依法与物业服务人订立的前期物业服务合同约定的服务期限届满前，业主委员会或者业主与新物业服务人订立的物业服务合同生效的，前期物业服务合同终止。《民法典》第 977 条也规定了，合伙人死亡、丧失民事行为能力或者终止，构成合伙合同的特殊终止事由。

《民法典》第 557 条第 2 款规定了合同解除导致该合同的权利义务关系终止。合同的解除，指合同成立对当事人具有法律约束力后，当具备法律规定的或者当事人约定的合同解除事由时，或者当事人协商一致时，因当事人一方或双方的意思表示而使整体的合同关系终止。解除导致合同整体权利义务关系的终止，而非合同关系中单个债权债务的终止，并且在合同权利义务终止后，还涉及解除后的各种权利义务关系。同时，解除仅能适用于合同的权利义务关系，而不能适用于其他法定的债权债务关系。

87. 债权债务终止后，当事人就不负有任何义务了吗?

当事人还具有后合同义务。《民法典》第558条规定："债权债务终止后，当事人应当遵循诚信等原则，根据交易习惯履行通知、协助、保密、旧物回收等义务。"后合同义务，是指合同的权利义务终止后，当事人依照法律的规定，遵循诚信等原则，根据交易习惯履行的各项义务。后合同义务对于在交易中强化诚信观念、维护交易的正常秩序具有重要作用。因此，债权债务终止后，除了债权人应当将证明债权债务的负债字据返还、向债务人出具债务消灭的收据之外，双方当事人还负有后合同义务。

遵循诚信等原则，根据交易习惯，债权债务终止后的义务通常有以下几方面：

第一，通知的义务。合同权利义务终止后，一方当事人应当将有关情况及时通知另一方当事人。比如，在租赁合同终止后，出租人应及时通知承租人取回物品；房屋买卖合同履行完毕而终止后，出卖人应该将房屋的重大情况通知买受人。

第二，协助的义务。合同的权利义务终止后，当事人应当协助对方处理与原合同有关的事务。比如，合同解除后，需要恢复原状的，对于恢复原状给予必要的协助；合同的权利义务终止后，对于需要保管的标的物协助保管。

第三，保密的义务。保密指保守国家秘密、商业秘密和合同约定不得泄露的事项。国家秘密，是指关系国家的安全和利益，依照法定程序确定，在一定时间内只限于一定范围的人员知悉的事项。国家秘密事关国家安全和利益，合同的权利义务终止后，合法接触、掌握、使用国家秘密的合同当事人，对于保密期内的国家秘密，无权向第三者泄露。泄露了国家秘密，要承担民事责任、行政责任甚至刑事责任。商业秘密，指不为公众所知悉，能为权利人带来经济利益，具有实用性，并经权利人采取保密措施的技术信息和经营信息。商业秘密一旦进入公共领域，就会失去其商业价值，损害合同当事人的经济利益和竞争优势。因此，合同的权利义务终止后，当事人负有保守商业秘密的义务。泄露了商业秘密要承担民事责任。除了国家秘密和商业秘密，当事人在合同中约定保密的特定事项，合同的权利义务终止后，当事人也不得泄露。

第四，旧物回收的义务。《民法典》第 9 条规定："民事主体从事民事活动，应当有利于节约资源、保护生态环境。"为进一步落实该项原则的要求，当事人在债权债务终止后，还依法负有旧物回收的义务。《民法典》第 625 条也规定："依照法律、行政法规的规定或者按照当事人的约定，标的物在有效使用年限届满后应予回收的，出卖人负有自行或者委托第三人对标的物予以回收的义务。"旧物回收也可能会包括包装物的回收。

应当注意的是，后合同义务的具体范围需要根据具体个案予以细致和具体的判断，不宜以结果倒推后合同义务的范围，要考虑诚信原则所要求的不同价值之间的平衡，要考虑交易习惯的举证，结合当事人主观方面的要求，履行的对价、成本和收益的对比，当事人约定的可能性等，在个案中具体判断后合同义务的具体范围、强度、地域、内容、期限等。

88. 债务人对同一债权人负担许多种类相同的债务，但债务人的给付不足以清偿全部债务，应当先偿还什么债务？

《民法典》第 560 条对清偿抵充顺序作出了规定："债务人对同一债权人负担的数项债务种类相同，债务人的给付不足以清偿全部债务的，除当事人另有约定外，由债务人在清偿时指定其履行的债务。债务人未作指定的，应当优先履行已经到期的债务；数项债务均到期的，优先履行对债权人缺乏担保或者担保最少的债务；均无担保或者担保相等的，优先履行债务人负担较重的债务；负担相同的，按照债务到期的先后顺序履行；到期时间相同的，按照债务比例履行。"

确定清偿抵充顺序的基本原则是：有约定从约定，无约定从指定，无指定从法定。如果当事人就抵充的顺序协商一致，这是意思自治的表现，此时，该约定应当优先。例如，乙欠甲借款、货款各 1 万元，均已届期，乙向甲清偿 8000 元，双方约定该笔给付用于抵充借款，则从其约定。抵充即可以在清偿前或者清偿时约定；在清偿后约定抵充或者变更原抵充约定的，在当事人之间仍然发生效力，但不能影响担保人等有利害关系的第三人利益。

在当事人对抵充顺序没有约定时，则由债务人指定其履行的债务，但债务人的指定应在清偿时作出，其生效适用《民法典》第 137 条的一般规则。债务人在清偿时未指定，清偿后不可指定，否则在有争议的时候，债务人可以立即指定，之后的法定抵充顺序就没有任何意义。

在当事人对抵充顺序没有约定且债务人在清偿时未指定的，则直接依据法定的顺序。在这条第 1 款已经承认了债务人指定权的情况下，法定的抵充顺序应更多地考量债权人的利益，采取债权人利益优先、兼顾债务人利益的原则确定顺序。依据这条第 2 款规定，依次依据下列方式确定抵充顺序：

1. 已到期债务。如果到期的债务和未到期的债务并存，应当先抵充已到期的债务，毕竟债务未到期，则债务人不负有履行义务。

2. 缺乏担保或者担保最少的债务。该规定旨在保护债权人的利益，使得债权人未清偿的债务尽量存在担保。如果某债务有担保，另一债务无担保或者缺乏担保，则优先履行缺乏担保的债务。在债务均存在担保的情形，则优先履行担保最少的债务。应当注意的是，此处的“担保最少”并非担保的绝对数额最少，而是对债权人而言担保利益最少或者担保状况最低的，否则某些情况下容易导致和本规定目的相违背的情形。比如，50 万元的债务存在担保 50 万元，同时另外一个 100 万元的债务存在同样类型的担保 60 万元，债务人支付 50 万元，优先清偿哪一个债务？此时，后一项债务的担保比例较少，因此优先抵充后一项债务中的未担保债务，这对债权人最为有利。但如果将“担保最少”理解为担保的绝对数额最小，则应优先抵充前一项债权，这无法实现保护债权人合理利益的目的。同时，除了上述担保的比例之外，在判断担保的多少时，还可以考虑担保的类型、担保人的信用等因素予以综合判断。当然，在数项债务均未到期，提前履行不损害债权人利益，债务人根据《民法典》第 530 条第 1 款可以提前履行债务的，这是债务人对自己期限利益的放弃，此时，也应当优先履行对债权人缺乏担保或者担保最少的债务。

3. 债务人负担较重的债务。该规定旨在保护债务人的利益，优先清偿负担较重的债务，使得债务人因清偿而获益最多。比如，无利息的债务对比有利息的债务，前者显然对债务人的负担较轻；在本金相同的情况下，低利息的债务对比高利息的债务，前者对债务人的负担较轻。在一些情形中同样也需要综合判断。

4. 先到期的债务。比如，8 月 1 日到期的债务，对比同年 9 月 1 日到期的债务，应当先抵充前一个债务。此时，并非抵充最先成立的债务，而是抵充最先到期的债务。

5. 债务比例。

89. 当事人在什么情况下可以自愿解除合同?

《民法典》第 562 条规定："当事人协商一致，可以解除合同。当事人可以约定一方解除合同的事由。解除合同的事由发生时，解除权人可以解除合同。"合同解除是对当事人进行救济的方式之一。通过合同解除，能够使得当事人在其合同目的不能实现的情形中摆脱现有合同权利义务关系的约束，重新获得交易的自由。比如，甲作为卖方和乙作为买方签订买卖合同，乙到期未支付价款，如果甲已经先交货，则甲可以解除合同，要求返还货物，将货物重新出卖；如果甲未交货，则甲可以通过解除合同消灭自己交货的义务。

根据自愿原则，当事人在法律规定范围内享有自愿解除合同的权利。当事人约定解除合同包括两种情况：

1. 协商解除。

协商解除是指合同产生法律约束力后，当事人以解除合同为目的，经协商一致，订立一个解除原来合同的协议。比如，乙公司向甲公司订购了一批服装面料，准备生产时装，但由于乙公司的生产订单被取消，乙公司不再需要订购的面料，于是与甲公司协商一致解除合同。当事人可以根据自愿原则，决定协商解除的具体效力，比如可以在协议中明确放弃违约损害赔偿请求权。

协商解除是双方的民事法律行为，是通过订立一个新的合同而解除原来的合同，因此应当遵循民事法律行为和合同的一般规定，即双方当事人应当对解除合同意思表示一致，协议未达成之前，原合同仍然有效。如果协商解除违反了法律规定的法律行为有效的条件，如违背了公序良俗，解除合同的协议不能发生法律效力，原有的合同仍要履行。在协商解除中，最为重要的是当事人具有解除的明确意思表示，如果双方都明确同意解除，即使双方未就协商解除后的法律后果作出约定，只要双方解除合同的意思是明确形成一致的，一般也可以认为构成协商解除，除非协商解除的意思表示以对解除后果形成一致意见为前提。

2. 约定解除权。

约定解除权，是指当事人约定，合同履行过程中出现某种情况，当事人一方或者双方有解除合同的权利。比如甲、乙双方签订了房屋租赁合同，出租人甲与承租人乙约定，未经出租人同意，承租人允许第三人在该出租房屋居住的，出租人有权解除合同；也可以约定，出租房屋的设施出现问题，出租人不予以维修的，承租人有权解除合同。解除权可以在订立合同时约定，也可以在履行合同的过程中约定；可以约定一方享有解除合同的权利，也可以约定双方享有解除合同的权利。当约定解除合同的条件出现时，享有解除权的当事人可以行使解除权解除合同，而不必再与对方当事人协商。

解除权的约定也是一种合同，行使约定的解除权应当以该合同为基础，因此对解除权的约定也应当遵循民事法律行为和合同的一般规定。约定解除权在实践中有多重形式，例如，双方可以约定解约定金，即定金交付后，交付定金的一方可以按照合同的约定以丧失定金为代价而解除主合同，收受定金的一方可以双倍返还定金为代价而解除主合同。

当事人行使约定解除权，应当通知对方，合同解除的时间根据《民法典》第 565 条的规定处理，除非当事人另有约定。合同解除的效果首先根据当事人的约定予以确定，当事人没有约定或约定不明时，适用民法典对于合同解除效果的规定。

90. 当事人没有协商一致或约定解除事由，是否还可以解除合同？

《民法典》第 563 条对法定解除事由进行了规定：“有下列情形之一的，当事人可以解除合同：（一）因不可抗力致使不能实现合同目的；（二）在履行期限届满前，当事人一方明确表示或者以自己的行为表明不履行主要债务；（三）当事人一方迟延履行主要债务，经催告后在合理期限内仍未履行；（四）当事人一方迟延履行债务或者有其他违约行为致使不能实现合同目的；（五）法律规定的其他情形。以持续履行的债务为内容的不定期合同，当事人可以随时解除合同，但是应当在合理期限之前通知对方。”

法定解除是指合同具有法律约束力后，当事人在法律规定的解除事由出现时，行使解除权而使合同权利义务关系终止。法定解除权的产生事由与约定解除权的产生事由既有区别又有联系。其区别表现在：法定解除事由是法律直接规定的；而约定解除事由是双方通过合同约定的。其联系表现在：约定解除事由主要是对法定解除事由和解除效果进行修正、缓和和补充，比如，可以约定违反合同中的某项规定，不论程度如何，均可解除合同；也可以约定必须违反合同某项规定达到一个明确的程度，才可解除合同。在约定解除的事由没有涵盖全部法定解除事由的情况下，除非当事人明确排除适用法定解除的事由，在未涵盖的领域，法定解除权仍有其适用余地，这是法律行为调整模式和法定调整模式相互衔接配合的当然要求，是法定解除制度目的的表现。

法律规定解除的事由，也是对任意解除合同的限制，以鼓励交易，避免资源浪费，合理保护双方当事人的合法权益；同时，并不是说具备这些事由，当事人必须解除合同，是否行使解除的权利，应由当事人决定。合同解除的目的是使得当事人摆脱合同权利义务的约束，并非为了制裁，因此法定解除权的发生，不以当事人的过错为要件，但是为了避免当事人任意解除合同，重点考虑的是合同目的是否能够实现，这是判断是否产生法定解除权的重心。如果合同目的仍然能够实现，则一般不产生法定解除权。

91. 工厂因地震被摧毁，致使供货方无法生产订购的货物，供货方可否要求解除合同？

《民法典》第 563 条第 1 款第 1 项规定，因不可抗力致使不能实现合同目的的，当事人可以解除合同。所谓不可抗力，《民法典》第 180 条第 2 款规定，不可抗力是不能预见、不能避免且不能克服的客观情况。不能预见，是指行为人主观上对于某一客观情况的发生无法预测。对于某一客观情况的发生可否预见，因人的认知能力不同，科学技术的发展水平各异，预见能力必然有差别。因此，不可预见，应以一般人的预见能力作为判断标准。某些事件的发生，在过去不可预见，但随着科学技术水平的发展，现在就可以预见。例如现在天气预报的准确率已达到了 90% 以上，人们对狂风暴雨的规避能力已大大提高。不能避免并不能克服，表明某一事件的发生和事件所造成的后果具有必然性。不能避免，是指当事人尽了最大的努力和采取一切可以采取的措施，仍然不能避免某种事件的发生并不能克服事件所造成的后果。客观情况，是指独立于当事人行为之外的客观情况。

不可抗力事件的发生，对履行合同的影响可能有大有小，有时只是暂时影响到合同的履行，可以通过延期履行实现合同的目的，对此不能行使法定解除权。只有不可抗力致使合同目的不能实现时，当事人才可以解除合同，且此时双方当事人都有权解除合同。

92. 甲与乙签订合同，约定甲将1件元青花古董卖给乙，乙交付定金。后来因丙出价更高，甲便将这件元青花古董卖给了丙，并在收钱后交给了丙。乙可以解除合同吗？

《民法典》第563条第1款第2项规定，在合同履行期限届满前，当事人一方明确表示或者以自己的行为表明不履行主要债务的，对方当事人可以解除合同。当事人一方明确表示或者以自己的行为表明不履行主要债务，当然要求其不享有履行抗辩权等正当理由的，并且不履行的是主要债务，因此是根本性。预期违约分为明示违约和默示违约。所谓明示违约，是指合同履行期到来之前，一方当事人明确肯定地向另一方当事人表示他将不履行主要债务。所谓默示违约，是指合同履行期限到来前，一方当事人有确凿的证据证明另一方当事人在履行期限到来时，明显将不履行主要债务。预期违约，降低了另一方享有的合同权利的价值，如果在一方当事人预期违约的情况下，仍然要求另一方当事人在履行期间届满才能主张补救，将给另一方造成损失。允许受害人解除合同，受害人对于自己尚未履行的合同可以不必履行，有利于保护受害人的合法权益。

93. 甲公司与乙公司签订合同，约定乙公司向甲公司在3个月内供应铁矿石10万吨。乙公司供货1万吨后即不再供货。甲公司一再发函要求乙公司立即供货，乙公司毫无反应。甲公司可以解除合同吗？

《民法典》第563条第1款第3项规定，当事人一方迟延履行主要债务，经催告后在合理期限内仍未履行的，对方当事人可以解除合同。迟延履行，是指债务人无正当理由，在合同约定的履行期间届满，仍未履行合同债务；或者对于未约定履行期限的合同，应当根据《民法典》第510条予以确定，如果仍然无法确定，根据《民法典》第511条第4项的规定，债务人在债权人提出履行请求并且给对方必要的准备时间届满后仍未履行。债务人迟延履行债务是违反合同约定的行为，但并非就可以因此解除合同。只有符合以下条件，才可以解除合同：

1. 迟延履行主要债务。

所谓主要债务，应当依照合同的个案进行判断，一般来说，影响合同目的实现的债务，应为主要债务。如买卖合同，在履行期限内交付的标的物只占合同约定的很少一部分，不能满足债权人的要求，应认为迟延履行主要债务。有时，迟延履行的部分在合同中所占比例不大，但却至关重要，如购买机械设备，债务人交付了所有的设备，但迟迟不交付合同约定的有关设备的安装使用技术资料，使债权人不能利用该设备，也应认为是迟延履行主要债务。

2. 经催告后债务人仍然不履行债务。

债务人迟延履行主要债务的，债权人一般应当催告债务人履行。合同的解除将导致合同权利义务关系的终止，一旦解除将会消灭一项交易，如果允许债权人在债务人任何迟延履行主要债务的情况下都可以直接解除合同，会造成财产的不必要的损失和浪费，因此，债权人一般应当进行催告，并且指定一个确定的合理期间。在该合理期间内，当事人可以请求违约责任的承担，但不得解除合同。该合理期间根据债务履行的难易程度和所需要时间的长短确定，超过该合理期间债务人仍不履行的，表明债务人没有履行合同的诚意，或者根本不可能再履行合同，在此情况下，如果仍要债权人等待履行，不仅对债权人不公平，也会给其造成更大的损失，因此，债权人可以依法解除合同。如果债权人通知指定的期间短于合理期间，则并不需要再次作出通知，债权人在通知后经过合理期间即可解除合同。

民法典据此规定了许多具体的情形。例如，《民法典》第722条规定，承租人无正当理由未支付或者迟延支付租金的，出租人可以请求承租人在合理期限内支付；承租人逾期不支付的，出租人可以解除合同。

94. 甲公司与乙公司签订合同，约定甲公司在中秋节之前向乙公司供应5000盒月饼。中秋节之后，甲公司才向乙公司交货，乙公司可以解除合同吗？

《民法典》第563条第1款第4项规定，一方当事人迟延履行债务或者有其他违约行为致使不能实现合同目的的，另一方当事人可以解除合同。

迟延履行债务致使不能实现合同目的，是指履行期限对于债权的实现至关重要，超过了合同约定的期限履行合同，合同目的就将落空。如果迟延履行致使合同目的不能实现，则不需要经过催告，而可以直接解除合同。通常以下情况可以认为构成根本违约的迟延履行：（1）当事人在合同中明确约定超过期限履行合同，债权人将不接受履行，而债务人履行迟延。（2）履行期限构成合同的必要因素，超过期限履行将严重影响订立合同所期望的经济利益。比如季节性、时效性较强的标的物，像中秋月饼，过了中秋节交付，就没有了销路。（3）继续履行不能得到合同利益。比如由于债务人迟延时间过长，市场行情发生重大变化，继续履行将使债权人蒙受重大损失，应允许解除合同。

致使不能实现合同目的的其他违约行为，主要指违反的义务对合同目的的实现十分重要，如一方不履行这种义务，将剥夺另一方当事人根据合同有权期待的利益。该种违约行为主要包括：（1）不能履行主要债务。在不能履行主要债务的场合下，如果不能履行是由不可抗力导致的，则通过这一条第1款第1项解决；其他场合下的不能履行主要债务，债权人依据本项规定可以解除合同且无需催告。（2）拒绝履行，即债务人拒绝履行合同义务，包括债务人在履行期限届满前明示或者默示地拒绝履行非主要债务致使不能实现合同目的，或者履行期限届满后拒绝履行主要债务或拒绝履行其他合同义务致使不能实现合同目的。（3）履行质量与约定严重不符，无法通过修理、替换、降价的方法予以补救，致使不能实现合同目的。比如，约定交付的标的物是一级棉花，但交付的却是买方根本无法使用的等外品。（4）履行主要债务之外的其他合同义务不适当，致使不能实现合同目的。比如，《民法典》第778条规定，承揽工作需要定作人协助的，定作人有协助的义务。定作人不履行协助义务致使承揽工作不能完成的，承揽人可以催告定作人在合理期限内履行义务，并可以顺延履行期限；定作人逾期不履行的，承揽人可以解除合同。

判断合同目的是否能实现，可以考虑以下情况：

第一，违约是否实质上剥夺了另一方当事人根据合同有权期待的利益，除非另一方当事人并未预见而且也不可能合理地预见到此结果。此时可以考虑违约部分的价值或者金额与整个合同价值或者金额之间的比例，例如，在履行不符合约定时，如果卖方交付的不符合约定的标的物的价值占全部合同金额的大部分，一般可以认为构成违约导致不能实现合同目的；还可以考虑违约部分对合同目标实现的影响程度，在某些案件中，尽管违约部分的价值并不高，但对合同的实现有着重大影响，例如，在成套设备中，某一部件或配件的瑕疵可能导致整套设备无法正常运转，此时，这一违约也可以认定为违约导致不能实现合同目的；还可以考虑违约的后果及损害能否得到修补，即使违约行为十分严重，但如果这种违约是可以修补的，也可以不认定产生法定解除权。此外，还可能结合合同履行状况和合同类型考量其他因素。例如，股权转让合同中，法律关系的稳定、对第三人利益的影响、债权人寻求其他救济的可能性（如债务人尚有资力，可通过继续履行满足债权人的期待利益）都是需考量的因素。

第二，对被违反义务的严格遵守是否是合同的实质性约定。

第三，违反义务是否导致不能信赖其将来的履行，如果一方当事人分期履行义务，并且在某一次先履行中出现的瑕疵很明显将要在整个履行中重复，尽管先期履行中的瑕疵本身并不构成解除合同的依据，另一方当事人仍然可以解除合同。如果违约是故意的，且使得另一方有充分的理由认为不能期待后续的履行，另一方有权解除全部合同关系；当然，如果违反义务即使是故意但却是微不足道的，仍然不能解除合同。

第四，合同解除是否导致违反义务人因已经做出的准备或者履行而遭受不相称的损失。比如，甲和乙约定甲向乙交付专为其制造的软件，约定的交付时间是 12 月 31 日之前，但甲在次年 1 月 31 日才交付，此时乙仍然需要该软件，并且甲无法将该软件出售给其他客户，乙这时可以请求甲承担违约责任，但不能解除合同。

95. 如果当事人未约定合同的存续或者履行期限，当事人会无限期地受合同约束吗？

当事人享有解除权，不会无限期地受合同约束。根据《民法典》第 563 条第 2 款的规定，以持续履行的债务为内容的不定期合同，当事人可以随时解除合同，但是应当在合理期限之前通知对方。

这一规定，一是要求合同必须是以持续履行的债务为内容的合同，例如租赁合同、保管合同、合伙合同等，而非一次履行就会使债务消灭的合同，这类合同又被称为继续性合同。二是要求是不定期的合同。继续性合同通常会约定一个存续或者履行期间；如果没有约定期间或者约定不明确，根据《民法典》第510条规定，当事人可以协议补充，不能达成补充协议的，可以按照合同相关条款或者交易习惯确定。既未约定期间或者约定不明确，也无法确定期间的，就是不定期的合同。例如，《民法典》第730条规定，当事人对租赁期限没有约定或者约定不明确，依据本法第510条的规定仍不能确定的，视为不定期租赁。第976条第1款规定，合伙人对合伙期限没有约定或者约定不明确，依据本法第510条的规定仍不能确定的，视为不定期合伙。同时，不定期的合同也可能是以下情形，合同的存续或者履行期间本来是明确的，但是该期间结束后，尽管当事人未明确约定继续该合同，但双方当事人均默示地继续该合同。例如，《民法典》第734条第1款规定，租赁期限届满，承租人继续使用租赁物，出租人没有提出异议的，原租赁合同继续有效，但是租赁期限为不定期。第948条第1款规定，物业服务期限届满后，业主没有依法作出续聘或者另聘物业服务人的决定，物业服务人继续提供物业服务的，原物业服务合同继续有效，但是服务期限为不定期。第976条第2款规定，合伙期限届满，合伙人继续执行合伙事务，其他合伙人没有提出异议的，原合伙合同继续有效，但是合伙期限为不定期。合同约定存续或者履行期间是无限期的、永久的或者终生的，除法律另有规定外，也可将此类合同视为不定期合同。

根据这条规定，以持续履行的债务为内容的不定期合同，当事人在合理期限之前通知对方后可以解除。首先，双方当事人都有解除权，而非仅当事人一方享有解除权。其次，应当在合理期限之前通知对方。这是为了给予对方必要的准备时间，合理期限的确定可以考虑当事人之间合作时间和合同关系已经持续时间的长短、另一方当事人为履行合同所付出的努力和投资、寻找新的合同对方所可能需要的时间、双方履行之间的时间间隔等。当事人没有在合理期限之前通知对方的，并非解除通知无效，而是不影响合同解除的效力，但要赔偿因未在合理期限前通知对方从而给对方造成的损失，或者解除通知延至合理期限之后才发生效力。

96. 解除合同有时间限制吗?

《民法典》第 564 条规定："法律规定或者当事人约定解除权行使期限，期限届满当事人不行使的，该权利消灭。法律没有规定或者当事人没有约定解除权行使期限，自解除权人知道或者应当知道解除事由之日起 1 年内不行使，或者经对方催告后在合理期限内不行使的，该权利消灭。"无论是约定解除权，还是法定解除权，解除权的行使，是法律赋予当事人的保护自己合法权益的手段，但该权利的行使不能毫无限制。行使解除权会引起合同关系的重大变化，如果享有解除权的当事人长期不行使解除的权利，就会使合同关系处于不确定状态，影响当事人权利的享有和义务的履行。因此，解除权作为形成权，应当在一定期间内行使，以促使法律关系尽早确定为目标。该期间是解除权的行使期限、存续期间或者除斥期间。按照这一条规定，行使解除权的期限分为三种情况：

1. 按照法律规定或者当事人约定的解除权的行使期限行使。

法律规定或者当事人约定解除权行使期限的，期限届满当事人不行使的，该权利消灭。法律规定的行使期限，例如，《保险法》第 16 条第 3 款规定："前款规定的合同解除权，自保险人知道有解除事由之日起，超过 30 日不行使而消灭。自合同成立之日起超过 2 年的，保险人不得解除合同；发生保险事故的，保险人应当承担赔偿或者给付保险金的责任。"基于自愿原则，当事人也可以约定解除权的行使期限。比如，如果当事人约定出现某种事由可以在 1 个月内行使解除权。那么在合同约定的事由发生 1 个月后，解除权消灭，当事人不能要求解除合同。此时，无须对方当事人进行催告，只要该约定期限经过，解除权即消灭。

2. 在对方当事人催告后的合理期限内行使。

法律没有规定或者当事人没有约定解除权行使期限的，对方当事人为明确自己义务是否还需要履行，可以催告享有解除权的当事人行使解除权，享有解除权的当事人超过合理期限不行使解除权的，解除权消灭，合同关系仍然存在，当事人仍要按照合同约定履行义务。这有利于督促解除权的及时行使，使合同关系得到尽快的确定和稳定。所谓催告后的合理期限，根据个案的不同情况确定，作为享有解除权的当事人应本着诚信原则，在收到催告后尽早通知对方是否解除合同。

3. 自解除权人知道或者应当知道解除事由之日起 1 年内不行使。

法律没有规定或者当事人没有约定解除权行使期限的，另一方当事人未催告的，或者另一方当事人在很长时间之后才进行催告的，如果解除权长期存在，就可能在很长时间之后仍然行使解除权，这不利于合同关系的尽快确定和稳定。为实现确定性，民法典明确规定，自解除权人知道或者应当知道解除事由之日起 1 年内不行使的，解除权消灭。该期间的起算期间并非解除权发生之日，而是自解除权人知道或者应当知道解除事由之日起计算，这也与《民法典》第 199 条规定的“自权利人知道或者应当知道权利产生之日起计算”保持了一致。但是，如果解除权人有权解除合同，但是选择请求对方当事人在合理期限内采取修理、重作、更换等补救措施，而对方当事人置之不理的，该期间应当从补救的合理期限届满时起算。

97. 一方提出解除合同，需要通知对方吗？

《民法典》第 565 条规定：“当事人一方依法主张解除合同的，应当通知对方。合同自通知到达对方时解除；通知载明债务人在一定期限内不履行债务则合同自动解除，债务人在该期限内未履行债务的，合同自通知载明的期限届满时解除。对方对解除合同有异议的，任何一方当事人均可以请求人民法院或者仲裁机构确认解除行为的效力。当事人一方未通知对方，直接以提起诉讼或者申请仲裁的方式依法主张解除合同，人民法院或者仲裁机构确认该主张的，合同自起诉状副本或者仲裁申请书副本送达对方时解除。”

当事人一方行使解除合同的权利，必然引起合同的权利义务的终止。但是，解除权产生之后，并不导致合同自动解除，为了防止一方当事人因不确定对方已行使合同解除权而仍为履行的行为，避免债权人的消极反应使得债务人误解债权人会接受其履行，从而对己方给付作出必要的安排以避免遭受损害，解除权人必须行使解除权才能使得合同解除。这一条规定，当事人根据约定解除权和法定解除权主张解除合同的，应当通知对方。

解除权是一种形成权，其仅需要通知对方即可，而无需取得对方的同意。行使解除权也是一种民事法律行为，适用民法典总则编关于民事法律行为和意思表示的一般规定。解除通知不限于书面形式，只要享有解除权的一方将解除合同的意思表示通知对方即可，并且解除通知中必须能够表明解除权人有解除合同的意思表示。为了避免争议，解除通知中最好写明解除原因并附有初步证据。

实践中，解除权产生后，解除权人为了给对方一个纠正自己违约的机会，可能会向对方发出催告，载明要求对方履行，并且在合理期限内对方仍不履行的话，合同就自动解除。这对对方当事人并不会产生任何不利，反而是对其有利，获得了纠正自己违约的机会。此时，如果对方在催告要求的合理期间内仍然未履行，合同就自动解除，无需解除权人在此之后另发一份解除通知。

解除权的行使可以直接向对方发出解除通知，而无需一定要通过人民法院或者仲裁机构行使，以避免造成时间拖延和当事人在最终确定前的不确定状态，而产生一些不必要的损失。但是，毕竟诉讼和仲裁能够最终确定当事人之间的关系，避免发生争议。因此，如果一方当事人向对方当事人发出了解除通知，对方对解除合同有异议，认为解除通知的发出人不享有解除权的，为防止随意解除合同导致对方利益受损，避免进一步争议的发生，对方自然可以请求人民法院或者仲裁机构确认解除合同的效力。解除通知发出人为了使得争议最终确定，也可以在向对方发出解除通知之后，再请求人民法院或者仲裁机构确认解除行为的效力，由人民法院或者仲裁机构判断发出人是否享有解除权，如果认为发出人享有解除权，则人民法院或者仲裁机构确认合同自解除通知到达对方时解除。在一方当事人向对方当事人发出解除通知之后，对方对解除表示了异议，认为解除通知的发出人不享有解除权的，但对方不向人民法院或者仲裁机构请求确认解除合同效力的，此时，为了使得当事人之间的法律关系确定，解除通知的发出人也可以在收到对方的异议后，请求人民法院或者仲裁机构确认解除行为的效力。

当然，解除权人也可以在解除权产生后，不向对方发出解除通知，而直接以提起诉讼或者申请仲裁的方式依法主张解除合同，否则，如果要求解除权人必须先行发出解除通知，就解除的法律后果再行起诉或者申请仲裁，将增大守约方的维权成本。如果人民法院或者仲裁机构确认解除权人享有解除权，则解除权人提起诉讼或者申请仲裁是解除权人意思表示的一种表达方式，只不过不是解除权人直接通知对方解除合同，而是通过法院或者仲裁机构向对方送达载明解除合同的意思表示的法律文书，均应产生合同解除的法律效果。因此，当事人一方未通知对方，而是直接以提起诉讼或者申请仲裁的方式依法主张解除合同，人民法院或者仲裁机构确认该主张的，合同自起诉状副本或者仲裁申请书副本送达对方时解除。

98. 合同解除后债权债务如何处理?

《民法典》第566条第1款规定:“合同解除后,尚未履行的,终止履行;已经履行的,根据履行情况和合同性质,当事人可以请求恢复原状或者采取其他补救措施,并有权请求赔偿损失。”

该条第1款从实际出发,借鉴国外经验,遵循经济活动高效的原则,对合同解除的效力作了比较灵活的规定。首先是针对尚未履行的部分,由于解除终止了合同权利义务关系,因此第1款规定,尚未履行的,终止履行。

针对已经履行的部分,第1款规定,根据履行情况和合同性质,当事人可以要求恢复原状、采取其他补救措施,并有权要求赔偿损失。如果当事人互负恢复原状或者采取其他补救措施的义务,可以行使同时履行抗辩权。

所谓根据履行情况,是指根据履行部分对债权的影响。如果债权人的利益不是必须通过恢复原状才能得到保护,不一定采用恢复原状。当然如果债务人已经履行的部分,对债权人根本无意义,可以请求恢复原状。

所谓根据合同性质,是指根据合同标的的属性。根据合同的属性不可能或者不容易恢复原状的,不必恢复原状。这类情况主要包括:(1)以持续履行的债务为内容的合同。比如,以使用标的为内容的连续供应合同,包括水、电、气的供应合同,对以往的供应不可能恢复原状;再比如,租赁合同,一方在使用标的后,也无法就已使用的部分作出返还。此类合同中,已履行的合同期间内容基本都有其相应的合同对价，该对价可以被解释为当事人在此期间内的“部分合同目的”，在法律上足以平衡双方当事人权益，没有必要恢复。更何况此类合同已经履行的合同期间无法逆转，事实上也不可能恢复。还有一些合同目的主要体现在工作成果上的合同，比如，建设工程合同，此时，除非已完成的部分工作成果根本无法对应该期间内的合同目的，如建设工程合同中已施工部分完全不合格需要拆除重建，否则也不用恢复原状。（2）涉及第三人利益或者交易秩序的合同。比如，合同标的物的所有权已经转让给他人，如果返还将损害第三人利益；解除委托合同，如果允许将已办理的委托事务恢复原状，就意味着委托人与第三人发生的法律关系失效，将使第三人的利益失去保障。

所谓恢复原状，是指恢复到订约前的状态。恢复原状时，因合同而取得的财产，应当返还财产，财产不存在的，如果原物是种类物，可以用同一种类物返还。恢复原状还包括：（1）返还财产所产生的利息和其他孳息；（2）返还财产方在财产占有期间为保存或者维护该财产所花费的必要费用；（3）因返还财产所支出的必要费用。

所谓采取其他补救措施，主要指的是财产因不可归责于债务人的原因而发生毁损、灭失、添附或者其他事由，导致不能恢复原状的，或者受领的标的为劳务或者物的使用而无法恢复原状的，或者虽然能够恢复原状但因为成本过高等原因而没有必要恢复原状的，应当折价补偿。

99. 甲曾向乙借款 10 万元，一直未还。后甲将古董卖给乙，乙未付款。乙可以不付款，而要求以甲所欠债款抵销古董价款吗？

《民法典》第 568 条规定："当事人互负债务，该债务的标的物种类、品质相同的，任何一方可以将自己的债务与对方的到期债务抵销；但是，根据债务性质、按照当事人约定或者依照法律规定不得抵销的除外。当事人主张抵销的，应当通知对方。通知自到达对方时生效。抵销不得附条件或者附期限。"

抵销是指当事人双方互负债务，各以其债权充抵债务的履行，双方各自的债权和对应债务在对等额内消灭。抵销因其产生的根据不同，可分为法定抵销和约定抵销。法定抵销，是指法律规定抵销的条件，具备条件时依当事人一方的意思表示即发生抵销的效力。抵销使得债权人无须诉讼、判决或者强制执行，即可实现债权；在未履行的情况下，当事人不必相互履行，节省双方互相履行所发生的费用，消灭债权债务；同时也具有担保的功能，如当事人一方只行使自己的债权，不履行自己的债务，那么，对方当事人就不能确保自己债权的实现，特别是在一方当事人财产状况恶化不能履行债务时，对方当事人行使抵销权就能够确保自己的债权相应实现。比如，某人在银行存款，又在同一银行借款，这两项债务都到期以后，如果该借款人信用不佳，则将有可能发生信用风险，此时，如果赋予银行抵销权，就可以担保其债权的实现，及时地化解风险。

法定抵销应当具备以下条件：

1. 当事人双方互负有效的债务、互享有效的债权。

抵销发生的基础在于当事人双方既互负有效的债务，又互享有效的债权，只有债务而无债权或者只有债权而无债务，均不发生抵销。双方当事人互负的债权债务，可能会因同一个法律关系而发生，也可能基于两个或两个以上的法律关系发生。比如，甲欠乙建设工程款200万元，乙第一次向甲购货欠款150万元，第二次购货欠50万元。甲可以以乙两次共欠其的200万元货款债权，抵销其欠乙的200万元工程款。其中，提出抵销的一方所享有的债权，称为主动债权；被抵销的债权，称为被动债权。当事人应当对用以抵销的债权具有处分权，比如，提出抵销的一方用于抵销的债权上已经设立质权，未经质权人同意，不能发生抵销效力。同时，附有抗辩权的债权，也不得将之作为主动债权用以抵销，否则即为剥夺相对人的抗辩权。

2. 被抵销一方的债务已经到期。

抵销具有相互清偿的作用，因此只有在提出抵销的一方所享有的主动债权的履行期限届至时，才可以主张抵销；否则，等于强制债务人提前履行债务，牺牲其期限利益。在符合其他条件的情况下，如果双方的债务均已经到期，则双方均可主张抵销；如果主动债权对应的债务履行期限届至，而被动债权对应的债务履行期限未届至，主动债权人此时应当也可以主张抵销，这实际上是其放弃了期限利益而提前履行，只要主动债权一方提前履行不损害另一方当事人的利益。

但在特殊情况下，未届履行期债权可以视为到期债权，依法抵销。比如，《企业破产法》第46条规定："未到期的债权，在破产申请受理时视为到期。附利息的债权自破产申请受理时起停止计息。”

3. 债务的标的物种类、品质相同。

种类相同，是指合同标的物本身的性质和特点一致。比如都是支付金钱，或者交付同样的种类物。品质相同，是指标的物的质量、规格、等级无差别，如都是一级天津大米。债务种类品质不相同，原则上不允许抵销，除非法律另有规定。债务的标的物种类品质相同还表明，用以抵销的债务的标的应当是物而非行为，因为行为具有特定的人身性质，不具有可比性，很难使双方债权在对等额内消灭。履行地点不属于种类和品质的范畴，因此履行地点不同的同种类同品质的债务，也可以抵销，但主张抵销的债务人应当赔偿相对人因抵销而遭受的损失。

当事人互负债务，该债务的标的物种类、品质相同的，任何一方可以将自己的债务与对方的到期债务抵销，但下列情况除外：

1. 根据债务性质不得抵销的。

根据债务性质不得抵销的情形主要有：（1）必须履行的债务不得抵销。如应当支付给下岗工人的生活保障金，不得用以抵销工人欠企业的债务。（2）具有特定人身性质或者依赖特定技能完成的债务，以及相互提供劳务的债务，不得相互抵销。如根据教学合同，乙校的张老师应去甲校讲授数学课 1 个月，而甲校的李老师也负有在乙校讲授 1 个月数学课的义务，讲课报酬相同。虽然是同种类债务，时间、报酬都相同，但由于张、李两人的讲授方法不可能相同，因此，双方的讲课债务不能抵销。(3) 不作为债务不得相互抵销，此种债务不经过相互实际履行，就无法实现债权的目的。(4) 故意侵权所产生的债务，作为债务人的侵权人不得主张抵销，避免债权人任意侵犯债务人的人身和财产权利，如果允许抵销，有违公序良俗，且会诱发故意的侵权行为。(5) 约定应当向第三人履行的债务，债务人不得以自己对于对方当事人享有的债权而主张抵销。(6) 相互出资的义务不得抵销，即使仅存在两个出资人。

2. 按照当事人约定不得抵销的。

当事人之间特别约定不得抵销的，基于自愿原则，应当承认此种约定的效力，当事人不得主张抵销。但是，如果当事人之一将其债权转让给第三人的，此种不得抵销的特约不得对抗善意的受让人，以保护债权善意受让人的利益。

3. 依照法律规定不得抵销的。

法律规定不得抵销的债务，当事人不得主张抵销。比如，《民事诉讼法》第 243 条第 1 款规定：“被执行人未按执行通知履行法律文书确定的义务，人民法院有权扣留、提取被执行人应当履行义务部分的收入。但应当保留被执行人及其所扶养家属的生活必需费用。”这一规定的目的是保护债务人（被执行人），因此对方当事人不得将债务人的生活必需费用债权用以抵销债务。

另外，《民法典》第 569 条对约定抵销作出了规定：“当事人互负债务，标的物种类、品质不相同的，经协商一致，也可以抵销。”约定抵销，是指当事人双方协商一致，使自己的债务与对方的债务在对等额内消灭，约定抵销标的物的种类、品质可以不同。例如，甲公司与乙公司签订合同，约定由甲公司给乙公司供应价值100万元的钢材。后双方又签订合同，约定乙公司向甲公司供应100万元的煤炭，甲公司和乙公司协商一致后可以进行抵销。

100. 甲、乙双方签订合同，约定乙向甲供应货物。合同约定的交货期到后，乙公司按约定将货物运至甲公司所在地，但甲公司毫无理由拒不收货。乙公司该如何处理？

乙公司可以将货物提存。《民法典》第570条规定："有下列情形之一，难以履行债务的，债务人可以将标的物提存：（一）债权人无正当理由拒绝受领；（二）债权人下落不明；（三）债权人死亡未确定继承人、遗产管理人，或者丧失民事行为能力未确定监护人；（四）法律规定的其他情形。标的物不适于提存或者提存费用过高的，债务人依法可以拍卖或者变卖标的物，提存所得的价款。"提存，是指由于法律规定的原因导致债务人难以向债权人履行债务时，债务人将标的物交给提存部门而消灭债务的制度。除此种以消灭债权债务为目的的清偿提存外，还有以保管或者担保为目的的提存，后者在《民法典》第390条、第406条、第432条、第433条、第442－445条有规定。

债务的履行往往需要债权人的协助，债务人已经按照约定履行债务，应当产生债务消灭的法律效力，但债权人拒绝受领或者不能受领，在此情形下虽然因债权人受领迟延可以减轻债务人的责任，但债务不能消灭。让债务人无期限地等待履行，并且要随时准备履行，对物予以保管，同时为履行提供的担保也不能消灭，承担债权人不受领的后果，显失公平。为此，民法典将提存作为一种履行的替代，构成债权债务终止的原因之一，对提存制度作了规定。

债权人无正当理由拒绝受领，是指在债务履行期届至后，债务的履行需要债权人受领时，债务人提出了履行债务的请求，债权人能够接受履行，却无正当理由不予受领。构成拒绝受领的正当理由可以是：（1）债权人受到了不可抗力的影响。（2）债权人遇到了难以克服的意外情况，无法受领。如得了传染病入院治疗，又无可代为受领人。（3）债务人交付的标的物存在严重质量问题，甚至与合同约定根本不符。（4）债务人迟延交付致使不能实现合同目的。（5）合同被解除、被确认无效，等等。如果债权人拒绝受领提出了正当理由，债务人不能将标的物提存。如果债务人没有提出履行请求，则不能构成债权人拒绝受领。债权人无正当理由拒绝受领，包括债权人无正当理由明确或者以自己的行为表明拒绝受领，也包括债权人无正当理由长期迟延受领。

债权人下落不明是指当事人离开自己的住所、不知去向，或因为债权人地址不详等原因无法查找。债权人下落不明，即使未被宣告失踪，债务人也无法履行，为消灭债权债务关系，债务人可以将标的物提存。债权人下落不明也包括债权人的代理人下落不明，如果债权人下落不明但其代理人确定，此时债务人可以向其代理人履行以清偿债务，不得将标的物提存。

债权人死亡或者丧失民事行为能力，并不必然导致债务人债务的消灭。当债权人死亡时，由于该债权人的继承人可以继承其债权，因此，债务人应当向债权人的继承人、遗产管理人履行债务。如果债权人死亡以后其继承人、遗产管理人未确定，造成债务人无法履行其债务的，债务人可以将标的物提存。如果债权人因为丧失民事行为能力导致其在法律上不能受领，应由其监护人代理。如果债权人的监护人未确定，造成债务人无法履行其债务的，债务人也可以将标的物提存。

除上述三种由于债权人的原因导致难以履行债务的事由外，还存在法律规定的其他事由。这主要指债务人非因过失而无法确切地知道谁是债权人，也即债权人不明的其他情形。比如，债权人和债权人的受让人之间就债权转让发生争议，此时债务人无法确知谁是真正的债权人，债务人就可以提存。

具备提存的上述情形之一的，除法律另有规定外，必须是导致债务人难以履行债务的才可以提存。所谓难以履行，是指债权人不能受领给付的情形不是暂时的、无法解决的，而是不易克服的。以下情况不能认为是难以履行：（1）债权人虽然迟延受领但迟延时间很短。（2）下落不明的债权人有财产代管人可以代为接受履行。（3）债权人的继承人、遗产管理人或者监护人很快可以确定。

提存的标的物主要是货币、有价证券、票据、提单、权利证书、贵重物品等适宜提存的标的物。标的物不适于提存或者提存费用过高的，债务人依法可以拍卖或者变卖标的物，提存所得的价款。所谓标的物不适于提存，是指标的物不适于长期保管或者长期保管将损害价值的，如易腐、易烂、易燃、易爆等物品。所谓标的物提存费用过高，一般指提存费与所提存的标的物价额不成比例，如需要特殊设备或者人工照顾的动物。标的物不适于提存或者提存费用过高有悖设立提存制度的目的，但不提存，债务人又达不到使得债务消灭的目的，为此，可以依照我国拍卖法等有关法律规定，拍卖或者变卖标的物，提存所得的价款。

101. 甲与乙签订合同，约定甲将自己的古董卖给乙，乙付款后即死去，甲也未能找到乙的继承人接收，遂不得不将古董交公证机构提存。古董在地震中灭失。乙的继承人能否要求甲退款？

《民法典》第 573 条规定："标的物提存后，毁损、灭失的风险由债权人承担。提存期间，标的物的孳息归债权人所有。提存费用由债权人负担。"

标的物提存后，不论债权人是否领取，都视为债务人在其提存范围内已经交付标的物。按照《民法典》第 604 条第 1 款的规定，标的物毁损、灭失的风险，在标的物交付之前由出卖人承担，交付之后由买受人承担，但是法律另有规定或者当事人另有约定的除外。既然标的物提存后，即视为债务人在其提存范围内已经交付标的物，因此，标的物毁损、灭失的风险就由债权人承担。《民法典》第 605 条规定，因买受人的原因致使标的物未按照约定的期限交付的，买受人应当自违反约定时起承担标的物毁损、灭失的风险。第 608 条规定，出卖人按照约定或者依据本法第 603 条第 2 款第 2 项的规定将标的物置于交付地点，买受人违反约定没有收取的，标的物毁损、灭失的风险自违反约定时起由买受人承担。这一条适用于上述两条规定情形之外的其他情形。标的物提存后，因不可抗力、标的物的自然变化、第三人的原因或者提存人保管不当，都可能引起标的物的毁坏、损失，甚至标的物不复存在。标的物毁损、灭失的风险由债权人承担，一方面由债权人承担因不可抗力、标的物自身性质而产生的毁损、灭失的后果。另一方面债权人有权对造成标的物毁损、灭失责任的第三人或者提存部门索赔，比如，提存期间，提存标的物因为提存部门未履行保管职责造成毁损、灭失的，提存部门负有赔偿责任，由债权人向提存部门索赔。

标的物的孳息是指由标的物产生的收益，包括自然孳息和法定孳息。自然孳息是指依物的用法所产生的作为独立物的收益。法定孳息是指依法律关系产生的收益，比如金钱所产生的利息，有价证券产生的股息、红利。债权人对提存物享有收益的权利，提存期间，标的物的孳息归债权人所有。在提存期间，提存部门负责提存的收取。具体而言，提存的存款单、有价证券、奖券需要领息、承兑、领奖的，提存部门应当代为承兑或领取，所获得的本金和孳息在不改变用途的前提下，按不损害提存受领人利益的原则处理；无法按原用途使用的，应以货币形式存入提存账户；定期存款到期的，原则上按原来期限将本金和利息一并转存；股息红利除用于支付有关的费用外，剩余部分应当存入提存专用账户；提存的不动产或其他物品的收益，除用于维护费用外剩余部分应当存入提存账户。

提存费用由债权人负担。提存费用并非债务人履行债务所必要的费用，故应由债权人负担，除非债权人和债务人另有约定。提存费用包括提存公证费、公告费、邮电费、保管费、评估鉴定费、代管费、拍卖变卖费、保险费，以及为保管、处理、运输提存标的物所支出的其他费用。债权人应当支付提存费用，未支付提存费用钱前，提存人有权留置价值相当的提存标的物。但是，在债务人依据《民法典》第 574 条第 2 款依法取回标的物时，提存费用由债务人负担。

102. 甲与乙签订合同，约定甲将自己的古董卖给乙，乙付款后即死去，甲也未能找到乙的继承人接收，遂不得不将古董交公证机构提存。乙的继承人能在什么时间领取该古董？

《民法典》第 574 条对债权人领取提存物的权利进行了规定："债权人可以随时领取提存物。但是，债权人对债务人负有到期债务的，在债权人未履行债务或者提供担保之前，提存部门根据债务人的要求应当拒绝其领取提存物。债权人领取提存物的权利，自提存之日起 5 年内不行使而消灭，提存物扣除提存费用后归国家所有。但是，债权人未履行对债务人的到期债务，或者债权人向提存部门书面表示放弃领取提存物权利的，债务人负担提存费用后有权取回提存物。"

标的物提存后，视为债务人在其提存范围内已经交付标的物。但是，债权人基于债权有权取得该标的物，此时提存可以被认为是为债权人利益的保管，债权人有权随时领取提存物。债权人领取提存标的物时，应当提供身份证明、提存通知书或公告，以及有关债权的证明，并承担因提存所支出的费用。委托他人代领的，还应提供有效的授权委托书。由其继承人领取的，应当提交继承的有效法律文书。因债权的转让、抵销等原因需要由第三人领取提存标的物的，该第三人应当提供已取得提存之债债权的有效法律文书。

如果债权人对债务人也负有对待给付的义务，则当事人双方均需要履行各自的义务，债务人虽然依法将标的物提存，但与其互负到期债务的债权人并未履行对待给付的义务。为避免先行履行可能发生的风险，保证债务人债权的实现，债务人针对债权人所享有的债权可以行使抗辩，也可以针对债权人领取提存物的权利行使。因此，债务人申办提存时，可以列明提存物给付的条件，对提存部门给付提存物的行为附条件，即只有在债权人履行了对债务人的对等债务，或者为履行提供相应的担保后，才能领取提存物。提存部门应根据债务人的要求，按提存人所附条件给付提存标的物。债权人未履行债务或者提供担保而不符合所附条件的，提存部门应当拒绝债权人领取提存物。如果提存部门未按列明的给付条件而直接向债权人给付提存标的物，给当事人造成损失的，提存部门负有赔偿责任。比如，甲、乙二公司订立了购买电视机的合同，甲公司负有交付电视机的义务，乙公司负有支付价款的义务。债务履行期届满，乙公司长期迟延受领，也未支付货款，甲公司依法将标的物提存。为保证收回货款，甲公司提存时声明，只有乙公司支付了电视机价款或者提供了付款担保后，才能允许乙公司领取电视机。如果在乙公司没有支付价款也没有提供担保的情况下，提存部门将提存物交付给了乙公司，一旦乙公司领取提存物后不能支付甲公司的价款，提存部门要承担赔偿责任。

债权人虽然可以随时领取提存物，但该权利长期不行使，不仅使权利长期处于不稳定状态，也会给提存部门增加负担，同时也不符合物的有效利用的原则。因此，民法典规定了领取提存物的权利的存续期间，即债权人领取提存物的权利，自提存之日起5年内不行使而消灭。债权人领取提存物的权利因5年内不行使消灭的，提存物扣除提存费用后归国家所有，债权人不能再对提存物主张权利。但是，即使债权人领取提存物的权利因期间届满已经消灭，但债务人依据本款规定行使取回权的，不适用该款前句规定。

103. 甲与乙签订合同，约定甲将自己的古董卖给乙，甲在交付古董时乙无正当理由拒绝受领，甲不得不将古董交公证机构提存。甲提存后，乙到期未支付价款，甲可否将提存的古董取回？

《民法典》第574条第2款规定，债权人未履行对债务人的到期债务，或者债权人向提存部门书面表示放弃领取提存物权利的，债务人负担提存费用后有权取回提存物。

若完全不承认债务人的取回权，则在对债权人利益并无损害却可能损害债务人利益的情形中，可能使得债务人无法摆脱提存关系的约束而取回提存物，不利于实现债权人和债务人利益的平衡，因此，这条第2款增加规定了债务人取回提存物的权利，同时明确规定了具体的条件，以避免损害债权人的利益。根据第2款中的规定，债务人行使取回提存物权利的前提是符合以下两种情形之一：（1）债权人未履行对债务人的到期债务，债务人取回提存物。此时，债务人的履行利益并未得到满足，其行使取回权实质上是不通过提存部门而自己行使履行抗辩权，且此时并无保护债权人利益的必要。如果债权人已经履行了对债务人的到期债务，债务人就没有取回权，避免造成对债权人利益的损害。（2）债权人领取提存物的权利也可能因为债权人向提存部门书面放弃领取提存物权利而消灭，此时，债务人享有取回提存物的权利。符合上述条件，债务人行使取回提存物的权利，取回提存物的，视为未提存。因此产生的费用由债务人承担。“负担提存费用后有权取回提存物”这个表述表明，债务人未支付提存费用前，提存部门有权留置价值相当的提存标的。同时，提存物的孳息也归债务人所有。应当注意的是，虽然债权人尚未领取提存物，但债务和债权已经因另为履行、抵销、免除等其他原因而消灭，债权人已经不再享有债权，债权人自然也丧失了领取提存物的权利，此时，也应当允许债务人取回提存物。

104. 甲欠乙 10 万元，后来乙跟甲说不需要还钱了，甲还需要还吗？

《民法典》第 575 条规定：“债权人免除债务人部分或者全部债务的，债权债务部分或者全部终止，但是债务人在合理期限内拒绝的除外。”免除，指债权人抛弃债权，从而全部或者部分消灭债权债务。免除多对债务人有利，债务人一般不会反对，如果认为免除必须经过双方当事人的明确同意才可以，这可能是不效率的；但是，基于自愿原则，债务人在合理期限内明确拒绝的，应当尊重债务人拒绝的意思，尤其是免除在一些情况下还会影响到债务人的利益。比如，债务人和投资人约定，如果债务人保持在一定的资产负债率的情况下，资产负债率不能太高也不能太低，投资人就给债务人投资，但是债权人的免除可能影响到债务人的资产负债率，进而影响到债务人获得投资的利益。因此，在《合同法》第105条（这一条规定，债权人免除债务人债务的，无需债务人明确同意，即可发生免除效力）的基础上，增加了但书规定“但是债务人在合理期限内拒绝的除外”，即如果债务人在合理期限内拒绝的，免除效力自始不发生。

免除也是意思表示，而且是有相对人的意思表示，因此应当适用意思表示的一般规定。债权人免除债务，不论是为了赠与、和解，还是别的什么原因，都不影响免除的效力。免除债务表明债权人放弃债权，不再要求债务人履行义务，因此，债务人不必为免除为相应的对价，免除是无偿的民事法律行为。免除发生债权消灭的后果，需要债权人具有处分权，且不得损害第三人的利益，否则对第三人不发生免除效力。比如，如果债权人已经将该债权出质，则不能对质权人发生免除的法律后果。免除债务不必有特定形式，口头、书面，明示、默示都无不可。如债权人以口头或者书面形式通知债务人不必再履行债务，是以明示方式免除债务。

免除可以附条件或者附期限。附生效条件的免除，如债权人表示只要债务人在合同履行期归还本金，可以免除利息。附解除条件的免除，如在赠与合同生效后，受赠人表示，如果赠与人经济状况恶化，赠与合同不再履行。附生效期限的免除，如出租人通知承租人下月1号开始不必再支付房租。附终止期限的合同，如出卖人通知买受人，其售予买受人商品的8折优惠月底终止。

免除使债权债务消灭。债权人免除部分债务的，债权债务部分消灭；免除全部债务的，债权债务全部消灭。债权人免除部分债务，如债务人乙欠债权人甲 100 万元货款，甲通知乙只要偿还 80 万元，免除了 20 万元债务。债权人免除部分债务的，免除的部分不必再履行，但尚未免除的部分仍要履行。债权人免除全部债务，如服装加工部向服装定作人表明不收取服装加工费。免除全部债务的，全部债务不必再履行，债权债务因此终止。在债务被全部免除的情况下，有债权证书的，债务人可以请求返还。同时，根据《民法典》第 559 条的规定，债权债务终止时，债权的从权利同时消灭，但是法律另有规定或者当事人另有约定的除外。因此债权因免除消灭的，从属于债权的担保权利、利息权利、违约金请求权等也随之消灭。比如甲免除了乙的债务，为乙提供履行担保的丙的保证责任没有了存在基础，必然一同消灭。根据《民法典》第 520 条第 2 款的规定，部分连带债务人的债务被债权人免除的，在该连带债务人应当承担的份额范围内，其他债务人对债权人的债务消灭。

105. 甲与乙签订买卖合同，甲不履行合同义务或者履行合同义务不符合约定，应当向乙承担什么责任？

《民法典》第 577 条规定：“当事人一方不履行合同义务或者履行合同义务不符合约定的，应当承担继续履行、采取补救措施或者赔偿损失等违约责任。”

违约责任，即违反合同的民事责任，也就是合同当事人因违反合同义务所承担的责任。违约责任是当事人一方不履行合同义务或者履行合同义务不符合约定所应当承担的后果，违约责任以合同义务的存在为前提，违约责任是合同义务的转化和延伸，合同义务是第一性义务，而违约责任是第二性义务，两者具有同一性，无合同义务即无违约责任。但是，违约责任是国家凭借法律之力，强制债务人履行债务或者承担其他责任，与诉权联系在一起，以确保合同权利的实现，包含了责任的国家强制性，是对债务人行为的否定性评价。因此，有时虽然存在合同义务，但不产生违约责任，出现债务人和责任的分离。违约责任是一种财产责任，并非人身责任，因此不能采取非法拘禁、扣押人身的责任方式，而只能是继续履行、采取补救措施或者赔偿损失等财产责任方式。

违约责任，一是要求合同义务的有效存在。不以合同义务的存在为前提所产生的民事责任，不是违约责任，这使违约责任与侵权责任、缔约过失责任区分开，后两者都不是以合同义务的存在为必要前提。二是要求债务人不履行合同义务或者履行合同义务不符合约定。这包括履行不能、履行迟延和不完全履行等，还包括瑕疵担保、违反附随义务和债权人受领迟延等可能与合同不履行发生关联的制度。

合同义务的违反，可以从被违反的义务角度区分为违反主给付义务、从给付义务、附随义务和不真正义务。主给付义务，指债的关系中所固有、必备，并以之决定债之类型的基本义务。从给付义务是指补助主给付义务以确保债权人利益能获得最大满足的义务。附随义务是指根据诚信原则产生的顾及对方当事人法益和利益的义务。不真正义务是指债权人的受领义务或者采取适当措施防止损害扩大的义务。例如，通过网络交易购买一台空调，卖方交付空调并转移空调所有权是主给付义务；卖方交付质保书、发票的义务是从给付义务；卖方不得将其所获知的买方的个人信息泄露是附随义务；买方在空调出现问题而漏水时尽量采取措施减少损失扩大是不真正义务。

《民法典》第577条按照违约行为的具体形态，将违约行为区分为不履行合同义务和履行合同义务不符合约定。不履行合同义务，即债务人不为当为之事，包括履行不能和履行拒绝。履行不能是债务人在事实上、法律上和经济上不能履行，有永久不能和一时不能、自始不能和嗣后不能、主观不能和客观不能、全部不能和部分不能的区别。比如，在以提供服务为标的的合同中，债务人丧失提供服务的能力；在以提供特定物为标的的合同中，特定物已经毁损、灭失；在以提供种类物为标的的合同中，种类物全部毁损、灭失。即使自始客观不能也并非合同无效的原因，而仅仅是违约的原因。履行拒绝，即债务人能够履行合同义务却无正当理由拒绝履行，拒绝可以是明示的，也可以是默示的。比如，债务人将应交付的特定标的物有效处分给第三人，可以认为是拒绝履行。

履行合同义务不符合约定，即债务人为不当为之事，也就是债务人虽然履行了债务，但其履行不符合约定，包括一般的瑕疵履行和加害履行。一般的瑕疵履行有数量不足、质量不符、履行方法不当、履行地点不当、履行时间不当等多种表现形式。当事人履行合同除有一般瑕疵外，还造成对方当事人的其他财产、人身损害的，为加害履行。加害履行的特征是往往造成违约与侵权行为竞合，例如，甲到乙饭店吃火锅，但乙提供的火锅因为不合格而爆炸，导致甲的人身损失，乙饭店的履行就是加害履行。加害履行也是一种瑕疵履行，故将与其对应的其他瑕疵履行称为一般瑕疵履行。

违约责任的形式包括继续履行、采取补救措施或者赔偿损失等。具体而言，包括：（1）继续履行；（2）修理、重作、更换；（3）采取其他补救措施，包括退货、减少价款或者报酬等；（4）赔偿损失，包括法定的赔偿损失和违约金、定金等约定的赔偿损失。

106. 甲与乙签订买卖合同，约定甲将古董卖给乙，1个月后交货。半个月后，甲明确表示不会向乙交付古董，此时乙可以让甲承担违约责任吗？

《民法典》第578条规定："当事人一方明确表示或者以自己的行为表明不履行合同义务的，对方可以在履行期限届满前请求其承担违约责任。"违约行为发生于合同履行期限届满之前的，为预期违约，又称为先期违约。在履行期限届满之前，当事人一方明确表示或者以自己的行为表明不履行合同债务，当然要求其不享有履行抗辩权等正当理由的，才构成预期违约。预期违约包括明示预期违约和默示预期违约。所谓明示预期违约，是指合同履行期限届满之前，一方当事人明确肯定地向另一方当事人表示他将不履行合同义务。所谓默示预期违约，是指合同履行期限届满之前，一方当事人以自己的行为表明不履行合同债务。应当注意的是，这一条规定的预期违约的违约责任，不同于《民法典》第563条第1款第2项所规定的预期违约的解除，在预期违约的解除中，当事人一方明确表示或者以自己行为表明其不履行的是主要债务，一般只有主要债务的不履行才会致使不能实现合同目的，此时当事人才有法定解除权。但是，这一条规定的预期违约包括当事人一方明确表示或者以自己行为表明其不履行合同义务，无论该合同义务是否是主要义务，即使是从给付义务或者附随义务等，对方都有权请求其承担违约责任。

预期违约降低了另一方享有的合同权利的价值，构成对债权人权利的侵害和对合同关系的破坏，必将影响交易的正常进行。如果在一方当事人预期违约的情况下，仍然要求另一方当事人在履行期限届满后才能请求违约责任，将给另一方造成损失。因此，当事人一方明确表示或者以自己的行为表明不履行合同义务的，即使在履行期限届满前，对方也可以请求其承担违约责任，而无需等到履行期限届满后，这有利于保护守约方的合法权益。

107. 甲公司与明星乙签订演出合同，约定在甲公司年会时乙到会场献歌一曲。乙未按约定到场演出，甲公司可以强制要求乙演出吗？

《民法典》第 580 条第 1 款规定：“当事人一方不履行非金钱债务或者履行非金钱债务不符合约定的，对方可以请求履行，但是有下列情形之一的除外：（一）法律上或者事实上不能履行；（二）债务的标的不适于强制履行或者履行费用过高；（三）债权人在合理期限内未请求履行。”

所谓继续履行，也称为实际履行，就是按照合同的约定继续履行义务。当事人订立合同都是追求一定的目的，这一目的直接体现在对合同标的的履行，义务人只有按照合同约定的标的履行，才能实现权利人订立合同的目的。所以，继续履行合同是当事人一方违反合同后应当承担的一项重要的民事责任。对合同一方当事人不能自觉履行合同的，另一方当事人有权请求违约方继续履行合同或者请求人民法院、仲裁机构强制违约当事人继续履行合同。例如，没有交付商品的，应当交付合同约定的商品。继续履行是违约责任的一种形式，具有国家强制性，不是单纯的合同义务的履行。继续履行能够使得债权人尽可能实现其利益，避免了赔偿损失计算的困难，强调了合同的法律约束力。

如果当事人一方不履行非金钱债务或者履行非金钱债务不符合约定，且非金钱债务能够继续履行，守约方可以请求违约方继续履行，除此之外，还可以请求违约方承担赔偿损失等其他民事责任。债权人请求继续履行，必须以非金钱债务能够继续履行为前提，如果非金钱债务不能继续履行，对方就不能请求继续履行，或者其提出继续履行的请求，债务人能够依据《民法典》第580条第1款提出抗辩。当然，即使债权人不能请求债务人继续履行，但其仍然有权依法请求债务人承担其他违约责任，尤其是赔偿损失。不能请求继续履行具体包括以下情形：

1. 法律上或者事实上不能履行。

所谓法律上不能履行，指的是基于法律规定而不能履行，或者履行将违反法律的强制性规定。比如，甲将其房屋卖给乙，但未交付和办理移转登记，之后甲又将同一个房屋卖给丙，并将房屋交付给丙，并且办理了移转登记，此时由于甲已经丧失了所有权，因此在法律上无处分权，无法履行甲对乙所负有的移转房屋所有权的合同义务，这即属于法律上不能履行，乙此时不能请求甲继续履行，而只能请求甲赔偿损失。再比如，如果一定合同的履行行为必须经过有关机关的批准，在未批准前，不得请求继续履行。所谓事实上不能履行，是指依据自然法则已经不能履行。比如，合同标的物是特定物，该特定物已经毁损、灭失。但是，如果仅仅是暂时不能履行，或者债务人作出一定的努力仍可以履行合同义务的，那么合同仍然可以继续履行。人民法院或者仲裁机构应当对是否存在法律上或者事实上不能履行的情形进行审查。

2. 债务的标的不适于强制履行或者履行费用过高。

债务的标的不适于强制履行，指依据债务的性质不适合强制履行，或者执行费用过高。比如：(1) 基于高度的人身依赖关系而产生的合同，如委托合同、合伙合同等，如果是因高度信任对方的特殊技能、业务水平、忠诚等所产生的，并且强制债务人履行义务会破坏此种高度的人身依赖关系，则不得请求继续履行。(2) 对于许多提供服务、劳务或者不作为的合同来说，如果强制履行会危害到债务人的人身自由和人格尊严，或者完全属于人身性质，比如需要艺术性或者科学性的个人技能，或者涉及保密性和私人性的关系，则不得请求继续履行。

履行费用过高，指履行仍然可能，但却会导致履行方负担过重，产生不合理的过大的负担或者过高的费用。比如，一艘邮轮沉入海中，尽管将该邮轮打捞出来是可能的，但邮轮所有人因此支出的费用大大超过了所运石油的价值，托运人不能请求其继续履行。在判断履行费用是否过高时，需要对比履行的费用和债权人通过履行所可能获得的利益、履行的费用和采取其他补救措施的费用，还需要考量守约方从其他渠道获得履行进行替代交易的合理性和可能性。

如果债务的标的不适于强制履行或者履行费用过高，债权人请求继续履行的，债务人享有拒绝履行的抗辩权。

3. 债权人在合理期限内未请求履行。

履行合同义务需要债务人进行特定的准备和努力，如果履行期限已过，并且债权人未在合理期限内请求债务人继续履行，债务人则可能会推定债权人不再坚持继续履行。债权人在很长时间之后才请求继续履行，如果支持债权人的继续履行请求，会使得债务人长期处于不确定状态，随时准备履行，且会诱使债权人的投机行为。因此，如果债权人在合理期限内未请求继续履行的，不能再请求继续履行。

108. 甲和乙签订合同，约定甲将花瓶卖给乙，但甲交付给乙的花瓶存在瑕疵，乙可以向甲主张什么？

《民法典》第582条规定：“履行不符合约定的，应当按照当事人的约定承担违约责任。对违约责任没有约定或者约定不明确，依据本法第510条的规定仍不能确定的，受损害方根据标的的性质以及损失的大小，可以合理选择请求对方承担修理、重作、更换、退货、减少价款或者报酬等违约责任。”债务人履行合同义务不符合约定的，主要是品质、数量等不符合约定，可以考虑一些补救措施，主要包括修理、重作、更换以及退货、减少价款或者报酬。这有利于尽量维持当事人之间的合同关系。

如果债务人和债权人事先对此有约定的，应当按照当事人的约定承担违约责任，该约定是民事法律行为，因此适用民事法律行为的一般规定。比如，双方约定的“三包”规定中，对不同瑕疵的后果进行了详细的约定，此时违约方就应当按照当事人之间的约定承担违约责任。

如果当事人对违约责任没有约定，或者虽有约定但约定不明确的，此时就应当依据《民法典》第510条的规定予以确定，即合同生效后，当事人就质量、价款或者报酬、履行地点等内容没有约定或者约定不明确的，可以协议补充；不能达成补充协议的，按照合同相关条款或者交易习惯确定。

如果当事人对此既无约定，也无法依据《民法典》第510条的规定予以确定的，则受损害方根据标的的性质以及损失的大小，可以合理选择请求对方承担修理、重作、更换、退货、减少价款或者报酬等违约责任。这些方式有助于尽量维持当事人之间的合同关系。修理包括对产品、工作成果等标的物质量瑕疵的修补，也包括对服务质量瑕疵的改善，这是最为普遍的补救方式。例如，修建的房屋不符合要求，债务人应当无偿地进行修理。在存在严重的质量瑕疵，以致不能通过修理达到约定的或者法定的质量情形下，受损害方可以选择更换或者重作的补救方式。例如，加工制作的产品不符合约定，虽经修理也不能使用，债务人就应当重作。

《民法典》第582条规定，受损害方根据标的的性质以及损失的大小，可以合理选择请求对方承担修理、重作、更换、退货、减少价款或者报酬等违约责任。修理、重作、更换同样也适用《民法典》第580条第1款的规定，当这些方式事实上不能履行、履行费用过高以及债权人未在当事人约定期限或者合理期限内要求的，债权人不能再请求这些方式或者这些方式中的某一种，而只能请求履行方承担其他违约责任。履行瑕疵是细微和无关紧要的，而修理、重作或者更换的费用过高，则不能请求修理、重作或者更换。比如，在买卖合同中，卖方交付的标的物不符合约定的原因存在设计缺陷，导致更换并无意义，修理也无法消除此种缺陷，此时债权人就不能请求修理或者更换。也有可能由于债权人时间紧迫，无法等待修理、重作或者更换，而必须尽快寻找到适合的替代物，此时要求债权人必须先请求修理、重作或者更换就是不合理的。修理、重作、更换是不可能、不合理或者没有效果的，或者债务人拒绝或在合理期间内仍不履行的，债权人可以请求退货、减少价款或者报酬。如果债务人在履行不符合约定后，立即提出在合理期限内自己承担费用予以修理、重作或者更换，则债权人应当允许，除非该瑕疵履行已经致使合同目的不能实现，或者债权人有理由相信，债务人不可能在合理期限内、并在不给债权人造成显著不便或者不给债权人的合法利益造成其他损害的前提下，实施有效的修理、重作或者更换。

债务人修理的，应当自行承担修理费用和因修理产生的运输费用等合理费用。如果债务人未按要求予以修理或者因情况紧急，债权人自行或者通过第三人修理标的物后，有权主张债务人负担因此发生的合理费用。在更换或者重作的情况下，债务人有权要求债权人退回标的物，但债务人应当负担取回的必要费用。比如，《消费者权益保护法》第 24 条第 2 款规定，依照前款规定进行退货、更换、修理的，经营者应当承担运输等必要费用。

修理、重作、更换是不可能、不合理或者没有效果的，或者债务人拒绝或在合理期间内仍不履行的，债权人可以请求退货、减少价款或者报酬。退货是债权人将已经获得的履行退还给债务人。退货是一种中间状态，依据具体情形，可能会导致更换或重作，也可能会导致合同解除。比如，《消费者权益保护法》第 24 条第 1 款规定，经营者提供的商品或者服务不符合质量要求的，消费者可以依照国家规定、当事人约定退货，或者要求经营者履行更换、修理等义务。没有国家规定和当事人约定的，消费者可以自收到商品之日起七日内退货；七日后符合法定解除合同条件的，消费者可以及时退货，不符合法定解除合同条件的，可以要求经营者履行更换、修理等义务。

减少价款或者报酬，可以简称为"减价"，即债权人接受了债务人的履行，但主张相应减少价款或者报酬，其目的在于通过调整价款或者报酬使得合同重新恢复到均衡的等价关系上。价款或者报酬未支付的，债权人可以主张减少其应支付的价款或者报酬；价款或者报酬已经支付的，债权人可以主张返还减价后多出部分的价款或者报酬。

109. 甲公司向乙公司采购一批货物，乙公司未按约定支付货物，导致甲公司无法向下家交货，甲公司不得不向下家支付10万元违约金，甲公司可以要求乙公司赔偿吗？

《民法典》第584条规定："当事人一方不履行合同义务或者履行合同义务不符合约定，造成对方损失的，损失赔偿额应当相当于因违约所造成的损失，包括合同履行后可以获得的利益；但是，不得超过违约一方订立合同时预见到或者应当预见到的因违约可能造成的损失。"违约赔偿损失是指行为人违反合同约定造成对方损失时，行为人向受害人支付一定数额的金钱以弥补其损失，是运用较为广泛的一种责任方式。赔偿的目的，最基本的是补偿损害，使受到损害的权利得到救济，使受害人恢复到未受到损害前的状态。违约赔偿损失是合同债务的转化，与合同债务具有同一性，因此在对相应合同债权的担保等方面，在违约赔偿损失请求权上继续存在，除非当事人另有约定。同时，违约的赔偿损失包括法定的赔偿损失和约定的赔偿损失，这条规定的是法定的违约赔偿损失。

承担违约赔偿损失责任的构成要件包括：一是有违约行为，即当事人一方不履行合同义务或者履行合同义务不符合约定。二是违约行为造成了对方的损失。如果违约行为未给对方造成损失，则不能用赔偿损失的方式追究违约人的民事责任。三是违约行为与对方损失之间有因果关系，对方的损失是违约行为所导致的。四是无免责事由。

违约损失赔偿额应当相当于因违约所造成的损失，包括对实际损失和可得利益的赔偿。实际损失，即所受损害，是指因违约而导致现有利益的减少，是现实利益的损失，又被称为积极损失。例如，货物在运输过程中遭受了1万元的损失，该损失即实际损失。可得利益，即所失利益，受害人在合同履行后本可以获得的，但因违约而无法获得的利益，是未来的、期待的利益损失，又被称为消极损失。例如，汽车修理厂与出租车司机约定10日修理好损坏的出租车，汽车修理厂迟延3日交付，司机开出租车每日可获纯利润200元，3日的可得利益为600元，汽车修理厂违约，应赔偿600元的可得利益；建筑公司承建一座商厦但迟延10日交付，该商厦10日的营业纯利润额即为可得利益。

实际损失包括：(1) 信赖利益的损失，包括费用的支出、丧失其他交易机会的损失以及因对方违约导致自己对第三人承担违约赔偿的损失等。(2) 固有利益的损失，这体现在债务人违反保护义务的情形中。例如，债务人交付了病鸡，导致债权人现有养鸡场的鸡也生病，此时，债务人不仅应当赔偿债权人费用的支出，还应当赔偿债权人现有的鸡生病造成的损失。在违约赔偿中，由于证明可得利益的困难性，债权人可以选择请求债务人赔偿信赖利益。但是，信赖利益的赔偿一般不得大于履行利益。这是因为，如果信赖利益大于可得利益，表明债权人订立的合同是亏本的，如果债务人按照约定履行了合同，反而会给债权人造成更大的损失。此时，允许债权人请求赔偿大于可得利益的信赖利益，无异于债权人将自己的亏损转嫁给债务人。但是，对于固有利益的赔偿可以大于可得利益。

可得利益是合同履行后债权人所能获得的纯利润。可得利益也可能与信赖利益中的丧失其他交易机会的损失存在重合。根据交易的性质、合同的目的等因素，可得利益损失主要分为生产利润损失、经营利润损失和转售利润损失等类型。在生产设备和原材料等买卖合同违约中，因出卖人违约而造成买受人的可得利益损失通常属于生产利润损失。承包经营、租赁经营合同以及提供服务或劳务的合同中，因一方违约造成的可得利益损失通常属于经营利润损失。先后系列买卖合同中，因原合同出卖方违约而造成其后的转售合同出售方的可得利益损失通常属于转售利润损失。在计算生产经营利润时，可以考虑以客观的、能够证明的守约方可以获得的上一年度或近几年平均净利润，或者同类同区域同行业的经营者所能够获得的净利润为标准进行计算。如果守约方主张其利润比按照客观方法计算的利润高，此时，守约方应承担举证责任；如果违约方主张对方利润比按照客观方法计算所得出的利润低，此时违约方应承担举证责任。

110. 当事人可以在合同中约定一方违约时需要向另一方支付违约金或者损失赔偿额的计算方法吗?

《民法典》第585条第1款规定："当事人可以约定一方违约时应当根据违约情况向对方支付一定数额的违约金，也可以约定因违约产生的损失赔偿额的计算方法。"违约金是当事人在合同中约定的或者由法律直接规定的一方违反合同时应向对方支付一定数额的金钱，这是违反合同可以采用的承担民事责任的方式，只适用于当事人有违约金约定或者法律规定违反合同应支付违约金的情形。

约定违约金可能表现为不同的形式，可以约定向对方支付一定数额的违约金，也可以约定因违约产生的损失赔偿额的计算方法。实践中，交易主体在诸如迟延履行等场合，大多会倾向于约定损失赔偿额的计算方法，例如约定未按期交付房屋或者办理房屋登记的，按照房屋价款的日万分之五计算。有可能还有其他的约定，也可以适用或者参照适用约定违约金规则处理，例如当事人约定一方解除合同后可没收的“履约保证金”。

根据违约金约定产生违约金请求权，必须以存在该约定所针对的违约行为，且应当依法承担违约赔偿责任作为前提。根据是否针对特定的违约行为，约定违约金有概括性和具体性之分。概括性违约金约定是指当事人对违约行为不作具体区分，概括约定凡违约即支付违约金。具体性违约金约定是指当事人针对不同的违约行为所约定的违约金，如债务不履行违约金、债务部分履行违约金、债务迟延履行违约金等。例如，针对迟延履行约定的违约金，不适用于其他根本违约的情形。当事人对违约行为无特别约定时，是否构成违约依据法定的违约责任构成规则予以判断。另外，还存在违反前义务而必然违反后义务的情形，例如合同就房屋所有权初始登记义务和转移登记义务分别独立约定不同的违约金，所有权初始登记的义务未完成，必然导致转移登记的义务无法完成。此时，可以考虑的是，前义务履行完毕前的迟延期间，按照针对前义务的约定计算违约金；从前义务履行完毕后到后义务履行完毕前的迟延期间，按照针对后义务的约定计算违约金；两项相加为违约金的总额。

违约金约定在债务人违约后而产生的违约金请求权，是一个独立的债权，可以单独被转让。

111. 当事人约定的违约金过高或者过低怎么办？

约定违约金可以通过司法酌增或司法酌减进行调整。《民法典》第 585 条第 2 款规定："约定的违约金低于造成的损失的，人民法院或者仲裁机构可以根据当事人的请求予以增加；约定的违约金过分高于造成的损失的，人民法院或者仲裁机构可以根据当事人的请求予以适当减少。"

1. 司法酌增。

司法酌增适用的前提是：（1）约定的违约金低于造成的损失。此处的损失应当按照本法第 584 条规定的法定赔偿损失的范围和数额予以认定，包括实际损失和可得利益。（2）债权人提出申请，并应当对违约金低于造成的损失予以举证。

此时，人民法院或者仲裁机构可以增加违约金数额，但并非应当增加，一般而言，增加后的违约金数额不应超过对债权人造成的损失。人民法院或者仲裁机构在判断是否予以增加以及增加的幅度时，可以综合斟酌考虑一些因素，例如当事人是否具有明确的限制责任的意图、债权人是普通民事主体还是商事主体、当事人的过错程度、合同的履行情况、预期的利益等。

2. 司法酌减。

司法酌减的前提是：（1）约定的违约金过分高于造成的损失。此处的损失同样应当按照本法第 584 条规定的法定赔偿损失的范围和数额予以认定，包括实际损失和可得利益。但是，约定的违约金必须“过分”高于造成的损失。这意味着，如果约定的违约金虽然高于造成的损失，但并未“过分”高于，就不应当适用司法酌减。（2）债务人提出申请，并就约定的违约金“过分”高于造成的损失予以举证。债务人提出请求的方式可以是另行提起反诉，也可以是针对债权人的请求予以抗辩。

此时，人民法院或者仲裁机构可以适当减少违约金数额，但并非应当适当减少。在判断约定违约金是否过高以及调低的幅度时，一般应当以对债权人造成的损失为基准。司法实践中对此掌握的标准一般是，当事人约定的违约金超过造成损失的30%的，一般认定为“过分高于造成的损失”，但对此不应当适用机械主义，避免导致实质上的不公平。此时，可以综合考虑辩论终结前出现的以下因素：（1）合同履行情况；（2）当事人过错程度；（3）预期利益；（4）当事人的主体身份；（5）其他因素。

112. 在甲与乙签订的合同中，双方对迟延履行约定了违约金，甲迟延履行，向乙支付了违约金后，甲是否可以不履行债务？

甲仍要履行债务。《民法典》第585条第3款规定：“当事人就迟延履行约定违约金的，违约方支付违约金后，还应当履行债务。”当事人可以就迟延履行这种特定的违约行为约定违约金。如果当事人专门就迟延履行约定违约金的，除另有约定外，该种违约金仅针对违约方对其迟延履行所承担的赔偿责任，违约方支付违约金后还应当继续履行义务。但请求继续履行应当是针对迟延后履行尚属可能且对债权人有意义的情形，如果继续履行因对债权人无意义而被拒绝，或者在履行迟延后陷于履行不能，债权人可转而要求替代给付的赔偿，该替代给付的赔偿数额一般大于迟延履行的赔偿数额，其作为继续履行的转化形态，可与迟延履行违约金并行主张。

《民法典》第 585 条第 3 款规定，违约方支付迟延履行违约金后，还应当履行债务。对此，不应反面解释认为，如果债权人先主张继续履行或先行受领了继续履行，即不得请求迟延履行违约金或者视为放弃迟延履行违约金。债权人受领了债务人迟延后的继续履行，仍可并行主张迟延履行违约金，此并行主张不以受领给付时作特别保留为必要。

113. 什么是定金？定金的数额有限制吗？

《民法典》第 586 条规定："当事人可以约定一方向对方给付定金作为债权的担保。定金合同自实际交付定金时成立。定金的数额由当事人约定；但是，不得超过主合同标的额的百分之二十，超过部分不产生定金的效力。实际交付的定金数额多于或者少于约定数额的，视为变更约定的定金数额。"所谓定金，就是指当事人约定的，为保证债权的实现，由一方在履行前预先向对方给付的一定数量的货币或者其他代替物。

定金是担保的一种，由于定金是预先交付的，定金惩罚的数额事先也是明确的，因此通过定金罚则的运用可以督促双方自觉履行，起到担保作用。定金与预付款不同，定金具有担保作用，不履行债务或者履行债务不符合约定，致使不能实现合同目的的，适用定金罚则；但预付款仅仅是在标的物正常交付或者服务正常提供的情况下预付的款项，如有不足，交付预付款的一方再补交剩余的价款即可，在交付标的物或者提供服务的一方违约时，如果交付预付款的一方解除合同，有权请求另一方返还预付款。定金与押金也不同，一般而言，押金的数额没有定金数额的限制，而且没有定金罚则的适用。押金类型非常多，无法统一确定，甚至有的押金需要清算，多退少补。履约保证金的类型也是多种多样。当事人交付留置金、担保金、保证金、订约金、押金或者订金等，但没有约定定金性质的，不能按照定金处理。但是，如果押金和保证金根据当事人的约定符合定金构成的，可以按照定金处理。

实践中，定金的种类非常多。最为常见的是违约定金，即在接受定金以后，一方当事人不履行债务或者履行债务不符合约定，致使不能实现合同目的的，应按照定金罚则予以处理。除违约定金外，常见的还有立约定金、成约定金、证约定金、解约定金。立约定金是当事人约定以交付定金作为订立主合同担保，给付定金的一方拒绝订立主合同的，无权要求返还定金；收受定金的一方拒绝订立合同的，应当双倍返还定金。成约定金，即约定以交付定金作为主合同成立或者生效要件，给付定金的一方虽然未支付定金，但主合同已经履行或者已经履行主要部分的，不影响主合同的成立或者生效。证约定金是以定金作为订立合同的证据。解约定金是定金交付后，交付定金的一方可以按照合同的约定以丧失定金为代价而解除主合同，收受定金的一方可以以双倍返还定金为代价而解除主合同。成约定金可被认为是附生效条件的合同；立约定金可以被认为是预约的违约定金；证约定金仅仅是证明合同成立的方式之一；解约定金可以被认为是一种约定解除权。《民法典》第586条仅规定了违约定金。

定金的数额由当事人约定。但是，在能够确定主合同标的额的前提下，约定的数额不得超过主合同标的额的20%。如果超过，则超过的部分不产生定金的效力，应当予以返还或者按照约定抵作价款，但未超过的部分仍然产生定金效力。例如，甲向乙订购钢材1000吨，总价值为1000万元，甲交付定金的最高限额是总价款的20%，即200万元。如果当事人约定的定金额少于200万元的，按照当事人的约定。如果当事人约定的定金数额为300万元，则只有其中的200万元能够发生定金效力，超过的100万元不能发生定金效力，甲方可以要求乙方返还或者按照约定抵作价款。同时，实际交付的定金数额多于或者少于约定的数额的，除超过法定限额的部分外，视为变更约定的定金数额，按照变更后的定金数额适用定金罚则。实际交付的定金数额少于约定数额的，收受定金的一方提出异议并拒绝接受定金的，定金合同不成立；收受定金的一方接受了定金但提出了异议，仍然在接受定金范围内发生定金效力。例如，甲向乙订购钢材1000吨，总价值为1000万元，约定甲交付定金200万元，但之后甲仅交付了150万元，乙方接受的，接受的150万元定金仍然能够发生定金效力。

114. 甲与乙签订房屋买卖合同，买方甲向卖方乙支付定金 20 万元。乙未按合同约定卖房给甲，应当赔多少钱给甲？

应当赔定金的双倍。《民法典》第 587 条规定："债务人履行债务的，定金应当抵作价款或者收回。给付定金的一方不履行债务或者履行债务不符合约定，致使不能实现合同目的的，无权请求返还定金；收受定金的一方不履行债务或者履行债务不符合约定，致使不能实现合同目的的，应当双倍返还定金。"按照这一条规定，债务人按照合同约定履行债务的，定金应当抵作价款或者收回。但如果债务人不履行债务或者履行债务不符合约定，致使不能实现合同目的的，违约定金最为重要的效力是定金罚则，即定金合同约定的条件成就时，进行双倍返还定金或者扣收。

适用定金罚则的前提条件首先是按照当事人的约定和法律的规定，当法律对定金有特别规定时，应当适用特别规定；当事人另有约定时，根据自愿原则，应尊重当事人的特别约定。在不存在法律另有规定或者当事人另有约定的情形中，适用定金罚则的前提条件是，当事人一方不履行债务或者履行债务不符合约定，并且该违约行为要达到致使合同目的不能实现，即根本违约的程度。例如，甲、乙双方订立转让商店营业的合同，并约定定金条款且已交付定金，履行期限到来后虽然按期交付了商店，但该商店的营业执照因转让人甲方的违法经营被吊销，无法营业，此时甲方就构成了根本违约，可以适用定金罚则。虽然有违约行为但比较轻微，未达到不能实现合同目的的程度时，也就不能适用或者全部适用定金罚则。如果当事人一方不完全履行合同，在能够区分比例的情况下，应当按照未履行部分所占合同约定内容的比例，适用定金罚则。例如，如果合同约定甲方向乙方供应钢材1000吨，总价值为1000万元，约定乙方交付定金50万元，未超过主合同标的额的20%，且乙方已实际交付定金，履行期限到来后，甲方仅交货500吨，乙方接受但提出甲方违约。由于供货严重不足，乙方可以请求适用定金罚则，但由于甲方已经供货500吨，占约定供货量的一半，此时，只能将50万元定金中的25万元适用定金罚则。同时，违约方必须因违约行为承担违约责任的，才能适用定金罚则。如果违约方因不可抗力而免责，则不能适用定金罚则。

适用定金罚则的效果是，给付定金的一方无权请求返还定金，收受定金的一方应当双倍返还定金。例如，在上述供应钢材的例子中，甲方是收受定金的一方，其中的25万元适用定金罚则，此时，甲方应当向乙方双倍返还定金，即50万元。

115. 当事人在签订合同时交付了定金，又在合同中约定了违约金，一方违约时，另一方可以同时主张定金和违约金吗？

《民法典》第588条规定：“当事人既约定违约金，又约定定金的，一方违约时，对方可以选择适用违约金或者定金条款。定金不足以弥补一方违约造成的损失的，对方可以请求赔偿超过定金数额的损失。”

本条第1款规定了定金和违约金之间的适用关系，合同当事人既约定了违约金，又约定了定金，在当事人不存在明确的特别约定的情况下，如果一方违约，对方当事人可以选择适用违约金或者定金条款，即对方当事人享有选择权，可以选择适用违约金条款，也可以选择适用定金条款，但二者不能并用。当然，不能并用的前提是针对同一违约行为，如果违约金和定金是针对不同的违约行为，在这些违约行为都存在的前提下，仍然存在并用的可能性。

实践中，有些当事人在合同中针对同一违约行为，既约定违约金，又约定定金，在一方违约时，对方要求违约金与定金条款并用。一般来说，选择适用违约金或者定金条款，就可以达到弥补因违约受到损失的目的。违约金相当于一方因对方违约所造成的损失，而且，根据《民法典》第 585 条第 2 款的规定，约定的违约金低于造成的损失的，人民法院或者仲裁机构可以根据当事人的请求予以增加；约定的违约金过分高于造成的损失的，人民法院或者仲裁机构可以根据当事人的请求予以适当减少。这样，守约方根据违约金条款，就可以补偿自己因对方违约所造成的损失。当然，在定金条款对守约方有利时，守约方也可以适用定金条款，按照定金罚则弥补自己的损失。赋予守约方适用选择权，能够起到保障其合同利益，补救其违约损失的作用。但如果允许守约方并用违约金和定金条款，一方面，对补偿守约方遭受的损失并无必要；另一方面，违约金与定金并用，二者指向的是同一损失，其数额可能远远高于因违约所造成的损失，既加重了对违约方的惩罚，也可能使守约方获得的补偿高于其所受的损失，而使守约方双重获益，这与合同的公平原则相悖。因此，本条规定合同当事人选择适用违约金或者定金条款，是必要的，也是合理的。

本条第 2 款规定了定金和法定赔偿损失之间的适用关系。与违约金不同，定金的数额不得超过主合同标的额的 20%，但是，违约行为造成的损失可能会超过适用定金罚则之后的数额；并且，对于违约金，《民法典》第 585 条第 2 款规定了司法酌增的规则，而对于定金并未明确规定类似规则。因此，本款规定，约定的定金不足以弥补一方违约造成的损失的，对方可以请求赔偿超过定金数额的损失。据此，约定的定金不足以弥补一方违约造成的损失的，守约方既可以请求定金，同时也可以就超过定金数额的部分请求法定的赔偿损失。此时，定金和损失赔偿的数额总和不会高于因违约造成的损失。这既有助于充分保护守约方的利益，又避免了守约方获得超过其损失的利益。

116. 甲、乙签订合同，约定甲将一批钢材卖给乙，甲将钢材运送到乙处时，乙无正当理由拒绝受领，甲是否可以请求乙赔偿运送钢材的费用？

《民法典》第 589 条第 1 款规定，债务人按照约定履行债务，债权人无正当理由拒绝受领的，债务人可以请求债权人赔偿增加的费用。

债权人无正当理由拒绝受领是指债务人按照约定履行了债务或者提出了履行债务的请求，债权人无正当理由地不予受领或者协助。债权人无正当理由拒绝受领，构成的要件包括：（1）债务人按照约定现实履行了债务，或者提出了履行债务的请求，即债务人已经现实提出或者言辞提出。但是，如果债权人预先表示了拒绝受领的意思，或者给付也同时需要债权人的行为的，债务人可以以准备给付的情事通知债权人，代替提出。这里同样也包括第三人依法有权代债务人履行债务，且债权人无权拒绝的情形。（2）债务内容的实现以债权人的受领给付或者其他协助为必要。如果是不需要受领给付或者其他协助的债务，如不作为债务，就不会产生拒绝受领的问题。（3）债权人拒绝受领。这里的拒绝受领是广义的，即不受领，包括了迟延受领、明确或者以自己的行为表明拒绝受领等情形。例如，应在债务人一方所在地履行的债务，债务人按照约定把受领给付的时间和地点通知债权人，债权人没有在债务人所在地出现以受领给付；甲、乙约定由甲到乙家里为其提供辅导，甲按时到达，但乙却外出旅游不归。（4）债权人无正当理由。债权人无拒绝的正当理由，例如债务人交付的标的物存在严重质量问题、迟延交付或者有其他违约行为，致使不能实现合同目的。但是，如果债务人履行的瑕疵仅仅是非常轻微的，这不构成债权人拒绝受领的正当理由。

债权人无正当理由拒绝受领，不影响债务人的给付义务，并不会使债务人的给付义务消灭。但是，债权人受领债务人的履行，是受领人的权利，但其无正当理由不受领，会导致债务人的利益受损，因此这也是债权人的义务。但是，该义务的违反一般不会导致债权人的违约责任，而一般导致减轻债务人的负担或者责任，或者使债权人负担增加的费用等相应的不利后果，可被认为是不真正义务，除非法律另有规定或者当事人另有约定。本条规定，债权人无正当理由拒绝受领的，对于由此给债务人增加的费用，债务人可以请求债权人赔偿。所谓给债务人增加的费用，包括：（1）债务人提出给付的费用，例如货物往返运送的费用、履行债务所支付的交通费用、通知费用等；（2）保管给付物的必要费用；（3）其他费用，例如对不宜保存的标的物的处理费用。同时，本法规定，在债权人受领迟延期间，债务人无须支付利息。

117. 甲公司与乙签订合同，约定乙向甲公司供应自己鱼塘所产活鱼 10 吨。后因洪水将乙的鱼塘全部冲毁，无法按约定向甲公司供货。乙需要承担违约责任吗？

《民法典》第 590 条规定：“当事人一方因不可抗力不能履行合同的，根据不可抗力的影响，部分或者全部免除责任，但是法律另有规定的除外。因不可抗力不能履行合同的，应当及时通知对方，以减轻可能给对方造成的损失，并应当在合理期限内提供证明。当事人迟延履行后发生不可抗力的，不免除其违约责任。”不可抗力是独立于人的行为之外，不受当事人意志所支配的现象，是人力所不可抗拒的力量。行为人完全因为不可抗力不能履行合同，如果让行为人对自己无法控制的情形承担责任，对于行为人来说是不公平的。据此，《民法典》第 590 条第 1 款规定了当事人一方因不可抗力不能履行合同的，根据不可抗力的影响，部分或者全部免除责任，但是法律另有规定的除外。

不可抗力免责存在以下要求：（1）发生了不可抗力的事件。《民法典》第 180 条第 2 款规定，不可抗力是不能预见、不能避免且不能克服的客观情况。“不能预见”，是指根据现有的技术水平，一般对某事件的发生没有预知能力。人们对某事件的发生的预知能力取决于当代的科学技术水平。某些事件的发生，在过去不可预见，但随着科学技术水平的发展，现在可以预见。例如，现在对天气预报的准确率已达到了90%以上，人们对狂风暴雨的规避能力已大大提高。“不能避免且不能克服”，是指当事人已经尽到最大努力和采取一切可以采取的措施，仍不能避免某种事件的发生并不能克服事件所造成的后果。“不能避免且不能克服”表明某个事件的发生和事件所造成的后果具有必然性。（2）债务人因不可抗力事件的发生不能履行合同。不可抗力事件的发生，对合同履行造成的影响是不同的，可能是对主体、履行期限的影响；可能是对合同标的物的影响，例如租赁的房屋、场所无法经营；可能是对合同履行方式的影响；可能是全部不能履行或者部分不能履行；可能是一时不能履行或者永久不能履行。不可抗力事件的发生必须导致债务人不能履行合同，不能履行合同义务并非狭义的履行不能情形，而是包括所有不履行合同义务或者履行合同义务不符合约定的情形。

符合上述两个条件，产生法律后果的，根据不可抗力的影响，部分或者全部免除债务人的责任。第一，应当根据不可抗力对合同履行的具体影响，判断免责的范围和程度。在有些情况下，不可抗力会导致债务根本无法履行；但有时，不可抗力仅仅会导致债务迟延履行。如果不可抗力仅仅是暂时的，因此仅会导致迟延履行，则只能在不可抗力存续期间以及可能的合理期间内发生免责效力；但是，如果迟延履行构成了根本违约的，则对于债权人而言，可以依法解除合同。例如，甲对乙负有铺设经过某地区的天然气管道的义务，但根据天气情况，从11 月 1 日到 3 月 31 日通常无法开展工作，合同约定的完工时间是 10 月 31 日，甲本来能够按期完工，但该地区 10 月 1 日发生疫情采取停工的管制措施，直到 11 月 30 日管制措施才结束，在这期间甲无法工作，并只能到第 2 年 4 月 1 日才能复工。此时，不仅应当免除不可抗力存续期间甲的责任，也应当免除管制措施结束后至第 2 年 3 月 31 日期间甲的责任。第二，所能免除的是债务人的违约责任，但不妨碍当事人享有的解除权、履行抗辩权或者对应付款项支付利息的权利。同时，在买卖合同中，因不可抗力影响而免除债务人责任的，就债权人对债务人负有的对待给付义务，可以适用《民法典》第 604－611 条关于风险负担的条文解决。

《民法典》第 590 条第 1 款第 2 句规定，因不可抗力不能履行合同的，应当及时通知对方，以减轻可能给对方造成的损失，并应当在合理期限内提供证明。这意味着，根据诚信原则，债务人有义务在合理的期限内就不可抗力的发生以及对债务履行的影响，通知债权人，以使债权人能够采取措施减轻其可能遭受的损失。债务人应当在其可以合理获知不可抗力对债务履行的影响后，及时地通知债权人；同时，债务人应当在合理期限内提供证明，毕竟不可抗力可能是区域性的，因此债权人可能无法合理获知不可抗力的发生，并且债权人也可能无法合理确定不可抗力对债务履行的影响。至于多长时间才是及时或者在合理期限内的，则由人民法院或者仲裁机构依据具体的情况予以判断。如果债务人违反了上述义务，就债权人未获知而遭受的额外损失，债务人不应当因不可抗力而免责，仍然应当对债权人负有赔偿损失的责任。

118. 双方签订合同，守约方在得知对方违约后，应当如何妥善处理？

《民法典》第 591 条规定：“当事人一方违约后，对方应当采取适当措施防止损失的扩大；没有采取适当措施致使损失扩大的，不得就扩大的损失请求赔偿。当事人因防止损失扩大而支出的合理费用，由违约方负担。”债务人违约的，债权人不能无动于衷，任凭损失扩大，而应当积极采取适当的措施，防止损失扩大，这样有助于激励债权人采取措施减少损失，也有助于增进整体效益。但是，债权人负有的减损义务是一种强度较低的义务，债权人违反减损义务的，债务人不得请求债权人承担责任，而仅仅发生债权人利益的减损，即其不得就因违反减损义务而扩大的损失请求债务人赔偿。例如，甲将一个建设工程发包给乙，乙无正当理由停工，甲寻找另外一方完成工程建设，但却没有采取任何措施保护工地上还未建好的工程，使该工程状况因恶劣天气而进一步恶化，甲不能就工程进一步恶化而扩大的损失请求乙赔偿。

本条第 1 款进一步规定，没有采取适当措施致使损失扩大的，不得就扩大的损失请求赔偿。该规定适用的前提包括：（1）债务人违反义务导致损失的发生；（2）债权人没有采取适当措施，以限制损失的程度加深或者避免损失的增加；（3）发生的损失扩大；（4）债权人未采取适当措施与损失的扩大具有因果关系。

关键是债权人是否采取了防止损失扩大的适当措施。措施是否适当，主要考虑债权人是否按照诚信原则的要求尽自己的努力采取措施避免损失扩大，如果采取的措施将严重损害债权人自身的利益，或者有悖于商业道德，或者所支付的代价过高，不应认为债权人未采取适当的措施。措施适当还要考虑采取措施的期限是否合理。债权人所采取的适当措施根据具体的情形可能有不同的措施。例如，（1）债权人停止进一步履行。（2）合理的替代交易。债权人能够在合理期限内以合理的方式进行替代交易的，应当采取此种替代交易避免损失扩大。债权人本可无需付出重大努力或花费高额费用即可进行合理的替代交易，而仍然坚持不合理的实际履行的，不得要求债务人赔偿因此而增加的损失。（3）接受债务人变更合同的合理要约，此时要注意斟酌考虑合同的性质、变更的程度以及要约的合理性等因素。

本条第 2 款规定，当事人因防止损失扩大而支出的合理费用，由违约方负担。需要注意的是，违约方负担该费用的前提是，该费用是债权人因为防止损失扩大而支出的，并且根据当时情况是合理的。

119. 甲与乙签订买卖合同，后甲未及时交付货款，乙供应的货物也有质量问题，双方的责任如何分担？

《民法典》第 592 条第 1 款规定，当事人都违反合同的，应当各自承担相应的责任。

违约可以区分为单方违约和双方违约。仅当事人一方违约的，称为单方违约；双方当事人都违约的，称为双方违约。在双务合同中，有些合同义务是彼此独立的，不具有牵连性和对价性，因此双方违反这些相互独立的合同义务是可能的，并且不成立双务合同的履行抗辩权。在双方各自违反了相互独立的合同义务时，实际上是两个独立的违约行为，因此各自都要向对方承担相应的违约责任。

120. 甲向乙购买了一辆汽车，后甲驾驶汽车运载超重货物，由于钢圈破碎导致翻车。交通事故处理部分认定汽车质量不合格是导致事故的主要原因，但甲超重行驶也是造成事故的原因之一。此时，可以减少乙对甲的损失赔偿数额吗?

《民法典》第 592 条第 2 款对与有过错的情形进行了规定："当事人一方违约造成对方损失，对方对损失的发生有过错的，可以减少相应的损失赔偿额。"与有过错，又称为过错相抵、混合过错，是指受损害一方对于损害结果的发生存在过错的，在计算损失赔偿额时应当予以相应减少。

与有过错适用的前提是：（1）债权人因债务人违约遭受损失。（2）债务人的违约行为导致了损失的发生，但是，债权人的过错也是导致损失发生的原因。如果完全是债权人的原因导致债务人无法履行债务，则债权人不得主张债务人违约。例如，甲向乙购买古董花瓶，双方约定签订完合同过一段时间再交付，交付期限届至前，甲到乙处欣赏花瓶，但甲失手打碎了该花瓶，此时甲不得主张乙构成违约。同样，在承揽合同中，如果完全是因为定作人提供材料或者指示导致最终的工作成果存在瑕疵，承揽人在发现后已经及时通知了定作人，但定作人无视，此时定作人也无权请求承揽人承担违约责任。(3）债权人具有过错。此处的过错并非固有意义上的过错，而是属于“自己对自己的过错”，这可能是因债权人自身的行为部分导致了损害的发生。例如，债权人给了运输者一个错误的地址，或者债权人未能够给瑕疵机器的制造者给予所有必要的指导，这部分导致了债务人的违约进而导致损失的发生；也可能是因为由其承担风险的其他事件部分导致了损害的发生，这些事件包括债权人应对之负责的工作人员等第三人的作为和不作为。与有过错适用的法律后果是，扣减债务人相应的损失赔偿额。具体扣减的数额要综合考虑当事人的过错程度、原因力的强弱等因素。

应当注意的是，在有些情形中，即使债权人对损害的发生也有过错，但因造成损失的风险本身就在债务人所负义务的涵盖范围内时，一般不能以与有过错为由减少债务人的损失赔偿额。例如，某工厂为稳定工厂机器运行时的电压，避免过载导致损失，专门找承揽人设置了电压过载保护装置等，但由于机器过载且电压过载保护装置存在质量问题，导致损失发生，此时并不能扣减损失赔偿额。再如，出卖人卖给买受人一辆机动车，该车的安全气囊存在质量问题，买受人交通违章时，气囊无法打开，导致买受人损失，同样不能因为买受人的交通违章减少损失赔偿额。在这两种情形中，电压过载保护装置和安全气囊本来就是为了避免对方所遭受损失的发生，因此这相当于双方特别约定避免该类损失属于债务人所负有的特别担保义务范围，此时不应因债权人对损失的发生具有过错而减少债务人的损失赔偿数额。

121. 甲公司与乙公司签订买卖合同，甲公司将货物交给运输公司后，运输公司迟迟未发货，导致货物未按合同约定及时送到乙公司。甲公司是否需要承担违约责任？

《民法典》第593条规定："当事人一方因第三人的原因造成违约的，应当依法向对方承担违约责任。当事人一方和第三人之间的纠纷，依照法律规定或者按照约定处理。"违约是由第三人造成的，例如第三人迟延交货造成一方当事人迟延履行。基于合同的相对性，此时一般应当由债务人向债权人承担违约责任。原因在于，随着社会分工的发展，市场分工越来越细致，合同的履行往往需要第三人协助，将履行工序分解，或者债务人从第三人那里筹措，以降低成本。但是，对于债权人而言，除一些特殊的合同外，其一般无法也无必要对此预见和控制，债权人的地位不应当因为债务人是否将履约委托给第三人或者债务人本应负责的筹措而受到影响，债务人必须承担所产生的后果。因此，债务人对因该第三人的原因造成的违约承担责任，排除债务人以违约是因第三人原因造成的作为免责事由的抗辩，这有助于保护债权人的合理期待，进而保障交易的安全。至于债务人和第三人之间的纠纷，依照法律规定或者债务人与第三人之间的约定处理。

122. 何为买卖合同?

买卖合同是出卖人转移买卖标的的所有权于买受人，买受人支付价款的合同。买卖关系的主体是出卖人和买受人。转移买卖标的物的一方为出卖人，也就是卖方；受领买卖标的，支付价款的一方是买受人，也就是买方。买卖合同是最重要的合同之一，其重要之处在于：一是买卖合同为市场经济活动中市场主体经常运用的商品交换的基本和普遍的形式；二是买卖合同是典型的有偿合同，对其他有偿合同具有补充指导作用，当其他有偿合同没有法律规范时，规范买卖合同的法律规范可以参照适用。

买卖合同的主要法律特征为：（1）买卖合同是典型合同；（2）买卖合同是卖方转移财产所有权，买方支付价款的合同；（3）买卖合同是双务合同；（4）买卖合同是有偿合同；（5）买卖合同多是诺成合同；（6）买卖合同为要式或者不要式合同，从法律对合同形式的要求区分，既有要式合同，又有不要式合同，如房屋买卖需采用书面形式，是要式合同；即时清结买卖为不要式合同，法律对合同的形式一般不作要求。

买卖合同的构成要素有人、标的和行为。（1）人的要素是指出卖人和买受人。从民事主体分类的角度而言，自然人、法人或者非法人组织均可以是出卖人或者买受人。（2）标的的要素是指买卖标的物和价款。价款是与买卖标的物对价给付的金钱，价款的给付通常用支付一词。（3）行为的要素是指移转买卖的标的物和支付价款。出卖人应将买卖标的物转移给买受人，买受人向出卖人支付价款。买受人支付价款只能是金钱，不能是货物和其他给付。给付金钱之外的物，为易货交易合同；以劳务为对待给付，为承揽、委托、物业服务等合同，而不是买卖。

123. 买卖合同的主要内容有哪些？

买卖合同当事人在订立买卖合同时，通常应包括以下条款内容：

1. 标的物的名称。标的物是买卖合同当事人权利义务指向的对象，作为对象的具体的不动产或者动产即标的物的名称，是买卖合同不可或缺的内容。依据《民法典》第 595 条的规定，买卖合同的标的物应限于有体物，即具有一定的物质形体且能够为人们所感知的物。在买卖合同中如果没有标的物，就无法确定合同当事人的权利义务关系。

2. 标的物的数量。数量是对买卖合同标的物的计量要求，包括计量单位和计量方法。标的物的数量是指当事人约定的买卖标的物的数目，例如千克、吨、米等。数量需要由当事人事先作出约定，否则将无法确定交易的对象。

3. 标的物的质量。质量是对买卖合同标的物标准和技术方面的要求。标的物的质量也是买卖合同中的重要条款，为了准确表示，当事人应当就标的物的品种、规格、品质等级、型号、级别等作出明确约定。没有明确约定标的物质量的，应当适用《民法典》第 510 条以及第 511 条第 1 项的规定。

4. 标的物的价款。标的物的价款又称价金，是指买卖合同中买受人为了得到标的物向出卖人支付的货币。关于价款，国家法律有强制性规定的，应当执行强制性的规定；没有强制性规定的，由当事人自己约定。

5. 履行期限。履行期限是指买卖合同的当事人所约定的履行合同义务的时间界限，包括交货时间和付款时间。

6. 履行地点和方式。履行地点是指买卖合同的当事人所约定的履行合同义务的具体地点，比如合同的提货地点、付款地点等。履行方式是指买卖合同当事人履行合同义务的具体方式，比如在交付标的物的方式上是送货式、自提式还是代办托运式等。

7. 包装方式。标的物的包装，有两种含义：一种是指盛标的物的容器，通常称为包装用品或者包装物；另一种是指包装标的物的操作过程。因此，包装方式既可以指包装物的材料，又可以指包装的操作方式。包装又分为运输包装和销售包装两类。运输包装在我国一般有国家标准或者行业标准。

8. 检验标准和方法。标的物的检验是指买受人收到出卖人交付的标的物时，对其等级、质量、重量、包装、规格等情况的查验、测试或者鉴定。至于检验标准，如果当事人没有特殊要求的，可以依据国家标准或者行业标准进行检验；如果有特殊要求的，则应在合同中作出明确的约定，以防止出现纠纷。关于检验的方法，有国家标准或者行业标准的，应当执行该标准；没有标准或者特殊要求的，应当作出约定，以防止在合同履行过程中产生纠纷。

9. 结算方式。合同的结算是当事人之间因履行合同发生款项往来而进行的清算和了结。主要有两种方式：一是现金结算；

二是转账结算。法人之间款项往来的结算，除依法可以使用现金结算的情形以外，原则上应通过银行转账结算。至于现金结算，无论是法人之间的现金结算，或者是法人与个体工商户、农村承包经营户之间的合同，不能违反国家现金管理的有关额度的相应规定。随着我国社会主义市场经济的不断完善和经济体制改革的逐步深化，合同的结算方式本着合同当事人自愿的原则，根据实际情况加以选择。

10. 合同使用的文字及其效力。合同使用的文字及其效力条款主要涉及涉外合同。涉外合同常用中外文两种文字书写，且两种文本具有同样的效力。鉴于文字一字多义的情况普遍，且两种文本的表述方法也容易发生理解中的争议。若合同在中国履行，最好明确规定“两种文本在解释上有争议时，以中文文本为准”；在外国履行的合同可考虑接受以外文文本为准。这样既公平合理又可减少争议。

法律、行政法规禁止或者限制转让的标的物，依照其规定。

124. 处分他人之物所订立合同的效力如何？

尽管条文中没有明确出卖人处分他人之物所订立的合同是不是有效合同，但实质上本法对此是持肯定态度的，主要理由如下：（1）买卖当事人订立的合同只要不违反法律、行政法规的强制性规定，不违背公序良俗，原则上均属有效，有利于交易的正常开展。（2）为保护善意买受人的利益，也应当认定处分他人之物所订立的合同有效，从而有利于交易的安全。从善意的受让人角度而言，认定合同有效，其可以追究相对人的违约责任，否则，其只能主张缔约过失责任，不符合公平原则。（3）司法实践中已普遍认为，处分他人之物所订立的合同原则上为有效，故立法不应当与实际情况相违背。（4）本法第215条规定："当事人之间订立有关设立、变更、转让和消灭不动产物权的合同，除法律另有规定或者当事人另有约定外，自合同成立时生效；未办理物权登记的，不影响合同效力。"从另一个侧面显示了出卖人对标的物没有所有权或者处分权时所订立的合同，原则上从合同的成立时生效。（5）域外规定通常认为处分他人之物所订立的合同有效，如《国际商事合同通则2010》第3.1.3条规定，合同订立时一方当事人无权处置与该合同相关联之财产的事实本身，并不影响合同的效力；《欧洲合同法原则》第4：102条规定，合同订立时不可能履行所承担之义务，或一方当事人无权处分与合同有关的财产的，不影响合同的效力。

125. 出卖人的基本义务是什么？

买卖合同的买受人的目的就是取得标的物的所有权，所以交付标的物并转移标的物所有权是出卖人最基本的义务。这在各国或者地区的规定中都是一致的。例如，《德国民法典》第433条第1款规定："因买卖合同，物的出卖人有义务将该物交付给买受人并使买受人取得该物的所有权。出卖人必须使买受人取得没有物的瑕疵和权利瑕疵的物。"《美国商法典》第2-301条规定："卖方的义务是根据合同转让和交付货物，买方的义务是根据合同接受货物并支付价款。"《日本民法典》第560

条规定：“出卖人对买受人负登记、登录及其他使买受人具备买卖标的的权利移转对抗要件的义务。”第561条规定：“以他人的权利作为买卖的标的时，出卖人负有取得该权利并移转于买受人的义务。”我国台湾地区“民法”第348条规定：“物之出卖人，负交付其物于买受人，并使其取得该物所有权之义务。权利之出卖人，负使买受人取得其权利之义务，如因其权利而得占有一定之物者，并负交付其物之义务。”《联合国国际货物销售合同公约》第30条也规定：“卖方必须按照合同和本公约的规定，交付货物，移交一切与货物有关的单据并转移货物所有权。”

标的物所有权的转移方法，依法律的规定而定。动产以占有为权利的公示方法，因此除法律另有特别规定或者当事人另有约定外，动产所有权依交付而转移。不动产以登记为权利公示的方法，因此其所有权的转移须由所有权人办理转让登记。无论合同是否作出约定，出卖人都应当协助买受人办理所有权的转让登记手续，并将有关产权证明文书交付买受人。买卖合同成立时出卖人尚未取得标的物所有权的，出卖人应当在合同订立后取得该标的物的所有权，以将其转移给买受人。

126. 交付期限没有约定或约定不明如何确定交付期限？

从条文本身的内容以及合同编的体例安排和立法技术上看，本法合同编中的第510条和第511条是两个十分重要的条文，对于合同内容的确定和合同的履行具有重要的意义。典型合同各章中经常要引用总则编的这两条以确定各有关合同约定不明时解决的规则。

依据本法第 510 条的规定，合同生效后，当事人就标的物的交付期限没有约定或者约定不明确时，当事人可以重新协商达成补充协议；不能达成补充协议的，按照合同相关条款或者交易习惯确定。如果这样仍然不能确定，按照第 511 条第 4 项的规定，出卖人就可以随时履行，买受人也可以随时要求出卖人履行，但应当给出卖人必要的准备时间。为了使买受人有合理的准备接收标的物的时间，如准备仓库等，出卖人应当在交付之前通知买受人。即使法律对此不作规定，这也是出卖人按照诚信原则应当履行的义务，因为通知买受人对于出卖人来说并不是多大的负担，却可以使买受人免受可能的损害。至于准备时间应当多长，则应当根据具体的情况合理的确定，难以一概而论。需要特别说明的是，本法第 510 条规定的交付期限，是从出卖人一方的角度而言的；第 511 条所规定的未约定或者未明确交付期限时的确定规则，是从出卖人和买受人双方的角度来讲，两条不能按照一个逻辑来理解。

如果买卖合同当事人没有约定交付时间，根据我国司法实践，通常可以依据下列情形进行判断，具有一定的参考价值：（1）如果约定由买受人自提货物的，以出卖人通知买受人提货时间为交付时间。但是，出卖人的通知一般应当采用书面形式，而且应当给买受人留有必要的准备时间。（2）如果合同约定由出卖人送货的，出卖人在交货地点将标的物交付买受人实际占有并点收完毕，即视为交付。但是，如果买受人对货物的质量或者数量等提出异议而拒绝接受的，则不能视为交付。（3）出卖人因买受人无正当理由拒绝接受而将标的物提存的，提存时间即交付时间。（4）出卖人提前交付而买受人接受的，以买受人实际接受的时间为交付时间。（5）当事人约定由出卖人代办托运或者邮寄货物的，出卖人将货物交给第一承运人或者邮局的时间为交付时间。

127. 在合同履行过程中，买卖标的物的毁损、灭失风险如何承担？

风险承担是指买卖的标的物在合同生效后因不可归责于当事人双方的事由，如地震、火灾、飓风等致使发生毁损、灭失时，该损失应当由哪方当事人承担。风险承担制度具有三个主要特点：一是风险承担发生在双务合同之中，单务合同没有对待给付问题，即使可能存在标的物毁损灭失风险，但不存在价金风险的问题。二是风险承担是由标的物的毁损、灭失而引起的，不是由当事人的违约行为而引起的。三是风险承担是因为不可归责于双方当事人的事由而产生的损失的分配制度，风险的发生具有极大的不可预测性。

《民法典》第604条规定风险随交付而转移，具体理由是风险转移是一个很现实的问题，而所有权的转移则是抽象的，因而以所有权的转移来确定风险转移的做法不可取。标的物的交付是一个事实问题，易于判断，清楚明了，以它作为标准有利于明确风险的转移。因此，本条规定，标的物毁损、灭失的风险，在标的物交付之前由出卖人承担，交付之后由买受人承担。这里要注意一个问题，法律另有规定或者当事人另有约定的除外。《民法典》第224条规定了“动产物权的设立和转让，自交付时发生效力”的内容，而这一条又规定“标的物的风险自交付时起转移”，似乎区分风险承担的所有权原则与交付原则没有意义，这种看法是不对的。因为第224条规定的所有权自交付时起转移是在法律没有另外规定或者当事人没有相关约定的情况下才发生效力的。比如，如果当事人约定自合同成立或者自标的物价款支付完毕时起所有权转移，那么所有权的转移就依当事人的约定；而对于标的物风险，如果当事人没有专门约定，则要自交付时起转移。对于法律规定须办理一定手续标的物所有权才能转移的情况，与此道理相同。

另外，这一条确立的规则属于买卖合同风险承担的一般性规则，如果特别法或者民法典另有特别规定的，则应当适用该特别规定。

128. 路货买卖中的标的物风险何时转移？

路货买卖是指标的物已在运输途中，出卖人寻找买主，出卖在途中的标的物。它可以是出卖人先把标的物装上开往某个目的地的运输工具（一般是船舶）上，然后再寻找适当的买主订立买卖合同，也可以是一个买卖合同的买受人未实际收取标的物前，再把处于运输途中的标的物转卖给另一个买受人。

出卖在运输途中的货物，一般在合同订立时，出卖人就应当将有关货物所有权的凭证或者提取货物的单证等交付买方，货物也就处在了买方的支配之下。根据上述分析，从订立合同时起转移货物的风险承担也是合理的。但实际问题是，以合同订立之时来划分路货买卖的风险承担有时是比较困难的。因为在订立买卖合同时，货物已经装在运输工具上处于运输的途中，在收集不到确切证据的情况下，买卖双方都难以确定风险的发生到底是发生在运输途中的哪一段，是在合同订立之前还是在之后。所以，《联合国国际货物销售合同公约》作出了这样的规定，即如果情况表明有此需要，从货物交付给签发载有运输合同单据的承运人时起，风险就由买方承担。这就把风险转移的时间提到了货物交付承运人之时，也就是说，从货物交付运输之时起，货物风险就由买受人承担了。之所以这么处理，是因为在路货买卖中一般出卖人要转移货物有关单证给买受人，而货物的保险单一般也是同时转让的，当货物发生风险时，买受人可以凭保险单向保险公司索赔。这样就不会因此规定造成对买受人的不公平。所以，在适用“如果情况表明有此需要”的条件时，要综合考虑上述情况，即是否难以确定风险发生的时间，以及买受人是否享有保险利益等。从我国《保险法》第49条第1款“保险标的转让的，保险标的的受让人承继被保险人的权利和义务”和第2款“保险标的转让的，被保险人或者受让人应当及时通知保险人，但货物运输保险合同和另有约定的合同除外”的规定来看，如果买卖标的物在运输途中发生保险事故，作为买受人享有保险利益是没有问题的。

另外需要说明的是，就路货买卖中的标的物，如果出卖人在订立合同时已经知道或者应当知道货物已经灭失或者损坏，而他又向买受人隐瞒这一事实，根据公平和诚信原则，这种灭失或者损坏的责任应当由出卖人负担，这是很合理的。《最高人民法院关于审理买卖合同纠纷案件适用法律问题的解释》第13条就此情形规定：“出卖人出卖交由承运人运输的在途标的物，在合同成立时知道或者应当知道标的物已经毁损、灭失却未告知买受人，买受人主张出卖人负担标的物毁损、灭失的风险的，人民法院应予支持。”这样的处理方式应当予以肯定。

129. 在出卖人根本违约的情况下，标的物的风险如何承担？

本法第 610 条是参考《美国统一商法典》作出的规定，该法典第 2 –510 条第 1 款规定：“当提示交付或交付的货物不符合合同，致使买方有权拒收时，在卖方作出补救或在买方接受货物前，风险仍由卖方承担。”第 2 款规定：“如果买方正当地撤销对货物的接受，他可以就自己有效保险之不足部分，视损失风险从开始即一直由卖方承担。”这两款规定的内容明确了出卖人违约与买受人风险承担的关系。第一，如果出卖人所交付的货物不符合约定，足以使买受人有权拒收货物时，则在出卖人消除了货物的缺陷，或者在买受人接受货物以前，货物的风险仍由出卖人承担。这里的“接受”指的是买受人对货物的认可。第二，如果买受人有正当理由拒绝对货物的接受，则他可以在保险合同所不包括的限度内，认为出卖人自始就承担了货物的风险。

具体到本法第 610 条规定的内涵，对于买卖合同交付的标的物质量不合格而导致标的物毁损、灭失的风险由出卖人承担，应当具备以下三个条件：

1. 出卖人交付的标的物质量不符合要求。比如，出卖人交付的产品不符合质量标准，或者不具备产品应当具备的使用性能等。如果当事人虽然就标的物质量发生了争议，但是并不能确定交付的产品不符合要求，则不适用这一条规定。

2. 因标的物质量不合格致使不能实现合同目的。比如，出卖人向买受人交付了1000千克香蕉，其中有10千克变质，此时的出卖人已经构成违约，但这种违约程度是轻微的，并没有达到不能实现合同目的的程度，买受人不能因此主张解除合同。但是，如果交付的1000千克香蕉中有900千克发生变质而无法食用，那么就可以称之为不能实现合同目的。在这种情况下，买受人当然可以拒收或者在接收后依据《民法典》第563条第4项的规定解除合同，由此导致风险的发生，才引发风险的分担问题。出卖人的履行不合格构成根本违约，表明出卖人的交付不构成真正的交付，由此产生的标的物毁损、灭失的风险应由出卖人承担。

3. 买受人拒绝接受标的物或者解除合同。尽管出卖人交付的标的物不符合质量要求且已经导致买受人无法实现合同目的，也不一定会产生标的物的风险负担问题。因为买受人可能会接受标的物而要求出卖人承担违约责任，此时标的物毁损、灭失的风险应当由买受人承担。但是，如果在出卖人交付的标的物质量不合格且导致买受人订立合同目的落空时，买受人拒绝接受标的物或者解除合同，则应当视为标的物没有交付，在此情况下所产生的标的物毁损、灭失的风险自然应当由出卖人承担。这里需要进一步说明的是，因出卖人交付的标的物质量无法实现合同目的，买受人拒绝接受，或者买受人接受后向出卖人发出解除合同的通知，在此期间标的物客观上由买受人临时代为照管，该期间的风险如何承担可能会产生争议。我们的意见是，由于代为保管并没有构成真正的交付，因而也不能发生风险的转移，出卖人仍然应当承担风险。

另外需要指出的是，本条关于风险负担的规则属于任意性规范，当事人可以通过协议加以改变；如果当事人之间没有特别约定，则应当适用本条的规定。

130. 何为出卖人的权利担保义务?

买卖合同中出卖人对标的物的权利担保义务是指出卖人应当保证对标的物享有合法的权利，没有侵犯任何第三人的权利，并且任何第三人就该标的物不享有任何权利。买卖合同根本上是标的物所有权的转让，因此出卖人的这项义务也就是其一项最基本的义务。《民法典》第612条所规定的义务是买卖合同中出卖人的一项法定义务，即使合同中对其未作约定，出卖人也必须履行。各国或地区大多都对此作了明确规定。

具体到本条规定而言，出卖人的权利担保义务包括：（1）出卖人对出卖的标的物享有合法的权利，须对标的物具有所有权或者处分权。（2）出卖人应当保证标的物上不存在他人实际享有的权利，如抵押权、租赁权等。（3）出卖人应当保证标的物没有侵犯他人的知识产权。

出卖人未能履行权利担保义务，使合同订立后标的物上的权利缺陷没有去除，属于出卖人不履行债务的一种情况，出卖人应当承担相应的法律责任。第一，买受人可以依照本法合同编第八章违约责任的有关规定，请求出卖人承担违约责任。第二，在标的物的部分权利属于他人的情况下，也可以认为出卖人的行为构成根本违约，即严重影响了买受人订立合同的目的，买受人可以单方解除合同。如果买受人不想解除合同，则可以请求出卖人减少标的物的价款。

至于这一条所规定的“但是法律另有规定的除外”，这里的“法律另有规定”，主要包括以下三个方面的内容：(1) 如果有关专门立法对有权利缺陷标的物的买卖作出特别规定，则首先要依照其规定。(2) 如果有关涉及知识产权的立法就出卖人的权利有特殊规定的，应当按该特殊规定处理。(3) 如果买受人明知第三人对标的物享有权利的，应当受其约束。

另外需要指出的是，民法典合同编第九章规定权利担保义务的这些条文的目的只是明确在买卖合同中当事人的权利义务关系，而不解决买卖合同对货物所有权所产生的影响问题。因此，如果出卖人将其根本没有所有权或者处分权的财产拿来出售，而买方并不知情出钱购买之后，一旦财产的真正所有人向买方提出索回财产时，该善意（即不知情）的买受人能否在法律上得到保护，能否取得财产的所有权而不返还给原所有人，这个问题属于《民法典》第 311 条规定的善意取得制度调整的范畴，具体请参考有关该条的规定及释义。

131. 何为出卖人的质量担保义务？

质量要求是买卖合同的重要条款，出卖人交付的标的物应当符合约定的质量要求；否则，买受人可以依法请求出卖人承担违约责任。各国或者地区对此大多都有明确规定。

按照约定的质量要求交付标的物，是出卖人的一项基本义务。需要说明的是，《民法典》第615条规定是一个原则性的规定，究竟何为按照要求履行了义务，还需要看当事人的具体约定。只有当事人有具体而又明确的约定，方能利于出卖人交付符合要求的标的物，利于买受人收到符合自己所需要的标的物。为减少纠纷及方便合同的履行，建议双方当事人在缔约过程中就标的物的质量要求作出约定。

出卖人提供有关标的物质量说明的，交付的标的物应当符合该说明的质量要求。这一规定是按约定的质量要求交付标的物的进一步规定，属于该义务的范畴。质量说明是对标的物质量的具体说明，包括规格、等级、所含主要成分的名称和含量、有效使用期等。这里需要强调说明的有两点：第一，要求交付质量说明的，当事人应当交付质量说明并符合要求。具体分为两种情形：一种情形是法律规定的商品必须有质量说明的，其标的物必须有标的物质量说明，交付标的物时也须有标的物质量说明；另一种情形是法律没有要求有质量说明，当事人约定需要有质量说明的，交付标的物时也需要有质量说明。对于上述两种情形，当事人交付的标的物，应当符合质量说明；不符合质量说明的，属于违约行为。但是，需要指出的是，这一要求是符合合同要求的基础上的一个附加的要求，不等于符合了质量说明的要求，就可以不符合合同的具体要求，其还必须符合合同的具体要求。第二，没有要求交付质量说明的，当事人可以不交付质量说明。这是指没有法律规定和没有约定的情形，在这种情形下，当事人可以不交付标的物质量说明，但是交付的标的物的质量，必须符合合同的具体要求。

132. 出卖人标的物的质量不符合要求时应当如何承担违约责任？

出卖人交付标的物质量不符合要求时承担违约责任，应当具备以下四个构成要件：（1）交付的标的物有瑕疵。认定标的物的瑕疵通常原则为：合同关于标的物质量有约定的，从其约定；没有约定的，补充协商；协商不成的，依据《民法典》第 511 条第 1 项的规定确定。但是，如果当事人约定的质量要求低于法定的强制性标准的，其约定无效，应以法定要求为准。（2）标的物瑕疵在标的物风险转移时存在。只要标的物在交付给买受人之时存在瑕疵，出卖人即应承担责任，因为买受人在受领标的物时才有检查的可能，而出卖人在标的物交付之前有机会除去瑕疵。（3）买受人为善意且无重大过失。如果买受人在与出卖人达成合意时主观明知瑕疵的存在或者当事人特定约定免除出卖人的瑕疵担保责任，则表明出卖人的履行行为是符合约定的，不属于不适当履行。同时，除出卖人故意隐瞒瑕疵外，如果买受人因为重大过失而忽略了对自己利益的保护，同样不受标的物瑕疵担保责任制度的保护。（4）买受人须在异议期间内履行瑕疵的通知义务。买受人在合理期间或者法定期间未通知出卖人存在标的物瑕疵的，视为标的物不存在瑕疵。

标的物不符合质量要求时，出卖人应当承担违约责任，但买受人行使这一权利须注意以下四点：（1）前提是买卖合同为有效合同。（2）出卖人交付的标的物不符合质量要求。（3）买受人应当及时向出卖人提出。（4）买受人没有处置或者使用该标的物。

至于出卖人承担违约责任的具体方式，在民法典编纂过程中，有意见提出，应当根据本法违约责任章第 582 条至第 584 条三个条文的规定要求出卖人承担违约责任。第 582 条规定："履行不符合约定的，应当按照当事人的约定承担违约责任。对违约责任没有约定或者约定不明确，依据本法第五百一十条的规定仍不能确定的，受损害方根据标的的性质以及损失的大小，可以合理选择请求对方承担修理、重作、更换、退货、减少价款或者报酬等违约责任。"第 583 条规定："当事人一方不履行合同义务或者履行合同义务不符合约定的，在履行义务或者采取补救措施后，对方还有其他损失的，应当赔偿损失。"第 584 条规定："当事人一方不履行合同义务或者履行合同义务不符合约定，造成对方损失的，损失赔偿额应当相当于因违约所造成的损失，包括合同履行后可以获得的利益；但是，不得超过违约一方订立合同时预见到或者应当预见到的因违约可能造成的损失。"也就是说，出卖人交付的标的物不符合质量要求时，承担违约责任的方式有两种：一种是当事人约定的方式。当事人可以根据合同情况和民法典关于违约责任的规定，约定具体的违约责任。另一种是法定的方式。即没有约定或者重新约定不成功的情况下，按照法定的方式承担违约责任。也就是说，买受人依据规定可以要求出卖人承担以下一种或者几种违约责任：修理、重作、更换、退货、减少价款或者报酬、赔偿损失。需要说明的是，第 584 条并非承担违约责任的具体方式，它是"赔偿损失"责任的计算范围和方式，对于实践中确定违约责任的大小非常重要。

133. 为何买受人怠于通知标的物不符合约定的，视为标的物的数量或者质量符合约定？

买受人通过对标的物的检验，如果发现标的物的数量、品种、型号、规格、花色和质量不符合合同约定，应当一面对标的物妥善保管，一面向出卖人发出异议通知。赋予买受人通知义务，主要目的有两个：一是及时确立交易关系，促进商品的高速流转；二是确保出卖人的合法权益。

当事人约定检验期限的，买受人应当在检验期限内将标的物的数量或者质量不符合约定的情形通知出卖人。买受人怠于通知的，视为标的物的数量或者质量符合约定，即法律认可标的物的数量或者质量符合约定。也就是说，在“视为标的物的数量或者质量符合约定”的情况下，即使标的物实际上不符合合同约定，出卖人也不用承担违约责任，其不利后果由买受人承担。该结论的主要理由是：买受人没有履行通知义务，属于违约行为。

当事人没有约定检验期限的，法律不对质量违约的情形进行分类并相应地规定买受人提出异议的期限，而是规定买受人收取标的物开始检验之后发现或者应当发现标的物的质量或者数量不符合约定之日起的合理期限。这个时间段，需要根据商业习惯和具体的标的物来确定，法律不可能也不应当具体地规定出来，而是要针对不同的买卖合同，不同的标的物，不同的质量违约情形对个案进行分析确定。买受人如果在发现或者应当发现标的物的质量或者数量不符合约定时起的合理期限内没有向出卖人发出异议通知，依照法律规定，就视为标的物的质量或者数量符合约定，即从法律上认为买受人认可了标的物。

另外需要注意的是，如果出卖人知道或者应当知道提供的标的物不符合约定的，买受人不受《民法典》第 621 条第 1 款、第 2 款规定的通知时间的限制。

134. 买受人如何在正确的地点支付标的物价款?

买受人应当按照约定的地点支付价款。按照约定的地点支付价款，是买受人的一项具体义务，该义务是买受人支付价款义务中的一项内容，该内容在支付价款的义务中是必不可少的。支付地点一般分为约定的地点和约定地点以外的法律规定的地点。为避免发生纠纷，合同当事人应当对买受人的支付价款的地点作出具体约定。

尽管支付价款的地点很重要，需要合同当事人作出具体的约定，但由于种种原因，当事人没有作出具体约定或者虽有约定但约定的不明确，这种情况在实践中常有发生。为减少纠纷，确保买卖合同的正常履行，《民法典》第 627 条规定了两种为当事人可以操作的具体原则：第一，依据《民法典》第 510 条的规定确定。依据该规定，当事人重新订立补充条款或者买受人按照合同的有关条款、交易习惯自行确定。这一规定实际上是基于当事人的自愿原则，是自愿原则在支付价款义务中的具体体现。第二，直接依据《民法典》第 627 条规定确定。在依据第 510 条的规定不能确定支付地点的前提下，《民法典》第 627 条规定了两种情况：一是买受人应当在出卖人的营业地支付，这与《民法典》第 511 条第 3 项规定的“给付货币的，在接受货币一方所在地履行”是一致的；二是如果约定支付价款以交付标的物或者交付提取标的物单证为条件，那么买受人应当在交付标的物或者交付提取标的物单证的所在地支付。

135. 买受人如何在正确的时间支付标的物的价款?

买受人应当按照约定的时间支付价款。按照约定时间支付价款，是买受人的一项具体义务。该义务是买受人支付价款义务中的一项内容，在支付价款的义务中是必不可少的。支付时间一般分为合同约定的时间和约定时间以外的法律规定的时间。为避免发生纠纷，合同当事人应当对买受人支付价款的时间作出具体约定。当然，如果买受人不按时支付价款的，属于违约行为，应当承担相应的违约责任。

尽管支付价款的时间很重要，需要合同当事人作出具体的约定，但由于种种原因，当事人没有作出具体约定或者虽有约定但约定不明确，这种情况在实践中常有发生。为减少纠纷，确保买卖合同的正常履行，《民法典》第 628 条规定了两种为当事人可以操作的具体原则：第一，依据《民法典》第 510 条的规定确定。依据该规定，当事人重新订立补充条款或者买受人按照合同的有关条款、交易习惯自行确定。根据目前的规定，买受人可以随时支付价款；出卖人也可以随时请求买受人支付，但是应当给买受人一定的准备时间。第二，直接依据《民法典》第 628 条规定确定。在依据第 510 条规定不能确定支付时间的前提下，第 628 条规定了买受人应当在收到标的物或者提取标的物单证的同时支付，也就是平常所说的，“一手交钱一手交货”。

136. 出卖人多交标的物时应该如何处理？

出卖人多交标的物，在实际生活中并不鲜见。对于出卖人多交标的物的情况，除当事人约定具体处理方法外，《民法典》第 629 条规定了两种法定处理方法：一种方法是买受人接收多交的部分。出卖人多交，买受人接收，在一定程度上而言，此系在原买卖合同的基础上，就产品的数量达成了事实的补充条款。也就是说，在执行原合同其他条款的基础上，可以收取多交的部分。由于买受人接收了多交的部分，又对多收部分价款没有提出异议，等于同意以原价格购买该部分标的物。另一种方法是拒绝接收。对于拒绝接收的，买受人应当履行通知和保管的义务，至于通知的具体方式，可以是书面的，也可以是非书面的，比如电话通知等。如果买受人不履行通知义务，则可能会产生买受人接收的假象。因此，为了避免发生纠纷，买受人负有通知的义务。

该条内容借鉴了《联合国国际货物销售合同公约》第 52 条的相关规定，该条第 2 款规定：“如果卖方交付货物的数量大于合同规定的数量，买方可以接受所有货物，也可以拒绝接受该多出部分的货物。如果买方接受了该多交部分的全部或部分货物，他必须按合同价格付款。”另外，我国《工矿产品购销合同条例》（已失效）第 10 条第 3 款第 1 项规定：“供方交付的产品多于合同规定的数量，需方不同意接收的，在托收承付期内，可以拒付多交部分的货款和运杂费。购销双方在同一地点（同城）的，需方可以拒收多交的部分；购销双方不在同一地点（异地）的，需方应把产品接收下来，并负责保管，将详细情况和处理意见在货到后十天内（另有规定或当事人另行商定期限者除外）通知供方处理。”第 35 条第 6 项规定：“提前交货的产品、多交的产品和品种、型号、规格、花色、质量不符合同规定的产品，需方在代保管期内实际支付的保管、保养等费用以及非因需方保管不善而发生的损失，应当由供方承担。”该条例关于出卖人多交标的物情况的处理规定，至今看来仍具有相当的合理性，值得当事人参考并在合同中作出约定。

对于出卖人多交付标的物是否属于违约的问题，我们的看法是，按照约定数量交付标的物是出卖人的一项义务，出卖人应当严格履行。不履行这一义务，出卖人应当承担相应的违约责任。需要说明的是，这种情况是针对出卖人少交付标的物来讲的。至于出卖人多交付标的物是否属于违约，应该承担什么责任，法律不作规定，由当事人协商来解决。现实中造成出卖人多交付标的物的原因复杂，需要具体问题具体分析。

137. 如何确定买卖合同履行过程中标的物孳息的归属？

孳息是“原物”的对称，是由物或者权利而产生的收益，分为“天然孳息”和“法定孳息”。天然孳息是指物依自然规律产生的收益，如土地生长的稻麦、树木的果实、牲畜的幼畜、挤出的牛乳、剪下的羊毛等。法定孳息是指依民事法律关系产生的收益，如有利息的借贷或租赁，出借人有权收取的利息，出租人有权收取的租金等。买卖合同中标的物涉及的孳息，一般为天然孳息。但如果买卖的不是一般的货物，则也有可能涉及法定孳息，如买卖正被出租的房屋即是。

在买卖合同中，标的物孳息的归属是合同的一个很重要的问题，一般在法律上会有一个确定归属的原则。对此，立法上有两种主张：一种主张认为，标的物所产生的孳息属于所有权人。即标的物所有权转移，其孳息就转移；标的物的所有权没有转移，其孳息也就没有转移。也就是说，孳息是和所有权联系在一起的。这种主张的理论基础是所有权理论。另一种主张认为，标的物所产生的孳息根据标的物交付占有来确定。即标的物转移或者交付给对方，其孳息就转移给对方；标的物没有转移或者交付给对方，其孳息也就没有转移给对方。也就是说，标的物的孳息属于占有方，所有权不是判断孳息归属的根据。这种主张的理论基础是和风险的归属联系在一起的，也就是风险和利益共担。

《民法典》第630条规定采取的是风险和利益共担的原则。本条规定是和《民法典》第604条“标的物毁损、灭失的风险，在标的物交付之前由出卖人承担，交付之后由买受人承担”的规定相联系的。第604条规定了交付划分风险的原则，根据这一原则，这一条也将孳息和风险联系在一起，因此规定“标的物在交付之前产生的孳息，归出卖人所有；交付之后产生的孳息，归买受人所有”。从另一个角度而言，孳息之产生与原物占有人的照料大有关系，故很多国家的买卖合同都规定孳息收益人的确定与标的物的交付相联系。例如，大陆法系的《日本民法典》第575条规定：“未交付的买卖标的物产生孳息时，孳息属于出卖人。”《德国民法典》第 446 条规定：“自交付买卖标的物时起，物的收益归属于买受人。”这一条亦采用此原则规定。这里需要说明的是，这一条规定的交付确定孳息归属是一个原则性的规定，如果当事人另有约定，根据民事权利可以依法自由处分的原则，应当按照约定执行。因此，在民法典编纂过程中，根据有关方面的意见和建议，在《合同法》第 163 条规定的基础上，加上了“但是当事人另有约定的除外”的内容，最终形成了本条现在的内容。

出卖人解除合同的，可以向买受人请求支付该标的物的使用费。

138. 对于分期付款情形，出卖人在何条件下可以解除合同?

民法典合同编在通则部分规定了对于所有合同均适用的关于合同解除的制度。包括当事人可以在合同中约定解除合同的条件，解除合同的条件成就时，合同解除。当事人也可以事后经协商一致解除合同。当事人一方迟延履行主要债务，经催告后在合理期限内仍未履行的，对方可以解除合同。当事人一方迟延履行债务或者有其他违约行为致使不能实现合同目的的，对方可以不经催告解除合同。这些是合同解除的一般性规则，合同编典型合同部分如果针对具体合同规定了一些特殊性的规则，那么就应适用特殊优于一般的原则。《民法典》第 634 条有关分期付款买卖合同解除的规定就是对通则有关规定的具体化。

第一，合同当事人可以在合同订立前或者订立后，协商设立合同解除的条件。而根据《民法典》第 634 条的规定，前文提到的对期限利益丧失特别约定的限制，同样适用于合同的协议解除，合同的有关约定不得低于法律规定的对保护买受人有利的标准。

第二，达到法定的条件时，合同一方当事人有权单方解除合同。通则规定的这些条件中，违约行为“致使不能实现合同目的”，乃是一个核心和关键。但通则这一规定只是一般性的原则表述，至于什么是不能实现合同目的，需要根据不同种类的合同以及具体的个案来判断。按照第 634 条的规定，在分期付款买卖合同中，买受人未支付到期价款的数额已经达到全部价款的五分之一，经催告后在合理期限内仍未支付到期价款的，即法律规定的具体适用“致使不能实现合同目的”的标准。也就是说，只有达到了这样的条件，分期付款买卖的出卖人才有权行使合同的单方解除权。

在合同解除后，买卖合同当事人应当将从对方取得的财产进行返还，违约的一方应当赔偿对方因此而受到的损失。因此，有时出卖人也会考虑提出对解除合同后损害赔偿进行特别约定的方式来追求自己的最大利益。因为分期付款买卖的标的物已经交付了买受人，所以在因买受人原因而由出卖人解除合同时，买受人在占有标的物期间的利益也就是出卖人的损失。出卖人可能提出，自己因买受人的违约而解除合同时有权抵扣已收取的价款，或者请求买受人支付一定金额的赔偿款。如果这种约定过于苛刻，就会对买受人不利。为了维持当事人之间利益的均衡，法律应当进行适当限制。除已有的违约金过高可以请求适当减少的规定外，《民法典》第 634 条第 2 款规定，出卖人解除合同的，可以向买受人请求支付该标的物的使用费。也就是说，一般情况下，出卖人因买受人的原因解除合同时，出卖人向买受人请求支付或者抵扣的金额，不得超过相当于该标的物的使用费的金额。如果标的物有毁损，那么出卖人当然还可以请求相应的赔偿。

另外，由于本条没有对合同解除后买受人已经交付的价款如何处理作出规定，买卖合同当事人以在合同中对此问题作出约定为宜，以防止发生不必要的纠纷。若没有约定的，原则上应当适用本法合同编通则关于合同解除后果的相关规定。

139. 在没有约定的情况下，买受人是否应当支付标的物的使用费？

《最高人民法院关于审理买卖合同纠纷案件适用法律问题的解释》第 43 条规定："试用买卖的当事人没有约定使用费或者约定不明确，出卖人主张买受人支付使用费的，人民法院不予支持。"《美国统一商法典》第 2－327 条规定："除非另有协议，在采用试用方式时，a. 即使货物已特定于合同项下，但在买方接受货物前，风险和所有权不转移至买方；并且 b. 如果使用货物的方式符合试验目的，此种使用不构成接受。未能及时将退货要求告知卖方，则构成接受。如果货物符合合同，对部分货物的接受构成对全部货物的接受；并且 c. 在发出适当的退货通知后，卖方承担退货的风险和费用；但买方如果为商人，他必须遵循卖方的合理指示。"《最高人民法院关于审理买卖合同纠纷案件适用法律问题的解释》第 43 条的基本含义是，对于试用买卖标的物使用费的支付与否，如果买卖双方作出明确约定的，应当按照约定处理；如果买卖双方没有作出约定或者约定不明确的，出卖人无权要求买受人支付标的物的使用费。

双方之间不发生买卖合同的权利义务关系。但是，在买受人明确拒绝购买之前，买受人确实使用了标的物。使用了标的物却不必支付使用费，这其中的原因究竟为何，需要从试用买卖合同的法律关系的性质说起。

试用买卖以买受人认可标的物为生效条件的买卖，买受人认可标的物，为条件成就，买卖合同生效；买受人不认可标的物，则为条件不成就，买卖合同不生效。即我们认为，试用买卖是附生效条件的合同，即学理上的附生效条件说。通常来讲，附生效条件的合同只有在条件成就之日起合同才生效，在此之前当事人之间不存在任何权利义务关系。但是在试用买卖过程中，尽管只有待买受人决定购买标的物时合同才生效，而之前的试用过程，也可以称之为正式买卖合同的缔约过程，出卖人基于其特定的经营目的考虑，自愿承担将标的物交付买受人试用或者检验的义务，同时同意买受人不承担支付相应使用费的责任，以便于促成双方之间正式买卖合同的订立。在此前提下，出卖人将标的物交付给买受人使用，买受人使用标的物自然不必支付使用费，这是出卖人自愿承担的附加义务，对出卖人自身具有约束力。在买受人同意购买后，即试用买卖合同生效后，试用期间的法律关系被合同生效后的法律关系所取代或者吸收，不会发生争议，买卖双方按照合同的约定履行，便是双方的真实意思表示。

需要特别指出的是，即使出卖人无权要求买受人支付使用费，但是，如果买受人在试用期限内没有尽到一般注意义务，未能按照规定的用途或者标的物通常性能进行试用，导致标的物发生毁损、灭失的，由于试用买卖采用的是附生效条件理论，当事人在试用期间并不存在权利义务关系，因此出卖人无法向买受人主张违约责任。但是，出卖人可以依据民法典侵权责任编的相关规定，在买受人的行为符合侵权责任构成要件的前提下，要求买受人承担赔偿损失等侵权责任。

140. 试用期内标的物毁损、灭失的风险由谁承担？

对于试用买卖标的物的风险负担，在试用标的物期间，标的物因不可归责于买卖双方当事人的原因发生毁损、灭失时，应当由出卖人承担该风险，出卖人无权要求买受人承担赔偿责任。

在试用买卖合同履行过程中，试用期内的标的物是否实际交付给买受人，存在两种情况：一是标的物不实际交付给买受人，但是由买受人进行试用。这种情形下标的物发生意外毁损、灭失时，由于标的物未经交付，该风险由出卖人负担是不言而喻的，实践中也不会引发争议。二是标的物已经实际交付给买受人试用，依据《民法典》第 640 条的规定，在试用过程中标的物发生意外毁损、灭失的，该风险也由出卖人负担。这似乎与《民法典》第 604 条规定的标的物风险负担适用交付主义原则不符，因此在实践中常常引发争议。例如，汽车销售公司甲与自然人乙签订了汽车试用买卖合同，在甲将一辆汽车交付给乙试用期间，乙在开车上班过程中遇到下冰雹，结果导致车辆发生毁损，由于甲、乙双方未对该毁损的承担进行约定，双方都认为车辆毁损的后果应该由对方承担，因此发生了争议。

《民法典》第640条之所以规定试用买卖标的物在试用期内发生毁损、灭失的风险由出卖人负担，主要是出于以下三点考虑：一是由试用买卖合同的目的决定的。因为所谓的试用买卖，是出卖人基于其特定的经营目的考虑，自愿且主动地将标的物交付给买受人试用或者检验，同时买受人也无须承担标的物使用费。即出卖人放弃自身的某些利益而达到订立买卖合同的最终目的。其中放弃要求由买受人承担试用期内的风险责任，应当是试用买卖合同的应有之义。二是由试用买卖合同中买受人的优势地位决定的。结合市场实践，在采用试用买卖合同的场合，大多是买方市场，即卖方急着卖而买方不急于买。倘若在试用买卖合同的试用期内由买方来承担标的物意外毁损、灭失的风险，那么这个合同将很难达成。三是由出卖人所实施的“交付”性质所决定的。本法第604条规定的风险随交付转移，原则上是指当事人按照合同约定的义务而进行的交付，因而标的物的风险随交付转移。而这一条中的交付，并非出卖人基于合同约定义务的交付，而是出卖人自愿承担的附加义务，对方无需支付相应对价。因此，试用买卖合同中的标的物交付不应适用《民法典》第604条规定的风险负担的交付主义原则。另外，域外的立法经验，比如上文提到的《美国统一商法典》里就试用买卖标的物风险负担的规则，也与本条规定类似。综合上述三个方面因素，《民法典》第640条最终规定，标的物在试用期内毁损、灭失的风险由出卖人承担。

在此需要特别指出的是，本条规定是原则性的规定，允许存在例外。如果买卖双方约定标的物在试用期内毁损、灭失的风险由出卖人和买受人共同承担，自然应当得到尊重。至于在本条规定的前提下，标的物的风险负担何时发生转移，我们的意见是，在买受人向出卖人作出同意购买标的物的意思表示时，标的物的风险才发生转移。

141. 出卖人保留的所有权如何登记？

所有权保留买卖制度是一项古老的担保制度，通过在所有权转移效力上附加生效条件（付清价款或者其他义务）的方式，实现担保标的物价款债权的效果。早期观点一般将保留的所有权当成真正的所有权看待，然而随着实践和理论的发展，人们逐步认识到被保留的所有权并非一个真正的所有权，在各个属性上与担保物权越来越接近。据此，在民法典编纂过程中，增加了第 641 条第 2 款的规定："出卖人对标的物保留的所有权，未经登记，不得对抗善意第三人。"之所以作出这一修改，是由于整个民法典所期望实现的目标之一是消灭隐形担保。按照《合同法》第 134 条的规定，出卖人对买卖标的物虽然享有名义上的所有权，但是这个名义上的所有权并不对外公示，但却可以行使真正所有权人的权利，甚至在破产中享有取回权。这种做法使这种没有公示的权利取得了一个最强大的效力，必然会给交易安全造成巨大的影响，尤其是在同一标的物上可能同时存在动产抵押、浮动抵押、融资租赁、所有权保留、动产质押等各种竞存的担保物权情形时。当发生以上权利冲突时，按照《合同法》第 134 条的规定，出卖人借助于未公示的所有权即可享有一个最强大、最完整的权利，这样就会使其他按照现有法律规范进行真正公示的权利的当事人反而得不到保障。上述做法有违现代担保交易的基本原理，同时也给交易中的商人产生巨额的调查成本，对交易安全造成较大损害。

自 2020 年 1 月 1 日起施行的《优化营商环境条例》第 47 条第 2 款规定："国家推动建立统一的动产和权利担保登记公示系统，逐步实现市场主体在一个平台上办理动产和权利担保登记。纳入统一登记公示系统的动产和权利范围另行规定。"目前，已经由中国人民银行牵头在北京市和上海市开展动产担保统一登记试点。同时，为了配合民法典和《优化营商环境条例》的颁布实施，中国人民银行也相应修改了《应收账款质押登记办法》。该办法第 35 条规定："权利人在登记公示系统办理其他动产和权利担保登记的，参照本办法的规定执行。本办法所称动产和权利担保包括当事人通过约定在动产和权利上设定的、为偿付债务或以其他方式履行债务提供的、具有担保性质的各类交易形式，包括但不限于融资租赁、保证金质押、存货和仓单质押等，法律法规另有规定的除外。"上述行政法规和部门规章的颁布实施为逐步建立全国统一的动产与权利担保登记系统奠定了基础。

所以，基于实现优化营商环境、消灭隐形担保的总目标，第 641 条规定，出卖人对标的物享有的所有权未经登记不得对抗善意第三人，明确了必须登记才能取得对抗善意第三人的效力。除上述总目标的实现外，由于民法典已经在所有权保留买卖制度中引入了登记，所以从功能上讲，保留的所有权实质上属于“可以登记的担保权”。基于此，所有权保留同样可以适用《民法典》第414条的规定，即：“同一财产向两个以上债权人抵押的，拍卖、变卖抵押财产所得的价款依照下列规定清偿：（一）抵押权已经登记的，按照登记的时间先后确定清偿顺序；（二）抵押权已经登记的先于未登记的受偿；（三）抵押权未登记的，按照债权比例清偿。其他可以登记的担保物权，清偿顺序参照适用前款规定。”

142. 保留所有权的出卖人何种情况下可以行使取回权？

所谓出卖人取回权，是指在所有权保留买卖合同中，当买受人出现违约的情形时，出卖人享有取回标的物的权利。例如，买受人甲和出卖人乙订立一辆大众汽车买卖合同，双方约定了所有权保留条款，但甲在取走汽车以后，一直不支付购车款，那么乙有权向甲取回该辆大众汽车。对于所有权保留买卖合同中出卖人的取回权，我国台湾地区的“动产担保交易法”对此有明确的规定。该文件第28条规定：“标的物所有权移转于买受人前，买受人的下列情形之一，致妨害出卖人之权益者，出卖人得取回占有标的物：一、不依约定偿还价款者；二、不依约定完成特定条件者；三、将标的物出卖、出质或为其他处分者。”“出卖人取回占有前项标的物，其价格显有减少者，得向买受人请求损害赔偿。”依据该条第1款的规定，出卖人取回权的主要内涵为：在所有权保留买卖合同中，标的物进行实际交付以后，标的物所有权移转于买受人之前，因买受人未按照约定支付价款、未按照约定完成特定条件或者将标的物作出卖或者出质等不当处分的，出卖人有权取回标的物。据此表明，出卖人若取回标的物，除当事人另有约定外，必须符合该款规定的条件才可以行使。之所以明确出卖人的取回权，是因为在所有权保留买卖中，由于买受人占有、使用标的物，出卖人以保留的所有权来担保其价金债权的实现，这就造成了所有权人和标的物相分离，一旦买受人不依约支付价款，或者对标的物进行处分进而使标的物的价值降低或状态改变，都将危害出卖人的利益。在此前提下，当买受人未履行支付价金义务或未尽善良管理人应尽的注意义务时，出卖人应当享有一定的救济权利，取回标的物无疑是最好的手段。对于出卖人可以行使取回权的具体条件，现分述如下：

1. 买受人未按照约定支付价款。通常情况下，出卖人在买受人未支付价款达到何种程度可以取回标的物，应当由合同约定。如果合同没有约定，出卖人在买受人未支付价款达到何种程度可以取回？《瑞士附条件买卖法》第226条规定，只有在买受人连续拖欠两期付款，且欠款达到货款总额的十分之一时，或者欠款达到货款总额四分之一时，或者拖欠最后一期付款时，出卖人才有权行使取回权。《最高人民法院关于审理买卖合同纠纷案件适用法律问题的解释》第36条第1款规定："买受人已经支付标的物总价款的百分之七十五以上，出卖人主张取回标的物的，人民法院不予支持。"这意味着，如果买受人已经支付的价款达到总价款的75%时，出卖人无论如何不可以行使取回权。但是，该出卖人不能行使取回权所涉及的买受人已支付的法定价款比例，在已经违反当事人约定的情况下，其合理性并不充分，也和《民法典》第416条的规定不相吻合。因此，在民法典编纂过程中，没有采纳上述司法解释的内容，而是在买受人未按照约定支付价款的同时增加规定出卖人的催告程序，即出卖人在决定行使对标的物的取回权时，应当先向买受人催告，在催告期满后买受人仍不支付价款的，出卖人才可以行使取回权，以保障当事人之间的利益平衡。

2. 买受人未按照约定完成特定条件。如果汽车买卖当事人约定买受人应当在购买车辆后 1 个月内更换刹车系统并购买车辆交强险及商业险，否则出卖人有权取回汽车。这个约定是公平合理的，因为涉及作为保留所有权的出卖人的权益，不完成该特定条件，可能使出卖人承担不利后果。所以，如果在车辆交付买受人后两个月时出卖人仍然没有完成上述事宜，那么出卖人便依法享有取回汽车的权利。

3. 买受人在占有标的物期间擅自处分标的物且标的物未被第三人善意取得。在买卖双方未就出卖人何时可以取回标的物作出约定时，买受人就标的物实施了转卖、出质等行为的，将严重侵害出卖人的所有权，故出卖人依法有权行使取回权。但是，如果第三人依据《民法典》第 311 条的规定已经善意取得标的物所有权或者其他物权的，出卖人无权取回标的物，否则将严重损害交易的安全和交易的秩序。司法实践中，《最高人民法院关于审理买卖合同纠纷案件适用法律问题的解释》第 36 条第 2 款也规定，在第三人基于善意取得制度取得所有权的情况，出卖人是无权行使取回权的，结果只能是由出卖人向买受人请求赔偿损失。

在符合上述三种情形下，出卖人可以行使取回权。

143. 其他有偿合同如何参照适用买卖合同的有关规定?

除买卖合同外其他有偿合同的法律适用，分为两种情况：一是法律对其他有偿合同有规定的，依照其规定。这里的法律，包括民法典以及民法典以外的法律。对于其他有偿合同，民法典和其他法律有特别规定的，适用民法典和其他法律的特别规定，而不适用民法典买卖合同章的规定。这是特别法优先适用原则在法律适用中的具体体现。二是法律对其他有偿合同没有规定的，参照适用买卖合同的有关规定。由于买卖合同属于最典型的有偿合同，买卖合同的一些原则基本上能够适用其他有偿合同；同时，由于市场交易活动的纷繁复杂，各种类型的有偿合同无穷无尽，民法典合同编的典型合同部分不可能都作出规定，也无法都作出规定。因此，规定其他有偿合同参照适用买卖合同的规定，在立法技术上既是科学的，也是可行的。民法典合同编典型合同分编的买卖合同一章，条文结构最完整、最详细，其中的一些规定属于有偿合同的共通性规则。为避免重复立法，有关条款就不再规定于其他各有偿合同的相关章节之中，而按照《民法典》第 646 条的规定，直接可以参照适用关于买卖合同的相应内容。所以第 646 条规定，其他有偿合同“没有规定的，参照适用买卖合同的有关规定”。

另外需要说明的是，对于第 646 条的具体法律适用，应当注意准确理解“参照”二字的具体含义。一是参照适用并不是全部能够适用。也就是说，即使其他法律没有就有偿合同的具体规则作出明确规定，也不一定都可以适用买卖合同章的全部内容。比如，在股权转让合同纠纷中，受让方没有依约按期支付股权转让款达到全部款项的五分之一时，为保证交易的安全和稳定，转让方不能依据《民法典》第634条的规定解除合同。再比如，有关权利的转让合同，显然不能适用该章有关标的物质量要求和风险承担的相关规定。二是参照适用并不是直接能够适用。也就是说，买卖合同之外的其他有偿合同当事人，如果发生纠纷，人民法院不能直接适用买卖合同一章中的具体权利义务条文。依据《最高人民法院关于审理买卖合同纠纷案件适用法律问题的解释》的有关规定，正确的做法是：权利转让或者其他有偿合同参照适用买卖合同的有关规定的，人民法院应当首先引用第646条的规定，再引用买卖合同的有关规定。

144. 为什么要规定供电人的强制缔约义务？

供用电合同涉及千家万户，不仅关系到当事人的利益，也关系到社会公共利益。如果作为供电人的供电企业拒绝向某个当事人提供供电服务，则用电人将很可能无法得到这些服务，进而影响基本的生产和生活。因此，需要法律对此类合同作出特别规定，对供电人的自由进行适当限制，在法律上有必要规定强制缔约义务。

所谓强制缔约，是指只要一方提出订立合同的要求，负有强制缔约义务的人依法不得拒绝，必须与之订立合同。《电力法》第26条第1款规定：“供电营业区内的供电营业机构，对本营业区内的用户有按照国家规定供电的义务；不得违反国家规定对其营业区内申请用电的单位和个人拒绝供电。”这就是供电人的强制缔约义务。在民法典编纂过程中，考虑到用电的普遍性和对民众生活的必需性，经研究认为，有必要在电力法的基础上，进一步在民法典中对供用电合同当事人的强制缔约义务作出规定，以在更广范围指引社会、经济生活。因此，《民法典》第 648 条第 2 款规定：“向社会公众供电的供电人，不得拒绝用电人合理的订立合同要求。”

145. 为什么明确规定供电人在中止供电前的通知义务？

供用电合同是供电人向用电人供给电力，用电人支付电费的合同。供用电合同实际上是一种特殊的买卖合同，即用电人向供电人购买电力以供使用，同时向供电人支付该电力的价款，双方买卖的标的物是电力。在供用电合同中，支付价款是用电人的主要义务。电力的价款即电费，是电力资源实现其商品价值的货币形式，是供电人出卖电力的对价，用电人只有按照国家有关规定和双方当事人的约定履行支付电费的义务，才能实现电力的商品价值，完成一次电力资源的买卖过程。

用电人按照国家有关规定支付电费，主要是按照有关电力供应与使用的法律法规的规定履行交费的义务。用电人在合同约定的期限内未支付电费，应当承担迟延支付的违约责任。如果用电人没有依照国家有关规定和当事人的约定及时支付电费，逾期又不支付违约金，那么，供电人可以依据《民法典》第 654 条的规定催告用电人在合理期限内支付电费和违约金。“合理期限”为多长时间，第 654 条未作明确规定，供电人可以根据用电人的用电量、用电时间、用电方式、未支付电费的情形和影响，以及用电人支付电费需要的准备时间等予以确定。《电力供应与使用条例》第 39 条中规定，自逾期之日起计算超过 30 日，经催交仍未交付电费的，供电企业可以按照国家规定的程序停止供电。因此，30 日可以作为这一条合理期限的参考。经催告后用电人仍不支付电费和违约金的，供电人按照国家规定的程序办理相关手续后，可以中止供电。这里的“国家规定的程序”，具体是指《供电营业规则》第 66 条和第 67 条的规定。该规则第 66 条中规定，在发供电系统正常情况下，供电企业应连续向用户供应电力。对于拖欠电费经通知催交仍不交者或者拒不在限期内交付违约用电引起的费用者，须经批准方可中止供电。第 67 条中规定，供电企业需对用户停止供电时，应按下列程序办理停电手续：（1）应将停电的用户、原因、时间报本单位负责人批准。批准权限和程序由省电网经营企业制定；（2）在停电前 3 至 7 天内，将停电通知书送达用户，对重要用户的停电，应将停电通知书报送同级电力管理部门；（3）在停电前 30 分钟，将停电时间再通知用户一次，方可在通知规定时间实施停电。

综上所述，《民法典》第 654 条规定的供电人中止供电应当符合下列四个条件：（1）用电人未按照国家规定和当事人的约定支付电费；（2）用电人逾期不按照约定支付违约金；（3）经催告用电人在合理期限内仍不支付电费和违约金；（4）按照国家有关规定履行批准和通知用电人的程序。上述四个条件同时具备时，供电人才可以停止供电。用电人支付电费和违约金后，供电人应当及时恢复供电。

需要特别指出的是，在民法典编纂过程中，有意见提出现实生活中存在用电人未收通知而被停电的现象，给用电人造成了损失。经研究，《民法典》第 654 条特意增加第 2 款规定："供电人依照前款规定中止供电的，应当事先通知用电人。"这是对中止供电前通知程序的强化规定，具体如何通知，应当按照上文所述的"国家规定的程序"来进行。

146. 用电人的用电义务主要有哪些？

合同法仅规定了用电人的安全用电义务。在民法典编纂过程中，有意见提出，由于供用电合同适用范围广、影响大，建议把《民法典》第 9 条规定的"民事主体从事民事活动，应当有利于节约资源、保护生态环境"，即绿色原则在供用电合同中展现出来。经研究，结合《电力法》第 24 条第 1 款"国家对电力供应和使用，实行安全用电、节约用电、计划用电的管理原则"的规定，以及第 34 条"供电企业和用户应当遵守国家有关规定，采取有效措施，做好安全用电、节约用电和计划用电工作"的规定，增加了用电人的节约用电义务和计划用电义务。

供用电合同一经成立，就对当事人产生法律效力，用电人应当按照国家有关规定和合同的约定安全用电、节约用电、计划用电。这是因为，虽然供用电合同是供用电双方就电力的供应与使用订立的买卖合同，但它与一般买卖合同不同，一般买卖合同在标的物交付后，买受人取得该标的物的所有权，可以对其任意处分，出卖人无权干涉，国家也没有必要对该物的使用作出规定。电力的供应与使用则不同，由于电力系统具有网络性，电力的生产、供应和使用由网络联结，相互影响，并且同时完成，任何一个用户能否安全、合理地使用电力，都将关系到电力的运行安全，关系到千千万万用户的用电安全，关系到整个社会的公共安全，任何一种违章、违约用电行为，都可能造成人身和财产的重大损害。因此，双方当事人有必要在供用电合同中对如何使用电力作出约定，并按照国家的有关规定用电。

根据《民法典》第655条的规定，用电人的安全用电、节约用电和计划用电主要表现在以下两个方面：一是用电人应当依照国家有关规定用电。国家对此的规定主要是：（1）用电人应当安装用电计量装置。（2）用电人应当按照国家核准的电价和用电计量装置的记录，按时交纳电费；对供电企业查电人员和抄表收费人员依法履行职责，应当提供方便。（3）用电人受电装置的设计、施工安装和运行管理，应当符合国家标准或者电力行业标准。（4）用电人应当安全用电、节约用电和计划用电。（5）用电人用电不得危害供电、用电安全和扰乱供电、用电秩序。（6）用电人不得窃电等。二是用电人应当按照供用电合同的约定用电。通常包括：（1）用电人应当按照合同中约定的用电容量、用电地址、用电时间、用电质量、用电方式、用电类别和用电指标等约定用电。（2）用电人应当按照合同中约定的用电计量方式和电价、电费结算方式缴纳电费。（3）用电人应当按照合同中约定的用电人一方对供用电设施的维护责任做好对供用电设施的维护工作。

147. 供用水、气、热力合同如何参照适用供用电合同的有关规定?

供用水、供用气、供用热力合同，与供用电合同一样，是持续供给合同，且都是一种常见的民事合同。这些合同的标的，即水、气、热力，既是国民经济中的重要能源，也是一种特殊的商品。其合同都是供应人向使用人供应水、气或者热力，使用人支付价款的合同，双方当事人的关系都是一种买卖关系。因此，供用水、供用气、供用热力合同在本质上都属于特殊类型的买卖合同。它们与供用电合同具有以下共同点：

1. 供应方是特殊主体，只能是依法取得特定营业资格的供应企业。该类企业一般为公用事业，其他任何组织或者个人都不得作为供应方，如供应水合同的供应方只能是自来水公司。

2. 属于持续供给合同。由于电、水、气、热力的供应与使用均是连续的，因此合同的履行方式都处于一种持续状态。供应方在正常情况下，应当连续向使用方供应，不得中断；使用方在合同约定的期限内，享有连续使用的权利。

3. 合同一般按照格式条款订立。供用电、水、气、热力都是具有社会公益性的公用事业，关系到千千万万个使用者的日常生活。供应方为了适应大量交易的需要，预先拟定格式条款，双方当事人按照格式条款订立合同，这样既有利于降低交易成本，又有利于供应方集中精力提高供应质量。但是，同时也存在如何限制供应方利用其垄断地位产生不公平的问题。对供用方式有特殊要求的使用方，也可以采用非格式条款订立合同。

4. 对用户的责任都有特殊要求。由于电、水、气、热力系统都具有网络性，其生产、供应与使用都由网络联结，相互影响，任何一个用户的使用，都可能关系到整个系统的运行，关系到其他用户的利益，如一个用户的暖气管道发生泄漏，可能影响相邻用户的正常供暖。因此，要求用户按照有关规定和约定安全、合理地使用供应的电、水、气、热力，并承担相应的法律责任。

鉴于供用水、气、热力合同与供用电合同有许多共同点，因此《民法典》第656条规定："供用水、供用气、供用热力合同，参照适用供用电合同的有关规定。"例如，供用水合同中供水方的责任，可以参照《民法典》第651条的规定，供水方应当按照国家规定的供水质量标准和约定供水。如果供应的水没有达到国家规定的质量标准，给用户的健康造成损害的，供水方应当承担赔偿责任。同时，供用水、供用气、供用热力合同，又各有其特性，与供用电合同并不完全相同。比如，供热与供水、供电、供气存在一个明显区别，即供热不达标或者报停仍需缴纳基础费用，而供水、供电和供气不存在这个问题。因此，第656条规定的是"参照供用电合同的有关规定"，而不是完全适用。至于如何进一步体现供用水、气、热力合同的特殊性，还有待相关立法的不断细化和完善。

148. 何为赠与合同?

赠与合同是指赠与人将自己的财产无偿给予受赠人，受赠人愿意接受赠与的合同。赠与合同的内涵如下：

1. 赠与是一种合意，是双方的法律行为。赠与合同虽为单务、无偿合同，也需有当事人双方一致的意思表示才能成立。如果一方有赠与意愿，而另一方无意接受该赠与的，赠与合同不能成立。在现实生活中，一方出于某种考虑而不愿接受对方赠与的，这种情况下，赠与合同即不成立。

2. 赠与合同是转移财产所有权的合同。赠与合同是以赠与人将自己的财产给予受赠人为内容的合同，是赠与人转移财产所有权于受赠人的合同。这是赠与合同与借用合同的主要区别。

3. 赠与合同为无偿合同。所谓无偿合同，是指仅由当事人一方给付，另一方不必向对方偿付相应对价的合同。在赠与合同中，仅由赠与人无偿地将自己的财产给予受赠人，而受赠人取得赠与的财产，不需向赠与人偿付相应的对价。这是赠与合同与买卖等有偿合同的主要区别。

4. 赠与合同是单务合同。所谓单务合同，是指仅由当事人一方负债务，另一方不负债务，或者另一方虽负有债务但无对价关系的合同。一般情况下，赠与合同仅由赠与人负有将自己的财产给予受赠人的义务，而受赠人并不负有义务。在附义务的赠与中，赠与人负有将其财产给予受赠人的义务，受赠人按照合同约定负担某种义务，但受赠人所负担的义务并非赠与人所负义务的对价，受赠人的义务通常远远小于赠与人的义务，其间的义务并不是相互对应的，因此赠与合同为单务合同。

5. 赠与合同为诺成合同。赠与合同是实践合同还是诺成合同，与赠与合同自何时成立直接相关。对于赠与合同是否以交付标的物为成立要件，国外立法例上有不同规定，我国法学界也有不同认识。所谓实践合同，又称要物合同，是指除当事人之间的意思表示一致外，还需交付标的物才能成立的合同。它以当事人的合意和交付标的物为成立要件。所谓诺成合同，又称非要物合同，是指当事人之间意思表示一致，即能成立的合同。它以当事人的合意为成立要件。

6. 赠与合同为不要式合同。赠与合同是要式合同还是不要式合同，与赠与合同是否成立也有关联。所谓要式合同，是指法律要求必须采用一定形式的合同。所谓不要式合同，是指法律没有要求必须具备特定形式的合同。不要式合同不排斥合同采用书面、公证等形式，只是合同的形式不影响合同的成立。依照赠与合同章的规定，赠与合同为不要式合同。赠与合同既可以采用口头形式，又可以采用书面形式或者在合同订立后办理公证。无论采用何种形式，也无论是否经过公证，都不影响赠与合同的成立。

149. 何种类型的赠与合同不得撤销？

尽管原则上允许赠与人任意撤销赠与，但如果对任意性不加限制，则等同于赠与合同无任何约束力，既对受赠人不公平，也违背诚信原则，对公序良俗也是一种冲击。因此，对赠与的任意撤销应有适当限制，故《民法典》第 658 条第 2 款对赠与的任意撤销作了如下限制：

1. 赠与合同订立后经公证证明的，赠与人不得任意撤销。换言之，可以任意撤销的赠与合同原则上限于未经公证的赠与合同。而赠与合同订立后，当事人交由公证部门公证，表明其赠与意愿的表达已十分慎重，因此经过公证证明的赠与合同，赠与人不得任意撤销。

2. 具有公益、道德义务性质的赠与合同，不论当事人以何种形式订立，不论是否经过公证，也不问赠与的财产是否已转移其权利，赠与人均不得任意撤销。具有公益性质的赠与，主要是指为了救灾、扶贫、助残、助学等或为了资助公共设施建设、环境保护等公共事业所为的赠与。此类赠与的公益性和社会性，决定了赠与人不得任意撤销赠与，否则将与赠与的目的和宗旨相悖。履行道德义务的赠与，由于当事人之间有道义上的因素，如果允许赠与人任意撤销，则与道义不符。因此，此类赠与也不得由赠与人任意撤销。就此赠与情形，《德国民法典》第 534 条以及我国台湾地区“民法”第 408 条，均作出了类似的不得撤销赠与的规定。

3. 依法不得任意撤销的其他情形。《慈善法》第 41 条第 1 款规定：“捐赠人应当按照捐赠协议履行捐赠义务。捐赠人违反捐赠协议逾期未交付捐赠财产，有下列情形之一的，慈善组织或者其他接受捐赠的人可以要求交付；捐赠人拒不交付的，慈善组织和其他接受捐赠的人可以依法向人民法院申请支付令或者提起诉讼：（一）捐赠人通过广播、电视、报刊、互联网等媒体公开承诺捐赠的；（二）捐赠财产用于本法第三条第一项至第三项规定的慈善活动，并签订书面捐赠协议的。”该法第 3 条规定：“本法所称慈善活动，是指自然人、法人和其他组织以捐赠财产或者提供服务等方式，自愿开展的下列公益活动：（一）扶贫、济困；（二）扶老、救孤、恤病、助残、优抚；（三）救助自然灾害、事故灾难和公共卫生事件等突发事件造成的损害；（四）促进教育、科学、文化、卫生、体育等事业的发展；（五）防治污染和其他公害，保护和改善生态环境；（六）符合本法规定的其他公益活动。”慈善法中不得任意撤销的规定，有别于民法典前两项规定，即只要是“捐赠人通过广播、电视、报刊、互联网等媒体公开承诺捐赠的”，不得任意撤销。对于此种赠与，在民法典编纂过程中，通过立法表述形式的改变，加以吸纳，即将《民法典》第658条第2款的表述由原来的“具有救灾、扶贫等社会公益、道德义务性质的赠与合同或者经过公证的赠与合同，不适用前款规定”修改为“经过公证的赠与合同或者依法不得撤销的具有救灾、扶贫、助残等公益、道德义务性质的赠与合同，不适用前款规定”，以包含目前以及将来立法发展的各种不同情况。

另外需要指出的是，如果赠与的财产的权利已被转移的，赠与人自然不得任意撤销赠与。如果赠与的财产一部分已交付并已转移其权利，任意撤销赠与仅限于未交付并未转移其权利的部分，以维护赠与合同当事人权利义务关系的稳定。

150. 赠与人对赠与财产如何承担瑕疵担保责任？

由于赠与合同为无偿合同，赠与是为了受赠人的利益而为的行为，因而赠与人对赠与财产的瑕疵担保责任，与有偿合同有所不同。这一条的内涵有以下三个方面的内容：

1. 赠与的财产有瑕疵的，赠与人原则上不承担责任。这是因为在赠与合同中，受赠人是纯获利益的，赠与人与受赠人双方当事人之间不是双务合同的对待给付关系，因而赠与人对赠与财产的瑕疵，原则上不承担赠与财产物的瑕疵和权利瑕疵的担保责任。例如，甲送给乙一台笔记本电脑，该电脑的键盘反应不是很灵敏，对此，甲对该笔记本电脑没有维修的义务，也不负担修理费等其他责任。

2. 在附义务的赠与中，赠与的财产如有瑕疵，赠与人需在受赠人所附义务的限度内承担与出卖人相同的责任。就一般的赠与而言，赠与人原则上不承担瑕疵担保责任。但是，对于附义务的赠与，受赠人虽受有利益，又需履行约定的义务，如果赠与的财产有瑕疵，必然导致受赠人所受利益有所减损，这便与赠与合同约定的权利与义务不相对应，使受赠人遭受损失。为保护受赠人的利益，并求公允，应由赠与人承担瑕疵担保责任。就受赠人履行的义务而言，有如买卖合同中买受人的地位，因此，赠与人应在受赠人所附义务的限度内，承担与买卖合同中的出卖人同一的瑕疵担保责任。

3. 赠与人故意不告知瑕疵或者保证无瑕疵，并且造成受赠人损失的，应当承担损害赔偿责任。赠与人故意不告知赠与的财产有瑕疵的，是有主观上的恶意，也有违诚信原则。因赠与财产的瑕疵给受赠人造成其他财产损失或者人身伤害的，应负赔偿责任。如果赠与人故意不告知瑕疵，但没有给受赠人造成损失的，则不承担赔偿责任。赠与人保证赠与物无瑕疵，给受赠人造成损失的，也应承担赔偿责任。

151. 受赠人有哪些情形可以使赠与人有权撤销赠与？

赠与合同的法定撤销是指赠与合同成立后，在具备法律规定的情形时，撤销权人可以撤销赠与。依照规定，赠与人可以撤销赠与，应当具有以下三种法定情形之一：

1. 受赠人严重侵害赠与人或者赠与人的近亲属。一是受赠人实施的是严重侵害行为，而不是轻微的、一般的侵害行为。二是受赠人侵害的是赠与人本人或其近亲属，近亲属的范围应当适用《民法典》第1045条第2款“配偶、父母、子女、兄弟姐妹、祖父母、外祖父母、孙子女、外孙子女为近亲属”的规定，如果侵害的是其他亲友则不在此列。

至于受赠人的侵害行为是否必须出于故意，是否须达到构成犯罪的程度，一些国家或地区的规定则有所不同，例如德国规定，受赠人对于赠与人或其亲近属有重大侵害行为或重大忘恩负义的行为时，赠与人得撤销其赠与。另外，我国台湾地区则规定，受赠人对于赠与人或其最近亲属，有故意侵害之行为，依刑法有处罚之明文者；以及对于赠与人有扶养义务而不履行者，赠与人得撤销其赠与。由此可见，对撤销赠与的法定事由，德国的撤销条件较为宽松，并未特别指出是故意行为，也没有强调达到犯罪的程度，赠与人即可撤销赠与。而我国台湾地区的条件则较为严格，既明确为故意行为，又须构成犯罪。而依据《民法典》第663条第1款第1项的规定，我们认为，只要受赠人严重侵害了赠与人或者赠与人的近亲属，赠与人即可撤销赠与，即主要考虑赠与人侵害行为的结果，而不是主要考虑赠与人故意或者过失的主观状态。

2. 受赠人对赠与人有扶养义务而不履行。一是受赠人对赠与人有扶养义务；二是受赠人对赠与人有扶养能力，而不履行对赠与人的扶养义务。如果受赠人没有扶养义务或者丧失了扶养能力的，则不产生赠与人撤销赠与的权利。需要特别指出的是，这里的“扶养”应当作广义解释，不应当仅仅理解为《民法典》第1059条规定的“夫妻有相互扶养的义务”等同辈之间的照顾义务，也包括对长辈的“赡养”以及对晚辈的“抚养”等关系的照顾义务。

3. 受赠人不履行赠与合同约定的义务。一是赠与合同约定了受赠人负有一定的义务；二是赠与人已将赠与的财产交付于受赠人；三是受赠人不履行赠与合同约定的义务。在附义务的赠与中，受赠人应当依约定履行其所负义务。在赠与人向受赠人交付了赠与的财产后，受赠人如果不依约履行其义务，赠与人可以撤销赠与。

赠与人的法定撤销权属于形成权，撤销权一经赠与人行使即发生效力，双方当事人的赠与关系即归于消灭。为了维护社会关系的稳定，尽快确定赠与的法律关系，撤销权人应当依法及时行使撤销权。赠与人行使撤销权的期间为一年，自知道或者应当知道撤销原因之日起计算。这一期间属于除斥期间，即法律对某种权利所预定的行使期间，不存在中止、中断和延长的问题。撤销权人如在法律规定的期间内不行使撤销权的，其撤销权即归于消灭。当然，依据《民法典》第152条第2款的规定：“当事人自民事法律行为发生之日起五年内没有行使撤销权的，撤销权消灭。”赠与人的法定撤销权应受该五年期间的限制。

152. 借款合同的适用范围包括哪些？

借款合同是指贷款人向借款人提供借款，借款人到期返还借款，并向贷款人支付利息的合同。其主要的法律特征为：(1) 借款合同的主体是贷款人和借款人。贷款人也称出借人，是指将金钱贷与借款人的人；借款人是指接受贷款人贷款的人。贷款人包括两类：一是在中国境内设立的经营贷款业务的金融机构，二是以自有资金出借但并非以出借款项为业的自然人、法人或者非法人组织。借款合同的借款人可以是自然人、法人或者非法人组织。(2) 借款合同的标的是货币，包括可流通的各种货币。(3) 借款合同是转移标的物所有权的合同。货币一经借出，所有权即转移于借款人。(4) 借款合同可以是单务、无偿合同，也可以是双务、有偿合同。(5) 借款合同可以是诺成合同，也可以是实践合同。(6) 借款合同可以是要式合同，也可以是不要式合同。

对于民法典中借款合同的适用范围，较之于合同法有所扩大。合同法规定的借款合同仅适用于金融借款合同和自然人之间的借款合同；目前民法典借款合同章中的借款合同适用于金融机构与自然人、法人、非法人组织之间的借款，也适用于自然人、法人、非法人组织相互之间的借款。因此，借款合同主要调整两部分内容：一是金融机构与自然人、法人和非法人组织的金融借款合同关系；二是自然人、法人、非法人组织相互之间的借款合同关系。其中，借款合同主要调整金融机构与自然人、法人和非法人组织之间的合同关系。

153. 借款合同一般包括哪些主要内容？

当事人订立借款合同应当约定哪些内容，是一个十分重要的问题。因为订立合同就是要设立、变更、终止民事权利义务关系，涉及各方当事人享有哪些权利，应当履行哪些义务等与当事人切身利益相关的问题。《民法典》第 470 条第 1 款规定："合同的内容由当事人约定，一般包括下列条款：（一）当事人的姓名或者名称和住所；（二）标的；（三）数量；（四）质量；（五）价款或者报酬；（六）履行期限、地点和方式；（七）违约责任；（八）解决争议的方法。"这些内容当然是借款合同的主要内容，但是考虑到借款合同的特殊性质，借款合同还应当包括以下内容：

1. 借款种类。这主要是指金融机构作为贷款人的情况下，根据国家有关规定和资金市场的需求创设的货币商品种类。借款人可以根据自己的需要向贷款人申请某种特定形式的贷款。贷款根据不同的标准可分为不同的种类：根据贷款的性质，可分为自营贷款、委托贷款和特定贷款；根据贷款的期限，可分为短期贷款、中期贷款和长期贷款；根据贷款的风险，可分为信用贷款、担保贷款和票据贴现贷款；根据资金的投向和用途，可分为流动资金贷款、固定资金贷款和农业贷款；根据贷款的币种，可分为人民币贷款和外汇贷款。

2. 币种。这主要是指借款合同标的是哪一种货币，是人民币还是其他国家或地区的货币。

3. 用途。这主要是指借款使用的目的和范围。为了落实国家产业政策，保证信贷资金的安全，国家和各金融机构对不同种类的贷款，规定了不同的条件和监督措施，借款人可以根据不同的用途申请不同种类的贷款。贷款人根据贷款用途来确定贷与不贷，贷多、贷少，并选定贷款期限和利率。《商业银行法》第 35 条规定："商业银行贷款，应当对借款人的借款用途、偿还能力、还款方式等情况进行严格审查。商业银行贷款，应当实行审贷分离、分级审批的制度。"据此表明，金融借款应当专款专用。在借款合同中明确借款用途，有利于国家产业政策的落实，有利于借款合同的履行，有利于金融机构信贷资金的安全，以保证借款在金融机构的监督下及时收回。

4. 数额。这是指借款数量的多少。数量是借款合同的重要内容，是确定资金的拨付和计算利息的依据，是借贷双方当事人权利义务的重要标志。在订立借款合同时，没有数额或者数额不清，合同便不能成立。因此，当事人应当在合同中明确借款的总金额以及在分批支付借款时，每一次支付借款的金额，以便于合同的具体履行。

5. 利率。这是指借款人和贷款人约定的应当收取的利息的数额与所借出资金的比率。利率的高低直接决定利息金额的大小。按照不同的标准，利率可以分为：年利率、月利率和日利率；法定利率和市场利率；短期利率和中长期利率；固定利率和浮动利率；名义利率和实际利率。在我国，国务院批准和授权中国人民银行制定的各种利率为法定利率，法定利率具有法定效力，其他任何单位和个人均无权制定和变动，法定利率的公布、实施由中国人民银行总行负责。中国人民银行是利率管理的主管机关，代表国家统一行使利率管理权，其他任何单位和个人不得干预中国人民银行的利率管理工作。

6. 期限。这是指借款人在合同中约定使用借款的时间。当事人一般根据借款人的生产经营周期、还款能力和贷款人的资金供给能力等，约定借款期限。根据中国人民银行于 1996 年颁布的《贷款通则》的规定，自营贷款期限最长一般不超过 10 年，超过 10 年的应当报中国人民银行备案。票据贴现期限最长不得超过 6 个月，贴现期限为从贴现之日起到承兑票据到期日止。非金融借款合同的期限由当事人自行约定。

7. 还款方式。这是指贷款人和借款人约定以什么结算方式偿还借款给贷款人。例如，是到期一次还本付息还是分期返还；是逐期先还息，到期一次还本，还是以其他方式还本付息等。

154. 如何正确理解借款利息不得预先扣除？

支付借款利息，是借款人获取、使用借款的对价，也是贷款人将钱款借给借款人的重要目的之一。因此，借款的数额和利息是借款合同需要规定的主要内容，当事人在订立借款合同时一般要对借款数额和利息的多少及支付期限作出明确的约定。一般来说，借款利息是在借款期限届满时或者合同履行期间按照约定分批偿付给贷款人。但是，现实中，有的贷款人为了确保利息的收回，在提供借款时就将利息从本金中扣除，造成借款人借到的本金实质上为扣除利息后的数额。比如，借款人向贷款人借款 200 万元，借期一年，年利率为 5%，到期应当向贷款人支付的利息为 10 万元，贷款人在提供借款时就直接将利息扣除，仅向借款人支付 190 万元借款，这实际上是将 200 万元视为出借本金，并按年利率 5% 收取了利息。这种做法一方面使贷款人的利息提前收回，减少了借款的风险；另一方面却损害了借款人的合法利益，使借款人实际上得到的借款少于合同约定的借款数额，影响其资金的正常使用，加重了借款人的负担，也容易引起借款合同双方当事人的纠纷。为了解决借款实践中经常出现的这种问题，体现合同当事人的公平原则，防止贷款人利用优势地位确定不平等的合同内容，《民法典》第670条明确规定，贷款人在提供借款时不得预先将利息从本金中扣除。如果贷款人违反法律规定，仍在提供借款时将利息从本金中扣除的，那么，借款人只需按照实际借款数额返还借款并计算利息。比如，上述例子中的借款人实际只得到了190万元的借款，那么，其借款数额即190万元，借款人只需在借款期限届满时，向贷款人返还本金190万元并支付按照年利率5%计算的利息，即贷款人应当向借款人返还本金190万元，支付利息190×5%=9.5万元，合计190+9.5=199.5万元。

司法实践中，贷款人持有的借款人向其出具的借据等证据，通常没有反映贷款人在出借款项时就已收取了利息，使在发生纠纷时，借款人通常处于不利境地。针对此情况，《最高人民法院关于审理民间借贷案件适用法律若干问题的规定》第27条规定："借据、收据、欠条等债权凭证载明的借款金额，一般认定为本金。预先在本金中扣除利息的，人民法院应当将实际出借的金额认定为本金。"据此，在借款人对贷款人在出借款项时即已收取利息的事实提出证据后，法院便不会以借据等证据载明的借款金额为本金，而以该本金减去贷款人已收取的利息后的数额为本金。作为借款人，在这一类事情发生时，需要切记，便是在向贷款人预先支付利息时，索要贷款人签名加日期的利息收条。

155. 贷款人在借款人违约使用借款时享有哪些权利?

《民法典》第 673 条规定，借款人应当按照约定的用途使用借款，同时规定，借款人违反合同约定的借款用途使用借款的，贷款人可以采取以下 3 种措施：

1. 停止发放借款。即贷款人对尚未发出的借款暂停发放。这主要是针对分期提供借款或者资金使用进度提供借款而采取的措施。如果借款合同约定借款是分期贷出，或者是根据借款资金使用进度提供借款，贷款人一旦发现借款人未将先期已经贷出的款项用于合同约定的用途，就可以停止发放尚未发出的借款，实际上也就是停止履行合同中约定的尚未履行完毕的义务。

2. 提前收回借款。这种做法在贷款业务中称为“加速到期条款”，这是金融机构的通行做法。即贷款人将款项贷出后，发现借款人没有按照合同约定的用途使用借款，危及自己的合法权益时，可以将已经贷出的借款提前收回。也就是说，贷款人不必等到借款合同约定的还款日期，就有权要求借款人提前履行还款的义务。在民法典编纂过程中，有意见提出第 673 条的“提前收回借款”措施是“解除合同”的应有之义，已经包含在“解除合同”之中，建议删除“提前收回借款”。经研究，我们的意见是，对于没有按照约定的用途使用借款的，不是任何时候都可以采取“解除合同”的措施，只有当违约情况严重致使借款合同不能实现合同目的时才可以采取。而“提前收回借款”的措施，只要存在没有按照约定用途使用借款的情况，不管程度如何，贷款人便可以采取。同时，单独保留“提前收回借款”的措施，可以增加贷款人选择的自由度，同时有利于合同的保持。因此，民法典决定保留“提前收回借款”的规定。

3. 解除合同。借款人不按照合同约定的用途使用借款，构成违约；当违约情况严重，致使借款合同不能实现其目的时，则构成根本违约。《民法典》第563条第1款第4项对根本违约的法律后果的规定是，当事人一方迟延履行债务或者有其他违约行为致使不能实现合同目的的，另一方当事人有权解除合同。因此，借款人不按照合同的约定使用借款，构成根本违约时，贷款人有权解除借款合同。《民法典》第566条第1款的规定：“合同解除后，尚未履行的，终止履行；已经履行的，根据履行情况和合同性质，当事人可以请求恢复原状或者采取其他补救措施，并有权请求赔偿损失。”该条第2款规定：“合同因违约解除的，解除权人可以请求违约方承担违约责任，但是当事人另有约定的除外。”据此，一旦解除借款合同，贷款人可以对尚未履行的借款终止履行（即停止发放借款），对已经履行的借款要求恢复原状（即收回已经贷出的借款），而且还可以要求借款人承担相应的违约责任。

另外，非金融借款合同的当事人，比如自然人之间借款，对借款用途作出约定的，借款人也应当按照约定的用途使用借款。因改变借款用途造成贷款人损失的，贷款人依法可以采取相应的措施来保护自己的权利。

156. 借款人提前返还借款时应当如何操作?

在借款合同中，一般对返还借款的时间都有明确的规定，这一期限是贷款人与借款人根据借款人的生产周期、还款能力和贷款人的资金供给能力等情况，由借贷双方共同商议后确定的，借款人应当按照合同约定的期限返还借款。但是在有的情况下，因生产经营状况或者其他情况发生了变化，借款人在合同履行期间不需要所借的资金，出现借款人提前返还借款的情况。

对借款人提前返还借款需要考虑的问题主要是，如果借款人提前还款可以不经贷款人同意，并按实际借款期间支付利息，那么，会使贷款人无法收到预期该收的利息，进而损害贷款人的合法权益。贷款人为了保障盈利，对贷款的收回和再发放都有时间上的安排。如果借款人可以不经贷款人同意就提前还款，让贷款人自己承担因资金闲置造成的损失，既损害了贷款人的利益，对贷款人也不公平。如果规定借款人提前还款可以不经贷款人同意，并按实际借款期间支付利息，也与《民法典》第530条规定的基本精神相悖。该条规定，债权人可以拒绝债务人提前履行债务，但是提前履行不损害债权人利益的除外。该条规定的基本含义是：债务人应当按照合同约定的期限履行债务，债务人提前履行债务损害债权人利益的，债权人可以拒绝债务人的履行。债务人提前履行债务不损害债权人利益的，债权人应当接受债务人的履行，而不应当拒绝债务人的履行。债务人提前履行债务未损害债权人利益但被拒绝的，债务人依法可以采取提存等方式履行。从另一角度来说，如果借款人提前还款一律按原合同约定的期间计算利息，让借款人承担其不应当承担的义务，对借款人既不公平，又会打击借款人提前还款的积极性。

根据《民法典》第 677 条的规定，对于提前还款应当按照以下原则确定双方的权利和义务：（1）当事人可以在借款合同中对提前还款问题作出约定，按照约定确定是否经贷款人同意及利息如何计算等问题。实际履行中发生提前还款的，按照约定执行。（2）当事人在合同中对提前还款没有约定的，提前还款不损害贷款人利益的，可以不经贷款人同意，利息按照实际借款期间计算；提前还款损害贷款人利益的，贷款人有权拒绝借款人提前还款的要求。贷款人同意提前还款的，等于贷款人同意变更合同的履行期，因此借款人应当按照变更后的期间向贷款人支付利息。在此前提下，需要特别指出两点：第一，借款人的提前还款行为不属于违约行为。这是因为还款期限原则上属于借款人的利益，提前还款是借款人放弃自己部分利益的行为，应当予以肯定。第二，如果提前还款损害了贷款人的利益，该利益不应当仅仅是指剩余借款期间的利息，而主要是指对贷款人经营秩序破坏而超过利息损失的内容。剩余借款期间的利息损失可以由提前还款的借款人进行适当赔偿，而赔偿利息的多少，可以由人民法院或者仲裁机构根据具体情况按照公平原则确定。

157. 借款人需要展期时应当如何操作?

在借款合同履行过程中，借款人的经营情况可能发生变化，导致不能按照合同约定的期限返还借款，这就产生了借款人是否可以延长借款期限的问题，即《民法典》第678条所称的借款展期问题。借款展期是指借款人在合同约定的借款期限不能偿还借款，在征得贷款人同意的情况下，延长原借款的期限，使借款人能够继续使用借款。借款展期实际上是对原合同的履行期限的变更，因此借款展期应当遵循合同变更的有关规定。

合同的变更是指合同成立后，当事人在原合同的基础上对合同的内容进行修改和补充。合同的变更可能是合同标的的变更，也可能是合同标的的数量、履行方式、履行地点、履行期限、违约责任等的变更。无论变更合同的哪一项内容，都必须由合同当事人协商一致确定。这是因为，合同是当事人通过要约、承诺的方式，经协商一致达成的。合同成立后，当事人应当按照合同的约定履行。任何一方未经对方同意，不得改变合同的内容。但是，当事人在订立合同时，有时不可能对涉及合同的所有问题都作出明确的约定；合同订立后，当事人在履行前或者履行过程中会出现一些新情况，需要对双方的权利义务重新进行调整和约定。因此，需要当事人对合同内容重新进行修改或补充。由于合同是当事人协商一致的产物，所以，当事人在变更合同内容时，也应当本着协商一致的原则进行。如果双方当事人就变更事项达成了一致意见，变更后的内容就取代了原合同的内容，当事人就应当按照变更后的内容履行合同。一方当事人未经对方当事人同意任意改变合同的内容，变更后的内容不仅对另一方当事人没有约束力，而且这种擅自改变合同的做法也是一种违约行为，当事人应当承担违约责任。因此，借款人延长借款期限必须与贷款人协商，经贷款人同意，才能迟于原合同约定的期限返还借款。

《民法典》第 678 条中的申请展期，是指借款人在借款合同约定的还款期限不能履行还款义务，向贷款人申请变更原合同约定的借款期限的行为。第 678 条特别明确规定，借款人申请展期的，应当在还款期限届满之前向贷款人提出申请，因为贷款人尤其是金融机构作为贷款人，对每一笔贷款的发放都有一定的安排。如果借款人擅自延长还款期限，会打乱贷款人的资金安排，影响资金流动和贷款人的效益。借款人在还款期限届满之前向贷款人申请展期，可以给贷款人作出是否同意展期决定留有充分准备和考虑的时间，以便贷款人根据申请，对借款人不能按期偿还借款的情况进行调查和了解，更改原有的资金安排。《贷款通则》第 15 条也规定，不能按期归还贷款的，借款人应当提前向贷款人申请贷款延期。由于延长借款期限直接涉及贷款人的利益，因此《民法典》第 678 条没有强制规定贷款人必须同意展期申请，而是允许贷款人根据自己的情况，有权自行决定是否同意借款人延长借款期间。贷款人同意的，借款人才可以延期向贷款人返还借款。

158. 为什么禁止高利放贷，借款的利率有什么禁止性规定?

近年来，社会上出现大量非法金融、非法放贷、套路贷、校园贷等问题，严重扰乱社会经济秩序，严重损害人民群众合法权益和生活安宁。因此，法律能承认、法院能保护的借贷利息必须从严控制，严格限定条件和幅度。中国人民银行在 2002 年 1 月 31 日下发并于同日开始施行的《关于取缔地下钱庄及打击高利贷行为的通知》第 2 条规定："严格规范民间借贷行为。民间个人借贷活动必须严格遵守国家法律、行政法规的有关规定，遵循自愿互助、诚实信用的原则。民间个人借贷中，出借人的资金必须是属于其合法收入的自有货币资金，禁止吸收他人资金转手放款。民间个人借贷利率由借贷双方协商确定，但双方协商的利率不得超过中国人民银行公布的金融机构同期、同档次贷款利率（不含浮动）的 4 倍。超过上述标准的，应界定为高利借贷行为。"

《合同法》第 204 条规定："办理贷款业务的金融机构贷款的利率，应当按照中国人民银行规定的贷款利率的上下限确定。"在 1999 年颁布施行合同法时，中国人民银行根据市场经济的发展及资金供求关系，一般在一定时期内对金融机构的贷款利率作出规定。根据中国人民银行的有关规定，国务院批准和国务院授权中国人民银行制定的各种利率为法定利率，其他任何单位和个人均无权变动。法定利率的公布、实施由中国人民银行总行负责。金融机构在中国人民银行总行规定的浮动幅度内，以法定利率为基础自行确定的利率为浮动利率。金融机构确定浮动利率后，须报辖区中国人民银行备案。金融机构可以对逾期贷款和被挤占挪用的贷款在原利率的基础上加收利息；对于加收利息的幅度、范围和条件，由中国人民银行总行确定。但是，由于目前中国人民银行正在推进利率市场化改革，所谓贷款利率的上限和下限，已经不复存在，该条已经没有实际价值，故在民法典编纂过程中，删除了《合同法》第204条的规定。

就“借款利率的国家规定”，《中国人民银行法》第5条规定：“中国人民银行就年度货币供应量、利率、汇率和国务院规定的其他重要事项作出的决定，报国务院批准后执行。”因此，利率标准的制定，原则上是中国人民银行的职责。在金融运行过程中，中国人民银行制定的有关利率标准，均是与金融借款有关的利率，而与金融机构无关的借贷活动，中国人民银行并无相关规定。这导致最高人民法院每年审理的大量民间借贷纠纷案件，无法从中国人民银行制定的相关利率规定中找到裁量利率纷争的依据。为解决办理案件的实际需要，最高人民法院在1991年颁布了《最高人民法院关于人民法院审理借贷案件的若干意见》。该意见第6条规定，民间借贷的利率可以适当高于银行的利率，各地人民法院可根据本地区的实际情况具体掌握，但最高不得超过银行同类贷款利率的四倍（包含利率本数）。超出此限度的，超出部分的利息不予保护。此条规定的最高贷款利率司法保护标准，曾长期作为裁判民间借贷纠纷案件的依据。2015年公布的《最高人民法院关于审理民间借贷案件适用法律若干问题的规定》第26条规定了民间借贷利率的“两线三区”标准，作为近年来的裁判依据：“借贷双方约定的利率未超过年利率24%，出借人请求借款人按照约定的利率支付利息的，人民法院应予支持。借贷双方约定的利率超过年利率36%，超过部分的利息约定无效。借款人请求出借人返还已支付的超过年利率36%部分的利息的，人民法院应予支持。”目前，有不少意见提出该标准过高，建议最高人民法院修订该标准。

因此，就目前的实际情况而言，对于《民法典》第680条第1款的最高利率标准，金融借款领域执行的是中国人民银行公布的贷款市场报价利率标准，民间借贷领域执行的是司法解释规定的标准。在民法典编纂过程中，不少意见提出在第680条第1款直接规定最高利率的具体标准，比如不超过年利率12%、16%等，由于民法典作为基本法需要保持稳定性和兼容性，不适宜规定具体的利率标准。从借贷领域的规范角度而言，鉴于利率问题的重要性，应当由国家有关主管部门对借款的利率作出明确规定。

159. 保证合同的定义是什么？

保证是指法人、非法人组织和公民以其信誉和不特定的财产为他们的债务提供担保，当债务人不履行其债务时，该第三人按照约定履行债务或者承担责任的担保方式。这里的第三人叫作保证人，保证人必须是主合同以外的第三人。债务人不得为自己的债务作保证，且保证人应当具有清偿债务的能力，必须具有足以承担保证责任的财产，具有代为清偿能力是保证人应当具备的条件。这里的债权人既是主合同等主债的债权人，又是保证合同中的债权人，“保证人履行债务或者承担合同”成为保证债务或保证责任。保证属于人的担保范畴，而不同于抵押、质押、留置等物的担保形式。保证不是用具体的财产提供担保，而是以保证人的信誉和不特定的财产为他人的债务提供担保。

保证合同是单务合同、无偿合同、诺成合同、附从性合同。在保证合同中，只有保证人承担债务，债权人不负对待给付义务，故而保证合同为单务合同。在保证合同中，保证人对债权人承担保证债务，债权人对此不提供相应代价，所以保证合同为无偿合同。保证合同因保证人和债权人协商一致而成立，无须另交付标的物，所以它为诺成合同。除涉外的不可撤销的保函等独立保证以外，主合同有效成立或将要成立，保证合同才发生效力。所以，主合同无效，不论什么原因使然，保证合同均为无效，从而表现出附从性。正因这种主从关系，保证合同无效，并不必然导致主合同无效，但当事人另有约定的，依其约定。

关于保证合同的当事人的界定主要有以下两种观点：一种观点认为，保证是保证人和债权人之间的合同关系；另一种观点则认为，保证是保证人、债权人和债务人之间的法律关系，是主合同、委托合同及保证合同三组关系的总和。此处采用通说观点，即第一种观点。理由在于，虽然保证一般是由主债务人委托保证人承保而产生的，但不能因此而改变保证关系的性质。主债务人和保证人之间的关系，一般属于委托合同关系，在个别情况下为无因管理关系，然而无论如何都不是保证合同关系。主债务人和债权人是通过主合同相连接的，它们之间可能是买卖合同关系，也可能是借款合同关系等。主债务和保证债务之间的联系在于，主债务的不履行是保证债务履行的法律事实，但它们分属于不同的合同关系，属于不同的因果链条，不能依据这种联系就把主债务人视为保证合同的当事人。只不过债权人既是主合同的债务人，又是保证合同的债权人；主债务人既是主合同的债务人，又是委托合同的委托人，或是无因管理中的管理人。这种重叠和联系正反映了复杂的社会关系中人的角色的多重性，但多重性角色只能表明社会关系的复杂性，却不能证明几种合同关系变为一种合同关系。即不能证明主合同关系、委托合同关系变成保证合同关系。解决保证合同纠纷，应当适用保证合同规范，不应适用法律关于委托合同、无因管理等的规定。只有在处理保证人和主债务人之间的关系时，若有委托合同，才适用法律关于委托合同的规定；若无委托合同，则适用法律关于无因管理的规定，也可能适用本法侵权责任编的规定。

160. 如何理解保证合同的附从性？民法典是否承认独立保证？

保证合同是主债权债务合同的从合同，保证合同具有附从性。保证债务以主合同的存在或将来可能存在为前提，随主合同的消灭而消灭。其范围不得超过主合同中的债务，不得与主合同债务分离而移转，其具体表现在以下四个方面：

首先，成立上的附从性。保证合同以主合同的成立为前提，于其存续中附从于主合同。保证虽然对于将来或者附条件的合同也可以成立，但这并非附从性原则的例外。

其次，范围和强度上的附从性。由保证合同的目的决定，保证合同的范围和强度原则上与主合同债务相同，不得大于或强于主合同债务。保证债务与主合同债务分属于两个债务，范围和强度可以有差异，但保证债务的附从性决定其不得超过主合同债务的范围和强度，如有超过，应随主合同债务额的降低而降低。

再次，移转上的附从性。在保证期间，债权人依法将主债权转让给第三人的，保证人在原担保的范围内继续承担保证责任。保证合同另有约定的，按照约定。在保证期间，债权人许可债务人转让部分债务，保证人书面同意的，应当对此承担保证责任；未经保证人书面同意的，保证人对未经其同意转让的部分债务，不再承担保证责任。但是，保证人仍应对未转让部分的债务承担保证责任。

最后，变更、消灭上的附从性。在主合同债务消灭时，保证债务也随之消灭。例如，在主债务因主合同解除而消灭、因适当履行而消灭时，保证债务也随之消灭。在主合同变更时，保证债务一般随之变更，但不得增加其范围和强度。

关于独立保证的相关问题，“主债权债务合同无效的，保证合同无效”规定了保证合同的效力的从属性，“但是法律另有规定的除外”的但书条款涉及是否应当承认独立保证的立法争议问题。独立保证通常在国际贸易中运用，又被称为“见索即付的保函”“独立保函”等，其独立于主债权债务关系，不因主债权债务的不成立、无效、被撤销等而归于消灭，保证人不享有和无权行使债务人对债权人所拥有的抗辩权，债权人许可债务人转让债务，以及债权人和债务人修改主合同，不构成保证人不负保证责任的原因。

是否承认独立保证在学界和司法实践中争议较大。1998 年最高人民法院在“(1998) 经终字第184 号诉人湖南机械进出口(集团) 公司、湖南国际租赁公司与被上诉人宁波东方投资有限公司代理进出口合同纠纷”一案中表明“担保合同中虽然有本担保函不因委托人的原因导致代理进口协议无效而失去担保责任的约定，但在国内民事活动中不应采取此种独立保函方式，因此该约定无效”。这意味着，当时最高人民法院对独立保证的态度是：区分国内和国际两种情形，承认独立保证在对外担保和外国银行、机构对国内机构担保上的效力，认为独立保证在国际上是当事人意思自治的领域，对于国内企业、银行之间的独立保证采取否定的态度，不承认当事人对独立保证的约定的法律效力。但是，最高人民法院于2016 年公布的《最高人民法院关于审理独立保函纠纷案件若干问题的规定》改变了之前的规定，明确了在国内交易中也允许银行或非银行金融机构有资格开具独立保函。

在民法典编纂过程中存在是否彻底放开独立保证的争议，即是否所有的民事主体都有资格出具独立保证。立法过程中基于以下考虑作出了维持现状的选择：第一，为了防止普通民事主体利用主债权债务合同无效但保证合同有效的法律空间来进行非法交易。实践中，主债权债务合同无效的原因往往是违反法律、行政法规的规定或违反公序良俗，如果彻底放开开具独立保证的资格，在主债权债务合同无效的情况下，保证合同仍然有效，则可能存在当事人可以通过独立保证的形式使某些违法交易的利益固定化的风险。目前，仅允许银行和非银行金融机构具有出具独立保证的资格，是考虑到金融行业具有比较严格的金融监管秩序，金融机构一般不会为违法交易做背书，如果彻底放开则不得不考虑由此可能带来的风险。第二，为了尽可能避免国际交易中因各国法律规定不同导致当事人权利受损的情形。例如，在国际贸易中他国法律所允许的情形，但在我国法律中可能被规定为违法行为，故为了避免出现因对他国法律的不够了解使某种交易无效，从而导致当事人的权利得不到保障的风险，同时也为了避免因法律体系不同带来的风险，国际交易中有必要存在大量的独立保证以保障当事人权利的实现。此外，独立保证内部仍然可能存在欺诈，国际贸易中一项重要的风险防范就是防止独立保证中的各种商业欺诈，如果放开国内贸易中独立保证的开具主体也会使欺诈的风险大大增加，故这一问题仍然存在讨论空间。基于以上原因，民法典最终选择了一个比较稳妥的方案，仍然没有彻底放开开具独立保证的主体资格，只在法律另有规定时除外。值得一提的是，此处的"法律"作广义理解，包含法律、行政法规、司法解释等，所以《最高人民法院关于审理独立保函纠纷案件若干问题的规定》可以作为此处"法律另有规定除外"的"另有规定"的内容，从而保持我国现有的格局不变。对于是否有必要彻底放开独立保证的问题，可以根据未来形势的进一步变化再展开研究。

161. 企业法人的分支机构、职能部门能否作为保证人？

担保法中规定了企业法人的分支机构、职能部门不得作为保证人的情形，但民法典中删除了这一规定，其目的主要是与民法典其他内容相衔接。《民法典》第 74 条规定：“法人可以依法设立分支机构。法律、行政法规规定分支机构应当登记的，依照其规定。分支机构以自己的名义从事民事活动，产生的民事责任由法人承担；也可以先以该分支机构管理的财产承担，不足以承担的，由法人承担。”该条确立了法人的分支机构可以以自己的名义从事民事活动的规则，故法人的分支机构也可以以自己的名义担任保证人。但是，由于分支机构不是独立的法人主体，故不能独立承担责任，分支机构的责任最终仍由法人来承担。所以，没有必要依据担保法的规定使法人的分支机构不能以自己的名义成为保证人。

162. 保证的方式有哪些？当事人对保证方式没有约定或者约定不明的，应如何处理？

保证的方式分为一般保证和连带责任保证。一般保证是指当事人在保证合同中约定，在债务人不能履行债务时，保证人承担保证责任的保证。连带责任保证是指当事人在保证合同中约定保证人与债务人对债务承担连带责任的保证。这两种保证之间最大的区别在于保证人是否享有先诉抗辩权。在一般保证的情况下，保证人享有先诉抗辩权，即一般保证的保证人在就债务人的财产依法强制执行仍不能履行债务前，对债权人可以拒绝承担保证责任。而在连带责任保证的情况下，保证人不享有先诉抗辩权，即连带责任保证的债务人在主合同规定的债务履行期限届满没有履行债务的，债权人可以要求债务人履行债务，也可以要求保证人在其保证范围内承担保证责任。

上述情况表明，保证人在不同的保证方式中所处的地位不同，其利益受到法律保护的程度也有差异。一般而言，保证人在一般保证中的地位较优越，往往并不实际承担任何责任，债务人是债务履行的第一顺序人，保证人则是债务履行的第二顺序人，保证人在债务人履行不能或者不能完全承担责任时，对债务承担补充责任。保证人在连带责任保证中的地位不太有利，只要连带责任保证的债务人在主合同规定的履行期限届满没有履行债务的，债权人既可以要求债务人履行债务，也可以要求保证人在其保证范围内承担保证责任。于此情形，法律对保证人和债务人有同等要求。既然如此，保证人承担何种方式的保证责任就显得十分重要，需认真对待，最好是在保证合同中明确约定。但是，当事人对保证方式没有约定或者约定不明确的，按照一般保证承担保证责任。

《担保法》第 19 条规定，当事人对保证方式没有约定或者约定不明确的，按照连带责任保证承担保证责任。民法典彻底修改了这一规定，主要原因如下：第一，从比较法上来看，在承认一般保证和连带责任保证区分的立法例中，绝大部分国家均规定在没有约定或者约定不明确时，按照一般保证承担保证责任。即承认保证人有先诉抗辩权是常态，而优先选择连带责任保证的立法例较为少见。第二，没有约定或者约定不明确的按照连带责任保证承担保证责任的方式在司法实践中已经引发一定程度的混乱。实践中，尤其是在民间借贷的案件中，很多当事人是出于人情关系为他人的借款提供保证，但是因为债权人实现自己的债权时首先考虑的是债务人还是保证人的财产更有利于执行的问题，所以很可能出现主债务人下落不明或有财产但不便执行时，债权人往往直接请求保证人履行保证责任而非请求债务人履行债务的情况。这导致保证人本来只是基于人情关系为他人提供保证，但是，最终主债务人的财产未被执行而保证人的财产先被执行。而相对于主债务人而言，保证人的财产往往更容易被执行或变现，这可能使保证人落入一个相当不利的境地。另外，当保证人承担保证责任之后，又需要保证人向主债务人追偿，很可能导致保证人与主债务人之间人情关系破裂。没有如此强的履行债务必要性的保证人履行了债务的主要部分，同时也恶化了保证人与主债务人之间的关系，在现实中，引发了很多混乱。第三，连带责任是一种加重责任，对于承担连带保证责任的当事人较为严厉。对于这种加重责任，原则上应当由当事人约定或者基于极为特殊的考虑，动辄让当事人承担连带保证责任是不公平的。第四，从现实情况来看，推定为保证人承担连带责任，对于实体经济影响较大，实践中因推定连带保证责任，导致连环债、三角债较多，一家企业倒闭而导致多家企业倒闭的现象不断出现，对企业正常的生产经营和整体经济造成了较大负面影响。

基于上述原因，民法典最终选择回归民法传统，使当事人之间没有特别约定或者约定不明时，按照一般保证来处理。同时，这一规定属于任意性规范，如果当事人选择加强对债权实现的保护时，可以特别约定，保证人的保证方式为连带责任保证。连带责任保证需要特别约定相当于是否承担连带责任保证需要经过保证人同意，避免保证人因不懂法律而使自己落入相当不利的境地；而精通法律的商事主体则没有这方面问题，如有需求，自然会约定为连带责任保证。

163. 一般保证的保证人在哪些情形下无法行使先诉抗辩权？

一般保证是指当事人在保证合同中约定，在债务人不能履行债务时，保证人承担保证责任的保证。一般保证与连带责任保证之间最大的区别在于保证人是否享有先诉抗辩权。在一般保证的情况下，保证人享有先诉抗辩权，又称为检索抗辩权，是指一般保证的保证人在就债务人的财产依法强制执行仍不能履行债务前，对债权人可以拒绝承担保证责任的权利。如果保证人不行使先诉抗辩权，那么债权人可以对主债务人和保证人有效地行使两个请求权，并可以同时或先后请求其为全部履行或一部履行。当然，在任何一方为全部或一部清偿时，其债务（责任）因而消灭或缩减。

由于金钱债务没有不能履行，种类债务也大多不构成不能履行，所以在种类之债及金钱之债中，一般保证会名存实亡，先诉抗辩权变成无条件的、永不消失的权利，这违背立法目的。因此，此处的“不能履行”应当解释为“就债务人财产依法强制执行无效果前，对债权人可以拒绝承担保证责任”。所谓依法“强制执行无效果”，包括执行结果不能清偿债务或不足以清偿债务诸情形。例如，拍卖主债务人的财产无人应买，或拍卖所得价款仅能清偿一部分债务，或主债务人虽有财产却不知其所在等。不能清偿是指对债务人的存款、现金、有价证券、成品、半成品、原材料、交通工具等可以执行的动产和其他方便执行的财产执行完毕后，债务仍未能得到清偿的状态。

先诉抗辩权既可以通过诉讼方式行使，也可以在诉讼外行使。但按照《民法典》第 687 条第 2 款的规定，在下列四种情况下不得行使先诉抗辩权：

第一，债务人下落不明，且无财产可供执行。债务人下落不明致债权人请求主债务人履行债务发生重大困难，而对于重大困难的判断，应综合诉讼及执行的难易程度、债务人的财产状况等客观情况进行。

第二，人民法院已经受理债务人破产案件。债权人和债务人的纠纷经人民法院审理或者仲裁机构仲裁后，依法进入了执行程序。在执行期间，由于债务人不能清偿到期债务的，债权人或者债务人向人民法院申请债务人破产。人民法院受理了债务人的破产案件后，应当依法中止执行程序。在这种情况下，债务人的财产实际上处于冻结状况，债权人在此期间不能从主债务人处实现其债权，并在将来也极有可能如此，只有保证人实际承担保证责任才会实现债权，故法律不允许保证人行使先诉抗辩权，如果破产的债务人有保证人提供保证的，债权人可以不向破产组织申报债权，而直接要求保证人承担保证责任。为了保护保证人的利益，保证人可以在债权人未向人民法院申报债权的情况下，向人民法院申报债权，直接参加破产财产的分配，预先行使追偿权。

第三，债权人有证据证明债务人的财产不足以履行全部债务或者丧失履行债务能力。在此情况下，债权人在一定期间内无法从主债务人处实现债权，故只能要求保证人承担保证责任。

第四，保证人书面放弃《民法典》第687条第2款规定的权利。既然保证人放弃权利，则法律务必要对其特别保护，故而不允许其再主张先诉抗辩权。先诉抗辩权的放弃应当以书面形式作出，主要是为了证明保证人确实放弃该权利，同时也可以防止债权人和保证人在先诉抗辩权是否放弃问题上发生争议。

164. 保证人能否要求债务人提供反担保？

所谓反担保，是指在商品贸易、工程承包和资金借贷等经济往来中，为了换取担保人提供保证、抵押或质押等担保方式，由债务人或第三人向该担保人新设担保，以担保该担保人在承担了担保责任后易于实现其追偿权的制度。除《民法典》第689条关于保证中的反担保规定外，《民法典》第387条第2款对反担保亦有规定。

关于反担保提供者的范围，《民法典》第689条及第387条第2款，都仅仅规定债务人为反担保的提供者，忽视了债务人委托第三人向原担保人提供反担保的情形。按照《民法典》第689条侧重保护原担保人的合法权益、换取原担保人立保的立法目的和基本思想衡量，法条文本涵盖的反担保提供者的范围过于狭窄，不足以贯彻其立法目的，构成法律漏洞。对该漏洞的弥补应采取目的性扩张解释方式，将第三人提供反担保的情形纳入适用范围。《最高人民法院关于适用〈中华人民共和国担保法〉若干问题的解释》第 2 条第 1 款对反担保提供者作出了这样的规定："反担保人可以是债务人，也可以是债务人之外的其他人"，这一解释值得肯定。民法典实施后，对于反担保提供者的范围，是否沿用原来的解释有待于进一步研究。

关于反担保的方式，并不是所有担保常见的五种方式均可以作为反担保的方式。第一，留置权不能作为反担保的方式。按照《民法典》第 689 条的规定，反担保产生于约定，而留置权发生于法定。留置权在现行法上一律以动产为客体，价值相对较小，在主债额和原担保额均为巨大的场合，把留置权作为反担保的方式实不足以保护原担保人的合法权益。第二，定金虽然在理论上可以作为反担保的方式，但是因为支付定金会进一步削弱债务人向债权人支付价款或酬金的能力，加之往往形成原担保和反担保不成比例的局面，所以在实践中极少采用。在实践中运用较多的反担保形式是保证、抵押权，其次是质权。不过，在债务人亲自向原担保人提供反担保的场合，保证就不得作为反担保的方式。因为这会形成债务人既向原担保人负偿付因履行原担保而生之必要费用的义务，又向原担保人承担保证债务，债务人和保证人合二为一的局面，起不到反担保的作用。只有债务人以其特定财产设立抵押权、质权，作为反担保的方式，才会实际起到保护原担保人的合法权益的作用。但是，如果反担保的担保方式是抵押或质押的，抵押人或者质押人一般是第三人，若主债务人自己为担保人提供抵押或质押，是否会对遭到"既然债务人可以用自己的财产为担保人设定抵押或质押，为什么不直接就此向主债权人设定担保呢”这样的诘问？其实不会，因为被担保人认可的抵押或者质押未必就会被主债权人认可；另外，本担保设定时主债务人可能没有可供抵押的财产，之后取得了一些财产，自然只能在本担保设立后再向担保人设立反担保了。

至于实际采用何种反担保的方式，取决于债务人和原担保人之间的约定。在第三人充任反担保人的场合，抵押权、质权、保证均可采用，究竟采取何者，取决于该第三人（反担保人）和原担保人之间的约定。

设立反担保的行为是法律行为，必须符合民法典总则编关于民事法律行为有效条件的规定。而每种反担保的方式又各有其特定的成立条件，因此尚需符合民法典物权编和合同编于相应条款规定的特定成立要件。此外，依反担保设立的目的要求，反担保的实行，应于原担保实行之后。

165. 保证人与债权人能否协商订立最高额保证？

最高额保证是指保证人和债权人签订一个总的保证合同，为一定期限内连续发生的借款合同或同种类其他债权提供保证，只要债权人和债务人在保证合同约定的期限内以及债权额限度内进行交易，保证人则依法承担保证责任的保证行为。最高额保证基于保证人与债务人的双方约定而产生，属于人的担保中保证的一种特殊形式，是在最高债权额限度内对一定期间连续发生的不特定同种类债权提供的保证，为现实经济活动中，特别是银行融资业务中一种较为常用的担保方式。

最高额保证的适用范围具有特定性，即可实行最高额保证担保的主债权较之普通保证具有一定的特殊性，这也是最高额保证区别于普通保证的重要特征之一。其特征具体体现为以下四个方面：

1. 不特定性。在普通保证中，被担保的主债务是现实存在的债务，且保证合同的成立，须以主债务的存在为前提。而对未来债权为保证可谓是最高额保证的基本特征之一，对于未来之债务，无须于保证债务发生时既已现实地发生，以于将来有发生之可能性为已足。即最高额保证所担保的是尚未特定化的债权，不仅在保证合同成立之时尚未发生，而且在将来能否发生也不确定。从保证合同生效时至被担保的债权确定时，该债权不断发生、消灭，因此具有变动性、代替性。因此，最高额保证担保的并非全部是尚未发生的债权，但至少有部分或全部是将来可能发生的债权，只要其所担保的债权在决算日前是不确定的即可。

2. 连续性。普通保证中，主债务的发生通常是基于一个合同，而最高额保证所担保的是连续发生的一系列债务。最高额保证所担保的主合同债权是由几个连续发生的合同债权组成的，各个债权之间既具备内在的联系，又可以相互独立存在。

3. 期间性。根据债法基本原理，债务人承担债务的前提是债务的内容具有特定性。债务的内容由当事人协商确定，或者由法律规定。每一个具体的债务，都有具体和确定的标的及其质量、数量、履行期限等内容，使之特定化。由于最高额保证担保的主债务属于未来的、连续性债务，具有不确定性，基于保证债务的从属性，如果不限制主债务的发生期间，不仅无法使保证债务特定化，也使保证人如套上无期限的"法锁"，无法预知何时方能解脱，既不利于债权人获得清偿，也对保证人实为不利。因而，最高额保证所担保的债权，须在规定期间内发生。

4. 同质性。最高额保证担保的债权系列并非多个任意债权的组合，它们必须是同种类债权，产生于同一性质的法律关系，在该法律关系中债务人对债权人承担同一性质的给付义务。

值得注意的是，最高额保证与最高额抵押权不同。《民法典》第 420 条至第 424 条对最高额抵押权有具体的规定。最高额抵押是指为担保债务的履行，债务人或者第三人对一定期间内将要连续发生的债权提供担保财产，债务人不履行到期债务或者发生当事人约定的实现抵押权的情形，抵押权人有权在最高债权额限度内就该担保财产优先受偿的情形。本法第 690 条第 2 款规定，最高额保证除适用本章规定外，参照适用物权编最高额抵押权的有关规定。也就是说最高额保证的债权的范围、确定、转让等方面的规定与最高额抵押权保持一致。

166. 保证责任的范围包括哪些?

保证责任范围是指保证人所担保的债权范围，也是保证人承担保证责任的范围。

1. 保证范围的一般界定（法定保证范围）。

保证范围一般包括：主债权及其利息、违约金、损害赔偿金和实现债权的费用。

主债权即主合同所确立的债权，这是保证范围的主要部分，当事人设立保证合同，就是为了担保主债权的实现。一方面，主债权属于保证人担保责任的范围，因此在主债务人不履行债务的情况下，保证人应当代主债务人履行债务。但是，这并不意味着，保证责任仅限于代主债务人履行债务，在债务人不履行债务的情况下，由保证人代主债务人赔偿债权人全部期待利益的损失，足以代替实际履行，也可以达到代主债务人履行债务的目的。另一方面，将保证人的责任仅限于代主债务人履行债务，可能会过分加重保证人的负担，也可能会增加各种履行费用和不必要的开支，也不利于法院的执行。因此，保证人的责任是担保主债权的实现，而主债权的实现方式可以是多样的，除一些履行是必要的情况外，不必强制要求保证人代主债务人实际履行债务。

利息即主债权所产生的利息，有法定利息和约定利息两种。法定利息是法律直接规定的利息，如迟延履行所生之利息，它由主债权所派生，当属保证范围之内；约定利息是当事人专门约定的利息，它也从属于主债权，并以主债权作为计息基础。当事人虽然可以自行约定利率，但是该利率必须符合法律规定，超过法律规定部分的利率无效，对于超出法定幅度的高利贷，法律不能予以保护，其也不能成为保证的对象。

违约金是指由当事人通过协商预先确定的、在违约后一方向另一方支付一定数额的金钱。违约金具有从合同的性质，它以主合同的生效为前提条件，违约金是违反有效合同所产生的责任，在合同根本不存在的情况下，自然谈不上违约金的适用问题，也不应使保证人承担此种责任。通常而言，合同当事人都会对违约金作出约定，违约金纳入保证担保的范围内，这也是普通保证人可以预见到的。所以，在没有约定违约金的情况下，也应当推定保证人要对违约金负责。但是，当事人亦可以在保证合同中将其排除在保证责任的范围外。

损害赔偿金是指一方违约时应当向另一方承担的损害赔偿责任。在担保关系中，担保的对象也包括损害赔偿金。因为损害赔偿金是在违约情况下对非违约方的重要补救方式，故而也应当将其纳入担保的范围。如果保证人是对侵权之债提供保证，则侵权损害赔偿金属于主债权的范畴，并不属于《民法典》第691条所规定的“损害赔偿金”。

实现债权的费用包括诉讼费用，申请扣押、执行等的费用。实现债权的费用与主债权之间存在密切联系，而且是实现主债权过程中通常会产生的必要支出，所以，要求保证人对该费用负责并不会对保证人造成过重的负担。

2. 保证合同对保证范围另有约定的，按照其约定。

保证范围是保证合同的一项内容，保证人可以随意约定保证范围，约定范围既可以大于上述法定范围，也可以等于或小于上述法定范围。约定范围与法定范围不一致的，适用约定范围，也即约定范围优于法定范围。

167. 民法典是如何规定保证期间的？

保证期间为确定保证人承担保证责任的期间，事关保证人和债权人之间的债权债务能否行使或履行，也是确定保证债务和诉讼时效关系的依据。保证期间可以是法定期间，也可以是约定期间。如果债权人请求保证人承担保证责任超过该期间，则保证人无须再承担保证责任。如果当事人没有就保证期间作特别约定，则可以适用法定期间。保证合同中之所以要规定保证期间，是因为保证期间可以起到督促债权人主张权利、限制保证人责任的作用。

保证期间具有如下特征：第一，保证期间是就保证责任的承担所设定的期间。从性质上说，保证期间是确定保证人承担保证责任的期间，它既非保证合同的有效期间，也非附期限合同中的期限，而仅仅是针对保证责任的承担所设定的期限。第二，保证期间由当事人约定或法律规定。保证期间可以由法律作出明确规定，也可以由当事人通过特别约定确定，在当事人没有约定或约定不明时，才适用法律规定的保证期间。保证期间设立的目的在于限制保证人的责任、保障保证人的利益，当事人可以就保证期间作出特别约定，按照私法自治的原则，此种约定应当有效。第三，保证期间是保证合同的组成部分。保证合同的当事人可以就保证期间作出约定，只要此种约定不违反法律的强制性规定，该约定就是有效的，其应当成为保证合同的重要组成部分。

在民法典立法过程中，对于是否应当保留保证期间制度存在争议。基于以下考虑，民法典最终选择保留现有的保证期间制度：第一，保证期间可以限制保证人的责任。保证期间确定了保证人承担责任的期限，这不仅有利于明确保证人的责任范围，而且有助于合理限制保证人的责任，从而避免保证人无限期地承担责任。第二，督促主债权人行使权利。保证期间直接关系到保证责任的承担，即保证人只需在保证期间内负保证责任，而债权人也只能在保证期间内请求保证人承担保证责任。

保证期间经过，则债权人无权向保证人提出请求，债权人没有在该期间主张权利，则保证人不再承担责任。

此外，《最高人民法院关于适用〈中华人民共和国担保法〉若干问题的解释》第32条规定："保证合同约定的保证期间早于或者等于主债务履行期限的，视为没有约定，保证期间为主债务履行期届满之日起六个月。保证合同约定保证人承担保证责任直至主债务本息还清时为止等类似内容的，视为约定不明，保证期间为主债务履行期届满之日起二年。"民法典修正了这一规定，对于约定的保证期间早于主债务履行期限或者与主债务履行期限同时届满的"视为没有约定"情形与"约定不明确"的情形作了统一处理，这两种情况下保证期间均为主债务履行期限届满之日起六个月。

168. 保证期间届满会有怎样的法律效果?

保证期间届满的法律效果是指在保证期间内，如果债权人没有向保证人或者主债务人主张权利，将导致保证责任消灭，债权人无权请求保证人承担保证责任。但是，保证期间届满要产生此种效果，前提是债权人没有在该期间内请求保证人承担保证责任，在此需要区分一般保证和连带责任保证。

对于一般保证而言，由于保证人依法享有先诉抗辩权，因而法律将债权人在保证期间内要求债务人偿债（提起诉讼或者申请仲裁）作为要求保证人承担保证责任的法定方式。如果债权人在合同约定的保证期间内或没有约定及约定不明时在六个月内不向主债务人提起诉讼或者申请仲裁，则保证人的保证责任免除。

而对于连带责任保证而言，《民法典》第 693 条第 2 款规定，连带责任保证的债权人未在保证期间请求保证人承担保证责任的，保证人不再承担保证责任。这是由于在连带责任保证中，在主债务履行期间届满后，债权人可以直接请求保证人承担保证责任，保证人也必须承担保证责任，因而在连带责任保证期间内，债权人未对保证人提出请求，保证期间经过的，保证责任将发生消灭。

保证期间届满后，将导致保证责任消灭。在此情形下，尽管主债务依然存在，但债权人只能向主债务人请求清偿债务，而不能请求保证人承担保证责任。由此可见，保证期间和诉讼时效的区别在于，保证期间的届满会导致权利本身的消灭，而不仅仅只是导致抗辩权的产生；而时效届满的后果仅仅是义务人可以据此提出抗辩。无论是一般保证还是连带责任保证，保证期间的经过都发生保证责任消灭的后果。

169. 保证债务的诉讼时效如何计算?

保证债务的诉讼时效是指当债权人请求保证人履行保证债务，经过法定的时效期间即丧失获得法院强制执行保证人承担保证责任的权利。该时效期间适用民法典总则编关于诉讼时效的规定。在民法典中确认保证债务的诉讼时效的意义在于：债权人在保证期间内向主债务人或保证人主张权利后，保证期间即失去意义，保证人不能主张保证期间的抗辩，但在此情况下，保证债务也不能一直存续，否则将使保证人承担过重的责任，因此法律上确认保证债务可适用单独的诉讼时效。从法理上而言，保证期间是债权人选择是否要求保证人承担保证责任的期间，如果债权人要求保证人承担保证责任，则会导致保证之债的出现，保证之债与普通的债务无异，理应存在时效问题。

保证合同诉讼时效的设立，使保证人享有两种期限利益：一是保证期间利益；二是时效利益。如果债权人未在保证期间内向主债务人或保证人主张权利，保证人可以免责。如果债权人在保证期间内向债务人或保证人主张了权利，但在此后诉讼时效期间内未向保证人要求承担保证责任，则诉讼时效届满，保证人也可以行使保证合同时效抗辩权而无需承担责任。

需要注意的是，《民法典》第694条第1款对《最高人民法院关于适用〈中华人民共和国担保法〉若干问题的解释》第36条进行了修正。该解释第36条第1款中规定：“一般保证中，主债务诉讼时效中断，保证债务诉讼时效中断。”这一规定具有逻辑错误，在主债务诉讼时效中断时，保证债务的诉讼时效尚未计算，所以保证债务的诉讼时效中断一说无从谈起。

《民法典》第694条第2款是对连带责任保证的保证债务诉讼时效起算的规定。不同于一般保证，连带责任保证中债权人对债务人或保证人主张债权并无先后次序之分，债权人可以要求债务人履行主债务，也可以要求保证人履行其保证责任，保证人不能以债权人尚未对债务人主张债务而拒绝履行保证责任。所以，在连带责任保证中，债权人在保证期间届满前要求保证人履行保证责任时，才是保证责任的诉讼时效开始之日。但此处有两点值得注意：第一，债权人要求保证人履行保证责任的方式，并不仅限于诉讼与仲裁，还包括其他非司法途径，比如口头催告、书面告知等，但实务中一般采用书面方式请求保证人履行保证责任，因为书面方式更加易于举证。第二，债权人需要向保证人要求履行保证责任，才构成保证债务诉讼时效的开始，而债权人向债务人要求履行债务，并不构成保证债务诉讼时效的开始。

170. 债权人和债务人未经保证人书面同意协商变更主债权债务合同内容的，会对保证人的保证责任产生怎样的影响？

合同变更，是债的变更的主要形式，它有广义和狭义两种含义。广义的合同变更是指合同的内容和主体发生变化；狭义的合同变更是指合同的内容发生变更。具体来说，狭义的合同变更是指在合同成立以后，尚未履行或尚未完全履行之前，在合同的主体保持不变的情况下，当事人就合同的内容达成修改和补充的协议，或者依据法律规定请求法院或者仲裁机构变更合同内容。民法典所采纳的合同变更是狭义上的合同变更，即合同内容的变更。民法典合同编第六章严格区分了合同变更和转让，当事人的变更属于合同转让的范畴，而合同内容的变更属于合同变更。合同内容的变更具有如下特点：

第一，合同的当事人不变，而合同内容发生了变化。合同的变更实质上是在原有合同的基础上进行修改、补充，变更后的关系与变更前的关系在性质上相同，学说上称之为具有“同一性”。也就是说，合同变更是在保留原合同的实质内容的基础上使合同内容发生变化，它仅仅是在变更的范围内使原债权债务关系消灭，而变更内容之外的债权债务关系仍继续生效。从这个意义上讲，合同变更是使原合同关系相对消灭。合同的变更，也会产生新的债权债务内容。当事人在变更合同以后，需要增加新的内容或改变合同的某些内容。因此，合同变更以后应当按照变更后的权利义务关系来履行。

第二，合同变更必须是合同的非实质性变更。一般来说，以下三种情况属于合同的实质性变更：一是合同标的的改变，例如交付大米变更为交付钢材；承租甲屋改为承租乙屋；二是履行数量的巨大变化，例如交付 50 吨钢材改为交付 500 吨；三是价款的重大变化；四是合同性质的变更，例如承揽债务变更为支付一定货币的债务，买卖改为赠与。所谓非实质性的变更，是指对原合同关系的内容作某些修改和补充，而不是对合同内容的全部变更。例如，标的数量增减，改变交货地点、时间、价款或结算方式，利息、违约金、担保等从给付的变更，履行期、履行地或履行方式的变更等，这些均属于合同变更。如果合同内容已全部发生变化，则实际上已导致原合同关系的消灭，产生一个新的合同。凡是未从根本上改变合同的内容和性质的，都可以称为非实质性的变更，标的物数量的变更等就属于此类。在非实质性变更的情况下，合同没有发生实质性的变化，变更后的合同关系与原有合同关系属于同一法律关系。

第三，合同变更必须依据法院或者仲裁机构的裁决，或者当事人的约定。从实践来看，一般所说的合同变更都是指后一种变更，民法典合同编所称的合同变更以及《民法典》第 695 条的规定实际上均是指约定的变更。

主债权债务合同变更后，原由保证人承担的保证范围可能发生变化，由此可能加大保证人的责任，这于保证人而言是十分不利的。因此，法律要求债权人与债务人协议变更主债权债务合同时需要取得保证人的书面同意。保证人书面同意，意味着他愿意为变更后的合同内容提供保证。否则，在未取得保证人书面同意的情况下，减轻债务的，保证人对变更后的债务承担保证责任，而加重债务的，保证人对加重的部分不承担保证责任。这改变了《担保法》第 24 条中“协议变更主合同……未经保证人书面同意的，保证人不再承担保证责任”的规定，更加符合维护保证人利益的原则。

171. 债权人转让全部或者部分债权，未通知保证人的，对保证人的保证责任有何种影响？

按照民法一般原理，合同当事人有权将合同的权利转让给第三人。合同的权利全部转让给第三人的，该第三人取代原当事人在合同中的法律地位。合同的权利部分转让给第三人的，该第三人相应取代原当事人在合同中的法律地位。

保证合同是主合同的从合同。保证人提供的保证是对主债权的担保。主合同当事人转让债权不因保证人提供保证而受影响。《民法典》第 547 条第 1 款规定：“债权人转让债权的，受让人取得与债权有关的从权利，但是该从权利专属于债权人自身的除外。”第 696 条第 1 款规定，债权人转让全部或者部分债权，未通知保证人的，该转让对保证人不发生效力。保证人对受让人所承担的保证责任，应该在原保证范围内，除非保证人与受让人有另外的约定。这表明，债权人依法转让主债权的法律行为不影响保证人保证责任的承担。这是因为，保证的法律效果是担保主债权的实现，而并非保证人专为特定主债权人作担保。原来的主债权人将债权转让给了第三人，虽然由该第三人全部或者部分地承受了原主债权人的法律地位，但是保证人所担保实现的主债权并未发生改变，债权的转让并不影响主债务人履行原有的债务，同时，保证人的保证责任也并未因此而加重。

但是，债权转让不影响保证责任的承担也并非没有限制。首先，主债权人向第三人转让债权的行为必须是在保证期间届满前作出的，否则，保证期间一经届满，保证人的保证责任也就归于消灭。其次，债权转让后，保证人是在原保证范围内继续承担保证责任。主债权转让时对主债权及其从属权利所作的改变，应遵守《民法典》第695条的规定。最后，参照《民法典》第546条第1款的规定："债权人转让债权，未通知债务人的，该转让对债务人不发生效力。"债权人转让债权必须通知保证人，保证人接到转让通知后才能向受让人承担保证责任。若未通知，保证人并不知道作为新的债权人的受让人的存在，对其当然不承担保证责任。

但是，《民法典》第696条的规定并不排除保证合同当事人之间对此进行另外的约定，如其第2款即规定，保证人与债权人约定禁止债权转让，债权人未经保证人书面同意转让债权的，保证人对受让人不再承担保证责任。当保证人与债权人有这些约定时，债权人就要受到该意思自治的约束。"受意思自治的约束"并不意味着债权人不能转让主债权。债权人仍然可以将自己的债权转让给他人，只是这种行为违反了保证合同的约定，是对保证人的违约，若未能征得保证人的书面同意，其后果是保证人不再承担保证责任。这一款同时也是《民法典》第547条第1款“债权人转让债权的，受让人取得与债权有关的从权利，但是该从权利专属于债权人自身的除外”中但书部分的具体情形。

172. 在共同保证情形下，保证人应如何承担保证责任？

共同保证是指两个或两个以上保证人为同一债务而向债权人所提供的担保。共同保证是相对于一人保证而言的，它是指数人为一人担保。例如，甲、乙、丙三人共同为债务人丁的借款提供担保。由于在共同保证中，有多个保证人为主债权提供担保，因而能够为债权的实现提供更有力的保障。具体来说，其特点主要表现在：第一，数个保证人为主债务人提供担保。共同保证的主要特点是保证人为数人，共同为同一债务提供保证。第二，数个保证人必须为同一债务提供担保。一方面，共同保证所担保的债务必须具有同一性，如果数个保证人虽然为同一债务人作保，但保证的债务不同，则仍然属于分别的保证。另一方面，共同保证强调债务的同一性，就债务人而言，既可以是单个债务人，也可以是数个债务人，但债务应当是同一债务。第三，共同保证人的责任可以是连带的，也可以是按份的。共同保证既可以是按份共同保证，也可以是连带共同保证。这两种保证的主要区别在于：在债务人不履行债务时，债权人的选择权是否受到限制。如果采取连带责任保证，则债权人既可以选择向债务人行使权利，也可以向各个保证人行使权利。

《民法典》第699条所规定的共同保证，不管是按份共同保证还是连带共同保证，和一般保证、连带责任保证是完全不同的概念。一般保证和连带责任保证定义的是保证人和主债务人之间的关系，而第699条所涉及的共同保证是保证人之间的相互关系。在一般保证的情形下，保证人享有先诉抗辩权，一般保证的保证人在主合同纠纷未经审判或者仲裁，并就债务人财产依法强制执行仍不能履行债务前，对债权人可以拒绝承担保证责任；在连带责任保证情形下，保证人和主债务人是连带关系，债权人可以任意选择向主债务人或者保证人请求承担责任，保证人不享有先诉抗辩权。

《民法典》第699条所涉及的按份共同保证和连带共同保证定义的是多个保证人之间的关系，因此对于共同保证来说，多个保证人之间的关系有按份和连带两种可能。多个保证人之间的关系，结合保证人和主债务人之间的两种关系，会产生四种保证责任承担方式。

第一，连带共同连带保证。债务人和保证人之间的关系为连带责任保证，多个保证人之间也为连带共同保证，因此债务履行期限届满时，债权人既可以请求债务人承担全部或部分责任，也可以请求多个保证人中任何一个保证人承担全部或部分责任。

第二，连带共同一般保证。债务人和保证人之间为一般保证关系，保证人享有先诉抗辩权，因此债务履行期限届满时，债权人需要先请求债务人承担责任，在债务人财产执行不能时，可以请求保证人承担责任，由于多个保证人之间的关系为连带共同保证，此时债权人可以选择请求其中任意一个保证人承担全部或者部分责任。

第三，按份共同连带保证。债务人和保证人之间的关系为连带责任保证，多个保证人之间为按份共同保证，债务履行期限届满时，债权人可以选择请求债务人或者保证人承担全部或者部分责任，但在请求多个保证人承担责任时，由于多个保证人之间为按份共同保证，债权人需要按照约定的份额请求保证人承担责任。

第四，按份共同一般保证。债务人和保证人之间为一般保证关系，保证人享有先诉抗辩权，多个保证人之间为按份共同保证。因此，债务履行期限届满时，债权人需要先请求债务人承担责任，在债务人财产执行不能时，可以请求保证人承担责任，且债权人需要按照约定的份额请求多个保证人按份额承担责任。

但是，连带共同保证的情形存在两种可能，即真正连带和不真正连带。两者的区别在于多个保证人之间是否有相互追偿权，此处应和物权编关于混合共同担保相关规则作一体化解释。在民法典立法过程中，关于混合共同担保人之间是否有追偿权存在争议，也即提供物的担保的第三人和保证人之间是否有相互追偿权。比如，一个担保人以房屋提供物的担保，另一个担保人提供人保，债权人请求其中任何一个担保人承担全部责任之后，提供物的担保的第三人是否可以向保证人追偿，反之亦然。物权法制定时，原则上就确定了混合共同担保人之间没有相互追偿权的规则。此次民法典编纂中曾经尝试在混合共同担保的多个保证人之间引入追偿权，但最终综合考虑，仍然延续了混合共同担保人之间没有相互追偿权的规则。

那么，在《民法典》第 699 条所规定的人的担保中，多个保证人之间有无相互追偿权应与混合共同担保作体系化解释。人保中的多个保证人之间也不应该有相互追偿权，除非当事人之间有特别约定。如何界定当事人之间的特别约定，可以结合《民法典》第 519 条关于多数人之债的规定。该条第 1 款、第 2 款规定："连带债务人之间的份额难以确定的，视为份额相同。实际承担债务超过自己份额的连带债务人，有权就超出部分在其他连带债务人未履行的份额范围内向其追偿，并相应地享有债权人的权利，但是不得损害债权人的利益。其他连带债务人对债权人的抗辩，可以向该债务人主张。"在连带共同保证情形下，若多个保证人之间明确约定为连带共同保证时，可以参照适用《民法典》第 519 条关于连带债务的规则，保证人相互之间有追偿权；若当事人之间没有约定，则按照第 699 条的规定，"没有约定保证份额的，债权人可以请求任何一个保证人在其保证范围内承担保证责任"，此时为不真正连带，保证人之间不能相互追偿。也即，若当事人之间明确约定为连带共同保证，才能适用关于连带债务追偿权的规则；若当事人之间未特别约定为连带共同保证，此时由于是不真正连带，保证人相互之间就没有追偿权。如此规定的原因在于：若多个保证人之间没有特别的意思联络，意味着他们之间偶然性共同为债权人提供担保，在相互之间没有特别意思联络的情况下，保证人之间相互追偿缺乏法律上的请求权基础。

故多个保证人之间的关系，实际上有三种情形：明确约定为按份共同保证；明确约定为连带共同保证，此时为真正连带；没有约定保证份额，但适用第 699 条所规定的“没有约定保证份额的，债权人可以请求任何一个保证人在其保证范围内承担保证责任”的不真正连带共同保证。在不真正连带共同保证中，债权人可以请求任何一个保证人要求其承担全部保证责任，保证人承担保证责任之后可以向债务人追偿，但是多个保证人之间没有相互追偿权。

173. 保证人可否主张债务人对债权人的抗辩？

保证人享有主债务人所享有的抗辩权是指在主债权人请求保证人承担保证责任时，保证人有权主张主债务人对债权人享有的各项抗辩权，这也是保证从属性的重要体现。

依据《民法典》第 701 条的规定，凡是主债务人所享有的抗辩权，保证人都能主张，这些抗辩包括：主合同未生效的抗辩、主合同无效的抗辩、主合同已经终止的抗辩、主合同已过诉讼时效的抗辩、抵销抗辩，以及主债务人享有的各类抗辩权（包括同时履行抗辩权、不安抗辩权和先履行抗辩权）。例如，如果保证所担保的主合同的债权人与债务人之间符合法定的抵销条件，或者双方经过约定形成抵销的合意，则债务人对债权人享有抵销权。发生抵销的情形时，保证人有权向主债权人主张仅就剩余的债权承担保证责任。

应当指出的是，即使主债务人放弃这些抗辩权，保证人仍然可以主张。这是因为，这些抗辩权既是主债务人享有的抗辩权，也是法律赋予保证人的抗辩权，主债务人放弃此类抗辩权不应当对保证人的抗辩权产生影响。同时，保证人只有通过行使债务人的抗辩权，才能依法保护自己的权益。

174. 什么是租赁合同？

根据《民法典》第 703 条的规定，租赁合同是出租人将租赁物交付承租人使用、收益，承租人支付租金的合同。从这条规定中可以看出，租赁合同有以下特征：

1. 租赁合同是转移财产使用权的合同。

租赁合同是一方当事人（出租人）将租赁物有期限地交给另一方当事人（承租人）使用，承租人按照约定使用该租赁物并获得收益。在租赁的有效期内，承租人可以对租赁物占有、使用、收益，而不能任意处分租赁物。当租赁期限届满，承租人须要将租赁物返还给出租人。因此，租赁合同只是将租赁物的使用权转让给承租人，而租赁物的所有权或处分权仍属于出租人。租赁合同的这一特征区别于买卖合同和赠与合同。买卖合同是出卖人转移标的物的所有权于买受人的合同；赠与合同是赠与人将自己的财产给予受赠人。这两类合同都是以转移财产的所有权为基本特征。

2. 承租人取得租赁物的使用权是以支付租金为代价的。

承租人使用租赁物是为了满足自己的生产或生活需要，出租人出租租赁物是为了使租赁物的价值得以实现，取得一定的收益。承租人取得租赁物的使用权不是无偿的，须向出租人支付租金。支付租金是租赁合同的本质特征。这一特征区别于借用合同，借用合同中，虽然借用人取得了借用物的使用权，但是借用是无偿的，无需付出任何代价。同时，这一特征也区别于借款合同，虽然两者都是有偿的，但借款合同中支付的是利息。利息不同于租金，对于租金，双方当事人可以约定，利息在很多情况下是法定的，当事人是不能约定的，即使是自然人之间的借款利息也有上限要求，不能放高利贷；租金可以不按租期的时间长短来计算，而利息往往根据借款时间的长短来计算的。

3. 租赁合同的标的物是有体物、非消耗物。

租赁物必须是有形的财产，这是租赁合同的特征之一。租赁物可以是动产，如汽车、机械设备、计算机等，也可以是不动产，如房屋。但是，无论是动产还是不动产，它们都是有形的，都能以一定的物质形式表现出来。无形的财产不能作为租赁合同的标的物。这是与租赁合同中承租人占有、使用租赁物的特征紧密联系的。非消耗物是指能够多次使用而不改变其形态和基本价值的物。一次性使用的物品或很快就消耗掉的物品不能作为租赁物，如洗涤用品、粮食等，因为这些物品一经使用，就丧失其自身的价值，甚至物本身已经消失，根本不可能再要求出租人返还。因此，消耗物不能作为租赁合同的标的物。

4. 租赁合同是双务、有偿的合同。

在租赁合同中，出租人和承租人均享有权利和承担义务，出租人须将租赁物交付承租人，并保证租赁物符合约定的使用状态。承租人负有妥善保管租赁物并按约定按期向出租人支付租金的义务。任何一方当事人在享有权利的同时都是以履行一定义务为代价的。因此，租赁合同是双务有偿的合同。它区别于赠与合同，赠与合同在通常情况下是单务合同，赠与人向受赠人赠与财物并不以对方承担一定义务为条件。

5. 租赁合同具有临时性。

租赁合同是出租人将其财产的使用、收益权在一定期限内转让给承租人，因为不是所有权的转移，因此承租人不可能对租赁物永久地使用，物的使用价值也是有一定期限的。各国法律一般都对租赁期限的最长时间有所限制。我国合同法规定，租赁期限最长不能超过20年。租赁合同根据租赁的不同可以分为动产租赁和不动产租赁，不动产租赁在我国主要是指房屋租赁。根据是否约定期限，租赁合同可以分为定期租赁和不定期租赁。定期租赁关系到租金的交付日期、租赁物的返还日期、合同终止的时间等问题。不定期租赁赋予合同当事人随时解除合同的权利。

租赁合同是人们在经济生活和日常生活中经常使用的一种合同。它可以在自然人、法人之间调剂余缺，充分发挥物的使用功能，最大限度地使用其价值。通过租赁，承租人与出租人双方的利益可以同时得到满足，因此租赁是现实经济生活中较为重要的一种经济形式。

目前，在我国的经济生活中，对于有些交易行为，如土地使用权的出让和转让、农村土地承包经营权、土地使用权的租赁、企业承包租赁经营等形式，是否用民法典关于租赁合同的规定加以调整有不同意见。有的人认为，上述几种经营形式从实质上来说是租赁，应该由租赁合同调整；也有的人认为，要根据不同情况来分析，土地使用权的出让和转让及农村土地承包经营权更多的是对土地使用权的取得。土地使用权的使用年限最高可达到70年，土地承包经营权30年不变，这是一种用益物权，各国一般都将这种土地使用权通过物权法来调整。本章规定不适用于土地使用权的出让、转让和农村土地承包经营权。对于国有土地使用权的出租问题，目前我国法律还没有具体规定，只是在少数地区进行试点，它是为了便于各级政府进一步盘活存量用地的一项措施，还有待于在试行中不断总结经验。

企业的租赁经营合同与租赁合同是不同的，表现在：一是企业租赁的当事人一方是企业的所有人或管理人，另一方则是本企业的职工，他们之间本来就存在内部管理的关系；二是前者的订立是以公开招标的形式进行，有时还须由有关部门批准；三是前者租赁的标的是整个企业，而不是某一特定的财产，是人财物、产供销、资金、技术、经营等多种因素的综合体，承租人获得的不仅是对财产的使用权，而且是一种经营权；四是企业的租赁经营合同中，承租人须以自己的财产向企业提供担保；五是按照企业的租赁经营合同的要求，合同终止时，企业的价值须大于租赁时的价值。从上述特征中可以看出，租赁合同不适用于企业的租赁经营活动。

175. 租赁合同的主要内容一般包括哪些？

租赁合同的内容是指在租赁合同中应当约定哪些条款。由于租赁合同的标的物不同或者租赁期限、租赁方式不同，合同的内容可能也不同，但一些主要条款都是应该具备的。《民法典》第704条的规定是一个指导性条款，是指在一般情况下，租赁合同应当具备的主要条款，包括如下事项：

1. 有关租赁物的条款。

租赁物是租赁合同的标的物。租赁合同的当事人订立租赁合同的目的就是要使用租赁物或从他人使用租赁物中获取一定的利益，因此租赁物是租赁合同的主要条款。有关租赁物的条款涉及这样三个方面：

（1）租赁物的名称。租赁物应以明确的语言加以确定，如汽车，是小轿车还是货车，要约定清楚。对租赁物本身的要求，租赁物应是有体物，非消耗物；应是流通物而不是禁止流通物，禁止流通物不能作为租赁物，如枪支是禁止制造、买卖、销售的，也是不能出租的。租赁物可以是种类物，也可以是特定物，对于种类物，一旦承租人对其选择完毕就已特定化。例如，承租人要租赁一辆汽车，他在出租人处指定了一辆车号为B93468 白色桑塔纳轿车，这时此辆轿车已特定化，出租人只能将该轿车向承租人交付。租赁物约定明确关系到租赁物的交付、合同期限届满承租人返还租赁物、第三人对租赁物主张权利等问题。

（2）租赁物的数量。明确租赁物的数量，出租人才能准确地履行交付租赁物的义务，它也是租赁期限届满时，承租人返还租赁物时的依据。

（3）租赁物的用途。租赁物的用途关系到承租人如何使用该租赁物，因为承租人负有按照约定使用租赁物的义务，租赁物的用途就必须约定清楚，否则当租赁物损坏时，出租人就难以行使其请求权。租赁物的用途应当根据租赁物本身的性质、特征来确定。例如，用于载货的汽车不能用于载人，用于制造精密器件的车床不能用于制造一般的器件。约定租赁物的用途也可以明确承租人对租赁物使用过程中的消耗的责任归属问题。

2. 有关租赁期限的条款。

租赁期限关系到承租人使用租赁物的时间的长短、支付租金的时间、交还租赁物的时间等。合同当事人对支付租金的期限没有约定的，可以根据租赁期限来确定支付租金的期限。租赁期限的长短由当事人自行约定，但不能超过民法典租赁合同章规定的最高期限。

租赁期限可以年、月、日、小时计算，要根据承租人的需要来确定。如果当事人对租赁期限没有约定或者约定不明确，可按照本法合同编的有关规定来确定。

3. 有关租金的条款。

出租人出租租赁物的目的就是收取租金，租金同租赁物一样是租赁合同中必不可少的条款，支付租金是承租人的主要义务，收取租金是出租人的主要权利。租金数额，租金支付的方式，即人民币或者外汇；现金或者支票；直接支付或者邮寄支付；按月支付或者年支付；二次支付或者分次支付；预先支付或者事后支付，都应当在订立合同时约定明确，以免事后发生争议。同时，这些约定也是合同当事人履行义务和行使权利的依据。

4. 有关租赁物维修的条款。

承租人租赁的目的是使用、收益，这就要求租赁物的状态必须符合使用的目的，同时，在使用租赁物时必然会有正常的消耗，因此引发对租赁物的维修问题。对租赁物的维修义务应当由出租人承担，这是出租人在租赁合同中的主要义务。但并不排除在有些租赁合同中承租人负有维修义务。一般有三种情况：一是对于有些租赁合同，法律规定承租人负有维修义务。例如，海商法规定，光船租赁由承租人负责维修、保养。有时为了能够对租赁物及时、更好地进行维护，保持其正常的使用功能，合同双方可以约定，维修义务由承租人负责。二是根据商业习惯，租赁物的维修义务由承租人负责。例如，在汽车租赁中，一般都是由承租人负责汽车的维修。三是根据民间习俗，如在我国西南地区的房屋租赁中就有“大修为主，小修为客”的说法和习惯。

除上述条款外，当事人还可以根据需要订立某些条款，如违约责任、解决争议的方式以及解除合同的条件等合同中的重要条款。

176. 租赁合同的最长期限是多少？

《民法典》第705条规定：“租赁期限不得超过二十年。超过二十年的，超过部分无效。租赁期限届满，当事人可以续订租赁合同；但是，约定的租赁期限自续订之日起不得超过二十年。”

租赁期限是租赁合同的存续期间，在性质上属于民事法律行为所附的终期。租赁期限一旦届满，租赁合同将失去效力。因此，租赁期限直接关系到租赁物的使用和返还时间、租金的收取期限，对合同双方当事人意义重大。

租赁转让的是租赁物的使用权，承租人使用租赁物是为了满足自己生活或经营的需要。承租人一般来说并不想长期占用租赁物，因为这种使用权是以支付租金为代价的，当承租人达到使用收益的目的后，需要将租赁物返还给出租人。租赁期限的长短由当事人根据其使用租赁物的目的和租赁物的性质自主决定。应当说，租赁期限太长并不利于当事人权利的实现，因为客观情况总是在不断变化，特别是不动产，其价格可能会因一个国家的经济形势变化而大起大落。但是，对此，在民法典编纂过程中有不同观点认为，租赁期限的最高限制规定阻碍了商业实践的发展和长租交易的进行问题。但是，若对最长租赁期不加限制，可能会产生如下问题：其一，租赁时间太长，会阻碍对租赁物的改善，不利于资源的有效利用，也对公共利益产生不利影响；其二，超长期租赁容易对租赁物的返还状态问题产生争议，使租赁物使用价值完全丧失；其三，还可能产生租赁权的金融化问题。例如，在城市房地产领域，由于“买卖不破租赁”“抵押不破租赁”制度的存在，租赁权被赋予了物权化的效力。超长期租赁关系在某种程度上接近于买卖关系。通过这种超长期租赁可能会产生规避限购政策的行为，导致房源集中于大型中介企业，使租赁市场金融化，不利于对普通承租人利益的保护。

很多国家或地区都对租赁合同的最长期限作出限制。例如，《日本民法典》规定，租赁契约的存续期间不得超过 20 年，如果所订租赁契约比这个期限长的，要缩短为 20 年。《意大利民法典》规定，租赁不得超过 30 年，如果约定期间超过 30 年或者永久的，则将被减至 30 年。德国也规定最长租赁期为 30 年。我国台湾地区“民法”规定，租赁契约之期限不得逾 20 年，逾 20 年者，缩短为 20 年。民法典借鉴了上述规定，考虑到我国经济发展速度快，社会变化快，为了更有效地保护租赁合同双方当事人的权益，对租赁期限的最高期限有所限制是有必要的。因此，民法典作出了租赁合同的期限最长不得超过 20 年的规定。

通常情况下，当事人在确定租赁期限长短时，要根据租赁物的性质和承租人的使用目的来确定。在动产租赁中，租赁期限比较短，一般都是临时使用。例如，租赁汽车，按照国家有关规定，汽车的使用寿命是 10 年，双方当事人不可能约定一个租赁期为 20 年的租赁合同。租赁期限较长的是不动产租赁，即房屋租赁。在房屋租赁中，用于承租人居住需要和用于商业性租赁是不一样的。一般来讲，用于居住租赁的承租人希望租期长一些，使这种租赁关系相对稳定一些。商业租赁中，在订立合同时房屋的租价比较低的情况下，承租人便希望将租赁期限订得长一些，租金固定下来；在房屋的租价偏高时，出租人就希望租期订得长一些，这样就能保证其得到更多的租金。当双方当事人不能寻找一个公平的交点时，法律总是要在利益双方中找出平衡点的。这也是法律规定最长租赁期限的一个目的。

20 年实际上并不是一个绝对的最高限，因为如果租赁合同双方当事人在 20 年期满时，仍然希望保持租赁关系，可以采取两个办法：一是并不终止原租赁合同，承租人仍然使用租赁物，出租人也不提出任何异议。这时法律规定视为原租赁合同继续有效，但租赁期限为不定期，即双方当事人又形成了一个不定期租赁的关系，如果一方当事人想解除合同随时都可以为之，这种情况被称为“法定更新”。二是双方当事人根据原合同确定的内容再续签一个租赁合同，如果需要较长的租期，当事人仍然可以再订一个租期为 20 年的合同，这种情况被称为“约定更新”。

177. 当事人未依照法律、行政法规规定办理租赁合同登记备案手续的，是否影响合同的效力？

《民法典》第 706 条规定：“当事人未依照法律、行政法规规定办理租赁合同登记备案手续的，不影响合同的效力。”这一条规定中的“法律、行政法规”是指全国人民代表大会及其常务委员会制定的法律和国务院制定的行政法规。对租赁合同进行登记的规定主要体现在房屋租赁关系中，即当事人订立、变更、终止房屋租赁合同，应当向房屋所在地直辖市、市、县人民政府建设（房地产）主管部门办理登记备案。房屋租赁登记的对象是租赁合同的内容及变动情况。

房屋租赁登记的效力影响如何在过去存在争议。城市房地产管理法中规定了房屋租赁需要进行登记备案的要求，但未明确登记的效力影响问题。《城市房屋租赁管理办法》曾将“房屋租赁证”作为租赁行为合法有效凭证。但该办法仅属于部门规章，且已随新法的出台而废止。《商品房屋租赁管理办法》进一步具体规定登记备案的时间、内容等具体要求及违反规定的相应责任，但仍未就登记对合同效力的影响问题作明确规定。租赁权因当事人意思表示而产生，承租人只有请求使用房屋的权利，没有支配的权利，因而租赁权具有债权的性质。然而，租赁权也具有某些物权特性。买卖、抵押不破租赁制度，赋予租赁权一定的对抗力；承租人在一定条件下可处分租赁权；基于租赁权请求排除妨碍、损害赔偿及承租人享有的优先购买权等。尽管房屋租赁权被赋予物权化的效力，但关于其性质界定问题，自罗马法以来即被认为属于债权。登记主要为不动产物权变动的公示制度，我国以登记要件主义为原则，登记对抗主义为例外。因此，登记在物权变动中或为变动的生效要件，或为仅对抗第三人的效力。而债权一般是不需要登记的，在租赁合同中要求进行登记备案，其法理依据、制度目的及必要性有进一步明确的空间。

房屋租赁合同的登记制度是为了保障租赁权的稳定性、保护承租人的利益、赋予国家有关部门对房屋租赁行为实施的一种行政管理职能。其设立之初的目的是便于行政机关履行行政许可、行政征收职能，随着社会的发展，该制度的作用逐渐转变为进行社会管理的手段。除满足对城市流动人口管理的需要外，政府还可以通过租赁登记掌握租赁市场的状况。登记机关对合同的审查，主要是审查合同的主客体是否合法、合同内容是否合法、是否按规定缴纳税费等。因此，登记备案是行政机关的事后审查行为，为了维护公共利益，行政权力采取宏观干预、参与、调控等基本手段以引导民事关系的发展方向是极为必要的，但若将其作为合同生效的要件，则会导致实践中大量租赁合同无效，严重影响交易安全及经济效率。只要租赁合同满足法律规定的合同生效要件，即可产生租赁权。《民法典》第 706 条否认了登记备案作为租赁合同生效要件的观点，确认未登记不影响合同效力。这不仅是出于对合同当事人意思自治的尊重，同时也是与租赁权的债权性质保持一致。

多个国家或地区对不动产租赁作出相应登记的要求。《日本民法典》规定，不动产租赁一经登记，对之后就其不动产取得的物权者，亦发生效力。《瑞士债务法》中规定，租赁经登记，亦具有对抗力，将登记作为赋予承租人租赁权对抗力的要件。《法国民法典》规定，租赁契约有公证书或者确定日期的证书的，原则上有对抗力。我国台湾地区“民法”也规定，订立、变更、中止，应由租赁契约之出租人会同承租人申请登记。同时，也指出“此非效力发生之要件”，在“不动产登记条例”中规定租赁登记对其后物权取得者具有对抗力。《最高人民法院关于适用〈中华人民共和国合同法〉若干问题的解释（一）》中规定，法律、行政法规未规定合同登记后生效的，当事人未办理登记手续不影响合同效力。《民法典》第706条是登记非要件观点在租赁合同范围的具体确认。但与上述规定不同的是，民法典没有将登记备案作为赋予租赁权对抗力的要件。虽然未经登记对“买卖不破租赁”是会产生一定的影响，但买受人明知或应当知道承租人的存在时，这一规则仍然适用。这主要是因为，我国当前关于租赁合同登记备案制度的规定还不完善，为了保障社会弱势群体的基本居住权利，避免因疏于登记而导致相对处于弱势一方承租人的租赁权处于不稳定状态，因此没有将登记备案作为租赁权以抗力要件。而在商事领域，承租人租赁房屋的目的不是居住而是经营，不存在保护居住权的问题，该领域内的租赁合同以登记为赋予对抗力的要件更具有合理性。尽管在一些地区的司法实践中，有对登记备案的影响作扩大化规定的趋势，但依据《民法典》第706条的规定，租赁权物权化的对抗力应当也不受未登记的影响。

然而，规定登记备案不影响合同的效力也会造成一系列问题，导致制度实施困境，不利于制度设立目的的实现。由于登记备案的行政许可作用消失，不合理的行政收费被取消，其行政监管的目的本身已逐步减退。加上不对合同效力有实质影响，实践中，当事人缺乏积极登记的动力，除需要开具发票报销的情况外，个人出租房屋进行备案的很少。即使承租人出于抵扣税费的目的要求出租人进行登记，出租人也可能会将其多付出的税费和成本通过租金转嫁于承租人，因此双方进行利益衡量，税费抵扣对促进登记备案的作用有限，行政征税难以起到预期效果。租赁合同的登记备案制度的实施仍存在困境。

178. 承租人应当如何使用租赁物?

承租人按照约定的方法使用租赁物是承租人的一项义务。承租人租赁该物并占有，其主要目的就是使用、收益。使用租赁物是承租人在租赁合同中的一项基本权利，但由于承租人对租赁物只是获得使用权和收益权，并没有所有权，最终还应当将租赁物返还给出租人。因而，承租人就有保证租赁物自始至终符合其本身的品质和效用的义务。即《民法典》第 709 条在一定程度上限制承租人对租赁物的过度和任意使用，降低出租人转让使用权可能对租赁物造成的风险。由于在物的用途和使用方法上，出租人可以通过与承租人进行事前商议加以约束，故而体现了所有权的处分效能和支配效能，虽然租赁合同会使所有权人暂时性转让其对所有物的部分权利，但其仍可以在事前就他人对其物利用的方式和程度加以限制，以保持所有物的功能效用，同时这也体现了对当事人意思自治的尊重。然而租赁物经过使用会产生正常消耗，并且不断折旧，最后丧失其价值。而且，不同的物因其性质和使用方法的不同其折旧率也不同，因而需要规定承租人应当按照约定的方法或租赁物性质合理使用租赁物的义务。

承租人履行此项义务的条件是：第一，租赁物已由出租人按约定交付承租人，承租人对租赁物已实际占有，因此取得了对该租赁物的使用权。即该项义务产生的前提是承租人已经对租赁物享有实际控制权。第二，出租人交付的租赁物符合约定中的质量、数量、用途的要求，不存在瑕疵。如果出租人交付的租赁物本身质量就有问题，即使承租人按照约定使用也会损坏该租赁物，则不能要求承租人对此负责。第三，双方当事人能够约定租赁物的使用方法或者根据租赁物的性质可以确定其使用方法。如果难以确定其使用方法，很难要求承租人履行此项义务。根据租赁物的性质不同，其使用方法的明确性也有较大差异。若租赁物没有较为稳定一致的使用方法，且无法推知当事人是否就利用方式与用途有所约定，则承租人该项义务的落实较为困难。

按约定的方法使用租赁物，一方面，体现在如果约定租赁物用途的，必须按照约定的用途使用租赁物。例如，合同约定租赁房屋为居住的，承租人就应自己和亲属居住，而不能将该房屋用于商业性使用，如开饭店、开商店。若承租人租赁的用途并非依据租赁物的通常使用性能，则应当在合同中加以约定。另一方面，约定使用方法，还应包含对具体利用方式的约束。也就是说，在按照约定的用途进行使用的情形下，当事人还可以就具体的利用方式、利用手段等作出约定予以限制。例如，房屋租赁中，承租人按照约定将房屋用于生活居住，但双方还可以约定是否对入住人数加以限制、能否对房屋进行装饰装修、是否允许对房屋转租等利用方式的具体内容。

179. 租赁物的维修义务应由哪方承担？

《民法典》第 712 条规定，出租人应当履行租赁物的维修义务，但是当事人另有约定的除外。出租人的维修义务是出租人对物的瑕疵担保责任中派生的义务。维修义务是指在租赁物出现不符合约定的使用状态时，出租人须对该租赁物进行修理和维护，以保证承租人能够正常使用该租赁物。维修义务也包括对租赁物的正常保养。从性质来看，维修义务既有义务属性也有权利属性。作为租赁物的所有人，尽管租赁期内并未直接占有租赁物，出租人对其所有物进行维修以保持其良好状态是应有的一项义务。同时，出租人负有按约定交付租赁物、维持租赁物用途的主给付义务。维修则是其派生的附随义务。但是，由于其并非主给付义务，所以产生该义务不必然意味着违约责任的产生。之所以原则上由出租人承担维修义务，主要是因为出租人负有使租赁物在租赁期限内保持其约定用途的主给付义务。当租赁物产生需要维修的情形时，承租人也可能主张损害赔偿或解除合同来寻求救济。

承租人使用租赁物就是要使租赁物发挥其效用，以满足自己的需要，这就要求租赁物本身应保持一个良好的状态，具备它本身的性能，发挥它本身的效能，当该租赁物出现妨碍使用的情况时，就要对其进行维修。法律将维修的义务加诸出租人是从租赁合同的特点出发的。一是租赁物的所有人在绝大多数情况下是出租人，出租人要对自己的财产负责，延长租赁物的使用期限，对租赁物进行正常的养护和维修，维护的是自己的利益；二是出租人出租租赁物是为了收取租金，承租人支付租金是为了使用租赁物，如果租赁物无法使用，承租人订立合同的目的就不能实现，再让他支付租金是不公平的。因此，各国法律都把对租赁物的维修义务归于出租人一方。出租人的维修义务并不是绝对的、无限的，应当满足以下要件：

其一，有维修的正当理由，即限于租赁物本身的缺陷造成，对承租人增添于租赁物的缺陷无维修的义务。出租人的维修义务一般是在承租人按约定正常使用租赁物的情况下出现的租赁物的损耗或者是由租赁物的性质所要求的对租赁物的正常的维护，如果是因为承租人的保管、使用不善，造成租赁物损坏时，出租人不负有维修的义务。例如，承租人租赁一架塔吊，因自己安装不符合要求出现了问题，无法使用，则由承租人自己负责重新进行安装。

其二，须租赁物有维修的必要。有维修的必要是指租赁物已出现影响正常使用、发挥效用的情况，不进行维修就不能使用，出租人应对租赁物进行及时的维修，以保证其正常使用。

其三，须租赁物有维修的可能。有维修的可能是指租赁物损坏后能够将其修好以恢复或达到损坏前的状态。维修不能，包括事实不能与经济不能。前者是指维修在技术上或物理上不可能，如承租人承租的房屋倒塌；后者是指维修在事实上虽然可能，但在经济上耗费过大，致使维修几乎等同于重建或者无法期待出租人维修。经济不能最直观的表现就是，维修所获效果显然不足以弥补修缮费用。无论是事实不能还是经济不能，出租人皆无维修义务。此时出租人的维修义务就转化为承担一定的民事责任的义务，如减少租金等。

其四，当事人无相反的约定。基于租赁合同债权相对性，尊重当事人意思自治，允许当事人对维修义务的分配作出约定，即另有约定时也存在承租人承担维修义务的情况。

180. 承租人能否对租赁物进行改善或者增设他物？

《民法典》第 715 条第 1 款规定，承租人经出租人同意，可以对租赁物进行改善或者增设他物。所谓改善，是指对租赁物并不改变其外观形状，而是对其性能进行改良。例如，租用的汽车由原来的化油器改装为电喷，使汽车的性能更符合环保的要求。所谓增设他物，也叫添附，是指在原有的租赁物上又添加另外的物，如在汽车上安装音响设备、在房屋里安装空调等就是添附。

有时承租人为了使租赁物充分有效地发挥作用，需要对租赁物进行改善或者添附，但承租人对租赁物只享有占有、使用的权利，而不具有处分权，因此他不能擅自在租赁物上进行改善或者添附。承租人需要对租赁物进行改善或者添附时，须先同出租人协商，在征得出租人的同意后方能对租赁物进行改善或添附。例如，对租赁的房屋进行装修、为租用的汽车安装防盗器等。

承租人未经出租人同意对租赁物进行改善、增设他物的，承租人不仅不能要求出租人返还所支付的费用，反过来出租人可以要求承租人恢复原状或者赔偿损失。

181. 承租人能否将租赁物转租给第三人？

《民法典》第716条规定："承租人经出租人同意，可以将租赁物转租给第三人。承租人转租的，承租人与出租人之间的租赁合同继续有效；第三人造成租赁物损失的，承租人应当赔偿损失。承租人未经出租人同意转租的，出租人可以解除合同。"

转租是指承租人将租赁物转让给第三人使用、收益，承租人与第三人形成新的租赁合同关系，而承租人与出租人的租赁关系继续合法有效的一种交易形式。对于承租人是否有对租赁物进行转租的权利，各国或地区的规定不尽一致，大致有三种类型：一是未经出租人同意不得将租赁物转租给第三人。例如，《日本民法典》规定，租用人未经出租人同意，不得将其权利出让或将其租用物转租。采取这种规定的理由是，租赁物的所有权不属于承租人，承租人无权处分租赁物，如果他要处分须经有处分权的人同意，这是交易的最基本的条件，也是为了保护交易安全。因为无处分权的民事行为是一种效力待定的行为，它的效力是不确定的，一旦有处分权人予以否认，该行为立即归于无效，因此，允许承租人随意转租，既不利于保护出租人的利益，也不利于保护第三人的利益。二是承租人能否转租，因区分动产租赁和不动产租赁而不同，动产租赁的转租须经出租人同意，不动产租赁则另有规定。例如，《意大利民法典》规定，除有相反的约定，承租人有将租赁物让渡他人的转租权，但是未经出租人同意不得转卖契约。涉及动产物时，转租应当由出租人授权或者与惯例相符。我国台湾地区“民法”规定，承租人非经出租人承诺不得将租赁物转租于他人，但租赁物为房屋者，除有反对之约定外，承租人得将其中一部分转租于他人。采用这一规定的理由是，动产租赁中的转让须经出租人同意是因为动产有流动性，一旦转移于他人之处，出租人无法对其了解和控制。而不动产租赁中，不动产是不能移动的，能够在出租人的视线范围内，出租人可以根据次承租人对租赁物使用的状况进行监督，所以可以不经出租人同意。三是规定当事人有转租的权利，但租赁契约有禁止的约定者，不在此限。采用这种规定的理由是，租赁合同并不以转移标的物所有权为内容，也并不以出租人对租赁物有所有权为必要。所以承租人可以将租赁物转租给他人，除非当事人事先约定不准转租。

民法典采用的是第一种类型，这是因为，实践中，尤其是在房屋租赁市场，有些人为了牟取暴利，将租来的房屋层层转租，致使住房的租金过高，侵害了房屋所有人的利益，也不符合习近平总书记在党的十九大报告中所强调的“房子是用来住的”这一定位。为了规范上述现象，《民法典》第 716 条第 1 款中规定，承租人将租赁物转租给他人的，必须经出租人同意。

第 716 条第 2 款规定，承租人未经出租人同意转租的，出租人可以解除合同。因为承租人未经出租人同意擅自将租赁物转租给他人，直接破坏了出租人对承租人的信任，也直接损害了出租人对租赁物的所有权或处分权，同时造成多层次的对租赁物的占有关系，增加了出租人要求返还租赁物的困难或使出租物的毁损程度加重，所以出租人有权解除合同。

另外，根据《民法典》第718条的规定，出租人知道或者应当知道承租人转租，但是在6个月内未提出异议的，视为出租人同意转租。

182. 租赁期限内内因占有、使用租赁物获得的收益归谁所有?

《民法典》第720条规定："在租赁期限内因占有、使用租赁物获得的收益，归承租人所有，但是当事人另有约定的除外。"这一条中的收益是指承租人因占有、使用租赁物而获得的效益。收益包括两类：一是因为占有租赁物而产生的收益；二是使用租赁物而产生的收益，如承租人从房屋租赁的转租中收取的超额租金，承租人租用汽车经营货物运输获得的收益等。除当事人在合同中另有约定外，租赁期限内承租人占有、使用租赁物获得的收益归承租人所有。这样规定是由租赁合同的性质决定的。租赁合同是出租人将租赁物交付给承租人使用、收益，承租人支付租金的合同，承租人不仅享有租赁物的使用权，还包括收益权。在有些情况下，承租人重视的是租赁物的使用价值，租赁本身并不产生收益，如承租人为居住而租赁房屋、家具等；但在有些情况下，承租人租赁的直接目的就在于收益，如为生产经营租赁机器设备、租赁房屋等。在意大利民法中专门规定了一类叫作产生孳息的物品租赁，即以动产或不动产产生孳息的物品为租赁的标的物。承租人对租赁物的使用是以支付租金为代价的，所以就其租赁物的占有、使用而获得的收益，应当享有所有权。

183. 承租人违反支付租金义务的法律后果是什么？

承租人应当按照合同约定的时间、金额、方式向出租人支付租金，这是因为承租人取得租赁物的使用权是以支付租金为代价的。出租人出租租赁物的目的就是收取租金，承租人能按时足额支付租金，出租人通过让渡财产使用权而获得租金收入的合法权利才能得到保障。

承租人在租赁期限内无正当理由不得拒付和迟延支付租金。所谓正当理由包括以下三种情况：一是因不可抗力或意外事件，使租赁物部分或者全部毁损、灭失的，承租人已无法对租赁物使用、收益，承租人可以请求不支付租金。二是因出租人没有履行义务，如交付的租赁物不符合约定的使用要求；在租赁期限内租赁物出现质量问题，出租人不尽维修义务的。三是因承租人本身发生一些意外事件致使其暂时无力支付租金。例如，用于居住的房屋租赁的承租人因生重病住院，经济上出现暂时困难，无力支付到期租金。在这种情况下，可以请求出租人适当延缓交付。

承租人无正当理由未支付或迟延支付租金是一种违约行为，当然应承担一定的违约责任。承租人不支付租金虽然是一种根本违约行为，但出租人并不一定要马上解除合同，为了保持合同的稳定性，可以给承租人对违约的补救机会。因此，《民法典》第722条中规定，出租人通知承租人，要求其在合理期限内支付。该合理期限应当根据到期租金的数额、承租人的支付能力以及出租人的经济状况等因素来确定。承租人经催告后在合理期限内仍不支付租金的，出租人可以解除合同。迟延交付租金的，各国法律一般都规定了出租人的催告时间，经催告后承租人仍不交付的，出租人可以解除合同。

租赁合同被解除后，租赁期限尚未届满的，合同终止履行，承租人应返还租赁物，承租人欠付的租金以及对出租人造成的损害，应当进行清算。

184. 出租人是否需要承担权利瑕疵担保责任？

出租人的权利瑕疵担保是指出租人担保第三人不能就租赁物主张任何权利。权利瑕疵担保责任是指当第三人对租赁物主张权利时，出租人所应承担的责任。权利瑕疵担保责任的构成要件为：（1）权利瑕疵在合同成立时已存在；（2）相对人不知道有权利瑕疵的存在，如果在订立合同时相对人明知行为人对该物无处分权而与之订立合同，相对人不能作为善意相对人而享受对对方的权利的瑕疵担保的要求；（3）权利瑕疵在合同成立后仍未能排除，如果在合同成立时，虽然有权利瑕疵，但在合同成立后，行为人取得了该物的处分权，则应视为权利瑕疵已经除去。

出租人承担权利瑕疵担保责任的条件为：

1. 因第三人向承租人主张权利。第三人主张权利可以是第三人作为租赁物的所有人主张出租人对租赁物无处分权，该租赁合同无效；也可以是第三人作为租赁物的抵押权人，义务人不履行义务时，要求实现其抵押权。在这种情况下，势必影响承租人对租赁物的使用、收益。

2. 第三人主张权利妨碍承租人对租赁物的使用和收益。第三人主张抵押权的实现时，因其涉及对租赁物实体的处置，会妨碍承租人对租赁物的使用。

3. 承租人在订立合同时不知有权利瑕疵。如果承租人在订立合同时明知出租人对该租赁物没有处分权，而自愿承担第三人主张权利的风险，出租人不负瑕疵担保责任。

在第三人主张权利时，除出租人已经知道第三人主张权利外，承租人应当及时通知出租人。如承租人怠于通知致使出租人能够救济而未能及时救济的，出租人对承租人的损失不负赔偿责任。承租人及时通知出租人，出租人对第三人主张权利不能排除的，承租人事实上对租赁物已无法使用、收益，这时，承租人有权请求减少租金或不支付租金。

185. 出现哪些非因承租人原因致使租赁物无法使用情形时，承租人可以解除合同？

《民法典》第724条规定：“有下列情形之一，非因承租人原因致使租赁物无法使用的，承租人可以解除合同：（一）租赁物被司法机关或者行政机关依法查封、扣押；（二）租赁物权属有争议；（三）租赁物具有违反法律、行政法规关于使用条件的强制性规定情形。”

根据解除权行使主体的不同，解除租赁合同情形分为承租人享有法定解除权和出租人享有法定解除权的情形。《民法典》第724条规定的是承租人享有法定解除权的情形。综合民法典的相关规定，承租人享有法定解除的情形如下：一是因不可抗力致使不能实现合同目的的；二是出租人未按约定交付租赁物，经承租人催告在合理期限内仍拒不交付租赁物的；三是因不可归责于承租人的事由致使租赁物部分或全部毁损、灭失，致使合同目的不能实现的；四是不定期租赁，承租人有权随时解除合同的；五是租赁物危及承租人安全或健康的，即使承租人订立合同时明知该租赁物质量不合格，承租人仍有权随时解除合同的；六是司法机关或者行政机关依法查封租赁房屋导致承租人不能使用的；七是租赁物权属有争议导致承租人不能使用的；八是不符合建筑法、消防法等法律关于房屋使用条件的强制性规定并导致承租人不能使用的；九是一物数租之有效合同不能实际履行的。

在出现租赁房屋被司法机关或者行政机关依法查封、权属有争议，或者具有违反法律、行政法规（主要包括违反建筑法、消防法等）关于房屋使用条件强制性规定情况任何一种情形时，承租人的合同解除权并非任意的，还须具备一个必要前提，即该情形的出现导致“租赁房屋无法使用”。所谓“无法使用”，是指无法按照租赁房屋的约定用途使用，或者无法按照租赁房屋的性质使用。

当租赁物是房屋时，司法机关对房屋的查封，实务中有“活封”和“死封”之分。其中，“死封”是指房屋被查封后不仅其处分权受到限制，而且丧失了使用、管理权，权利人只有妥善保管的义务；而“活封”则相反，房屋被查封后，权利人仍享有对房屋的使用、管理和收益权，仅处分权受限。实践中，租赁房屋被查封，如果是由于出租人的原因，承租人在要求解除合同的同时也可以要求出租人赔偿损失；如果是由于承租人的原因，出租人因此遭受损失的，出租人除可以提起反诉要求承租人赔偿损失外，也可以另行起诉要求承租人赔偿损失。租赁物是动产的，查封、扣押动产的，人民法院可以直接控制该项财产。人民法院将查封、扣押的动产交付其他人控制的，应当在该动产上加贴封条或者采取其他足以公示查封、扣押的适当方式。

当租赁物的权属存在争议时，意味着出租人可能不是租赁物的所有权人，即使租赁合同可以拘束名义上的出租人，但是无法拘束真正的所有权人。尽管也可能存在出租人是真正的所有权人的情况，但是也许承租人不想冒这个险，因此法律上应允许其合理规避风险，解除合同。

186. 民法典中“买卖不破租赁”规则有什么样的变化？

《民法典》第725条规定：“租赁物在承租人按照租赁合同占有期限内发生所有权变动的，不影响租赁合同的效力。”本条的规定体现了租赁权的物权化。所谓物权化，是指在承租人依据租赁合同占有租赁物期限内，承租人对租赁物的占有使用可以对抗第三人，即使是该租赁物所有权人或享有其他物权的人也不例外。

本条主要规定的是租赁物的所有权发生变动时，租赁合同的效力问题。在租赁合同中有一个基本的制度叫“买卖不破租赁”。买卖不破租赁是指当出租人在租赁合同有效期内将租赁物的所有权转让给第三人时，租赁合同对新所有权人有效。关于这个原则，各国或地区的相关规定中都有所体现，但不尽相同。有的国家规定，只有对不动产租赁或经过登记的动产租赁才适用该项原则。例如，《意大利民法典》规定，如果在租赁物转让前已有明确的租赁契约，则租赁契约得对抗第三买受人。在买受人善意取得占有的情况下，上述规定不适用于不在公共登记处登记的动产。有的国家规定，买卖不破租赁只适用于不动产，如《法国民法典》规定，如出租人出卖租赁物时，买受人不得辞退经公证作成或有确定日期的租赁契约的房屋或土地承租人。《日本民法典》也规定，不动产的租赁契约进行登记时，而后对于其不动产取得物权者，也生效。另外，我国台湾地区“民法”规定，出租人于租赁物交付后，纵将其所有权付让与第三人，其租赁契约，对于受让人仍继续存在。

《合同法》第 229 条中对“买卖不破租赁”也作出规定：“租赁物在租赁期间发生所有权变动的，不影响租赁合同的效力。”但是，该规定存在一个重大问题，即租赁合同的真实签订时间难以确定，司法实践中出现了大量的倒签租赁合同损害房屋买受人（所有权人）利益的情形。所以，以租赁合同签订的时间点来确认承租人和所有权人的权利何者优先存在极大的道德风险，引发司法实践中的诸多问题。

因此，为了避免这一问题的发生，民法典对这一问题进行了修改，修改的核心在于使买卖不破租赁规则中租赁的时间点显形化，必须是一个具有对外公示可能性的时间点。但是，在处理这一问题时引发了争议，即租赁合同对外公示的时间点到底以何种规则确定。立法过程中存在两种观点：一是以承租人占有、使用租赁物的时间点作为租赁合同对外公示的起算点；二是以我国正在推行中的房屋租赁备案登记为起算点。这两种方法都能解决前述问题，第二种观点更便于确认时间点，相比第一种观点来说登记的时间点更易于确认。但是，假如采用第二种观点会使我国司法实践面临难题，即现阶段我国绝大部分房屋租赁合同都未进行备案登记。如果在民法典中直接采用第二种观点将导致我国现阶段绝大部分承租人不再受“买卖不破租赁”规则的保护，如此则担心引发社会问题。虽然民法典为了优化营商环境，在融资租赁、所有权保留等环节中都引入了登记，但那些环节中要求进行登记的主体都是商人，如果在“买卖不破租赁”规则中也引入登记，可能会对普通百姓造成过重的负担。经过平衡取舍后，选择了相对折中的方案，即前述第一种观点。

这一改动实际上也间接对房屋买受人提出了一个新的要求，即在签订买卖合同之前实地调查房屋的实际占有、使用状况，否则其权利就有可能被在先占有使用的租赁期所限制。这一选择固然增加了买受人的调查成本，但从另一方面体现房屋更强的住宅属性，而非金融属性，这和“房子是用来住的，不是用来炒的”的定位也是相符的。

“买卖不破租赁”并不限于出租人出售租赁物的行为，还应包括赠与以及遗赠、互易甚至将租赁物作为合伙投资等情况，上述情况都会涉及租赁物的所有权变动问题。《民法典》

第725条规定的“不影响租赁合同的效力”是指承租人依据租赁合同占有期限内发生所有权变动后，其设定在该租赁物上的租赁权仍然存在，承租人与受让人之间无须另行订立租赁合同，受让人在受让该租赁物的所有权时就与承租人产生了租赁合同关系，成为一个新的出租人，继承原出租人的权利和义务，受让人要受该租赁合同的约束。如果出租人没有将所有权变动的事项通知承租人，承租人向原出租人支付的租金效力及于受让人。

特别需要指出的是，《民法典》第725条规定与第405条“抵押不破租赁”规则形成呼应，两者按同一思路修改。

187. 什么是承租人的优先购买权？

优先购买权是指民事主体在特定买卖的同等条件下，依法享有优先于他人购买财产的权利。实践中，其主要包括共有人的优先购买权、专利委托人及合作人的优先购买权、公司股东的优先购买权以及房屋承租人的优先购买权等。由此可见，房屋承租人的优先购买权是优先购买权中的一种。承租人的优先购买权则是指承租人在出租人出卖租赁物时，在同等条件下优先购买该租赁物的权利。《民法典》第726条明确表明了房屋承租人优先购买权的权利主体是特定的人，即租赁了房屋的承租人，权利客体是承租人所租赁的房屋，行使权利的时间是在承租人知道出租人向外出售其所租赁的房屋之时。

优先购买权的基本特征是：第一，房屋承租人享有的优先购买权具有法定性。房屋承租人优先购买权是《民法典》第

726 条赋予房屋承租人在一定条件下通过主张该权利来实现在同等条件下优先购买该租赁房屋的利益，是一项法定的权利，由法律直接规定。第二，它是承租人所享有的对出租人出卖房屋的请求权，因此出租人出卖租赁的房屋时必须及时通知承租人。这种请求权是一种请求债权，不是直接对物享有权利，也不能直接对抗第三人，优先权行使前不影响出卖人与其他人进行协商。第三，其行使对象具有特定性：其一，房屋承租人只能针对其所租赁的房屋行使优先购买权，不延伸至出租人出租的其他房屋；其二，房屋承租人只能向房屋租赁关系中相对方，即房屋出租人主张该项权利，且不能对抗已经取得该租赁房屋所有权的善意第三人；其三，它是专属于承租人的权利，这种优先权不能通过转让或者继承转移至他人。第四，房屋承租人优先购买权是一种具有限制性的权利。在民事法律关系中，权利与义务两者对立统一、不可分离，在房屋租赁关系中亦不例外。优先购买权在赋予房屋承租人权利的同时，也给房屋出租人设定了义务，也即对其在同等条件下选择房屋买受人的自由进行了限制。另外，为了均衡保护房屋承租人的合法利益，房屋承租人需在同等条件下以及一定期限内行使优先购买权。

188. 如果出租人妨害承租人行使优先购买权，会有怎样的法律后果？

《民法典》第 728 条规定：“出租人未通知承租人或者有其他妨害承租人行使优先购买权情形的，承租人可以请求出租人承担赔偿责任。但是，出租人与第三人订立的房屋买卖合同的效力不受影响。”

关于优先购买权性质的认定，理论上一直存在分歧，主要有以下四种观点：（1）附条件的形成权说。该说认为，优先权就其性质来说属于形成权。优先购买权无论是法定还是约定的，性质上都属于形成权，权利人可以依单方之意思表示，形成与义务人将租赁房屋出卖给第三人的以同样条件为内容的合同，而无须义务人（出卖人）的承诺。但该项形成权附有停止条件，即只有在义务人出卖租赁房屋于第三人时，权利人才行使。

（2）期待权说。该说认为，在出租人未出卖租赁房屋时，优先购买权人的权利尚未现实化，只处于期待权状态。但是，若出租人出卖租赁房屋于第三人时，优先购买权人可以行使权利，期待权即可获得实现。

（3）请求权说。请求权说认为优先购买权是权利人对出卖人享有的买卖合同订立请求权。在权利人行使优先购买权时，买卖合同的成立尚须出卖人的承诺。有观点进一步将请求权说概括为附强制缔约义务的请求权。该说认为，在出卖人违反义务将租赁房屋出卖给第二人时，承租人可以诉请公权力介入，强迫该出卖人对其作出承诺的意思表示。换言之，出租人对于承租人购买租赁房屋的请求负有强制承诺的义务。

（4）在德国民法理论上，部分学者主张将依优先购买权形成的合同解释为附双重条件的买卖合同。具体而言，第一个条件是出卖人与第三人缔结买卖合同；第二个条件是优先购买权人表示行使权利。这一构想在德国普通法时期即已存在，编纂

《德国民法典》的第一次立法委员会甚至将其列为一种可能的选择。

还有学者认为，优先购买权行使是对起初内容并不确定的、长期并且附条件的买卖要约的承诺。换言之，优先购买权人借行使该权利，对出卖人的要约予以承诺。

《民法典》第728条采纳了请求权说的观点，理由在于：第一，承租人所享有的对抗第三人的效力是有限的，因为其毕竟不是物权，不能直接产生对抗第三人的效力。尤其是在第三人是善意的情况下，采纳形成权说对于第三人的保护极为不利。第二，如果认可其为形成权，则实际上给出卖人强加了一种就合同的内容必须作出承诺的义务，这和强制缔约没有本质差异。此种观点显然给出租人施加了不合理的义务，且与出租人所享有的所有权存在冲突，如此甚至将导致优先购买权具有优于所有权的效力。第三，从我国司法实践经验来看，并没有承认其为形成权，侵害优先购买权的后果只是赔偿损失，而不是要直接在出租人和承租人之间形成合同关系。所以，优先购买权的实质就是法律赋予承租人享有的、在出租人出卖房屋时优先于其他人定约的请求权。第四，承租人已经享有《民法典》第725条赋予的“买卖不破租赁”的权利以及第734条优先承租权，此时若再设立一个物权性的优先购买权会导致出租人和承租人之间保护的失衡。

对于侵害优先购买权的情况下产生何种效力，《民法典》第728条规定采纳了损害赔偿说，理由主要在于：一方面，无效说增加了交易成本。房屋所有人已经与第三人就房屋买卖达成了协议，并支出了交易成本，如果宣告合同无效，可能导致财富的浪费。另一方面，无效说不符合鼓励交易原则。如果认定买卖合同无效，会导致恢复原状等后果，不符合效率原则，也与合同法鼓励交易的宗旨不符。从房屋买卖市场看，只要承租人可以证明损失存在，通过赔偿其损失，就足以保障其权益，而不必使其获得特定的房屋。不过，如果承租人确有足够证据证明买受人与出租人恶意串通，则可以按照合同无效的相关规定主张合同无效。另外，此处所说的赔偿的范围是实际损失，即优先购买权人要获得类似房屋所多支出的价款损失，以及在购买房屋过程中支出的费用损失。这些损失都是因为出租人侵害承租人优先购买权而造成的，所以出租人应当赔偿。

189. 承租人在房屋租赁期限内死亡的，与其生前共同居住的人或者共同经营人能否按照原租赁合同租赁该房屋？

房屋租赁合同是以房屋为租赁物的租赁合同，是指出租人和承租人之间关于出租人将房屋交付给承租人使用，承租人支付租金并于合同终止时将租用的房屋返还给出租人的协议。

房屋为重要的不动产，它既可以作为生产资料，又可以作为生活资料。作为生活资料，房屋是满足公民“住”这一基本生活需要的物质条件，从而住房租赁也就成为解决公民居住条件的重要法律手段。“住”一般是以户为单位的，所以，虽然承租人为一人，也会有其他共同居住人的利益。因此，在调整租赁关系时，不能不考虑承租人死亡后其他共同居住人的居住利益。在住房租赁中，承租人取得的只是房屋使用权，原则上其承租权不得继承。承租人死亡后，生前未与其共同生活的亲属或者法定继承人，如果确需继续租用住房的，享有优先承租权，可以与出租人另行签订房屋租赁合同。但是，在租赁期限内，与承租人共同居住的人有在租赁的房屋内居住的权利，出租人不得干涉。承租人死亡后，生前与承租人共同居住的人可以继续租赁原住房，但应与出租人办理续租手续，变更承租人。承租人死亡后无共同居住之人的，租赁关系终止。原共同居住之人另有住房的，也可以终止租赁关系。

190. 什么是融资租赁合同?

融资租赁合同是出租人根据承租人对出卖人、租赁物的选择，向出卖人购买租赁物，提供给承租人使用，承租人支付租金的合同。融资租赁这一名称是从英文 finance lease 翻译过来的。finance 一词译为财政、金融，也可以译为筹集资金、提供资金。因此，finance lease 通常译为融资租赁，也有的译为金融租赁。融资租赁是一种新兴的租赁形式，自 20 世纪 50 年代首先在美国出现至今，已有 70 余年的发展历史。20 世纪 80 年代初，融资租赁在我国的经济生活中开始出现。1981 年，我国成立了第一批专业租赁公司，包括中国东方租赁有限公司和中国租赁有限公司等。

融资租赁是一种贸易与信贷相结合，融资与融物为一体的综合性交易。鉴于其复杂的法律关系，不同国家和地区对融资租赁有不同的理解和定义。一般来说，融资租赁要有三方当事人（出租人、承租人和出卖人）参与，通常由两个合同（融资租赁合同、买卖合同）或者两个以上的合同构成，其内容是融资，表现形式是融物。我国在借鉴《国际融资租赁公约》和其他国家对融资租赁的定义的基础上，结合我国融资租赁界对融资租赁比较一致的看法，对融资租赁作出规定。典型的融资租赁合同具有以下三个方面的含义：

1. 出租人须根据承租人对出卖人和租赁物的选择出资购买租赁物。这是融资租赁合同不同于租赁合同的一个重要特点。租赁合同的出租人是以自己现有的财物出租，或者根据自己的意愿购买财物用于出租。而融资租赁合同是出租人按照承租人的要求，主要是对出卖人和租赁物的选择，出资购买出租的财物，使承租人不必付出租赁物的价值，即可取得租赁物的使用收益，从而达到融资的效果。正是在这一意义上，这种合同被冠以“融资”的称号。

2. 出租人须将购买的租赁物交付给承租人使用、收益。在融资租赁合同中，出租人虽然须向第三人购买标的物，但其购买的直接目的是交付给承租人使用、收益，而不是自己使用、收益。这是融资租赁合同中出租人的买卖行为不同于买卖合同之处。

3. 承租人须向出租人支付租金。融资租赁合同的承租人对出租人购买租赁物为使用、收益，并须支付租金。也正是在这种意义上，该种合同的名称中含有“租赁”一词。

比较法上的新趋势是将融资租赁视为保留所有权交易的一种，从而纳入动产担保体系之中。融资租赁交易在法律结构上虽然与传统的所有权担保方式存在一些差异，但其经济作用与传统的所有权担保方式并无差别，属于所有权担保方式的现代形式，融资租赁中的标的物在相当程度上承担的是担保的功能。

191. 融资租赁合同的内容一般包括哪些?

实践中，由于租赁方式的不同，融资租赁合同的内容往往也不同，典型的融资租赁合同内容的规定主要包括以下四个方面的内容：

1. 有关租赁物的条款。

融资租赁合同的标的物是承租人要求出租人购买的设备，是合同当事人双方权利和义务指向的对象，因此融资租赁合同首先应就租赁物作出明确约定。此条款应写明租赁物的名称、质量、数量、规格、型号、技术性能、检验方法等。由于关于租赁物的说明多涉及工程技术内容，专业性很强，而且繁杂具体，所以一般只在合同正文中作简明规定，另附表详细说明，该附表为合同不可缺少的附件。

2. 有关租金的条款。

租金是合同的主要内容之一。合同对租金的规定包括租金总额、租金构成、租金支付方式、租金支付地点和次数、租金支付期限、每期租金额、租金计算方法、租金币种等。

3. 有关租赁期限的条款。

租赁期限一般根据租赁物的经济寿命、使用及利用设备所产生的效益，由双方当事人商定。此条款应当明确租赁起止日期。租赁期限对于明确租赁双方权利义务的存续期间具有非常重要的法律意义，由于融资租赁合同的一个很重要的特性就是合同的不可中途解约性，因此此条款应当明确规定，在合同有效期内，当事人双方无正当、充分的理由，不得单方要求解约或退租。

4. 有关租赁期限届满租赁物的归属的条款。

租赁期限届满，租赁物的所有权归出租人享有。租赁期限届满，承租人一般有三种选择权，即留购、续租或退租。在留购情况下，承租人取得租赁物的所有权。在续租和退租情况下，租赁物仍归出租人所有。

除上述条款外，融资租赁合同一般还应包括租赁物的交付、使用、保养、维修和保险、担保、违约责任、合同发生争议时的解决方法、合同签订日期和地点等条款。

融资租赁合同采用书面形式的原因在于：第一，当事人人数较多。在融资租赁合同中，一般会涉及三方当事人。第二，法律关系较为复杂。融资租赁合同是两个合同的结合，既有买卖，又有租赁，法律关系较为复杂，因此需要以书面形式订立合同来明确各方的权利义务关系。第三，履行期限较长。在履行期限届满后，涉及租赁物的归属问题，对当事人的权利义务影响重大，因此应以书面形式加以确定。第四，可能具有涉外因素。有些融资租赁合同可能涉及外国产品，有些可能涉及外方当事人，因此融资租赁合同经常具有涉外因素，如果不采用书面形式，将难以明确各方的权利义务关系。

192. 当事人以虚构租赁物方式订立的融资租赁合同是否有效？

根据《民法典》第 146 条的规定，行为人与相对人以虚假的意思表示实施的民事法律行为无效。以虚假的意思表示隐藏的民事法律行为的效力，依照有关法律规定处理。在交易实践中，当事人可能会为了逃脱金融监管，比如某些不符合金融放贷资质的金融机构以融资租赁的名义来进行金融放贷，或者贷款的利息违反了利率管制的要求，从而选择以虚构租赁物的形式进行贷款，所以这是以虚假的意思表示实施的民事法律行为。正确认识虚构租赁物之“融资租赁合同”，应从法律关系定性、法律关系效力、担保效力、当事人权利义务关系四个角度进行分析。

1. 法律关系定性是指法院通过查明合同主要条款、履行情况、交易背景等案件事实，依法归纳案涉法律关系性质的司法裁判方法。虚构租赁物，不构成融资租赁法律关系，应定性为借款合同，因此融资租赁合同无效。

2. 法律关系定性与法律效力相互独立，定性不会影响效力。“名为融资租赁实为借贷”如无特别情形，不违反法律、行政法规强制性规定，一般属于有效的民事法律关系，涉及借贷等问题按照相应的法律法规处理。

3. 法律关系定性不会影响被担保债务的同一性。有人为融资租赁的债权提供保证时，若无特别约定，保证人不能仅以法律关系另行定性为由，要求免除己方之保证责任。保证人缔约时不知道案涉法律关系性质的，除“融资租赁合同”当事人串通骗保、债务人欺诈、胁迫保证人且债权人明知该事实以及债权人欺诈、胁迫保证人外，保证人不能因此免除其责任。

4. “名为融资租赁实为借贷”不能产生融资租赁的法律效果，法院应适用借款合同的相关法律规定，依法认定借款本金与利率。“名为融资租赁实为借贷”中约定收取保证金、首付款等的，如该款项不构成法定金钱质押的，应当在借款本金中扣除。在“名为融资租赁实为借贷”中，当事人对借款总额以及还款总额达成了一致意思表示，法院应根据相关合同条款和法律规定，参考租赁利率或内部收益率等标准，结合案件的具体情况，判定借款利率。关于借款期限，应当平衡出借人的可得利益与借款人的期限利益，结合当事人的过错，综合予以认定。

193. 出租人未取得行政许可是否影响融资租赁合同的效力?

根据《民法典》第738条：“依照法律、行政法规的规定，对于租赁物的经营使用应当取得行政许可的，出租人未取得行政许可不影响融资租赁合同的效力。”这一条规定体现了融资租赁合同的融资性特点。融资租赁具有融资功能，在设立融资租赁时，出租人（通常是专业的融资租赁公司或者金融公司）支付了标的物的全额价款，应承租人的要求购买标的物。实际上，这相当于是出租人贷款给承租人，用以购买后者所需要的租赁物，出租人拥有租赁物的所有权事实上形成了一种担保。

在传统租赁中，对租赁物的经营使用需要取得行政许可的，应由出租人取得行政许可，即法律、法规要求租赁物的所有权人即出租人取得行政许可，方可进行相关经营使用行为。而在融资租赁中，租赁物的所有权和使用权几乎是永久性的分离，出租人表面上是租赁物的所有权人，实质上只是满足承租人融资的需要，只享有观念上的所有权，但对租赁物的支配色彩已经非常淡化，而承租人是租赁物的占有、使用、收益人，租赁物主要发挥的是担保功能。出租人实质上是为承租人购买租赁物提供资金，真正的经营使用者是承租人，因此，法律法规限制租赁物的经营使用活动的主体应该是承租人，承租人对于租赁物的经营使用应当依法获得行政许可。对于出租人来说，租赁物的经营使用与其没有直接关系，出租人只需要具备相应的融资租赁资质即可。只要承租人依法取得行政许可，就可以达到监管租赁物经营使用的目的。因此，出租人未取得行政许可不影响融资租赁合同的效力。

194. 承租人是否有权拒绝受领标的物?

承租人对于租赁物存在瑕疵或租赁物的交付存在瑕疵时拥有拒绝受领权。在融资租赁中，存在两个合同和三方当事人，即出卖人与出租人之间的买卖合同、出租人与承租人之间的融资租赁合同。在融资租赁合同中，承租人与出卖人之间并没有直接的法律关系。当租赁物出现严重不符合约定的情况或者租赁物未按约定交付的时候，依照合同相对性原则，由于出卖人与承租人之间并没有直接的合同关系，承租人只能按照合同请求出租人向出卖人行使拒绝受领的权利，而无权直接向出卖人拒绝受领租赁物。但由于融资租赁合同的特殊性，在买卖合同中，作为买受人的出租人的主要义务就是支付价款，而租赁物是由承租人指定购买的，对其性能和生产要求等，出租人往往缺乏了解，很难对出卖人提供的租赁物做检验和判断，同时，租赁物的用益权也属于承租人，为了保证租赁物符合要求，便于解决租赁物的使用中出现的问题。实践中，出租人往往将选择由谁来提供何种品质、规格的租赁物的决定权赋予承租人，由承租人与出卖人之间就租赁物直接进行交流，由承租人负责收货验收。出租人往往关心的是如何以租金的形式收回全部投资并获得相应利润，并不想参与承租人与出卖人之间就租赁物产生的纠纷。因此，对由于租赁物的质量瑕疵或交付瑕疵，如租赁物质量不合格或者迟延供货的原因，需要对租赁物行使拒绝受领权的，由承租人行使更为合适。

承租人依照《民法典》第740条之规定拒绝受领租赁物的，应当及时通知出租人。承租人迟延通知或无正当理由拒绝受领租赁物造成出租人损失的，出租人有权请求承租人承担损害赔偿责任。

195. 在出卖人不履行买卖合同义务时，承租人能否行使索赔权？

根据《民法典》第741条的规定：“出租人、出卖人、承租人可以约定，出卖人不履行买卖合同义务的，由承租人行使索赔的权利。承租人行使索赔权利的，出租人应当协助。”所谓索赔权，是指当义务人不履行义务而给权利人造成损失时，权利人依法享有向义务人索赔因此而造成的损失的权利。

法律作出此种规定的主要原因在于：第一，承租人受领标的物，并对标的物进行验收，因此，承租人对于标的物是否符合合同约定的情况最为了解，应当由承租人行使索赔的权利。第二，因承租人对标的物进行实际使用，如果标的物存在瑕疵或功能上的缺陷，承租人持有第一手资料，只有其才能够提出不合格的证据，而出租人一般是融资租赁公司，对于标的物的具体性能、使用方法、操作规范等情况并不了解，因此出租人应当协助承租人行使索赔的权利。第三，有利于简化索赔权的行使程序。因为按照合同相对性规则，此种索赔的权利应当由出租人行使，如果不移转索赔权，则需要形成两个诉讼，即首先由承租人向出租人主张权利，然后再由出租人起诉出卖人。而如果法律直接允许承租人起诉出卖人，则极大地简化了索赔权的行使程序，节约了权利行使的成本。因此，出租人、出卖人、承租人三方可以在买卖合同和融资租赁合同中明确约定，出卖人不履行买卖合同义务的，由承租人行使索赔的权利，直接向出卖人索赔。承租人行使索赔权的，出租人应协助承租人索赔。

承租人直接向出卖人行使索赔权的内容主要有以下两种：

1. 出卖人交付的标的物质量不符合约定时，承租人可以要求：

（1）减少价金。如果出卖人交付的标的物虽不符合合同约定，但不影响使用，而承租人也愿意继续使用的，可以按质论价，要求出卖人减少价金。

（2）修理、调换。当出卖人交付的标的物不能利用时，根据标的物的具体情况，承租人可以请求出卖人负责修理或者另行交付无瑕疵的标的物，并承担因修理、调换而支付的实际费用。

（3）支付违约金。在出卖人交付的标的物不符合质量要求时，承租人可以请求出卖人支付约定的或者法定的违约金。在违约金不足以抵偿损失时，承租人还可以要求出卖人支付损害赔偿金。

（4）解除合同并赔偿损失。当出卖人交付的标的物由于质量问题无法使用时，承租人不仅可以要求解除合同，而且可以要求赔偿损失。

2. 出卖人未交付或者迟延交付标的物的，承租人可以请求出卖人继续履行交付义务，并主张因迟延履行导致的损害赔偿，构成第 563 条第 1 款的情形之一的，可以解除合同并请求替代履行的损害赔偿。

同时，承租人对出卖人行使索赔权利，不影响其履行支付租金的义务。但是，承租人依赖出租人的技能确定租赁物或者出租人干预选择租赁物的，承租人可以请求减免相应租金。

但是，如果出租人有明知租赁物有质量瑕疵而不告知承租人或者承租人行使索赔权利时，未及时提供必要协助的情形，致使承租人对出卖人行使索赔权利失败的，承租人有权请求出租人承担相应的责任。出租人怠于行使只能由其对出卖人行使的索赔权利，造成承租人损失的，承租人有权请求出租人承担赔偿责任。

196. 出租人对租赁物享有的所有权能否对抗善意第三人?

根据《民法典》第745条的规定:“出租人对租赁物享有的所有权,未经登记,不得对抗善意第三人。”这一条规定是融资租赁合同一章在《民法典》编纂过程中修订的重点条文。按照《合同法》第242条规定:“出租人享有租赁物的所有权。承租人破产的,租赁物不属于破产财产。”之所以对出租人对租赁物所有权的规定作出这一修改,是由于整个《民法典》所期望实现的目标之一是消灭隐形担保。融资租赁合同表面上是一个有关租赁的合同,但实际上承担着担保的功能。按照《合同法》第242条,出租人对租赁物虽然享有名义上的所有权,但是这个名义上的所有权却产生了一个真正所有权的效果,使得出租人在承租人破产的时候可以行使取回权。这种设计构造所引发的一个最大问题是,出租人对租赁物享有的所有权并不对外公示,但却可以行使真正所有权人的权利,甚至在破产中享有取回权。这种做法使得这种没有公示的权利取得了一个最强大的效力,必然会给交易安全造成巨大的影响,尤其是在同一标的物上可能同时存在动产抵押、浮动抵押、融资租赁、所有权保留、动产质押等各种竞存的担保物权情形时。当发生以上权利冲突时,按照《合同法》第242条的规定,出租人借助于未公示的所有权即可享有一个最强大、最完整的权利,这样就会使得其他按照现有法律规范进行真正公示的权利的当事人反而得不到保障。上述做法有违现代担保交易的基本原理,同时也会给交易中的商人产生巨额的调查成本。

自2020年1月1日起施行的《优化营商环境条例》第47条第2款规定："国家推动建立统一的动产和权利担保登记公示系统，逐步实现市场主体在一个平台上办理动产和权利担保登记。纳入统一登记公示系统的动产和权利范围另行规定。"目前，已经由中国人民银行牵头在北京市和上海市开展动产担保统一登记试点。同时，为了配合《民法典》和《优化营商环境条例》的颁布实施，中国人民银行也相应修改了《应收账款质押登记办法》，该办法第35条规定："权利人在登记公示系统办理其他动产和权利担保登记的，参照本办法的规定执行。本办法所称动产和权利担保包括当事人通过约定在动产和权利上设定的、为偿付债务或以其他方式履行债务提供的、具有担保性质的各类交易形式，包括但不限于融资租赁、保证金质押、存货和仓单质押等，法律法规另有规定的除外。"上述行政法规和部门规章的颁布实施为逐步建立全国统一的动产与权利担保登记系统奠定了基础。

所以，基于实现优化营商环境、消灭隐形担保的总目标，《民法典》第745条规定出租人对租赁物享有的所有权未经登记不得对抗善意第三人，明确了必须登记了之后能取得对抗第三人的效力。除了上述总目标的实现以外，由于《民法典》已经确立了融资租赁中出租人的所有权本质上起到了担保的作用，事实上是担保的具体形式之一，所以，对于融资租赁同样也要适用《民法典》第414条第2款的规定："同一财产向两个以上债权人抵押的，拍卖、变卖抵押财产所得的价款依照下列规定清偿：（一）抵押权已经登记的，按照登记的时间先后确定清偿顺序；（二）抵押权已经登记的先于未登记的受偿；（三）抵押权未登记的，按照债权比例清偿。其他可以登记的担保物权，清偿顺序参照适用前款规定。”故对于融资租赁而言，不论是同一标的物上存在多个融资租赁，还是出现融资租赁与抵押权的竞存，这些情形都要适用《民法典》第414条第2款之规定处理清偿顺序问题。

197. 融资租赁合同的租金如何确定?

融资租赁合同的租金，除当事人另有约定外，应当根据购买租赁物的大部分或者全部成本以及出租人的合理利润确定。租金是融资租赁合同中一项非常重要的内容。由于租赁双方均以营利为目的，而租金又直接影响到利润，所以租金的确定是融资租赁交易中至关重要的问题。

在融资租赁交易中，承租人负有支付租金的义务。但因其为“融资”租赁，所以承租人支付的代价并非是租赁物为使用收益的代价，而是融资的代价，因此，融资租赁合同中租金标准的确定，与租赁合同中租金的确定标准是不同的，它高于传统租赁中的租金。

与商品价格概念相对应，租金以出租人消耗在租赁物上的价值为基础，同时依据租赁物的供求关系而波动。通常情况下，出租人消耗在租赁物上的价值包括三部分，即租赁物的成本、为购买租赁物向银行贷款而支付的利息、为租赁业务而支付的营业费用。

1. 租赁物的成本。租赁物成本是构成租金的主要部分。出租人购买租赁物所支付的资金，将在租赁业务成交后，从租金中得以补偿。同时，在购置过程中，出租人所支付的运输费、保险费、调试安装费等也要计入租赁物成本中，一起从租金中分期收回。所以，租赁物成本包括租赁物购买价金及其运输费、保险费等，也称租赁物总成本。

2. 利息。出租人为购买租赁物向银行贷款而支付的利息，是租金构成的又一重要因素。利息按租赁业务成交时的银行贷款利率计算且一般以复利率来计算。

3. 营业费用。营业费用是指出租人经营租赁过程中所支出的费用，包括业务人员工资、办公费、差旅费和必要的盈利。

通常情况下，融资租赁合同的租金应根据购买租赁物的大部分或者全部成本以及出租人的合理利润来确定，但目前国际和国内融资租赁领域，除保留传统的固定租金方式外，已越来越多地采用灵活的、多形式的、非固定的租金支付方式，以适应日趋复杂的融资租赁关系和双方当事人的需要。在融资租赁交易中，当事人经常根据承租人对租赁物的使用或者通过使用租赁物所获得的收益来确定支付租金的大小和方式，也可以按承租人现金收益的情况确定一个计算公式来确定租金，或由当事人约定并在融资租赁合同中规定以其他方式来确定租金。

198. 租赁物不符合约定或者不符合使用目的的，出租人是否承担责任?

租赁物不符合约定或者不符合使用目的的，出租人不承担责任。但是，承租人依赖出租人的技能确定租赁物或者出租人干预选择租赁物的除外。

租赁物瑕疵分为物的瑕疵（也称质量瑕疵）和权利瑕疵两种。对于租赁物质量瑕疵，确定其担保责任的承担主体是至关重要的，因为它直接关系到融资租赁交易本质特征能否体现，关系到融资租赁与传统租赁能否明确区分。在传统租赁中，出租人与买卖合同中的出卖人一样负有质量瑕疵担保责任，须使租赁物合于合同约定的使用收益的状态。而在融资租赁合同中，一般都明确约定，出卖人迟延交付租赁物或者租赁物的规格、式样、性能等不符合合同约定或者不符合使用目的的，出租人不承担责任，由承租人直接向出卖人索赔，并承担索赔不成时的损害后果。此即所谓出租人瑕疵担保的免责特约。这种约定既符合融资租赁交易的理论和实践，同时也不违背现行法律的规定。其理由如下：

1. 虽然根据传统的民法理论，所有权人应对其货物承担质量瑕疵担保责任，但民法对瑕疵担保责任的规定为任意性规范，允许合同双方当事人以特约予以变更。因此，出租人与承租人在合同中约定免除出租人的质量瑕疵担保责任是有效的。

2. 融资租赁的经济意义在于出租人以融物的方式向承租人提供融资，具有金融的性质。出租人的主要义务就是支付购买租赁物的货款，其权利是收取租金从而收回投资，并取得利润。除此之外，几乎所有关于购买租赁物的权利义务均应由承租人承受，出租人只拥有名义上的所有权，不承担包括质量瑕疵担保责任在内的任何实体义务和责任。

3. 在融资租赁合同中，通常情况下，承租人完全基于自己的知识和经验选定租赁物的制造商、租赁物的种类、数量、规格等，由出租人按照承租人的指定出资购买租赁物。承租人作为买卖合同标的物的选择权人，自然应对行使选择权的不利后果承担责任。

4. 作为出租人的租赁公司，其机能仅在于向承租人提供融资购买租赁物，不可能对所有承租人选定的租赁物都有充分的了解。如果由出租人承担风险，必然导致出租人聘请专家检验，这就意味着增加费用。而所增加的费用最后必然通过租金的形式由承租人负担。而作为租赁物的最终用户，承租人对租赁物具有专门的知识。为避免增加成本，减少承租人的负担，应由承租人承担质量瑕疵责任。

5. 融资租赁合同一般在规定出租人瑕疵担保免责的同时，订有索赔权转让条款，即在租赁物实际使用中，如发生质量问题，承租人可以向出卖人提出赔偿请求。这就保证了出租人和承租人之间权利义务的平衡。也只有这样，融资租赁交易才是公平的。

当然，并不是在任何情况下，出租人都能免除其质量瑕疵担保责任。当承租人完全依赖出租人的技能和判断选择租赁物，或者出租人干预选择租赁物时，如出租人为承租人确定租赁物或者擅自变更承租人已选定的租赁物的，出租人应承担全部或者部分租赁物的质量瑕疵担保责任。此外，在以下三种特殊情况下，租赁物的质量瑕疵担保责任也应由出租人负担：（1）出租人明知租赁物有瑕疵而未告知或者因重大过失不知有瑕疵的；（2）出租人与出卖人有密切关系的；（3）承租人无法或者不能直接向出卖人索赔的。

199. 承租人占有租赁物期间，租赁物造成第三人人身损害或者财产损失的，出租人是否承担责任？

承租人占有租赁物期间，租赁物造成第三人人身损害或者财产损失的，出租人不承担责任，承租人应当承担租赁物造成第三人损害的赔偿责任。其构成要件包括以下三个方面：

第一，租赁物造成了第三人的损害。这种损害既包括人身损害，也包括财产损害。严格地说，租赁物造成的损害包括两类情况：一是租赁物在正常使用过程中对第三人造成了损害，例如，承租人租赁汽车，因为交通事故造成他人损害，在此种情况下应当由承租人承担责任。二是租赁物自身固有的缺陷造成了第三人的损害，在此情况下，如果租赁物的缺陷是制造者造成的，那么承租人在承担责任后还可以向制造者追偿。对租赁物属于高度危险作业设备而导致第三人损害的情形，出租人不负损害赔偿责任。无论是何种情形，都属于《民法典》第749条所说的租赁物造成第三人损害。

第二，租赁物造成损害发生于承租人占有租赁物期间。通常来说，它是指租赁物自交付承租人之日起至租赁期限届满，租赁物被返还给出租人之日止。承租人的占有既包括直接占有，也包括间接占有。

第三，租赁物造成第三人损害，此种损害包括人身或财产损害两种类型，但如果租赁物是因为第三人原因造成损害（如有人擅自将承租人的汽车开走撞伤他人），则应由第三人负责。

200. 承租人占有租赁物期间，租赁物毁损、灭失的，出租人能否请求承租人继续支付租金?

承租人占有租赁物期间，租赁物毁损、灭失的，出租人有权请求承租人继续支付租金，但是法律另有规定或者当事人另有约定的除外。所谓融资租赁中的风险负担，是指租赁物意外毁损、灭失的风险应当由何人承担的问题。对这一问题，首先应当考虑当事人是否通过合同作出约定，如果作出了约定，就应当尊重当事人的约定。在当事人没有约定，而在租赁期限内发生租赁物意外毁损、灭失的情况下，承租人仍然负有继续支付租金的义务。

法律作出此种考虑的主要理由在于：

第一，出租人享有的所有权主要具有担保功能，不能因此要求其承受标的物毁损、灭失的风险。融资租赁合同具有融资的功能，出租人所享有的所有权主要具有担保功能，因此，不能简单地认为，出租人享有所有权，其就应当负担标的物毁损、灭失的风险。在这一点上，融资租赁合同与租赁合同是不同的，不能类推适用租赁合同的一般规则。

第二，承租人占有标的物，并对其进行了实际控制。在融资租赁关系存续期间，标的物置于承租人的占有、控制和管领之下，承租人更容易知悉标的物所面临的风险，以及如何消除此种危险。由承租人负担风险规则，从效率的角度来看，有利于减少事故预防的成本，例如，承租人可以通过投保防范风险。此外，由承租人负担标的物毁损、灭失的风险，也有利于避免和防范承租人的道德风险。如果承租人占有、使用标的物，却又不必负担标的物毁损、灭失的风险，则极易引发承租人恶意导致标的物毁损、灭失的道德风险。

第三，虽然从原则上说，物的风险由所有权人负担，但是在融资租赁的情形，承租人实际上享有了相当于所有权人的权益，仅仅是缺少名义上的所有权。因此，要求承租人承担风险，符合权利义务对等的原则。

第四，从比较法的经验来看，有关国际公约和示范法对此也作出了规定。例如，《国际统一私法协会租赁示范法（草案）》第 11 条第 1 款规定："融资租赁中，（租赁物）灭失风险由承租人承担。如果没有约定风险移转时间，则自租赁合同签订之时，灭失风险则移转由承租人承担。"同条第 2 款规定："融资租赁之外的其他租赁，灭失风险仍由出租人承担，并不移转于承租人。"

既然风险应当由承租人负担，那么，在承租人占有租赁物期间，租赁物毁损或者灭失，出租人有权要求承租人继续履行合同义务。也就是说，在租赁期限内，租赁物毁损或者灭失的风险应由承租人承担。租赁物毁损或者灭失的，不影响承租人按照融资租赁合同承担应承担的义务，即其仍然应当继续支付租金。

201. 出租人在哪些情形下可以解除融资租赁合同？

承租人未经出租人同意，将租赁物转让、抵押、质押、投资入股或者以其他方式处分的，出租人可以解除融资租赁合同。

出租人对租赁物名义上享有所有权，而本质上这种所有权起到的是担保作用。在出租人与承租人的内部关系上，中途不可解约性是融资租赁合同的一个重要特征。由于租赁物系承租人选定或为承租人定制，如果允许承租人中途解约，即使将租赁物返还给出租人，一般也难以再次转让并弥补出租人的损失；而租赁物一般价值较大，系承租人长期使用的资产，如允许出租人任意解约，也将给承租人的生产经营带来不利影响，因此，各国一般均规定融资租赁合同不得中途解约。同时，由于融资租赁合同这一特殊性，在合同条款中通常也会明确规定在合同有效期内，当事人双方无正当、充分的理由，不得单方要求解约或退租；而融资租赁的交易形式又使得承租人通常具有权利外观，因此承租人无权处分租赁物的风险始终存在。融资租赁合同租赁期限届满之前租赁物由承租人占有、使用，并且实践中为了便于承租人账务处理或获得一定的税收优惠，出租人购买租赁物时往往让出卖人出具以承租人为购买人的税务发票，或将一些融资租赁资产登记在承租人名下。在此情况下，承租人可能凭借其对租赁物的实际控制和相关证明材料，在未经出租人同意的情况下，将租赁物转让、转租、抵押、质押、投资入股或者以其他方式处分。由于融资租赁合同租赁期限届满之前，租赁物归出租人所有，承租人的上述行为显然构成无权处分。

承租人未经出租人同意，将租赁物转让、抵押、质押、投资入股或者以其他方式处分的，侵犯了出租人对租赁物的所有权，符合《民法典》第 563 条第 1 款第 4 项“有其他违约行为致使不能实现合同目的”当事人可以解除合同的规定，出租人有权解除合同。

而在对外关系上，为了消灭隐形担保物权，优化营商环境。依照《民法典》第745条的规定：“出租人对租赁物享有的所有权，未经登记，不得对抗善意第三人。”即在融资租赁合同下，承租人无权处分租赁物的应当依照第414条关于担保领域权利竞合的清偿顺序的规定依次实现权利：首先，租赁物上已登记的所有权及其他担保物权，按照登记的时间先后确定清偿顺序；其次，租赁物上已登记的所有权及其他担保物权优先于未登记的受偿；最后，租赁物上的所有权及其他担保物权未登记的，按照债权比例清偿。

202. 出租人或者承租人在哪些情形下均可以解除融资租赁合同?

根据《民法典》第754条：“有下列情形之一的，出租人或者承租人可以解除融资租赁合同：（一）出租人与出卖人订立的买卖合同解除、被确认无效或者被撤销，且未能重新订立买卖合同；（二）租赁物因不可归责于当事人的原因毁损、灭失，且不能修复或者确定替代物；（三）因出卖人的原因致使融资租赁合同的目的不能实现。”《民法典》第562条和第563条分别规定了合同约定解除和合同法定解除的一般情形，这一条是基于第563条法定解除的情形针对融资租赁合同作出的特别规定。

与一般租赁合同一样，融资租赁合同也得基于特定的原因解除。但基于交易模式的特殊性，融资租赁合同的一个很重要的特性就是合同的不可中途解约性，因此，合同条款通常约定当事人双方无正当、充分的理由，不得单方要求解约或退租。作为合同双方均可解约的情形，《民法典》第754条规定并未考虑出租人或承租人是否存在违约行为或主观上的过错，而是以融资租赁合同客观上的履行不能作为解除的前提。第1项、第2项情形均以承租人无法继续占有、使用租赁物作为合同解除的条件，至于合同解除后的返还及赔偿责任则可以依双方的过错由人民法院作出裁决。第3项是将出卖人的原因纳入双方均可解约的情形，理由有两个：一是融资租赁的合同目的无法实现，客观履行不能；二是在因出卖人的原因导致融资租赁合同无法继续履行时，给承租人以解除融资租赁合同的方式进行救济的权利，避免因出租人不解除买卖合同，导致承租人非因自身过错仍要持续负担融资租赁合同义务的情形。以上三种情形具体分析如下：

1. 出租人与出卖人订立的买卖合同解除、被确认无效或者被撤销，且未能重新订立买卖合同。

一般来说，融资租赁要有三方当事人（出租人、承租人和出卖人）参与，通常由两个合同（融资租赁合同、买卖合同）或者两个以上的合同构成。由此产生了融资租赁交易中因买卖合同中产生的诉争及损失是否可以通过融资租赁合同予以救济，以及如何救济的问题。融资租赁合同和买卖合同是相互联系、相互影响的，各自虽具有独立性，但又并不完全独立，而是在一定意义上以对方的存在为条件。在典型的融资租赁交易中，买卖合同系为融资租赁合同而订立，融资租赁合同是买卖合同订立的前提，因此，买卖合同与融资租赁合同的效力、履行与解除必然影响到另一个合同。一方面，融资租赁交易中的涉及买卖合同的诉争应当依据《民法典》买卖合同章及买卖合同司法解释的规定予以解决。另一方面，若出租人与出卖人订立的买卖合同被解除、确认无效或者被撤销，承租人与出租人间的融资租赁合同可能即因此丧失履行的基础和意义，因此，出租人与承租人均可解除融资租赁合同。

2. 租赁物因不可归责于当事人的原因毁损、灭失，且不能修复或者确定替代物。

在融资租赁中，融资租赁合同的租赁物即是买卖合同的标的物。融资租赁合同最重要的法律特征就是融资与融物相结合，目的为融资，形式为融物，融资为融物服务。因此，当租赁物毁损、灭失，且不能修复或者确定替代物时，融资租赁合同不再具有履行的可能性及意义；在上述毁损、灭失不可归责于当事人时，承租人及出租人均可解除融资租赁合同。

不可归责于当事人的事由有下列两种情况：第一，因不可抗力的原因造成租赁物毁损、灭失的。不可抗力的条件是不能预见、不能避免，并且不能克服。如承租人租赁生产设备的，由于发生洪水，大水冲进设备致使设备损坏，这种损坏是当事人双方难以克服的。第二，因意外事件造成租赁物毁损灭失的。例如，承租人租赁飞机正常航行，被一飞鸟撞毁，经过认定承租人本人无过错，飞机的损害是由飞鸟撞击的意外事件造成的。

3. 因出卖人的原因致使融资租赁合同的目的不能实现。

因出卖人的原因致使融资租赁合同的目的不能实现，与不可归责于融资租赁合同当事人的不可抗力、意外事件致使不能实现合同目的的合同解除事由系依照相似事务相同处理的原则进行规定。一方面，出卖人因其过失或其他原因导致提供的租赁物不符合融资租赁合同的要求或者无法实现融资租赁合同目的，而融资租赁合同最重要的法律特征就是融资与融物相结合，目的为融资，形式为融物，融资为融物服务；另一方面，对于融资租赁合同而言，出卖人的原因属于不能归责于融资租赁合同双方当事人的事由。因此出租人和承租人均可解除融资租赁合同。

203. 融资租赁合同因买卖合同解除、被确认无效或者被撤销而解除后的损失赔偿问题应如何处理？

根据《民法典》第755条："融资租赁合同因买卖合同解除、被确认无效或者被撤销而解除，出卖人、租赁物系由承租人选择的，出租人有权请求承租人赔偿相应损失；但是，因出租人原因致使买卖合同解除、被确认无效或者被撤销的除外。出租人的损失已经在买卖合同解除、被确认无效或者被撤销时获得赔偿的，承租人不再承担相应的赔偿责任。"

融资租赁合同因买卖合同被解除、被确认无效或者被撤销而解除的，属于因融资租赁合同当事人以外的原因导致合同解除，承租人虽无违约行为，但如果买卖合同的出卖人、租赁物系由承租人选择，承租人亦应当对选择的后果负责，即对由此而给出租人造成的损失承担赔偿责任。需要注意的是，买卖合同如因出租人的过错而被解除、被撤销或被确认无效的，承租人对融资租赁合同的解除不承担损失赔偿责任，出租人应自担其责。

由于融资租赁合同解除对出租人造成的损失与买卖合同被解除、被撤销或被确认无效对出租人造成的损失往往存在一定的交叉和重合，为保护承租人的合法权益，避免出租人通过在不同法律关系中分别求偿而获得双重利益，该条规定出租人在买卖合同中已经获得赔偿的，应在融资租赁合同的索赔中相应予以扣减。

204. 融资租赁合同因租赁物交付承租人后意外毁损、灭失等不可归责于当事人的原因而解除的，其法律后果是什么?

根据《民法典》第756条的规定："融资租赁合同因租赁物交付承租人后意外毁损、灭失等不可归责于当事人的原因解除的，出租人可以请求承租人按照租赁物折旧情况给予补偿。"

《民法典》第751条规定了租赁物意外毁损、灭失时的风险负担规则，同时又在第754条规定了租赁物意外毁损、灭失时的合同解除权，从体例上看，这延续了我国合同法时期关于风险负担规则和合同解除的二元立法体例，因此，同样会产生风险负担与合同解除竞合的问题。当二者竞合时，是依据风险负担规则进行处理，由承租人继续向出租人支付租金，还是根据合同解除制度对合同关系进行处理?

租赁物意外毁损、灭失，当事人均不具有可归责性，不存在违约损失赔偿问题，故风险负担规则与合同解除相竞合时，需要平衡和协调的关键问题是租赁物的所有者——出租人可以获得多大范围的利益补偿：按风险负担的一般原则，融资租赁合同中的风险由承租人负担，出租人可以主张全部租金利益（包括租赁物本身的价值和利润）；但若解除合同，则只能根据《民法典》第566条的规定，对合同解除的后果进行清理。因融资租赁合同为持续性合同，合同解除不具有溯及力，故当事人已经履行的不再返还和恢复原状，但尚未履行的可以终止履行。对出租人而言，尚未支付的租金可以不再支付，相应地，承租人对租赁物也无权继续占有，应返还给出租人。因租赁物已经毁损、灭失，造成了客观上的返还不能，所以承租人应承担代物返还义务，将租赁物折价后的价值金额返还给出租人，即此时出租人能够获得的仅为租赁物自身的价值。由此可见，适用风险负担规则还是合同解除制度，主要差异在于对出租人的利润损失是否予以补偿。

对于出租人的利益补偿标准的差异，法律应如何取舍始终存在两种理论意见：第一种观点认为融资租赁合同中的风险即为租金风险，既然风险由承租人负担，则承租人应对出租人的全部损失予以补偿，包括租金在内的可得利益损失均属补偿范围，这是风险负担原则的应有之义。这种观点实际上是主张二者竞合时应适用风险负担制度；第二种观点认为，承租人对租赁物损毁、灭失并无过错，让承租人承担出租人的全部租金损失，相当于使承租人负担了与严重违约而解除合同时相同的损失赔偿法律后果，这样既不利于公平分配双方损失，也不利于引导当事人诚信守约。因此，两者竞合时应按照合同解除的后果进行处理，承租人仅需补偿出租人的实际损失即可。

经权衡研究，最终采纳了第二种意见，根据利益平衡原则，对规范竞合时的法律适用和出租人利益如何补偿问题作出了规定，以其统一司法尺度。作出此种选择的主要考虑是：（1）风险负担和合同解除竞合时，如何选择和适用规则，涉及价值衡量问题，需要考量在融资租赁这种特殊的交易形式下，适用哪一项制度更有利于保障和实现公平。从规则设立的初衷考察，风险负担规则和合同解除制度无疑都体现了公平的价值，都具有制度上的合理性，但在具体适用于融资租赁交易时，二者确实存在程度上的差异。风险负担规则体现的是风险与利益相一致原则，但在出租人和承租人双方均无归责事由的情况下，如无特殊约定，让承租人承担全部租金风险，则其不但要承受租赁物自身的损失，而且还要负担出租人的利润损失，而出租人却不承担租赁物意外损毁、灭失的任何不利后果，这对承租人不免过于严苛，负担过重。如果适用合同解除制度，承租人承担的是返还原物义务，因返还不能而代之以折价补偿，利润损失则由出租人合理分担，兼顾平衡了双方的利益，避免了风险负担规则下，对出租人完全保护、承租人完全负担损失的极端处理方式。因此，二者相比，适用合同解除制度更能体现公平原则。（2）租赁物意外毁损、灭失而导致合同目的落空时，如果采用风险负担规则，由承租人承担租金损失，实际上是支持了出租人的全部可得利益，这与承租人违约而解除合同时，承租人应承担的可得利益损失赔偿范围完全一致，即无论承租人是否违约、是否具有可归责事由，其承担的损失后果却是完全相同的，这显然不利于引导人们诚实守信，因而不合理、不公平。故对于融资租赁合同而言，两者竞合时，按照合同解除制度进行处理更具有合理性。

综上，通盘考虑民法典相关规定可知，当租赁物意外毁损、灭失时，融资租赁合同可以解除时，法律赋予当事人可以自由选择的两种处理方式：如果当事人不行使解除权，则按风险负担规则处理，承租人应当继续支付租金，实际上是承担了租金的风险，但却可以避免合同解除后一次性补偿出租人的资金压力，从而获得分期支付的期限利益；如果当事人行使解除权，则风险负担规则不再适用，而代之以合同解除制度的登场，承租人应承担返还租赁物的义务，并承担返还不能时的代物清偿义务，即按租赁物的价值对出租人给予补偿。

合同解除时，承租人补偿出租人的租赁物价值中包含了剩余租赁期限内租赁物的价值和租赁期届满后租赁物的残值两部分，如果融资租赁合同事先约定租赁期满后租赁物的残值属于承租人所有，则承租人可以在支付的补偿金额中扣除应属于自己的残值部分。

205. 租赁期限届满租赁物的归属如何确定？

出租人和承租人可以约定租赁期限届满租赁物的归属；对租赁物的归属没有约定或者约定不明确，依据《民法典》第510条的规定仍不能确定的，租赁物的所有权归出租人。

在传统租赁中，承租人的一项主要义务就是于租赁期限届满时，将租赁物返还给出租人。而在融资租赁中，租赁期限届满，承租人一般可以有三种选择权：留购、续租或退租。留购是指租期届满，承租人支付给出租人一笔双方商定的设备残值（名义货价），取得租赁物的所有权。续租是指租期届满，承租人与出租人更新合同，继续承租租赁物，承租人按新合同支付租金；或者承租人未退回租赁物，出租人同意合同继续有效至承租人退回租赁物或者留购租赁物，承租人按原合同支付租金，直至合同终止。退租是指租期届满，承租人负责将处于良好工作状态的租赁物按出租人要求的运输方式运至出租人指定的地点。由此而产生的一切支出，如包装、运输、途中保险等费用均由承租人承担。在这三种租赁物的处理方式中，出租人更愿意选择留购这一处理方式。实践中，出租人关心的是如何收回其投入以及盈利，而对租赁物的使用价值没有多大兴趣，大多数融资租赁交易均把承租人留购租赁物作为交易的必要条件。如果选择另外两种方式处理租赁物，仍面临着租赁物的最终处理问题，出租人并不希望保留租赁设备。

如果当事人双方对于租赁物的归属没有约定或者约定不明确时，可以依照《民法典》第510条的规定协议补充；不能达成补充协议时，应依照合同有关条款或者交易习惯加以确定。如果合同双方当事人既不能就租赁物的归属达成补充协议，又不能根据合同有关条款或者交易习惯确定时，租赁物的所有权归出租人享有。这是因为，融资租赁与传统租赁一样，在租赁期限内，租赁物的所有权归出租人。租赁期限届满时，如果承租人未支付名义货价，即使名义货价只值一分钱，承租人也不能取得租赁物所有权，租赁物所有权仍归出租人享有。

206. 当事人约定租赁期限届满，承租人仅需向出租人支付象征性价款的，能否视为约定的租金义务履行完毕后租赁物的所有权归承租人？

在传统租赁中，承租人的一项主要义务就是于租赁期限届满时，将租赁物返还给出租人。而在融资租赁中，鉴于租赁物对于出租人和承租人的价值不同，合同双方通常会约定租赁期限届满租赁物的归属。合同双方未约定的，承租人一般可以有三种选择权：留购、续租或退租。其中留购即指租期届满，承租人支付给出租人象征性价款，于租赁义务履行完毕后取得租赁物的所有权。一方面，在上述三种租赁物的处理方式中，出租人更愿意选择留购这一处理方式。实践中，出租人关心的是如何收回其投入以及盈利，而对租赁物的使用价值兴趣不大，大多数融资租赁交易均把承租人留购租赁物作为交易的必要条件。如果选择另外两种方式处理租赁物，仍面临着租赁物的最终处理问题，出租人并不希望保留租赁设备。另一方面，融资租赁的域外实践中，通常采取约定支付象征性价款的方式确定租赁期限届满租赁物归属的方式。在我国融资租赁业务发展的初期对此有所借鉴，也因此保留、发展成为实践中融资租赁合同的通常条款。所以，这种租赁期限届满，承租人仅需向出租人支付象征性价款的约定，实际上使得在租赁物归属约定不明的情形下，在依照《民法典》第 757 条规定判断顺序之前，承租人即通过支付象征性价款的方式于租金义务履行完毕后取得租赁物的所有权。

207. 融资租赁合同无效时，租赁物的归属如何确定？

融资租赁合同无效，当事人就该情形下租赁物的归属有约定的，按照其约定；没有约定或者约定不明确的，租赁物应当返还出租人。但是，因承租人原因致使合同无效，出租人不请求返还或者返还后会显著降低租赁物效用的，租赁物的所有权归承租人，由承租人给予出租人合理补偿。

合同法规范在本质上属于任意性、补充性的规范，合同法也更多地体现出了约定优先的指导思想。商人是自身利益的最好判断者，融资租赁合同是平等市场主体之间签订的合同，合同条款的约定本身就包含了出租人和承租人双方对履约成本、履约收益和履约风险的判断。因此，鼓励融资租赁双方当事人以市场化的方式对合同的履行和解除、租赁物的风险负担、租赁物清算等问题作出约定，以减少诉讼风险和损失的不确定性。融资租赁合同无效的，应当依照当事人间就租赁物归属的约定履行。当事人没有约定或约定不明的，出租人作为租赁物的所有权人应当收回租赁物。但是实践中，租赁物通常为承租人所选，且为承租人生产经营所需，租赁物在出租人手中不能发挥其效用，不利于租赁物价值的实现和承租人、出租人利益的最大化。因此，在融资租赁合同无效的事由系承租人导致的情形下，可以由承租人取得租赁物的所有权，并由承租人根据合同履行情况和租金支付情况就租赁物向出租人作出经济补偿。

208. 什么是保理合同?

《民法典》第761条规定："保理合同是应收账款债权人将现有的或者将有的应收账款转让给保理人，保理人提供资金融通、应收账款管理或者催收、应收账款债务人付款担保等服务的合同。"

保理合同是以债权人转让其应收账款为前提，集资金融通、应收账款催收或者管理、付款担保等服务于一体的综合性金融服务合同。保理目前在我国区分为银行业保理和商业保理，这涉及设立主体、行业准入和监管要求上的差异，但在交易结构上并无不同，所涉及的保理合同是相同的。

保理法律关系，涉及保理商与债权人、保理商与债务人之间不同的法律关系，债权人与债务人之间的基础交易合同是成立保理的前提，而债权人与保理商之间的应收账款债权转让则是保理关系的核心。这与单纯的借款合同有显著区别，故不应将保理合同简单视为借款合同。实践中确实有部分保理商与交易相对人虚构基础合同，以保理之名行借贷之实。对此，应查明事实，从是否存在基础合同、保理商是否明知虚构基础合同、双方当事人之间实际的权利义务关系等方面审查和确定合同性质。如果确实是名为保理、实为借贷的，仍可以按照借款合同确定当事人之间的权利义务。

按照民法典的规定，保理合同必须具备的要素是应收账款债权的转让，没有应收账款的转让就不能构成保理合同。所谓应收账款，是指权利人因提供一定的货物、服务或设施而获得的要求债务人付款的权利以及依法享有的其他付款请求权，包括现有的和未来的金钱债权，但不包括因票据或其他有价证券而产生的付款请求权，以及法律、行政法规禁止转让的付款请求权。应收账款主要包括下列权利：（一）销售、出租产生的债权，包括销售货物，供应水、电、气、暖，知识产权的许可使用，出租动产或不动产等；（二）提供医疗、教育、旅游等服务或劳务产生的债权；（三）能源、交通运输、水利、环境保护、市政工程等基础设施和公用事业项目收益权；（四）提供贷款或其他信用活动产生的债权；（五）其他以合同为基础的具有金钱给付内容的债权。这些应收账款的转让可以是单独转让，也可以是批量集合转让，这取决于当事人之间的约定。应收账款的转让，应当适用民法典关于债权转让的一般规则。

除必须具备的应收账款转让外，保理合同还需要保理人提供资金融通、应收账款管理或者催收、应收账款债务人付款担保等服务。这同样在《国际保理公约》《国际保理通则》以及《保理示范法》中都有规定，在我国目前的一些规范中，例如《中国银行业保理业务规范》《商业银行保理业务管理暂行办法》，也都有规定。资金融通，是指保理人应债权人的申请，在债权人将应收账款转让给保理人后，为债权人提供的资金融通，包括贷款和应收账款转让预付款。应收账款催收，是指保理人根据应收账款账期，主动或应债权人要求，采取电话、函件、上门等方式直至运用法律手段等对债务人进行催收。应收账款管理，又称为销售分户账管理，是指保理人根据债权人的要求，定期或不定期向其提供关于应收账款的回收情况、逾期账款情况、对账单等财务和统计报表，协助其进行应收账款管理。付款担保，是指保理人与债权人签订保理合同后，为债务人核定信用额度，并在核准额度内，对债权人无商业纠纷的应收账款，提供约定的付款担保。除了这些服务之外，保理合同中，保理人提供的服务通常还包括资信调查与评估、信用风险控制等其他可认定为保理性质的金融服务。这些服务均有对应的或者类似的合同类型供参照适用，例如，如果保理人提供应收账款债权的管理和催收服务，则保理人负有相当于一般委托合同受托人或者信托合同受托人的义务，在管理和催收债权时应当尽到注意义务，如应当及时催收诉讼时效期间即将届满的债权；就付款担保而言，提供担保的保理人居于担保人的地位，可参照担保的一般规则处理。

209. 保理合同一般包括什么内容?

《民法典》第 762 条第 1 款规定：“保理合同的内容一般包括业务类型、服务范围、服务期限、基础交易合同情况、应收账款信息、保理融资款或者服务报酬及其支付方式等条款。”保理合同的具体内容由保理人和应收账款债权人具体约定，这一规定仅仅是倡导性的规定，仅是对保理合同通常所包含内容的总结。

210. 甲银行与乙公司签订保理合同，由乙公司将其对丙公司的应收账款转让给甲银行，由甲银行给予乙公司1亿元融资，应收账款转让的事实通知了丙。但乙公司与对丙公司的应收账款系虚构，甲银行请求丙公司清偿应收账款时，丙公司可否以应收账款不存在为由对抗甲银行？

《民法典》第763条规定："应收账款债权人与债务人虚构应收账款作为转让标的，与保理人订立保理合同的，应收账款债务人不得以应收账款不存在为由对抗保理人，但是保理人明知虚构的除外。"

应收账款虚假是保理实践中的突出问题。典型的场景是，在尽职调查过程中，保理人通常会向债务人核实应收账款的真实性，债务人在征询函或其他文书上确认该应收账款真实存在，保理人因而与债权人签订保理合同，事后保理人向债务人主张权利时，债务人以基础交易合同不实或应收账款虚假为由抗辩。此时，债权转让合同或者保理合同并非因此当然无效，但保理人有权依法以欺诈为由请求撤销其与债权人之间的合同，同时依据《民法典》第157条的规定，有权请求债权人承担撤销后的返还财产、赔偿损失责任。依据债权人和保理人之间的合同，债权人负有保证所转让债权是真实的义务，保理人也有权解除合同并请求债权人承担违约赔偿责任。但是，债务人是否以及如何向保理人承担责任，在实践中争议较大，因此这一条对此予以明确规定。

211. 甲银行与乙公司签订保理合同，由乙公司将其对丙公司的应收账款转让给甲银行，由甲银行给予乙公司1亿元融资。应收账款转让的通知应由甲发出还是乙发出？

一般应由甲发出。《民法典》第764条规定：“保理人向应收账款债务人发出应收账款转让通知的，应当表明保理人身份并附有必要凭证。”保理合同的核心是应收账款债权转让，在此应当适用民法典关于债权转让的一般规则，为保护债务人利益，依据《民法典》第546条第1款的规定：“债权人转让债权，未通知债务人的，该转让对债务人不发生效力。”因此，应收账款债权转让未通知债务人的，该转让对债务人不发生效力，即使保理人取得了债权，债务人也有权拒绝保理人的履行请求；债务人向债权人履行债务的，债权消灭。如果应收账款债权转让通知了债务人，则债权转让对债务人发生效力，此时债务人即对保理人负有履行义务，并且有权以此拒绝债权人的履行请求；如果债务人仍然向债权人履行，则不发生债权消灭的效力。因此，只有通知了债务人，才可以最大程度上保护保理人的利益。

在一般的债权转让中，发出转让通知的主体原则上应当仅限于让与人。在保理合同中，实践中的大多数情形都是保理人发出通知，因为其对此具有重大利益，以避免债务人在转让发生后仍向债权人履行债务，故保理人更有动力主动发出通知。因此，民法典规定，保理人向应收账款债务人发出应收账款转让通知的，应当表明保理人身份并附有必要凭证。基于前述避免增加债务人审核负担的考虑，此时最为重要的是对必要凭证的认定，对此应当采取较为严格的认定方式。如果保理人提交了书面的债权转让合同或者保理合同，或者债权人签字、盖章的书面转让通知，考虑到我国当前的信用环境，这些凭证的伪造可能性较高，且对于债务人来说，其收到债权转让通知后可能审查的时间往往并不充足，因此其仍有可能无法判断合同或者转让通知的真实性，故并不必然构成充分的必要凭证，需要结合其他具体情况予以具体判断。但是，如果保理人提交了经过公证的债权转让合同、保理合同或者转让通知等，由于公证书的证明力较强，此时债务人无需审核，因此保理人向债务人发出转让通知的，如果表明了保理人的身份并且附有经过公证的债权转让合同、保理合同或者转让通知等必要凭证，可以认为具有同债权人发出转让通知同等的效力。

212. 乙公司与丙公司签订《煤炭采购合同》，约定乙公司对丙公司享有1.5亿元应收账款。甲银行与乙公司签订保理合同，由乙公司将其对丙公司的应收账款转让给甲银行，由甲银行给予乙公司1亿元融资，应收账款转让的事实通知了丙。随后，乙公司与丙公司协商一致变更《煤炭采购合同》，将应收账款金额降至1.2亿元，乙、丙公司的此种变更对甲银行是否具有效力？

对甲银行不具有效力。《民法典》第765条规定：“应收账款债务人接到应收账款转让通知后，应收账款债权人与债务人无正当理由协商变更或者终止基础交易合同，对保理人产生不利影响的，对保理人不发生效力。”依据保理合同，为保障保理人地位，应收账款债权人负有不减损该应收账款债权价值的义务，因此，债权人不能通过与债务人协商，做出任何使得转让的应收账款债权价值落空或者减损的行为，债权人违反该义务时，保理人有权依法解除保理合同并请求债权人承担违约责任。同时，使得转让的应收账款价值落空或者减损的行为，对保理人不发生效力。

这一规定适用的前提是，首先，应收账款债权人和债务人协商作出了有关转让债权的民事法律行为。该民事法律行为必须是关于转让债权的，如果不涉及转让债权，不会对保理人发生影响，就不适用这一规定。而且，必须是债权人和债务人协商一致作出了法律行为，这里既包括协商变更或者终止基础交易合同的情形，例如延期、和解、协议抵销、协议解除等，也包括债权人免除债务人的债务而债务人未在合理期限内拒绝的情形；但是，不应当包括基于法律规定以及债务人单方行使基于法律规定享有的法定解除权等使得基础交易合同发生变更或者终止的情形。

其次，该民事法律行为对保理人产生不利影响。这里意味着债权人和债务人通过协商使得应收账款债权的价值落空或者减损，而对保理人产生不利影响，例如债权人和债务人协商一致变更基础交易合同而减少了债权数额，或者协商一致解除基础交易合同而对保理人产生了不利影响。如果债权人和债务人的行为对保理人是有利的，自然无需保理人同意即可对保理人发生有利的效力。

再次，该民事法律行为发生在债务人接到债权转让通知后。

债务人接到债权转让通知前，由于债权转让对债务人不发生效力，债务人有权主张债权人仍然对债权有处分权，此时债权人和债务人协商一致作出的民事法律行为，即使导致保理人利益受损，该行为仍然对保理人发生效力，保理人所取得的债权发生相应变动，保理人仅能依法解除保理合同并请求债权人承担违约责任。

最后，对保理人产生不利影响的民事法律行为无正当理由。这里所谓的正当理由，首先是指经过了保理人的同意。如果经过了保理人的同意，自然能够对保理人发生效力。其次是指该民事法律行为符合诚信原则且保理人并无合理理由反对的情形，具体可能包括：（1）基础交易合同已约定可变更或者终止的情形。毕竟债务人原本依据基础交易合同享有与让与人协商变更、消灭其债之关系的自由，此种自由不应因债权人转让其债权而丧失，并且保理人能够通过尽职调查知道该约定的存在进而采取其他风险预防措施。（2）政府合同和复杂的合同安排中，尤其对于数额尚未最终确定的债权。例如，建筑商将对业主的付款请求权转让给保理人并且通知之后，建筑商和业主变更约定业主向建筑商预付款项，使建筑商有能力支付工资、购买原料等，从而继续进行建筑工程施工，此种预付是必要的，否则建筑商可能就会资金链断裂，这时就会涉及更换建筑商，交易无法进行，而业主也会拒绝付款，对转让债权的实现最终会产生不利影响，则应当允许如此变更；如果涉及无法合理预料的工程量增减，也同样应当允许变更。对保理人而言，保理人也能够预知该等债权即使被转让，但在正常的业务过程中会有合理的变动，因此同样能够采取风险的预防措施，例如可以有效地约定业主的任何变更都构成违约。当然，即使该等行为对保理人发生效力，也不影响债权人依照法律规定或者按照约定对保理人承担违约责任。

213. 什么是有追索权保理？

《民法典》第766条规定：“当事人约定有追索权保理的，保理人可以向应收账款债权人主张返还保理融资款本息或者回购应收账款债权，也可以向应收账款债务人主张应收账款债权。保理人向应收账款债务人主张应收账款债权，在扣除保理融资款本息和相关费用后有剩余的，剩余部分应当返还给应收账款债权人。”按照保理人在债务人破产、无理拖欠或无法偿付应收账款时，是否可以向债权人反转让应收账款，或者要求债权人回购应收账款或归还融资，可以区分为有追索权保理和无追索权保理。有追索权保理是指保理人不承担为债务人核定信用额度和提供坏账担保的义务，仅提供包括融资在内的其他金融服务，有追索权保理在应收账款到期无法从债务人处收回时，保理人可以向债权人反转让应收账款，或要求债权人回购应收账款或归还融资，又称为回购型保理。无追索权保理是指保理人根据债权人提供的债务人核准信用额度，在信用额度内承购债权人对债务人的应收账款并提供坏账担保责任，债务人因发生信用风险未按基础合同约定按时足额支付应收账款时，保理人不能向债权人追索，又称为买断型保理。

有追索权保理和无追索权保理是保理业务的基础分类。在我国当前的保理实践中，当事人一般都会在保理合同中就有无追索权作出约定，因此民法典同时规定有追索权保理和无追索权保理，以供当事人自己选择。民法典关于有追索权保理的规定，在性质上属于任意性规范，适用于当事人无另有约定的情形，如果当事人另有约定，应当按照当事人的约定处理。

按照民法典的规定，在追索权保理中，在当事人无特别约定或者约定不明确时，保理人有权选择向应收账款债权人主张返还保理融资款本息或者回购应收账款债权，或者向应收账款债务人主张应收账款债权；保理人也可以同时向应收账款债权人和债务人主张权利。当然，保理人不能从债权人和债务人处获得重复清偿。

同时，在有追索权保理中，保理人向应收账款债务人主张应收账款债权的，在获得债务人的履行后，首先应当扣除保理融资款本息和相关费用，具体包括：保理融资款本息、保理商未受清偿的应收账款融资额度承诺费、保理手续费、保理首付款使用费以及其他债权人到期未付款等。在扣除后仍有剩余的这部分保理余款的归属，由保理人和债权人在保理合同中约定。保理合同对此无约定或者约定不明确时，民法典规定了一个默认规则，即保理余款应当返还给应收账款债权人，此时，保理人负有清算义务。当然，保理人和债权人之间可以依法另作约定。

214. 什么是无追索权保理?

《民法典》第 767 条规定：“当事人约定无追索权保理的，

保理人应当向应收账款债务人主张应收账款债权，保理人取得超过保理融资款本息和相关费用的部分，无需向应收账款债权人返还。”无追索权保理是指保理人根据债权人提供的债务人核准信用额度，在信用额度内承购债权人对债务人的应收账款并提供坏账担保责任，债务人因发生信用风险未按基础合同约定按时足额支付应收账款时，保理人不能向债权人追索，又称为买断型保理。无追索权保理在性质上属于应收账款债权买卖，保理人受让债权并享有债权的全部清偿利益、负担债权不能受偿的风险，作为债权转让对价的融资款实际上是通过买卖取得债权的价款。

按照这一规定，当事人约定无追索权保理的，保理人应当向应收账款债务人主张应收账款债权，而不能向应收账款债权人主张返还保理融资款本息或者回购应收账款债权。这适用于债务人发生了信用风险的情形，即债务人未按照基础交易合同约定履行债务或者履行债务不符合约定，包括债务人破产、无正当理由不按照约定履行债务等。《国际保理通则》第16条、我国的《商业银行保理业务管理暂行办法》第10条都有类似规定。实际上这涉及债权人依据保理合同对保理人负有的瑕疵担保义务的范围。依据保理合同，除非债权人和保理人之间另有约定或者保理人在订立保理合同时知道或者应当知道，则债权人负有保证债权转让时确实存在、所有与该转让有关的文件或合同都是真实的并与其所声称的保持一致、其对该债权有处分权、其不会进行任何使得转让债权的价值落空或者减损的行为、债务人对转让债权没有抗辩权和抵销权、第三人不得向保理人主张任何权利等义务，否则应当对保理人承担去除权利瑕疵的继续履行、违约损害赔偿等违约责任，保理人也有权行使履行抗辩权和依法解除转让合同的权利。但是，除非债权人和保理人另有约定，债权人并不承诺债务人具有或者将具有履行能力。这一点不仅适用于保理合同，在所有的债权转让合同中都是如此，即除非当事人另有约定，让与人不对债务人的履行能力负有担保责任。

也就是说，无追索权保理并非意味着在任何情形下保理人对债权人均无追索权，一旦发生债务人未及时全额付款，保理人需要根据债务人违约的具体原因来判断追索对象，保理人不再追索应收账款债权人是具有一定前提的，即债务人未及时全额付款系源于其自身信用风险，而非其他原因。如果债务人因不可抗力而无法支付，或者债务人依法主张基础交易合同所产生的抗辩权、抵销权或者依法解除基础交易合同而拒绝付款，则保理人仍有权对债权人追索，向应收账款债权人主张返还保理融资款本息或者回购应收账款债权。例如，债权人和债务人签订了货物买卖合同，债权人就其对债务人的应收账款债权与保理人签订了保理合同。在保理人向债务人主张应收账款债权时，债务人因债权人出卖的货物有严重的质量瑕疵而依法解除货物买卖合同，并拒绝保理人的履行请求。此时，由于这并非债务人的信用风险，因此保理人仍然有权按照约定向应收账款债权人主张返还保理融资款本息或者回购应收账款债权。实践中，针对非债务人信用风险的情形，保理人和债权人可以约定特定情形下的反转让权。这种约定与无追索权保理作为债权买卖并不冲突，其性质可以认为是卖回权，是债权买卖中特别约定的条款，这种条款在其他买卖中也可以约定。这种特别约定正是无追索权保理有别于一般债权买卖之处，也是保理交易的特色。

同时，在无追索权保理中，保理人向应收账款债务人主张应收账款债权，在获得债务人的履行后，对保理人的超过保理融资款本息和相关费用的保理余款的归属，由保理人和债权人在保理合同中约定。因此，保理人和债权人可以在保理合同中约定，保理人应当负有清算义务，就超过的部分，保理人负有向应收账款债权人返还这部分保理余款的义务。保理合同对此无约定或者约定不明确时，基于无追索权保理在性质上属于应收账款债权买卖，因此与有追索权保理不同，《民法典》第 767 条规定了另外的默认规则，即这部分保理余款应当归属于保理人，无需向应收账款债权人返还。该默认规则符合无追索权保理的特性，且在无追索权保理中，较之有追索权保理，保理人的风险更高，因此将这部分保理余款归属于保理人，也符合风险与收益相一致的基本原理。

215. 应收账款债权人就同一应收账款订立多个保理合同，致使多个保理人主张合同，多个保理人之间的优先顺位是怎样的?

《民法典》第 768 条规定："应收账款债权人就同一应收账款订立多个保理合同，致使多个保理人主张权利的，已经登记的先于未登记的取得应收账款；均已经登记的，按照登记时间的先后顺序取得应收账款；均未登记的，由最先到达应收账款债务人的转让通知中载明的保理人取得应收账款；既未登记也未通知的，按照保理融资款或者服务报酬的比例取得应收账款。”实践中，经常会出现应收账款债权人就同一应收账款订立多个保理合同，致使多个保理人主张应收账款主张债权的情形。采取登记在先的方式，保理人调查成本、监督防范成本、实现债权的执行成本都是最低的，并且有助于防止债权人和其他人串通损害保理人的道德风险，提高债权的流通和担保价值，最终降低债权人的融资成本。

对于保理人都未进行债权转让登记的情形，考虑到通知在先虽然较之登记在先社会成本要高，但较之合同成立时间仍然成本要低，因此采取通知在先的顺位确定方式，最先到达债务人的转让通知中载明的受让人顺位在先。这对于暗保理的保理人可能会有所不利，但整体上仍然有助于保护交易安全，并且暗保理的保理人应当承担因选择暗保理所应当承担的风险。因此，民法典首先采取了登记在先的顺位确定方式，其次采取了通知在先的顺位确定方式。所转让的应收账款无论是现有的还是将有的应收账款，都适用相同的规则。

216. 什么是承揽合同?

承揽合同是承揽人按照定作人的要求完成一定的工作，并将工作成果交付给定作人，定作人接受该工作成果并按照约定向承揽人支付报酬的合同。承揽合同的主体是承揽人和定作人。承揽人就是按照定作人指示完成特定工作并向定作人交付该工作成果的人；定作人是要求承揽人完成承揽工作并接受承揽工作成果、支付报酬的人。承揽人和定作人可以是法人或者非法人组织，也可以是自然人。承揽合同的客体是完成特定的工作。承揽合同的对象为承揽标的，承揽标的是有体物的，合同的标的物又可以称为承揽物或者定作物。承揽工作具有特定性，如修理汽车、裁剪制作衣服等。承揽人完成的承揽工作需有承揽工作成果，该工作成果可以是有形的，如加工的零部件、印刷的图书、录制的磁带、检验的结论，也可以是无形的，如测试仪器的运行。

承揽合同具有下列特征：第一，承揽合同以完成一定工作为目的。承揽合同中的承揽人必须按照定作人的要求完成一定的工作，定作人订立合同的目的是取得承揽人完成的一定工作成果。在承揽合同中，定作人所需要的不是承揽人的单纯劳务，而是其物化的劳务成果。也就是说，承揽人完成工作的劳务只有体现在其完成的工作成果上，只有与工作成果相结合，才能满足定作人的需要。第二，承揽合同的标的具有特定性。承揽合同的标的是定作人所要求的，由承揽人所完成的工作成果。该工作成果既可以是体力劳动成果，也可以是脑力劳动成果；可以是物，也可以是其他财产。但其必须具有特定性，是按照定作人特定要求，只能由承揽人为满足定作人特殊需求通过自己与众不同的劳动技能而完成的。第三，承揽合同的承揽人应以自己的风险独立完成工作。承揽合同的定作人需要的是具有特定性的标的物。这种特定的标的物只能通过承揽人完成的工作来取得。因此，定作人是根据承揽人的条件认定承揽人能够完成工作来选择承揽人的，定作人注重的是特定承揽人的工作条件和技能，承揽人应当以自己的劳力、设备和技术，独立完成承揽工作，经定作人同意将承揽工作的一部分转由第三人完成的，承揽人对第三人的工作向定作人承担责任。承揽人应承担取得工作成果的风险，对工作成果的完成负全部责任。承揽人不能完成工作而取得定作人所指定的工作成果，就不能向定作人要求报酬。

217. 承揽合同的种类有哪些？

承揽合同是一大类合同的总称，传统民法中承揽合同包括加工承揽合同和建设工程合同两大类。由于建设工程合同在发展中形成了许多独特的行业特点，经济合同法将建设工程合同独立于加工承揽合同加以规定，因此承揽合同主要是指加工承揽合同而不包括建设工程合同。根据民法典的规定，承揽合同的形式包括加工、定作、修理、复制、测试、检验等多种形式。

1. 加工。所谓加工就是指承揽人以自己的技能、设备和劳力，按照定作人的要求，将定作人提供的原材料加工为成品，定作人接受该成品并支付报酬的合同。加工合同是实践中大量存在的合同，它既有生产性，比如一个企业将另一个企业提供的材料加工成特定的设备；也有生活性，如服装店用顾客提供的布料为其裁缝衣服。还可能具有一些艺术性，如画廊为他人装裱图画等。在国际经济活动中，来料加工是一种重要的外贸形式。

2. 定作。定作就是承揽人根据定作人的要求，以自己的技能、设备和劳力，用自己的材料为定作人制作成品，定作人接受该特别制作的成品并支付报酬的合同。定作合同在日常生活中也很常见，如家具厂为顾客定作家具，服装厂为某学校定作校服等。定作与加工的区别在于定作中承揽人需自备材料，而不是由定作人提供的。

3. 修理。修理既包括承揽人为定作人修复损坏的动产，如修理汽车、修理手表、修理电器、修理自行车、修理鞋等；也包括对不动产的修缮，如检修房屋屋顶的防水层。

4. 复制。复制是指承揽人按照定作人的要求，根据定作人提供的样品，重新制作类似的成品，定作人接受复制品并支付报酬的合同。复制包括复印文稿，也包括复制其他物品，如文物部门要求承揽人复制一文物用以展览。

5. 测试。测试是指承揽人根据定作人的要求，利用自己的技术和设备为定作人完成某一项目的性能测试，定作人接受测试成果并支付报酬的合同。

6. 检验。检验是指承揽人以自己的技术和仪器、设备等为定作人提供的特定事物的性能、问题、质量等进行检查化验，定作人接受检验成果，并支付报酬的合同。

218. 承揽合同的内容一般包括哪些?

根据民法典的规定，承揽合同的一般条款包括承揽标的、数量、质量、报酬、承揽方式、材料提供、履行期限、验收标准和方法等。

所谓承揽的标的，是指承揽合同权利义务所指向的对象，也就是承揽人按照定作人要求所应进行的承揽工作。如甲与乙服装厂签约定作一套礼服的合同，合同标的就是制作完成甲所要求的礼服。承揽合同双方当事人必须在合同中明确标的的名称，以使标的特定化，明确双方当事人权利义务的对象。

数量与质量是确定合同标的的具体条件，是该合同标的区别于同类另一标的的具体特征。当事人应当明确规定标的的数量，选择好双方共同接受的计算单位，确定双方认可的计算方法，还可以规定合理的磅差或者尾差。数量是承揽合同的必备条件之一，当事人未明确标的数量的，承揽合同不成立。标的质量需规定得详细具体，如标的的技术指标、质量要求、规格、型号等都要明确。一般来说标的质量包括五个方面：一是标的的物理和化学成分。如定作服装就要明确面料的种类，制作家具需明确材料的质地等。二是标的的规格，通常是用度、量、衡来确定标的物的质量，例如定作一书桌时，就应当明确书桌的高度、长度、宽度等规格。这种规格就反映了标的质量。三是标的的性能，如强度、硬度、弹性、延度、抗蚀性、耐水性、耐热性、传导性、牢固性等。四是标的的款式，主要是指标的的色泽、图案、式样、时尚等特性。五是标的感觉要素，主要指标的的味道、触感、音质、新鲜度等。当事人在签订合同时，应当详尽写明质量要求，其可以以样货标准确定，可以以标准市货确定，可以约定特定标准，可以以货物平均品质为根据确定，可以以说明书的标准确定。

报酬主要是指定作人应当支付承揽人进行承揽工作所付出的技能、劳务的酬金。报酬是承揽合同中的主要条款，当事人在订立合同时应当明确报酬。当事人可以约定报酬的具体数额，也可以约定报酬的计算方法。如果在合同生效后，当事人就报酬没有约定或者约定不明确的，当事人可以协议补充；不能达成补充协议的，按照合同有关条款、合同性质、合同目的或者交易习惯确定；仍不能确定的，按照订立合同时履行地的市场价格履行；依法应当执行政府定价或者政府指导价的，依照规定履行。除报酬外，承揽人提供材料的，定作人应当根据承揽人提供的发票向承揽人支付材料费，没有发票的，按订立合同时的市场价格确定。当事人可以约定材料费支付的时间，未约定或者约定不明确的，应当在支付报酬的同时支付。

材料是指完成承揽工作所需的原料。当事人应当约定由哪一方提供材料，并且应当明确提供材料的时间、地点、材料的数量和质量等。如果当事人未约定由哪一方提供材料或者约定不明的，当事人可以补充协议；不能达成补充协议的，按照合同有关条款、合同性质、合同目的或者交易习惯确定，仍不能确定的，一般由承揽人提供，承揽人根据定作人对工作的要求和合同性质，合理地按质按量选用材料，定作人应当支付材料费。在确定材料提供方的基础上，如果未明确材料提供的时间，由承揽人提供材料的，承揽人根据履行期限合理地准备材料；如果由定作人提供材料的，承揽人可以根据履行期限，要求定作人及时提供。交付材料地点不明确的，一般在承揽人工作地点交付。材料数量不明确的，由当事人根据承揽工作的要求合理提供。材料质量不明确的，由当事人根据承揽工作的性质确定。

承揽合同中的履行期限主要是指双方当事人履行义务的时间，对承揽人而言，是指承揽人完成工作，交付工作成果的时间；对定作人而言，是指定作人支付报酬或者其他价款的时间。

如果当事人在合同生效后未约定工作成果交付时间或者约定不明确的，当事人可以协议补充，不能达成补充协议的，应当按照合同有关条款、合同性质、合同目的或者交易习惯确定承揽人交付工作成果的时间。根据承揽工作的性质，不需要特别交付的，如粉刷墙壁，以完成工作成果的时间为交付时间。如果当事人在合同生效后未约定定作人支付报酬的时间或者约定不明确的，当事人可以补充协议；达不成协议的，应当按照合同有关条款、合同性质、合同目的或者交易习惯确定；根据合同有关条款、合同性质、合同目的或者交易习惯仍不能确定支付期限的，承揽人交付工作成果的时间为定作人支付报酬的时间。由定作人支付材料费或者其他费用的期限，当事人未约定或者约定不明确的，以支付报酬的时间为支付材料费或者其他费用的时间。

当事人在承揽合同中可以约定验收标准和方法。验收的标准是指检验材料、承揽工作质量的标准。验收标准未约定或者约定不明确的，当事人可以协议补充确定。不能达成补充协议的，可以按照合同有关条款、合同性质、合同目的或者交易习惯确定。既不能通过协商达成补充协议，又不能按照合同有关条款、合同性质、合同目的或者交易习惯确定的，按照同类产品或者同类服务的市场通常质量标准验收。

219. 承揽人应当如何完成所承揽的主要工作?

承揽合同的标的是定作人所要求的、由承揽人所完成的工作成果。该工作成果既可以是体力劳动成果，也可以是脑力劳动成果；可以是物，也可以是其他财产。但其必须具有特定性，是按照定作人的特定要求，只能由承揽人为满足定作人特殊需求通过自己与众不同的劳动技能而完成的。承揽合同的本质特点决定了该合同是建立在对承揽人的工作能力信任的基础上的，承揽人应当以自己的设备、技术和劳力完成承揽的主要工作。

承揽人设备、技术和劳力是决定其工作能力的重要因素，也是定作人选择该承揽人完成工作的决定性因素。所谓的设备，是指承揽人进行工作所使用的工具。所谓的技术是承揽人进行工作所需的技能，包括专业知识、经验等。所谓的劳力指承揽人完成工作所付出的劳动力。这里的“主要工作”，一般是指对工作成果的质量起决定性作用的工作，也可以说是技术要求高的那部分工作；如订制服装，量体裁剪和整体裁制是其主要工作。主要工作的质量、数量将决定工作成果是否符合定作人的要求，因此承揽人作为定作人选择的对象，应当以自己的设备、技术和劳力完成主要工作，否则会影响定作人订立合同的目的。

《合同法》从尊重当事人意思自治原则出发，规定了当事人如果约定，承揽人必须完成所有的承揽工作的，承揽人不仅应当亲自完成主要工作，其他工作也要由承揽人本人完成。如果当事人约定或经定作人同意，承揽人可以将工作的主要部分交由第三人完成的，承揽人可以将所承揽的工作交由第三人完成，但承揽人应当对第三人的工作对定作人负责。

220. 承揽人是否可将所承揽的辅助工作交给第三人完成?

根据民法典的规定，与承揽的主要工作不同，承揽人可以将承揽的辅助工作交由第三人完成，并且可以不经定作人同意。但是，如果承揽人将承揽的辅助工作交由第三人完成，那么必须就第三人完成的工作成果向定作人负责。应当注意的是，这里的“辅助工作”，是指承揽工作中主要工作之外的部分，是相对于“主要工作”而言的。“主要工作”一般是指对工作成果的质量起决定性作用的工作，也可以说是技术要求高的那部分工作。主要工作之外的工作就可以理解为辅助性工作。如订制服装合同，量体裁剪和整体缝制是承揽人的主要工作，缝扣子、熨烫是其辅助性工作。对于辅助工作，承揽人是可以交由第三人完成而不必经过定作人的同意，承揽人的这种行为实际上是将其部分工作义务转由第三人完成。在承揽工作中，考虑到辅助工作对工作成果的整体质量没有太大的影响，因此承揽人将辅助工作交由第三人完成的，可以不经定作人同意，这样规定既符合承揽工作的交易习惯，也有助于提升承揽工作的效率。同时，尽管承揽人可以根据工作需要，自行决定将辅助工作交由第三人完成，但是承揽人应当根据诚实信用原则，认真考察第三人的工作能力，合理地选择第三人。确定第三人后，如果第三人同意完成该部分工作的，承揽人应当将定作人对工作的要求或者是合同中的质量、数量、交付期限的约定如实告知第三人，第三人应当根据承揽人提供的情况，按质按量，按时完成工作。承揽人应当保证三人完成的工作成果符合定作人的要求。

根据承揽合同的性质，承揽人应当在约定的期限内提供符合定作人要求的工作成果，也就是说，承揽人对工作的完成承担全部的责任，即使承揽人将辅助性工作交由第三人完成，也要对整个的工作负责，如果第三人完成的工作不符合定作人的要求，承揽人应当向定作人承担违约责任。

221. 承揽人提供材料时有何要求？

承揽合同的本质在于承揽人根据定作人要求提供工作成果，定作人支付报酬。在双方关系中，定作人通过支付报酬，取得让自己满意的工作成果；承揽人则按照定作人对工作成果的要求，最终提供出这一成果，从而获得报酬。因此，承揽人的劳务自始至终都应符合定作人的要求，在承揽人提供材料的情形下，必须按照合同的事先约定或者双方事后达成的补充协议提供材料，定作人对于提供的材料是否符合要求，则拥有检验的权利。

如果当事人在承揽合同中约定由承揽人提供材料，并约定了提供材料的时间、材料的数量和质量的，承揽人应当按照约定准备材料。如果合同中未明确由哪一方提供材料的，但根据合同条款或者通过补充协议、交易习惯等方式确定应当由承揽人提供材料的，合同中如果约定了材料提供的时间、数量和质量的，承揽人应当按照约定提供材料。承揽人准备材料时，还应当备齐有关的资料，如发票、质量说明书等说明文件。

如果明确由承揽人提供材料，但是合同中未约定材料提供的时间、数量和质量的，事后又未就此达成补充协议的，承揽人应当根据承揽工作的性质和定作人对交付工作成果的要求，及时准备材料。数量不明确的，承揽人应当根据通常情况下完成该类工作成果所需的工作量，合理确定材料的数量。质量不明确的，承揽人应当根据定作人对工作成果的质量要求，合理选用适合该工作成果的材料，定作人对工作成果的质量未有特别要求的，承揽人应当根据价款数额的大小以及工作性质，合理确定质量标准，合理选用材料。根据以上条件仍不能确定材料质量的，承揽人应当按照通常标准准备材料。

承揽人准备好材料后，应当及时通知定作人检验，并如实提供发票以及数量和质量的说明文件。定作人接到通知后，应当及时检验该材料，认真查看承揽人提供的材料以及有关文件。定作人认为承揽人选用的材料符合约定的，应当告知承揽人，或者根据承揽人的要求以书面形式确认。经检验，定作人发现材料数量缺少的，应当及时通知承揽人补齐；数量超出的，应当及时通知承揽人超出的数额。定作人发现材料质量不符合约定的，应当及时通知承揽人更换，因此发生的费用，由承揽人承担。如果合同中未约定材料数量、质量的，如果定作人检验后，表示认可的，应当告知承揽人，或者根据承揽人的要求以书面形式确认。如果定作人认为材料不适合的，应当通知承揽人，并且还应当通知承揽人其对材料数量、质量的要求。承揽人接到通知后，应当及时选用符合定作人要求的材料。

222. 定作人提供材料时有何要求？

承揽合同中，根据承揽工作性质或者交易习惯，双方当事人可以约定由定作人提供材料，并且应当约定提供材料的时间、数量和质量。定作人应当在合同约定的时间向承揽人提供符合约定数量和质量的材料。该材料主要指承揽工作所必需的原材料，如制作家具的木材，制作衣服的面料等。承揽工作的对象（亦称为工作基底），如修理电视合同中的电视，印刷合同中的原稿等，也属于材料范围。

在定作人按约定提供原材料后，承揽人应当立即检验原材料。检验的内容主要包括原材料的数量是否符合合同约定，原材料的质量是否达到合同约定的质量要求。如果经承揽人检验，定作人提供的原材料符合约定，承揽人应当确认并通知定作人；如果经承揽人检验，定作人提供的原材料不足的，承揽人应当通知定作人补齐；定作人提供的原材料质量不符合约定的，承揽人应当及时通知定作人更换以达到合同要求。因承揽人未及时通知定作人原材料不符合约定，进而影响完成工作时间的，承揽人应当承担违约责任。承揽人发现定作人提供的原材料不符合约定而未通知定作人的，视为原材料符合约定，因该原材料数量、质量原因造成承揽工作不符合约定的，由承揽人承担违约责任，定作人有权要求承揽人修理、更换、减少报酬或者解除合同，造成定作人损失的，承揽人应当赔偿损失。

223. 承揽工作中，如承揽人发现定作人提供的图纸或者技术要求不合理，应如何处理？

承揽工作的性质就是承揽人按照定作人的要求进行工作，定作人一般通过提供图纸或者技术要求的方式对承揽人的工作提出要求。承揽人应当严格按照定作人的要求进行工作。如果承揽人在工作之前或者工作之中发现定作人提供的图纸或者技术要求不合理，即按此图纸或者技术要求难以产生符合合同约定的工作成果，在此情况下，承揽人应当及时将该情况通知定作人。承揽人未及时通知定作人的，怠于通知期间的误工损失由承揽人自己承担，造成工期拖延、给定作人造成损失的，承揽人应当赔偿定作人损失。如果承揽人发现定作人提供的图纸或者技术要求不合理而未通知定作人，仍然按照原图纸或者技术要求进行工作致使工作成果不符合合同约定的，由承揽人承担违约责任，定作人有权要求承揽人修理、更换、减少价款或者解除合同。造成定作人损失的，承揽人应当赔偿损失。

同时，定作人在接到承揽人关于图纸或者技术要求不合理的通知后，应当立即采取措施，修改图纸和技术要求。修改完成后，定作人应当及时答复承揽人，并提出修改意见。在承揽人发出通知至收到定作人答复期间，承揽人可以停止工作，工期顺延，定作人还应当赔偿承揽人在此期间的误工以及其他损失。如果定作人在接到通知后，未能及时答复承揽人并提出修改意见的，承揽人有权要求定作人赔偿其误工等损失；定作人怠于答复的，承揽人可以催告定作人在合理期限内予以答复并提出修改意见，在合理期限内承揽人仍未收到定作人答复的，承揽人有权解除合同，并通知定作人，因此造成的损失，由定作人赔偿。

224. 定作人中途变更承揽工作要求，造成承揽人损失的，如何处理？

承揽工作的性质是承揽人按照定作人的要求进行工作，提供符合定作人特殊需要的工作成果。定作人对承揽工作的要求通过提供图纸、技术要求或者通过对承揽工作数量、质量的特别约定，在合同中体现自己对承揽工作的要求。承揽人只有严格按照合同约定工作要求完成工作，才能满足定作人订立合同的目的。如果定作人在承揽人工作期间认为按照原先的要求，不能满足自己的需要，定作人可以中途变更承揽工作的要求。这也是承揽工作的性质决定的，承揽工作的目的就是满足定作人的特殊需要，如果承揽工作的成果不能满足定作人的需要，承揽合同就不会实现定作人订立合同时所期望的利益，因此，定作人可以根据自己的需要，随时变更对合同的要求。这里的变更与一般合同的变更不同，一般情况下，合同的变更需经当事人双方协商一致，一方提出变更要求，如果对方不同意，则不发生变更，当事人仍然按照原合同履行。在承揽合同中，承揽人应当按照定作人的要求进行工作，如果定作人中途变更对承揽工作要求的，如修改设计图纸，提出新的质量要求等，承揽人应当按照定作人的新要求工作。承揽人认为定作人提出的新要求不合理的，应当及时通知定作人，定作人接到通知后，应当及时答复承揽人并提出修改意见。定作人不予修改的，承揽人不应当按照原要求履行，否则会导致损失的扩大，在此情况下，承揽人可以解除合同。

尽管定作人可以中途变更承揽工作要求，但根据公平原则，定作人中途变更对承揽工作的要求，造成承揽人损失的，应当赔偿承揽人的损失。承揽人按照原要求完成部分工作的，定作人应当支付该部分工作的报酬。由承揽人提供材料的，定作人应当支付完成该部分工作所耗费的材料的价款和保管费。按照新要求，需增加材料的，由定作人负担费用。新要求使原承揽工作质量、难度提高的，定作人应当相应增加报酬。因定作人中途变更合同，使工期顺延，因此造成承揽人误工损失的，由定作人赔偿损失。

225. 承揽工作中定作人的协助义务是怎样的?

根据承揽工作的性质、交易习惯或者诚实信用原则，定作人有协助义务的，定作人应当协助承揽人完成工作。例如，应当由定作人提供工作场所的，定作人应当及时提供适于工作的工作场所；应当由定作人提供承揽人完成工作所需生活条件和工作环境的，定作人应当及时提供符合完成工作所要求的生活条件和工作环境。定作人的协助，是承揽合同适当履行的保障。在有的情形之下，定作人不协助承揽人进行工作，承揽合同将不能顺利履行，甚至无法履行，双方当事人订立合同的目的难以实现。

如果定作人的协助义务是完成承揽合同的前提条件，定作人不履行的，承揽人应当催告定作人在合理期限内履行，并可以顺延完成工作的期限。如果在合理期限内定作人仍未履行协助义务，将构成这一条所称的逾期不履行，定作人的逾期不履行将导致合同不能继续履行，承揽工作无法按约完成，合同目的无法实现。此时，承揽人可以解除合同。承揽人解除合同的，应当通知定作人，通知到达定作人时，解除生效。解除合同能恢复原状的，双方当事人应当恢复原状。当然，合同的解除并不能免除定作人不履行协助义务的责任，由此给承揽人造成损失的，定作人应当赔偿损失。

226. 承揽工作中，定作人的监督检验权须符合哪些条件？

根据承揽工作的性质，承揽人是按照定作人的特定要求完成一定工作的，因此，定作人有权在工作期间对承揽的工作进行必要的监督检验，这也是保证工作质量，预防工作成果瑕疵的必要措施。监督检验主要是指对进度、材料的使用、技术要求等方面是否符合合同约定和定作人的要求。

定作人在承揽人工作期间享有监督检验权，但定作人行使这一权利需符合以下两个条件：一是定作人的监督检验必须是必要的。这里“必要”的含义是指，如果合同中已经约定定作人监督检验的范围的，定作人应当按照约定的内容按时进行检验；如果合同中未约定检验范围的，定作人应当根据承揽工作的性质，对承揽工作质量进行检验，如承揽人是否使用符合约定的材料、承揽人是否按照定作人提供的图纸或者技术要求工作等。如果定作人发现承揽人的工作不符合约定，可以要求承揽人返工、修理或者更换。二是定作人的监督检验行为不得妨碍承揽人的正常工作。定作人有权对承揽工作进行监督检验，但根据公平原则，定作人的监督检验行为不得给承揽人带来不合理的负担，不得影响承揽人正常的工作秩序。具体而言，承揽合同中约定监督检验时间的，定作人应当按照约定的时间进行检验；合同中未约定监督检验的，定作人在监督检验承揽工作前应当与承揽人协商确定监督检验的方式、时间和内容；未达成协议的，定作人在检验前，应当通知承揽人监督检验的时间和内容，以便于承揽人对自身工作作出适当的安排。定作人的监督检验行为妨碍承揽人正常工作的，承揽人可以拒绝定作人的监督检验；定作人的监督检验行为给承揽人造成损失的，应当承担损害赔偿责任。

227. 民法典对承揽工作成果的交付和验收是如何规定的？

承揽人交付工作成果包括两方面内容：一是将工作成果交给定作人；二是向定作人提交必要的技术资料和有关质量证明。承揽人按照合同约定的时间完成工作后，应当按照合同约定的时间、地点和方式将工作成果交给定作人占有。合同约定由定作人自提的，承揽人应当在工作完成后，通知定作人提货，在工作完成的地点或者定作人指定的地点，将工作成果交给定作人占有，承揽人完成工作的地点或者定作人指定的地点为交付地点，承揽人通知定作人提货的日期为交付日期，但承揽人在发出提取工作成果的通知中，应当给定作人留下必要的准备时间和在途时间；合同约定由承揽人送交的，承揽人在工作完成后，自备运输工具，将工作成果送到定作人指定的地点并通知定作人验收。定作人指定的地点为交付地点，定作人实际接受的日期为交付日期；约定由运输部门或者邮政部门代为运送的，承揽人应当在工作完成后，将工作成果交到运输部门或者邮政部门，办理运输手续。运输部门或者邮政部门收货的地点为交付地点，运输部门或者邮政部门接受工作成果的日期为交付日期。如果合同中未约定交付的时间、地点和方式的，承揽人可以与定作人协议补充；不能达成补充协议的，承揽人按照合同有关条款、合同性质、合同目的或者交易习惯交付。按照合同有关条款、合同性质、合同目的或者交易习惯仍不能确定交付时间、地点、方式的，承揽人应当在工作完成时，通知定作人取货。承揽人通知取货的地点为交付地点，承揽人确定的合理取货时间为交付时间。根据承揽合同性质，承揽工作无须特别交付的，例如粉刷一面墙，承揽人完成工作即为交付，完成工作的时间为交付时间。如果承揽人履行交付义务时，定作人迟延验收的、定作人下落不明的或者定作人死亡或者丧失行为能力而未确定继承人或者监护人时，承揽人可以依法将工作成果提存，定作人未支付报酬、材料费等费用的，承揽人可以留置该工作成果。工作成果附有所有权凭证的，承揽人应当在交付工作成果时，一同交付所有权凭证。

定作人在接收承揽人交付，也就是在定作人实际收到工作成果时，应当对工作成果及时进行验收。验收的目的主要是检验工作成果的质量、数量是否符合合同约定或者定作人的要求。验收往往是双方当事人进行结算、定作人支付报酬等费用的前提条件，因此，根据公平和诚实信用原则，定作人在接到工作成果时，应当及时进行验收。验收一般包括三个步骤：一是确认交付时间和地点；二是查点工作成果的数量；三是查验工作成果的质量以及有关技术资料和质量证明。经验收，定作人认为承揽人交付的工作成果合格的，定作人应当接受工作成果，并按照合同的约定或者交易习惯支付报酬以及其他应付费用。如果经检验，工作成果有质量问题或者数量短缺的，定作人应当取得有关部门出具的证明。经检验，工作成果有严重的质量缺陷的，定作人可以拒收并通知承揽人。定作人在检验中发现定作物的数量或者质量不符合要求的，应当在合同约定的期限内通知承揽人，没有约定或者约定不明确的，定作人在发现数量或者质量不符合要求时，应当在合理期间内通知承揽人。验收时，如果双方当事人对工作成果的质量或者数量等发生争议，可由国家法定的检验机构进行鉴定。定作人未及时检验，或者在检验发现问题后怠于通知，或者在收到工作成果之日起两年内未通知承揽人的，视为工作成果的数量或者质量符合要求。

228. 承揽人交付的工作成果不符合质量要求的，应当承担何种违约责任？

承揽人提供的工作成果不符合质量要求，定作人在合理期限内提出质量异议的，定作人可以请求承揽人承担违约责任。违约责任的类型主要包括：（1）修理。工作成果有轻微瑕疵的，定作人可以要求承揽人进行修整、修补，使工作成果符合质量标准。因修理造成工作成果迟延交付的，承揽人仍应承担逾期交付的违约责任。(2) 重作。工作成果有严重瑕疵的，定作人可以拒收，要求承揽人返工重新制作或者调换。因重作造成工作成果迟延交付的，承揽人仍应承担逾期交付的违约责任。(3) 减少报酬。工作成果有瑕疵，而定作人同意利用的，可以按质论价，相应地减少所应付的报酬。(4) 赔偿损失。由于工作成果不符合质量标准，给定作人造成人身伤害或者财产损失的，定作人有权要求承揽人赔偿因此造成的损失。除上述四种类型的违约责任外，定作人可以根据合同约定要求承揽人承担其他类型的违约责任。合同中约定违约金的，承揽人应当向定作人支付违约金；承揽人按约向定作人支付定金的，工作成果不符合质量标准的，定作人有权不返还定金；定作人向承揽人支付定金的，工作成果不符合质量标准的，定作人有权要求承揽人双倍返还所支付的定金等。

229. 承揽工作中的定作人如何支付报酬?

根据民法典的规定，如果承揽合同对支付报酬的期限没有约定或者约定不明确的，当事人可以协议补充约定报酬支付期限，定作人按照补充约定的期限向承揽人支付报酬。当事人不能达成补充协议的，定作人按照合同有关条款、合同性质、合同目的或者交易习惯确定的支付期限，向承揽人支付报酬。如果合同对报酬支付期限未作约定，根据民法典的有关规定仍不能确定的，定作人应当在承揽人交付工作成果的同时支付，也就是承揽人将其完成的工作成果交给定作人占有的时间，为定作人支付报酬的时间。合同约定由定作人自提的，承揽人应当在工作完成后，通知定作人提货，在工作完成的地点或者定作人指定的地点，将工作成果交给定作人占有，承揽人通知定作人提货的日期为交付日期，定作人应当在该日期支付报酬。合同约定由承揽人送交的，承揽人在工作完成后，自备运输工具，将工作成果送到定作人指定的地点并通知定作人验收。定作人实际接受的日期为交付日期，定作人在接受工作成果时支付报酬。约定由运输部门或者邮政部门代为运送的，承揽人应当在工作完成后，将工作成果交到运输部门或者邮政部门，办理运输手续。运输部门或者邮政部门接受工作成果的日期为交付日期。承揽人将运输部门或者邮政部门收运的日期通知定作人，定作人在收到该通知时，支付报酬。

如果合同中未约定交付内容，承揽人可以与定作人协议补充；不能达成补充协议的，承揽人按照合同有关条款、合同性质、合同目的或者交易习惯交付。按照合同有关条款、合同性质、合同目的或者交易习惯仍不能确定交付时间的，承揽人应当在工作完成时，通知定作人取货。承揽人确定的合理取货时间为交付时间，定作人应当在收到取货通知时支付报酬。根据承揽合同性质，承揽工作无须特别交付的，例如粉刷一面墙，承揽人完成工作即为交付，完成工作的时间为交付时间，定作人在承揽人完成工作时，支付报酬。

230. 承揽人对工作成果可否行使留置权或者拒绝交付?

定作人应当按照约定支付报酬，这是承揽合同中定作人的一项基本义务。如果由承揽人提供材料完成工作成果的，定作人还应当向承揽人支付材料费。在报酬及材料费之外，承揽人为完成工作而垫付的其他费用，定作人同样应当偿还。如果定作人无正当理由不履行支付报酬、材料费等价款义务的，承揽人对完成的工作成果享有留置权或者有权拒绝交付。

根据民法典的规定，定作人未向承揽人支付报酬或者材料费等价款的，承揽人首先可以对工作成果享有留置权。所谓留置权，是指债务人不履行到期债务时，债权人可以留置已经合法占有的债务人的动产，并就该动产优先受偿的权利。付款期限届满时，定作人未向承揽人支付报酬或者材料等价款的，承揽人有权留置工作成果，并通知定作人在不少于两个月的期限内支付报酬以及其他应付价款，定作人逾期仍不履行的，承揽人可以与债务人协议将留置的工作成果折价，也可以依法拍卖、变卖该工作成果，以所得价款优先受偿。受偿的范围包括定作人未付的报酬及利息、承揽人提供材料的费用、工作成果的保管费、合同中约定的违约金以及承揽人的其他损失，等等。工作成果折价或者拍卖、变卖后，其价款超过定作人应付款项数额的，归定作人所有，不足部分由定作人清偿。

同时，定作人如果不向承揽人支付报酬或者材料费等价款，承揽人还有权拒绝交付工作成果。这主要是考虑到：第一，在承揽人提供所有工作材料完成工作成果的情况下，由于工作材料及在此基础上完成的工作成果在交付前很难作为“定作人的动产”由承揽人占有，因此在这种情况下，严格来说并不符合行使留置权的条件。此时，为保证承揽人的合法权益，定作人如未支付报酬或者材料费等价款，承揽人可以拒绝交付工作成果。第二，拒绝交付工作成果，意味着承揽人在定作人到期未支付报酬或者材料费等价款时，享有同时履行抗辩权。定作人未依约履行支付报酬或者材料费等价款时，承揽人享有拒绝交付工作成果的权利，这是同时履行抗辩权在承揽合同中的体现。

231. 承揽人对定作人提供的材料以及完成的工作成果保管不善造成毁损、灭失的，是否应当承担赔偿责任？

承揽合同约定由定作人提供材料的，定作人应当按照约定的质量和数量提供。定作人按照约定提供材料后，该材料处在承揽人的占有之下，因此承揽人有义务妥善保管定作人提供的材料，保持材料的质量状态，防止材料非正常损耗，从而保证工作成果的质量。这里的“妥善保管”，是指承揽人在没有特别约定的情况下，须按照本行业的一般要求，根据物品的性质选择合理的场地、采用适当的保管方式加以保管，防止物品毁损和灭失。在具体的保管方式上，承揽人可以自己保管材料，也可以将材料交由第三人保管。承揽人将材料交由第三人保管的，不得给定作人增加不合理的费用。由于承揽人未尽妥善保管义务，致使材料毁损、灭失的，承揽人应当承担赔偿责任，自负费用补齐、更换与定作人提供材料同质同量的材料，因此造成定作人损失的，应当赔偿损失；造成迟延交付的，应当承担违约责任。如果材料属于不可替代物，由于承揽人的原因致使材料毁损、灭失的，承揽人应当赔偿定作人材料损失，并承担违约责任；材料交给第三人保管的，承揽人对第三人的保管行为向定作人负责；材料因自身性质产生自然损耗的，承揽人如果已尽妥善保管责任的，不承担损害赔偿责任。定作人隐瞒材料瑕疵的，承揽人在尽妥善保管义务的前提下，对材料的毁损、灭失以及因材料产生的工作成果的瑕疵不承担责任；材料因为不可抗力而发生毁损、灭失的，承揽人已尽妥善保管责任的，承揽人不承担损害赔偿责任。

承揽人妥善保管的对象除定作人提供的材料外，还包括已经完成的工作成果。在承揽合同中，承揽人的主要义务是完成并交付工作成果。在交付前，工作成果处于承揽人的占有之下，承揽人应当妥善保管工作成果，保证工作成果如期交付。工作成果须实际交付的，交付前，承揽人应当妥善保管工作成果。如果承揽人未尽妥善保管义务，造成工作成果毁损、灭失的，承揽人应当自负费用准备材料，重新完成工作并交付工作成果；因重作而迟延交付的，承揽人应当承担迟延履行的违约责任并赔偿因此给定作人造成的损失。如果工作完成后，承揽人按照约定交付工作成果而定作人迟延受领的，定作人承担迟延受领期间工作成果毁损、灭失的风险，即在承揽人交付至定作人实际受领期间，工作成果发生毁损、灭失的，定作人仍有义务按照约定向承揽人支付报酬及其他费用。

232. 有关承揽人保密的要求是怎样的？

根据民法典的规定，承揽人有保密的义务。承揽人的保密义务体现在不同方面，比如承揽人在订立合同过程中知悉的定作人的商业秘密，定作人要求保密的，承揽人应当保密，不得泄露或者不正当地使用。再如，承揽合同成立后，定作人要求承揽人对承揽工作保密的，承揽人应当在进行承揽工作中保守秘密；在工作完成后，应当将涉密的图纸、技术资料等一并返还定作人。未经定作人的许可，承揽人不得留存复制品或者技术资料。

承揽合同成立后，承揽人的主要义务就是按照定作人的要求完成工作。定作人可以要求承揽人对承揽的工作保密。定作人保密的要求可以通过合同约定，也可以在合同履行期间，要求承揽人保守秘密。定作人应当明确承揽人保密的内容、期限。保密的内容包括技术秘密也包括商业秘密，如具有创造性的图纸、技术数据，或者是专利技术的工作成果，也包括其他定作人不愿他人知晓的信息，如定作人的名称、工作成果的名称等。保密的期限不限于承揽合同履行期间，在承揽合同终止后的一段期间内，承揽人仍应当保守有关秘密。

承揽人在工作中，应当妥善保管有关图纸、技术资料及其他应保密的信息，不得将秘密泄露给他人，也不得不正当地利用保密信息，如承揽人在履行合同中知悉技术秘密的，不得擅自将该技术秘密以自己的名义申请专利。定作人提供图纸、技术资料、样品的情况下，承揽人未经定作人许可不得擅自复制工作成果。承揽人未尽保密义务，泄露秘密，给定作人造成损失的，承揽人承担损害赔偿责任。如果定作人已经公开秘密，承揽人可以不再承担保密义务，但不能不正当地利用已公开的秘密。如定作人将其工作成果申请专利的，承揽人不得未经定作人许可，擅自生产与工作成果同样的产品。

233. 共同承揽人如何对定作人承担责任?

共同承揽是指由两个或者两个以上的人共同完成承揽工作的合同。共同完成承揽工作的人称为共同承揽人。共同承揽可以由共同承揽人与定作人共同订立承揽合同，也可以根据承揽人的约定由其中一个承揽人代表所有共同承揽人与定作人订立承揽合同。根据共同承揽的性质，共同承揽人对定作人承担连带责任。共同承揽人应当按照约定完成工作，将工作成果交付给定作人。每一个共同承揽人都应当对承揽的全部工作向定作人负责。如果交付的工作成果不符合要求，定作人可以要求共同承揽中的任何一个承揽人承担违约责任，任何一个共同承揽人都应当无条件承担违约责任。承担责任的共同承揽人，可以向其他共同承揽人追偿超出其实际应承担的责任份额，也就是说，任何一个共同承揽人向定作人承担责任后，共同承揽人再根据约定或者过错大小承担相应责任。例如，甲、乙二人共同与丙订立一个大型船舶建造合同，约定由甲、乙共同完成，两年后交货，并约定迟延交付的，每天向定作人交纳违约金 1000 美元。如果由于甲的工作迟延致使交付比约定晚了 30 天，丙可以要求甲或乙承担迟延交付的违约责任，如果丙要求乙支付 30000 美元违约金的，乙应当向丙如数支付，支付后再向甲追偿。根据权利义务相对等的原则，共同承揽人对定作人承担连带责任，也意味着共同承揽人对定作人也享有连带权利，任何一个共同承揽人都可以根据法律规定或者合同约定向定作人主张权利，再根据约定或者工作比例分享。例如，甲与乙共同承揽制作一部大型车床，如果定作人未按照约定支付报酬和材料费，甲或乙都有权留置该车床，以折价或者变卖、拍卖获取价款，取得价款后，再根据约定或者各自工作份额优先受偿。

从尊重当事人意思自治的原则出发，当事人可以约定共同承揽的责任承担。例如，定作人与共同承揽人约定，共同承揽人各自承担责任；也可以约定，指定其中一个承揽人承担合同责任。有当事人约定，共同承揽人根据约定向定作人承担责任。无约定或者约定不明确的，共同承揽人承担连带责任。

234. 民法典对定作人对承揽合同的任意解除权是如何规定的?

解除合同是指在合同成立后，因当事人一方或者双方的意思表示而使合同关系消灭的行为。根据民法典的有关规定，双方当事人可以协商解除合同；当事人一方解除合同的，只限于两种情况：一是在发生不可抗力致使合同目的无法实现；二是对方当事人严重违约，包括在履行期限届满之前，当事人一方明确表示或者以自己的行为表明不履行其主要债务；当事人一方迟延履行主要债务，经催告后在合理期限内仍未履行的；对方当事人迟延履行债务或者其他违约行为致使不能实现合同目的等。除这些法定解除权外，当事人擅自解除合同的，应当承担违约责任。但在承揽合同中，定作人除了享有上述合同解除权外，还可以享有在承揽人完成工作前随时解除合同的权利，这是承揽合同的一大特点，也是由于承揽合同的性质所决定的。

承揽合同是定作人为了满足其特殊需求而订立的，承揽人根据定作人的指示进行工作，如果定作人于合同成立后由于各种原因不再需要承揽人完成工作，则应当允许定作人解除合同。

根据民法典的规定，定作人解除合同的前提是赔偿承揽人的损失。这样处理，既可以避免给定作人造成更大的浪费，也不会给承揽人造成不利。定作人依据这一条行使随时解除权的，应当符合以下要求：第一，定作人应当在承揽人完成工作前提出解除合同。考虑到承揽合同往往具有较强的专属性，承揽人工作的展开及成果的交付都需要按照定作人的要求进行。如果允许定作人在承揽人完成工作以后仍然可以解除合同，则很可能由于定作成果的专属性而造成浪费，承揽人很难再将原本为定作人完成的工作成果进行处置，这与民法典所倡导的绿色原则、充分发挥物的效用的理念都不相符。因此，通过将定作人解除合同的时点限制在“承揽人完成工作前”，可以在定作人的任意解除权与避免资源浪费、践行绿色原则之间取得平衡，是较为妥当的做法。第二，定作人行使任意解除权的，应当通知承揽人。解除通知到达承揽人时，解除生效，合同终止，承揽人可以不再进行承揽工作。第三，定作人行使任意解除权解除承揽合同造成承揽人损失的，应当赔偿损失。这些损失主要包括承揽人已完成的工作部分所应当获得的报酬、承揽人为完成这部分工作所支出的材料费以及承揽人因合同解除而受到的其他损失。合同解除后，承揽人应当将已完成的部分工作交付定作人。定作人提供材料的，如有剩余，也应当返还定作人。定作人预先支付报酬的，在扣除已完成部分的报酬外，承揽人也应当将剩余价款返还定作人。

235. 哪些合同是建设工程合同?

建设工程合同是指承包人进行工程建设，发包人支付价款的合同。工程是指土木建筑工程和建筑业范围内的线路、管道、设备安装工程的新建、扩建、改建及大型的建筑装修装饰活动，主要包括房屋、铁路、公路、机场、港口、桥梁、矿井、水库、电站、通讯线路等。一项工程一般包括勘察、设计和施工等一系列过程，因此，建设工程合同通常包括工程勘察、设计、施工合同。

勘察合同是指发包人与勘察人就完成建设工程地理、地质状况的调查研究工作而达成的协议。建设工程勘察，通常需要根据建设工程的要求，查明、分析、评价建设场地的地质地理环境特征和岩土工程条件，并编制建设工程勘察文件。勘察合同就是反映并调整发包人与受托地质工程单位之间权利义务关系的依据。

设计合同是指发包人与设计人就完成建设工程设计工作而达成的协议。建设工程设计，通常需要根据建设工程的要求，对建设工程所需的技术、经济、资源、环境等条件进行综合分析、论证，并编制建设工程设计文件。建设工程设计一般涉及方案设计、初步设计以及施工图设计，它们之间还具有一定的关联性。按照国务院《建设工程勘察设计管理条例》的规定，编制的方案设计文件，应当满足编制初步设计文件和控制概算的需要。编制的初步设计文件，应当满足编制施工招标文件、主要设备材料订货和编制施工图设计文件的需要。编制的施工图设计文件，应当满足设备材料采购、非标准设备制作和施工的需要，并注明建设工程合理使用年限。

施工合同是指发包人与施工单位就完成建设工程的一定施工活动而达成的协议。施工合同主要包括建筑和安装两方面内容，这里的建筑是指对工程进行营造的行为，安装主要是指与工程有关的线路、管道、设备等设施的装配。建设工程施工合同是工程建设质量控制、进度控制、投资控制的主要依据。

建设工程合同由建设工程的发包人和承包人签署。发包人，一般为建设工程的建设单位，即投资建设该项工程的单位，通常也称作“业主”。建设工程实行总承包的，总承包单位经发包人同意，在法律规定的范围内对部分工程项目进行分包的，工程总承包单位即成为分包工程的发包人。建设工程的承包人，即实施建设工程的勘察、设计、施工等业务的单位，包括对建设工程实行总承包的单位、勘察承包单位、设计承包单位、施工承包单位和承包分包工程的单位。工程勘察、设计、施工是专业性很强的工作，所以一般应当由专门的具有相应资质的工程承包单位来完成。

236. 建设工程合同为何必须采用书面形式？

合同按照其订立方式可分为口头合同、书面合同以及采用其他方式订立的合同。凡是当事人的意思表示采用口头形式而订立的合同，称为口头合同；凡是当事人的意思表示采用书面形式而订立的合同，称为书面合同。书面形式是合同书、信件等可以有形地表现所载内容的形式。以口头形式订立合同具有简便、迅速、易行的特点，是实际生活中大量存在的合同形式，如消费者在市场购物时与商店营业员之间产生的商品买卖合同关系，就是典型的口头合同。但是口头合同由于没有必要的凭证，一旦发生合同纠纷，往往举证困难，容易产生推卸责任、相互扯皮的现象，不易分清责任。而书面形式的合同由于对当事人之间约定的权利义务都有明确的文字记载，能够提示当事人适时地正确履行合同义务，当发生合同纠纷时，也便于分清责任，正确、及时地解决纠纷，具有一定的优越性。

建设工程合同一般具有合同标的额大，合同内容复杂、履行期较长等特点，为慎重起见，更应当采用书面形式。此外，建设工程的质量涉及社会上不特定第三人的人身和财产安全，采用书面形式，也便于建设工程相关监督管理工作的开展。为此，民法典特别明确规定建设工程合同应当采用书面形式。

实践中，较大工程建设一般采用的是合同书的形式订立合同。通过合同书，当事人写明各自的名称、地址，工程的名称和工程范围，明确规定履行内容、方式、期限，违约责任以及解决争议的方法等。工程承包合同，还应当明确承包的内容以及承包方式。勘察、设计合同，还应当明确提交勘察或者设计基础资料、设计文件（包括概预算）的期限，设计的质量要求、勘察或者设计费用以及其他协作条件等内容。施工合同，还应当明确工程范围、建设工期、中间交工工程的开工和竣工时间、工程质量、工程造价、技术资料交付时间、材料和设备供应责任、拨款和结算、交工验收、质量保证期、双方互相协作等内容。当事人也可以选择有关的合同示范文本作为参照订立建设工程合同。

237. 民法典对建设工程的招标投标有什么规定？有何考虑？

民法典规定，建设工程的招标投标活动，应当依照有关法律的规定公开、公平、公正进行。

采用招标投标方式进行建设工程的发包与承包，其最显著的特征是将竞争机制引入建设工程的发包与承包活动之中，与采用“一对一”谈判的办法进行的建设工程的发包与承包相比，具有明显的优越性，这主要表现在以下两点：第一，招标方通过对各投标竞争者的报价和其他条件进行综合比较，从中选择报价低、技术力量强、质量保障体系可靠、具有良好信誉的承包人作为中标者，与之签订建设工程合同，这显然有利于保证工程质量、缩短工期、降低工程造价、提高投资效益；第二，招标投标活动要求依照法定程序公开进行，有利于堵住建设工程发包与承包活动中行贿受贿等腐败和不正当竞争行为的“黑洞”。正因为招标投标具有明显的优越性，符合市场竞争的要求，也就成为我国建设工程发包与承包活动中大力推广的主要方式，尤其是对于使用国有资金建设的工程项目。我国《建筑法》规定建筑工程应当依法实行招标发包，对不适于招标发包的才可以直接发包。因而，依据建筑法和其他法律、行政法规的规定，工程建设需要采取招标投标的方式订立合同的，当事人必须采用招标投标方式订立合同。法律没有规定的，发包人可以采取招标投标方式进行发包，也可以直接发包。依据我国《招标投标法》的规定，需要进行招标的项目主要包括：(1) 大型基础设施、公用事业等关系社会公共利益、公众安全的项目；(2) 全部或者部分使用国有资金投资或者国家融资的项目；(3) 使用国际组织或者外国政府贷款、援助资金的项目；(4) 法律或者国务院规定的其他必须招标的项目。招标投标法及其实施条例还对可以不进行招标的特殊情形进行了规定。必须进行招标的工程建设项目的勘察、设计、施工、监理以及与工程建设有关的重要设备、材料等的采购都必须进行招标。招标分为公开招标和邀请招标。公开招标是指招标人以招标公告的方式邀请不特定的法人或者其他组织投标。邀请招标是指招标人以投标邀请书的方式邀请特定的法人或者其他组织投标。法律、行政法规规定必须进行公开招标的项目还必须进行公开招标。

建设工程实行公开招标的，一般包括以下四个主要过程：

1. 发标。发标是指发包人作为招标方依照法定程序和方式，发布招标公告，提供载有招标工程的主要技术要求、主要合同条款、评标的标准和方法以及开标、评标、定标的程序等内容的招标文件。

2. 开标。招标方在投标截止日期届满后，在规定的时间内，将收到的投标书启封打开，查阅其内容，以便对各标书载明的承包条件进行评审的活动。开标应当在招标文件规定的时间、地点公开进行，通常采取召开开标会的形式，所有参加投标的承包人都有资格参加开标会，对开标过程进行监督。招标方应当在开标会上当众查验各标书的密封情况，逐一开启标书，公开唱标，宣读各标书中载明的投标人名称、投标价格和其他主要内容，并对唱标过程做好记录以备查验。开标后，任何人不得再更改标书的报价和其他内容。

3. 评标。评标是指在开标后，招标方应当按照招标文件规定的评标标准和程序对标书进行评价、比较，在具备相应资质条件的投标者中，择优选定中标者。评标应当按照招标文件规定的标准和程序对标书进行客观、公正的评价、比较，任何人不得更改或违反规定的评标标准和程序。实际中通常由招标方组织由项目方、主要投资方、招标代理机构的代表以及有关技术、经济、法律方面等专家组成一个评标机构，对各投标人的标书的有效性，标书所提供的技术方案的科学性、合理性、可行性，技术力量的状况和质量保证措施的有效性等作出技术评审，对工程报价及各项费用构成的合理性作出经济评审，在此基础上作出评标报告，提出几名推荐中标人的名单，供发包人从中选择。

4. 定标。定标又称决标，是指发包人从投标者中最终选定中标者作为工程承包人的活动。定标必须遵守平等竞争、择优选定的原则，按照规定的程序，从评标机构推荐的中标候选人中择优选定中标人，并与之订立建设工程合同。在国际上通行的做法是，在技术、资信等其他条件相当的情况下，应当以报价最低的投标人作为中标人。

建设工程的招标投标活动，应当依照有关法律的规定公开、公平、公正进行。

所谓的公开，是指进行招标投标活动的有关信息要公开，招标方应当通过在新闻媒体上刊发广告或者以其他适当形式，发布建设工程招标信息，并在公开提供的招标文件中，载明招标工程的主要技术要求以及投标人的资格要求等内容，使所有符合条件的承包商都能有机会参与投标竞争。同时，招标投标的程序要公开，包括领取招标文件的时间、地点，投标的截止日期，开标的时间、地点以及评标与定标的标准、方法等，都应当公开透明，以便各方面监督，不允许进行“暗箱操作”。所谓的公平，就是指招标方平等地对待每一份投标，投标方也要以正当手段进行竞争，不得向投标方及其工作人员行贿、提供回扣等不正当竞争行为，以保证竞争的平等。所谓的公正，是指招标方在招标过程中要严格按照公开的招标文件和程序办事，严格按照既定的评标标准评标和定标，公平地对待每一个投标者，不得厚此薄彼、亲亲疏疏。

238. 按照民法典的规定，建设工程发包和承包有哪些主要方式？要求是什么？

建设工程合同发包承包根据订约双方的不同，可以分为直接承包和分包两大类。直接承包是指发包人直接将工程承包给承包人，包括工程总承包和单项工程承包两种方式。分包是指总承包人、勘察、设计、施工承包人经发包人同意，可以将自己承包的部分工作交由第三人完成。

建设工程的总承包，又称为“交钥匙承包”，是指建设工程任务的总承包，即发包人将建设工程的勘察、设计、施工等工程建设的全部任务一并发包给一个具备相应的总承包资质条件的承包人，由该承包人负责工程的全部建设工作，直至工程竣工，向发包人交付经验收合格符合发包人要求的建设工程的发包承包方式。

与总承包方式相对应的，是单项任务的承包，即发包人将建设工程中的勘察、设计、施工等不同工作任务，分别发包给勘察人、设计人、施工人，与其签订相应的承包合同。

建设工程的发包承包是采取总承包方式还是单项工程承包方式，可以由发包人根据实际情况自行确定。

建设工程的分包，是指工程总承包人、勘察承包人、设计承包人、施工承包人承包建设工程后，经发包人同意，将其承包的某一部分工程或某几部分工程，再发包给其他承包人，与其签订承包合同项下的分包合同。总承包人、勘察、设计、施工承包人在分包合同中即成为分包合同的发包人。

承包人必须具有相应资质。依照我国有关法律的规定，从事建设活动的勘察人、设计人和施工人必须具备以下资质条件：(1) 有符合国家规定的注册资本；(2) 有与其从事的建设活动相适应的具有法定执业资格的专业技术人员；(3) 有从事相关建设活动所应有的技术装备；(4) 法律、行政法规规定的其他条件。从事工程建设活动的勘察人、设计人和施工人，按照其拥有的注册资本、专业技术人员、技术装备和已完成的建设工程业绩等资质条件，划分为不同的资质等级，经资质审查合格，取得相应等级的资质证书后，方可在其资质等级许可的范围内从事建设活动。

不论发包人采取何种方式与承包人签订合同，都不得将建设工程支解发包，即不得将应当由一个承包人完成的建设工程支解成若干部分发包给几个承包人。至于如何确定是不是应当由一个承包人完成的建设工程，需要由国务院有关主管部门根据实际情况作出具体规定。如对一幢房屋的供水管线，发包人就不应将其分成若干部分发包给几个承包单位。如果对一幢房屋中的供水管线和空调设备的安装，尽管都属于同一建筑的设备安装，但因各有较强的专业性，发包人可以将其分别发包给不同的承包人。

承包人不得将其承包的全部建设工程转包给第三人或者将其承包的全部建设工程支解以后以分包的名义分别转包给第三人。这是因为：(1) 实践中，转包行为具有很大的危害性。一些单位将其承包的工程压价转包给他人，从中谋取不正当利益，形成“层层转包、层层扒皮”的现象，最后实际用于工程建设的费用大为减少，导致严重偷工减料；一些建设工程转包后落入不具备相应资质条件的包工队中，留下严重的工程质量隐患，甚至造成重大质量事故。(2) 承包人擅自将其承包的工程项目转包，破坏了合同关系应有的稳定性和严肃性。在建设工程合同订立过程中，发包人往往经过慎重选择，确定与其所信任并具有相应资质条件的承包人订立合同，承包人将其所承包的工程转包给他人，擅自变更合同，违背发包人的意志，损害发包人的利益，这是法律所不允许的。

分包人不得将其承包的工程再分包。为避免因层层分包造成责任不清以及因中间环节过多造成实际用于工程的费用减少的问题，法律规定，分包人不得将其承包的工程再分包，即对工程建设项目只能实行一次分包。

实行施工承包的，建设工程的主体结构必须由承包人自行完成，不得分包，即承包人承包工程全部施工任务的，该工程的主体结构必须由承包人自行完成。

239. 国家重大建设工程合同的订立有何特殊性?

按照民法典的规定，国家重大建设工程合同，应当按照国家规定的程序和国家批准的投资计划、可行性研究报告等文件订立。

哪些建设工程属于国家重大建设工程，法律并没有具体规定，实践中，并不是国家政府投资的项目都属于国家重大建设工程，一般列入国家重点投资计划而且投资额巨大，建设周期特别长，由中央政府全部投资或者参与投资的工程，往往属于国家重大建设工程，如三峡工程。有些虽然未列入国家重点投资计划，投资额不算巨大，但影响很大的工程项目，也属于国家重大建设工程项目，如国家大剧院工程。也有些工程，虽然属于地方政府投资，但投资巨大、影响广泛的工程项目，也属于国家重大建设工程项目。例如，亚运工程建设项目，虽然是主要由北京市政府投资的工程项目，但是其投资计划是经过国家批准，也属于国家重大建设工程项目。

国家重大建设工程合同，应当按照国家规定的程序和国家批准的投资计划、可行性研究报告等文件订立。一般在实践中，国家重大建设工程在事先应当进行可行性研究，对工程的投资规模、建设效益进行论证分析，并编制可行性研究报告，然后申请立项。立项批准后，再根据立项制定投资计划并报国家有关主管部门批准，投资计划批准后，有关建设单位根据工程的可行性研究报告和国家批准的投资计划，遵照国家规定的程序进行发包，与承包人订立建设工程合同。这里规定的国家规定的程序是指建筑法等有关法律、法规规定的重大工程建设项目订立的程序。国家重大建设工程合同必须实行公开招标发包，发包人应当按照法定的程序和方式，发布招标公告，提供载有招标工程的主要技术要求、主要合同条款、评标的标准和方法以及开标、评标、定标的程序等内容的招标文件。开标应当在招标文件规定的时间、地点公开进行。开标后应当按照招标文件规定的评标标准和程序对标书进行评价、比较，确定中标候选名单，中标候选单位必须具备能够建设该重大工程项目的相应资质。发包人在具有相同资质条件的投标者中，择优选择中标者。发包人应当同中标者订立建设工程承包合同。国家重大工程建设项目一般都属于国家强制监理的建设工程，因此发包人应当委托具有相应资质条件的工程监理单位对工程建设进行监理。发包人应当与其委托的工程监理单位订立书面的委托监理合同。

240. 建设工程合同无效，建设工程应当如何处置？承包人有什么权利？

《民法典》第157条规定：“民事法律行为无效、被撤销或者确定不发生效力后，行为人因该行为取得的财产，应当予以返还；不能返还或者没有必要返还的，应当折价补偿。有过错的一方应当赔偿对方由此所受到的损失；各方都有过错的，应当各自承担相应的责任。法律另有规定的，依照其规定。”依据该规定，合同无效后，对于因该行为取得的财产应当返还或折价补偿，因自己的过错给对方造成损失的，应当赔偿由此给对方所造成的损失。这是合同无效时的一般处理规则，在建设工程施工合同领域也应当适用。但是，建设工程施工合同的履行过程就是承包人将劳务及建筑材料物化到建设工程的过程，建设工程施工过程完成会有建筑物等不动产的产生。基于这一特殊性，合同无效时，发包人既无法向承包人返还建设工程，也无法向承包人返还已经付出的劳务和使用的建筑材料，因此，只能折价补偿。

折价补偿的前提是建设工程本身具有价值。建设工程质量是建设工程的生命。建设工程质量不合格便无使用价值，甚至会危害人民群众生命安全。对发包人来说建设工程质量不合格不仅没有价值，甚至可能还有危害，需要拆除重建，给发包人带来损失。因此，建设工程施工合同无效后，对承包人进行折价补偿的前提是建设工程经验收合格。对于经验收不合格，但是具有修复可能的建设工程，基于节约社会资源原则和当事人之间的公平，应当在确保工程质量安全的前提下，充分科学评估建设工程在技术上和经济上是否具有修复可能或者修复必要。如果可以通过修复使建设工程重新达到验收合格的，应当提倡进行修复，并由承包人承担修复费用，不宜一概要求恢复原状推倒重建，造成社会资源的浪费。如果从技术上和经济上判断确属没有可能修复或修复成本明显过高，进行修复显著不经济、不合理的，则没有必要要求必须进行修复，徒增不合理的负担和成本。因此，建设工程施工合同无效，且建设工程经验收不合格，修复后经验收合格的，发包人可以请求承包人承担修复费用。修复后仍不能验收合格的，则无需对承包人进行折价补偿。

关于折价补偿的标准，建设工程施工合同无效，建设工程经竣工验收合格的，承包人可以请求参照合同关于工程价款的约定折价补偿。

建设工程施工合同无效，建设工程经验收不合格，修复后，建设工程经验收仍不合格的，承包人不能请求参照合同关于工程价款的约定补偿，但是，发包人对因建设工程不合格造成的损失也有过错的，也应根据其过错承担相应的责任。例如发包人提供有瑕疵的设计、提供不合格的材料等，在具体案件中人民法院应当根据发包人的过错程度判定其责任承担。

241. 勘察、设计合同的内容一般有哪些？

勘察、设计合同的内容一般包括提交有关基础资料和概预算等文件的期限、质量要求、费用以及其他协作条件等条款。

提交有关勘察或者设计基础资料和文件是发包人的义务，勘察或者设计的基础资料是指勘察人、设计人进行勘察、设计工作所依据的基础文件和情况。勘察基础资料包括可行性报告，工程需要勘察的地点、内容，勘察技术要求及附图等。设计的基础资料包括工程的选址报告等勘察资料以及原料（或者经过批准的资源报告），燃料、水、电、运输等方面的协议文件，需要经过科研取得的技术资料。为了保证勘察、设计工作的顺利进行，合同中应当明确提交有关基础资料的期限。

提交勘察、设计文件（包括概预算）是勘察、设计人的基本义务。勘察文件一般包括对工程选址的测量数据、地质数据和水文数据等。勘察文件往往是进行工程设计的基础资料，勘察文件的交付进度能够影响设计工作的进度，因此当事人应当在勘察合同中明确勘察文件的交付期限。设计文件的期限是指设计人完成设计工作，交付设计文件的期限。设计文件主要包括建设设计图纸及说明，材料设备清单和工程的概预算等。设计文件是工程建设的依据，工程必须按照设计文件进行施工，因此，设计文件的交付期限会直接影响工程建设的期限。当事人在设计合同中应当明确设计文件的交付期限。

质量要求是发包人对勘察、设计工作提出的标准。勘察人和设计人应当按照确定的质量要求进行勘察、设计，按时提交符合质量要求的勘察、设计文件。当事人在勘察、设计合同中应当明确相关的质量要求。

费用是勘察人、设计人完成勘察、设计工作的报酬。支付勘察、设计费是发包人在勘察、设计合同中的主要义务，因此，在勘察、设计合同中应当明确勘察、设计费用的数额或者计算方法，勘察、设计费用的支付方式、地点、期限等内容。

为了保证勘察、设计工作顺利完成，双方当事人应当相互提供必要的协作条件，相互履行相应的协助义务。发包人的主要协作义务是在勘察、设计人员入场工作时，为勘察、设计人员提供必要的工作条件和生活条件，以保证其正常开展工作。勘察、设计人员的主要协作义务是配合工程建设的施工，进行设计交底，解决施工中的有关设计问题，负责设计变更和修改预算，参加试车考核和工程验收等。对于大中型工业项目和复杂的民用工程应当派现场设计，并参加隐蔽工程的验收等。因此，勘察、设计合同中应当对双方相互提供的协作条件作出安排。

当然，勘察、设计合同不只是包括这些条款，当事人的名称或者姓名和住所、履行地点和方式、勘察、设计工作的范围与进度、违约责任、解决争议的方法等条款，也是勘察、设计合同所应当具备的条款。此外，根据合同的性质和具体情况，当事人还可以协商确定其他必要的条款。

242. 施工合同的内容一般包括什么？

施工合同的内容一般包括工程范围、建设工期、中间交工工程的开工和竣工时间、工程质量、工程造价、技术资料交付时间、材料和设备供应责任、拨款和结算、竣工验收、质量保修范围和质量保证期、相互协作等条款。

工程范围是指施工的界区，是施工人进行施工的工作范围。工程范围是施工合同的必备条款。

建设工期是指施工人完成施工任务的期限。每个工程根据性质的不同，所需要的建设工期也各不相同。建设工期能否合理确定往往会影响到工程质量的好坏。实践中，有的发包人由于种种原因，常常要求缩短工期，施工人为了赶进度，只好偷工减料，仓促施工，结果导致出现严重的工程质量问题。为了保证工程质量，双方当事人应当在施工合同中确定合理的建设工期。

中间交工工程是指施工过程中的阶段性工程。为了保证工程各阶段的交接，顺利完成工程建设，当事人应当明确中间交工工程的开工和竣工时间。

工程质量是指工程的等级要求，是施工合同中的核心内容。工程质量往往通过设计图纸和施工说明书、施工技术标准加以确定。工程质量条款是明确对施工人的施工要求，确定施工人责任的依据，是施工合同的必备条款。工程质量必须符合国家有关建设工程安全标准的要求，发包人不得以任何理由，要求施工人在施工中违反法律、行政法规以及建设工程质量、安全的标准，降低工程质量。

工程造价是指施工建设该工程所需的费用，包括材料费、施工成本等费用。当事人应根据工程质量要求，根据工程的概预算，合理地确定工程造价。实践中，有的发包人为了获得更多的利益，往往会压低工程造价，施工人为了盈利，则不得不偷工减料，以次充好，结果导致出现工程质量不合格的现象，甚至还会导致严重的工程质量事故的发生。因此，为了保证工程质量，双方当事人应当合理地确定工程造价。

技术资料主要是指勘察、设计文件以及其他施工人据以施工所必需的基础资料。技术资料的交付是否及时往往会影响到施工的进度，因此，当事人应当在施工合同中明确技术资料的交付时间。

材料和设备供应责任是指由哪一方当事人提供工程建设所必需的原材料以及设备。材料一般包括水泥、砖瓦石料、钢筋、木料、玻璃等建筑材料和构配件。设备一般包括供水、供电管线和设备、消防设施、空调设备等。实践中，材料和设备有的由发包人负责提供，有的则由施工人负责采购。材料和设备的供应责任由双方当事人在合同中作出明确约定。合同中如果约定由承包人（施工人）负责采购建筑材料、构配件和设备，则施工人履行采购任务，既是施工人应当履行的义务，也是施工人应当享有的权利。发包人有权对施工人提供的材料和设备进行检验，发现材料或设备不合格的，有权要求施工人调换或者补齐。但是，发包人不得利用自己有利的合同地位，指定施工人购买的建筑材料、构配件或设备，包括不得要求施工人必须向其指定的生产厂家或供应商购买建筑材料、构配件或设备。因为，由发包人指定供应厂商，容易导致发包人与供应厂商之间出现腐败行为，此外，在建设工程造价固定的情况下，发包人如指定施工人购买高价的建筑材料、构配件或设备，也会损害到施工人的利益。

拨款是指工程款的拨付。结算是指工程交工后，计算工程的实际造价以及其与已拨付工程款之间的差额。拨款和结算条款是施工人请求发包人支付工程款和报酬的依据。一般来说，除“交钥匙工程”外，施工人只负责建筑、安装等施工工作，由发包人提供工程进度所需款项，保证施工顺利进行。现实中，发包人往往利用自己在合同中的有利地位，要求施工人垫款施工。施工人垫款完成施工任务后，发包人却常常不及时进行结算，拖延支付工程款以及施工人所垫付的款项，这是实践中欠付工程款中常见的现象，因此，当事人在合同中应明确相应的拨款和结算条件，并避免在合同中约定垫款施工。

竣工验收是工程交付使用前的必经程序，也是发包人支付价款的前提。竣工验收条款一般包括验收的范围和内容、验收的标准和依据、验收人员的组成、验收方式和日期等内容。建设工程竣工后，发包人应当根据施工图纸及说明书、国家颁布的施工验收规范和质量检验标准及时进行验收。

建设工程的保修范围通常包括地基基础工程、主体结构工程、屋面防水工程和其他工程，以及电气管线、上下水管线的安装工程，供热、供冷工程等项目。质量保证期是指工程各部分正常使用的期限，实践中也称质量保修期。质量保证期应当与工程的性质相适应。当事人应当按照保证工程在合理寿命年限内的正常使用，维护使用者合法权益的原则确定质量保证期，但是，当事人确定的质量保证期不得低于国家规定的最低保证期限。

双方相互协作条款一般包括双方当事人在施工前以及施工过程中应当相互提供的必要协助。双方当事人的协作是施工过程的重要组成部分，是工程顺利施工的重要保证。

243. 民法典对建设工程监理是如何规定的？

《民法典》第796条规定："建设工程实行监理的，发包人应当与监理人采用书面形式订立委托监理合同。发包人与监理人的权利和义务以及法律责任，应当依照本编委托合同以及其他有关法律、行政法规的规定。"

建设工程监理，是指由具有法定资质条件的工程监理单位，根据发包人的委托，依照法律、行政法规以及有关的建设工程技术标准、设计文件和建设工程合同，代表发包人对工程建设过程实施监督的专门活动。作为建设工程的发包人，为了能够取得良好的投资效益，保证工程质量，合理控制工期，需要对承包人的工程建设活动实施必要的监督。但是，多数发包人并不擅长工程建设的组织管理和技术监督。因而，由具有工程建设方面的专业知识和实践经验的人员组成的专业化的工程监理单位，接受发包人的委托，代表发包人对工程的质量、工期和投资使用情况等进行监督，对于维护发包人的利益，协调发包人与承包人之间的关系，保证工程质量，规范建设市场秩序，都具有很大的优越性。建设工程的监理制度在国际上已有较长的发展历史，西方发达国家已经形成了一套完整的工程监理制度，可以说，建设工程监理已成为建设领域的一项国际惯例，随着改革开放进程的发展，我国在工程建设中也推行了监理制度。因而，我国法律也对工程监理作出了规定。

建设工程监理是建设项目的发包人为了保证工程质量、控制工程造价和工期，维护自身利益而采取的监督措施，因此，对建设工程是否实行监理，原则上应由发包人自行决定。但是，为了加强对项目建设的监督，保证投资效益，维护国家利益和公共利益，国家对于特定的项目规定了强制监理，明确了强制监理的范围。例如，按照国务院2000年颁布的《建设工程质量管理条例》的规定，国家重点建设工程、大中型公用事业工程、成片开发建设的住宅小区工程、利用外国政府或者国际组织贷款、援助资金的工程以及其他国家规定必须实行监理的工程必须实行监理。属于实行强制监理的工程，发包人必须依法委托工程监理单位实施监理，对于其他建设工程，发包人则可自行决定是否实行工程监理。对需要实行工程监理的，发包人应当委托具有相应资质条件的工程监理单位进行监理。

监理合同是工程监理人对工程建设实施监督的依据。基于其重要性，法律规定，发包人与其委托的工程监理人应当订立书面委托监理合同。由于发包人与工程监理人之间的关系在性质上是平等主体之间的委托合同关系，工程监理人是代表发包人，在发包人授予的监理权限范围内行使监理职责，因此，发包人与监理人的权利和义务关系以及法律责任，应当依照委托合同以及建筑法等其他法律、行政法规的有关规定确定。

244. 为何要规定发包人的检查权，发包人应当如何行使检查权？

为了保证施工进度和质量，保障建设工程合同的适当履行，减少建设工程的质量安全隐患，规定了发包人在不妨碍承包人正常作业的情况下，可以随时对作业进度、质量进行检查。

发包人对工程作业的检查一般通过两种方式。一是委派具体管理人员作为工地代表。发包人委派工地代表的，应当及时通知承包人，告知承包人其委派的具体代表及其权限。派驻的工地代表负责对工程进度、工程质量进行监督检查，办理中间交工工程验收手续以及其他应当由发包人解决的事宜。二是发包人委托监理人实施对工程建设过程的检查。发包人委托监理的，应当与监理人订立书面的委托监理合同。在实施工程监理前，发包人应当将委托的监理单位、监理内容及监理权限，书面通知被监理工程的承包人。监理人应当依照法律、行政法规及有关的技术标准、设计文件和建设工程承包合同，对承包人在施工质量、建设工期和建设资金使用等方面，代表发包人实施监督。

发包人可以随时对工程作业的进度和质量进行检查。工地代表、监理人在检查过程中发现工程设计不符合建设工程质量要求的，应当报告发包人要求设计人改正。如果发现工程的施工不符合工程设计要求、施工技术标准和合同约定的，工地代表和监理人有权要求承包人改正。承包人应当接受发包人的检查，为工地代表和监理人的工作提供方便和协助，并应发包人的要求，及时向发包人提供月份作业计划、月份施工统计报表、施工进度报告表、工程事故报告等文件。如果承包人的勘察、设计、施工等工作不符合工程质量的要求，当发包人或工地代表、监理人提出改正要求时，承包人应当立即改正，不得拒绝。

发包人有权对承包人的工程作业进行检查，但是，另一方面发包人的检查行为要合理，不能因此妨碍承包人的正常作业。因此，发包人检查权的行使应符合“在不妨碍承包人正常作业的情况下”这个前提。如果，因为发包人或者工地代表、监理人的不当行为致使承包人无法进行正常作业的，承包人有权要求顺延工期，造成承包人停工、返工、窝工等损失的，承包人有权要求发包人承担损害赔偿责任。

245. 民法典对隐蔽工程的检查有何要求?

《民法典》第 798 条规定：“隐蔽工程在隐蔽以前，承包人应当通知发包人检查。发包人没有及时检查的，承包人可以顺延工程日期，并有权请求赔偿停工、窝工等损失。”

承包人在隐蔽工程隐蔽以前，应当通知发包人检查。隐蔽工程在隐蔽后，如果发生质量问题，还得重新覆盖和掩盖，会造成返工等非常大的损失，为了避免资源的浪费和当事人双方的损失，保证工程的质量和工程顺利完成，法律规定承包人在隐蔽工程隐蔽以前，应当通知发包人检查，发包人检查合格的，方可进行隐蔽工程。实践中，当工程具备覆盖、掩盖条件时，承包人应当先进行自检，自检合格后，在隐蔽工程进行隐蔽前及时通知发包人或发包人派驻的工地代表对隐蔽工程的条件进行检查并参加隐蔽工程的作业。通知包括承包人的自检记录、隐蔽的内容、检查时间和地点。发包人或其派驻的工地代表接到通知后，应当在要求的时间内到达隐蔽现场，对隐蔽工程的条件进行检查，检查合格的，发包人或者其派驻的工地代表在检查记录上签字，检查合格后，承包人方可进行隐蔽施工。发包人检查发现隐蔽工程条件不合格的，有权要求承包人在一定期限内完善工程条件。隐蔽工程条件符合规范要求，发包人检查合格后，发包人或者其派驻工地代表拒绝在检查记录上签字的，实践中可视为发包人已经批准，承包人可以进行隐蔽工程施工。

发包人应当及时检查。发包人不进行检查，承包人就无法进行隐蔽施工，因此，工程具备覆盖、掩盖条件，承包人通知发包人检查的，发包人应当及时检查。如发包人无正当理由不及时进行检查的，承包人有权暂停施工。承包人可以顺延工期，并要求发包人赔偿因此造成的停工、窝工、材料和构件积压等损失。

如果承包人未通知发包人检查而自行隐蔽工程的，事后，发包人有权要求对已隐蔽的工程进行检查，承包人应当按照要求进行剥露，并在检查后重新隐蔽，需要修复的，在修复后重新隐蔽。如果经检查隐蔽工程不符合要求的，承包人应当返工，并于返工经验收合格后重新进行隐蔽。在这种情况下，检查隐蔽工程所发生的费用，如检查费用、返工费用、材料费用等费用应由承包人负担，承包人还应承担因此出现的工期延误的违约责任。

246. 民法典关于竣工验收有何规定？

《民法典》第 799 条规定：“建设工程竣工后，发包人应当根据施工图纸及说明书、国家颁发的施工验收规范和质量检验标准及时进行验收。验收合格的，发包人应当按照约定支付价款，并接收该建设工程。建设工程竣工经验收合格后，方可交付使用；未经验收或者验收不合格的，不得交付使用。”

建设工程的竣工验收是指建设工程已按照设计要求完成全部工作任务，准备交付给发包人投入使用前，由发包人或者有关主管部门依照国家关于建设工程竣工验收制度的规定，对该项工程是否合乎设计要求和工程质量标准所进行的检查、考核工作。

实践中，建设工程竣工后，承包人应当按照国家工程竣工验收有关规定，向发包人提供完整的竣工资料和竣工验收报告，并按照合同约定的日期和份数向发包人提交竣工图。发包人接到竣工验收报告后，应当根据施工图纸及说明书、国家颁发的施工验收规范和质量检验标准及时组织有关部门对工程进行验收。

发包人应在验收后及时批准或者提出修改意见。承包人应当按照发包人提出的修改意见进行相应修理或者改建，并承担因自身原因增加的修理、改建费用。

竣工验收合格后，发包人应当按照约定支付价款。在工程建设实践中，竣工报告批准后，承包人应当按照国家有关规定或合同约定的时间、方式向发包人提出结算报告，办理竣工结算。发包人在收到结算报告后，应当及时给予批准或者提出修改意见，在合同约定的时间内将拨款通知送达经办银行由经办银行支付工程款，并将副本送承包人。承包人在收到工程款后将竣工的工程交付发包人，发包人接收该工程。

建设工程必须竣工经验收合格后，方可交付使用；没有经过竣工验收或者经过竣工验收确定为不合格的建设工程的，不得交付使用。如果发包人在竣工验收前，擅自使用工程，发生质量问题的，发包人也应承担相应的责任。

247. 勘察、设计不符合要求，勘察人、设计人应当如何承担责任？

勘察、设计的质量不符合要求或者未按照期限提交勘察、设计文件拖延工期，造成发包人损失的，勘察人、设计人应当继续完善勘察、设计，减收或者免收勘察、设计费并赔偿损失。

建设工程的勘察，担负着为工程建设提供地质资料的任务，建设工程的勘察人应当按照现行的标准、规范、规程和技术条例，开展工程测量、勘测工程地质和水文地质等工作，并按照合同约定的进度及时提交符合质量要求的勘察成果。建设工程的设计，是直接为工程施工提供据以遵循的技术依据的工作。建设工程的设计人应当根据设计技术经济协议文件、设计标准、技术规范、规程、定额等提出勘察技术要求和进行设计，并按照合同约定的进度及时提交符合质量要求的设计文件（包括概预算文件、材料设备清单）。

建设工程的勘察人、设计人必须对其勘察、设计的质量负责，其所提交的建设工程的勘察、设计文件应当符合有关法律、行政法规的规定、建设工程质量和安全标准、建设工程勘察、设计的技术规范、合同的约定。勘察人、设计人提交的勘察、设计文件不符合这些要求的，发包人可以请求勘察人、设计人承担以下违约责任：继续完善勘察、设计，减收或者免收勘察、设计费，赔偿损失。需要指出的是，如果勘察、设计质量只有轻微的质量瑕疵，则发包人可以请求勘察人、设计人继续完善勘察、设计。如果勘察人、设计人不具备完成符合要求的勘察、设计工作的能力或者提交的勘察、设计质量严重不符合约定的，则发包人可以解除合同，重新委托其他勘察人、设计人完成勘察、设计工作。如果勘察、设计不符合约定导致出现工程质量问题或者给发包人造成其他损失的，勘察人、设计人还应当承担相应的赔偿责任。

勘察人、设计人未按照合同约定的期限提交勘察、设计文件的，发包人可以催告勘察人、设计人尽快提交勘察、设计文件。如果勘察、设计文件的迟延致使工期拖延给发包人造成了损失，发包人可以请求勘察人、设计人赔偿损失。如果勘察人、设计人在催告后的合理期限内仍未能提交勘察、设计文件，严重影响工程进度的，发包人可以解除合同，并委托其他勘察人、设计人完成勘察、设计工作。

248. 因施工人的原因建设工程质量不符合约定的，施工人应当承担怎样的责任？

凡是因施工原因造成的工程质量问题，都要由施工人承担责任。如果因施工人的原因导致工程质量不符合约定的，发包人可以请求施工人在合理期限内无偿对工程进行修理或者返工、改建以使工程达到约定的质量要求。如果经过修理或者返工、改建，工程迟延交付的，施工人应当承担逾期交付的违约责任。这里的违约责任包括发包人可以要求承包人赔偿因逾期交付所受到的损失，要求按照约定支付违约金，要求减少价款，要求执行定金罚则等。发包人可以根据施工人的违约程度和自己的损失大小，按照合同约定及法律规定合理选择请求施工人承担相应的违约责任。

249. 承包人对在合理使用期限内的建设工程承担什么样的责任？

在合理使用期限内，因承包人原因发生建设工程质量事故，造成人身、财产损害的，承包人应当承担赔偿责任。承包人承担损害赔偿责任应当具备以下条件：

1. 因承包人的原因引起的建设工程对人身、财产的损害。建设工程的承包人应当按照法律的规定认真履行工程质量保证义务。建设工程的勘察人应当为建设工程提供准确的有关工程地质资料；建设工程的设计人应当按照有关保证工程质量安全的法律、法规和设计规范的规定进行设计，保证建设工程的设计安全可靠；建设工程的施工人必须严格按照工程设计和施工技术标准进行施工，不得使用不合格的建筑材料，不得有任何偷工减料的行为。不履行法定质量保证义务，造成工程质量安全问题的，承包人应当承担法律责任。如果不属于是承包人的原因，例如是因用户使用不当等原因造成人身、财产损害的，承包人不承担责任。

2. 人身、财产损害是发生在建设工程合理使用期限内。建设工程，一旦建成，一般都将长期使用，这就要求在建设工程合理使用期限内，不能有危及使用安全的质量问题，否则，将会对使用人等的人身和财产安全构成威胁，对在合理使用期限内造成人身和财产损害的，承包人应当承担损害赔偿责任。关于合理使用期限是多少，这需要根据各类建设工程的不同情况，如建筑物结构、使用功能、所处的自然环境等因素，由有关技术部门作出判断。按照国务院有关主管部门制订的标准进行认定。如果该建设工程已过合理使用期限的，原则上不允许继续使用，用户继续使用后，因该建设工程造成人身、财产损害的，承包人不承担损害赔偿责任。

3. 造成了人身和财产损害。这里的受损害方不仅仅指建设工程合同的对方当事人即发包人，也包括建设工程的最终用户以及因该建设工程而受到损害的其他人。

250. 发包人未按约定的时间和要求提供原材料、设备、场地、资金、技术资料应承担什么样的违约责任?

发包人未按照约定的时间和要求提供原材料、设备、场地、资金、技术资料的，承包人可以顺延工程日期，并有权请求赔偿停工、窝工等损失。

如果工程承包合同中约定由发包人提供原材料、设备的，发包人应当按照约定的原材料、设备的种类、规格、数量、单价、质量等级和提供时间、地点的清单，向承包人提供建设所需的原材料、设备及其产品合格证明。承包人与发包人应当一起对原材料、设备进行检验、验收后，由承包人妥善保管，发包人支付相应的保管费用。如果经检验发包人提供的原材料、设备的种类、规格、型号、质量等级与约定不符，承包人有权拒绝接收，并可以要求发包人运出施工现场予以更换。如果发包人未按照约定时间提供原材料、设备的，承包人可以中止施工并顺延工期，因此造成承包人停工、窝工损失的，由发包人承担赔偿责任。

由发包人提供场地的，发包人应当按照合同约定向承包人提供承包人施工、操作、运输、堆放材料设备的场地以及建设工作涉及的周围场地（包括一切通道）等。发包人未能提供符合约定、适合工作的场地致使承包人无法开展工作的，承包人有权要求发包人排除障碍、顺延工期，并可以暂停工作，因此造成承包人停工、窝工损失的，承包人可以要求发包人承担赔偿责任。

由发包人提供工程建设所需资金的，发包人应当按照约定的时间和数额向承包人支付。发包人未按照合同约定支付的，承包人可以向发包人发出通知，发包人在收到通知后仍不按照约定支付的，承包人可以停止工作并顺延工期，发包人应当从应付之日起向承包人支付应付款的利息，并赔偿因此给承包人造成的停工、窝工损失。

由发包人提供有关工程建设技术资料的，发包人应当按照合同约定的时间和份数向承包人提供符合约定要求的技术资料。根据法律、行政法规的规定，承包人必须按照国家规定的质量标准、技术规程和设计图纸、施工图等技术资料进行施工，如果发包人未能按照约定提供技术资料，承包人就不能正常进行工作，在这种情况下，承包人可以要求发包人在合理期限内提供建设工作所必需的技术资料并有权暂停工作，顺延工期，因此给承包人造成损失的，承包人还有权要求发包人赔偿因停工、窝工所造成的损失。

251. 因发包人原因造成工程中途停建、缓建，发包人应当承担什么责任？

发包人因自身原因致使工程停建、缓建的，发包人应当承担违约责任。第一，发包人应当采取必要措施，弥补或者减少损失，同时应当排除障碍，使承包人尽快恢复建设工作。如承包人在施工中发现设计有错误和不合理之处的，应当及时通知发包人，发包人在接到通知后，应当及时同设计人等有关单位研究确定修改意见或者变更设计，并及时将修订后的设计文件送交承包人。第二，发包人还应当赔偿因停建、缓建给承包人造成的损失，包括停工、窝工、倒运、机械设备调迁、材料和构件积压所造成的损失和实际发生的费用。

252. 因发包人原因造成勘察、设计返工、停工或者修改设计的，发包人承担什么责任？

发包人变更勘察、设计项目、规模、条件需要重新进行勘察、设计的，应当及时通知勘察人、设计人，勘察人、设计人在接到通知后，应当返工或者修改设计，并有权顺延工期。发包人应当按照勘察人、设计人返工或修改设计后实际消耗的工作量增加支付勘察费、设计费。

发包人向勘察人、设计人提供有关技术资料的，发包人应当对该技术资料的质量和准确性负责。勘察人、设计人在工作中发现发包人提供的技术资料不准确的，勘察人、设计人应当通知发包人修改技术资料，在合理期限内提供准确的技术资料。如果该技术资料有严重错误致使勘察、设计工作无法正常进行的，在发包人重新提供技术资料前，勘察人、设计人有权停工、顺延工期，停工的损失应当由发包人承担。发包人重新提供的技术资料有重大修改，需要勘察人、设计人返工、修改设计的，勘察人、设计人应当按照新的技术资料进行勘察、设计工作，发包人应当按照勘察人、设计人实际消耗的工作量相应增加支付勘察费、设计费。

发包人未能按照合同约定提供勘察、设计工作所需的工作条件的，勘察人、设计人应当通知发包人在合理期限内提供，如果发包人未提供必要的工作条件致使勘察、设计工作无法正常进行，勘察人、设计人有权停工、顺延工期，并要求发包人承担勘察人、设计人停工期间的损失。

253. 建设工程合同的法定解除情形有哪些？法律对建设工程合同解除后的法律后果有什么样的规定？

承包人将建设工程转包、违法分包的，发包人可以解除合同。建设工程转包、违法分包不仅违反了法律的禁止性规定，影响承包人与接受转包方和接受违法分包方的利益，也违反了发包人与承包人之间的合同，损害发包人利益，承包人对发包人构成重大违约。发包人将建设工程发包给承包人，一般是基于对承包人技术和能力的信赖，承包人应当自行履行建设工程合同约定的义务。承包人转包和违法分包，不仅使当事人之间的信赖丧失，而且，还有可能会影响建设工程的质量，使建设工程合同的目的落空。因此，承包人转包、违法分包的，发包人可以解除合同。

发包人提供的主要建筑材料、建筑构配件和设备不符合强制性标准或者不履行协助义务，致使承包人无法施工，经催告后在合理期限内仍未履行相应义务的，承包人可以解除合同。如果发包人提供的主要建筑材料、建筑构配件和设备不符合强制性标准或者不履行协助义务，致使承包人无法施工，经承包人催告，在合理期限内发包人仍未履行相应义务，无法施工的状态将一直持续。虽然，此时承包人可以要求顺延工期，主张因此造成的停工、窝工损失，但是，在已经给予发包人合理宽限期后，继续强制要求承包人维持履行无望的合同关系已无意义，因此承包人可以解除合同。

建设工程施工合同解除后，尚未履行的，双方终止履行。对于已经履行的，由于建设工程的特殊性，在有使用价值的情况下，一概要求恢复原状，一方面，将导致已经完成的建设工程被推倒重建，造成巨大的人力、物力、财力等社会资源的浪费；另一方面，还会带来各种复杂的责任认定和赔偿计算问题，因此，基于建设工程施工合同的特殊性以及物尽其用、节约社会资源的原则和价值导向，合同解除后，已经完成的建设工程质量合格的，发包人应当按照约定支付相应的工程价款。已经完成的建设工程质量不合格的，包括经修复后可以达到质量合格以及经修复后仍不能达到质量合格两种情况，相应地参照《民法典》第793条的规定处理。这是法律基于建设工程施工合同的特殊性，就建设工程合同解除时建设工程的处理作出的特殊规定。除这里明确规定的特殊情况外，对于建设工程合同解除的法律后果没有规定的，仍应根据其性质适用一般合同解除的相关规定。

254. 发包人逾期不支付工程价款的，承包人有何权利？

工程竣工验收合格后，发包人应当按照约定支付价款。发包人未按照约定支付价款的，承包人可以催告发包人在合理期限内支付价款。发包人逾期不支付的，除根据建设工程的性质不宜折价、拍卖外，承包人可以与发包人协议将该工程折价，也可以请求人民法院将该工程依法拍卖。建设工程的价款就该工程折价或者拍卖的价款优先受偿。

承包人行使优先受偿权，应当注意以下几点：

1. 应当达到付款条件。承包人行使优先受偿权的前提是，按照合同约定已经达到付款条件。如果是出现了建设工程质量不合格或者其他承包人违约的情形，发包人依法主张抗辩不进行付款或者有其他未达到合同约定的付款条件的情况的，则发包人本身即无立即付款的义务，更不可能有优先受偿权的存在空间。

2. 发包人不支付价款的，承包人不能立即将该工程折价、拍卖，而是应当催告发包人在合理期限内支付价款。如果在该期限内，发包人已经支付了价款，则承包人只能要求发包人承担支付约定的违约金或者支付逾期的利息、赔偿其他损失等违约责任。如果在催告后的合理期限内，发包人仍不能支付价款的，承包人才能与发包人协商将该工程折价或者请求人民法院将该建设工程拍卖以优先受偿。

3. 承包人对工程依法折价或者拍卖的，应当遵循一定的程序。承包人对工程折价的，应当与发包人达成协议，参照市场价格确定一定的价款把该工程的所有权由发包人转移给承包人，从而使承包人的价款债权得以实现。承包人因与发包人达不成折价协议而采取拍卖方式的，应当请求人民法院依法将该工程予以拍卖。

4. 建设工程折价或者拍卖后所得的价款如果超出发包人应付的价款数额的，该超过的部分应当归发包人所有；如果折价或者拍卖所得的价款还不足以清偿承包人的价款债权额的，承包人可以请求发包人支付不足部分。

5. 按照工程的性质不宜折价、拍卖的，承包人不能将该工程折价或者拍卖。如国家重点工程、具有特定用途的工程等也不宜折价或者拍卖。应当拆除的违章建筑，也无法折价或者拍卖。

255. 建设工程合同一章没有规定的，应当如何适用法律？

建设工程合同一章没有规定的，适用承揽合同的有关规定。但是，在适用时，首先，应当注意的是，只有在无规定时才可适用承揽合同的有关规定，其次，还应注意，只有在根据建设工程合同的性质可以适用承揽合同的相关规定时，才可适用承揽合同的相关规定。

256. 什么是运输合同？

运输合同又称运送合同，是承运人将旅客或者货物从起运地点运输到约定地点，旅客、托运人或者收货人支付票款或者运输费用的合同。

1. 运输合同的主体是承运人和旅客、托运人。运输合同主体是运输合同权利义务的承担者，即运输合同的当事人。根据运输合同是双务合同的特性，当事人一方是享受收取运费或者票款权利承担运送义务的承运人，另一方是享受运送权利并支付运费的旅客和托运人，双方当事人的数目视具体合同关系而定。在运输合同中，承运人作为一方当事人，可以是一人或者为数人，如在相继运输中承运人可分为缔约承运人和实际承运人，在多式联运合同中有多式联运经营人和各区段承运人。承运人多为法人或者组织，但也可以是个人。托运人是指与承运人订立货物运输合同的一方当事人。在旅客运输合同中，旅客具有双重身份，其既是运输合同的一方当事人，又是运输合同权利义务所指向的对象。

2. 运输合同中的托运人有时就是收货人，但在多数情况下，另有收货人，此时，收货人不是运输合同的一方当事人。在存在收货人的情况下，托运人与承运人订立运输合同是为了收货人的利益，承运人应当依照运输合同向收货人交付，但收货人的权利产生于请求交付之时，而非运输合同订立时，收货人是运输合同的第三人，也是运输合同中重要的关系人。

3. 运输合同是承运人将旅客或者货物运输到约定地点。由此可见，运输合同的客体是承运人的运送行为，不是货物和旅客。

4. 在运输合同中，承运人的义务是将旅客或者货物运输到约定地点，权利是收票款或者运费；而旅客、托运人的权利和义务与其对应，权利是要求承运人将其运输到约定地点，义务是向承运人支付票款或者运费。这里的票款是指在旅客运输合同中，旅客向承运人支付的报酬；这里的运费是指在货物运输合同中，托运人向承运人支付的报酬。

257. 运输合同的种类有哪些?

运输合同种类很多，根据不同的标准可以作出不同的分类：

1. 客运合同和货运合同。以运输合同的标的划分，可以分为客运合同和货运合同。客运合同是指将旅客送达目的地，旅客支付票款的合同。货运合同是指将特定的货物运送至约定地点，由托运人或者收货人支付费用的合同。这种分类基本概括了运输合同的两种类型，也是民法典采纳的分类方法。

2. 单一承运人的运输合同和联运合同。从承运人人数划分，可以分为单一承运人的运输合同和联运合同。单一承运人的运输合同，是指仅由单一的承运人负担运输义务的合同。联运合同，是指两个以上的承运人采用相同或者不同的运输工具进行运输的合同，又可以划分为单式联运合同和多式联运合同。单式联运合同，是指有多个承运人，托运人与第一承运人订立运输合同后，由第一承运人与其他承运人以相同运输方式完成同一货物运输的合同。多式联运合同，是指由两个或者两个以上不同运输方式的承运人结为承运人一方，与托运人订立的合同。

3. 铁路、公路、水上、航空运输合同。根据不同的运输工具，可以分为铁路运输合同、公路运输合同、水上运输合同和航空运输合同。

258. 从事公共运输的承运人是否可以拒绝旅客、托运人通常的运输要求？

根据《民法典》第810条的规定：“从事公共运输的承运人不得拒绝旅客、托运人通常、合理的运输要求。”这一规定强调的是不得拒绝旅客或者托运人“通常、合理”的运输要求，对这里的“通常、合理”要有一个正确的理解，首先，在不同情况下，其内涵是不同的，如在海上旅客运输中，旅客坐的是头等舱，旅客要求提供空调服务就是“通常、合理”，而对散舱的旅客来说，要求提供空调就不是“通常、合理”的；其次，判断是否为“通常、合理”，不是依单个旅客或者托运人的判断，而是依一般旅客或者托运人的判断；最后，这里的“通常、合理”意味着从事公共运输的承运人不得对旅客或者托运人实行差别待遇，如同为乘坐普通舱位的旅客，承运人就不能对其中的一些旅客提供免费餐，而对另一些旅客不提供。

如果旅客、托运人的运输要求不是“通常、合理”的，则承运人有权拒绝。如果从事公共运输的承运人有正当理由的，也可以免除其强制缔约义务，比如，在运输工具已满载的情况下，从事公共运输的承运人可以拒绝旅客的乘坐要求；又如，由于不可抗力导致不能正常运输的情况下，从事公共运输的承运人也可以拒绝旅客或者托运人要求按时到达目的地的要求。

259. 什么是承运人及时安全送达义务?

根据《民法典》第811条的规定：“承运人应当在约定期限或者合理期限内将旅客、货物安全运输到约定地点。”这一条所规定的承运人及时安全送达义务主要包含以下三层意思：

1. 承运人应当在约定的期间内或者合理的期间内进行运输。如果合同对运输期限有明确规定的，应当在合同约定的期限内进行运输；如果合同没有规定明确期限，则应当在合理期限内进行运输。承运人应当在约定期间或者合理期间内，将旅客或者托运人托运的货物运到目的地。如果由于承运人的原因造成旅客或者货物不能按时到达目的地的，承运人就要承担运输迟延的违约责任。

2. 承运人在运输过程中，应当保证旅客或者货物的安全。运输行为是一项带有危险性的活动，特别是航空运输更是高风险的行业，它直接关系到人民的生命和财产的安全，因此强调运输活动的安全性是运输行业的一项基本原则，也是运输合同立法的基本原则。安全运输就是承运人要确保被运输的旅客和货物以及所使用的运输设备完好无损。

3. 承运人应当将旅客或者货物运到约定的地点。运输合同实质上是旅客或者货物从一个地点到另一个地点的位移，旅客或者托运人与承运人订立合同的目的就是希望承运人把旅客或者货物运到约定地点。如果承运人不按合同约定的地点运输，将旅客或者货物错运到另一个地点，如运输合同中约定承运人应当将旅客或者货物运到上海，承运人却将旅客或者货物运到了南京，承运人就应当承担违约责任。

260. 什么是承运人按照约定或者通常运输路线运输的义务?

根据《民法典》第812条的规定：“承运人应当按照约定的或者通常的运输路线将旅客、货物运输到约定地点。”这就是承运人按照约定或者通常运输路线运输的义务。根据这一规定，在运输中，承运人首先应当按照合同约定的运输路线进行运输。约定的运输路线，是指运输合同当事人在合同中明确约定的运输路线。只要是双方约定好的路线，即使是舍近求远的路线，承运人也应当按照这一路线进行运输，否则就要承担违约责任。如果当事人没有约定运输路线的，承运人应当按通常的运输路线进行运输，不得无故绕行。通常的运输路线是指一般的、惯常运输的路线。之所以要规定承运人要按照通常的运输路线进行运输，主要是为了规避一些危险。我们知道通常的运输路线一般都是经过多次运输行为的检验，并被证明是很安全的，如果不按通常的运输路线进行运输，就有可能给运输活动带来危险，对旅客或者货物带来危害。例如，在民用航空运输中，航空运输路线一般都是经过精心测航的，选择的路线一般都是比较安全的（如少风暴的发生、少强气流的出现等恶劣天气出现），在国际民用航空运输中，通常的运输一般还要经过航线所经国家的特别准许，如果民用航空运输承运人不按通常的运输路线运输，就有可能对旅客的生命安全造成危害。

在有的情况下，承运人不按通常的运输路线运输，进行合理的绕行也是准许的，一般不按违约处理。这主要包括以下三种情况：一是由于运输合同中列明的一些具体的事由出现而发生的绕行。例如合同中明确约定，在出现风暴的情况下，航空承运人可以绕行。二是法律规定的情形下，承运人也可以绕行。例如《海商法》第 49 条第 2 款规定，船舶在海上为救助或者企图救助人命或财产而发生的绕航或者其他合理绕航，不属于违反前款规定的行为。三是在运输中遇到危险，为了运输工具、旅客或者货物的安全，承运人也可不按通常的运输路线进行运输，可以进行绕行。即使这种危险是运输前承运人没有做到谨慎处理使运输工具处于适运的状态所致，承运人运输必须绕行，这种绕行也是合理的。四是因不可抗力的原因致使承运人不能按照通常的运输路线进行运输的，承运人也可以合理绕行。

261. 旅客、托运人或者收货人在什么情形下可以拒绝支付相应的票款或者运输费用?

《民法典》第813条规定："旅客、托运人或者收货人应当支付票款或者运输费用。承运人未按照约定路线或者通常路线运输增加票款或者运输费用的，旅客、托运人或者收货人可以拒绝支付增加部分的票款或者运输费用。"支付票款或者运费是旅客、托运人或者收货人的主要义务。承运人履行完成运输行为的义务，相应地，旅客、托运人或者收货人应当完成相应的支付票款或者运输费用的义务。但在日常的生活和经济活动中，常常出现这样一些情况，承运人不按照运输合同中约定的运输路线或者合理的运输路线进行运输，向旅客要求增加票款，向货物的托运人或者收货人要求增加运费。承运人没有正当理由不按照约定的路线或者合理的路线进行运输，是其自己的过错，旅客、托运人或者收货人没有任何过错，因此在此种情况下，旅客、托运人或者收货人可以拒绝支付增加部分的票款或者运费。

262. 客运合同何时成立?

客运合同的成立时间和地点，涉及合同当事人受合同约束的开始时间和案件管辖问题，而国际客运合同的成立往往还涉及法律适用问题。客运合同的成立时间与普通民事合同不同，根据《民法典》第814条的规定："客运合同自承运人向旅客出具客票时成立，但是当事人另有约定或者另有交易习惯的除外。"在普通情况下，客票是客运合同成立的凭据，也就是说，承运人向旅客签发的客票证明了承运人和旅客之间订立了合同。所以客运合同的成立时间一般即是旅客客票的取得时间，即承运人向旅客交付客票时成立。《合同法》第293条就是这样规定的。但随着互联网技术的发展，传统的购票方式发生了很大变化，客票的无纸化成普遍趋势。旅客在客运合同订立过程中，可以通过网上购票的方式与承运人达成出现日期、票价等事项的合意，一旦意思表示一致，承运人出具电子票据合同即宣告成立，有时甚至旅客都不需要接收电子票据，出具身份证件即可乘坐。因此，民法典将合同法规定的"交付客票时成立"修改为"出具客票时成立"。

但是，在运输合同的当事人另有约定的情况下，旅客运输合同的成立时间可以不是在承运人出具客票时成立，例如，在航空运输中，旅客与承运人约定航空运输合同从旅客登上飞机时成立，则该航空运输合同的成立时间即为旅客登上飞机那一刻。民法典还规定，在另有交易习惯的情况下，客运合同的成立时间也可以不在出具客票时成立，例如在出租车运输中，客票的交付时间一般在运输行为完成后，按出租车运输的交易习惯，该运输合同在旅客登上出租车时就成立。

263. 对于旅客无票乘运、超程乘运、越级乘运或者持不符合减价条件的优惠客票乘运的行为，应当如何处理？

在旅客运输中还常常出现旅客无票进行乘运、越级乘运、超程乘运或者持不符合减价条件的优惠客票进行乘运的现象。所谓越级乘运就是指旅客自行乘坐超过客票指定的等级席位，如在海上旅客运输合同中，旅客买的是四等舱的客票，但他在船上自行占了三等舱的席位。所谓超程乘运就是旅客自行乘运的到达地超过了客票指定的目的地，例如在铁路运输中，旅客购买的客票上的目的地是长沙，而该旅客却持该客票坐到了广州。持不符合减价条件的优惠客票乘运是指旅客不符合国家规定或者承运人确定的可以以优惠价格购买客票的减价条件，仍持该客票乘运。比如旅客已经不是学生，仍借用别人的学生证或者持已过期的学生证购买学生票。《民法典》第815条第1款规定："……旅客无票乘坐、超程乘坐、越级乘坐或者持不符合减价条件的优惠客票乘坐的，应当补交票款，承运人可以按照规定加收票款；旅客不支付票款的，承运人可以拒绝运输。"根据这一规定，承运人对旅客这种行为的处理可以分为两个层次。首先，旅客无票乘运、超程乘运、越级乘运或者持不符合减价条件的优惠客票乘运的，应当向承运人补交票款。同时根据这一条的规定承运人或者有关主管部门有权颁布规定，旅客无票乘运、超程乘运、越级乘运或者持不符合减价条件的优惠客票乘运的，承运人可以按规定加收票款。补足票款是乘客的义务，所以这一条用了“应当”，至于是否按规定向乘客加收票款，则由承运人自己酌情处理，所以用了“可以”二字。其次，旅客不交付票款的，承运人可以拒绝运输。这里的拒绝运输是指承运人有权在适当的地点令其离开运输工具。当然在旅客拒不交付票款，承运人在适当地点令其离开运输工具后，承运人仍有权向旅客追偿。

264. 实名制客运合同的旅客丢失客票的，能否挂失补办？

根据《民法典》第815条第2款的规定：“实名制客运合同的旅客丢失客票的，可以请求承运人挂失补办，承运人不得再次收取票款和其他不合理费用。”根据这一规定，客运合同如果是实名制的，旅客丢失客票时，凭自己的有关身份证件可以向承运人申请挂失补办，承运人在确认旅客的真实身份后，也应当为其办理挂失补办手续，在办理这些手续时，不得乘机再次收取票款或者高额手续费等不合理费用。

265. 旅客因自己的原因不能按照客票记载的时间乘坐的，是否可以办理退票或者变更手续？

《民法典》第816条规定：“旅客因自己的原因不能按照客票记载的时间乘坐的，应当在约定的期限内办理退票或者变更手续；逾期办理的，承运人可以不退票款，并不再承担运输义务。”根据这一规定，客运合同成立后，旅客可以办理退票或者变更手续。所谓退票，是指旅客解除客运合同；所谓变更，是指旅客变更合同的内容，如由坐席改为卧铺，由公务舱改为经济舱，或者由上午九点的票改为下午三点的票等。在客票载明的乘坐时间前，承运人或者有关部门规定一般都给予旅客单方解除运输合同或者单方变更运输合同的权利。但要注意的是，这一规定的旅客可以办理退票或者变更手续的适用情形的条件是：第一，必须是旅客因自己的原因不能按照客票记载的时间乘坐。“因自己的原因”是指旅客因自身的健康状况，计划变动等原因造成的不能按照约定时间乘坐，是旅客自己主动终止或者变更运输合同。如果旅客不能按照客票的时间乘坐的原因是由于承运人造成的，则应当适用《民法典》第820条的规定，即承运人应当履行告知和提醒义务，并根据旅客的要求安排改乘其他班次或者退票；由此造成旅客损失的，承运人应当承担赔偿责任，但是不可归责于承运人的除外。第二，必须在约定的时间内办理。旅客办理退票或者变更手续的这种权利是有时间限制的，如果旅客在约定的时间内不办理退票或者变更手续，则超过该时间后，承运人可以不退票款，并且也不再承担运输旅客的义务。

266. 旅客携带行李有什么要求？

根据《民法典》第817条的规定：“旅客随身携带行李应当符合约定的限量和品类要求；超过限量或者违反品类要求携带行李的，应当办理托运手续。”在旅客运输合同中，承运人的主要义务是将旅客从起运地运到目的地，而不是为了专门运输行李。但一般情况下，旅客有权携带必备的行李。为了旅客乘运途中的方便，承运人或者有关部门一般也允许旅客随身携带一定品种、数量、质量和重量的行李。至于允许旅客在乘运过程中可以随身携带多少数量以及重量、何种品类的行李，旅客与承运人一般在运输合同中都有约定。但如果旅客所携带的行李超过合同约定的，则会加重承运人的运输负担，对承运人履行运输合同造成一定的不便。因此，民法典明确规定，旅客随身携带行李应当符合约定的限量和品类要求。不同的运输方式、不同的承运人，乃至不同等级的客票，所能携带的行李要求都可能不一样。对于旅客超过限量或者违反品类要求携带行李怎么处理，民法典明确规定应当办理托运手续。如果旅客拒不办理托运手续，一定要随身携带的，承运人可以拒绝运输。

267. 法律对旅客携带行李物品有什么禁止性要求?

《民法典》第 818 条第 1 款明确规定："旅客不得随身携带或者在行李中夹带易燃、易爆、有毒、有腐蚀性、有放射性以及可能危及运输工具上人身和财产安全的危险物品或者违禁物品。"在旅客运输活动中，因为旅客随身携带或者在行李中夹带违禁物品或者易燃、易爆、有毒、腐蚀性等危险品而导致出现严重后果的例子并不少见。特别是在铁路运输中，由于旅客随身携带危险物品而造成人身伤害和财产损害的事件屡屡出现。这里所指的危险物品是指危及人身安全和财产安全的物品，具体所指就是易燃、易爆、有毒等物品，如烟花爆竹、炸药等。这里所指的违禁物品就是指有可能对国家利益和整个社会的利益造成影响的物品，如枪支、毒品等。承运人所进行的客运多具有公共运输的性质，旅客携带危险物品或者违禁物品不仅会对旅客自身的生命健康安全造成威胁，还会对承运人的运输安全以及其他旅客的生命健康安全造成威胁。因此，这一义务是对旅客规定的强制性义务，是旅客不得违反的法定义务。

268. 旅客违反规定携带危险物品或者违禁物品的，应当如何处理？

在旅客运输中，旅客在登上运输工具之前，承运人一般都要对旅客进行安全检查，以防止旅客把危险物品或者违禁物品带上运输工具。但是在有的情况下，还是有旅客违反规定把危险物品或者违禁物品带上了运输工具，对于此种情况应当如何处理？根据《民法典》第 818 条第 2 款的规定，旅客违反规定的，承运人可以将危险物品或者违禁物品卸下、销毁或者送交有关部门。例如在海上旅客运输中，旅客随身携带烟花爆竹上船，在航行途中被承运人发现，为了航行的安全，承运人有权将烟花爆竹抛弃投入海中。在承运人将危险物品或者违禁物品卸下、销毁或者送交有关部门的情况下，承运人可以不负赔偿责任。同时如果旅客由于违反这一条规定对其他旅客的人身和财产或者对承运人的财产造成损害的，旅客还应当负赔偿责任。如果旅客坚持要携带或者夹带危险物品或者违禁物品的，承运人应当拒绝运输。这里用的是“应当”二字，这主要是由于在旅客运输中，对人身安全的保护要采取更为严格的措施。

269. 什么是承运人告知义务?

《民法典》第 819 条明确规定:“承运人应当严格履行安全运输义务,及时告知旅客安全运输应当注意的事项……”运输活动是一项比较危险的活动,保证运输的安全是承运人最大的义务。旅客作为一个个体,对于运输当中的安全乘运知识可能了解不多,为了让旅客安全乘坐,安全到达目的地,作为具有这方面专业知识的承运人就应当向旅客及时告知安全运输应当注意的事项。例如,在民用航空运输中,航空承运人就应当在起飞前向乘客告知系上安全带、如何保持正确的乘姿、在发生紧急情况下如何使用氧气袋和安全舷梯等知识。如果由于承运人的过错没有告知旅客安全运输应当注意的事项,造成旅客的人身或者财产损害的,承运人应当负赔偿责任。需要注意的是,承运人应当“及时”告知旅客安全运输应当注意的事项。这里的“及时”是一个弹性要求,应当视具体情况来决定承运人的告知是否及时,例如在前面所举的民用航空运输中,航空承运人在起飞前告知乘客有关安全运输应当注意的情况就为“及时”;如果在起飞后,才告知这些情况就为不及时。

270. 什么是旅客协助配合义务?

近年来,客运合同领域出现不少新问题,不时发生一些强抢方向盘、不配合承运人采取安全运输措施等严重干扰运输秩序和危害运输安全的恶劣行为,编纂民法典时特意在第 819 条明确了旅客的协助配合义务，即“旅客对承运人为安全运输所作的合理安排应当积极协助和配合”。承运人为了安全运输会根据有关规定和实际情况作出一些合理安排，旅客对于这些合理安排应当积极协助和配合，否则要依照有关法律规定予以处理，直至对其予以行政处罚乃至追究其刑事责任。

271. 承运人迟延运输或者有其他不能正常运输情形时应当怎么处理?

迟延运输或者出现不能正常运输的情形是旅客运输中的一个较为普遍的现象。在旅客运输中，常常会出现一些异常情况导致运输行为不能正常进行，例如发生不可抗力致使承运人不能将旅客按时运到目的地；还比如在运输途中，运输工具突然发生故障，致使运输行为不能进行等。在这些造成迟延运输或者不能正常运输的重要事由中，有的是承运人的过错造成的，有的则不是承运人的过错造成的，而是由于不可抗力、意外事件或者第三人的原因造成的。不可抗力等原因虽然不是承运人造成的，但考虑到旅客在突然降临的自然灾害等原因面前被迫停止乘运，虽然不是承运人造成的，但承运人应履行一定的责任。对于这种现象应当如何处理?《民法典》第 820 条规定：“……承运人迟延运输或者有其他不能正常运输情形的，应当及时告知和提醒旅客，采取必要的安置措施，并根据旅客的要求安排改乘其他班次或者退票；由此造成旅客损失的，承运人应当承担赔偿责任，但是不可归责于承运人的除外。”根据这一规定，承运人应当履行以下义务：

一是履行告知和提醒义务。一旦迟延运输或者有其他不能正常运输的情形发生，承运人首先都应当向旅客告知有关具体事宜，提醒旅客作出出行准备或者修改出行方案等。

二是采取必要的安置措施。比如，由于天气、突发事件、空中交通管制、安检以及旅客等原因，造成航班延误或者取消的，承运人应当采取各种必要的安置措施，包括协助旅客安排餐食和住宿，等等。

三是根据旅客的要求安排改乘其他班次或者退票。在承运人迟延运输的情况下，如何处理的选择权在旅客手中。旅客可以要求退票，同时，如果旅客还要求继续乘坐运输工具的，承运人应当根据旅客的要求安排旅客改乘其他班次以到达目的地。

四是由此造成旅客损失的，承运人应当承担赔偿责任，但是不可归责于承运人的除外。如果由于承运人迟延运输，造成旅客损失的，承运人应当依法承担相应的赔偿责任。当然，如果造成迟延运输的原因不能归责于承运人的，比如由于地震等不可抗力造成的，那么承运人可以不承担赔偿责任。

272. 承运人擅自变更服务标准时如何处理？

《民法典》第821条明确规定："承运人擅自降低服务标准的，应当根据旅客的请求退票或者减收票款；提高服务标准的，不得加收票款。"在旅客运输中，承运人应当按照客运合同中约定的服务标准来提供服务。实践中最典型的就是擅自变更运输工具进行运输。比如，在汽车运输中，承运人在运输合同中承诺用豪华公共汽车运输旅客，但是在实际运输中却用一般公共汽车进行运输；还例如承运人将旅客运到中途，却要求旅客换乘到另一辆公共汽车上。承运人这种擅自降低服务标准的行为，没有经过旅客的同意，违背了旅客的意志，是对运输合同的违反，有时会对旅客的利益造成损害。承运人擅自降低服务标准的行为实质上是对旅客要求按合同的约定获得相应服务权利的侵害，所以在这种情况下，应当尊重旅客的选择权，旅客要求退票的，承运人应当退还旅客的全部票款；旅客要求减收票款的，承运人应当按照旅客的要求减收票款。但是在有的情况下，承运人反倒提高了对旅客的服务标准，例如在汽车运输中，承运人在合同中承诺用一般的公共汽车进行运输，但在实际运输中，却用豪华客车进行了运输，这无疑提高了对旅客的服务标准。在这种情况下，承运人是否可以加收票款？虽然承运人提高了旅客的服务标准，但是没有经过旅客的同意，所以即使提高了服务标准，承运人也不应当加收旅客的票款。

273. 什么是承运人尽力救助义务？

在承运人与旅客的运输合同中，运送为承运人的主要义务，承运人应当将旅客安全运输到约定地点。在此之外，承运人还负有衍生于诚信原则的一些附随义务，尽力救助的义务就是其中之一。《民法典》第822条规定：“承运人在运输过程中，应当尽力救助患有急病、分娩、遇险的旅客。”对于急病、分娩、遇险的旅客，其生命健康受到威胁，迫切需要得到救助，作为承运人，很多情况下具有提供必要救助服务的条件，如果其有能力对旅客的急病、分娩、遇险等情况进行救助，而对旅客的安危采取不闻不问的态度，这是有悖于一般的善良道德风俗的，也是与合同的基本原则——诚信原则是相违背的。承运人尽力救助义务是承运人在运输过程所应承担的道德义务，也是法律规定的法定义务。如果未尽此义务，要承担责任。

当然，承运人需要负担的是“尽力”救助的义务，所谓“尽力”，是指承运人尽到自己最大的努力，采取各种合理措施，以帮助照顾旅客或者对旅客进行救援等。承运人的救助义务并不是无限的，而是在自己的最大能力范围内来救助旅客，超出承运人的能力范围，承运人可以免责。

274. 承运人对旅客的伤亡承担什么责任？

运输行为的需求在于高速和安全，当代运输虽然安全程度越来越高，但社会经济发展要求的速度越来越高，在速度和安全之间，存在对立统一的关系。现代任何一种运输生产活动都存在与其他社会经济活动不同的风险，保障旅客在运输途中的安全也就成了旅客运输承运人最大的义务。承运人未尽到对旅客的安全运输义务造成旅客伤亡的，就应当承担相应的赔偿责任。《民法典》第 823 条明确规定：“承运人应当对运输过程中旅客的伤亡承担赔偿责任；但是，伤亡是旅客自身健康原因造成的或者承运人证明伤亡是旅客故意、重大过失造成的除外。前款规定适用于按照规定免票、持优待票或者经承运人许可搭乘的无票旅客。”理解这一规定，要注意以下三个方面的内容：

1. 归责原则。在旅客运输活动中实行无过错责任制度，即承运人即使在没有过错的情况下，也应当承担损害赔偿责任。

2. 免责事由。在两种情况下承运人可以免除责任：（1）旅客自身健康原因造成的伤亡。如旅客在运输途中突发重病而死亡的。（2）承运人证明伤亡是旅客故意、重大过失造成的。如旅客自己寻短见从火车上跳车自杀的，承运人就不承担赔偿责任。但是这里需要注意的是，只有旅客有重大过失的情况下，承运人才可以免责。如果旅客对伤亡的造成只有一般过失，承运人仍应当负赔偿责任。

3. 适用范围。持有有效客票的旅客在运输过程中伤亡的，承运人当然须依法承担赔偿责任，但实践中还存在一些特殊情况，为了避免争议，法律明确规定："前款规定适用于按照规定免票、持优待票或者经承运人许可搭乘的无票旅客。"即这三类旅客享有与普通旅客相同的权利，其在运输过程中伤亡的，承运人同样要承担赔偿责任。

275. 旅客随身携带物品和托运的行李毁损、灭失的，承运人承担什么责任？

在旅客运输中，旅客一般都会有行李，分为随身携带物品和托运行李两类。对于这些行李，承运人都负有妥善保管、注意其安全义务，行李毁损、灭失的，承运人依法负有赔偿责任。《民法典》第 824 条明确规定："在运输过程中旅客随身携带物品毁损、灭失，承运人有过错的，应当承担赔偿责任。旅客托运的行李毁损、灭失的，适用货物运输的有关规定。"根据这一规定，这种赔偿责任因为携带物品和托运行李的不同而有所区别：

对于旅客随身携带物品，如果其毁损、灭失承运人有过错的，应当承担赔偿责任。这对承运人实行的是过错责任原则，也就是说，在发生旅客自带物品毁损、灭失的情况下，承运人对自带物品的毁损、灭失有过错时，才承担赔偿责任。

对于旅客托运的行李，其毁损、灭失的，适用货物运输的有关规定，主要是适用《民法典》第832条的规定，即："承运人对运输过程中货物的毁损、灭失承担赔偿责任。但是，承运人证明货物的毁损、灭失是因不可抗力、货物本身的自然性质或者合理损耗以及托运人、收货人的过错造成的，不承担赔偿责任。"这对承运人实行的是无过错责任原则。

276. 什么是托运人如实申报情况义务?

在承运人托运货物之前，往往需要托运人在办理货物运输之时向承运人准确地表明一些运输当中必要的情况，以便于承运人准确、安全地进行运输。在货物运输业务中，一般都是采用由托运人填写运单的方式（如在海上货物运输中，一般是提单；在民用航空货物运输中，一般是航空货运单；在铁路货物运输中，一般是货运单）来进行申报的，而承运人也一般是凭借托运人填写的内容来了解货物的情况，并且采取相应的措施对货物进行运输中的保护；同时承运人也是根据运单上填写的收货人的名称或者地址，向收货人交货。如果托运人不向承运人准确、全面地表明这些运输必要的情况，就有可能造成承运人无法正确地进行运输，甚至有可能对承运人造成损失。为了避免这种情况的出现，《民法典》第825条第1款规定："托运人办理货物运输，应当向承运人准确表明收货人的姓名、名称或者凭指示的收货人，货物的名称、性质、重量、数量，收货地点等有关货物运输的必要情况。”根据这一规定，托运人办理货物运输，一般应当向承运人准确表明以下内容：

（1）收货人的名称或者姓名或者凭指示的收货人。这在货物运输合同中是很重要的，因为在运输合同中签订合同的一方托运人很多时候不是货物的接收方，接收方往往是与承运人并不相识的第三方，为了便于承运人及时交货，就需要托运人在运输开始之前向承运人在运单上或者以其他方式表明收货人的名称或者姓名。托运人在有的情况下，还应当向承运人表明“凭指示的收货人”的意思。这主要是针对在海上货物运输的情况下，托运人在交付货物进行运输时，还没有确定货物给谁时，就在提单上写明“凭指示交付”的字样，也就是承运人凭托运人的指示交付或者提单持有人的指示交付货物。

（2）货物的名称、性质、重量、数量等内容。这些因素都涉及货物本身的情况。一方面，托运人必须向承运人告知货物的具体情况，才能使承运人采取适当的措施，确保货物在运输过程中不发生意外。另一方面，承运人收取运费、装卸货物的方式等都依赖于托运人所表明的货物的具体情况。

（3）收货地点。这对承运人的正确运输也是非常重要的，如果承运人不知道收货人的收货地点，也就无法在某个确定的地点进行交付货物，也就无法完成运输任务。

（4）有关货物运输的其他必要情况。除了上面列举的几种情况外，托运人还应当向承运人准确提供货物运输必要的其他情况，如货物的表面情况、包装情况等。

托运人应当向承运人准确表明以上内容，如果托运人申报不实即托运人所提供的情况与实际情况不符合，或者托运人遗漏重要的情况即托运人应当向承运人提供一些有关运输的重要情况，却没有提供，往往会造成两种结果：

一是因为托运人申报不实或者遗漏重要情况，致使承运人按照托运人申报的情况进行运输，结果给托运人造成损失。对于这种情况，应当如何处理？向承运人准确、全面地表明运输必要的情况是托运人的义务，如果因为托运人不履行这项义务或者履行这项义务不符合合同的约定给自己造成损失的，证明托运人对损失的产生是有过错的，所以理应由托运人自己承担损失，承运人可以不负任何责任。

二是因为托运人的申报不实或者遗漏重要情况给承运人造成损失的，对于这种情况，应当如何处理？《民法典》第 825 条第 2 款规定："因托运人申报不实或者遗漏重要情况，造成承运人损失的，托运人应当承担赔偿责任。"比如，托运人把 5 吨重的货物误报为 3 吨，承运人的起重机负荷仅为 3 吨，造成机毁货损，损及承运人船舶，对此，托运人应当承担损害赔偿责任。

277. 什么是托运人办理审批、检验等手续的义务？

《民法典》第 826 条规定："货物运输需要办理审批、检验等手续的，托运人应当将办理完有关手续的文件提交承运人。"货物的运输往往会涉及各种手续，如国际货物运输合同，就必须向海关办理出口货物的报关，同时还必须为出口的货物办妥检疫、检验等手续；有些货物的运输还必须经过有关政府主管部门审批和同意。货物运输中所涉及的各种手续是运输所必需的，如果没有这些手续，承运人就不能进行正常的运输。所以在运输前，承运人一般都要求托运人办理这些手续，并且应当将办理完这些手续的文件提交给承运人，以便于承运人运输。

该规定对托运人应当办理的手续列举了审批、检验两种，但是托运人在货物运输前应当办理的手续不限于这两种，还包括检疫、港口准入等，在危险品的运输时，还包括危险品运输的许可手续。托运人一般应当在承运人进行货物运输前向承运人及时提供这些手续，如果不及时向承运人提供这些手续，就有可能造成运输的迟延，或者对承运人造成损失。对于托运人没有向承运人提供这些手续或者提供的手续不完备或者没有及时提供这些手续，给承运人造成损失的，托运人应当赔偿损失。

278. 什么是托运人包装货物义务？

《民法典》第 827 条规定：“托运人应当按照约定的方式包装货物。对包装方式没有约定或者约定不明确的，适用本法第六百一十九条的规定。托运人违反前款规定的，承运人可以拒绝运输。”在货物运输中，对货物进行包装是很重要的，我们知道，货物的运输实际上就是货物在两地之间的位移，其一般都要经过长时间的移动，而移动的过程中可能遇到各种地形、气候以及运输工具本身的影响，而这种影响可能对货物的安全构成威胁，所以对货物进行妥善包装就涉及运输过程中运输货物的安全。例如对于易腐烂变质的货物，如不对其进行包装，有可能在运输过程中就腐烂变质了。当然并不是说，任何货物的运输都必须进行包装，货物是否需要包装要根据货物本身的特性、运输路程的情况以及所使用的运输工具来决定。例如运输的货物是硬货，并且运输的路程很短，不包装对货物的安全不构成任何问题，此时不包装也是可以的。提出货物包装要求的一般是承运人或者主管运输的部门，运输合同的当事人一般在运输合同中对包装的方式也会作出约定。

运输合同的当事人对货物的包装标准可以进行约定，但是当事人对包装的约定不得违反国家对包装标准的强制性规定，在当事人对包装约定的标准不违反国家规定的强制性标准的情况下，托运人应当按照约定的包装标准对货物进行包装。但是在有的情况下，托运人与承运人对包装的方式并没有进行约定或者虽有约定，但约定不明确，在这种情况下，应当适用《民法典》第 619 条的规定："出卖人应当按照约定的包装方式交付标的物。对包装方式没有约定或者约定不明确，依据本法第五百一十条的规定仍不能确定的，应当按照通用的方式包装；没有通用方式的，应当采取足以保护标的物且有利于节约资源、保护生态环境的包装方式。"该条中的足以保护标的物的包装方式，在运输合同中是指托运人根据货物的性质、重量、运输方式、运输距离、气候条件及运输工具的装载条件，使用符合运输要求，便于装卸和保证货物安全的包装。

如果按照规定货物需要包装，而托运人违反规定没有进行包装的或者包装不符合约定或者运输安全需要的，承运人就可以拒绝运输。这是因为包装托运货物是托运人的义务，如果其不愿包装或者包装不符合约定，就是托运人不愿履行自己的义务，承运人当然有拒绝履行运输义务的权利。对于因此给托运人造成的损失，承运人不负赔偿责任；对于因此给承运人造成损失的，托运人应当向承运人赔偿损失。

279. 托运人托运危险物品应履行什么义务?

《民法典》第828条第1款规定：“托运人托运易燃、易爆、有毒、有腐蚀性、有放射性等危险物品的，应当按照国家有关危险物品运输的规定对危险物品妥善包装，做出危险物品标志和标签，并将有关危险物品的名称、性质和防范措施的书面材料提交承运人。”这一规定对托运人规定了三项义务：

1. 对危险物品进行妥善包装。这里的妥善包装应当按照有关危险物品运输的规定进行，这些规定在国务院的行政法规或者运输主管部门的规章中基本上都有规定，例如国务院制定的《公路货物运输合同实施细则》《铁路货物运输合同实施细则》《水路货物运输合同实施细则》等。海上危险货物运输的包装则应符合联合国国际海事组织所颁布的危险品运输规则的有关规定。

2. 托运人应当在危险物品上作出标志和标签。例如在易爆的物品上标上“危险物品，请注意”的标签；在易燃的物品上贴上“火”的标志。在危险物品上作出标志和标签的目的是便于人们识别、提请人们注意，也是为了承运人进行安全运输。

3. 托运人还应当将有关危险物品的名称、性质和防范措施的书面材料提交承运人。要求托运人提供这些材料的目的是为承运人采取措施进行安全运输，同时也是让承运人了解危险物品后，决定是否进行运输。托运人不得将危险物品报成非危险物品的名称，否则就要承担责任。

280. 托运人托运危险物品时违反法定义务的应承担什么法律后果？

《民法典》第828条第2款规定："托运人违反前款规定的，承运人可以拒绝运输，也可以采取相应措施以避免损失的发生，因此产生的费用由托运人负担。"根据这一规定，如果托运人没有对危险物品妥善进行包装或者没有对危险物作出标志和标签或者没有将有关危险物品的名称、性质和防范措施的书面材料及时提交承运人的，承运人就可以拒绝进行运输；如果是在运输过程中发现了托运人托运的是危险物品的，承运人也可以采取各种措施避免损失的发生，这些措施包括承运人可以在任何地点、任何时间根据情况将货物卸下、销毁或者使之不能为害。如果因为承运人采取的措施对托运人造成损失的，承运人可以不负赔偿责任。但如果因此而给承运人造成损失的，托运人应当向承运人负赔偿责任，同时承运人因为采取措施而产生的各种费用也应当由托运人承担。

281. 托运人是否享有单方变更或者解除运输合同的权利？

《民法典》第829条规定："在承运人将货物交付收货人之前，托运人可以要求承运人中止运输、返还货物、变更到达地或者将货物交给其他收货人，但是应当赔偿承运人因此受到的损失。”根据这一规定，在承运人将货物交付收货人之前，托运人享有如下权利：一是中止运输、返还货物。中止运输，是指托运人要求承运人立即停止运输托运的货物；返还货物，是指托运人要求承运人将已经办理托运手续的货物返还给托运人或者提货凭证持有人。这实际上就是解除货运合同。二是变更到达地。变更到达地，是指托运人在货物交付给收货人之前，改变原来约定的到达地。对此承运人不得拒绝变更。三是将货物交给其他收货人。这实际上就是变更收货人。在承运人将货物交付收货人之前，托运人享有以上权利，承运人不得拒绝变更后的运输义务，应当按照托运人的要求中止运输、返还货物，或者按照托运人变更后的要求将货物安全、及时地运送至新的到达地或者交给新的收货人。当然，如果因为托运人单方变更或者解除合同给承运人造成损失的，应当赔偿其损失，包括承担因变更或者解除合同而产生的各种费用等。

但是这里需要注意的是，在提单运输中（主要在海上货物运输中），由于提单具有物权凭证、可以转让的性质，托运人的权利义务等全部内容一并转移给了提单持有人。所以在提单运输中，在货物已经起运后，托运人如果已经转让了提单，托运人就没有权利单方变更或者解除合同。但是在这种情况下，提单持有者可以单方变更或者解除合同。

282. 收货人提货有什么要求?

《民法典》第 830 条规定：“货物运输到达后，承运人知道收货人的，应当及时通知收货人，收货人应当及时提货。收货人逾期提货的，应当向承运人支付保管费等费用。”一旦收货人接到承运人的通知，应当及时提货。这是收货人的主要义务。如果收货人在收到承运人的提货通知后的规定时间内或者没有规定时间而在合理时间内没有提取货物，而逾期提货的，应当向承运人支付逾期的保管费用，如果因为逾期提货给承运人造成损失的，收货人应当承担损失。如果在逾期期间，货物因发生不可抗力而毁损灭失的，承运人不负赔偿责任。收货人提货时，应当将提单或者其他提货凭证交还给承运人，承运人一般也只有在收货人出示了提货凭证后，才能向收货人交付货物。如果按照运输合同的规定或者提货凭证的规定，应当由收货人交付全部或者部分运费的，收货人只有向承运人履行交付运费的义务后，才有权利提取货物。

283. 收货人检验货物有什么要求?

《民法典》第 831 条规定：“收货人提货时应当按照约定的期限检验货物。对检验货物的期限没有约定或者约定不明确，依据本法第五百一十条的规定仍不能确定的，应当在合理期限内检验货物……”在货物运输合同中，承运人交付货物，收货人提货时，一个重要的问题就是收货人对货物的检验。货物经过运输后，其质量和数量很有可能发生变化，检验的目的是查明承运人交付的货物是否完好，是否与合同的约定相符合，因此对货物进行检验密切关系着收货人的利益。同时对货物进行检验，可以尽快地确定货物的质量状况和数量情况，明确责任，及时解决纠纷、有利于加速商品的流转。否则就会使当事人的法律关系长期处于不稳定的状态，不利于维护健康正常的合同秩序。收货人在提货时应当及时对货物进行检验。这是收货人的权利也是其义务。

对于收货人的检验时间，如果运输合同对检验时间有约定的，收货人应当在约定的期限内对货物进行检验。如果对检验货物的时间没有约定或者约定不明确的，应当依据《民法典》第510条的规定来确定，即“合同生效后，当事人就质量、价款或者报酬、履行地点等内容没有约定或者约定不明确的，可以协议补充；不能达成补充协议的，按照合同相关条款或者交易习惯确定。”如果依据第510条的规定仍不能确定的，则应当在合理期限内检验货物。这里的“合理期限”是一个弹性的规定，应当视实际情况确定具体的时间。对于货物的数量、较易发现的货物的毁损，收货人就应当在较短的时间内进行检验。例如，如果货物是易腐烂变质的东西，则收货人就应当在极短的时间内对货物进行检验。如果货物的毁损不是立即就能发现的，则收货人对货物进行检验的时间就会长一些。

284. 承运人对货物的毁损、灭失承担损害赔偿责任的免责事由有哪些？

在货物运输中，承运人应当将货物安全运输到目的地，因此，承运人应当对自接收货物时起至交付货物时止所发生的货物的毁损、灭失承担无过错的赔偿责任，即该赔偿责任的成立，不以承运人在运输过程中存在过错为前提条件。

但是，运输行为是风险作业，同时在运输过程中损害的发生原因也是极其复杂的，法律在强调对托运人或者收货人利益保护的同时，也必须对承运人的利益作适当的保护，以体现公平的原则。法律对承运人的保护就体现在免责事由上。《民法典》第 832 条规定："承运人对运输过程中货物的毁损、灭失承担赔偿责任。但是，承运人证明货物的毁损、灭失是因不可抗力、货物本身的自然性质或者合理损耗以及托运人、收货人的过错造成的，不承担赔偿责任。"根据这一规定，承运人可以免除赔偿责任的三种情况是：

1. 不可抗力。根据《民法典》第 180 条的规定，不可抗力是指当事人不能预见、不能避免且不能克服的客观情况，包括地震、台风、洪水等自然灾害，也包括战争等社会现象。如果货物的毁损、灭失是因不可抗力造成的，承运人不承担赔偿责任。

2. 货物本身的自然性质或者合理损耗。货物本身的自然性质，主要是指货物的物理属性和化学属性，例如运输的货物是气体，而气体的自然属性就是易挥发。如果由于挥发造成的损失，承运人就不承担损失。货物的合理损耗，主要是指一些货物在长时间的运输过程中，必然会有一部分损失，对于这一部分损失，承运人也不负赔偿责任。

3. 托运人、收货人的过错。这主要是指由于托运人或者收货人自身的原因造成的货物损失。根据法律的规定，包括以下五种情况：（1）由于托运人对货物包装的缺陷，而承运人在验收货物时又无从发现的；（2）托运人自已装上运输工具的货物，加固材料不符合规定的条件或者违反装载规定，交付货物时，承运人无法从外部发现的；（3）押运人应当采取而未采取保证货物安全措施的；（4）收货人负责卸货造成损失的；（5）托运人应当如实申报，而没有如实申报造成损失，导致承运人没有采取相应的保护措施造成的；等等。

承运人要求免除赔偿责任的，其应当负举证责任。如果承运人自己不能证明有不可抗力、货物本身的自然性质或者合理损耗以及托运人、收货人的过错的情形存在，其就要承担损害赔偿责任。

285. 如何确定货物毁损、灭失的赔偿额？

在货物发生毁损、灭失的情况下，对于如何确定货物的赔偿额，《民法典》第 833 条作了明确规定："货物的毁损、灭失的赔偿额，当事人有约定的，按照其约定；没有约定或者约定不明确，依据本法第五百一十条的规定仍不能确定的，按照交付或者应当交付时货物到达地的市场价格计算。法律、行政法规对赔偿额的计算方法和赔偿限额另有规定的，依照其规定。"具体来说，应当根据以下规则来确定货物的损害赔偿额：

1. 当事人对货物毁损、灭失的赔偿额有约定的，应当按约定数额进行赔偿。当事人在合同中可能规定了一个总的赔偿数额，也有可能规定了一个赔偿额的计算方法。但有的情况下，当事人办理了保价运输，这也实际上是对赔偿额的一种约定。但是，要注意在保价运输的情况下，货物受损的赔偿。所谓保价运输就是承运人处理托运人、收货人提出赔偿要求的一种方式，即托运人在办理托运货物的手续时或者与承运人签订合同时，向承运人要求进行保价运输，声明货物的价格，并支付保价费。这实际上是当事人之间对货物损害赔偿额的一种约定。一般情况下，保价额相当于货物的价值。托运人办理保价运输的，承运人应当按照实际损失进行赔偿，但最高不得超过保价额。实际损失低于保价额的，按照实际损失进行赔偿。

2. 当事人对赔偿额没有约定或者约定不明确的，则承运人赔偿的数额应当依照《民法典》第510条的规定进行确定。《民法典》第510条规定："合同生效后，当事人就质量、价款或者报酬、履行地点等内容没有约定或者约定不明确的，可以协议补充；不能达成补充协议的，按照合同相关条款或者交易习惯确定。"

3. 如果依照《民法典》第510条的规定仍不能确定的，则按照交付或者应当交付时货物到达地的市场价格计算。这一条之所以要规定此时以交付时或者应当交付时货物到达地的市场价格来计算货物的赔偿额，目的在于使托运人或者收货人获得假如货物安全及时到达并按合同交付时所获得的利益，有利于保护托运人或者收货人的利益。这里的"交付时"是指货物按时到达了目的地，但是货物有毁损的情况下，计算市场价格的起算时间；"应当交付时"是指货物没有按时到达，而货物有毁损的或者货物根本就灭失了，不存在了的情况下，市场价格的起算时间。

4. 法律、行政法规对赔偿额的计算方法和赔偿限额另有规定的，应当依照其规定进行赔偿。我国各专门法对承运人的赔偿责任范围基本上都作了规定，如《铁路法》第17条第1款第2项规定，未按保价运输承运的，按照实际损失赔偿，但最高不超过国务院铁路主管部门规定的赔偿限额。对于法律、行政法规的这些规定，应当在计算承运人的赔偿额时予以遵守。

286. 两个以上承运人以同一运输方式联运的，哪个承运人应当对全程运输承担责任？

多个承运人以同一种运输方式共同完成货物运输的一种运输方式称为相继运输，又称连续运输。在相继运输中，托运人只与数个承运人中的某一个承运人签订运输合同，实践中，主要是与第一承运人签订运输合同。在相继运输中，一方面，同一运输方式的运输路线分为不同的运输区段，而完成这一运输过程必须经过若干运输区段、由不同运输区段的承运人完成；另一方面，运输关系要求特定的货物运输从起点到终点具有连续性、不能中断、不可分割的特性。在运输活动中，普遍存在的转车、转机、转船就是典型的相继运输，其主要特征就是“一票到底”，利用人只要与第一承运人签订运输合同，就可以享受全程所有区段的运输。关于相继运输中承运人的责任制度，《民法典》第834条明确规定：“两个以上承运人以同一运输方式联运的，与托运人订立合同的承运人应当对全程运输承担责任；损失发生在某一运输区段的，与托运人订立合同的承运人和该区段的承运人承担连带责任。”这一规定包括两个方面的内容：

一是在单式联运中，与托运人订立合同的承运人应当对全程运输承担责任。也就是说，订约的第一承运人应当对货物安全及时送达目的地负责，如果货物因为其他承运人的原因而未能安全及时送达目的地，订约的第一次承运人应当就此对托运人或者收货人负责。

二是损失发生在某一运输区段的，与托运人订立合同的承运人和该区段的承运人承担连带责任。也就是说，如果查明货物的毁损、灭失是发生在某一具体运输区段的，由该区段的承运人和订约的第一承运人承担连带责任。这有利于保障托运人的利益，使得其可以对所受损失进行直接追偿。

287. 货物在运输过程中因不可抗力而灭失时，是否支付运费？

在运输活动中，常常出现这样一种情况，即托运的货物在运输过程中因不可抗力灭失了，货物的这种灭失不是因为承运人的原因造成的，也不是因为托运人、收货人的过错造成的。在这种情况下，对于运费的支付风险应当如何处理呢？《民法典》第 835 条明确规定："货物在运输过程中因不可抗力灭失，未收取运费的，承运人不得请求支付运费；已经收取运费的，托运人可以请求返还。法律另有规定的，依照其规定。"

288. 承运人在什么情形下对运输货物享有留置权？

收取运费、保管费以及其他运输费用（如承运人为托运人或者收货人垫付的报关费等）是承运人的主要权利。但是在托运人或者收货人不交付运费、保管费以及其他运输费用的，承运人可以采取什么措施保护自己的权利呢？《民法典》第 836 条明确规定："托运人或者收货人不支付运费、保管费或者其他费用的，承运人对相应的运输货物享有留置权，但是当事人另有约定的除外。”承运人在行使留置权时，应当注意下列事项：

1. 除法律另有规定外，承运人可以自行留置货物，不必通过法定程序留置货物。

2. 对“相应的货物”留置货物包括两层含义：一是对于可分的货物，承运人留置的货物应当合理和适当，其价值应包括未支付的运费、保管费或者其他运输费用加上可能因诉讼产生的费用，而不能留置过多的货物。当然如果承运人根本就没有获得任何费用，他也可以对全部货物行使留置权。二是对于不可分的货物，承运人可以对全部货物进行留置，即使承运人已取得了大部分运费、保管费以及其他运输费用。

3. “但当事人另有约定的除外”此句包含两层意思：一是当事人如果在合同中约定即使在运费、保管费或者其他运输费用没有付清的情况下，承运人也不能留置货物的，承运人就不能留置货物。二是如果托运人或者收货人提供了适当的担保，则承运人也不能留置货物。

289. 收货人不明或者收货人拒绝受领货物的，如何处理？

在实际运输业务中，常因贸易合同纠纷或者其他原因，造成承运人将货物运输到目的地后，无法向收货人交货的情况，在这时应当如何处理？《民法典》第 837 条规定：“收货人不明或者收货人无正当理由拒绝受领货物的，承运人依法可以提存货物。”这一规定中的“收货人不明”既包括收货人下落不明，还包括在货物运输终止时，托运人并没有向承运人指明收货人是谁，而承运人向托运人通知请求其作出指示，而托运人逾期没有作出指示的情况，例如在海上货物运输中，托运人有时在提单上注明“凭指示交付”的字样，而没有具体写明收货人是谁。

对于这一规定应当注意以下几点：（1）如果运输的货物不适于提存或者提存费用过高的，承运人应当可以依法拍卖或者变卖货物，然后提存所得的价款。例如货物是易于腐烂的食品，则承运人就不能直提存该食品。（2）在货物被提存后，承运人应当及时通知托运人，在收货人明确的情况下，应当及时通知收货人。（3）如果货物在提存后毁损、灭失的，则承运人不承担该货物毁损、灭失的风险。（4）如果承运人应得的运费、保管费以及其他运输费用加上提存的费用没有付清的，承运人可以依照规定留置该货物，以该货物拍卖或者折价后，从中扣除运费和其他各种费用后，再提存剩余的价款或者没有被留置的相应货物。

290. 什么是多式联运经营人，其有什么权利义务？

多式联运合同，是指多式联运经营人以两种以上的不同运输方式，负责将货物从接收地运至目的地交付收货人，并收取全程运费的合同。可见以两种以上的不同运输方式进行运输是多式联运合同区别于传统运输合同的最大特征。在多式联运合同中，多式联运经营人是处于一个比较特殊的位置。多式联运经营人，是指本人或者委托他人以本人名义与托运人订立多式联运合同的人。他是事主，而不是托运人的代理人或者代表人，也不是参加多式联运的各承运人的代理人或者代表人。多式联运经营人要根据多式联运合同履行运输义务或者组织承运人履行运输义务。多式联运经营人可分为两种类型：第一种就是多式联运经营人自己拥有运输工具，并且直接参加了运输合同的履行。第二种就是多式联运经营人自己不拥有运输工具或者不经营运输工具，也不直接从事运输活动，而是在签订多式联运合同后，通过双边合同各运输方式承运人又单独签订各区段运输合同，组织其他承运人进行运输。《民法典》第 838 条规定："多式联运经营人负责履行或者组织履行多式联运合同，对全程运输享有承运人的权利，承担承运人的义务。"根据这一规定，不管多式联运经营人是属于哪一种情形，都要对与之签订合同的托运人或者收货人承担全程运输的义务，同时根据法律的规定，多式联运经营人要承担全程运输所发生的责任和风险。当然他也享有作为全程运输承运人的权利，例如有向托运人或者收货人要求运输费用的权利等。

291. 多式联运经营人与实际承运人之间的责任如何划分？

《民法典》第 839 条规定："多式联运经营人可以与参加多式联运的各区段承运人就多式联运合同的各区段运输约定相互之间的责任；但是，该约定不影响多式联运经营人对全程运输承担的义务。"也就是说，多式联运经营人对全程运输中所发生的责任对托运人或者收货人负全责，但是多式联运经营人可以与参加多式联运的各区段运输承运人约定相互之间的责任，例如在一个海陆空的多式联运合同中，多式联运经营人与海上运输区段的承运人、陆路运输区段的承运人、航空运输区段的承运人分别对每一段的运输责任约定，在多式联运经营人对托运人或者收货人负全程的运输责任后，可以依据其与每一区段的运输承运人签订的合同，向其他承运人追偿。

292. 多式联运单据是否可以转让?

多式联运单据就是证明多式联运合同存在及多式联运经营人接管货物并按合同条款提交货物的证据。《民法典》第 840 条规定:“多式联运经营人收到托运人交付的货物时，应当签发多式联运单据。按照托运人的要求，多式联运单据可以是可转让单据，也可以是不可转让单据。”实践中，只有单据的签发人(即多式联运经营人)承担全程责任时，多式联运单据才有可能作成为可转让的单据。此时，多式联运单据具有物权凭证的性质和作用。在做成可转让的多式联运单据时，应当列明按指示或者向持票人交付。如果是凭指示交付货物的单据，则该单据经背书才可转让；向持票人交付货物时，则该单据无须背书即可以转让。当签发一份以上可转让多式联运单据正本时，应当注明正本份数，收货人只有提交可转让多式联运单据时才能提取货物，多式联运经营人按其中一份正本交货后，即履行了交货人的义务；如果签发副本，则应当注明“不可转让副本”字样。如果多式联运经营人按托运人的要求签发了不可转让多式联运单据，则应当指明记名的收货人，多式联运承运人将货物交给不可转让单据所指明的记名收货人才算履行了交货的义务。

293. 在多式联运中，托运人承担什么责任?

在多式联运中，托运人一般应当承担以下三个方面的责任：

1. 保证责任。即在多式联运经营人接管货物时，发货人应视为已经向多式联运经营人保证他在多式联运单据中所提供的货物品类、标志、件数、重量、数量及危险特性的陈述的准确无误，并应对违反这项保证造成的损失负赔偿责任。

2. 对凡是因为托运人或者其受雇人或者代理人在受雇范围内行事时的过失或者大意而给多式联运经营人造成损失的，托运人应当向多式联运经营人赔偿责任。

3. 运送危险物品的特殊责任。托运人将危险品交多式联运经营人时，应当告知多式联运经营人危险物品的危险特性，必要时应告之应采取的预防措施。否则其要对多式联运经营人因运送这类货物所遭受的损失负赔偿责任。

《民法典》第841条规定："因托运人托运货物时的过错造成多式联运经营人损失的，即使托运人已经转让多式联运单据，托运人仍然应当承担赔偿责任。"也就是说，托运人赔偿多式联运经营人的损失不受多式联运单据是否转让的影响，只要因托运人的过错造成多式联运经营人的损失，不管多式联运单据在谁手中，多式联运经营人都可向托运人要求赔偿，而不能向持票人或者收货人要求赔偿。

294. 多式联运经营人承担赔偿责任适用什么法律规定?

在传统的单一运输方式中，对于承运人的赔偿问题基本上都有专门的运输法或者行政法规作了规定。但在多式联运中，由于其最大的特点就是用不同的运输方式进行运输，而我国的各专门运输法或者行政法规对不同的运输方式中的赔偿责任和赔偿限额的规定是不相同的，所以就存在一个问题，即一旦货物发生毁损、灭失的，多式联运经营人根据什么法律或者行政法规承担赔偿责任和赔偿限额?《民法典》第842条明确规定："货物的毁损、灭失发生于多式联运的某一运输区段的，多式联运经营人的赔偿责任和责任限额，适用调整该区段运输方式的有关法律规定；货物毁损、灭失发生的运输区段不能确定的，依照本章规定承担赔偿责任。"这一规定确立了两个规则：

1. 如果货物发生毁损灭失的区段是确定的，多式联运经营人的赔偿责任和责任限额，适用调整该区段运输方式的有关法律的规定。该原则体现了目前国际通行的多式联运经营人的"网状责任制"。例如托运人与多式联运经营人签订了一项从北京至纽约的多式联运合同。全程运输分为三个区段，首先是从北京到天津的公路运输，其次是从天津到旧金山的国际海运，最后是从旧金山到纽约的铁路运输，如果货物的毁损、灭失能够确定发生在中国的公路运输区段，则多式联运经营人的赔偿责任和责任限额就按中国公路运输方面的法律或者行政法规进行办理；如果发生在国际海运区段则按我国海商法的有关规定进行赔偿；如果发生在美国的铁路运输区段，就应按照美国的铁路法的规定进行办理。这一条规定的网状制度的主要缺点是责任制度不确定，随发生损失的区段而定，事先难以把握。它的优点是多式联运经营人承担的赔偿责任与发生损坏区段承运人所负责任相同，使组织多式联运的经营人不承担不同责任的风险，便利了多式联运的组织工作和多式联运的发展。这也是国际上通行此项责任制度的主要原因。

2. 对于货物发生毁损、灭失的运输区段不能确定的，多式联运经营人应当依照民法典合同编运输合同一章的规定承担损害赔偿责任。在多式联运中，货损发生的运输区段有时不易查清，网状责任制通常用“隐蔽损害一般原则”规定多式联运经营人的责任，即对这一类货损采用某项统一的规定的办法确定经营人的责任。

295. 什么是技术合同？

根据《民法典》第843条规定：“技术合同是当事人就技术开发、转让、许可、咨询或者服务订立的确立相互之间权利和义务的合同。”根据这一条规定，技术合同具有以下特征：

1. 技术合同属于民法典规定的一种有名合同。

2. 技术合同的主体是平等主体的自然人、法人、非法人组织。

3. 技术合同的标的是技术开发、技术转让、技术许可、技术咨询、技术服务。

4. 技术合同的内容是当事人就技术开发、技术转让、技术许可、技术咨询、技术服务所确立的相互之间权利和义务关系。

5. 技术合同是双务、有偿合同。

6. 技术合同是技术商品生产和消费之间的一个媒介。

296. 订立技术合同应当遵循什么原则?

根据《民法典》第844条规定:“订立技术合同,应当有利于知识产权的保护和科学技术的进步,促进科学技术成果的研发、转化、应用和推广。”

1. 遵循有利于知识产权保护的原则。

知识产权制度是国家以法定程序和条件授予智力成果完成人在一定期间内拥有一定的独占权,并以法律手段保障这一权利不受侵犯的法律制度。知识产权制度通过对智力成果完成人民事权利的保护,体现了国家发展科技、鼓励创新、促进产业发展,保持国家竞争力的政策意志和战略目标。随着当代科学技术日新月异,高新技术及其产业迅猛发展,世界范围内的经济竞争呈现信息化、知识化趋势,知识产权保护在国家经济、社会发展和科技进步中的战略地位进一步增强,成为国家技术创新体系的重要组成部分,故法律将订立技术合同,应当有利于保护知识产权作出明确规定,以适应加强知识产权保护的需要。

2. 遵循有利于科学技术的进步,促进科学技术成果的研发、转化、应用和推广的原则。

技术合同是技术成果商品化的法律形式,实行技术合同的目的,是将技术成果推向市场,创造更大的经济效益和社会效益。因此,当事人在订立技术合同时,应当从推动科学技术进步,促进科技与经济发展出发,确定权利义务,努力研究开发新技术、新产品、新工艺、新材料及其系统，促进先进适用的科技成果在生产实践中获得应用，使科学技术更好地为社会主义现代化建设服务。规定这一原则的目的，在于鼓励和引导当事人正确运用技术合同这一有效的法律形式，在科研和生产之间架起一座桥梁，促使技术成果尽快向生产领域转移，形成新的生产力。

297. 技术合同的内容一般包括哪些?

技术合同的内容即合同条款是当事人权利和义务的体现，也是当事人履行合同、判明违约责任的主要依据。技术合同条款一般由合同双方当事人协商约定，通常包括以下内容：（1）项目名称。（2）标的的内容、范围和要求。（3）履行的计划、进度、期限、地点、地域和方式。（4）技术情报和资料的保密。（5）风险责任的承担。（6）技术成果的归属和收益的分成办法。（7）验收标准和方法。（8）价款、报酬或者使用费及其支付方式。（9）违约金或者损失赔偿的计算方法。（10）解决争议的方法。（11）名词和术语的解释。与履行合同有关的技术背景资料、可行性论证和技术评价报告、项目任务书和计划书、技术标准、技术规范、原始设计和工艺文件，以及其他技术文档，按照当事人的约定可以作为合同的组成部分。技术合同涉及专利的，应当注明发明创造的名称、专利申请人和专利权人、申请日期、申请号、专利号以及专利权的有效期限。

298. 技术合同价款、报酬和使用费的支付方式有哪些？

依据《民法典》第 846 条第 1 款的规定，当事人可以在技术合同中约定采取如下方式支付价款、报酬和使用费：

1. 一次总算、一次总付。这种方式是技术合同的一方当事人在合同成立后，将合同约定的全部价款、报酬或者使用费向另一方当事人一次付清。

2. 一次总算、分期支付。这种方式是技术合同的当事人将技术合同的价款、报酬、使用费在合同中一次算清，一方当事人在合同成立后，分几次付清合同约定的价款、报酬或者使用费。

3. 提成支付。这种方式是技术合同的一方当事人在接受技术成果或者其他智力劳动标的后，从付诸实施的技术成果或者技术服务后所获得的收益中，按照约定的比例提取部分收入交付另一方当事人作为技术合同的价款、报酬或者使用费。这种方式的价款、报酬、使用费取决于实施方实际取得的收益，较为科学合理，在实践中的适用比较普遍。

4. 提成支付附加预付入门费。这种方式是指接受技术成果的技术合同的一方当事人在合同成立后或者在取得技术成果后先向另一方当事人支付部分价款、报酬或者使用费（称为入门费或初付费），其余部分按照合同约定的比例提成，并按照合同约定的时间支付。这笔入门费将来抵作技术合同的价款、报酬或者使用费一部分。实践中这笔入门费通常占合同技术合同的价款、报酬或者使用费的 10%—20%。

299. 技术合同当事人约定提成支付价款、报酬和使用费的，如何具体计算提成？

依据《合同法》第325条第2款的规定，约定提成支付的，可以按照产品价格、实施专利和使用技术秘密后新增的产值、利润或者产品销售额的一定比例提成，也可以按照约定的其他方式计算。

1. 按照产品的价格提成。是指按照已经利用的技术成果或者技术服务生产出的产品售价的一定比例作为技术合同的价款、报酬或者使用费。

2. 按照新增产值提成。是指按照已经利用的技术成果或者技术服务后新增加的产值的一定比例作为技术合同的价款、报酬或者使用费。

3. 按照新增利润提成。是指按照已经利用的技术成果或者技术服务后新增加的利润的一定比例作为技术合同的价款、报酬或者使用费。

4. 按照产品销售额提成。是指按照已经利用的技术成果或者技术服务后产生的销售额的一定比例作为技术合同的价款、报酬或者使用费。

5. 按照其他方式提成。例如，最低提成费，即支付方每年支付的提成不得低于某一个固定的金额。

提成支付的比例可以采取固定比例、逐年递增比例或者逐年递减比例。

300. 什么是职务技术成果？

依据《民法典》第847条第2款的规定："职务技术成果是执行法人或者非法人组织的工作任务，或者主要是利用法人或者非法人组织的物质技术条件所完成的技术成果。"依据这一规定，确认职务技术成果的标准有两条：一是执行法人或者非法人组织的工作任务；二是主要是利用法人或者非法人组织的物质技术条件。

执行法人或者非法人组织的任务，主要是指承担法人或者非法人组织的科学研究和技术开发课题或者履行本岗位的职责。利用法人或者非法人组织的物质技术条件，是指法人或其非法人组织提供的资金、设备、器材、未公开的技术情报和资料。但是利用法人或者非法人组织提供的物质技术条件，按照事先约定，返还资金或交纳使用费的不在此限。调动工作的人员既执行了原法人或者非法人组织的任务，又利用了所在法人或者非法人组织的物质技术条件所完成的技术成果，由其原法人或者非法人组织和所在法人或者非法人组织合理分享。确认技术成果是不是职务技术成果，并不要求同时具备上述两个条件，只要具备一个条件就可以认定是职务技术成果。

301. 非职务技术成果的使用权、转让权归属于哪个主体？

根据《民法典》第847条第1款的规定："职务技术成果的使用权、转让权属于法人或者非法人组织的，法人或者非法人组织可以就该项职务技术成果订立技术合同……”个人未经法人或者非法人组织同意，擅自以生产经营为目的使用、转让法人或者非法人组织的职务技术成果，是侵犯法人或者非法人组织技术权益的侵权行为。

302. 非职务技术成果的使用权、转让权归属于哪个主体？

未执行法人或者非法人组织的工作任务，也未利用法人或非法人他组织的物质技术条件所完成的技术成果，是非职务技术成果。依据《民法典》第 848 条的规定，非职务技术成果的财产权即非职务技术成果的使用权、转让权属于完成技术成果的个人；完成技术成果的个人有权就该项非职务技术成果订立技术合同，转让或者许可他人使用该非职务技术成果，有权获得因使用或者转让该项技术成果所取得的收益。非职务技术成果如何使用或者如何转让完全由完成该项非职务技术成果的个人依法自行支配，法人或者非法人组织不得干涉。法人或者非法人组织擅自以生产经营为目的使用或者转让属于个人的非职务技术成果，是侵犯个人合法权益的行为。

303. 完成技术成果的个人对技术成果享有哪些人身权？

依据《民法典》第 849 条的规定：“完成技术成果的个人享有在有关技术成果文件上写明自己是技术成果完成者的权利和取得荣誉证书、奖励的权利。”这些权利与完成技术成果的完成者人身紧密相连，因此，应当属于对完成技术成果作出了创造贡献的个人。因技术成果产生的人身权利专属于完成该项技术成果的个人，其他任何人无权分享。

本条中所称的完成技术成果的个人，是指对技术成果单独作出或者共同作出创造性贡献的人。不包括仅提供资金、设备、材料、试验条件的人员，进行组织管理的人员，协助绘制图纸、整理资料、翻译文献等辅助服务人员。

本条中所称的技术成果文件，是指专利申请书、科学技术奖励申报书、科技成果登记书等确认技术成果完成者身份和授予荣誉的证书和文件。

304. 哪些技术合同是无效的?

依据《民法典》第850条的规定："非法垄断技术或者侵害他人技术成果的技术合同无效。"

非法垄断技术是指合同的一方当事人通过合同条款限制另一方当事人在合同标的技术的基础上进行新的研究开发，限制另一方当事人从其他渠道吸收技术，或者阻碍另一方根据市场的需求，按照合理的方式充分实施专利和使用技术秘密。常见非法垄断技术条款主要有以下四种表现形式：一是限制另一方在合同标的基础上进行新的研究开发。二是限制另一方从其他渠道获取技术。三是阻碍另一方根据市场需求，以合理的方式实施技术。四是阻碍国家推广、使用技术。

侵害他人技术成果是指侵害另一方或者第三方的专利权、专利申请权、专利实施权、技术秘密使用权和转让权或者发明权、发现权以及其他科技成果权的行为。

305. 什么是技术开发合同?

《民法典》第851条第1款规定:"技术开发合同是当事人之间就新技术、新产品、新工艺、新品种或者新材料及其系统的研究开发所订立的合同。"技术开发合同具有以下特点:

1. 技术开发合同通常是双务合同、有偿合同。

2. 技术开发合同是一种要式合同,当事人订立技术开发合同应当采用书面形式。

3. 技术开发合同的标的(新技术、新产品、新工艺、新品种或者新材料)应有相对新的特点。新技术、新产品、新工艺、新产品或者新材料及其系统,一般是指当事人在订立技术合同时尚未掌握的产品、工艺、品种、材料及其系统等技术方案,但是在技术上没有创新的现有产品改型、工艺变更、品种更新、材料配方调整以及技术成果的检验、测试和使用的除外。

4. 技术开发合同风险性较大。由于技术开发是一项探索未知的活动,受各方面条件的限制,可能双方尽了很大的努力,也难以达到订立合同的目的,因此订立技术开发合同必须依据法律的有关规定,明确合同各方的责任和所承担的风险。

306. 技术开发合同有哪些种类?

《民法典》第851条第2款规定:"技术开发合同包括委托开发合同和合作开发合同。"委托开发合同是指当事人一方委托另一方进行研究开发所订立的合同。委托开发合同的特征是研究开发人以自己的名义、技术和劳务独立完成研究开发工作，委托人不得非法干涉。合作开发合同是指当事人各方就共同进行研究开发所订立的合同，即当事人各方共同投资、共同参与研究开发活动、共同承担研究开发风险、共享研究开发成果。合作开发合同的各方以共同参加研究开发中的工作为前提，可以共同进行全部研究开发工作，也可以约定分工，分别承担相应的部分。

307. 委托开发合同的委托人具有哪些主要义务?

依据《民法典》第 852 条的规定，委托开发合同的委托人主要义务有：

1. 支付研究开发经费和报酬。

研究开发经费，是指完成研究开发工作所需要的成本。除合同另有约定，委托人应当提供全部研究开发工作所需要的经费，包括购买研究必需的设备仪器、研究资料、试验材料、能源、试制、安装以及情报资料等费用。委托人向研究开发人支付的报酬，是指研究开发成果的使用费和研究开发人员的科研补贴。与研究开发经费不同，它是研究开发人获得的劳动收入。合同约定研究开发经费的一定比例作为使用费和科研补贴的，可以不单列报酬。

2. 提供技术资料。

委托开发工作是研究开发人根据委托人的要求进行的，只有委托人提供完备的技术资料以及研究开发人所要求的必要的技术背景资料，研究开发人的研究开发才能更好地满足其要求、研究开发工作才能顺利地进行。因此，合同成立后，委托人负有按照合同约定提供研究开发工作必要的技术资料。在研究开发过程中，委托人还应当及时应研究开发人的要求，补充必要的背景资料，但应以研究开发人为履行合同所需要的范围为限。

3. 提出研究开发要求。

委托开发合同的委托人应当明确具体地提出研究开发要求，提出对研究开发的具体愿望是什么，目标是什么，希望研究开发工作成果是什么样子，达到什么标准，符合什么条件等，技术要求、时间要求、质量要求是什么等。委托人提出的研究开发要求要有可操作性。

4. 完成协作事项。

为了保证研究开发工作的顺利进行，取得预期的成果，委托方还必须配合委托方的研究开发工作，做好必要的协助工作，即委托人负有完成委托开发合同的协作义务。研究开发人需要委托人提供哪些协作、辅助事项，最好在委托开发合同中作出明确的约定，合同一旦约定，委托人必须履行。

5. 接受研究开发成果。

委托开发合同履行后，委托人享有接受该项研究开发成果的权利。这也是委托人的义务。委托人应当按期接受这一成果。当事人可以在合同中约定委托人接受研究开发成果的方式、时间或者期限，便于合同及时履行。

308. 委托开发合同的研究开发人有哪些主要义务？

根据《民法典》第853条的规定，委托开发合同的研究开发发人的主要义务有：

1. 制订和实施研究开发计划。

为保证研究开发成果符合委托人的要求，研究开发人应当按照委托人的要求、合同的约定制订和实施研究开发计划。研究开发计划是委托开发合同的研究开发人就合同标的的研究开发而事先拟定的需要经过委托人同意的研究开发工作的具体步骤、具体内容、具体程序等，是指导研究开发工作的基本文件，是完成开发工作的前提，对保证研究开发工作的顺利完成具有根本性的作用。研究开发计划一般包括研究开发的基本目标、研究开发的方法与方案、研究开发的速度、研究开发的试验方法等。

2. 合理使用研究开发经费。

研究开发经费是委托人支付给研究开发人专为研究开发工作使用的、用于研究开发合同标的所需要的费用。该费用通常是在委托开发合同中约定使用范围的。因此，研究开发人应当按照合同的约定，本着专款专用的原则，根据开发项目的实际需要，合理有效地使用委托人支付的研究开发经费，不应浪费，不得擅自挪作他用。

3. 按期完成研究开发工作，交付研究开发成果。

交付研究开发成果，是订立委托开发合同的根本目的，也是研究开发人最基本的义务。因此，研究开发人应当按照合同的约定，按期完成研究开发工作，并及时将研究开发成果交付委托人。研究开发人可以采用下列一种或者几种方式提交研究开发成果，但其数量不能超过合理的范围：（1）产品设计、工艺规程、材料配方和其他图纸、论文、报告等技术文件；（2）磁带、磁盘、计算机软件；（3）动物或者植物的新品种、微生物菌种；（4）样品、样机；（5）成套技术设备。

4. 提供有关的技术资料和必要的技术指导，帮助委托人掌握研究开发成果。

研究开发人按照合同约定，完成研究开发工作并交付工作成果时，还应当向委托人提供有关的技术资料，并给予必要的技术指导，帮助委托人掌握该技术成果，使之尽快在生产实践中应用。为了减少纠纷，当事人双方应当在合同中约定技术资料和技术指导的范围。如果合同中没有约定或者约定不明确，则应当按照同行业一般专业技术人员能够掌握研究开发成果所需要的技术资料和技术服务履行。

309. 委托开发合同的当事人在什么情形下承担违约责任？

依据《民法典》第854条的规定："委托开发合同的当事人违反约定造成研究开发工作停滞、延误或者失败的，应当承担违约责任。"

一、委托人违反委托开发合同的违约责任

《民法典》第852条规定："委托开发合同的委托人应当按照约定支付研究开发经费和报酬，提供技术资料，提出研究开发要求，完成协作事项，接受研究开发成果。"依据该条规定，委托开发合同的委托人的违约责任主要是：

委托人迟延支付研究开发经费，造成研究开发工作停滞、延误的，研究开发人不承担责任。委托人逾期不支付研究开发经费或者报酬的，研究开发人有权解除合同，返还技术资料；

委托人应当补交应付的报酬，赔偿因此给研究开发人造成的损失。

委托人按照合同约定提供技术资料和协作事项或者所提供的技术资料和协作事项有重大缺陷，导致研究开发工作停滞、延误、失败的，委托人应当承担责任，委托人逾期不提供技术资料、原始数据和协作事项的，研究开发人有权解除合同，委托人应当赔偿因此给研究开发人造成的损失。

委托人逾期不接受研究开发成果的，研究开发人有权处分研究开发成果。所获得的收益在扣除约定的报酬、违约金和保管费后，退还委托人。所得收益不足以抵偿有关报酬、违约金和保管费的，有权请求委托人赔偿损失。

二、研究开发人违反委托开发合同的违约责任

《民法典》第853条规定："委托开发合同的研究开发人应当按照约定制定和实施研究开发计划，合理使用研究开发经费，按期完成研究开发工作，交付研究开发成果，提供有关的技术资料和必要的技术指导，帮助委托人掌握研究开发成果。"依据该条规定，委托开发合同研究开发人违约责任主要是：

研究开发人未按计划实施研究开发工作的，委托人有权要求其实施研究开发计划并采取补救措施。研究开发人逾期不实施研究开发计划的，委托人有权解除合同。研究开发人应当返还研究开发经费，赔偿因此给委托人造成的损失。

研究开发人将研究开发经费用于履行合同以外的目的的，委托人有权制止并要求其退还相应的经费用于研究开发工作。因此，造成研究开发工作停滞、延误或者失败的，研究开发人应当支付违约金或者赔偿损失。经委托人催告后，研究开发人逾期未退还经费用于研究开发工作的，委托人有权解除合同。研究开发人应当返还研究开发经费，赔偿因此给委托人造成的损失。

由于研究开发人的过错，造成研究开发成果不符合合同约定条件的，研究开发人应当支付违约金或者赔偿损失；造成研究开发工作失败的，研究开发人应当返还部分或者全部研究开发经费，支付违约金或者赔偿损失。

310. 合作开发合同当事人的主要义务有哪些？

根据《民法典》第855条的规定，在合作开发合同中，当事人的主要义务是：

1. 进行投资，包括以技术进行投资。

进行投资是合作开发合同的重要特征，也是合作开发合同当事人的主要义务。合同当事人应当依照合同的约定进行投资。这里的投资，是指合作开发合同当事人以资金、设备、材料、场地、试验条件、技术情报资料、专利权、技术秘密成果等方式对研究开发项目所作的投入。采取资金以外的形式进行投资的，应当折算成相应的金额，明确当事人在投资中所占的比例。当事人应当在合同中约定投资的具体形式，并将投资比例约定清楚。

2. 分工参与研究开发工作。

合作开发合同的当事人虽然都要出钱，进行投资，但各方还必须出人直接参与研究开发工作。按照合同约定的分工参与研究开发工作是合作开发合同的特征。参与研究开发工作，包括按照约定的计划和分工共同进行或者分别承担设计、工艺、试验、试制等研究开发工作。当事人如何分工参与研究开发工作应当在合同中规定清楚。

3. 协作配合研究开发工作。

合作开发是以当事人共同投资和共同劳动为基础的，当事人在合作研究中的配合是取得研究开发成果的关键。因此，合作开发的当事人可以在合同中约定成立由各自代表组成的指导机构，对研究开发工作中的重大问题进行决策、协调和组织研究开发活动，保证研究开发工作的顺利进行。

311. 合作开发合同的当事人在什么情形下承担违约责任？

根据《民法典》第 856 条的规定，合作开发合同的当事人违反约定造成研究开发工作停滞、延误或者失败的，应当承担违约责任。这里所讲“合作开发合同的当事人违反约定”的情形，主要是指违反《民法典》第 855 条所约定的情形，即不按照约定进行投资，包括不以技术进行投资；不按照约定分工参与研究开发工作；不按照约定协作配合研究开发工作。除此之外，还包括当事人违反合作开发合同中约定的其他情形，例如，当事人在合同中约定，合作开发合同的委托方应当按照合同确定的时间和要求，提供符合国家要求的技术开发成果的验收标准，委托方未按照合同约定提供验收标准，致使技术开发合同不能继续进行下去的。

依据这一规定，合作开发合同的当事人违反约定承担违约责任的条件有二：一是合作开发合同的当事人存在违约行为；

二是由于违约行为造成研究开发工作停滞、延误或者失败。研究开发工作停滞主要是指由于当事人的违约行为使研究开发工作受到阻碍，不能顺利地进行或继续下去。研究开发工作延误是指由于当事人的违约行为使研究开发工作缓慢前行或行动，不能按照预料的进度、时间进行，或使预料的工作停下有可能不能完成。研究开发工作失败是指由于当事人的违约行为使研究开发工作根本不能继续开展下去，研究开发工作没有达到预期的目的。

312. 技术开发合同中，研发失败的风险由哪方当事人承担？

技术开发是一项探索性活动，有开发不出来的危险。在技术研究开发过程中，如果当事人一方或者双方已尽了最大努力，但仍然由于现有的科技知识、知识水平、技术水平或者试验条件等客观因素的限制，出现无法克服的技术困难，导致研究开发全部或者部分失败，未能达到合同约定的预期目的，即为技术开发合同的风险。《民法典》第 858 条第 1 款规定，在技术开发合同履行过程中，因出现无法克服的技术困难，致使研究开发失败或者部分失败的，该风险由当事人约定；没有约定或者约定不明确，依据本法第 510 条的规定仍不能确定的，风险由当事人合理分担。

为避免技术开发风险出现后损失的扩大，《民法典》第 858 条第 2 款规定了防止损失扩大的义务，即当事人一方发现前款规定的可能致使研究开发失败或者部分失败的情形时，应当及时通知另一方并采取适当措施减少损失；没有及时通知并采取适当措施，致使损失扩大的，应当就扩大的损失承担责任。这一款的规定确定了技术开发合同的一方当事人的义务有二：一是通知的义务。即一方当事人发现有可能导致研究开发失败或者部分失败的情形时，应当立即通知对方，通知可以是口头形式的，也可以是书面形式的，为减少纠纷宜以书面形式通知为佳。二是采取适当措施减少损失的义务。具体是什么措施，如果当事人在合同中已经有约定，就按照合同中约定的措施实施，如果合同中没有事先约定减少风险损失的措施，则由当事人一方视具体情况决定采取减少损失的措施。如果一方当事人未能及时通知对方当事人，也未能及时采取措施制止损失的扩大或者减少损失，那么应当就扩大的损失承担责任。这里需要注意的是，一方当事人采取减少损失的措施应当是适当的、合理的，不能采取耗费过高费用和过多时间的措施。如果采取的措施所耗费的费用超过了可以减轻的损失，则此种措施就是无益的，不可取的。

313. 委托开发完成的发明创造，申请专利的权利属于哪方当事人？另一方是否也享有一定的权利或者利益？

《民法典》第859条对委托开发完成的发明创造的技术成果的归属与分享作了明确规定："委托开发完成的发明创造，除法律另有规定或者当事人另有约定外，申请专利的权利属于研究开发人。研究开发人取得专利权的，委托人可以依法实施该专利。研究开发人转让专利申请权的，委托人享有以同等条件优先受让的权利。”

根据这一规定，法律没有规定或者当事人没有约定时，委托开发完成的发明创造的专利申请权属于研究开发人。在法律另有规定时，专利申请权依照法律规定履行。比如，《专利法》第 6 条第 3 款规定，利用本单位的物质技术条件所完成的发明创造，单位与发明人或者设计人订有合同，对申请专利的权利和专利权的归属作出约定的，从其约定。在当事人另有约定时，委托开发完成的发明创造的专利申请权依照约定履行。也就是说，双方当事人可以约定专利申请权不属于研究开发人，比如，可以约定专利申请权属于委托人或者委托人与研究开发人共有。

委托开发完成的发明创造的专利申请权属于研究开发人的情况下，根据公平原则，委托人也享有一定的权益，一项是研究开发人取得专利权的，委托人可以依法实施该专利；另一项是研究开发人转让专利申请权的，委托人享有以同等条件优先受让的权利。

314. 合作开发完成的发明创造，申请专利的权利属于哪方当事人？

《民法典》第 860 条对合作开发完成的发明创造的申请专利的权利作了明确规定：

1. 合作开发完成的发明创造的专利申请权原则上属于合作开发的当事人共有。

在技术开发过程中取得的技术成果，是合作各方当事人共同进行研究开发的结果，合作各方都为技术的完成付出了自己的努力，因此，法律规定合作开发完成的发明创造，除当事人另有约定外，申请专利的权利属于合作开发的当事人共有。

2. 对共有的申请专利权的处分原则。

根据公平原则，法律在规定合作开发完成的发明创造申请专利的权利属于合作开发的当事人共有的情况下，还规定了三项处分原则：

一是当事人一方转让其共有的专利申请权的，其他各方享有以同等条件优先受让的权利。同等条件，是指其他共有人就受让转让方转让的专利申请权所给出的价格等条件与其他人欲要受让该专利申请权的非共有人相同。

二是合作开发的当事人一方声明放弃其共有的专利申请权的，可以由另一方单独申请或者由其他各方共同申请。申请人取得专利权的，放弃专利申请权的一方可以免费实施该专利。

三是合作开发的当事人一方不同意申请专利的，另一方或者其他各方不得申请专利。

3. 当事人可以约定合作开发完成的发明创造的专利申请权的归属与享有。也就是说，合作开发的当事人可以在合同中约定合作开发完成的发明创造的专利申请权不属于当事人共有，约定只属于合同的一方当事人所有。合作开发的当事人可以约定放弃其共有的专利申请权。合作开发的当事人一方不同意申请专利的，另一方或者其他各方不得申请专利。

315. 委托开发或者合作开发完成的技术秘密成果的使用权、转让权以及收益怎么分配？

《民法典》第861条明确规定："委托开发或者合作开发完成的技术秘密成果的使用权、转让权以及收益的分配办法，由当事人约定；没有约定或者约定不明确，依据本法第五百一十条的规定仍不能确定的，在没有相同技术方案被授予专利前，当事人均有使用和转让的权利。但是，委托开发的研究开发人不得在向委托人交付研究开发成果之前，将研究开发成果转让给第三人。"

这一规定适用于"委托开发"和"合作开发"所完成的技术秘密。技术秘密，是指当事人不愿意公开的不为公众所知悉、能为权利人带来经济利益、具有实用性并经权利人采取保密措施的技术信息。这一条规定了如下四种分配办法：

1. 当事人约定解决。委托开发合同的当事人或者合作开发合同的当事人自行协商，在合同中明确约定技术秘密成果的使用权、转让权以及收益的分配办法。这是最基本、最行之有效、矛盾最少的分配法。当事人约定技术秘密成果的使用权、转让权以及收益的分配办法，避免了以后产生不必要的纠纷。

2. 依据《民法典》第510条的规定解决。这种解决办法的前提是当事人对技术秘密成果的使用权、转让权以及收益的分配办法没有约定或者约定不明确。《民法典》第510条规定，合同生效后，当事人就质量、价款或者报酬、履行地点等内容没有约定或者约定不明确的，可以协议补充；不能达成补充协议的，按照合同有关条款或者交易习惯确定。

3. 当事人均有使用和转让技术秘密成果的权利。这种解决办法的前提是，当事人对技术秘密成果的使用权、转让权以及收益的分配办法没有约定或者约定不明确，依据《民法典》第510条的规定仍不能确定的情况下的一种解决方式。

4. 对委托开发完成的技术秘密成果转让的特别规定。在委托开发中，由于技术秘密的成果是由委托人出资委托研究开发人开发的，所以法律规定，委托开发的研究开发人不得在向委托人交付研究开发成果之前，将研究开发成果转让给第三人。也就是说，研究开发人如果转让委托人委托开发的技术秘密成果，必须是在向委托人交付该项成果之后进行。

316. 什么是技术转让合同和技术许可合同?

根据《民法典》第862条的规定，技术转让合同是合法拥有技术的权利人，将现有特定的专利、专利申请、技术秘密的相关权利让与他人所订立的合同。技术许可合同是合法拥有技术的权利人，将现有特定的专利、技术秘密的相关权利许可他人实施、使用所订立的合同。

技术转让合同和技术许可合同具有如下特点：

1. 标的的特点。一是必须是特定的完整的技术内容。该内容构成一项产品、工艺、材料及其技术方案；该方案须有特定的名称、技术指标、功能和适用范围。如果标的仅为一般的商业秘密和数据，不构成一项完整的技术方案，或者标的为依靠个人技能和经验掌握的技术诀窍，无法认定其内容的，不属于技术转让和许可合同的标的。二是转让和许可的标的应当是当事人已经掌握的、特定的、现有的技术成果，包括专利权、专利申请权、技术秘密使用权和转让权，不包括尚待研究开发的技术成果或者不涉及专利或者技术秘密的知识、技术、经验和信息。

2. 当事人应当对转让和许可标的拥有权属。技术的转让和许可是技术权利的转让和许可，转让人和许可人应当保证自己是所提供的技术的合法拥有者，否则该技术不属于技术转让和许可合同可以转让和许可的标的。例如，当事人享有的专利权已经终止，则不能转让和许可了。

3. 技术商品不同于一般的商品，可以多次转让和许可。

317. 技术转让合同有哪些种类?

根据《民法典》第 863 条第 1 款的规定，技术转让合同包括专利权转让、专利申请权转让、技术秘密转让等合同。

1. 专利权转让合同。专利权是依法批准的发明人或其权利受让人对其发明成果在一定年限内享有的独占权或专用权。专利权转让合同，是指专利权人作为让与人将其发明创造专利的所有权或者持有权移交受让人，受让人支付约定价款所订立的合同。

2. 专利申请权转让合同。专利申请权是发明人或者设计人对其专利技术享有的一定专属权利，这种专属权利像专利权一样，可以转让。发明人或设计人在就其发明创造成果申请专利前，可以通过订立专利申请权转让合同，将其申请专利的权利转让给受让人并收取一定的价金。专利申请权转让合同，是指让与人将其就特定的发明创造申请专利的权利移交给受让人，受让人支付约定价款所订立的合同。

3. 技术秘密转让合同。技术秘密，是指不为公众所知悉的技术，即专利技术以外的技术，包括未申请专利的技术、未授予专利权的技术以及不受专利法保护的技术。技术秘密转让合同，是指让与人将拥有的技术秘密成果提供给受让人，明确相互之间技术秘密成果使用权、转让权，受让人支付约定使用费所订立的合同。技术秘密的使用权是指以生产经营为目的使用技术秘密的权利。技术秘密的转让权是指通过合同向他人提供和转让技术秘密的权利。

318. 技术许可合同有哪些种类?

根据《民法典》第 863 条第 2 款的规定，技术许可合同包括专利实施许可、技术秘密使用许可等合同。

1. 专利实施许可合同。专利实施许可合同，是指专利权人或者其授权的人作为让与人许可受让人在约定的范围内实施专利，受让人支付约定使用费所订立的合同。《专利法》第 12 条规定，任何单位或者个人实施他人专利的，应当与专利权人订立实施许可合同，向专利权人支付专利使用费。被许可人无权允许合同规定以外的任何单位或者个人实施该专利。专利实施许可合同转让的是专利使用权，转让后，受让人有权在约定的范围内使用专利。

2. 技术秘密使用许可合同。技术秘密使用许可合同，是指许可人将拥有的技术秘密成果提供给被许可人，明确相互之间技术秘密成果使用权、转让权，被许可人支付约定使用费所订立的合同。技术秘密的使用权是指以生产经营为目的使用技术秘密的权利。技术秘密的转让权是指通过合同向他人提供和转让技术秘密的权利。

319. 技术转让合同和技术许可合同的约定内容有无法定的限制性要求?

依据《民法典》第 864 条的规定，技术转让合同和技术许可合同可以约定实施专利或者使用技术秘密的范围，但是不得限制技术竞争和技术发展。

依据这一规定，技术转让合同和技术许可合同可以约定实施专利或者使用技术秘密的范围。实施专利或者使用技术秘密的范围，是指实施专利的期限、实施专利或者技术秘密的地区和方式。

在允许当事人约定实施专利或者使用技术秘密范围的同时，这一条还对这种约定作了限制规定，即不得限制技术竞争和技术发展。技术转让合同的当事人不得以合同条款限制技术竞争和技术发展，主要包括：（1）不得通过合同条款限制另一方在合同标的技术的基础上进行新的研究开发；（2）不得通过合同条款限制另一方从其他渠道吸收技术，或者阻碍另一方根据市场的需求，按照合同的方式充分实施专利和使用技术秘密。这一规定是强制性规定，当事人订立技术转让合同时必须遵守这一规定，如不遵守这一规定，在合同中约定了这些内容，也属于无效条款，不发生法律效力。同样技术许可合同也应当遵循这一规定，不得在合同中约定限制技术竞争和技术发展的条款。

320. 专利实施许可合同在什么期间内有效？

根据《民法典》第865条的规定：“专利实施许可合同仅在该专利权的存续期限内有效。专利权有效期限届满或者专利权被宣告无效的，专利权人不得就该专利与他人订立专利实施许可合同。”专利权只有在法定的期间内才能获得法律的保护。超过法定期间，或者因法定情形失去专利权后，法律就不予保护，专利权人就失去了法律所保护的独占利益的权利。该技术也就成为公开的、任何人均可以免费使用的技术。因此，专利实施许可合同也只在该项专利权的存续期间内有效。在专利权有效期限终止或者专利权宣告无效后，专利权人不得就该项专利与他人订立专利实施许可合同。

321. 专利实施许可合同的许可人的主要义务有哪些？

根据《民法典》第866条的规定，专利实施许可合同的许可人的主要义务是：第一，按照约定许可被许可人实施专利；第二，交付实施专利有关的技术资料；第三，提供必要的技术指导。

322. 专利实施许可合同的被许可人的主要义务有哪些？

根据《民法典》第 867 条的规定，专利实施许可合同的被许可人的主要义务是：第一，按照约定实施专利；第二，不得许可约定以外的第三人实施该专利；第三，按照约定支付使用费。

323. 技术秘密转让合同的让与人和技术秘密使用许可合同的许可人的主要义务有哪些？

根据《民法典》第 868 条的规定，技术秘密转让合同的让与人和技术秘密使用许可合同的许可人的主要义务是：第一，按照约定提供技术资料；第二进行技术指导；第三，保证技术的实用性、可靠性；第四，承担保密义务。

324. 技术秘密转让合同的受让人和技术秘密使用许可合同的被许可人的主要义务有哪些？

根据《民法典》第 869 条的规定，技术秘密转让合同的受让人和技术秘密使用许可合同的被许可人的主要义务是：第一，按照约定使用技术，即按照合同约定的期限、约定的时间、约定的方式、约定的方法、约定的条件等实施、使用技术秘密。第二，按照约定支付转让费、使用费，即按照合同约定的期限、约定的时间、约定的支付方式、约定的币种、约定的支付次数等支付技术秘密的转让费、使用费。第三，承担保密义务。

325. 技术转让合同的让与人和技术许可合同的许可人的保证义务有哪些？

根据《民法典》第870条的规定，技术转让合同的让与人和技术许可合同的许可人的保证义务主要是：第一，保证自己是所提供的技术的合法拥有者。第二，保证所提供的技术完整、无误、有效，能够达到约定的目标。这里讲的技术完整，是指一个产品、工艺、材料及其系统或者改进的技术的一整套方案或者一整套文件资料。这里讲的技术无误，是转让给受让方一个产品、工艺、材料及其系统或者改进的技术应当准确，没有误差。这里讲的技术有效，是转让给受让方一个产品、工艺、材料及其系统或者改进的技术不存在争议，受让方可以依据合同进行操作，能够解决受让方的技术问题，能够达到订立合同预期的目标。

326. 技术转让合同的受让人和技术许可合同的被许可人有哪些保密义务？

技术转让合同的让与人和技术许可合同的许可人对受让人、许可人提供的技术，有的是处于保密状态的技术，有的技术虽已公开，但是相关的背景材料、技术参数等未曾公开，这些技术及相关材料有可能涉及国家利益或者让与人的重大经济利益。依据《民法典》第871条的规定，技术转让合同的受让人和技术许可合同的被许可人应当按照约定的范围和期限，对让与人、许可人提供的技术中尚未公开的秘密部分，承担保密义务。

327. 技术许可合同的许可人与技术让与合同的让与人的违约责任有哪些?

根据《民法典》第872条第1款的规定，技术许可合同中许可人的违约责任主要是：

1. 违反专利权许可合同的责任。许可人不履行合同，迟延办理专利权移交手续，未提供有关的技术资料，许可的专利不是许可人合法拥有的专利或者违反保密义务的，应当返还部分或者全部使用费，并且应当承担违约责任。

2. 违反专利申请权许可合同的责任。许可人不履行合同，迟延提供技术情报和资料的，或者所提供的技术情报和资料没有达到使该领域一般专业技术人员能够实施发明创造的程度的，应当承担违约责任。违反保密义务的，应当承担违约责任。

3. 违反专利实施许可合同的责任。许可人未按照约定许可实施专利技术，应当返还部分或者全部使用费，并且承担违约责任；使用专利技术超越约定的范围，违反约定擅自许可第三人使用该项专利技术，应当停止违约行为，承担违约责任；违反保密义务的，承担违约责任；承担被许可人按照约定使用专利技术侵害他人合法权益的责任。

4. 违反技术秘密许可合同的责任。许可人未按照合同约定许可他人使用技术秘密的，应当返还部分或者全部使用费，并且承担违约责任；使用技术秘密超越合同约定的范围，违反约定擅自许可第三人使用该项技术秘密，应当停止违约行为，承担违约责任；技术秘密成果达不到合同约定的技术指标，承担违约责任。违反保密义务，泄露技术秘密，使被许可人遭受损失的，承担违约责任。承担被许可人按照约定使用技术秘密侵害他人合法权益的责任。

技术让与合同让与人的违约责任，参照适用这一规定。

328. 技术许可合同的被许可人和技术转让合同的受让人的违约责任有哪些?

根据《民法典》第 873 条第 1 款的规定，技术许可合同被许可人违约责任主要是：

1. 违反专利权许可合同的责任。被许可人未按照约定支付使用费的，应当补交使用费并按照约定支付违约金，不补交使用费或者支付违约金的，应当停止实施专利，交还技术资料，承担违约责任；违反保密义务的，承担违约责任。

2. 违反专利申请权许可合同的责任。被许可人不履行合同，迟延支付价款的，承担违约责任。未按照约定支付价款，应当补交并承担违约责任；不补交价款或者不支付违约金的，应当返还专利申请权，交还技术资料，并承担违约责任。违反保密义务的，承担违约责任。

3. 违反专利实施许可合同的责任。被许可人未按照约定支付使用费，应当补交使用费并按照约定支付违约金；不补交使用费或者支付违约金的，应当停止使用专利技术，交还技术资料，承担违约责任；使用专利技术超越约定范围，未经许可人同意擅自许可第三人使用该专利技术的，应当停止违约行为，承担违约责任；违反保密义务的，应当承担违约责任。

4. 违反技术秘密许可合同的责任。被许可人不按照合同约定支付使用费的，应当补交使用费并按照约定支付违约金；不补交使用费或者支付违约金的，应当停止使用技术秘密，交还技术资料，承担违约责任；使用技术秘密超越约定的范围，未经许可人同意擅自许可第三人实施使用该技术秘密的，应当停止违约行为，承担违约责任；违反保密义务，泄露技术秘密，给许可人造成损失的，应当承担违约责任。

技术转让合同中受让人的违约责任，参照适用这一规定。

329. 受让人或者被许可人按照约定实施专利、使用技术秘密侵害他人合法权益的，由谁承担责任？

技术转让合同的实质是科学技术知识、信息和生产实践经验在不同法律关系主体之间的传递和扩展。这种传递和扩展同时也是技术权益的转移，即采用合同形式把专利权、专利申请权、专利使用权和技术秘密的使用权转移给受让人或者许可给被许可人。让与人转让的或者许可人许可的是某一项技术成果，不是利用公知的技术知识为对方提供咨询服务，因此，转让人或者许可人有义务保证受让人或者被许可人按照合同约定实施专利、使用技术秘密不会导致侵害他人的合法权益。如果受让人或者被许可人按照合同约定实施专利、使用技术秘密引起侵害他人合法权益的结果，该侵权责任则应当由让与人或者许可人承担，但是合同当事人另有约定的除外。《民法典》第 874 条对此作了明确规定。之所以规定由让与人或者许可人承担侵权责任是因为，侵权行为的发生是让与人让与或者许可人许可受让人或者被许可人使用的专利、技术秘密具有不合法性，而受让人、被许可人并不了解此情况，就一般的知识及通常掌握的技能也不能判断其所接受的专利、技术秘密具有不合法性，为善意受让人、善意被许可人。此时由让与人或者许可人承担侵权责任是合情、合法、合理的。需要说明的是，根据这一条的规定，如果当事人作出了由受让人、被许可人承担责任或者由受让人与让与人、被许可人与许可人共同承担责任的约定，那么，在受让人或者被许可人按照约定实施专利、使用技术秘密侵害他人合法权益的情况下，侵权责任则要按照当事人的约定办理。即当事人的约定优于法律规定。

330. 技术转让合同、技术许可合同中，后续改进的技术成果由哪方主体分享？

后续改进是指在技术转让合同、技术许可合同的有效期内，一方或双方对作为合同标的的专利技术或者技术秘密成果所作的革新和改良。技术转让合同或者技术许可合同的订立和履行，不仅实现了现有技术的转移、推广和应用，而且也是当事人进行改良、革新和进行新的研究开发的基础。合同订立后，当事人一方或者双方在技术转让合同标的技术或者技术许可合同标的技术基础上作出创新和改良是常见的现象。这种创新和改良推动了科学技术迅速发展。

《民法典》第 875 条对后续改进的技术成果的分享作了明确规定："当事人可以按照互利的原则，在合同中约定实施专利、使用技术秘密后续改进的技术成果的分享办法；没有约定或者约定不明确，依据本法第五百一十条的规定仍不能确定的，一方后续改进的技术成果，其他各方无权分享。"根据这一规定，后续改进的技术成果的分享方式有：

1. 在合同中约定。技术转让合同的当事人或者技术许可合同的当事人双方可以按照互利的原则，在合同中约定实施专利、使用技术秘密后续改进的技术成果的分享办法。可以约定双方当事人共同享有所有权，也可以约定由合同的一方当事人享有所有权。

2. 协商研究、补充确定。如果技术转让合同的当事人或者技术许可合同的当事人没有在合同中约定实施专利、使用技术秘密后续改进的技术成果的分享办法，那么可以按照《民法典》第 510 条的规定确定后续改进的技术成果的权属与分享办法。《民法典》第 510 条的规定是，当事人就质量、价款或者报酬、履行地点等内容没有约定或者约定不明确的，可以协议补充；不能达成补充协议的，按照合同有关条款或者交易习惯确定。

3. 法律明确规定权属。如果当事人没有按照互利的原则，在合同中约定实施专利、使用技术秘密后续改进的技术成果的权属与分享办法，或者约定不明，在合同生效或者合同履行后，依据《民法典》第 510 条的规定通过协商，或依据合同有关条款、交易习惯确定仍不能确定的，实施专利、使用技术秘密后续改进的技术成果，归完成该项后续改进技术成果的一方，其他各方无权分享。

331. 什么是技术咨询合同？

根据《民法典》第 878 条第 1 款的规定，技术咨询合同是当事人一方以技术知识为对方就特定技术项目提供可行性论证、技术预测、专题技术调查、分析评价报告等所订立的合同。

技术咨询合同的基本特点有：

1. 技术咨询合同的一方当事人即受托人必须拥有一定的技术知识。目的是强调提供技术咨询的一方应当有一定资质。

2. 技术咨询合同的标的是对技术项目的咨询。这里所讲的咨询，是指对技术项目的分析、论证、评价、预测和调查。包括，合同标的是特定技术项目的咨询课题；咨询方式为运用科学知识和技术手段进行的分析、论证、评价的预测；工作成果为科技决策服务所提供的咨询报告或者咨询意见等。

3. 技术咨询的范围是与技术有关的项目。这里的项目较为广泛，主要分三类：（1）有关科学技术与经济、社会协调发展的软科学研究项目。（2）促进科技进步和管理现代化，提高经济效益和社会效益的技术项目。（3）其他专业性技术项目。

4. 技术咨询合同履行的结果是由提供咨询的一方（受托方）向委托方提供尚待实践检验的报告或者意见。这一报告或者意见不是其他技术合同所要求的某一技术成果。需要注意的是，当事人一方委托另一方就解决特定技术问题提出实施方案、进行实施指导所订立的合同，是技术服务合同，不适用有关技术咨询合同的规定。

5. 技术咨询合同风险责任的承担有其特殊性。对这种合同，除合同另有约定外，因委托人实施咨询报告或者意见而造成的风险，受托方不承担风险。这与技术开发合同、技术转让合同的风险责任的承担有所不同。

332. 什么是技术服务合同?

根据《民法典》第 878 条第 2 款的规定，技术服务合同，是指当事人一方以技术知识为对方解决特定技术问题所订立的合同，不包括承揽合同和建设工程合同。这里所称的特定技术问题，是指需要运用科学技术知识解决专业技术工作中有关改进产品结构、改良工艺流程、提高产品质量、降低产品成本、节约资源能耗、保护资源环境、实现安全操作、提高经济效益和社会效益等问题。

符合下列条件的，可以认定是技术服务合同：

1. 同的标的是运用专业技术知识、经济和信息解决特定技术问题的项目。

2. 服务内容是改进产品结构、改良工艺流程、提高产品质量、降低产品成本、节约资源能耗、保护资源环境、实现安全操作、提高经济效益和社会效益等专业技术工作。

3. 工作成果有具体质量和数量指标。

4. 技术知识的传递不涉及专利和技术秘密成果的权属。

民法典规定的技术服务合同不包括承揽合同和建设工程合同。这就是说，建设工程的勘察、设计、施工合同和以常规手段或者为生产经营目的进行一般加工、定作、修理、修缮、广告、印刷、测绘、标准化测试等订立的加工承揽合同，不属于技术服务合同。但是以非常规技术手段解决复杂、特殊技术问题而单独订立的合同除外。

333. 技术咨询合同的委托人的主要义务有哪些？

根据《民法典》第 879 条的规定，技术咨询合同的委托人的主要义务有：

1. 阐明咨询的问题。

这项义务是保证受托人完成咨询任务的条件之一。这里所讲的阐明咨询的问题，是指委托人按照合同的约定向受托人讲清所要咨询的技术问题的基本要求、基本要点等。

2. 提供技术背景材料及有关技术资料。

这项义务也是保证受托人完成咨询任务必不可少的条件。这里所讲的提供技术背景材料及有关技术资料，是指受托人完成咨询任务所需要的合同中约定的有关技术背景材料、技术资料等，还包括应受托人的要求在咨询过程中及时补充咨询方提出的要求补充的有关材料、资料等。

3. 接受受托人的工作成果。

取得工作成果是委托人的权利，接受工作成果是委托人义务。这里所讲的工作成果，是指受托人根据委托人的要求完成的咨询报告或者意见。

4. 支付报酬。

这是为顺利完成咨询合同，委托人必须履行的最基本的义务，也是受托人完成咨询合同的主要目的。这里所讲的支付报酬，是指委托人按照合同约定的报酬的计算方法、支付方式、支付期间、支付地点、支付币种等，给付受托人履行完咨询合同的劳动对价。

334. 技术咨询合同的受托人的主要义务有哪些？

根据《民法典》第 880 条的规定，技术咨询合同的受托人的主要义务有：

1. 按照约定的期限完成咨询报告或者解答问题。

订立技术咨询合同后，受托人应当利用自己的技术知识、技术手段和人才优势，按照合同的约定完成咨询报告或者解答问题。按照约定的期限完成委托任务，这是技术咨询合同中受托人最起码应当履行好的最基本的、最主要的义务。这里所讲的"完成"，实际上是一个交付义务。即受托人利用自己的专业知识、技术技能、技术手段、人才优势等按照合同约定的时间完成咨询报告或者提供咨询意见或者解答问题等，并交给委托人。

2. 提出的咨询报告应当达到约定的要求。

这一义务的核心是咨询报告要达到要求，即保证咨询报告和意见符合合同约定的要求。这里所讲的要求，实际上是质量要求。该质量要求应当是属于合同所约定的、并被受托人所接受的、先进的、具有可操作性的具有极大地参考价值的咨询报告或者对问题的解答。需要说明的是：

（1）为减少纠纷，双方当事人必须对这一要求作出可操作性约定，例如，可以约定咨询报告的验收办法和标准。验收办法可以是组织召开评估会或者鉴定会的形式，如果在这种验收方式下，受托人完成的咨询报告或者对问题的解答的学术水平和参考价值得到了多数与会专家、同行的肯定和认定，就属于符合要求。

（2）这一要求仅仅是一个咨询报告或者对问题的解答，委托人是否采纳要由委托人自己决定。如果合同中要求受托人必须对提出的咨询报告或者对问题的解答的实施结果负责，这就不是技术咨询合同所要解决的问题，而是属于技术服务合同中的问题。

335. 技术咨询合同的委托人就哪些情形承担违约责任？

根据《民法典》第 881 条第 1 款的规定，委托人的违约行为主要有：

1. 未按照约定提供必要的资料。这一违约行为包括以下几种情况：一是委托人根本没有提供必要的资料；二是委托人迟延提供必要的资料；三是委托人提供的必要资料不足；四是委托人提供的必要资料有严重缺陷等。委托人未按照合同约定提供必要的资料，应当导致影响了受托人的技术咨询，影响了工作进度和质量。

2. 不接受或者逾期接受工作成果。不接受工作成果，是指受托人按照合同的约定提出咨询报告、咨询意见或者对问题进行了解答，对此，委托人没有符合法律规定的理由拒绝接受；逾期接受工作成果，是指委托人超过合同约定的时间接受受托人交付的咨询报告、咨询意见或者对问题进行的解答。

委托人有上述违约行为的，支付的报酬不得追回，未支付的报酬应当支付。

336. 技术咨询合同的受托人就哪些情形承担违约责任?

根据《民法典》第 881 条第 2 款的规定，受托人的违约行为主要有：

1. 未按期提出咨询报告。订立技术咨询合同后，受托人应当利用自己的技术知识、技术手段和人才优势，按照合同约定的期限完成咨询报告或者解答问题。按照期限完成委托任务，这是技术咨询合同中受托人最起码应当履行好的最基本的、最主要的义务。

2. 提出的咨询报告不符合合同约定。受托人提出的咨询报告、咨询意见或者对问题的解答应当符合合同的约定。这是受托人在技术咨询合同中必须承担的核心义务，是对受托人的最基本的要求。如果受托人提出的咨询报告和意见不符合合同约定的要求，则为典型的违约行为。

受托人有上述违约行为的，应当承担减收或者免收报酬等违约责任。

337. 技术咨询合同涉及的决策风险责任由哪个主体承担?

当事人可以在技术咨询合同中约定对咨询报告和意见的验收或者评价办法。合同没有约定的，按照合乎实用的一般要求组织鉴定。咨询报告和意见经验收合格后，合同即告终止。委托人是否采纳以及如何采纳受托人作出的咨询报告或者意见，由委托人自行决策。因此，《民法典》第 881 条第 3 款明确规定，技术咨询合同的委托人按照受托人符合约定要求的咨询报告和意见作出决策所造成的损失，由委托人承担，但是当事人另有约定的除外。

338. 技术服务合同的委托人的主要义务有哪些?

根据《民法典》第 882 条的规定，技术服务合同的委托人的主要义务有：

1. 按照合同的约定提供工作条件，完成配合事项。这是因为技术服务合同的受托人解决的是委托人要求的特定的技术问题，而这一特定的技术问题是由委托人根据自己的特定情况提出的，委托人本身了解一些情况，因此需要委托人根据其所了解的情况，为受托人提供工作条件，只有双方的互相配合，才能保证合同的顺利完成。这里所讲的提供工作条件，不仅仅是通常、大众所理解的物质条件，还应当包括提供下述具体条件或者具体事项：相关数据、图纸、资料；样品、场地等，以及技术进展或者已经完成的情况，这些条件都应当根据履行合同的需要在合同中约定清楚。

2. 接受工作成果。受托人完成的工作成果是根据委托人的要求作出的，因此，在合同履行过程中，委托人当然有义务接受受托人已经完成的部分工作成果，在合同全部履行完毕后，接受全部所有的工作成果。如果委托人不接受工作成果，在一定程度上会加重受托人的保管义务。故这一条特别规定了委托人接受工作成果的这一义务。

3. 支付报酬。这一条中所讲的支付报酬，是指委托人按照合同约定的报酬的计算方法、支付方式、支付期间、支付地点、支付币种等，给付受托人履行完合同的劳动对价。

339. 技术服务合同的受托人的主要义务有哪些?

根据《民法典》第 883 条的规定，技术服务合同的受托人的主要义务有:

1. 按照约定完成服务项目，解决技术问题，保证工作质量。本义务的核心是，受托人应当向委托人提供真正解决问题的技术。什么是真正解决问题的技术，这就需要双方当事人在合同中作出明确的约定。合同一经约定，受托人就应当按照合同约定的时间、数量、质量等要求完成委托人交付的工作，使委托人的技术问题得以解决。

2. 传授解决技术问题的知识。本义务的核心是受托人的传授。委托人订立合同的目的是要得到技术，而这一技术是运用科学技术知识完成的特定的技术工作，这一工作的成果，有的表现为数据、图纸、软件、光盘等可以体现在一定载体上的信息，有的则表现为一种特殊的技能，需要口传心授，委托人才能掌握运用，如果没有受托人的传授，委托人难以掌握、应用。因此，这一条规定受托人应当按照约定完成服务项目，并传授解决技术问题的知识。什么是传授，如何传授，为避免不必要的纠纷，也便于合同的履行，当事人应当在合同中作出具体、详细的约定。

340. 技术服务合同的委托人就哪些情形承担违约责任？

根据《民法典》第 884 条第 1 款的规定，技术服务合同的委托人不履行合同义务或者履行合同义务不符合约定，影响工作进度和质量，不接受或者逾期接受工作成果的，支付的报酬不得追回，未支付的报酬应当支付。具体讲：

委托人未按照合同约定提供有关技术资料、数据、样品和工作条件，影响工作质量和进度的，应当如实支付报酬。

委托人逾期不提供约定的物质技术条件的，受托人有权解除合同，委托人应当支付违约金或者赔偿由此给受托人造成的损失。

委托人逾期不支付报酬或者违约金的，应当交还工作成果，补交报酬，支付违约金或者赔偿损失。

委托人迟延接受工作成果的，应当支付违约金和保管费。委托人逾期不领取工作成果的，受托人有权处分工作成果，从所获得的收益中扣除报酬、违约金和保管费后剩余部分返还委托人，所获得的收益不足以抵偿报酬、违约金和保管费的，有权请求委托人赔偿损失。

此外，委托人还应当承担在接到受托人关于提供的技术资料、数据、样品、材料或者工作条件不符合合同约定的通知后，未能在约定的期限内补充、修改、更换或者不按期作出答复的责任；承担在履行合同期间，接到受托人因发现继续工作将对材料、样品或者设备等发生损坏危险而中止工作或者处理建议的通知后，未在约定的期限内作出答复的责任；

承担违反保密义务，泄露受托人完成的需要保密的工作成果的责任。

341. 技术服务合同的受托人就哪些情形承担违约责任？

根据《民法典》第884条第2款的规定，技术服务合同的受托人未按照约定完成服务工作的，应当承担免收报酬等违约责任。具体讲：

受托人迟延交付工作成果的，应当支付违约金。受托人逾期不交付工作成果的，委托人有权解除合同，受托人应当交还技术资料和样品，返还委托人已付的报酬，支付违约金或者赔偿损失。

受托人的工作成果、服务质量有缺陷，委托人同意利用的，受托人应当减收报酬并采取适当补救措施；工作成果、服务质量有严重缺陷，没有解决合同约定的技术问题的，受托人应当免收报酬，支付违约金或者赔偿损失。

受托人对委托人交付的样品、技术资料保管不善，造成灭失、缺少、变质、污染或者损坏的，应当支付违约金或者赔偿损失。

此外，受托人还应当承担发现委托人提供的技术资料、数据、样品、材料或者工作条件不符合合同约定，未能及时通知委托人的相应责任；承担在履行合同期间，发现继续工作会对材料、样品或者设备等有损坏危险而中止工作后，不及时通知委托人并未采取适当措施的相应责任；承担违反保密义务，泄露委托人提供的需要保密的技术资料、数据、样品的相应责任。

在实际生活中，有些技术服务合同的工作成果、服务质量，在短期内难以发现缺陷，需要经过较长时间的实践检验，对此，技术服务合同的当事人可以在合同中约定保证期。在保证期内发现服务质量缺陷的，受托人应当负责返工或者采取补救措施。但因委托人使用、保管不当引起的问题除外。

342. 技术咨询合同、技术服务合同履行过程中产生的新的技术成果归属于哪方主体？

技术咨询合同履行过程中，受托人在对委托人提供的数据、资料和背景材料进行研究分析、论证时，可能会产生新的技术成果；委托人根据受托人提供的咨询报告，在分析、论证的基础上，也可能会开发出新的技术成果。同样，技术服务合同的受托人有时会基于委托人提供的有关背景材料、技术资料、数据、样品和工作条件等派生出新的技术成果；委托人也可能在取得受托人的技术服务成果后，进行后续研究开发，利用所掌握的知识，创造出新的技术成果。

新的技术成果是指技术咨询合同或者技术服务合同的当事人在履行合同义务之外派生完成的或者后续发展的技术成果。新的技术成果中不仅包含着受托人的技术知识、技术技能、智慧智力、劳动心血等，也包含着委托人提供的一些数据、资料、样品、背景材料、支付的费用，有的还可能提供了一些场地、建议、观点等，由此产生的新的技术成果，可以讲双方当事人都有贡献，为此，如果对新的技术成果没有约定或者约定不明确，就会产生权属纠纷。为了减少纠纷，《民法典》第 885 条对技术咨询合同、技术服务合同履行过程中产生的技术成果的归属和分享作了明确的规定:“在技术咨询合同、技术服务合同履行过程中,受托人利用委托人提供的技术资料和工作条件完成的新的技术成果,属于受托人。委托人利用受托人的工作成果完成的新的技术成果,属于委托人。当事人另有约定的,按照其约定。”

343. 技术咨询合同和技术服务合同受托人履行合同的费用由谁负担?

根据《民法典》第 886 条的规定,技术咨询合同和技术服务合同对受托人正常开展工作所需费用的负担没有约定或者约定不明确的,由受托人负担。

344. 什么是保管合同?保管合同有什么法律特征?

保管合同又称寄托合同或者寄存合同,是指双方当事人约定一方将物交付他方保管,而后他方返还保管物的合同。保管物品的一方称为保管人,或者称为受寄人;其所保管的物品称为保管物,或者称为寄托物;交付物品保管的一方称为寄存人,或者称为寄托人。

保管合同为有偿合同或者无偿合同。根据《民法典》第 889 条的规定,保管合同可以是有偿合同,也可以是无偿合同,由保管人和寄存人自行约定。当保管人和寄存人没有就是否支付保管费作出约定或者约定不明确的,双方可以协议补充;不能达成补充协议的，按照合同相关条款或者交易习惯确定。仍不能确定的，视为无偿保管。

保管合同为要物合同。《民法典》第 890 条规定，“保管合同自保管物交付时成立，但当事人另有约定的除外。”根据该规定，保管合同原则上为要物合同。

保管合同为不要式合同。订立保管合同可以通过口头形式，也可以通过书面形式，为不要式合同。

保管合同为继续性合同。继续性合同，是指合同的内容，并非一次性给付可以完结，而是继续地实现。在保管合同中，保管人要持续地履行其保管义务，并不是一次履行即告完结，具有继续性的特点。作为继续性合同的保管合同解除的效果不同于非继续性合同，保管合同的解除仅向将来发生效力。

345. 保管合同是不是有偿合同？保管合同对保管费没有约定或者约定不明确的如何处理？

保管合同可以是有偿合同，也可以是无偿合同。寄存人和保管人可以约定保管是有偿的，也可以约定保管是无偿的。如果约定保管是有偿的，寄存人应当按照约定的数额、期限、地点向保管人支付报酬，否则承担违约责任。有偿保管合同中，保管费是保管人所提供的保管服务的对价，支付保管费是寄存人的主要义务。在无偿保管合同中，寄存人不负有支付保管费的义务。

寄存人和保管人没有就是否支付保管费作出约定，或者约定不明确的，双方可以协议补充；不能达成补充协议的，按照合同相关条款或者交易习惯确定。所谓没有约定，是指在合同中完全没有提及保管费事宜。所谓约定不明确，是指虽然在保管合同中对保管费的问题有所涉及，但是并没有确定费用的具体数额或者计算方法等内容，导致无法确定具体的费用。所谓按照合同相关条款或者交易习惯确定，要考虑的问题主要有以下几点：一是当事人之间是否存在交易习惯或者惯例。例如，甲每个月都要出差一次，担心出差期间心爱的摩托车被盗，都要将其摩托车托付给邻居乙保管，乙表示需要收取一定的保管费。一年中，1 月至 11 月双方都口头约定由甲向乙支付 100 元保管费并实际按此约定执行，而 12 月份双方并未作出支付保管费的约定，甲又将其摩托车交给乙保管，此时可以依据双方之间的交易习惯推定甲应向乙支付保管费，乙可以根据以往的交易习惯向其主张 100 元的保管费。二是根据保管人是否从事保管这个职业。如果双方没有约定保管费或者约定不明确，但是能够确定保管人就是从事保管这个职业的，如保管人是小件寄存的业主，依此应当推定该合同是有偿合同。三是依其他情形应当推定保管是有偿的。如就保管物的性质、保管的时间、地点和方式而言，一般人的判断都是有偿的，则应推定保管是有偿的。如果推定保管是有偿的，寄存人应当向保管人支付保管费。

当事人可以在合同中明确约定保管是无偿的。除此之外，在当事人未约定保管费的情况下，依照《民法典》第 510 条的规定仍不能确定是有偿的，保管是无偿的。即当事人未约定保管是有偿的或者是无偿的，按照合同相关条款或者交易习惯不能确定保管是有偿的情况下，保管就应推定是无偿的。确定保管合同的有偿与无偿，是保管合同的重要问题。我国民法典处理这个问题的基本原则就是依双方当事人意思自治。即双方当事人可以在合同中明确约定保管是有偿的或者是无偿的，双方当事人按照约定办事。在双方当事人没有约定保管是否支付报酬的情况下，允许双方当事人协议补充，这也是当事人意思自治原则的体现。在双方当事人不能达成补充协议的情况下，即双方当事人在履行合同时就此问题发生纠纷，人民法院或者仲裁机构可以依据合同中的相关条款或者交易习惯确定。

346. 保管合同是诺成合同还是实践合同？

根据合同的成立是否以交付标的物为要件，合同可以分为诺成合同与实践合同。诺成合同，是指当事人一方的意思表示一旦经对方同意就能产生法律上约束力的合同。其特点在于，双方当事人意思表示一致，合同即告成立。实践合同又称为要物合同，是指除当事人意思表示一致，还需交付标的物才能成立的合同。其特点是，仅凭双方当事人的意思表示一致，合同还不能成立，还必须有一方当事人实际交付标的物给另一方，合同才能成立。

保管合同原则上为实践合同。保管合同的成立，不仅须有当事人双方意思表示一致，而且须有寄存人将保管物交付给保管人，即寄存人交付保管物是保管合同成立的要件。保管合同是实践合同而非诺成合同。

347. 寄存人是否有权要求保管人出具保管凭证?

寄存人向保管人交付保管物后，保管合同成立。保管人应当向寄存人出具保管凭证。出具保管凭证不是保管合同成立的形式要件，如果当事人另有约定或者依交易习惯无须出具保管凭证的，也可以不出具保管凭证，但也不影响保管合同的成立。

从原则上讲，寄存人向保管人交付保管物后，保管人就应当出具保管凭证，但当事人另有约定或者依交易习惯无须出具的除外。例如，在车站、码头等设立的小件寄存处，一般的交易习惯是出具保管凭证。而在某些商场外的停车场，按照交易习惯就不出具保管凭证，只要有车位就可以停车，只是出来时需付款，保管人出具付款凭证。

现实生活中，人们为了互相协助而发生的保管行为，多是无须出具保管凭证的，因为这是基于寄存人与保管人之间互相信任。但是出具保管凭证在现实社会生活和经济生活中具有重要意义。保管合同为不要式合同，多数情况下只有口头形式没有书面形式，因此保管凭证对确定保管人与寄存人、保管物的性质和数量、保管的时间和地点等具有重要作用。因此，一旦双方发生纠纷，保管凭证将是最重要的证据。

348. 保管人应当如何保管保管物?

保管人负有返还保管物的义务，即保管合同只是转移物的占有而不转移物的所有权。保管合同的目的是为寄存人保管保管物，即维持保管物的现状并予以返还。因此，保管人为返还保管物并实现合同目的，应当妥善保管保管物，这是保管人应负的主要义务之一。

所谓“妥善保管”，是指保管人应当按照法律规定和当事人约定，并根据保管物的性质，提供适当的保管场所，采取适当的保管方法，使保管物处于完好状态。具体来说，“妥善保管”应当包括以下五个方面的内容：一是提供适当的保管场所。这就是说，保管人所提供的场地，应当符合当事人的约定。如果合同没有约定，保管人应当根据保管物的性质，提供适于保管该物品的场所。如果保管物具有特殊的性质，保管人应当提供相应的保管条件。例如，保管人保管冰冻的海鲜产品，应当提供能够达到冷冻所要求的低温之冷库，用于存放该海鲜产品。二是采取适当的保管方法。在保管过程中，保管人要根据保管物的性质、特点等，采取适当的保管方法。而且，保管人应当掌握相关的保管技术，从而实现妥善保管。例如，寄存人所寄存的是鲜活的鱼虾等海鲜，那么保管人不仅需要提供相应的场所，还需要掌握相关技术，采取适当方法，使鱼虾等海鲜得以存活，实现保管之目的。三是除紧急情况或者为了维护寄存人利益外，不得擅自改变保管场所或者方法。在保管合同中，当事人为了实现保管的目的通常会就保管场所或者方法进行约定，除了出现紧急情况，或者为了维护寄存人的利益之外，保管人不得擅自变更合同约定的保管场所或者方法。而且，即使是在紧急情况下或者为了维护寄存人之利益而改变保管场所或者方法的，也应当及时通知寄存人。例如，因地震导致仓库即将坍塌的，保管人可以将保管物转移至安全地带。

四是保管人应当采取合理的预防措施，防止保管物的毁损、灭失。保管人要按合同约定的要求、保管物的性质等，采取积极妥当的措施，维护保管物的良好状态。因保管不善导致保管物毁损、灭失的，保管人应承担赔偿责任。例如，寄存的保管物为烟花爆竹等易燃易爆物品的，应当避免高温、明火环境，还应当设置明显标识，提示该保管物为易燃易爆物品，并严禁烟火，以防止发生爆炸。五是当出现不利于保管物之保管的情事，可能导致合同目的不能实现时，应当采取必要合理之措施，避免保管物受到损害，或者将损害降低到最低限度。例如，当保管人发现存放保管物的仓库着火时，应当第一时间予以扑灭；当发现存放易燃易爆物品的仓库中有人吸烟时，应当立即进行制止。

349. 寄存人交付的保管物有瑕疵或者根据保管物的性质需要采取特殊保管措施的，应当如何处理？

寄存人对保管人负有告知的义务，包括以下两种情况：

一是如果保管物有瑕疵的，应当将真实情况如实告知保管人。

此处所说的瑕疵，不同于买卖合同中的瑕疵，主要是指保管物自身存在的、可能造成保管财产自身或者其他物品毁损、灭失的缺陷。由于保管物自身存在的缺陷，需要采取必要措施，否则既可能导致保管物自身的损害，也可能导致其他的损害。例如，寄存人发现存放的食用油等液体包装有瑕疵，可能导致泄露，造成保管物损失及其他物品污损的，应当及时告知保管人，采取重新包装或者改善包装等必要措施，以免造成保管物或者其他物品的损害。

二是按照保管物的性质需要采取特殊保管措施的，寄存人应当告知保管人。

所谓“保管物的性质”，如保管物属于易燃、易爆、有毒、有腐蚀性、有放射性等危险物品或者易变质物品。例如，存放某种容易腐坏变质的食物，如果不及时采取冷藏或者冷冻等措施，不仅可能导致该食物自身腐坏变质，而且还可能损害其他物品。之所以对这类物品要进行特殊保管，一方面，是因为这些保管物的性质决定了必须对其进行特殊的保管，否则将会造成这些保管物自身受损甚至灭失。例如，对于需要保持干燥的物品，就必须进行防潮防湿处理，保存在干燥的环境中。另一方面，对于这些物品的特殊保管，也是为了避免这些物品因保管不善造成其他物品的损害。例如，对于烟花爆竹等易燃易爆物品的保管，必须避免高温和明火。对于此类危险物品的保管，如果因为没有事先告知而没有采取适当的保管方式，不仅可能导致保管物或者其他物品的损害，甚至可能导致保管人的生命安全或者健康受到损害。

寄存人违反前两项义务，使保管物本身遭受损失的，保管人不承担赔偿责任。即寄存人未履行相应的告知义务的，将使保管人免责。此处所说的免责，仅指因为寄存人未履行告知义务而造成保管财产自身损毁、灭失的，保管人对此免予承担赔偿责任。例如，对于易挥发的物品，由于寄存人未告知其特性，保管人未将该物品密封保存，导致保管物挥发殆尽，则保管人在没有其他过错的情况下，对此损失不承担赔偿责任。

寄存人违反前两项义务，使保管人的人身、财产遭受损失的，寄存人应当承担赔偿责任。

350. 保管人是否可以将保管物交给他人保管?

在合同没有特别约定的情况下，保管人都应当亲自保管保管物。在保管合同的履行过程中，按照诚实信用的原则和《民法典》第 894 条的规定，保管人在未征得寄存人同意的前提下，不得将保管物转交第三人保管，即应当亲自保管保管物。当事人另有约定的，不在此限。例如，双方当事人约定，当保管人患病而不能亲自保管时，可以不经寄存人同意而将保管物转交第三人保管。

351. 第三人对保管物主张权利时，保管人该如何处理?

保管人返还保管物是保管人的一项基本义务。依据《民法典》第 899 条规定，无论当事人是否约定保管期限，寄存人均享有随时领取保管物的权利，保管人得应寄存人的请求随时负有返还保管物的义务。保管人保管货币的，可以返还相同种类、数量的货币。保管其他可替代物的，可以按照约定返还相同种类、品质、数量的物品。

保管人负有返还保管物的义务，但由于第三人的原因而使履行返还义务发生危险时，保管人应当及时通知寄存人。第三人对保管物主张权利而对保管人提起诉讼或者对保管物申请扣押的，保管人应当及时通知寄存人。这是法律规定在此种情形之下保管人的通知义务，有的学者将其称为保管人的危险通知义务。通知的目的在于使寄存人及时参加诉讼，以维护自己的合法权益。保管人可以请求法院变更寄存人为被告，因为保管人根本不是所有权人，这是第三人与寄存人之间的争议。如果第三人向法院申请对保管物采取财产保全措施，例如第三人在诉讼前向法院申请财产保全，请求扣押保管物，法院在扣押保管物后，保管人应当及时通知寄存人，以便寄存人及时向法院交涉，或者提供担保以解除保全措施。

第三人对保管物主张权利，除保管物已经被法院采取财产保全措施或者已经被法院强制执行而不能返还的以外，保管人仍应当履行向寄存人返还保管物的义务。

352. 保管期内，保管物毁损、灭失的，保管人是否应承担赔偿责任？

保管人应当对保管物尽到妥善保管的义务。保管期内，因保管人保管不善造成保管物毁损、灭失的，保管人应当承担赔偿责任。保管在有偿与无偿的情况下，保管人责任的大小（或者轻重）应有所区别。比较法上，多数国家和地区的民法都对保管人在有偿保管和无偿保管场合的注意义务以及责任进行了区分。因为无偿保管主要是社会成员之间相互协助，保管人仅负担义务而不享有权利，要求其承担过重的责任对其过于苛刻。而有偿保管则是商业行为，保管人一般都是专门从事保管业的商事主体，从商业道德的特殊要求出发，对有偿保管的保管人的要求应当更高，责任应当更重。

保管是有偿的，保管人应当对保管期内保管物的毁损、灭失承担赔偿责任，但是保管人能够证明自己已经尽到了妥善保管义务的除外。此外，保管物的毁损、灭失是由于保管物自身的性质或者包装不符合约定造成的，保管人也不承担责任。例如，因寄存人的过错，对保管物包装不良，致使寄存的汽油挥发的，保管人不承担赔偿责任。

保管是无偿的，保管人仅对其故意或者重大过失造成保管物毁损、灭失的情形承担赔偿责任。保管人故意造成保管物毁损、灭失的，尽管保管是无偿的，保管人承担赔偿责任也是理所应当的。此外，在保管是无偿的情况下，保管人对因重大过失造成保管物毁损、灭失的后果也应当承担赔偿责任。所谓“重大过失”，是指保管人对保管物明知可能造成毁损、灭失而轻率地作为或者不作为。没有故意或者重大过失的举证责任在于保管人一方。如其能证明自己无故意或者重大过失的，即可认为已尽到妥善保管之义务，对保管物之损失可以免责。

353. 寄存人寄存货币等贵重物品的，需要怎么做?

寄存人对货币等贵重物品的寄存应当负有声明义务。实践中，人们寄存的物品品类各异、价值不一，一般而言，寄存人不必将其寄存的物品一一向保管人进行告知，不仅费时费事，保管人可能也并不关心其寄存物品的具体内容。然而，当寄存人寄存的是贵重物品时，寄存人负有向保管人声明的义务。寄存人单就货币、有价证券或者如珠宝等贵重物品进行寄存的，应当向保管人声明，声明的内容是保管物的性质及数量，保管人在验收后进行保管，或者以封存的方式进行保管。这主要是因为：第一，对不同物品的寄存，保管人可能会收取不同的保管费。如果寄存的是贵重物品，保管人将承担更高的风险，不仅要采用更加严密的保管措施，而且还需要更加谨慎的态度，承担更高的注意义务，因此也理应获得更高的收益。如果寄存人不声明保管物是贵重物品，则保管人对此并不知情，可能仅按照一般保管物来收取保管费。第二，保管人对其承担的风险和责任有合理预期。保管的贵重物品一旦遗失或者受损，保管人需要承担高额的赔偿金。如果寄存人不声明贵重保管物品的性质，则保管人对于保管物品的保管风险以及赔偿责任等，难以产生相应的预期，而此时让其承担高额的赔偿金显然是不公平的。第三，妥当保管贵重物品的需要。声明了保管物品的性质之后，对于贵重物品，保管人要进行验收或者封存，并且采取合适的方式进行保管。保管人会对贵重物品这类特殊的保管物特别注意，使其得以更好地履行保管义务。如果寄存人没有声明，则保管人不知情而只能按一般保管物进行保管，采用的保管方式不妥当。例如，如果寄存人声明所寄存的物品为贵重的珠宝首饰，则保管人可能需要使用保险柜来进行保管。

如果寄存人履行了这种声明义务，寄存的贵重物品损毁、灭失的，保管人应当承担全部赔偿责任；如果寄存人违反了寄存贵重物品的声明义务，保管人可以只按照一般物品予以赔偿。寄存人将货币、有价证券或者其他贵重物品夹杂于其他物品之中，按一般物品寄存，且在寄存时未声明其中有贵重物品并经保管人验收或者封存的，如果货币、有价证券或者其他贵重物品与一般物品一并毁损、灭失，保管人不承担货币、有价证券或者其他贵重物品损、灭失的赔偿责任，只按照一般物品予以赔偿。此处所说的“一般物品”，应当结合具体案情进行考虑，如考虑当事人的实际情况、保管的场所等因素。

354. 寄存人应当在何时领取保管物?

保管合同未约定保管期限的，寄存人可以随时领取保管物；保管合同约定了保管期限的，寄存人也可以随时领取保管物。这是寄存人的权利，同时又是保管人的义务，即保管人得应寄存人的请求，随时返还保管物。这样规定的理由是：保管的目的是为寄存人保管财物，当寄存人认为保管的目的已经实现时，尽管约定的保管期限还未届满，为了寄存人的利益，寄存人可以提前领取保管物。而且寄存人随时领取保管物，也不问保管为有偿或无偿。保管是无偿的，寄存人提前领取保管物，可以提早解除保管人的义务，对保管人实为有利；保管是有偿的，只要寄存人认为已实现保管目的而要求提前领取的，保管人也无阻碍之理。

当事人未约定保管期限的，根据《民法典》第 510 条的规定，当事人不能达成补充协议，且按照合同相关条款或者交易习惯仍不能确定的，保管合同自然可以随时终止。不但寄存人可以随时领取保管物而终止合同，保管人也可以随时请求寄存人领取保管物而终止合同，但是保管人应当给予寄存人必要的准备时间。

当事人约定保管期限的，保管人在保管期间届满后，应当按时返还保管物。寄存人如未及时领取保管物的，保管人应当通知寄存人领取。领取时间依合同约定，领取地点一般为保管物所在地。保管期限主要是为了寄存人的利益而设立的，而且有偿保管的保管人收取了该保管期限相应的保管费，即便是无偿保管的保管人，基于诚信原则，如果保管人没有特别事由，亦不得请求寄存人提前领取保管物。所谓“特别事由”，主要是指因不可抗力，或者保管人的原因，如因地震导致保管库房部分坍塌，不再具备相应的保管条件，或者保管人患病、丧失行为能力等事由，导致难以继续履行保管义务。

355. 寄存人领取保管物时，是否有权请求返还保管期内该保管物的孳息？

保管期限届满保管人返还保管物，或者应寄存人的要求随时返还保管物，是保管人的一项基本义务。在一般的保管合同中，保管人并不取得保管物的所有权，因此，在保管期限届满或者寄存人提前领取保管物时，保管人应当将保管物予以返还。保管人返还保管物的原则是使保管物维持其交付时的状态，另外在返还原物的同时要返还孳息。

就保管人返还原物的义务而言，主要针对的是一般保管合同。在一般保管合同中，保管物具有特定性，保管人所返还的应当是寄存人所交付的原物，而不应是相同种类、数量、品质的物。但是，在特殊保管合同即消费保管合同中，则不要求保管人必须返还原物。

保管人还应当将保管物的孳息一并返还寄存人。孳息是指原物产生的额外利益，包括天然孳息和法定孳息。天然孳息是原物根据自然规律产生的物，如幼畜。法定孳息是原物根据法律规定带来的物，如存款利息、股利、租金等。根据物权的一般原则，除法律或合同另有约定外，孳息归原物所有人所有。在保管合同中，保管物仅是转移了占有，保管人并不享有保管物的所有权，所有权仍归寄存人享有，保管期间保管物所生孳息的所有权亦归属于寄存人。因此，保管人除返还保管物外，如果保管物有孳息的，还应一并返还孳息。例如，甲为乙保管一头母牛，如果在保管期间母牛产出小牛的，保管人甲应当将母牛及其幼畜一并返还寄存人乙。当然，如果当事人对保管期间保管物的孳息归属另有约定的，应当按照其约定。例如在上述案例中，甲、乙约定小牛作为保管的报酬归甲所有，这样保管人甲就不再承担返还孳息的义务。

356. 对于可替代的保管物，是否可不返还原物？

民法典中规定了消费保管。消费保管也称为不规则保管，是指保管物为可替代物时，如约定将保管物的所有权移转于保管人，保管期限届满由保管人以同种类、品质、数量的物返还的保管。消费保管合同与一般保管合同有以下几点不同：

第一，消费保管合同的保管物必须为可替代物，即种类物。种类物是相对于特定物而言的，是指以品种、质量、规格或度量衡确定，不需具体指定的转让物，如标号相同的水泥，相同品牌、规格的电视机等。货币是一种特殊的种类物。消费保管合同的保管物只能是种类物，而不能是特定物。特定物是指具有独立特征或被权利人指定，不能以他物替代的物，包括独一无二的物和从一类物中指定而特定化的物，如齐白石的画、从一批解放牌汽车中挑选出来的某一辆。寄存人就特定物寄存，保管人只能返还原物。

第二，并不是所有种类物的寄存都属于消费保管合同。例如《民法典》第898条规定的寄存货币的情形，就属于是返还原货币的一般保管合同，而不属于消费保管合同。消费保管合同必须是当事人约定将保管物的所有权移转于保管人，保管人在接受保管物后享有占有、使用、收益和处分的权利。不过，在保管物为货币的情况下，则不需要特别约定将货币所有权转移给保管人，因为货币作为特殊种类物，具有高度可替代性，一般适用“占有即所有”的原则。寄存人将货币交付给保管人，货币的所有权也就自然转移给保管人。而一般的保管合同，保管人只是在保管期间占有保管物，原则上不转移保管物所有权，保管人也不能使用保管物，这是消费保管与一般保管的重要区别之一。对于种类物的寄存，寄存人与保管人可以选择一般保管或者消费保管。如果寄存人和保管人特别约定转移保管物的所有权，则属于消费保管，保管人取得保管物所有权，返还相同种类、品质、数量的物品即可。寄存人也可能并不希望保管人进行使用、收益，而且寄存的种类物价格也在不断变化，保管人能否按期如数返还，也难以确定。所以寄存人可能不订立消费保管合同而选择一般保管。在没有特别约定的情况下，应当认为货币的保管为消费保管，其他可替代物的保管则是普通保管。

第三，消费保管的保管物的所有权转移至保管人，因此从寄存人交付时起，保管人就享有该物的利益，并承担该物的风险。在一般保管中，保管物的所有权不发生转移，该物的利益如孳息由寄存人享有，风险由寄存人承担，即保管物在保管期间因意外发生的损毁、灭失的风险由寄存人承担。

第四，消费保管的保管人仅须以同种类、品质、数量的物返还即可。而一般保管的保管人须返还原保管物。当保管人不履行返还义务时，一般保管的寄存人可以行使返还原物请求权，而消费保管的寄存人则只能请求保管人承担违约责任。

357. 寄存人应当在何时支付保管费?

在有偿的保管合同中，支付保管费是寄存人的基本义务，寄存人应当按照约定的期限向保管人支付保管费。有关保管费的支付标准、支付时间、支付地点等都应当遵守合同的约定。合同约定了保管费的具体数额，寄存人就应当按照合同约定进行支付。合同约定一次性支付，就不能分期支付。

在一般的保管合同中，寄存人一般应于保管关系终止时支付保管费。无论寄存人是在保管期限届满领取保管物，还是提前领取保管物而终止保管合同，寄存人应当在领取保管物的同时支付保管费。

当事人订立的分期保管的保管合同，寄存人应当按照约定的期限向保管人支付保管费。例如，甲与其住宅区的存车处签订了一年存放自行车的合同，即是属于分期保管的合同。分期保管合同，就是约定了明确的保管期间，在此期间内，寄存人可以多次提取和存放保管物。而一次性的保管合同，寄存人提取保管物后，保管合同即可终止。这是分期保管合同与一般保管合同的根本区别。甲在与存车处的合同中约定，保管费每月5元，于每月的1至4日内到存车处交付。甲即需按照合同约定的期限按时交付存车费。

分期保管合同中对支付期限没有约定或者约定不明确的，当事人可以协议补充，不能达成补充协议的，按照合同相关条款或者交易习惯确定。例如甲与存车处的合同中没有约定保管费的支付期限，但是按照存车处与其他寄存人的合同约定的支付期限都是每月的1至4日，这就是交易习惯，甲也应在每月的1至4日内交费。

如果依据《民法典》第510条的规定仍然无法确定保管费支付的期限，则应当在领取保管物的同时支付。因为在一般情况下，保管人都是先提供服务，寄存人后支付保管费。在这点上，保管和买卖存在区别。从比较法上来讲，大多认为应当在保管到期时，支付保管费。当然，当事人可以就保管费用支付的时间作出特别约定。

358. 寄存人未按照约定支付保管费或者其他费用的，保管人是否可以留置保管物？

依据《民法典》第889条的规定，当事人可以在合同中约定寄存人向保管人给付报酬，以及给付报酬的数额、方式、地点等。当事人有此约定的，寄存人应当按照约定向保管人支付报酬，即保管费。

“其他费用”，是指保管人为保管保管物而实际支出的必要费用。必要费用，是保管人为了实现物的保管目的，以维持保管物之原状而支出的费用。必要费用不同于保管费，保管费是指寄存人应当支付给保管人的报酬，只存在于有偿保管中；而必要费用则指保管人为实现保管合同的目的，在保管过程中所支付的必要的花销，如保管人支付的电费、场地费用、交通运输费用等。这些费用即便是在无偿保管的过程中也会产生。

寄存人违反约定不支付保管费或者其他费用的，保管人对保管物享有留置权，即以该财产折价或者以拍卖、变卖该财产的价款优先受偿的权利。但需要注意的是，依照民法典物权编第十九章留置权中的规定，保管人在留置保管物后，应当与寄存人约定留置财产后债务履行期限，没有约定或者约定不明确的，应当给予寄存人不少于60日的期限履行债务，鲜活易腐等不易保管的动产除外。如果寄存人逾期仍不履行债务，才可以处理留置的财产。而且在这段时间内，保管人仍负有妥善保管留置物的义务，如因保管不善致使留置物毁、灭失的，保管人应当承担相应的民事责任。当事人另有约定的，也可以不行使留置权。因保管合同发生的债权，债权人享有的留置权虽然是法定的留置权，但是当事人可以约定不行使留置权。例如寄存人寄存的手表是寄存人祖传的，对寄存人具有特殊意义，可以与保管人在合同中约定，即使寄存人未按照约定支付保管费，保管人也不得对该手表进行留置。

在寄存人没有按期支付保管费或者其他费用的情况下，保管人对保管物享有留置权，以此作为因保管产生的保管费和其他费用的担保。保管人享有留置权必须符合如下要件：第一，寄存人到期未支付保管费及其他费用。根据《民法典》第902条的规定，寄存人应当按照约定的期限支付保管费，没有约定或者约定不明确，依据《民法典》第 510 条的规定仍不能确定保管费支付期限的，应当在领取保管物的同时支付。如果在这些期限届满时，寄存人未支付保管费，则保管人有权留置保管物。第二，保管人占有保管物。留置权的发生要求权利人合法占有留置物，因此，在保管合同中，如果保管人将保管物交付给寄存人，则无法取得对保管物的留置权。第三，寄存人与保管人没有事先约定不得留置保管物。保管人的留置权虽然是法定的担保物权，但是当事人仍然可以通过合同约定排除可以留置的财产。《民法典》第 449 条亦规定："法律规定或者当事人约定不得留置的动产，不得留置。"

359. 什么是仓储合同?

仓储合同是指保管人（又称仓管人或仓库营业人）储存存货人交付的仓储物，存货人支付仓储费的合同。仓储合同具有以下特征：

1. 保管人必须是具有仓库营业资质的人，即具有仓储设施、仓储设备，专事仓储保管业务的人。这是仓储合同主体上的重要特征。主要是考虑仓储往往涉及特种标的物的保管，例如，易燃易爆的、具有腐蚀性或者放射性的、需要进行冷藏或者冷冻保存的物等，都对保管人的资质有特殊的要求，一般的民事主体不能完成这种仓储工作。而保管合同的主体可以为一般民事主体，法律对保管合同的保管人没有资质上的特别要求。

2. 仓储合同的对象仅为动产，不动产不可能成为仓储合同的对象。因为仓储人主要是利用自己的仓库为存货人储存货物，不动产无法储存到仓库中。保管合同的标的物包括动产和不动产。与保管合同相比，存货人储存的仓储物一般为大宗商品，储存量比较大，而保管物则可大可小。

3. 仓储合同为诺成合同。仓储合同自保管人和存货人意思表示一致时成立。保管合同是实践合同，也称为要物合同。保管合同除双方当事人达成合意外，还必须有寄存人交付保管物，合同从保管物交付时起成立。这是仓储合同与保管合同的重要区别之一。

4. 仓储合同为不要式合同，可以是书面形式，也可以是口头形式。保管合同对合同订立的形式也没有特别要求，同样是不要式合同。

5. 仓储合同为双务、有偿合同。保管人提供储存、保管的义务，存货人承担支付仓储费的义务。保管合同可以为双务、有偿合同，也可以是单务、无偿合同。

360. 仓储合同是诺成合同还是实践合同?

仓储合同是诺成合同。规定仓储合同为诺成合同，有利于保护保管人的利益。因为在仓储合同订立后，存货人交付仓储物前，保管人往往要做很多的准备工作，例如采购相应的设施设备，准备可供储存相应仓储物的仓库，搜集仓储物相关资料，招聘特定的保管人员以及对保管人员进行技术培训等等，需要付出大量的人力物力财力。如果仓储合同订立后，存货人在交付仓储物前反悔，保管人无法就前期准备工作的费用向存货人主张，可能遭受较大的损失。这种损失不仅包括前期准备工作的费用，还包括因为与存货人订立仓储合同而放弃或者丧失与其他人订立合同的机会。如果存货人在订立仓储合同后交付仓储物前可以随时反悔使合同不成立，对于保管人显然是不公平的，也不符合诚信原则的要求。而仓储合同为诺成合同，也有利于保护存货人的利益。在仓储合同中，存货人存放的一般都是大宗商品。在交付时，如果保管人反悔，或者不能提供足够的储存场所，可能使存货人的货物因无处存放而毁损、灭失，给存货人造成巨大损失。

如果仓储合同为实践合同，则存货人交付货物前合同尚未成立。只有在保管人实际接收了货物以后，仓储合同才成立，保管人才要对存货人负责，对于其反悔或者不能提供足够储存场所，导致货物不能入库发生毁损、灭失，造成存货人的损失，保管人无须承担责任，这对于存货人来说显然也是不公平的。如果仓储合同为诺成合同，一方面，保管人在仓储合同签订后，可以安心地为履约开展各种准备工作，以保证能够提供足够的储存场所，提供相应的保管条件，无需担心存货人届时不交付货物。如果保管人已经做好充分准备，而存货人却不交付货物，即构成违约，保管人可以就其损失向存货人主张赔偿。另一方面，存货人也无需担心在合同签订后、交付货物前，保管人是否开始做好充分准备，以在交付时能够提供足够的储存场所和相应的保管条件，是否有能力对其货物进行妥善保管。如果交付货物时保管人不能提供必要的储存场所，或者提供的场所等条件不符合约定，给存货人造成损失，存货人可以请求保管人承担违约责任。可见，仓储合同为诺成合同，不仅有利于保护存货人和保管人的合法权益，也有利于维护交易安全和稳定。

在民法典编纂过程中，有的意见提出，应当明确规定仓储合同为诺成合同。经认真研究，这一建议被采纳了。因此《民法典》第905条规定："仓储合同自保管人和存货人意思表示一致时成立。"仓储合同只需要双方当事人意思表示一致即可成立，不以存货人交付货物为要件。

361. 储存易燃、易爆等危险物品或者易变质物品的，应当注意什么？

存货人储存易燃、易爆、有毒、有腐蚀性、有放射性等危险物品或者易变质物品，负有向保管人说明的义务，即应当向保管人说明该物的性质。所谓"说明"，应当是在合同订立时予以说明，并在合同中注明。这是诚实信用原则的必然要求。如果存货人在订立合同后或者在交付仓储物时才予以说明，那么保管人根据自身的保管条件和技术能力，如果不能保管的，则可以拒收仓储物或者解除合同。无论当事人是否在合同中约定，存货人都负有这种说明义务。主要是考虑到仓储物是易燃、易爆等危险物品或者易变质物品，如果不采取特殊的保管措施，提供相应的保管条件，不仅会造成仓储物本身的损害，而且其具有的巨大危险性可能还会导致人身伤亡或者重大财产损害等严重的后果。因此，大多数国家都规定了存货人负有这种说明义务，应当向保管人说明仓储物的特殊性质。

存货人除应当对需要储存的危险物品及易变质物品的性质作出说明外，还应当提供有关资料，以便保管人进一步了解该危险物品的性质，为储存该危险物品作必要的准备。提供的资料主要是关于仓储物本身的性质特点以及保管该仓储物的注意事项。

存货人没有说明所储存的货物是危险物品或易变质物品，也没有提供有关资料，保管人在入库验收时，发现是危险物品或易变质物品的，保管人可以拒收仓储物。保管人在接收仓储物后发现是危险物品或易变质物品的，除及时通知存货人外，也可以采取相应措施，以避免损害的发生，因此产生的费用由存货人承担。例如，将危险物品搬出仓库转移至安全地带，由此产生的费用由存货人承担。如果存货人没有对仓储物的性质作出说明并提供有关资料，导致仓储物毁损、灭失的，保管人不承担赔偿责任。而如果存货人没有对危险物品的性质作出说明并提供有关资料，从而给保管人的财产或者其他存货人的货物造成损害的，存货人还应当承担赔偿责任。例如，存货人未向保管人说明其交付的仓储物是易燃、易爆物品并提供相关材料，导致仓储物发生爆炸，造成保管人仓库及其他仓储物受到损害的，存货人应当承担赔偿责任。

保管人储存易燃、易爆、有毒、有腐蚀性、有放射性等危险物品的，应当具备相应的保管条件。如果保管人不具备相应的保管条件，就对上述危险物品予以储存，对自身造成的损害，存货人不负赔偿责任。

362. 保管人是否应当对仓储物进行验收?

保管人负有入库验收的义务。验收就是指保管人对仓储物的数量、规格、品质等进行检验，以确定是否属于合同约定的仓储物。保管人验收仓储物有利于其妥善保管仓储物，还具有保存证据的作用。验收是接收的前提，只有在验收之后，保管人才能决定是否接收仓储物。保管人验收之后，同意接收货物的，保管人就应当开始对仓储物进行妥善保管。

保管人和存货人应当在合同中对入库货物的验收问题作出约定。验收问题的主要内容有三项：

1. 验收项目：货物的品名、规格、数量、外包装状况，以及无须开箱拆捆直观可见可辨的质量情况。包装内的货物品名、规格、数量，以外包装或货物上的标记为准；外包装或货物上无标记的，以供货方提供的验收资料为准。散装货物按国家有关规定或合同规定验收。

2. 验收方法：全部验收和按比例验收。

3. 验收期限：自货物和验收资料全部送达保管人之日起，至验收报告送出之日止。

保管人应当按照合同约定的验收项目、验收方法和验收期限进行验收。保管人验收时发现入库的仓储物与约定不符的，如发现入库的仓储物的品名、规格、数量、外包装状况与合同中的约定不一致的，应当及时通知存货人。由存货人作出解释，或者修改合同，或者将不符合约定的货物予以退回。

保管人验收后发生仓储物的品种、数量、质量不符合约定的，保管人应当承担赔偿责任。验收之后，保管人接收货物，已经实际占有仓储物，开始承担保管义务。如果发生仓储物的品种、数量、质量不符合约定的情况，则可以推定保管人未尽到妥善保管义务，由其承担相应的赔偿责任。在理解保管人的赔偿责任时，品种、数量不符合约定，应当承担赔偿责任较为明确；质量问题的赔偿责任，要注意以下两点：(1) 对不同条件、不同性质的仓储物的质量，可以按照交易习惯和当事人的特别约定来确定质量问题。(2) 如果约定不明确，发生质量问题是否由保管人承担赔偿责任，依照《民法典》第 917 条的规定，因仓储物的性质，包装不符合约定等造成灭失、损坏的，保管人不负赔偿责任。

363. 存货人是否有权要求保管人出具仓储凭证？

仓单或者入库单是保管人收到仓储物后给存货人开付的表示其收到仓储物的凭证，也是存货人提取仓储物的凭证。保管人在验收完毕之后，应当及时向存货人出具仓单或者入库单等凭证。保管人向存货人出具仓单或者入库单等凭证，就表明其已经接收了货物。如果保管人在检验货物时发现与合同约定不符合的，应当及时通知存货人。

仓单、入库单等凭证的作用表现为：

1. 仓单、入库单等凭证可以证明保管人已收到仓储物，以及保管人和存货人之间仓储关系的存在。

2. 仓单、入库单等是提取仓储物的凭证。存货人或者仓单持有人应当凭仓单、入库单等凭证提取仓储物。

此外，仓单还是有价证券的一种，其性质为记名的物权证券。物权证券是以物权为证券权利内容的证券。仓单是提取仓储物的凭证，也是存货人对仓储物享有所有权的凭证。仓单发生转移，仓储物的所有权也发生转移。存货人在仓单上背书并经保管人签名或者盖章，可以转让提取仓储物的权利。

仓单作为一种有价证券、权利凭证，根据《民法典》第440条的规定，仓单可以出质。仓单持有人既可以通过背书转让仓单项下货物的所有权，也可以将仓单出质。而入库单没有背书转让或者出质的功能。这是仓单和入库单等其他凭证的重要区别。

364. 仓单应当记载哪些事项？

仓单是收取仓储物的凭证和提取仓储物的凭证，仓单还可以通过背书转让或出质，因此仓单应当具备一定的形式。

无论仓单是转让还是出质，受让人和质权人并不了解存货人和保管人之间的合同的具体内容，因此法律规定了仓单应当记载的事项，以便受让人或质权人明确自己的权利和行使自己的权利。

1. 仓单上必须有保管人的签名或者盖章，否则不生仓单应有之效力。保管人的签名或者盖章，是仓单发生效力的必备条件，其签名和盖章才能表明保管人认可存货人已经交付了仓储物的事实，也表明其已经验收并接收了符合约定的仓储物。这有利于保证仓单的真实性，保护保管人的合法权益。

2. 仓单是记名证券，因此仓单上应当记载存货人的姓名或者名称及住所，否则不符合记名证券的本质特征。

3. 仓单可经背书而产生物权移转之效力，因此对仓储物详细情况的记载是必须的，仓单上应明确记载仓储物的品种、数量、质量、包装、件数和标记。

4. 仓单上应记载仓储物的损耗标准。仓储物可能在储存的过程中发生自然损耗，确定自然损耗的标准可以与因保管人保管不善所导致的仓储物的损失进行区分。这对提取仓储物和转让仓储物是至关重要的，可以避免发生很多纠纷。

5. 仓单应记载储存场所，如果仓单经背书转让，则仓单持有人就可以明确仓储物的储存场所。储存场所不仅是保管人实际储存仓储物的地点，也是存货人或者仓单持有人提取仓储物的地点，对于确定合同履行地具有重要意义。

6. 仓单应记载储存期限。储存期限届满时，存货人或者仓单持有人就应当提取仓储物。如果仓单经背书转让，则仓单持有人就可以明确应在多长时间内提取仓储物。当事人对储存期限没有约定或者约定不明确，并不会影响仓储合同和仓单的效力，存货人或者仓单持有人可以随时提取仓储物，保管人也可以随时请求存货人或者仓单持有人提取仓储物。

7. 仓单应记载仓储费。支付仓储费是存货人的主要义务。如果当事人约定提取仓储物时支付仓储费，仓单经背书而转让，则仓单持有人在提取仓储物时应支付仓储费。

8. 仓储物已经办理保险的，其保险金额、期间以及保险人的名称应在仓单上注明。仓储物已经办理保险的，如果存货人转让仓储物，则保险费可以计入成本。转让以后，受让人享受保险利益，一旦发生保险合同中约定的保险事故，受让人可以找保险公司索赔。因此仓单上记载上述事项是非常必要的。

9. 仓单应记载填发人、填发地和填发日期。这是任何物权证券的基本要求，仓单也是如此。

365. 仓单项下权利是否可以转让?

我国民法典对仓单采一券主义，仓单既可以依法转让，也可以依法出质。仓单作为有价证券，可以流通。流通的形式有两种：一是转让仓单，即转让仓单项下仓储物的所有权。仓单转让的，仓单持有人即成为所有权人，可以依法提取仓储物。二是以仓单出质，质权人即享有提取仓单项下仓储物的权利，以仓单出质的，适用民法典物权编中关于质权的规定。依据我国《民法典》第442条规定，仓单上载明提货日期的，如果提货日期先于债务履行期到期的，质权人可以在债务履行期届满前提货，并与出质人协议将提取的货物用于提前清偿所担保的债权或者向与出质人约定的第三人提存。

无论是仓单转让还是仓单出质，都应当通过法定的形式才能生效。仓单的转让或者出质，必须由存货人或者仓单持有人在仓单上背书。所谓“背书”，是指存货人在仓单的背面或者粘单上记载被背书人（受让人）的名称或姓名、住所等有关事项的行为。因为仓单是有价证券，其转让应当符合有价证券转让的一般要求，即需要进行背书。而且，多次转让仓单的，背书还要有连续性。背书的连续性主要是为了保证每个背书人都是有权转让仓单项下权利的人。有权利提取仓储物的权利人是最后一个被背书人即最终的受让人或者质权人。

存货人转让仓单不仅需要在仓单上背书，还要经保管人签名或者盖章始生效力。如果只在仓单上背书但未经保管人签名或者盖章，即使交付了仓单，转让行为也不发生效力。为什么要经保管人签名或者盖章呢？因为保管人是仓储物的合法占有人，而仓储物的所有权仍归存货人，为保护存货人的所有权，防止其他人以不法途径获得仓单，从而损害存货人的利益，也使保管人自己免予承担不应有的责任，因此存货人转让仓单的，除存货人应当在仓单上背书外，还应当由保管人在仓单上签名或者盖章，仓单转让的行为才发生效力。

存货人以仓单出质的，应当与质权人签订质押合同，在仓单上背书并经保管人签名或者盖章，并将仓单交付质权人，质权才能设立。因为一旦债务人不能在债务履行期间届满前履行债务，质权人就享有提取仓储物的权利。因此，如果没有存货人（出质人）在仓单上背书和保管人在仓单上签名或者盖章，质权人就不能提取仓储物，同样，也只有存货人（出质人）在仓单上背书和保管人的签名或者盖章，才有助于保护存货人的所有权和保管人的合法占有。

366. 存货人或者仓单持有人是否有权检查仓储物？

存货人将货物存置于仓库，存货人为了了解仓库堆藏及保管的安全程度与保管行为，保管人因存货人的请求，应允许其进入仓库检查仓储物或者提取样品。存货人或者仓单持有人提出检查仓储物或者提取样品的要求，应当在必要的限度和适当的时间内进行，不应不当地增加保管人的管理成本。

由于仓单是物权证券，存货人可以转让仓单项下仓储物的所有权，也可以对仓单项下的仓储物设定担保物权，即出质。仓单经背书并经保管人签名或者盖章而转让或出质的，仓单受让人或质权人即成为仓单持有人。无论是转让仓单还是出质仓单，仓单持有人与存货人一样，都有检查仓储物或者提取样品的权利。

367. 保管人发现入库仓储物有变质或者其他损坏的，应当如何处理？

保管人对仓储物有妥善保管的义务，保管人应当按照保管合同中约定的保管条件和保管要求妥善进行保管。保管人因保管不善造成仓储物变质或者其他损坏的，应当承担赔偿责任。例如，保管条件已不符合原来的约定，如合同约定用冷藏库储存水果，但冷藏库的制冷设施发生故障，保管人不采取及时修理等补救措施，致使水果腐烂变质的，保管人应承担赔偿责任。

保管人在符合合同约定的保管条件和保管要求进行保管的情况下，因仓储物的性质、包装不符合约定或者超过有效储存期，造成仓储物变质、损坏的，尽管保管人不承担责任，但是保管人应当及时将此种情况通知存货人或者仓单持有人。即使仓储物没有变质或其他损坏，但有发生变质或其他损坏的危险时，存货人也应当及时通知存货人或者仓单持有人。这是对保管人的更进一步要求。

《民法典》第 509 条第 1 款和第 2 款规定：“当事人应当按照约定履行自己的义务。当事人应当遵循诚实信用原则，根据合同的性质、目的和交易习惯履行通知、协助、保密等义务。”也就是说，当事人除按合同约定履行自己的合同义务以外，还应当按照诚实信用原则及合同的性质、目的和交易习惯履行合同中没有约定的通知、协助、保密等义务。保管人应当按照诚实信用原则，根据仓储合同的性质、目的及交易习惯，在仓储物有变质、损坏或者有变质、损坏的危险时，负有及时通知存货人或者仓单持有人的义务。

保管人在储存仓储物的过程中，发现仓储物有变质或者其他损坏，或者有发生变质、损坏的危险时，应当及时通知存货人或者仓单持有人，可以使其尽快采取相应措施，避免发生更大的损失。如果仓储物的变质、损坏或者可能导致仓储物变质、损坏的危险是由于保管人未尽到妥善保管之义务，则其不仅要承担相应的赔偿责任，还应当及时采取必要合理的补救措施防止损失的扩大。即便仓储物的变质、损坏或者可能导致仓储物变质、损坏的危险并非由于可归责于保管人的原因，例如是由于仓储物的性质、包装不符合约定，保管人发现仓储物的变质、损坏或者可能导致仓储物变质、损坏的危险时，基于善良管理人之义务，亦应当及时通知存货人或者仓单持有人，并采取必要措施以防止损失的扩大。

此种通知义务，主要适用于保管人发现仓储物有变质或者其他损坏时，亦可以包括发现仓储物有变质或者其他损坏的危险时，如保管人发现货物包装破损可能造成仓储物的变质或者其他损坏。

368. 保管人发现入库仓储物有变质或者其他损坏，危及其他仓储物的安全和正常保管的，应当如何处理？

依据《民法典》第912条的规定，保管人对入库仓储物发现有变质或者其他损坏，不论是否可归责于保管人，保管人均应当及时通知存货人或者仓单持有人。保管人对入库仓储物发现有变质或者其他损坏，这种变质或损坏是非可归责于保管人的原因造成的，例如是因仓储物的性质、包装不符合约定造成仓储物本身的变质或损坏，保管人除及时通知存货人或者仓单持有人外，如果该仓储物已经危及其他仓储物的安全和正常保管的，那就不只是通知的问题了，还应当催告存货人或者仓单持有人作出必要的处置。因情况紧急，保管人可以作出必要的处置，但事后应当将该情况及时通知存货人或者仓单持有人。保管人承担催告义务的条件，一是保管人发现入库仓储物有变质或者其他损坏；二是仓储物的变质或者其他损坏已经危及其他仓储物的安全和正常保管。如果只是轻微的变质或者损坏，保管人可以自行处理，也就无须通知存货人或者仓单持有人。如果仓储物的变质或者损坏比较严重，可能危及其他仓储物的安全和正常保管时，就必须及时催告存货人或者仓单持有人作出必要处置，以避免给其他仓储物或者保管人造成损失。催告必须是针对存货人或者仓单持有人，催告的内容是要求存货人或者仓单持有人对仓储物作出必要的处置。

保管人发现入库仓储物有变质或者其他损坏，危及其他仓储物的安全和正常保管的，一般都应当先催告存货人或者仓单持有人作出必要的处置。但是如果情况紧急，保管人来不及催告存货人或者仓单持有人进行处置的，保管人可以作出必要的处置，事后还是应当将该情况及时通知存货人或者仓单持有人。所谓情况紧急，一般是指保管人无法通知存货人或者仓单持有人，或者保管人必须立即采取措施，以避免其他仓储物受到损害。例如，由于包装不符合约定，储存的食用油包装出现破损导致泄露，如果不立即进行处置，泄露的食用油将污染仓库的其他仓储物，此时保管人如果催告存货人或者仓单持有人作出必要处置，存货人或者仓单持有人实际作出处置还需要一定的时间，为避免其他仓储物受到污染，保管人可以立即采取相应措施，如将发生泄漏的部分食用油转移，对仓库进行清理以防污染其他仓储物等。事后再将该情况通知存货人或者仓单持有人，考虑是否需要进一步处理，例如存货人或者仓单持有人对其储存的食用油重新检查包装是否完好，以防再次发生类似问题。

369. 存货人或者仓单持有人应当何时提取仓储物?

当事人在合同中约定储存期限的，存货人或者仓单持有人应当在储存期限届满前凭仓单、入库单等凭证提取仓储物，并按约定支付仓储费；存货人或者仓单持有人也可以提前提取仓储物，但是不减收仓储费；存货人或者仓单持有人逾期提取仓储物的，应当加收仓储费。当事人约定储存期限的，在储存期限内，如果存货人或者仓单持有人要求提前提取仓储物，一般不会造成保管人的损失，可以允许其提前提取。但是保管人已经做好了约定的储存期间的准备，提前提取不仅不符合当事人之间的约定，还有可能打乱保管人的经营计划，还可能因此丧失其他交易机会，因此存货人或者仓单持有人提前提取仓储物的，不减收仓储费。如果存货人或者仓单持有人逾期不提取，将会增加保管人的保管成本，甚至因为该仓储物挤占保管人的仓储空间，打乱保管人正常的经营计划，所以保管人对于逾期不提取仓储物的存货人或者仓单持有人，有权加收仓储费。

当事人在仓储合同中明确约定储存期限的，在储存期限届满前，保管人不得要求存货人或者仓单持有人提取仓储物，法律另有规定或者当事人另有约定的除外。例如，依据《民法典》第906条的规定，存货人存放危险品而未将危险品的性质如实告知保管人并提供有关材料的，保管人可以拒收仓储物，也可以在储存期间届满前要求存货人提取仓储物，而终止合同。

370. 储存期限届满，存货人或者仓单持有人不提取仓储物的，应当如何处理？

储存期限届满，存货人或者仓单持有人提取仓储物，既是存货人或者仓单持有人的权利，也是存货人或者仓单持有人的义务。如果在储存期限届满，存货人或者仓单持有人不能或者拒绝提取仓储物，保管人可以确定一个合理的期限，催告存货人或者仓单持有人在此期限内提取。如果逾期仍不提取的，保管人可以依照《民法典》第570条的规定将仓储物提存。保管人将仓储物提存后，如果存货人或者仓单持有人未支付仓储费的，依照《民法典》第577条的规定，可以请求其支付仓储费。存货人或者仓单持有人迟延给付的，还可以按照约定要求存货人或者仓单持有人给付违约金。没有约定违约金的，可以要求支付迟延给付的逾期利息。

在存货人或者仓单持有人逾期未提取仓储物的情况下，保管人有权提存仓储物，终止仓储合同的权利，这有利于督促存货人或者仓单持有人及时提取仓储物。保管人将仓储物提存应当具备较为严格的条件。一是储存期限届满。只有在仓储合同期限届满后，存货人才负有提取仓储物的义务。储存期限届满前，保管人不得要求存货人提取仓储物，更不能提存仓储物。二是储存期限届满存货人或者仓单持有人不提取仓储物。三是保管人催告存货人或者仓单持有人在一定期限内提取。一般来说，保管人在提存仓储物前都要催告存货人，再给予一定时间进行提取，因为存货人或者仓单持有人不及时提取可能出于某种原因，可能是由于不可抗力，也可能只是疏忽忘记提取。四是催告的期限届满后存货人或者仓单持有人仍不提取仓储物。如果在保管人催告的期限届满，存货人或者仓单持有人还是不提取，此时保管人就可以将仓储物提存。

371. 储存期内，仓储物毁损、灭失的，保管人是否应当承担赔偿责任？

保管人对仓储物有妥善保管的义务，保管人应当按照有关规定和保管合同中约定的保管条件和保管要求妥善进行保管。保管人因保管不善造成仓储物变质或者其他损坏的，应当承担赔偿责任。例如，保管条件已不符合原来的约定，如合同约定用冷藏库储存水果，但冷藏库的制冷设施发生故障，保管人不采取及时修理等补救措施，致使水果腐烂变质的，保管人应承担赔偿责任。

保管人除应当按照约定的保管条件和保管要求进行保管外，还应当尽到善良管理人的义务。在一般保管合同中，区分有偿保管和无偿保管的注意义务，对有偿保管合同，保管人应当尽到善良管理人的注意义务。仓储合同是特殊的有偿保管合同，其保管人亦应当尽善良管理人的义务。甚至有的观点认为，仓储合同中的保管人所从事的保管活动具有专业性、营利性，仓储合同的存货人要支付仓储费，且仓储费的标准往往高于一般保管的保管费，因此仓储合同的保管人应尽的注意义务应当高于有偿保管合同中保管人的注意义务。

仓储合同的保管人应当采取一定的措施，防止仓储物的毁损、灭失或者贬值。对于危险物品和易变质物品等，必须按照有关规定和合同约定进行保管。保管人应当经常对储存设施和储存设备进行维修和保养。还应当经常对仓储物进行巡视和检查，注意防火防盗。此外，为了存货人的利益，保管人在符合约定的保管条件和保管要求的情况下，发现仓储物变质、损坏，或者有变质、损坏的危险时，及时通知存货人或者仓单持有人，这其中包括对临近失效期的仓储物，也应当及时通知存货人或者仓单持有人作出处置。在仓储物遭受损害之后，无论损害是由保管人还是第三人造成的，保管人都应当尽量避免损害的扩大，采取合理措施避免和减少不必要的损失，如果保管人未采取必要措施防止损害扩大的，应当对扩大的损失承担赔偿责任。这是诚实信用原则的要求。

仓储物在毁损、灭失的情况下，如果是出于保管人保管不善的原因，保管人就应当承担赔偿责任。所谓“保管不善”，就是指保管人没有尽到上述的妥善保管义务，没有按照有关规定和当事人约定，提供相应的保管条件和设备，没有采取相应的保管措施，没有尽到善良管理人的义务。保管人保管不善的行为导致了仓储物的毁损、灭失，二者之间需要存在因果关系，保管人才应承担赔偿责任。如果保管人能够证明仓储物的毁损、灭失是仓储物本身性质的原因，或者因包装不符合约定，或者因仓储物超过有效储存期，而造成的，保管人不承担赔偿责任。也就是说，对于非可归责于保管人原因导致的仓储物毁损、灭失，可以免责。另外，保管人还可以基于法定的免责事由或者合同约定的其他免责事由而免除责任。如因地震、台风等不可抗力造成仓储物毁损、灭失，或者因存货人的行为导致仓储物的毁损、灭失，等等。

保管人在符合合同约定的保管条件和保管要求进行保管的情况下，因仓储物的性质、包装不符合约定或者超过有效储存期，造成仓储物变质、损坏的，尽管保管人不承担责任，但是根据《民法典》第 912 条的规定，保管人应当及时将此种情况通知存货人或者仓单持有人。即使仓储物没有变质或其他损坏，但有发生变质或其他损坏的危险时，存货人也应当及时通知存货人或者仓单持有人。

372. 什么是委托合同?

委托合同又称委任合同，是指当事人双方约定一方委托他人处理事务，他人同意为其处理事务的协议。在委托合同关系中，委托他人为自己处理事务的人称委托人，接受委托的人称受托人。委托合同具有以下特征：

第一，委托合同的标的是劳务。委托人和受托人订立委托合同的目的，在于通过受托人办理委托事务来实现委托人追求的结果，因此，该合同的客体是受托人处理委托事务的行为。委托事务的范围十分广泛，凡是与人们生活有关的事务，除依法不得委托他人处理的事务外，都可以委托他人处理。

第二，委托合同是诺成合同。委托人与受托人在订立委托合同时不仅要有委托人的委托意思表示，而且还要有受托人接受委托的承诺，即承诺与否决定着委托合同是否成立。委托合同自承诺之时起成立，无须以履行合同的行为或者物的交付作为委托合同成立的条件。换言之，委托合同自当事人意思表示一致时成立。

第三，委托合同是非要式合同。法律并未对委托合同的形式提出特别要求，即口头、书面等方式都可以。

第四，委托合同可以是有偿的，也可以是无偿的。委托合同是建立在双方当事人彼此信任的基础上。委托人之所以选择特定的受托人处理其事务，是基于对受托人的能力、资格、品行等方面的信任。委托合同是否有偿，应当尊重当事人的意愿，由当事人双方根据委托事务的性质与难易程度协商决定，因此我国民法典对此不作强制规定，即委托合同可以是有偿的，也可以是无偿的。

第五，委托合同可以是双务合同，也可以是单务合同。委托合同经要约承诺后合同成立，无论合同是否有偿，委托人与受托人都要承担相应的义务。一方面，对受托人来说，受托人有向委托人报告委托事务、亲自处理委托事务、转交委托事务所取得财产等义务。另一方面，对委托人来说，如果是无偿委托，委托人无需支付受托人报酬，甚至可能并不涉及向受托人支付处理委托事务的费用（委托事务不产生相关费用），这种情况下的无偿委托合同自然属于单务合同。例如，甲委托乙向丙赠与一些生活用品。即便委托人有向受托人支付处理委托事务费用的义务，但是委托人的这种义务与受托人的义务并不构成对待给付义务。所以在无偿委托合同中，委托人可能要向受托人支付处理委托事务的相关费用，但是一般仍属于单务合同。例如，甲委托乙到楼下便利店帮其购买一包香烟，类似例子在生活中极为常见，尽管甲要向乙支付香烟的费用，但是一般情况下乙接受其委托是无偿的，甲与乙之间的委托合同就属于单务合同。而当委托合同为有偿合同时，委托人还负有支付受托人报酬的义务，受托人有请求获得报酬的权利。委托人支付报酬的义务与受托人处理委托事务等义务构成对待给付，属于双务合同。因此，委托合同可以是双务合同，也可以是单务合同。

373. 委托人是否可以委托受托人处理一切事务?

受托人在处理委托事务时，应以委托人指示的委托事务范围为准。以受托人处理委托事务的范围为标准把委托划分为两大类，即特别委托和概括委托，前者是指仅将一项或者数项事务委托给受托人，后者则指将所有事务一并委托给受托人来处理。

特别委托是指双方当事人约定受托人为委托人处理一项或者数项事务的委托。特别委托一般有以下五种情况：（1）不动产出售、出租或者就不动产设定抵押权。（2）赠与。由于赠与属于无偿行为，所以需要有委托人的特别授权。（3）和解。

在发生纠纷后，有关人员在处理问题时需要双方当事人彼此作一定的妥协与让步，以终止争执或者防止争执的协议，它包括民法上的和解或者诉讼法上的和解，以致破产法上的和解。（4）诉讼。当事人就有关事宜向法院提起诉讼，请求法院依照法定程序进行审判的行为。（5）仲裁。仲裁是指当事人发生争执时，不诉请法院判决，而是提请仲裁机构裁判，其效力同法院的判决一样。受托人接受特别委托时，对于委托事务的处理，可以采取一切为维护委托人的合法权益而必要的合法行为。

概括委托是指双方当事人约定受托人为委托人处理某个方面或者范围内的一切事务的合同。例如，委托人委托受托人处理其买卖业务或租赁业务的所有事宜，即是概括委托。

374. 处理委托事务的费用应当由谁负担？

受托人在处理事务过程中往往需要花费一定的费用，如交通费、通讯费等，无论委托合同是否有偿，委托人都有义务事先提供处理委托事务的费用和补偿受托人为处理委托事务所垫付的必要的费用。委托人要么先预付处理委托事务的费用，要么在受托人垫付有关费用后再予以偿还费用及利息，也就是说，如果没有特别约定，委托人负有支付处理委托事务之费用的义务。而且，不论委托事务是否完成，因处理委托事务而支出的费用，委托人都应当支付。各国立法都规定了委托人负有承担委托有关费用的义务。

1. 委托人预付费用的义务。由于委托合同的特点是受托人用委托人的费用处理委托事务，因此，受托人对于费用没有垫付的义务，预付费用可以说是委托人的义务。受托人处理委托事务，如委托律师向法院提起诉讼，就应当先预付诉讼费。因为费用是为了委托人的利益而需要支出的，它与合同约定的报酬不是一个概念。如果委托人未预付处理委托事务的费用，受托人要先垫付相关费用，当委托人无力偿还这些费用时，受托人的利益可能难以得到保障。

对于委托人支付的预付款，如果委托事务处理完毕，尚有剩余，受托人应当返还给委托人。当然，如果委托人预付的费用不足以用于处理委托事务时，应当向受托人补足，受托人有权向委托人主张不足的费用。

2. 委托人偿还受托人支出必要费用的义务。由于受托人处理委托事务应当由委托人事先预付费用，受托人就没有垫付费用的义务，当然受托人可以自愿为委托人垫付相关费用，或者在委托人预付的费用不足以处理委托事务时先垫付不足的部分。如果受托人垫付了，则有请求偿还的权利，即受托人为处理委托事务所垫付费用，委托人应当偿还。

应当把委托人支付报酬与偿还处理委托事务所应负担的费用相区别。偿还处理委托事务的费用不是对价关系，与受托人履行处理委托事务的义务不构成对待给付。所谓必要费用，是指完成委托事务必须支付的费用，如差旅费用、有关财产的运输费、仓储费、交通费、邮费等。受托人处理事务所支出的费用，不仅会有金钱支出，有时也会有物的消耗。至于判断费用的支出是否必需，应当依据所委托事务的性质及处理时的具体情况来定。

3. 委托人偿还利息的义务。偿还费用还应包括自受托人垫付费用之日起的利息。如果双方当事人在订立合同时对利率有约定的，事后就应按其约定，如果对利率没有约定或者约定的不明确时，就应当依照法定利率计算。例如，甲因出国数年将自己的房屋委托乙看管并出租。数年后甲回国，乙应将房屋及其历年的房屋出租费交付给甲，但甲应当将乙为管理该房屋支出的维修等必要费用，连同自乙支付时起的利息，偿还给乙。

375. 受托人是否可以变更委托人的指示?

在委托事务的处理过程中，具体应当如何处理，取得何种结果才最符合委托人的利益，委托人有权决定，自然也有权对受托人发出相关指示。例如委托人委托受托人销售家电，有权指示受托人以特定的价格出售家电。受托人原则上不得变更委托人的指示，如果受托人在处理委托事务的过程中，因客观情况发生变化，为了维护委托人的利益而需要变更委托人的指示时，法律规定应当经委托人同意。这样可以防止受托人得到授权后任意行事，损害委托人的利益。如当委托人指示受托人以特定价格出售家电的，受托人不得擅自改变商品价格。如果该类家电的市场价格出现上涨或者下跌，受托人不能擅自作主进行涨价或降价出售，需经委托人的同意才可以为之。即使受托人认为委托人的指示明显不符合委托人之利益时，原则上亦不得不经委托人同意而擅自变更委托人的指示。

受托人只有在具备以下条件的情况下才可以不按这些指示办事：（1）因情况紧急，需要立即作出新的措施；（2）由于客观上的原因，难以和委托人取得联系；（3）依据情况这样办是为了委托人的利益所必须。例如，甲委托乙为其出售股票，明确指示了某日以后再抛出，但突然股票价格骤跌，如果等到甲指示的某日再出售，股票价格将低落不堪；委托人又外出办事，短时间难以取得联系。在这种情况下，乙推定如果委托人知道此情况，也会变更其指示，受托人就有变更指示的权利，应当机立断妥善处理。再如，甲在市场售卖鲜活鱼虾，因临时有事委托旁边摊位卖菜的商户乙进行售卖，并指示乙以特定价格出售。乙发现很多鱼虾已奄奄一息，若不降价促销，将导致大量鱼虾死亡，给甲造成重大损失，而此时又难以和甲取得联系，乙推定这种情况下甲会采取降价的方式促销，则可以立即采取降价方式将鱼虾出售，以将委托人甲的损失降到最低限度，事后应当将该情况及时向甲报告。受托人乙在紧急情况下，为了委托人甲的利益而采取了降价措施出售鱼虾，无须承担变更委托人指示的责任。如果受托人在不应该变更指示的时候而变更了，就应当负赔偿责任。

在紧急情况下，受托人难以和委托人取得联系，为了委托人的利益，受托人立即采取妥善处理委托事务的相应措施的，事后也应当及时向委托人报告相关情况。

376. 受托人是否可以将委托事务转委托给他人处理？

委托合同的订立和履行是以当事人双方之间的相互信任为基础，委托人选择受托人是以对其能力（业务能力、专门知识）和信誉的信赖为前提，该合同的订立，既体现了委托人对于受托人的办事能力和信誉的信任，也表明受托人了解委托人和愿意为其办理委托事务的意志。这种彼此信任是委托合同赖以订立和存续的基础。委托合同强调当事人的人身属性。这就要求受托人应当亲自办理委托事务，受托人不得擅自将自己受托的委托事务转托他人处理。

但是在特殊情况下受托人还是可以进行转委托，如受托人经过委托人的同意转委托，或者在紧急情况下，为了维护委托人的利益而进行的转委托。民法典对于转委托的情况作了如下规定：第一，转委托须事先取得委托人的同意。法律上所以不许任意转委托，是恐妨害委托人的利益。但如果委托人同意转委托时，则法律就没有禁止的必要，因为合同是以双方当事人自愿为原则，当事人意思表示一致，受托人才可以再委托第三人代为处理委托事务。委托人同意转委托，是基于其认为转委托是符合其利益才作出的决定，对于委托事务的处理自然是有利的。委托人对于转委托的同意也包括追认，追认具有与事先同意一样的法律效果。第二，在紧急情况下受托人为了维护委托人的利益，也可以进行转委托。例如，受托人临时患急病，不能前去处理，又不能及时与委托人取得联系，由于情况紧急，如果不立即转托第三人代为处理，就会使委托人受到很大的损失。

受托人将委托事务转委托是否经过委托人的同意或者追认，其法律效果以及受托人所负担的义务和承担的责任是不一样的。

转委托经委托人同意或者追认的，委托人可以就委托事务直接指示转委托的第三人，受托人只要就第三人的选任及其对第三人的指示承担责任。也就是说，委托人可以跳过受托人，直接对接受转委托的第三人（学理上又称为“次受托人”）下达指示。受托人如果在选任接受转委托的第三人上没有过错，选择了具有处理委托事务相应能力的第三人，且对第三人的指示也都是恰当合适的，那么受托人对第三人的行为造成委托人的损失，不承担赔偿责任。

转委托未经委托人同意或者追认的，受托人应当对转委托的第三人的行为承担责任。也就是说，如果转委托未经委托人同意或者追认，尽管受托人就转委托的第三人之选任，以及对第三人下达的指示，都是合理恰当的，也要对第三人的所有行为负责。但是有一种例外情况，即在紧急情况下，受托人为了委托人的利益而进行的转委托。

377. 受托人是否应当向委托人报告委托事务处理情况？

委托合同是委托人委托受托人处理委托事务的合同，受托人处理委托事务是为了委托人的利益，因此委托人有权了解委托事务的处理情况，而受托人则负有向委托人报告有关事项的义务。受托人在办理委托事务的过程中，应当根据委托人的要求，向委托人报告事务处理的进展情况、存在的问题和应对措施等，以使委托人及时了解事务的状况。如果委托合同约定了报告的时间，受托人应按时进行报告。受托人在办理委托事务的过程中向委托人报告处理情况，委托人才能了解委托事务的具体情况，并根据最新的具体情况调整原来的指示、作出新的指示。

委托合同终止，不论委托事务是否完成，委托合同的目的是否实现，委托人都有权全面了解有关委托合同的所有情况，不论委托人是否提出受托人进行报告的要求，受托人都负有报告的义务。委托合同终止时，受托人应就办理委托事务的情况，向委托人全面报告办理经过和结果，如处理委托事务的始末、各种账目、收支计算等，并要提交必要的书面材料和证明文件。

378. 受托人以自己的名义，在委托人的授权范围内与第三人订立合同，第三人在订立合同时知道受托人与委托人之间的代理关系的，如何处理？

在下列条件下，受托人以自己的名义与第三人订立的合同，该合同不是直接约束受托人和第三人，而是直接约束委托人和第三人：

第一，委托人和受托人之间应当存在代理关系，这是前提。从代理的角度看，受托人是委托人的代理人，则受托人基于代理权与第三人订立的合同，法律效果直接由委托人承担。

第二，受托人与第三人订立合同，必须在委托人的授权范围内。例如，甲委托乙购买100台洗衣机，丙亦知晓此事，尽管丙知道甲和乙之间存在代理关系，但是如果乙向丙购买100台电视机，并表示其受甲之委托购买该批电视机，丙与乙订立电视机的买卖合同，因为超越了乙的代理权限，该买卖合同不能直接约束甲和丙。

第三，第三人清楚地知道受托人与委托人之间的代理关系，也就是说第三人知道受托人是委托人的代理人，也知道委托人即被代理人具体是谁。这是受托人与第三人订立的合同可以产生直接约束委托人与第三人之法律效力、突破合同相对性原则的关键。《民法典》第465条第2款规定，“依法成立的合同，仅对当事人具有法律约束力，但是法律另有规定的除外”。第三人知道委托人与受托人之代理关系，仍然选择与受托人订立合同，表明其实际上亦认可与委托人缔约。

第四，第三人“知道”应当以订立合同时间为准，即第三人是在订立合同时就知道受托人与委托人之间的代理关系。例如，甲委托乙向丙购买100台洗衣机，乙在和丙签订的合同中已注明“乙受甲之委托购买100台洗衣机”，则丙在订立合同时就知道了委托人和受托人之间的代理关系。在订立合同时，第三人就知道委托人与受托人之间的代理关系，表明其实际上接受了以委托人为合同相对人，而不是受托人，所以第三人与受托人签订的合同才能直接约束委托人和第三人。

但是，如果有确切证据证明该合同只约束受托人与第三人的，则不能直接约束委托人和第三人。这里讲的有证据证明该合同只约束受托人与第三人的情形，比如，受托人与第三人明确约定该合同只约束第三人与受托人，不涉及其他人；受托人与第三人虽未明确约定该合同只约束受托人与第三人，但是根据合同解释规则明显可以得到这种结论的；有交易习惯表明该合同只约束受托人与第三人，如行纪合同；有证据证明如果委托人作为该合同的当事人，第三人就不会订立该合同等。

379. 受托人以自己的名义与第三人订立合同时，第三人不知道受托人与委托人之间的代理关系的，受托人因第三人的原因对委托人不履行义务，或者受托人因委托人对第三人不履行义务的，应当如何处理？

根据《民法典》第926条的规定，受托人以自己的名义与第三人订立合同时，第三人不知道受托人与委托人之间的代理关系的，受托人因第三人的原因对委托人不履行义务，受托人应当向委托人披露第三人，委托人因此可以行使受托人对第三人的权利。但是，第三人与受托人订立合同时如果知道该委托人就不会订立合同的除外。受托人因委托人的原因对第三人不履行义务，受托人应当向第三人披露委托人，第三人因此可以选择受托人或者委托人作为相对人主张其权利，但是第三人不得变更选定的相对人。

委托人的介入权是指在受托人与第三人的合同关系中，委托人取代受托人的地位，介入原本是受托人与第三人的合同关系中。委托人行使介入权的条件是：第一，受托人以自己的名义与第三人订立合同。第二，第三人不知道受托人与委托人之间的代理关系，也就是说受托人与第三人是该合同的当事人，该合同对受托人与第三人具有约束力。第三，当第三人不履行合同义务，导致受托人也不能履行完成委托事务的义务，间接影响到委托人的利益，这时受托人应当向委托人披露第三人。受托人对委托人不履行义务是因为第三人的原因，因为第三人不按约定履行义务导致受托人违约。如果是因为受托人自身的原因对委托人不履行义务，则委托人只能向受托人主张权利，而不能向第三人主张。第四，因受托人的披露，委托人可以行使介入权。委托人行使介入权的，应当通知受托人与第三人。第三人接到通知后，除第三人与受托人订立合同时如果知道该委托人就不会订立合同的以外，委托人取代受托人的地位，该合同对委托人与第三人具有约束力。

第三人的选择权是指在受托人与第三人的合同关系中，因委托人的原因造成受托人不履行义务，受托人应当向第三人披露委托人，第三人因此可以选择受托人或者委托人作为相对人主张其权利，即第三人可以选择请求委托人承担违约责任，也可以请求仍然由受托人承担违约责任。但第三人只能选择其一，而且选定后不得变更。第三人行使选择权的条件有：第一，受托人以自己的名义与第三人订立合同。第二，第三人不知道受托人与委托人之间的代理关系。第三，受托人对第三人不履行合同义务，是基于委托人的原因，此时受托人应当向第三人披露委托人。如果是因为受托人自身的原因对第三人不履行义务，则第三人只能向受托人主张权利，而不能向委托人主张权利。第四，受托人向第三人披露后，第三人可以行使选择权。如果受托人不向第三人披露委托人，第三人只能向受托人主张其权利。受托人披露委托人后，第三人作出选择的，应当作出明确表示，并通知受托人与委托人。第三人既可以选择向受托人主张权利，也可以选择向委托人主张权利，但是二者只能选其一，选定后被选择的委托人或者受托人就是第三人的相对人，第三人不得变更，即使该相对人无力承担责任，第三人亦不得变更其选择。

委托人行使介入权或者第三人行使选择权后，权利义务的相对人发生变化，也就会产生相应的法律效果。委托人行使介入权的，委托人取代受托人的地位，成为第三人的相对人，产生的效果除了委托人可以行使受托人对第三人的权利外，第三人自然也可以向委托人主张其对受托人的抗辩。第三人行使选择权，选择委托人作为其相对人的，委托人取代受托人的地位，则第三人可以向委托人主张权利，而委托人也可以向第三人主张其对受托人的抗辩以及受托人对第三人的抗辩。委托人对受托人的抗辩权，是基于双方之间的委托合同；受托人对第三人的抗辩，是基于受托人与第三人之间的合同。

380. 受托人处理委托事务取得的财产，应当如何处理？

受托人应当将自己因处理委托事务而取得的各种利益及时转交给委托人。这是受托人的义务。这里所说的“取得的财产”，包括取得的金钱、实物、金钱与实物所生的孳息，以及其他财产权利。例如，受托人因出售委托人的物品而取得的价金，或为委托人出租房屋所取得的租金等。因为受托人在处理委托事务的过程中，不论其是否以自己的名义从事活动取得的财产，权利人都是委托人，受托人应当将该财产转交给委托人。受托人转移利益的义务，不仅适用于受托人，还适用于转委托的第三人。

381. 受托人完成委托事务的，是否可以请求委托人支付报酬?

委托合同可以是有偿合同，也可以是无偿合同。如果当事人在合同中约定了处理委托事务的报酬，在委托事务完成后，委托人应当按照约定向受托人支付报酬。即使是委托合同中并没有约定报酬的，但依据习惯或者依据委托事务的性质应该由委托人给付报酬的，委托人仍然有支付给受托人报酬的义务。在有偿委托中，按照约定向受托人支付报酬，是委托人的主要义务。

一般处理事务完毕，委托关系才终止。但在委托事务未全部完毕之前合同提前终止的情况也很多，可能是委托人的原因，也可能是受托人的原因，还有可能是不可抗力等不可归责于任何一方的原因。因不可归责于受托人的事由，委托合同解除或者委托事务不能完成，其原因主要来自以下两个方面：第一，是因委托人的原因，如委托人有《民法典》第563条规定的情形，受托人依法解除合同的；或者委托人不给付处理事务的费用，致使事务无法进行的。第二，由于客观原因，如发生不可抗力或者委托人死亡、破产，委托合同终止的，或者受托人死亡、丧失行为能力无法使委托事务完成的等。

上述事由都不是因受托人的过错造成的，不能归责于受托人，委托人应当履行向受托人支付报酬的义务。委托关系提前终止时委托人是否还要给付全部报酬，《民法典》第928条第2款规定，“因不可归责于受托人的事由，委托合同解除或者委托事务不能完成的，委托人应当向受托人支付相应的报酬”，根据该规定，在这种情况下，委托人并不需要向受托人支付约定的所有报酬，而只需要支付“相应的报酬”，具体来说就是根据受托人处理委托事务所付出的工作时间的长短或者所处理事务的大小及完成情况，委托人向受托人支付相应的报酬。不过上述规定是任意性规定，当事人可以另行约定这种情况下受托人的报酬请求权，如当事人可以约定，因不可归责于受托人的原因，委托合同解除或者委托事务不能完成的，委托人依然向受托人支付事先约定的所有报酬。但是，如果是因可归责于受托人的原因导致委托合同解除或者委托事务不能完成的，受托人可能因其过错丧失报酬请求权。因此造成委托人的损失，受托人甚至还可能要承担相应的赔偿责任。

382. 因受托人造成委托人损失的，委托人是否可以请求赔偿损失?

受托人在处理委托事务的过程中，要尽到必要的注意义务，否则可能需要承担相应的责任。受托人的注意义务，还因为委托合同是有偿还是无偿而有所不同。在无偿委托合同中，受托人仅负有一般的注意义务。而在有偿委托合同中，受托人可以从委托人处获取一定的报酬，按照权利义务对等原则，其所负有的注意义务要比一般注意义务高，有的学者认为有偿委托合同的受托人应尽到善良管理人的义务。对有偿委托合同和无偿委托合同中受托人注意义务的区分，类似于有偿保管合同和无偿保管合同中保管人的注意义务。

在有偿的委托合同中，受托人负有较高的注意义务，受托人在处理委托事务时只要有过错，即存在故意、重大过失或者一般过失，并给委托人造成损失，就要承担赔偿责任。在无偿的委托合同中，受托人在一般过失下并不承担赔偿责任，只有在故意和重大过失的情况下，才对损害承担赔偿责任。所谓故意是指受托人明知或者应当知道损失可能发生，并主动促使或者放纵损失的发生。所谓重大过失是指一般人对该行为所产生的损害后果都能预见到，而行为人却因疏忽大意没有预见到，致使损害后果发生。由于无偿委托合同，受托人没有报酬，因此，其承担责任相比有偿委托合同要轻一些。

受托人享有处理委托人之委托事务的权利，这种权利来自委托人的授权，也是为了委托人的利益。所以，受托人必须按照委托人的指示处理委托事务，在委托人的委托范围内处理事务，不得擅自超越权限。所谓“超越权限”包括没有相应的权限、超出委托人的授权以及权限终止后继续处理委托事务。受托人超越权限给委托人造成损失的，无论委托合同是否有偿，都应当赔偿损失。

383. 受托人处理委托事务时受到损失的，是否可以向委托人请求赔偿损失？

受托人在委托权限范围内认真处理委托事务，在自己毫无过错和过失的情况下，使自己的财产或者人身造成损害的，有向委托人请求赔偿的权利。

受托人在处理委托事务过程中因不可归责于自己的事由遭

受损害的情况有很多，例如，由于委托人在受托人无过错的情况下，解除委托合同的；委托人未经受托人同意，又委托第三人处理同一事务致使受托人报酬减少的；等等。

受托人的损失，不仅包括上述可归责于委托人的事由，还应当包括因为意外事故等不可归责于受托人的原因而导致受托人受到损害的情形。因为委托人在享受委托事务所带来的利益的同时，也应当承担相应的风险。受托人是为委托人处理事务，受托人的损失是在处理委托事务的过程中造成的，与处理委托事务具有关联性，按照利益风险一致的原则，应当由委托人承担相应责任。而且，如果委托人并未委托受托人处理事务，由委托人亲自处理委托事务，受到损失的可能就是委托人自己。

受托人向委托人请求赔偿其损失，需要具备以下条件：

一是受托人受到损失。受托人在按照委托人指示处理委托事务时遭受了损害，包括人身损害和财产损害。例如，律师代理当事人出庭应诉，在去法庭的路上遇到山体滑坡，导致律师身体受伤、车辆受损。

二是受托人的损失基于不可归责于受托人的原因。不可归责于受托人主要是指受托人对于损失的发生没有过错，不存在主观上的故意或者过失。如果损失的发生是由于可归责于受托人的事由，则受托人不享有向委托人主张赔偿的权利。例如，律师代理当事人出庭应诉，在去法庭的过程中，该律师不遵守交通规则，闯红灯造成交通事故，负交通事故的全部责任的，对于律师在交通事故中受到的人身和财产损失，委托人均无须赔偿。

三是受托人的损失发生在处理委托事务的过程中。因为在处理委托事务时，受托人才是按照委托人的指示进行活动，才实际以“受托人”之身份行事，与委托事务及委托人产生直接关联。所以受托人的赔偿请求权是以其损失发生在处理委托事务过程中为要件。如果受托人受到损失，并非发生在处理委托事务的过程中，也并非由于可归责于委托人的事由，则与委托人无关，受托人无权向委托人请求赔偿。例如当事人的代理律师，并非在出庭应诉当事人之案件的路上，而是在去超市购买生活用品的路上遇到山体滑坡，造成人身和财产的损害，则不能向委托人请求赔偿。

384. 委托人是否可以在受托人之外委托第三人处理委托事务?

相互信任是委托合同双方当事人订立合同的基础，它具有严格的人身属性，委托合同订立后，受托人就已经开始着手处理委托事务，为此付出人力物力财力，如果委托人擅自委托他人，不仅可能增加受托人处理委托事务的成本，甚至可能给受托人造成损失。因此，委托人如果要把委托事务再委托他人处理，需要征得受托人的同意。如果受托人不同意，委托人或者受托人都可以解除合同，因解除合同给对方造成损失的需要承担相应的赔偿责任。当然，如果委托人未经受托人同意，擅自将委托事务重复委托给第三人，不仅需要向受托人支付全部报酬，如果给受托人造成损失的，受托人亦可以向委托人请求赔偿其损失。

委托人在受托人之外委托第三人处理的委托事务，应当与受托人处理的委托事务内容相同，也就是委托人将同一事项先后委托两个受托人，存在两个委托合同。有的学者将这种情况称为“重复委托”。如果受托人和第三人处理的委托事务不同，则委托人委托第三人处理事务，与受托人并无直接关系，无须经过受托人的同意。例如，甲委托乙在某商场销售电视机，后来又委托丙在该商场销售洗衣机，两项委托事务并不相同，则甲对丙的委托无须经乙同意。

委托人另行委托第三人处理委托事务，可能给受托人造成损失，如报酬减少。由于委托人重复委托造成受托人损失的，受托人可以向委托人请求赔偿损失。

385. 两个以上的受托人共同处理委托事务的，应如何对委托人承担责任？

共同委托是指委托人委托两个或者两个以上的受托人共同行使代理权处理事务。但是，如果委托人为两个或者两个以上的数人时，而受托人只有一个人时，则不是共同委托。因为有的委托事务，一个受托人可能无法处理或者不能较好地完成，为了提高委托事务的处理效率，提高委托事务的完成质量，有时就需要委托给两个以上的受托人。例如有的复杂疑难案件，当事人可能委托给两个以上的律师甚至是一个律师团队来进行处理。

共同委托具有以下特点：

一是共同委托的代理权必须是由数个受托人共同行使的。所谓共同行使，是指数个受托人享有共同的权利义务，即平等享有、共同享有的代理权，处理事务时只有经过全体受托人的同意，才能行使代理权。这并不是一个委托人同时委托了两个或者两个以上受托人，都产生共同委托的问题，如委托人在受托人之外另行委托他人处理委托事务的情况。又如，有时受托人虽然为数人，却不能认定是共同委托。例如，一个大商场委托甲代为购进家用电器，委托乙帮助销售电视机，又委托丙帮忙销售冰箱。这里虽然甲、乙和丙都是委托合同的受托人，他们都是共同接受一个委托人的委托，但是受托人甲、乙、丙之间并不存在联系，他们是各自独立的接受委托、各自行使代理权、各自承担责任，是同时存在的三个独立的委托合同，而不是共同委托。只有委托人同时委托两个或者两个以上的受托人，共同处理同一项或者数项委托事务，才构成共同委托。

二是受托人承担连带责任。共同委托中的一个受托人与其他受托人协商后或者数个受托人共同协商后，单独或者共同实施的委托行为，其实施的委托行为应该被认为是全体受托人的共同行为，由此而造成损失的，若干个受托人依法应当对委托合同的履行承担连带责任。但是，如果共同受托人中的一个受托人或者数个受托人没有经过协商而擅自单独行使代理权的，由此造成的损失，仍然承担连带责任。当然，委托人与各受托人事先约定了按份责任的除外，即合同中无特别规定，他们应对委托人承担连带责任。也就是说，不论委托人的损失是出于哪个受托人的过错，也不论各个受托人内部是否约定了对委托事务的处理权限和责任承担，除委托人与受托人有特别约定外，所有受托人都应当对委托人承担连带责任。受托人在承担连带责任后，可以按照受托人之间的约定、各受托人的过错来处理内部关系。

386. 委托人和受托人是否具有任意解除权？

委托合同是以双方信任为存在的条件，如果一方不守信用，失信于另一方，继续履行合同已无必要，法律赋予了双方当事人随时解除合同的权利，即只要一方想终止合同，就可以随时解除合同，而且无须有任何的理由。

委托合同的一方当事人在不利于对方当事人的时期解除委托合同而造成对方损失的，应当承担赔偿责任。这是对任意解除权的一种限制。如果当事人可以任意解除委托而无需赔偿对方损失，显然是不公平的。所谓不利于对方当事人的时期，就不利于委托人方面而言，当受托人在未完成委托事务的情况下解除合同时，委托人自己不可能亲自处理该项事务，而且又不能及时找到合适的受托人代他处理该委托事务而发生损害的情形；就不利于受托人方面而言，是指由于委托人在受托人处理委托事务尚未完成前解除了合同，使受托人因不能继续履行义务而少获报酬的情形。委托人除对受托人已履行的部分给付报酬外，对在不可归责于受托人的情况下，因解除委托合同给受托人造成的报酬减少承担赔偿责任。

但是受托人处理事务不尽注意义务，怠于委托事务的处理，委托人无奈而解除委托合同，虽会给受托人造成一定损失，但因解除合同事由不可归责于委托人或者不能完全归责于委托人，委托人对受托人因合同终止而遭受的损失不予赔偿或者只赔偿其部分损失。

387. 委托人死亡、终止或者受托人死亡、丧失民事行为能力、终止的，委托合同是否终止？

委托人死亡、终止或者受托人死亡、丧失民事行为能力、终止这几种法定事由发生时合同应当终止，但也有例外情况：

1. 当事人另有约定时除外。当事人可以另行约定即使有委托人死亡、终止或者受托人死亡、丧失民事行为能力、终止的情况发生，委托关系仍不消灭，有此约定的，当然依照其约定。

2. 因委托事务的性质不宜终止的。在一些特殊的委托合同中，根据委托事务的性质，不宜因以上事由之发生而终止，受托人或者其继承人、遗产管理人、法定代理人应当继续处理委托事务。例如，甲委托乙企业生产医疗物资，用于某地抗击新冠肺炎疫情，情况十分紧急。如果此时委托人甲因感染新冠肺炎不幸逝世，由于委托事务是生产抗击疫情急需的医疗物资，性质十分特殊，在这种情况下，这批医疗物资不能停止生产，委托合同不能因委托人甲的死亡而终止。

388. 因委托人死亡或者被宣告破产、解散，致使委托合同终止将损害委托人利益的，在委托人的继承人、遗产管理人或者清算人承受委托事务之前，受托人是否有义务继续处理委托事务？

委托人发生死亡或者被宣告破产、解散的事由时，一般来说，委托关系终止。但是，如果发生上述法定事由，致使委托合同终止将损害委托人的利益时，委托合同不能终止，受托人还应当负有继续处理委托事务的义务，应当采取必要的措施保护对方当事人的利益，直至委托人的继承人、遗产管理人或者清算人承受了委托事务为止。

受托人继续处理事务，如果委托合同是有偿的，则受托人仍得向委托人的继承人、遗产管理人或者清算人请求报酬。因此，对委托人来说，并未增加负担，对受托人的利益则起到防止损害发生的作用。

受托人负有继续处理委托事务的义务，但是，继续处理委托事务应到何时为止？一般认为，应继续到委托人的继承人、遗产管理人、清算人能接受时为止。例如，委托人死亡，委托人的继承人有时因远在外国，一时不能赶回来，如果受托人不继续处理其事务，势必使委托人的继承人发生损害。受托人应继续处理至委托人的继承人能够接受时为止。

389. 因受托人死亡、丧失民事行为能力或者被宣告破产、解散，致使委托合同终止的，受托人的继承人、遗产管理人、法定代理人或者清算人应当如何处理?

因受托人死亡、丧失民事行为能力或者被宣告破产、解散，致使委托合同终止的，受托人的继承人、遗产管理人、法定代理人或者清算人负有两项义务：

一是及时通知委托人的义务。因受托人死亡、丧失民事行为能力或者被宣告破产、解散，导致委托合同终止的，委托人可能对委托终止的事由并不知情，如果不将该情况及时告知委托人，可能给委托人造成损失。

二是委托合同终止将损害委托人利益的情况下，受托人的继承人、遗产管理人、法定代理人或者清算人不仅应当及时告知委托人，还应当采取必要的措施保护委托人的利益。例如，保存好委托事务有关的单证和资料；保管好委托事务的财产，以便交付给委托人。

法律规定受托人的继承人、遗产管理人、法定代理人或者清算人承担上述通知义务和采取必要措施的义务，是因为受托人死亡后，继承人有继承其财产的权利，在遗产分割前由遗产管理人接管相关财产、处理被继承人的债权债务；受托人丧失民事行为能力后，由法定代理人代理其民事活动；法人被宣告破产或者解散后，由清算人接管，对财产清理、保管、估价、处理和分配，清算人可以进行必要的民事活动。继承人、遗产管理人、法定代理人、清算人，在承受受托人遗产或者处理受托人事务时，应当遵循诚实信用的原则，将受托人的有关事宜妥善处理。

采取必要措施的义务应到何时为止？一直处理到委托人作出善后处理时为止。委托人在知道受托人死亡、丧失民事行为能力或者被宣告破产、解散，需要有一段时间进行善后处理，如需要找新的受托人代替前一受托人的工作，寻找的过程需要时间等，在委托人处理好以前，受托人的继承人、遗产管理人、法定代理人或者清算人有义务采取必要的、有效的措施，以维护委托人的利益。

390. 什么是物业服务合同？

学界上对物业服务合同的定义有广义和狭义之分。广义的物业服务合同，主要可以分成两类，即前期由建设单位与物业服务人订立的前期物业服务合同，以及后期业主通过业主委员会或者业主大会与物业服务人订立的物业服务合同。狭义的物业服务合同仅指后者，也可称为普通物业服务合同。所谓前期物业服务合同，是指在物业服务区域内的业主、业主大会选聘物业服务人之前，由房地产建设单位与物业服务人签订的，由物业服务人提供物业服务的合同。普通物业服务合同，是指在业主与物业服务人之间签订的物业服务合同。《物业管理条例》第2条规定："本条例所称物业管理，是指业主通过选聘物业服务企业，由业主和物业服务企业按照物业服务合同约定，对房屋及配套的设施设备和相关场地进行维修、养护、管理，维护物业管理区域内的环境卫生和相关秩序的活动。"该条所规定的物业服务合同就是狭义上的物业服务合同。民法典规定的物业服务合同是指广义上的物业服务合同。

391. 物业服务合同主要有哪些条款？

物业服务合同的主要条款包括：

1. 服务事项。《民法典》第942条规定，"物业服务人应当按照约定和物业的使用性质，妥善维修、养护、清洁、绿化和经营管理物业服务区域内的业主共有部分，维护物业服务区域内的基本秩序，采取合理措施保护业主的人身、财产安全。对物业服务区域内违反有关治安、环保、消防等法律法规的行为，物业服务人应当及时采取合理措施制止、向有关行政主管部门报告并协助处理。”该条规定仅列举了一些主要的、基本的物业服务事项，当事人可以在合同中对这些事项作出更为具体、细化的约定。

2. 服务质量。服务质量的标准因人而异，人们可能会有不同的理解和要求，法律难以作出明确界定，一般都是由当事人在合同中作出特别约定。服务质量的标准往往还因不同的服务费用标准而有所区别，高档小区收取高额物业费，自然对其服务质量也提出了高于一般小区的要求。服务质量比较抽象，当事人应当对物业服务质量进行具体约定，有利于明确双方的权利义务，避免产生不必要的纠纷。

3. 服务费用的标准和收取办法。服务费用也称物业费，是业主对于物业服务人所提供服务而支付的报酬。物业费一般由物业服务的成本和利润两部分构成。物业服务人不得违反法律、法规和部门规章的规定，擅自提高收费标准或者重复收费，否则，都构成违规收费。

4. 维修资金的使用。维修资金是由业主共同出资形成的，属于业主共有，且只能用于特定的目的，不能用于物业服务过程中的其他各项支出。业主委员会与物业服务人订立物业服务合同时，可以就专项维修资金申请使用的具体事项作出约定。

5. 服务用房的管理和使用。物业服务用房，是指物业服务人为业主提供物业服务而使用的房屋。物业服务用房属于业主共有。在物业服务人开始为业主提供物业服务时，就可以使用物业服务用房。但是，物业服务用房的用途是特定的，物业服务人不得擅自改变用途。

6. 服务期限。业主与物业服务人应当在合同中约定确定的物业服务期限，或者约定为不定期合同。如果对服务期限没有约定或者约定不明确的，双方当事人可以协议补充；不能达成补充协议的，应当视为不定期合同，当事人可以随时解除该合同，但在解除合同前应当给对方必要的准备时间。

7. 服务交接。因为物业服务合同涉及的服务事项较多，是继续性合同，一般服务期限较长，原物业服务人不仅长期占有物业服务用房，而且还掌握了小区内相关设施、物业服务的很多相关资料，这些物业服务用房及相关资料应当交还给业主委员会、决定自行管理的业主或者其指定的人；如果已经选定了新物业服务人，原物业服务人还应当配合新物业服务人做好交接工作，如实告知物业的使用和管理情况。具体如何进行交接，双方可以在物业服务合同中进行约定。

392. 物业服务人公开作出的有利于业主的服务承诺，是否可以作为物业服务合同的组成部分？

物业服务承诺是指物业服务人为保证物业服务的质量和效益，向全体业主公开作出的有关物业服务内容和标准的单方意思表示。实践中，物业服务人会在其宣传中公开作出某种服务承诺，以吸引业主选聘其作为物业服务人，或者在提供物业服务的过程中作出某种承诺，以提高服务质量和业主满意度，这事实上经常成为业主选聘物业服务人的重要依据。为了规范物业服务人的行为，充分保护业主的利益，民法典将“物业服务人公开作出的有利于业主的服务承诺”作为物业服务合同的组成部分，即也属于物业服务合同的内容。这是对物业服务人义务范围的合理扩充，对实践中处理好此类纠纷案件具有重要的指导意义。

物业服务人作出的服务承诺，作为物业服务合同的组成部分，应当具备下列条件：

1. 从形式上看，承诺的内容必须是公开作出的，例如在小区内公示栏张贴公告。如果只是物业服务人私下对单个业主的口头承诺，则不能认为是公开作出的。

2. 承诺内容是物业服务人的真实意思表示。这是物业服务人作出服务承诺有效的实质要件。

3. 承诺的内容应当有利于业主，这是就整个服务承诺的内容来说的，如果不利于业主，或者为业主增加义务、负担，则不能成为合同组成部分。例如，如果合同中约定了聘请 3 名保安，物业服务人发出公示以节省开支为由只聘请 1 名保安，则对业主不利，不应成为物业服务合同组成部分。再如，小区大门原先只有 1 人看守，难以对进出小区的人员进行有效管控，因此物业服务人张贴告示承诺，为加强小区安全管理，小区大门将 24 小时配备 3 名保安值守，这对业主来说就是有利的。但是，如果告示中要求每名业主须缴纳 100 元用于聘请保安，为业主增加了义务，则不能当然成为物业服务合同的组成部分。

4. 承诺的内容必须清晰明确，例如在小区发生失窃案件后，物业服务人张贴告示承诺，进出小区必须出示相关证件，大门由 2 名以上保安值守，保安每天在小区内至少巡逻 3 次以上等。而如果物业服务人只是承诺将加强小区的安全管理，则算不上是“清晰明确”的承诺。

5. 该承诺内容不违背法律、行政法规的强制性规定，不违背公序良俗。这也是所有民事法律行为有效的要件之一。

服务承诺虽然是物业服务人单方作出的，但是其作出的承诺只要符合上述条件，即可成为物业服务合同的组成部分，应当认定为有效。物业服务人应当按照其服务承诺履行义务，否则应承担违约责任。这样规定，也符合诚实信用原则，物业服务人应当对其公开作出的承诺负责。

393. 建设单位依法与物业服务人订立的前期物业服务合同对业主是否具有法律约束力?

前期物业服务合同是由建设单位与物业服务人签订的，在业主入住之前，建设单位作为合同的一方当事人，应当受到合同的约束。在业主入住之前，建设单位按照前期物业服务合同的约定享有合同权利，也应当履行相应的义务，特别是支付物业费的义务。但是在一部分业主入住，房屋交付给业主后，物业费由谁负担，仍有争议。一般认为，房屋出售且交付给业主后，业主就应当负担相应的物业费，未交付房屋的物业费，仍由建设单位负担。而物业服务人是前期物业服务合同的一方当事人，毫无疑问其应当受到合同的约束。物业服务人有权依据前期物业服务合同主张权利，并履行相应义务。物业服务人在履行义务的同时，也享有按照约定收取物业费的权利。物业服务人应当依据前期物业服务合同对业主提供物业服务，不得违规收费，也不得任意解除合同。前期物业服务合同约定的服务期限届满，业主经过合法程序继续选聘前期物业服务人与其订立物业服务合同的，则物业服务人应当继续为业主提供物业服务；如果业主决定选聘其他物业服务人的，原物业服务人应当与新物业服务人进行交接。而前期物业服务合同约定的服务期限届满前，业主委员会或者业主与新物业服务人订立的物业服务合同生效的，前期物业服务合同终止，前期物业服务人则应当退出物业服务区域，并按照约定和有关规定完成交接工作。

实践中，由于前期物业服务合同是由房地产建设单位与物业服务人之间签订的，业主并没有参加前期物业服务合同的订立，先入住的业主对物业服务人并没有选择权，所以其合法权益可能受到建设单位和物业服务人的侵害。

394. 业主委员会与业主大会依法选聘的物业服务人订立的物业服务合同，对业主是否具有法律约束力？

物业服务合同的当事人是物业服务人和业主。而物业服务合同中的“业主”往往是以“全体业主”的形式出现的。全体业主作为合同主体的主要理由在于：第一，物业服务合同的内容涉及全体业主的共同利益。物业服务合同订立的目的就是为业主提供物业服务，为的是全体业主的共同利益。物业服务人所处理的事务是全体业主的事务，物业服务人管理的财产是全体业主的共同财产。第二，全体业主是物业服务合同实质上的权利享有者和义务承担者。业主依据物业服务合同享有权利并承担义务。实践中，业主委员会具有诉讼主体的资格，可以成为诉讼的原告或者被告，但是诉讼的结果依然是由全体业主来承担。第三，承认全体业主的当事人地位，全体业主便可以享有合同约定的权利，同时须履行合同约定的义务，这样才能保证物业服务合同的履行。物业服务人所提供的服务涉及全体业主的共有部分和共同利益。单个业主不能够代表全体业主与物业服务人订立物业服务合同，也无法完全履行整个物业服务合同中全体业主的义务。

基于上述理由，民法典规定，业主委员会与业主大会依法选聘的物业服务人订立的物业服务合同，对业主具有法律约束力。为什么业主委员会根据业主大会依法作出的决定，与物业服务人订立物业服务合同，业主并没有实际参与物业服务合同的签订，却要受到合同的约束？业主委员会根据业主大会决定与物业服务人签订物业服务合同，之所以对业主具有法律上的约束力，是由业主大会和业主委员会作为业主自治的权力机关和执行机关的法律地位所决定的。根据《民法典》第 278 条的规定，业主有权决定选聘物业服务企业。业主委员会代表业主与业主大会依法选聘的物业服务人签订物业服务合同，是业主自治权行使的结果，全体业主都应当遵守。《民法典》第 280 条对业主大会、业主委员会决定的效力问题作出明确规定，即业主大会或者业主委员会的决定，对业主具有法律约束力。

业主大会是全体业主成立的，管理其共有财产和共同生活事务的自治组织。在建筑物区分所有的情况下，业主有权依法设立业主大会，并通过业主大会来管理物业服务区域内业主的共同事务。业主大会依据法定程序作出的决定，代表了业主的意志，对全体业主都产生法律约束力。业主大会是业主自治组织的权力机构，而业主委员会则是业主大会的执行机构，是受业主大会的委托对业主共同事务进行管理的组织。业主委员会是由业主通过法定的程序选举产生的，为全体业主服务的组织，具体实施业主大会作出的决定。因此，业主委员会基于业主大会的决定与物业服务人签订物业服务合同，也是业主自治权行使的结果，对于每位业主都应当具有法律约束力，业主享有合同权利，也应当履行合同义务。

395. 建设单位依法与物业服务人订立的前期物业服务合同约定的服务期限届满前，业主委员会或者业主与新物业服务人订立的物业服务合同生效的，应当如何处理？

根据《民法典》第 940 条的规定，建设单位依法与物业服务人订立的前期物业服务合同约定的服务期限届满前，业主委员会或者业主与新物业服务人订立的物业服务合同生效的，前期物业服务合同终止。

为了便于物业服务企业统筹安排工作，降低交易成本、防范经营风险，维护物业管理秩序，前期物业服务合同可以约定期限。但是，前期物业服务合同具有过渡性质，一般来说约定的服务期限较短。前期物业服务合同约定的服务期限届满后，如果双方当事人没有订立新的物业服务合同或者通过约定延长物业服务合同的服务期限，则前期物业服务合同终止，物业服务人应当退出物业服务区域，并和新的物业服务人或者决定自行管理的业主进行交接。

前期物业服务合同终止的原因包括：一是双方当事人约定的服务期限届满，二是前期物业服务合同的服务期限虽然未届满，但是全体业主通过召开业主大会，选聘新的物业服务人并订立新的物业服务合同，该合同生效时前期物业服务合同终止。

396. 物业服务人是否可以将物业服务区域内的服务事项委托给第三人？

为了维护业主的合法权益，向业主提供更优质、更高效的服务，同时规范物业服务人的行为，提升物业服务质量，促进物业服务领域专业性、合作性发展，民法典规定物业服务人可以将物业服务区域内的部分专项服务事项委托给专业性服务组织或者其他第三人。物业服务区域内的建筑物及其附属设施的正常有效运转，离不开良好的物业服务。物业服务涉及每个业主的切身利益，关系业主居住环境的安宁与和谐。物业服务的内容十分庞杂，既包括物的管理，也包括人的管理。物业服务的具体内容视小区具体情况不同而有所差异，但是都包括设施设备的养护维修、卫生、环保、安全、消防等各个方面，具有综合性和全面性。物业服务的具体内容都具有一定的专业性，例如电梯维修等。基于物业服务内容的综合性和专业性，物业服务人难以应对如此庞大、复杂而又专业的工作，所有服务事项难以都由物业服务人亲自完成，而且也无法保障物业服务的质量。此时，物业服务人将某些服务事项，交给其他更具专业性的机构或者人员来进行服务，也是为了业主的利益，本质上受益的是业主。实践中，物业服务人为了保证服务质量，也经常会结合自己人员配备情况，酌情将自己的部分服务事项转委托给更为专业的机构或者人员来完成。

根据《民法典》第 941 条第 1 款的规定，物业服务人将物业服务区域内的部分专项服务事项委托给专业性服务组织或者其他第三人的，应当就该部分专项服务事项向业主负责。

物业服务人可以将管理区域内的专项服务事项委托给第三人，但不得将全部物业服务转委托给第三人，或者支解后分别转委托给第三人。之所以如此规定，主要目的是保护业主的合法权益，并促进物业服务行业的健康发展。允许对部分专项服务事项转委托，是基于上述考虑，禁止全部转委托，也是由于此原因。这类似于建设工程合同中，为禁止承包方违法转包给第三人从中牟取非法利益，法律规定承包人不得将其承包的全部建设工程转包给第三人，或者将其承包的全部建设工程支解以后以分包的名义分别转包给第三人。对通过转包非法渔利的合同，司法实践中通常认定为无效合同。

如果物业服务人擅自将全部物业服务转委托给第三人，或者将全部物业服务支解后分别转委托给第三人，业主可以依照法定程序解聘物业服务人，解除物业服务合同。物业服务人因此给业主造成损失的，业主可以请求物业服务人承担违约责任。

397. 物业服务人负有什么义务?

物业服务人的主要义务，即物业服务人按照合同的约定、法律法规的规定和物业的使用性质，为业主提供物业服务。具体来说物业服务人的主要义务包括以下内容：

1. 对业主共有部分的管理和维护。

物业服务人的义务首先就是对物业服务区域内的建筑物及其附属设施等共有财产进行管理和维护，这是物业服务人最重要的合同义务之一，也是保障业主正常生活、改善业主生活品质的重要基础。物业服务人的此项义务主要涉及对物的管理，即管理物业服务区域内的业主的共有财产，主要包括小区内的道路、绿地、广场等公共场所，电梯、消防设施、公共照明设施和共有的车位车库等公共设施，以及物业服务用房等。

2. 维护物业服务区域内的基本秩序。

物业服务区域内的基本秩序，是业主正常生活的重要方面。物业服务人应当负有维护小区内共同生活秩序的义务，该项义务主要涉及对人的管理。例如，对外来人员的管理、对小区内停车位使用的管理等。

3. 保护业主的人身、财产安全。

保护业主的人身和财产安全，是物业服务合同对物业服务人的基本要求，可以说是最为重要的内容。具体来说，此项义务主要包括两个方面的内容：一是物业服务人应当采取合理措施保护业主的人身及财产安全，消除安全隐患，预防损害的发生。例如，以醒目的方式告知业主24小时有保安在岗的值班室以及附近派出所的联系电话，在重要部位如地下停车场、单元楼门口等安装监控探头，按照约定和有关规定对电梯进行安全检修，等等。二是如果出现可能危害或者已经危害到业主人身、财产安全的情形时，物业服务人应当及时制止相关行为，并且视情况采取必要措施以尽量保障业主的人身、财产安全。例如，发现小区单元楼发生高空抛物的行为，或者有人划伤在小区内停放的车辆时，物业服务人应当及时制止；发现小区内窨井盖破损时，物业服务人应当及时维修、更换，以免业主掉落窨井，导致人身、财产受到损害。

如果物业服务人没有尽到其安全保障义务，导致业主的人身、财产安全受到侵害的，物业服务人应当承担相应的违约责任。当物业服务人的行为也符合侵权责任之要件时，亦构成侵权，物业服务人须承担相应的侵权责任，此时发生违约责任与侵权责任之竞合，受到损害的业主可以向物业服务人请求其承担违约责任或者侵权责任。

4. 对违法行为的制止、报告义务。

《民法典》第 942 条第 2 款规定，对物业服务区域内违反有关治安、环保、消防等法律法规的行为，物业服务人应当及时采取合理措施制止、向有关行政主管部门报告并协助处理。

398. 物业服务人是否应当将有关情况向业主公开?

根据《民法典》第 943 条的规定，物业服务人应当将与物业服务有关的服务事项等情况定期向业主公开，并向业主大会、业主委员会报告，这些情况主要包括服务的事项、负责人员、质量要求、收费项目、收费标准、履行情况，以及维修资金使用情况、业主共有部分的经营与收益情况等。规定物业服务人的报告义务，主要有以下理由：第一，有利于保障业主的知情权。业主作为被服务的对象，有权知道与物业服务合同、物业服务事项有关的事项，物业服务人应当提供。这类似于消费者对于所购买的物品或者享受的服务具有知情权。业主在了解物业服务有关事项的基础上，可以及时召开业主大会或者业主委员会对重要事项进行决策。第二，是实现业主对物业服务人的监督权的需要。《民法典》第285条规定了业主对物业服务人的监督权和物业服务人接受业主监督的义务，而物业服务人定期向业主报告，是业主对物业服务人进行监督的一种重要方式。第三，通过业主对物业服务人的监督，物业服务人会更加努力地做好各项服务工作，提高服务质量，业主获得更好的服务，提高生活品质，从而实现物业服务合同的目的。

有关物业服务人公开及报告的具体内容、范围、方式、时间等，当事人可以在物业服务合同中加以约定。物业服务人要对常规事项进行定期公开，向业主大会或者业主委员会进行报告，并接受业主的监督，特别是有关维修资金的使用情况、业主共有部分的经营与收益情况等财务情况，应当定期公布。《民法典》第282条规定，建设单位、物业服务企业或者其他管理人等利用业主的共有部分产生的收入，在扣除合理成本之后，属于业主共有。然而，实践中，业主往往无从知晓这些情况，而物业服务人常常擅自利用业主共有部分来进行谋利，如在电梯张贴商业广告或者安装广告显示屏，或者将车位对外出租等，损害业主的利益，对此，应当要求物业服务人公开、报告相关情况。除了对常规事项定期公开，涉及业主共同财产或者共同利益的重要情况，物业服务人还应当及时向业主公开，向业主大会或者业主委员会报告，依法应当由业主决定的，由业主按照法定程序作出决定。例如，物业服务人打算将物业服务区域内部分空地用于规划建设停车位，需要及时向业主进行公示，并向业主大会或者业主委员会报告，这涉及改变共有部分的用途，依据《民法典》第 278 条的规定，应当由业主共同决定。另外，根据《民法典》第 285 条的规定，物业服务人应当接受业主的监督，并及时答复业主对物业服务情况提出的询问。因此，业主也有权就上述事项向物业服务人提出询问，物业服务人应当及时予以答复。物业服务人违反上述公开及报告义务，给业主造成损失的，应当承担相应的违约责任。

399. 物业费应当如何缴纳？

物业费，即物业服务费用，是指物业服务人按照物业服务合同的约定，对物业服务区域内的建筑物及其附属设施、相关场地进行维修、养护、管理，维护相关区域内的环境卫生和秩序，而向业主收取的报酬。物业服务合同是有偿合同，业主与物业服务人应当在物业服务合同中对业主支付物业费作出约定。业主应当按照物业服务合同的约定向物业服务人支付物业费，是其最基本也是最核心的合同义务。业主违反该义务的，应当承担相应的法律责任。

对于前期物业服务合同，物业费的缴纳义务人应当是建设单位或者业主。对于普通物业服务合同，物业费的缴纳义务人是业主。一般认为，不论是前期物业服务合同还是普通物业服务合同，应当以房屋交付作为业主开始承担物业费的时间点。在房屋出售或者交付给业主之前，物业费应当由建设单位缴纳；在出售或者交付给业主后，则应当由业主缴纳物业费。这符合权利义务相一致的原则。在房屋交付给业主之后，业主实际占有房屋，并开始接受物业服务人提供的物业服务，业主有权享受物业服务人的服务，相应地也有义务支付对价，也即缴纳物业费。如果在房屋出售后，由于业主自身的原因导致未能成功交付，则应当由业主缴纳物业费。如果在房屋交付后，业主未实际入住房屋的，是否需要缴纳物业费？此种情况下，业主依然应当缴纳物业费。房屋交付后，业主实际占有，即便其未实际入住，物业服务人依然要按照约定向其提供服务，业主不能以自己未实际入住作为拒绝缴纳物业费的理由。

物业费的收费范围、收费标准和收取办法通常应当在物业服务合同中作出约定。收费范围，也即物业费中所包含的收费项目，一般包括建筑物及其附属设施的维修养护、小区环境的清洁绿化等有关费用，如电梯使用费、车辆管理费、垃圾清运费等等。收费标准，即应当缴纳的物业费数额的计算标准。根据《民法典》第283条的规定，建筑物及其附属设施的费用分摊、收益分配等事项，有约定的，按照约定；没有约定或者约定不明确的，按照业主专有部分面积所占比例确定。实践中，物业费的收取往往也是按业主房屋的建筑面积计算的，如按建筑面积收取每平方米30元的物业费。物业费的收取办法，也即物业费的缴纳方式，具体包括物业费的支付时间、付款方式等，可以约定一次性缴纳，也可以约定分期缴纳。

物业服务人有权依据合同约定收取物业服务费用，但物业服务人不仅应当按照合同约定收取物业费，还应当符合法律法规、部门规章的规定。当事人应当在物业服务合同中对物业服务收费范围、收取标准和收取办法作出明确约定。物业费的收取范围、标准必须合理，物业服务人不得违规收费。

400. 业主逾期不支付物业费的，应当如何处理？

业主应当按照合同约定缴纳物业费，业主无正当理由逾期不支付物业费，构成违约的，应当承担相应的违约责任。实践中，业主拖欠物业费的现象较为普遍。业主拖欠物业费的行为构成违约的要件主要有：

第一，业主逾期没有支付物业费。物业服务合同应当对物业费的缴纳时间和方式作出约定，业主应当按照合同约定的时间和方式缴纳物业费。业主逾期不支付物业费，就是物业服务合同约定的物业费缴纳期限届满，业主仍不缴纳。例如，物业服务合同约定，业主应当在每年一月最后一天之前，缴纳当年的物业费。而业主在过了一月仍未缴纳物业费的，就属于逾期不支付物业费的行为。因为聘请物业服务人提供物业服务是全体业主依法定程序作出的决定，业主拖欠物业费的行为，不仅违反合同约定，损害了物业服务人的利益，同时，物业服务人可能也会因为物业费缴纳不到位，减少其服务事项或者降低服务质量，从而也损害了全体业主的利益。

第二，业主欠缺正当理由。业主逾期不支付物业费构成违约必须欠缺正当理由。如果业主对物业服务人收取物业费有正当的抗辩理由，则有权拒绝缴纳。业主可以拒绝支付物业费的正当理由包括：一是物业服务人不履行物业服务合同义务，或者履行义务不符合合同约定。物业服务合同为双务、有偿合同。业主缴纳物业费，是以物业服务人提供物业服务为基础的。如果物业服务人不履行义务，或者履行义务不符合合同约定，就丧失了收取物业费的基础，业主可以依法行使抗辩权。二是物业服务人违反物业服务合同约定或者法律、法规、部门规章规定，擅自扩大收费范围、提高收费标准或者重复收费，业主可以就属于违规收费的部分拒绝缴纳。

第三，物业服务人进行了催告。业主违反约定逾期不支付物业费的，物业服务人可以催告其在合理期限内支付。一般情况下，在业主逾期未支付物业费时，物业服务人都要先进行催告，而不是直接起诉业主。

在物业服务人催告的合理期限届满后，业主仍不支付物业费的，物业服务人可以通过诉讼或者仲裁的方式，请求业主支付物业费。业主应当按照合同约定承担逾期缴纳物业费的违约责任；如果合同对此没有作出约定，业主须承担违约责任的范围，不仅包括其所拖欠的物业费，还应当包括相应的迟延支付利息。需要指出的是，催告不是物业服务人提起诉讼或者申请仲裁的前置程序。业主违反约定逾期不支付物业费的，不要求物业服务人必须先进行催告，物业服务人也可以不经催告直接提起诉讼或者申请仲裁，以保护自己的合法权益。

401. 业主装饰装修房屋的，应当怎么做？

物业服务人负有为全体业主的利益维护小区公共安全、公共秩序的义务，业主应当积极配合物业服务人的服务和管理。例如，为公共设施铺设线路需要经过业主室内时，或者为检修管道需要进入业主室内进行查看时，业主应当予以配合。物业服务人有权根据合同约定和法律法规的有关规定对物业进行管理，在业主擅自从事有关装饰装修等行为，或者危害小区公共安全、公共秩序的行为，损害全体业主的共同利益的，物业服务人有权而且应当予以制止。在物业服务人按照合同约定和有关规定提供服务，对物业服务区域进行管理的过程中，业主负有接受、配合物业服务人服务和管理的义务，其中就包括了当业主遇到有关重要事项时，应当及时告知物业服务人。所谓的“重要事项”包括装饰装修房屋、转让、出租物业专有部分、设立居住权或者依法改变共有部分用途等。这主要是因为，发生这些重要事项可能影响其他业主的合法权益，影响物业服务人对全体业主的物业服务和对小区内物业的管理。

业主作为区分所有权人，对其专有部分享有专有权，可以行使对其专有部分的占有、使用、收益和处分的权利，自然就包括对自己房屋进行装饰装修的权利，他人无权干涉。但是由于业主的专有部分与其他业主的专有部分以及全体业主的共有部分紧密结合或者相邻，业主在进行装饰装修的过程中，会影响到其他业主的利益甚至是全体业主的共同利益。因为对房屋进行装饰装修，往往可能会发出噪音，产生大量的装修垃圾，造成管道堵塞、地面渗水等情况，可能改变建筑物的主体结构或者承重结构，甚至造成房屋倒塌等严重后果，影响全体业主的人身和财产安全。因此，《民法典》第945条第1款规定，业主装饰装修房屋的，应当事先告知物业服务人。

业主装饰装修房屋，不仅应当在动工前告知物业服务人，而且应当遵守物业服务人提示的合理注意事项，并配合其进行必要的现场检查。这主要是因为物业服务人比较了解物业的实际情况，可能向业主提供必要的信息，并提示合理的注意事项，以免业主进行装饰装修的过程中对建筑物尤其是建筑物的共有部分造成损害，造成其他业主的损失，且在损害发生时，物业服务人能够第一时间掌握相关情况并采取措施进行补救。例如，在需要进行装饰装修的业主事先告知物业服务人后，物业服务人可以将物业的相关信息告知业主，比如建筑物的承重墙、管道及电线线路等，以免业主因不知情错把承重墙拆除，破坏建筑物结构，或者破坏管道线路等，产生安全隐患，影响全体业主正常的生产、生活秩序，造成其他业主的损失。当损害发生时，如破坏自来水管道导致业主不能正常用水时，物业服务人能够第一时间发现并安排人员进行抢修，将损失降低到最小。

402. 业主是否可以解除物业服务合同？

在编纂民法典的过程中，对于是否规定业主的任意解除权，起初有不同意见。有的意见认为，应当优先保护业主的利益，仅将任意解除权赋予业主，不允许物业服务人任意解除合同；有的意见认为，如果允许业主任意解除物业服务合同，对物业服务人不公平，也可能会反过来损害业主的整体利益。为了保护业主的合法权益，构建和谐物业服务关系，民法典赋予业主一方任意解除权。

所谓业主一方的任意解除权，此处的“业主”并非单个业主，而是指全体业主。单个业主是不能行使这种任意解除权的，必须由全体业主“依照法定程序共同决定解聘物业服务人”，才能解除物业服务合同。根据《民法典》第278条的规定，解聘物业服务企业或者其他管理人由业主共同决定。而该“法定程序”，也就是通过业主大会的形式，而且对参与表决和同意的业主数量有所要求，即应当由专有部分面积占比三分之二以上的业主且人数占比三分之二以上的业主参与表决，且经参与表决专有部分面积过半数的业主且参与表决人数过半数的业主同意。

此外，业主最终决定解聘物业服务人的，还应当提前六十日书面通知物业服务人，但是合同对通知期限另有约定的除外。因为在业主决定解聘物业服务人后，物业服务人退出物业服务用房、交接物业及其相关资料都需要一定的时间，应当给予其一定的合理期限，做好退出、交接工作。民法典规定的合理期限为六十日，该合理期限的规定为任意性规定，当事人可以作出特别约定排除其适用。因为实践中，不同物业服务人负责的物业服务内容可能是不同的，所以解聘时物业服务人做好退出准备的时间也是不相同的，当事人可以对提前通知物业服务人解聘决定的期限作出特别约定。

业主行使任意解除权解除合同造成物业服务人损失的，除不可归责于业主的事由外，应当赔偿物业服务人的损失。物业服务合同成立之后，物业服务人为了提供约定的物业服务，通常要进行大量的准备工作，投入大量的人力、财力、物力，而且可能和其他主体订立一系列涉及物业服务的合同。业主行使任意解除权，可能会给物业服务人造成较大损失。如果不对受到损失的物业服务人进行赔偿，则有失公允。当然，如该损失之发生是不可归责于业主的事由，例如不可抗力，或者物业服务人自己违约导致合同被解除，则业主不需要赔偿该损失。

403. 物业服务期限届满前，业主依法共同决定续聘的，应当在何时续订物业服务合同?

物业服务期限届满前，业主将面临两个选择，即续聘物业服务人，或者重新选聘其他物业服务人。物业服务期限届满前，如果业主选择续聘物业服务人的，应当与其续订物业服务合同。需要注意的是，续聘也应当由业主依法共同决定，即根据《民法典》第278条的规定，由专有部分面积占比三分之二以上的业主且人数占比三分之二以上的业主参与表决，还应当经参与表决专有部分面积过半数的业主且参与表决人数过半数的业主同意。另外，业主与物业服务人应当在合同期限届满前进行续订，这样续订的物业服务合同可以与原物业服务合同衔接，不会出现物业服务的真空期，以免产生不必要的纠纷，损害业主或者物业服务人的合法权益。如果物业服务期限届满后，业主没有依法作出续聘或者另聘物业服务人的决定，物业服务人继续提供物业服务的，依据《民法典》第948条的规定，原物业服务合同继续有效，但是服务期限为不定期。

当然，在物业服务期限届满前，物业服务人同样也面临两个选择，即同意业主的续聘或者不同意续聘。如果物业服务人愿意接受续聘，业主也依法共同决定续聘的，双方应当在合同期限届满前续订物业服务合同；业主在物业服务期限届满前没有依法作出续聘决定的，或者选聘其他物业服务人的，物业服务期限届满时，物业服务合同即终止。如果物业服务人不同意续聘的，应当合同期限届满前90日书面通知业主或者业主委员会。之所以这样规定主要是因为，如果物业服务人不同意续聘，业主就需要重新选聘新的物业服务人。物业服务人的选择关系到全体业主的共同利益，业主需要多方考察对比，选择值得信任、服务到位、收费合理的物业服务人，而且还要通过法定的程序作出选聘的决定，这往往需要较长的一段时间。因此，原物业服务人如果不愿意接受续聘，就应当在服务期限届满前给予业主充分的时间重新选择新的物业服务人。物业服务人应当在合同期限届满前 90 日内通知业主或者业主委员会，而且应当以书面的形式明确告知。不过，合同期限届满前 90 日的通知期限是任意性规定，双方可以对通知期限作出特别约定。

404. 物业服务期限届满后，业主没有依法作出续聘或者另聘物业服务人的决定，物业服务人继续提供物业服务的，应当如何处理？

物业服务合同约定的服务期限届满后，如果当事人没有订立新的物业服务合同或者通过约定延长原物业服务合同的服务期限，该物业服务合同终止。但是，如果业主没有依法作出续聘或者另聘物业服务人的决定，那么小区的物业将处于无人管理的状态，将影响全体业主的正常生活，损害全体业主的共同利益，此时物业服务人基于诚信原则，从保护全体业主共同利益的角度出发，继续为业主提供物业服务的，原物业服务合同继续有效，只是服务期限变为不定期。此时，双方当事人都可以随时解除物业服务合同，需要提前 60 日书面通知对方。业主在此期间解除合同的，提前60日告知对方，可以让物业服务人有足够的时间做好退出的准备；物业服务人决定解除合同的，提前60日告知对方，可以让业主利用这段时间去寻找合适的其他物业服务人。所以规定在此期间当事人解除不定期物业服务合同须提前60日通知对方是很有必要的。

405. 物业服务合同终止的，原物业服务人应当如何退出和交接?

因为物业服务合同涉及的内容方方面面，十分复杂，物业服务人对该物业服务区域内的业主情况、物业使用和管理情况都了解和掌握，基于诚实信用原则，为了保护全体业主的共同利益，实现物业的顺利交接，《民法典》第949条规定了物业服务人的后合同义务。物业服务人在合同终止后应承担的后合同义务主要包括以下内容：

第一，在约定期限或者合理期限内退出物业服务区域。所谓退出，是指物业服务人及其工作人员应当离开相应的物业服务区域，如相关的工作人员应当退出物业服务用房，物业服务人所雇用的保安、门卫应当离开保安室、门卫室等，不得继续占用相关区域。因为物业服务合同终止后，物业服务人没有合法正当理由继续占用相关区域。当事人可以在物业服务合同中对合同终止后物业服务人的退出期限作出明确约定，如果没有约定的，应当在合同终止后，给予物业服务人一定的合理期限，让物业服务人在该合理期限内有序退出。

第二，妥善交接义务。包括移交物业服务用房和相关设施，以及物业服务所必需的相关资料，配合新物业服务人做好交接工作。这主要是因为，物业服务合同已经终止，物业服务人已经丧失占用物业服务用房和相关设施、物业服务所必需的相关资料等的法律依据，因此应当将其交还。物业服务用房和相关设施、物业服务所必需的相关资料等应当交还给业主委员会、决定自行管理的业主或者其指定的人。指定的人往往为业主或者业主委员会选聘的新物业服务人，直接移交给新物业服务人，不仅可以提高交接效率，还能最大程度地维护全体业主的利益。

第三，如实告知物业的使用和管理状况。物业服务合同终止后，物业服务人不仅要移交物业服务用房和相关设施、物业服务所必需的相关资料等，同时要如实告知物业的使用和管理情况，尤其是与业主人身、财产安全密切相关的重要情况，例如，某单元楼内某部电梯出现了故障仍待维修，小区门禁出现故障任何人都可以自由进出，专项维修资金的使用情况，等等。告知的对象，既包括全体业主、业主委员会，也包括新物业服务人。因为业主对于物业的使用和管理情况有知情权，物业服务人应当接受业主的监督，在其即将完全退出物业服务区域前，自然应当将有关物业使用和管理的情况如实告知业主。而之所以要告知新物业服务人，是因为新物业服务人即将接管物业服务和管理，为了尽快进入角色，应当及时全面了解和掌握物业的使用、管理情况，这也是新物业服务人的义务，而原物业服务人对物业的使用和管理情况最为了解，应当负有义务将这些情况如实告知新物业服务人，以保护业主的共同利益。

物业服务人违反上述义务，不仅不得请求业主支付物业服务合同终止后的物业费，如果造成业主损失的，还应当赔偿损失。

406. 物业服务合同终止后，在业主或者业主大会选聘的新物业服务人或者决定自行管理的业主接管之前，原物业服务人继续处理物业服务事项的，是否可以请求业主支付该期间的物业费？

根据《民法典》第950条的规定，物业服务合同终止后，在业主或者业主大会选聘的新物业服务人或者决定自行管理的业主接管之前，原物业服务人应当继续为业主提供物业服务。主要有以下三个理由：一是出于保护业主利益的考虑。物业服务合同终止后，如果在业主或者业主大会选聘的新物业服务人或者决定自行管理的业主接管之前，原物业服务人就已完全退出，这将导致该物业服务区域陷入无人服务和管理的境地，如小区内无人进行保洁工作使得垃圾成山，影响全体业主的日常生活，损害全体业主的共同利益。二是基于诚信原则。物业服务人与业主之间存在合同关系，由物业服务人为业主提供物业服务，在合同终止后、他人接管之前，物业服务人也应当按照诚信原则，继续为业主处理物业服务事项，这属于物业服务人的后合同义务。三是符合公平与效率。在物业服务合同终止后，物业服务人交给他人接管前，显然由物业服务人继续为业主提供服务是最为简便快捷的做法，而且物业服务人可以请求业主支付相应的报酬，也符合公平的原则。

在这种情况下，物业服务人可以请求业主支付在其继续为业主提供物业服务期间的物业费。在物业服务人继续处理物业服务事项，业主实际接受物业服务人所提供的服务的情形下，即使当事人没有订立正式的书面的物业服务合同，业主也应当向物业服务人支付相应的报酬。物业服务人之所以可以请求该期间的报酬，主要有以下三种支持的观点：第一种观点认为，此时双方当事人之间成立事实上的物业服务合同关系。第二种观点认为，物业服务人继续处理物业服务事项的行为构成无因管理，物业服务人基于无因管理，可以请求业主支付必要的费用。第三种观点认为，双方当事人是以默示的方式变更了物业服务合同，延长了物业服务期限，使得原物业服务合同继续有效，但是服务期限为不定期，因此物业服务人可以请求业主支付该期间的物业费。

407. 什么是行纪合同?

行纪合同是行纪人以自己的名义为委托人从事贸易活动，委托人支付报酬的合同。接受委托的一方为行纪人，而另一方则为委托人。如某配件厂（甲方）委托某销售公司（乙方）代销产品，乙接受甲的委托并以自己的名义代甲销售，代销价款归甲方，乙方收取代销费。在这个关系中，甲为委托人，乙为行纪人。行纪合同主要有以下特征：

1. 行纪人从事贸易行为。

根据行纪合同的定义，行纪人从事的活动限于贸易行为，这是行纪合同和委托合同的重要区别。对于行纪合同的适用范围来说，如何界定“贸易行为”是关键。传统的“贸易”主要是指商品买卖、交易。有的观点认为，贸易的客体应当是商品，不包括不动产，也不包括知识产权等无形财产。随着经济社会的不断发展，贸易的范围或者客体也在不断扩大。现代社会的贸易已经不再限于动产的商品交易，行纪活动也不应当再限于传统的商品贸易，而是可以包括更多财产权益的管理、处分，例如房地产买卖、证券交易、期货交易和信托等。

2. 行纪人应当具有相应的资质。

在现代社会，行纪被广泛运用于各种商业活动中，行纪人从事的某种贸易行为具有专业性的特点，往往需要具备相应的资质。行纪人一般是专门从事贸易活动，其开业和经营往往需要经过国家有关部门的审批或者登记，并不是所有民事主体都可以无条件地成为行纪人从事行纪业务。例如，从事证券资产管理业务的证券公司，必须符合条件并依法设立。2019 年新修订的《证券法》第 118 条规定了设立证券公司应当具备的条件，并经国务院证券监督管理机构批准。未经国务院证券监督管理机构批准，任何单位和个人不得以证券公司名义开展证券业务活动。

3. 行纪人是以自己的名义从事活动。

根据行纪的定义，行纪人必须以自己的名义为委托人从事贸易行为，而非以委托人的名义。这也是行纪人和受托人、代理人的重要区别。受托人可以以委托人的名义进行民事活动，也可以以自己的名义进行民事活动。代理人则只能以被代理人的名义进行民事法律行为，其在代理权限内从事的代理行为的法律后果直接由被代理人承担。行纪人从事的贸易行为的法律效果由行纪人承担，委托人可能不知道行纪人的相对人是谁，相对人也可能不知道委托人是谁，委托人和行纪人的相对人之间并不发生直接的法律关系。在行纪合同中一般存在两个法律关系，即委托人和行纪人之间的行纪关系，以及行纪人与第三人之间的合同关系。

4. 行纪合同为诺成合同、不要式合同、有偿合同、双务合同。

行纪合同是诺成合同，只要委托人和行纪人意思表示一致即可成立；是不要式合同，可以采用口头形式、书面形式或者其他形式；是有偿合同，委托人负有向行纪人支付报酬的义务；也是双务合同，行纪人受委托人之委托从事贸易行为，委托人需要向行纪人支付相应的报酬。

408. 行纪人处理委托事务支出的费用应当由谁负担?

行纪人负有承担行纪费用的义务。行纪人是专门经营行纪业务的人，既然是经营，就必然会有商业风险。所谓风险，就行纪合同来说，反映在行纪人在为委托人处理委托事务，不仅需要尽职尽力，而且行纪的活动经费还需要行纪人自己负担，如交通费、差旅费等。行纪人所支出的这些费用，应该说是处理委托事务的成本。只有当行纪合同履行完毕，才能由委托人支付报酬，报酬就包括成本与利润。行纪人作为从事为委托人处理委托事务的专业机构或者人员，是可以预估处理委托事务所需费用的。所以一般来说，双方约定由委托人支付的报酬肯定是超过行纪人处理委托事务支出的费用也就是成本的，只有这样行纪人才有从事为委托人进行贸易活动的动力。另外，规定由行纪人负担处理委托事务的费用，还可以促使行纪人节省费用、降低成本，以提高自己在行纪活动中可以获得的利润。如果行纪人没有处理好委托事务，他所付出的代价，即支出的成本费用，也就算商业风险，由自己负担了。但是也有例外情形，如委托人与行纪人事先有约定，不论事情成功与否，行纪人为此支出的活动费用，都由委托人负担。行纪人处理委托事务的费用由行纪人自己负担也是行纪合同与委托合同的不同之处。

409. 行纪人占有委托物的应当如何保管？

在行纪中，有的委托人自行保管委托物，也有的委托人将委托物交由行纪人保管。行纪合同的性质决定了其为有偿合同，行纪人对于自己占有的为委托人购进或者出售的物品等委托物，妥善保管委托物应当是行纪人履行义务的一项重要义务。占有委托物是行纪人负有妥善保管义务的前提，只有行纪人实际占有委托物，行纪人才负有该项义务。“委托物”不仅包括一般意义上的物，还应当包括委托人交付给行纪人的金钱和权利凭证等。其具体实施应以选择对委托人最有利的条件，采取最有利于委托物的措施，并应当尽到善良管理人的注意义务来进行保管。例如，行纪人接受委托进行理财的，对于委托人的财产一般都要求设立独立的账户进行管理，以和自己的财产严格区分，不得随意挪用委托人的财产，而且应当以善良管理人的标准来尽力管理、处分委托人的财产。

寄售商品通常以积压商品、旧物品等居多，由此行纪人有义务尽心尽力尽职地妥善保管好，如果因保管不善造成物品损坏、灭失、缺少、变质、污染的，造成委托物的价值贬损，甚至导致委托物无法出售的，行纪人应承担赔偿责任。除非行纪人能证明其已经尽了善良管理人的义务。对于灭失、毁损的财物，如果是由于不可抗力或物品本身的自然损耗等不可归责于行纪人的事由造成损失，行纪人可以免除责任，由委托人自己承担损失。如果委托人对财物的管理有特别指示，如委托人支付投保费，请行纪人代委托人投保财物保险，行纪人没有投保保险的，其损失的责任理应由行纪人承担。但行纪人在既无约定又无指示的情况下，对其占有的财物投保保险，如果其保险是为了保险人的利益且不违反委托人明示或可推定的意思，有权请求委托人支付保险费及自支出时起的利息。

410. 委托物交付给行纪人时有瑕疵或者容易腐烂、变质的，行纪人应当如何处理？

行纪人是为了满足委托人所追求的经济利益而为其处理事务的，所以行纪人应当按照委托人的指示，从维护委托人利益的角度出发，选择最有利于委托人的条件完成行纪事务。行纪合同的目的决定了行纪人应当遵从委托人指示。委托人指示行纪人处分委托物的，行纪人应当及时处分；如果委托人没有作出处分委托物的指示，则行纪人不得擅自处分。在行纪合同的履行过程中，委托出卖的物品，在委托人交付给行纪人的时候，行纪人应当对委托物进行检查，已表现出有瑕疵或者根据物品的性质是属于容易腐烂、变质的，行纪人为了保护委托人的利益，有义务及时通知委托人，在征得委托人同意的前提下，行纪人可以按照委托人的指示对委托物进行处置，如拍卖、变卖。如果行纪人发现委托物有瑕疵或者容易腐烂、变质，未经委托人同意就自行处置，其决定可能违背委托人的意志，给委托人造成损失，引起纠纷。例如，在交付委托物时行纪人发现委托物有瑕疵，但是可能并不影响委托物出售，如果行纪人此时未经委托人同意即擅自决定低价处理，则会给委托人造成损失。

一般情况下，行纪人不得擅自改变委托人的指示办理行纪事务。但是在紧急情况下，如委托物在交付时有瑕疵将造成委托物毁损、灭失，或者快要腐烂、变质了，行纪人又无法与委托人取得联系，如通讯中断、委托人远行等原因，致使行纪人不可能征得委托人的同意的情况。在这种时候，如果不及时合理地处置，就会使委托人的利益遭受更大的损失。紧急情况下行纪人进行合理处分需要具备三个要件：第一，发现委托物有瑕疵，或者容易腐烂、变质。委托物的瑕疵应该是可能影响委托物价值，或者将导致委托物毁损、灭失的瑕疵。第二，应当是委托物交付给行纪人时就存在的瑕疵，或者委托物容易腐烂、变质，而不是在交付后出现的情况。第三，行纪人欲通知委托人作出指示，但是和委托人不能及时取得联系。在这种情况下，为了保护委托人的利益，法律赋予行纪人有权以合理的方式来处置委托物。所谓“合理”，即应以善良管理人的标准来衡量，根据委托物的实际情况决定处分的价格和方式等，尽量减少委托人的损失，维护委托人的利益，而不能随意处分。

411. 行纪人未按照委托人指定的价格买入或者卖出的，应当如何处理?

行纪人应当遵照委托人的指示从事行纪活动，尤其是按照委托人的指示买入或者卖出委托物。行纪人接受委托人的委托，为委托人的利益从事贸易活动，不论行纪活动是买入还是卖出，都应当按照委托人的指示进行交易。行纪人应当依照委托人已明确指定的价格操作，行纪人违反委托人指示而进行买卖的，委托人可以拒绝承受，因此造成的损害，由行纪人赔偿。

行纪人不按指示价格处理事务无非有以下两种情况：

一是行纪人以低于指示价格卖出或者以高于指示价格买入。商场如战场，风云变化莫测，其价格此一时彼一时，行情不利于委托人时，行纪人为了避免损失进一步地扩大，以劣于委托人的指示从事行纪活动的，即以低于委托人指定的价格卖出或者高于指定的价格买入时，将会减少委托人的利润甚至造成亏损，或者提高委托人购买委托物的成本，给委托人造成损失，应当及时取得委托人的同意；在没有征得委托人同意的情况下，行纪人擅自作主变更指示的，行纪人卖出或者买入委托物的行为对委托人不发生效力，委托人有权拒绝接受对其不利的法律后果，并有权要求行纪人赔偿损失。但是未经委托人同意而以低于指示价格卖出或者以高于指示价格买入的行为也并不都是无效的。行纪人把损失的差额部分补足时，应认为行纪人的行为对于委托人发生法律效力，委托人不得以违反指示为由拒绝接受。因为当行纪人把差额补足时，委托人并未因行纪人擅自改变价格卖出或者买入而受有损失，相当于行纪人已经按委托人指示的价格买入或者卖出，委托人应当予以接受。

二是当执行委托任务的结果比合同规定的条件更为优越时，即行纪人以高于委托人的指定价格卖出或者以低于指定价格买入，使委托人增加了收入或者节约了开支，其增加的利益（高价卖出多出的价款或低价买入结余的价款），应当归属于委托人，但行纪人可以按照约定要求增加报酬。如果行纪合同没有约定或者约定不清楚的，双方可以协商解决；如果还不能达成补充协议的，按照合同有关条款、合同性质或者按照商业交易的习惯确定；还不能确定的，利益归委托人，行纪人不能取得额外报酬。

一般情况下，行纪人低于委托人指定的价格卖出或者高于委托人指定的价格买入的，将给委托人带来损失，委托人不会同意。而如果行纪人以高于委托人指定的价格卖出或者低于委托人指定的价格买入的，如无特别约定，额外获得的利益归属于委托人，委托人自然愿意接受。但是，在委托人对价格有特别指示时，行纪人就不得违背委托人的指示卖出或者买入。

412. 行纪人卖出或者买入具有市场定价的商品，行纪人自己是否可以作为买受人或者出卖人？

行纪人可以作为出卖人或者买受人，卖出或者买入委托人的委托物。这就是通常说的行纪人的介入权，即行纪人按照委托人的指示，实施行纪行为时，有权以自己作为买受人或者出卖人与委托人进行交易活动。行纪人的介入权由商业习惯发展而来的，最早出现于德国商法，此后，日本商法、瑞士商务法等纷纷效仿。

行纪人行使介入权，实际上就是行纪人自己作为买受人或出卖人，其与委托人之间直接订立买卖合同。买卖合同的双方当事人是委托人和行纪人。买卖合同的成立，一般认为介入是实施行纪行为的一种特殊方法，行纪人虽然介入到买卖合同中来，但依然是行纪人。此时存在两个独立的合同关系，委托人同时也是出卖人或者买受人，与之对应，行纪人同时也是买受人或者出卖人。

行纪合同的委托物必须是有市场价格的商品。这是介入权构成的要件。这一要件既是行纪人产生介入权的要件，又是判定行纪人是否在对委托人不利时实施介入以及行纪人实施介入对委托人不利时赔偿的标准。行纪人所依据的价格应当明确，以便能公平地行使介入权。

既然行纪人仍然是行纪合同的一方当事人，委托人就应当按照行纪合同约定的报酬支付给行纪人，而不能以行纪人是买卖合同的买受人或者出卖人为由，拒绝支付报酬。因为这是买卖合同和行纪合同两个合同关系，就应当分别由这两个合同关系的法律调整，不能混合。例如，甲委托乙购买一部汽车。乙正好有一辆车是同型号同质量的新车，便按照委托人指定的价格，自己以出卖人的身份把该辆汽车卖给甲。这时乙既是买卖合同的出卖人，又是行纪合同的行纪人。甲不仅要向乙支付买车的价款，而且还应向乙支付行纪合同所约定的报酬。

但是，如果在订立行纪合同或者行纪人在履行义务时告之委托人自己想作为买受人或者出卖人时，委托人明确表示不同意的，行纪人便不能实施该行为。

413. 行纪人在什么情况下可以提存委托物?

根据《民法典》第957条的规定，行纪人按照约定买入委托物，委托人应当及时受领。经行纪人催告，委托人无正当理由拒绝受领的，行纪人依法可以提存委托物。委托物不能卖出或者委托人撤回出卖，经行纪人催告，委托人不取回或者不处分该物的，行纪人依法可以提存委托物。

1. 委托人无正当理由拒绝受领买入商品时，行纪人的提存权。

行纪人按照委托人的指示和要求为其购买的买入物，委托人应当及时受领，并支付报酬，从而终止行纪合同。如果委托人不及时受领，将会加重行纪人保管委托物的负担，不论是其自行保管需要增加的成本，还是交给他人保管需要支付相应的保管费，甚至还可能导致委托物的毁损、灭失，如发生腐烂、变质等，造成委托人的损失。因此一旦行纪人按照约定或者委托人的指示买入了委托物，委托人就应当及时受领。委托人在受领委托物时，应当对委托物进行检查验收，以免日后因委托物不符合双方约定而发生纠纷。

行纪人行使提存权的条件是：第一，行纪人应当催告委托人在一定期限内受领，催告期应当与委托人进行约定，或者行纪人根据委托物的性质决定催告期的时间，如为易腐烂、变质的委托物，应当催告委托人在较短的时间内受领。催告是提存的前置程序，如果没有进行催告，不得直接将委托物提存。因为委托人没有及时受领可能存在多种原因，例如在外地一时无法赶回，或者发生不可抗力的，或者委托人一时疏忽忘记。第二，委托人无正当理由逾期仍拒绝受领买入物的。如果行纪人没有按照约定买入委托物的，违反委托人的指示买入的委托物不符合约定的，委托人可以拒绝受领。如果委托人有正当理由一时无法受领，比如身在国外一时无法回国，或者发生地震、台风等不可抗力的事由，则可以与行纪人协商受领的期限，受领前由行纪人暂时代为保管，不论行纪人自行保管还是交给他人保管，相关费用都应当由委托人负担。第三，行纪人应当依法提存买入物，主要是按照本法合同编通则中关于提存的规定行使提存权。例如，委托人委托行纪人购入一批水果，行纪人按照委托人的指示购入后，委托人拒绝受领，经行纪人催告后仍不受领，行纪人担心该批水果将腐烂、变质，可以依照法律规定予以提存，将该批水果交给有关部门进行提存以妥善保管。行纪人提存委托物的，提存费用由委托人负担。

2. 委托人不处分、不取回不能卖出的委托物时，行纪人的提存权。

不能卖出，主要是指因委托人定价过高、市场供过于求等因素导致委托物在约定时间内没有卖出。在行纪人卖出委托物之前，委托人有权随时作出新的指示撤回出卖的委托物。在不能卖出或者撤回出卖的情况下，委托人负有取回委托物的义务，或者对委托物另行处分。委托行纪人出卖的委托物，如果不能卖出或者委托人撤回出卖委托物时，行纪人应当通知委托人取回，行纪人虽然可以暂时代为保管，但行纪人没有继续保管委托物的义务。行纪人代为保管期间产生的相关费用应当由委托人负担。委托人取回委托物，可以减轻行纪人的保管负担，委托人自己也可以继续利用委托物，或者对委托物作出其他处分。经过行纪人的催告，在合理期限内，委托人逾期仍不取回或者不处分委托物的，行纪人可以依法行使提存权。

414. 当第三人不履行义务致使委托人受到损害时，行纪人是否应当向委托人承担赔偿责任？

行纪合同的法律关系较之其他要复杂一些，这当中有两层法律关系，既有行纪人与委托人之间的行纪合同关系，又有行纪人与第三人之间的买卖合同关系；同时涉及三方主体，即委托人和行纪人与第三人。而在行纪人与第三人订立的买卖合同中，行纪人是作为合同一方的当事人为委托人的利益而与第三人订立的合同。既然行纪人是合同的当事人，就必须直接对合同享有权利承担义务。在从事买卖事务时，不论行纪人是否告诉第三人自己是行纪人的身份，或者第三人是否知道委托人的姓名，都不影响行纪人以自己的名义参与的买卖合同的法律效力。由于委托人与第三人之间不产生直接的法律关系，委托人无权对行纪人与第三人之间的买卖关系提出自己的异议。

行纪人是为委托人的利益，受委托人的委托以自己的名义与第三人订立合同，委托人与第三人并不发生直接的法律关系。如果第三人不履行义务，将导致行纪人不能完成委托事务，违背行纪人与委托人订立的行纪合同；而委托人不履行行纪合同的义务，如不按约定交付委托物，也会导致行纪人不能履行与第三人的买卖合同的义务。在因委托人的原因发生合同违约行为、追究违约责任时，第三人不得直接对委托人主张赔偿请求权，只能向行纪人主张权利，而且行纪人也不得以自己没有过错为由而拒绝承担违约责任，行纪人只能先承担责任，再向委托人行使追偿权。同样的，如果第三人违约，委托人不得直接对第三人行使请求权，而只能向行纪人主张权利，行纪人此时也不得以自己无过错为由而拒绝承担自己的责任。行纪人承担责任向委托人履行后，再行使向第三人的追偿权。

415. 行纪人完成或者部分完成委托事务的，是否可以向委托人请求支付报酬？委托人逾期不支付报酬的，行纪人是否可以留置委托物？

行纪合同是双务有偿合同，行纪人负有完成委托事务的义务，与之相对应，委托人则负有向行纪人支付相应报酬的义务。

1. 行纪人就自己处理委托事务的不同情况，可以按照合同的约定请求委托人支付报酬。一般而言，有以下三种情况：（1）行纪人按照委托人的指示和要求履行了全部合同的义务，有权请求全部报酬；（2）因委托人的过错使得合同义务部分或者全部不能履行而使委托合同提前终止的，行纪人可以请求支付全部报酬；（3）行纪人部分完成委托事务的，可以就已履行的部分的比例请求给付报酬。委托人和行纪人也可以另行约定，比如双方约定，只要因非可归责于行纪人的原因导致委托事务不能完成的，委托人都应当支付全部报酬。

报酬数额以及支付报酬的时间和方式，一般由合同双方事先约定，如有国家规定，则应当按照国家规定执行。原则上委托人应当于委托事务完成之后支付报酬，但是完成委托事务后支付报酬的规定属于任意性规定，当事人可以另行约定报酬的支付时间和方式。当事人约定预先支付或分期支付的也可以按约定执行，如果寄售物品获得比原约定更高的价金，或者代购物品所付费用比原约定低，也可以约定按比例增加报酬。

2. 行纪人享有留置权。

委托人不按照约定支付报酬时，行纪人对其占有的委托物可以行使留置权。留置期届满后，以留置物折价或者从变卖留置物所得价款中优先受偿。行纪人留置委托物需具备以下三个条件：（1）已合法占有委托物。行纪人行使留置权，必须是行纪人已经合法占有委托物，非法占有委托物的不得行使留置权。（2）委托人没有正当理由地拒绝支付报酬。行纪人行使留置权，必须具有委托人不能按照约定支付报酬的事实存在。（3）委托合同中没有事先约定不得留置的条款。如果委托人与行纪人在行纪合同订立时已经约定，不得将委托物进行留置的，行纪人就不得留置委托物。行纪人可以要求委托人提供其他物品作为担保。

委托人向行纪人支付报酬超过了合同约定的履行期限的，应当承担逾期不支付报酬的责任，此时行纪人对占有委托物品享有留置权。

416. 民法典对行纪合同没有规定的，是否可以参照适用委托合同的有关规定？

行纪合同与委托合同有许多共同点，行纪关系中委托人与行纪人的关系就是委托关系，只不过委托的事项特殊固定，但是，行纪合同与委托合同又有诸多不同之处，在民法典对行纪合同没有规定的情况下，也不能一概直接适用委托合同的有关规定，应视具体情况而定。所以，民法典规定，对行纪合同没有规定的，参照适用委托合同的有关规定。

行纪人应当按照委托人的指示处理委托事务。行纪合同可以参照《民法典》第 922 条的规定，即在行纪合同中，行纪人也应当按照委托人的指示处理委托事务。需要变更委托人指示的，行纪人应当经过委托人的同意。如果因为情况紧急，行纪人难以和委托人取得联系的，行纪人应当妥善处理委托事务，而且在事后还应当将所有情况及时向委托人报告。行纪人应当按照委托人指定的价格卖出或者买入委托物，不得擅自改变价格卖出或者买入，损害委托人的利益。

行纪人负有向委托人报告委托事务处理情况的义务。参照《民法典》第 924 条的规定，在行纪合同中，行纪人也应当按照委托人的要求，报告委托事务的处理情况。行纪合同终止时，行纪人应当报告委托事务的结果。行纪人处理委托事务是为了委托人的利益，因此委托人有权了解委托事务的进展情况，行纪人负有向委托人报告有关事项的义务。

行纪人负有向委托人转交相关财产的义务。参照《民法典》第927条的规定，在行纪合同中，行纪人处理委托事务时取得的财产，应当转交给委托人。行纪人在处理委托事务的过程中所取得的财产，所有权归委托人，行纪人只是因为处理委托事务而暂时占有相关财产，在完成委托事务后，应当将相关财产转交给委托人。

委托人享有任意解除权。《民法典》第933条的规定，委托人或者受托人可以随时解除委托合同。因解除合同造成对方损失的，除不可归责于该当事人的事由外，无偿委托合同的解除方应当赔偿因解除时间不当造成的直接损失，有偿委托合同的解除方应当赔偿对方的直接损失和可以获得的利益。行纪合同是有偿合同，在行纪合同中，委托人可以随时解除行纪合同，因解除合同造成对方损失的，除不可归责于对方的事由外，应当赔偿对方的直接损失和可以获得的利益。至于行纪人是否享有任意解除权，学界仍存在争议。有观点认为，应当赋予行纪人任意解除权，只要其依法承担相应的赔偿责任，对委托人来说亦无害。也有观点认为，行纪人是专门从事行纪业务的经营者，更应当遵守约定，不能任意解除合同。

417. 什么是中介合同？

中介合同，传统理论一般将其称为居间合同，是指当事人双方约定一方接受他方的委托，并按照他方的指示要求，为他方报告订立合同的机会或者提供订立合同的媒介服务，委托人给付报酬的合同。在中介合同中，接受委托报告订立合同机会或者提供订立合同的媒介服务的一方为中介人，也称为居间人，给付报酬的一方为委托人。在中介合同中，中介人的主要义务就是提供中介服务以促成委托人和第三人订立合同，包括提供订约信息、据实报告的义务等；而委托人的主要义务是在其与第三人的合同因中介人提供的中介服务而成立后向中介人支付约定的报酬。中介合同具有以下主要特征：

1. 中介合同以促成委托人与第三人订立合同为目的。

在中介合同中，中介人是为委托人提供服务的，这种服务表现为报告订约的机会或为订约的媒介。中介合同的标的是中介人进行中介活动的结果，其目的在于通过中介活动获取报酬。不论报告中介还是媒介中介，其目的都是促成委托人和第三人订立合同。中介人的活动只有促成委托人与第三人之间建立起有效的合同关系才有意义。

2. 中介人在合同关系中处于介绍人的地位。

中介合同的客体是中介人依照合同的约定实施中介服务的行为。无论何种中介，中介人都不是委托人的代理人或当事人一方，中介人只是按照委托人的指示，为委托人报告有关可以与委托人订立合同的第三人，给委托人提供订立合同的机会，或者在当事人之间充当“牵线搭桥”的媒介作用，并不参加委托人与第三人之间具体的订立合同的过程，他的角色只是一个中介服务人，只是在交易双方当事人之间起介绍、协助作用。

3. 中介合同具有诺成性、双务性和不要式性。

中介合同的诺成性，是指只要委托人与中介人意思表示一致，中介人就负有依委托人的指示进行中介的义务，而一旦中介人的活动取得结果，委托人就应支付报酬，合同即成立，而无须以实物的交付作为合同成立的要件。

中介合同的双务性，是指中介合同一经成立，当事人双方均需承担一定的义务，而且双方承担的义务具有对待给付性。就中介人而言，中介人有提供中介服务以促成委托人和第三人订立合同的义务，包括提供订约信息、据实报告的义务等；对委托人而言，合同因中介而成立后他有支付报酬的义务。

中介合同的不要式性，是指当事人可以采取口头或者书面形式等合同形式，中介合同的成立无须采用特定的形式。如果约定不明确，应当遵循交易惯例。对于以提供中介服务为业的中介服务机构或者人员，往往都会有相应的格式合同，为委托人提供更加专业、高效、便捷的服务。

4. 中介合同具有有偿性。

中介人以收取报酬为业，中介人促成合同成立后，委托人当然要向中介人支付报酬，作为对中介人活动的报偿。不要报酬促成他人订立合同的行为，不是中介合同，而是一种服务性活动，行为人不承担中介合同中的权利义务。

418. 中介人故意隐瞒与订立合同有关的重要事实或者提供虚假情况，损害委托人利益的，有什么法律后果?

中介人的报告义务是中介人在中介合同中承担的主要义务，中介人应依诚实信用原则履行此项义务。

订立合同的有关事项，包括相对人的资信状况、生产能力、产品质量以及履约能力等与订立合同有关事项。订立合同的有关事项根据不同的合同还有许多不同的事项。对中介人来说，不可能具体了解，只需就其所知道的情况如实报告委托人就可以了。但作为中介人应当尽可能掌握更多的情况，提供给委托人，以供其选择。当然，委托人可以与中介人就报告义务作出特别约定要求中介人报告特别的事项，例如，双方约定中介人应当按照委托人的指示，调查了解潜在交易对象的某方面情况，如潜在交易对象的为人品行，或者近期与哪些人订立过合同，以及这些合同的履约情况等，并向委托人如实报告。

中介人有如实报告的义务，如果中介人故意隐瞒与订立合同有关的重要事实或者提供虚假情况，损害委托人利益的，不得要求支付报酬并应当承担相应的赔偿责任。

诚实信用原则应是中介人履行合同指导思想之一。中介合同的履行过程中，中介人必须实事求是地就自己所实际掌握的信息，如实地向委托人提供最方便、最有利、最有价值、最及时的订约渠道，并保证提供的信息真实和可靠，没有任何隐瞒欺骗或掺杂任何自己主观臆测。对于有影响的事项及商业信息，如第三人的资信状况、支付能力、标的物是否有瑕疵等，中介人都必须据实、公正的报告，而不得弄虚作假，从中盘剥渔利。不得与第三人恶意串通损害委托人的利益，也不得恶意促成委托人与第三人订立合同。如果中介人没有尽到以上这些忠实义务，反而为获取中介报酬而故意作虚假介绍，或者与一方当事人事先串通好，故意告知虚假事实以促成委托人与第三人订立合同，从而损害了委托人或者第三人的合法利益，这些情况一旦发生，中介人非但无权向委托人请求中介报酬，而且还应当就自己因其故意提供虚假情况而给委托人造成的损失承担赔偿责任。

419. 中介人促成合同成立的，是否可以请求委托人支付报酬？中介活动的费用由谁负担？

由于中介是以报告订约机会或提供订立合同的媒介服务为内容，所以中介人是否促成委托人与他人之间成立交易，就是委托人支付报酬与否的明确标准。可见中介人是就其“劳务的结果”而非“劳务的给付”而享受报酬请求权。这是中介合同与其他劳务合同的不同之处。中介人取得报酬必须具备三个要件：第一，所介绍的合同，必须成立；第二，合同的成立，与中介人的介绍有因果关系，是由中介人的中介活动促成的；第三，中介人促成的契约必须与中介合同中的约定具有同一性。只有三者同时具备，委托人才负有支付报酬的义务。如果委托人与第三人没有订立合同，或者合同并非因中介人的活动而成立，或者中介人最终促成的合同并非中介合同约定之合同，中介人都不能请求委托人支付报酬。

委托人是否给付中介人报酬及其支付数额，原则上应按照中介合同的约定。这里合同的约定，可以是以书面形式或者口头形式明确的。中介人的报酬数额由当事人自主约定，虽然符合合同自由原则，但是在有些情况下可能会导致显失公平的结果，因此有的国家和地区规定了“报酬数额酌减制度”。我国民法典没有在中介人报酬数额中规定“数额的酌减”，基于合同自由原则，对中介人报酬的数额法律一般不应干涉。但是如果报酬数额畸高，存在可撤销的情形时，委托人可以依据民法典总则编的规定申请撤销。

根据我国民法典的规定，只要中介人促成合同成立的，原则上就可以向委托人请求支付报酬。如果中介合同中对于中介人的报酬没有约定或者约定的不明确，委托人和中介人，可以协议补充；如果仍然达不成补充协议的，应当按照合同的相关条款或者商业交易习惯来确定；如果还是解决不了，可以根据中介人的劳务合理确定，所谓合理应考虑诸多原因，如中介人所付出的时间、精力、物力、财力、人力、中介事务的难易程度以及中介人的行为对于合同成立所起到的作用等因素，根据公平原则来合理确定。

中介人促成合同成立的，中介活动的费用，由中介人负担。中介人促成合同成立的，可以向委托人请求支付报酬，中介人的报酬中就包括了成本和利润。因为中介活动的费用已作为成本计算在报酬之内，所以中介人不得再另外请求委托人负担费用。和行纪人一样，中介人一般都是专门从事中介业务的经营者，作为专业机构或者人员，是可以预估从事中介行为所需费用的。所以一般来说，双方约定由委托人支付的报酬肯定是超过中介活动的费用也就是成本的，这也是中介人从事中介业务的根本动力。而且，规定由中介人负担中介活动的费用，还可以促使中介人节省费用，降低成本，以提高自己可以获得的利润。

420. 中介人未促成合同成立的，是否可以请求委托人支付报酬？中介活动的费用由谁负担？

关于报酬请求权的成立，各个国家和地区一般都规定以中介达到目的，即委托人与第三人缔结合同为条件。《德国民法典》《日本商法典》《意大利民法典》以及我国台湾地区“民法”等都作出了这种规定。我国民法典也是以中介人促成合同成立为请求支付报酬的前提条件。由于中介是以报告订约机会或提供订立合同的媒介服务为内容，所以中介人是否促成委托人与第三人之间成立交易，就是委托人支付报酬与否的明确标准。中介人促成合同成立的，可以按照约定获得报酬；没有促成合同成立的，不能取得报酬请求权。在中介合同中只有中介人的居间活动达到目的，委托人才负有给付报酬的义务。中介人的活动能否达到目的，委托人与第三人之间的合同能否促成，有着不确定性，不是完全可由中介人的意志决定的。因此，委托人是否须履行支付报酬的义务，也是不确定的。有时尽管中介人为了使合同能促成也尽了向委托人报告或者提供媒介服务的义务，但合同最终没有成立，没有达到中介合同的目的，中介人仍然不能请求报酬，委托人有权不予支付报酬，因为报酬是中介人服务成果的对价，没有促成合同成立，则不得请求支付报酬。这一点与承揽合同必须是承揽人完成了工作后才能请求报酬是一样的。

在合同未成立的情况下，中介人向委托人请求支付从事中介活动的必要费用，须以中介人和委托人之间存在合同未成立中介人亦享有费用请求权的约定为前提。反过来理解，在委托人与中介人没有约定委托人与第三人合同未成立而中介人仍可以主张返还从事中介活动的必要费用的情况下，中介人无权向委托人请求返还该必要费用，委托人也没有义务向中介人支付该费用。

中介活动的费用，原则上由中介人自己负担。在没有特别约定的情况下，不论中介人是否促成合同成立，中介人都要自己负担从事中介活动的费用。这和行纪合同由行纪人负担处理委托事务的费用是相似的。因为中介人和行纪人都是以营利为目的的经营者，中介人是专门从事提供中介服务的人。既然是经营，就必然会有商业风险。就中介合同来说，只有当中介人促成合同成立的，才能向委托人请求支付报酬。如果中介人没有促成交易，不得请求报酬，他所付出的代价，即支出的成本费用，也就算商业风险，由其自己负担。

421. 委托人在接受中介人的服务后，利用中介人提供的交易机会或者媒介服务，绕开中介人直接订立合同的，中介人是否有权请求委托人支付报酬?

“跳单”，是指委托人接受中介人的服务后，利用中介人提供的订约信息或者媒介服务，绕开中介人直接与第三人签订合同的行为，其目的是规避向中介人支付报酬义务。“跳单”行为中，委托人实质上利用了中介人提供的订约信息或者机会，在订立合同时却避开中介人，自行与第三人订立合同，以此来逃避向中介人支付报酬的义务。对于“跳单”行为，司法实践一般认为，委托人与第三人订立合同，只要委托人实质上利用了中介人提供的劳动，即中介人通过中介行为向委托人提供的订约信息或者媒介服务，就应当认定该交易是由中介人促成的，委托人就应当向中介人支付约定的报酬。如果委托人并未利用中介人提供的订约信息或者机会，则中介人无权主张报酬请求权。

委托人的行为构成“跳单”应当具备以下要件：第一，委托人接受了中介服务。中介人接受委托后，履行了向委托人报告订约机会或者提供媒介服务的义务，委托人接受了中介人提供的服务，这是中介人获取报酬的权利来源。中介合同是双务有偿合同，委托人支付报酬须以中介人提供约定的、有价值的中介服务为对价。第二，委托人绕开中介人直接与第三人订立合同。委托人与第三人私下订立合同，并未通过中介人，或者委托人在中介人之外，又委托其他人从事中介服务，通过其他中介人与第三人订立了合同。第三，委托人与第三人合同的订立，主要是由于委托人利用了中介人提供的交易机会或者媒介服务，或者说合同订立与中介人的中介服务具有因果关系。这是判断委托人的行为构成“跳单”并应当向中介人支付报酬的关键。不论委托人是私下与第三人直接订立合同，还是通过其他中介人与第三人订立合同，只要委托人利用了中介人提供的交易机会或者媒介服务，就构成“跳单”，是否存在其他中介人并不是关键因素。一般而言，只要委托人实际接受了中介人的中介服务，又与第三人订立了合同，就可以推定该合同之成立与中介人提供的服务有因果关系。如果委托人认为其没有利用中介人的交易机会或者媒介服务，应当承担举证责任。实践中，委托人可能自己事先也通过各种渠道搜集了一些信息，知晓第三人的情况，而中介人又向委托人重复报告了该第三人的情况，例如中介人提供的信息是公开的、委托人可以轻易获得的信息，中介人的报告对委托人来说可能是毫无价值的，委托人与第三人订立合同，就不能认为利用了中介人提供的交易机会或者媒介服务。但是，委托人要对其在中介人提供订约信息前就已知晓第三人有关情况，并未利用中介人提供的交易机会或者媒介服务承担举证责任。

422. 民法典对中介合同没有规定的，是否可以参照适用委托合同的有关规定？

中介合同与委托合同都属于服务合同，都是当事人接受委托人委托从事一定事务的合同，只不过中介合同委托的事项特殊固定。中介合同和委托合同有很多共同之处。有的观点认为，中介合同就是一种特殊的委托合同。在民法典对中介合同没有规定的情况下，可以参照适用委托合同的有关规定。例如，中介人应当亲自处理中介事务，不得擅自将中介事务交给他人处理；两个以上的中介人共同处理委托事务的，对委托人承担连带责任等。

中介合同可以参照适用委托合同任意解除权的规定，但并不是完全适用。中介合同的委托人享有任意解除权，应无疑义。一般认为，委托合同中委托人的任意解除权，其法理基础在于委托合同是基于特殊信赖而成立的合同。另外，就委托人一方来说，委托事项可能随时发生变化，这就产生了随时解除的需求。以上观点也可应用于中介合同。类似于委托合同，中介合同的委托人委托中介人从事一定的中介事务，在中介事务完成之前，情况发生变化，委托人又不再需要中介人的中介服务的，可以随时解除中介合同。中介合同委托人的任意解除权还有更多的理由。类似于消费者，中介合同的委托人有权选择更优服务。同时这也避免了依附现象的弊端。而且，委托人没有与第三人缔约的义务，委托人不缔约的实际效果，与行使任意解除权是相同的。而行使任意解除权，反而使中介人得到了通知，能避免其进一步为完成中介事务继续付出人力、财力和物力，还能向委托人请求相应的赔偿。报告中介的任意解除，是在委托人获得信息之前，之后就没有解除的必要了。媒介中介的任意解除，是在委托人与第三人的合同成立之前。如果委托人与第三人之间成立的合同是附生效条件（停止条件）的合同，在条件成就之前，中介人不得请求报酬，但在合同成立之时，委托人的任意解除权终止。中介合同中委托人的任意解除权更接近于承揽合同中定作人的随时解除权。《民法典》第787条规定："定作人在承揽人完成工作前可以随时解除承揽合同，造成承揽人损失的，应当赔偿损失。"中介合同是有偿合同，委托人解除合同给中介人造成损失的，除不可归责于委托人的事由外，委托人还是应当赔偿中介人的损失。至于中介人是否应当享有任意解除权，学界还存在不同认识。

423. 什么是合伙合同？

合伙合同，是指两个以上合伙人为了共同的事业目的，订立的共享利益、共担风险的协议。合伙合同，是以共同出资为基础，以共同事业为目的，以共享利益、共担风险为本质的协议。合伙合同主要有以下五个特征：

1. 对合伙人有所限制。

作为合伙合同主体的合伙人，可以是自然人、法人或者非法人组织。但是，合伙人并不是没有完全限制，不是所有民事主体都可以成为合伙人。国有独资公司、国有企业、上市公司如果成为合伙人，就要以其全部财产对合伙债务承担责任，这不利于保护国有资产和上市公司股东的利益。从事公益性活动的事业单位、社会团体，因其从事的活动涉及公共利益，其自身财产也不宜对外承担无限连带责任。因此，国有独资公司、国有企业、上市公司以及公益性的事业单位、社会团体原则上不能与他人订立合伙合同成为合伙人。

2. 为了共同目的或者共同利益。

合伙人订立合伙合同是为了达到共同的事业目的，实现共同的利益，这是合伙合同最重要的特征，也是合伙合同与其他类型的合同最重要的区别之一。就一般的合同而言，虽然合同的双方或者多方当事人总体目标是一致的，都是为了实现合同目的，例如，买卖合同中的出卖人和买受人都希望交易达成。但是，从当事人的角度出发，他们的目的或者权利义务有可能是不一致甚至是完全相对的。而合伙合同中，所有合伙人的目的具有一致性，权利义务的内容或者说方向也具有一致性，都是为了实现共同的事业目的，完全是一种合作关系而非对立关系。

3. 共享利益、共担风险。

合伙合同的所有合伙人之间具有共同的事业目的，是合作共赢的关系。因此，所有合伙人就应当共享合伙经营之利益，共担合伙经营之风险。可以说，合伙合同中的全体合伙人是“一荣俱荣，一损俱损”的关系。目的的共同性决定了所有合伙人共享利益、共担风险，不能只由部分合伙人享受利益或者承担风险，否则有违合伙合同之目的。

4. 合伙具有较强的人合性和一定的组织性。

合伙合同的成立是基于合伙人之间的互相信任，合伙人之间可以互为代理人，且全体合伙人对合伙债务承担连带责任。合伙人具有共同的事业目的，共享利益，共担风险。因此，合伙具有较强的人合性。这决定了合伙人不得擅自处分自己在合伙财产中的份额，以及合伙人的债权人不得代位行使合伙人对合伙的权利等。

契约型合伙具有一定的组织性，但又不是完全独立的组织体，不具有民事主体资格。这是契约型合伙与合伙企业的重要区别。

5. 合伙合同是不要式合同、继续性合同。

民法典对合伙合同的订立形式没有作出特别要求，可以是口头形式，也可以是书面形式或者其他形式。

不论合伙合同的共同事业目的是持续性的还是临时性的，都不影响合伙合同为继续性合同。合伙人履行义务的行为不是一次性的，只要共同目的仍未实现，所有合伙人都应持续履行其义务。

424. 合伙人可以以什么方式出资?

合伙人的出资方式是合伙人向合伙投入资本的具体形式，合伙人的出资可以是货币形式，也可以是非货币形式。非货币形式不仅包括除货币外的各种有形财产和无形财产，如实物、股权、土地使用权、知识产权等，还包括劳务。

具体来说，合伙人的出资方式主要包括以下几类：(1) 货币。货币是商品交换的一般等价物。货币出资是最常见、最基本的出资方式，它不同于其他出资，可以构成合伙财产的全部。合伙人出资所用货币应当是合伙人自有的资金，或归自己管理、支配的资金。(2) 实物。实物即共同经营所需的各种货币以外的有形财产，实物出资的范围较广，既可以是厂房、设备、专门设施，也可以是仓库、运输工具以及其他生产资料。以实物出资是否需要评估作价，由谁来进行评估作价，应由全体合伙人协商确定，全体合伙人也可以委托法定的评估机构进行评估。以实物出资的，合伙人用以出资的实物必须是为自己所有的或可在合伙经营期间完全由自己支配的实物财产。不能完全支配的财产，已设立担保的实物，短期租赁他人的实物，一般不应作为实物出资。(3) 知识产权。知识产权是人们的智力劳动成果在法律上产生的一种无形的财产权利，合伙人依法取得的知识产权可以作为合伙的出资。主要包括商标权、专利权、著作权（版权）以及技术秘密等。(4) 土地使用权。土地使用权是指依法对土地加以使用的权利。作为对合伙出资的只能是土地的使用权而不能是土地所有权。合伙人可以以依法取得的土地使用权作为对合伙的出资。可以用于合伙出资的土地使用权，主要包括土地承包经营权、土地经营权和建设用地使用权。（5）劳务。以劳务出资，即将某一特定人的劳务，看作是一种财产权利而允许其作为对合伙的出资方式。由于特定的劳务，如某人的管理技能、某个知名厨师的烹调技艺等具有较高的价值含量，实际应用能产生经济效益，世界上多数国家和地区的立法对以这种劳务为合伙人出资的做法是肯定的，即允许部分合伙人以其特定的劳务对合伙进行出资。为了避免纠纷，维护劳务出资者和其他合伙人的合法权益，合伙人以劳务出资的，其评估办法由全体合伙人协商确定，并应当在合伙协议中载明。（6）其他出资方式。在现实生活中，用于对合伙投资的财产除上述五种以外，还有许多其他财产，如股权、债权、信托受益权、矿产资源开发权、林地使用权等。合伙人也可以用来进行出资。

425. 合伙财产归谁所有？

合伙财产是合伙赖以存在和发展的基础。契约型合伙具有一定的组织性，但是不具有独立的民事主体资格，不能成为合伙财产的所有权人。因此，合伙财产的所有权人应当为全体合伙人，需要登记的合伙财产应当登记在全体合伙人名下。这与合伙企业不同。依法成立的合伙企业，属于民法典总则编中规定的非法人组织，具有民事主体资格，可以独立地享有民事权利、承担民事义务，当然也就可以成为合伙企业财产的所有权人。成立合伙企业后，合伙人的出资等财产都归合伙企业所有，需要登记的财产，应当登记在合伙企业名下。

合伙财产应当归全体合伙人共有，对此应无疑义。各国法律一般都规定合伙财产归全体合伙人共有。对合伙财产的所有权应当区分内部关系和外部关系分析。于内部关系而言，对于合伙财产，全体合伙人之间是共同共有关系，还是按份共有关系？对此学界存在不同观点。有的认为应当是共同共有，有的认为是按份共有。合伙合同的订立是为了共同的事业目的，全体合伙人共享利益、共担风险，且对合伙债务承担连带责任。合伙具有高度的人合性，合伙人之间互相信任才使合伙得以成立。全体合伙人共同经营，共同管理合伙财产，共同对所有合伙财产享有占有、使用、收益和处分的权利。对于合伙财产的处分，应当按照合伙合同的约定，或者全体合伙人的共同决定，才能得以进行。因此，全体合伙人对合伙财产享有共同共有权。

从外部关系来看，合伙财产由全体合伙人共有，只有根据合伙合同的约定或者所有合伙人同意才可以对合伙财产进行处分。但是合伙人之间对于处分合伙财产的内部约定不能对抗善意第三人。合伙财产中的某个具体财产可能实际为某个合伙人占有，或者仅登记在某个合伙人名下。此时如果该合伙人将该财产转让给并不知晓该财产为合伙财产的善意第三人，第三人可以依据《民法典》第 311 条的规定取得财产的所有权。当然，如果第三人明知该合伙人处分合伙财产的行为属未授权行为，或者与该合伙人相互串通损害其他合伙人的利益，即不属于善意第三人，则其他合伙人不仅可以以此与之相对抗，要求其返回财产或补足差价，而且有权依法追究该第三人的相关责任。

426. 合伙合同终止前，合伙人是否可以请求分割合伙财产？

合伙财产是合伙得以成立和存续、发展的重要条件，因此必须保证合伙财产的稳定性。契约型合伙，虽然不是独立的民事主体，但是也具有一定的组织性，财产一旦进入合伙财产的范围，就与合伙人相对分离，归全体合伙人共同共有。在共有关系终止前，合伙人不得分割合伙财产。合伙人一旦按照约定缴付了出资，就不得随意予以抽回。任何一个合伙人抽走或分割其财产份额，都会直接导致合伙财产数量的减少，给正常进行的生产经营活动造成消极影响；以合伙名义取得的收益和依法取得的其他财产，也具有同样的性质。合伙人在合伙合同终止前分割合伙财产，往往会影响到合伙的正常经营，甚至可能导致共同目的的落空。为避免这种现象的发生，维护合伙的正常经营和全体合伙人的利益，民法典规定："合伙合同终止前，合伙人不得请求分割合伙财产。"

此外，任何合伙人不得私自转移或者处分合伙财产。在合伙经营中，由于每一个合伙人都有执行合伙事务，对外代表合伙的权利。在代表合伙对外从事活动过程中，在合伙人占有合伙财产中的动产或者合伙财产中的不动产、机动车等登记在合伙人名下时，各合伙人都有独自处分某些财产的机会，不排除该合伙人为了自己的私利私自转移或处分合伙财产的情况，如私自出售经营设备，将订购的原材料、设备移转他处或将出售产品的收入占为己有等。发生此类情况，不得以此对抗善意第三人，主要是为了保护善意第三人的利益，维护正常交易的安全。

合伙人执行合伙事务将应当归合伙的利益据为己有的，或者采取其他手段侵占合伙财产的，应当将该利益和财产退还合伙；给合伙或者其他合伙人造成损失的，应当依法承担赔偿责任。对合伙人私自转移或者处分合伙财产的，一是应将转移财产的收入收归合伙，如转移财产行为尚未实际执行的，可与第三人协商解除合同，由此造成的损失由该合伙人承担；二是由于转移或处分财产的行为给其他合伙人造成损失的，由该合伙人赔偿。

427. 合伙事务应当如何决定？

合伙人就合伙事务作出决定的，除合伙合同另有约定外，应当经全体合伙人一致同意。由于合伙事务关系到全体合伙人的共同利益，原则上应当由全体合伙人共同决定，尤其是关于合伙事务或者合伙财产的重要事项，例如改变合伙的事业目的或者经营范围，转让、处分合伙财产中的不动产等，必须由全体合伙人一致同意才能进行，不能由部分合伙人或者执行事务合伙人自行决定，也不能适用少数服从多数的原则。

当然，合伙合同可以对此作出特别约定。合伙人之间存在相互信任关系，合伙事务的表决应当更多地体现合伙人意思自治的原则和协商原则。合伙合同相当于合伙的章程，所有合伙人都应当按照合伙合同的约定享有权利，承担义务。一般而言，所有合伙人应当在合伙合同中对合伙事务的决定进行约定，对于不同的合伙事务可以约定不同的参与和表决程序，例如对于合伙事务中的重要事项约定由所有合伙人参与表决并一致同意，对于一般事项仅须半数以上合伙人同意即可。全体合伙人在订立合伙合同时，应尽可能详细地就合伙事务的表决方式，包括是按出资份额，还是按合伙人人数，或是两者相结合的表决方式，并就表决决定的计票办法等作出明确约定。

实践中，关于合伙事务的一切事项都由所有合伙人共同决定且一致同意，可能难以实现，对于一般事项而言也实在没有必要。而且，随着市场经济的发展，商业机会的时效性强，要求合伙的决策应更加及时、快速。为了提高合伙的决策经营效率，应当允许合伙合同对合伙事务的决定作出更加灵活的约定，如规定某些事项可以采用普通多数决或特别多数决的办法作出决定。

428. 合伙事务应当如何执行?

合伙不仅由各合伙人共同出资设立，还通常由合伙人共同进行经营和管理。合伙人通常人数较少，相互信任，其从事经营活动具有法律上的相互代理关系，因此无需和公司法人一样设立严密的组织管理机构。灵活性是合伙的优点之一，可以在很大程度上提高合伙的决策效率和经营效率。合伙人对执行合伙事务享有同等的权利，即每一个合伙人对企业的经营管理和其他事务的执行不但有参与权，而且他们的权利平等。无论出资多少，出资方式是否相同，都不影响这一法定权利，不影响其在执行合伙事务时的平等资格。据此，民法典规定，合伙事务由全体合伙人共同执行。

但是，如果所有合伙事务都由全体合伙人共同执行，则程序上将变得十分繁琐，容易导致经营效率低下，不利于合伙事务的执行、处理。因此，合伙人可以在合伙合同中约定，或者在订立合伙合同后由全体合伙人共同决定，委托一个或者数个合伙人来执行合伙事务。合伙人分工协作，不仅有利于发挥各个合伙人的专长，也有利于提高合伙的决策和经营效率，促进合伙经营的发展。合伙事务重要程度不同，一般来说，合伙合同应当对合伙事务的决定作出具体约定，比如涉及重要事务必须由全体合伙人一致同意，合伙人在执行合伙事务时必须按照合伙人一致同意的决定行事。执行合伙事务既可以由全体合伙人共同执行，也可以按照合同约定或者全体合伙人的决定，委托个别合伙人单独执行。全体合伙人共同执行合伙事务是指根据合伙合同的约定，各合伙人都可以对内负责管理事务，对外分别代表合伙，以合伙的名义从事经营活动。由于谁来执行合伙事务对内关系到合伙生产经营的安排，对外涉及谁来代表合伙对外发生联系，对维护交易安全有一定的影响。因此，法律要求委托部分合伙人执行合伙事务须由全体合伙人共同决定。据此，民法典规定，按照合伙合同的约定或者全体合伙人的决定，可以委托一个或者数个合伙人执行合伙事务。

合伙具有一定的组织性，可以以合伙的名义从事一定的活动，因此也有谁来对外代表合伙的问题。从本质上说，全体合伙人互为代理关系，如果全体合伙人共同执行合伙事务，则对外均有代表权。如果全体合伙人委托一个或数个合伙人执行合伙事务，则由受委托的合伙人对外代表合伙。在委托范围之外的某些事项，全体合伙人也可以临时决定委托给某一合伙人办理。即在作出对合伙事务执行的一般委托时，并不排除特殊的委托，但需要合伙合同作出约定或全体合伙人的授权。

429. 合伙人是否可以因执行合伙事务而请求支付报酬？

合伙事务的执行，是指合伙的经营管理及对内对外关系中的事务处理等活动。按照合伙合同的约定或者全体合伙人的决定，可以委托一个或者数个合伙人执行合伙事务，其他合伙人不再执行合伙事务。合伙人执行合伙事务，既是其权利，也是其义务。合伙人既是合伙的投资者也是经营者，有权参与合伙事务的执行。合伙人应当共同执行合伙事务，处理合伙事务也是其作为合伙人应尽的义务。合伙人执行合伙事务也就是在处理自己的事务，因此原则上合伙人不得以执行合伙事务为由请求支付报酬。

但是，在合伙事务委托给一个或者数个合伙人执行的情况下，有的合伙人可以不直接参与合伙的经营管理。执行合伙事务不仅需要付出大量的时间、精力，还需要一些专业技能和管理才能等。如果不对执行事务合伙人的付出进行补偿或者奖励，可能是不公平的，而且这也将影响其执行事务的积极性，可能影响合伙经营的效率和质量，进而损害全体合伙人的共同利益，不利于合伙共同事业目的的实现。为了体现公平原则，保护对合伙作出更多贡献的合伙人的积极性及合法权益，应当允许其从合伙经营利润中获得补偿。合伙合同可以约定在委托部分合伙人执行合伙事务的情况下，对执行事务合伙人的报酬或者奖励办法，这种报酬或者奖励通常应与其劳务提供量、业绩和难易程度挂钩。对于执行事务合伙人的报酬或者奖励，也可以由全体合伙人共同作出决定。如果合伙合同对此没有约定，也没有全体合伙人的决定，则合伙人无权以合伙事务的执行为由而要求报酬。

430. 如何确定合伙的利润分配和亏损分担?

合伙的利润分配是指合伙的生产经营获得的收入，在扣除成本后所得的利润，在各合伙人之间进行的分配。合伙的亏损分担，是指合伙经营过程中发生的在一定时期内各种收入减去各项费用后出现负差额即发生亏损时，就这种亏损在各合伙人之间进行的分别承担。合伙经营既可能为投资者带来收益，也可能因经营等多方面原因而产生亏损。

《民法典》第 972 条规定了合伙的利润分配和亏损分担的方法，具体来说：首先，合伙的利润分配、亏损分担，应当按照合伙合同的约定办理。合伙合同是合伙的章程，是合伙从事经营活动的准则和合伙人据以享受权利、承担义务的重要依据。而合伙的利润分配和亏损分担是合伙人重要的权利义务，理应由合伙合同作出约定，因此，民法典确认了合伙合同约定优先的原则。其次，如果出现合伙合同对此没有约定或者约定不明确时，还是应当尊重合伙人的意思，尽量由合伙人共同协商作出决定，充分体现意思自治原则。再次，如果合伙人经过协商仍未能作出决定的，则应当按照各合伙人的实缴出资比例进行分配、分担。需要注意的是，这里的出资比例应当是实缴出资的比例，合伙人承诺出资或者应当出资而未实际缴付的，以实际缴付的出资为准。最后，合伙人之间的出资比例也无法确定的，只能由各合伙人平均分配和分担。

在未约定损益分配比例的情况下，对于利润分配和亏损分担的比例，不同的国家作出了不同的规定。以合伙人的出资比例来确定利益分配和亏损分担，符合人们对于合伙经营、投资的期待，符合常理，也符合公平原则。据此，民法典也规定在合伙人没有约定且协商不成时，以出资比例来确定利润分配和亏损分担的比例。

确定合伙的利益分配和亏损分担办法，最重要的是应当体现公平。合伙的一个重要特征是合伙人共享收益，共担风险。每一个合伙人无论出资多少，以何种方式出资，都有分配利润的权利，也有分担亏损的义务。虽然合伙合同可以自行约定利润分配和亏损分担的办法，自主调节相互间的利益关系，但行使这一权利必须遵循公平的原则，不能明显有失公允。因此，一般来说，合伙的利润分配和亏损分担，应当由全体合伙人共同决定，但是合伙合同不得约定将全部利润分配给部分合伙人或者由部分合伙人承担全部亏损。对此，一些国家的法律明确禁止剥夺部分合伙人权利或者向其强加义务等不公平的“狮子合伙”。

431. 合伙人对合伙债务承担何种责任？

合伙人对合伙债务承担连带责任。这是对于合伙人的外部关系作出的规定。合伙人对合伙债务承担连带责任，是指全体合伙人以自己的所有财产向债权人承担连带责任，债权人可以请求任何一个或者数个合伙人清偿所有合伙债务。之所以如此规定，主要是由合伙合同的性质和目的所决定的。合伙合同的订立是为了实现共同事业目的，共享利益、共担风险。对于合伙人来说，合伙具有很强的人合性，合伙人之间互相信任，共同投资，共同经营管理，对合伙财产共同共有。规定合伙人的连带责任虽然增大了合伙人的风险，但同时也增加了合伙的对外信誉，使合伙获得了更强的偿债能力。合伙虽然具有一定的组织性，但是并不具有民事主体资格，合伙人之间可以互为代理人，这对于债权人来说意味着较大的交易风险，而规定合伙人承担连带责任，可以扩大合伙人对于合伙债务的履行担保，有利于实现债权人的债权，保护债权人的利益。因此由合伙人对合伙债务承担连带责任，对于合伙人和债权人来说都是公平合理的。

关于合伙财产和合伙人的个人财产清偿合伙债务的顺序，契约型合伙与合伙企业是不同的。《合伙企业法》第 38 条规定，合伙企业对其债务，应先以其全部财产进行清偿。第 39 条规定，合伙企业不能清偿到期债务的，合伙人承担无限连带责任。由此可见，合伙企业中的合伙人，对于合伙企业的债务承担无限连带责任。也就是说，合伙企业必须先以合伙企业的财产清偿合伙企业债务，当合伙企业的财产不足以清偿到期债务时，再由合伙人以其所有的其他财产进行清偿。无限连带责任，实际上是无限责任与连带责任的结合。所谓无限责任即在合伙财产不足以清偿债务时，合伙人要以自己的其他财产偿付自己承担的债务份额，直到清偿完毕为止；所谓连带责任即指当债权人追究各合伙人的无限责任，某一合伙人无力承担这种责任时，其他合伙人有连带承担其偿付债务的义务。因此，当合伙企业财产不足以清偿债务时，其债权人即可向其任何一个普通合伙人主张权利，要求其偿付债务。该合伙人负有代合伙企业偿付债务的责任，这种责任既包括他自己应承担的债务份额，也包括其他合伙人应承担的部分。而契约型合伙虽然具有一定的组织性，但却是松散型的合伙，并不具有独立的民事主体资格，其财产还是由全体合伙人共有，合伙财产与合伙人的其他财产难以厘清，因此，并不要求对合伙债务先以合伙财产进行清偿，债权人可以直接请求所有合伙人以包括合伙财产在内的所有财产来履行合伙债务。这是契约型合伙与企业型合伙的重要区别之一。

各合伙人因各自的经济实力不同，承担债务的能力也有区别。在合伙人按一定比例分担合伙债务的情况下，就可能发生有的合伙人因其财力所限，一时难以承担债务偿付份额的情况。对此情况，任何合伙人都要对合伙债务承担连带责任，即除对自己分担的债务份额承担责任外，还应对其他合伙人应承担而无力承担的部分进行清偿。当合伙人实际偿付的合伙债务超过其应承担的份额时，就该超过部分，应当允许其向其他合伙人进行追偿。据此，民法典规定，清偿合伙债务超过自己应当承担份额的合伙人，有权向其他合伙人追偿。

432. 合伙人是否可以向合伙人以外的人转让其全部或者部分财产份额?

合伙财产属于全体合伙人共同共有，对合伙财产的处分应当按照合伙合同约定，或者经过全体合伙人同意。而不论是对于所有合伙财产，还是对于合伙财产中每个具体的财产，从内部关系上看，每个合伙人又都占有一定的份额。

实践中，由于各种原因，合伙人可能需要将其投在合伙中的财产份额变现。为此，合伙人有权将其持有的合伙财产份额转让。该转让包括向合伙内部的其他合伙人转让和向合伙人以外的人转让。合伙人转让其财产份额并不可以任意为之。合伙具有很强的人合性，是基于合伙人之间的相互信任才得以成立的。合伙人的数量一般不多，而且彼此间互相信任和了解，每个合伙人都有对外代表合伙的权利，各合伙人之间可以互相代理。这种合伙的人合性决定了合伙人的加入和退出都必须受到严格的限制。合伙人将其合伙财产中的全部或者部分份额向合伙人以外的人转让，实际上就相当于合伙人的地位全部或者部分被合伙人以外的人所取代，发生该财产份额的受让者加入合伙成为新合伙人的效果。而且，基于共同共有的理论，合伙人转让共同共有的合伙财产中的份额，自然也需经过其他共有人的同意。因此，一般来说，合伙财产份额的转让必须经其他合伙人一致同意。

不过，合伙人可以向其他合伙人转让自己的财产份额，也就是合伙人可以将自己持有的合伙财产份额，部分或全部转让给合伙中的一个或数个其他合伙人。由于这种转让属于内部关系，只关系到各合伙人财产份额的变化，既没有新的合伙人加入，也不影响合伙财产总额的变化，因此一般来说，不需征得其他合伙人的同意，也没有其他事前程序，只需通知他们知晓即可。当然，合伙合同也可以对合伙人的财产份额在各合伙人之间的转让作出特别约定，例如合同约定合伙人对合伙事务的表决权大小取决于合伙财产份额的大小时，可以对财产份额的内部转让作出一定限制，如约定任何合伙人将合伙财产份额转让给其他合伙人，必须经过全体合伙人过半数同意。

433. 合伙人的债权人是否可以代位行使合伙人的权利?

合伙的人合性决定了合伙人对于合伙的权利不得随意转让给合伙人以外的人，合伙人的债权人一般不得主张合伙人对合伙或者合伙财产的权利。但是，对于合伙人自身的债权人来说，其债权应予实现，债务也需清偿，在合伙人自身无其他财产可供清偿债务的情况下，可以要求该合伙人依法转让其合伙财产的份额，可以等待合伙人取得合伙收益后清偿，还可以申请法院强制执行该合伙人在合伙中的财产份额。

合伙人在合伙中不仅享有财产性质的利益分配请求权，还包括其在合伙中的表决权等身份权合伙事务执行权及监督权等其他权利。合伙人的债权人要求合伙人偿还债务，只能通过与合伙人签订合同或通过诉讼，获得对合伙人在合伙中利益分配的请求权或者分割其在合伙财产中的份额以实现债权，而对合伙人的其他具有人身属性的权利，如合伙事务执行权、重大事务表决权、对合伙的监督权等均没有请求权。此外，合伙还具有一定的组织性，合伙人一旦出资就成为合伙财产，合伙人的出资和其他因合伙取得的财产都是合伙财产，属于所有合伙人共同共有。基于共同共有的理论，在合伙合同终止前，合伙人不得请求分割合伙财产，也不得随意处分合伙财产以及合伙人在合伙财产中的份额。如果允许合伙人的债权人代位行使合伙人对合伙的权利，那就相当于变相分割或者处分了合伙财产。基于以上理由，民法典规定合伙人的债权人原则上不得代位行使合伙人在合伙中的权利。

但是，当合伙人的自有财产不足以清偿其债务时，还可以以基于合伙产生的其他财产性权利来进行清偿。合伙财产是由合伙人投入合伙的原始出资、出资收益及其他财产收益形成的。合伙人将其出资投入合伙即变成合伙财产，是合伙经营的必要条件。如果允许合伙人以这部分财产清偿自身债务就意味着要对这种财产进行处分，势必要对合伙财产进行分割，并按份额予以减出，必然对合伙经营造成负面影响，因此不允许合伙人直接以其在合伙财产中的份额清偿自身债务。合伙人对合伙享有的权利，既包括具有人身属性的权利，也包括财产权利，如利益分配请求权。为了既维护合伙的利益，又满足合伙人的债权人实现债权的要求，民法典规定，允许合伙人的债权人代位行使该合伙人基于合伙享有的利益分配请求权。债权人行使合伙人的利益分配请求权，并不影响合伙的人合性和组织性，也不减少合伙财产，对于合伙经营来说并无害处，应当允许。

434. 合伙人对合伙期限没有约定或者约定不明确的，应当如何处理？合伙期限届满，合伙人继续执行合伙事务的，又应如何处理？

实践中，基于各种原因，合伙合同可能对合伙期限并没有作出约定或者约定不明确。对于这种情况，合伙人可以补充协议；不能达成补充协议的，则按照合同相关条款或者交易习惯确定。例如，合伙人之间已经连续多次签订合伙期限为两年的合伙合同，最后一次订立合伙合同时，没有对合伙期限作出约定。在这种情况下，即便合伙合同对合伙期限没有作出约定，也可以推定该合伙合同的合伙期限也是两年。如果按照合同相关条款或者交易习惯仍无法确定的，视为不定期合伙。

合伙期限届满，合伙人继续执行合伙事务，其他合伙人没有提出异议的，原合伙合同继续有效，但是合伙期限为不定期。一般来说，合伙期限届满，合伙合同即告终止。但是，如果合伙人在合伙期限届满后，仍继续执行合伙事务，且其他合伙人也没有提出异议的，可以推定全体合伙人均具有使合伙继续存续的意思，因此法律规定这种情况下视为原合伙合同继续有效。但是由于约定的合伙期限已经届满，合伙人都没有约定新的合伙期限或者延长的期限，此时合伙合同的期限变为不定期。

合伙合同是继续性合同，对于不定期的合伙合同，合伙人均有任意解除权。《民法典》第 563 条第 2 款规定，“以持续履行的债务为内容的不定期合同，当事人可以随时解除合同，但是应当在合理期限之前通知对方”。与不定期的物业服务合同一样，不定期合伙的合伙人也有任意解除权。但是，合伙人解除合同，应当尽量不损害合伙及其他合伙人的利益，给予其他合伙人必要的准备时间，以便对合伙事务及时作出安排和调整。据此，民法典还规定，合伙人可以随时解除不定期合伙合同，但是应当在合理期限之前通知其他合伙人。合伙人解除合伙合同后，合伙关系终止。合伙合同为继续性合同，其解除仅向将来发生效力。对于不定期合伙，《德国民法典》第723条、《日本民法典》第678条、《西班牙民法典》第1705条均规定了合伙人可以随时退出、解散或者终止合伙。

435. 合伙人死亡、丧失民事行为能力或者终止的，合伙合同是否立即终止？

合伙合同的当事人可以是自然人、法人或者非法人组织等民事主体。一般来说，作为合伙人的自然人，应当具有完全民事行为能力。因为合伙合同的成立是为了共同的事业目的，对于合伙事务，合伙人应当共同决定、共同执行，因此合伙人应当具有符合进行合伙经营之要求的相应能力。合伙具有很强的人合性，全体合伙人共享利益、共担风险，对合伙债务承担连带责任，这就要求合伙人具有一定的财产或者偿债能力。

民法典的规定与合伙企业法不同。因为合伙企业是独立的民事主体，是组织型合伙，属于依法成立的非法人组织，成立和终止都应当具备较为严格的条件，不到迫不得已不宜随意终止。因此，法律对于合伙企业区分了退伙和终止的规定，当某合伙人出现死亡、丧失民事行为能力等事由时，仅发生该合伙人退出合伙企业的法律效果，合伙企业则继续存续。根据《合伙企业法》第48条的规定，作为合伙人的自然人死亡或者作为合伙人的法人、其他组织由于依法被吊销营业执照、责令关闭、撤销，或者被宣告破产等原因终止的，该合伙人退伙。如果合伙人被依法认定为无民事行为能力人或者限制民事行为能力人的，经其他合伙人一致同意，可以依法转为有限合伙人，普通合伙企业依法转为有限合伙企业。其他合伙人未能一致同意的，该无民事行为能力或者限制民事行为能力的合伙人退伙。与合伙企业不同，契约型合伙不具有独立的民事主体资格，是松散型的合伙，具有很强的人合性，全体合伙人都要对合伙债务承担连带责任，因此对于契约型合伙，不区分退伙和终止。作为自然人的合伙人死亡、丧失民事行为能力，或者作为合伙人的法人、非法人终止的，合伙合同也应当终止。据此，民法典规定，合伙人死亡、丧失民事行为能力或者终止的，合伙合同终止。当然，如果其他合伙人仍有意继续合伙事业，也可以订立新的合伙合同。

合伙合同对此另有约定的，应当按照约定。例如，合伙合同可以特别约定此种情况下不终止合伙合同，而是由承受死亡、丧失民事行为能力或者出现法定终止原因的合伙人权利义务的民事主体，如继承人、法定代理人等，作为新的合伙人；也可以约定该合伙人退出合伙关系，其他合伙人之间的合伙关系继续存续。此外，如果根据合伙事务的性质不宜终止的，发生合伙人死亡、丧失民事行为能力或者出现法定终止原因时，合伙也并不当然终止，这类似于《民法典》第934条关于委托合同的规定。当发生合伙终止的原因时，合伙也可能因某种原因阻却终止，此时仅产生某合伙人退伙的效果。

436. 合伙合同终止后，合伙财产在支付因终止而产生的费用以及清偿合伙债务后有剩余的，应当如何分配？

合伙合同因各种原因终止后，应当对合伙财产以及因合伙产生的所有债权债务进行结算，先是清偿各项费用和合伙债务，清偿后有剩余财产的才能分配给合伙人。如果合伙财产不足以清偿有关费用和合伙债务，合伙人应当对不足部分承担连带责任，以所有合伙人的个人财产进行清偿。

《民法典》第 978 条规定，“合伙合同终止后，合伙财产在支付因终止而产生的费用以及清偿合伙债务后有剩余的，依据本法第九百七十二条的规定进行分配”。合伙合同终止，不论合伙财产有多少，是否足以清偿有关费用和合伙债务，都应当按照以下顺序处理：一是支付因终止产生的费用。因终止产生的费用，包括合伙财产的评估、保管、变卖等所需要的费用，以及有关的律师费用、诉讼费用、仲裁费用等。二是清偿合伙债务。在支付完因终止产生的费用后，应当对合伙债务进行清偿，以保护合伙的债权人的利益。

支付因终止产生的费用和清偿合伙债务后，如果有剩余财产，才能在全体合伙人之间进行分配。合伙的一切债权都应当优先于合伙人的分配财产请求权，只有上述所有债权都得到清偿后，才可以分配剩余的合伙财产。虽然合伙人要对合伙债务承担连带责任，但是如果合伙人在清偿合伙债务之前分配合伙财产，再由合伙的债权人向合伙人请求偿还，不仅不符合效率原则，而且可能使债权人的债权难以实现。从实际情况来看，如果允许合伙人先分配合伙财产，易导致合伙人分配完合伙财产后潜逃或者转移、隐匿财产，使债权人无从追索。因此，民法典规定了“先偿债，后分配”的原则。

对于剩余财产，应按照本法第 972 条规定的利益分配规则进行分配，即首先按照合伙合同的约定办理；合伙合同没有约定或者约定不明确的，由合伙人协商决定；协商不成的，由合伙人按照实缴出资比例分配；无法确定出资比例的，由合伙人平均分配。

437. 什么是无因管理制度？

无因管理制度作为债的主要发生原因之一，是一种重要的民事制度。该制度的历史渊源流长，早在古罗马法中就规定了该制度。设立该制度的主要目的，一是鼓励人们见义勇为、互助互帮，促进社会中助人为乐的传统道德观念；二是为合法干涉他人事务的行为确立评价标准，明确管理人与本人之间的权利义务关系，有利于维护和保障良好社会关系的形成，有利于维护社会公平与正义。所以，无因管理制度是立法为了鼓励助人为乐、危难相助和见义勇为行为的产物，它厘清了管理人的哪些行为属于合法的无因管理，哪些属于侵权行为或者不当得利。《民法典》第 121 条明确规定，没有法定的或者约定的义务，为避免他人利益受损失而进行管理的人，有权请求受益人偿还由此支付的必要费用。合同编设专章对无因管理制度进一步具体化，确立了我国无因管理制度的基本规则。

无因管理虽然是法律所鼓励的合法行为，但毕竟具有干涉他人事务的特征，为了避免被滥用，应当对其构成要件作出明确规定，让其在社会观念许可的限度和范围内发挥积极作用。根据《民法典》第 979 条的规定，无因管理应当满足以下要件：

1. 管理人对所管理的事务没有法定或者约定的义务。管理人对管理他人事务是否有法定或者约定义务，是认定是否构成无因管理的前提条件。这里的法定义务是指法律法规直接规定的义务，不限于民法典规定的义务，例如民法典婚姻家庭编规定的抚养义务，还包括其他法律行政法规规定的义务。约定的义务是指因当事人之间约定而产生的义务，例如合同编中的委托合同、运输合同、保管合同等典型合同中约定的义务。因履行法定义务或者约定义务而管理他人事务的，不构成无因管理。无因管理制度是一种民事制度，只调整平等民事主体之间的关系不调整公法上的义务，对于行政机关履行行政法等公法上的义务，例如公安机关救人，虽然客观上是管理他人事务，但不构成无因管理行为。管理人在进行管理时没有法定或者约定义务，既包括在开始管理时没有任何法定或者约定义务，也包括在管理过程中没有法定或者约定义务。例如，在开始管理前无义务的，则可成立无因管理；在开始管理时有义务，但根据义务进行管理过程中义务消失的，则从义务消失时开始构成无因管理。需要特别强调的是，第 979 条中的“管理人没有法定的或者约定的义务”是指管理人既没有法定的义务，也没有约定的义务，而非二者居其一。也就是说，管理人没有约定义务，但依据法定义务应管理他人事务的不构成无因管理；管理人没有法定义务，但依据约定义务应管理他人事务的也不构成无因管理；只有在既没有法定义务，也没有约定义务的情况下对他人事务进行的管理才构成民法典所规定的无因管理。

2. 管理人管理他人的事务。这里的他人事务是指有关人们生活利益并能成为债务的一切事项，既可以是涉及他人经济利益的事项，也可以是涉及他人非经济利益的事项；既可以是管理财产的事项，也可以是提供服务的事项。对于管理属于自己的事务或者不适宜由他人管理的事务，不得作为无因管理的事项。一般情况下，下列事项不宜作为无因管理的事项：一是违法行为，例如为他人销赃等；二是必须经本人授权、同意或者必须由本人亲为的行为，例如股东的投票权，演员亲自表演节目等；三是违反公序良俗的行为；四是单纯属于管理人自己的事项。这里的“管理”是指处理事务的行为，是广义的，既包括对财产的保管、利用、改良或者处分行为，也包括提供劳务服务等行为。至于管理他人事务的目的是否最终达到，不影响无因管理的成立。也就是说，即使本人未因管理人的管理行为而获得利益，或者甚至因此还受到损失，也不影响无因管理的成立。这里的“事务”应当是他人事务。如果不是为他人事务或者误信为他人事务，则不构成真正的无因管理，但管理人在管理他人事务中可以同时兼顾自己的利益。在合同无效、被撤销或者不成立的情形下，双方当事人之前互为的行为因都是履行约定的义务，而非管理他人事务，所以不构成无因管理，但属于不当得利的，双方当事人可以根据不当得利制度处理各自的权利义务关系。好意施恩惠的行为虽然表面上具有管理他人事务的特征，但因管理人没有受约束的意思，例如实践中的好意同乘行为、代某人投信等行为，属于社会应酬行为，原则上受道德规范，不纳入无因管理范围。

3. 管理人具有管理他人事务的意思，即管理人有为他人谋取利益的意思或者有使管理行为所产生的利益归于他人的意思。无因管理制度中的管理人客观上干涉了他人事务，若其主观上没有为他人利益进行管理的意思，必将损害他人权益，管理人也有可能从中获得利益，这违背了无因管理制度的设立目的，所以管理人有无管理意思是区分无因管理与侵权行为、不当得利的重要标准。管理人的这种意思无须明确表示出来，只要其认识到所管理的事务属于他人事务，并且没有将其作为自己事务进行管理的想法，就可以认定其具有管理他人事务的意思。管理人是否具有管理意思，可以从管理人是否具有“为避免本人利益受损害”的目的、效果等因素综合判断。管理人要具有管理他人事务的意思，并不意味着要明确知道他人具体是谁，即使不知道他人具体是谁，也不影响无因管理的成立。但是，若管理人与本人就是否具有管理意思产生争议，原则上应当由管理人承担举证责任。

438. 在无因管理制度中，管理人享有哪些权利?

根据《民法典》第 979 条的规定，对于满足条件的适当的无因管理，管理人享有以下权利：

一是请求本人偿还必要费用的权利。管理人为管理本人事务支出的必要费用及其利息，有权请求本人偿还。这里所谓的必要费用是指一个理性的管理人在完成管理事务时所支出的合理费用。对于管理事务无益的支出费用，管理人无权请求本人偿还。本人偿还必要费用及其利息，并不以本人是否获得管理利益为前提条件，即使本人没有因管理人的管理事务而获得管理收益，但只要管理人为管理其事务尽到了合理义务，且没有违背本人真实意愿的，本人也应当向管理人偿还必要的费用支出。在管理事务过程中，管理人因管理事务的必要对外所欠的债务，也可以请求本人偿还。这种债务可以是管理人以自己名义对外所负担的，也可以是以本人名义对外所负担的。在以本人名义对外所负担的情况下，其可以要求债权人直接请求本人偿还，但这时可能面临无因管理制度与无权代理或者表见代理制度之间的竞合，可依无权代理或者表见代理制度处理本人与第三人之间的关系，依无因管理制度处理本人与管理人之间的关系。

二是补偿管理人因此所受到的损失。管理人为管理本人事务而受到损害的，如损害的发生与其管理行为之间具有因果关系，管理人有权向本人请求给予赔偿。管理人对损害的发生有过错的，应当适当减轻本人的赔偿责任，这就要求管理人在管理他人事务时要衡量自己的状况和能力，量力而行。但这种赔偿是完全赔偿还是补偿有不同意见，通说认为应当是补偿。本条采纳通说的观点，也即本人对管理人的损害赔偿不以过错为要件，即使本人对损害的发生没有过错，也要承担补偿性的赔偿责任。这主要是因为管理人是为了本人的利益而受到的损害，于情于理，本人都应当承担一定的赔偿义务。只要管理人管理行为的过程和方法是适当的，管理人就享这种损害补偿请求权，至于是否给本人带来实际的效果和利益则在所不问。但需要注意的是，管理人在管理事务过程中因第三人的原因受到损害的，管理人原则上得向第三人请求损害赔偿，只有在第三人逃逸或者无力承担责任，受害人请求补偿时，受益人才应当给予适当补偿。《民法典》第 183 条规定，因保护他人民事权益使自己受到损害的，由侵权人承担民事责任，受益人可以给予适当补偿。没有侵权人、侵权人逃逸或者无力承担责任，受害人请求补偿的，受益人应当给予适当补偿。

理论界和实务界对于无因管理的管理人能否向本人请求报酬有争议，但主流观点认为，无因管理是社会善良行为，法律规定无因管理制度的目的是鼓励大家互帮互助，有利于弘扬社会主义核心价值观，但若鼓励管理人通过无因管理为自己谋取报酬，就与设置无因管理的目的相违背。

无因管理是管理人基于管理意思或者管理意图而对他人事务进行的管理。目前主流观点认为，法律虽然要求管理人具有为他人管理事务的意思，但此种意思仅是指管理人让因管理所发生的利益归于本人的意思，而非发生何种法律效果的意思，所以，从本质上讲其是为确保他人利益的事实行为。无因管理行为虽为事实行为，但是管理人管理他人事务的方法既可以是事实行为，也可以是民事法律行为，例如管理人看管他人生病的小孩的行为是事实行为，为了给他人小孩看病购买药品的行为则属于民事法律行为。但不管其在管理他人事务过程中是采取事实行为，还是实施民事法律行为，不影响无因管理的本质属性。管理人若以民事法律行为的方式进行管理时，其既可以以本人名义进行，也可以以自己名义进行，但若以本人名义进行，则有可能与民法典总则编规定的无权代理或者表现代理行为产生竞合。对于第三方当事人而言，其若选择无权代理制度，则按照总则编的规则处理管理人、本人与第三方当事人之间的关系。若构成表见代理，第三方当事人选择表见代理制度的，则按该制度处理管理人、本人与第三方当事人之间的关系。但无论是无权代理还是表见代理制度，只要同时满足无因管理的要件要求，管理人均可以根据本章的规定，要求本人偿还必要的费用并对损失给予补偿。

439. 管理人管理他人事务需要履行哪些义务？

根据民法典合同编第二十八章的规定，管理人管理他人事务，应当履行以下义务：

一是履行善意或者适当管理义务。管理人在管理他人事务时，应当履行一定的义务，其中最主要的是按照善良管理人的注意义务管理他人事务，这主要体现在三个方面：

1. 管理人依本人明示的或者可推知的意思进行管理。这里的明示的或者可推知的意思并非对管理人的意思，而是对如何管理事务的意思。实践中，通常是依平常人或者一般人的经验得以推知本人的意思。

2. 管理人应当以有利于本人的方法进行管理。是否有利于本人应当以客观上能否避免本人利益受损为标准，一般认为管理人应当以像管理自己事务一样进行管理。管理人未以善良管理人的身份尽到恰当管理义务造成本人损害的，原则上要承担过错的损害赔偿责任，但是若管理人为本人管理的是公共利益上的事务或者紧急事务的，仅就其故意或者重大过失管理行为承担损害赔偿责任，例如为本人履行法定抚养义务；还例如为了使本人的财产免受紧迫的损害而进行的管理行为等。因为管理人管理事务是为了公共利益或者紧急事务，所以管理人需要履行的注意义务要低于管理一般事务需要履行的注意义务，否则不利于鼓励人们从事这类有利于公共利益的无因管理行为，或者有可能贻误时机不利于保护本人的利益。我国台湾地区"民法"专门规定，管理人为免除本人之生命、身体或者财产上之急迫危险而为事务管理者，对于因其管理所生之损害，除有恶意或者重大过失者，不负赔偿之责。《民法典》第184条规定，因自愿实施紧急救助行为造成受助人损害的，救助人不承担民事责任。

3. 管理人还应当履行继续管理义务。无因管理应当符合受益人的意愿，如果受益人可以自己管理其事务时，管理人仍继续管理他人事务，将很有可能与受益人的意愿相冲突。因此，原则上讲，管理人在受益人自己能进行管理时，可以停止管理行为，并将管理事务移交给受益人。但是管理人在开始管理后，如中断管理较不管理对本人更为不利的，若放任管理人中断管理事务，既与设立无因管理制度的目的不符，也不符合民法典规定的诚信原则，所以在这种情况下，管理人不得中断对事务的管理，应当继续管理事务。管理人违反该义务导致受益人的利益受到损害的，管理人应当承担损害赔偿责任。

二是管理人在管理事务时对受益人有通知的义务。之所以强调管理人的通知义务，一方面是考虑如果管理人不将管理的事实通知受益人，对于履行善良管理人的义务是不利的；另一方面是考虑如果管理人不通知受益人，受益人就很有可能不知道自己的事务被管理人管理的事实，也就很有可能造成管理人管理事务不符合受益人的本意。因此，为了促使管理人更好地履行管理中的义务，更好地保护受益人的利益，管理人在开始管理时，若有可能和必要的情况下应当通知本人。

实践中，通知是认定管理人有为他人管理事务意思的重要方式。在可能和必要的情况下，管理人没有履行通知义务的，有可能承担过错损害赔偿责任。但如果管理人因客观原因没有可能或者没有必要通知的，则管理人没有通知义务，例如，管理人虽为他人管理事务，但并不知道他人具体是谁，或者不知道他人的具体地址和联系方式的，管理人可以不履行通知义务；还例如，本人在已经知道管理人管理其事务的情况下，管理人就没有必要通知本人。管理人通知的事项主要是开始管理的事实，通知的方式既可以是书面方式，也可以是口头或者其他方式。对于通知义务，不少国家和地区均作了规定，例如《德国民法典》第681条规定，管理人开始管理时，以能通知者为限，应立即通知本人。如拖延不会造成危险，应等待本人的决定。《日本民法典》第699条规定，管理人应将其开始管理事从速通知本人。但本人已知时，不在此限。我国台湾地区“民法”第173条第1款规定，管理人开始管理时，以能通知为限，应即通知本人，如无急迫之情事，应俟本人之指示。

管理人发出通知后应当中止管理行为，等待本人的指示。本人指示同意管理人管理其事务的，管理人可以继续管理；本人没有指示或者虽有指示但拒绝其管理的，管理人不得再继续管理。但是如果管理人管理的事务属于紧急事务，例如，管理人管理的事务是处置受益人所有的即将变质的海鲜食品，若不继续管理可能对受益人的利益造成现实的重大损害，管理人可在收到本人指示前继续管理事务。

三是履行报告及移交财产义务。管理人在管理事务结束后，如果不将管理事务的结果或者状况告知本人，本人将无法知道管理人是否履行了管理中应当履行的各项义务，无法知道管理人管理的结果如何。对于管理人来说，如果其不向本人报告管理的状况和后果，其也无法向本人请求必要费用的偿还，也无法请求本人补偿其在管理事务中受到的损失。因此，为了更好地保护本人及管理人的利益，避免发生不必要的争议，管理人应当在管理事务结束后向本人报告管理情况，并向本人提供涉及管理的相关资料。管理人报告管理事务情况的时间原则上是在管理事务结束后，但在管理人中断管理事务或者本人提出请求时，也应当将中断前管理事务的情况报告给本人。管理人向本人报告管理事务时，可以采用书面形式，也可以采用口头形式或者其他方式。报告的内容原则应当包括管理的过程、结果等，且报告的内容应当真实，不得欺瞒本人，否则管理人应当承担责任。此外，管理人在履行报告义务时，还应当将其持有的与管理事务相关的所有资料交付给本人，以确保本人全面了解管理的过程和结果。对于管理人因履行报告义务而产生的必要费用，属于管理人有权请求本人偿还的必要费用的组成部分，本人应当偿还。管理人履行报告义务的前提是管理人可以确定受益人的情况，管理不知道受益人具体是谁或者不知道受益人的联系方式的，管理人可以暂不履行该义务，而将因管理他人事务而获得的收益予以提存。但是一旦知道了具体受益人及其联系方式，管理人仍应向受益人报告管理情况。

无因管理制度的设立目的就是鼓励民事主体为他人利益而从事，因此，管理人不得因无因管理而获取利益，而应将因管理事务而获得的利益返还给受益人。因此，在管理事务结束后，管理人除了要履行报告义务外，还应当将因管理事务所收取的金钱、物品及其孳息等财产，返还给受益人；管理人以自己的名义为本人所取得的权利，也应当转移给受益人。管理人在为本人管理事务期间，第三人所给付的所有财产，包括物、权利、金钱等，只要应当归属于本人的，管理人都应当移交给本人。管理人拒绝移交的，本人可以根据合同编第二十九章规定的不当得利制度要求管理人返还；管理人因拒绝移交给本人造成损害的，应当承担损害赔偿责任。如果管理人在管理事务期间为了自己的利益使用了应交付于本人的金钱的，应当自使用之日起支付利息，如果有损害的还应当赔偿损失。基于此，该条明确规定，管理人管理事务取得的财产，应当及时转交给受益人。我国台湾地区“民法”规定，管理人应当将收取的金钱、物品及孳息，应交付于本人。我国《澳门民法典》规定，管理人应当将在从事管理期间自第三人所受领之一切，或有关结余，并将自交付时起计之有关款项之法定利息，一并交付于本人。

440. 在无因管理中，受益人对管理人管理事务事后追认的，应当如何处理？

在管理人管理事务过程中，受益人可以通过追认方式对管理人管理自己的事务予以追认。这种追认原则上应当以明示方式进行，在一定情况下也可以用默示方式进行，但本人请求管理人返还因管理所获得利益行为本身不构成追认。对于追认的无因管理类型，《瑞士民法典》规定，本人可以追认所有类型的无因管理，但排除了不真正的无因管理。我国台湾地区“民法”的规定与《瑞士民法典》的规定基本相同。但有的国家和地区则对可以被追认的无因管理类型作了进一步限制，例如根据《德国民法典》的规定，本人的追认仅限于不符合本人意愿和利益的无因管理。民法典赞同瑞士和我国台湾地区的做法。对于适当的无因管理行为而言，本人通过追认行为，不但表明了其认可管理人的管理行为符合自己的意愿，而且，事实上授权管理人对自己的事务继续进行管理。对于不适当的无因管理行为而言，本人通过追认，补正了管理人的行为不符合本人真实意愿这个不足，使不适当的无因管理成为适当的无因管理；同时，通过追认也事实上正式授权管理人对自己的事务继续进行管理。不真正的无因管理本质上不属于本章调整的无因管理的范围，本人追认与否及效果如何不适用本章的规定，应当适用于民法典的其他相关规定。

对于追认的范围是限于管理行为，还是包括管理结果，各国和地区的规定也是不相同的，有的国家和地区认为追认是对管理行为的追认，不是对管理结果的追认，若管理人的管理对本人造成损害，本人仍可以要求管理人赔偿；有的国家和地区则认为追认既是对管理行为的追认，也是对管理结果的追认，因此，对管理人采取的管理方法不适当造成的损害，本人追认后就无权要求管理人承担损害赔偿责任。学者对这一问题也是见仁见智。经研究认为，本人的追认是对管理人管理行为的追认，这一点应无疑问，但是否当然包括对管理结果的追认则不能一概而论，应根据具体情形来进行判断。在本人追认时有特别声明的情况，则要按声明中意思来确定追认的范围。在本人追认时没有特别声明的情况下，则要根据管理人管理结果的严重程度和过错程度来判断追认的范围，若损害结果是管理人故意或者重大过失行为导致的，则不宜当然将本人的追认视为对这种管理结果的承认。

对于本人对管理人的管理事务进行追认后产生什么样的效力，根据《民法典》第 984 条的规定，适用委托合同的有关规定。也就是说，管理人管理事务开始后，一旦本人追认，管理人与本人之间的权利义务法律关系就由无因管理制度调整为由委托合同制度来调整，双方均应按民法典委托合同的规定履行各自的义务，享受各自的权利。本人的追认具有溯及既往的效力，即一旦本人事后对管理人的管理事务进行追认，从管理人开始管理事务时起，双方当事人就应当按照委托合同的规定从事。所以这一条规定，管理人管理事务经受益人事后追认的，从管理事务开始时起，适用委托合同的有关规定。该规定与瑞士等国家和我国台湾地区的规定基本是一致的，例如我国台湾地区“民法”第 178 条规定，管理事务经本人承认者，除当事人另有意思表示外，溯及管理事务开始时，适用于委任之规定。但是根据民法典委托合同的规定，受托人履行的注意义务程度要高于无因管理制度中管理人的注意义务程度，受托人的损害赔偿责任要高于无因管理制度中管理人的损害赔偿责任，一旦追认后按委托合同调整本人与管理人的关系，会让管理人处于更为不利的地位，因此，管理人有可能并不愿意本人追认后依照委托合同处理其与本人的关系。在这种情况下，应当尊重管理人的意愿。基于此，民法典还规定，管理人另有意思表示的除外。也就是说，即使本人事后对管理人的管理事务进行了追认，但管理人用书面或者口头等方式表明自己不愿意按照委托合同调整其与本人的权利义务关系时，仍应当按照无因管理制度调整二者之间的关系。

441. 什么是不当得利？

《民法典》第 985 条规定："得利人没有法律根据取得不当利益的，受损失的人可以请求得利人返还取得的利益，但是有下列情形之一的除外：（一）为履行道德义务进行的给付；（二）债务到期之前的清偿；（三）明知无给付义务而进行的债务清偿。"

不当得利是指没有法律根据，取得不当利益，造成他人损失的情形。不当得利制度对民事主体之间的财产流转关系有调节作用，目的在于恢复民事主体之间在特定情形下所发生的非正常的利益变动。因不当得利产生的债称为不当得利之债。这一条规定，因得利人没有法律根据，取得不当利益，受损失的人有权请求其返还不当利益。关于不当得利的类型存在不同的认识，理论上一般区分为给付型不当得利和非给付型不当得利。虽然这两种不当得利在构成要件的表述上没有区别，请求权基础都是相同的法条，但是在构成要件的解释上存在差异。

1. 给付型不当得利，是指基于给付而产生的不当得利。构成给付型不当得利，有以下四个要件：

一是基于给付而取得利益。所谓给付，是指有意识地基于一定目的而增加他人的财产。如果一方当事人取得利益并非出于他人的意思，不构成给付型不当得利，可能成立非给付型不当得利。例如，甲误将乙的房屋作为自己的而修缮，因无增加乙的财产的意思，所以，甲不能根据给付型不当得利请求返还，只能基于非给付型不当得利请求返还。

二是他方当事人受有损失。在损害赔偿制度中，损失（损害）是指权利或利益受到侵害时所发生的不利益，即行为发生前的财产状态和行为发生后的财产状态两相比较，受害人所受的不利益，即为损失（损害）之所在。此类损失（损害）有积极损失（损害）和消极损失（损害）所失利益和所受损害的问题。与此有别，不当得利制度的目的及功能，不在于填补损害，而在于使受领人返还没有合法根据而取得的利益，所以，构成不当得利的受损失，不具有损害赔偿制度上的损失（损害）的意义，而是另有所指。它不以积极损失（损害）和消极损失（损害）为要件。在给付不当得利类型中，一方当事人因他方当事人为给付而取得利益，就是他方当事人的损失。例如，甲出售 A 车给乙，并依约交付了，乙所取得的利益，是甲的给付，即 A 车的所有权。

三是具有因果关系。构成不当得利，需要一方当事人取得的利益与他方当事人受到的损失之间具有因果关系，以决定谁得向谁主张不当得利。

四是没有法律根据。即欠缺给付目的，其内容即给付目的的内容，为给付所关联的债的关系及其缘由。此处所谓缘由，是指给付人和欲将其给付与哪个债的关系发生关联的缘由，主要指履行目的。该履行目的，乃由给付人的目的表示一方确定，明示的或默示的均可，但须彰显给付所欲履行的债的关系。

2. 非给付型不当得利是因给付以外的事由而发生的类型。其事由包括受益人的行为、受害人的行为、第三人的行为、自然事件以及法律的直接规定。

一是基于受益人的行为而产生的不当得利。有以下三个要件：

（1）因侵害他人的权益而取得利益。基于受益人的行为而生的不当得利，以侵害他人的权益而取得利益为基本要件。无权出卖他人之物而取得价款，出租他人之物而收取租金，占用、消费他人之物等为其典型表现。

（2）使他人受损失。基于受益人的行为而产生的不当得利，其构成所要求的“使他人受损失”，只要因侵害应归属于他人的权益而取得利益，就可认为基于同一原因事实“使他人受损失”，不以有财产移转为必要。

（3）没有法律根据。在德国法系，侵害应归属于他人的权益范畴而取得利益，使他人受损失，欠缺正当性，就构成无法律上的原因；在中国大陆，应构成没有法律根据。

二是基于受害人的行为而产生的不当得利。基于受害人的行为而生的不当得利，有的是给付型不当得利，有的是非给付型不当得利，究竟如何，需要根据个案予以确定。这种类型的不当得利主要有如下两种类型：

（1）支出费用的不当得利。例如，甲误将乙的奶牛视为自己的而饲养，可向乙请求返还不当得利。在这种类型的不当得利领域，可能发生“强迫得利”，即对他人之物支出费用，增加其价值，但违反受益人的意思，不符合其计划的情形。例如，不知他人的围墙即将拆除而加以装修。对于解决强迫得利，存在不同意见。主观说认为，就受益人的整个财产，依其经济上的计划认定应偿还的价值额。例如，油漆他人即将拆除的围墙，其应偿还的价值额为零，不必返还。反对说则主张，不宜为解决这种特殊问题而将价值额的计算主观化。强迫得利应如何返还，属于所受利益是否存在的问题。就油漆围墙而言，因该围墙预定拆除，在整个财产上并无存留的利益，善意的受领人免负返还或偿还价值额的责任。

（2）因清偿他人的债务而发生的所谓“求偿不当得利请求权”。例如，甲向乙购买 A 车，分期付款，约定在价款付清前由乙保留对 A 车的所有权。在履行过程中，甲的债权人丙对 A 车请求强制执行，是为自己的利益而代甲清偿后几期的价款，消灭 A 车的买卖合同关系。于此场合，丙对甲可主张“求偿不当得利请求权”。

三是基于第三人的行为而产生的不当得利。基于第三人的行为而产生的不当得利，是指受益人因第三人的行为取得应当归属于他人（受害人）的利益，而成立的不当得利。其主要类型有：（1）第三人以受害人的饲料饲养受益人的家禽；（2）债务人善意地向收据持有人为清偿，导致债权人丧失其债权；（3）债务人善意地向准占有人（如负债字据的持有人）为清偿；（4）法院在拍卖程序中将价款分配于无权利接受分配的人；（5）债务人在收到债权让与通知之前向债权人为给付，其清偿有效，致使债权消灭，债权受让人因此遭受损失；（6）登记部门在办理登记时，误将抵押权的顺序颠倒，致使后顺序的抵押权所担保的债权优先取得清偿。

四是基于法律规定而生的不当得利。基于法律的直接规定而生的不当得利，其中的法律规定，应从广义上理解，指法律秩序，包括法院的判决和行政处分。如果法律规定的目的是在使受益人终局地、实质地保有利益，以维护财产状态的新秩序，则不成立不当得利；反之，该法律规定的目的仅仅在技术上谋取方便，形式上使该项利益归属于某人，实质上并不使其终局地保有该项利益时，则可成立不当得利。

442. 不当得利的善意受领人是否负返还责任？

受领人为善意时，仅负返还现存利益的责任，如果该利益已不存在，则不必返还原物或偿还价值额。之所以如此，是因为法律使善意受领人的财产状态不致因发生不当得利而受不利的影响。这里的“善意”，是指受领人非因过失不知（不知且不应知）没有法律根据（无法律上的原因）。

特别需要说明的是，这里的“取得的利益”有无的判断，不同于不当得利中的个别判断标准，应抽象概括地就受领人整个财产加以判断，以取得利益的过程而产生的现有财产总额与若无其事实应有财产的总额比较，而决定有无利益的存在。这种按照经济考察方法认定的利益概念，学说上称为差额说，不当得利过程中出现的利益（积极项目）与不利益（消极项目）均应纳入计算，以其结算的余额，作为应返还的利益。

关于利益不存在的认定，存在以下两种情形：

1. 受领标的本身不存在。

就受领标的物而言，所谓利益不存在，可就若干典型案例加以说明：

（1）原来取得利益（如A车所有权）因毁损、灭失、被盗或其他事由不能返还时，取得相应的损害赔偿金、补偿金或保险金等补偿，属于因为该利益而取得的利益，应予返还；若未取得此类补偿，就构成利益不存在，受领人免负返还义务或偿还价值额的责任。

（2）受领人就取得的利益（如A车所有权）为法律行为上的交易，所取得的对价（如价款或互易物），属于原物不能返还，应负返还价值额的责任。例如，受领人将时值10万元的A车以9万元出卖，其财产总额的增加现在尚存的，为9万元，所以，善意受领人仅负9万元的返还责任。如果受领人将A车赠与他人，实际上所获财产并未增加，取得的利益不存在，则免负返还义务或价值额偿还的责任。

（3）取得的利益为金钱时，因金钱具有高度的可代替性和普遍使用性，只要移入受领人的财产，就难以识别，原则上无法判断其存在与否。但受领人若能证明确实以该项金钱赠与他人，可主张取得的利益不存在。

（4）使用消费他人之物，如甲、乙二人同名同姓同日生且同住于A宿舍，各有姓名相同的女友丙丁。甲生日，其女友寄来蛋糕，乙误以为是其女友丁所送，举行庆祝会，与其他同学共同享受。假设乙家境清贫，一向没有食用生日蛋糕的习惯和支出该项费用的计划，则其使用消费的利益并未曾留存于财产上，按照差额说，可主张取得的利益不存在。

2. 受领人其他财产上的损失。

在差额说的理论架构中，通说强调，与取得利益的事实有因果关系的损失，均可列入扣除的范围；就该扣除的数额，受领人可主张利益不存在。其道理在于，受领人只能于受益的限度内将该利益还尽为止，不能因返还更受损失。同时应强调受领人可主张扣除的，限于其因信赖取得利益具有法律依据而遭受的损失。其理由有二：一是因果关系说过于广泛，应作适当限制；二是恶意受领人之所以应负加重责任，乃因其必须计及受领利益的返还，善意受领人之所以得减轻其责任，乃基于信赖其受利益具有法律上的原因，法律旨在保护善意受领人的信赖，从而他（它）得主张扣除的，亦应以信赖损失为限。依此见解，受领人就其财产上损失可以主张扣除的，有如下几种：其一，因取得该利益所支出的费用，如运费、关税等；其二，对受领物所支出的必要费用和有益费用，如动物的饲料费用；其三，受领人的权利因该项利益的受领而消灭，或其价值减少所产生的损失，如第三人丙因其错误向债权人甲清偿乙的债务，甲误信该清偿为有效而受领，导致毁损了债权证书，抛弃担保时，其原有债权受损害，也可主张扣除。当然在此情形下，为了平衡丙的利益，应该由甲保留受领的给付，而以甲对乙的债权让与丙。

443. 不当得利的恶意受领人是否负返还责任?

根据《民法典》第987条：“得利人知道或者应当知道取得的利益没有法律根据的，受损失的人可以请求得利人返还其取得的利益并依法赔偿损失。”此条即为恶意受领人返还责任的规定。此处所说的恶意，是指受领人明知没有法律根据（无法律上的原因），包括受领时明知和其后明知，以及因过失而不知晓的情形。由于认定是否知道或者应当知道有没有法律根据（欠缺法律原因的认识）较为困难，受领人依其对事实的认识和法律上的判断知晓或者应当知晓其欠缺保有所获利益的正当根据（依据常识判断即可）时，就足够了，不以确实了解或者应当了解整个法律关系为必要。受领人为法人机关时，该机关的明知或者应知即为法人的明知或者应知。代理人的明知或者应知，应归被代理人负责。受领人为限制行为能力人的，应依其法定代理人的明知或者应知加以认定。

1. 自始恶意的受领人的返还责任。

（1）加重的返还责任。恶意受领人应将受领时取得的利益、附加利息一并返还。

一是受领时取得的利益。受领时取得的利益，不仅包括该利益的本体，还包括本于该利益更有所取得。受领时取得的利益依其性质或其他情形而不能返还时，应偿还其价值额。恶意受领人不得主张所取得的利益不存在而免负返还责任。

二是就取得的利益附加利息。受领的利益为金钱时，应附加利息。受领的利益为金钱以外的形态时，可转变为损害赔偿。

三是损害赔偿。恶意受领人返还取得的利益（含利息），若仍不能填补受害人的损失，就其不足部分，应另负损害赔偿责任。该种损害赔偿，请求权系不当得利制度上的制度，而非侵权责任法上的损害赔偿，不以受害人对损失的发生具有过错为要件。

（2）受领人的支出费用请求权。恶意受领人不得主张所取得的利益不存在，故因取得利益所支出的费用，如运费、税费等，不得主张扣除。

2. 嗣后恶意的受领人的返还责任。

受领人如果是嗣后知道或者应当知道欠缺法律上的根据，那么在知道或者应当知道欠缺法律上的根据之前，依据《民法典》第 986 条的规定，仅就现存利益负返还义务，若所取得的利益不存在，亦可主张，不负返还责任；在知道或者应当知道欠缺法律上的根据之后，才开始承担这一条的加重责任。

444. 得利人已经将取得的利益无偿转让给第三人的，受损失的人是否可以请求第三人承担返还义务？

受损失的人可以请求第三人在相应的范围内承担返还义务。第三人所受利益，来自于得利人，并未导致受损人受损害，不成立《民法典》985 条所规定的不当得利。但是对当事人的利益加以衡量，一方面受领人免负返还义务，另一方面第三人无偿取得利益，不合情理且显失公平。为了达到保护债权人的利益的目的，《民法典》988 条规定，得利人将所取得的利益无偿转让给第三人时，第三人于受领人免负返还义务的限度内，承担返还义务。

需要注意的是关于“受损失的人”的解释，如果请求权人已经依据《民法典》第 986 条或者第 987 条取得了完全的不当得利返还，那么就不是这里的“受损失的人”；只有没有依据《民法典》第 986 条或者第 987 条取得完全的不当得利返还（或者没有选择《民法典》第 986 条或者第 987 条，这里允许请求权的选择），才属于这里“受损失的人”。也即是说“受损失”这一要件排除了不当得利请求权人多重获利的可能性。

关于“无偿转让给第三人”，应该注意：（1）须为无偿转让，如赠与或遗赠。只要是有偿转让，不论是否支付合理对价，都不能够要求第三人承担返还义务。在半卖半送的廉价买卖（混合赠与）中，赠与部分仍可要求第三人承担返还义务。（2）须为原受领人所应返还的赠与物，包括所受利益以及基于该利益更有所得者。例如，受领人占有的 A 物品被他人毁损，他人以 B 物品代偿，善意受领人将 B 物品赠与第三人时，第三人对受损人仍负有返还 B 物品的义务。

权威解读

中华人民共和国
民法典学习问答

人格权编 婚姻家庭编 继承编 侵权责任编

杜 涛 主编
（全国人大常委会法制工作委员会民法室副主任）

中国法制出版社
CHINA LEGAL PUBLISHING HOUSE

目　录

第四编　人格权

第五编　婚姻家庭

第六编　继　承

第七编 侵权责任

第四编　人格权

1. 什么是人格权？

《民法典》第 990 条规定："人格权是民事主体享有的生命权、身体权、健康权、姓名权、名称权、肖像权、名誉权、荣誉权、隐私权等权利。除前款规定的人格权外，自然人享有基于人身自由、人格尊严产生的其他人格权益。"

这一条第 1 款列举了民事主体所享有的人格权的具体类型：

（1）生命权：指自然人享有的以生命安全和生命尊严为内容的权利。

（2）身体权：指自然人享有的以身体完整和行动自由为内容的权利。

（3）健康权：指自然人享有的以身心健康为内容的权利。

（4）姓名权：指自然人享有的依法决定、使用、变更或者许可他人使用自己姓名的权利。

（5）名称权：指法人和非法人组织享有的依法使用、变更、转让或者许可他人使用自己名称的权利。

（6）肖像权：指自然人享有的依法制作、使用、公开或者许可他人使用自己肖像的权利。

（7）名誉权：指自然人、法人和非法人组织就其品德、声望、才能、信用等所获得的社会评价，所享有的保有和维护的权利。

（8）荣誉权：指自然人、法人和非法人组织对其获得的荣誉及其利益所享有的保持、自主决定的权利。

（9）隐私权：指自然人享有的私人生活安宁与不愿为他人知晓的私密空间、私密活动、私密信息等依法受到保护，不受他人刺探、侵扰、泄露和公开的权利。

这一条第2款规定，除前款规定的人格权外，自然人享有基于人身自由、人格尊严产生的其他人格权益。这能够回应社会发展所产生的新型人格权益保护需求，避免具体列举人格权所产生的封闭性，有助于使得人格权益保护的体系更为完全，保护的范围也更为周延，适应社会的不断发展，发挥对人格权益进行兜底性保护的功能，保持人格权制度发展的开放性。

第2款适用的前提是：首先，被侵犯的人格权益没有法律的明确规定，并且无法纳入具体列举的人格权的保护范围。其次，被侵犯的人格权益是基于人身自由、人格尊严产生的，因此是需要法律保护的。人身自由，包括身体行动的自由和自主决定的自由，是自然人自主参加社会各项活动、参与各种社会关系、行使其他人身权和财产权的基本保障，是自然人行使其他一切权利的前提和基础。人格尊严，包括静态和消极的人格尊严，以及动态和积极的人格尊严也即人格形成和人格发展。人格尊严不受侵犯，是自然人作为人的基本条件之一，也是社会文明进步的一个基本标志。最后，只有自然人的人格权益才能通过本款予以保护，法人和非法人组织不能适用这一款。这一款适用的价值基础是人身自由和人格尊严，而对于法人和非法人组织而言，其无法基于宪法而享有人身自由、人格尊严。自然人的人格权益具有广阔的发展可能性，但法人和非法人组织的人格权益不具有无限发展的可能性，其不需要人格权益保护的开放性。

应当注意的是，由于第 1 款列举了人格权的具体类型，而第 2 款规定了人格权益的一般条款，所以，民法典人格权编第一章关于人格权的一般规定中，所出现的“人格权”这个语词，一般就包括了法律所明确列举的人格权，也包括了自然人所享有的除明确列举的人格权之外的，基于人身自由、人格尊严产生的其他人格权益。

2. 人格权可以放弃、转让或者继承吗?

《民法典》第 992 条规定：“人格权不得放弃、转让或者继承。”人格权只能为特定的权利人所享有，与权利主体不可分离。人格权，尤其是自然人所享有的人格权，是与生俱来的，因出生而当然发生，仅因死亡而当然消灭，因此是一种固有权利。人格权具有人身专属性，是人格权与财产权的重要区别，财产权通常具有非人身专属性，可以与权利主体发生分离。

首先，人格权不得放弃。作为专属于权利人享有的权利，人格权始终由权利主体享有，禁止权利主体随意加以放弃。如果人格权被一般性地、概括地放弃，人格必然受到缺损。对某项人格权的一般性放弃，例如生命权，意味着他人可以任意剥夺其生命，这也是违背公序良俗的。

其次，人格权不得转让。人格权作为整体必须由权利人享有，而不能转让给他人。人格权不得转让，需要与许可他人使用姓名、名称、肖像相区分。《民法典》第993条规定，民事主体可以将自己的姓名、名称、肖像等许可他人使用，但是依照法律规定或者根据其性质不得许可的除外。许可他人使用自己的姓名、名称、肖像等，人格权仍然属于权利主体，被许可使用的也仅仅是自己的姓名、名称和肖像等特定的人格要素或者人格标识，而非人格权的整体转让。

最后，人格权不得继承。《民法典》第1122条规定："遗产是自然人死亡时遗留的个人合法财产。依照法律规定或者根据其性质不得继承的遗产，不得继承。"据此，能够被继承的只能是个人的合法财产，而不能是人格权。《民法典》第994条同时规定，死者的姓名、肖像、名誉、荣誉、隐私、遗体等受到侵害的，其配偶、子女、父母有权依法请求行为人承担民事责任；死者没有配偶、子女且父母已经死亡的，其他近亲属有权依法请求行为人承担民事责任。这仅仅是死者的近亲属有权保护死者的姓名、肖像、名誉、荣誉、隐私、遗体等不被他人侵害，而并非是人格权的继承。

3. 民事主体可以将自己的姓名、名称、肖像等许可他人使用吗？

《民法典》第993条规定："民事主体可以将自己的姓名、名称、肖像等许可他人使用，但是依照法律规定或者根据其性质不得许可的除外。”

在这一条的适用中，首先要注意的是，许可他人使用，是许可他人在商品、商标或者服务等上面使用，因此，不包括他人正当使用别人的姓名等情形，姓名本身就是让他人使用的，否则无法发挥区别于他人的目的。同时，许可他人不仅仅限于以营利为目的的使用，如以著名高校的名义举办商业性的培训班，也包括非以营利为目的的使用，例如未经权利人同意而在教学楼上使用权利人的姓名等。是否以营利为目的，更多的是在赔偿损失的数额中予以考量。不仅仅限于重复性使用，也包括一次性使用等多种使用方式。

其次要注意的是，许可使用也是民事法律行为的一种，应当适用民法典有关民事法律行为的一般性规定。此种许可使用不得违反法律和违背公序良俗，否则根据《民法典》第 153 条的规定，许可使用的民事法律行为无效。例如，权利人不能许可他人将其肖像制成色情图片或者视频予以销售。

最后要注意的是，依照法律规定或者根据其性质不得许可使用的限制。这一条基于人格尊严保护的要求，规定了对许可使用的限制，这为许可使用设置了界限，更有利于推进对人格尊严的保护，避免因许可使用而损害人格尊严。这些限制主要如下：（1）依照法律规定不得许可使用。例如，《人类辅助生殖技术管理办法》第 3 条第 2 款规定了医疗机构和医务人员不得实施任何形式的代孕技术。因此，代孕所涉及的人体器官的许可使用就是不允许的。（2）根据其性质不得许可使用。这主要指的是人格尊严以及公序良俗的限制。许可使用的目的是更好地保护人格尊严，但是如果许可使用损及了人的存在，就背离了上述目的，不应当被允许，这主要指的是生命权、身体权和健康权等物质性的人格权，同时也包括名誉权等纯粹精神性的人格权。

4. 死者人格利益被侵害时，应当如何保护？

《民法典》第994条规定：“死者的姓名、肖像、名誉、荣誉、隐私、遗体等受到侵害的，其配偶、子女、父母有权依法请求行为人承担民事责任；死者没有配偶、子女且父母已经死亡的，其他近亲属有权依法请求行为人承担民事责任。”

这一条适用的前提是：第一，被侵害者已经死亡。如果被侵害者并未死亡，而是丧失民事行为能力，就不应适用这一条，他们仍然具有民事权利能力，有权依法请求侵权人承担民事责任，不具有民事行为能力的，可以由监护人代理请求。第二，死者的姓名、肖像、名誉、荣誉、隐私、遗体等受到侵害。这包括但不限于以下情形：（1）未经许可而擅自使用死者的姓名、肖像等；（2）以侮辱、诽谤、贬损、丑化等方式，侵害死者的名誉、荣誉；（3）以非法披露、利用等方式侵害死者的隐私和个人信息；（4）以非法利用、损害等方式侵害死者的遗体等。

这一条适用的法律后果是：第一，有权提出请求的主体是近亲属。《民法典》第1045条第2款规定，配偶、父母、子女、兄弟姐妹、祖父母、外祖父母、孙子女、外孙子女为近亲属。子女，包括婚生子女、非婚生子女、养子女和有扶养关系的继子女；父母，包括生父母、养父母和有扶养关系的继父母；兄弟姐妹，包括同父母的兄弟姐妹、同父异母或者同母异父的兄弟姐妹、养兄弟姐妹、有扶养关系的继兄弟姐妹。

第二，近亲属提出请求具有顺位限制。配偶、子女、父母是第一顺位，如果死者的配偶、子女或者父母存在的，则由配偶、子女和父母提出请求。在死者没有配偶、子女且父母已经死亡的情形中，其他近亲属有权提出请求。死者没有配偶、子女，包括死者从未有过配偶、子女的情形，也包括曾经有过配偶、子女，但因为离婚、配偶死亡或者子女死亡等原因而现在没有配偶、子女的情形。

第三，近亲属依法请求行为人承担民事责任。“依法”意味着这一条并非完全规范，近亲属请求行为人承担民事责任要符合法律规定的责任构成要件和责任后果。例如，请求行为人赔偿财产损失的，一般要符合《民法典》第 1165 条第 1 款的规定；赔偿数额，也应当适用《民法典》第 1182 条的规定；在行为人违约侵害死者人格利益的情形，例如骨灰存放处违反约定将骨灰丢失，近亲属可以选择依据《民法典》第 577 条的规定，请求其承担违约责任。

5. 因当事人一方的违约行为，损害对方人格权并造成严重精神损害，受损害方可以既请求其承担违约责任，又请求精神损害赔偿吗？

《民法典》第 996 条规定：“因当事人一方的违约行为，损害对方人格权并造成严重精神损害，受损害方选择请求其承担违约责任的，不影响受损害方请求精神损害赔偿。”

精神损害赔偿是受害人因人格利益或身份利益受到损害或

者遭受精神痛苦而获得的金钱赔偿。侵害人格权的情形中，经常会产生违约责任和侵权责任的竞合，受害人因此遭受到严重的精神损害。例如，甲去火锅店吃火锅，但由于火锅店的原因，火锅发生爆炸，导致甲容貌受损严重，甲因此遭受了严重的精神损害。此时，火锅店的行为，既是侵犯甲的健康权的侵权行为，也是违反了其与甲之间合同的违约行为，发生了侵权责任和违约责任的竞合。再例如，在旅游合同中，旅客遭受了身体伤害，造成了严重的精神损害，此时仍然发生了违约责任和侵权责任的竞合。在违约责任与侵权责任存在竞合的情形中，允许受损害方请求行为人承担违约责任时，可以在违约责任请求中请求精神损害赔偿，有利于为受害人提供不同救济渠道的选择，拓展在此类情形下精神损害的救济方法，符合加强人格权保护的比较法发展趋势，是一个重要的进步。

这一条适用的前提是，首先，损害人格权的违约责任和侵权责任的竞合。这要求当事人一方的违约行为同时构成了损害对方人格权的侵权行为。如果当事人一方的违约行为造成了精神损害，但违约行为本身并不符合侵权行为的相关要件，无需承担侵权责任，此类情形就不涉及违约责任与侵权责任的竞合，不适用这一条规定。例如，旅游合同中，当事人一方违约并未造成旅游者人身损害，而仅仅是导致旅游者无益地度过假期，虽然旅游者有损害，但此时并不构成损害旅游者人格权的侵权责任，此时保护旅游者的途径仅为违约责任。虽然可以考虑在此类以精神上满足为目的的特殊类型的合同中，计算违约赔偿数额时对这些合同的特性予以考虑，但不适用这一条规定。

其次，因当事人一方的违约行为损害对方自然人的人格权并造成严重精神损害。这一条的适用要符合《民法典》第 1183 条第 1 款的规定，即侵害自然人人身权益造成严重精神损害的，被侵权人有权请求精神损害赔偿。据此，这意味着：（1）损害对方人格权；（2）损害自然人的人格权，不包括损害法人和非法人组织的人格权；（3）造成严重精神损害，造成严重精神损害才能够获得精神损害赔偿，偶尔的痛苦和不高兴不能认为是严重精神损害。（4）精神损害与违约行为之间存在因果关系。

最后，受损害方选择请求违约方承担违约责任。责任竞合的情形中，依据《民法典》第 186 条的规定，受损害方有权选择请求其承担违约责任或者侵权责任。只有在受损害方选择请求违约方承担违约责任时，才有这一条的适用。如果受损害方选择请求违约方承担侵权责任，则可以直接依据《民法典》第 1183 条第 1 款的规定，请求精神损害赔偿，无需适用这一条。

6. 民事主体的人格权正在被侵害时，可以向法院申请采取责令行为人停止有关行为的措施吗？

《民法典》第 997 条规定：“民事主体有证据证明行为人正在实施或者即将实施侵害其人格权的违法行为，不及时制止将使其合法权益受到难以弥补的损害的，有权依法向人民法院申请采取责令行为人停止有关行为的措施。”

这一条适用的前提是，首先，行为人正在实施或者即将实施侵害其人格权的违法行为。行为人正在实施侵害他人人格权的违法行为，例如，行为人已经在网上发布他人的裸照，如果不及时制止，就可能使受害人的名誉、隐私进一步遭受重大损害。行为人即将实施侵害他人人格权的违法行为，是指未来有可能发生侵害人格权的现实危险，例如，法院可依法禁止侵害他人名誉权的文章刊载。

其次，不及时制止将使权利人的合法权益受到难以弥补的损害。这主要是指，不及时制止行为人正在实施或者即将实施侵害其人格权的行为，则权利人的合法权益受到的损害具有不可逆性，难以通过其他方式予以弥补，事后的恢复已经属于不可能或者极为困难。如果损害的发生不具有急迫性，或者即便发生也可以通过其他方式完全弥补，则行为人可通过普通诉讼程序请求人民法院判决而获得救济。此时，人民法院作出判断时，根据权利人的具体情况、侵害行为的性质、是否有其他充分的法律救济手段等，对权利人因侵害行为所遭受的不利以及行为人被责令停止有关行为所遭受的不利，加以衡量比较，进行综合评估。

最后，民事主体有证据证明。民事主体必须提出相关的证据，证明已经具备了申请责令停止有关行为的前提条件，即行为人正在实施或者即将实施侵害其人格权的行为，不及时制止将使其合法权益受到难以弥补的损害。由于涉及行为人的行为自由，因此通过除请求人民法院判决之外的其他程序，向人民法院申请采取责令行为人停止有关行为的措施，为避免过分损害被申请人的行为自由，应当达到有证据能够使人相信，行为人正在实施或者即将实施侵害其人格权的行为并且不及时制止将使其合法权益受到难以弥补的损害，人民法院结合当事人的说明及相关证据，认为有关事实存在的可能性较大的，此时可以采取措施。

7. 认定行为人承担侵害人格权的责任时，应当考虑什么因素？

《民法典》第998条规定："认定行为人承担侵害除生命权、身体权和健康权外的人格权的民事责任，应当考虑行为人和受害人的职业、影响范围、过错程度，以及行为的目的、方式、后果等因素。"

首先，人格权的类型。生命权、身体权和健康权是自然人赖以生存的最基本的人格权，具有特殊性和最重要性，对这些权利应当进行最高程度的保护，据此，这一条排除了在认定侵害生命权、身体权和健康权是否需要承担民事责任时的权衡，体现了对此类人格权的特殊保护。但是，对生命权、身体权和健康权之外的人格权的保护，有必要进行妥当的权衡。

其次，主体方面的因素。这一条所规定的"行为人和受害人的职业、影响范围"就是关于主体方面因素的一些列举。在行为人方面，如果行为人从事新闻报道和舆论监督的职业，则必须协调新闻报道、舆论监督与人格权保护之间的关系，认定行为人构成侵害人格权，需要更为谨慎的权衡。如果行为人是具有较大社会影响力的人物，其行为应当比普通行为人更为谨慎一些。行为人是消费者时，较之行为人是同业竞争者，基于消费者保护的价值，需要得到更多一些保护。

受害人方面的因素，则更为复杂：（1）受害人是自然人还是法人或者非法人组织。如果受害人是法人或者非法人组织，需要特别考虑它们的社会功能和公开性、透明性等因素。（2）法人或者非法人组织的不同类型。对营利性、非营利性和特别法人类型以及每种类型内更具体的类型，要予以更为细致的考量。（3）是否是公众人物以及何种类型的公众人物。公众人物是在一定范围内为社会公众所熟知和关注，其言行举止与社会公共利益密切相关，其信息具有一定公众兴趣性的社会人员。公众人物的姓名权、肖像权、隐私权、名誉权等人格权在合理范围内受到一定限制，对媒体的适当监督，应有合理的容忍义务。但是，公众人物并不是完全公共的，他们人格权的限制只能基于公共利益目的，例如行使舆论监督职责，发起对公共议题的讨论等，满足公众的合法知情权，且对其人格权的限制应当适度。此时，可以考虑公众人物更为细致的区分，例如是完全目的的公众人物还是仅与特定公共议题相关的有限目的的公众人物；是自愿成为公众人物还是被动、非自愿成为公众人物。在这些区分中，前一类的公众人物人格权受到的限制就更大一些。（4）特殊主体。例如，未成年人、残疾人这些特殊主体，人格权保护的程度可能就会较高。

再次，主观的过错程度。主观过错程度越高，例如故意或者重大过失，则越可能构成侵害人格权而承担民事责任。但在主观过错程度较低的情况下，要更为谨慎，例如，未经朋友同意将其电话号码发给特定人，导致朋友被诈骗，此时行为人的主观过错程度较低，认定时要更为谨慎。

最后，行为方面的因素。这一条所规定的“行为的目的、方式、后果”是对行为方面因素的列举，这包括诸多可以被考量的因素。例如：（1）目的。行为的目的是新闻报道或者舆论监督，涉及公共性的议题，则应受到更多的保护。例如，行为人检举、控告，导致他人名誉贬损的，一般不构成侵害名誉权，但是借检举、控告之名侮辱、诽谤他人，造成他人名誉贬损的，可能会构成侵害名誉权。如果是出于娱乐消遣目的，追求轰动效应，吸引公众眼球，满足部分人的窥探欲望，无涉公共议题，则受到保护的程度要低一些，更为注重对人格权的保护。如果是商业目的性行为，较之非商业目的性行为，该行为受到保护的程度也可以适度降低。（2）方式。如果采取了较为恶劣的方式，例如暴力侮辱、恶意跟踪等，构成侵权的可能性就更大。是自己创作还是转载，是主动提供新闻材料还是被动采访而提供新闻材料，是创作新闻作品、批评作品还是文学作品，在认定中都要采取不同的标准。行为人发表的言论是属于对特定事实的陈述还是对个人意见的表达，认定时也要采取不同的标准。（3）后果。造成人格权受侵权的程度越高，人格权受保护的强度就越大。对社会通常行为造成的人格权的轻微损害，权利人要负有社会通常容忍的义务。此时还要考虑行为的时间。例如，在新闻报道中，时限性越强，对事实的核实义务就越低。对公众人物的人格权的限制，也要考虑时间因素，如果经过长久的时间，所涉及的公共事件不再受公众关注，此时对他们人格权的保护，就应当恢复到一般人的水平。报道已经判决过的案件和正在审理中的案件，也会存在不同的要求。同时，也要考虑行为的场所。例如隐私权，较之在私人场所中，在公共场所中的隐私受到的限制要更大，通常以符合一般人的合理期待为标准。

8. 实施新闻报道、舆论监督等行为时，可以合理使用民事主体特定人格利益吗？

《民法典》第999条规定：“为公共利益实施新闻报道、舆论监督等行为的，可以合理使用民事主体的姓名、名称、肖像、个人信息等；使用不合理侵害民事主体人格权的，应当依法承担民事责任。”

这一条规定，为公共利益实施新闻报道、舆论监督等行为的，可以合理使用民事主体的姓名、名称、肖像、个人信息等。新闻报道是新闻单位对新近发生的事实的报道，包括有关政治、经济、军事、外交等社会公共事务的报道以及有关社会突发事件的报道。新闻单位包括依法设立的报刊社、广播电台、电视台、通讯社和新闻电影制片厂。舆论监督是社会公众运用各种传播媒介对社会运行过程中出现的现象表达信念、意见和态度，从而进行监督的活动。舆论监督与新闻报道有密切的关系，但两者存在不同。新闻不一定是舆论，新闻报道只是传播意见进而形成舆论的工具；新闻单位通过报道进行的监督仅是舆论监督的一种，舆论只是借助于传播工具实现其监督的目的。在新闻报道和舆论监督中，为了保障人民的知情权，维护国家利益和社会公共利益，可以合理使用民事主体的姓名、名称、肖像、个人信息等，无需民事主体的同意。

这一条同时明确，实施新闻报道、舆论监督等行为的，对民事主体的姓名、名称、肖像、个人信息等使用不合理侵害民事主体人格权的，应当依法承担民事责任。虽然在新闻报道和舆论监督中，可以不经民事主体的同意，使用其姓名、名称、肖像、个人信息等，但是，为了保护民事主体的人格权，这种使用必须是合理的。此时，应当依据《民法典》第998条的规定，综合考量权衡多种因素，运用比例原则，分析目的是否妥当、使用是否有助于实现目的、使用是否是在必要范围内等，对使用是否具有合理性作出判断。如果经判断认为使用是不合理的，则应当依法承担民事责任。

9. 行为人因侵害人格权承担消除影响、恢复名誉、赔礼道歉等民事责任的，要在多大范围内承担责任？

《民法典》第1000条第1款规定："行为人因侵害人格权承担消除影响、恢复名誉、赔礼道歉等民事责任的，应当与行为的具体方式和造成的影响范围相当。"侵害人格权也可能会通过消除影响、恢复名誉、赔礼道歉责任方式予以救济。消除影响、恢复名誉，这是指人民法院根据受害人的请求，责令行为人在一定范围内采取适当方式消除对受害人名誉的不利影响，以使其名誉得到恢复的一种责任方式。具体适用消除影响、恢复名誉，要根据侵害行为所造成的影响和受害人名誉受损的后果决定。处理的原则是，行为人应当根据造成不良影响的大小，采取程度不同的措施给受害人消除不良影响，例如在报刊上或者网络上发表文章损害他人名誉权的，就应当在该报刊或者网站上发表书面声明，对错误内容进行更正。消除影响、恢复名誉主要适用于侵害名誉权等情形，一般不适用于侵犯隐私权的情形，因为消除影响、恢复名誉一般是公开进行的，如果适用于隐私权的保护，有可能进一步披露受害人的隐私，造成进一步的影响。赔礼道歉，这是指行为人通过口头、书面或者其他方式向受害人进行道歉，以取得谅解的一种责任方式。赔礼道歉主要适用于侵害名誉权、荣誉权、隐私权、姓名权、肖像权等人格权的情形。赔礼道歉可以是公开的，也可以私下进行；可以口头方式进行，也可以书面方式进行，具体采用什么形式由法院依据案件的具体情况决定。口头道歉是由行为人直接向受害人表示，一般不公开进行；书面道歉以文字形式进行，可以登载在报刊上，或者张贴于有关场所。如果判决要求被告公开赔礼道歉，一般应当明确赔礼道歉的具体方式，例如书面致歉、登报致歉等。

在是否适用这些民事责任时，第一，应当考虑侵害人格权行为的具体方式和造成的影响范围。同时，在考虑行为的具体方式和造成的影响范围时，还应当将被侵权人的心理感受及所受煎熬、痛苦的程度纳入考虑范围。例如，如果被侵权人极度痛苦，而赔偿损失、消除影响和恢复名誉这些责任方式尚不足够的，可以判决行为人承担赔礼道歉这种民事责任。第二，这些民事责任的具体方式也应当考量行为的具体方式和造成的影响范围。在通常情况下，如果是在特定单位内传播侵害人格权的信息的，应当在特定单位内予以消除影响、恢复名誉、赔礼道歉。如果是在特定网络媒体上传播侵权信息的，应当在该网络媒体上予以澄清事实；而在特定网络媒体上传播的侵权信息又被其他网络媒体转载的，也可以考虑在其他网络媒体上予以澄清事实。

10. 行为人因侵害人格权要承担消除影响、恢复名誉、赔礼道歉等民事责任，但行为人拒不承担，该怎么办？

《民法典》第1000条第2款规定：“行为人拒不承担前款规定的民事责任的，人民法院可以采取在报刊、网络等媒体上发布公告或者公布生效裁判文书等方式执行，产生的费用由行为人负担。”根据这一款规定，执行的方式是在报刊、网络等媒体上发布公告或者公布生效裁判文书等方式。虽然裁判文书按照现有规定都需要公开，但这种一般性的公开并不等同于这一款所规定的为消除影响而在特定范围内的公告或者公布生效裁判文书。发布公告，可以是受害人发表谴责公告或者法院发布判决情况的公告，但一般不采取受害人或者法院以被告名义拟定道歉启事并予以公布这种道歉广告或者道歉启事的方式。公布裁判文书，可以是全部公布，也可以是摘要公布。在报刊、网络等媒体上，应当是法院所指定的特定媒体，也包括以书面形式在特定范围内张贴等方式。但是，在报刊、网络等媒体上发布公告或者公布生效裁判文书仅仅是执行的例示方式，除了此种方式之外，还有一个“等”字，以涵盖其他执行方式，人民法院可以根据案件的具体情况，采取合理的其他执行方式。另外，人民法院是“可以”而非“应当”采取。鉴于侵害人格权的情形较为复杂，有时发布公告或者公布裁判文书可能会导致后续的损害，因此赋予人民法院根据情况加以酌定处理的必要。如果人民法院经过审理认为，侵权行为已经停止，且相关侵权信息已经删除，此时人民法院再行发布公告或者公布裁判文书，则有可能进一步将侵权结果再次扩大。此时，人民法院可以征询被侵权人的意见，在被侵权人不同意的情况下，人民法院也可以不采取发布公告或者公布裁判文书的方式执行，而可以通过其他方式予以执行。

11. 什么是身体权?

《民法典》第1003条规定："自然人享有身体权。自然人的身体完整和行动自由受法律保护。任何组织或者个人不得侵害他人的身体权。"身体权，是指自然人享有的以身体完整和行动自由受法律保护为内容的权利。《民法典》第110条第1款将身体权作为独立的人格权。身体权与生命权、健康权密切相关，侵害自然人的身体往往导致对自然人健康的损害，甚至剥夺自然人的生命。但生命权、健康权和身体权所保护的自然人的具体人格利益有区别，生命权以保护自然人生命的延续为内容之一，健康权以保护身体各组织及整体功能正常为内容之一，而身体权以保护身体组织的完整为内容之一。当他人侵害自然人的身体已经达到使自然人的组织和功能不正常时，侵害的是自然人的健康权，而非身体权。当他人侵害自然人的身体，但未侵害自然人的组织和功能正常时，侵害的仅是自然人的身体权，而非健康权。如甲未经乙同意突然将乙的长头发剪断，此时乙的身体组织和功能正常并未受到侵害，但甲侵害了乙对自己的身体组织完整，侵害了乙的身体权。

12. 什么是健康权?

《民法典》第1004条规定:“自然人享有健康权。自然人的身心健康受法律保护。任何组织或者个人不得侵害他人的健康权。”健康权是自然人享有的以身心健康受法律保护为内容的权利。健康是维持人体正常生命活动的基础,健康权是自然人重要的人格权。这一条规定的健康权是一种民事权利。国家对于公民健康,在公法意义上的保护义务是通过其他法律予以实现的。例如,《基本医疗卫生与健康促进法》第4条规定,国家和社会尊重、保护公民的健康权。国家实施健康中国战略,普及健康生活,优化健康服务,完善健康保障,建设健康环境,发展健康产业,提升公民全生命周期健康水平。国家建立健康教育制度,保障公民获得健康教育的权利,提高公民的健康素养。第5条规定,公民依法享有从国家和社会获得基本医疗卫生服务的权利。国家建立基本医疗卫生制度,建立健全医疗卫生服务体系,保护和实现公民获得基本医疗卫生服务的权利。

13. 什么是法定救助义务?

《民法典》第1005条规定:“自然人的生命权、身体权、健康权受到侵害或者处于其他危难情形的,负有法定救助义务的组织或者个人应当及时施救。”

这一条适用的前提如下:

(1)自然人的生命权、身体权、健康权受到侵害或者处于其他危难情形。只有在自然人的生命权、身体权、健康权处于非常紧急的需要救助的情形，不立即实施救助将会使得自然人的生命、身体或者健康遭受重大的损害时，才可能存在法定的救助义务，此时要考虑到急迫性、危险性、其他救助措施获得的难度等因素。

（2）特定的组织或者个人负有法定的救助义务。法律对救助义务的规定，包括两种。第一种是条文中明确规定了救助义务。例如，《民法典》第822条规定，承运人在运输过程中，应当尽力救助患有急病、分娩、遇险的旅客。《基本医疗卫生与健康促进法》第27条第3款规定，急救中心（站）不得以未付费为由拒绝或者拖延为急危重症患者提供急救服务。《执业医师法》第24条规定，对急危患者，医师应当采取紧急措施进行诊治；不得拒绝急救处置。《医疗机构管理条例》第31条据此规定，医疗机构对危重病人应当立即抢救。对限于设备或者技术条件不能诊治的病人，应当及时转诊。《海商法》第174条规定，船长在不严重危及本船和船上人员安全的情况下，有义务尽力救助海上人命。《道路交通安全法》第70条第1款规定，在道路上发生交通事故，车辆驾驶人应当立即停车，保护现场；造成人身伤亡的，车辆驾驶人应当立即抢救受伤人员，并迅速报告执勤的交通警察或者公安机关交通管理部门。因抢救受伤人员变动现场的，应当标明位置。乘车人、过往车辆驾驶人、过往行人应当予以协助。第二种是法律虽然没有明确规定救助义务，但规定中包含了救助义务。例如，《民法典》第942条第1款中规定，物业服务人采取合理措施保护业主的人身、财产安全。《民法典》第1198条也规定了宾馆、商场、银行、车站、机场、体育场馆、娱乐场所等经营场所、公共场所的经营者、管理者或者群众性活动的组织者的安全保障义务。这些义务中也包括了在自然人的生命权、身体权、健康权受到侵害或者处于其他危难情形时，法律规定的主体应当负有采取合理措施予以救助的义务。对于实践中需要确定义务人应当负有的具体安全保障义务的内容，可以参考该安全保障义务人所在行业的普遍情况、所在地区的具体条件、所组织活动的规模等各种因素，从侵权行为的性质和力度、义务人的保安能力以及发生侵权行为前后所采取的防范、制止侵权行为的状况、当事人之间特殊的关系和信赖等方面，根据实际情况综合判断。

14. 自然人如何进行人体捐献？

人体捐献包括人体细胞的捐献、人体组织的捐献、人体器官的捐献、遗体的捐献等。人体由有机质和无机质构成细胞，由细胞与细胞间质组成组织，由组织构成器官。人体细胞是人体的结构和生理功能的基本单位。人体组织是结构相似和功能相关的人体细胞和细胞间质集合的组织，包括上皮组织、结缔组织、肌肉组织、神经组织。人体器官是由多种人体组织构成的能行使特定功能的结构单位。相对应的，人体细胞捐献，是指将身体内有活力的细胞群捐献出去，例如造血干细胞、精子、卵子等的捐献。人体组织捐献，是指将身体的部分组织捐献出去，包括皮肤、角膜、骨骼、肌腱、血管、骨髓、神经等的捐献。人体器官捐献，是指将身体的某个仍然保持活力的器官捐献出去，包括心脏、肺脏、肝脏、肾脏或者胰腺等的捐献。我国的《人体器官移植条例》第 2 条第 1 款就区分了人体细胞捐献、角膜和骨髓等人体组织的捐献以及人体器官的捐献。世界卫生组织人体细胞、组织和器官移植指导原则也作出了同样的区分。遗体的捐献是指将自然人的遗体捐献出去。

《民法典》第 1006 条规定:“完全民事行为能力人有权依法自主决定无偿捐献其人体细胞、人体组织、人体器官、遗体。任何组织或者个人不得强迫、欺骗、利诱其捐献。完全民事行为能力人依据前款规定同意捐献的,应当采用书面形式,也可以订立遗嘱。自然人生前未表示不同意捐献的,该自然人死亡后,其配偶、成年子女、父母可以共同决定捐献,决定捐献应当采用书面形式。”这一规定的具体内容包括:

第一,自然人享有捐献或者不捐献人体细胞、人体组织、人体器官和遗体的自主决定权。

第二,人体捐献的意愿必须真实合法,任何组织或者个人不得强迫、欺骗、利诱捐献。

同时,人体捐献的意愿也必须是合法的,不得违反法律规定和违背公序良俗。例如,基于医学伦理原则,捐献不得危及捐献人自身的生命或者严重损害捐献人自身的健康,以防止出现职业捐献者群体和变相的买卖,这是从维护捐献者的人格尊严和身体健康出发,对其捐献行为的限制。

第三,完全民事行为能力人才有权依法自主决定。人体捐赠者必须对捐赠行为具有充分的判断和辨认能力,这要求捐赠者必须具备完全的民事行为能力。

第四,完全民事行为能力人依据前款规定同意捐献的,应当采用书面形式,也可以订立遗嘱。捐献可能对人体造成损害,涉及生命权、身体权、健康权等最基本的人格权利，同时要确定捐献的意愿是真实的，因此应当对同意捐献的形式做严格限制。

第五，自然人生前未表示不同意捐献的，该自然人死亡后，其配偶、成年子女、父母可以共同决定捐献，决定捐献应当采用书面形式。如果自然人生前表示了不同意捐献的意愿，应当尊重自然人的自主决定权，其他任何人，包括配偶、成年子女、父母，都不能在自然人死亡后同意捐献。但是，如果自然人生前未表示不同意捐献，该自然人死亡后，其配偶、成年子女、父母可以共同决定捐献。死者的配偶、成年子女和父母中的任何一个人不同意捐献的，都不能捐献。决定捐献应当采用书面形式。

15. 人体细胞、人体组织、人体器官可以买卖吗?

《民法典》第 1007 条规定："禁止以任何形式买卖人体细胞、人体组织、人体器官、遗体。违反前款规定的买卖行为无效。"基于人格尊严的理念，每一个自然人的身体应当受到尊重，避免仅仅将人体组成部分作为客体；同时，实践中，人体的买卖很可能会不公平地利用最贫穷和最脆弱的群体，导致牟取暴利和贩卖人口。

人体捐赠只能是无偿的，禁止以任何形式买卖人体细胞、人体组织、人体器官、遗体。买卖人体的形式在实践中多种多样，任何形式只要构成实质上的买卖，都应当被禁止。在付款对象上，对自然人自己直接付款，这当然构成买卖。如果是对死者的近亲属或者其他中间人予以付款，也同样构成买卖。因此，对上述各方的金钱回报都应当予以禁止。在形式上，不仅是直接的买卖形式，其他实质上类似于买卖的有偿利用形式也应当被禁止。例如，将人体组成部分作为质押或者租赁的标的，这都是实质上类似于买卖的有偿利用形式，都违背了人格尊严。

本条第 2 款进一步明确，违反前款规定的买卖行为无效。如果买卖行为无效，卖方无权请求买方承担违约责任。如果买卖的人体组成部分已经被移植，此时就属于《民法典》第 157 条中规定的不能返还的情形。这并不影响行为人依据法律的规定承担行政责任和刑事责任。

16. 为了研制新药，可以直接对病人进行临床试验吗?

《民法典》第 1008 条规定："为研制新药、医疗器械或者发展新的预防和治疗方法，需要进行临床试验的，应当依法经相关主管部门批准并经伦理委员会审查同意，向受试者或者受试者的监护人告知试验目的、用途和可能产生的风险等详细情况，并经其书面同意。进行临床试验的，不得向受试者收取试验费用。"人体临床试验，又称为人体试验，是指在病人或健康志愿者等受试者的人体上进行系统性研究，以了解新药、医疗器械或者发展新的预防和治疗方法的疗效与安全性。为研制新药、医疗器械或者发展新的预防和治疗方法，在研发阶段时，通常会先进行动物试验，动物试验通过之后进行人体试验。人体试验是确保其有效性和安全性必不可少的环节，对促进医疗科研事业的发展意义重大，因此，允许开展人体试验活动是必要的。但是，人体试验关系到受试者的生命健康，涉及其人格尊严，要符合伦理要求，有必要对此设定较为严格的条件。

《民法典》第1008条的主要内容如下：

第一，人体临床试验应当依法经相关主管部门批准并经伦理委员会审查同意。例如，《疫苗管理法》第16条第1款规定：“开展疫苗临床试验，应当经国务院药品监督管理部门依法批准。”《药品管理法》第19条规定了开展药物临床试验，应当经国务院药品监督管理部门批准。《医疗器械监督管理条例》第19条中规定，第三类医疗器械进行临床试验对人体具有较高风险的，应当经国务院食品药品监督管理部门批准。同时，伦理委员会是保障受试者权益的主要措施之一。关于伦理委员会的职责、组成、伦理审查的具体程序、监督管理等问题，由特别法予以规定。

第二，受试者享有是否参加试验的自主决定权。基于受试者的人格尊严，尊重和保护受试者的合法权益，应当尊重和保障受试者是否参加研究的自主决定权。同时，应当允许受试者在任何阶段无条件退出研究。

第三，受试者同意参加临床试验的意愿必须真实合法。这一方面意味着，任何组织或者个人使用欺骗、利诱、胁迫等手段使受试者同意参加研究。另一方面意味着，应当依法告知试验目的、用途和可能产生的风险等详细情况，以使得受试者充分了解后表达同意的意愿。

第四，知情同意权由受试者或者监护人依法行使。如果受试者是完全民事行为能力人，能够单独有效地行使知情同意权。但是，在受试者不具备完全的民事行为能力时，情况比较复杂，民法典仅作出了原则性规定，具体由特别法进一步规定。基本的共识是，受试者具有一定自主决定能力或者具有限制民事行为能力，除了监护人的同意之外，还需要考虑受试者本人的意愿，需要取得受试者本人的同意。

第五，知情同意必须是书面形式。参加人体试验可能对受试者人体造成损害，涉及生命权、身体权、健康权等最基本的人格权利，同时要确定同意参加的意愿是真实的，因此应当对知情同意的形式严格限制为书面形式。这也是我国现行有关规范的共识。

第六，进行临床试验的，不得向受试者收取试验费用。

17. 从事与人体基因、人体胚胎等有关的医学和科研活动要受到哪些法律限制?

《民法典》第1009条规定："从事与人体基因、人体胚胎等有关的医学和科研活动，应当遵守法律、行政法规和国家有关规定，不得危害人体健康，不得违背伦理道德，不得损害公共利益。"与人体基因有关的医学和科研活动，包括基因鉴定、基因制药、基因诊断、基因治疗、基因编辑、基因克隆等。与人体胚胎有关的医学和科研活动，包括了与人体胚胎干细胞等有关的治疗性研究和生殖性研究。与人体基因和胚胎等有关的医学和科研活动是生命科学研究的重要组成部分，将极大地改变人类生命和生活的面貌，为改善个人和全人类的健康状况开辟了广阔的前景。但是，这些活动，可能带来人体生命健康安全和伦理道德方面的风险，甚至对人类产生重大的潜在危险。为了使我国的与人体基因、人体胚胎等有关的医学和科研活动符合生命伦理规范，保证国际公认的生命伦理准则和我国的相关规定得到尊重和遵守，促进这些活动的规范有序发展，《民法典》第 1009 条规定了从事与人体基因、人体胚胎等有关的医学和科研活动的法律底线。主要包括了以下内容：

第一，尊重人格尊严。从事与人体基因、人体胚胎等有关的医学和科研活动，必须建立在尊重人格尊严的基础上，具体包括：一是禁止基于个人遗传特征的歧视；二是禁止对自然状态下的人类基因组或者胚胎进行商业化利用；三是要求人类基因数据等在使用时，不得用于意在侵犯或造成侵犯某一个人的人权、基本自由或人类尊严的歧视的目的或导致对某一个人、家庭、群体或社区造成任何侮辱的目的；四是强调个人的利益和福祉应高于单纯的科学利益或者社会利益等。

这同时意味着，应当禁止违背人格尊严、生命保护的一切行为。从事与人体基因、人体胚胎等有关的医学和科研活动，应当以治疗疾病和提升人类福祉为目的，不得危及特定人员和全人类的健康利益。禁止生殖性克隆等违背人格尊严的遗传工程技术的研究和应用。禁止买卖人类遗传资源、配子、受精卵、胚胎或胎儿组织等行为。反对生殖性研究。禁止非医学需要的胎儿性别鉴定和选择性别的人工终止妊娠。

第二，尊重知情同意权。从事与人体基因、人体胚胎等有关的医学和科研活动，应当尊重人们在负责并尊重他人自主权的前提下自己作出决定的自主权，事先征得有关人员自愿、知情和明确表示的同意，向其提供清楚、公正、充分和适当的信息。对没有能力行使自主权的人应采取特殊措施保护他们的权益。当事人可以在任何时候、以任何理由撤销其同意。

第三，尊重当事人的隐私，保护相关的个人信息。从事相关活动时，应尊重当事人的隐私，对与个人有关的遗传信息应加以保密。尽最大可能使这类信息只用于收集或者同意提供该信息的初始目的，不能为了其他目的而使用或披露这类信息，不应非法向他人披露或者允许他人查询。遵守要切断可识别性原则，原则上不应保持与可识别的个人的关联。例如，人类遗传资源管理条例就对此作出了一些规定。

第四，正当程序等保障。包括研究活动的专业谨慎、诚实正直与决策的透明理性，伦理委员会的评估，利益共享，团结互助与国际合作。只有为了维护公众安全，对刑事犯罪进行调查、侦查和提出起诉，以及为了保护公众健康或者保护其他人的权利和自由，在法律规定了特定权限和特定程序的情况下，才可对上述原则加以限制。

18. 什么是性骚扰？

《民法典》第 1010 条第 1 款规定："违背他人意愿，以言语、文字、图像、肢体行为等方式对他人实施性骚扰的，受害人有权依法请求行为人承担民事责任。"性骚扰行为可能采取触碰受害人身体私密部位的行为方式，这会涉及身体权；也可能采取言语、文字、图像等方式，影响受害人心理健康甚至身体健康，这会涉及健康权。根据实践的情形，性骚扰一般包括以下条件：

（1）性骚扰中受害人是所有的自然人。实践中，性骚扰的受害人多为女性，《妇女权益保障法》第 40 条也仅规定了禁止对妇女实施性骚扰。但是，本款所规定的性骚扰不区分性别、年龄，无论是男性还是女性、成年人还是未成年人都可能成为性骚扰的受害人，也不区分行为人与受害人是同性还是异性。

（2）行为与性有关。行为人具有性意图，以获取性方面的生理或者心理满足为目的。一些国家和地区的性骚扰还涉及性别歧视。虽然很多性骚扰行为是基于性别歧视的观念做出的，但是，考虑到反对性别歧视属于《宪法》第48条所规定的男女平等以及民法典所规定的人格尊严保护的内容，因此，这一款的适用强调性骚扰行为与性有关。实践中，具体的方式是多种多样的，包括言语、文字、图像、肢体行为等。例如，故意触摸碰撞他人的私密部位，强迫拥抱或者接吻，裸露自己身体的私密部位，用与性有关的肢体动作或下流语言挑逗，发送带有性内容或者与性有关的语音、文字、图片、声像、电子信息等。

（3）性骚扰构成的核心是违背他人意愿。性骚扰与两相情愿的调情、约会等区分，是因为此类行为违背了他人意愿。受害人表示厌恶、反感、明确拒绝、警告或以反抗行为表示拒绝，都可以认定为违背他人意愿。曾经愿意进行与两性内容相关的交流或者接触，但后来表示不愿意延续的，如果继续纠缠不休，也可以认定为违背他人意愿。

（4）行为一般具有明确的针对性。性骚扰行为所针对的对象一般是具体的、明确的，此时才可能会承担民事责任。无论是长时间还是短时间的性骚扰，均是针对某个具体的对象。行为是否具有明确的针对性，要在个案中结合具体情况加以判断。

（5）行为人主观上一般是故意的。在公共汽车、地铁等场所因为紧急刹车、拥挤等原因过失地接触他人身体甚至敏感部位等行为，不构成性骚扰；因错写手机号码或者邮件地址，将包含两性内容的短信或邮件误发他人，也不构成性骚扰。

19. 单位是否有义务防止、制止性骚扰行为？

《民法典》第 1010 条第 2 款规定：“机关、企业、学校等单位应当采取合理的预防、受理投诉、调查处置等措施，防止和制止利用职权、从属关系等实施性骚扰。”

依照这一款规定，第一，这些单位负有为防止和制止利用职权、从属关系等实施性骚扰而采取措施的义务。这是因为这些单位对其工作人员具有一定的管理和控制能力，使单位负有相应的义务，能够在一定程度上防止和制止性骚扰的发生和继续发生，也有助于建立多元化的性骚扰纠纷解决机制。

第二，这些单位应当采取合理的预防、受理投诉、调查处置等措施。这些措施涵盖了事前的预防、事中的受理投诉和事后的调查处置各个层面。例如，提供安全的工作环境；告知性骚扰的惩罚机制及救济程序机制；为调查提供必要的信息；为受害人提供相应的协助等。这些措施也必须是合理的。措施的合理性需要在个案中，结合多个因素予以考量。

应当注意的是，单位除应当负有采取合理措施防止和制止利用职权、从属关系等实施性骚扰而采取措施的义务外，也负有采取合理措施防止和制止其他性骚扰的义务。例如，单位的客户到单位对单位的工作人员实施性骚扰，单位也负有采取合理措施的义务。当单位未尽到采取合理措施的义务的，受害人有权依照民法典和其他法律的规定请求单位承担民事责任。

20. 以非法拘禁等方式剥夺、限制他人的行动自由，或者非法搜查他人身体的，受害人可以如何寻求救济？

《民法典》第1011条规定："以非法拘禁等方式剥夺、限制他人的行动自由，或者非法搜查他人身体的，受害人有权依法请求行为人承担民事责任。"为进一步落实宪法的规定和精神，加强对自然人人身自由的保护，协调与其他法律相关规定之间的关系，这一条规定了非法剥夺、限制他人行动自由和非法搜查他人身体的，受害人有权依法请求行为人承担民事责任。

1. 非法剥夺、限制他人行动自由。行动自由，指的是身体行动的自由，不包括意志的自由或者精神活动的自由。非法剥夺、限制他人行动自由在实践中的方式多种多样，如非法拘禁，非法逮捕、拘留，非法绑架，非法强制住院治疗等。英美法中，甚至在受害人因睡眠、醉酒等原因陷入无意识状态时被监禁也构成侵害行动自由。同时，剥夺、限制他人行动自由必须是非法的。如果行为人依法扭送他人的，则不是非法剥夺、限制他人行动自由。实施合法的正当防卫、紧急避险或者自助行为而限制他人行动自由的，也不是非法的。同样，如果国家机关依据法律规定的权限和程序限制或者剥夺人身自由的，也不构成非法剥夺或者限制他人行动自由。

2. 非法搜查他人身体。实践中，发生了超市、商场等非法搜查他人身体的行为，这些行为往往以限制行动自由为前提，同时涉及自然人对自己身体的权利，侵害了自然人的人格尊严。非法搜查他人身体，必须是对他人身体的搜查。如果是非法搜查他人住宅等，不适用这一条，可以适用民法典关于隐私权的规定。同时，搜查身体的行为必须是非法的。如果是依照刑事诉讼法等法律的规定对他人身体进行搜查，不构成非法搜查他人身体。

这一条进一步规定，以非法拘禁等方式剥夺、限制他人的行动自由，或者非法搜查他人身体的，受害人有权依法请求行为人承担民事责任。受害人有权依法请求行为人承担民事责任，这意味着，如果民法典和其他法律的规定对行为人承担民事责任，要求具备其他的责任构成要件，或者进一步对责任后果予以细致规定的，应当依照其规定。例如，如果受害人依据《民法典》第 1165 条第 1 款请求行为人承担侵权损害赔偿责任的，还应当具备该款要求的损害和因果关系等要件。受害人请求精神损害赔偿的，应当符合《民法典》第 1183 条第 1 款的规定，即“侵害自然人人身权益造成严重精神损害的，被侵权人有权请求精神损害赔偿”。

21. 什么是姓名？姓名对于自然人有何意义？

姓名是一个自然人在社会中区别于其他人的标志和符号。姓名的产生是与社会的形成密不可分的，人作为社会中的一员，需要与社会中的其他成员进行社会交往，产生各种各样的关系，进行社会交往就需要让成员之间能相互区别开来，姓名就是为了适应这种社会交往而产生的。

姓名对于社会中的自然人来说意义极为重大：一是社会生活的需要。在姓名出现前，人们在社会交往中要进行个体识别较为困难，而姓名的出现则解决了这一难题，方便了人们的交往。二是具有一定身份定位的功能。姓名由姓氏和名字组成。姓在早期代表了某一自然人的血缘和家族的归属，现在仍是特定群体遗传关系的重要记号之一，而名则既是家族成员辈分的体现，也是该自然人的个人符号。在早期，姓名的身份定位功能极强，例如封建社会中帝王贵族的姓氏就是身份的象征，普通百姓不能随意使用这样的姓氏。随着封建等级社会的灭亡和社会的发展，姓名的这种具有极强身份属性的功能逐渐减弱。但是姓名的身份定位功能在家族和亲属之间仍一定程度上存在和体现。因此，从这个意义上讲，姓名是一个家族成员的共同纽带，有利于维护家族成员的精神情感和身份认同。三是具有重要的法律意义。从民法的角度讲，一个自然人拥有姓名后以姓名为标记，使自己与社会中的其他成员相区别，享受权利，承担义务，例如可以使自己签订合同、行使所有权等权利更为简单容易；可以使自己的尊严得到更好的彰显，个性可以得到更好的发展，个人的名誉可以得到更好地维护，等等。从公法的角度看，由于姓名具有极强的表征功能，每一个姓名就代表着一个自然人，因此姓名的出现可以使国家对社会的管理更方便，现在户籍管理制度、身份证管理制度和人事档案制度等管理制度都是建立在姓名的基础上。也正因为姓名对于一个自然人的重要性，近现代不少国家和地区都将姓名权作为一种重要的民事权利加以规定。例如，《德国民法典》第 12 条明确规定了自然人享有姓名权，《瑞士民法典》第 29—30 条规定了姓名权，日本和我国台湾地区“民法”也规定了姓名权。我国 1986 年颁布的《民法通则》第 99 条第 1 款就规定：“公民享有姓名权，有权决定、使用和依照规定改变自己的姓名，禁止他人干涉、盗用、假冒。”这是我国第一次从民事基本法的角度明确了姓名权作为一种重要民事权利的地位。

民法典在继承我国民法通则规定的基础上明确将姓名权作为一种重要的具体人格权纳入人格权编，并明确规定，自然人享有姓名权。该规定有以下几层含义：一是姓名权的主体只能是自然人。根据民法典总则编的规定，我国的民事主体包括自然人、法人和非法人组织三类。法人或者非法人组织享有的是名称权，不享有姓名权，姓名权专属于自然人。二是任何一个自然人都享有姓名权。每个自然人自出生之时就享有这种权利，有权依法决定、使用、变更或者许可他人使用自己的姓名，任何组织和个人都无权剥夺自然人这种权利。也不得以干涉、盗用、假冒等方式侵害自然人这种姓名权。三是任何一个自然人都平等地享有姓名权。自然人对姓名权的享有不因民族、性别、年龄等因素的不同而有差别，也不因民族、性别、年龄等因素的不同而受到不同保护。

22. 姓名权的内容是什么?

根据《民法典》第 1012 条的规定，姓名权的内容主要包括四项权能：

（1）决定姓名的权能。一个自然人有权决定自己的姓名是姓名权最为基本的内容，是自然人人格发展和自我决定的重要表现形式，也是其变更、使用或者许可他人使用自己姓名的前提和基础，任何组织或者个人不得非法干预。需要强调的是，自然人有权决定自己的姓名，但这种决定权应当依法进行。

（2）使用姓名的权能。使用自己的姓名是自然人享有姓名权的重要内容，也是姓名权的本质特征。姓名权人有权按照自己意志决定自己的姓名如何使用，在何处使用自己的姓名，例如可以允许商业公司以自己的姓名冠名某一场活动，或者冠名某一公司，任何组织或者个人不得干涉或者妨碍，也不得盗用或者假冒姓名权人的姓名。

（3）变更姓名的权能。自然人有权变更自己的姓名是其姓名权的应有之义。自然人出生后，由于其为无民事行为能力人，其姓名由监护人决定，本人在具备完全民事行为能力后，有权对自己的姓名进行变更。但是自然人对姓名的变更权能不是任意行使的。一般情况下，权利人行使自己的权利只要不违反法律的强制性规定和违背社会的公序良俗即可。但是，自然人的姓名绝不仅仅是社会交往的符号，其与传统文化、婚姻形态、风俗习惯、价值观念、伦理道德等密切相关，还承载着代表个体、表明登记身份、规范婚姻和家庭秩序、文化传承、社会管理等诸多社会功能，自然人变更自己的姓名不但会影响自己的权利义务关系，例如影响权利义务关系的稳定性和连续性；也会对国家管理以及社会公共利益造成影响，例如变更姓名会增加对罪犯追查的难度，影响对失信人员的追责难度，也会助长借变更姓名逃避债务，等等。正因为基于对公共利益的考虑，我国现行的身份证法、户籍管理条例等法律法规都对自然人变更姓名作了一定限制，要求自然人变更姓名要遵循一定的程序。

（4）许可他人使用姓名的权能。《民法典》第992条规定，人格权不得被转让、抛弃或者继承。姓名权作为一种重要的人格权，与自然人的人身密不可分，它本身不具有直接的财产内容，其确实不得被转让、赠与或者继承。但是随着社会的发展，姓名商业利用问题日益突出，一些自然人姓名中的财产利益凸显，例如姚明作为著名的运动员，其姓名具有巨大的广告效应和商业价值。姓名权人在一定程度上可以对自己的姓名进行商业利用，允许他人使用自己的姓名并取得一定的经济收益，实践中这样的案件已经很多很多，例如袁隆平作为著名的科学家，其许可一家上市公司“隆平高科”使用自己的姓名作为公司名称的一部分。

需要特别强调的是，根据民法典的规定，自然人虽享有姓名权，有权依法决定、使用、变更或者许可他人使用自己的姓名，但是自然人行使自己的姓名权不是绝对的，不是没有任何限制的。自然人在决定、变更、使用或者许可他人使用姓名的过程中，不得违反法律行政法规的相关规定，不得违背公序良俗。

23. 什么是名称？名称对于法人、非法人组织有何意义？

名称是法人或者非法人组织在社会活动中用以代表自己并区别于其他法人或者非法人组织的文字符号和标记。其功能与意义和自然人的姓名类似，是法人或者非法人组织区别于其他民事主体的重要标识，是法人或者非法人组织从事民事活动的前提和基础。任何合法设立的法人或者非法人组织都享有名称权。

24. 名称权的内容是什么?

根据《民法典》第 1013 条的规定，名称权的内容包括五个方面：

一是决定名称的权能。法人、非法人组织对名称的权利首先体现为名称的决定权，即其有权决定本组织取什么样的名称。法人或者非法人组织通过决定名称对外表征其行业、组织形式等相关信息。

二是使用名称的权能。法人或者非法人组织对自己享有的名称享有独占使用的权利，任何组织或者个人都不得非法干涉其使用。与自然人对自己姓名的使用不完全相同。在同一地区，法律并不禁止自然人取与其他自然人相同的姓名，但在同一地区，法律原则上不允许法人或者非法人在同行业取相同的名称。

三是变更名称的权能。法人或者非法人组织在使用名称过程中，有权按照自己的意愿变更自己的名称，任何组织或者个人不得非法干预。但是除了法律、行政法规另有规定外，变更名称必须依照法定程序进行变更登记。

四是转让名称的权能。法人或者非法人组织对其名称享有转让的权能，这是名称权与姓名权的重要区别。法人或者非法人组织可以将其对名称享有的权利全部转让给其他法人或者非法人组织，受让人成为该名称权的主体，转让人则对名称丧失名称权。需要指出的是，并非所有法人或者非法人组织的名称权都可以转让，原则上只有营利法人或者营利非法人组织的名称权可以转让。对于营利性法人或者营利性非法人组织而言，名称权具有较强的财产性，其可以通过转让名称权获得转让费。

五是许可使用的权能。法人或者非法人组织享有在一定范围和期限内允许其他法人或者非法人组织使用自己名称的权利。法人或者非法人组织许可他人使用自己名称的同时，自己仍可以继续使用该名称，在没有特别约定的情况下，还可以允许多家主体使用该名称，这是许可使用名称与转让名称最大的区别。许可使用名称这种情形主要是针对营利性法人或者营利性的非法人组织而言的。

需要强调的是，我国现行法律、行政法规和部门规定对名称权的决定、使用、变更、转让和许可他人使用都作了不少规定，且对于不同性质的法人和非法人组织其名称权的决定、使用、变更和许可他人使用的规则也不完全相同，例如本章第1016条规定，民事主体决定、变更自己的名称，或者转让自己的名称的，应当依法向有关机关办理登记手续，但是法律另有规定的除外。民事主体变更名称的，变更前实施的民事法律行为对其具有法律约束力。名称权人决定、使用、变更、转让和许可他人使用名称均不得违反这些规定。因此，这一条明确规定，名称权有权“依法”决定、使用、变更、转让和许可他人使用名称。

25. 实践中，侵害民事主体姓名权或者名称权的主要方式有哪些？

实践中，侵害姓名权、名称权的方式很多，《民法典》第1014条列举了三种较为典型的侵害方式：

一是非法干涉，即无正当理由干涉他人对姓名的决定、使用、变更或者许可他人使用的权利，无正当理由干涉法人或者非法人组织对其名称的使用、变更或者许可他人使用的权利。例如子女成年后，其父母没有正当理由不允许其变更姓名；养父母没有正当理由不允许养子女随其生父母的姓，等等。

二是盗用，即未经姓名权人、名称权人同意或者授权，擅自以姓名权人、名称权人的姓名或者名称实施有害于他人或者社会的行为。例如打着经过某著名人士同意或者授权的幌子，以该著名人士的名义开办会所。这种侵害方式的核心是侵权人的行为让他人误以为姓名权人、名称权人同意或者授权侵权人以其名义从事民事活动，但并没有宣称其就是该姓名权人或者名称权人。

三是假冒，即侵权人假冒姓名权人或者名称权人之名进行活动，表现为民事主体从事民事活动时不用自己的姓名或者名称而使用他人姓名或者名称。实践中，已出现了不少假冒他人姓名或者名称的冒名顶替案，例如著名的齐玉苓案中，侵权人就假冒齐玉苓上大学。需要注意是，实践中存在同名同姓的情况，是国家法律法规允许的，仅仅因为登记的姓名与他人相同，不构成假冒侵权行为。但是，某民事主体的行为足以使他人误认或者混淆的，则有可能构成侵权，例如某人与篮球界的姚明同名同姓，都叫“姚明”，若其在正常生活中使用姚明，不构成假冒，但若其对外宣称自己是篮球界的姚明，并以此从事各种民事活动，就很可能构成假冒侵权。

以上三种是实践中较为典型的侵害姓名或者名称的行为，但侵害姓名或者名称的行为不仅限于这三种，例如将他人的姓名作为商品名称或者作为某一动物的名称等不正当使用姓名的行为，正是基于此，《民法典》第 1014 条在非法干涉、盗用、假冒外加了个“等”字。任何组织或者个人以干涉、盗用、假冒等方式侵害他人的姓名权或者名称权的，都应当承担一定的法律后果。

26. 自然人能否在父姓或者母姓之外选取第三姓?

姓氏选取与每位公民密切相关，之前《民法通则》第 99 条和《婚姻法》第 22 条分别规定了公民享有姓名权及子女可以随父姓或者母姓的问题。近年来，司法机关、有关行政部门和一些社会公众反映，民法通则和婚姻法的上述规定较为原则，对于公民能否在父姓和母姓之外选取姓氏，实践中有关部门和当事人存在理解不一致的情况；且相关法律制定较早，不能有效应对当前公民创姓、改姓等新情况、新问题。为了对社会生活中公民的姓氏选取行为有所引领，使行政机关、人民法院在履行职能和处理纠纷时有所遵循。基于理论界和实务界对于自然人如何选择姓氏存在较大的争议，国外的做法也不完全相同；同时，鉴于姓氏选取问题不仅涉及现代社会的公民私权与国家公权、个人自由与社会秩序，还关乎中华民族的文化传统、伦理观念和社会主义核心价值观，问题重大，有必要作出专门的规定，以指导实践。为此，2014 年全国人大常委会专门对此作出了一个立法解释，即《全国人民代表大会常务委员会关于〈中华人民共和国民法通则〉第九十九条第一款、〈中华人民共和国婚姻法〉第二十二条的解释》。该立法解释明确规定，自然人应当随父姓或者母姓，但是有下列情形之一的，可以在父姓和母姓之外选取姓氏：（1）选取其他长辈直系血亲的姓氏；

（2）因由法定扶养人以外的人扶养而选取扶养人姓氏；（3）有不违背公序良俗的其他正当理由。少数民族自然人的姓氏可以遵从本民族的文化传统和风俗习惯。该立法解释这样规定的主要理由是：姓氏文化是中华传统文化的重要组成部分。中华文明源远流长，姓氏文化在中华五千多年连绵不断的文明史中占有重要地位。世界上的很多国家都通过立法明确子女应当从父姓或者母姓。通过立法解释，明确公民原则上应当在父姓或者母姓中选取姓氏，对于维护中华民族的文化传统、伦理观念和社会主义核心价值观，至关重要。从婚姻法当初的立法本意看，《婚姻法》第22条的规定主要为了突出父母对子女姓氏决定权的平等，进一步体现男女平等和夫妻家庭地位平等的原则，不涉及公民是否可以在父姓、母姓之外选取其他姓氏的问题。姓氏选取主要适用《民法通则》第6条、第7条和第99条的规定。社会各方面普遍认为，子女承父姓、母姓在我国有深厚的传统文化伦理基础，社会普遍遵循。现实生活中，随意取姓的现象比较少见，老百姓一般也难以接受。姓氏选取不能毫无限制，应当有一定之规。同时，鉴于社会生活和民事活动的复杂性以及各民族因历史文化传统、民族习惯和宗教信仰等体现的姓氏文化差异性，法律应当考虑一些公民在父姓和母姓之外选取姓氏的合理需求以及不同民族的风俗习惯，力求找到最佳平衡点，作出既符合多数人利益，也能兼顾少数人利益的解决方案，使法律规则既保持稳定性又富有灵活性。此外，现实生活中，随意取姓的现象比较少见，老百姓一般也难以接受。姓氏选取原则上应当在父姓或者母姓中选取。同时，考虑到社会生活和民事活动的复杂性以及各民族的历史文化传统和民族习惯，法律应当考虑一些公民在父姓、母姓之外选取姓氏的合理需求以及不同民族的风俗习惯，该立法解释也规定了三种例外情形。第一种“选取其他长辈直系血亲的姓氏”主要是涉及中国传统认可的认祖归宗；第二种“因由法定扶养人以外的人扶养而选取扶养人姓氏”主要涉及收养的情形；第三种“有不违背公序良俗的其他正当理由”是一个兜底条款，主要是指还俗，姓本身具有侮辱性等情形，可以在不违反公序良俗的情形下改姓。此外，考虑到不少少数民族的姓名决定或者变更具有自己的文化传统和风俗习惯，有较强的特殊性，该立法解释还明确规定，少数民族自然人的姓氏可以遵从本民族的文化传统和风俗习惯。自该立法解释正式实施以来，从实践情况看，较好地平衡了尊重自然人的自由决定或者变更姓名权利与尊重中国优秀传统文化以及伦理道德之间的关系，也得到了多数人的认同，有利于解决现实中的争议。基于此，民法典完全继承和吸收了该立法解释的规定，第 1015 条规定，自然人应当随父姓或者母姓，但是有下列情形之一的，可以在父姓和母姓之外选取姓氏：（1）选取其他长辈直系血亲的姓氏；（2）因由法定扶养人以外的人扶养而选取扶养人姓氏；（3）有不违背公序良俗的其他正当理由。少数民族自然人的姓氏可以遵从本民族的文化传统和风俗习惯。

27. 自然人决定、变更姓名，或者法人、非法人组织决定、变更、转让名称，应当履行什么样的程序?

根据《民法典》第 1012 条、第 1013 条的规定，自然人有权决定、变更自己的姓名，法人或者非法人组织有权决定、变更或者转让自己的名称。这两条规定的姓名和名称都是指法定姓名或者名称，是自然人或者法人、非法人组织法定人格和身份的体现，对内对外都会产生一定的法律效果，因此其决定、变更等都必须依法进行。

自然人的姓名的决定关系到该自然人参与社会经济生活，特别是涉及从事民事法律行为的问题，因此自然人决定姓名除了需要以有民事行为能力为前提外，还需要遵循法定的程序，办理法定的手续。根据我国《户口登记条例》第 7 条的规定，婴儿的姓名由父母、亲属、抚养人或者其他监护人在婴儿出生一个月内向婴儿常住地户口登记机关申报出生登记，并将其姓名记入户籍登记簿，在户籍登记簿上登记的姓名为正式姓名，并受法律保护，并可以用于签署正式的法律文件。所以，自然人的正式姓名以登记簿上记载的为准。自然人在确定姓名后，可能出于各种原因而需要变更自己的姓名。但由于其已经使用原姓名进行了各种民事活动，参加了不少的民事法律关系，其改变自己的姓名必然会影响到他人的利益和社会公共利益，因此自然人变更姓名也必须遵守相关法律法规规定，遵循法定程序进行，不得擅自变更。根据我国户口登记条例的规定，自然人变更自己的姓名必须到当地派出所进行变更登记。当然这里的姓名指的是法定姓名（即正式姓名）的决定或者变更，并不包括《民法典》第 1017 条规定的笔名、艺名等的决定或者变更，笔名、艺名等非法定姓名的决定或者变更并不需要进行登记。

考虑到法人或者非法人组织对于社会的影响较大，任何一个国家都会对法人或者非法人进行管理。为了维护正常的社会秩序和健康的市场经济秩序，我国法律法规以及规章对法人、非法人组织的设定、变更或者转让也作了不少规定，设定了一定的程序，特别是登记程序。原则上法人或者非法人组织变更自己的名称或者转让自己的名称权都需要进行变更或者转让登记。例如根据我国企业名称登记管理规定及其实施办法的规定，企业名称转让时，由转让方与受让方签订书面转让合同的，按照工商企业申请登记程序，报工商企业行政管理机关批准，办理转让登记。法律规定需要主管部门批准的，按照其规定由主管部门批准。需要指出的是，根据我国相关法律法规的规定，并非所有法人或者非法人组织变更或者转让自己的名称需要都需要登记，例如民法典总则编规定的机关法人的决定或者变更就不需要办理登记手续。因此，这一条特别规定“但是法律另有规定的除外”。

28. 民事主体的笔名、艺名、网名等是否受保护？

姓名是自然人区别于他人的特定符号和标识，名称是法人、非法人组织区别于其他民事主体的特定符号和标识。姓名和名称都有狭义和广义之分，狭义的姓名是某一自然人的正式姓名（即在国家户籍登记机关登记的法定姓名），狭义的名称是某一法人、非法人组织的正式名称（即在国家相关机关登记的名称），《民法典》第 1012 条至第 1016 条的规定主要针对狭义的姓名和名称。广义上的姓名和名称除了包括正式姓名和正式名称外，还包括姓名和名称的简称、笔名、艺名、网名、字号等。一些文学家、艺术家常常用笔名、艺名代替本名，这些笔名、艺名甚至比其本名更为社会和公众所熟知，例如著名作家莫言的本名是管谟业，莫言只是其笔名，但多数读者只知其笔名莫言，并不知道其本名。除笔名、艺名外，根据我国的传统，一些自然人还喜欢给自己起“字”或者“号”，例如唐代大诗人李白，字太白，号青莲居士，现在仍有一些人继承了这一传统。随着现代网络社会的发展，不少自然人在网络世界里给自己起了网名，在网络世界里很多情况下网民之间只知道网名，并不知道其真实的本名。还有的外国人在中国，或者中国人在外国都会面临译名是否受保护的问题，例如美国著名球星 Jordan 在中国的译名“乔丹”就面临侵权的问题。对于法人或者非法人组织来说，也存在类似的情况，例如在日常的民事活动中，除了使用在登记机关登记的正式名称外，有时也会使用名称的简称或者字号，例如阿里巴巴网络技术有限公司是其登记的名称，其简称阿里巴巴或者阿里巴巴集团。在民法典编纂过程中，对于是否保护姓名和名称简称、笔名、网名、艺名、译名、字号等有不同意见。有的意见认为，只宜保护经过登记的正式姓名和名称，不宜保护姓名和名称简称、笔名、网名、艺名、译名、字号等，否则有可能限制他人的行为自由。经研究认为，姓名和名称简称、笔名、网名、艺名、译名、字号等虽没有经过法定机关登记，不属于正式的姓名或者名称，但是在不少情况下，这些姓名和名称简称、笔名、网名、艺名、译名、字号等也能够起到确定和代表某一自然人或者法人、非法人组织的作用，能够体现民事主体的人格特征。这些姓名和名称简称、笔名、网名、艺名、字号等若被他人滥用或者导致他人混淆，也会有损自然人的人格尊严，对该民事主体造成重大损害。因此，保护姓名和名称简称、笔名、网名、艺名、译名、字号等，有利于更好地保护民事主体的人格利益。

姓名和名称简称、笔名、网名、艺名、译名、字号等毕竟不是登记的正式姓名或者名称，并非任何姓名和名称简称、笔名、网名、艺名、字号等都应当受到保护，只有满足一定条件的姓名和名称的简称、笔名、艺名、网名、译名、字号等才受法律保护。根据这一条的规定，需要满足以下条件：一是具有一定社会知名度或者为相关公众所知悉；二是被他人使用足以致使公众混淆的。基于此，这一条规定，具有一定社会知名度、为相关公众所知悉的姓名和名称的简称、笔名、艺名、网名、译名、字号等，被他人使用足以致使公众混淆的，参照姓名和名称保护的相关规定。

与对正式姓名或者名称的保护相比，对姓名和名称的简称、笔名、艺名、网名、字号等的保护既有相同点，也有不同点。相同点是：一是对正式姓名或者名称的使用不得违反法律、行政法规的强制性规定，不得违背公序良俗；对姓名和名称的简称、笔名、艺名、网名、字号等的使用也不得违反法律、行政法规的强制性规定，不得违背公序良俗。二是任何组织或者个人都不得以非法干涉、盗用或者假冒等方式侵害。不同点是：一是对正式姓名或者名称的保护，不需要具有一定社会知名度、为相关公众所知悉、被他人使用足以致使公众混淆等条件的限制，也就是说，自然人或者法人、非法人组织经过登记的正式姓名或者名称都受法律保护，任何组织或者个人都不得非法干涉、盗用或者假冒。对姓名和名称的简称、笔名、艺名、网名、字号等的保护，则需要受具有一定社会知名度、为相关公众所知悉、被他人使用足以致使公众混淆等条件的限制。二是自然人决定、变更正式姓名，法人或者非法人组织变更、转让名称，都需要登记；而自然人决定、变更自己的笔名、艺名、网名等，法人或者非法人组织变更名称，原则上讲不需要经过登记。正因为姓名和名称的简称、笔名、艺名、网名、译名、字号等，与正式姓名、名称有上述区别，对其的保护就不能完全依照正式姓名、名称的规则进行，所以《民法典》第 1017 条规定，具有一定社会知名度，被他人使用足以致使公众混淆的姓名和名称的简称、笔名、艺名、网名、译名、字号等，参照适用姓名、名称保护的相关规定。

29. 什么是肖像?

何为肖像？这是规定肖像权的首要问题。首先，肖像的范围不应限于自然人的面部特征。肖像是一个自然人形象的标志，除面部特征外，任何足以反映或者可以识别特定自然人的外部形象若不纳入肖像权的保护范围，都很有可能对该自然人的人格尊严造成威胁。肖像的范围过小，不利于保护肖像权的利益。例如著名篮球运动员姚明的形象极具特色，其虽未露出面部，但整体形象具有极强的识别性，多数人不看其面部，就可以识别其是姚明。还例如某一模特的手具有极强的识别性，很多人都可识别出，则该模特的手部形象也可以纳入肖像的范围。其次，肖像是指通过一定载体所能够客观真实地反映出的自然人的外部形象，这种载体可以是艺术作品，艺术作品是典型的形式，但并不限于艺术作品，任何可以反映自然人外部形象的物质手段都可以纳入这种载体，可以体现为图片、照片、绘画、雕塑等任何形式。最后，肖像应当具有较为清晰的可识别性。法律保护自然人肖像的目的是保护其外部形象不被他人混淆从而贬损或者滥用，因此通过一定载体所呈现出的外部形象应当具有较为清晰的指向性和识别性，如果通过载体呈现的外部形象无法指向或者识别出特定自然人则不应纳入肖像的范围。也就是说，肖像由自然人外部形象、外部形象载体和可识别性三个要件构成。基于此，《民法典》第 1018 条第 2 款规定，本法所称肖像是通过影像、雕塑、绘画等方式在一定载体上所反映的特定自然人可被识别的外部形象。

30. 什么是肖像权？肖像权有什么内容？

《民法典》第 1018 条第 1 款规定，自然人享有肖像权，有权依法制作、使用、公开或者许可他人使用自己的肖像。根据该规定，任何自然人都享有肖像权，肖像权的内容包括四个方面：

一是依法制作自己肖像的权能。制作肖像权能又称形象再现权能，即自然人有权自己或者许可他人通过造型艺术形式或者其他形式再现自己的外部形象。这项权能是肖像权的基本权能，也是肖像权中的其他权能的基础和前提。肖像只有再现在一定载体上才具有法律意义。但是否制作自己的肖像是肖像权人的权利，肖像权人有权根据自己的需要或者他人的需要，自己或者许可他人通过影像、雕塑、绘画等方式制作自己的肖像，任何组织或者个人都不得干涉或者侵犯。

二是依法使用肖像的权能。肖像权人有权利用自己的肖像用于任何合法的目的，这种目的既可以是精神上的愉悦，也可以是获得一定的财产利益。肖像权人使用肖像的方式可以是多样的，既可以用复制、展示的方式使用，也可以以销售的方式使用。

三是依法公开肖像的权能。肖像权人对于已经制作的肖像，可以自己对外公开或者许可他人公开，禁止他人擅自公开。例如将自己拍摄或者他人拍摄的照片公开等。

四是许可他人使用肖像的权能。肖像权人对于自己的肖像是否使用、如何使用享有完全的权利，其可以通过授权或者同意等方式许可他人使用自己的肖像。这是肖像权人对自己肖像的自主决定权的重要体现。这种许可使用可以是有偿的，也可以是无偿的。但其他人无论是有偿使用还是无偿使用肖像权人的肖像，都必须经过肖像权人的许可同意，任何组织或者个人未经肖像权人的许可擅自使用其肖像都构成侵权。

31. 民法典对保护自然人的肖像权作了哪些规定？

肖像权作为自然人享有的一种重要人格权，其具有人格权共有的绝对性、专属性、排他性等特征，肖像权人对其肖像既享有依法制作、使用、公开或者许可他人使用的权利，也享有排除他人侵害的权利。任何组织或者个人都不得以任何形式侵害肖像权人的肖像权。《民法典》第 1019 条从三个方面对保护自然人的肖像权作了规定：

一是明确规定，任何组织或者个人不得以丑化、污损，或者利用信息技术手段伪造等方式侵害他人的肖像权。肖像权涉及肖像权人的人格尊严，是具有极强精神属性的权利，以丑化、污损，或者利用信息技术手段伪造等方式侵害他人的肖像权，都有可能对肖像权人的精神造成严重损害，必须禁止。这里的“丑化”指通过艺术加工或者改造的方法，对他人的肖像加以歪曲、诬蔑、贬低，例如在他人的肖像上划叉或者画上胡须等；“污损”是指将他人的肖像损害且搞脏，例如往他人的照片上泼墨水或者焚烧、撕扯他人的照片等行为；“利用信息技术手段伪造”是指利用信息技术手段编造或者捏造他人肖像，以假乱真，以达到利用不存在的事物来谋取非法利益，例如利用现在的人工智能技术将他人的肖像深度伪造到特定场景中或者移花接木到其他人的身体上以达到非法目的。本规定只列举了比较典型的、有可能会对肖像权人造成严重后果的几种侵害肖像权的情形，但现实生活中侵害肖像权的形式多种多样，远不止这几种，例如倒挂他人的照片等。

二是明确规定，未经肖像权人同意，不得制作、使用、公开肖像权人的肖像，但是法律另有规定的除外。根据《民法典》第1018条的规定，自然人享有肖像权，有权依法制作、使用、公开或者许可他人使用自己的肖像。也就是说，制作、使用、公开肖像是肖像权人的专属性权利，其他任何组织或者个人未经肖像权人的同意都不得擅自制作、使用、公开他人肖像。

三是明确规定，未经肖像权人同意，肖像作品权利人不得以发表、复制、发行、出租、展览等方式使用或者公开肖像权人的肖像。肖像权人的肖像往往都是通过一定的载体表现出来的，这种载体在多数情况下都构成艺术作品，例如为他人拍摄的艺术照，为模特画的艺术像等。从著作权的角度看，这些艺术作品也都构成著作权法上的肖像作品。在现实生活中，这些肖像作品的权利人有时与肖像权人是合一的，但有时却是不同的民事主体。若肖像权人与肖像作品权利人并非同一主体时，肖像作品权利人虽享有肖像作品的著作权，但未经肖像权人同意，也不得以发表、复制、发行、出租、展览等方式使用或者公开肖像权人的肖像。这样规定，既强化了对肖像权的保护，也明确了肖像权与肖像作品著作权的关系。

32. 在什么情况下可以合理使用他人的肖像?

肖像权是自然人享有的一项重要人格权。但同其他民事权利一样，这项人格权并非绝对的权利。肖像不仅对本人意义重大，对他人甚至对全社会都具有重大价值，一些正常的社会活动都离不开对他人肖像的合理使用，如果任何制作、使用、公开肖像的行为都需要经过权利人同意，会给正常的社会活动带来影响，甚至影响到公共利益。因此，法律应当在保护个人肖像权和保护社会公共利益间进行平衡和协调。民法典在强调加强对肖像权保护的同时，也设置了肖像权保护的例外情形。在例外情形下，制作、使用、公开肖像权人的肖像并不会构成侵权。这些例外情形除了民法典总则编民事责任一章和侵权责任编规定的正当防卫、紧急避险、自助行为、不可抗力、当事人同意等一般的免责事由外，《民法典》第1020条还规定，合理实施下列行为的，可以不经肖像权人同意：

一是为个人学习、艺术欣赏、课堂教学或者科学研究，在必要范围内使用肖像权人已经公开的肖像。为了个人学习、艺术欣赏的目的使用他人已经公开的肖像，是个人从事的正常社会活动，且这种使用并不会对权利人的肖像权造成损害。若不允许民事主体在个人学习、艺术欣赏时使用他人已经公开的肖像，必然对个体的自由造成严重的妨碍，对于提升个人的文化修养水平也是很不利的。同理，课堂教学和科学研究对于促进社会进步和文化发展具有重大意义，特别是对于将我国建设成为一个文化强国、科技强国更是必不可少。因此，为了课堂教学和科学研究合理使用他人的肖像是基于社会公共利益对肖像权所作的合理限制，例如为了课堂教学的需要，在课堂上使用了某一著名科学家的肖像；为了科学研究的需要，对某一特定群体进行摄影录像。

二是为实施新闻报道，不可避免地制作、使用、公开肖像权人的肖像。实施新闻报道就是对新近发生的客观事实进行报道和传播。新闻报道的主要功能是报道新闻信息、反映和引导舆论，具有极强的社会公共利益性质，是一个社会文明发展和进步必不可少的。基于此，《民法典》第999条规定，实施新闻报道、舆论监督等行为的，可以合理使用民事主体的姓名、名称、肖像、个人信息等；使用不合理侵害他人权益的，应当承担民事责任。本项规定实际上是对该条规定的进一步落实和细化。

三是为依法履行职责，国家机关在必要范围内制作、使用、公开肖像权人的肖像。国家机关依法履行职责属于行使公权力，履行公权力要么是为了维护社会秩序，要么是为了保护公众安全，要么是为了维护其他国家利益和社会公共利益，例如为了调查具有高度传染性的传染病患者、通缉罪犯等行为。为了维护国家利益和社会公共利益，国家机关在依法履行职责的过程中，可以在必要范围内制作、使用、公开肖像权人的肖像。

四是为展示特定公共环境，不可避免地制作、使用、公开肖像权人的肖像。这种合理使用的情形较为特殊，但也是民事主体进行社会活动必不可少的。这种情形要取得肖像权人的同意才可以制作、使用、公开其肖像，不可行，也将限制人们的行动自由。例如将某人在公共场所实施不文明的形象拍摄下来；例如某人在一个公开场所（如景点）照相时，刚好另一游客闯入其镜头；还例如游客拍摄某一著名旅游景点的景色时，就有可能将一些游客摄入其中。这些情形都是为了展示特定公共环境，不可避免地制作、使用了肖像权人的肖像。

五是为维护公共利益或者肖像权人的合法权益，在必要范围内合理制作、使用、公开肖像权人的肖像的其他行为。本项规定实际上是一个兜底条款。因为在现实中，涉及公共利益和肖像权人本人利益的事项有可能不仅限于前四种情形，例如对先进人物的照片进行展览；例如当事人在诉讼过程中，确有必要为主张自己的权利或者证明案件的事实，而在举证中使用、公开了他人的肖像；还例如为了寻找下落不明的人而在寻人启事上使用其肖像，等等。本项规定，为司法实践的发展留出了一定的空间。

另外还需要强调的是，即使构成《民法典》1020 条规定的五种情形之一，也必须合理实施制作、使用、公开他人肖像的行为。因此，这一条开宗明义就规定，合理实施下列行为的，才可以不经肖像权人同意。

33. 是否允许权利人对自己的肖像进行经济使用？当事人对肖像权许可使用合同的条款理解有争议的，应当如何处理？

《民法典》第993条规定，民事主体可以将自己的姓名、名称、肖像等许可他人使用，但是依照法律规定或者根据其性质不得许可的除外。第1018条第1款也明确规定，自然人享有肖像权，有权依法许可他人使用自己的肖像。肖像权人可以许可他人使用自己的肖像，是指肖像权这种人格权可以附带产生经济利益，并没有改变肖像权的人格权基本性质。这两条规定就是建立在这个基础之上的。需要特别注意的是，许可使用合同中的“许可”，是许可他人在商品、商标或者服务等上面使用肖像，不包括以区别于他人的目的正当使用肖像。

肖像许可使用合同是肖像权许可他人使用自己肖像的最为典型的同意方式，是指肖像权人与他人通过签订合同的方式约定他人在特定期限、特定范围以特定方式使用自己的肖像。这种合同可以是有偿的，也可以是无偿的。肖像许可使用合同作为一种合同，与民法典合同编规定的其他合同具有不少共同点，也需要适用总则编和合同编规定的一些基本原则和基本规则，例如合同自愿原则、公序良俗原则、诚信原则、民事法律行为无效情形等。但是，与一般的合同相比，这种合同又具有一些特殊的地方，最为特殊的地方就是肖像许可使用合同涉及肖像权人的人格利益。因此，在许可使用中，就会涉及人格利益和财产利益的冲突，尤其在许可使用合同的解释、解除等问题上，合同编的既有体系无法完全容纳这些内容，人格权编有必要对此作出特殊规定，以更好地平衡人格利益和财产利益的冲突，加强对人格利益的保护。前述两条规定就是关于肖像许可使用合同特殊规则的规定。根据《民法典》第1021条的规定，肖像许可使用合同中关于肖像使用条款的理解有争议的，应当作出有利于肖像权人的解释。这与一般合同的解释规则是不同的。根据《民法典》第466条的规定，当事人对一般合同条款的理解有争议的，应当按照所使用的词句，结合相关条款、行为的性质和目的、习惯以诚信原则，确定合同条款的含义。而根据《民法典》第1021条的规定，对肖像许可使用条款的理解产生争议的，则不需要考虑《民法典》第466条所规定的因素，原则上应当直接作出有利于肖像权人的解释，除非这种解释严重不公平。之所以这样规定，是为了加强对肖像权的保护。这一条中规定的"关于肖像使用条款的理解有争议"是指因合同条款的内容模糊不清等原因导致双方理解不一，发生争议的情况，并非当然是指对肖像许可的范围、方式等约定不明确。相关内容没有约定或者约定不明确的情况下，只要双方当事人同意，仍可以适用《民法典》第510条、第511条的规定确定相关内容，且根据《民法典》第1022条第1款的规定，当事人对肖像许可使用期限没有约定或者约定不明确的，任何一方当事人可以随时解除肖像许可使用合同，但是应当在合理期限之前通知对方。

34. 当事人对肖像许可使用期限没有约定或者约定不明确的，当事人是否有权解除合同？

《民法典》第 1022 条针对肖像许可使用合同的使用期限问题作了特别规定。根据该条第 1 款的规定，当事人对肖像许可使用期限没有约定或者约定不明确的，任何一方当事人可以随时解除肖像许可使用合同，但是应当在合理期限之前通知对方。这实际上赋予了双方当事人在肖像许可使用合同对许可使用期限没有约定或者约定不明确的情况下任意解除合同的权利，但任何一方当事人行使这种任意解除权，应当在合理期限内通知对方当事人，至于“合理期限”有多长，应当根据个案处理。这与一般合同的期限约定不明或者没有约定的情况下的处理规则不完全相同，根据《民法典》第 510 条、第 511 条的规定，一般合同生效后，当事人就合同内容没有约定或者约定不明确的，可以协议补充；不能达成补充协议的，按照合同有关条款或者交易习惯确定。仍不能确定履行期限的，债务人可以随时履行，债权人也可以随时请求履行，但是应当给对方必要的准备时间。当然，这一条只是赋予了双方当事人在没有约定期限或者约定不明的情况下享有任意解除权，但双方当事人并非一定要解除合同，若愿意放弃这种权利，继续履行合同的，仍可以依据《民法典》第 510 条、第 511 条的规定对合同进行补充。

需要强调的是，根据第 1022 条第 2 款的规定，当事人对肖像许可使用期限有明确约定，肖像权人有正当理由的，可以解除肖像许可使用合同。这实际上赋予了肖像权人在许可使用期限即使约定明确的情况下，也可以享有单方解除肖像许可使用合同的权利。赋予肖像权人单方解除权也是为了更好地保护肖像权人的人格利益。但肖像权人行使这种单方解除权是有条件限制的：一是要有正当理由，这种正当理由可以是民法典合同编第 563 条规定的情形，也可以是第 563 条规定情形之外的其他正当理由，例如被许可使用人的违约行为即使不构成第 563 条所需要的重大违约，只是一般违约，肖像权人也可以单方解除合同。二是肖像权人行使单方解除权应当在合理期限之前通知对方。以让对方当事人有一定的准备和缓冲时间。三是肖像权人因解除合同造成对方损失的，除不可归责于肖像权人的事由外，应当赔偿损失。

35. 什么是名誉?

《民法典》第 1024 条第 2 款明确规定，名誉是对民事主体的品德、声望、才能、信用等的社会评价。根据这一规定，自然人的名誉感是一种内心的主观感受，不属于社会评价，不纳入名誉权的保护范围。如果自然人认为自己的名誉感受到了他人的侵害，且有证据证明他人的行为有过错、过错行为与自己名誉感受损之间存在因果关系的，可以以自己的人格尊严受到侵害为由，要求对方承担民事责任。

36. 如何处理好保护名誉权与新闻报道、舆论监督之间的关系?

新闻报道是指报纸、刊物、广播、电视等大众传媒及时将新闻事实予以公开和传播的行为，其是新闻单位对新近发生的事实的报道，这些事实包括有关政治、经济、军事、外交等社会公共事务以及有关社会突发事件。舆论监督是指社会公众运用各种传播媒介对社会运行过程中出现的现象表达信念、意见和态度，对各种违法违纪行为所进行的揭露、报道、评论或者抨击的行为。实施新闻报道、舆论监督等行为，是保障媒体监督权、公民知情权和维护社会公平正义的重要手段和方式，对于公民参政议政、推进我国的民主法制建设以及推进国家治理体系和治理能力现代化具有重要意义。但是行为人在实施新闻报道、舆论监督等行为时，常常不可避免地会影响到他人的名誉。在人格权编的立法中，如何处理好实施新闻报道、舆论监督等行为与保护名誉权的关系是一个重点难点问题。经过反复研究，《民法典》第 1025 条规定，行为人实施新闻报道、舆论监督等行为，影响他人名誉的，不承担民事责任。

但是，实施新闻报道、舆论监督等行为并非在任何情况下都不承担民事责任。根据第 1025 条的规定，有下列情形之一的，实施新闻报道、舆论监督等行为的行为人仍应当承担民事责任：

一是捏造、歪曲事实。客观真实是对新闻报道、舆论监督最基本的要求，行为人在从事新闻报道、舆论监督中应当力求所报道的情况，所反映或者检举控告的情况客观真实。但是，若行为人在新闻报道、舆论监督中捏造或者歪曲事实，不但是对新闻报道、舆论监督最基本要求的违反，而且为假借新闻报道、舆论监督之名行诬告、陷害之实打开了方便之门，会对他人的名誉造成损害，实际上是滥用新闻报道、舆论监督的行为。对于捏造、歪曲事实这种主观恶意大，后果一般都较为严重的侵权行为，法律必须禁止，行为人也必须承担法律责任。

二是对他人提供的严重失实内容未尽到合理核实义务。理论上将言论分为对事实的陈述和对意见的陈述。对事实的描述是对客观发生的事实进行的具体描述，其判断的标准是“真实性”；对意见的陈述是对已经发生事实的性质、价值、意义等方面的主观评论，其无所谓真实不真实，原则上不会构成侵权。对于从事新闻报道、舆论监督等行为的行为人而言，对于事实的报道和反映应当通过实地采访或者充分核实等方式力求客观真实。对于他人提供的情况，特别是二手材料，更应当进行核实，绝不能道听途说，否则行为人就应当对因严重错误或者失实的报道损害他人名誉的行为承担民事责任。基于此，民法典规定，实施新闻报道、舆论监督等行为的行为人，对他人提供的基本失实内容未尽到合理审查义务损害他人名誉的，应当承担民事责任。

三是使用侮辱性言辞等贬损他人名誉。正如前述所言，新闻报道、舆论监督的内容应当尽量真实，评论也应当尽量客观公正，原则上满足了这个要求，行为人就不构成侵权。但是，在现实生活中，行为人从事新闻报道、舆论监督时报道或者反映的情况虽然都是真实的，但是在陈述该事实时却使用了侮辱性的言语，例如某媒体在报道某女明星作为第三者破坏他人婚姻这一事实时，对该女明星用了“荡妇”“破鞋”等具有侮辱性的言词。报道的事实虽是真实的，但所用言词贬损了该女明星的名誉，该媒体也应当承担民事责任。

37. 如何认定新闻媒体是否履行了合理核实义务?

《民法典》第1026条规定了判断行为人是否履行合理审核义务可以考虑的若干因素。根据该条规定，判断行为人是否履行合理审核义务可以考虑以下因素：

一是内容来源的可信度。若提供信息内容的来源可信度高，行为人审核的义务就低，若提供信息内容的来源可信度低，行为人审核的义务就高。例如若信息内容来源于国家机关依职权制作的公开文书和实施的公开职权行为，则新闻媒体对这些信息内容履行的审核义务就很低，因为国家机关依职权制作的公文和实施的公开职权行为具有较高的公信力，新闻媒体不需要再履行很高的审核义务；但若信息内容由社会上的一个普通人或者与信息内容有关的利害关系人所提供，则新闻媒体在报告这些内容前应当慎重，应当进行反复核实。

二是对明显可能引发争议的内容是否进行了必要的调查。从事新闻报道的媒体或者从事舆论监督的行为人接收到他人提供的信息后应当对该信息内容进行分析判断，若发现该内容明显可能引发争议时，就应当进行必要的调查以核实该内容是否属实；若明知该内容很可能引发争议却不进行必要的调查就进行报道，就可认定该行为人未尽到合理审核义务。例如新闻媒体收到他人提供的关于某学者学术造假的信息内容，该内容明显可能引发争议，新闻媒体在正式报道前应当对此进行必要的调查，例如亲自采访相关人员，或者对提供的信息内容亲自进行核对等。

三是内容的时限性。新闻报道一般都讲究时效性。如果他人提供的信息内容需要及时予以报道，来不及亲自实地采访或者核实的情况，行为人的审核义务就较低。在新闻报道中，时效性越强，对事实的核实义务就越低。例如对公众人物的人格权的限制，也要考虑时间因素，如果经过长久的时间，所涉及的公共事件不再受公众关注，此时对他们人格权的保护，就应当恢复到一般人的水平。报道已经判决过的案件和正在审理中的案件，也会存在不同的要求。还例如对于突发性的公共安全事件的报道，由于时效性相当强，媒体在根据他人提供的信息内容进行报道时审核义务就相对低些。

四是内容与公序良俗的关联性。若他人提供的信息内容与公序良俗密切相关，则新闻媒体等行为人承担的审核义务就低一些；若与公序良俗不相关，则新闻媒体等行为人承担的核实义务就相对高一些。例如他人提供的信息内容涉及公众人物，则新闻媒体承担核实义务就相对低一些；若他人提供的信息内容只涉及某一普通公民，则新闻媒体应当进行详尽的核实。

五是受害人名誉受贬损的可能性。若他人提供的信息内容对第三人的名誉造成损害的可能性很大，新闻媒体等行为人就要承担相对较高的核实义务；反之，承担的审核义务就相对较低。例如他人提供的信息涉及某学者学术造假，这些信息内容涉及学者的重大声誉，对该学者的名誉造成贬损的可能性较高，新闻媒体对该信息内容应当承担较高的核实义务。

六是核实能力和核实成本。不同的行为人对他人提供的信息内容进行核实的能力是不同的，所花的核实成本也是不同的，例如新闻媒体的核实能力就明显高于个体，对于信息内容进行核实的成本也要明显低于个体进行核实的成本。因核实成本和核实能力的不同，不同行为人承担的核实义务也不完全相同。

对如何判断行为人是否履行了合理核实义务，《民法典》第 1026 条列举了前述六项应当考虑的因素，但在实践中进行判断时并非要考虑所有因素，至于到底要考虑几项因素以及哪几项因素，应当根据具体情况来决定。此外，这一条规定的因素仍然是较为抽象的，需要在个案中结合具体情况进行判断，同时，这一条规定的六项因素也为实践中的案例类型化和司法实践提炼更具体的规则提供了依据和基础。

38. 如何判断行为人发表的文学、艺术作品是否侵害他人名誉权？

考虑到文学、艺术作品的多样性，《民法典》第 1027 条区分两种情况作了规定：

一是行为人发表的文学、艺术作品以真人真事或者特定人为描述对象的情形。这主要是针对依赖于原型人物和现有事实创作出来的纪实类作品。由于这类作品是以真人真事或者特定人为描述对象，所以只要作品的描述以事实为基础，原则上不会构成名誉权侵权，但是，若行为人发表的文学、艺术作品虽以真人真事或者特定人为描述对象，使用的也是被描述对象的真实姓名、真实地址，却以谣言和捏造的事实为基础，对被描述对象进行侮辱、诽谤，从而造成其社会评价降低的，作者也应当依法承担民事责任。基于此，《民法典》第 1027 条第 1 款规定，行为人发表的文学、艺术作品以真人真事或者特定人为描述对象，含有侮辱、诽谤内容，侵害他人名誉权的，受害人有权依法请求该行为人承担民事责任。

二是行为人发表的文学、艺术作品不以特定人为描述对象。这主要是针对作者创作的以想象虚构为主的小说等文学艺术类作品。由于这类作品是以想象虚构的内容为基础创作的，没有使用真人真姓，并不是以特定人为描述对象，所以就很难对某人的名誉权造成侵害，即使是该作品中的情节与某特定人的情况相似，也不构成侵害名誉权。也就是说，行为人发表的文学、艺术作品不以特定人为描述对象，仅是其中的情节与某人相似的情况下，不宜对号入座，不构成名誉权侵害。基于此，《民法典》第 1027 条第 2 款规定，行为人发表的文学、艺术作品不以特定人为描述对象，仅其中的情节与该特定人的情况相似的，不承担民事责任。现实生活是复杂多样的，作品创作也是如此，有的作品虽没有指名道姓，但一般读者通过阅读不可避免地会将作品中的人物与现实中的某一特定人“对号入座”，此时就不构成本款所规定的“不以特定人为描述对象”的条件，这种情形不应适用本款的规定，而应适用第 1027 条第 1 款的规定。因此，判断某一作品是否不以特定人为描述对象，关键不在于该作品是否指名道姓，而要从实质上认定该作品所描述的对象是否合理地指向现实中的真实人物。

39. 名誉权人在什么情况下可以行使更正权？

《民法典》第1028条明确规定，有确切证据证明报刊、电视台、网络等媒体报道的内容失实，侵害自己名誉权的，受害人有权请求该媒体及时更正。

根据这一规定，名誉权人有权请求媒体对不实报道内容进行更正，但前提是其有证据证明该媒体报道的内容是失实的。若名誉权人没有确切的证据证明媒体的报道失实，其无权要求媒体进行更正。之所以强调这一点，是因为更正权是名誉权人未经过法院的诉讼程序直接向媒体提出的一种权利，若允许其没有确切证据就可以行使这一权利，将对报刊、电视台、网络等媒体的正常报道行为造成严重干扰，影响媒体正常功能的发挥。名誉权人向媒体提供了确切证据足以证明媒体的报道不实的，媒体应当及时予以更正。媒体仍拒不采取更正措施的，就是明知报道失实还仍然报道，构成了恶意，对他人名誉造成损害的，应当承担侵权责任。对于名誉权人而言，其有确切证据证明媒体的报道失实，要求媒体更正，但媒体拒不更正的，其还有权请求人民法院责令该媒体限期更正。需要注意的是，名誉权人要求媒体更正并非是其请求人民法院责令该媒体限期更正的前置程序。名誉权人在有确切证据证明媒体报道失实的情况下，也可以直接请求人民法院责令该媒体限期更正。

40. 什么是信用评价？民事主体发现对自己的信用评价不当的，享有哪些救济措施？

信用是指对一个民事主体履行义务能力，特别是经济能力的一种社会评价，根据《民法典》第1024条的规定，信用是名誉的重要组成部分。市场经济既是法治经济，也是信用经济。只有在诚信的基础上，市场主体才能坦诚地进行交易，交易安全才有保障，才有利于促进商品流通，推动经济和社会的发展进步。建立良好的信用环境和信用制度，对于促进我国社会主义市场经济健康有序发展极为重要。我国当前的社会信用环境还存在不少问题，例如信用意识不强，信用失范现象时有发生等，亟需建立和完善相关的信用制度。信用评估制度就是提高信用环境的一种重要制度。所谓信用评估是银行等信用评估机构对借款人等民事主体的信用情况进行评估的一种活动。例如银行贷款的最基本条件是信用，信用好就容易取得银行贷款支持，信用差就难以取得银行贷款支持。而借款人信用是由多种因素构成的，包括借款人资产负债状况、经营管理水平、产品经济效益及市场发展趋势，等等。为了对借款人信用状况有一个统一的基本的正确的估价，以便正确掌握银行贷款，就必须对借款人信用状况进行评估。在信用评估中，依法成立的信用评估机构，收集有关民事主体的偿债能力、责任财产、过往还债记录和市场声誉的资料，按照规定的信用评级制度，对相关民事主体的信用情况评级，并为进行投资和交易等民事活动的民事主体提供信用报告、公布信用等级。如果信用评估机构对被评估对象的信用状况作出了消极评价，则该被评估对象从事民事活动特别是从事经济活动就会受到制约，例如出行受限、消费受限、借款受限等；有时信用评估甚至可以决定一个市场主体的经济命运，例如一个企业信用级别的高低，不但影响到其融资渠道、规模和成本，更反映了企业在社会上的形象和生存与发展的机会，是企业综合经济实力的反映，是企业在经济活动中的身份象征。正因为信用评估对一个民事主体的名誉影响巨大，信用评估机构在进行信用评估时应当履行高度的注意义务，审慎、尽责、客观、公正地进行信用评估，否则就应当对民事主体的名誉权造成损害承担民事责任。信用评估机构在评估中尽到了高度注意义务的，则可以免责。

正因为信用评估会对一个民事主体的名誉造成重大影响，所以信用评估机构只能依照法律行政法规规定或者经信用评估结果涉及的民事主体同意，才能向其他机构和部门出示信用评估结果。《民法典》第 1029 条规定，民事主体可以依法查询自己的信用评价；发现信用评价不当的，有权提出异议并要求采取更正、删除等必要措施。信用评价人应当及时核查，经核查属实的，应当及时采取必要措施。根据该规定，民事主体也有权依法查询自己的信用评价结果，信用评估机构不得拒绝该民事主体查询自己的信用评估结果的要求。民事主体通过自己查询等方法发现信用评价与事实不符或者明显不当的，有权向信用评估机构提出异议并要求采取更正、删除等必要措施。当然，民事主体请求信用主体机构采取更正、删除等必要措施时，应当提供相应的证据证明该信用评估结果与事实不符或者明显不当。信用评估机构接到民事主体的异议和更正、删除等请求后，信用评价人应当及时对民事主体提供的证据进行核查，经核查属实的，应当及时采取更正、删除等必要措施。若信用评估机构接到民事主体的请求后，不进行核查，或者经核查属实后并未采取更正、删除等必要措施的，就构成过错，应当对民事主体承担侵害名誉权的民事责任。对于信用评估机构采取更正、删除等必要措施前对民事主体造成的名誉权损害，其是否承担民事责任，关键是看信用评估机构对形成与事实不符或者明显不当的信用评估是否有过错，原则上讲，信用评估机构有过错的，其就应当对损害后果承担民事责任。

41. 征信机构等信用信息处理者在处理信用信息时应当遵循哪些规则？

名誉权人的信用是社会公众对其经济能力的评价和信赖，其对于名誉权人的影响极为重大。正因为如此，信用评估应当具有客观性和公正性，不应带有任何偏见。要确保信用评估的客观性和公正性，信用评估就必须建立在真实的信用信息基础上。因此，信用评估人在对某民事主体进行信用评估前应当尽量全面准确地掌握该民事主体的资产状况、还债记录等信用信息，这是进行信用评估的前提和基础。

信用信息属于民事主体的个人信息。考虑到个人信息在现代社会对于个人的重要性和易受侵害性，我国加强了对个人信息的保护，民法典人格权编第六章和网络安全法、消费者权益保护法、电子商务法、征信业管理条例等多部法律法规对个人信息的保护问题作了规定。征信机构等信用信息收集者、控制者在收集、处理信用信息时，也应当遵守这些规则。基于此，《民法典》第1030条规定，民事主体与征信机构等信用信息处理者之间的关系，适用人格权编有关个人信息的规定和其他法律、行政法规的有关规定。

42. 什么是荣誉权？

荣誉是国家和社会对在社会生产生活中作出突出贡献或者有突出表现的民事主体所给予的积极的正式评价。荣誉的外在表现形式可以是物质奖励，例如奖金、奖杯、奖牌；也可以是精神奖励，如光荣称号等。授予荣誉的主体可以是政府，也可以是单位，还可以是社会组织。荣誉权就是民事主体对自己所获得的荣誉及其利益所享有的保持、支配的权利。

实践中，侵犯荣誉权的形式多种多样，最为典型的是非法剥夺他人的荣誉称号或者诋毁、贬损他人的荣誉。正如前所言，荣誉是政府、单位或者社会组织依据一定程序授予民事主体的一种正式评价，若没有正当理由且没有通过严格的程序，这种正式评价不被剥夺。任何组织或者个人若对某民事主体所获得的荣誉有异议，都应当通过一定程序向荣誉授予机关提出，由授予机关通过严格程序作出是否撤销或者剥夺该民事主体所获荣誉的决定。除此之外，任何组织或者个人都不得非法剥夺他人的荣誉称号。任何组织或者个人诋毁、贬损他人荣誉的，应当依法承担民事责任。此外，荣誉权不仅包括精神利益，还附随着一定的物质利益，例如奖金、奖品等。民事主体有权获得因其荣誉所产生的物质利益，禁止任何组织或者个人非法剥夺民事主体因其荣誉产生的物质利益。此外，实践中，还存在两种损害民事主体荣誉权的特殊情形：一是民事主体获得的荣誉称号应当记载而没有记载的情形。荣誉称号是民事主体享有荣誉权的主要表现形式和载体。荣誉称号应当被相关单位记载入民事主体的档案等正式材料中，这是对民事主体荣誉的承认，对其荣誉权的尊重。但是，实践中，民事主体的荣誉称号常有没有被记载的情形发生，这实际上变相剥夺了民事主体的荣誉称号，实质上损害了民事主体的荣誉权。基于此，这一条第2款特别强调，民事主体获得的荣誉应当记载而没有记载的，其有权请求记载。二是民事主体获得的荣誉称号被记载错误的情形。如前所述，荣誉称号是荣誉权的重要体现，若被错误记载，将对其荣誉造成贬损，损害民事主体的荣誉权。因此，相关单位有义务准确记载民事主体的荣誉称号。荣誉权人发现自己的荣誉称号被错误记载的，其也有权请求义务人予以更正。

43. 什么是隐私？

界定隐私是规定隐私权的前提和基础。根据《民法典》第1032条第2款的规定，隐私包括四个方面内容：

一是私人生活安宁。私人生活的安定宁静是个人获得自尊心和安全感的前提和基础，自然人有权排除他人对其正常生活的骚扰。

二是私密空间。私密空间是指个人的隐秘范围，包括个人居所、私家车、日记、个人邮箱、个人的衣服口袋、身体的隐私部位以及旅客居住的宾馆客房等。自然人有权排除他人对自己私密空间的侵入。

三是私密活动。私密活动是指自然人所进行的与公共利益无关的个人活动，例如日常生活、家庭活动、婚姻活动、男女之间的性生活等活动。每个自然人都享有私密活动不受他人侵扰的权利。

四是私密信息。私密信息是指通过特定形式体现出来的有关自然人的病历、财产状况、身体缺陷、遗传特征、档案材料、生理识别信息、行踪信息等个人情况。这些个人情况是自然人不愿为他人所知晓的信息。自然人的私密信息受法律保护。

44. 什么是隐私权?

《民法典》第1032条对隐私权作了规定。自然人对隐私的权利，主要体现在以下三个方面：一是隐私享有权，即自然人有权对自己的私密信息、私密活动和私密空间进行隐匿，有权享有生活安宁状态，有权保护自己的隐私不受他人非法披露和公开，禁止任何个人和组织非法披露、公开。当然这种隐私享有权会受到公共利益的限制，例如公安机关为侦查犯罪的需要，可以根据法律的明确授权对犯罪嫌疑人的活动进行跟踪或者监听。二是隐私维护权，即自然人维护自己的隐私不受侵犯的权利。在自己的隐私权受到侵害后，有权直接请求行为人停止侵害、排除妨碍，也有权请求司法机关予以保护。三是隐私公开权，即自然人在法律和公序良俗所允许的范围内有权公开自己的隐私。公开的方式可以是自己亲自公开，也可以是允许他人公开。

45. 为了保护自然人的隐私权，禁止行为人从事哪些行为？

隐私权是一种重要的人格权，根据《民法典》第 1032 条的规定，自然人享有隐私权，任何组织或者个人不得以刺探、侵扰、泄露、公开等方式侵害他人的隐私权。为了进一步加强对隐私权的保护，《民法典》第 1033 条明确规定，除法律另有规定或者权利人明确同意外，任何组织或者个人不得实施下列行为：

一是以短信、电话、即时通讯工具、电子邮件、传单等方式侵扰他人的生活安宁。这是对前条所规定的隐私中私生活安宁的保护。实践中，对自然人生活安宁的侵扰主要是以短信、电话、即时通讯工具、电子邮件、传单等方式进行的，例如向他人发送垃圾短信、垃圾微信、垃圾邮件，散发传单等。这里的即时通讯工具主要是微信、微博等社交媒体工具。这些侵扰方式看似普通，但实际上有可能会对一个人的生活造成极大的滋扰，让权利人不胜其烦；若一个人长期被垃圾电话、微信等侵扰，还有可能导致一个人精神崩溃等严重后果，这种案例在现实生活中已多次出现。

二是进入、窥视、拍摄他人住宅、宾馆房间等私密空间。住宅、宾馆房间等私密空间是自然人隐私的核心部分。实践中，进入、窥视、拍摄他人的住宅、宾馆房间等私密空间是三种最为典型的侵犯隐私的行为。这里的“进入”是指未经权利人同意或者没有法律授权擅自闯入他人住宅或者他人居住的宾馆房间。这里的“窥视”是指非法暗中观察、偷看他人的住宅或者宾馆房间。这里的“拍摄”是指非法通过手机、相机或者通过在住宅或者宾馆房间安装摄像头等设备将他人住宅或者他人所居住的宾馆内的人、物、布局、摆设等记录下来。非法进入、窥视、拍摄他人住宅、宾馆房间等私密空间，会对自然人的隐私权造成较为严重的侵害，也会对社会秩序造成较大破坏。

三是拍摄、窥视、窃听、公开他人的私密活动。在现实生活中，每个人每天都会从事各种各样的社会活动，其中不少社会活动都是其不愿为他人所知晓的私密活动，特别是有的私密活动一旦被他人窥视、窃听，其将处于恐惧当中，个人人格尊严也将受到严重侵害。所以在现代社会，每一个人都有权依法进行各种各样的社会活动，国家也有责任保证每个公民的私密活动不受非法侵扰，这既是个人自由权的体现，也是现代文明的标志。基于此，民法典明确规定，任何组织或者个人都不得非法拍摄、窥视、窃听、公开他人的私密活动。

四是拍摄、窥视他人身体的私密部位。自然人身体的私密部位属于其私密空间的范围，身体的私密部位对于自然人来讲都极为敏感，一旦被暴露于外，将是对自然人的极大羞辱。隐私的观念根源于人天生的羞耻本能，而这种羞耻本能又来自于对身体私密部位的保护，人类在发展过程中从用树叶、兽皮蔽体到穿衣服遮身，对自然人身体私密部位的保护就是人类的这种“知羞耻、掩外阴”观念发展起来的。恶意暴露、窥视自然人身体的私密部位，是一种严重侵犯他人隐私权的行为，所以民法典明确规定，任何组织或者个人都不得拍摄、窥视他人身体的私密部位。

五是处理他人的私密信息。每个自然人都拥有不少私密信息，这些私密信息可能涉及该自然人的财产状况，可能涉及其社交状况，也可能涉及其生理状况，还可能涉及其身世经历，等等。这些私密信息都是自然人不愿公开或者不愿为他人所知晓的信息。违背当事人意愿处理其私密信息构成对隐私权的侵犯，例如擅自公开患者的病历、擅自收集他人的聊天记录等都是对权利人隐私权的侵犯。所以，《民法典》第 1033 条规定，任何组织或者个人都不得非法处理他人的私密信息。

六是以其他方式侵害他人的隐私权。前述五项情形只是可能侵犯自然人隐私权的典型方式，现实生活中，有可能侵犯隐私权的方式多种多样，远不止这五种情形，特别是随着现代科技的发展，不少新型的侵犯隐私权的方式不断出现，例如利用定位 APP 软件对他人的行踪进行跟踪，利用高精度、高分辨率的仪器对人体的私密部位进行扫描等。为了避免挂一漏万，民法典规定了这一兜底条款。

46. 什么是个人信息？

《民法典》第 1034 条第 2 款规定，个人信息是以电子或者其他方式记录的能够单独或者与其他信息结合识别自然人个人身份的各种信息，包括自然人的姓名、出生日期、身份证件号码、生物识别信息、住址、电话号码、个人财产信息、行踪信息等。根据本款的规定，构成个人信息要满足三个要件：一是具有识别性，这是核心要件。所谓识别就是通过该信息可以直接或者间接地将某一自然人“认出来”。识别包括直接识别和间接识别，所谓直接识别是指通过该信息可以直接确认某一自然人的身份，无需其他信息的辅助，例如某人的身份证号、基因信息等；所谓间接识别是指通过该信息虽不能直接确定某人的身份，但可以借助其他信息确定某人的身份。任何可以直接或者间接识别特定自然人的信息都是个人信息。二是要有一定的载体，这是个人信息的形式要件。个人信息必须是要以电子或者其他方式记录下来。没有以一定载体记录的信息不是个人信息。三是个人信息的主体只能是自然人，法人或者非法人组织不是个人信息的主体。个人信息类型众多，包括但不限于自然人的身份信息、生理信息、社会信息、财产信息等，本款列举的具体个人信息只是最为典型也最为常见的类型，现实生活中的具体个人信息远不止列举的类型。与现行网络安全法列举的个人信息的情形相比，这一条增加了电子邮箱地址和行踪信息等类型，这是为了让个人信息的定义能够更加适应互联网时代和大数据时代的发展需要。对于某一类本款没有列举到的信息是否为个人信息时，可以根据前述三个要件进行判断。

47. 处理自然人的个人信息应当遵循什么原则?

对于个人信息的处理直接关系到信息主体的人格尊严，《民法典》第 1034 条第 1 款明确规定，自然人的个人信息受法律保护。“自然人的个人信息受法律保护”主要体现在两方面：一方面，自然人对自己的个人信息享有一系列权能，例如本章规定的知情同意权、查阅复制权、更正删除权等；另一方面，处理他人个人信息的主体应当履行相应的义务，遵循一些基本原则和规则。对于处理个人信息应当遵循的基本原则和应当满足的条件，世界经济合作和发展组织发布的《隐私保护与个人数据跨国流通指南》规定了收集限制原则、数据质量原则、目的特定化原则、使用限制原则、安全原则、公开原则、个人参与原则等。欧盟 2018 年 5 月 25 日正式开始实施的《一般数据保护条例》规定了合法、正当、透明原则，特定、明确目的原则，目的适当、相关、限制原则等。我国《网络安全法》第 41 条规定，网络运营者收集、使用个人信息，应当遵循合法、正当、必要的原则，公开收集、使用规则，明示收集、使用信息的目的、方式和范围，并经被收集者同意。网络运营者不得收集与其提供的服务无关的个人信息，不得违反法律、行政法规的规定和双方的约定收集、使用个人信息，并应当依照法律、行政法规的规定和与用户的约定，处理其保存的个人信息。消费者权益保护法和我国的一些司法解释和规范性文件也对处理个人信息应当遵循的原则和条件作了一些规定。《民法典》第 1035 条在我国现行有关法律法规和个人信息保护实践的基础上，借鉴吸收国际上的通行规定，对处理个人信息应当遵循的基本原则并应当满足的条件作了规定。根据该规定，处理个人信息应当遵循以下原则：

一是合法原则，即信息处理者处理个人信息必须要有合法的依据，且处理的方法应当符合法律的规定。合法的依据主要来自两个方面：第一，法律法规的明确规定。除本章的相关规定，目前我国还有网络安全法、消费者权益保护法、电子商务法等多部法律和多部行政法规，都对处理个人信息作了相关规定。相关主管部门也依法制定了一些部门规章，例如工业和信息化部制定的《电信和互联网用户个人信息保护规定》，信息收集者、信息控制者应当严格遵守这些规定，不得违反。立法机关正在起草的个人信息保护法也将对此作规定。所以，《民法典》第1035条第1款第4项明确规定，处理个人信息不得违反法律、行政法规的规定和双方的约定。该项规定是对合法原则的具体化。对于处理个人信息，法律法规未作规定的事项，信息处理者还应当遵守相关行业规范，目前一些行业组织已制定了相关的个人信息保护自律规范。第二，信息主体的同意。收集、处理个人信息取得信息主体的同意是个人信息保护的核心原则。除法律、行政法规另有规定外，收集、处理个人信息原则上应当征得该自然人或者其监护人同意。将自然人或者其监护人的知情同意作为合法处理个人信息的主要合法性前提，充分体现了信息主体在个人信息处理中的主导地位，可以有效保障信息主体对自身个人信息的控制。“监护人同意”是指自然人因年龄、精神等原因为无民事行为能力人或者限制民事行为能力人时，由其监护人决定是否同意他人处理其个人信息。这突出强调了对未成年人等行为能力欠缺者的特别保护。信息主体同意的方式多样，可以是通过与信息处理者签订协议的方式，也可以是单方授权的方式，还可以是其他方式。但是，针对个人信息敏感度的不同，对同意的要求程度不同，处理某些个人信息应当取得信息主体明示同意，例如对于信息主体敏感度较高的信息或者隐私信息，根据《民法典》第1033条第5项的规定，任何组织或者个人未取得权利人明确同意，不得处理他人的私密信息。《民法典》第1035条第1款第1项中的“但是法律、行政法规另有规定的除外”是指收集、处理个人信息可以不取得信息主体同意的例外情形，但这些例外情形必须由法律、行政法规作出明确规定，例如本章第1037条规定的情形既是处理他人个人信息可以免除民事责任的情形，实际上也是处理他人个人信息无须取得信息主体同意的情形。此外，我国正在制定中的个人信息保护法也可以对处理个人信息无须取得信息主体同意的具体情形作出更为详细的规定。

二是正当原则。所谓正当原则是指处理个人信息除了要遵循合法原则外，信息处理的目的和手段还要正当，应当尊重公序良俗和遵守诚实信用，并且要尽量满足透明的要求，以便当事人能够充分了解情况，自主行使自己的权利。这就要求信息处理者对处理个人信息的行为进行自我管理，确保处理个人信息行为的正当性。特别是在收集、处理个人信息过程中不得强迫用户授权，或者以捆绑服务、强制停止使用等不正当手段变相诱导、胁迫用户提供个人信息，更不得欺骗、窃取或者其他非法手段处理他人的个人信息。实践中的“大数据杀熟”就是一种典型的违反正当原则的行为。

三是必要原则。所谓必要原则是指处理个人信息的目的应当特定，处理应当受限制。处理个人信息应当有特定目的，并且应当依据该特定的、明确的目的进行，通常不得超出目的范围处理个人信息，与实现所涉目的无关的个人信息不得处理。例如医疗机构收集患者的疾病信息的目的是用于分析患者病情或者分析疾病之用，不得将其用于非医疗目的；还比如电商承诺只将收集到的消费者个人信息用于研究分析消费发展趋势目的的，就不得将其用于其他目的。此外，必要原则还包括即使按照特定目的收集、处理个人信息，也应当按照对信息主体影响最小的方式进行，应当在必要的限度内进行。这就要求信息处理者在收集信息时不应当收集对提供服务没有必要的个人信息，只有那些对开展相关服务而言非收集不可或者不收集就无法满足用户服务需要的信息，才可被收集；在处理个人信息时，处理的内容和范围不应过于宽泛，只有在不得不处理时才可以处理个人信息。不得过度处理个人信息本应是必要原则的应有之义，但是在立法过程中，不少意见提出，针对实践中不少网络服务提供商，特别是一些手机 APP 应用服务提供商过度收集处理个人信息的现象比较普遍，严重损害了信息主体的权益，建议明确规定，不得过度处理个人信息。这一条采纳了这一意见，特别强调不得“过度处理”个人信息。这一规定针对性是较强的。

四是公开透明原则。所谓公开透明原则是指信息处理者在处理个人信息时应当公开处理信息的规则，并明示处理信息的目的、方式和范围，确保信息主体享有知情权。公开透明原则极为重要，其是确保信息主体知情同意的前提。只有让信息主体充分知悉和了解处理个人信息的规则、目的、方式和范围，了解个人信息被处理的后果和可能的影响，才可以保护信息主体的意思判断是自主、真实和合理的。这里的公开透明并非指个人信息内容公开，而是指处理个人信息的过程和规则应当公开。这就要求信息处理者在处理个人信息时要主动增强透明度，用通俗易懂、简洁明了的语言说明处理个人信息的目的、方式和范围，并将处理个人信息的规则予以公开。由于这些规则是由个人信息处理者单方制定的，属于格式条款，因此应当受民法典合同编和其他相关法律关于格式条款规定的规范。

48. 自然人对个人信息享有哪些权利?

个人信息涉及自然人的人格尊严，根据《民法典》第 1034 条第 1 款的规定，自然人的个人信息受法律保护。自然人对自己的个人信息享有一系列权能，包括知情同意权、查阅复制权、更正删除权、受保密权等内容。《民法典》第 1035 条规定了自然人的知情同意权，第 1038 条规定了自然人的受保护权，第 1036 条则对自然人的查阅复制权和更正删除权作了规定。

自然人对个人信息的查询复制权是指信息主体有权查询其个人信息被处理的情况，并有权对处理的个人信息进行复制的权利。查询复制权在个人信息保护体系中的地位很重要。自然人要行使自己对个人信息的其他权利，必须首先了解自己的哪些个人信息被处理，以及被处理的情况如何，特别是要能了解在此过程中其个人信息是否被保持得完整准确。只有这样，才能判断信息处理者的处理活动是否符合信息主体的预期，信息主体也才能够决定是否有必要对相关信息进行更正、删除。所以，信息查询复制权是确保自然人能够实现这些权利的重要内容，任何组织或者个人都不得非法剥夺。基于此，自然人可以向信息处理者依法查阅或者复制其个人信息。

个人信息更正权，简称更正权，是指信息主体有权请求信息处理主体对不正确、不全面的个人信息进行改正与补充的权利。更正权具体包括：个人信息错误更正权，即对于错误的个人信息本人有更正的权利；个人信息补充权，即对于遗漏或新发生的个人信息，本人有补充的权利；个人信息更新权是本人要求对于过时的个人信息及时更新的权利。确保个人信息的准确性、完整性和及时更新，信息处理者才能确保提供服务的质量，才能有效维护信息主体的合法权益。赋予信息主体更正权是国际上的通行做法，例如欧盟的《一般数据保护条例》第16条规定，数据主体有权要求数据控制者对其错误的个人数据进行更正。我国《网络安全法》第43条也规定，个人发现网格运营者收集、存储的其个人信息有错误的，有权要求网络运营者予以更正，网络运营者应当采取措施予以更正。因此，自然人发现信息有错误的，有权提出异议并要求及时采取更正等必要措施。

个人信息删除权，简称删除权，是指信息主体在法定或约定的事由出现时，有权请求信息控制者删除其个人信息的权利。我国《网络安全法》第43条规定，个人发现网络运营者违反法律、行政法规的规定或者双方的约定收集、使用其个人信息的，有权要求网络运营者删除其个人信息。这一条在网络安全法规定的基础上规定，自然人发现信息持有者违反法律、行政法规的规定或者双方的约定处理其个人信息的，有权要求信息持有者及时删除其个人信息。根据这一条的规定，信息主体一般在下列情形下可以请求删除个人信息：一是处理个人信息的行为不合法。例如信息处理者处理个人信息未取得信息主体的同意，并且也没有法律法规的明确授权；还比如信息处理者的处理行为超出了法定或者约定的范围。二是信息处理者处理个人信息的目的已不存在，其没有必要再保存个人信息。三是信息主体与信息处理者约定的处理个人信息的期限已届满，根据约定，信息主体有权要求删除。

49. 在什么情况下，信息处理者处理个人信息不承担民事责任？

任何权利的行使都是有其界限的，自然人对个人信息所享有的权益也不例外，特别是在信息时代，信息的自由流通十分重要，信息时代给人类社会所创造的巨大价值就是建立在信息的自由流通基础上的，如果信息处理者对于任何信息进行任何处理都要花费不合理的成本来确定是否侵害他人的个人信息权益，或者允许信息主体频频打断信息的流通和传播，将严重阻碍信息产业的发展，整个社会也将会付出高昂的代价，因此，在个人信息保护立法中，一定要处理好保护个人信息与促进信息自由流通之间的关系，在进一步加强对个人信息保护的同时，也要高度重视信息的自由流通问题。为了处理好个人信息保护与信息自由流通这二者之间的关系，《民法典》第1036条明确规定了行为人处理个人信息无须承担民事责任的三种情形：

一是在该自然人或者其监护人同意的范围内合理实施的行为。自然人或者其监护人同意是处理个人信息行为获得合法性的重要依据，也是自然人处分自己个人信息权益的重要方式。自然人或者其监护人的同意，实际上就是允许他人处理自己的个人信息。因此，行为人在自然人或者其监护人同意的范围内实施的行为即使对该自然人的权益造成了影响，也是符合信息主体意愿的，行为人无须承担民事责任。但是，行为人在自然人或者其监护人同意的范围内实施的行为应当合理，例如消费者允许电商处理自己的消费记录并向自己发送精准广告，但电商在处理该消费者的消费记录后，却不分白天黑夜频频向该消费者推送各种商品广告，对其生活造成了极大干扰，这种行为虽是在该消费者同意的范围内实施的行为，但不合理，并不能完全免除电商的民事责任。

二是合理处理该自然人自行公开的或者其他已合法公开的信息，但是该自然人明确拒绝或者处理该信息侵害其重大利益的除外。“自然人自行公开”自己的个人信息就是自然人主动将自己的某些个人信息向社会公开，例如患者主动向社会公开自己的生病经历，还比如某自然人主动向社会公开自己的性取向或者宗教信仰。自然人自行公开自己的个人信息意味着其在一定程度上同意他人对这些个人信息的处理。“其他已合法公开”的个人信息是指除自然人自行公开的以外，以其他合法形式公开的个人信息，例如媒体在新闻报道中依法公开的个人信息；还比如国家机关依法公开的个人信息。合理处理这些已公开的个人信息，即使对某自然人造成了影响，行为人原则上也不承担民事责任。但是有两种情形例外：第一，该自然人明确拒绝他人处理自己公开的个人信息。个人信息虽然是自然人自己主动公开或者被以其他方式合法公开，但若该自然人明确表示拒绝他人处理这些个人信息的，应当尊重该自然人的意愿，行为人不得擅自处理，除非有明确的法律法规授权。第二，处理该信息侵害自然人重大利益的。在有的情况下，自然人的个人信息虽然是自己主动公开或者是通过其他合法方式公开的，但若处理这些个人信息的行为损害该自然人重大利益的，行为人仍不能免除责任。例如某自然人对外公开了自己的电话号码，但行为人却利用这些电话号码频频向该自然人发垃圾短信或者拨打垃圾电话，严重滋扰了该自然人的生活安宁，此时，行为人仍应承担民事责任。本项的“但书”规定是公开使用的例外情形，保证了信息主体的最终决定权，并体现了权利行使的比例原则。

三是为维护公共利益或者该自然人的合法权益，合理实施的其他行为。这是一个兜底性的规定。公共利益涉及国家利益和不特定多数人的利益，任何国家和地区一般都规定，基于公共利益，可以对权利的行使进行限制。自然人对个人信息享有的权益也不例外。例如，欧盟《一般数据保护条例》就明确规定，为了国家安全、公共健康等公共利益，可以合理处理信息主体的个人信息。我国《宪法》第51条规定，中华人民共和国公民在行使自由和权利的时候，不得损害国家的、社会的、集体的利益和其他公民的合法的自由和权利。基于此，这一条规定，行为人为了维护公共利益，在必要范围内可以合理处理自然人的个人信息。但由于公共利益是一个弹性极大的概念，为避免被滥用，应当严格适用，例如为了公众的健康安全或者为了追查犯罪行为可以作为公共利益。此外，为了该自然人自己的合法权益，也可以在必要范围内处理其个人信息，例如在患者处于病重昏迷状态时，医院为了该患者的生命安全，处理该患者的个人健康信息。需要强调一点，无论是为了维护公共利益还是为了维护自然人的合法权益，行为人在必要范围内实施的收集、处理个人信息的行为都应当是合理的，不能借维护公共利益之名，行侵害自然人合法权益之实，否则仍不能免除侵权责任。

50. 信息处理者在处理个人信息过程中，应当如何履行安全保护义务?

《民法典》第1038条专门对信息处理者的安全保护义务作了规定。该条从三个方面对信息处理者应当履行的安全保护义务作了规定：

一是信息处理者不得泄露、篡改、毁损其收集、存储的个人信息；未经被收集者同意，不得向他人提供个人信息，但是经过处理无法识别特定个人且不能复原的除外。这是对信息处理者自身不得泄露、篡改、毁损、非法提供个人信息的要求。信息处理者自己主动泄露、篡改、毁损或者非法提供个人信息的行为是极为严重的违反安全保护义务的行为，也是一种故意侵犯个人信息权益的行为，不但要承担民事责任，造成严重后果的，还有可能承担刑事责任。《民法典》第1035条明确规定，除法律、行政法规另有规定外，处理自然人个人信息的，应当征得该自然人或者其监护人同意。根据这一规定的逻辑，信息处理者未经信息主体的同意就向他人提供个人信息，就属于泄露个人信息的具体情形。根据该条第2款的规定，本章中的“处理”包括向他人提供个人信息的行为，因此，信息处理者向他人提供个人信息必须经信息主体同意，否则将承担侵权责任。当然，第1038条同时也规定，个人信息经过加工无法识别特定个人且不能复原的，信息处理者可以不经信息主体同意向他人提供。经过加工无法识别特定个人且不能复原的信息就是经过匿名化处理的信息。随着大数据时代、人工智能时代的到来，海量的个人信息数据成为具有重大价值的资产，若对这些信息资产利用得当，必将产生巨大的社会效果，必将有力地推动经济的发展。而通过匿名化技术消除个人信息的信息主体身份特征后加以利用，成为利用这些信息数据的重要手段。个人信息通过匿名化技术处理后，信息主体很难再被识别出来，对其人格尊严也就不会产生损害，此时的匿名化信息已失去了个人信息最本质的特征，已不再属于个人信息，因此也就不需要适用个人信息保护的相关规则，信息处理者自然也就可以不经信息主体同意就向他人提供这些匿名化的信息。由于民法典属于民事基本法，对于判断“无法识别特定个人且不能复原的信息”的具体规则和要求，民法典并未作规定，这可以由将来的个人信息保护等特别法或者专门的行政法规、部门规章作出规定。

二是信息处理者应当采取技术措施和其他必要措施，确保其收集、存储的个人信息安全，防止信息泄露、毁损、丢失。信息收集者、控制者除了自己不得主动泄露、篡改、毁损、非法提供其收集、存储的个人信息外，还要积极采取措施确保其收集、存储的个人信息安全。这要求信息处理者要为个人信息的储存提供必要的安全环境。虽然民法典并没有将这些具体措施作具体化的规定，但原则上要求信息处理者在合理限度内采取必要措施保证信息安全。这些措施主要是技术手段，例如设置多重密码，设置防火墙以防止病毒入侵等。在确定具体采取哪些必要措施时，可以结合安全措施的成本和个人信息的性质内容来决定和判断。

三是发生或者可能发生个人信息泄露、毁损、丢失的情况的，应当及时采取补救措施，依照规定告知信息主体并向有关主管部门报告。如果信息处理者没有采取措施或者采取的措施不力，导致发生或者可能发生个人信息泄露、毁损、丢失的情况的，其既有及时采取补救措施的义务，同时还有依照规定告知信息者并向有关主管部门报告的义务，以防止个人信息进一步被泄露、毁损、丢失，避免损害的进一步扩大。判断是否构成本款规定的“及时”，要结合个人信息被处理和传播的速度，是否能使损害最小化。本款规定的补救措施，可以是民法典侵权责任编关于防止网络侵权的删除、断开连接、屏蔽措施，还包括其他可以减少损害的所有合理措施。第 1038 条所规定的“告知”和“报告”义务，必须是将相关的危险情况以可以理解的方式，清晰、明确、全面地告知当事人。

51. 国家机关、承担行政职能的法定机构及其工作人员在履行职责过程中对知悉的隐私和个人信息是否有保密义务？

国家机关、承担行政职能的法定机构及其工作人员在依法履行职责的过程中常常会接触到自然人的隐私和个人信息，这可以体现在两个方面：一是根据法律行政法规的授权，国家机关、承担行政职能的法定机构及其工作人员主动处理他人的个人信息，或者进入、搜查、监视他人的私密场所，跟踪他人的私密活动等，例如公安机关对犯罪嫌疑人进行监视或者跟踪；还比如医疗卫生行政主管部门为了防治传染病处理一些患者的疾病信息等。二是国家机关及其工作人员在履行职责过程中被动地、不可避免地知悉或者了解到他人的隐私和个人信息，例如公安机关在对犯罪嫌疑人进行监视或者跟踪时会不可避免地知悉或者了解到与犯罪嫌疑人相关的其他自然人的一些隐私和个人信息。无论是根据法律行政法规授权主动知悉的隐私和个人信息，还是在履行职责过程中被动知悉的隐私和个人信息，国家机关、承担行政职能的法定机构及其工作人员都必须予以保密，这是其应遵守的基本法定义务。之所以强调这一点，一是从现实情况看，国家机关及其工作人员在履行职责过程中知悉的隐私和个人信息量多面广，据统计，国家机关知悉或者掌握的自然人隐私和个人信息量远超一般的企业等商事主体；二是国家机关、承担行政职能的法定机构及其工作人员在履行职责过程中知悉或者掌握的自然人隐私和个人信息一般都私密程度较高或者敏感度较大。若国家机关、承担行政职能的法定机构及其工作人员没有强烈的保密意识，导致这些隐私和个人信息被泄露或者公开，有可能对相关自然人的权益造成极大的损害，社会后果也是极为严重的。基于此，《民法典》第 1039 条明确规定，国家机关、承担行政职能的法定机构及其工作人员对于履行职责过程中知悉的自然人的隐私和个人信息，应当予以保密，不得泄露或者向他人非法提供。这就要求国家机关、承担行政职能的法定机构及其工作人员对履行职责中知悉的隐私和个人信息不但要有强烈的保密意识，自己不主动泄露、公开或者非法提供这些隐私和个人信息，还要采取有力的措施防止确保这些隐私和个人信息不被泄露、不被公开。除了这一条规定，我国的一些单行法对此已作了相关规定，例如我国《监察法》第 18 条第 2 款规定了监察机关及工作人员对履行职责过程中掌握的信息负有保密义务。

第五编　婚姻家庭

1. 婚姻家庭关系有哪些需要遵循的基本原则?

《民法典》第 1041 条规定了婚姻家庭关系的基本原则，包括婚姻家庭受国家保护的原则、婚姻自由原则、一夫一妻制原则、男女平等原则和保护妇女、未成年人、老年人、残疾人合法权益原则。

1. 婚姻家庭受国家保护的原则。

婚姻家庭受国家保护，首先是一项宪法原则。我国《宪法》第 49 条第 1 款规定："婚姻、家庭、母亲和儿童受国家的保护。"民法要落实这一宪法原则。我国 1986 年的《民法通则》第 104 条第 1 款规定："婚姻、家庭、老人、母亲和儿童受法律保护。"2017 年的《民法总则》第 112 条规定："自然人因婚姻、家庭关系等产生的人身权利受法律保护。"这些规定都是宪法原则的具体化表述。我国的婚姻法是婚姻家庭的专门立法，更是宪法原则的具体化。《婚姻法》第 2 条第 2 款规定："保护妇女、儿童和老人的合法权益。"这次民法典的制定过程中，专门在《民法典》第 1041 条中增加一款规定："婚姻家庭受国家保护。”体现了国家对婚姻家庭的重视和保护。

2. 婚姻自由原则。

婚姻自由又称婚姻自主，是指婚姻当事人享有自主地决定自己的婚姻的权利。婚姻当事人按照法律规定，有权基于本人的意志，自主自愿地决定自己的婚姻问题，不受他人的干涉和强制。

婚姻自由包括结婚自由和离婚自由。结婚自由，就是结婚须男女双方本人完全自愿，不许任何一方对他方加以强迫，或者任何组织或者个人加以干涉。保障婚姻自由，是为使男女双方能够依照婚姻家庭法的规定，基于自己的意愿结成共同生活的伴侣，建立幸福美满的家庭。所谓离婚自由，是指婚姻当事人有权自主地处理离婚问题。双方自愿离婚的，可以协商离婚。一方要求离婚的，可以诉至法院解决。保障离婚自由，是为使无法维持的婚姻关系得以解除，当事人免除婚姻名存实亡的痛苦。结婚自由和离婚自由是统一的，二者相互结合缺一不可。

婚姻自由既与包办、买卖婚姻相对立，又与轻率地对待婚事毫无共同之处。实行婚姻自由，并不是一个人在自己的婚姻问题上可以随心所欲，放任自流，想结就结，想离就离，而是必须依照法律的规定处理婚姻大事。每一个自然人都应当在法律规定的范畴内正确行使婚姻自由的权利。

3. 一夫一妻制原则。

一夫一妻制是一男一女结为夫妻的婚姻制度。也就是说，一个男人只能娶一个妻子，一个女人只能嫁一个丈夫，不能同时与两个以上的人缔结婚姻。一夫一妻制是社会主义婚姻制度的基本原则，是在婚姻关系上实现男女平等的必要条件，也是男女真心相爱、建立美满婚姻的要求。

婚姻为男女的结合。在婚姻家庭编征求意见的过程中，有意见提出在婚姻家庭编中规定同性婚姻。我国实行的一夫一妻制是一男一女结合为夫妻的婚姻制度，这是整个婚姻制度的基石，是千百年来传承下来的，是符合我国文化传统和现实国情的。同性婚姻难以被广大社会公众接受和认可。目前世界上绝大多数国家都不承认同性婚姻的合法性。因此，本编维持婚姻法一夫一妻制的规定。

4. 男女平等原则。

男女平等，是指妇女在政治、经济、文化、社会和家庭生活各个方面，有同男子平等的权利和义务。男女平等是婚姻家庭法的一项基本原则，根据这个原则，男女两性在婚姻关系和家庭生活的各个方面，均平等享有权利，平等承担义务。婚姻家庭法中男女平等原则在内容上很广泛，它包括：男女双方在结婚、离婚问题上的权利义务是平等的，夫妻双方在家庭中的地位是平等的，其他男女家庭成员之间的权利义务也是平等的。夫妻间、其他家庭成员间的平等关系，是我国男女两性法律地位平等在婚姻家庭领域中的体现，它是建立美满的婚姻关系和发展和睦的家庭生活的重要保障。

5. 保护妇女、未成年人、老年人、残疾人合法权益的原则。

保护妇女、未成年人、老年人、残疾人的合法权益，是婚姻家庭法的一项重要原则。

保护妇女的合法权益和实行男女平等是一致的。社会主义制度使妇女获得了同男子平等的权利，但重男轻女的旧习俗不可能在短时期内完全消除。因此，法律不仅要规定男女平等，还要根据生活的实际情况，对妇女的合法权益给予特殊的保护。本编中规定保护妇女的内容十分广泛。如本编特别规定“女方在怀孕期间、分娩后一年内或者中止妊娠后六个月内，男方不得提出离婚”。特别保护妇女合法权益，对于促进妇女的彻底解放，发挥她们在现代化建设中的“半边天”作用，有着重要意义。

保护未成年人，就是保护国家的未来。为了孩子们的健康成长，民法典规定：父母对未成年子女负有抚养、教育和保护的义务。离婚后，父母对于子女仍有抚养、教育和保护的义务。保障婚生子女、非婚生子女、养子女、继子女的权益，禁止溺婴、弃婴和其他残害婴儿的行为。禁止借收养名义买卖未成年人。总则编为未成年人设立监护制度。这些都是对未成年人的法律保护。抚育子女，是父母不可推诿的天职。父母要关心子女的身心健康，履行抚养职责，使子女在德智体美诸方面全面发展。民法典还规定了对未成年人的特别保护。本编规定，收养应当遵循最有利于被收养人的原则。还规定，对离婚后子女的扶养，父母双方协议不成的，由人民法院按照最有利于未成年子女的原则判决。体现了未成年人利益最大化原则。

保护老年人的合法权益，是社会主义家庭的重要任务。赡养老年人，是我国人民的美德。父母为了子女的健康成长，长期付出了辛勤的劳动，尽了自己的职责。当他们年老多病，丧失劳动能力或生活发生困难的时候，子女就要承担起赡养的义务。社会主义社会的赡养与封建的孝道，有着本质的不同。在社会主义制度下，对老年人的生活照顾，首先是由国家、集体承担的，但国家、集体的物质帮助，不能取代家庭成员对老年人的赡养责任。作为子女要自觉履行赡养义务，尊老养老，使老年人安度晚年。

民法典特别增加了规定保护残疾人的原则。特殊保护残疾人历来是我国宪法法律的一个基本原则。《宪法》第45条中规定："中华人民共和国公民在年老、疾病或者丧失劳动能力的情况下，有从国家和社会获得物质帮助的权利。国家发展为公民享受这些权利所需要的社会保险、社会救济和医疗卫生事业。""国家和社会帮助安排盲、聋、哑和其他有残疾的公民的劳动、生活和教育。"《残疾人保障法》第3条第1款规定："残疾人在政治、经济、文化、社会和家庭生活等方面享有同其他公民平等的权利。"第9条规定："残疾人的扶养人必须对残疾人履行扶养义务。残疾人的监护人必须履行监护职责，尊重被监护人的意愿，维护被监护人的合法权益。残疾人的亲属、监护人应当鼓励和帮助残疾人增强自立能力。禁止对残疾人实施家庭暴力，禁止虐待、遗弃残疾人。"我国有四、五十部法律在相关条款中规定了保护残疾人权益的内容。保护残疾人也是民事法律的一个基本原则。《民法通则》第104条中规定："残疾人的合法权益受法律保护。"民法典总则编规定了适用于对残疾人保护的监护制度，第128条还特别规定："法律对未成年人、老年人、残疾人、妇女、消费者等的民事权利保护有特别规定的，依照其规定。"民法典婚姻家庭编作为家庭生活的基本规范，也应当突出对残疾人权益的特别保护。保护残疾人权益符合婚姻家庭规范的特点和立法目的，体现了婚姻家庭的功能。保护残疾人婚姻家庭权益，能够促进家庭和谐安定，也体现了公平和正义。家庭是人的主要生活场所，是人生的避风港，更是残疾人的主要生活场所和避风港。家庭对残疾人的关爱、关照和保护是一切社会福利政策所不能取代的。

2. 婚姻家庭中法律明确禁止的行为有哪些?

《民法典》第 1042 条明确规定禁止婚姻家庭中的下列行为：

1. 禁止包办、买卖婚姻和其他干涉婚姻自由的行为，禁止借婚姻索取财物。

坚持婚姻自由原则，就要反对包办婚姻和买卖婚姻等，禁止借婚姻索取财物。

包办婚姻，是指第三人违反婚姻自主的原则，包办强迫他人婚姻的违法行为。买卖婚姻，是指第三人以索取大量财物为目的，强迫他人婚姻的违法行为。买卖婚姻往往表现为第三人向男方要嫁女的身价以及贩卖妇女与人为妻。借婚姻索取财物是指除买卖婚姻以外的其他以索取对方财物为结婚条件的违法行为。

包办婚姻和买卖婚姻都是违反婚姻自由的原则、强迫他人婚姻的行为。它们的区别在于是否以索取钱财为目的。包办婚姻、买卖婚姻是和社会主义婚姻制度根本不相容的，必须坚决禁止。其他干涉婚姻自由的行为也在法律禁止之列。对于以暴力干涉他人婚姻自由的人和拐卖妇女的人贩子，要严加惩办。

买卖婚姻和借婚姻索取财物都是以索取一定数量的财物为结婚的条件，二者的区别是：买卖婚姻是把妇女的人身当作商品，索取嫁女的身价或者贩卖妇女，包办强迫他人的婚姻；借婚姻索取财物，则不存在包办强迫他人婚姻的问题。借婚姻索取财物有多种表现，譬如，双方婚事基本上是自愿的，但女方认为不要彩礼就降低了“身价”，于是就向男方要许多东西。又如，有的女方父母向男方索取一定财物，作为同意女儿出嫁的条件。借婚姻索取财物的行为往往给当事人的婚姻和婚后生活带来困难，也腐蚀了人们的思想，败坏了社会风气，故亦为婚姻法所禁止。至于父母、亲友或者男女双方出于自愿的帮助、赠与，则不能认为是买卖婚姻和借婚姻索取财物的行为，因为这种赠与不是婚姻成立的条件。

2. 禁止重婚。

实行一夫一妻制就必须反对重婚。《刑法》第 258 条规定：“有配偶而重婚的，或者明知他人有配偶而与之结婚的，处二年以下有期徒刑或者拘役。”所谓重婚，是指有配偶的人又与他人结婚的违法行为，或者明知他人有配偶而与他人登记结婚的违法行为。有配偶的人，未办理离婚手续又与他人登记结婚，即是重婚；虽未登记结婚，但事实上与他人以夫妻名义而公开同居生活的，亦构成重婚。明知他人有配偶而与之登记结婚，或者虽未登记结婚，但事实上与他人以夫妻名义同居生活，也构成重婚。不以夫妻名义共同生活的姘居关系，不能认为是重婚。法律明令禁止重婚，对于重婚的，不仅要解除其重婚关系，还应追究犯罪者的刑事责任。

3. 禁止有配偶者与他人同居。

除重婚外，其他有配偶者与他人同居的行为也在禁止之列。其他有配偶者与他人同居的行为指有配偶者与第三人未以夫妻名义共同生活，如姘居关系。在有些地方“包二奶”、养情人现象呈增多趋势，已严重破坏一夫一妻的婚姻制度，严重违背社会主义道德风尚，败坏社会风气，导致家庭破裂，甚至发生情杀、仇杀、自杀，严重影响社会安定。2001 年修改婚姻法时，增加规定禁止有配偶者与他人同居，同时增加规定有配偶者与他人同居导致离婚的，无过错方有权请求损害赔偿。对于其他违反一夫一妻制的行为，由于情况比较复杂，还应当通过党纪、政纪、道德、教育等多种手段、多种渠道予以解决。这样规定，有利于加大对上述现象的遏制力度，更好地保护受害人的合法权益，切实维护一夫一妻的婚姻制度。

4. 禁止家庭暴力、禁止虐待和遗弃。

建立和维护平等、和睦、文明的婚姻家庭关系，就必须禁止家庭成员间的虐待和遗弃，禁止一切形式的家庭暴力。

家庭成员间的虐待，是指用打骂、冻饿、有病不给治疗等方法摧残、折磨家庭成员，使他们在肉体上、精神上遭受痛苦的行为。虐待家庭成员，破坏了家庭的和睦生活，违背了社会主义道德准则，亦为法律所不容。虐待家庭成员，情节恶劣的，即构成虐待罪，要受刑法所制裁。

除禁止家庭成员的虐待外，也要禁止其他形式的家庭暴力。是将家庭暴力含于虐待中禁止，还是禁止一切形式的家庭暴力，曾是立法过程中有争议的问题。考虑到虐待和家庭暴力虽有重合之处，但虐待不能包括有的家庭暴力行为，如夫妻之间吵架，丈夫一怒之下失手打死妻子，像这种行为，属于家庭暴力，但不属于虐待，在刑法上适用过失杀人罪，不适用虐待罪。因此，单独规定禁止家庭暴力。

家庭成员间的遗弃，是指对于年老、年幼、患病或其他没有独立生活能力的人，负有赡养、抚养或扶养义务的人不履行其义务的行为。家庭成员间的遗弃，主要包括子女不履行赡养义务而遗弃老人，父母不履行抚养义务而遗弃子女，丈夫不履行扶养义务而遗弃妻子或者妻子不履行扶养义务而遗弃丈夫等行为。遗弃家庭成员是极端个人主义思想的反映，是违反社会公德的可耻行为。遗弃家庭成员情节恶劣构成遗弃罪的，要依法承担刑事责任。

3. 收养应遵循什么原则?

《民法典》第 1044 条第 1 款规定："收养应当遵循最有利于被收养人的原则，保障被收养人和收养人的合法权益。"

收养应当最有利于被收养的未成年人，这是收养的最高指导原则。这一原则是贯穿于整个收养规定之中的。如《民法典》第 1093 条规定丧失父母的孤儿、查找不到生父母的未成年人（包括弃婴）和生父母有特殊困难无力抚养的子女这三种未成年人可以被收养，这些儿童若不被收养，可能影响他们的健康成长。又如第 1100 条规定，收养孤儿和残疾未成年人或者查找不到生父母的未成年人，不受收养人"无子女或者只有一个子女"条件的限制。第 1107 条规定："孤儿或者生父母无力抚养的子女，可以由生父母的亲属、朋友抚养；抚养人与被抚养人的关系不适用本章规定。"这是以法律形式对我国扶助幼孤的优良传统予以肯定，以适应社会上多种情形的需要。孩子的父母双亡，或者父母有特殊困难无力抚养子女，父母的亲属、朋友就可以抚养这些孩子，使他们得到家的温暖。这种抚养关系不产生收养关系的权利义务。抚养人与被抚养人的关系称谓不变，不产生父母子女间的权利义务关系。

婚姻家庭法的收养规定在突出保护被收养的未成年人的同时，也兼顾保护收养人的利益。所以民法典又规定“保障被收养人和收养人的合法权益”。收养关系的当事人主要包括收养人、被收养人。除保护被收养人外，收养人的权利也要维护。国家设立收养制度，可以使某些无父无母的孤儿，以及出于某种原因不能随父母生活的儿童，得到家的温暖，在养父母的抚育下健康成长。同时，也满足某些无子女的人希望得到子女的合理愿望，他们通过收养子女，得到生活上的安慰，并在年老时有所依靠。被收养人和收养人的权利义务是统一的，收养人抚育被收养人，使之幼有所育；收养人年迈时，被收养人就应当尽赡养义务，使之老有所养。收养法维护被收养人和收养人双方的利益，但重在保护被收养人的权利。最有利于被收养的未成年人的原则与有利于收养人的原则在收养关系中并不是并行的，前者为主，后者为辅。

4. 什么是亲属?

亲属为有血缘关系或者婚姻关系的人。血缘关系中包括法律拟制的血缘关系如收养形成的父母子女关系。在有些国家如德国、瑞士、意大利，“亲属”一词不包括配偶，仅指血亲和姻亲，配偶是单独一种。如德国民法在“婚姻”一章规定配偶，在“亲属”一章规定其他亲属。学术上亲属有广义和狭义之分。我们与日本、韩国民法和我国台湾地区“民法”一致，都采取广义的亲属概念，包括配偶、血亲和姻亲。但在对配偶的分类上，学术上也有分歧。一种意见认为，配偶不能成为亲属的单独一类，配偶应属于姻亲。研究认为，现代亲属法以男女平等为原则，男女结婚后人格独立，平等享有权利、承担义务。配偶在亲属关系中处于核心地位，位居近亲属的首位。因此，配偶应作为单独一类而且作为首位与血亲、姻亲并列。《民法典》第1045条第1款明确规定："亲属包括配偶、血亲和姻亲。"

1. 配偶。

男女因结婚互称配偶。配偶，亦即夫妻，是男女因结婚而形成的亲属关系。配偶在亲属关系中具有重要的特殊地位。与血亲、姻亲相比，配偶之间无亲系、亲等之说。没有男女结婚及夫妻生育的事实，便不能形成血亲关系。没有婚姻的中介，也不能形成姻亲关系。配偶是产生血亲和姻亲的基础，是亲属的独立类型。结婚是发生配偶关系的法律事实。结婚必须是一男一女结婚，同性之间不能结婚。外国有少数承认同性婚姻，还有一些国家给予同性以"生活伴侣"等称呼的登记，承认同居生活的状态。我国同世界上大多数国家一样，不承认同性婚姻。

2. 血亲。

血亲是指因自然的血缘关系而产生的亲属关系。也包括因法律拟制而产生的血亲关系。有自然血缘联系的亲属，称为自然血亲；因法律拟制的抚养关系而形成的亲属，称为拟制血亲。

亲生父母子女、祖孙、曾祖孙等之间，为直系血亲。养父母子女、有抚养关系的继父母子女之间，为拟制直系血亲。"祖孙、曾祖孙”包括外祖父外孙子女、外曾祖父与曾外孙子女。

同胞、半同胞兄弟姐妹，堂、表兄弟姐妹，伯、叔、姑、舅、姨与侄、甥之间为旁系血亲。拟制直系血亲关系的一方与对方的旁系血亲之间，为拟制旁系血亲。

自然血亲关系因出生而发生，因死亡而终止。拟制血亲关系因收养或者继父母与继子女形成抚养关系而发生，因一方死亡或者养父母子女关系、继父母子女关系依法解除而终止。“直系”“旁系”的“系”指亲系，亲系指亲属间的联系脉络。除配偶外，在血亲和姻亲之间都有一定的亲系可循。姻亲的亲系准用配偶一方与其血亲的亲系。亲属法根据亲属血缘联系的直接与否，将血亲的亲第分为直系血亲和旁系血亲。直系血亲，是指彼此之间有着直接血缘联系的血亲，己身所出和己身所从出的亲属，即生育自己和自己所生育的上下各代亲属，如父母子女、祖父母与孙子女、外祖父母与外孙子女。旁系血亲，是指与自己有着共同血缘，但彼此之间没有直接生育关系的血亲，如同胞兄弟姐妹之间、堂表兄弟姐妹之间、伯叔姑与侄之间、舅姨与甥之间。血亲是根据自然生殖，以出生的事实引起的存在遗传上的血缘关系的亲属。但法律意义上的血亲，还包括拟制血亲。拟制血亲指养父母子女关系、有抚养关系的继父母子女关系，以及非亲生子女与父母其他血亲的关系。拟制血亲是社会的需要，其与自然血亲的社会关系属性几无差别，所以需要法律的认可与规范。

3. 姻亲。

姻亲是因婚姻为中介形成的亲属，但不包括己身的配偶。一类是配偶的血亲，如岳父母、公婆。另一类是血亲的配偶，如儿媳、女婿、嫂、弟媳、姐夫、妹夫。姻亲也有亲等计算问题。已身与配偶的血亲的亲等，依已身从配偶与其血亲的亲等；已身与血亲的配偶的亲等，依已身与血亲的亲等。换句话说，配偶的血亲的亲等与配偶同，血亲的配偶的亲等与血亲同。如父母与子女是一亲等的直系血亲，儿媳、女婿是一亲等的直系姻亲。兄弟姐妹是二亲等的旁系血亲，嫂、弟媳、姐夫、妹夫是二亲等的旁系姻亲。

姻亲关系因婚姻而产生，亦因婚姻关系的解除而终止。离婚和婚姻被撤销，是姻亲关系的终止原因。在这个问题上有两种主义。一是消灭主义，二是不消灭主义。日本、意大利民法和我国台湾地区“民法”，采取消灭主义，即离婚或婚姻被撤销，姻亲关系消灭。德国和瑞士民法，采取不消灭主义，即离婚或婚姻被撤销，姻亲关系不终止。婚姻当事人一方死亡，则姻亲关系不终止。采取上述消灭主义的国家或地区民法，按规定，姻亲不因婚姻一方的死亡而终止。我国存在丧偶儿媳、女婿继续赡养公婆、岳父母，为其养老送终的情况，也存在儿媳“离婚不离家”，离婚后继续伺候公婆并为其养老送终的情况。我国《继承法》第 12 条和《民法典》第 1129 条都规定了丧偶儿媳对公婆、丧偶女婿对岳父母尽了赡养义务，作为继承人继承财产的规定。可以肯定在我国婚姻当事人一方死亡，则姻亲关系不终止。离婚或婚姻被撤销，姻亲关系终止。对于儿媳“离婚不离家”的情况，应从保护妇女利益出发，从权利义务相一致和公平的角度，特殊情况特殊处理。

5. 什么是近亲属?

《民法典》第 1045 条第 2 款规定，配偶、父母、子女、兄弟姐妹、祖父母、外祖父母、孙子女、外孙子女为近亲属。

近亲属的范围在立法过程中是有争议的。配偶作为近亲属没有争议。直系血亲划到哪个范围，就有争议。有的建议不划范围，凡直系血亲即属近亲属，有的认为应当划定在四亲等，即在高祖父母与玄孙的范围。旁系血亲划到哪个范围，也有争议。有的建议划定在二亲等，即兄弟姐妹；有的建议划到四亲等，即堂表兄弟姐妹。民法典确定的范围，是有权利义务关系的。这个范围内的亲属属于近亲属，大家都是认同的。

6. 什么是家庭成员?

《民法典》第 1045 条第 3 款规定，配偶、父母、子女和其他共同生活的近亲属为家庭成员。家庭成员应是近亲属。有的近亲属如配偶、父母、子女，当然是家庭成员，即使已经不再在一起共同生活，也仍是家庭成员。比如自己成家后不再与父母一起生活，但与父母的权利义务关系不断，赡养父母的义务不断，所以仍应是家庭成员。自己与子女也是这个道理，所以自己的子女也应是家庭成员。其他近亲属，如兄弟姐妹、祖父母、外祖父母、孙子女、外孙子女，如在一个家庭中共同生活，应当属于家庭成员，如不在一起共同生活，就不属于家庭成员。

这个“共同生活”，应是长久的同居在一起的共同生活，而不是短期的、临时性的共同生活。

7. 婚姻成立的要件有哪些?

婚姻是男女双方以永久共同生活为目的，以夫妻的权利义务为内容的结合。婚姻关系是一种身份关系，夫妻双方在财产上的权利义务是附随于人身上的权利义务的。创设夫妻关系的婚姻行为是身份法上的行为。男女须有结婚的合意，但婚姻的成立条件与程序，婚姻的效力及解除都是法定的，而不是当事人意定的。因此，将婚姻视为合同是不相宜的。婚姻行为是民事法律行为，与其他民事法律行为具有共同点，但各种民事法律行为又有各自不同的本质属性，婚姻行为与合同行为中虽都要求有合意，但婚姻行为却不能也无法适用合同行为规则。

婚姻为两性的结合，通常有两个最基本的要素：主观方面，双方具有为夫妻的共同生活的目的，并且对外以夫妻相称；客观方面，双方实施了缔结婚姻的行为。夫妻关系具有公示性，为亲友及其他社会公众所认可，而非婚同居、姘居的两性结合，则不具有婚姻的这些要素。男女双方关于结合为夫妻共同生活的意思表示一致，并使这种结合具有社会公示性，即为婚姻的成立。婚姻的成立亦称为结婚，是男女双方按照法律规定的条件和程序确定夫妻关系的一种法律行为，这是婚姻关系借以发生的法律事实。婚姻的全部法律效力，都是以结婚的成立为前提的。但是，婚姻制度的本质属性是合法性。自从婚姻制度出现以后，不论任何时代，国家都要通过法律手段，对婚姻的成立规定各种要件。

婚姻成立的要件，通常分为两种：一是实质性要件。实质性要件为当事人不可不具备的要件，指当事人本身的状况，以及一方与另一方的关系，须符合法律要求。如当事人必须达到法定年龄，须有结婚的行为能力，须有结婚的合意，双方之间须无禁止的亲属关系等。实质性要件有轻重的不同，依其轻重差别，要件的欠缺，其效力不同。有的要件欠缺会使婚姻绝对无效，可称为无效要件；有的要件欠缺，并不妨碍成立婚姻，但有撤销权的当事人可以撤销而使婚姻归于无效，可称为撤销要件。二是形式要件。是指婚姻的成立的方式需符合法律的要求。当代各国的婚姻家庭法多实行要式婚制，有的要求当事人办理结婚登记或者户籍申报，有的要求当事人举行公开仪式并有证人在场，有的要求当事人先申请主管部门颁发结婚许可证，然后举行仪式或办理登记，等等。要求结婚的程序必须合法，是规定形式要件的根本目的。

8. 什么是结婚自愿？

《民法典》第 1046 条规定："结婚应当男女双方完全自愿，禁止任何一方对另一方加以强迫，禁止任何组织或者个人加以干涉。"根据这一规定，结婚应当男女双方完全自愿，这是婚姻自由原则在结婚上的具体体现。该规定的核心是，男女双方是否结婚、与谁结婚，应当由当事者本人决定。它包括两层含义：第一，应当是双方自愿，而不是一厢情愿。婚姻应以互爱为前提，任何一方都不得强迫对方成婚。第二，应当是当事人自愿，而不是父母等第三者采用包办、买卖等方式强迫男女双方结为夫妻。任何组织和个人都不得强迫当事人结婚或者不结婚。结婚是男女之间以建立家庭、互为配偶为目的的两性结合，这种结合从本质上讲，是以爱情为基础的，而爱情只能产生于当事人自身，其他人决定男女情感的命运是违背婚姻本质的。当然，法律要求本人自愿，并不排斥男女双方就个人的婚事征求父母、亲友的意见，也不排斥父母、亲友等第三者出于对当事人的关心和爱护对他们的婚姻提出看法和建议。

9. 我国的法定结婚年龄是多大？

婚姻的自然属性和社会属性要求，结婚只有达到一定的年龄，才能具备适合的生理条件和心理条件，也才能履行夫妻义务，承担家庭和社会的责任。所以，尽管我国法律赋予每个公民结婚的权利能力，但并非所有公民都可以成为婚姻法律关系的主体，只有达到法律规定的结婚年龄的人，才享有结婚的权利。

法定婚龄的确定，一方面要考虑自然因素，即人的身体发育和智力成熟情况；另一方面要考虑社会因素，即政治、经济、文化及人口发展等情况。因此，各国关于法定婚龄的规定有所不同。我国《民法典》第 1047 条规定：“结婚年龄，男不得早于二十二周岁，女不得早于二十周岁。”

我国婚姻法关于婚龄的规定，不是必婚年龄，也不是最佳婚龄，而是结婚的最低年龄，是划分违法婚姻与合法婚姻的年龄界限，只有达到了法定婚龄才能结婚，否则就是违法。法定婚龄不妨碍男女在自愿基础上，根据本人情况确定结婚时间。婚姻法规定的婚龄具有普遍适用性，但特殊情况下，法律也允许对婚龄作例外规定。比如考虑我国多民族的特点，《婚姻法》第 50 条中规定："民族自治地方的人民代表大会有权结合当地民族婚姻家庭的具体情况，制定变通规定。"这一条本编没有规定，因为《立法法》第 75 条统一规定了民族自治地方对法律和行政法规的变通规定问题，民法典不需要再作规定。目前，我国一些民族自治地方的立法机关对婚姻法中的法定婚龄作了变通规定。比如新疆、内蒙古、西藏等自治区和一些自治州、自治县，均以男二十周岁，女十八周岁作为本地区的最低婚龄。但这些变通规定仅适用于少数民族，不适用于生活在该地区的汉族。

10. 什么是禁止近亲结婚?

禁止近亲结婚是优生的要求。人类两性关系的发展证明，血缘过近的亲属间通婚，容易把双方生理上的缺陷遗传给后代，影响家庭幸福，危害民族健康。而没有血缘亲属关系的氏族之间的婚姻，能创造出在体质上和智力上都更加强健的人种。因此，各国法律都禁止一定范围内的血亲结婚。《民法典》第 1048 条规定："直系血亲或者三代以内的旁系血亲禁止结婚。"根据这一规定，禁止结婚的血亲有两类：

1. 直系血亲。包括父母子女间，祖父母、外祖父母与孙子女、外孙子女间。即父亲不能娶女儿为妻，母亲不能嫁儿子为夫。爷爷（姥爷）不能与孙女（外孙女）婚配，奶奶（姥姥）

不能与孙子（外孙子）结合。

2. 三代以内旁系血亲。包括：(1) 同源于父母的兄弟姊妹（含同父异母、同母异父的兄弟姊妹）。即同一父母的子女之间不能结婚。(2) 不同辈的叔、伯、姑、舅、姨与侄（女）、甥（女）。即叔叔（伯伯）不能和兄（弟）的女儿结婚；姑姑不能和兄弟的儿子结婚；舅舅不能和姊妹的女儿结婚；姨妈不能和姊妹的儿子结婚。

11. 结婚登记程序是怎样的?

结婚除必须符合法律规定的条件外，还必须履行法定的程序。《民法典》第1049条规定：“要求结婚的男女双方应当亲自到婚姻登记机关申请结婚登记。符合本法规定的，予以登记，发给结婚证。完成结婚登记，即确立婚姻关系。未办理结婚登记的应当补办登记。”认真执行关于结婚登记的各项规定，对于巩固和发展社会主义婚姻家庭制度具有重要意义。

一、婚姻登记机关

根据国务院婚姻登记条例的规定，内地居民办理婚姻登记的机关是县级人民政府民政部门或者乡（镇）人民政府，省、自治区、直辖市人民政府可以按照便民原则确定农村居民办理婚姻登记的具体机关。中国公民同外国人，内地居民同香港特别行政区居民（以下简称香港居民）、澳门特别行政区居民（以下简称澳门居民）、台湾地区居民（以下简称台湾居民）、华侨办理婚姻登记的机关是省、自治区、直辖市人民政府民政部门或者省、自治区、直辖市人民政府民政部门确定的机关。

中国公民同外国人在中国内地结婚的，内地居民同香港居民、澳门居民、台湾居民、华侨在中国内地结婚的，男女双方应当共同到内地居民常住户口所在地的婚姻登记机关办理结婚登记。

《婚姻登记条例》第19条规定："中华人民共和国驻外使（领）馆可以依照本条例的有关规定，为男女双方均居住于驻在国的中国公民办理婚姻登记。"

二、结婚登记程序

结婚登记大致可分为申请、审查和登记三个环节。

（一）申请

1. 中国公民在中国境内申请结婚。

内地居民结婚，男女双方应当共同到一方当事人常住户口所在地的婚姻登记机关办理结婚登记。办理结婚登记的内地居民应当出具下列证件和证明材料：（1）本人的户口簿、身份证。（2）本人无配偶以及与对方当事人没有直系血亲和三代以内旁系血亲关系的签字声明。

离过婚的，还应当持离婚证。离婚的当事人恢复夫妻关系的，必须双方亲自到一方户口所在地的婚姻登记机关申请复婚登记。

2. 香港、澳门、台湾居民在中国境内申请结婚。

办理结婚登记的香港居民、澳门居民、台湾居民应当出具下列证件和证明材料：（1）本人的有效通行证、身份证。（2）经居住地公证机构公证的本人无配偶以及与对方当事人没有直系血亲和三代以内旁系血亲关系的声明。

3. 华侨在中国境内申请结婚。

办理结婚登记的华侨应当出具下列证件和证明材料：（1）本

人的有效护照。（2）居住国公证机构或者有权机关出具的、经中华人民共和国驻该国使（领）馆认证的本人无配偶以及与对方当事人没有直系血亲和三代以内旁系血亲关系的证明，或者中华人民共和国驻该国使（领）馆出具的本人无配偶以及与对方当事人没有直系血亲和三代以内旁系血亲关系的证明。

4. 外国人在中国境内申请结婚。

办理结婚登记的外国人应当出具下列证件和证明材料：（1）本人的有效护照或者其他有效的国际旅行证件。（2）所在国公证机构或者有权机关出具的、经中华人民共和国驻该国使（领）馆认证或者该国驻华使（领）馆认证的本人无配偶的证明，或者所在国驻华使（领）馆出具的本人无配偶的证明。

申请婚姻登记的当事人，应当如实向婚姻登记机关提供规定的有关证件和证明，不得隐瞒真实情况。

（二）审查

婚姻登记机关应当对结婚登记当事人出具的证件、证明材料进行审查并询问相关情况。对当事人符合结婚条件的，应当当场予以登记，发给结婚证；对当事人不符合结婚条件不予登记的，应当向当事人说明理由。

（三）登记

1. 予以登记。

婚姻登记机关对符合结婚条件的，应当即时予以登记，发给结婚证；对离过婚的，应注销其离婚证。

2. 不予登记。

申请人有下列情形之一的，婚姻登记机关不予登记：（1）未到法定结婚年龄的；（2）非自愿的；（3）已有配偶的；（4）属于直系血亲或者三代以内旁系血亲的。

婚姻登记机关对当事人的婚姻登记申请不予登记的，应当以书面的形式说明理由。当事人认为符合婚姻登记条件而婚姻登记机关不予登记的，可以依法申请行政复议，对复议不服的，可以依法提起行政诉讼，也可以直接提起行政诉讼。

12. 事实婚姻的效力如何?

事实婚姻，指没有配偶的男女，未进行结婚登记，便以夫妻关系同居生活，群众也认为是夫妻关系的两性结合。

事实婚姻在我国长期大量存在，在广大农村特别是边远地区，事实婚姻甚至占当地婚姻总数的百分之六、七十。造成这一状况的原因主要有：（1）传统习俗的影响。我国民间流行仪式婚，许多人认为，只要举行了婚礼，亲朋好友认可，就是夫妻了，没有必要再履行法律手续。（2）婚姻登记不方便。根据婚姻登记条例的规定，婚姻登记管理机关在城市是街道办事处或者市辖区、不设区的市人民政府的民政部门，在农村是乡、民族乡、镇人民政府。而我国幅员辽阔，对于地理位置偏远、交通不便的地区，进行结婚登记有一定困难。（3）登记制度不健全。比如，有的当事人到了婚姻登记机关，因办事人员不在等原因不能登记。有的擅自提高法定婚龄，使当事人的合法权利不能得到实现。（4）婚姻登记搭车收费。比如有的要收户口迁移保证金等。（5）法制宣传不够。人们的法制观念淡薄，对婚姻登记的重要性缺乏认识。有的人不具备法律规定的结婚条件，为逃避国家对婚姻的管理和监督，故意不登记，造成事实婚姻状态。

事实婚姻的效力，历来是法学界争论的重要问题。有的认为，承认事实婚姻，必然破坏婚姻登记制度，因此，凡不登记结婚的，应一律明确规定为无效婚姻。最高人民法院颁布的《关于人民法院审理未办结婚登记而以夫妻名义同居生活案件的若干意见》规定："1986 年 3 月 15 日婚姻登记办法施行前，未办结婚手续即以夫妻名义同居生活，群众也认为是夫妻关系的，如同居时或者起诉时双方均符合结婚的法定条件，可认定为事实婚姻；如同居时或者起诉时一方或者双方不符合结婚的法定条件，应认定为非法同居关系。""新婚姻登记管理条例施行之日（1994 年 10 月 1 日）起未办结婚登记即以夫妻名义同居生活，按非法同居关系对待。"不登记"结婚"的人不少，未办理登记的原因很复杂，有的是不符合结婚条件，更多的是符合结婚条件，因收费过高或登记不便利造成的。对没有进行结婚登记的，应区别情况分别处理。对违反结婚实质条件的，法律已规定为无效婚姻；对符合结婚实质要件，只是没有办理登记手续的，一律简单宣布为无效婚姻，对保护妇女的权益不利，应当通过加强法制宣传和完善登记制度等工作，采取补办登记等办法解决。因此，《民法典》第 1049 条中规定："符合本法规定……未办理结婚登记的，应当补办登记"。这一规定从积极角度重申了办理结婚登记的必要性，那些符合婚姻法规定的结婚条件，举行了结婚仪式或已经以夫妻名义共同生活，但未办理结婚登记的男女，应尽早补办登记，以使自己的婚姻行为合法化。

13. 无效婚姻的情形有哪些?

无效婚姻，是指欠缺婚姻成立的法定条件而不发生法律效力的男女两性的结合。《民法典》第 1051 条规定，有下列情形之一的，婚姻无效：（1）重婚；（2）有禁止结婚的亲属关系；（3）未到法定婚龄。

1. 重婚。

我国实行一夫一妻的婚姻制度。因此，一夫一妻是我国婚姻家庭的基本制度。一夫一妻制是一男一女结为夫妻的婚姻制度。也就是说，一个男人只能娶一个妻子，一个妇女只能嫁一个丈夫。一个人不能同时与两个或两个以上的人缔结婚姻。换句话说，任何人都只能有一个配偶，不能同时有两个或更多的配偶。一夫一妻制是社会主义婚姻家庭制度的基本原则，是在婚姻关系上实现男女平等的必要条件，也是男女真心相爱、建立美满婚姻的要求。实行一夫一妻制就必须反对重婚。

所谓重婚，是指有配偶的人又与他人登记结婚的违法行为，或者明知他人有配偶而与他人登记结婚的违法行为。由于重婚违反了我国一夫一妻的婚姻家庭制度，严重违背了社会主义道德风尚，影响家庭稳定和社会安定，导致腐败，败坏党风，因此法律明确规定重婚（即指重婚者的第二个婚姻）是无效婚姻。

2. 有禁止结婚的亲属关系。

禁止近亲结婚，是人类长期生活经验的结晶，是人类婚姻的总结。男女近亲结婚，很容易把双方精神上和肉体上的弱点和缺点集中起来，遗传给下一代，有损下一代的健康，不仅不利于下一代在社会中生活，也给国家、民族的兴旺和社会的发展带来不利的后果。因此，禁止近亲结婚是古今中外法律的通例。这一条中规定的“有禁止结婚的亲属关系”，是指有《民法典》第1048条规定的禁止结婚的情形，即结婚的男女双方是直系血亲或者是三代以内旁系血亲。

3. 未到法定婚龄。

《民法典》第1047条规定，结婚年龄，男不得早于二十二周岁，女不得早于二十周岁。男二十二周岁，女二十周岁，是男女可以结婚的法定年龄。法定结婚年龄是指法律规定的男女双方可以结婚的最低年龄，也就是说，男女双方不到这个年龄就不能结婚，只有达到或高于这个年龄才能结婚。对男女最低的结婚年龄予以规定，是古今中外法律的通例，其主要是由婚姻关系的自然属性和社会属性所决定的。男女当事人结婚，未达到法定结婚年龄，违反了法定结婚年龄的规定，因此将其规定为无效婚姻。

14. 因胁迫而缔结的婚姻关系怎么处理?

因胁迫而结婚，主要是指婚姻关系中的一方当事人或者婚姻关系之外的第三人，对婚姻关系中的另一方当事人，予以威胁或者强迫，使婚姻中的另一方当事人违背自己的意愿而缔结婚姻关系的婚姻。胁迫婚姻违反了结婚须男女双方完全自愿的原则，是违法婚姻，考虑到被胁迫的一方，在结婚时，虽然是违背了自己的意愿与他人缔结了婚姻关系，但有可能在和他人结婚后，组建了家庭，经过一段时间生活，与对方建立了一定的感情，婚姻关系还不错，特别是在有了孩子的情况下，与对方、与孩子更有一种难以割舍的关系，在这种情况下，法律明确规定胁迫婚姻为无效婚姻，不一定适当，所以将因胁迫而缔结的婚姻，规定为可撤销婚姻，把是否否认其婚姻效力的申请请求权交给受胁迫方。如果受胁迫方不想维持因胁迫而缔结的婚姻，可以向人民法院请求撤销该婚姻，经审查核实，宣告该婚姻没有法律效力；如果最初受胁迫，但后来愿意共同生活，则可以放弃申请撤销婚姻效力的请求权，人民法院不能主动撤销当事人的婚姻关系。

《民法典》第1052条规定："因胁迫结婚的，受胁迫的一方可以向人民法院请求撤销婚姻。请求撤销婚姻的，应当自胁迫行为终止之日起一年内提出。被非法限制人身自由的当事人请求撤销婚姻的，应当自恢复人身自由之日起一年内提出。"

1. 提出撤销婚姻效力的请求权人。

有权提出撤销婚姻效力的申请人只能是因胁迫结婚的被胁迫人。这是由于因胁迫而缔结的婚姻，受胁迫方在缔结婚姻关系时，不能真实地表达自己的意愿，婚姻关系违背受胁迫方的意志。为了贯彻执行婚姻自由的基本原则，保护当事人的合法权益，让受胁迫方能充分地表达自己的婚姻意志，规定尽管胁迫的婚姻已经成立，但是受胁迫方仍可以在胁迫的婚姻成立后向人民法院提出撤销其婚姻效力的申请。由于胁迫婚姻的另一方当事人在缔结婚姻关系时，并没有违背自己真实的婚姻意思，换句话说，当事人一方在结婚时已经明确知道自己将与被胁迫方结婚，且愿意与其结婚，因此胁迫婚姻的这方当事人在婚姻关系成立后，没有提出撤销婚姻效力的请求权。

2. 提出撤销婚姻效力申请的时间。

因胁迫而结婚的，受胁迫方虽然具有撤销该婚姻效力的请求权，但是这一请求权的行使不是没有任何限制的。这一条规定，受胁迫的一方撤销婚姻的请求，应当自胁迫行为终止之日起一年内提出。被非法限制人身自由的当事人请求撤销婚姻的，应当自恢复人身自由之日起一年内提出。这个规定表明，受胁迫方必须在法律规定的时间内行使撤销其婚姻效力的请求权。这是因为，因胁迫而缔结的婚姻往往是受胁迫方违背了自己的意愿而缔结的婚姻，如果结婚后受胁迫方自愿接受了已经成立的婚姻关系，那么法律就会让这个婚姻关系继续有效。如果结婚后受胁迫方不愿维持已经成立的婚姻关系，就可以请求人民法院撤销其婚姻效力，使已经缔结的婚姻关系失效。然而，如果受胁迫方长期不行使这个权利，不主张撤销婚姻的效力，就会使得这一婚姻关系长期处于一种不稳定的状态，不利于保护婚姻双方当事人的合法权益，特别是双方当事人所生子女的利益，也不利于家庭、社会的稳定。同时还可能使人民法院在判断是否撤销当事人婚姻效力时，由于时间太长而无法作出准确的判断。因此规定，受胁迫方提出撤销婚姻效力的请求权必须在法律规定的时间内行使，如果超过了法律规定的期限还不行使，受胁迫方就失去了请求撤销婚姻效力的权利，其所缔结的婚姻为合法有效的婚姻，受胁迫方不得再以相同的理由申请撤销该婚姻。

依据这一条的规定，受胁迫方行使请求撤销婚姻效力的请求权的期限是一年，也就是说在这一年期限内，受胁迫方必须决定是否提出请求撤销婚姻效力的申请，否则，受胁迫方就失去了提出申请撤销婚姻效力的权利。那么，这一年的期限从何时起算呢？这一条规定的这一年期限的起算时间有两种情形：第一，自受胁迫方胁迫行为终止之日起算，即受胁迫方应当在胁迫行为终止之日起一年内决定是否申请撤销其婚姻的效力。第二，自受胁迫方恢复人身自由之日起算，即受胁迫方自恢复人身自由之日起一年内决定是否申请撤销其婚姻的效力。这种情况主要考虑到在胁迫的婚姻中，有的受胁迫方是被非法限制人身自由的，如绑架、拐卖的妇女被迫与他人缔结婚姻关系，这些妇女在被他人限制人身自由，有关部门未解救前，是无法提出撤销婚姻效力的申请的，故被非法限制人身自由的受胁迫方提出撤销婚姻效力的申请时间必须待其恢复人身自由之日起算。

3. 有权撤销婚姻效力的机关。

根据《民法典》第1052条的规定，有权撤销婚姻关系的机关为人民法院，这与婚姻法的规定不同。《婚姻法》第11条规定，因胁迫结婚的，受胁迫的一方可以向婚姻登记机关或者人民法院请求撤销该婚姻。这次编纂民法典，只保留了向人民法院请求撤销婚姻的规定，删除了向婚姻登记机关请求撤销婚姻的规定。这是因为，因受胁迫撤销婚姻的问题非常复杂，是否存在胁迫，撤销婚姻后如何处理双方的财产关系和可能的子女抚养问题，都是需要经过审理才能弄清楚和作出合理的裁判。这个工作由婚姻登记机关进行不合适，应当由人民法院处理。在立法过程中，许多学者和一些地方、单位提出，可撤销婚姻应当由人民法院处理，而不应再由婚姻登记机关处理。有关主管部门也提出，行政部门处理可撤销婚姻难度很大，特别是如果涉及财产关系处理和子女抚养，双方很难达成协议，最后还得由人民法院处理，所以不应再规定可撤销婚姻由婚姻登记机关处理，而应只规定由人民法院处理。从国外的情况看，可撤销婚姻基本上也是由法院处理。因此，经过认真研究，决定删除有关受胁迫一方向婚姻登记机关请求撤销婚姻的规定，此类可撤销婚姻的纠纷由人民法院处理。

15. 一方婚前隐瞒重大疾病的怎么处理？可撤销婚姻是如何规定的？

《民法典》第 1053 条规定：“一方患有重大疾病的，应当在结婚登记前如实告知另一方；不如实告知的，另一方可以向人民法院请求撤销婚姻。请求撤销婚姻的，应当自知道或者应当知道撤销事由之日起一年内提出。”

男女结婚组成家庭后，不仅开始了两个人的共同生活，夫妻互相依存、互相帮助、互相扶养，而且还承担着养育子女的义务。如果婚前患有医学上认为不应当结婚的疾病，结婚后则可能传染给对方或者传染、遗传给下一代，不利于家庭的和睦、幸福。因此，为了配偶和子女的身体健康，如果婚前患有重大疾病，就不能隐瞒，应当在结婚登记前如实告知另一方；结婚登记前不如实告知的，结婚登记后另一方可以向人民法院请求撤销婚姻。

民法典规定，请求撤销婚姻的，应当自知道或者应当知道撤销事由之日起一年内向人民法院提出。所谓“知道”是指有直接和充分的证据证明当事人知道对方患病。“应当知道”指虽然没有直接和充分的证据证明当事人知道，但是根据生活经验和相关事实和证据，按照一般人的普遍认知能力，运用逻辑推理可以推断当事人知道对方患病。如果不能在知道或者应当知道撤销事由之日起一年内提出，就只能通过协议离婚或者诉讼离婚的程序解除婚姻关系。

构成欺诈需在主观和客观方面均为重大或重要。在主观方面，结婚时关于疾病的事项，如不因被隐瞒而发生错误认知，如果知道疾病事项，就一定不会结婚。即从隐瞒到错误认识再到结婚是一连串的因果关系。如果没有隐瞒就没有结婚。隐瞒的疾病事项对婚姻有着决定性影响。在客观方面，也必须相当重大或重要。有的解释为涉及“婚姻要素”，有的解释为涉及“婚姻本质”。如这一条规定的“重大疾病”，瑞士民法典规定的“严重危害其或其后代的健康的疾病”，而不是一般的感冒发烧等小病症。史尚宽在《亲属法论》中认为，依婚姻本质关于性交、生殖能力（例如已受不能生育之手术）、遗传病、传染病等情事，均有告知义务。因为都是客观上为重大或重要疾病事项。当然，主观方面和客观方面是相联系的。

要注意的是，在不同的历史时期，认定的重大疾病完全可能是不同的。重大疾病具体是什么病，或者某种疾病是不是重大疾病，需要司法机关和有关的部门、单位在司法实践中进行认定。

16. 无效或者被撤销婚姻的法律后果是什么？

《民法典》第1054条规定：“无效的或者被撤销的婚姻自始没有法律约束力，当事人不具有夫妻的权利和义务。同居期间所得的财产，由当事人协议处理；协议不成的，由人民法院根据照顾无过错方的原则判决。对重婚导致的无效婚姻的财产处理，不得侵害合法婚姻当事人的财产权益。当事人所生的子女，适用本法关于父母子女的规定。婚姻无效或者被撤销的，无过错方有权请求损害赔偿。”

根据这一规定，第一，无效或者被撤销的婚姻，婚姻关系自始不发生法律约束力。即从当事人结婚之时，婚姻就没有法律效力。即使当事人骗取婚姻登记，该婚姻也是自始无效，而不是从人民法院宣告之时起婚姻才没有法律效力。这种婚姻关系不论结婚的事实是否发生，结婚时间是否长久，婚姻关系被法律确认自始不存在，不受法律保护。

第二，无效或者被撤销的婚姻，当事人之间不具有夫妻的权利和义务。民法典规定，夫妻有互相扶养的义务。一方不履行扶养义务时，需要扶养的一方，有要求对方给付扶养费的权利。夫妻有相互继承遗产的权利。夫妻一方因抚育子女、照料老人、协助另一方工作等负担较多义务的，离婚时有权向另一方请求补偿。另一方应当给予补偿。离婚时，如一方生活困难，有负担能力的另一方应当给予适当帮助。因一方重婚或者与他人同居、实施家庭暴力、虐待、遗弃家庭成员或者其他重大过错而导致离婚的，无过错方有权请求损害赔偿。民法典有关夫妻权利义务的规定，前提是合法婚姻，是有效婚姻。由于无效婚姻、可撤销婚姻欠缺婚姻成立的法定条件，是不合法婚姻，有关夫妻权利义务的规定对无效婚姻、被撤销婚姻的当事人都不适用。

第三，无效或者被撤销的婚姻，当事人所生子女的权利义务关系适用民法典有关父母子女间的权利义务的规定。无效婚姻、可撤销婚姻不具有法律效力，但由于男女当事人的同居关系，可能产生生儿育女的事实，随之而来的是对无效婚姻、可撤销婚姻所生子女法律地位的确定。从逻辑上讲，由于无效婚姻、可撤销婚姻的男女双方没有合法的夫妻关系，他们在共同生活期间所生的子女应为非婚生子女，但从世界各国的立法规定及司法实践看，许多国家都从保护子女利益出发，对无效婚姻、可撤销婚姻当事人共同生活期间所生的子女，采取保护的原则，承认其子女的合法地位。我国婚姻家庭法确立的基本原则之一是保护妇女、未成年人和老年人的合法权益。《民法典》第 1071 条规定，非婚生子女享有与婚生子女同等的权利，任何组织或者个人不得加以危害和歧视。因此在规定无效婚姻、可撤销婚姻当事人所生子女的法律地位时，坚持并贯彻了这一基本原则，规定无效或者被撤销的婚姻当事人所生子女的权利义务，与合法婚姻当事人所生子女的权利义务一样。如父母对未成年子女有抚养、教育和保护的义务，成年子女对父母有赡养、扶助和保护的义务。父母不履行抚养义务的，未成年子女或者不能独立生活的成年子女，有要求父母给付抚养费的权利。成年子女不履行赡养义务的，缺乏劳动能力或者生活困难的父母，有要求成年子女给付赡养费的权利。父母有教育、保护和抚养未成年子女的权利和义务，未成年子女造成他人损害的，父母应当依法承担民事责任。婚姻关系被确认为无效或者被撤销后，父母对子女仍有抚养和教育的权利和义务，一方抚养子女，另一方应负担部分或者全部抚养费。不直接抚养子女的父或母，有探望子女的权利，另一方有协助的义务。

第四，如果无效婚姻或者可撤销婚姻当事人在同居期间对财产的归属有约定的，要依据当事人的约定，分割当事人同居期间的财产。如果当事人对同居期间财产的归属没有约定，又达不成协议时，人民法院对当事人同居期间所得的财产，根据照顾无过错方的原则予以分割。即对无效婚姻或者可撤销婚姻的无过错一方当事人可以多分财产。但是，对因重婚导致婚姻无效的财产的处理，不得侵害合法婚姻当事人的财产权益，即多分重婚导致的无效婚姻当事人同居期间所得财产给无过错方，不得侵害重婚一方合法婚姻的配偶一方当事人的财产权益。例如，甲有配偶又与乙登记结婚，人民法院根据照顾无过错方的原则，分割甲乙在无效婚姻期间所得的财产时，不能将本应是甲第一个合法婚姻的夫妻财产分给乙。

第五，无过错方有权请求损害赔偿。无效婚姻和可撤销婚姻给无过错的当事人带来极大伤害，仅规定根据照顾无过错方的原则分配财产是远远不够的。受到伤害就应有权请求赔偿，伤害他人就得承担赔偿责任。婚姻无效和被撤销的，还应当赋予无过错方请求损害赔偿的权利，以有利于保护无过错方的权益。

17. 什么是夫妻地位平等原则？

夫妻双方在婚姻家庭关系中的地位，总是与男女两性的社会地位相一致的。《民法典》第 1055 条规定：“夫妻在婚姻家庭中地位平等。”对这一规定，可以从以下三个方面理解：

第一，夫妻在婚姻家庭中地位平等的规定，是处理夫妻关系的指导原则，是确定夫妻之间各项权利义务的基础。夫妻地位平等意味着夫妻在共同生活中平等地行使法律规定的权利，平等地履行法律规定的义务，共同承担对婚姻、家庭和社会的责任。在“家庭关系”一章规定夫妻地位平等，也是婚姻家庭编总则一章中规定的男女平等原则在婚姻家庭关系中的具体体现。夫妻地位平等作为家庭关系一章第一条，也是家庭关系一章其他各条的指导原则，家庭关系一章中其他各条都要贯彻这一原则。家庭关系一章只有二十余条，而现实生活是复杂的，涉及婚姻家庭关系会出现各种各样的情况，在司法实践中，要解决矛盾、解决纠纷，要依法作出裁判。在法律没有具体规定的情况下，对夫妻关系的处理，就要依据夫妻在婚姻家庭中地位平等这一规定作出判断。因此，这一规定也为司法实践中处理夫妻之间的权利义务纠纷提供了依据。

第二，规定夫妻在婚姻家庭中地位平等，主要意义在于强调夫妻在人格上的平等以及权利义务的平等。夫妻双方应当互相尊重对方的人格独立，不得剥夺对方享有的权利，不得有夫妻任何一方只享有权利不尽义务，或者只尽义务而不享有权利。特别是要强调保护妇女，保护妻子在家庭中的人格独立，禁止歧视妇女，禁止家庭暴力，禁止对妻子的虐待和遗弃。重点是要保护妇女在家庭中的各项权益。

第三，规定夫妻在婚姻家庭中地位平等，不是指夫妻的权利义务一一对等，更不是指夫妻要平均承担家庭劳务等。平等不是平均，权利义务可以合理分配和承担，家庭劳务也可以合理分担。对于婚姻家庭事务，夫妻双方均有权发表意见，应当协商作出决定，一方不应独断专行。

18. 夫妻一方能否限制或者干涉另一方参加生产、工作、学习和社会活动?

人身自由权是每个自然人最基本的权利，夫妻的人身自由权是自然人人身自由权的具体体现，是夫妻在婚姻家庭关系中地位平等的重要标志。夫妻的人身自由权是指夫妻双方从事社会职业、参加社会活动和进行社会交往的权利和自由。《民法典》第1057条对夫妻的人身自由权作了明确规定："夫妻双方都有参加生产、工作、学习和社会活动的自由，一方不得对另一方加以限制或者干涉。"这一权利对男女双方都适用，但实际上重点是保障妇女在婚后仍然享有独立人格、具有独立身份，能够按照自己的意愿从事社会职业、参加社会活动和进行社会交往，禁止丈夫或者其他人对妻子人身自由权利的干涉。

根据这一规定，夫妻人身自由权主要包括以下三个方面的内容：

1. 夫妻双方都有参加生产、工作的权利。

所谓生产、工作是指一切从事的社会职业和社会劳动。我国妇女参加生产、工作非常积极，国家与社会也提供了有力的保障，妇女权益保障法中对保护妇女的劳动权益作了详尽规定。妇女享有参加生产、工作的自由权而不受干涉，是妇女享有与丈夫平等地位的前提。

2. 夫妻双方都有参加学习的权利。

这里的学习，不仅包括正规的在校学习，也包括扫盲学习、职业培训以及其他各种形式的专业知识与专业技能的学习。保证妇女学习的自由权，对于提高妇女的文化素质、提高妇女的就业率，进而保障妇女在家庭中与丈夫的平等地位都是必不可少的。而且，保证妇女学习的自由权，对于子女的培养、全民族文化素质的提高，也具有重要意义。

3. 夫妻双方都有参加社会活动的权利。

所谓社会活动，包括参政、议政活动，科学、技术、文学、艺术和其他文化活动，各种群众组织、社会团体的活动，以及各种形式的公益活动等。参加社会活动的自由权来自于公民依法享有的民主权利，是社会主义条件下对夫妻关系的要求。婚姻法对夫妻参与社会活动自由权的规定主要是保护妇女的。旧中国妇女被排斥在社会生活之外，新中国成立以后，妇女全面参与国家和社会事务管理，在政治、经济、教育、科技文化、体育、卫生等社会生活的各个方面都取得了令人瞩目的发展。明确妇女参与社会活动的自由，是夫妻人格独立，享有人身自由的重要体现。

但要注意的是，民法典规定了夫妻的人身自由权，并不意味着夫妻可以不顾家庭、为所欲为。夫妻行使人身自由的权利，必须符合法律与社会主义道德的要求，不得滥用权利损害家庭和他人的合法权益。自然人婚前与婚后截然不同，对配偶、子女、家庭有不可推卸的义务和责任。夫妻任何一方在行使自己的人身自由权的同时，还必须履行自己对家庭应承担的义务和责任，两者应当协调统一起来。夫妻有参加社会活动的自由，但是夫妻也有相互扶养的义务，有抚养、教育子女的义务，有赡养老人的义务。如果夫妻一方对家庭、子女漠不关心，不顾一切地参加各种社会活动，与这一条的立法精神是不相符合的。

夫妻之间应当互相尊重、互谅互让、互相协商，处理好参加生产、工作、学习和社会活动与尽到家庭责任之间的关系。只有这样，家庭才能幸福和睦。

19. 什么是夫妻相互扶养义务?

夫妻相互扶养义务是指夫妻之间相互供养和扶助的法定义务，对保障夫妻正常生活，维护婚姻家庭关系的稳定，具有重要意义。夫妻相互扶养义务与夫妻人身关系密不可分，夫妻之间接受对方扶养的权利和履行扶养对方的义务是基于夫妻间的配偶身份关系的产生而产生的，也会随着夫妻间的配偶身份关系的消灭而消灭。即这一义务始于婚姻关系确立之日，终止于婚姻关系解除之日。

夫妻之间的相互扶养既是权利又是义务，而且这种权利义务是相互对应和平等的，夫妻互为权利主体和义务主体。也就是说，丈夫有扶养其妻子的义务，妻子也有扶养其丈夫的义务；反之，夫妻任何一方均享有受对方扶养的权利。夫妻相互扶养义务与夫妻地位平等是相适应的。

夫妻互相扶养义务是法定义务，具有强制性，夫妻之间不得以约定形式改变这一法定义务。有扶养能力的一方，对于因失业、残疾、患病、年老等原因没有固定收入，缺乏生活来源的另一方，必须主动履行扶养义务。即使是根据《民法典》第1065 条规定，有的夫妻实行分别财产制，约定各自的工资或者收入归各自所有时，也不意味着夫或妻只负担各自的生活费用而不承担扶养对方的义务，如当一方患有重病时，另一方仍有义务尽力照顾，并提供有关治疗费用。目前，在我国的一些家庭中，夫妻双方的经济收入还有一定差距，往往是丈夫收入多于妻子，在扶养问题上，丈夫应多承担一些义务。在司法实践中，在处理夫妻互相扶养问题上，也更注重保护女方的合法权益。

但在实践生活中，有的夫妻只能共富贵、不能共患难，对于自己的配偶，在生活困难时不主动履行扶养义务，甚至无情地抛弃对方。因此，为了保障夫妻相互扶养义务的履行，《民法典》第1059条第2款明确了对不履行扶养的义务一方，另一方有追索扶养费的请求权。当夫或妻一方不履行扶养义务时，需要扶养的一方可以根据这一规定，要求对方给付扶养费。应当给付扶养费的一方拒绝给付或者双方就扶养费数额、支付方式等具体内容产生争议的，需要扶养的另一方可以直接向人民法院提起诉讼，或者向人民调解组织提出调解申请，要求获得扶养费。如果夫或妻一方患病或者没有独立生活能力，有扶养义务的配偶拒绝扶养，情节恶劣，构成遗弃罪的，还应当承担刑事责任。

20. 什么是夫妻日常家事代理权？

夫妻日常家事代理权，是指夫妻一方因家庭日常生活需要而与第三方为一定民事法律行为时互为代理的权利。夫妻一方在日常家庭事务范围内，与第三方所实施的一定民事法律行为，视为依夫妻双方的意思表示所为的民事法律行为，另一方也应承担因此而产生的法律后果。

在日常生活中，夫妻需要处理的家庭事务很多，参与社会经济生活非常频繁，需要实施不少民事法律行为。这些民事法律行为由夫妻双方共同处理当然更能充分体现其共同意愿，但如果要求所有民事法律行为都必须由夫妻双方共同实施，必然加大婚姻生活成本，加大社会经济活动成本，客观上是不必要甚至是不可能的。为了方便经济交往和婚姻家庭生活，保护夫妻双方和相对人的合法权益，维护社会交易安全，有必要赋予夫妻双方日常家事代理权。

《民法典》第1060条对夫妻日常家事代理权作出了明确规定："夫妻一方因家庭日常生活需要而实施的民事法律行为，对夫妻双方发生效力，但是夫妻一方与相对人另有约定的除外。夫妻之间对一方可以实施的民事法律行为范围的限制，不得对抗善意相对人。"理解这一规定，需要注意以下四个方面的问题：

第一，夫妻日常家事代理权的权利主体。法律设立夫妻日常家事代理权这一权利的目的在于扩张夫妻双方的意思自治，使得夫妻双方在日常家庭事务的处理中无须事必躬亲，从而突破夫妻各自在时间、精力上的局限性，满足夫妻共同生活的需要。因此，夫妻日常家事代理权为夫妻双方同等享有，夫妻双方在处理日常家庭事务中互相为代理人，各自都可以行使夫妻日常家事代理权。

第二，夫妻日常家事代理权的存续期间。夫妻日常家事代理权由法律直接规定，以夫妻身份的存在为前提。因此，夫妻日常家事代理权只存在于具有合法婚姻关系的配偶之间，始于婚姻关系的确立，终于婚姻关系的解除。在婚姻关系存续期间，夫妻日常家事代理权始终存在。

第三，夫妻日常家事代理权的行使方式。夫妻日常家事代理权的行使方式与一般代理不同。民法典总则编规定的代理包括委托代理和法定代理，代理人都必须以被代理人的名义实施民事法律行为。而对于夫妻日常家事代理权，夫妻任何一方在日常家事范围内与第三人为民事法律行为时，不必明确其代理权，可直接以自己名义、另一方名义或者双方名义为之。

第四，夫妻日常家事代理权的行使范围。夫妻日常家事代理权的行使范围仅限于“因家庭日常生活需要而实施的民事法律行为”，通说概括为“日常家庭事务”或者“日常家事”。日常家事是指为满足正常夫妻共同生活和家庭生活所必需的，非属人身性的一切事务，比如购买食物、衣服等生活用品，正常的娱乐、保健、医疗费用，通常的子女教育费用，等等。国家统计局有关统计资料显示，我国城镇居民家庭消费种类主要分为八大类，分别是食品、衣着、家庭设备用品及维修服务、医疗保健、交通通信、文娱教育及服务、居住、其他商品和服务。对“家庭日常生活需要”的范围，我们认为，可以参考上述八大类家庭消费的分类，根据夫妻共同生活的状态（如双方的职业、身份、资产、收入、兴趣、家庭人数等）和当地一般社会生活习惯予以认定。鉴于我国东、中、西部经济发展不平衡，城乡差异巨大，家庭日常生活的范围在不同地区、不同家庭有很大差异，目前还难以确定一个统一的具体标准。

需要强调的是，家庭日常生活需要的支出是指通常情况下必要的家庭日常消费，主要包括正常的衣食消费、日用品购买、子女抚养教育、老人赡养等各项费用，是维系一个家庭正常生活所必需的开支，立足点在于“必要”。随着我国经济社会和人们家庭观念、家庭生活方式的不断发展变化，在认定是否属于家庭日常生活需要支出时，也要随着社会的发展变化而不断变化。

第五，夫妻日常家事代理权的行使限制。通常情况下，夫妻任何一方都可以在日常家事的范围内行使日常家事代理权。但在实际生活中，基于种种考虑如一方时间、精力、知识、能力上的原因，一方滥用代理权的原因等，有时候夫妻双方会对一方可以实施的民事法律行为有所限制。这种限制在夫妻双方之间是有效的，法律无须加以规制，但为了保护正常交易安全，保护第三人的合法权益，法律明确规定这种限制不能对抗善意相对人。所谓“善意”，是指相对人不知道或者不应当知道夫妻之间对一方可以实施的民事法律行为的限制。比如，妻子与丈夫约定，丈夫不得购买一条以上的香烟，结果丈夫到小卖部购买了两条香烟，小卖部无从知晓夫妻双方对于购买香烟的约定，则该买卖行为是有效的。

第六，夫妻日常家事代理权的法律效力。夫妻任何一方行使夫妻日常家事代理权所实施的民事法律行为，对夫妻双方都发生效力，即该民事法律行为所产生的法律效果归属于夫妻双方。夫妻任何一方基于夫妻日常家事代理权所实施的民事法律行为所设立、变更、终止民事法律关系的一切结果都归属于夫妻双方，取得的权利由夫妻双方共同享有，产生的义务也由夫妻双方共同承担。但是，如果夫妻一方在行使夫妻日常家事代理权的同时，与相对人就该民事法律行为另有约定的，则法律效力依照该约定。比如，丈夫在购买家具时，与家具商约定，该家具购买合同只约束自己，不涉及妻子，则该家具合同所产生的债权债务关系仅在家具商与丈夫之间有效。

21. 什么是夫妻相互遗产继承权？

夫妻互相享有遗产继承权，是夫妻双方在婚姻家庭关系中地位平等的一个重要标志。理解夫妻相互遗产继承权，应注意把握以下问题：

第一，夫妻相互遗产继承权以合法的夫妻关系为前提。夫妻间的继承权是基于婚姻的法律效力产生的，只有具备合法婚姻关系的夫妻双方，才能以配偶身份继承对方的遗产。双方属于婚外姘居的，如“包二奶”的情况下，双方就不享有法定的相互遗产继承权。只有在婚姻关系确立之日至婚姻关系解除之日，配偶一方死亡，另一方才享有继承权。实践中，还应当区分以下五种情况：（1）男女双方符合法定的结婚条件，并依法办理了结婚登记手续，但由于种种原因未同居生活。这种情况下，双方是合法婚姻关系，一方死亡时，生存的另一方仍可以以配偶身份继承对方的财产。（2）在现实生活中，男女双方依法办理了结婚登记手续，但尚未举办婚礼，这在法律上仍是合法的婚姻关系。如果这时候一方死亡，生存的另一方仍可以以配偶身份继承对方的财产。（3）双方的婚姻根据民法典属于无效婚姻的，如重婚，一方死亡时，生存的另一方不享有继承权，不能以配偶的资格继承对方的财产。（4）双方婚姻根据民法典属于可撤销婚姻的，如果婚姻未被撤销之前，一方死亡的，生存的另一方可以继承对方的财产。（5）双方正处于分居状态或者离婚诉讼的过程中，一方死亡时，生存的另一方仍对对方的财产享有继承权。

第二，夫妻互为第一顺序的法定继承人。根据《民法典》第 1127 条的规定，第一顺序的法定继承人包括配偶、子女、父母。除了《民法典》第 1125 条规定的丧失继承权等情形外，不得以任何理由剥夺、限制或者干涉生存一方对死亡配偶所享有的继承权。

第三，要正确确定继承遗产的范围，不得侵害生存配偶的合法财产权。夫或妻一方死亡时，继承开始，先确定哪些财产属于被继承人的遗产。被继承人的财产一般包括在夫妻共同财产中的份额以及其个人财产。《民法典》第 1153 条第 1 款规定："夫妻共同所有的财产，除有约定的以外，分割遗产的，应当先将共同所有的财产的一半分出为配偶所有，其余的为被继承人的遗产。"也就是说，对于婚姻关系存续期间所得的夫妻共同财产，除夫妻双方另有约定外，在配偶一方死亡时，应当先对夫妻共同财产进行认定和分割，并分出一半为生存配偶所有，一半作为死者遗产进行继承。要严格防止将夫妻共同财产都作为遗产继承，侵犯生存配偶的合法财产权益。被继承人的个人财产和共同财产的一半为其所有遗产，如果死者生前没有立遗嘱，其生存的配偶与其他第一顺序的继承人，包括被继承人的子女、父母按照法定继承均分其遗产。比如，夫妻在婚姻存续期间的共同财产为十二万元，丈夫的个人财产有三万元。双方没有财产约定。丈夫去世后继承遗产时，应当将十二万元的共同财产的一半即六万分出归妻子所有。余下的六万元和被继承人的三万元个人财产共九万元作为遗产。如果被继承人还有一个儿子和父母，妻子应当与他们均分，妻子应得三万元的遗产。当然，夫妻可以在生前约定其共同财产的分割，如约定无论谁先去世，共同财产暂不分割，等都去世后，由继承人继承。也可以约定夫妻财产在继承分割时，其中三分之二归生存方所有，三分之一作为去世方的遗产。如果夫妻在平等自愿的基础上作出此类约定，法律应当尊重其约定。

第四，注意保障生存配偶对分得遗产的所有权。夫妻一方死亡后，生存的另一方依法继承死者遗产后，就取得了该财产的所有权，有权根据自己的意愿和利益在法律允许的范围内占有、使用和处理该财产，如果再婚，有权带走或处分其继承的财产。实践中，有的寡妇因再婚离开原家庭时，将其继承其亡夫的财产带走的，有时会受到个别近亲属的阻挠，引发各种纠纷。对此，《民法典》第1157条也作了明确规定："夫妻一方死亡后另一方再婚的，有权处分所继承的财产，任何组织或者个人不得干涉。"

22. 什么是夫妻财产制？夫妻财产制有哪些类型？

所谓夫妻财产制，是规定夫妻财产关系的法律制度，包括夫妻婚前财产和婚后所得财产的归属、管理、使用、收益和处分，以及家庭生活费用的负担，夫妻债务的清偿，婚姻终止时夫妻财产的清算和分割等内容，其核心是夫妻婚前财产和婚后所得财产的所有权归属问题。法律设立夫妻财产制，调整夫妻财产关系，对保护夫妻的合法权利和财产利益，维护平等、和睦的家庭关系，并保障夫妻与第三人交易安全，具有重要意义。

现代各国有关婚姻家庭的法律均对夫妻财产制度作出了规定。

关于夫妻财产制的类型，根据不同的标准，可以划分为不同的种类：

1. 按照夫妻财产制的产生依据，可分为法定财产制和约定财产制。

（1）法定财产制是指夫妻婚前或者婚后均未就夫妻财产关系作出约定，或者所作约定无效时，依照法律规定当然适用的夫妻财产制。

（2）约定财产制是相对于法定财产制而言的，指法律允许的由夫妻双方以约定的形式，确定适用夫妻双方的财产制形式的法律制度。约定财产制是法律对婚姻关系双方当事人就双方之间的财产关系进行约定的意思自治的尊重，具有优先于法定财产制适用的效力，只有在没有约定或者约定无效时才适用法定财产制。

2. 按照夫妻财产制的内容，可分为统一财产制、联合财产制、共同财产制、分别财产制和剩余共同财产制。

（1）统一财产制，是指除特有财产外，将妻子的婚前财产估定价额，转归丈夫所有，妻子保留在婚姻关系终止时对估价财产的返还请求权。

（2）联合财产制，是指除特有财产外，婚前或者婚后的财产仍归夫妻各自所有，但将双方财产联合在一起，由丈夫统一管理。在婚姻关系终止时，妻子的财产由本人收回或者由其继承人继承。

（3）共同财产制，是指除特有财产外，夫妻的全部或者部分财产归双方共同所有。依共同所有财产范围的不同，共同财产制又可分为：

①一般共同制，是指除特有财产外，夫妻婚前和婚后的一切财产，包括动产和不动产均归夫妻双方共同所有。

②婚前动产及所得共同制，是指夫妻婚前的动产和婚后所得的一切财产均归夫妻双方共同所有。

③婚后所得共同制，是指夫妻在婚姻关系存续期间所得的一切财产均归夫妻双方共同所有。

④婚后劳动所得共同制，是指夫妻婚后劳动所得的财产归夫妻双方共同所有，非劳动所得的财产如继承或者受赠所得的财产归各自所有。

（4）分别财产制，是指夫妻双方婚前和婚后所得的财产均归各自所有，各自行使管理、使用、收益和处分的权利；但不排除双方约定一部分财产共有或者将妻子的财产管理权交给丈夫。

（5）剩余共同财产制，是指夫妻对于自己婚前和婚后所得的财产，各自保留所有权、管理权、使用收益权和有限制的处分权，夫妻财产制终止时，以夫妻双方增值财产的差额为剩余财产，归夫妻双方分享。

3. 按照夫妻财产制的适用情况，可分为普通财产制和非常财产制。

（1）通常法定财产制，是指在通常情况下，夫妻双方无约定时依法律的直接规定所适用的财产制。

（2）非常法定财产制，是指在婚姻关系存续期间，因发生特定事由，依照法律的规定或者法院宣告，终止夫妻共同财产制，改为适用分别财产制。

23. 哪些财产属于夫妻共同财产？

《民法典》第1062条第1款规定："夫妻在婚姻关系存续期间所得的下列财产，为夫妻的共同财产，归夫妻共同所有：（一）工资、奖金、劳务报酬；（二）生产、经营、投资的收益；（三）知识产权的收益；（四）继承或者受赠的财产，但是本法第一千零六十三条第三项规定的除外；（五）其他应当归共同所有的财产。"根据这一规定，夫妻在婚姻关系存续期间所得的财产，如工资和奖金，从事生产、经营的收益等，为夫妻的共同财产，归夫妻共同所有。这一规定表明，我国的夫妻共同财产制采用的是婚后所得共同制，即在婚姻关系存续期间，除个人特有财产和夫妻另有约定外，夫妻双方或者一方所得的财产，均归夫妻共同所有，夫妻双方享有平等地占有、使用、收益和处分权利的财产制度。这里的共同所有指的是共同共有，不是按份共有。

根据这一规定，我国的夫妻共同财产具有以下特征：

1. 夫妻共同财产的主体，是具有婚姻关系的夫妻。未形成婚姻关系的男女两性，如未婚同居、婚外同居等，以及无效或者被撤销婚姻的男女双方，不能成为夫妻共同财产的主体。

2. 夫妻共同财产，是在婚姻关系存续期间取得的财产。夫妻任何一方的婚前财产不属于夫妻共同财产。婚姻关系存续期间，自合法婚姻缔结之日起，至夫妻一方死亡或者离婚生效之日止。

3. 夫妻共同财产的来源，为夫妻双方或者一方所得的财产，既包括夫妻通过劳动所得的财产，也包括其他非劳动所得的合法财产，当然，法律直接规定为个人特有财产的和夫妻约定为个人财产的除外。这里讲的“所得”，是指对财产权利的取得，而不要求对财产实际占有，如果一方在婚前获得某项财产如稿费，但并未实际取得，而是在婚后出版社才支付稿费，此时这笔稿费不属于夫妻共同财产。同理，如果在婚后出版社答应支付一笔稿费，但直到婚姻关系终止前也没有得到这笔稿费，那么这笔稿费也属于夫妻共同财产。

4. 夫妻对共同财产享有平等的所有权，双方享有同等的权利，承担同等的义务。夫妻对共同所有的财产，有平等的处理权。特别是夫妻一方对共同财产的处分，除另有约定外，应当取得对方的同意。

关于夫妻共同财产的范围，法律作了列举式的规定：

1. 工资、奖金、劳务报酬。即劳动者的劳动收入，既包括工资、奖金，也包括各种津贴、补贴等劳务报酬。

2. 生产、经营、投资的收益。这包括夫妻一方或者双方从事生产、经营所得的各种收入和投资所得的收入，如农村中的农业生产和城市里的工业生产以及第三产业等各行各业的生产经营投资收益，有劳动收入，也有资本收益，如股票债券收入，股份、股权等资本利得，亦是夫妻共同财产的一种形式。

3. 知识产权的收益。知识产权是一种智力成果权，它既是一种财产权，也是一种人身权，具有很强的人身性，与人身不可分离，婚后一方取得的知识产权权利本身归一方专有，权利也仅归权利人行使，比如作者的配偶无权在其著作中署名，也不能决定作品是否发表。但是，由知识产权取得的经济利益，则属于夫妻共同财产，如因发表作品取得的稿费，因转让专利获得的转让费等，归夫妻共同所有。

4. 继承或者受赠的财产，但遗嘱或者赠与合同中确定只归一方的财产除外。夫妻任何一方继承或者受赠的财产属于夫妻共同财产，但如果遗嘱或者赠与合同中指明财产归夫妻一方所有的，是遗嘱人和赠与人根据自己意愿处分财产的表现，基于意思自治，应当尊重其对财产的处分权，该财产归一方所有。

5. 其他应当归共同所有的财产。这项规定属于概括性规定。随着社会经济的发展和人们生活水平的提高，夫妻共同财产的范围在不断地扩大，共同财产的种类在不断地增加，目前，夫妻共同财产已由原来简单的生活用品发展到汽车、房产、股票、债券乃至整个公司、企业等，今后还将出现一些新的财产类型。上述四项只是列举了现已较为明确的共同财产的范围，但难以列举齐全，因此，作了一项概括性规定。

24. 对夫妻共同财产如何行使所有权?

《民法典》第1062条第2款规定："夫妻对共同财产，有平等的处理权。"这是关于夫妻如何对共同财产行使所有权的规定。夫妻共同财产的性质是共同共有，不是按份共有，因此夫妻对全部共同财产，应当不分份额地享有同等的权利，承担同等的义务。不能根据夫妻双方经济收入的多少来确定其享有共同财产所有权的多少。夫妻双方对共同财产享有平等的占有、使用、收益和处分的权利。夫妻一方对共同财产的使用、处分，除另有约定外，应当在取得对方的同意之后进行。尤其是重大财产问题，未经对方同意，任何一方不得擅自处分。夫妻一方在处分共同财产时，另一方明知其行为而不作否认表示的，视为同意，事后不得以自己未参加处分为由否认处分的法律效力。夫妻一方未经对方同意擅自处分共同财产的，对方有权请求宣告该处分行为无效，但不得对抗善意第三人，即如果第三人不知道也无从知道夫妻一方的行为属于擅自处分行为的，该处分行为有效，以保护第三人的利益，维护交易安全。

25. 哪些财产属于夫妻个人财产?

所谓夫妻个人财产，又称夫妻特有财产、夫妻保留财产，是指夫妻在实行共同财产制的同时，依照法律规定或者夫妻约定，夫妻各自保留的一定范围的个人所有财产。根据产生的原因不同，个人财产可分为法定的个人财产和约定的个人财产。法定的个人财产，是指依照法律规定所确认的夫妻双方各自保留的个人财产。

个人财产是夫妻在婚姻关系存续期间分别保留的独立于夫妻共同财产之外的财产，夫妻双方对各自的个人财产，享有独立的管理、使用、收益和处分权利，他人不得干涉。夫妻可以约定将各自的个人财产交由一方管理；夫妻一方也可以将自己的个人财产委托对方代为管理。对家庭生活费用的负担，在夫妻共同财产不足以负担家庭生活费用时，夫妻应当以各自的个人财产分担。

关于我国夫妻个人财产的范围，《民法典》第 1063 条作了列举式的规定：“下列财产为夫妻一方的个人财产：（一）一方的婚前财产；（二）一方因受到人身损害获得的赔偿或者补偿；（三）遗嘱或者赠与合同中确定只归一方的财产；（四）一方专用的生活用品；（五）其他应当归一方的财产。”下面逐一进行介绍：

1. 一方的婚前财产。婚前财产是指夫妻在结婚之前各自所有的财产，包括婚前个人劳动所得财产、继承或者受赠的财产以及其他合法财产。婚前财产归各自所有，不属于夫妻共同财产。

2. 一方因受到人身损害获得的赔偿或者补偿。这些财产是指与生命健康直接相关的财产，具有人身专属性，对于保护个人权利具有重要意义，因此应当专属于个人所有，而不能成为共同财产。这样有利于维护受害人的合法权益，保证受害人的身体康复和生活需要。

3. 遗嘱或者赠与合同中确定只归一方的财产。根据《民法典》第1062条第4项的规定，因继承或者受赠的财产，属于夫妻共同财产。但为了尊重遗嘱人或者赠与人的个人意愿，保护个人对其财产的自由处分权，如果遗嘱人或者赠与人在遗嘱或者赠与合同中明确指出，该财产只遗赠或者赠给夫妻一方，另一方无权享用，那么，该财产就属于夫妻个人财产，归一方个人所有。这样规定的另一个意义在于，防止夫妻另一方滥用遗产或者受赠的财产，如妻子的朋友赠送一笔钱资助孩子上学，而丈夫有酗酒恶习，如果这笔钱属于夫妻共同财产，丈夫就有可能利用它买酒，在这种情况下，赠与人可以在赠与时确定这笔现金只赠送给妻子，属于妻子个人所有，丈夫就无权将其用来酗酒了。

4. 一方专用的生活用品。一方专用的生活用品具有专属于个人使用的特点，如个人的衣服、鞋帽等，应当属于夫妻个人财产。我国司法实践中，在处理离婚财产分割时，一般也将个人专用的生活物品，作为个人财产处理。

5. 其他应当归一方的财产。这项规定属于概括性规定。夫妻个人财产除前四项的规定外，还包括其他一些财产和财产权利。随着社会经济的发展、新的财产类型的出现以及个人独立意识的增强，夫妻个人财产的范围也将有所增加。

26. 如何认定夫妻共同债务?

《民法典》第 1064 条对如何认定夫妻共同债务作了明确规定："夫妻双方共同签名或者夫妻一方事后追认等共同意思表示所负的债务，以及夫妻一方在婚姻关系存续期间以个人名义为家庭日常生活需要所负的债务，属于夫妻共同债务。夫妻一方在婚姻关系存续期间以个人名义超出家庭日常生活需要所负的债务，不属于夫妻共同债务；但是，债权人能够证明该债务用于夫妻共同生活、共同生产经营或者基于夫妻双方共同意思表示的除外。"这一条规定了三类比较重要的夫妻共同债务，即基于共同意思表示所负的夫妻共同债务、为家庭日常生活需要所负的夫妻共同债务、债权人能够证明的夫妻共同债务。

1. 基于共同意思表示所负的夫妻共同债务。

夫妻双方共同签名或者夫妻一方事后追认等共同意思表示所负的债务，属于夫妻共同债务。这就是俗称的"共债共签""共签共债"。多个民事主体基于共同签字等共同意思表示所形成的债务属于共同债务，这不存在任何争议，这一条规定对这一内容加以强调意在引导债权人在形成债务尤其是大额债务时，为避免事后引发不必要的纷争，加强事前风险防范，尽可能要求夫妻共同签名。这种制度安排，一方面，有利于保障夫妻另一方的知情权和同意权，可以从债务形成源头上尽可能杜绝夫妻一方“被负债”现象发生；另一方面，也可以有效避免债权人因事后无法举证证明债务属于夫妻共同债务而遭受不必要的损失，对于保障交易安全和夫妻一方合法权益，具有积极意义。实践中，很多商业银行在办理贷款业务时，对已婚者一般都要求夫妻双方共同到场签名。一方确有特殊原因无法亲自到场，也必须提交经过公证的授权委托书，否则不予贷款，这种操作方式最大限度地降低了债务不能清偿的风险，保障了债权人的合法权益，也不会造成对夫妻一方权益的损害。

虽然要求夫妻“共债共签”可能会使交易效率受到一定影响，但在债权债务关系形成，增加一定交易成本和夫妻一方的知情权、同意权产生冲突时，因夫妻一方的知情权、同意权，关系到地位平等、意思自治等基本法律原则和公民基本财产权利、人格权利，故应优先考虑。事实上，适当增加交易成本不仅有利于保障交易安全，还可以减少事后纷争，从根本上提高交易效率。

2. 为家庭日常生活需要所负的夫妻共同债务。

夫妻一方在婚姻关系存续期间以个人名义为家庭日常生活需要所负的债务，属于夫妻共同债务。也就是基于夫妻日常家事代理权所生的债务属于夫妻共同债务。

夫妻日常家事代理权，是指夫妻一方因家庭日常生活需要而与第三方为一定民事法律行为时互为代理的权利。夫妻一方在日常家庭事务范围内，与第三方所实施的一定民事法律行为，视为依夫妻双方的意思表示所为的民事法律行为，另一方也应承担因此而产生的法律后果。《民法典》第1060条明确规定："夫妻一方因家庭日常生活需要而实施的民事法律行为，对夫妻双方发生效力，但是夫妻一方与相对人另有约定的除外。夫妻之间对一方可以实施的民事法律行为范围的限制，不得对抗善意相对人。"根据这一规定，夫妻任何一方行使夫妻日常家事代理权所实施的民事法律行为，对夫妻双方都发生效力，即该民事法律行为所产生的法律效果归属于夫妻双方。夫妻任何一方基于夫妻日常家事代理权所实施的民事法律行为所设立、变更、终止民事法律关系的一切结果都归属于夫妻双方，取得的权利由夫妻双方共同享有，产生的义务包括债务也由夫妻双方共同承担。当然，如果夫妻一方在行使夫妻日常家事代理权的同时，与相对人就该民事法律行为的法律效力另有约定的，则法律效力依照该约定。

3. 债权人能够证明的夫妻共同债务。

夫妻一方在婚姻关系存续期间以个人名义超出家庭日常生活需要所负的债务，不属于夫妻共同债务；但是，债权人能够证明该债务用于夫妻共同生活、共同生产经营或者基于夫妻双方共同意思表示的除外。这一类夫妻共同债务情形最为复杂，实践中如何认定争议最大。

夫妻双方共同签名或者夫妻一方事后追认等共同意思表示所负的债务，以及夫妻一方在婚姻关系存续期间以个人名义为家庭日常生活需要所负的债务，属于夫妻共同债务。那如果不是基于夫妻共同意思表示、夫妻一方以个人名义所负的超出家庭日常生活需要所负的债务，是否就不属于夫妻共同债务呢?根据《民法典》第1064条第2款的规定，如果债权人能够证明该债务用于夫妻共同生活、共同生产经营，那该债务也属于夫妻共同债务。

用于夫妻共同生活、共同生活经营的债务属于夫妻共同债务，这个争议不大，主要问题在于怎么认定，即由谁来举证证明。

随着我国经济社会的发展，城乡居民家庭财产结构、类型、数量、形态以及理财模式等发生了很大变化，人们的生活水平不断提高，生活消费日趋多元，很多夫妻的共同生活支出不再局限于以前传统的家庭日常生活消费开支，还包括大量超出家庭日常生活范围的支出。这些支出系夫妻双方共同消费支配，或者用于形成夫妻共同财产，或者基于夫妻共同利益管理共同财产产生的支出，性质上均属于夫妻共同生活的范围。夫妻共同生活包括但不限于家庭日常生活，《民法典》第1064条第2款所指的需要债权人举证证明的夫妻共同生活的范围，就是超出家庭日常生活需要的部分。

夫妻共同生产经营的情形非常复杂，主要是指由夫妻双方共同决定生产经营事项，或者虽由一方决定但另一方进行了授权的情形。判断生产经营活动是否属于夫妻共同生产经营，要根据经营活动的性质以及夫妻双方在其中的地位、作用等综合认定。夫妻从事商业活动，视情适用公司法、合同法、合伙企业法等法律及司法解释的规定。夫妻共同生产经营所负的债务一般包括双方共同从事工商业、共同投资以及购买生产资料等所负的债务。

夫妻一方在婚姻关系存续期间以个人名义超出家庭日常生活需要所负的债务，如果债权人能够证明该债务用于夫妻共同生活、共同生产经营或者基于夫妻双方共同意思表示的，就属于夫妻共同债务，否则，不属于夫妻共同债务，应当属于举债一方的个人债务。这里强调债权人的举证证明责任，能够促进债权人尽到谨慎注意义务，引导相关主体对于大额债权债务实行“共债共签”，体现从源头控制纠纷、更加注重交易安全的价值取向，也有利于强化公众的市场风险意识，从而平衡保护债权人和未举债夫妻一方的利益。

需要注意的是，《民法典》第1064条只规定了三类比较重要的夫妻共同债务，但在实践中还存在依据法律规定产生的其他种类的夫妻共同债务。比如，《民法典》第1168条规定：“二人以上共同实施侵权行为，造成他人损害的，应当承担连带责任。”因此，夫妻因共同侵权所负的债务也属于夫妻共同债务。《民法典》第1188条第1款规定：“无民事行为能力人、限制民事行为能力人造成他人损害的，由监护人承担侵权责任。”因此，夫妻因被监护人侵权所负的债务，也属于夫妻共同债务。

27. 什么是夫妻约定财产制？

所谓约定财产制，是指法律允许夫妻用协议的方式，对夫妻在婚前和婚姻关系存续期间所得财产的所有权的归属、管理、使用、收益、处分以及对第三人债务的清偿、婚姻解除时财产的分割等事项作出约定，从而排除或者部分排除夫妻法定财产制适用的制度。约定财产制是相对于法定财产制而言的，它是夫妻以契约的方式依法选择适用的财产制，而法定财产制是依照法律直接规定而适用的财产制。约定财产制是法律对婚姻关系双方当事人就双方之间的财产关系进行约定的意思自治的尊重，约定财产制具有优先于法定财产制适用的效力，只有在当事人未就夫妻财产作出约定，或者所作约定不明确，或者所作约定无效时，才适用夫妻法定财产制。

约定财产制与法定财产制相比较而言，其灵活性更强，更能适应复杂多样的夫妻财产关系，更能适应现代社会丰富多样的生活方式，也更能体现当事人的真实意愿和个性化的需要。因此，《民法典》第 1065 条对夫妻约定财产制作了明确规定："男女双方可以约定婚姻关系存续期间所得的财产以及婚前财产归各自所有、共同所有或者部分各自所有、部分共同所有。约定应当采用书面形式。没有约定或者约定不明确的，适用本法第一千零六十二条、第一千零六十三条的规定。夫妻对婚姻关系存续期间所得的财产以及婚前财产的约定，对双方具有法律约束力。夫妻对婚姻关系存续期间所得的财产约定归各自所有，夫或者妻一方对外所负的债务，相对人知道该约定的，以夫或者妻一方的个人财产清偿。"

根据这一规定，我国夫妻约定财产制的内容主要包括以下五个方面：

1. 约定的条件。

夫妻对财产关系进行约定是一种双方民事法律行为，它不仅要符合民事法律行为的一般要件，还要符合婚姻法的有关规定，因为该约定是基于配偶这一特殊身份发生的。夫妻对财产关系的约定需要符合下列要件：（1）缔约双方必须具有合法的夫妻身份，未婚同居、婚外同居者对他们之间财产关系的约定，不属于夫妻财产约定。（2）缔约双方必须具有完全民事行为能力。（3）约定必须双方自愿。夫妻对财产的约定必须出于真实的意思表示，以欺诈、胁迫等手段使对方在违背真实意思的情况下作出的约定，对方有权请求撤销。（4）约定的内容必须合法，不得违反法律、行政性法规的强制性规定，不得违背公序良俗，不得利用约定恶意串通、损害他人合法权益，约定的内容不得超出夫妻财产的范围，如不得将其他家庭成员的财产列入约定财产的范围，不得利用约定逃避对第三人的债务以及其他法定义务。

2. 约定的方式。

关于约定的方式，《民法典》第1065条第1款明确规定“约定应当采用书面形式”。这样规定的目的，在于更好地维护夫妻双方的合法权益以及第三人的利益，维护交易安全，避免发生纠纷。当然如果夫妻以口头形式作出约定，事后对约定没有争议的，该约定也有效。夫妻以书面形式对其财产作出约定后，可以进行公证。

3. 约定的时间。

关于约定的时间，有两种规定：法国、日本、韩国仅限于婚前约定；德国、瑞士、意大利以及我国澳门地区和台湾地区则不设时间限制，当事人婚前、婚后均可订立。法律对约定的时间未作规定。根据我国的实际情况，对约定的时间不必作更多的限制。约定可以在婚前进行也可以在婚后进行。约定生效后，因夫妻一方或者双方的情况发生，只要双方合意，也可以随时变更或者撤销原约定。

4. 约定的内容。

关于约定的内容，《民法典》第 1065 条第 1 款规定：“男女双方可以约定婚姻关系存续期间所得的财产以及婚前财产归各自所有、共同所有或者部分各自所有、部分共同所有”。这一规定的范围是比较宽的，根据这一规定，夫妻既可以对婚姻关系存续期间所得的财产进行约定，也可以对婚前财产进行约定；既可以对全部夫妻财产进行约定，也可以对部分夫妻财产进行约定；既可以概括地约定采用某种夫妻财产制，也可以具体地对某一项夫妻财产进行约定；既可以约定财产所有权的归属或者使用权、管理权、收益权、处分权的行使，也可以约定家庭生活费用的负担、债务清偿责任、婚姻关系终止时财产的分割等事项。关于当事人可以约定采用哪种夫妻财产制，法律未作规定，即没有对当事人可以选择的财产制进行限制。

5. 约定的效力。

约定的效力，分为优先效力、对内效力和对外效力。

（1）关于优先效力。约定财产制的优先效力是指约定财产制的效力优先于法定财产制。《民法典》第 1065 条第 1 款规定：“没有约定或者约定不明确的，适用本法第一千零六十二条、第一千零六十三条的规定。”根据这一规定，约定财产制具有优先于法定财产制适用的效力，只有在当事人未就夫妻财产作出约定，或者所作约定不明确，或者所作约定无效时，才适用夫妻法定财产制。

（2）关于对内效力。约定财产制的对内效力是指夫妻财产约定对婚姻关系当事人的效力。《民法典》第 1065 条第 2 款规定："夫妻对婚姻关系存续期间所得的财产以及婚前财产的约定，对双方具有法律约束力。"夫妻对财产关系的约定，对双方具有法律约束力，双方按照约定享有财产所有权以及管理权等其他权利，并承担相应的义务。

（3）关于对外效力。约定财产制的对外效力是指夫妻财产约定对婚姻关系当事人以外的第三人即相对人的效力。主要考虑的是在夫妻对财产进行约定，保护夫妻财产权的同时，要保障相对人的利益，维护交易安全。夫妻之间对财产关系的约定，如何对相对人产生效力？目前我国没有建立夫妻财产登记制度，为了保障相对人的利益不因夫妻财产约定而受到损害，《民法典》第1065条第3款规定："夫妻对婚姻关系存续期间所得的财产约定归各自所有，夫或者妻一方对外所负的债务，相对人知道该约定的，以夫或者妻一方的个人财产清偿。"

这一规定以"相对人知道该约定"为条件，即在相对人与夫妻一方发生债权债务关系时，如果相对人知道其夫妻财产已经约定归各自所有的，就以其一方的财产清偿；相对人不知道该约定的，该约定对相对人不发生效力，夫妻一方对相对人所负的债务，按照在夫妻共同财产制下的清偿原则进行偿还。关于相对人如何知道该约定，既可以是夫妻一方或双方告知，也可以为相对人曾经是夫妻财产约定时的见证人或者知情人。如何判断相对人是否知道该约定，夫妻一方或者双方负有举证责任，夫妻应当证明在发生债权债务关系时，相对人确已知道该约定。本款中的"夫或者妻一方对外所负的债务"，是指夫妻一方以自己的名义与相对人之间产生的债务，至于是为夫妻共同生活所负的债务，还是个人债务，在所不问，即无论是为子女教育所负的债务，抑或是个人从事经营所负的债务，还是擅自资助个人亲友所负的债务，都适用本款的规定。

28. 婚姻关系存续期间如何分割夫妻共同财产?

民法典婚姻家庭编实行的是以法定财产制为主，约定财产制为辅的夫妻财产制度。约定财产制具有优先于法定财产制适用的效力。夫妻双方根据实际情况，可以在婚前或者婚姻存续任一时间约定婚姻关系存续期间所得的财产以及婚前财产归各自所有、共同所有或者部分各自所有、部分共同所有。只要双方合意，也可以随时变更或者撤销原约定。如果夫妻双方未就夫妻财产作出约定，或者所作约定不明确，或者所作约定无效时，就适用夫妻法定财产制。在夫妻法定财产制下，夫妻双方对于夫妻共同财产享有共同所有权，即对夫妻共同财产不分份额地共同享有权利并承担义务。

夫妻共同财产制有利于保障夫妻中经济能力较弱一方的权益，有利于实现真正的夫妻地位平等，符合我国文化传统和当前绝大多数人对夫妻财产制的要求，有利于维系更加平等、和睦的家庭关系。但在现实生活中，存在一些夫妻一方通过各种手段侵害另一方的共有财产权益的情况，这时，如果夫妻双方离婚，进而分割共同财产，彻底解决问题，当然是最好的。可由于种种原因，夫妻双方或者一方不愿意离婚，只是要求人民法院解决财产问题，此时应如何处理，是否允许夫妻分割共同财产，是一个争议比较大的问题。《民法典》第 1066 条对此作了明确规定："婚姻关系存续期间，有下列情形之一的，夫妻一方可以向人民法院请求分割共同财产：（一）一方有隐藏、转移、变卖、毁损、挥霍夫妻共同财产或者伪造夫妻共同债务等严重损害夫妻共同财产利益的行为；（二）一方负有法定扶养义务的人患重大疾病需要医治，另一方不同意支付相关医疗费用。”

根据这一规定，婚姻关系存续期间，夫妻双方一般不得请求分割共同财产，只有在法定情形下，夫妻一方才可以向人民法院请求分割共同财产，法定情形有两项：

一种情形是一方有隐藏、转移、变卖、毁损、挥霍夫妻共同财产或者伪造夫妻共同债务等严重损害夫妻共同财产利益的行为。

夫妻共同财产主要指夫妻双方在婚姻关系存续期间所得的财产，根据《民法典》第 1062 条的规定，夫妻共同财产包括工资、奖金、劳务报酬；生产、经营、投资的收益；知识产权的收益；继承或者受赠的财产，但是遗嘱或者赠与合同中确定只归一方的财产的除外；其他应当归共同所有的财产。夫妻共同财产从性质上说，属于共同共有。夫妻在婚姻关系存续期间，无论属于双方还是一方的收入，无论各自收入的数量多少，也无论其中一方有无收入，夫妻作为共同生活的伴侣，对共同财产享有平等的所有权。对共同财产，夫妻双方均有依法占有、使用、收益和处分的权利。《民法典》第 1062 条就明确规定，夫妻对共同财产，有平等的处理权。夫妻在处分共同财产时，应当平等协商，取得一致意见，任何一方不得违背他方的意志，擅自处理。特别是对共有财产作较大的变动时，如出卖、赠与等，更应征得他方的同意，否则就侵犯了另一方对共有财产的所有权。实践中，比较典型的就是夫妻一方隐藏、转移、变卖、毁损、挥霍夫妻共同财产或者伪造夫妻共同债务等行为，这些都属于严重损害了夫妻共同财产利益的行为。隐藏是指将财产藏匿起来，不让他人发现，使另一方无法获知财产的所在从而无法控制。转移是指私自将财产移往他处，或者将资金取出移往其他账户，脱离另一方的掌握。变卖是指将财产折价卖给他人。毁损是指采用打碎、拆卸、涂抹等破坏性手段使物品失去原貌，失去或者部分失去原来具有的使用价值。挥霍是指超出合理范围任意处置、浪费夫妻共同财产。伪造夫妻共同债务是指制造内容虚假的债务凭证，包括合同、欠条等，意图侵占另一方财产。上述违法行为，在主观上只能是故意，不包括过失行为，如因不慎将某些共同财产毁坏，只要没有故意，不属于这一条规定之列。

另一种情形是一方负有法定扶养义务的人患重大疾病需要医治，另一方不同意支付相关医疗费用。

这里所指的扶养是广义上的扶养，即一定范围的亲属之间互相供养和扶助的法律关系。广义的扶养包括抚养、赡养和狭义的扶养。抚养是就长辈对晚辈而言，主要指父母对未成年子女，祖父母对孙子女，外祖父母对外孙子女的供养；赡养是就晚辈对长辈而言，主要是指子女对父母、孙子女对祖父母、外孙子女对外祖父母的供养；扶养是就平辈而言，主要是指夫妻之间和兄弟姐妹之间的供养。

扶养还可以分为法定扶养、协议扶养和遗嘱扶养。法定扶养是指基于法律强制性规定的扶养；协议扶养是指基于合同而产生的扶养；遗嘱扶养是指基于遗嘱产生的扶养。这一条规定明确仅指法定扶养。民法典对法定扶养义务作了明确规定。第

1059 条规定："夫妻有相互扶养的义务。需要扶养的一方，在另一方不履行扶养义务时，有要求其给付扶养费的权利。"第 1067 条规定："父母不履行抚养义务的，未成年子女或者不能独立生活的成年子女，有要求父母给付抚养费的权利。成年子女不履行赡养义务的，缺乏劳动能力或者生活困难的父母，有要求成年子女给付赡养费的权利。"第 1071 条第 2 款规定："不直接抚养非婚生子女的生父或者生母，应当负担未成年子女或者不能独立生活的成年子女的抚养费。"第 1072 条第 2 款规定："继父或者继母和受其抚养教育的继子女间的权利义务关系，适用本法关于父母子女关系的规定。"第 1074 条规定："有负担能力的祖父母、外祖父母，对于父母已经死亡或者父母无力抚养的未成年孙子女、外孙子女，有抚养的义务。有负担能力的孙子女、外孙子女，对于子女已经死亡或者子女无力赡养的祖父母、外祖父母，有赡养的义务。"第 1075 条规定："有负担能力的兄、姐，对于父母已经死亡或者父母无力抚养的未成年弟、妹，有扶养的义务。由兄、姐扶养长大的有负担能力的弟、妹，对于缺乏劳动能力又缺乏生活来源的兄、姐，有扶养的义务。"应当根据这些法律规定来确定夫妻一方是不是负有法定扶养义务的人。

关于"重大疾病"，民法典没有作出明确界定，疾病是否认定为重大，在司法实践中应当参照医学上的认定，借鉴保险行业中对重大疾病的划定范围，一般认为，某些需要长期治疗、花费较高的疾病，如糖尿病、肿瘤、脊髓灰质炎等，或者直接涉及生命安全的疾病属于重大疾病。"相关医疗费用"主要指为治疗疾病需要的必要、合理的费用，不应包括营养、陪护等费用。

29. 父母不履行对子女的抚养义务的，如何处理？

抚养子女既是父母应尽的义务，也是子女应享有的权利。抚养是指父母抚育子女的成长，并为他们的生活、学习提供一定的物质条件。《宪法》第 49 条就明确规定，父母有抚养教育未成年子女的义务。父母对未成年子女的抚养是无条件的，在任何情况下都不能免除；即使父母已经离婚，对未成年的子女仍应依法履行抚养的义务。父母对成年子女的抚养是有条件的，在成年子女没有劳动能力或者出于某种原因不能独立生活时，父母也要根据需要和可能，负担其生活费用或者给予一定的帮助。对有独立生活能力的成年子女，父母自愿给予经济帮助，法律并不干预。

既然是法定义务，父母作为义务人就应当积极主动地履行此项义务。但实践中由于种种原因有的父母没有履行抚养义务，基于此，《民法典》第 1067 条第 1 款明确规定：“父母不履行抚养义务的，未成年子女或者不能独立生活的成年子女，有要求父母给付抚养费的权利。”因父母不履行抚养义务而引起的纠纷，可由有关部门调解或者向人民法院提出追索抚养费的诉讼。人民法院应根据子女的需要和父母的抚养能力，通过调解或者判决，确定抚养费的数额、给付的期限和方法。对拒不履行抚养义务，恶意遗弃未成年子女已构成犯罪的，还应当根据我国刑法的有关规定追究其刑事责任。

30. 成年子女不履行对父母的赡养义务的，如何处理？

父母对子女有抚养的义务，同时子女对父母也有赡养的义务。赡养是指子女在物质上和经济上为父母提供必要的生活条件。父母抚养教育了子女，也为社会创造了财富，为民族培养了后代，他们理应得到社会和家庭的尊敬和照顾。《宪法》第45条规定，中华人民共和国公民在年老的情况下，有从国家和社会获得物质帮助的权利。根据该规定，老年职工可以按照国家的规定领取退休金，没有亲属供养的老人可以享受国家和集体提供的福利。《老年人权益保障法》第4条也规定，国家和社会应当采取措施，健全保障老年人权益的各项制度，逐步改善保障老年人生活、健康、安全以及参与社会发展的条件，实现老有所养、老有所医、老有所为、老有所学、老有所乐。老年人有从国家和社会获得物质帮助的权利。但是，在我国发展的现阶段，赡养老人还是家庭的一项重要职能。国家和社会对老年人的物质帮助，还不能完全取代家庭在这方面的作用。子女对父母履行赡养扶助义务，是对家庭和社会应尽的责任。《宪法》第49条明确规定，成年子女有赡养扶助父母的义务。《老年人权益保障法》第13条进一步规定，老年人养老以居家为基础，家庭成员应当尊重、关心和照料老年人。子女作为赡养人，应当履行对老年人经济上供养、生活上照料和精神上慰藉的义务，照顾老年人的特殊需要。儿子和女儿都有义务赡养父母，已婚妇女也有赡养其父母的义务和权利。

一切有经济能力的子女，对丧失劳动能力，无法维持生活的父母，都应予以赡养。对不在一起生活的父母，应根据父母的实际生活需要和子女的负担能力，给付一定的赡养费用。赡养费用一般不低于子女本人或者当地的普通生活水平，有两个以上子女的，可依据不同的经济条件，共同负担赡养费用。经济条件较好的子女应当自觉、主动地承担较大的责任。赡养人之间也可以就履行赡养义务签订协议，但不得违反法律的规定和老年人的意愿。基层群众性自治组织、老年人组织或者赡养人所在单位监督协议的履行。

如果子女不履行赡养义务，需要赡养的父母可以通过有关部门进行调解或者向人民法院提起诉讼。人民法院在处理赡养纠纷时，应当坚持保护老年人的合法权益的原则，通过调解或者判决使子女依法履行赡养义务。《民法典》第1067条第2款就专门对赡养费作出规定："成年子女不履行赡养义务的，缺乏劳动能力或者生活困难的父母，有要求成年子女给付赡养费的权利。"对负有赡养义务而拒绝赡养，情节恶劣构成遗弃罪的，还应当承担刑事责任。

31. 子女可否干涉父母的婚姻自由?

"婚姻自由"是我国婚姻家庭制度中的首要内容。婚姻自由既然包含年轻人的婚姻自由，自然也就包含老年人的婚姻自由，这一内涵本来是不言而喻的。然而现实生活中反映出的突出问题是，丧偶或者离异的老人不在少数，而老年人再婚是障碍多、麻烦大、难上难。因此《民法典》第1069条专门作出有针对性的规定："子女应当尊重父母的婚姻权利，不得干涉父母离婚、再婚以及婚后的生活。子女对父母的赡养义务，不因父母的婚姻关系变化而终止。”进一步使“婚姻自由”在老年人婚姻问题上有具体的体现，以达到保障老年人再婚自由的目的。从这一规定来看，主要强调了两个方面的内容：

一是老年人的婚姻自由受法律保护，子女应当尊重父母的婚姻权利，包括离婚和再婚的自主权利，尤其是不得因一己私利和世俗偏见阻挠干涉父母再婚。父母是否再婚、与谁结婚应由其自主决定。父母再婚后，子女不得干涉父母婚后的生活，比如子女不得干涉父母选择居所或者依法处分个人财产。

二是子女对父母的赡养义务，不因父母的婚姻关系变化而终止。《民法典》第 26 条规定，成年子女对父母负有赡养、扶助和保护的义务。《民法典》第 1067 条规定，成年子女不履行赡养义务的，缺乏劳动能力或者生活困难的父母，有要求成年子女给付赡养费的权利。子女对父母的赡养义务，包括对老年人经济上的供养、生活上的照料和精神上的慰藉义务，并应当照顾老年人的特殊需要。比如，提供生活费或实物、体力上给予帮助和精神上予以尊敬、关怀等，对患病的老年人还应当提供医疗费用和进行护理。子女对父母的赡养义务是无期限的，只要父母需要赡养，子女就应当履行这一义务。父母婚姻关系的变化不导致子女赡养义务的解除，子女不能因父母再婚而对父母不闻不问，相互推诿，不尽赡养义务。在有赡养能力的子女不履行赡养义务时，没有劳动能力或生活困难的父母，有要求子女给付赡养费的权利。父母可以直接向子女索要赡养费，也可以请求有关组织，如子女所在单位、居民委员会、村民委员会调解，还可以直接向人民法院起诉要求给付赡养费。

32. 什么是父母子女之间的相互遗产继承权?

《民法典》第1070条规定:“父母和子女有相互继承遗产的权利。”也就是说,父母与子女之间相互有继承权。这种权利是以双方之间的身份为依据的。父母、子女都是被继承人的最近的直系血亲,他们之间有极为密切的人身关系和财产关系。《民法典》第1127条作了明确规定:“遗产按照下列顺序继承:(一)第一顺序:配偶、子女、父母;(二)第二顺序:兄弟姐妹、祖父母、外祖父母。继承开始后,由第一顺序继承人继承,第二顺序继承人不继承。没有第一顺序继承人继承的,由第二顺序继承人继承。本编所称子女,包括婚生子女、非婚生子女、养子女和有扶养关系的继子女。本编所称父母,包括生父母、养父母和有扶养关系的继父母。本编所称兄弟姐妹,包括同父母的兄弟姐妹、同父异母或者同母异父的兄弟姐妹、养兄弟姐妹、有扶养关系的继兄弟姐妹。”根据这一规定,子女、父母都是第一顺序的继承人。

1. 父母。

这里享有继承权的父母,包括生父母、养父母和有抚养关系的继父母。被继承人的父和母,继承其死亡子女的财产的权利是平等的。

亲生父母与子女之间的关系,是自然血亲关系。亲生父母有对其子女的继承权。父母离异和婚姻的变化,不影响亲生父母与子女之间的关系,父母即使离婚,也可以继承其亲生子女的财产。如父母有抚养能力和抚养条件,但未尽抚养子女的义务，在分配子女的遗产时，应当不分或者少分。

养父母是指收养他人子女为自己子女的人。养父母与养子女虽不是己身所出的血亲，但基于收养关系的确立并对子女尽了抚养义务，是拟制血亲，与亲生父母处于同等的继承地位。养父母对养子女而言，只要他们之间的收养关系没有中断，权利义务依然存在。养父母离婚的，双方仍然对养子女进行抚养的，仍可以继承其养子女的财产。如果养父母离婚，养子女归一方抚养，未尽抚养义务的另一方不能继承养子女的财产。

继父母如果尽了抚养义务，与继子女之间产生一种特殊的拟制血亲。尽了抚养义务的继父母在继承上与亲生父母处于相同的法律地位。如果继父与生母离婚，继子女随生母生活，继父与继子女之间的抚养关系中断，继父与继子女之间的血亲关系消灭，继父不享有继子女的财产继承权。反之继母与生父离婚，继子女随生父生活，继母与继子女之间的抚养关系中断，继母与继子女之间的血亲关系消灭，继母不享有继子女的财产继承权。

2. 子女。

享有继承权的子女，包括亲生子女、养子女和有抚养关系的继子女。

亲生子女包括婚生子女和非婚生子女。不论婚生子女，还是非婚生子女，都有同等的继承权。成年子女有赡养能力和赡养条件，但未尽赡养义务，在分配父母遗产时，应当不分或者少分。

养子女是指被收养的子女。收养他人子女为自己子女的人为养父母。收养关系一经确立，养子女取得与亲生子女同等的法律地位，同时养子女与生父母之间的权利义务关系消除。这样养子女可以继承养父母的财产，但不能继承其生父母的财产。如果抚养关系解除，养父母与养子女之间的抚养关系中断，原养子女就享有对生父母财产的继承权。

继子女是夫妻一方对另一方与其前夫或前妻所生子女而言。继子女与继父或者继母之间形成了抚养和赡养关系，继子女对继父或者继母的财产有继承权。如果继父与生母或继母与生父离婚，继父母不再抚养继子女，原继子女也不再赡养原继父母，原继子女不享有对原继父母财产的继承权。还有一点要注意，因为亲生父母子女之间的天然血亲关系不因父母离婚而消灭，因此，有抚养和赡养关系的继子女在继承继父母遗产的同时，仍然有权继承自己生父母的遗产。但是，如果有赡养能力和赡养条件的继子女对其生父或者生母未尽赡养义务，在遗产分割上，就应当少分或不分。

33. 非婚生子女与婚生子女的权利和义务是否相同？

非婚生子女是指没有婚姻关系的男女所生的子女，包括未婚男女双方所生的子女或者已婚男女与婚外第三人发生两性关系所生的子女。对于无效婚姻或者被撤销婚姻的当事人所生子女，有的国家将其视为非婚生子女，有的国家则基于保护子女权益的需要仍然规定其为婚生子女。《民法典》第 1071 条对非婚生子女的法律地位作出了明确规定：“非婚生子女享有与婚生子女同等的权利，任何组织或者个人不得加以危害和歧视。不直接抚养非婚生子女的生父或者生母，应当负担未成年子女或者不能独立生活的成年子女的抚养费。”

1. 对非婚生子女不得歧视和迫害。

对于非婚生子女的歧视和危害主要有两个方面：一方面是来自家庭内部的歧视和迫害。当非婚生子女的生母或者生父与第三方结婚，非婚生子女一般也会随父亲或者母亲来到新的家庭。由于非婚生子女的加入涉及家庭财产的分割等若干利益冲突，非婚生子女往往受到新家庭成员的歧视和虐待。另一方面是来自社会各方面的歧视和迫害。虽然近些年来人们对非婚生子女的认识有了很大的改变，但仍然有一些人还是将对非婚生子女生父母行为的异议和鄙视，发泄在非婚生子女身上，致使一些非婚生子女的身心受到了极大的伤害。对于非婚生子女而言，其所在的幼儿园、学校、工作单位及住所地对其成长都会产生很大的影响，各方面不仅不得歧视和迫害非婚生子女，还应当认识到非婚生子女是无辜的，他们的身份不是自己所选择的，社会各界应当对于当事人的隐私给予应有的尊重和保护，给非婚生子女更多的关爱，以弥补他们在家庭生活中的缺憾。总之，给非婚生子女一个健康的生存环境，应当成为社会文明程度的标志。

2. 非婚生子女的生父、生母都应当负担子女的抚养费。

不直接抚养非婚生子女的生父或者生母，应当负担未成年子女或者不能独立生活的成年子女的抚养费。如果不与非婚生子女生活在一起的一方拒绝履行该抚养义务，那么，非婚生子女有权向人民法院起诉要求其承担相应的义务。

34. 继父母与继子女之间有什么权利义务?

继父母是指子女母亲或者父亲再婚的配偶；继子女是指夫或者妻一方与前配偶所生的子女。继父母和继子女的关系是因子女的生父或者生母再婚而形成的，即生父母一方死亡，另一方再婚，或者生父母离婚，生父或者生母再婚。

1. 继父母和继子女之间不能相互虐待或者歧视。

《民法典》第1072条第1款明确规定：“继父母与继子女间，不得虐待或者歧视。”由于我国长期处于封建社会，所以，继子女的社会地位一直很低下，他们受到家庭和社会的虐待和歧视的情况比比皆是。虽然新中国成立以来，对继子女权利的保护有了充分的法律依据，但封建残余思想仍影响着一些人的头脑。有的继父母不仅在生活上不给继子女提供应有的保障，而且还以种种理由剥夺了继子女受教育的权利；有的继父母对继子女采取打骂、体罚等手段从各方面折磨和摧残继子女。而反过来，继子女长大后或者一些成年的继子女，出于报复等心理又对继父母进行打骂和虐待，使一些继父母晚年的生活极为不幸，得不到继子女的赡养。因此，一方面应当加大对继子女的保护力度，使他们不能因为父母婚姻状况的改变而受到不公正的待遇；另一方面也应当重视对继父母权利的保护，保障他们老有所养。继父母和继子女之间不能相互虐待和歧视的条款，不仅适用于因生父母与继父母结婚而形成的单纯的姻亲关系，而且也包括已形成抚养关系的继父母与继子女。

2. 继父母子女之间的权利义务关系。

我国法律中的父母子女关系可分为婚生父母子女关系、非婚生父母子女关系、养父母子女关系和继父母子女关系四种。前三种父母子女关系都适用民法典关于父母子女关系权利义务的有关规定，只有继父母子女关系不能一概适用，而是有条件地适用父母子女关系权利义务的规定。

在现实中，继父母与继子女的关系因具体情况的不同而具有不同的权利义务关系，主要可以分为三种类型：

（1）名义型。

即生父或者生母与继母或者继父再婚时，继子女已经独立生活，或者继子女虽未成年但是由其生父母抚养，继父母没有尽抚养的义务，继子女也没有对继父母尽到赡养的义务。这种情况下，继父母与继子女之间是纯粹的直系姻亲关系，没有父母子女间的权利义务关系。

（2）收养型。

即继父或者继母经继子女的生父母同意，正式办理了收养手续，将继子女收养为养子女。随着收养关系的确立，继父母与继子女之间的关系为养父母子女关系，该子女与和其共同生活的生父或者生母之间的关系仍为直系血亲，而与不在一起共同生活的生父或者生母一方的父母子女关系随之消灭。国外大多数国家和地区都鼓励继父母收养继子女，并通过这种转化来调整继子女和继父母的法律关系。

（3）共同生活型。

即生父（母）与继母（父）再婚时，继子女尚未成年，他们随生父母一方与继父或者继母共同生活时，继父或者继母对其承担了部分或者全部抚养教育义务；或者成年继子女事实上对继父母长期承担了赡养义务，形成了赡养关系。这些继子女和生父母、继父母之间实际上形成了双重权利义务关系，即继子女和生父母、继父母之间的权利义务都适用父母子女关系的规定。《民法典》第1072条第2款即对此作了规定："继父或者继母和受其抚养教育的继子女间的权利义务关系，适用本法关于父母子女关系的规定。"

根据这一规定，继父母与接受其抚养教育的继子女之间，属于法律上的拟制血亲关系，产生父母子女间的权利义务关系，而未形成抚养关系的继父母和继子女之间则不发生父母子女的权利义务关系。但这种拟制血亲关系又和继父母收养继子女有所不同，它不以解除继子女与其生父母间的权利和义务关系为前提。继父或者继母和受其抚养教育的继子女间的权利义务关系，适用民法典关于父母子女关系的有关规定，主要包括以下四层含义：一是继父母对继子女有抚养和教育的义务。继父母不仅要保证继子女的生活所需，而且要保证继子女能接受正常的教育。对于不履行抚养义务的继父母，未成年的继子女或者不能独立生活的继子女，有要求给付抚养费的权利。二是继子女对继父母有赡养和扶助的义务。在通常情况下，受继父母抚养成人并独立生活的继子女，应当承担赡养继父母的义务。继子女不履行赡养义务时，缺乏劳动能力或者生活困难的继父母，有要求继子女支付赡养费的权利。三是继父母和继子女之间有相互继承财产的权利。《民法典》第1127条规定："遗产按照下列顺序继承：（一）第一顺序：配偶、子女、父母；（二）第二顺序：兄弟姐妹、祖父母、外祖父母。……本编所称子女，包括婚生子女、非婚生子女、养子女和有扶养关系的继子女。本编所称父母，包括生父母、养父母和有扶养关系的继父母。”四是继父母有教育、保护未成年继子女的权利和义务。未成年继子女造成他人损害的，继父母应当依法承担民事责任。

35. 什么是亲子关系异议之诉?

亲子关系确立制度，是指有关子女与父母之间是否确立亲子关系的制度，传统的亲子关系确立制度包括亲子关系的推定、否认、认领和非婚生子女的准正等。不同国家和地区的亲子关系确立制度基于社会经济状况、文化传统、宗教道德、社会习惯等的不同而有一定的差异。在亲子关系确立制度上，各国都根据自己国家的国情等实际情况来构建具体制度。《民法典》第 1073 条专门对亲子关系异议之诉规定：“对亲子关系有异议且有正当理由的，父或者母可以向人民法院提起诉讼，请求确认或者否认亲子关系。对亲子关系有异议且有正当理由的，成年子女可以向人民法院提起诉讼，请求确认亲子关系。”

本条规定分为两款，根据提起诉讼主体的不同，分别规定了父或者母作为提起诉讼主体的亲子关系之诉和成年子女作为提起诉讼主体的亲子关系之诉。

第 1 款规定：“对亲子关系有异议且有正当理由的，父或者母可以向人民法院提起诉讼，请求确认或者否认亲子关系。”理解本款的规定，要注意以下三个问题：

第一，关于提起诉讼的主体。本款规定的提起诉讼的主体限于“父或者母”。

第二，关于诉讼请求。根据本款的规定，父或者母向人民法院提起的诉讼请求为“确认或者否认亲子关系”。

第三，关于提起诉讼的条件。根据本款的规定，父或者母向人民法院请求确认或者否认亲子关系的诉讼请求，必须满足“对亲子关系有异议且有正当理由”的条件。“对亲子关系有异议”是指父或者母认为现存的亲子关系是错误的，自己不是或者才是他人生物学意义上的父或者母。对亲子关系有异议，进而请求人民法院确认或者否认亲子关系，这是当然之义。在2018年8月提交全国人大常委会审议的民法典各分编草案中对于提起诉讼的条件只作了“对亲子关系有异议”这一要求，在审议过程中，不少地方、专家学者和社会公众提出，亲子关系问题涉及家庭稳定和未成年人的保护，作为民事基本法律，草案对此类诉讼进行规范是必要的。同时，建议进一步提高此类诉讼的门槛，明确当事人需要有正当理由才能提起，以更好地维护家庭关系和亲子关系的和谐稳定。因此，在2019年6月提交全国人大常委会审议的民法典婚姻家庭编草案二审稿中增加了“有正当理由”这一条件。亲子关系对婚姻家庭关系影响巨大，更可能涉及未成年人合法权益的保护，如果任凭当事人的怀疑或者猜测就允许其提起亲子关系之诉，不利于夫妻关系和社会秩序的稳定，不利于构建和谐社会的总体要求。父或者母对亲子关系有异议时，还需举证证明其“有正当理由”，才能提起亲子关系之诉。如何认定“有正当理由”，本款没有作出具体界定，实践中应当由人民法院根据案件的具体情况来作出判断。比如，当事人应当提供初步证据证明其提出的确认或者否认亲子关系的主张，如丈夫提供的医院开具其无生殖能力的证明，又如有权机构开具的其与某人不存在亲子关系的亲子鉴定书等。人民法院根据当事人提供的初步证据，经审查符合“有正当理由”的条件的，对其提起的亲子关系之诉才能予以受理。

本条第 2 款规定：“对亲子关系有异议且有正当理由的，成年子女可以向人民法院提起诉讼，请求确认亲子关系。”理解本款规定，要注意以下三个问题：

第一，关于提起诉讼的主体。本款规定的提起诉讼的主体限于“成年子女”。这里的“子女”仅指生子女，即不包括养子女和继子女。

第二，关于诉讼请求。根据本款规定，成年子女向人民法院提起的诉讼请求为“确认亲子关系”。与第 1 款规定不同的是，成年子女不能请求人民法院否认亲子关系。这主要是因为在审议过程中，有的地方、部门和专家学者提出，允许成年子女提起亲子关系否认之诉，可能会导致其逃避对父母的赡养义务，建议对成年子女提起此种诉讼予以限制。从调研的情况来看，实践中，成年子女提起否认亲子关系之诉，主要的目的是逃避法律规定的对父母的赡养义务，即使被否认的“父母”已对其尽了抚养义务，这不符合社会主义核心价值观的要求，因此，本款规定对这种情形作了限制，不允许成年子女提起否认亲子关系之诉。

第三，关于提起诉讼的条件。根据本款规定，成年子女向人民法院请求确认亲子关系的诉讼请求，必须满足“对亲子关系有异议且有正当理由”的条件。这与第 1 款的规定相同，不再赘述。

36. 什么是祖父母、外祖父母与孙子女、外孙子女之间的抚养和赡养义务?

祖父母、外祖父母与孙子女和外孙子女是隔代的直系血亲关系，他们之间在具备法律条件的情况下，可以形成抚养和赡养关系。就我国目前情况看，虽然三代同居家庭的数量在逐步减少，但由于我国人口基数较大，所以三代同居的家庭仍占不小的比例。随着经济的发展，人的寿命普遍延长，人口的老龄化已成为一个不容忽视的社会性问题。我国的社会保障体系虽然逐步完善，但仅靠社会的力量还不能完全承担对老年人的扶养。同样，对于父母已经死亡或者无力抚养的孙子女、外孙子女，社会福利机构也没有能力完全承担起抚养的义务。因此，隔代扶养可以说是我国在相当长的时间内将面临的一个问题，扶老育幼不仅是中华民族需要发扬光大的优良传统，而且也需要法律对此问题作出明确的规定。因此，《民法典》第 1074 条规定：“有负担能力的祖父母、外祖父母，对于父母已经死亡或者父母无力抚养的未成年孙子女、外孙子女，有抚养的义务。有负担能力的孙子女、外孙子女，对于子女已经死亡或者子女无力赡养的祖父母、外祖父母，有赡养的义务。”根据这一规定，祖孙之间抚养或者赡养关系的形成应当具备以下条件：

1. 被抚养、赡养人的父母、子女死亡或者无抚养、赡养能力。

主要包括两种情况：一是子女在未成年时父母双亡，或者父母丧失抚养能力；二是子女在成年后死亡或者丧失扶养能力，无法赡养其父母。

2. 被抚养、赡养人确实有困难需要被抚养、赡养。

祖孙之间扶养关系的形成必须建立在一方确实有困难的基础上，如果被扶养人有一定的经济收入或者经济来源，完全能负担自身的生活所需，那么，就不能要求祖父母、外祖父母或者孙子女、外孙子女来承担抚养或者赡养义务。当然，作为一个文明古国，我国有着尊老爱幼的优良传统，祖孙之间完全基于亲情，在对方没有困难的情况下仍愿承担一定的抚养或者赡养义务，是一种值得发扬和提倡的美德。

3. 承担抚养、赡养义务的人有一定的抚养、赡养能力。

如果法律意义上的抚养、赡养义务人没有一定的抚养、赡养能力，那么就不能再要求其承担相应的法律责任。比如，一个 8 岁的女孩，其父母在一场车祸中丧生，只有一个奶奶在世，奶奶没有工作，一直靠社会福利金生活，那么，在这种情况下就不能要求女孩的奶奶承担抚养其孙女的义务。此外，如果抚养人或者赡养人有多个人时，比如，被赡养人既有孙子又有外孙女，那么需要当事人协商决定其应当承担的义务。同样，如果被抚养人或者被赡养人有多个人时，在抚养或者赡养义务人的经济能力不足以承担全部抚养或者赡养义务时，那么，经济状况和身体状况最差者应当优先被抚养或者被赡养。

关于抚养或者赡养的方式，民法典对此没有作出专门规定，只规定对不履行抚养或者赡养义务的人，权利人有要求其履行义务的权利。实践中抚养或者赡养的方式主要有以下两种，当事人可以根据自身的情况来选择：一是共同生活抚养或者赡养，即被抚养或者赡养人与抚养或者赡养义务人共同居住在一起，进行直接的抚养或者赡养；二是通过给付抚养费或者赡养费、探视、扶助等方式完成扶养义务。

抚养或者赡养义务人在履行抚养或者赡养义务时，往往需要和被抚养或者被赡养人就抚养或者赡养义务的程序、抚养或者赡养的具体方式等内容进行协商，达成对当事人均具有约束力的抚养或赡养协议。如果当事人之间达不成协议，那么，可以请求人民法院通过判决来确定权利和义务。

抚养或者赡养协议达成后或者人民法院的判决生效后，当事人的经济和生活状况往往会出现一些新的变化，如果仍然要求当事人按照原有的抚养、赡养协议或者判决来执行，可能会使一方当事人利益受到损害，因此，当事人需要通过一定的途径来变更抚养或者赡养权。所谓变更抚养或者赡养权是指抚养或者赡养义务人、抚养或者赡养权利人以及抚养或者赡养程序和方法的变更。在抚养或者赡养当事人一方或者双方在经济和生活状况发生变化时，抚养或者赡养权利人和抚养或者赡养义务人都有权要求变更原抚养、赡养协议或者有关抚养、赡养的判决。当事人可以先在自愿、平等的基础上进行协商，协商不成时，可以向人民法院起诉，来重新确定双方的权利和义务。

37. 什么是兄弟姐妹间的扶养义务?

《民法典》第1075条规定："有负担能力的兄、姐，对于父母已经死亡或者父母无力抚养的未成年弟、妹，有扶养的义务。由兄、姐扶养长大的有负担能力的弟、妹，对于缺乏劳动能力又缺乏生活来源的兄、姐，有扶养的义务。"根据这一规定，理解兄弟姐妹间扶养义务，要注意以下问题：

1. 负有扶养义务的兄弟姐妹的范围。

兄弟姐妹包括同胞兄弟姐妹、同父异母或同母异父兄弟姐妹、养兄弟姐妹和继兄弟姐妹。在一般情况下，兄弟姐妹应由他们的父母抚养，因而他们相互之间不发生扶养与被扶养的权利义务关系。但是在特定条件和特定情况下，兄、姐与弟、妹之间会产生有条件的扶养义务。当然，法律对兄弟姐妹间扶养义务的规定，主要是从同胞兄弟姐妹之间的关系来确定的，因为他们是血缘关系最密切的同辈旁系血亲。对于半血缘的同父异母或者同母异父兄弟姐妹，以及没有血缘关系的养兄弟姐妹和继兄弟姐妹，如果符合法律规定的条件和情形，其相互之间也将产生扶养与被扶养的权利义务关系。

2. 兄弟姐妹形成扶养义务的条件。

兄、姐扶养弟、妹，或者弟、妹扶养兄、姐不是必然发生的法定义务，而是有条件的。简而言之，就是应尽抚养或者赡养或者扶养义务的父母或者子女或者配偶不能尽其抚养或赡养或扶养义务时，由有能力的兄弟姐妹来承担扶养义务。兄弟姐妹间的扶养义务是第二顺序的，具有递补性质。但兄弟姐妹间一旦形成扶养义务，那么该义务又是不可推卸的法定义务，义务人应当自觉履行。

（1）兄、姐扶养弟、妹需具备的条件。

产生兄、姐对弟、妹的扶养义务，应当同时具备下述三个条件：

第一，弟、妹须为未成年人，即不满 18 周岁。如果弟、妹已经成年，虽无独立生活能力，兄、姐亦无法定扶养义务。

第二，父母已经死亡或者父母无力抚养。这里包含两种情况：一是父母均已经死亡，没有了父母这第一顺序的抚养义务人。如果父母一方尚在且有抚养能力，仍应由尚在的父或母承担抚养义务。二是父母均尚在或者一方尚在但都没有抚养能力，比如父母在意外事故中致残没有了劳动能力和生活来源，便产生了由有负担能力的兄、姐扶养弟、妹的义务。

第三，兄、姐有负担能力。在前述两项条件具备时，兄、姐对弟、妹的扶养义务并不必然发生，只有这项条件也具备时，即兄、姐有负担能力时，才产生扶养弟、妹的义务。

（2）弟、妹扶养兄、姐需具备的条件。

产生弟、妹对兄、姐的扶养义务，亦应当具备下述三个条件：

第一，兄、姐缺乏劳动能力又缺乏生活来源。如果兄、姐虽缺乏劳动能力但并不缺乏经济来源，比如受到他人经济上的捐助或自己有可供生活的积蓄的，则不产生弟、妹的扶养义务。同时，如果兄、姐虽缺乏生活来源，但有劳动能力，兄、姐可通过自己的劳动换取生活来源，在此情况下，弟、妹亦无扶养兄、姐的义务。

第二，兄、姐没有第一顺序的扶养义务人，或者第一顺序的扶养义务人没有扶养能力。比如兄、姐没有配偶、子女，兄、姐的配偶、子女已经死亡或者配偶、子女没有扶养能力。如果兄、姐的配偶尚在或者有子女且有扶养能力，应由这些第一顺序的扶养义务人承担扶养义务。

第三，弟、妹由兄、姐扶养长大且有负担能力。这里包含两方面的因素：一是弟、妹是由兄、姐扶养长大的。这表明在弟、妹未成年时，父母已经死亡或父母无抚养能力，兄、姐对弟、妹的成长尽了扶养义务。按照权利义务对等原则，弟、妹应承担兄、姐的扶养责任。二是弟、妹有负担能力。若无负担能力则不负扶养义务。

38. 什么是协议离婚?

协议离婚也叫“双方自愿离婚”，是指婚姻关系当事人达成离婚合意并通过婚姻登记程序解除婚姻关系的法律制度。其主要特征，一是当事人双方在离婚以及子女和财产问题上意愿一致，达成协议；二是按照婚姻登记程序办理离婚登记，取得离婚证，即解除婚姻关系。

协议离婚制度，是我国离婚制度的重要组成部分。由于这项制度充分尊重当事人的意愿且程序简便，为婚姻关系当事人充分接受。与此同时，婚姻登记机关也积累了丰富的经验，在制度上日趋完善。随着我国婚姻家庭法制的不断健全，当事人采用协议方式，通过非讼程序解决离婚问题，已被越来越多的离婚当事人作为优先考虑的途径。

39. 协议离婚的条件是什么?

根据《民法典》第1076条，只有符合下列条件的，才能协议离婚：

一、协议离婚的当事人双方应当具有合法夫妻身份

以协议离婚方式办理离婚的，仅限于依法办理了结婚登记的婚姻关系当事人，不包括未婚同居和有配偶者与他人同居的男女双方，也不包括未办理结婚登记的“事实婚姻”中的男女双方。

二、协议离婚的当事人双方均应当具有完全民事行为能力

只有完全民事行为能力人才能独立自主地处理自己的婚姻问题。一方或者双方当事人为限制民事行为能力或者无民事行为能力的，例如精神病患者、痴呆症患者，不适用协议离婚程序，只能适用诉讼程序处理离婚问题，以维护没有完全民事行为能力当事人的合法权益。

三、协议离婚当事人双方必须具有离婚的共同意愿

“双方自愿”是协议离婚的基本条件，协议离婚的当事人应当有一致的离婚意愿。这一意愿必须是真实而非虚假的；必须是自主作出的而不是受对方或第三方欺诈、胁迫或因重大误解而形成的；必须是一致的而不是有分歧的。

四、双方要签订书面离婚协议

离婚协议应当具有如下内容：

1. 有双方自愿离婚的意思表示。

双方自愿离婚的意思必须要以文字的形式体现在离婚协议上。

2. 有对子女抚养、财产及债务处理等事项协商一致的意见。

如果婚姻关系当事人不能对子女抚养、财产及债务处理等事项达成一致意见的话，则不能通过婚姻登记程序离婚，而只能通过诉讼程序离婚。

第一，子女抚养等事项。双方离婚后有关子女抚养、教育、探望等问题，在有利于保护子女合法权益的原则下应当作合理的、妥当的安排，包括子女由哪一方直接抚养，子女的抚养费和教育费如何负担、如何给付等。由于父母与子女的关系不因父母离婚而消除，协议中最好约定不直接抚育方对子女探望权利行使的内容，包括探望的方式、时间、地点等。

第二，财产及债务处理等事项。主要包括：（1）在不侵害任何一方合法权益的前提下，对夫妻共同财产作合理分割，对给予生活困难的另一方以经济帮助作妥善安排，特别是切实解决好双方离婚后的住房问题；（2）在不侵害他人利益的前提下，对共同债务的清偿作出清晰、明确、负责的处理。

五、双方应当亲自到婚姻登记机关申请离婚

申请离婚的当事人双方，必须亲自到婚姻登记机关办理离婚登记手续，是我国的一贯作法，我国先后几次颁布的婚姻法也是这样明确规定的，实践中也是这样做的。

符合以上协议离婚条件的，婚姻登记机关才受理当事人协议离婚的申请。这只是协议离婚的第一步，最终是否可以通过协议达到离婚的目的，还要看是否符合法律规定的要求。

40. 什么是离婚冷静期？

离婚冷静期是指夫妻协议离婚时，政府给要求离婚的双方当事人一段时间，强制当事人暂时搁置离婚纠纷，在法定期限内冷静思考离婚问题，考虑清楚后再行决定是否离婚。法律规定当事人冷静思考离婚问题的期限为离婚冷静期。依据《民法典》第 1077 条规定，申请协议离婚的当事人自向婚姻登记机关申请离婚之日起 30 日内，应当冷静、理智地对自己的婚姻状况和今后的生活进行充分的考虑，重新考虑是否以离婚方式解决夫妻矛盾，考虑离婚对自身、对子女、对双方家庭、对社会的利与弊，避免冲动行为。这一条中规定的 30 日即为离婚冷静期，在此期间，任何一方或者双方不愿意离婚的，可以向婚姻登记机关撤回离婚登记申请。在冷静期间，婚姻登记机关并不是坐视不理，而是可以对当事人进行心理咨询、谈心谈话，了解当事人的婚姻实际状况，判定是危急婚姻还是死亡婚姻、哪方责任大、过错在谁等，积极调解，既可以促使双方当事人平息怨恨、减少敌对，珍惜自己与配偶的婚姻关系，也为以后审查当事人提交的离婚协议作了充分的准备。

依据法律规定，在 30 日离婚冷静期内，任何一方不愿意离婚的，应当在该期间内到婚姻登记机关撤回离婚申请。对此，婚姻登记机关应当立即终止登记离婚程序。如果离婚冷静期届满，当事人仍坚持离婚，双方应当在离婚冷静期届满后的 30 日内，亲自到婚姻登记机关申请发给离婚证。婚姻登记机关查明双方确实是自愿离婚，并已对子女抚养、财产及债务处理等事项协商一致的，予以登记，发给离婚证。如果在离婚冷静期届满后的 30 日内，当事人双方没有亲自到婚姻登记机关申请发给离婚证，则视为撤回离婚申请。

41. 婚姻登记机关对协议离婚应当查明什么？

自愿离婚的夫妻双方向婚姻登记机关提交离婚协议后 30 日内，未向婚姻登记机关申请撤回离婚协议，并在提交离婚协议 30 日后的 30 日内，亲自到婚姻登记机关申请发给离婚证，婚姻登记机关应当对当事人提交的离婚协议进行查明：

一是查明当事人双方是不是自愿离婚的，是不是真实而非虚假的离婚；查明离婚是否存在被胁迫的情形；查明是否因重大误解而导致的离婚。

二是查明要求离婚的双方当事人是不是对子女抚养问题已协商一致。例如，审查双方对离婚后有关子女抚养、教育、探望等问题是如何规定的，包括子女由哪一方直接抚养，子女的抚养费和教育费如何负担、如何给付等。不直接抚养子女一方对子女探望权利如何行使，探望的方式、时间、地点等是否协商确定等。

三是审查对财产及债务处理的事项是否协商一致。例如，审查当事人双方在不侵害任何一方合法权益的前提下，对夫妻共同财产是如何作出合理分割的；对有生活困难的一方当事人另一方当事人是否给予了必要的经济帮助，是如何落实的；查明双方离婚后各自的住房等问题。对债务问题，则可以审查双方当事人是否在不侵害他人利益的前提下，对共同债务的清偿作出清晰、明确、负责的处理。

经婚姻登记机关查明双方确实是自愿离婚，并已对子女抚养、财产及债务处理等事项协商一致的，应当进行离婚登记，发给离婚证。

42. 什么是诉讼离婚?

诉讼离婚，是婚姻当事人向人民法院提出离婚请求，由人民法院调解或判决而解除其婚姻关系的一项离婚制度。诉讼离婚制度，适用于当事人双方对离婚有分歧的情况，包括一方要求离婚而另一方不同意离婚而发生的离婚纠纷；或者双方虽然同意离婚，但对子女抚养、财产及债务处理等事项不能达成一致意见、作出适当处理的情况。

43. 什么情况下法院才准予离婚?

根据《民法典》第 1079 条的规定，如感情确已破裂，调解无效，人民法院应准予离婚。根据这一规定，“感情确已破裂”成为诉讼离婚的基本条件和司法尺度，是准予或者不准予离婚的原则界限。主要情形包括：

1. 重婚或与他人同居。

重婚是指有配偶者又与他人结婚的违法行为。其表现为法律上的重婚和事实上的重婚。前者是指有配偶又与他人登记结婚。后者是指有配偶者又与他人以夫妻名义同居生活。有配偶者与他人同居，也称姘居，是指有配偶的人与他人过着隐蔽的同居生活，不以夫妻名义，也无永久共同生活目的的行为。重婚和有配偶者与他人同居的行为，严重违反了我国一夫一妻制的婚姻制度，严重伤害夫妻感情，是导致离婚的情形之一。

2. 实施家庭暴力或虐待、遗弃家庭成员。

家庭暴力和虐待，是指发生在家庭成员之间，以殴打、捆绑、残害身体、禁闭、冻饿、凌辱人格、精神恐吓、性暴虐等手段，对家庭成员从肉体上、精神上进行伤害、摧残、折磨的行为。遗弃是指对于需要扶养的家庭成员，负有扶养义务而拒绝扶养的行为。表现为经济上不供养，生活上不照顾，使被扶养人的正常生活不能维持，甚至生命和健康得不到保障。近年来，因家庭暴力、虐待和遗弃家庭成员而导致离婚的案件增多，甚至发生毁容、杀夫杀妻等恶性案件。

人民法院处理因家庭暴力或者虐待、遗弃家庭成员而导致的离婚案件，应当查明夫妻及其他家庭成员之间的感情状况，实施暴力、虐待和遗弃行为的事实和情节。如平时感情不好，实施上述行为是经常的、一贯的、恶劣的，已严重伤害了夫妻感情，调解无效的，应准予离婚。如果平时感情尚好，上述行为是一时而为之且情节不严重的，应当责令其改过并着重进行调解，化解纠纷。

3. 有赌博、吸毒等恶习屡教不改的。

因有赌博、吸毒以及酗酒等恶习而导致的离婚案件不在少数。沾染上这些恶习的人好逸恶劳，不务正业，不但不履行家庭义务，反而常常引发家庭暴力，消耗家庭的经济积蓄，使家庭的安宁、正常的生活难以为继。身染恶习，屡教不改，夫妻不堪同居生活。

对于这类案件，人民法院应当查明有赌博、吸毒、酗酒等行为一方的一贯表现和事实情况。对情节较轻，有真诚悔改表现，对方也能谅解的，应着眼于调解和好。对于恶习难改，一贯不履行家庭义务，夫妻感情难以重建，夫妻难以共同生活的，经调解无效，应准予离婚。

4. 因感情不和分居满二年。

夫妻因感情不和分居满二年，一般来说可以构成夫妻感情破裂的事实证明。“分居”是指夫妻间不再共同生活，不再互相履行夫妻义务，包括停止性生活，生活上不再互相关心、互相扶助等。具有分居二年的情形，说明夫妻关系已徒具形式，名存实亡。当事人以此事由诉请人民法院离婚的，如经调解无效，应准予当事人离婚。

5. 其他导致夫妻感情破裂的情形。

导致夫妻感情破裂的原因复杂多样，比如一方犯有强奸罪、奸淫幼女罪、侮辱妇女罪等罪行，严重伤害夫妻感情的。再比如一方婚后患严重的精神疾病，久治不愈，夫妻生活无法维持的。这些情形在婚姻法中难以逐一列举，人民法院应当本着保障离婚自由、防止轻率离婚的原则，根据立法精神和案件的具体情况，作出正确判定。

在此需要重申的是，上述所列举的准予离婚的几种主要情形，并非判决当事人诉讼离婚的必备条件、法定情形。一方面，婚姻当事人在婚姻生活中，如无以上情况发生，但有其他因素导致夫妻感情破裂、调解无效的，人民法院亦应判决准予离婚。另一方面，即使婚姻关系当事人间有上述情形发生，但未导致夫妻感情破裂，或虽给夫妻感情造成裂痕，但可以经过调解和好的，人民法院则不能判决解除婚姻关系。

根据《民法典》第 1079 条的规定，还有两种情况下人民法院应当准予离婚：

一是一方被宣告失踪，另一方提出离婚诉讼的，应当准予离婚。按照民法典和民事诉讼法的规定，自然人下落不明满二年的，即该自然人离开自己居住的地方，音讯杳无，已持续达到二年的，其配偶、父母、子女等利害关系人可以向下落不明的人住所地基层人民法院申请宣告他为失踪人。人民法院受理宣告失踪案件后，应当发出寻找下落不明人的公告，公告期间为三个月。公告期间届满，宣告失踪的事实如果得到确认，人民法院应当作出宣告失踪的判决。在夫妻一方被宣告失踪的情形下，婚姻关系已名存实亡，当事人已经不能达到婚姻的目的，对此如果另一方提出离婚请求，人民法院即应判决准予离婚。

二是经人民法院判决不准离婚后，双方又分居满一年，一方再次提起离婚诉讼的，应当准予离婚。这一规定，可操作性比较强，有利于审判实践工作的展开，可以解决现实生活中久拖不决的离婚案件。

44. 什么时候婚姻关系解除?

根据《民法典》第 1080 条的规定，登记离婚或者判决离婚生效后，当事人解除婚姻关系，双方基于配偶产生的身份关系消灭，基于配偶身份而产生的人身关系和财产关系即行终止。

45. 现役军人离婚有什么特别规定?

根据《民法典》第 1081 条的规定，现役军人的配偶要求离婚，应当征得军人同意，但是军人一方有重大过错的除外。适用这一条规定应注意以下问题：

1. 适用的主体。

这一规定适用的主体是现役军人和现役军人的配偶。

（1）现役军人，指有军籍的人，包括在中国人民解放军服现役、具有军籍和军衔的军官、士兵。

（2）现役军人的配偶，指同现役军人履行了结婚登记手续，并领取结婚证的非军人一方。

2. 不适用这一规定的两类军人离婚案件。

（1）如果双方都是现役军人，则不是这一规定调整的对象。

（2）现役军人向非军人主动提出离婚的，不适用这一规定，应按一般离婚纠纷处理。

3. 现役军人的配偶提出离婚，现役军人不同意的处理。

如果婚姻基础和婚后感情都比较好，人民法院应配合现役军人所在单位对军人的配偶进行说服教育，劝其珍惜与军人的婚姻关系，正确对待婚姻问题，尽量调解和好或判决不予离婚。但是，如果感情确已破裂，确实无法继续维持夫妻关系，经调解无效，人民法院应当通过军人所在单位的政治机关，向军人做好工作，经其同意后，始得准予离婚。

4. 需征得军人同意的例外情况。

“但军人一方有重大过错的除外”，是针对“应当征得军人同意”而说。“应当征得军人同意”不是绝对的，如果夫妻感情破裂是由于军人一方的重大过错造成的，非军人配偶一方也可以提出离婚，但过错限定在“重大过错”而非一般的过错。

46. 男方提出离婚的请求权有什么限制性规定？

《民法典》第1082条规定：“女方在怀孕期间、分娩后一年内或者终止妊娠后六个月内，男方不得提出离婚；但是，女方提出离婚或者人民法院认为确有必要受理男方离婚请求的除外。”女方怀孕期间和分娩后一年内或终止妊娠后6个月内身体、身心都处在康复、调理、休养期，为特殊时期，属于特殊情况。一方面，胎儿或婴儿正处在发育阶段，正需要父母的合力抚育；另一方面，妇女也需要身心的康复，如果此时男方提出离婚请求，对妇女的精神刺激过重，既影响妇女的身体健康，也不利于胎儿或婴儿的保育。在上述期间内禁止男方提出离婚，不仅是出于事实上的需要，也是社会主义道德的要求。法律不仅要保护胎儿和婴儿，同时也要保护妇女的权益。

这一规定限制的是男方在一定期限内的起诉权，而不是否定和剥夺男方的起诉权，只是推迟了男方提出离婚的时间，并不涉及准予离婚与不准予离婚的实体性问题。也就是说，只是对男方离婚请求权暂时性的限制，超过法律规定的期限，不再适用此规定。但是，男方在此期间并不是绝对的没有离婚请求权，法律还有例外规定，即人民法院认为“确有必要”的，也可以根据具体情况受理男方的离婚请求。所谓“确有必要”，一般是指比这一条特别保护利益更为重要的利益需要关注的情形。“确有必要”受理男方离婚请求的案例是非常少的，哪些情形“确有必要”受理，由人民法院认定。

在这一条规定中，法律还规定了另一种例外情形，即在此期间，女方提出离婚的，不受此规定的限制。女方自愿放弃法律对其的特殊保护，说明其本人对离婚已有思想准备，对此，法院应当根据当事人婚姻的实际情况判定是否准予离婚。

47. 离婚对父母子女关系有什么影响？

婚姻关系的解除，只是夫妻双方的基于婚姻而存在的人身关系和财产关系归于消灭，但父母与子女之间存有的血亲关系不因父母离婚而消除。为了使子女的合法利益，不致因父母离婚而受到损害，《民法典》第 1084 条第 1 款规定："父母与子女间的关系，不因父母离婚而消除。离婚后，子女无论由父或者母直接抚养，仍是父母双方的子女。"夫妻关系和父母子女关系是两种不同性质的关系。夫妻关系是男女两性基于自愿而结成的婚姻关系，可依法律程序而成立，亦可依法律行为而消除；而父母子女关系是基于出生事实而形成的自然血亲关系，不能人为解除。离婚后，子女无论随父母哪一方生活，仍是父母双方的子女，民法典关于父母子女权利义务的规定仍然适用，不能因父母离婚而受到影响。

48. 离婚后怎么处理子女的抚养问题?

现实中，离婚时"争养"或"推养"子女的纠纷比较多。有的夫或妻把子女作为"命根子"，非要直接抚养子女不可，并以此作为离婚的前提条件；有的则把直接抚养子女作为包袱或再婚的障碍，都不愿抚养，由此而闹得你死我活，甚至出现有的当事人把子女丢在法院或留在双方的单位，有关组织暂时代养等情况。为便于确定夫妻离婚后子女由哪方直接抚养，《民法典》第 1084 条第 3 款规定："离婚后，不满两周岁的子女，以由母亲直接抚养为原则。已满两周岁的子女，父母双方对抚养问题协议不成的，由人民法院根据双方的具体情况，按照最有利于未成年子女的原则判决。子女已满八周岁的，应当尊重其真实意愿。"这一规定是从有利于保护未成年人权益原则、保障子女合法权益角度出发，有利于子女身心健康，结合父母双方的抚养能力和抚养条件，结合审判实践等具体情况，对离婚后的子女直接抚养问题作出的具体规定。

1. 确定子女直接抚养主体的基本考量。

有利于子女身心健康，保障子女的合法权益，儿童利益最大化的原则，是贯穿于民法典的基本原则，也是处理离婚后子女直接抚养归属问题的出发点，在此前提下，再结合父母双方的抚养能力和抚养条件等具体情况妥善解决。对离婚后的子女直接抚养问题要考虑以下四个方面：

（1）应考虑父母双方的个人素质、对子女的责任感、家庭环境、父母与子女的感情等因素。

（2）应考虑不能生育和再婚有困难的父或母的合理要求。

（3）在双方的各种条件都基本相同的情况下，原则上由经济能力较强的一方抚养。

（4）8 岁以上有识别能力的、限制民事行为能力的子女，无论随父还是随母，都应征求子女本人的意见。

2. 确定子女抚养的具体办法。

（1）不满两周岁的子女，以由母亲直接抚养为原则。这是因为不满两周岁的子女多数还在母乳喂养期。用母乳哺养，对婴儿的生长发育最为有利。从婴儿的生长发育的利益考虑，夫妻离婚后，凡是正处于用母乳喂养的子女，应由母亲直接抚养。现实生活中，也有一些孩子出生后，是不用母乳喂养的；还有一些孩子由于各种原因很早就断了母乳喂养。对于这样的情况，当夫妻离婚时，如何判定孩子的抚养归属？司法实践中，审判人员通常掌握的标准是以两周岁为界线。两周岁以下的子女，一般裁决随母亲生活，由母亲直接抚养。因为两周岁以下的子女年纪太小、事多，带起来较为复杂、麻烦，由细心、有耐心的人直接抚养比较好；两周岁以下的子女表达能力很差，而孩子是从母亲体内生出，母亲与孩子有着一种天然的联系与感觉。此时期孩子由母亲直接抚养为宜。但是这一原则也不是一成不变的，实际生活中如果母亲有下列情形之一的，也可以由父亲直接抚养：一是母亲患有久治不愈的传染性疾病或其他严重疾病，子女不宜与其共同生活的；二是母亲有抚养条件不尽抚养义务，而父亲要求子女随其生活，并对子女健康成长没有不利影响的；三是因其他原因，子女确无法随母方生活的，如母亲的经济能力及生活环境对抚养子女明显不利的，或母亲的品行不端不利于子女成长的，或因违法犯罪被判服刑不可能抚养子女的等。

（2）已满两周岁的子女，父母双方对抚养问题协议不成的，由人民法院根据双方的具体情况，按照最有利于未成年子女的原则判决。夫妻离婚后，对两周岁以上的未成年子女，由父亲还是母亲直接抚养，首先应由父母双方协议决定。当父母双方对由谁直接抚养未成年子女发生争议时，法院应当进行调解，尽可能争取当事人以协议方式解决。在当事人双方自愿、合法的前提下，协商决定：未成年子女由父亲直接抚养，或者由母方直接抚养，或者在有利于保护子女利益的前提下，由父母双方轮流抚养，对上述几种抚养方式，法院都是准许的。

如果当事人双方因子女抚养问题达不成协议时，法院应结合父母双方的抚养能力和抚养条件等具体情况，最有利于未成年子女的原则和最有利于子女健康成长的原则妥善地作出裁决。

（3）父母双方对 10 周岁以上的未成年子女是由父亲直接抚

养还是由母亲直接抚养发生争执的，应当考虑和尊重子女的意见。

（4）父母双方直接抚养子女的条件基本相同，双方均要求对子女直接抚养，但子女单独随祖父母或外祖父母共同生活多年，且祖父母或外祖父母要求并有能力帮助子女照顾孙子女或外孙子女的，可作为子女由父亲或者母亲直接抚养的生活优先条件予以考虑。

（5）在有利于保护子女利益的前提下，父母双方协议轮流直接抚养子女的，应予准许。父母双方可以协议子女随一方生活并由抚养方负担子女全部抚育费。但经查实，抚养方的抚养能力明显不能保障子女所需费用，影响子女健康成长的，对单方负担全部抚育费的请求，不予准许。

（6）子女直接抚养归属的变更。父母离婚后，在一定条件下，可以根据父母双方或子女的实际情况的变化，依法对直接抚养子女的归属予以变更。直接抚养子女归属的变更，有两种形式：一是双方协议变更。父母双方协议变更子女直接抚养关系的，只要有利于子女身心健康和保障子女合法权益，就应予准予。二是一方要求变更。

应当注意的是：离婚后，一方要求变更子女直接抚养关系的，双方对此不能达成协议时，应另行起诉。这是因为：这一在新情况下提出的诉讼请求，不涉及原离婚案件的离婚问题和夫妻财产的处理问题，而是出现了处理原离婚案件之时不存在（或已解决）的子女抚养方面的新情况。因此，它不是原离婚案件诉讼程序的继续，也不是对原离婚案件子女抚养问题的判决、调解协议错误的纠正，所以，应当作为新的案件另行起诉。

49. 离婚后如何确定子女抚养费的负担?

夫妻离婚后，父母与子女间的关系不因父母离婚而消除，父母对于子女仍有抚养和教育的权利和义务。因此，离婚后的夫妻双方都有平等地负担子女生活费和教育费的经济责任。这是法律规定父母对未成年子女的抚养和抚育费负担的强制性的、无条件的、双方平等的义务，当事人都应当自觉遵照执行。至于其经济负担数额和期限等问题，应从子女的实际需要和父母双方负担的能力量力而定，合理解决。《民法典》第 1085 条明确规定："离婚后，子女由一方直接抚养的，另一方应当负担部分或者全部抚养费。负担费用的多少和期限的长短，由双方协议；协议不成的，由人民法院判决。前款规定的协议或者判决，不妨碍子女在必要时向父母任何一方提出超过协议或者判决原定数额的合理要求。"

1. 抚养费的范围。

抚养费应当包括：生活费、教育费和医疗费等。子女无论由母亲还是由父亲抚养，另一方都应负担必要的抚养费。《最高人民法院关于适用〈中华人民共和国婚姻法〉若干问题的解释（一）》（以下简称《婚姻法司法解释（一）》）第 21 条规定，抚养费，包括子女生活费、教育费、医疗费等费用。

2. 抚养费给付的一般原则。

抚养费如何给付应当首先由父母双方协议，或者经人民法院调解，当事人达成协议的，按照协议确定。但人民法院对于父母双方协议约定子女随一方生活并由抚养方负担子女全部抚养费的，应当进行审查。如经查实，抚养方的抚养能力明显不能保障子女所需费用，可能影响子女健康成长的，应不予准许此项协议。现实中有的夫妻为了达成离婚的目的，有的为了争取子女由自己抚养，往往不惜在子女抚养费方面向对方作出让步。但是，父母承担子女的抚养费，这是父母的义务，是子女的权利。父母一方在子女抚养费问题上向另一方作出不适当让步，损害的是子女的合法权益。人民法院为保护子女的合法权益，对于此种损害子女合法权益的协议，自然不能准许。

离婚的夫妻对子女的抚养费数额达不成协议的，由法院判决，无论是协议还是判决，都既要考虑子女的实际需要，也要考虑父或母实际的给付能力。至于实际需要的数额，一般应参照当地群众的生活水平，居住在城市的子女的抚养费，一般应比居住在农村的子女高一些。具体问题的解决，实践中应当掌握以下四个问题：

（1）抚养费的数额。

子女抚养费的数额，可根据子女的实际需要、父母双方的负担能力和当地的实际生活水平确定。分两种情况：一是对于有固定收入的，抚养费一般可按其月总收入的一定比例给付。负担两个以上子女抚养费的，比例可适当提高。工资总额的计算，应当包括工资、较固定的奖金、岗位补贴等。二是对于无固定收入的，抚养费的数额可依据其当年总收入或其所处同行业的平均收入计算。如农民给付的抚养费的标准一般不低于当地平均水平。个体工商户、专业承包户、私营企业主的子女抚养费，应根据其经营状况和实际利润给付。对一方无经济收入或者下落不明的，可用其财物折抵子女抚养费。

（2）抚养费的给付方法。

可依父母的职业情况而定，原则上应定期给付。通常，有工资收入的，应按月或定期给付现金，农民可按收益季度或年度给付现金、实物。有条件的也可以一次性给付，但对于一方要求一次性给付的要慎重处理，确有必要采取一次性给付的，要注意掌握条件。

（3）抚养费的给付期限。

法律没有对抚养费的给付期限作硬性规定，实践中应根据具体情况个案处理。法院可依据有关法律和司法解释的规定酌情确定。

（4）抚养费的变更。

无论是登记离婚还是判决离婚，其给付子女抚养费的数额，一般是根据父母离婚当时，子女所需的必要费用和给付者的经济能力而确定的。但随着社会经济的发展以及人们的具体情况的不断变化，不仅每个人的经济状况有时会随着社会的变化而变化，而且，随着人们对物质生活要求的提高，以及消费水平的增长，子女在各方面的需求，使得原抚养费的数额也要随之有所变化。因此，法律赋予子女可根据实际情况向父母任何一方提出超过原定数额的要求，也就是抚养费数额在一定条件下是可以变更的。子女生活费和教育费无论是在协议离婚时达成的还是由法院判决的，都不妨碍子女在必要时向父母任何一方提出增加数额的合理要求。至于费用是否增加、增加多少，不能仅凭子女单方面的要求而确定，应经相应的程序予以解决。其程序可由子女与父母协议解决，协议不成的，可由法院依诉讼程序处理。对此，本条第 2 款作了明确规定：即关于子女抚养费的协议或者判决，不妨碍子女在必要时向父母任何一方提出超过协议或者判决原定数额的合理要求。

50. 什么是父母对子女的探望权？

离婚后，父母探望子女的权利是亲权的一项内容，最早可溯至罗马法中的家长权。婚姻家庭中的亲权是以主体间特定的亲属身份为发生依据的，父母婚姻关系的终结并不改变父母与子女的血缘身份关系。为了便于离婚后不直接抚养子女的父或者母行使对子女抚养、教育的权利，履行对子女抚养、教育和保护的义务，《民法典》第 1086 条第 1 款对父或者母赋予了对子女探望的权利：离婚后，不直接抚养子女的父或者母，有探望子女的权利。通常情况下，探望权在夫妻协议离婚或者诉讼离婚时一并解决确定。如果夫妻在离婚时对探望权未作明确约定，或者法院没有明确作出判决，那么，当事人可以就探望权问题单独提起诉讼。对此，《婚姻法司法解释（一）》第 24 条规定，人民法院作出的生效的离婚判决中未涉及探望权，当事人就探望权问题单独提起诉讼的，人民法院应予受理。为了保证不直接抚养子女的父或者母行使好探望子女的权利，该条第 1 款同时还规定另一方有协助的义务。例如，法院判决不直接抚养子女的一方每周六下午陪伴子女，那么直接抚养子女的一方则有义务在规定的时间内，将子女安全地送到双方指定或者法院判决确定的地点，交由不直接抚养子女的一方照看半天，由此实现不直接抚养子女的一方对女子的探望。

行使探望权利的方式、时间、地点等通常宜由当事人协议确定。双方不应囿于夫妻离异后的冲突纷争，应从有利于子女健康成长的角度出发，对探望的时间、方式、地点、探望期间双方对子女的安排等作出协商。当双方无法就诸上事宜达成一致时，尤其在直接抚养子女的一方无故拒绝不直接抚养子女的一方探望子女时，享有探望权的一方可依民事诉讼法的有关规定提起诉讼，请求人民法院作出判决。对此《民法典》第1086条第2款规定，行使探望权利的方式、时间由当事人协议；协议不成的，由人民法院判决。

《民法典》第1086条第3款还规定了对探望权的限制。父或者母探望子女，不利于子女身心健康的，由人民法院依法中止探望。不直接抚养子女的父母一方的探望权，只有在特殊的情况下才能被加以限制。这种特殊情况主要是指探望有可能不利于子女的身心健康。如父母一方患精神疾病、传染性疾病，有吸毒等行为或对子女有暴力行为、骚扰子女的行为等。当一方以探望子女为由，教唆、胁迫、引诱未成年子女实施不良行为则足以构成不利于子女身心健康的要件，可由人民法院依法中止其探望的权利。当不利于子女身心健康的情形消除后，非直接抚养子女的一方原享有的探望权利应可恢复。对此，《民法典》第1086条第3款规定，中止的事由消失后，应当恢复探望。无论是探望权利的中止还是恢复，都应有权利人的主张，具体程序由人民法院根据民事诉讼法的相关规定处理。《婚姻法司法解释（一）》第25条规定，当事人在履行生效判决、裁定或者调解书的过程中，请求中止行使探望权的，人民法院在征询双方当事人意见后，认为需要中止行使探望权的，依法作出裁定。中止探望的情形消失后，人民法院应当根据当事人的申请通知其恢复探望权的行使。第26条规定，未成年子女、直接抚养子女的父或母及其他对未成年子女负担抚养、教育义务的法定监护人，有权向人民法院提出中止探望权的请求。

51. 离婚时对夫妻共同财产应当如何分割？

离婚时对夫妻的共同财产进行分割是离婚所产生的法律后果之一。法律允许夫妻双方在离婚时就财产问题自行协商处理。对于不能协商或者未达成协议的，《民法典》第1087条规定，由法院根据财产的具体情况，按照照顾子女、女方和无过错方权益的原则判决。根据这一规定，人民法院在分割夫妻共同财产时，既要考虑照顾子女权益和女方权益，也要兼固照顾无过错的权益，三者缺一不可。司法实践中，多数女方权益与无过错权益是一致的，但是也有不一致的情况，法官要具体问题具体分析。

52. 什么是离婚经济补偿？

《民法典》第1088条确立了离婚经济补偿制度：“夫妻一方因抚育子女、照料老年人、协助另一方工作等负担较多义务的，离婚时有权向另一方请求补偿，另一方应当给予补偿。具体办法由双方协议；协议不成的，由人民法院判决。”这一规定是遵循权利和义务对等的原则作出的。只有在一方为婚姻共同体尽了较多义务，如抚养子女、照料老人、协助另一方工作的情况下才可向对方请求补偿。夫妻离婚时，一方对承担较多家务劳动的另一方给予经济补偿，首先应当由要求离婚的夫妻自行协商确定，这种协商可以是在协议离婚时确定，也可以在诉讼离婚中确定。如果在协议离婚时双方达成了一致的协议，则可以向婚姻登记部门提交。婚姻登记部门查明确属自愿，且不违反法律规定的，予以离婚登记，双方应自觉履行协议。在诉讼离婚中，双方对离婚补偿达成一致意见，交由法院以调解书或者判决书的形式予以确认。如果双方达不成协议，人民法院则依据这一规定通过判决确定。

53. 离婚时夫妻共同债务如何清偿？

《民法典》第 1064 条对夫妻共同债务的认定作出了明确规定。夫妻共同债务属于连带债务，对外夫妻双方应当依法对债权人承担连带清偿责任，但在内部夫妻双方应当如何确定清偿责任，《民法典》第 1089 条对此作了明确规定："离婚时，夫妻共同债务，应当共同偿还。共同财产不足清偿或者财产归各自所有的，由双方协议清偿；协议不成的，由人民法院判决。"根据这一规定，婚姻关系终结时，夫妻共同债务清偿应当遵循的原则是共同债务共同清偿。依法属于夫妻共同债务的，夫妻应当以共同财产共同偿还，这是一个基本原则。但是，如果夫妻共同财产不足致使不能清偿的，或者双方约定财产归各自所有的没有共同财产清偿的，夫妻双方对共同债务如何偿还以及清偿比例等，可以由双方当事人协商确定，如果双方协商不能达成一致意见的，由人民法院考虑双方当事人的具体情况依法判决确定。需要注意的是，不论是双方当事人协商确定，还是人民法院判决确定的清偿方式、清偿比例等内容，仅在离婚的双方当事人之间有效，对债权人是没有法律效力的，债权人可以依照《民法典》第 178 条“二人以上依法承担连带责任的，权利人有权请求部分或者全部连带责任人承担责任”的规定来要求双方履行其债务。

54. 什么是离婚经济帮助?

《民法典》第 1090 条规定了离婚经济帮助制度：“离婚时，如果一方生活困难，有负担能力的另一方应当给予适当帮助。具体办法由双方协议；协议不成的，由人民法院判决。”婚姻关系存续期间，夫妻双方有互相扶养的义务，一方不履行扶养义务时，需要扶养的一方有要求对方付给扶养费的权利。婚姻关系终结后，法律明确要求一方对生活困难的另一方从其个人财产中给予适当的帮助，实质是夫妻间扶养义务的延续。

当一对男女结为合法夫妻，法律推定双方建立了一种相互信赖、相互扶助的特殊社会关系，夫妻关系存续期间，双方都为维持这个婚姻共同体作了努力，这其中包括个人的自我损失和自我牺牲；当婚姻关系终结时，若一方生活困难，法律则要求另一方尽到扶助的责任，将道德上的义务上升为法律，因为我们不能排除一方的生活困难可能是其在婚姻关系存续期间为了家庭利益而放弃个人发展机会所造成的。当然在这种情况下，离婚时，为家庭付出较多义务的一方可以依据《民法典》第 1088 条的规定，请求另一方给予补偿。但是离婚时的补偿与离婚经济帮助的内容有很大区别。离婚经济补偿只有当一方对婚姻承担了较多义务时，才有权提请。而离婚经济帮助制度关于困难帮助的适用条件则是，无论夫妻哪一方是否对婚姻共同体尽了较多义务，做了多大贡献，只要在离婚时本人存在生活困难的情况，就可以向对方请求经济帮助。

当然，民法典的规定只是原则性规定，法院在判决时，还应考虑到以下三个问题：（1）生活困难的界定。一般认为若一方离婚后分得的财产不足以维持其合理的生活需要，或者不能通过从事适当的工作维持其生活需要等，均可认为是生活困难的体现；（2）给予帮助的方式。法院应考虑双方的收入和财产，双方就业能力、子女抚养，婚姻期间的生活水平等因素，合理确定扶助的数额和方式；（3）需要说明的一点是，婚姻关系中的过错不应在考虑之列，意味着有过错的一方若存在生活困难的情形，也可要求无过错方给予适当的经济帮助。

55. 什么情况下可以请求离婚损害赔偿？

《民法典》第1091条规定："有下列五种情形之一，导致离婚的，无过错方有权请求损害赔偿：（一）重婚；（二）与他人同居；（三）实施家庭暴力；（四）虐待、遗弃家庭成员；（五）有其他重大过错。"

按照《婚姻法司法解释（一）》第29条的规定，承担损害赔偿责任的主体，为离婚诉讼当事人中无过错方的配偶。人民法院判决不准离婚的案件，对于当事人基于这一规定提出的损害赔偿请求，不予支持。婚姻关系存续期间，当事人不起诉离婚而单独依据这一规定提起损害赔偿请求的，人民法院不予受理。按照《婚姻法司法解释（一）》第 30 条的规定，人民法院受理离婚案件时，应当将婚姻法关于离婚时过错方损害赔偿制度规定中当事人的有关权利义务，书面告知当事人。区分不同情况予以适用：（1）符合婚姻法关于离婚时过错方损害赔偿制度规定的无过错方作为原告基于该规定向人民法院提起损害赔偿请求的，必须在离婚诉讼的同时提出。（2）符合婚姻法关于离婚时过错方损害赔偿制度规定的无过错方作为被告的离婚诉讼案件，如果被告不同意离婚也不基于该规定提起损害赔偿请求的，可以在离婚后一年内就此单独提起诉讼。（3）无过错方作为被告的离婚诉讼案件，一审时被告未基于婚姻法关于离婚时过错方损害赔偿制度的规定提出损害赔偿请求，二审期间提出的，人民法院应当进行调解，调解不成的，告知当事人在离婚后一年内另行起诉。《婚姻法司法解释（三）》第 17 条规定，夫妻双方均有《婚姻法》第 46 条规定的过错情形，一方或者双方向对方提出离婚损害赔偿请求的，人民法院不予支持。

法律虽然规定了离婚损害赔偿制度，但并不是说法院在审理离婚案件时必须审理及判决过错方对无过错方予以赔偿。在离婚案件中无过错方对确有过错的另一方是否行使赔偿请求权，由受损害的无过错方自行决定，法院不能主动判决离婚损害赔偿。

56. 夫妻一方擅自处分共同财产或伪造债务侵占他方财产的法律后果是什么？

实践中，夫妻一方有的实施了侵害夫妻共同财产或者侵占另一方财产的违法行为，对于这些违法行为，法律严格加以禁止。为保护另一方的合法权益，《民法典》第1092条对其法律后果作了明确规定："夫妻一方隐藏、转移、变卖、毁损、挥霍夫妻共同财产，或者伪造夫妻共同债务企图侵占另一方财产的，在离婚分割夫妻共同财产时，对该方可以少分或者不分。离婚后，另一方发现有上述行为的，可以向人民法院提起诉讼，请求再次分割夫妻共同财产。"根据这一规定，夫妻一方实施的违法行为主要是两类：

1. 侵害夫妻共同财产。

夫妻共同财产主要是指夫妻双方在婚姻关系存续期间归双方共同所有的财产。夫妻共同财产从性质上说，属于共同共有。夫妻在婚姻关系存续期间，无论属于双方还是一方的收入，无论各自收入的数量多少，也无论其中一方有无收入，夫妻作为共同生活的伴侣，对共同财产享有平等的所有权。对共同财产，夫妻双方均有依法占有、使用、收益和处分的权利。夫妻一方隐藏、转移、变卖、毁损、挥霍夫妻共同财产的行为，是一种侵犯共同财产所有权的民事侵权行为。隐藏是指将财产藏匿起来，不让他人发现，使另一方无法获知财产的所在从而无法控制。转移是指私自将财产移往他处，或将资金取出移往其他账户，脱离另一方的掌握。变卖是指将财产折价卖给他人。毁损是指采用打碎、拆卸、涂抹等破坏性手段使物品失去原貌，失去或者部分失去原来具有的使用价值。挥霍是指对夫妻共有的财产没有目的的，不符合常理的耗费致使其不存在或者价值减损。夫妻一方如果实施了上述行为，就属于对夫妻共同财产的侵害。

2. 侵占另一方财产。

另一方财产，主要是指在婚姻关系存续期间，归夫妻一方个人所有的财产。夫妻一方对属于自己个人的财产享有占有、使用、支配的权利。在不违背法律规定的情况下，可以依据自己个人的意愿处分自己的财产。但是《民法典》第1089条规定，离婚时，夫妻共同债务应当共同偿还。共同财产不足清偿或者财产归各自所有的，由双方协议清偿；协议不成的，由人民法院判决。这一规定，意味着夫妻在离婚时，共同财产不足以清偿共同债务时，有可能以夫妻一方的个人财产来承担夫妻共同债务，具体数额由人民法院判决确定。对此，有的夫妻一方就有可能利用这一法律规定，伪造夫妻共同债务，企图侵占另一方财产。伪造债务是指制造内容虚假的债务凭证，包括合同、欠条等。伪造债务是违法行为的客观表现。在主观上是故意，不是过失行为，是以侵占夫妻另一方财产为目的。只要夫妻一方实施伪造夫妻共同债务的行为，就属于对另一方财产的侵害。

由于夫妻中的一方有以隐藏、转移、变卖、毁损、挥霍手段侵害夫妻共同财产或者伪造夫妻共同债务企图侵占另一方财产的违法行为，法律规定对实施上述违法行为的一方，在分割夫妻共同财产时，可以少分或不分。少分或不分夫妻共同财产，是违法行为实施者理应承担的法律责任。需要说明的是，法律对少分的具体份额或比例以及在何种情况下可以不分、少分，没有作出明确规定，只是规定了“可以”少分或者不分。法院在审判实践中，应当根据违法行为的情节和案件的具体情况作出处理。

《民法典》第1092条还对离婚后，即离婚案件已审理终结，人民法院对离婚双方有关财产分割的调解书、判决书已发生法律效力后，又发现一方有隐藏、转移、变卖、毁损、挥霍夫妻共同财产或者伪造夫妻共同债务侵占另一方财产行为的处理作了规定。即离婚后，另一方发现夫妻一方有上述违法行为的，可以向人民法院提起诉讼，请求再次分割夫妻共同财产。在离婚案件审理过程中，这部分共同财产由于被一方隐藏、转移、变卖、毁损、挥霍，或伪造债务所侵占而未能发现，因而法院也未能将其作为夫妻共同财产予以分割。夫妻共同财产是共同共有财产，任何一方未经另一方同意而擅自予以隐藏、转移、变卖、毁损、挥霍，或通过伪造债务等非法手段据为己有的，都是对另一方财产所有权的侵害，是一种民事侵权行为。另一方可以依据法律规定，向人民法院起诉，请求对这一部分财产进行再次分割。在分割时，关于对隐藏、转移、变卖、毁损、挥霍夫妻共同财产或伪造夫妻共同债务侵占另一方财产的可以少分或者不分的原则仍应适用。

57. 被收养人的范围包括哪些?

一是被收养人必须是未成年人。与原来的收养法相比，民法典将被收养人的年龄限制由 14 周岁放宽到 18 周岁。主要理由是：第一，适当放宽被收养人的年龄限制，能够更好地实现收养目的，使更多符合相关条件的人可以被收养。第二，放宽被收养人的年龄限制，并不必然会影响家庭关系的稳定。第三，把握和遵循收养的本质目的，被收养人仍限于未成年人，不扩及成年人收养。

二是除年龄必须在18周岁以下之外，能够成为被收养人的人还必须是以下三种人之一，包括丧失父母的孤儿、查找不到生父母的未成年人以及生父母有特殊困难无力抚养的子女。

1. 丧失父母的孤儿。此处的“丧失”应指被收养人的父母已经死亡或者被宣告死亡。“父母”不仅包括生父母，还包括养父母以及有扶养关系的继父母，从而尽可能扩大本项的适用范围。

2. 查找不到生父母的未成年人。关于本项需要注意：（1）与收养法的规定相比，民法典将收养法规定的“弃婴和儿童”修改为“未成年人”。国家一直高度重视被拐儿童解救安置工作，但在实践工作中，对于被拐儿童能否被收养各方面有不同意见。收养法对于被收养主体范围的规定，没有将被拐儿童排除在外。《收养法》第4条第2项“查找不到生父母的弃婴和儿童”中的“儿童”应理解为既包括弃儿，也包括被拐儿童、走失儿童。这次编纂民法典，为避免实践中的误解，专门将“弃婴和儿童”修改为“未成年人”，明确拐卖被解救后无法找到生父母的未成年人也属于被收养人范围，以使他们能通过收养途径更好地得到安置。（2）“查找不到”是指通过各种方式均无法找到。虽然《民法典》第1093条未对“查找不到”附加时间上的限制，但从维护收养关系稳定的角度，在操作方面应当有一个合理期间的限制，个人或者有关机关经过一定期间仍查找不到生父母的未成年人，可以作为被收养人。此外，需要强调的是，对于暂时脱离生父母，但嗣后又被找回的未成年人，不属于此处的“查找不到”，不应当作为被收养的对象。（3）生父母有特殊困难无力抚养的子女。与前两项相比，该项中可作为被收养人的主体并非丧失父母或者父母查找不到，而是由于生父母自身不具备抚养子女的能力，从而产生被收养的需要。本项的“有特殊困难”属于一个包容性较强的表述，既包括生父母因经济困难无力抚养，也包括生父母因身体或者精神原因自身不具备抚养能力等。从实践的情况看，因生父母无力抚养而需要被收养的情况复杂多样，采用“特殊困难”的表述可以不必列举具体情形，而由有关部门在确定是否可被收养时根据情况进行判断。

58. 可以作送养人的个人或组织有哪些?

可以作送养人的个人或组织包括孤儿的监护人、儿童福利机构以及有特殊困难无力抚养子女的生父母。

1. 关于“孤儿的监护人”。所谓孤儿，根据民政部 1992 年发布的《关于在办理收养登记中严格区分孤儿与查找不到生父母的弃婴的通知》的规定，孤儿是指其父母死亡或人民法院宣告其父母死亡的不满 14 周岁的未成年人。但是，由于前条关于被收养人的规定已经将被收养人的年龄限制扩展到 18 周岁，与此相对应，此处的“孤儿”是指其父母死亡或人民法院宣告其父母死亡的未成年人。对于未成年人来说，正常情况下是由其父母担任监护人的。在父母死亡或者被宣告死亡后，成为“孤儿”的未成年人就需要由其他主体担任监护人，以实现其合法权益的保护。

2. 关于“儿童福利机构”。所谓社会福利机构，是指国家设立的对于孤儿、弃儿等进行监管看护的机构。从实践情况看，我国的社会福利机构主要是指各地民政部门主管的收容、养育孤儿和查找不到生父母的未成年人的社会福利院。民法典总则编制定时，在监护部分大大强化了民政部门的职责。例如，《民法典》第32条规定，没有依法具有监护资格的人的，监护人由民政部门担任，也可以由具备履行监护职责条件的被监护人住所地的居民委员会、村民委员会担任。根据这一规定，民政部门对于需要监护但又没有具备相应监护资格的人的，需要承担兜底的监护责任。而在工作层面具体实施这种监护职责的，实际是其主管下的社会福利机构。

3. 关于"有特殊困难无力抚养子女的生父母"。本项是将特定情形下的生父母作为送养人的规定。生父母作为子女的法定监护人，在一般情况下都要履行作为父母的监护人职责，不得随意将应由自己承担的责任转由他人承担。但在特殊情况下，生父母因存在特殊困难无力承担这一责任时，从有利于未成年人健康成长的角度，可以由生父母将未成年人送养，从而为其创造更有利于成长的家庭环境，这也符合本次收养领域确立的最有利于被收养人的原则要求。适用本项需要注意以下三点：一是能够以存在特殊困难无力抚养为由送养子女的只能是生父母，不包括养父母、继父母。二是生父母必须存在特殊困难才能送养子女。这里的"特殊困难"是一个包容性较强的概念，既包括经济方面的困难，如生父母均不再具备抚养子女的经济能力；也包括身体、精神方面的原因，如因患重大疾病无法继续抚养子女。无论是何种特殊困难，必须在客观上能够导致生父母丧失对被抚养人的抚养能力。三是生父母在因特殊困难无力抚养子女而决定送养时，必须生父与生母双方共同决定。

59. 未成年人的监护人可以送养未成年人吗?

根据民法典的规定，未成年人的父母均不具备完全民事行为能力且可能严重危害该未成年人的，该未成年人的监护人可以将其送养。这一规定包含以下三层意思：

第一，强调“可以送养”，即未成年人的监护人在何种情况下可以送养该未成年人。任何有关收养的规则设计，都应当体现最有利于被收养人的原则。当未成年人父母均不具备完全民事行为能力且可能严重危害该未成年人的，监护人就可以送养未成年人。

第二，在父母尚存的情况下，对于监护人送养未成年人的条件要求是非常严格的。（1）要求未成年人的父母双方均不具备完全民事行为能力。根据民法典对民事行为能力的分类，自然人可以分为完全民事行为能力人、限制民事行为能力人以及无民事行为能力人。如果未成年人的父母任何一方属于完全民事行为能力人，一般情况下意味着其具有抚养、教育未成年人的能力，在这种情况下，监护人不得将未成年人送养；只有未成年人的父母双方均不具备完全民事行为能力，即双方均为限制民事行为能力或者无民事行为能力人时，监护人才有可能被允许送养。（2）未成年人的父母必须存在可能严重危害该未成年人的情形时，监护人才可将未成年人送养。所谓可能严重危害该未成年人，主要是指其父母存在危害该未成年人的现实危险且达到严重程度的情形，比如，父母双方均有严重的精神分裂症，存在暴力威胁甚至殴打未成年人的情形。在这种情况下，即使危害行为尚未实际发生，从保护未成年人利益的角度出发，也允许监护人将其送养。

第三，此种情况下的送养主体，只能是该未成年人的监护人。根据民法典的规定，可以担任送养人的主体原则上只包括三类，即孤儿的监护人、儿童福利机构以及有特殊困难无力抚养子女的生父母。而在未成年人的父母均不具备完全民事行为能力且可能严重危害该未成年人时，上述三类主体均无法成为适格的送养主体。

60. 监护人送养孤儿有哪些限制?

根据《民法典》第 1096 条的规定，监护人送养孤儿的，应当征得有抚养义务的人同意。这里的“有抚养义务的人”，是指孤儿的有负担能力的祖父母、外祖父母、兄、姐。根据《民法典》第 1074 条的规定，有负担能力的祖父母、外祖父母，对于父母已经死亡或者父母无力抚养的未成年孙子女、外孙子女有抚养的义务。第 1075 条规定，有负担能力的兄、姐，对于父母已经死亡或者父母无力抚养的未成年弟、妹有扶养的义务。如果上述主体不同意监护人对孤儿进行送养，而监护人又不愿意继续履行监护职责的，为使被监护人不致处于无人监护的状态，应当依照民法典总则编的规定另行确定监护人。比如，父母都死亡后，成年的兄、姐是未成年弟、妹的法定监护人，作为监护人的哥哥不能违背姐姐的意愿而自己决定将被监护的弟、妹送养。再如，有负担能力的祖父母、外祖父母对于父母均已死亡的未成年孙子女、外孙子女有抚养义务。当祖父母担任监护人时，其送养孙子女的行为应当征得外祖父母的同意，外祖父母不同意收养而祖父母又不愿意继续履行监护职责的，应当按照有关规定变更监护人，由外祖父母担任监护人。需要注意的是：第一，孤儿的父母死亡后，有资格担任孤儿监护人的主体并不单一，有监护能力的祖父母、外祖父母、兄、姐都可以作为监护主体。但一般情况下，监护人不可能由多人担任，因此在监护人确定后，为尊重其他有抚养义务的人的意愿，实质上也是为了最大限度地遵循保护未成年人利益的原则，法律要求送养应当征得有抚养义务的人的同意。第二，如果有抚养义务的人不同意送养，监护人又不愿意继续履行监护职责，则要通过变更监护人的方式确保未成年人的利益不受损害。第三，变更监护人应当依照民法典总则编的有关规定进行。

61. 生父母送养子女有哪些要求？

生父母作为未成年子女的法定监护人，不应轻易转嫁本应由其承担的监护职责。但在其确因特殊困难无力抚养子女时，允许其送养未成年子女，更有利于未成年子女在家庭环境中健康成长，体现出对未成年子女利益的保护。根据《民法典》第1097条的规定，生父母送养子女，原则上要求双方共同送养，只有在生父母一方不明或者查找不到的情形下，才可以由生父或者生母单方送养。需要明确的是：

第一，生父母送养子女应当双方共同送养，这是原则要求。基于父母双方对于抚养子女的平等地位，送养应当双方共同进行。在实践操作层面，可以双方共同表示送养的意思，也可以由一方表达出送养意愿，另一方表示同意。在后一种情况下，这种同意的表示应是明确的、具体的。

第二，生父母送养子女可以单方送养，这是例外规定，应当严格限于法律规定的两种情形，即生父母一方不明或者查找不到。所谓生父母一方不明，是指不能确认被收养人的生父或者生母为谁的情况。比如，生母曾因自身的特殊经历，不知其所生子女的生父是谁。在这种情况下，如果生母无力抚养所生子女，应当允许其送养该子女，给子女提供一个更好的成长环境。所谓查找不到，是指经过一定期间，无法查找到生父或者生母的情况。比如，未成年子女的生母无故离家出走，经过有关机关一定期间的查找仍查找不到，此时，为尽快使未成年子女获得稳定、良好的成长环境，应当允许无力独自抚养子女的生父送养。

62. 收养人应当具备哪些条件？

第一，收养人必须年满 30 周岁。收养人只有达到一定年龄，才可能在经济能力、心智完善程度方面满足一定标准，从而具备承担抚养被收养人的义务，更好地保障被收养人的利益。

第二，收养人必须无子女或者只有一名子女。收养人无子女主要是指夫妻双方或者一方因不愿生育或不能生育而无子女，或者因所生子女死亡而失去子女，或者指收养人因无配偶而没有子女的情况，即主要是指收养人没有亲生子女，同时也没有养子女及形成抚养教育关系的继子女。

第三，关于有抚养、教育和保护被收养人的能力。收养人具备抚养、教育和保护被收养人的能力，是收养人必须要有的基本条件。根据《民法典》第 26 条的规定，父母对未成年子女负有抚养、教育和保护的义务。此处的“抚养、教育和保护被收养人的能力”，主要是指收养人应当具有完全民事行为能力，在身体、智力、经济、道德品行以及教育子女等各个方面均有能力实现对未成年子女的抚养、教育和保护，能够履行父母对子女应尽的义务。

第四，关于未患有在医学上认为不应当收养子女的疾病。收养人不应患有相关疾病，这是对收养人在身体方面的特别要求。如果患有这些疾病，将对被收养人的健康成长产生重大影响。

第五，关于无不利于被收养人健康成长的违法犯罪记录。本项强调“无不利于被收养人健康成长的违法犯罪记录”，即收养人系从事过与未成年人健康成长有关的违法犯罪的，才会因该违法犯罪记录而被限制收养。比如，收养人曾有过对未成年人的强奸、猥亵犯罪的。假如收养人的违法犯罪与未成年人无关，则不受该项条件的限制。

63. 收养三代以内旁系同辈血亲的子女有哪些放宽规定?

所谓旁系血亲，与直系血亲相对，是亲系的一种基本分类。直系血亲是指相互间具有直接血缘联系的血亲，己身所从出和从己身所出的血亲，均为直系血亲，如父母和子女、祖父母和孙子女、外祖父母和外孙子女等。旁系血亲是指相互间具有间接血缘联系的血亲。在血缘上具有同源关系的，除直系血亲外均为旁系血亲。如兄弟姐妹因同源于父母而具有间接血缘联系，己身与伯、叔、姑因同源于祖父母而具有间接血缘联系等。而“三代以内”的“代”，又称“世辈”，是新中国成立后，我国所采用的表明亲属关系亲疏远近的计算单位，一辈为一代，相差一世即为两代。在计算旁系血亲的代数时，须以同源关系为依据。例如：同源于父母的兄弟姐妹，是二代以内旁系血亲；同源于祖父母、外祖父母的，是三代以内旁系血亲。以此为计算标准，“三代以内旁系同辈血亲的子女”，是指兄弟姊妹的子女、堂兄弟姊妹的子女、表兄弟姊妹的子女。根据《民法典》第 1099 条第 1 款的规定，如果收养三代以内旁系同辈血亲的子女，可以在收养基本条件的基础上，不受以下几项条件的限制：

一是被收养人生父母有特殊困难无力抚养子女。即收养人如果收养的是三代以内旁系同辈血亲的子女，可以不受这一限制，即便被收养人的父母并未因特殊困难丧失抚养能力，其仍可以成为被收养的对象。

二是有特殊困难无力抚养子女的生父母。如收养三代以内旁系同辈血亲的子女，即使未成年人的生父母并未因特殊困难而丧失抚养能力，其仍可以成为适格的送养人，因此成立的收养关系仍然有效。

三是无配偶者收养异性子女的，收养人与被收养人的年龄应当相差 40 周岁以上。如收养三代以内旁系同辈血亲的子女，即使收养人与被收养人的年龄相差不到 40 周岁，依然可以成立有效的收养关系。

64. 华侨收养三代以内旁系同辈血亲的子女有哪些放宽规定?

第一，华侨收养三代以内旁系同辈血亲的子女，与一般主体收养三代以内旁系同辈血亲的子女的要求一致，即被收养人可以不受生父母有特殊困难无力抚养的子女限制、送养人可以不受有特殊困难无力抚养子女的限制以及无配偶者收养异性子女须与被收养人存在40周岁年龄差的限制。第二，在上述基础上，对于华侨收养，还可以不受收养人须无子女或者只有一名子女的限制。也就是说，对于已拥有两名以上子女的华侨而言，其还可以通过收养这一方式形成与三代以内旁系同辈血亲的子女之间的亲子关系。

65. 收养人收养子女数量有何限制?

根据《民法典》第1100条的规定，无子女的收养人可以收养两名子女；有子女的收养人只能收养一名子女。换言之，如果收养人无子女，其可以收养子女的数量已经不再限于一名，最多可以收养两名；仅是对于已有子女的收养人而言，只能再收养一名子女。同收养人条件放宽对收养人子女数量的限制一样，也是基于我国人口生育政策的重大变化，即从“提倡一对夫妻生育一个子女”到“国家提倡一对夫妻生育两个子女”。这里的“无子女”包括自己没有生育子女、已生育但子女死亡等不同情况。这样一来，无论是无子女的收养人，还是已经有一名子女的收养人，都可以基于自身情况进行收养，当然，收养子女的数量最多不允许超过两人。

在上述原则规定的基础上，收养孤儿、残疾未成年人或者儿童福利机构查找不到生父母的未成年人，还可以放宽限制。即对于被收养人属于孤儿、残疾未成年人以及儿童福利机构抚养的查找不到生父母的未成年人这三类之一的被收养人，（1）可以不受“无子女的收养人可以收养两名子女；有一名子女的收养人只能收养一名子女”的限制。也就是说，如果收养人收养的是孤儿、残疾未成年人或者儿童福利机构抚养的查找不到生父母的未成年人的，无子女的收养人可以收养两名以上，有一名子女的收养人可以收养一名以上。（2）收养这三类群体中的任何一类，还可以不受收养人无子女或者只有一名子女的限制。也就是说，如果收养人意图收养的对象是孤儿、残疾未成年人或者儿童福利机构抚养的查找不到生父母的未成年人，即使收养人自己有子女或者子女数量超过一名，依然可以进行有效的收养行为。由此可见，对于收养人收养三类特定群体的被收养人，这一条从收养人子女数量、可以收养的被收养人数量两方面均作了放宽规定。之所以这样规定，主要是体现对于这三类群体的特别保护。

66. 有配偶者收养子女有何限制?

收养在收养人与被收养人之间建立了法律拟制的父母子女关系。收养关系有效成立后，收养人与被收养人之间的亲子关系成立，被收养人与其生父母的亲子关系消除。由于收养所带来的这种亲子关系的根本变化，在收养人有配偶的情况下，收养是否需要取得配偶的同意而共同为收养行为呢？

有配偶者收养子女，应当夫妻共同收养。这里的“共同收养”，既可以是夫妻双方共同为收养的意思表示，也可以是一方有收养子女的意思表示，另一方对此表示明确同意。这样规定，体现了双方对于收养行为共同的合意，在形成有效的收养关系后，也有助于共同履行抚养子女的义务，创造和睦、温暖的家庭环境，从而促进被收养人的健康成长。有的意见认为，应当增加夫妻共同收养的除外情形，即在特定情形下，有配偶者也可以单方收养。比如，在配偶一方为无民事行为能力人或者查找不到时，应当允许另一方单独收养。但民法典经反复研究、慎重考虑后，没有增加上述除外规定。理由是：第一，收养应当体现配偶双方合意，这是夫妻共同收养的基本原则。在配偶一方为无民事行为能力人的情况下，如果允许另一方单独为收养行为，亲子关系成立后，被收养人有可能在成年后承担较重的赡养义务，尤其是对于无民事行为能力的父或母的赡养义务，这显然对其不利。第二，在配偶一方查找不到的情况下，由于这种事实状态并不确定，如果允许另一方单独收养，配偶重新出现后可能对收养行为并不同意，这显然不利于被收养人的成长。

67. 无配偶者收养异性子女有何要求？

根据《民法典》第1102条的规定，无配偶者收养异性子女的，收养人与被收养人的年龄应当相差40周岁以上。理解这一规定需要注意：首先，在无配偶者收养子女的情况下，收养人与被收养人须有40周岁以上年龄差的限制已经不仅限于收养人为男性、被收养人为女性的情况。在收养人为无配偶女性、被收养人为未成年男性的情况下，同样应当受到收养人与被收养人须年龄相差40周岁以上的限制。这一规定体现了男女平等的原则，也使得实践中可能出现的无配偶女性侵害被收养男性的情况得到遏止。其次，在年龄差方面，从男女平等的角度出发，依然保持了40周岁的年龄差。最后，无论是无配偶男性收养女性，还是无配偶女性收养男性，40周岁以上的年龄差是否合适？从这个规范目的来看，40周岁的年龄差是合适的。然而，在符合这一标准的前提下，收养人往往年龄也相对较大，能否很好地承担起对未成年子女的抚养、教育和保护义务，也值得考虑。

68. 继父母收养继子女有哪些要求？

在收养关系中，存在一类特殊主体之间的收养，即继父母对继子女的收养。子女跟随的生父或生母再婚时，即使没有经过收养程序，子女与生父或生母的再婚配偶之间，也会因为再婚事实的存在而可能形成抚养教育关系。在这种情况下，就既存在子女与共同生活一方的生父或生母之间的父母子女关系，又存在子女与共同生活一方的生父或生母的再婚配偶之间的继父母子女关系。继父或者继母通过收养继子女，则可以在双方之间形成养父母子女关系，同时因收养关系的成立，子女与生父母之间的亲子关系得以消除。这样一来，收养便使得继父或者继母与继子女之间的双重关系简单化，权利义务更为清晰。

根据《民法典》第1103条的规定，继父或者继母收养继子女的，应当满足以下条件：一是必须经过子女的生父母同意。继父或者继母收养继子女的，一般而言，与继子女共同生活的生母或者生父会表示同意。因为无论最终收养是否成立，继子女与其共同生活的生母或者生父之间的父母子女关系是始终存在的。在这种情况下，与子女共同生活的生母或者生父如果同意其配偶收养自己的子女，有利于在法律上尽快确定子女与其配偶之间的养父母子女关系，从而进一步稳定再婚后的家庭关系，使子女得到家庭关爱。相对而言，未与继子女共同生活的生父或者生母对于收养的意见更为重要，因为一旦继父或者继母与继子女之间的收养关系成立，就同时意味着子女与未共同生活的生父或者生母之间的父母子女关系消除，双方尽管在血缘上仍是亲子，但在法律上的父母子女关系将不复存在。因此，收养关系若要成立，必须首先得到生父母的同意。二是鉴于继父母收养继子女能够使亲子关系更为清晰，因此立法对于这种情况下的收养，同其他类型的特殊收养一样，在许多方面放宽了收养条件的限制。包括继子女不必属于生父母有特殊困难无力抚养的子女、生父母作为送养人时不必属于有特殊困难无力抚养子女、可以不受收养人条件及收养子女数量的限制。当然，尽管继父母收养继子女有多方面的放宽规定，但这并不意味着在收养关系形成后，继父或者继母对于继子女所应承担的义务和责任可以有所减轻。自收养关系成立之日起，养父母与养子女间的权利义务关系，适用民法典关于父母子女关系的规定。同时，养子女与生父母及其他近亲属间的权利义务关系，因收养关系的成立而消除。因此，一切父母子女间的权利义务，继父母自身份转变为养父母后，都应依法承担，不得推诿。

69. 收养与送养是否必须自愿?

收养是在收养人与被收养人之间成立拟制父母子女关系的法律制度，其牵涉送养人、收养人、被收养人等多方主体的权益。从本质上看，收养属于民事法律行为，需要体现当事人的意思自治，最大限度遵从当事人的意愿。这种意思自治须体现在送养人、收养人以及被收养人等各方主体是否同意收养的主观意志方面。根据《民法典》第1104条的规定，收养人收养与送养人送养，应当双方自愿。收养8周岁以上未成年人的，应当征得被收养人的同意。需要注意以下三点：一是成立有效的收养关系，首先需要收养人有真实、自愿的收养意思表示。关于这一点，应该是不言自明的道理。对收养人而言，如果其没有作出收养的意思表示，就不会有后续行为的形成及生效。应当强调的是，收养人收养意愿的作出必须是真实、自愿的，如果这种收养意思表示是受胁迫、欺诈等作出的，就不会产生有效的收养关系，也必将有损被收养人的合法权益。当然，如果有关主体借收养之名行牟利之实，是被严格禁止的，要依法承担相应的法律责任。二是成立有效的收养关系，还需要送养人同意送养的真实意愿。以孤儿的监护人为例，即使孤儿的监护人丧失了监护能力，也不得强制其送养未成年人，此时可以通过变更监护人的方式实现对未成年人合法权益的保护。对于送养人同意送养意愿的强调，也再次彰显了对法律行为本质的尊重。三是如果被收养人属于8周岁以上的未成年人，还必须征得被收养人的同意才可收养。

70. 收养有哪些程序性要求？

一是收养登记。所谓收养登记，是国家通过主管部门对申请建立收养关系的当事人，依照收养法规定的收养条件进行审查，对符合法定收养条件的准予登记，收养关系随之成立的一项制度。它是中国公民收养查找不到生父母的弃婴、儿童以及社会福利机构抚养的孤儿和外国人收养中国儿童取得合法收养关系的必经程序。国家建立收养登记制度意义重大，通过这一制度，国家能够对收养关系的建立进行监督，及时发现和纠正违反收养制度的行为，依法保护收养关系当事人尤其是被收养人的合法权益，促进家庭和睦和社会稳定。根据民法典的规定，收养应当向县级以上人民政府民政部门登记。收养关系自登记之日起成立。负责代表国家进行收养登记的职能部门是民政部门，且在部门层级上必须是县级以上人民政府的民政部门。因此，办理收养登记的法定机关是县级以上人民政府的民政机关。

二是关于收养协议。收养关系当事人愿意签订收养协议的，可以签订收养协议。与收养登记不同，收养协议的签订并非强制性规定，而是可以由当事人根据具体情况自愿选择是否签订。鉴于收养是变更身份的民事法律行为，如果当事人选择订立收养协议，必须由收养人与送养人双方亲自进行，不得由他人代理。收养协议中，无论是收养人、送养人还是被收养人，必须符合法律规定的条件要求，其内容也必须符合相关的规定。如果被收养人已年满 8 周岁，收养协议中还必须包含被收养人同意收养的意思表示。从形式上讲，收养协议应当采用书面形式，双方当事人各执 1 份，协议自双方当事人在协议上签字盖章之日起生效。

三是关于收养公证，即收养关系当事人各方或者一方要求办理收养公证的，应当办理收养公证。从这一规定看，收养公证并非收养的必经程序，只有收养关系的各方当事人或者一方当事人提出办理收养公证的要求时，才依法予以办理。

71. 办理收养是否需要进行收养评估?

所谓收养评估，是指由具有相关专业人员或能力的社会组织或机构采取科学、专业的方式，对收养人是否具备抚养教育被收养的未成年人能力的综合评估。通过收养评估，能够更加准确、客观地确定收养人所具备的抚养教育被收养未成年人的能力，使更符合条件、更具备能力的主体成为收养人，能够从程序和实体两方面保障被收养人的利益，体现最有利于被收养人的收养原则。从世界上其他国家和地区看，美国、加拿大、西班牙、荷兰、法国、挪威等国家都有对收养人能力的调查了解程序，我国港澳台地区也均在收养工作中建立了收养能力评估机制。我国民政部于 2012 年 6 月、2014 年 6 月分两批启动开展了收养能力评估试点工作，截至目前，国内除新疆外的其他 30 个省、市、自治区均已覆盖了收养能力评估试点，个别省份的试点工作已经全面铺开。从实践情况看，绝大多数试点地区均引入了专业社工力量，使用了社会工作方法，收养评估的内容包括收养动机、家庭状况、品德品行等方面，评估结果更具科学性和可行性。考虑到收养评估所具有的重要意义，结合各地已经较为成熟的试点经验情况，民法典对收养评估作了规定。根据这一规定，收养评估由县级以上人民政府民政部门负责实施，且应当依法进行。关于收养评估的标准、程序、条件等，可由国务院有关部门制定具体的实施办法。

72. 收养关系成立后，是否需要为被收养人办理户口登记？

收养关系成立后，收养人与被收养人之间就成立了拟制的父母子女关系，适用一切同父母子女关系有关的规定。从户籍管理的角度，既然在法律上被收养人已经成为收养人的子女，理应将被收养人纳入收养人的户籍之中。根据《中国公民收养子女登记办法》第 8 条的规定，收养关系成立后，需要为被收养人办理户口登记或者迁移手续的，由收养人持收养登记证到户口登记机关按照国家有关规定办理。需要明确的是：第一，为被收养人办理户口登记的前提是必须成立收养关系。只有通过合法的收养登记成立收养关系后，才能申请公安机关为被收养人办理有关的户口登记。第二，办理登记的职能部门是公安机关。这一点是由我国的户籍管理体制所决定的，无须多言。第三，根据被收养人的不同情况，需要办理的户口登记类型既包括原始的户口登记，也包括户口迁移。比如，在为孤儿、生父母有特殊困难无力抚养的子女办理户口手续时，因其户籍原来可能已落在其生父母或者其他监护人处，因此需要办理的是户口的迁移手续；而如果是为儿童福利机构抚养的查找不到生父母的未成年人办理户口手续，因本就无法查知其生父母原来的户籍所在地，此时需要为被收养人办理的就是原始的户籍登记手续。第四，为被收养人办理户口登记，需要依照国家有关规定进行。我国有不少关于户口登记的管理制度，这些制度对于规范公众的户口关系，提升户籍管理水平发挥了重要作用，为被收养人办理户口登记时，应当按照这些规定的要求，依法办理。

73. 生父母的亲属、朋友抚养孤儿或者生父母无力抚养的子女的，是否适用收养的有关规定?

根据《民法典》第 1107 条的规定，当孤儿或者生父母有特殊困难无力抚养的子女没有通过收养重新确立父母子女关系时，生父母的亲属、朋友可以通过抚养未成年人来实现对其权益的保护，其实质是未成年人的抚养权发生了变更。这不仅涉及未成年人今后的生活环境及成长条件的改变，而且关系到各方面关系人的抚养权问题。首先，抚养权的变更，受影响最为直接的是未成年人本人。基于未成年人利益最大化的原则，当原先的抚养人死亡或者丧失抚养条件时，变更抚养权能够有效维护未成年人良好的成长环境。其次，允许生父母的亲属、朋友在有抚养能力及抚养意愿时承担抚养未成年人的义务，充分考虑到了生父母与其亲属、朋友之间的情感联系，也在实现未成年人利益保护的同时，避免了有可能出现的法律冲突。最后，生父母的亲属、朋友抚养未成年人时，不受本章有关收养规定的限制。因此，有关收养条件、收养人数、收养登记等一系列规定，均不适用于生父母的亲属、朋友抚养未成年人的情形。当然，需要指出的是，如果生父母的亲属、朋友在承担了对未成年人的抚养义务之后，因为各种原因出现了无力抚养教育未成年人的情形时，从保护未成年人利益的角度考虑，应当及时、再次变更抚养权人，以确保未成年人的利益不致受到损害。

74. 配偶一方死亡，另一方送养未成年子女的，死亡一方的父母能优先抚养吗？

根据《民法典》第1108条的规定，配偶一方死亡，另一方送养未成年子女的，死亡一方的父母有优先抚养的权利。在我国的国情下，一般而言，祖父母、外祖父母对于自己的孙子女、外孙子女都疼爱有加，所谓“隔代亲”即指此义。尤其是当自己的子女死亡后，无论是基于对孙子女、外孙子女的疼爱，还是基于对自己子女情感的延续，死亡一方的父母一般都愿意承担起抚养孙子女、外孙子女的责任。在这一背景下，赋予他们在未成年人被送养时优先抚养的权利，既对于未成年人而言，无疑是有利的，也尊重了其对自己子女、孙子女、外孙子女的情感需求。根据这一规定，如父亲死亡，母亲因特殊困难送养未成年子女的，祖父母可以不同意送养，而主张自己抚养孙子女。同样，母亲死亡，父亲因特殊困难送养未成年子女的，外祖父母也可以不同意送养，表示由自己抚养外孙子女。通过赋予祖父母、外祖父母对于孙子女、外孙子女优先抚养的权利，能够使未成年人在充满关爱的熟悉环境中健康成长，有助于保护未成年人的利益。需要注意的是：

第一，优先抚养权产生于生存一方配偶送养未成年子女之时，即当生存一方配偶作出送养其未成年子女的意思表示之时，死亡一方配偶的父母的优先抚养权即产生。这既有助于保护优先权人的合法权利，同时也便于为未成年人创造良好的成长环境。同时，优先抚养权作为死亡一方配偶的父母享有的一项民事权利，其可以根据权利自由处分的原则对优先抚养权表示放弃。

第二，优先抚养权并不绝对，在有的情况下，从最有利于未成年人利益最大化的角度出发，可以考虑限制甚至剥夺优先抚养权人的优先抚养权。比如，优先抚养权人存在严重危害未成年人身心健康的现实危险、优先抚养权人不具备实际的抚养能力等。此外，如果未成年人属于 8 周岁以上的限制民事行为能力人，在确定抚养权人时还要充分听取未成年人的意愿。

第三，在有的情况下，如死亡一方配偶的父母离婚，假如同时主张优先抚养权的，需要首先审查是否同时具备优先抚养权。如果同时具备优先抚养权，就要综合考虑各种因素，并可以听取送养人的意见，确定由其中一人抚养未成年人。

第四，优先抚养权的产生具有先决条件，即必须是在配偶一方死亡，另一方送养子女时，死亡一方配偶的父母才可主张。

75. 外国人在中国收养子女有哪些程序性要求?

根据《民法典》第 1109 条的规定，外国人依法可以在中华人民共和国收养子女。这里的“依法”是指依照我国有关收养的法律法规进行收养行为。同时，外国人在中华人民共和国收养子女，应当经其所在国主管机关依照该国法律审查同意。这说明，除了遵守我国的法律之外，外国人在中国收养子女的，还需要遵守所在国的法律规定。按照本章有关被收养人、送养人以及收养人条件的规定，外国人在我国收养子女的，必须符合这些实质性条件的要求。（1）被收养人方面，丧失父母的孤儿、查找不到生父母的未成年人以及生父母有特殊困难无力抚养的子女这三类主体，均可以作为涉外收养的被收养人由外国人收养。（2）送养人方面，孤儿的监护人、儿童福利机构以及有特殊困难无力抚养子女的生父母，均可以作为送养人送养未成年人。（3）收养人条件方面，原则上要求无子女或者只有一名子女，有抚养、教育和保护被收养人的能力，未患有在医学上认为不应当收养子女的疾病，无不利于被收养人健康成长的违法犯罪记录，年满30周岁等。当然，在有的情形下，个别条件允许适当放宽。比如，华侨收养三代以内同辈旁系血亲的子女，可以不受收养人无子女或者只有一名子女的限制；外国人原则上最多只能收养两名子女，但是如果收养的是孤儿、残疾未成年人或者儿童福利机构抚养的查找不到生父母的未成年人，可以不受收养人数及收养人子女数量的限制。在形式要件方面，收养人应当提供由其所在国有权机构出具的有关其年龄、婚姻、职业、财产、健康、有无受过刑事处罚等状况等证明材料，并与送养人订立书面协议，亲自向省、自治区、直辖市人民政府民政部门登记。这些证明材料应当经收养人所在国外交机关或者外交机关授权的机构认证，并经中华人民共和国驻该国使领馆认证，国家另有规定的除外。

76. 收养人、送养人要求保守收养秘密的，是否应得到允许?

收养在收养人与被收养人之间成立了拟制的父母子女关系，涉及送养人、收养人、被收养人等多方主体。收养的成立，势必会对收养家庭、原生家庭以及被收养人本身产生影响。从当事人的角度考虑，在收养成立、家庭关系重新稳定之后，可能会希望保守有关收养的秘密。这里既包括被收养人被收养的事实应予保密，也包括收养家庭、原生家庭的情况的保密。相较于原生家庭父母子女之间的亲子关系，收养所形成的拟制父母子女关系更容易受到外界的影响。实践中，有很多原本相处和谐融洽的养父母与养子女，在收养事实被披露后，心生隔阂，关系淡化，甚至最终导致收养关系的解除。因此，在收养人、送养人要求保守收养秘密时，其他人应当尊重其意愿，不得泄露。对于被收养人而言，保守收养秘密有助于稳定收养关系，避免对其心理产生影响，从而有利于被收养人的健康成长；对于收养家庭而言，保守收养秘密可以使其免受原生家庭的干扰，维护收养家庭与被收养人之间和睦稳定的家庭关系；对于原生家庭而言，也有助于维护其隐私，使生父母彻底与过去告别，开始新的生活，避免被收养人对生父母现有生活的打扰。

77. 什么是收养的拟制效力?

首先，关于养父母与养子女间的权利义务关系。自收养关系成立之日起，养父母与养子女间的权利义务关系，适用民法典关于父母子女关系的规定。比如，父母对未成年子女负有抚养、教育和保护的义务；父母不履行抚养义务的，未成年子女或者不能独立生活的成年子女，有要求父母给付抚养费的权利；父母和子女有相互继承遗产的权利等。这些规范父母子女权利义务关系的规定，都可在收养关系成立后，适用于养父母子女之间。换言之，尽管收养形成的是拟制血亲，但在法律适用方面，其与自然血亲之间并无差别。

其次，关于养子女与养父母的近亲属间的权利义务关系。由于收养关系成立后，养父母子女之间同自然形成的父母子女关系并无二致，因此，在养子女与养父母近亲属关系方面，也同样适用民法典关于子女与父母的近亲属之间关系的规定。

最后，收养关系成立后，养子女与生父母以及其他近亲属间的权利义务关系相应得以消除。收养关系成立后，养父母与养子女间形成了拟制的父母子女关系。此时，如果其与生父母的关系继续维持，则会出现双重的父母子女关系，这将使得亲子关系变得较为复杂，也与人们的普遍认知不符。因此，只要收养关系成立，养子女与生父母以及其他近亲属间的权利义务关系就得以消除。

78. 养子女的姓氏如何选取?

《民法典》第 1015 条关于自然人姓氏的选取有明确规定，即“自然人的姓氏应当随父姓或者母姓，但是有下列情形之一的，可以在父姓和母姓之外选取姓氏：（一）选取其他直系长辈血亲的姓氏；（二）因由法定扶养人以外的人扶养而选取扶养人姓氏；（三）有不违背公序良俗的其他正当理由。”收养关系成立后，养父母与养子女间成立了法律拟制的父母子女关系，允许养子女选取养父或者养母的姓氏，既有助于增强养子女与养父或者养母之间相互的情感认同，便于其更好更快地融入收养家庭，也有利于对他人保守收养秘密，维护当事人的隐私权。当然，从另一方面来说，送养人与收养人在收养关系成立时也可能早已约定好未成年子女的姓氏问题，如果双方协商一致，法律也并不禁止未成年人保留原姓氏。比如，在生父母因特殊困难无力抚养而送养子女时，基于情感方面的考虑，生父母可能希望子女在被他人收养之后仍保留原姓氏。此时，如果收养人对此不持异议，当然是允许的。这充分体现了对于收养关系当事人意思自治的尊重，在实践中也不会有操作上的困难。

79. 哪些收养行为是无效的?

无效的收养行为主要包括两种情况：第一，民法典总则编关于民事法律行为无效规定的情形，具体包括：（1）无民事行为能力人实施的民事法律行为。（2）行为人与相对人以虚假的意思表示实施的民事法律行为。(3) 违反法律、行政法规的强制性规定的民事法律行为。但是，该强制性规定不导致该民事法律行为无效的除外。(4) 违背公序良俗的民事法律行为。(5) 行为人与相对人恶意串通，损害他人合法权益的民事法律行为。如果送养人与收养人之间的收养行为具有上述情形的，则行为应属无效。第二，违反民法典婚姻家庭编规定的收养行为无效。收养行为如果违反了民法典婚姻家庭编的规定，也应属于无效的收养行为。例如，收养行为违反了有关被收养人、送养人、收养人的条件，收养人数的限制以及无配偶者收养异性子女的年龄限制等。又如，未依法向县级以上民政部门办理收养登记。再如，违反有关收养应当遵循最有利于被收养人的原则，保障被收养人和收养人的合法权益的规定，违反禁止借收养名义买卖未成年人的规定等，均为无效收养。

80. 收养关系解除包括哪些情形？

收养是在收养人、被收养人之间成立拟制父母子女关系的制度。收养关系自成立之日起，就需要遵循最有利于被收养人的原则，保障被收养人和收养人的合法权益。可以说，最有利于被收养人的原则，需要贯穿收养行为的始终。收养关系成立后，收养人与被收养人之间成立了父母子女关系，收养人作为养父母，应当依法承担起抚养、教育、保护未成年子女的义务，尽心竭力履行监护职责，为未成年子女的健康成长创造良好的条件。同时，这种职责的承担也使得收养人能够真正分享为人父母的快乐，符合收养的初衷。因此，从有利于未成年子女成长的角度考虑，原则上在被收养人成年之前，收养人不得单方解除收养关系。这主要是出于确保被收养人能够正常获得生活来源得以健康成长的考虑。如果允许收养人在被收养人成年之前随意解除收养关系，就有可能出现被收养人无人抚养的情形，势必会影响被收养人的生活及成长。当然，这种对收养关系解除的禁止也并非绝对，如果作为收养关系双方当事人的收养人与送养人能够就解除收养关系达成一致协议，被收养人就不会陷入无人抚养的境地，此时，是可以解除收养关系的。但对于被收养人达到8周岁以上的，还需要征得被收养人本人的同意。

在有的情形下，收养人不履行抚养义务，甚至可能存在虐待、遗弃等损害未成年养子女合法权益的现象。在这种情况下，如果不允许解除收养关系，可能更不利于未成年子女的健康成长。同时，送养人作为送养主体，尽管在收养关系成立后就与被收养人不再具有抚养与被抚养的关系，但赋予送养人必要的“监督”职责，仍是必要的。送养人在收养人具有上述情形时，可以向收养人提出解除收养关系；如果送养人与收养人无法就解除收养关系达成协议，可以通过向法院提起诉讼的方式申请解除收养关系。

81. 养父母与成年养子女如何解除收养关系？

收养在收养人与被收养人之间成立了拟制的父母子女关系。收养关系成立后，收养人作为养父母承担起抚养、教育和保护未成年养子女的职责，能够为养子女提供温暖的家庭氛围及良好的成长环境，养子女在这样的氛围和环境中，获得了来自身体、心理各方面的抚慰和照顾，同时，收养人作为养父母也能够通过自己的付出，体会为人父母的幸福，享受天伦之乐。此外，不可否认的一点是，我国的收养制度还是养老制度的重要补充。许多养父母收养子女的初衷，除了为国家和社会减轻负担，自愿承担抚养、教育下一代的重任之外，也是为了今后自己能够老有所依、老有所养。然而，家庭生活是复杂的，所谓“家家有本难念的经”。收养关系成立后，尤其是在养父母含辛茹苦，付出巨大时间、金钱、精力将被收养人抚养成年后，被收养人却可能因为各种原因与养父母交恶，以致无法共同生活。原本养父母所抱有的被收养人成年后能够履行对自己的赡养、扶助义务的期待，也会因这种关系的恶化而化为泡影。在这种情形之下，收养就失去了其原本的意义。此时，允许双方协商解除收养关系，是对于彼此都有益的做法。如果经过协商，无法就解除收养关系达成协议，比如一方坚决要求解除收养关系而对方不同意解除时，要求解除收养关系的一方可以向人民法院提起诉讼来解除收养关系。

82. 解除收养关系需要登记吗？

根据《民法典》第1105条的规定，收养应当向县级以上人民政府民政部门登记，收养关系自登记之日起成立。作为一种在收养人与被收养人之间成立拟制父母子女关系的民事法律行为，收养需要经登记成立。那么，在收养关系解除后，作为一种民事法律行为的终止方式，也应当在程序上通过登记予以确认。根据《中国公民收养子女登记办法》第9条的规定，收养关系当事人协议解除收养关系的，应当持居民户口簿、居民身份证、收养登记证和解除收养关系的书面协议，共同到被收养人常住户口所在地的收养登记机关办理解除收养关系登记。该办法第10条还规定，收养登记机关收到解除收养关系登记申请书及有关材料后，应当自次日起30日内进行审查；对符合收养法规定的，为当事人办理解除收养关系的登记，收回收养登记证，发给解除收养关系证明。

83. 收养关系解除的法律后果有哪些?

收养关系解除后，面临的首要问题就是未成年养子女的抚养、教育和保护。因为收养关系一旦解除，收养人与被收养人之间拟制的父母子女关系即告消除。从收养人的角度来说，其不可能再自愿承担起对被收养人的抚养、教育和保护义务。即使法律作了强制性规定，也无法再像收养关系存在时那般尽心竭力。因此，为了保护收养关系解除后被收养人的抚养教育问题，立法需要作出规定。考虑到生父母与被收养人之间始终存在无法割舍的血缘联系，在收养关系解除后，立法要求生父母承担起对于未成年子女的抚养教育责任，以确保未成年子女的利益不受侵犯。因此，《民法典》第1117条规定，在收养关系解除后，养子女与养父母及其他近亲属的权利义务关系即行消除，而与生父母及其他近亲属的权利义务关系自行恢复，无须办理任何手续。同时，也不区分协议解除还是诉讼解除，均产生此种法律后果。这样一来，对于未成年被收养人的抚养、教育就不会出现真空，能够自动得以接续，未成年人可以继续在良好的环境下健康成长。另外，如果收养关系解除后，养子女已经成年，意味着养子女已经具备完全民事行为能力，具有独立的思考和认知能力，可以自主决定未来的生活安排，能够依据自己的所思所想规划未来，包括与谁确立亲子关系等。因此，立法有必要赋予成年养子女与生父母及其他近亲属在收养关系解除后是否恢复权利义务关系的选择权，尊重双方的自由意志和选择。这既体现了对成年养子女及其生父母独立人格的尊重，也在一定程度上体现了权利义务相对等的原则：一方面，成年养子女会对生父母将自己送养别人而未尽抚养教育之责心有不满；另一方面，成年养子女长期与养父母共同生活，与生父母之间没有太多生活经历，双方很难建立深厚的情感。

84. 收养关系解除后，有关生活费、抚养费支付的规定是怎样的？

收养关系存续期间，收养人除了付出时间和精力尽心照顾未成年子女之外，还要为子女的健康成长支出生活费、教育费、医疗费等各方面费用。在收养关系一直维持的情况下，收养人在精神和物质方面的付出可以通过将来养子女成年后履行赡养、扶助义务得到回报和补偿。但是，在收养关系解除后，收养人在收养关系存续期间所付出的各项费用便无法通过被收养人将来履行赡养义务的方式进行补偿。此时，从权利义务相对等的角度出发，立法需要对双方进行利益上的平衡。因此，《民法典》第1118条第1款规定，收养关系解除后，经养父母抚养的成年养子女，对缺乏劳动能力又缺乏生活来源的养父母，应当给付生活费。因养子女成年后虐待、遗弃养父母而解除收养关系的，养父母可以要求养子女补偿收养期间支出的抚养费。作出这样的规定，主要是为了保护收养人的合法权益，妥善处理解除收养关系后的相关事宜。对于生父母要求解除收养关系的，养父母可以要求生父母适当补偿收养期间支出的抚养费，但是因养父母虐待、遗弃养子女而解除收养关系的除外。

第六编　继　承

1. 什么是继承权？

继承权是民事权利的一种，是自然人依法享有继承被继承人死亡时遗留的遗产的权利。继承权的取得与实现依赖于两个条件：一是被继承人死亡，这是继承权的前提条件。如果被继承人没有死亡，就不会发生继承的问题，继承人在法律上所享有的仅仅是一种继承期待权。二是继承人没有丧失继承权。继承人的继承权可能由于法定事由丧失，在继承人丧失继承权时，继承权在法律上也就无从谈起。

继承权作为一种法定权利，在法律上具有以下特征：一是继承权是特殊的财产权。继承权的客体指向的是财产，所以继承权首先是一种财产性权利。继承权是围绕被继承人的遗产展开的，是为了解决被继承人死亡后遗产的所有权转移问题。继承权这一财产权具有特殊性，与一般的物权、债权等财产权不同，继承权这种财产权只能存在于具有特定身份关系的自然人之间，是基于身份关系而形成的财产权。二是继承权属于绝对权，具有排他性。任何人均不得侵害继承人的继承权。三是继承权发生的根据是法律的规定或者被继承人所立的合法有效的遗嘱，基于法律规定而取得的继承权就是法定继承，基于遗嘱取得的继承权就是遗嘱继承。四是继承权的主体具有专属性。由于继承权是以特定身份为基础的，因此继承权仅为特定主体所享有，继承人与被继承人之间存在某种特定的身份关系，可能是基于血缘形成的关系，也可能是基于姻亲形成的关系。继承人的范围都是由法律明确规定的。法律规定的继承人之外的主体，是不能享有继承权的。

继承权的具体内容包括：一是接受与放弃继承的权利。继承权作为一种财产性权利，继承人有权接受继承，也有权放弃继承。任何人不能强迫继承人接受、放弃继承。根据《民法典》第 1124 条第 1 款的规定，继承人放弃继承的，应当以书面形式作出表示，没有作出放弃表示的即视为接受继承。二是取得遗产的权利。继承人如果不放弃继承，即可依法取得被继承人所遗留的遗产。至于继承人取得遗产的份额多少，则需要根据法律规定或者遗嘱内容判断。三是继承权受到侵害时获得救济的权利。继承权作为财产权利，在受到不法侵害时，继承人当然有权依法寻求救济，可以根据民法典侵权责任编的有关规定主张权利。理论上此种权利被称为继承恢复请求权。继承人根据继承恢复请求权可以要求法院确认自己依法享有继承权，并可以请求返还其依法应得的遗产。

2. 继承从什么时间开始？

《民法典》第 1121 条第 1 款规定，继承从被继承人死亡时开始。继承的开始意味着继承法律关系的形成。继承开始的时间非常重要，继承开始的时间决定着继承人、受遗赠人范围，遗产的范围，遗产所有权的转移，遗嘱的效力，继承权的放弃。

继承开始取决于被继承人死亡的时间，因此如何确定被继承人死亡的时间至关重要。死亡从法律上而言，包括自然死亡与宣告死亡。《民法典》第15条对出生时间和死亡时间有明确的规定，自然人的出生时间和死亡时间，以出生证明、死亡证明记载的时间为准；没有出生证明、死亡证明的，以户籍登记或者其他有效身份登记记载的时间为准。有其他证据足以推翻以上记载时间的，以该证据证明的时间为准。民法典对宣告死亡的时间也作了规定，第48条规定，被宣告死亡的人，人民法院宣告死亡的判决作出之日视为其死亡的日期；因意外事件下落不明宣告死亡的，意外事件发生之日视为其死亡的日期。

3. 多人在同一事件中死亡，如何确定继承关系？

《民法典》第1121条第2款规定，相互有继承关系的数人在同一事件中死亡，难以确定死亡时间的，推定没有其他继承人的人先死亡。都有其他继承人，辈份不同的，推定长辈先死亡；辈份相同的，推定同时死亡，相互不发生继承。之所以这么规定，是从有利于保护继承人的利益角度考虑的。相互有继承关系的数人在同一事件中死亡的，根据本款规定，确定死亡时间需要根据具体情况判断：（1）在同一事件中死亡的相互有继承关系的数人，他们的死亡时间如果可以确定的，应当根据客观证据来确定。（2）如果没有证据能证明他们的死亡时间先后顺序的，则需要根据各自的具体情况进一步作出推定：第一种情况，如果有人没有其他继承人，仅有的继承人都在同一事件中死亡的，推定此人先死亡。这样规定就可以使其遗产能够依法被继承，而不会造成无人继承的状况。第二种情况，如果他们都有其他继承人，就需要再进一步根据他们之间的辈份情况来推定，具体而言：其一，辈份不同的，推定长辈先死亡。例如，甲、乙爷孙二人在同一事件中死亡，两人均有其他继承人，则推定爷爷甲先死亡，其孙子乙后死亡。其二，辈份相同的，推定同时死亡，相互之间不发生继承。例如，兄弟丙、丁在同一事件中死亡，两人也都有其他继承人，则推定二人同时死亡，不继承对方的遗产。

4. 遗产包括哪些财产？

《民法典》第 1122 条第 1 款规定，遗产是自然人死亡时遗留的个人合法财产。遗产是继承法律关系的客体，也是继承权的标的。遗产作为特殊的财产，与一般财产存在诸多不同：首先，遗产仅存于特定时间段。遗产是自然人死亡后所遗留的财产。遗产是在自然人死亡之后到被分割之前特定时间阶段的财产状态。其次，遗产在性质上属于财产。遗产为被继承人遗留的财产，即财产性权利和义务。再次，遗产是自然人死亡时遗留的所有个人财产。最后，遗产是自然人死亡时遗留的合法的财产。只有自然人生前合法取得的财产才能成为遗产。

理解遗产的范围需要从三个方面把握：第一，遗产首先是财产或财产性权益，非财产性权利（人格权、人身权或相关权益）不得作为遗产继承；第二，遗产必须是合法的财产权，非法的财产权也非遗产的范围；第三，遗产必须是被继承人个人的财产，非个人财产不属于遗产的范围。我国有些财产性权益属于家庭共有，而非属于个人。比如土地承包经营权、宅基地使用权等，根据农村土地承包法、土地管理法的相关规定，获得土地承包经营权、宅基地使用权的主体是以户为单位，并不是属于某个家庭成员。我国的很多相关法律都规定了特定类型的财产性权益可以继承。如《著作权法》第19条第1款规定："著作权属于公民的，公民死亡后，其本法第十条第一款第（五）项至第（十七）项规定的权利在本法规定的保护期内，依照继承法的规定转移。"

《民法典》第1122条第2款规定，依照法律规定或者根据其性质不得继承的遗产，不得继承。原因在于，能被继承的遗产应当是能够转由他人承受的财产，有些个人财产性权益虽然合法，但由于法律上的特殊性质，不宜或者不能由他人承继，在这种情况下，法律有必要将其排除在可继承的遗产范围外。根据本款规定，主要有两类财产不得继承：第一类是根据其性质不得继承的遗产，这主要是与被继承人人身有关的专属性权利，如被继承人所签订的劳动合同上的权利义务，被继承人所签订的演出合同上的权利义务。第二类是根据法律规定不得继承的遗产。根据《民法典》第8条的规定，民事主体从事民事活动，不得违反法律。如果法律有明确规定某些财产不得继承，继承人自然不得继承。

5. 法定继承、遗嘱继承、遗赠扶养协议，哪个效力优先？

《民法典》第1123条规定，继承开始后，按照法定继承办理；有遗嘱的，按照遗嘱继承或者遗赠办理；有遗赠扶养协议的，按照协议办理。根据这一条规定：

首先，继承开始后，按照法定继承办理。在通常情况下，如果被继承人生前没有留有有效的遗嘱，继承开始后，就需要启动法定继承制度，根据继承编所规定的继承人范围、顺序、遗产分配方法等，确定各继承人之间所得遗产的数额。这是最为常见的继承方式。

其次，有遗嘱的，按照遗嘱继承或者遗赠办理。如果被继承人生前留下了合法有效的遗嘱，被继承人的财产就需要优先根据遗嘱的内容来分配。有遗嘱的，包括两种情况：一是遗嘱指定了特定的继承人继承，此时，就需要启动遗嘱继承程序，按照遗嘱的要求来分配遗产。二是被继承人通过遗嘱将遗产赠与继承人以外的个人或者组织，处理遗产就必须尊重被继承人的意思。被继承人的遗嘱可能是处理了自己的所有遗产，也可能是处理了部分遗产。不管哪种情况，只要有遗嘱，就优先按照遗嘱的指示来分配所涉及的部分遗产。遗嘱继承的效力之所以优先于法定继承，是因为遗嘱体现了被继承人的意思自治。法定继承是在被继承人意思缺位的时候，立法按照男女平等、养老育幼、权利义务相一致等公平合理的规则分配被继承人的遗产。

最后，有遗赠扶养协议的，按照协议办理。遗赠扶养协议是自然人生前与继承人以外的个人或者组织签订的协议。当事人之间签订的协议，双方当事人都必须遵守。在遗赠扶养协议中，扶养人有负责被扶养人生养死葬的义务，同时享有获得遗赠的权利；被扶养人生前有权要求扶养人照顾自己，同时也有义务在死亡后将自己的遗产赠与扶养人。从法律性质上讲，遗赠扶养协议是一种双务合同。这种协议也体现了被扶养人生前的自主意思，也应当尊重，同时这种双务合同体现了双方当事人的意思，理应比仅体现一方意思的遗嘱效力优先。因此，在自然人生前与他人签订了遗赠扶养协议时，应当依遗赠扶养协议优先处理所涉遗产。由于双方当事人可以事先约定扶养人受遗赠的财产范围，超过此范围的遗产，如果被扶养人立有遗嘱，则应当按照遗嘱处理，如果没有遗嘱，则应当按照法定继承办理。需要注意的是，如果对于同一财产，遗赠扶养协议和遗赠都涉及时，应当优先按照遗赠扶养协议处理。

6. 继承人没有明确作出表示，是否意味着放弃继承？

《民法典》第 1124 条第 1 款规定，继承开始后，继承人放弃继承的，应当在遗产处理前，以书面形式作出放弃继承的表示；没有表示的，视为接受继承。放弃继承就是继承人作出不接受继承、不参与遗产分割的意思表示。放弃继承的继承人既可以是遗嘱继承人，也可以是法定继承人。放弃继承的意思表示可以是继承人本人作出，也可以通过其代理人作出。继承权是继承人依法享有的一种权利，继承人可以放弃，也可以不放弃，应当尊重继承人的内心意思，任何人不得胁迫、欺诈他人放弃继承。根据法律规定，放弃继承必须在特定时间作出，即继承开始后，遗产处理前。继承人放弃继承必须在此时间段作出，既不能在继承尚未开始前放弃，也不能在遗产分割之后放弃。

继承人放弃继承，必须以书面方式作出。一方面，放弃继承意味着继承人不参与遗产分割，是对自己权利的重大处分，要求继承人以书面方式作出，可以让继承人三思而行，谨慎作出；另一方面，放弃继承后，继承人不再参与遗产分割，其他继承人将可以获得更多的遗产份额，为了避免当事人之间就遗产分割发生争议，以书面方式作出，更有利于保留证据。继承人放弃继承的书面意思表示，可以向遗产管理人作出，可以在涉遗产的诉讼中向人民法院作出，也可以向其他继承人作出。放弃继承还必须以明示方式作出，不得以默示方式作出。根据本款的规定，继承人在继承开始后遗产处理前，对是否接受继承，如果没有表示的，视为接受继承。

7. 受遗赠人应该在什么期限内表示是否接受遗赠？

《民法典》第 1124 条第 2 款规定，受遗赠人应当在知道受遗赠后 60 日内，作出接受或者放弃受遗赠的表示；到期没有表示的，视为放弃受遗赠。根据此规定，作出接受或者放弃受遗赠的期限为 60 日，即从受遗赠人知道受遗赠后的 60 日内作出。接受遗赠必须以明示的方式作出意思表示，受遗赠人在法定期限内不作意思表示的视为放弃。在本编起草审议过程中，有的意见提出，受遗赠人作出接受与放弃的意思表示也应当以书面方式作出，不作出的视为接受遗赠。自然人以遗嘱方式作出遗赠虽然是单方行为。但从法律的本质上而言，遗赠行为在某种程度上应当视为一种双方法律行为，遗赠人作出赠与的意思表示，受遗赠人接受方可，这就需要双方意思达成一致方能成立，遗赠人不得将自己的意思强加给另一方。因此，如果受遗赠人在法定期限内不作任何意思表示，赠与的合意难以形成，法律不宜强迫当事人达成合意，故不宜规定受遗赠人不作出接受表示即视为接受。同时，考虑到接受遗赠属于行使权利的行为，不宜对当事人要求过高，在形式上法律不宜作硬性规定，只要受遗赠人作出意思表示即可，不必非得以书面方式作出。

8. 在什么情况下会导致继承权丧失?

继承权丧失是指继承人因对被继承人或者其他继承人实施了法律所禁止的行为，而依法被取消继承被继承人遗产的资格。继承权丧失意味着继承人不再享有获得被继承人遗产的权利，继承人在继承开始后可以自主决定放弃继承权，但继承权丧失是法律规定取消继承权的情形。

根据《民法典》第 1125 条第 1 款的规定，丧失继承权的法定事由包括五种：

一是故意杀害被继承人。所谓故意杀害就是故意剥夺他人生命。（1）在主观上，存在杀人的故意。但不包括过失犯罪，也不包括过失或者因正当防卫致被继承人死亡。犯罪动机上，不论继承人是否为了取得被继承人的遗产，只要求有杀人的故意。（2）故意犯罪的对象必须是被继承人。（3）在客观上实施了杀害行为。只要继承人实施了故意杀害被继承人的犯罪行为，不论犯罪是既遂还是未遂，都将丧失继承权。

二是为争夺遗产而杀害其他继承人。首先，在主观上，必须有杀害的故意，且动机为争夺遗产。其次，在客体上，所侵害的必须是其他继承人的生命。最后，在客观上，也是实施了杀害的行为，当然不论这种犯罪行为是否既遂，都构成丧失继承权的法定事由。

三是遗弃被继承人，或者虐待被继承人情节严重。这包括两种情况：第一种是遗弃被继承人。需要注意的是，只要行为人实施了遗弃被继承人的行为，而不论这种行为是否严重，即依法将失去继承权。第二种是虐待被继承人，如果继承人虐待被继承人情节严重，则构成丧失继承权的法定事由。需要注意的是，实施本项规定的两种行为的，只要实施了遗弃行为、虐待被继承人情节严重的，就可以认定丧失继承权，而不需要继承人必须达到构成遗弃罪和虐待罪的程度。

四是伪造、篡改、隐匿或者销毁遗嘱，情节严重。遗嘱是遗嘱人处分自己遗产的意思表示。自然人有处分自己财产的权利，有遗嘱自由，如果遗嘱被他人篡改、隐匿或者销毁，这歪曲了遗嘱人的真实意思，伪造遗嘱更是如此。因此，为尊重被继承人的遗愿，法律规定伪造、篡改、隐匿或者销毁遗嘱情节严重的，也构成丧失继承权的法定事由。

五是以欺诈、胁迫手段迫使或者妨碍被继承人设立、变更或者撤回遗嘱，情节严重。不论继承人是采取欺诈手段还是通过胁迫手段，只要导致被继承人的真实意思受到歪曲，情节严重的，就构成丧失继承权的法定事由。

9. 继承权丧失后，能够恢复吗？

《民法典》第1125条第2款规定，继承人有前款第3项至第5项行为，确有悔改表现，被继承人表示宽恕或者事后在遗嘱中将其列为继承人的，该继承人不丧失继承权。根据本款的规定，继承人虽然实施了某些导致丧失继承权的行为，但只要被继承人对其表示宽恕或者在遗嘱中仍将其列为继承人，其丧失的继承权即可以恢复。继承权恢复的前提条件是：第一，继承人是因为实施了前款第3项至第5项的行为而丧失继承权。第二，继承人确有悔改。第三，被继承人作出了恢复继承权的意思表示。

10. 受遗赠权会丧失吗？

《民法典》第1125条第3款规定，受遗赠人有本条第1款规定行为的，丧失受遗赠权。赠与虽然是单方法律行为，受赠人没有积极的作为义务，但是根据合同法原理，如果受赠人实施了某些不利于赠与人或赠与人近亲属的行为，赠与人是可以撤销赠与的。遗赠同样如此，根据本款规定，如果受遗赠人实施了第1款的行为，受遗赠人将丧失受遗赠权。需要注意的是，丧失受遗赠权属于绝对丧失，受遗赠人一旦实施了第1款规定的行为，即永久丧失受遗赠权，不得再恢复。

11. 继承权男女平等体现在哪些方面？

“继承权男女平等”原则体现在以下四个方面：

1. 继承权的取得不因自然人的性别不同而不同。妇女同男子享有平等的继承权，不因妇女的婚姻、工作状况而有所差别。

2. 确定法定继承人的范围及继承顺序、继承份额不因自然人的性别不同而不同。继承编规定的法定继承人范围中，既有男性又有女性。继承顺序不因男女而有差别，在同一亲等内，适用于男性的继承顺序同样适用于女性。在继承份额上，如果没有法律规定的多分、少分或者不分遗产的情形，同一顺序的继承人继承遗产的份额，一般应当均等，不能以性别不同作为划分遗产多少的依据。

3. 代位继承不因自然人的性别不同而不同。对于代位继承，凡适用于男性的继承，同样适用于女性；适用于父系的继承，也同样适用于母系。

4. 在夫妻财产继承中，夫妻继承地位平等，处分所继承的财产的权利平等。夫妻彼此是对方的第一顺位法定继承人。根据本编规定，夫妻共同所有的财产，除有约定的外，遗产分割时，应当先将共同所有的财产的一半分出为配偶所有，其余的为被继承人的遗产，即在没有另外约定时，夫妻共同财产的一半为被继承人的遗产，不因性别不同而有所差异。夫妻一方死亡后另一方再婚的，有权处分所继承的财产，任何组织或者个人不得干涉。

12. 我国法定继承人的范围是什么?

法定继承人的范围，是指应当赋予哪些人以法定继承权从而使其依法定继承方式继承被继承人的遗产。对于法定继承人的范围，各国一般都以婚姻和血缘关系为基础，但具体范围宽窄不一。根据《民法典》第 1127 条的规定，我国法定继承人的范围包括：配偶、子女、父母、兄弟姐妹、祖父母、外祖父母。根据《民法典》第 1129 条的规定，对公婆尽了主要赡养义务的丧偶儿媳和对岳父母尽了主要赡养义务的丧偶女婿也是法定继承人。

13. 法定继承的顺序是如何规定的?

法定继承的顺序，是指法律规定的法定继承人继承遗产的先后次序。由于法定继承人通常为多人，法律需要明确法定继承人之间应当优先取得继承的人选。被继承人与继承人之间血缘关系的远近及共同生活关系的密切程度是各国法律确定法定继承顺序的主要依据。法定继承顺序具有优先性和排他性，只有在没有前一顺序的继承人继承时，后一顺序的继承人才能继承遗产。

根据《民法典》第 1127 条的规定，在继承开始后，由被继承人的配偶、子女、父母继承，只要第一顺序继承人中至少有一人继承遗产的，第二顺序继承人就不能继承。在第一顺序继承人中，子女继承还有特殊性，如果子女先于被继承人死亡，根据代位继承制度，子女的直系晚辈血亲可以代位继承，在这种情况下，视为第一顺序继承人继承，第二顺序继承人不能继承。在没有第一顺序继承人继承时，由第二顺序继承人继承。“没有第一顺序继承人继承”包括第一顺序继承人不存在、死亡、丧失继承权、放弃继承等，且不存在适用代位继承的情形。

14. 民法典继承编对子女、父母和兄弟姐妹是如何界定的?

民法典继承编规定的子女、父母和兄弟姐妹的范围有其特殊性，因此这些界定子女、父母和兄弟姐妹范围的规定只适用于继承编。

1. 子女。

根据《民法典》第1127条第3款的规定，子女，包括婚生子女、非婚生子女、养子女和有扶养关系的继子女。根据婚姻家庭编的规定，非婚生子女与其生父母、养子女与其养父母、受继父或继母抚养教育的继子女与其继父母的权利义务关系与婚生子女与其父母的权利义务关系没有区别，根据父母和子女有相互继承遗产的权利的规定，非婚生子女、养子女、受继父或继母抚养教育的继子女可以继承其生父母、养父母和继父母的遗产。需要说明的是，该款界定的子女的范围，要比婚姻家庭编宽泛，因为该款规定为“有扶养关系的继子女”，这包括继子女受继父母抚养的情形，也包括继子女赡养继父母的情形。

2. 父母。

根据《民法典》第1127条第4款的规定，父母，包括生父母、养父母和有扶养关系的继父母。婚姻家庭编规定父母和子女有相互继承遗产的权利，父母有权继承子女的遗产。根据婚姻家庭编的规定，生父母与其非婚生子女、养父母与其养子女、继父母与受其抚养教育的继子女的权利义务关系适用父母子女关系的规定。需要说明的是，该款界定的父母的范围要比婚姻家庭编的宽泛，该款规定的“有扶养关系的继父母”既包括继父母抚养继子女的情形，也包括继父母被继子女赡养的情形。

3. 兄弟姐妹。

根据《民法典》第1127条第5款的规定，兄弟姐妹，包括同父母的兄弟姐妹、同父异母或者同母异父的兄弟姐妹、养兄弟姐妹、有扶养关系的继兄弟姐妹。同父异母或同母异父的兄弟姐妹、养兄弟姐妹与同父母的兄弟姐妹继承顺序相同，继承份额也相同。该款承认“有扶养关系的继兄弟姐妹”享有继承权，这既包括受被继承人生前扶养的继兄弟姐妹，也包括扶养被继承人的继兄弟姐妹。

15. 什么是代位继承？

代位继承制度是法定继承中的一项重要制度，对于保障遗产在各支系中合理分配、发挥遗产育幼功能等具有重大作用。代位继承也被称为“间接继承”，指具有法定继承权的人因主客观原因不能继承时，由其直系晚辈血亲按照该继承人的继承地位和顺序，继承被继承人遗产的制度。在代位继承中，具有法定继承权的人称为被代位继承人；按照被代位继承人的地位和顺序继承遗产的人称为代位继承人。

16. 我国的代位继承制度有哪些主要特征?

《民法典》第1128条规定:“被继承人的子女先于被继承人死亡的,由被继承人的子女的直系晚辈血亲代位继承。被继承人的兄弟姐妹先于被继承人死亡的,由被继承人的兄弟姐妹的子女代位继承。代位继承人一般只能继承被代位继承人有权继承的遗产份额。”根据该条的规定,我国的代位继承制度有以下主要特征:

1. 代位继承的发生原因为被代位继承人先于被继承人死亡。

该条规定的代位继承的发生原因为被代位继承人先于被继承人死亡,主要有两种情况:一种是被继承人的子女先于被继承人死亡,另一种是被继承人的兄弟姐妹先于被继承人死亡。该条仅以被代位继承人先于被继承人死亡为代位继承发生的唯一原因,在继承人丧失继承权或放弃继承时不发生代位继承。

2. 被代位继承人为被继承人的子女或者兄弟姐妹。

该条规定的被代位继承人的范围为被继承人的子女或者兄弟姐妹。根据《民法典》第1127条的规定,子女包括婚生子女、非婚生子女、养子女和有扶养关系的继子女,兄弟姐妹包括同父母的兄弟姐妹、同父异母或者同母异父的兄弟姐妹、养兄弟姐妹、有扶养关系的继兄弟姐妹。

3. 代位继承人为被继承人的子女的直系晚辈血亲或者被继承人的兄弟姐妹的子女。

该条规定的代位继承人的范围为被继承人的子女的直系晚

辈血亲或者被继承人的兄弟姐妹的子女。需要注意的是：一是被继承人子女的代位继承人为其直系晚辈血亲，不受辈份的限制，但是在代位继承时以辈份大者优先。被继承人的兄弟姐妹的代位继承人仅限于其子女。二是代位继承人要根据被代位继承人的地位和顺序继承遗产。被继承人的子女为第一顺序继承人，因此被继承人的子女的直系晚辈血亲在代位继承时是以第一顺序继承人的身份参与继承。被继承人的兄弟姐妹为第二顺序继承人，被继承人的兄弟姐妹的子女在代位继承时是以第二顺序继承人的身份参与继承，只有在没有第一顺序继承人继承且没有被继承人的子女的直系晚辈血亲代位继承时，才能依法代位继承。

4. 代位继承的份额一般为被代位继承人有权继承的遗产份额。

代位继承的份额是指代位继承人通过代位继承的方式能够取得的遗产份额。该条规定代位继承人一般只能继承被代位继承人有权继承的遗产份额，即被代位继承人如果健在时能继承多少份额，代位继承人也一般只能继承多少份额。这是代位继承人取得遗产份额的一般原则，但在存在法律规定的多分、少分或者不分等情况时，其继承遗产的份额可能会有所变化。

17. 丧偶儿媳对公婆，丧偶女婿对岳父母，尽了主要赡养义务的，为什么作为第一顺序继承人？

《继承法》第 12 条规定，丧偶儿媳对公、婆，丧偶女婿对岳父、岳母，尽了主要赡养义务的，作为第一顺序继承人。

在民法典立法过程中，对于这一规定有较多意见。一些意见认为应当取消这一规定，主要理由为法定继承人一般为配偶和血亲，儿媳与公婆、女婿与岳父母是姻亲关系，姻亲不应属于法定继承人。儿媳对公婆、女婿对岳父母在法律上无赡养义务，通过立法规范本属于道德范畴的问题不科学。丧偶儿媳和丧偶女婿基于此条成为法定继承人，他们的子女又可以根据代位继承的规定参与继承，丧偶一方可以取得两份遗产，对被继承人的其他子女有欠公平。

经研究认为，继承法除高度重视血亲、婚姻关系外，还高度重视扶养关系在继承中所起的作用。尽了主要赡养义务的丧偶儿媳和丧偶女婿可以作为第一顺序继承人参与继承，被认为是我国法定继承制度的一个重要特色，符合社会主义核心价值观，符合中华民族传统家庭美德和公序良俗，有利于弘扬优良家风，促进家庭内部互助友爱、团结和睦。同时，这一规定符合权利义务相一致的原则。在相关调研中，基层群众普遍认为这一规定在实践中效果好，具有倡导性作用，应当坚持。为此，《民法典》第1129条规定："丧偶儿媳对公婆，丧偶女婿对岳父母，尽了主要赡养义务的，作为第一顺序继承人。"

根据该条的规定，对公婆尽了主要赡养义务的丧偶儿媳和对岳父母尽了主要赡养义务的丧偶女婿，属于法定继承人，并且为第一顺序继承人。是否尽了主要赡养义务，需要结合相关因素判断，一是在时间上，要对公婆或者岳父母有长期性、经常性的赡养，直至其身故；二是在程度上，这种赡养是公婆或者岳父母的主要生活支柱。

18. 在法定继承中如何分配遗产份额?

如果在继承遗产时存在多个同一顺序的法定继承人，就应当确定各个法定继承人所应继承的遗产份额，这就涉及法定继承中遗产份额的分配问题。根据《民法典》第1130条，对于法定继承遗产份额的分配应当遵循以下原则:

1. 一般情况下同一顺序继承人继承遗产的份额应当均等。

该条第1款为法定继承中分配遗产份额应当遵循的一般原则，即遗产按照同一顺序继承人的人数平均分配，各继承人取得的遗产份额均等，不因其他因素而有所不同。继承遗产的份额均等是继承权平等原则的体现。

2. 特殊情况下同一顺序继承人继承遗产的份额可以不均等。

该条第2款至第5款规定了在某些特殊情况下，同一顺序继承人继承遗产的份额可以不均等，主要有以下四种情况:

(1) 对生活有特殊困难的缺乏劳动能力的继承人，分配遗产时，应当予以照顾。应当予以照顾的继承人必须满足以下两个条件：一是生活有特殊困难，例如继承人没有独立的经济来源或者经济收入难以维持当地最低生活水平而导致生活有特殊困难；二是缺乏劳动能力，无法通过参加劳动改变生活困难的局面。对于此类继承人，在分配遗产时应当予以照顾，这实际上也为其他继承人施加了予以照顾的义务。

(2) 对被继承人尽了主要扶养义务或者与被继承人共同生活的继承人，分配遗产时，可以多分。对被继承人尽了主要扶养义务的继承人是指对被继承人在经济上提供主要来源或者在生活上给予主要照顾的继承人，在遗产分配时给予这类继承人适当倾斜。与被继承人共同生活的继承人，与被继承人在经济上、生活上、情感上存在更为密切的关系，因此也可以多分遗产，这一般符合被继承人的意愿。

（3）有扶养能力和有扶养条件的继承人，不尽扶养义务的，分配遗产时，应当不分或者少分。对于这类继承人不分或者少分遗产必须符合以下两个条件：一是继承人有扶养能力和扶养条件。如果继承人自身无生活来源或者缺乏劳动能力等，不具备扶养被继承人的能力和条件，则不属于应当不分或者少分遗产的情形。二是继承人不尽扶养义务。继承人是否尽到扶养义务一般是从客观上来判断，但实践中也存在继承人有扶养能力和扶养条件，愿意尽扶养义务，但是被继承人因有固定收入和劳动能力，明确表示不要求其扶养的情形。在这种情况下，在分配遗产时，一般不应以此为据对该继承人不分或者少分遗产。如果被继承人生前需要继承人扶养，继承人有扶养能力和扶养条件却不尽扶养义务的，不仅违反公序良俗原则，而且还违反法律规定，情节严重的甚至构成刑事犯罪，对这部分继承人，应当不分或者少分遗产。

（4）继承人协商同意的，也可以不均等。法定继承人之间本着互谅互让、和睦团结的精神，可以协商分配被继承人的遗产。各法定继承人经协商一致，同意不均分遗产的，继承份额也可以不均等。

19. 为什么在法定继承中，可以对继承人以外的与被继承人之间具有扶养关系的人分给适当遗产？

法定继承制度具有身份性特征，一般将被继承人的遗产分配给与被继承人具有血缘关系、婚姻关系的人。然而，如果将继承活动仅仅限定在有一定的血缘关系、婚姻关系的人之间，有时可能会不公平，如果与被继承人形成扶养关系的人并不属于继承人，即使其与被继承人有非常密切的经济、生活和情感上的联系，在被继承人没有订立遗嘱的情况下，其也不能继承任何遗产。为了避免上述不公平，一些国家的立法例规定了继承人之外的人，特别是与被继承人形成扶养关系的人可以在一定条件下分得适当的遗产。《继承法》第 14 条规定，对继承人以外的依靠被继承人扶养的缺乏劳动能力又没有生活来源的人，或者继承人以外的对被继承人扶养较多的人，可以分配给他们适当的遗产。在民法典立法过程中，多数意见认为对继承人以外的与被继承人之间具有扶养关系的人分给适当遗产的制度具有重要意义和价值，应当予以保留。为此，《民法典》第 1131 条规定："对继承人以外的依靠被继承人扶养的人，或者继承人以外的对被继承人扶养较多的人，可以分给适当的遗产。"

20. 对继承人以外的与被继承人之间具有扶养关系的人分给适当遗产需要符合哪些条件？

根据《民法典》第 1131 条，对继承人以外的与被继承人之间具有扶养关系的人分给适当遗产需要符合下列条件：

1. 可以分给适当遗产的人为继承人以外的人。

该条的宗旨即在于创造一种新的遗产取得方式，使继承人以外的其他人基于正义、扶助的理念获得一定数量的遗产，因此可以分给适当遗产的人为继承人以外的人。

2. 可以分给适当遗产的条件为继承人以外的人与被继承人之间具有扶养关系。

不是继承人的人，只要其与被继承人之间具有扶养关系，就可以依据该条分得适当的遗产。与被继承人之间具有扶养关系，既包括依靠被继承人扶养的情形，也包括对被继承人扶养较多的情形。在这里，“扶养”指经济来源的提供、劳务帮助等方面的扶助，包括扶养、抚养、赡养三种类型。

3. 可以分给适当遗产的份额不具有确定性。

该条规定，对于与被继承人之间具有扶养关系的继承人以外的人，可以分给适当的遗产，没有对可以分得遗产份额的数额作明确规定。这主要是考虑到实践中情况复杂，无法规定统一的标准，在分配遗产时，对于被继承人以外的人，可以综合考虑其与被继承人之间扶养关系的程度、遗产数额以及法定继承人的具体情况等因素，由当事人之间协商确定或者由法院确定适当的遗产份额。

4. 可以分给适当遗产的适用情形为遗产按照法定继承办理时。

该条规定在法定继承这一章中，因此与被继承人有扶养关系的继承人以外的人仅在遗产按照法定继承办理时才可以请求分给适当遗产。如果被继承人生前以有效的遗嘱或者遗赠扶养协议等处分了其全部遗产，而没有为与其有扶养关系的继承人以外的人保留遗产份额，则应尊重被继承人的意思表示，不能以该条取代被继承人已明示的有效的意思表示。如果被继承人立了遗嘱或者遗赠扶养协议，但是因存在《民法典》第 1154 条规定的情形导致遗产中的有关部分按照法定继承办理的，对于这部分遗产可以适用《民法典》第 1131 条规定。

21. 在法定继承中，如何处理继承问题和分割遗产?

在法定继承中，如果继承人为多人，就需要在继承过程中平衡相互间的利益关系。一般而言，法定继承人之间具有亲属关系，为了避免继承人之间因争夺遗产而影响家庭和睦与社会安定，《民法典》第 1132 条规定，继承人应当以互谅互让、和睦团结为指导原则协商处理继承问题。

继承从被继承人死亡时开始，在法定继承中，法定继承人直接取得被继承人的遗产。当法定继承人为二人以上时，遗产属于各个继承人共同所有。继承遗产的目的是将遗产的所有权分配并转移给各继承人。在这一过程中，遗产分割发挥着重要作用。遗产分割是指继承开始后，依据法律或者按照遗嘱在各继承人之间进行遗产分配的民事法律行为。只有在遗产分割后，各继承人才能对所分配的遗产享有实际的所有权。遗产分割主要涉及的问题为遗产分割的时间、办法和份额。

遗产分割的时间，一般由继承人之间协商确定，既可以在继承开始后请求分割，也可以约定在一定期间后或者特定条件成就时再分割遗产。

遗产分割的办法主要有四种，即实物分割、变价分割、折价补偿分割、保留共有。实物分割，一般适用于可分物的遗产，即对作为遗产的原物直接进行分割并分配给各继承人。变价分割，既可以用于不宜进行原物分割的遗产，也可以用于继承人均不愿意取得该遗产的情况，此时可以将该遗产变卖后换取变价款，各继承人对变价款进行分割。折价补偿分割适用于继承人中有人愿意取得某项不宜进行原物分割的遗产的所有权，然后由该继承人分别向其他继承人补偿相应的价款。保留共有，适用于遗产不宜进行原物分割，继承人又均愿意取得遗产，或者各继承人基于某种目的愿意保持共有状态的情形，此时各继承人可以对该遗产按份共有。对遗产进行分割时，无论选择哪种办法，都应当遵循"遗产分割应当有利于生产和生活需要，不损害遗产的效用"的原则。

遗产分割的份额，应当以法律规定的或者当事人协商的各继承人应当继承的遗产份额为依据。继承人应当以《民法典》第 1130 条规定的分配遗产份额的原则协商确定各自应当取得的遗产份额，并以此为基础分割遗产。

分割遗产主要有两种方式：一种为继承人协商确定的方式，另一种为人民调解委员会调解或者法院裁判的方式。在分割遗产时，由于涉及继承人之间的利益关系，法律鼓励当事人通过协商方式确定遗产分割的时间、办法和份额。继承人之间协商不成的，任一继承人都可以向人民调解委员会申请调解或者向人民法院提起诉讼，通过调解或者裁判的方式确定遗产分割的时间、办法和份额。

22. 立遗嘱的含义是什么?

立遗嘱是自然人生前依照法律规定预先处分其个人财产，安排与此有关的事务，并于其死亡后发生效力的单方民事法律行为。在自然人立有合法有效的遗嘱时，优先适用遗嘱分配遗产。依遗嘱处分遗产，可以由自然人自主决定如何对其个人财产进行分配与处置，在分配的对象、方式、份额、条件等方面具有较大自由和灵活性。

自然人想要通过立遗嘱的方式实现财产在其死后的分配，所立的遗嘱必须符合民法典继承编的规定。为了确保遗嘱的真实性、可靠性，继承编对遗嘱的类型、形式要件、效力等作了规定。自然人可以在遗嘱中指定遗嘱执行人。遗嘱执行人是遗嘱人指定的负责实现遗嘱的财产处分内容的人，主要职责为遗产管理、处理遗嘱人的债权债务、按照遗嘱内容分割与交付遗产等。在继承开始后，遗嘱执行人即为遗产管理人，适用继承编遗产管理人的相关规定。

23. 什么是遗嘱继承和遗赠?

对于遗嘱继承，《民法典》第 1133 条第 2 款规定，自然人可以立遗嘱将个人财产指定由法定继承人中的一人或者数人继承。对于遗赠，该条第 3 款规定，自然人可以立遗嘱将个人财产赠与国家、集体或者法定继承人以外的组织、个人。民法典根据遗产取得人的身份来区分遗嘱继承和遗赠：如果按照遗嘱的内容，遗产取得人为法定继承人中的人，则属于遗嘱继承；如果遗产取得人为法定继承人以外的人，则属于遗赠。

遗嘱人在立遗嘱时，还可以通过依法设立遗嘱信托的方式处分其个人财产。遗嘱人设立遗嘱信托的应当遵守民法典继承编以及信托法等其他法律的有关规定。

24. 什么是自书遗嘱?

自书遗嘱是指遗嘱人本人将处分遗产的意思表示亲自用手写出来的遗嘱。自书遗嘱由于是遗嘱人本人亲笔书写，容易鉴别真伪，因此形式要求较为简单，可以随时设立，不需要有见证人在场见证，是最简便易行的遗嘱形式。根据《民法典》第1134条，自书遗嘱要有效成立，在形式上需要符合以下三个条件：

1. 遗嘱人必须亲笔书写。

自书遗嘱必须由遗嘱人本人亲自用笔书写遗嘱的全部内容。亲笔书写意味着不能由他人代写遗嘱，也不能用打印等其他方式。遗嘱的全部内容都必须由遗嘱人亲笔书写，如果有部分内容由他人书写，则不构成自书遗嘱。

2. 遗嘱人必须签名。

自书遗嘱必须由遗嘱人签名，即亲笔书写其姓名。遗嘱人亲笔签名既可以将遗嘱与遗嘱人联系起来，表明遗嘱人的身份，又可以表示遗嘱人对遗嘱内容的确认。因此，任何形式的书面遗嘱都要求遗嘱人签名。在自书遗嘱中，尽管遗嘱的内容可能确实是由遗嘱人亲笔书写，但是如果没有签名，无法判断遗嘱人只是书写了草稿还是作出了最终决定，因此没有签名的自书遗嘱无效。

3. 遗嘱人必须注明年、月、日。

遗嘱人在自书遗嘱中必须注明其设立遗嘱的具体时间，即必须注明年、月、日。遗嘱中必须注明年、月、日主要有以下作用：一是注明年、月、日可以确定遗嘱设立时间，如果在遗嘱设立后遗嘱人撤回、变更了该遗嘱，或者实施了与该遗嘱内容相反的民事法律行为，那么该遗嘱的部分或者全部内容将不发生法律效力。二是在遗嘱人立有数份遗嘱时，如果遗嘱之间内容相抵触的，以最后的遗嘱为准。三是遗嘱中注明的年、月、日，还可以用来确定遗嘱人在立遗嘱时是否具有遗嘱能力，从而判断该遗嘱是否有效。

25. 什么是代书遗嘱？

代书遗嘱是指根据遗嘱人表达的遗嘱内容，由他人代为书写的遗嘱。代书遗嘱通常适用于遗嘱人由于一些特殊的原因不能亲笔书写遗嘱，故委托他人代为书写遗嘱的情形。

根据继承法一般原理，遗嘱人应当亲自立遗嘱，遗嘱不适用代理制度，不能由他人代为设立。法律虽然允许遗嘱人在特殊情形下由他人代为书写遗嘱，但是代书遗嘱不是代书人代理遗嘱人设立遗嘱，遗嘱人虽然不能亲笔书写遗嘱，但是要亲自、独立作出处分个人财产的意思表示，而代书人的职责为如实地记录遗嘱人的意思表示，不能干涉遗嘱人的意思表示，也不能在记录的过程中扭曲、篡改遗嘱人的意思表示。

根据《民法典》第1135条的规定，代书遗嘱的有效成立需要符合以下条件：

1. 有两个以上见证人在场见证。

见证人是指证明遗嘱真实性的第三人。为了保证遗嘱的真实性、可靠性，各国继承法普遍规定对于一些特定形式的遗嘱必须有一定数量的见证人。与自书遗嘱相比，代书遗嘱除了书写人不同外，有关见证人的要求也与自书遗嘱有显著区别。法律之所以认可遗嘱人在没有见证人的情况下亲笔书写的自书遗嘱的有效性，是由于每个人因教育程度、书写习惯等方面的独特性而使得其亲笔书写的遗嘱具有不可复制性，可以通过笔迹鉴定辨别真伪。代书遗嘱则是通过无利害关系的见证人来佐证遗嘱人的意思表示，以确保遗嘱人是在自愿状态下作出的真实意思表示，可以通过见证人来判断遗嘱的真实性与可靠性。

在代书遗嘱中，见证人需要符合一定的条件。首先，见证人需要符合一定的资格条件，一方面必须要有见证遗嘱真实性的能力，另一方面要有中立性，即与遗嘱的内容没有利害关系。《民法典》第 1140 条规定，无民事行为能力人、限制民事行为能力人以及其他不具有见证能力的人，继承人、受遗赠人以及与继承人、受遗赠人有利害关系的人，不能作为见证人。其次，见证人还需符合数量方面的要求，民法典规定代书遗嘱、打印遗嘱、录音录像遗嘱、口头遗嘱都需要两个以上的见证人在场见证，“以上”包括本数，即这类遗嘱的见证人最少为两人。最后，符合资格、数量要求的见证人须在场见证，即必须在场全程参与立遗嘱的过程。因此，代书遗嘱如果不符合上述见证人的资格、数量、在场见证等方面的要求，则该遗嘱无效。

2. 由见证人中的一人代书。

代书人为见证人中的一人，需要符合见证人的资格条件。

代书人在代书遗嘱时，只能用亲笔书写的方式，不能运用打印等其他方式。代书人在书写遗嘱时要严格忠实于遗嘱人的意思表示，将遗嘱人表达的遗嘱内容准确无误地记录在代书遗嘱中。

3. 遗嘱人、代书人和其他见证人签名。

代书人在书写完遗嘱后，应当交给遗嘱人和其他见证人核对，遗嘱人和其他见证人确认无误后，遗嘱人、代书人和其他见证人均须在遗嘱上亲笔书写姓名。遗嘱人、代书人和其他见证人签名，既表明了自己的身份，也表明了对遗嘱内容以及立遗嘱过程的确认。

4. 注明年、月、日。

在代书遗嘱中必须注明立遗嘱的具体日期，即注明年、月、日。遗嘱上注明的日期对于认定遗嘱的真实性和有效性具有重要作用，代书遗嘱中未注明日期或者所注明的日期不具体的，遗嘱不能生效。

26. 什么是打印遗嘱？

打印遗嘱是指遗嘱的内容由打印机等机器设备打印而成的遗嘱。随着科学技术的发展以及信息技术的普及，打印方式部分替代了传统的书写方式，《民法典》第 1136 条规定了打印遗嘱，丰富了遗嘱的形式。打印遗嘱是一种书面遗嘱，遗嘱内容以数据电文形式存储在计算机等设备上的不构成遗嘱，遗嘱人须将遗嘱内容从电子数据形式通过打印机等转换为书面形式。

根据该条的规定，打印遗嘱有效成立须符合下列要件：一是打印遗嘱应当有两个以上见证人在场见证，见证人须符合民法典规定的资格、数量、在场见证等方面的要求。二是遗嘱人和见证人应当在遗嘱每一页签名。当遗嘱有多页时，如果仅在一页签名，其他页的内容容易被篡改或者替换，为了保证遗嘱的真实性，遗嘱人和见证人应当对遗嘱的每一页仔细核对并签名。如果遗嘱人、见证人只在遗嘱最后一页签名，没有在每一页签名，则不能认定打印遗嘱全部内容的有效性。三是注明年、月、日，由于遗嘱的设立时间为判断遗嘱有效性的重要因素，因此未注明年、月、日的打印遗嘱没有法律效力。

27. 什么是录音录像遗嘱？

随着科学技术的发展，除录音之外，录像以及其他电子形式都可以成为制作遗嘱的载体，用录像形式制作而成的音像资料，比起单纯的音频资料能更加直观地表达所记录的内容。《民法典》第 1137 条将继承法中的录音遗嘱修改为录音录像遗嘱，增加了新的遗嘱形式，从而满足科技发展与生活丰富化的需求。

录音录像遗嘱分为录音遗嘱与录像遗嘱。录音遗嘱是遗嘱人口述遗嘱内容并用录音方式记录而成的遗嘱。录像遗嘱是遗嘱人表达遗嘱内容并用录像方式记录而成的遗嘱，遗嘱人在表达遗嘱内容时可以通过口述的方式同时记录其声音，在特殊情况下无法用口述方式的，例如遗嘱人为聋哑人的，可以通过打手语方式表达遗嘱内容。无论采用哪种形式，遗嘱人都应该亲自表达遗嘱内容，不能由他人转述。

鉴于录音录像遗嘱容易被伪造或者篡改，《民法典》第 1137 条对于录音录像遗嘱规定了一些形式要件：（1）录音录像遗嘱应当有两个以上符合民法典规定的资格要求的见证人在场见证，参加录音录像遗嘱制作的全过程。（2）遗嘱人和见证人应当在录音录像中记录其姓名或者肖像。由于录音录像遗嘱不是书面遗嘱，遗嘱人和见证人无法签名，因此要用符合录音录像遗嘱形式特点的方式表明遗嘱人和见证人的身份、确认遗嘱内容以及表明在场见证。在录音遗嘱中，遗嘱人和见证人应当用口述方式记录其姓名。在录像遗嘱中，遗嘱人和见证人应当展示其肖像，在记录肖像的同时可以用口述或者其他方式表明其姓名。（3）遗嘱人和见证人应当在录音录像中记录年、月、日。在以录音录像的形式立遗嘱时，遗嘱人和见证人应当在录音录像的过程中用口述或者其他方式记录遗嘱设立的时间，否则录音录像遗嘱不能发生法律效力。

28. 什么是口头遗嘱?

口头遗嘱，是指遗嘱人用口述方式表达其处分遗产的意思表示的遗嘱形式。与其他形式的遗嘱相比，口头遗嘱简便易行，在一些危急情况下，遗嘱人来不及或者没有条件立其他形式的遗嘱时，口头遗嘱成为满足遗嘱人立遗嘱愿望的可行的遗嘱形式。

根据《民法典》第1138条，口头遗嘱的有效成立需要符合以下形式要件：

第一，遗嘱人处在危急情况下。危急情况主要指遗嘱人生命垂危或者遇到了重大灾害或者意外等紧急情况，随时有生命危险而来不及或者没有条件立其他形式的遗嘱。遗嘱人处在危急情况下是立口头遗嘱的前提条件，在非危急情况下设立的口头遗嘱无效。

第二，口头遗嘱应当有两个以上见证人在场见证。遗嘱人在危急的情况下用口述的方式表达其处分遗产的意思表示，由于没有记录的载体，因此，需要由两个以上见证人在场见证。见证人须符合民法典规定的资格、数量、在场见证等方面的要求。

29. 口头遗嘱的效力如何?

遗嘱是死因行为，遗嘱在遗嘱人死亡时发生效力。处在危急情况中的遗嘱人在立口头遗嘱后死亡的，如果遗嘱符合口头遗嘱的形式要件，口头遗嘱即发生法律效力。如果危急情况解除后，遗嘱人没有死亡，口头遗嘱不发生法律效力，但是该口头遗嘱是否可以有效成立直到遗嘱人以后死亡时再发生效力呢?考虑到口头遗嘱的内容完全依靠见证人的表述证明，准确性与证明力低，容易发生纠纷，《民法典》第1138条规定，危急情况消除后，遗嘱人能够以书面或者录音录像形式立遗嘱的，所立的口头遗嘱无效。也就是说，遗嘱人在危急情况下所立的口头遗嘱，在危急情况消除后，遗嘱人在世并且能够以其他形式立遗嘱的，该口头遗嘱失效。

30. 什么是公证遗嘱?

公证遗嘱是遗嘱人经公证机构办理的遗嘱。公证遗嘱的有效成立除需要遵守民法典关于遗嘱效力的规定外，还需要遵守我国有关公证的法律的相关规定。对于公证遗嘱，公证法从规范公证活动、保障公证机构和公证员依法履行职责、预防纠纷以及保障民事主体的合法权益的角度作了规定；司法部颁布的遗嘱公证细则对设立公证遗嘱的程序作了具体规定。根据上述法律、规章的相关规定，公证遗嘱必须由遗嘱人本人亲自办理，不得委托他人办理。遗嘱人办理遗嘱公证时，应当亲自到住所地或者遗嘱行为发生地的公证处提出申请。遗嘱人亲自到公证处有困难的，可以书面或者口头形式请求有管辖权的公证处指派公证人员到其住所或者临时处所办理。公证遗嘱应当由两名公证人员共同办理，由其中一名公证员在公证书上署名。因特殊情况由一名公证员办理时，应当有一名见证人在场，见证人应当在遗嘱和笔录上签名。遗嘱人在办理公证遗嘱时，应当向公证机关提供书面遗嘱或者向公证机关表述遗嘱内容。公证人员在办理遗嘱公证时，要依法对遗嘱人立遗嘱行为的真实性、合法性予以审查，审查的内容包括：遗嘱人是否具有完全民事行为能力，遗嘱人的意思表示是否真实，遗嘱的内容是否完备、文字表述是否准确，遗嘱内容是否违反法律规定和社会公共利益，遗嘱的签名、制作日期是否齐全以及办理公证的程序是否符合规定等。经审查认为遗嘱人立遗嘱行为符合法律规定的条件的，公证处应当出具公证书。公证遗嘱采用打印形式。遗嘱人根据遗嘱原稿核对后，应当在打印的公证遗嘱上签名、盖章或者按手印。

31. 哪些人员不能作为遗嘱见证人？

遗嘱见证人是指在现场亲历遗嘱人立遗嘱的过程，能够证明遗嘱真实性的人。为了保障遗嘱的真实性，法律要求一些形式的遗嘱必须要有一定数量的见证人在场见证。遗嘱是死因行为，即在遗嘱人死亡时发生效力，对遗嘱真实性的认定要依靠见证人的证明。为了确保遗嘱见证人是客观公正的，《民法典》第1140条规定，下列人员不能作为遗嘱见证人：

1. 无民事行为能力人、限制民事行为能力人以及其他不具有见证能力的人。

遗嘱见证人要在场见证立遗嘱过程，并在事后对遗嘱的内容、订立情形等作出证明，遗嘱见证人的证明对遗嘱效力具有重要影响，因此见证人必须具有完全民事行为能力。无民事行为能力人、限制民事行为能力人对事物缺乏足够的认识能力和判断能力，不能作为遗嘱见证人。在一些情况下，见证人虽然是完全民事行为能力人，但是可能不具有事实上的见证能力，如文盲以及对遗嘱所使用的语言掌握不充分的人等，这些人员对遗嘱具体内容的理解存在一定欠缺，如果承认此类见证人的资格，对遗嘱的真实性会产生影响。因此，遗嘱见证人除了完全民事行为能力人外，还需要具有见证能力，见证能力的有无要根据具体事实情况进行判断。

2. 继承人、受遗赠人。

为了确保见证人能够公正客观地对遗嘱真实性作出证明，法律一般要求见证人与遗嘱内容没有利害关系。继承人、受遗赠人的利益会直接因遗嘱内容而受益或者受损。由继承人、受遗赠人担任见证人，可能会给遗嘱人造成影响，导致其立的遗嘱并非出于真实意愿。此外，继承人、受遗赠人在知晓遗嘱内容后还可能为了自己利益作出不真实的证明。因此，继承人、受遗赠人不能担任见证人。

3. 与继承人、受遗赠人有利害关系的人。

与继承人、受遗赠人有利害关系的人虽然不是遗嘱继承、遗赠法律关系的当事人，但由于其与继承人、受遗赠人有利害关系，可能会因遗嘱而间接地获得利益，因此有可能受利益驱动作不真实的证明，不宜担任遗嘱见证人。与继承人、受遗赠人有利害关系的人的情况比较复杂，其具体范围无法通过立法明确规定，应当具体情况具体分析。

32. 什么是遗嘱必留份?

必留份是指遗嘱人在立遗嘱时，应当为缺乏劳动能力又没有生活来源的继承人保留的必要的遗产份额。遗嘱自由原则是当事人意思自治原则以及保护私有财产原则在继承法领域的具体化，是各国继承法普遍确立的重要原则。但遗嘱自由不是完全无限制的自由，由于继承制度还发挥遗产的扶养功能和维护基本家庭伦理的功能，因此各国继承立法普遍对遗嘱自由设有一定的限制。《民法典》第 1141 条就通过规定必留份制度，对遗嘱人以遗嘱处分财产的权利进行了一定的限制。

根据该条的规定，必留份权利人为同时具备缺乏劳动能力和没有生活来源两个条件的法定继承人，该继承人既可以是第一顺序继承人，也可以是第二顺序继承人。继承编没有对必留份规定具体的份额，在实践中要根据个案的具体情况而确定，以满足必留份权利人的生活需要。必留份是法定继承人基本生活的保障，对于缺乏劳动能力又没有生活来源的继承人的必留份，在分割遗产时如果不足以清偿被继承人应当缴纳的税款和债务的，也应当为其保留必要的遗产。

33. 什么是遗嘱的撤回和变更?

遗嘱的撤回是指遗嘱人在立遗嘱后又对该遗嘱加以取消。遗嘱的变更是指遗嘱人在立遗嘱后又对该遗嘱作出修改。遗嘱的撤回和变更产生的法律后果为遗嘱中被撤回、被变更的内容不发生效力。遗嘱人可以在生前变更、撤回所立的遗嘱。在一些情况下，遗嘱人虽然没有以明示的意思表示撤回遗嘱，但是其行为已经表明撤回遗嘱时，应当承认遗嘱人具有撤回遗嘱的意思表示。《民法典》第 1142 条强调，遗嘱人实施的行为是民事法律行为，即遗嘱人要有设立、变更和终止民事法律关系的意思表示，如果遗嘱人的行为并非出于自己的意愿，则不构成对遗嘱的撤回。

34. 立有数份遗嘱时，如何认定遗嘱的效力?

遗嘱人立有数份遗嘱的，如果各个遗嘱之间的内容没有冲突，且遗嘱都符合继承编规定的遗嘱有效的要件的，则该数份遗嘱都有效。如果立有数份遗嘱，内容相抵触的，根据《民法典》第 1142 条第 3 款的规定，则以立遗嘱的时间作为认定遗嘱有效的判断标准，遗嘱人最后所立的遗嘱具有优先适用的效力。

35. 在哪些情况下遗嘱无效?

遗嘱有效除需要符合法律规定的形式要件外，还需要具备民事法律行为有效的条件，这既包括总则编规定的一般条件，也包括继承编规定的特别条件。根据《民法典》第1143条的规定，在下列情形下遗嘱无效：

1. 遗嘱人不具有遗嘱能力。

遗嘱能力是指自然人依法享有的可以用遗嘱形式处分个人财产的能力或资格。民法典没有对遗嘱人的遗嘱能力作出专门规定，主要是适用民事行为能力的规定，即只有完全民事行为能力人才可以立遗嘱，无民事行为能力人或者限制民事行为能力人所立的遗嘱无效。

2. 遗嘱并非遗嘱人真实的意思表示。

为了保障遗嘱人的财产处分权以及遗嘱自由，法律要求遗嘱必须是遗嘱人的真实意思，这体现在两方面：一是遗嘱必须出于遗嘱人的自愿，受欺诈、胁迫所立的遗嘱无效；二是遗嘱的内容真实可靠，伪造的遗嘱、遗嘱被篡改的部分无效。

欺诈、胁迫均构成对当事人意思表示自由的干涉，对于因受欺诈、胁迫而实施的民事法律行为，民法典规定，受欺诈方、受胁迫方有权请求人民法院或者仲裁机构予以撤销。法律赋予受欺诈方、受胁迫方以撤销权，可以使其对自己实施的民事法律行为的效力作出选择，最大限度地尊重其意思自治。撤销权针对已经生效的民事法律行为，使其具有溯及力的消灭，立遗嘱虽然也是一种民事法律行为，但是遗嘱自被继承人死亡时生效，遗嘱人无法撤销其有瑕疵的意思表示，为此，《民法典》第1143条规定，受欺诈、胁迫所立的遗嘱无效，区别于一般的因受欺诈、胁迫而实施的民事法律行为的效力。

伪造的遗嘱与遗嘱被篡改的内容属于虚假的遗嘱，遗嘱人并未作出相应的意思表示，因此无效。伪造与篡改有所区别：伪造的遗嘱是整个遗嘱的意思表示都为假，因此遗嘱全部无效；而篡改是在真实遗嘱的基础上对遗嘱的部分内容进行改动，由于遗嘱内容可能是多方面的，并且各项内容之间可能互相独立，因此遗嘱被篡改的，只是篡改的内容无效，不必然导致整个遗嘱无效。

36. 什么是附有义务的遗嘱继承或者遗赠？

附有义务的遗嘱继承或者遗赠，是指遗嘱继承人或者受遗赠人在继承遗嘱人的财产时需要履行遗嘱人对其附加的特定义务，否则其接受附义务部分遗产的权利可能被法院取消的遗嘱继承或者遗赠。

遗嘱人用遗嘱将财产指定他人继承时，可以要求继承其财产的人履行特定义务。只要遗嘱附加的义务不违反法律的强制性规定以及公序良俗，遗嘱人的这种安排是法律所允许的。

在理解《民法典》第1144条时，需要注意以下三个方面：

一是遗嘱继承人或者受遗赠人履行遗嘱所附义务的前提为接受继承或者遗赠。立遗嘱是单方民事法律行为，遗嘱人在遗嘱中为遗嘱继承人或者受遗赠人附加义务时，并不需要和遗嘱继承人或受遗赠人达成合意。在遗嘱生效后，遗嘱继承人和受遗赠人可以通过接受或放弃继承和遗赠的方式选择是否履行遗嘱所附加的义务。

二是遗嘱继承人或者受遗赠人不履行遗嘱所附义务的法律后果为由法院取消其接受附义务部分遗产的权利。遗嘱人在遗嘱中为继承人或者受遗赠人接受遗产附加了义务，实际上为继承人或者受遗赠人取得遗产设置了条件。如果继承人或者受遗赠人无正当理由不履行遗嘱所附义务的，就不符合取得遗产的条件。根据《民法典》第 1144 条的规定，对于没有正当理由不履行义务的遗嘱继承人或者受遗赠人，经相关主体申请，法院可以取消其接受附义务部分遗产的权利。

三是可以向法院申请取消义务人接受遗产的权利的主体为利害关系人或者有关组织。由于遗嘱生效时遗嘱人已经死亡，为了保障遗嘱中所附义务的履行，就需要由相关主体监督义务人履行义务。该条规定利害关系人或者有关组织可以向法院申请取消不履行义务的义务人接受附义务部分遗产的权利。利害关系人或者有关组织可以为法定继承人、遗嘱执行人、因遗嘱所附义务的履行而受益的自然人和组织等。

37. 如何推选遗产管理人?

《民法典》第 1145 条规定，继承开始后，遗嘱执行人为遗产管理人；没有遗嘱执行人的，继承人应当及时推选遗产管理人；继承人未推选的，由继承人共同担任遗产管理人；没有继承人或者继承人均放弃继承的，由被继承人生前住所地的民政部门或者村民委员会担任遗产管理人。根据此规定，可以由以下主体担任遗产管理人：

第一，由遗嘱执行人担任遗产管理人。遗嘱执行人是遗嘱人在遗嘱中指定的执行遗嘱事务的人。一般而言，遗嘱执行人都是被继承人信任之人，否则被继承人不会在遗嘱中指定其为遗嘱执行人。

第二，由继承人推选出遗产管理人。所谓推选，就是全体继承人共同推举其中一名或者数名继承人为遗产管理人。至于全体继承人之间按照何种规则推选，是按照少数服从多数的规则还是全体一致同意的规则，则由继承人之间协商确定。

第三，由继承人共同担任遗产管理人。如果继承人未推选遗产管理人，则由全体继承人共同担任遗产管理人。没有推选可能是由于以下两种情况之一：其一，继承人人数少，没必要推选遗产管理人，或者继承人达成一致由全体共同管理遗产；其二，继承人之间无法推选出一致认可的遗产管理人。在全体继承人担任遗产管理人时，就涉及全体继承人如何作出决策的问题，此时也需要由全体继承人协商达成一致。

第四，由民政部门或者村民委员会担任遗产管理人。被继承人死亡后，如果没有继承人或者继承人均放弃继承时，遗产就属于无人继承的遗产，根据继承编的规定，此种遗产的归属需要根据被继承人的身份作不同的处理：如果被继承人是农村集体经济组织成员，遗产归其生前所在的农村集体经济组织所有；如果被继承人并非农村集体经济组织成员的，则其遗产归国家所有并用于公益事业。因此，为了妥善保管并更好地处理被继承人的遗产，城镇的无人继承遗产由民政部门担任遗产管理人更为妥当，农村居民生前作为集体经济组织成员，享受了集体经济组织的很多权益，遗产由其所在的村民委员会管理也是合理的。

38. 对遗产管理人有争议，应当如何处理?

如果遗嘱执行人、继承人之间就遗嘱管理事务达成一致，按照法律规定的顺序选任遗产管理人即可。但是遗产管理毕竟涉及诸多人的利益，难免会因为选任谁担任遗产管理人而发生争议。因遗产管理人确定发生的争议，可能有三种：第一种是遗嘱执行人不愿意参与遗产管理，或者多个遗嘱执行人之间因遗产管理发生纠纷；第二种是继承人之间因为遗产管理发生纠纷；第三种是其他利害关系人对遗产管理人的确定有异议。所谓其他利害关系人是指遗嘱执行人、继承人之外的与遗产有利害关系的当事人，比如受遗赠人。《民法典》第 1146 条规定，对遗产管理人的确定有争议的，利害关系人可以向人民法院申请指定遗产管理人。

对此，需要把握以下三个方面：

第一，管辖法院。《民事诉讼法》第 33 条第 3 项规定，因继承遗产纠纷提起的诉讼，由被继承人死亡时住所地或者主要遗产所在地人民法院管辖。根据该规定，涉及继承遗产的纠纷应当由特定法院专属管辖。确定遗产管理人的纠纷也属于因继承遗产引发的纠纷，故也应由被继承人死亡时的住所地或者主要遗产所在地法院管辖。由这两类法院管辖，主要是因为被继承人死亡时的住所地和主要遗产所在地的法院与遗产存在密切联系，便于了解案情，能够更便利地审理此类纠纷。被继承人死亡时的住所地，需要根据总则编的有关规定确定。《民法典》第25条规定，自然人以户籍登记或者其他有效身份登记记载的居所为住所；经常居所与住所不一致的，经常居所视为住所。因此，被继承人死亡时的住所地是其经常居住地，或者户籍、其他身份证件登记的居所所在地。所谓主要遗产所在地就是被继承人的绝大部分遗产的所在地。

第二，提起诉讼的主体。《民法典》第1146条规定利害关系人如果就遗产管理人有疑义，均可以请求人民法院指定。这里的利害关系人一般包括遗嘱执行人、继承人、被继承人生前住所地的民政部门或者村民委员会，以及受遗赠人等与遗产有利害关系的人。

第三，人民法院指定遗产管理人的范围。根据《民法典》第1145条的规定，遗产管理人选任的范围包括遗嘱执行人、继承人、民政部门或者村民委员会。因此，人民法院也在这些主体中指定遗产管理人。如果是多个遗嘱执行人因为担任遗产管理人有争议，则可以指定一名或者数名遗嘱执行人为遗产管理人；如果是遗嘱执行人与继承人之间因遗产管理有纠纷，则可以在遗嘱执行人与继承人之间选择一人或者数人担任遗产管理人；如果是继承人之间因遗产管理人的确定发生纠纷，则应当在继承人之间指定合适的遗产管理人；如果是被继承人生前住所地的民政部门或者村民委员会之间因遗产管理人的确定发生纠纷，则需要在两者之间确定合适的机构担任遗产管理人。人民法院确定遗产管理人应当结合被继承人生前所立遗嘱等有关文件，尽量尊重被继承人的内心意愿，同时应当根据候选人的能力水平、与被继承人的关系亲疏程度、公信力等来确定。

39. 遗产管理人需要履行哪些职责?

遗产管理人选任之后，就要承担起管理遗产的职责。遗产管理人管理遗产就要实施各种管理遗产的行为，遗产管理人应当在法律规定的权限范围内实施管理遗产的行为。根据《民法典》第 1147 条的规定，遗产管理人的职责包括以下六个方面：

一是清理遗产并制作遗产清单。遗产管理人要管理遗产，首先必须掌握被继承人所遗留的遗产有哪些。因此，遗产管理人的首要职责就是清理遗产。清理遗产就是要清查整理所有的遗产，既要清理被继承人遗留的动产，也要清理不动产；既要清理有形财产，也要清理无形财产；既要清理债权，也要清理债务。清理遗产还包括应当将被继承人的个人财产与家庭共有财产予以区分，将个人财产与夫妻共同财产予以区分。遗产管理人在清理遗产后，应当制作书面的遗产清单，详细列明被继承人遗留的所有财产情况、债权债务情况等。

二是向继承人报告遗产情况。继承人是有权参与遗产分割的人，与遗产有密切的利害关系。遗产管理人清理遗产并制作遗产清单后，应当向继承人报告遗产情况。（1）遗产管理人应当向全体继承人报告，既包括遗嘱继承人，也包括法定继承人。（2）报告的形式应当是书面形式。（3）报告的内容。遗产管理人应当向继承人全面报告遗产情况，就是要把所有的遗产情况告知全体继承人。

三是采取必要措施防止遗产毁损、灭失。遗产管理人不仅需要清点遗产，还需要承担起积极妥善保管遗产的职责。在发现遗产存在毁损、灭失的风险时，就须采取必要的措施防止遗产毁损、灭失。遗产管理人在接受遗产后，应当妥善保管遗产，这是遗产管理人最基本的职责。

四是处理被继承人的债权债务。遗产不仅包括各种动产、不动产，还包括被继承人所享有的各种债权。遗产管理人的职责之一就是处理被继承人的债权债务。（1）处理债权。遗产管理人在清理遗产时，发现被继承人生前有债权的，应当依法向债务人主张债权，这种债权既包括合同之债，包括侵权之债，还包括不当得利和无因管理之债。（2）处理债务。遗产管理人如果发现被继承人生前负有债务的，应当以遗产偿还此债务。遗产管理人处理完债权债务后，还应当将处理情况向继承人报告，以便继承人掌握遗产的实际情况。

五是按照遗嘱或者依照法律规定分割遗产。遗产管理人分割遗产的依据包括：（1）遗嘱要求。如果被继承人生前留下了遗嘱，遗产管理人首先需要根据被继承人所立遗嘱处理遗产。（2）法律规定。如果被继承人生前没有留下遗嘱，遗产管理人则需要按照法定继承的相关规则来分割遗产。当然，如果被继承人生前签订了遗赠扶养协议，那么遗产管理人就应当优先按照遗赠扶养协议的约定来处理遗产。

六是实施与管理遗产有关的其他必要行为。遗产管理人除了实施前面五项管理遗产的必要行为之外，还应当实施其他与管理遗产有关的必要行为，比如对遗产情况开展必要的调查等。

40. 遗产管理人造成遗产损失的，是否需要承担责任？

需要视情况而定。遗产管理人在管理遗产过程中，应当依法履行职责。遗产管理人在管理遗产时，第一，应当遵守继承编的相关规定。按照上条规定的权限实施管理遗产的各项行为，包括清理遗产、制作遗产清单、报告遗产情况、处理债权债务、分割遗产等。不管遗产管理人实施哪种行为，都应当尽职尽责，不得滥用管理权限。第二，遗产管理人在管理遗产时，不得违反法律，也不得违背公序良俗。

遗产管理人如果未依法履行职责，根据《民法典》第 1148 条的规定，如果是因故意或者重大过失造成继承人、受遗赠人、债权人损害的，应当承担民事责任。因此，遗产管理人承担民事责任的构成要件包括：第一，遗产管理人在客观上实施了不当的遗产管理行为。遗产管理人必须是在实施遗产管理过程中给利害关系人造成了损害。如果不是因为遗产管理行为损害了继承人、受遗赠人、债权人的利益，则不属于这一条规定的范畴，应当按照侵权责任编或者其他法律的规定承担责任。第二，遗产管理人在主观上有故意或者重大过失。所谓故意就是明知会侵害他人权益而为之。所谓重大过失就是违反一般正常管理者应尽的谨慎注意义务。第三，遗产管理人的行为给继承人、受遗赠人、债权人造成了损害，也就是遗产管理人的不当管理行为造成遗产的损失，进而损害了继承人、受遗赠人、债权人的利益。遗产管理人的前述行为造成继承人、受遗赠人、债权人损害的，需要承担民事责任，即需要承担赔偿损失等责任。

41. 遗产管理人是否可以取得报酬？

遗产管理人管理遗产必然需要耗费时间和精力，特别是对于巨额遗产的管理人而言，需要花费更多的精力。遗产管理人不仅要履行法律规定的职责，还需要承担因过错造成利害关系人损失的责任。权利应当与义务相匹配，赋予遗产管理人获得报酬的权利是有必要的，也是合理的。《民法典》第 1149 条规定，遗产管理人可以依照法律规定或者按照约定获得报酬。首先，遗产管理人可以获得报酬，也可以不收取报酬。是否获得报酬，需要视具体情况而定，遗产管理人可以要求获得报酬，也可以不要求获得报酬。其次，如果法律规定遗产管理人有权获得报酬，遗产管理人可以要求获得报酬；如果当事人之间约定遗产管理人可以获得报酬，根据此约定，遗产管理人也可以获得报酬。最后，遗产管理人报酬的多少可以由当事人约定，人民法院指定遗产管理人的，人民法院可以酌情确定遗产管理人的报酬。

42. 继承开始后，由谁负责通知相关当事人？

继承开始意味着继承人范围的确定、继承人和受遗赠人能够作出接受与放弃的意思表示等。《民法典》第 1150 条规定，继承开始后，知道被继承人死亡的继承人应当及时通知其他继承人和遗嘱执行人。负有继承开始通知义务的人是继承人。通常来说，与被继承人共同生活的继承人最先知道被继承人死亡的事实。因此，继承人知道被继承人死亡时，有义务及时通知其他继承人和遗嘱执行人。

继承人中无人知道被继承人死亡或者知道被继承人死亡而不能通知的，由被继承人生前所在单位或者住所地的居民委员会、村民委员会负责通知。被继承人死亡时，可能没有继承人知道被继承人死亡的事实，或者因为继承人是无民事行为能力人而无法通知，在此情况下，法律规定被继承人生前所在单位或者住所地的居民委员会、村民委员会有通知义务。因此，负有继承开始通知义务的主体还包括被继承人生前所在单位、住所地的居民委员会或者村民委员会。被继承人生前所在单位就是被继承人生前最后工作的单位，可能是被继承人尚在服务的单位，也可能是被继承人退休的单位。由于很多企业的人员退休后，养老都转入社保保障部门，与单位不再有联系，所以被继承人生前所在单位也未必知道其死亡的事实，在这种情况下，就由被继承人住所地的居民委员会或者村民委员会负责通知。

43. 存有遗产的人负有什么义务?

遗产是被继承人遗留的个人遗产，是被继承人生前享有所有权的财产。被继承人死亡后，遗产的所有权随之转移。被继承人生前可能占有控制着自己所有的财产，这些财产也可能被其他人占有控制。继承人死亡后，就涉及遗产的保管问题。《民法典》第 1151 条规定，存有遗产的人，应当妥善保管遗产，任何组织或者个人不得侵吞或者争抢。因此，只要是存有遗产的人，都有义务妥善保管遗产。一是负有保管义务的主体是存有遗产的人。不管什么人，只要存有遗产，都有保管义务。二是必须妥善保管。存有遗产的人，必须像善良管理人一样保管好遗产，确保遗产不被损害、毁损或者灭失。存有遗产的人如果不愿意保管遗产，在遗产管理人确定之后，就应当将遗产交给遗产管理人保管。

任何组织和个人都不得侵吞或者抢夺遗产。存有遗产的人有妥善保管遗产的义务，而对于其他人而言，则不得侵害遗产。一方面，对于存有遗产的人来说，其必须妥善保管遗产，但不得侵吞遗产。所谓侵吞就是不能据为己有，不论谁存有遗产，都必须如实告知遗产管理人其存有遗产的事实，在其不愿意继续保管时，还应当将遗产交由遗产管理人保管。即便根据继承人所留下的遗嘱该遗产由其继承或者受遗赠，存有遗产的继承人或者受遗赠人也必须告知遗产管理人，遗产由其存有。比如，甲生前留有一份遗嘱，遗嘱中将其所有的一幅名人字画 A 指定由其孙子乙继承。乙由于办画展需要，曾向甲借用 A 字画，画展结束后未归还给甲而是继续留在自己家中。甲死亡后，乙得知遗嘱指定了 A 字画由其继承，此时，乙也应当将其存有 A 字画的事实告知其他继承人或者遗嘱执行人。另一方面，不论遗产由谁保管，其他任何组织和个人都不得抢夺。所谓抢夺就是非法夺取。虽然遗产最终都将由继承人分割，但只要遗产不是由继承人存有，任何继承人都不得抢夺遗产，继承人之外的人也不得抢夺。不仅个人不得抢夺遗产，任何组织也不得抢夺遗产。当然，如果遗产被依法征收、征用，需要由享有法定权限的机关按照法定程序实施，必须依法给予补偿。

44. 什么是转继承?

转继承就是继承人本人在遗产分割前死亡时，其应得的遗产份额转由其继承人继承。被转为继承的人称为被转继承人，实际继承的人称为转位继承人。《民法典》第1152条规定，继承开始后，继承人于遗产分割前死亡，并没有放弃继承的，该继承人应当继承的遗产转给其继承人，但是遗嘱另有安排的除外。根据此规定，发生转继承的条件包括：一是被转继承人在被继承人死亡后，遗产分割前死亡。被转继承人只有在此特定的时段死亡才发生转继承的问题。如果在被继承人死亡前死亡，则可能发生代位继承的问题；如果在遗产分割之后死亡，则是一个新的继承问题，不存在转继承。二是被转继承人未放弃继承。如果被继承人死亡后，继承人放弃继承的，继承人的继承权已经不复存在，所谓的转继承也就无从谈起。三是遗嘱没有其他安排。所谓遗嘱没有其他安排，就是被继承人在其遗嘱中，没有特别说明所留遗产仅限于给继承人本人，不得转继承给其他人。

转继承的法律后果是，继承人应当继承的遗产转给其继承人。所谓继承人应当继承的遗产，就是不管根据法定继承还是遗嘱继承，只要应由继承人继承的财产，都适用转继承。转给其继承人，就是被转继承人应得到的一切遗产都转由其继承人继承。如被继承人甲有两个儿子，大儿子乙和小儿子丙。甲死亡后，留有遗嘱指定将其中的一古董青花瓷瓶传给其长子乙，对于其他财产未做处理。在遗产分割前，乙不幸身故，生前未作任何放弃继承的意思表示。乙的继承人中仅有已出嫁的女儿丁。在分割遗产时，丁欲取走该青花瓷瓶。丙认为该古董系传家之宝，应当由其继承，故拒绝交给已经外嫁的丁。根据转继承的有关规定，由于甲在遗嘱中明确指定该古董由乙继承，虽然乙在遗产分割前死亡，但因其并未放弃继承，故其应得的遗产应通过转继承继承。作为乙的继承人，丁有权经转继承取得该青花瓷瓶，丙不得拒绝。

45. 如何从夫妻共同财产中确定遗产？

《民法典》第 1153 条第 1 款规定，夫妻共同所有的财产，除有约定的外，遗产分割时，应当先将共同所有的财产的一半分出为配偶所有，其余的为被继承人的遗产。因此，对于共同生活的夫妻而言，首先需要区分个人财产与夫妻共同财产。这需要根据夫妻财产制来判断：如果夫妻实行分别财产制，由于夫妻双方约定财产归各自所有，任何一方的财产都比较好确定；如果实行的是夫妻共同财产制，那就需要根据财产的状况来判断是属于共同财产还是属于个人财产。

《民法典》第 1063 条规定了属于夫妻一方财产的情形，具体包括：（1）一方的婚前财产；（2）一方因受到人身损害获得的赔偿或者补偿；（3）遗嘱或者赠与合同中确定只归一方的财产；（4）一方专用的生活用品；（5）其他应当归一方的财产。根据该条规定，被继承人的婚前财产、明确指定受赠人为其个人的财产、专用生活用品等，都属于个人财产，因此也就属于遗产的范畴。第 1062 条规定了夫妻共同财产的范围，该条规定：“夫妻在婚姻关系存续期间所得的下列财产，为夫妻的共同财产，归夫妻共同所有：（一）工资、奖金、劳务报酬；（二）生产、经营、投资的收益；（三）知识产权的收益；（四）继承或者受赠的财产，但是本法第一千零六十三条第三项规定的除外；（五）其他应当归共同所有的财产。”对于这些夫妻共同财产，必须先予以分割，才能确定哪些属于被继承人的个人财产。根据该条第 1 款的规定，对于夫妻共同财产，除有约定的外，遗产分割时，应当先将共同所有的财产的一半分出为配偶所有，其余的为被继承人的遗产。因此，对于夫妻共同财产，除非被继承人与其配偶另有约定，否则应当按各分一半的原则予以分割，故需要将其中的一半分给其配偶，剩下的一半才属于被继承人的遗产。

46. 如何从家庭共同财产中确定遗产?

《民法典》第 1153 条第 2 款规定，遗产在家庭共有财产之中的，遗产分割时，应当先分出他人的财产。被继承人与家庭成员共同生活，势必会与其他家庭成员有家庭共同财产，在分割遗产时，也必须将其个人的共有份额划分出来，确定为遗产。比如，土地承包经营的农户中有一家庭成员死亡，由于土地承包经营是以家庭为单位承包的，在分割遗产时，就需要根据农村土地承包法的规定予以分割。《农村土地承包法》第 32 条第 1 款规定：“承包人应得的承包收益，依照继承法的规定继承。”因此，可以继承的仅为被继承人应得的承包收益，即开展承包经营获得的部分收益。再比如，甲一家四口在城市购买商品房一套，该房产的所有权属于按份共有产权，其中甲享有 70% 的所有权，其余三口人各占10%的所有权份额。甲死亡后，就应当将其所有的70%的产权划分出来，只有这70%的商品房的建筑物区分所有权属于遗产。

47. 在什么情况下，遗产需要按照法定继承办理？

法定继承作为法律规定的继承方式，能够填补被继承人的遗愿空白。因此，在被继承人未就遗产作处分或者所作处分因特定原因而不实际发生效力时，就需要按照法定继承处理被继承人的遗产。根据《民法典》第1154条的规定，在以下四种情况下，应当按照法定继承处理被继承人的遗产：

一是遗嘱继承人放弃继承或者受遗赠人放弃受遗赠。根据《民法典》第1124条的规定，继承开始后，继承人可以放弃继承，受遗赠人可以放弃受遗赠。如果遗嘱继承人放弃遗嘱继承，那么遗嘱所涉及的部分遗产，就转为根据法定继承办理；同样，如果受遗赠人在知道受遗赠后明确表示放弃受遗赠的，或者在60日内未作接受遗赠的意思表示的，就视为放弃受遗赠，被继承人遗赠的那部分遗产就应按照法定继承办理。

二是遗嘱继承人丧失继承权或者受遗赠人丧失受遗赠权。《民法典》第1125条规定了继承人丧失继承权、受遗赠人丧失受遗赠权的法定事由。遗嘱继承人如果实施了法律规定的会导致丧失继承权的行为，丧失继承权后也未得到被继承人的宽恕，继承权未能恢复，本来根据遗嘱应由其继承的遗产，因其丧失继承权而转为按照法定继承办理。同样，如果受遗赠人实施了特定行为，丧失了受遗赠权，本应由其接受的遗产也需要法律明确应当如何处理。继承法未对丧失受遗赠权作出规定，《民法典》在第1125条第3款增加规定后，本项作了相应修改，明确受遗赠人丧失受遗赠权的，该部分遗产也应按照法定继承办理。

三是遗嘱继承人、受遗赠人先于遗嘱人死亡或者终止。遗嘱继承人先于遗嘱人死亡的，遗嘱人可能并不知道这一事实，此时，遗嘱所指定的继承人已经死亡，丧失民事主体资格，也就无法获得遗嘱继承权。需要注意的是，在法定继承情况下，继承人先于被继承人死亡的，可能将会发生代位继承，继承人的卑亲属将因代位继承而获得遗产。受遗赠的自然人先于遗嘱人死亡的，受遗赠的组织先于遗嘱人死亡即已终止，在遗嘱人死亡后，因为受遗赠人已经死亡或者终止，不再具有民事主体资格，也就无法就是否接受遗赠作出意思表示，同样不能获得遗赠的遗产。此时，遗嘱人所遗赠的此部分遗产，同样需要按照法定继承办理。

四是遗嘱无效部分所涉及的遗产。遗嘱继承优先于法定继承，但遗嘱继承优先的前提是遗嘱得合法有效，如果遗嘱无效，那么就不具有执行的法律效力，遗嘱继承也就无从谈起。《民法典》第1143条规定了遗嘱无效的法定情形，包括无民事行为能力人和限制民事行为能力人所立的遗嘱，遗嘱人受欺诈所立遗嘱，遗嘱人受胁迫所立遗嘱，伪造的遗嘱，遗嘱被篡改的部分。不论遗嘱是因为哪种原因导致无效，遗嘱所涉及的那部分遗产都必须按照法定继承办理。同样，因为遗嘱还存在部分无效的情形，此时，仅所涉部分遗产应按照法定继承办理。五是遗嘱未处分的遗产。被继承人死亡时如果立遗嘱了，遗嘱可能会处分全部遗产，此时就应按遗嘱执行。如果遗嘱仍有部分未处分的遗产，对这部分遗产就应按照法定继承办理。

48. 分割遗产时，胎儿尚未出生是否需要预留份额？

《民法典》第 16 条规定，涉及遗产继承、接受赠与等胎儿利益保护的，胎儿视为具有民事权利能力。但是，胎儿娩出时为死体的，其民事权利能力自始不存在。《民法典》第 1155 条规定，遗产分割时，应当保留胎儿的继承份额。胎儿享有继承权，但是毕竟胎儿尚未出生，无法确认胎儿是否能够正常出生。因此这一条规定在遗产分割的时候，需要保留胎儿的继承份额。所谓保留胎儿的继承份额，就是在计算参与遗产分割的人数时，应该将胎儿列入计算范围，作为参与分割的一分子，将其应得的遗产划分出来。需要注意的是，这里的继承份额，既包括法定继承时的继承份额，也包括遗嘱继承时的份额。在法定继承时，如果胎儿在继承人范围和顺序之内，就应当按照法定或者协商确定的分割原则、比例计算胎儿的应继承遗产份额。在遗嘱继承时，如果遗嘱中明确哪些遗产属于受孕之胎儿的，那么在分割遗产时，就应将此部分遗产予以保留，而不得以胎儿尚未出生为由予以瓜分。保留的是胎儿应得的遗产份额，就是将胎儿按照一个普通继承人计算所应获得的遗产。如果遗产是不动产，对不动产实行价值分割时，就要保留胎儿的那份价值；如果是对动产进行实物分割，就应保留胎儿应得的那部分实物。

49. 胎儿娩出时死亡，如何处理为胎儿所保留的遗产?

根据《民法典》第1155条的规定，胎儿娩出时是死体的，保留的份额按照法定继承办理。胎儿毕竟尚未出生，能否顺利分娩尚未可知。在分娩胎儿时可能有两种情况：第一种是顺利分娩，即顺利出生，胎儿即成为活的婴儿，也就成为独立的民事主体。这时，为胎儿所保留的遗产即成为出生之婴儿的财产。第二种情况就是分娩失败，娩出的胎儿为死体。根据《民法典》第16条的规定，胎儿娩出时为死体的，其民事权利能力自始不存在。在这种情况下，胎儿的民事权利能力自始不存在，因此，包括继承的权利能力在内的所有权利能力都溯及既往地消灭。所保留的遗产自然无法为没有权利能力者取得。根据《民法典》第1155条的规定，胎儿娩出时是死体的，为胎儿所保留的遗产份额，就需要按照法定继承办理，即由被继承人的法定继承人继承。

50. 遗产分割应当坚持什么原则?

《民法典》第1156条第1款规定，遗产分割应当有利于生产和生活需要，不损害遗产的效用。不管分割什么遗产，都要遵循这一原则，即有利于生产和生活、物尽其用。

首先，遗产分割要有利于生产。这是对生产资料型遗产的分割而言，对于此类遗产，在分割时，就应该按照有利于生产的原则进行。有利于生产可以从两个方面考虑：一方面，是不能损害遗产本身的生产性用途，确保遗产分割后还能用于正常的生产经营。另一方面，在分割遗产时，还要考虑继承人的能力、职业等因素，确保遗产分割后能得到继承人的合理充分利用。

其次，遗产分割要有利于生活。对于生活性用途的遗产，则应该考虑如何分割更便利于继承人的生活。总之，继承人之间应当相互体谅，从有利于生产、生活的角度考虑各种遗产的分割。

最后，遗产分割要物尽其用。所谓物尽其用就是要根据物本身的属性、特征来分割，确保实现遗产的使用价值、经济价值最大化，充分实现遗产的效用。

51. 遗产分割有哪些方法?

《民法典》第 1156 条第 2 款规定，不宜分割的遗产，可以采取折价、适当补偿或者共有等方法处理。一般而言，遗产分割的方式包括四种：

一是实物分割。实物分割就是对遗产进行物理上的分离，继承人按照各自份额分别占有不同部分。比如，被继承人遗留有贵重首饰若干，即可以采取实物分割的方法，由每个继承人各分得若干件首饰。

二是变价分割。有的遗产不适合进行实物分割，进行实物分割可能导致该遗产失去价值，或者所有继承人都不想取得该遗产的实物，就可以变卖该遗产取得价款，由继承人按照各自的继承份额对价款进行分割。

三是补偿分割。对于不宜进行实物分割的遗产，如果其中有继承人愿意取得该遗产，就可以由该继承人取得遗产的所有权。再由取得遗产所有权的继承人，根据其他继承人对该遗产的价值所应取得的比例，支付相应的价金，对其他继承人予以补偿。

四是保留共有。有的遗产不宜进行实物分割，所有继承人都愿意取得该遗产的，或者继承人基于某种生产或生活的目的，愿意继续维持遗产的共有状况，就可以由继承人对该遗产继续维持共有。这时的共有属于按份共有，即根据各继承人应继承的份额共同享有所有权。保留共有的遗产可能是对家庭具有特殊纪念意义的物品。

52. 配偶一方死亡，另一方如果再婚，是否有权处分所继承的财产?

《民法典》第 1157 条规定，夫妻一方死亡后另一方再婚的，有权处分所继承的财产，任何组织或者个人不得干涉。

首先，需要说明的是，夫妻任何一方死亡，另一方均有再婚的权利。原因在于，自然人死亡的，其民事主体资格消灭，其他人与其的身份关系也告终止。因此，夫妻关系随着一方的死亡也就消灭了，在世一方有权再婚，与其他人缔结新的婚姻关系。这种婚姻自主权是受到法律保护的。

其次，在世的配偶一方不论是否再婚，都有权处分自己继承取得的财产。继承的遗产不管是动产还是不动产，在法律上而言都是其个人所有的财产。根据法律的规定，所有人有权处分自己的财产。

再次，如果在世的配偶一方再婚，其有权依法处分自己继承所获得的财产。这里的处分，既可以是转移占有、抛弃，也可以是赠与、出售，甚至销毁。总之，当事人可以按照自己的意志自由处分。

最后，其他任何组织或者个人都不得干涉。不论是再婚者的子女、公婆或者岳父母、兄弟姐妹，还是妯娌或者其他姻亲、血亲，以及其他家族人员等，都不得干涉。所谓干涉就是施加影响力，包括阻止、破坏、阻挠。比如被继承人甲死亡后，其妻子乙继承获得位于 A 村的房产一套。后乙与 B 村的丙再婚，因丙无房，故丙搬来 A 村与乙共同居住。甲的哥哥丁认为，乙所继承的房屋为其家族的祖屋，外人不得入住，遂欲阻止丙入住。丁的行为即违反了这一条的规定，乙继承取得了房产后，有权与再婚配偶共同居住使用，丁的行为属于非法干涉乙对财产的处分权。

53. 被继承人可以跟继承人以外的公司签订遗赠扶养协议吗?

根据《民法典》第 1158 条的规定，自然人可以与继承人以外的组织或者个人签订遗赠扶养协议。遗赠扶养协议的双方当事人比较特殊：一方为自然人，即受扶养人。受扶养的自然人不论基于何种原因，只要其本人欲通过此种方式养老，即可以采取，而不论其是否有法定的扶养义务人。另一方必须为继承人以外的组织或者个人。因此，法定继承人是不能与被继承人签订遗赠扶养协议的。在继承编起草制定过程中，有的意见提出，应当允许继承人与被继承人签订继承协议。考虑到赡养老人是中华民族的传统美德，如果允许一部分继承人与另一部分继承人签订协议，一部分继承人放弃继承而不承担赡养义务，另一部分继承人赡养被继承人而继承遗产，这有悖于法律规定的赡养义务，也不符合传统美德。故这一条规定，遗赠扶养协议必须是受扶养人与继承人之外的人签订。继承法规定扶养人只能是个人或者集体经济组织。扶养人除继承人外的个人外，将集体经济组织扩大到各种组织。这里的组织既可以是法人，也可以是非法人组织。当然，应当是具备承担养老职能的组织。

54. 遗赠扶养协议一般应包括哪些内容?

根据合同法的一般原理，遗赠扶养协议应当包括以下主要内容：

一是协议双方当事人。协议应当载明受扶养人的姓名、身份证号码、住址等基本信息，以及扶养人个人的姓名、身份证号码、住址或者组织的名称、住所等基本信息。

二是扶养人的义务和受扶养人的权利。扶养的主要义务包括两个方面：一方面是“生养”。在受扶养人生存期间，扶养人需要承担对受扶养人生活上的照料和扶助义务，特别是在受扶养人生病时应当提供照护，在协议中应尽量写明照料的标准和水平。另一方面就是“死葬”。在受扶养人死亡后，扶养人应当负责办理受扶养人的丧事，包括按照受扶养人的遗愿办理遗体火化、埋葬等事宜。这些扶养人的义务，同时也是受扶养人的权利。

三是受扶养人的义务，也就是扶养人的权利。扶养人的权利主要就是根据协议取得受扶养人所赠与的遗产。因此，双方应当在协议中写明，受扶养人拟将哪些遗产赠与扶养人。同时还应约定受扶养人在世期间不得擅自处分协议所涉及的财产。

四是协议的解除。双方可以在协议中约定，如果一方违反约定，另一方有权要求解除遗赠抚养协议，并要求对方承担相应的补偿责任。比如，约定如果扶养人拒绝履行扶养义务，受扶养人有权解除合同，且不必向扶养人支付费用；还可以约定如果受扶养人擅自处分协议所涉及的财产，扶养人可以解除协议，并要求受扶养人支付相应的供养费用。五是争议解决条款。双方可以在协议中约定，一旦发生争议，可以通过哪些途径解决，通过仲裁、调解，还是诉讼方式。同时应尽量明确约定争议解决的具体机构。

55. 遗产分割时，发现被继承人欠债了，如何处理？

遗产是被继承人遗留的合法财产，一般而言，被继承人在生前不仅会留有财产，有的被继承人还会留下债务或者其他义务。被继承人生前所负担的各种债务，理论上称为遗产债务。遗产债务是被继承人个人所欠的债务。这种债务可能完全是被继承人个人的债务，也可能是共同债务中被继承人应当分担的那部分债务。遗产债务是被继承人生前所欠的，被继承人死亡后因处理善后事务而发生的各种费用不属于遗产债务。遗产债务需要用遗产来偿还。根据《民法典》第1159条的规定，分割遗产，应当清偿被继承人依法应当缴纳的税款和债务。第一，清偿应缴纳的税款。如果被继承人生前有未缴纳的税款，所欠的税款可以视为其对国家所欠的债务。被继承人死亡后，就需要用其遗产来清偿所欠税款。税款，可能是被继承人生前未缴纳的个人所得税，也可能是其出售不动产应缴纳的印花税、增值税，等等。第二，清偿债务。债务就是被继承人生前对其他民事主体所负的私法上的各种债务。债务包括合同之债，也包括侵权之债，还可以是不当得利或者无因管理之债；债务可能是主债务，也可能是因为提供保证、抵押、质押而形成的从债务；债务可能纯属个人债务，也可能是与他人形成的共同债务、连带债务。不论是哪种类型的债务，只要是被继承人生前所负，都需要以遗产清偿。

被继承人生前所欠税款和债务，应当是在分割遗产之前予以清偿。遗产管理人在清理被继承人的债权债务后，需要及时予以处理，该缴纳的税款应当缴纳，该清偿的债务必须及时清偿。如果在分割遗产之前，不知道被继承人存在遗产债务的，在遗产分割之后，仍需要依法以遗产予以清偿。

56. 被继承人的债权人可以将全部遗产用以抵债吗?

根据《民法典》第1159条的规定，清偿所欠税款和债务，应当为缺乏劳动能力又没有生活来源的继承人保留必要的遗产。因此，不论是以遗产清偿所欠税款还是所负债务，需要注意的是，必须为缺乏劳动能力又没有生活来源的继承人保留必要的遗产。保留必要遗产具有优先于税款和债务的效力，只要被继承人的遗产可能不足以清偿所欠税款和债务，就必须予以保留。这也是我国很多立法所坚持的一贯立场。比如，《民事诉讼法》第 243 条就规定，被执行人未按执行通知履行法律文书确定的义务，人民法院有权扣留、提取被执行人应当履行义务部分的收入。但应当保留被执行人及其所扶养家属的生活必需费用。《税收征收管理法》第 40 条第 3 款规定，个人及其所扶养家属维持生活必需的住房和用品，不在强制执行措施的范围之内。《税收征收管理法》第 42 条规定，税务机关采取税收保全措施和强制执行措施必须依照法定权限和法定程序，不得查封、扣押纳税人个人及其所扶养家属维持生活必需的住房和用品。

57. 无人继承的遗产如何处理？

无人继承遗产就是没有继承人或者受遗赠人接收遗产。被继承人的遗产无人接收，原因可能是多种多样的：

第一，无人继承的遗产，可能客观上既没有继承人，也没有受遗赠人。没有法定继承人就是法律规定的第一顺序、第二顺序继承人都没有，被继承人也未留有遗嘱指定受遗赠人。第二，虽然被继承人有继承人或者通过遗嘱确定了受遗赠人，但是继承人全部放弃继承，受遗赠人也都放弃受遗赠。第三，被继承人死亡后，虽然有继承人，但继承人全部丧失继承权且未得以恢复。第四，被继承人死亡后，没有法定继承人或者法定继承人丧失继承权，仅在遗赠中处理了部分遗产，其余遗产也构成无人继承遗产。

《民法典》第 1160 条规定，无人继承又无人受遗赠的遗产，归国家所有，用于公益事业；死者生前是集体所有制组织成员的，归所在集体所有制组织所有。根据此规定，在我国无人继承的遗产，需要根据不同情况，分别处理：

第一，归国家所有，用于公益事业。一般情况下，如果死者为城镇居民而非农村居民，其遗留的无人继承遗产归国家所有。归国家所有就是收归国库，由政府有关部门负责处理。但政府主管部门处理无人继承遗产需要坚持一个原则，即将这些财产用于公益事业。这项要求是继承法没有的，在民法典继承编的起草过程中，考虑到无人继承遗产是由国家无偿取得，为了充分发挥这部分财产的价值，更好地体现“取之于民，用之于民”的宗旨，故明确必须用于公益事业。这里的公益事业可以是教育事业、医疗事业、慈善事业等。用于公益事业就不能用于非公益事业，比如用于行政办公经费支出。至于具体用于何种公益事业，则由政府主管部门具体分配。

第二，归集体所有制组织所有。如果死者生前是集体所有制组织成员，因其生前一般都会通过集体所有制获得土地承包经营权、分红等经济利益，将其遗产确定归集体所有制组织也合情合理，且土地承包收益、宅基地上的房产等具有特殊性质的财产，规定由集体所有制组织所有，也便于集体所有制组织根据本集体的具体情况作出妥善处理。

58. 遗产分割后，发现被继承人负有债务的，继承人如何偿还遗产债务？

一般来说，应当在遗产分割前偿还遗产债务。但是，也可能因为遗产分割之后，债权人才知道被继承人死亡的事实，由于此时遗产已经分割，债权人无法再直接从遗产中实现债权，这时就涉及如何偿还遗产债务的问题，是由全体继承人共同偿还，还是部分继承人偿还，继承人之间对遗产债务承担何种责任的问题。

《民法典》第 1161 条第 1 款规定，继承人以所得遗产实际价值为限清偿被继承人依法应当缴纳的税款和债务。超过遗产实际价值部分，继承人自愿偿还的不在此限。根据此规定，我国的继承原则上属于限定继承，继承人对被继承人的遗产债务不负无限清偿责任，而仅以所继承遗产的实际价值为限负清偿责任。也就是说，继承人继承多少遗产，其偿还遗产债务的限额也就是多少。继承人并不会因为继承遗产而需要无限清偿被继承人的遗产债务。

限定继承是基本原则，但这一条作了例外规定，即对超过遗产实际价值部分的债务，继承人自愿偿还的不在此限。也就是说，继承人继承的遗产不足以清偿被继承人的遗产债务时，如果继承人自愿替被继承人偿还其他债务，法律尊重当事人的这种自主选择。但这种选择必须是继承人自愿、自主作出的，债权人不可以强制要求继承人偿还超出所获得遗产部分的被继承人生前所欠债务。

59. 继承人放弃了继承权，是否还需要偿还遗产债务？

《民法典》第 1161 条第 2 款规定，继承人放弃继承的，对被继承人依法应当缴纳的税款和债务可以不负清偿责任。放弃继承是指既放弃了遗嘱继承，也放弃了法定继承。因此，如果继承人放弃了继承，就无需对被继承人的债务承担偿还责任。原因在于，继承了遗产的继承人仅需对遗产债务承担有限清偿责任，如果继承人放弃了继承，并没有从被继承人的遗产中获得任何利益，要求其对被继承人的债务承担清偿责任，相当于将他人的民事责任强加于继承人，这有违民法的意思自治原则，显然不合适。如果一部分继承人参与遗产分割获得了遗产，另外一部分继承人放弃了继承。在清偿被继承人的遗产债务时，则参与遗产分割的部分继承人负有清偿责任，需要以所得遗产的实际价值为限予以偿还；放弃继承的继承人无须承担任何清偿责任。

60. 受遗赠人的权利是否优先于遗产债务债权人的权利?

遗赠是遗赠人无偿赠与受遗赠人遗产的行为，虽然遗产属于遗赠人的个人财产，其有权处分，但这种无偿处分行为不应损害债权人的利益。《民法典》第 1162 条规定，执行遗赠不得妨碍清偿遗赠人依法应当缴纳的税款和债务。遗赠人的遗赠行为也不能损害债权人利益。所谓执行遗赠不得妨碍清偿遗赠人依法应当缴纳的税款和债务，就是指遗嘱执行人或者遗产管理人在执行遗赠时，不应使遗赠人的遗产债务无法得到偿还。在执行遗赠之前，应当先用遗产偿还遗赠人所欠税款和债务，清偿之后，如果遗产尚有剩余则再执行遗赠；同样，如果执行遗赠之后，债权人才知道遗赠人死亡、遗产被分割的事实，则其有权要求受赠人将所得遗产用于偿还债务。

61. 法定继承人、遗嘱继承人和受遗赠人之间如何清偿遗产债务？

《民法典》第 1123 条规定了遗赠、遗嘱继承和法定继承之间的优先效力，遗赠优先于遗嘱继承，遗嘱继承优先于法定继承。在遗产债务未得到有效清偿，遗产却已经分割时，就涉及如何从已经分割的遗产中清偿债务的问题，即遗产债务如何在受遗赠人、遗嘱继承人、法定继承人之间分配清偿的问题。根据《民法典》第 1163 条规定，由法定继承人清偿被继承人依法应当缴纳的税款和债务；超过法定继承遗产实际价值部分，由遗嘱继承人和受遗赠人按比例以所得遗产清偿。第一，法定继承人的清偿责任。这一条首先规定，由法定继承人清偿被继承人依法应当缴纳的税款和债务。因此，如果遗产已经分割，清偿遗产债务需要先以法定继承人获得的遗产清偿。假如，被继承人甲死亡后留有遗产 100 万元，负债 60 万元。其中甲在遗嘱中将 40 万元指定由继承人乙继承，其余遗产未做安排。遗产分割时，乙根据遗嘱继承获得了 40 万元；其余遗产按照法定继承分割，继承人乙、丙和丁各分得 20 万元。遗产分割之后，甲的债权人戊发现遗产已经被分割，遂向甲的继承人主张债权。此时，即应由乙、丙和丁从经法定继承所获得的 60 万元遗产中予以清偿。第二，遗嘱继承人和受遗赠人的清偿责任。本条还规定，超过法定继承遗产实际价值部分，由遗嘱继承人和受遗赠人按比例以所得遗产清偿。所谓超过法定继承遗产实际价值部分，就是法定继承人所获得遗产的实际价值不足以偿还被继承人的遗产债务。遗嘱继承人和受遗赠人按比例清偿，是指由遗嘱继承人和受遗赠人按照所获得遗产的实际价值的比例来清偿。如果有多个遗嘱继承人，则由各遗嘱继承人之间按比例清偿；如果有多个受遗赠人，则由各受遗赠人按比例清偿。例如，甲死亡后留有价值500万元的遗产，在遗嘱中指定由继承人乙继承价值50万元的遗产，将其中150万元赠与好友丙，其余遗产未做处理。遗产分割时，将遗产中的150万元给了丙，乙按照遗嘱继承获得了50万元，其余300万元由继承人乙、丁各分得150万元。后来发现甲尚有400万元的债务未偿还。此时，就需要先由乙、丁用经法定继承取得的300万元偿还，其余100万元，则应由受遗赠人丙和遗嘱继承人乙按比例分担。因为乙按照遗嘱继承了50万元，丙受遗赠为150万元，所以乙和丙需要按照1:3的比例清偿剩余的100万元债务，即乙偿还其中的25万元，丙偿还其中的75万元。

第七编　侵权责任

1. 如何理解过错责任归责原则？

过错责任是指造成损害并不必然承担侵权责任，还要看行为人是否有过错。有过错有责任，无过错无责任。在奴隶社会和封建社会，结果责任原则在归责原则中占据统治地位，不考虑行为人实施行为时是否有过错，谁造成损害谁承担责任，这种做法是不公平的，动辄得咎极大地限制了行为自由。随着人类社会的发展和人类文明的进步，到了 19 世纪末 20 世纪初，过错责任原则逐渐取代了结果责任原则。过错作为归责原则可以较好地协调“个人自由”与“社会安全”的关系。如果行为人尽到合理注意义务，就没有过错，即免除侵权责任。这样个人的活动自由可以得到保障，社会经济活动得以顺利进行。人人都尽到合理注意义务，社会安全也会得到维护。

《民法典》第 1165 条第 1 款规定：“行为人因过错侵害他人民事权益造成损害的，应当承担侵权责任。”只要同时满足以下条件，行为人就应承担侵权责任：

一是行为人实施了某一行为。若无行为人的行为，就不会产生侵权责任。但是，在一些情况下，行为人不作为也有可能产生侵权责任，这是现代侵权责任法的一种发展趋势，即在特定情形下行为人还负有积极保护他人的义务。例如，宾馆、商场、银行、车站、机场、体育场馆、娱乐场所等经营场所、公共场所的经营者、管理者或者群众性活动的组织者，未尽到安全保障义务，造成他人损害的，应当承担侵权责任。不作为侵权是行为人应当履行某种法定作为义务而未履行该义务而产生的，若没有法定作为义务，行为人的不作为并不构成侵权。这种法定作为义务可能是某一法律明确规定的，可能是某人先前的危险行为产生的，还可能是基于当事人约定而产生的，等等。

二是行为人行为时有过错。在过错责任原则中，过错是确定行为人是否承担侵权责任的核心要件，也是人民法院审理侵权案件的主要考虑因素。行为人的行为造成损害并不必然承担侵权责任，必须要看其是否有过错，无过错即无责任。过错是行为人行为时的一种应受谴责的心理状态。正是由于这种应受谴责的心理状态，法律要对行为人所实施的行为作否定性评价，让其承担侵权责任。需要指出的是，过错仅适用于过错责任原则制度下的侵权责任，对于一些法律明确规定的特殊侵权责任，过错并非必要条件，如无过错责任原则、公平分担损失原则。需要强调的是，无过错责任原则和公平分担损失原则的适用范围是法律特别规定的情形，需要由法律的明确规定才能适用。只要法律没有明确规定不以过错为要件的，过错仍是行为人承担侵权责任的要件。

三是受害人的民事权益受到损害，即要求有损害后果，这一点是民法典侵权责任编与以往立法相比的重大变化。损害是指行为人的行为对受害人的民事权益造成的不利后果，通常表现为：财产减少、生命丧失、身体残疾、名誉受损、精神痛苦等。这里的“损害”是一个比较广的概念，不但包括已经存在的“现实损害”，还包括构成现实威胁的“不利后果”，如某人的房屋倾斜，如其不采取防范措施，房屋随时有可能倒塌损害他人的人身、财产安全。实践中，受害人大多数情况下受到的是现实损害，这种损害相对容易被认定和证明。在一些情况下，行为人的行为也可能对受害人的民事权益造成现实威胁，为防止其转化成现实损害，行为人也应当承担侵权责任，这有利于保护受害人，体现了侵权责任编预防侵权行为的立法目的，也是现代侵权责任法的发展趋势，《民法典》第 1167 条规定的内容就包含了这层意思。根据该规定，侵权行为危及他人人身、财产安全的，被侵权人可以请求侵权人承担停止侵害、排除妨碍、消除危险等侵权责任。但是，必须明确，排除妨害、消除危险等侵权责任的承担方式，是基于物权、人格权等绝对权而产生的保护性请求权，不要求有损害结果。第 1165 条第 1 款中的过错是针对损害赔偿来说的，因此要“造成损害”。

四是行为人的行为与受害人的损害之间有因果关系。因果关系是指行为人的行为作为原因，损害事实作为结果，在二者之间存在的前者导致后者发生的客观联系。

2. 如何理解过错推定责任归责原则？

在过错责任原则中，通常由受害人证明行为人是否有过错，但在一些情况下也适用过错推定原则。所谓过错推定，是指根据法律规定推定行为人有过错，行为人不能证明自己没有过错的，应当承担侵权责任。在传统的过错责任原则下，受害人向加害人行使请求权时必须证明加害人具有过错，但过错是行为人的一种主观心理状态，受害人证明起来比较困难。加之，进入现代社会后，各种机器设备大量出现，专业分工亦极为细密，碍于专业知识所限，受害人证明加害人的过错就更为困难。为了既能维持过错责任原则的地位不被动摇，又能有效保护和救济受害人，一些国家和地区发展出了减轻受害人举证责任的规则，我国在司法实践中采用了“过错推定”。过错推定的实质就是从侵害事实中推定行为人有过错，免除了受害人对过错的举证责任，加重了行为人的证明责任，更有利于保护受害一方的利益，也可更有效地制裁侵权行为。对此，《民法典》第 1165 条第 2 款明确规定了过错推定。过错推定包含在过错责任原则中，但与一般过错责任有较大的不同。近百年来，过错推定与无过错责任原则共同发展，从其他国家过错推定实施和发展的结果看，过错推定近似于无过错责任原则。因此，对行为人而言，这是一种较重的责任，不宜被滥用，需要由法律对适用范围作严格限定，否则就有可能限制人们的行动自由。从域外的立法经验看，基本上都由法律明确规定在什么情况下适用过错推定。《民法典》第 1165 条第 2 款也强调，法律规定行为人有过错，其不能证明自己没有过错的，才应当承担侵权责任。法律没有规定过错推定的，仍应由受害一方承担过错的证明责任。

3. 如何理解无过错责任归责原则？

无过错责任是指不以行为人的过错为要件，只要其活动或者所管理的人、物损害了他人的民事权益，除非有法定的免责事由，否则行为人就要承担侵权责任。在法律规定适用无过错责任原则的案件中，法官判断被告应否承担侵权责任时，不考虑被告有无过错，不要求原告证明被告有过错，也不允许被告主张自己无过错而请求免责。只要审理查明，被告的行为与原告损害之间存在因果关系，即可判决被告承担侵权责任。由于这种责任的承担，并不考虑行为人的主观意识状态，而只考虑损害结果和免责事由，故又被称为客观责任；与过错责任原则相比，这种责任在承担条件和责任后果上更为严格，故也被称为严格责任。适用无过错责任原则的意义在于加重行为人责任，及时救济受害人，使其损害赔偿请求权更容易实现。

《民法典》第 1166 条规定，"行为人造成他人民事权益损害，不论行为人有无过错，法律规定应当承担侵权责任的，依照其规定"。根据这一规定，无过错责任的构成要件有四个：一是行为；二是受害人的损害；三是行为与损害之间具有因果关系；四是法律规定应当承担侵权责任，即不存在法定的免责任的情形。

在许多适用无过错责任原则的领域，法律使行为人承担无过错责任，并非因为其从事了法律禁止的活动，而恰恰相反，这些活动是社会经济发展所必需的，社会允许其存在。但是，由于这些活动有较高的风险，且多数是不可控制的，即使采取所有预防意外的措施，也不可能完全避免危险，如飞机遇到空中的飞鸟、突遇恶劣天气而坠机等，法律允许这些活动的条件是行为人必须对这种风险产生的后果负责。

这里需要强调以下五点：

一是设立无过错责任原则的主要政策目的，绝不是要使“没有过错”的人承担侵权责任，而主要是免除受害人证明行为人过错的举证责任，使受害人易于获得损害赔偿，使行为人不能逃脱侵权责任。事实上，从我国审判实践的情况看，适用无过错责任原则的大多数案件中，行为人基本上都是有过错的。

二是无过错责任并不是绝对责任，在适用无过错责任原则的案件中，行为人可以向法官主张法定的不承担责任或者减轻责任的事由。法律根据行为的危险程度，对适用无过错责任原则的不同侵权类型规定了不同的不承担责任或者减轻责任的事由。例如，在产品责任案件中，产品制造者可以证明产品投入流通时，引起损害的缺陷尚不存在而免除自己的侵权责任；在高度危险物致损案件中，高度危险作业人可以证明受害人故意造成损害而免除自己的责任，等等。

三是在适用无过错责任原则的侵权案件中，只是不考虑行为人过错，并非不考虑受害人过错。如果受害人对损害的发生也有过错的，在有的情况下可减轻，甚至免除行为人的侵权责任。

四是本条关于无过错责任原则的规定，是为了在一些特定领域排除过错责任原则的适用。这一规定只是为了表明无过错责任原则在我国是与过错责任原则并列的归责原则，其并不直接具有作为裁判根据的意义。要对某一案件适用无过错责任，必须是民法典或者其他法律明确规定该类案件不以过错为承担责任的条件。适用无过错责任原则的案件，所适用的是民法典或者其他法律关于无过错责任的具体规定。民法典或者其他法律未明确规定适用无过错责任原则的案件，均属于过错责任原则的适用范围。法官不能在法律没有明确规定适用无过错责任原则的情况下，擅自适用该原则。强调这一点，主要是考虑到无过错责任是一种极为严格的责任，若由法官自由决定是否适用该原则，有可能妨碍人们的行为自由和社会进步。立法者在决定哪些领域应当适用无过错责任原则时比较慎重。侵权责任编明确规定了几种适用无过错责任原则的特殊侵权行为，如第四章的产品责任、第七章的环境污染和生态破坏责任以及第八章的高度危险责任。其他法律也可以根据实践发展和社会需要规定适用无过错责任原则的领域。这里需要注意的是，第八章规定的高度危险责任比较特殊，根据第1236条的规定，从事高度危险作业造成他人损害的，应当承担侵权责任。该规定没有限制高度危险责任的具体适用范围，是开放和动态的，只要从事高度危险作业的，就要承担无过错责任。高度危险作业的内涵和外延可以随着社会的发展而扩展。出现新的高度危险作业的，根据实践需要，可用司法解释或者立法解释的方式，也可用单行法的方式包含进来。该规定可以说为将来无过错责任原则的扩大适用留有余地。

五是适用无过错责任原则在赔偿数额上可能存在限制。许多适用无过错责任原则的活动是社会所需要的，法律允许这些活动的存在，但如果法律对这些领域发生的事故赔偿数额没有限制，就有可能过分加重行为人的负担，阻碍经济发展和企业壮大，且无过错责任原则往往与责任保险相连，责任保险可以确保无过错责任制度得以顺利实施，若赔偿额度过高，保险人的负担过于沉重，就可能放弃责任保险，不利于无过错责任制度的顺利实施。所以，在某些适用无过错责任原则的领域，对赔偿额度予以限制，是十分必要的。例如，《民法典》第1244条规定，承担高度危险责任，法律规定赔偿限额的，依照其规定，但是行为人有故意或者重大过失的除外。我国的航空、海运等方面的特别法规，基于特定行业的风险性和保护该行业发展的需要，往往规定了最高赔偿数额。

4. 如何理解《民法典》第1165条过错责任和过错推定责任、第1166条无过错责任和第1167条侵权行为危及他人人身、财产安全责任承担方式3条规定的关系？

《民法典》第1165条规定了过错责任原则、第1166条规定了无过错责任原则，第1167条规定了危及他人人身、财产安全责任承担方式。3条规定相互衔接、相互补充、相互协调，组成了我国民事侵权责任的基本制度。

第1165条规定了过错责任原则是最常见的侵权责任归责原则，《民法典》将《侵权责任法》第二章“责任构成和责任方式”修改为“损害赔偿”一章，这意味着在适用该条时，必须有造成损害的后果。相比之下，第1166条是无过错责任的规定，只有在法律有明确规定时，才能适用该条规定。第1167条是基于物权、人格权等绝对权而产生的保护性请求权，不要求有损害结果。在侵权行为的后果还没有出现时，赋予被侵权人一定的请求权以发挥预防性的功能，防止损害后果的扩大，维护被侵权人的合法权益，能够更加及时地、充分地发挥法律的功能，获得更好的社会和法律效果。

5. 如何理解民法典规定的共同侵权制度?

《民法典》第1168条规定：“二人以上共同实施侵权行为，造成他人损害的，应当承担连带责任。”

根据这一规定，构成共同侵权行为需要满足以下四个要件：

一是主体复数。共同侵权行为的主体必须是两人或者两人以上，行为人可以是自然人，也可以是法人。

二是共同实施侵权行为。这一要件中的“共同”主要包括3层含义：第一，共同故意。不同学说的学者都一致认为，数个行为人基于共同故意侵害他人合法权益的，应当成立共同侵权行为。第二，共同过失。“共同过失”主要是数个行为人共同从事某种行为，基于共同的疏忽大意，造成他人损害。第三，故意行为与过失行为相结合。需要特别强调的是，上述3种形态均可以构成这一条所说的“共同实施”，不能狭义理解为，这一规定所指的共同实施只有共同故意实施。

三是侵权行为与损害后果之间具有因果关系。在共同侵权行为中，有时各个侵权行为对造成损害后果的比例有所不同，但必须存在法律上的因果关系，如果某个行为人的行为与损害后果之间没有因果关系，不应与其他行为人构成共同侵权。

四是受害人具有损害。这是受害人请求加害人承担侵权责任的一个基本要件。无损害，则无救济。如果没有损害，根本不可能成立侵权责任。

需要说明的是，在我国，共同侵权与连带责任的适用范围并不完全重合，两者并不是一一对应关系。根据《民法典》第178条第3款的规定，连带责任由法律规定或者当事人约定。在法律规定方面，除了共同侵权行为外，还有其他情形的规定。例如，侵权责任编第五章规定的拼装或者已经达报废标准的机动车的转让人和受让人承担连带责任；第八章规定的高度危险物的所有人与管理人承担连带责任等。

6. 教唆、帮助他人实施侵权行为的，怎么承担侵权责任？

《民法典》第1169条第1款规定，“教唆、帮助他人实施侵权行为的，应当与行为人承担连带责任”。这里的“他人”指的是完全民事行为能力人。教唆、帮助完全民事行为能力人实施侵权行为需要满足以下构成要件：

一是教唆人、帮助人实施了教唆、帮助行为。教唆行为，是指对他人进行开导、说服，或通过刺激、利诱、怂恿等方法使该他人从事侵权行为。教唆行为只能以积极的作为方式作出，消极的不作为不能成立教唆行为。教唆行为可以通过口头、书面或其他形式加以表达，可以公开进行也可以秘密进行，可以当面教唆也可以通过别人传信的方式间接教唆。帮助行为，是指给予他人以帮助，如提供工具或者指导方法，以便该他人易于实施侵权行为。帮助行为通常是以积极的作为方式作出，但具有作为义务的人故意不作为时也可能构成帮助行为。帮助的内容可以是物质上的，也可以是精神上的，可以在行为人实施侵权行为前，也可以在实施过程中。一般认为，教唆行为与帮助行为的区别在于：教唆行为的特点是教唆人本人不亲自实施侵权行为，而是唆使他人产生侵权意图并实施侵权行为或危险行为；而帮助行为可能并不对加害行为起决定性作用，只是对加害行为起促进作用。

二是教唆人、帮助人具有教唆、帮助的主观意图。一般来说，教唆行为与帮助行为都是教唆人、帮助人故意作出的，教唆人、帮助人能够意识到其作出的教唆、帮助行为所可能造成的损害后果。在帮助侵权中，如果被帮助人不知道存在帮助行为，也并不影响帮助行为的成立。

三是被教唆人、被帮助人实施了相应的侵权行为。这一要件要求教唆行为、帮助行为与被教唆人、被帮助人实施的侵权行为之间具有内在的联系。如果被教唆人、被帮助人实施的侵权行为与教唆行为、帮助行为没有任何联系，而是行为人另外实施的，那么，就该行为所造成的损害不应要求教唆人、帮助人承担侵权责任。这一点与刑法中的教唆犯罪存在明显区别，在刑法中，即便被教唆人没有按照教唆人的意图实施犯罪行为，教唆人的教唆行为仍然可能构成教唆未遂的犯罪。

根据民法典的规定，教唆人、帮助人实施教唆、帮助行为的法律后果是，教唆人、帮助人与行为人承担连带责任。受害人可以请求教唆人、帮助人或者行为人中的一人或者数人赔偿全部损失。

7. 教唆、帮助无民事行为能力人、限制民事行为能力人实施侵权行为的，怎么承担侵权责任？

《民法典》第1169条第2款规定，教唆、帮助无民事行为能力人、限制民事行为能力人实施侵权行为的，应当承担侵权责任；该无民事行为能力人、限制民事行为能力人的监护人未尽到监护职责的，应当承担相应的责任。对本款的理解需要注意：

一是教唆人、帮助人明知被教唆人、被帮助人为无民事行为能力人或者限制民事行为能力人，仍然实施教唆、帮助行为的，应当承担侵权责任。即便教唆人、帮助人主观上不知道被教唆人、被帮助人是无民事行为能力人或者限制民事行为能力人，为了体现法律对教唆、帮助行为的否定性评价，也应当适用本款规定，由教唆人、帮助人承担侵权责任。

二是如果被教唆、被帮助的无民事行为能力人或者限制民事行为能力人的监护人未尽到监护责任的，应当承担相应的责任。监护，是为保护无民事行为能力人和限制民事行为能力人的人身和财产权利而由特定公民或组织对其予以监督、管理和保护的制度。

在本法编纂过程中，有的意见提出，无论监护人是否尽到监护责任，都应当由监护人与教唆人或者帮助人承担连带责任。我们研究认为，在存在教唆人、帮助人的情形下，监护人承担连带责任过于严厉。还有的意见提出，应当对教唆帮助无民事行为能力人实施侵权行为和教唆帮助限制民事行为能力人实施侵权行为的责任作出区分规定。教唆帮助无民事行为能力人实施侵权行为的，被教唆的无民事行为能力人实际被当作实施侵权的工具，应由教唆人帮助人承担全部责任。与无民事行为能力人相比，限制行为能力人有一定程度的判断力，仍然由教唆人帮助人承担全部责任，有失妥当，应当根据各自过错和原因力，对内合理划分各方责任。我们研究认为，民法典规定的“教唆、帮助无民事行为能力人、限制民事行为能力人实施侵权行为的，应当承担侵权责任”是从侵权人与被侵权人相互关系的角度上作出规定的，即侧重外部关系。即使要考虑侵权人的内部关系，教唆人、帮助人的责任，也不因其教唆或者帮助的对象不同，而体现出主观故意上的区别。上述这些意见，虽然都有一定道理，但并未被立法采纳。

8. 共同危险行为的构成要件是什么？

《民法典》第 1170 条规定，二人以上实施危及他人人身、财产安全的行为，其中一人或者数人的行为造成他人损害，能够确定具体侵权人的，由侵权人承担责任；不能确定具体侵权人的，行为人承担连带责任。

根据这一规定，构成共同危险行为应当满足下列三个要件：

一是二人以上实施危及他人人身、财产安全的行为。行为主体是复数，这是最基本的条件，这才有可能不能确定谁是具体加害人。应当注意的是，二人以上不要求“共同”实施侵权行为，即不要求时空上的共同性。例如，《民法典》第 1168 条规定，二人以上共同实施侵权行为，造成他人损害的，应当承担侵权责任。这一条中的“共同”不要求数个侵权人在同一时间、同一场所实施侵权行为。

二是其中一人或者数人的行为造成他人损害。虽然实施危及他人人身、财产行为的是数人，但真正导致受害人损害后果发生的只是其中一个人或者几个人的行为。

三是不能确定具体加害人。一般而言，受害人只能请求加害人就其侵权行为所造成的损失予以赔偿，加害人也仅对其侵权行为所造成的损失进行赔偿。但在共同危险行为制度中，数个行为人实施的危险行为存在耦合性，事实上只有部分行为人的行为造成了损害后果。但是，由于受害人无法掌握各个行为人的行为动机、行为方式等证据，无法准确判断哪个行为才是真正的加害行为，为了保护受害人的合法权益，降低受害人的举证难度，避免其因不能指认真正加害人而无法行使请求权，同时由于每个行为人都实施了危险行为，在道德上具有可责难性，所以规定由所有实施危险行为的人承担连带责任是合理的。如果受害人能够指认或者法院能够查明具体加害人，那就是普通的侵权责任，由具体加害人承担侵权责任。

根据这一规定，适用共同危险行为制度的法律后果是，数个行为人对受害人承担连带责任。共同危险行为不仅在一般过错责任中适用，在过错推定责任、无过错责任中也有适用余地。

9. 承担连带责任的无意思联络分别实施侵权行为的构成要件是什么？

《民法典》第1171条规定，二人以上分别实施侵权行为造成同一损害，每个人的侵权行为都足以造成全部损害的，行为人承担连带责任。

适用这一规定需要符合以下构成要件：

一是二人以上分别实施侵权行为。行为主体的复数性是最基本的条件，每个人的行为都必须是侵权行为。相比《民法典》第1168条规定的共同侵权行为，这一规定要求数个侵权行为之间相互独立。这一规定中的“分别”是指实施侵权行为的数个行为人之间不具有主观上的关联性，各个侵权行为都是相互独立的。每个行为人在实施侵权行为之前以及实施侵权行为过程中，没有与其他行为人有意思联络，也没有认识到还有其他人也在实施类似的侵权行为，这就是所谓的“无意思联络”。如果行为人主观上具有关联性，存在共同故意或者共同过失，应当适用《民法典》第1168条共同侵权行为的规定，而不能适用这一规定。

二是造成同一损害后果。“同一损害”指数个侵权行为所造成的损害的性质是相同的，都是身体伤害或者财产损失，并且损害内容具有关联性，如甲的侵权行为造成了丙左腿受伤，乙的侵权行为也造成了丙左腿受伤。如果乙的侵权行为造成了丙右腿受伤，那么，甲、乙两人的侵权行为造成的就不是同一损害，而是不同损害。这一规定强调损害的同一性。这一规定与共同侵权制度是有区别的。在共同侵权制度中，即便每个侵权行为所造成的损害后果不同，如甲的侵权行为造成了丙身体上的伤害，乙的侵权行为造成了丙的财产损失，只要数个行为人主观上具有关联性，同样构成共同侵权，由数个行为人对受害人的全部损失承担连带责任。此外，如果各个行为人对受害人所造成的损害是不同的，即便因偶然原因而同时发生在一个人身上，行为人也应当就各自所致的损害承担赔偿责任。

三是每个人的侵权行为都足以造成全部损害。理解每个侵权行为足以造成全部损害是适用这一条的关键。这一规定中的“足以”并不是指每个侵权行为都实际上造成了全部损害，而是指在没有其他侵权行为的共同作用的情况下，独立的单个侵权行为也有可能造成全部损害。例如甲、乙两人分别从不同方向向同一房屋放火，将该房屋烧毁，根据两个方向的火势判断，如果不存在另一把火，每把火都有可能将整栋房屋烧毁，但事实上是两把火共同作用烧毁了该房屋，所以只能说每把火都“足以”烧毁整栋房屋。

10. 承担按份责任的无意思联络分别实施侵权行为的构成要件是什么？

《民法典》第 1172 条规定，二人以上分别实施侵权行为造成同一损害，能够确定责任大小的，各自承担相应的责任；难以确定责任大小的，平均承担责任。

适用这一规定需要符合以下构成要件：

一是二人以上分别实施侵权行为。这一要件与《民法典》第 1171 条中“二人以上分别实施侵权行为”的含义相同，要求数个侵权行为相互之间是独立的，不存在应当适用第 1168 条共同侵权制度的情形。

二是造成同一损害后果。这一要件与《民法典》第 1171 条中“造成同一损害”的含义一样。如果数个侵权行为造成的损害后果不同，可以明显区分，应当适用《民法典》第 1165 条或者第1166条的规定。这一规定与《民法典》第1171条同属分别侵权制度，但在构成要件上有所不同，第1171条的构成要件更加严格，要求“每个人的侵权行为都足以造成全部损害”。

11. 民法典规定的共同侵权制度、承担连带责任的无意思联络分别实施侵权行为制度与承担按份责任的无意思联络分别实施侵权行为制度的关系是什么？

《民法典》第1168条规定了共同侵权制度，第1171条规定了承担连带责任的无意思联络分别实施侵权行为制度，第1172条规定了承担按份责任的无意思联络分别实施侵权行为制度。

一是第1168条的规定与第1171条、第1172条的规定在适用范围上呈现互补关系。第1168条要求数个行为人共同实施侵权行为，而后两条要求数个行为人分别实施侵权行为。《德国民法典》当初规定共同侵权制度时，要求只有主观上具有共同故意才能构成共同侵权，除此之外，其他类型的数人侵权都属于分别侵权。但随着共同侵权制度的适用范围不断变宽，一些国家和地区对共同侵权逐渐采用客观说，将部分原属于分别侵权范畴的无意思联络数人侵权纳入共同侵权范畴，现代民法中“共同”与“分别”的区别越来越模糊。

二是在处理数人实施侵权行为的具体案件时，首先需要看是否满足第1168条共同侵权制度规定的构成要件；不符合的，看其是否满足第1171条的构成要件；还不符合的，再看能否适用第1172条的规定。

三是在逻辑关系上，并不存在不适用第 1168 条、第 1171 条，就一定适用第 1172 条的关系。

12. 民法典规定的第三人过错、共同侵权制度、承担连带责任的无意思联络分别实施侵权行为制度与承担按份责任的无意思联络分别实施侵权行为制度的关系是什么？

《民法典》第 1175 条规定，损害是因第三人造成的，第三人应当承担侵权责任。这条规定的“第三人过错”与《民法典》第 1168 条共同侵权行为、第 1170 条共同危险行为、第 1171 条无意思联络承担连带责任的侵权行为、第 1172 条无意思联络承担按份责任的侵权行为等数人侵权制度有着紧密的联系，同时也极易造成混淆。在何时、何种条件下，被告可以援用“第三人过错”而要求减轻自己责任的问题上，需要把握以下几点：

一是与第 1168 条共同侵权行为的关系。例如，甲和乙合谋将丙打伤，丙将乙起诉到法院，乙不能以甲参与了侵权为由，要求适用本条的规定。构成共同侵权行为的，应当适用《民法典》第 1168 条的规定，由侵权人承担连带责任，即被侵权人有权要求侵权人中的一人承担全部责任，而不能适用第三人过错免责。

二是与第 1170 条共同危险行为的关系。例如，甲在农田耕作时遭受枪伤，甲将其受伤时发现的非法狩猎人乙告上法庭。乙在庭上陈述，其在开枪的同时，还有另一名非法狩猎人丙也开了枪。但甲的枪伤只有一处，乙提出枪伤可能是自己所为，但也可能是丙的行为所致。这种情况下，依照《民法典》第1170条的规定，乙的行为和丙的行为构成共同危险行为，在不能确定具体加害人的情况下，乙和丙承担连带责任，乙不能以第三人丙的行为为由，对受害人甲进行抗辩，要求与丙分担甲的损失，免除或者减轻自己的责任。当然，乙在承担连带责任后，可以起诉丙，以进一步分清二者的责任，但那是另一个法律关系。

三是与第1171条无意思联络承担连带责任的侵权行为的关系。例如，甲、乙二人分别在丙的房舍的东西两面放火烧荒，甲、乙二人没有意思联络，但两股火同时向丙的房舍蔓延，致使丙的房舍焚毁。丙将甲起诉到法院，甲提出乙的放火行为也是房屋被焚的原因之一，要求减轻自己的责任。本案中，甲、乙的行为直接结合，是构成丙的损害的共同原因，依照《民法典》第1171条的规定，甲、乙应对丙承担连带责任。甲以第三人侵权行为造成损害为由的抗辩不能成立。

四是与第1172条无意思联络承担按份责任的侵权行为的关系。这两种情形最难以区分，第1175条规定“损害是因第三人造成的，第三人应当承担责任”，这种情况下，被告是否仍然要承担部分责任，法律对此没有明确规定。这就需要司法实践中结合个案进行仔细分析，在“被告的过错”与“第三人的过错”分别构成同一损害的原因的情况下，被告可以以造成的损害还有“第三人的过错”为由，向原告行使抗辩权，要求减轻自己的责任。

13. 如何理解民法典规定的自甘风险制度?

《民法典》第 1176 条规定，自愿参加具有一定风险的文体活动，因其他参加者的行为受到损害的，受害人不得请求其他参加者承担侵权责任；但是，其他参加者对损害的发生有故意或者重大过失的除外。活动组织者的责任适用本法第 1198 条至第 1201 条的规定。

理解这一规定需要注意以下四点：

一是受害人必须意识到所参加的文体活动的风险。这种风险必然存在，但是否会产生损害结果不确定。例如参加篮球运动一定会存在冲撞，参加足球运动必然有铲球，这些行为都有造成倒地的风险，有造成骨折的风险，但是否必然出现这样的后果是不一定的，运动的剧烈程度、冲撞的角度、铲球的力度、双方是否遵守规则、运动护具的穿戴、参加者运动技能和身体素质等因素的不同，会产生很大的变数。本质上讲，参加任何文体活动都存在风险、可能造成损害。侵权责任编本着谨慎的精神，仅规定了“自愿参加具有一定风险的文体活动”中才能适用自甘风险制度。“具有一定风险”，应当理解为风险性较高、对自身条件有一定要求、对抗性较强等的文体活动。

二是在正常情况下，因其他参加者的行为受到损害的，其他参加者不承担侵权责任。具有一定风险的文体活动的参加者在了解风险的前提下，仍自愿参加，在文体活动中受到损害的，其他参加者不承担侵权责任，也就是说法律规定这种情况下直接免责。但是，其他参加者对损害的发生有故意或者重大过失的，这种情形下损害是由于行为人的侵权行为造成的，已经超过其自甘风险的范围，法律规定了除外条款，对此应当根据双方的过错程度，确定损害责任的承担。为了防止侵权人不当地援用“自甘风险”条款免责，应限定其适用范围，这也是这一规定将侵权人承担责任的主观要件限定于故意或者重大过失的重要原因。

三是活动组织者的责任承担上，法律规定适用安全保障义务的规定。但是应当明确，有些文体活动需要组织者详细明确告知参加者各种风险；有些活动按照经验不需要组织者告知参加者风险，因为这些活动的固有危险已经为社会一般人所知晓，更为参加者所熟知。这在确定文体活动组织者责任时，应当予以考虑。但是，固有风险之外的意外损害，应当由组织者承担。例如参加马拉松活动，正常跑步过程中的晒伤、膝关节损伤、碰撞等运动伤害，是不需要组织者特别告知的。此外，在整个活动过程中，组织者是否尽到了必要的安全保障义务，如是否采用了足够安全的措施、是否设计了突发情况的预案、损害发生后是否及时采取了合理措施等，是考虑活动组织者是否尽到了责任的因素。当然，还要考虑受害人是否有过错以及过错程度。

四是适用这一规定需要结合具体的案件，从案件的具体情况出发，审慎确定文体活动是否具有一定的风险性，是否属于自甘风险的情况，当事人双方、活动组织者是否有过错以及过错程度，从各方面从严认定和把握。

14. 如何理解民法典规定的自力救济制度?

《民法典》第1177条规定，合法权益受到侵害，情况紧迫且不能及时获得国家机关保护，不立即采取措施将使其合法权益受到难以弥补的损害的，受害人可以在保护自己合法权益的必要范围内采取扣留侵权人的财物等合理措施；但是，应当立即请求有关国家机关处理。受害人采取的措施不当造成他人损害的，应当承担侵权责任。

理解这一规定需要注意以下四点：

一是情况紧迫且不能及时获得国家机关保护，这是前提条件。例如，走在路上发现自己被盗的自行车，此时不马上扣下自行车，以后将很难找到；马上去报案或者拨打110，时间上来不及。

二是不立即采取措施将使其合法权益受到难以弥补的损害，这是必要条件。如前例所述，如果不马上扣下自行车，骑车人骑着车走了，以后再去寻找车就很困难了。我国民事诉讼法、专利法等法律均使用了“难以弥补”的表述，为保持法律之间的一致性，这一规定使用了该表述。

三是只能在保护自己合法权益的必要范围内采取扣留侵权人的财物等合理措施，这是范围条件。“保护自己合法权益”把自助行为的目的揭示出来，实施自助行为不能超越保护自己合法权益这个范围；“必要范围”“合理措施”，主要是自助行为扣留的财物应当与保护的利益在价值上大体相当。例如，餐馆老板发现有人吃霸王餐，不交钱准备离去。为了维护自己的合法权益，可以扣留与餐费价值差不多的物品，要求将来送餐费时再归还物品。

四是应当立即请求有关国家机关处理，这是合法条件。自助行为结束后，行为人必须及时寻求公权力机关救济。若行为人怠于寻求公权力机关救济，或被公权力机关驳回，或被公权力机关认定行为超出必要限度，则不排除其行为不法性，仍需依侵权行为承担相应后果。“立即请求”指自助行为完成后，“情况紧迫”的阻却事由消失，受害人应当立刻、无迟延地向有关国家机关报告自己实施了自力救济的事实，由公权力及时介入处理。只有这样，自力救济才具有正当性，成为民法上的免责事由。同时该条明确规定，受害人采取的措施不当造成他人损害的，就突破了自力救济的必要性，应当承担侵权责任。

15. 侵害他人造成人身损害的一般赔偿范围是什么？

《民法典》第1179条规定，侵害他人造成人身损害的，应当赔偿医疗费、护理费、交通费、营养费、住院伙食补助费等为治疗和康复支出的合理费用，以及因误工减少的收入。造成残疾的，还应当赔偿辅助器具费和残疾赔偿金；造成死亡的，还应当赔偿丧葬费和死亡赔偿金。

根据这一规定，侵害他人造成人身损害的一般赔偿范围主要是：

1. 医疗费，包括挂号费、检查费、药费、治疗费、康复费等费用。在审判实践中，一般根据医疗机构出具的药费、治疗费等收费凭证，结合病历和诊断证明等相关证据确定医疗费的具体数额。赔偿义务人对治疗的合理性和必要性有异议的，应当承担相应的举证责任。医疗费的具体数额一般按一审法庭辩论终结前实际发生的确定。根据医疗证明或者鉴定结论确定在将来必然发生的医疗费，可以与已经发生的医疗费一并予以计算和赔偿，所以这一条所指的医疗费既包括已经发生的医疗费，也包括将来确定要产生的医疗费。民法典编纂过程中，有的意见建议将本条“侵害他人造成人身损害的”修改为“侵害他人造成身心损害的”，并增加规定“精神心理诊疗费”。我们研究认为，精神伤害也是人身伤害；精神方面的诊疗活动，也属于医疗费的范畴，因此目前的规定是完全能够涵盖这些内容的。

2. 护理费，是指受害人因受到损害导致生活不能自理，需要有人进行护理而产生的费用支出。赔偿护理费的前提是，受害人受到损害，生活不能自理或者不能完全自理，需要有人进行护理。这种情况，应当有医疗单位或法医的证明。证明需要陪护的，予以赔偿；没有必要的，则不予赔偿。在审判实践中，护理费一般根据护理人员的收入状况和护理人数、护理期限确定。护理人员有收入的，原则上参照其因误工而减少的收入计算；没有收入或雇用专门护工的，原则上参照当地护工从事同等级别护理的劳务报酬标准计算。护理期限原则上应计算至受害人恢复自理能力时止。受害人因残疾不能恢复自理能力的，可以根据其年龄、健康状况等因素确定合理的护理期限。

3. 交通费，是指受害人及其必要的陪护人员因就医或者转院所实际发生的用于交通的费用。赔偿交通费应当根据实际支出确定，以正式交通费的票证收据为准，票证收据记载的时间、地点、人数要与实际救治的时间、地点、人数相一致。对不合理的支出，不应当赔偿，但确定的标准不宜过于严格。例如，对没有就近治疗，但是选择的医院是合理、必要的，其交通费也应当赔偿。

4. 营养费，是指受害人通过平常饮食的摄入尚不能满足受损害身体的需求，以平常饮食以外的营养品作为对身体补充而支出的费用，是辅助治疗支出的费用。适当的营养支持能改善受害人的营养状况，有效地配合临床诊治，缩短住院时间，促进尽快康复。因此，营养费的支出对于受害人的治疗和康复有着不同程度的需要。营养费的赔偿数额，应当根据受害人伤残情况参照医疗机构的意见确定，既要有利于受害人身体的恢复，也要坚持必要性原则。

5. 住院伙食补助费，是指受害人遭受人身损害，在医院治疗期间支出的伙食费用。《最高人民法院关于审理人身损害赔偿案件适用法律若干问题的解释》第 23 条规定，住院伙食补助费可以参照当地国家机关一般工作人员的出差伙食补助标准予以确定。受害人确有必要到外地治疗，因客观原因不能住院，受害人本人及其陪护人员实际发生的住宿费和伙食费，其合理部分应予赔偿。由此可见，司法解释将“受害人确有必要到外地治疗，因客观原因不能住院，其陪护人员实际发生的伙食费”也纳入了受害人住院伙食补助费的范围内，因为护理人员的护理费原则上参照其因误工而减少的收入计算，误工而减少的收入损失涵盖不了伙食支出。

6. 因误工减少的收入，是指受害人由于受到伤害，无法从事正常工作或者劳动而失去或者减少的工作、劳动收入。受害人受到伤害但并未残疾或者死亡的，因误工减少的收入就是受害人从受到损害到恢复正常能参加工作、劳动时止这段时间内的损失。因误工减少的收入的基本计算方法是：单位时间的实际收入乘以误工时间。

16. 侵害他人造成人身损害，如果造成了死亡，除了一般赔偿还应当赔偿什么？

《民法典》第1179条规定，侵害他人造成人身损害的，应当赔偿医疗费、护理费、交通费、营养费、住院伙食补助费等为治疗和康复支出的合理费用，以及因误工减少的收入。造成残疾的，还应当赔偿辅助器具费和残疾赔偿金；造成死亡的，还应当赔偿丧葬费和死亡赔偿金。

根据这一规定，侵害他人造成人身损害的，应当赔偿医疗费、护理费、交通费、营养费、住院伙食补助费等为治疗和康复支出的合理费用，以及因误工减少的收入。除此之外，造成死亡的，还应当赔偿的主要是丧葬费和死亡赔偿金。

被侵权人死亡的，其医疗费、丧葬费的赔偿较为明确，便于计算，争议不大。司法实践中，各级法院根据司法解释，对农村居民和城市居民按不同标准支付死亡赔偿金，一度引发“同命不同价”的争论。对死亡赔偿金的争论主要集中在如何确定死亡赔偿对象、赔偿范围和赔偿标准。

考虑到实践中的人身损害死亡赔偿案件千差万别，我国各地的经济情况差异较大，个体之间的实际情况也不完全相同，情况非常复杂，无法简单规定一个“放之全国而皆准”的标准，法律规定的任何赔偿标准都有可能无法照顾到这些差异，都有可能引起较大争议。从域外的经验看，多数国家都没有在法律中对人身损害死亡赔偿金的赔偿标准作明确规定，主要由法官在司法实践中根据具体案情自由裁量。因此，民法典没有规定统一的标准，由法官在处理具体案件时，根据个案的特殊情况，运用自由裁量权进行裁判。但是，为了便于解决纠纷，使受害人及时有效地获得赔偿，对因同一侵权行为造成多人死亡的情况，法律规定了可以以相同数额确定死亡赔偿金。

17. 如何理解“因同一侵权行为造成多人死亡的，可以以相同数额确定死亡赔偿金”的规定？

《民法典》第 1180 条规定，因同一侵权行为造成多人死亡的，可以以相同数额确定死亡赔偿金。

理解这一规定需要注意以下五点：

一是以相同数额确定死亡赔偿金并非确定死亡赔偿金的一般方式，若分别计算死亡赔偿金较为容易，可以不采用这种方式。

二是根据民法典的规定，以相同数额确定死亡赔偿金原则上仅适用于因同一侵权行为造成多人死亡的案件。

三是这一规定特别强调，对因同一侵权行为造成多人死亡的，只是“可以”以相同数额确定死亡赔偿金，而不是任何因同一侵权行为造成多人死亡的案件都“必须”或者“应当”以相同数额确定死亡赔偿金。至于什么情况下可以，什么情况下不可以，法院可以根据具体案情，综合考虑各种因素后决定。实践中，原告的态度也是一个重要的考虑因素，多数原告主动请求以相同数额确定死亡赔偿金的，当然可以；原告没有主动请求，但多数原告对法院所提以相同数额确定的死亡赔偿金方案没有异议的，也可以适用这种方式。

四是以相同数额确定死亡赔偿金的，原则上不考虑受害人的年龄、收入状况等个人因素。

五是本条只是规定，因同一侵权行为造成多人死亡的，可以对“死亡赔偿金”以相同数额确定，对死者在死亡前产生的医疗费、护理费等合理费用支出，以及丧葬费支出，宜根据实际支出情况单独计算，损失多少，赔偿多少。

18. 民法典对精神损害赔偿是如何规定的？

《民法典》第 1183 条第 1 款规定，侵害自然人人身权益造成严重精神损害的，被侵权人有权请求精神损害赔偿。第 2 款规定，因故意或者重大过失侵害自然人具有人身意义的特定物造成严重精神损害的，被侵权人有权请求精神损害赔偿。

1. 侵害自然人人身权益造成严重精神损害的，被侵权人有权请求精神损害赔偿。

第一，精神损害赔偿的范围是侵害人身权益，侵害财产权益不在精神损害赔偿的范围之内。第二，需要造成严重精神损害。并非只要侵害他人人身权益被侵权人就可以获得精神损害赔偿，偶尔的痛苦和不高兴不能认为是严重精神损害。强调“严重”的精神损害，是为了防止精神损害赔偿被滥用。对“严重”的解释，应当采容忍限度理论，即超出了社会一般人的容忍限度，就认为是“严重”。第三，被侵权人有权请求精神损害赔偿。一般来说，请求精神损害赔偿的主体应当是直接遭受人身权侵害的本人，自不待言。民法典侵权责任编编纂过程中，有的提出，被侵权人因侵权行为死亡的，其近亲属能不能主张精神损害赔偿，不够明确，建议予以明确。我们认为，自侵权责任法明确规定精神损害赔偿制度开始，我国民事立法对这一问题的态度就是明确的：被侵权人因侵权行为死亡而导致近亲属受到严重的精神损害的，此时，第1款中规定的“侵害自然人人身权益”中“自然人”就是被侵权人的近亲属。因被侵权人已经死亡，不存在本人精神损害的问题，是因为其死亡，给其近亲属造成了严重精神损害，因此第1款已经解决了这个问题。

2. 因故意或者重大过失侵害自然人具有人身意义的特定物造成严重精神损害的，被侵权人有权请求精神损害赔偿。

在编纂过程中，民法典侵权责任编曾将这一款与第1款放在一起规定。有的意见建议，不要将“自然人人身权益”与“具有人身意义的特定物”混在一起规定。我们研究认为，侵害自然人人身权益在很多情形下会造成严重精神损害，但是对“具有人身意义的特定物”应当严格限定，即使侵害了，也给受害人造成了严重精神损害，未必一定要承担精神损害赔偿责任。因为对侵权人而言，自己的行为侵害了被侵权人的物权，自己对此是非常清楚的。但是，除了遗体、遗骨等极少数物品之外，法律不能一般性地期待侵权人认知该物对被侵权人具有人身意义。只有当侵权人明知是“具有人身意义的特定物”而故意加以侵害，且造成严重精神损害的，才能要求其承担精神损害赔偿。因此，将第2款内容单做一款作了规定。第一，这一款规定了侵害行为的主观要件，即故意或者重大过失。在民法理论中，重大过失基本等同于故意。第二，“具有人身意义的特定物”的范围，实践中，主要涉及的物品类型为：（1）与近亲属死者相关的特定纪念物品（如遗像、墓碑、骨灰盒、遗物等）；（2）与结婚礼仪相关的特定纪念物品（如录像、照片等）；（3）与家族祖先相关的特定纪念物品（如祖坟、族谱、祠堂等）。这些物品对被侵权人具有人身意义。

3. 关于精神损害赔偿的数额。

精神损害本身无法用金钱数额进行衡量，但是精神损害赔偿的数额应该与精神损害的严重程度相一致。侵权人的过错程度、侵害手段、场合、行为方式、侵权行为所造成的后果，是衡量被侵权人精神损害程度的重要因素。越是故意甚至恶意的主观状态、在更为公开的场合、以更为恶劣的加害手段侵害被侵权人，对被侵权人造成越为严重的后果，则被侵权人所受精神损害的程度就越深，侵权人应承担的赔偿数额也就越高。同时应当承认，侵权人的获利情况、侵权人承担责任的经济能力与司法政策、法官结合具体案件自由裁量密不可分，因此精神损害赔偿的数额，宜在具体案件中，结合个案情况灵活处理。随着社会经济的发展变化，精神损害赔偿的数额也会随之发生变化。

19. 受到损害，但是受害人和行为人对损害的发生都没有过错的，怎么承担责任？

《民法典》第1186条规定，受害人和行为人对损害的发生都没有过错的，依照法律的规定由双方分担损失。

1. 公平分担损失的规定是侵权责任编根据实际情况作出的特别规定，与过错责任原则和无过错责任原则均有不同。

与过错责任的主要区别：（1）过错责任原则以行为人的过错作为承担责任的前提，而公平分担行为人并没有过错。（2）承担过错责任以填补受害人全部损失为原则，公平分担只是根据实际情况适当给受害人以补偿。与无过错责任的区别：（1）无过错责任不问行为人是否有过错，其适用以法律的特殊规定为根据。也就是说，承担无过错责任，行为人可能有过错，也可能无过错，而公平分担，行为人没有过错，也不属于法律规定的适用无过错责任的情形。（2）无过错责任适用于法律明确规定的几种情形。而公平分担只是原则规定适用条件，没有具体界定所适用的案件类型。（3）承担无过错责任，有的是填补受害人的全部损失，有的法律规定了最高责任限额。公平分担只是分担损失的一部分，没有最高额限制。

2. 公平分担适用于行为人和受害人对损害的发生均无过错的情况。

如果损害由受害人过错造成，应当由其自己负责；如果由行为人或者第三人过错造成，应当由行为人或者第三人负责；如果行为人和受害人对损害的发生都有过错，应当根据他们的过错程度和原因力分配责任。也就是说，只要有过错责任人，都不适用这一条规定。公平分担不是说加害人与受害人各打五十大板，平均分担损失。确定损失分担，应当考虑行为的手段、情节、损失大小、影响程度、双方当事人的经济状况等实际情况，达到公平合理、及时化解矛盾、妥善解决纠纷、促进社会和谐的目的。

3. “法律的规定”可以是民法典的规定也可以是民法典以外的规定。

《民法典》第182条第1款、第2款规定，因紧急避险造成损害的，由引起险情发生的人承担民事责任。危险由自然原因引起的，紧急避险人不承担民事责任，可以给予适当补偿。《民法典》第1190条第1款规定，完全民事行为能力人对自己的行为暂时没有意识或者失去控制造成他人损害有过错的，应当承担侵权责任；没有过错的，根据行为人的经济状况对受害人适当补偿。除了民法典外，“法律的规定”还可以是其他法律根据实践需要作出的相应规定。

20. 无民事行为能力人、限制民事行为能力人造成他人损害的，如何承担侵权责任？

《民法典》第1188条第1款规定，无民事行为能力人、限制民事行为能力人造成他人损害的，由监护人承担侵权责任。监护人尽到监护职责的，可以减轻其侵权责任。第2款规定，有财产的无民事行为能力人、限制民事行为能力人造成他人损害的，从本人财产中支付赔偿费用；不足部分，由监护人赔偿。

第1款主要规定责任能力和监护人承担监护责任的问题。监护责任是无过错责任还是过错责任，一直以来都有争议。第1款规定，无民事行为能力人和限制民事行为能力人造成他人损害的，由监护人承担民事责任，是由监护人的职责所决定的。由于大多数监护人与被监护人有血缘等密切关系，监护人有责任通过教育、管理等方式来减少或者避免被监护人侵权行为的发生。无民事行为能力人或者限制民事行为能力人造成他人损害的，应当由监护人承担侵权责任。

依照第2款的规定，在具体承担赔偿责任时，如果被监护人有财产，比如未成年人接受了亲友赠与的财产或者拥有其他价值较大的财产等，那么应当首先从被监护人的财产中支付赔偿费用，不足的部分再由监护人承担赔偿责任。虽然从我国的情况来看，无民事行为能力人或者限制民事行为能力人有自己独立财产的情况不多，但是随着经济和社会的多元化发展，无民事行为能力人或者限制民事行为能力人通过创作、接受赠与或者继承等方式取得独立财产的情况会越来越多，因此，以自己的财产对自己造成他人的损害承担赔偿责任，也是公平的。这一款的一个重要意义在于，解决父母等亲属之外的人员或者单位承担监护人的情况下，被监护人造成他人损害的，如果要求监护人承担责任，那么实践中很多个人或者单位可能不愿意担任监护人，这对被监护人的成长、生活会造成负面影响。为了打消这种顾虑，考虑到父母等亲属之外的人员或者单位承担监护人的情况下，可能会给被监护人留有独立财产。在这种情况下，先从被监护人的财产中支付赔偿费用更有制度安排上的意义。当然，从被监护人的财产中支付赔偿费用的，应当保留被监护人基本的生活费用，保障其正常的生活和学习不受影响。被监护人的财产不足以支付赔偿费用的，其余部分由监护人承担。

21. 委托监护时，无民事行为能力人、限制民事行为能力人造成他人损害的，监护人如何承担责任？

《民法典》第1189条规定，无民事行为能力人、限制民事行为能力人造成他人损害，监护人将监护职责委托给他人的，监护人应当承担侵权责任；受托人有过错的，承担相应的责任。

委托监护是指监护人委托他人代行监护的职责，是一种双方的民事法律行为，是监护人与受托人之间关于受托人为委托人履行监护职责、处理监护事务的协议，须有监护人委托与受委托人接受委托的意思表示一致才能成立。因此，很多学者将委托监护认定为一种合同关系。

委托监护当事人之间的委托协议一旦成立，受托人即负有依约定为委托人履行监护职责的义务；委托人负有依其约定支付必要费用的义务，如果合同中约定了支付报酬的内容，则还应当向受托人支付办理受托事务的报酬。委托人和受托人任何一方违反义务，都应当向对方负违约责任。但实践中，我国委托监护一般发生在亲朋好友之间，所以这种合同往往是口头的，也基本上是无偿的。

在委托监护中，委托人可以将部分监护职责委托给受托人行使，也可以将全部监护职责委托给受托人行使。受托人行使何种职责，由当事人之间委托监护的协议确定。

需要特别说明的是，委托监护不同于意定监护。意定监护是在监护领域对自愿原则的贯彻落实，是具有完全民事行为能力的成年人对自己将来的监护事务，按照自己的意愿事先所作的安排。《民法典》第 33 条规定了这一制度：具有完全民事行为能力的成年人，可以与其近亲属、其他愿意担任监护人的个人或者组织事先协商，以书面形式确定自己的监护人，在自己丧失或者部分丧失民事行为能力时，由该监护人履行监护职责。由此可以看出两者主要有以下不同点：

第一，委托监护是监护人与非监护人之间确定非监护人代行监护职责的协议，而意定监护是法定监护人之间确定监护人的协议。

第二，委托监护中，尽管委托人可以将监护职责全部委托给受托人，但即使在此情况下，受托人也不是监护人。也就是说，监护人不能依照委托监护的协议将监护人的资格转让给他人，他人也不能通过委托监护的协议来取得监护资格。因此，在委托监护中即使监护职责全部由受托人行使，监护人的监护资格也不丧失。在意定监护中，依当事人之间的协议所确定的监护人对被监护人负监护人责任，其就是被监护人的监护人。

第三，委托监护适用于无民事行为能力人、限制民事行为能力人的未成年人或者成年人。意定监护只适用于具有完全民事行为能力的成年人。

根据这一条规定，无民事行为能力人、限制民事行为能力人造成他人损害，监护人将监护职责委托给他人的，监护人应当承担侵权责任。这意味着，实行监护人责任首负原则。除了监护人外，如果受托人有过错的，也要承担相应的责任。具体承担责任的范围，由司法机关结合具体案件情况依法裁量。

22. 完全民事行为能力人暂时丧失意识后如何承担侵权责任?

《民法典》第1190条第1款规定，完全民事行为能力人对自己的行为暂时没有意识或者失去控制造成他人损害有过错的，应当承担侵权责任；没有过错的，根据行为人的经济状况对受害人适当补偿。第2款规定，完全民事行为能力人因醉酒、滥用麻醉药品或者精神药品对自己的行为暂时没有意识或者失去控制造成他人损害的，应当承担侵权责任。

考虑到导致完全民事行为能力人丧失意识的情况比较复杂，这一条根据不同的情形，规定了完全民事行为能力人的责任。

第一，完全民事行为能力人对于自己丧失意识存在过错。如果是因为自己的过错，丧失了意识后造成了他人的损害，那么行为人应当根据其过错承担赔偿责任。比如，某人患有心脏病，需每天按时服药，医生禁止其骑自行车外出，但是，该人未按医嘱服药，并骑车外出，结果途中心脏病发作，丧失意识后摔倒并撞伤一行人。那么，在这种情况下，由于该人对于失去意识存在过错，所以应当根据其过错的程度来承担侵权责任。第1款中的过错，是指“过错”导致其丧失意识，因为失去意识之后确实没有过错可言。完全民事行为能力人是由于其过错导致意识丧失，那么对于丧失意识后的行为造成他人损害的，则要承担相应的侵权责任。

第二，完全民事行为能力人对于自己的行为暂时没有意识或者失去控制没有过错。如果行为人暂时没有意识或者失去控制不是因为自己的过错造成，而是因为其他原因导致发生，在这种情况下，行为人可以不承担侵权责任，不过需要根据公平分担的规定，适当分担被侵权人的损失。需要说明的是，这里对受害人是“补偿”而不是“赔偿”。因为赔偿原则上采取“填平”的原则，受害人损失多少赔多少，而补偿通常行为人没有过错，是根据行为人的经济能力，适当弥补受害人的损失。第 1 款的规定是《民法典》第 1186 条公平分担损失在具体制度中的体现。

第三，完全民事行为能力人因醉酒、滥用麻醉药品或者精神药品导致自己暂时没有意识或者失去控制造成他人损害的。《治安管理处罚法》第 15 条规定，醉酒的人违反治安管理的，应当给予处罚。醉酒的人在醉酒状态中，对本人有危险或者对他人的人身、财产或者公共安全有威胁的，应当对其采取保护性措施约束至酒醒。麻醉药品是具有一定依赖性的药品，连续使用、滥用或者不合理使用，易产生生理依赖性和精神依赖性，能成瘾癖。精神药品是直接作用于中枢神经系统，使之极度兴奋或抑制的药品。我国对于精神药品一直实行严格管理并严禁滥用，但为了治疗有关的病人，医院和药房也要保证精神药品正常销售。目前，一些侵权行为都是发生在行为人醉酒、滥用麻醉药品或者精神药品后。特别是在交通事故中，虽然道路交通安全法规定，饮酒、服用国家管制的精神药品或者麻醉药品，不得驾驶机动车，但是，全国每年发生的交通事故中不少都是因为驾驶员酒驾、醉驾等所致。作为完全民事行为能力人，应当预见到醉酒或者滥用麻醉药品或者精神药品后会难以控制自己的行为，可能会危害公共安全和他人的生命健康，但行为人放任结果的发生，仍然驾车或者采取其他方式造成他人人身权和财产权的损害。虽然侵权行为发生时，行为人已经丧失意识，似乎没有“过错”可言，但是，其行为本身具有违法性，应当对此发生的侵权行为承担责任。第2款规定“醉酒、滥用麻醉药品或者精神药品对自己的行为暂时没有意识或者失去控制造成他人损害”，其实也属于第1款“有过错”的一种情形。为了强调醉酒、滥用麻醉药品或者精神药品的行为和一般的过错相比，具有违法性，且危害性较大，第2款对醉酒、滥用麻醉药品或者精神药品导致自己暂时没有意识或者失去控制造成他人损害的责任专门作出了规定。

23. 用人单位的工作人员因执行工作任务造成他人损害的，用人单位、劳务派遣单位和劳务用工单位如何承担责任？

《民法典》第1191条第1款规定，用人单位的工作人员因执行工作任务造成他人损害的，由用人单位承担侵权责任。用人单位承担侵权责任后，可以向有故意或者重大过失的工作人员追偿。第2款规定，劳务派遣期间，被派遣的工作人员因执行工作任务造成他人损害的，由接受劳务派遣的用工单位承担侵权责任；劳务派遣单位有过错的，承担相应的责任。

我国对用人单位采取的是无过错责任，只要工作人员实施侵权行为造成他人的损害，用人单位就要首先承担赔偿责任。用人单位不能通过证明自己在选任或者监督方面尽到了相应的义务来免除自己的责任。当然，用人单位承担侵权责任后，可以向有故意或者重大过失的工作人员追偿。

1. 对第 1 款的理解和适用。

这一规定中的“用人单位”，包括企业、事业单位、国家机关、社会团体，也包括个体经济组织等。“工作人员”既包括用人单位的正式员工，也应当包括临时在单位工作的员工。

用人单位承担侵权责任的前提是工作人员的行为与“执行工作任务”有关。工作人员应当按照用人单位的授权或者指示进行工作。与工作无关的行为，即使发生在工作时间内，用人单位也不承担侵权责任，该责任由工作人员自己承担。比如，一职工在上班时间因私事将一朋友打伤，受害人就应当直接找该职工要求赔偿。为了更准确地界定工作人员的行为与职务之间的关系，这一条明确用人单位承担侵权责任的前提是工作人员“因执行工作任务”造成他人损害。

需要指出的是，国家机关以及工作人员因工作造成他人损害的，一类属于履行公职的行为；另一类不属于履行公职的行为，是国家机关为了维持国家机关正常运转所进行的民事行为。对于第一类属于履行公职的行为，依据国家赔偿法的规定，有的需要国家机关承担国家赔偿责任。对于第二类国家机关在民事活动中侵害他人合法权益的，国家机关需要承担民事侵权责任。比如，国家机关的司机外出办理公务，发生了交通事故，应当由国家机关承担侵权责任。民法典调整国家机关及工作人员在民事活动中发生的侵权行为，对于属于国家赔偿法调整范围的，适用国家赔偿法的规定。

2. 对第 2 款的理解和适用。

劳务派遣是指劳动派遣机构与员工签订劳务派遣合同后，将工作人员派遣到用工单位工作。劳务派遣的主要特点就是员工的雇用和使用分离。劳动派遣机构不是职业介绍机构，是与劳动者签订劳动合同的一方当事人。派遣的员工到用工单位工作，但不与用工单位签订劳动合同，产生劳动关系。劳务派遣从制度上切断了员工与用工单位的依附关系，减少了用工单位的人力资源管理成本，为用工单位搭建了“集天下优才为我用”的平台，有利于用工单位提高劳动生产率。这种新的用人方式在一定程度上也有利于解决就业问题。

劳务派遣的用人形式不同于一般的用人单位，劳务派遣单位虽然与被派遣的员工签订了劳动合同，但不对被派遣员工进行使用和具体的管理。在劳务派遣期间，被派遣的工作人员是为接受劳务派遣的用工单位工作，接受用工单位的指示和管理，同时由用工单位为被派遣的工作人员提供相应的劳动条件和劳动保护，所以，被派遣的工作人员因工作造成他人损害的，其责任应当由用工单位承担。劳务派遣单位在派遣工作人员方面存在过错，应当承担相应的责任。例如，某商场要求派来的员工具有电工操作证和高级电工资质，以负责检测和维修商场的照明设备，但劳务派遣单位派来的员工不仅没有合格的资质，也没有任何相关的实践经验，结果该员工在工作时发生了火灾，造成店内租户的商品受损。在这种情况下，虽然用工单位作为直接使用员工的单位，需要赔偿租户的损失，但是劳务派遣单位在选派员工方面有一定的过错，也应当承担相应的责任。

24. 个人之间因提供劳务造成他人损害和自己损害的，责任如何承担？

《民法典》第1192条第1款规定，个人之间形成劳务关系，提供劳务一方因劳务造成他人损害的，由接受劳务一方承担侵权责任。接受劳务一方承担侵权责任后，可以向有故意或者重大过失的提供劳务一方追偿。提供劳务一方因劳务受到损害的，根据双方各自的过错承担相应的责任。第2款规定，提供劳务期间，因第三人的行为造成提供劳务一方损害的，提供劳务一方有权请求第三人承担侵权责任，也有权请求接受劳务一方给予补偿。接受劳务一方补偿后，可以向第三人追偿。

1. 对第1款的理解和适用。

个人之间形成的劳务关系，双方经济能力都较为有限，接受劳务一方对外承担责任后，原则上是可以向有过错的提供劳务一方追偿的。比如，王某请小时工来家里擦玻璃，告知小时工干活前要将花盆从窗台挪开，但小时工未听王某的指示，未挪开花盆，结果干活时不小心将花盆摔到楼下，将停放在楼下的一汽车挡风玻璃砸裂，那么，王某应当赔偿车主的损失，不过承担赔偿责任后可以向小时工追偿。因此，第1款在侵权责任法的基础上，增加了接受劳务一方承担侵权责任后的追偿权，但仅限于可以向有故意或者重大过失的提供劳务的一方追偿。

第1款除了明确提供劳务过程中，造成他人损害的责任外，还规定了提供劳务一方因劳务受到损害时双方责任的承担。根据第1款规定，提供劳务一方因劳务受到损害的，根据双方各自的过错承担相应的责任。由于第 1 款中“个人之间形成劳务关系”，不属于依法应当参加工伤保险统筹的情形，提供劳务一方受到损害后，不能适用工伤保险条例。个人之间的劳务关系中的损害，跟雇主情形下损害不一样，个人之间的劳务，提供劳动一方有较大的自主权，不像雇主对雇员的控制力那么强。造成损害的，接受劳务一方承担无过错责任太重。所以提供劳务一方因劳务受到损害的，不宜采取无过错责任的原则，要求接受劳务的一方无条件地承担赔偿责任。实践中因劳务受到损害的情况比较复杂，应当区分情况，根据双方的过错来处理比较合理，也符合现实的做法。

2. 对第 2 款的理解和适用。

侵权责任法没有规定在个人之间形成的劳务关系中，因第三人的行为造成提供劳务一方损害的责任承担。民法典侵权责任编编纂过程中，有的意见建议补充规定这一情形。我们研究认为，根据《民法典》第 1175 条的规定，损害是因第三人造成的，第三人应当承担侵权责任。在个人之间形成的劳务关系中，因第三人的行为造成提供劳务一方损害的责任承担，第三人应当承担侵权责任，这一点没有疑问；关键是提供劳务一方是在为接受劳务一方工作过程中受伤的，能否请求接受劳务一方承担责任。有的意见提出，提供劳务一方受到损害时，应有权请求接受劳务一方承担侵权责任，但是，只能在第三人或者接受劳务一方中择一行使请求权，第三人与接受劳务的人承担不真正连带责任。民法典各分编草案一审稿采纳了这一建议，增加一款，规定因第三人的行为造成提供劳务一方损害的，提供劳务一方有权请求第三人承担侵权责任，也有权请求接受劳务一方承担侵权责任。接受劳务一方承担侵权责任后，可以向第三人追偿。2020 年 5 月民法典草案提请十三届全国人大第三次会议审议过程中，有的意见提出，个人之间形成劳务关系一般不购买相应的工伤保险，这与《民法典》第 1191 条规定的用人单位责任有较大不同。因此，要求接受劳务一方承担不真正连带责任，责任分配过重。经研究，我们采纳了这一意见，将上述方案修改为“提供劳务一方有权请求第三人承担侵权责任，也有权请求接受劳务一方补偿。接受劳务一方补偿后，可以向第三人追偿”。

25. 承揽人在完成工作过程中造成第三人损害或者自己损害的，如何承担责任？

《民法典》第 1193 条规定，承揽人在完成工作过程中造成第三人损害或者自己损害的，定作人不承担侵权责任。但是，定作人对定作、指示或者选任有过错的，应当承担相应的责任。

民法典规定的承揽合同是承揽人按照定作人的要求完成工作，交付工作成果，定作人给付报酬的合同。承揽包括加工、定作、修理、复制、测试、检验等工作。考虑到在大多数情况下，承揽人主要依靠自己的技术和专业技能独立完成承揽工作，不受定作人的支配，承揽人对第三人造成损害或者造成自身损害时，不应要求定作人承担侵权责任。但是，定作人对定作、指示或者选任存在过错的，需要承担相应的过错责任，这是指定作人的指示过失责任。

需要指出的是，《民法典》第 1192 条系个人之间形成劳务关系后因提供劳务造成他人损害和自己损害的责任的规定，不适用本条因承揽关系产生的纠纷。根据合同编的规定，承揽合同是承揽人按照定作人的要求完成工作，交付工作成果，定作人给付报酬的合同。承揽包括加工、定作、修理、测试、检验等工作。承揽合同与劳务合同的区别在于：承揽合同的劳动者所交付的标的是劳动成果，而劳务合同的劳动者交付的标的是劳动，定作人与承揽人之间不存在劳务关系。

26. 网络侵权责任主要规定了哪些内容？

《民法典》第 1194 条至第 1197 条规定了网络侵权责任，主要有五个方面的内容：

一是网络侵权责任一般规定。网络用户利用网络侵害他人人格权、财产权益、知识产权等合法权益的，应当承担侵权责任；网络服务提供者利用网络侵害他人合法权益的，也应当承担侵权责任。

二是通知与取下程序。由于很多网络用户匿名，权利人难以直接向网络用户主张权利。权利人认为网络用户利用网络服务实施侵权行为的，有权向网络服务提供者发出通知，要求网络服务提供者采取删除、屏蔽、断开链接等必要措施。一份合格的权利通知应当包括构成侵权的初步证据和权利人的真实身份信息。网络服务提供者接到通知后，应当及时将该通知转送相关网络用户，并采取必要措施，根据提供网络服务类型的不同，网络服务提供者采取的必要措施也有所不同，对于提供信息存储空间、搜索、链接服务的网络服务提供者，应当对侵权信息采取删除、屏蔽、断开链接等必要措施；对于电子商务平台经营者，应当对相关商品或者服务采取删除、屏蔽、断开链接、终止交易和服务等必要措施等。

三是错误通知的侵权责任。实践中有些权利人恶意发出通知，甚至将其作为打击竞争对手的手段，极大地扰乱了网络正常秩序，为避免权利人滥用通知程序，促使其理性维权，特别规定因错误通知造成网络用户、网络服务提供者损害的，应当承担侵权责任。电子商务法作为规范各类电子商务主体行为的特别法，对错误通知的法律责任有特别规定的，依照其规定。

四是反通知程序。反通知程序对于平衡权利人与网络用户之间的利益至关重要，权利人有权发出侵权通知，相应地，网络用户应当有权申辩。网络用户接到转送的通知后，可以向网络服务提供者提交“反通知”，即不存在侵权行为的声明。声明应当包括不存在侵权行为的初步证据及网络用户的真实身份信息。网络服务提供者接到网络用户发送的声明后，应当及时通知权利人，告知其可以向有关部门投诉或者向人民法院提起诉讼。如果网络服务提供者在转送声明到达权利人后的合理期限内，没有收到权利人已经投诉或者起诉通知的，应当及时终止所采取的措施；如果网络服务提供者收到权利人已经投诉或者起诉通知的，应当继续维持已经采取的措施，等待有关部门或者法院的通知。需要说明的是，权利人在合理期限内没有采取相应的法律行动，并不影响其实体权利。

五是网络服务提供者的侵权责任。可以分为两种情形：第一种情形是网络服务提供者知道网络用户利用其网络服务侵害他人民事权益，未采取必要措施的，与该网络用户承担连带责任。一般通过通知与取下程序来证明，权利人发送的合格通知到达网络服务提供者时，即视为网络服务提供者知晓了存在通知中所指出的侵权事实，网络服务提供者有义务采取必要措施。第二种情形是网络服务提供者应当知道网络用户利用其网络服务侵害他人民事权益，未采取必要措施的，与该网络用户承担连带责任。目前各国立法都没有要求网络服务提供者（直接提供内容的除外）对网络上的信息承担普遍审查义务，但这并不意味着网络服务提供者可以像鸵鸟一样对极为明显的侵权行为视而不见。美国司法实践逐渐发展出“红旗规则”，当侵权行为在网络平台上像高高飘扬的红旗一样明显时，即可认定网络服务提供者“应当知道”侵权行为的存在，有义务采取必要措施制止侵权行为。认定“应当知道”需要综合考虑多种因素，如网络服务提供者提供的服务类型、侵犯的权利类型、网络服务提供者是否从侵权行为中直接获得经济利益、是否对侵权信息的展示等进行了人工干预，等等。

27. 民法典对安全保障义务是怎么规定的？

《民法典》第 1198 条第 1 款规定，宾馆、商场、银行、车站、机场、体育场馆、娱乐场所等经营场所、公共场所的经营者、管理者或者群众性活动的组织者，未尽到安全保障义务，造成他人损害的，应当承担侵权责任。第 2 款规定，因第三人的行为造成他人损害的，由第三人承担侵权责任；经营者、管理者或者组织者未尽到安全保障义务的，承担相应的补充责任。经营者、管理者或者组织者承担补充责任后，可以向第三人追偿。

根据这一规定，安全保障义务，是指宾馆、商场、银行、车站、机场、体育场馆、娱乐场所等经营场所、公共场所的经营者、管理者或者群众性活动的组织者，所负有的在合理限度范围内保护他人人身和财产安全的义务。

理解安全保障义务，须注意以下问题：

1. 安全保障义务人的范围。

合理确定安全保障义务人的范围，既要以人为本，对社会生活中可能发生危险的场所或者活动，要求行为人履行必要的防范损害发生的义务，充分保护广大人民群众的人身和财产安全；又要考虑我国国情，从促进社会和谐稳定的目的出发，不能盲目地扩大安全保障义务人的范围，避免引发过多社会纠纷；同时还要处理好未尽到安全保障义务的侵权行为与其他侵权行为之间的关系，避免或者减少相关法律规定间的冲突或者竞合。民法典明确安全保障义务人分为下列两类：

第一，宾馆、商场、银行、车站、机场、体育场馆、娱乐场所等经营场所、公共场所的经营者、管理者。公共场所包括以公众为对象进行商业性经营的场所，也包括对公众提供服务的场所。例如，这一条列举的宾馆、商场、银行、车站、机场、体育场馆、娱乐场所等，除了这些场所外，码头、公园、餐厅等也都属于公共场所。

第二，群众性活动的组织者。群众性活动，是指法人或者其他组织面向社会公众举办的参加人数较多的活动，如体育比赛活动，演唱会、音乐会等文艺演出活动，展览、展销等活动，游园、灯会、庙会、花会、焰火晚会等活动，人才招聘会，现场开奖的彩票销售等活动。

2. 保护对象的范围。

考虑到司法实践中的情况较为复杂，仅仅进入商场上洗手间、问路或者躲雨的人能不能界定为顾客，上错了公交车又准备下车的人是否属于保护对象，特别是对于非法进入者如到宾馆里打算偷窃的人是否给予保护等，争议很大。在法律中明确哪些人属于保护对象较为困难。因此，民法典对安全保障义务的保护对象规定为“他人”，没有明确具体的范围，实践中哪些人属于保护对象应根据具体情况判断。

3. 安全保障义务的内容和判断标准。

安全保障义务的目的在于保护他人的人身和财产安全，其主要内容是作为，即要求义务人必须采取一定的行为来维护他人的人身或者财产免受侵害。这种义务的具体内容既可能基于法律的明确规定，也可能基于合同义务，还可能基于诚实信用原则而产生。由于安全保障义务人的范围很广，涉及多个行业、多类主体，不同义务人对不同保护对象所负有的安全保障义务是不同的，在法律中无法明确其具体内容。对于实践中需要确定义务人应当负有的具体安全保障义务的内容，进而判断安全保障义务人是否已经尽到安全保障义务的，可以参考该安全保障义务人所在行业的普遍情况、所在地区的具体条件、所组织活动的规模等各种因素，从侵权行为的性质和力度、义务人的保安能力以及发生侵权行为前后所采取的防范措施、制止侵权行为的状况等方面，根据实际情况综合判断。

28. 安全保障人未尽到安全保障义务，需要承担什么责任？

根据安全保障义务的内容不同，可以将安全保障义务分为以下两类：

一是防止他人遭受义务人侵害的安全保障义务。这是指安全保障义务人负有不因自己的行为而直接使他人的人身或者财产受到侵害的义务。例如，宾馆负有不因自己提供的服务或者设施存在危险而使前来住宿的客人受伤的安全保障义务。

二是防止他人遭受第三人侵害的安全保障义务。这是指安全保障义务人负有的不因自己的不作为而使他人的人身或者财产遭受自己之外的第三人侵害的义务。例如，宾馆对在本宾馆住宿的旅客负有使其人身或者财产安全免受第三人侵害的义务。他们之间的区别主要是造成损害后果的直接侵害人不同，未尽到前一类义务造成他人损害的，其直接加害人就是安全保障义务人，没有第三人的介入；未尽到后一类义务的并不必然导致他人的损害，只有当这种未尽到义务的行为与第三人的侵权行为相互结合时才导致了他人的损害。

民法典规定根据所未尽到的义务种类的不同，规定了安全保障义务人不同的侵权责任：

第一，安全保障义务人未尽到防止他人遭受义务人侵害的安全保障义务的，应当承担侵权责任。如果损害结果的发生没有第三人的介入，安全保障义务人就应当自己承担全部侵权责任。例如，顾客到餐厅吃饭，由于餐厅的地板有油渍导致顾客摔倒受伤的，餐厅就应当承担侵权责任。

第二，安全保障义务人未尽到防止他人遭受第三人侵害的安全保障义务的，应当承担相应的补充责任。实践中，存在不少第三人的侵权行为和安全保障义务人未尽到安全保障义务两个因素结合在一起而造成他人损害的情形。例如，储户到银行取钱或者存款，遭到第三人抢劫，银行的保安人员未尽到安全保障义务，没有及时注意或者制止，导致储户钱款被抢或者人身受到伤害；又如，宾馆没有完善的保安措施或者没有认真履行保安职责，导致住宿旅客被外来人员殴打等。在这种情形下，根据民法典的规定，第三人的行为是造成损害的直接原因，应当首先由第三人承担侵权责任。在上述例子中，应当先由抢劫者和打人者承担侵权责任，安全保障义务人未尽到安全保障义务也是造成损害的因素，应当承担相应的补充责任。

29. 无民事行为能力人在幼儿园、学校或者其他教育机构学习、生活期间受到人身损害的，幼儿园、学校或者其他教育机构如何承担侵权责任？

《民法典》第 1199 条规定，无民事行为能力人在幼儿园、学校或者其他教育机构学习、生活期间受到人身损害的，幼儿园、学校或者其他教育机构应当承担侵权责任；但是，能够证明尽到教育、管理职责的，不承担侵权责任。

对这一规定的理解应把握以下四点：

第一，这一规定采用过错推定原则。这主要是考虑：无民事行为能力人智力发育还很不成熟，对事物的认知和判断上存在较大不足，不能辨认或者不能充分理解自己行为的后果，必须加以特别保护，这就要求学校更多地履行保护孩子身心健康的义务。无民事行为能力人在幼儿园、学校或者其他教育机构学习、生活期间，超越了监护人的控制范围，如果受到人身损害，基本无法对事故发生的情形准确地加以描述，此时要让无民事行为能力人或者其监护人来证明学校的过错，几乎是不可能的。采用过错推定原则，学校也能举证反驳，可以通过证明已经尽到了相当的注意并且实施了合理的行为，以达到免责的目的。同时，学校等教育机构更有可能通过保险等方式来向社会转移风险。

第二，由幼儿园、学校和其他教育机构承担侵权责任的侵权行为的范围，应当限于发生在幼儿园、学校和其他教育机构的教育、教学活动中或者其负有管理责任的校舍、场地、其他教育教学设施、生活设施中的侵权行为。但具体范围究竟有多宽，存在不同意见，如学生自行到校或者放学后滞留学校发生的损害，幼儿园、学校和其他教育机构是否应当承担侵权责任等。由于这个问题较为复杂，与幼儿园、学校和其他教育机构所应负有的教育、管理职责密切相关，实践中个案的情况也千差万别，作出统一、具体的规定较为困难，宜由人民法院在具体案件审判过程中作出判断更为合适。

第三，如何确定教育、管理职责的范围，进而判断幼儿园、学校和其他教育机构是否已尽教育、管理职责，也存在一定争议。我们认为，教育法、未成年人保护法以及其他法规和规章中，对于幼儿园、学校和其他教育机构的教育、管理职责已经作了广泛、具体的规定，出现纠纷时，应当参考这些规定结合具体情况由人民法院作出最终判断，法律对此没有也很难作出具体规定。

第四，关于免责事由。在制定侵权责任法和编纂民法典的过程中，有的意见建议明确幼儿园、学校和其他教育机构不承担赔偿责任的具体情形，如在自行上学、放学、返校、离校途中发生损害的，学生参加体育锻炼正常对抗中造成损害的，等等。我们研究认为，这些情形有的根据民法典规定明显不属于幼儿园、学校和其他教育机构的责任，有的在侵权责任编“一般规定”一章中已经有所规定，没有必要再作重复规定。

30. 限制民事行为能力人在学校或者其他教育机构学习、生活期间受到人身损害，与无民事行为能力人在学校或者其他教育机构学习、生活期间受到人身损害，学校或者其他教育机构承担责任方面有什么不同?

《民法典》第 1200 条规定，限制民事行为能力人在学校或者其他教育机构学习、生活期间受到人身损害，学校或者其他教育机构未尽到教育、管理职责的，应当承担侵权责任。

根据这一规定，限制民事行为能力人在学校或者其他教育机构学习、生活期间受到人身损害的，如果该限制民事行为能力人或者其监护人能够证明学校或者其他教育机构没有尽到教育、管理职责，对该限制民事行为能力人所发生的人身损害有过错，学校或者其他教育机构就要承担责任。与《民法典》第 1199 条采用过错推定原则不同，对限制民事行为能力人的情况，本条采用了过错责任原则，主要是考虑：与无民事行为能力人相比，限制民事行为能力人的心智已渐趋成熟，对事物已有一定的认知和判断能力，能够在一定程度上理解自己行为的后果，对一些容易遭受人身损害的行为也有了充分认识，应当在构建和谐的成长环境的同时，鼓励其广泛地参加各类学校活动和社会关系，以利于其更好、更有效地学习、成长。如果适用过错推定原则，课以学校较重的举证负担，为避免发生意外事故，有的学校会采取消极预防的手段，如减少学生体育活动、劳动实践，不再组织春游、参观等校外活动，严格限制学生在校时间，甚至不允许学生在课间互相追逐打闹等，一些措施甚至与素质教育目标背道而驰，成为推行素质教育的一大障碍，最终不利于学生的成长、成熟。同时，在判断学校是否尽到教育、管理职责时也可以通过采用客观化的判断标准，如学校的各种教学设施是否符合安全要求，对存在的各种安全隐患是否及时排除、是否已采取必要的防范措施，学校是否制定了合理、明确的安全规章制度等来缓和举证责任，减轻被侵权人的举证负担，以利于对学生的救济。

31. 无民事行为能力人或者限制民事行为能力人受到校外人员人身损害时，有关主体如何承担侵权责任？

《民法典》第1201条规定，无民事行为能力人或者限制民事行为能力人在幼儿园、学校或者其他教育机构学习、生活期间，受到幼儿园、学校或者其他教育机构以外的第三人人身损害的，由第三人承担侵权责任；幼儿园、学校或者其他教育机构未尽到管理职责的，承担相应的补充责任。幼儿园、学校或者其他教育机构承担补充责任后，可以向第三人追偿。

1. 幼儿园、学校或者其他教育机构以外的人员承担的侵权责任。

幼儿园、学校或者其他教育机构以外的人员是指幼儿园、学校或者其他教育机构的教师、学生和其他工作人员以外的人员。

如果未成年人在幼儿园、学校或者其他教育机构学习、生活期间遭受人身损害，是由于幼儿园、学校或者其他教育机构本身的人员的行为造成的，幼儿园、学校或者其他教育机构未尽到教育、管理职责时，就要承担责任。比如因学校的教学和生活设施、设备不符合安全标准或者管理、维护不当引起的学生人身损害；因学校提供的食品、药品、饮用水、教学用具或者其他物品不合格引起的学生人身损害；因学校教师或者其他工作人员体罚、变相体罚学生或者其他侮辱学生人格尊严的行为引起的学生人身损害；学生之间互相嬉戏、玩耍，教师管理不当造成学生人身损害等。但在某些情况下，幼儿园、学校或者其他教育机构以外的人员可能进入校园内或者在幼儿园、学校或者其他教育机构组织学生外出活动期间直接造成学生人身伤害，如社会人员进入学校殴打学生，校外车辆在校园内撞伤学生等。在这种情况下，该幼儿园、学校或者其他教育机构以外的人员的侵权行为直接造成人身损害后果的发生，其作为侵权人就应当依法承担侵权责任。

2. 幼儿园、学校或者其他教育机构承担的相应补充责任。

无民事行为能力人或者限制民事行为能力人在幼儿园、学校或者其他教育机构学习、生活期间，受到幼儿园、学校或者其他教育机构以外的人员人身损害的，该人员作为侵权人应当承担侵权责任。但由于此时受到人身损害的无民事行为能力人或者限制民事行为能力人仍在幼儿园、学校或者其他教育机构的监管之下，幼儿园、学校或者其他教育机构仍负有管理职责，如果幼儿园、学校或者其他教育机构未尽到管理职责的，对损害的发生也具有过错，其未尽到管理职责的行为是造成损害发生的间接原因，应当承担补充责任。幼儿园、学校或者其他教育机构是否尽到管理职责，要根据人身损害发生时的具体情况判断，如幼儿园、学校或者其他教育机构的安全管理制度是否有明显疏漏，或者是否管理混乱，存在重大安全隐患。如果幼儿园、学校或者其他教育机构的安全保卫工作存在过失，如学校门卫管理制度欠缺或者门卫管理不善，导致校外人员随意进入学校殴打学生，或者学校为改善经济条件将学校校舍、场地租给他人使用，甚至将学校操场辟为停车场，致使校内常有车辆来往，出现车辆撞伤、撞死学生等情况的，学校就应承担补充责任。理解这一规定应当注意第三人的侵权责任和安全保障义务人的补充责任有先后顺序。首先由第三人承担侵权责任，在无法找到第三人或者第三人没有能力全部承担侵权责任时，才由幼儿园、学校或者其他教育机构承担侵权责任。如果第三人已经全部承担侵权责任，则幼儿园、学校或者其他教育机构不再承担侵权责任。

3. 幼儿园、学校或者其他教育机构承担补充责任后，可以向第三人追偿。

规定幼儿园、学校或者其他教育机构承担补充责任后，可以向第三人追偿，一是符合不真正连带责任的法理。第三人因为距离损害更近，属于终局责任人，安全保障义务人可以向其追偿。二是有利于避免司法中的争议，为实践中出现的具体案例提供法律依据，更好地保障无民事行为能力人或者限制民事行为能力的成长，也为平安校园建设提供支撑。

32. 因产品存在缺陷造成他人损害的，被侵权人要求损害赔偿的途径是什么？

《民法典》第1203条第1款规定，因产品存在缺陷造成他人损害的，被侵权人可以向产品的生产者请求赔偿，也可以向产品的销售者请求赔偿。第2款规定，产品缺陷由生产者造成的，销售者赔偿后，有权向生产者追偿。因销售者的过错使产品存在缺陷的，生产者赔偿后，有权向销售者追偿。

首先，这一规定所讲被侵权人，是指因产品存在缺陷造成人身、财产损害之后，有权要求获得赔偿的人。包括直接购买并使用缺陷产品的人，也包括非直接购买使用缺陷产品但受到缺陷产品损害的其他人。

其次，这一规定从方便被侵权人维护自己合法权益的角度出发，规定了被侵权人请求赔偿的两个途径：一是可以向产品的生产者请求赔偿；二是可以向产品的销售者请求赔偿。也就是说，只要是缺陷产品引起的损害，被侵权人可以向生产者和销售者中的任何一方提出赔偿请求。

最后，根据这一规定，生产者、销售者中先行赔偿的一方有权向应当承担责任的一方追偿自己已经向被侵权人垫付的赔偿费用。预先垫付了赔偿费用的一方有权要求有责任的一方支付自己已经垫付的费用。需要明确的是，生产者和销售者承担产品责任的原则是不同的，生产者承担无过错责任，销售者承担过错责任，对此本条明确规定“产品缺陷由生产者造成的，销售者赔偿后，有权向生产者追偿。因销售者的过错使产品存在缺陷的，生产者赔偿后，有权向销售者追偿”。先行垫付赔偿费用的一方只有在另一方符合承担产品侵权责任条件的情形下，才可以向对方行使追偿权。

33. 产品责任中承担惩罚性赔偿的条件是什么？

《民法典》第 1207 条规定，明知产品存在缺陷仍然生产、销售，或者没有依据前条规定采取有效补救措施，造成他人死亡或者健康严重损害的，被侵权人有权请求相应的惩罚性赔偿。

根据这一规定，产品责任中适用惩罚性赔偿的条件是：

第一，侵权人具有主观故意。实践中，有些企业、销售者置他人的生命财产安全于不顾，置法律规定于不顾，主观恶性极大，这种行为应当予以严惩，没有采取有效补救措施，造成他人死亡或者健康严重损害的，被侵权人有权请求相应的惩罚性赔偿。

第二，要有损害事实。这种损害事实不是一般的损害事实，而应当是造成严重损害的事实，即造成他人死亡或者健康受到严重损害。

第三，要有因果关系，即被侵权人的死亡或者健康严重受损害是因为侵权人生产或者销售的缺陷产品造成的，或者生产者、销售者没有依照前条规定采取有效补救措施。这一条还规定了惩罚性赔偿的适用范围，即在被侵权人死亡或者健康受到严重损害的范围内适用，除此之外的其他损害不适用惩罚性赔偿，如被侵权人的财产损害。为防止滥用惩罚性赔偿，避免被侵权人要求的赔偿数额畸高，本条规定，被侵权人有权请求相应的惩罚性赔偿。这里的“相应”，主要指被侵权人要求的惩罚赔偿金的数额应当与侵权人的恶意相当，应当与侵权人造成的损害后果相当，与对侵权人威慑相当，具体赔偿数额由人民法院根据个案具体判定。

需要指出的是，惩罚性赔偿的主要目的不在于弥补被侵权人的损害，而在于惩罚有主观故意的侵权行为，并遏制这种侵权行为的发生。从赔偿功能上讲，其主要作用在于威慑，其次才是补偿。虽然从个案来看，被侵权人得到了高于实际损害的赔偿数额，但从侵权人角度来看，这种赔偿能够提高其注意义务，从而避免类似情况再次发生。

34. 因租赁、借用等情形机动车所有人、管理人与使用人不是同一人时，发生交通事故后如何承担赔偿责任?

《民法典》第1209条规定，因租赁、借用等情形，机动车所有人、管理人与使用人不是同一人时，发生交通事故造成损害，属于该机动车一方责任的，由机动车使用人承担赔偿责任；机动车所有人、管理人对损害的发生有过错的，承担相应的赔偿责任。

第一，机动车发生交通事故造成损害，属于该机动车一方责任的，先由承保机动车强制保险的保险人在强制保险责任限额范围内予以赔偿。不足部分，如果机动车一方购买了商业保险的，由承保机动车商业保险的保险人按照保险合同的约定予以赔偿；仍然不足或者没有投保机动车商业保险的，由机动车使用人赔偿。这是因为，租赁、借用后，机动车所有人、管理人丧失对机动车的控制，机动车使用人直接使用、支配、管理、占有机动车，成为承担责任的主体。

这一条中的“使用人”不仅包括承租人、管理人、借用人，还包括机动车出质期间的质权人、维修期间的维修人、由他人保管期间的保管人等。在机动车出质、维修和由他人保管期间，机动车由质权人、维修人和保管人占有，他们对机动车享有运行支配力，而所有人、管理人则丧失了运行支配力。质权人、维修人、保管人擅自驾驶机动车发生交通事故的，应由质权人、维修人、保管人承担赔偿责任。

第二，机动车所有人、管理人对损害的发生有过错的，承担相应的赔偿责任。机动车所有人在将机动车出租、出借时应当对承租人、借用人进行必要的审查，如审查承租人、借用人是否有驾驶资格。同时，还应当保障机动车性能符合安全的要求，如车辆制动是否灵敏等。机动车管理人在保管、占有机动车过程中，负有妥善保管、管理的义务，不得擅自使用或者许可他人使用机动车。机动车所有人、管理人没有尽到上述应尽的注意义务，便有过错，该过错可能成为该机动车造成他人损害的一个因素，机动车所有人、管理人应当对因自己的过错造成的损害负相应的赔偿责任。

35. 挂靠车辆引发交通事故时，侵权责任如何承担？为什么这样规定？

《民法典》第 1211 条规定，以挂靠形式从事道路运输经营活动的机动车，发生交通事故造成损害，属于该机动车一方责任的，由挂靠人和被挂靠人承担连带责任。

机动车挂靠从事运输经营活动，是指为了交通营运过程中的方便，将车辆登记在某个具有运输经营权资质的经营主体名下，以该主体的名义进行运营，并由挂靠者向被挂靠主体支付一定的费用的形式。挂靠形式从事道路运输经营活动一般有三个特点，一是四证统一，即车辆行驶证、道路运输证、驾驶证、营业性道路运输驾驶员从业资格证上的车主、业户、单位、服务单位都统一为被挂靠主体的名称。二是挂靠机动车向被挂靠主体交纳费用。三是具有隐蔽性，虽然挂靠双方签订有关运输经营的合同或内部协议，但发生交通事故造成损害时，被侵权人无法从外观上区别挂靠机动车是否属于被挂靠主体。

机动车交通事故责任的核心首先应当是明确责任主体的义务，然后确定如何承担责任。在吸收司法解释相关规定的基础上，本条规定，以挂靠形式从事道路运输经营活动的机动车，发生交通事故造成损害，属于该机动车一方责任的，由挂靠人和被挂靠人承担连带责任。

作出这样规定的原因：

一是被挂靠主体接受车辆挂靠，应当对该车辆有没有从事运输活动的能力进行核查和负责，从而控制风险；并且应当与挂靠机动车明确约定机动车发生交通事故造成损害时责任如何承担。

二是在车辆挂靠时，有可能使乘客或者托运人因信赖被挂靠主体的管理能力及责任能力，而对挂靠机动车产生信赖，被挂靠主体因为被信赖而有责任。

36. 关于未经允许驾驶他人机动车，发生交通事故造成损害时责任主体如何确定？

《民法典》第1212条规定，未经允许驾驶他人机动车，发生交通事故造成损害，属于该机动车一方责任的，由机动车使用人承担赔偿责任；机动车所有人、管理人对损害的发生有过错的，承担相应的赔偿责任，但是本章另有规定的除外。

理解这一规定需要把握以下三点：

一是未经允许驾驶他人机动车，发生交通事故造成损害，属于该机动车一方责任的，由机动车使用人承担赔偿责任。未经允许驾驶他人车辆，车主对此不知情，因此一般不应承担侵权责任，由机动车使用人承担。

二是机动车所有人、管理人对损害的发生有过错的，承担相应的赔偿责任。此处的"对损害的发生有过错"可理解为机动车所有人、管理人没有履行一般人应有的谨慎注意义务。例如，机动车所有人将车停在路边，为图方便没有熄火即下车买东西，车上同行人在等待时闲极无聊，坐在驾驶位上操作，导致发生交通事故。这种情形下，机动车所有人是有过错的，应当在过错范围内承担相应的责任。

三是这一条规定了但书，而且是仅限于"本章"另有规定的除外。该但书仅指一种情形，即《民法典》第1215条第1款规定的"盗窃人、抢劫人或者抢夺人与机动车使用人不是同一人，发生交通事故造成损害，属于该机动车一方责任的，由盗窃人、抢劫人或者抢夺人与机动车使用人承担连带责任"。

37. 盗抢的机动车发生交通事故造成损害的，赔偿责任主体是谁？垫付抢救费用后保险人为什么可以追偿？

《民法典》第 1215 条第 1 款规定，盗窃、抢劫或者抢夺的机动车发生交通事故造成损害的，由盗窃人、抢劫人或者抢夺人承担赔偿责任。盗窃人、抢劫人或者抢夺人与机动车使用人不是同一人，发生交通事故造成损害，属于该机动车一方责任的，由盗窃人、抢劫人或者抢夺人与机动车使用人承担连带责任。第 2 款规定，保险人在机动车强制保险责任限额范围内垫付抢救费用的，有权向交通事故责任人追偿。

机动车被盗窃、抢劫或者抢夺，是所有人与机动车相分离的形态之一。驾驶被盗窃、抢劫或者抢夺的机动车，又是擅自驾驶中最极端的情形。

1. 盗窃、抢劫或者抢夺的机动车发生交通事故造成损害的，由盗抢人承担赔偿责任。

这里没有规定机动车所有人的赔偿责任，主要考虑：一是机动车被盗窃、抢劫或抢夺后，机动车所有人丧失了对机动车的运行支配力，而这种支配力的丧失是盗抢者的违法行为造成的，又是所有人不情愿的，有时还是所有人不知悉、未预想到的。二是在机动车被盗的情形下，即使是所有人对机动车保管上的疏忽，导致机动车丢失，这也与机动车发生交通事故没有直接的因果关系。因此，应当由盗抢者承担发生交通事故后的损害赔偿责任，机动车所有人不承担赔偿责任。驾驶盗抢的机动车上道路行驶，通常会给他人的生命财产安全和公共安全带来极大的危害。由于盗抢人不是车辆的拥有者，自认为轻易可以逃脱法律的制裁，因此，常发生不遵守交通法规，任意违章，甚至漠视他人生命财产安全的情况。法律在对机动车盗抢人科以刑罚的同时，规定其民事责任，有利于保护受害人的权益，制裁此类侵权行为。

《民法典》第1212条规定了未经允许驾驶他人机动车侵权责任，其中对“机动车所有人、管理人对损害的发生有过错的，承担相应的赔偿责任”明确作了排除规定“本章另有规定的除外”，即是指这一条规定的情形。也就是说，在未经允许驾驶他人机动车发生交通事故造成损害，属于该机动车一方责任的，如果机动车所有人、管理人对损害的发生有过错的，需要承担相应的赔偿责任。但是这一条下的机动车所有人、管理人不承担责任。

2. 盗窃人、抢劫人或者抢夺人与机动车使用人不是同一人，发生交通事故造成损害，属于该机动车一方责任的，由盗窃人、抢劫人或者抢夺人与机动车使用人承担连带责任。

这里规定的“机动车使用人”，指的是盗窃人、抢劫人或者抢夺人将机动车出售、出租、借用、赠送，从而实际使用该机动车的人。一般而言，驾驶机动车发生交通事故属于该机动车一方责任的，应当由机动车使用人承担赔偿责任。但是，为了惩罚盗窃人、抢劫人或者抢夺人的行为，使他们不能逃脱法律的制裁，这一条规定他们需要承担连带赔偿责任。

3. 机动车被盗抢后发生交通事故造成损害，保险人在机动车强制保险责任限额范围内垫付抢救费用的，有权向交通事故责任人追偿。

一般而言，机动车发生交通事故后，应当依照《民法典》

第 1213 条规定的顺序，首先由保险人在强制保险限额范围内承担赔偿责任。但是，驾驶人无驾驶资格，醉酒、被盗期间肇事，故意制造交通事故等行为，严重漠视他人生命财产安全，属于明显且严重的过错，对道路交通安全构成了严重威胁。为了预防和惩罚这类行为的发生，加强对生命健康的保护，营造良好的社会氛围，及时救济受害人，驾驶人无驾驶资格，醉酒、被盗期间肇事，故意制造交通事故等情形下，应当允许强制保险的保险人在承担赔偿责任后向驾驶人追偿。

38. 机动车无偿搭载他人发生交通事故，无偿搭载人需要承担赔偿责任吗?

《民法典》第 1217 条规定，非营运机动车发生交通事故造成无偿搭乘人损害，属于该机动车一方责任的，应当减轻其赔偿责任，但是机动车使用人有故意或者重大过失的除外。

好意同乘主要是指非营运机动车的驾驶人基于亲情或者友情在上下班、出游途中无偿搭载自己的亲朋好友、邻居同事的情形，生活中老百姓称为“搭便车”。好意同乘可以缓解交通压力、实现资源最大化利用、节约资源等。对于好意同乘过程中造成损害的责任承担的规定，既要保护受害者的权益，也要尊重我国助人为乐的传统美德，保护民事主体之间的信赖关系，为解决民事纠纷设定切实可行的规则。营运性车辆搭载乘客，双方之间形成客运合同关系，机动车使用人应当有较高的注意义务，按照客运合同的目的，将乘客安全运送至目的地。如果发生交通事故造成损害，属于该机动车一方责任的，乘客既可以依照合同请求机动车驾驶人承担违约责任；也可以依照侵权行为请求机动车驾驶人承担赔偿责任，不存在一般性免责或者减轻责任的需要。因此，好意同乘不适用于营运机动车。但是，出租汽车在上班前或者下班后等非营运的时间，免费搭乘邻居、朋友的，应当适用这一规定。

好意同乘既然属于好意，如果不减轻被搭乘人的责任，有违民事活动应尊重公序良俗、社会公德的原则。出现交通事故后，往往驾驶人自己受伤、车辆受损，于此情况下还要求驾驶人对无偿乘客尽到严格的注意义务，完全赔偿无偿乘客损失，有些苛求。这样会导致机动车驾驶人拒绝无偿搭乘，亲戚、朋友、同事概不例外，造成社会的冷漠，世态炎凉。这不符合社会目的，也不符合公序良俗。为了维护社会公德，弘扬社会公平正义，为了环保，减少汽车数量，为了减少空气污染，好意同乘应当是我们社会赞许并值得提倡的互助行为。实践中被搭乘人多数是出于好心而做错了事，如果让做好事的人得不到好的结果，这其实与“公序良俗”原则相违背。

但是，只能减轻而不能免除机动车一方的责任。好意同乘者无偿搭乘的行为并不意味着其自甘冒险，机动车使用人对好意同乘者的注意义务不因为无偿而完全不存在，只是不同于无偿客运合同或者无偿委托合同中注意义务。好意同乘中，机动车使用人的责任适用过错责任原则。同时，也应明确区分，好意同乘不同于网络顺风车，网络顺风车的合乘者分摊部分合乘出行成本属于共享出行方式，是有偿的、营运性的。因此，好意同乘中发生交通事故造成无偿搭乘人损害，属于该机动车一方责任的，应当减轻其赔偿责任，却不可以完全免除，在鼓励人际友善利他与承担法律责任方面寻求平衡。

这一条规定是对机动车内责任分配的规定，减轻的是对“无偿搭乘人”的赔偿责任。至于对机动车外人员或者财产的赔偿责任的承担，适用民法典和其他法律的一般规定。

好意同乘中，如果机动车使用人有故意或者重大过失的，不减轻其对无偿搭乘人的赔偿责任。

39. 医疗损害责任的归责原则是什么?

《民法典》第 1218 条规定，患者在诊疗活动中受到损害，医疗机构或者其医务人员有过错的，由医疗机构承担赔偿责任。

“诊疗活动”，包括诊断、治疗、护理等环节，对此可以参考原国家卫生计生委 2017 年修改的《医疗机构管理条例实施细则》第 88 条的规定，即“诊疗活动：是指通过各种检查，使用药物、器械及手术等方法，对疾病作出判断和消除疾病、缓解病情、减轻痛苦、改善功能、延长生命、帮助患者恢复健康的活动”。

医务人员是医疗机构的工作人员，依照《民法典》第 1191 条第 1 款“用人单位的工作人员因执行工作任务造成他人损害的，由用人单位承担侵权责任”的规定，医疗机构有过错的，由医疗机构承担赔偿责任；医务人员有过错的，也应当由医疗机构承担赔偿责任。

医疗损害责任的归责原则是过错责任。患者在诊疗活动中受到损害，除了医疗机构及其医务人员有过错的外，医疗机构或者其医务人员的过错还要与患者的损害具有因果关系，医疗机构才承担赔偿责任。

40. 诊疗活动中医疗机构有什么说明义务？如何保障患者的知情权？

《民法典》第 1219 条第 1 款规定，医务人员在诊疗活动中应当向患者说明病情和医疗措施。需要实施手术、特殊检查、特殊治疗的，医务人员应当及时向患者具体说明医疗风险、替代医疗方案等情况，并取得其明确同意；不能或者不宜向患者说明的，应当向患者的近亲属说明，并取得其明确同意。第 2 款规定，医务人员未尽到前款义务，造成患者损害的，医疗机构应当承担赔偿责任。

根据第 1 款，医务人员在诊疗活动中应当向患者具体说明病情和医疗措施，以便患者能够作出决定。这是医务人员在诊疗活动中一般应尽的义务。除此之外，如果需要实施手术、特殊检查、特殊治疗的，还应当及时向患者说明医疗风险、替代医疗方案等情况，并取得其明确同意。《侵权责任法》等法律法规要求“书面”同意，主要目的应当是要求医患双方对病情和医疗措施严肃对待、谨慎决策，对各自的行为负责。近年来发生一些医患纠纷，很重要的矛盾点是医院机械要求患者或者其近亲属签署“书面”同意，一旦无法取得，往往不敢或者不愿意开展紧急措施，从而延误了最佳治疗时机。片面追求“书面”形式而延误治疗，实乃舍本逐末。民法典将“书面”同意修改为“明确”同意。至于同意的形式，可结合诊疗规范、操作经验等综合认定。同时，如果向患者说明将造成患者悲观、恐惧、心理负担沉重，不利于治疗的，就不能或者不宜向患者说明，这种情况下医务人员应当向患者的近亲属说明，并取得其明确同意。在患者昏迷或者由于生理、精神状态无法作出有效判断时，属于“不能”向患者说明的情形。《侵权责任法》第 55 条即规定了“不宜向患者说明的，应当向患者的近亲属说明”的义务。民法典编纂过程中，一直有意见提出，如果患者没有近亲属怎么办，建议将“不宜向患者说明的，应当向患者的近亲属说明”修改为“不宜向患者说明的，应当向患者的近亲属或者监护人说明”。对此应当明确，这一条规定欲解决的问题，不是在法律逻辑上穷尽或者对应患者近亲属或者监护人，而是在于当出现“需要实施手术、特殊检查、特殊治疗的”情况时，医务人员应当揭示和说明这些情况，使得照顾患者有关的人员有相应的准备。一般而言，照顾患者的是其近亲属。对于没有近亲属的，如居委会或者民政部门作监护人的情形，如何说明、如何征得其明确同意，往往与患者近亲属是不一样的。

根据第 2 款，医务人员未尽到前款义务，造成患者损害的，医疗机构应当承担赔偿责任。这里需要说明一点，不是说医务人员尽到了第 1 款规定的义务，在后续的诊疗活动中造成患者损害的，医疗机构就可以不承担赔偿责任了。《民法典》第 1221 条规定，医务人员在诊疗活动中未尽到与当时的医疗水平相应的诊疗义务，造成患者损害的，医疗机构应当承担赔偿责任。

41. 医务人员在诊疗活动中未尽到与当时的医疗水平相应的诊疗义务，造成患者损害的，由谁来承担赔偿责任？

《民法典》第1221条规定，医务人员在诊疗活动中未尽到与当时的医疗水平相应的诊疗义务，造成患者损害的，医疗机构应当承担赔偿责任。

"尽到与当时的医疗水平相应的诊疗义务"体现了侵权责任法律上的重要概念，即注意义务。如果行为人造成损害的行为违反了应对受害人承担的注意义务，则应当承担侵权责任。如果一个人能够合理地预见到其行为可能对其他人造成人身或者财产损害，那么一般情况下他应对可能受其影响的人负有注意义务。

依照这一规定，医务人员的注意义务就是应当尽到与当时的医疗水平相应的诊疗义务。尽到诊疗义务的一个重要方面，是诊疗行为符合法律、行政法规、规章以及诊疗规范的有关要求。需要说明的是，医务人员的注意义务并非与诊疗行为合法合规完全等同，这是两个概念。医务人员应当具有的诊疗水平，并非完全能够被法律、行政法规、规章以及诊疗规范的有关要求所涵盖。医务人员完全遵守了具体的操作规程，仍然有可能作出事后证明是错误的判断。医疗行为具有未知性、特异性和专业性等特点，不能仅凭事后证明错误这一点来认定医务人员存在诊疗过错，不能唯结果论；关键要看是不是其他的医务人员一般都不会犯这种错误。因此，这一条规定的诊疗义务可以理解为一般情况下医务人员可以尽到的，通过谨慎的作为或者不作为避免患者受到损害的义务。

有一点应当特别说明。我国幅员辽阔，各地区之间的医疗资源分布不平均，医疗水平存在差异。这一条的立法目的，在于医务人员造成患者损害发生医患纠纷时，具体地认定侵权责任的问题。换言之，承担侵权责任需要满足四个要件，医务人员实施了未尽到诊疗义务的行为，医务人员有过错，患者有损害，行为与损害之间有因果关系，这一条就是解决医务人员过错的。理解了这一点，就能理解这一条的条旨：诊疗行为是否有过错，不因医疗机构处在何地、医疗机构资质如何而不同。医务人员的诊疗行为有行政法规、规章和医疗行业的操作规程，这些应当普遍遵守，全国皆准。同样的手术，不能在三级医院操作就没有过错，在二级医院操作就有过错。因此，在探究医务人员是否尽到诊疗义务时，不宜考虑地区、医疗机构资质的差异。同时，因为医疗纠纷解决的时间可能较长，特别是进入诉讼之后，历经一审、二审乃至再审，可能需要数年的时间。数年间诊疗水平肯定发生了进步，判断是否尽到诊疗义务，应当以诊疗行为发生时的诊疗水平为参照才公平合理。

42. 患者或者其近亲属不配合医疗机构进行符合诊疗规范的诊疗时，患者在诊疗活动中受到损害，医疗机构为什么不承担赔偿责任？

《民法典》第1224条第1款规定，患者在诊疗活动中受到损害，有下列情形之一的，医疗机构不承担赔偿责任：（1）患者或者其近亲属不配合医疗机构进行符合诊疗规范的诊疗；（2）医务人员在抢救生命垂危的患者等紧急情况下已经尽到合理诊疗义务；（3）限于当时的医疗水平难以诊疗。第2款规定，前款第1项情形中，医疗机构或者其医务人员也有过错的，应当承担相应的赔偿责任。

第2款规定“前款第一项情形中，医疗机构或者其医务人员也有过错的，应当承担相应的赔偿责任”。具体而言，实践中患者一方不配合诊疗的行为可以分为两类：第一类比较常见，是患者囿于其医疗知识水平而对医疗机构采取的诊疗措施难以建立正确的理解，从而导致其不遵医嘱、错误用药等与诊疗措施不相配合的现象。对于因患者上述行为导致损害后果的发生，并不能一概认为患者一方“不配合”而具有主观过错，从而医疗机构可以免除责任。判断患者一方是否存在过错，要看医务人员是否向患者一方履行了合理的说明告知义务，使一般的、理性的患者一方对于医疗机构采取的诊疗措施及其风险和后果具有合理的认识、理解与判断；告知义务的履行是否合理适当，还要考虑医疗行业的特殊性、专业性，结合个案进行分析。第二类是患者一方主观上具有过错，该过错又可分为故意和过失。故意的情形一般比较少见，患者就医为了治疗疾病、康复身体，而非追求身体损害的结果。但现实情况是复杂的，也不能完全排除患者主观追求损害结果的可能。比如医务人员再三嘱咐某糖尿病患者不可饮酒，否则易引发低血糖昏迷，重则有生命危险，但该患者或者出于得到高额保险的目的或者基于其他原因，在明知该行为后果的情况下，拒不遵医嘱，数次饮酒，结果导致低血糖昏迷。过失的情况比较常见。例如近视眼激光手术后，医务人员再三明确叮嘱患者应按时滴用眼药水，否则会产生眼部炎症等不良反应，但患者疏忽大意不遵医嘱，在医务人员复查并告知其遵行医嘱后，仍未遵行，结果感染炎症。以上两种情况，医务人员已经合理尽到说明告知义务，且采取的诊疗措施并无不当，患者的行为即属于第 1 款第 1 项规定的“不配合医疗机构进行符合诊疗规范的诊疗”，对此，医疗机构不承担赔偿责任。

综上可以看出，因患者一方不配合医疗机构进行符合诊疗规范的诊疗而导致患者损害的，是否可以完全免除医疗机构的赔偿责任，不能一概而论。医疗损害责任的归责原则是过错责任，医务人员是否合理地履行了说明义务及相应的诊疗义务，这是医疗机构最终是否承担责任的基础。因此，尽管有患者或者其近亲属不配合医疗机构进行符合诊疗规范的诊疗行为，如果医疗机构或者其医务人员也有过错的，医疗机构仍应对患者的损害承担相应的责任；反之，若医务人员已经尽到相应义务，患者的损害是因患者或者其近亲属不配合的行为所致，则医疗机构对此不应当承担赔偿责任。

这一条规定的免责事由，并不是单纯向医方利益倾斜的表现，而是考虑到广大患者利益以及整个医疗行业健康发展的需要而在法律制度上所作的平衡。对医疗机构的责任，如果法律规定得过于严格，可能会导致医务人员在诊疗活动中大量采取保守性甚至防御性治疗措施，对于存在风险的治疗方案畏首畏尾，最终牺牲的还是广大患者的利益。法律在制度上为医务人员在医学科学技术的探索和创新上提供保障，也是最终为广大患者利益服务的需要。

43. 医务人员在抢救生命垂危的患者等紧急情况下已经尽到合理诊疗义务时，患者在诊疗活动中受到损害，医疗机构为什么不承担赔偿责任？

《民法典》第1224条第1款规定，患者在诊疗活动中受到损害，有下列情形之一的，医疗机构不承担赔偿责任：（1）患者或者其近亲属不配合医疗机构进行符合诊疗规范的诊疗；（2）医务人员在抢救生命垂危的患者等紧急情况下已经尽到合理诊疗义务；（3）限于当时的医疗水平难以诊疗。

在两个要件均符合的情况下，医疗机构对患者的损害不承担赔偿责任。这两个要件分别为：

一是抢救生命垂危的患者等紧急情况。对患者的紧急救治是医疗机构及其医务人员的职责之一。“紧急情况”的界定是，患者因疾病发作、突然外伤受害及异物侵入体内，身体处于危险状态或非常痛苦的状态，在临床上表现为急性外伤、脑挫伤、意识消失、大出血、心绞痛、急性严重中毒、呼吸困难、各种原因所致的休克等。一般来讲，上述情况中的紧急性可以概括为两类：首先是时间上的紧急性，它是指医师的诊疗时间非常短暂，在技术上不可能作出十分全面的考虑及安排；另外是事项上的紧急性，它是指采取何种治疗措施直接关系到患者的生死存亡需要医师作出紧急性的决断。需要说明的是，判断是否构成紧急情况，除了依据法律、法规和规章的规定外，还需要考虑两个方面：第一，患者的生命健康受到伤病急剧恶化的威胁，这种威胁应当限定为对患者生命的威胁，而不能是对患者一般健康状况的威胁；第二，患者生命受到的威胁是正在发生和实际存在的，患者伤病的急剧恶化对其生命安全的威胁不能是假想的，而应当是正在发生和实际存在的，不立即采取紧急救治措施必然导致患者死亡的后果。如果医师主观想象或虚幻地认为存在需要采取紧急救治的危险，而实际上这种危险并不存在，由于假想危险认识错误所采取的救治措施导致了不必要损害后果的，医疗机构还是应当承担责任。

二是已经尽到合理诊疗义务。根据现行的诊疗规范，紧急情况下合理的诊疗义务包括如下四个方面：第一是对患者伤病的准确诊断。对患者伤病的准确诊断是正确实施治疗措施的前提。如情况紧急，应当采取控制患者伤病恶化的紧急措施后，再作进一步诊断和治疗。第二是治疗措施的合理、适当，包括治疗措施和治疗用药的适当、合理。第三是谨慎履行说明告知义务。紧急情况下，如果事前告知不可行，那么采取紧急救治措施后仍应履行该项义务。第四是将紧急救治措施对患者造成的损害控制在合理限度之内。结合上述情况，如果医务人员已经尽到在紧急救治情况下医务人员通常应尽到的诊疗义务，即合理诊疗义务的，医疗机构不承担赔偿责任。

这一条规定的免责事由同样是考虑到广大患者利益以及整个医疗行业健康发展的需要而在法律制度上所作的平衡。

44. 限于当时的医疗水平难以诊疗时，患者在诊疗活动中受到损害，医疗机构为什么不承担赔偿责任?

《民法典》第 1224 条第 1 款规定，患者在诊疗活动中受到损害，有下列情形之一的，医疗机构不承担赔偿责任：（1）患者或者其近亲属不配合医疗机构进行符合诊疗规范的诊疗；（2）医务人员在抢救生命垂危的患者等紧急情况下已经尽到合理诊疗义务；（3）限于当时的医疗水平难以诊疗。

医疗行为具有高技术性、高风险性、复杂性以及不可控因素，还有很多未知领域需要探索；有时，医疗结果具有不确定性和不可预见性。现代医学技术水平的发展具有局限性，目前还不能达到100%的治愈率。据统计，即使在发达国家，临床医疗确诊率也仅有70%左右。医学作为发展中的科学，人们至今还在实践中不断探索并寻找解除疾病的办法。此外，由于病人个体的差异性，就是治疗常见病或者治疗同一种疾病，即便医生采取相同的诊疗措施，所达到的效果也不尽一样。因此，法律对医务人员采取的诊疗行为是否存在过错的判断，只能基于当时的医学科学本身的发展，即是否尽到与当时的医疗水平相应的诊疗义务，尽到该项义务的，就视为医疗机构及其医务人员没有过错，对于患者的损害不承担赔偿责任。民法典对于医疗损害责任的认定，坚持的标准是统一的，如《民法典》第1221条规定，医务人员在诊疗活动中未尽到与当时的医疗水平相应的诊疗义务，造成患者损害的，医疗机构应当承担赔偿责任。该条也是以“当时”的医疗水平为判断标准。

医疗机构及其医务人员对患者进行诊疗，并不负有保证治愈的义务。对于某些复杂的疾病，如果医疗机构及其医务人员已经尽到与当时的医疗水平相应的诊疗义务，但限于当时的医疗水平，对患者采取的医疗措施不仅未取得治愈的效果，反而带来新的损害，对此，医疗机构不承担赔偿责任。这一免责事由的规定也是出于鼓励和促进医学科学发展的需要。医学科学的发展必须以医务人员积极探索、大胆创新为前提，同时，由于医疗行业高技术性、高风险性和未知性的特点，医务人员在诊疗措施上的探索和创新可能会成功，如攻克顽疾为患者带来生的希望；但也可能失败，如不仅未治愈疾病反而对患者肌体带来新的侵害后果。对此，并不能以是否治愈的结果来判断医疗机构及其医务人员在诊疗活动中是否具有过错。如果医务人员已经尽到与当时医疗水平相应的诊疗义务，而该疾病限于当时的医疗水平难以诊疗的，医疗机构对于患者的损害不承担赔偿责任。

这一条规定的免责事由仍然是考虑到广大患者利益以及整个医疗行业健康发展的需要而在法律制度上所作的平衡。

45. 民法典如何规定医疗机构对病历的义务及患者对病历的权利?

《民法典》第 1225 条第 1 款规定，医疗机构及其医务人员应当按照规定填写并妥善保管住院志、医嘱单、检验报告、手术及麻醉记录、病理资料、护理记录等病历资料。第 2 款规定，患者要求查阅、复制前款规定的病历资料的，医疗机构应当及时提供。

1. “病历资料”的含义和范围。

《医疗机构病历管理规定》第 19 条规定，医疗机构可以为申请人复制门（急）诊病历和住院病历中的体温单、医嘱单、住院志（入院记录）、手术同意书、麻醉同意书、麻醉记录、手术记录、病重（病危）患者护理记录、出院记录、输血治疗知情同意书、特殊检查（特殊治疗）同意书、病理报告、检验报告等辅助检查报告单、医学影像检查资料等病历资料。这一版本的《医疗机构病历管理规定》将“医疗费用”从病历资料中删除。

2. 患者查阅、复制权利的保障和行使。

（1）查阅、复制权利的保障。对诊疗活动进行记录的病历资料，是认定医疗机构或者其医务人员是否存在医疗过错的重要依据。实践中，很多医疗诉讼的成败往往取决于相关病历资料的证明效力。而医疗行业的高度专业性和闭锁性特点，决定了这类重要的证据资料从产生时起至争议发生时止，都处于医疗机构一方的控制之中，从证据学角度讲，患者的举证能力处于劣势；同时，民法典所规定的医疗损害责任归责原则，其核心是过错责任。因此，对于在证据资料的掌握上地位悬殊的医患双方，如何公平合理地分配二者的举证责任，尤其是如何提升患者一方掌握相关证据资料的能力，这是法律必须考虑的问题。

具体而言，对于诊疗活动中产生的病历资料，必须在公平、合理的限度内保障患者一方的查阅和复制权利。《医疗纠纷预防和处理条例》第 16 条第 2 款规定，患者要求复制病历资料的，医疗机构应当提供复制服务，并在复制的病历资料上加盖证明印记。复制病历资料时，应当有患者或者其近亲属在场。医疗机构应患者的要求为其复制病历资料，可以收取工本费，收费标准应当公开。可以看出，患者对相关病历资料有查阅和复制权利，我国现行法规中已经有承接性的具体规定。

（2）查阅、复制权利的行使主体。患者本人当然是行使这一权利的主体，这一点不存在争议。除患者本人外，《医疗纠纷预防和处理条例》第 16 条第 3 款规定，患者死亡的，其近亲属可以依照本条例的规定，查阅、复制病历资料。《医疗机构病历管理规定》第 17 条规定：“医疗机构应当受理下列人员和机构复制或者查阅病历资料的申请，并依规定提供病历复制或者查阅服务：（一）患者本人或者其委托代理人；（二）死亡患者法定继承人或者其代理人。”可以看出，除患者本人外，委托代理人、死亡患者法定继承人或者其代理人均可依法对有关病历资料进行查阅和复制。对于患者本人未死亡的情况下，即使是患者的近亲属，如果未经患者本人的授权同意，也无权查阅、复制该患者的相关病历资料，在该类情况下，医疗机构可以拒绝提供，这涉及法律对患者隐私和个人信息的保护问题。

（3）医疗机构向患者提供查阅、复制病历资料的范围。2013 年原国家卫生计生委、国家中医药管理局印发的《医疗机构病历管理规定》第 10 条规定，门（急）诊病历原则上由患者负责保管。医疗机构建有门（急）诊病历档案室或者已建立门（急）诊电子病历的，经患者或者其法定代理人同意，其门（急）诊病历可以由医疗机构负责保管。住院病历由医疗机构负责保管。第 11 条规定，门（急）诊病历由患者保管的，医疗机构应当将检查检验结果及时交由患者保管。第 12 条规定，门（急）诊病历由医疗机构保管的，医疗机构应当在收到检查检验结果后 24 小时内，将检查检验结果归入或者录入门（急）诊病历，并在每次诊疗活动结束后首个工作日内将门（急）诊病历归档。第 13 条规定，患者住院期间，住院病历由所在病区统一保管。因医疗活动或者工作需要，须将住院病历带离病区时，应当由病区指定的专门人员负责携带和保管。医疗机构应当在收到住院患者检查检验结果和相关资料后 24 小时内归入或者录入住院病历。患者出院后，住院病历由病案管理部门或者专（兼）职人员统一保存、管理。由此可见，要求医疗机构提供查阅、复制的，主要是建有门（急）诊病历档案室或者已建立门（急）诊电子病历，以及由医疗机构保管的住院病历。

关于查阅、复制的病例资料的范围，《医疗机构病历管理规定》第 19 条作了明确和具体的规定，患者依照这一条的规定要求查阅、复制病历资料的，医疗机构应当在上述范围内及时提供。

（4）拒绝提供相关病历资料的法律后果。依照《医疗事故处理条例》第 56 条第 2 项的规定，没有正当理由，拒绝为患者提供复印或者复制病历资料服务的，由卫生行政部门责令改正；情节严重的，对负有责任的主管人员和其他直接责任人员依法给予行政处分或者纪律处分。这是对拒绝提供相关病历资料的行政责任的规定。在民事责任上，依照《民法典》第 1222 条第 2 项的规定，患者在诊疗活动中受到损害，医疗机构隐匿或者拒绝提供与纠纷有关的病历资料的，推定其有过错。在推定过错的情况下，如果医疗机构没有相反证明，则“推定”的过错将被“认定”为过错，医疗机构将承担不利的法律后果。

46. 医疗机构及其医务人员是否应当保护患者隐私和个人信息？

《民法典》第 1226 条规定，医疗机构及其医务人员应当对患者的隐私和个人信息保密。泄露患者的隐私和个人信息，或者未经患者同意公开其病历资料的，应当承担侵权责任。

1. 医疗机构及其医务人员侵害患者隐私和个人信息的表现形式。

患者到医院就医，医务人员首先要知晓患者的病情与既往病史，要根据患者的陈述制作门诊或住院病历。在必要的情况下，还需对患者的身体进行接触和观察，以便对疾病进行正确的治疗。正是基于诊疗活动本身的特点，医务人员在其执业活动中极易掌握患者的隐私和个人信息。因此，对于其基于患者的信赖而在执业活动中知悉的患者的隐私和个人信息，医疗机构及其医务人员应负有保密的义务。实践中，医疗机构及其医务人员侵犯患者隐私权和个人信息的情况可大体分为如下两种：

一是泄露患者的隐私和个人信息。泄露患者隐私，既包括医疗机构及其医务人员将其在诊疗活动中掌握的患者的隐私和个人信息对外公布、披露的行为，如对外散布患者患有性病、艾滋病的事实，导致患者隐私暴露，精神遭受巨大痛苦，也包括未经患者同意而将患者的身体暴露给与诊疗活动无关人员的行为。这里需要说明两点：第一，患者到医疗机构就医，相对于施治的医务人员来说，患者实际上放弃了自己的隐私权及部分个人信息。同时，根据生命健康权高于隐私权和个人信息这一基本的权利价值判断，在生命健康权与隐私权和个人信息发生冲突时，后者应当让位于前者。因此，施治人员接触患者隐私无疑是合法的，但也应以其必要的治疗活动所应接触的范围为限。第二，尽管医疗行政机关确定某些医院负有教学实习的义务，但有的专家认为，该义务仅及于教学医院一方，对患者来说，不具有法律约束力，即患者并不负有放弃自己的隐私和个人信息来满足教学医院进行教学的义务。教学医院与见习学生之间、教学医院与患者之间是两个不同的法律关系，受不同法律规范的约束。医疗机构即使是出于教学目的，侵犯患者隐私和个人信息，仍应承担相应的法律责任。

二是未经患者同意公开其医学文书及有关资料。患者在就诊过程中，一般均会配合医务人员的问询，披露自己的病情、病史、症状等一系列个人信息，以配合医务人员的诊疗。同时，医务人员会根据患者的陈述，将该部分信息形成患者的病历资料等医学文书。在很多情况下，为了医学发展，还需要将患者信息汇集、整理，提供给医药研究机构或者企业。这部分记载有患者隐私内容的医学文书及相关资料一旦被披露，不但会引起患者内心的精神痛苦，还往往会导致患者社会评价的降低，如患者的某种身体缺陷、曾患有伤风化的疾病等。实践中，医疗机构及其医务人员未经患者同意公开其医学文书及有关资料的情况，也分为两种：第一，出于医学会诊、医学教学、传染性疾病防治、医药研发等目的，公开或者提供患者的医学文书及有关资料；第二，医疗机构本身对医学文书及有关资料的管理不善，向未取得患者授权的人公开，造成患者损害的行为。对于第一种情况，在考虑患者隐私保护的同时，还要兼顾医学本身的特点以及医疗行业公益性的需要。在该种情况下，判断侵权责任是否成立的一个关键，就是看是否造成患者的损害。一般来说，如果医疗机构及其医务人员在为医学会诊、医学教学而公开或者提供患者医学文书及有关资料的过程中，如果能做到匿名化处理，防止定向识别出具体的患者，一般情况下对患者不至于造成损害，也不导致侵权责任的产生。对于第二种情况，则应当加强医疗机构对患者医学文书及有关资料的管理。

2. 关于承担侵权责任的条件。

医疗机构及其医务人员泄露患者的隐私和个人信息，或者未经患者同意公开其病历资料是一种较为严重的侵权行为，有可能对患者的生活、工作和学习造成重大影响。为遏制这种行为，加强对诊疗活动中自然人隐私和个人信息的保护，法律应当明确规定，无论该行为对患者是否造成损害，医疗机构及其医务人员都应当承担侵权责任，不需要“造成患者损害”才承担侵权责任的规定。

47. 环境污染和生态破坏责任的调整对象是什么？

当前，我国面临环境污染严重、生态系统退化的严峻形势，对此，人民群众反映强烈，党中央高度关注。十八届四中全会《中共中央关于全面推进依法治国若干重大问题的决定》，强调“用严格的法律制度保护生态环境”，之后相继出台《关于加快推进生态文明建设的意见》《生态文明体制改革总体方案》，制定了40多项涉及生态文明建设的改革方案。民法典“环境污染和生态破坏责任”一章规定了两种侵权责任形态：

一是侵权人因污染环境、破坏生态造成他人损害的，应当承担侵权责任。学者们称为私益损害，一定是某个民事主体的人身、财产遭受了损害，只有受害人才有权提起诉讼，要求侵权人赔偿。

二是侵权人违反国家规定造成生态环境损害的，应当承担侵权责任。学者们称为公益损害，因污染环境、破坏生态造成大气、地表水、地下水、土壤、森林等环境要素和植物、动物、微生物等生物要素的不利改变，以及上述要素构成的生态系统功能退化，不包括对某个民事主体人身、财产造成的损害。国家规定的机关或者法律规定的组织有权提起诉讼，要求侵权人承担环境修复责任和损害赔偿责任，“国家规定的机关”主要指《生态文明体制改革总体方案》规定的省级、市地级政府以及民事诉讼法规定的检察机关，“法律规定的组织”主要指符合环境保护法以及其他单行法律规定的社会组织。

48. 环境污染和生态破坏责任的归责原则和免责事由是什么?

根据《民法典》第 1229 条规定，环境侵权适用无过错责任归责原则。在受害人有损害、污染者的行为与损害有因果关系的情形下，侵权人不论是否存在过错，都应当对其污染行为造成的损害承担侵权责任。主要考虑到，在环境侵权中，造成损害的污染物主要来源于现代工业生产排放的废水、废气、固体废物等污染物，受害人并不具有专业知识，很难证明加害人具有过错，只有实行无过错责任原则，才能有效保护受害人的合法权益。

根据《民法典》第 1230 条规定，环境侵权行为人的免责事由主要有：

一是法律规定的不承担责任或者减轻责任的情形。主要指《民法典》总则编和侵权责任编一般规定中规定的情形，如第 180 条规定，因不可抗力不能履行民事义务的，不承担民事责任。法律另有规定的，依照其规定。第 1173 条规定，被侵权人对同一损害的发生或者扩大有过错的，可以减轻侵权人的责任。第 1174 条规定，损害是因受害人故意造成的，行为人不承担责任。

二是其行为与损害之间不存在因果关系。由于环境污染损害一般具有长期性、潜伏性、持续性、广泛性的特点，环境污染造成损害有时是污染物与各环境要素相互之间发生物理、化学、生物反应的结果，环境污染与损害事实之间的关系必须具备专门科学知识才能确定，由受害人承担因果关系的举证责任难度很大，所以，我国对环境侵权实行因果关系举证责任倒置，受害人只要证明污染行为与损害结果之间存在某种联系即可，由侵权人承担其排污行为与损害之间不存在因果关系的举证责任，不能举证的，应当承担侵权责任。

49. 环境污染和生态破坏责任为什么规定惩罚性赔偿制度？

现代社会工业化快速发展，在创造大量社会财富的同时，也带来了巨大社会风险，当前我国环境污染形势严峻，雾霾天气多发、城市河道水体黑臭、垃圾围城、土壤污染、危废处置污染等问题突出，给社会公众的人身和财产造成了巨大损失，环境和生态也受到重创。民法损害赔偿制度一直坚持以填平为原则，以受害人的实际损失为准，损失多少赔多少，受害人不能从中获取超过损失的利益。但在司法实践中，受害人多处于弱势地位，环境侵权诉讼专业性较强，损害鉴定评估周期长、费用高，赔偿数额往往不足以弥补实际损害，更难以震慑企业排污行为。因此，有必要在环境侵权中探索和逐步建立惩罚性赔偿制度，有利于充分救济受害人，鼓励受害人积极维权，有利于惩罚恶意侵权人，有利于警示他人不得实施类似行为。

惩罚性赔偿不同于普通环境侵权，赔偿数额高，具有惩罚功能，构成要件应当更为严格。根据《民法典》第1232条，环境侵权惩罚性赔偿的构成要件是：一是侵权人实施了不法行为。企业的排污行为只要符合国家环境行政法律法规的要求，那就是合法的，应当为法律保护和鼓励，对企业的排污行为施以惩罚，必须以企业违反法律规定为前提。二是侵权人主观具有故意。关于如何定义故意，经研究认为，在环境侵权引入惩罚性赔偿制度之初，不宜将范围扩得过大。“故意”作为一种主观状态，难以直接证明，一般通过行为来认定，如侵权人多次非法排污并受到行政机关处罚，侵权人将未经处理的废水废气废渣直接排放或者倾倒，侵权人关闭环境在线监测系统或者故意干扰监测系统，侵权人在正常排污设施外留有偷排孔等，都说明侵权人是故意为之，放任严重后果的发生。三是造成严重后果。惩罚性赔偿具有惩罚功能，应当聚焦于损害后果严重的侵权行为，不仅对受害人的人身、财产造成严重损害，还可能对生态环境造成严重损害甚至不可逆转的损害。

50. 因第三人过错污染环境、破坏生态的，被侵权人向谁要求赔偿？

如果污染环境造成损害是由于第三人的过错引起的，根据《民法典》第1233条规定，被侵权人既可以向侵权人请求赔偿，也可以向第三人请求赔偿，但两种求偿路径有所区别。

一是被侵权人向侵权人请求赔偿。环境侵权适用无过错责任归责原则，只要符合《民法典》第1229条的构成要件，侵权人就要承担侵权责任，不考虑其主观是否存在过错。一般而言，在普通侵权中，损害是因第三人造成的，第三人应当承担侵权责任。但在环境侵权中，侵权人的环境侵权行为即便是因第三人行为介入引起的，如有人偷偷关闭污水、废气净化设施，企业采购的排污净化设备质量不合格等，导致排污严重超标，侵权人也无法据此主张免责。所以，即便是因第三人过错导致污染环境、破坏生态的，被侵权人依然可以向侵权人请求赔偿。

二是被侵权人向第三人请求赔偿。因第三人的过错行为与损害后果之间存在法律上的因果关系，被侵权人也可以直接请求第三人承担侵权责任。但需要注意的是，第三人承担责任与侵权人承担责任存在明显区别，侵权人承担的是无过错责任，被侵权人无须证明侵权人的主观过错，不存在因果关系的举证责任由侵权人承担；而请求第三人承担责任，适用过错责任，需要符合一般侵权的构成要件，即不法行为、主观过错、损害后果、不法行为与损害后果之间存在因果关系，都需要由被侵权人承担举证责任，不适用举证责任倒置的规定。

被侵权人既可以向侵权人请求赔偿，也可以向第三人请求赔偿，还可以同时向侵权人和第三人请求赔偿。赋予被侵权人选择权，方便被侵权人主张权利，及时获得赔偿，有利于加强对被侵权人的保护，避免侵权人或者第三人其中一方没有赔偿能力而无法得到充分救济。但是，被侵权人对侵权人和第三人的赔偿请求权，只能择一行使，因其只有一个“损害后果”，向被侵权人主张权利或者向第三人主张权利，一个请求权实现之后，另一个请求权消灭，不能分别行使两个请求权，获得双份赔偿。

侵权人赔偿后，有权向第三人追偿。但第三人行为介入的情形比较复杂，损害后果可能完全由第三人的故意或者过失行为引起，也可能是由第三人的故意或者过失行为与侵权人的过失行为共同引起，第三人行为对损害后果的原因力可能很大也可能很小。具体到个案，第三人最终应当承担多少份额的责任，需要结合具体案情具体分析。

51. 什么是生态环境损害赔偿制度，与一般环境侵权有什么不同?

生态环境损害赔偿制度是生态文明制度体系的重要组成部分。党中央、国务院高度重视生态环境损害赔偿工作，党的十八大首次将生态文明建设作为“五位一体”总体布局的一个重要部分；党的十八届三中、四中全会先后提出“对造成生态环境损害的责任者严格实行赔偿制度”“用严格的法律制度保护生态环境”；党的十九大提出要“加快生态文明体制改革、建设美丽中国”。2015 年底，作为生态文明体制改革六大配套方案之一的《生态环境损害赔偿制度改革试点方案》出台，经过两年试点，2017 年底中央正式发布《生态环境损害赔偿制度改革方案》，在全国试行生态环境损害赔偿制度，提出到 2020 年，力争在全国范围内初步构建责任明确、途径畅通、技术规范、保障有力、赔偿到位、修复有效的生态环境损害赔偿制度。

改革方案建立的生态环境损害赔偿制度与一般环境侵权在很多方面存在不同之处，主要有：

一是适用范围不同。一般环境侵权适用于因污染环境、破坏生态导致人身、财产损害的情形，一定是某个民事主体的权益遭受了损害。而根据改革方案，生态环境损害，是指因污染环境、破坏生态造成大气、地表水、地下水、土壤、森林等环境要素和植物、动物、微生物等生物要素的不利改变，以及上述要素构成的生态系统功能退化。这里的损害不对应某个民事主体，是对生态环境整体造成的损害。两种损害之间存在关联，多数情况下，造成人身、财产损害的，生态环境或多或少都会有所损害，但反过来，造成生态环境损害的，未必一定会对人身、财产造成具体损害。比如，对途经某地的候鸟滥捕滥猎，造成当地生态恶化，很难说当地居民的人身、财产遭受了何种损害。

二是责任主体不同。在一般环境侵权中，承担环境污染责任的主要是污染者或者破坏者，也即具体从事排污行为的侵权人，根据案件具体情形，环境影响评价机构、环境监测机构以及从事环境监测设备和防治污染设施维护、运营的机构等第三人，也有可能承担侵权责任。在生态环境损害侵权中，根据改革方案，违反法律法规，造成生态环境损害的单位或个人是责任主体。

三是归责原则不同。根据《民法典》第1229条规定，一般环境侵权适用无过错责任，不考虑侵权人主观是否存在过错，而且即使侵权人的排污行为符合国家规定，也要承担侵权责任。根据改革方案规定，违反法律法规，造成生态环境损害的单位或个人，应当承担生态环境损害赔偿责任。所以，主流观点认为，这意味着生态环境损害赔偿制度适用过错责任，只有违反法律法规才有可能被追责。

四是权利主体不同。一般环境侵权由被侵权人提起侵权之诉。根据《民法典》第1234条规定，生态环境损害赔偿制度的权利主体是“国家规定的机关或者法律规定的组织”，“国家规定的机关”主要指改革方案规定的省级、市地级政府以及民事诉讼法规定的检察机关，“法律规定的组织”主要指符合环境保护法以及其他单行法律规定的社会组织。

52. 造成生态环境损害的，如何承担生态环境损害赔偿责任？

根据《民法典》第1234条规定，造成生态环境损害的，首先应当承担修复责任，将受损的生态环境复原至基线水平。侵权人承担修复责任可以有两种方式：

一是侵权人在合理期限内进行修复。环境修复并不是简单修补了事，具有很强的专业性，一般企业或者个人难以完成。侵权人有能力有资质的，可以自行完成；如果侵权人没有修复能力，可以出资请他人完成修复工程。

二是国家规定的机关或者法律规定的组织自行或者委托他人进行修复。生态环境修复应当及时、有效，侵权人未在合理期限内修复的，权利人可以自行或者委托他人履行修复义务，所需费用由侵权人负担。这借鉴了执行程序中代履行制度，从形式上看，完成生态环境修复工程的是权利人或者其委托的第三人，但修复责任仍然是由侵权人承担。

根据《民法典》第1235条规定，国家规定的机关或者法律规定的组织有权请求侵权人赔偿下列损失和费用：

第一，生态环境受到损害至修复完成期间服务功能丧失导致的损失。生态环境修复需要经历较长一段时间，在此期间生态环境服务功能是不完整的，其间损害界定为“生态环境损害发生至生态环境恢复到基线状态期间，生态环境因其物理、化学或生物特性改变而导致向公众或其他生态系统提供服务的丧失或减少”。

第二，生态环境功能永久性损害造成的损失。并不是所有生态环境损害都可以修复，有些生态环境损害不可逆转，有些生态环境损害虽然可以修复，但无法恢复到原来状态。永久性损害指受损生态环境及其服务难以恢复，其向公众或其他生态系统提供服务能力的完全丧失。

第三，生态环境损害调查、鉴定评估等费用。权利人为了评估生态环境损害情况进行信息调查收集、鉴定评估等产生的费用，也是由生态环境侵权行为而衍生出来的。

第四，清除污染、修复生态环境费用。清除污染费用包括清污方案制定费用、清除污染操作费用等。修复生态环境费用包括修复方案制定费用、修复实施费用等。

第五，防止损害的发生和扩大所支出的合理费用。生态环境损害发生后，必须及时采取合理预防、防止损害扩大的措施，将损害控制在最小范围内，也有利于后续治理与修复工作的开展。

53. 高度危险责任的一般规定是什么？

《民法典》第 1236 条规定，从事高度危险作业造成他人损害的，应当承担侵权责任。

高度危险作业的范围和其本身的危险性，是随着科学技术的发展变化而不断发展变化的，仅仅通过单行法对具体高度危险行为的侵权责任进行规定，难以适应社会的发展。规定高度危险责任的一般条款，对目前已有法律规范的高度危险行为侵权责任的共性问题作出规定，可以为司法实践处理尚未有法律明确规范的高度危险行为提供一个指导性原则。因此，本条规定，从事高度危险作业造成他人损害的，应当承担侵权责任。这就明确了高度危险责任为无过错责任。

1. 关于这一规定调整的范围。

这里讲的“高度危险作业”，既包括使用民用核设施、高速轨道运输工具和从事高压、高空、地下采掘等高度危险活动，也包括占有、使用易燃、易爆、剧毒和放射性等高度危险物的行为。“高度危险作业”的表述是个开放性的概念，包括一切对周围环境产生高度危险的作业形式。一般认为，具体行为构成高度危险作业应具备以下三个条件：

第一，作业本身具有高度的危险性。也就是说，危险性变为现实损害的概率很大，超过了一般人正常的防范意识，或者说超过了在一般条件下人们可以避免或者躲避的危险。

第二，高度危险作业即使采取安全措施并尽到了相当的注意也无法避免损害。日常生活中，任何一种活动都可能对周围人们的财产或人身产生一定的危险性，但高度危险作业则具有不完全受人控制或者难以控制的危害性。

第三，不考虑高度危险作业人对造成损害是否有过错。

2. 关于归责原则。

高度危险作业造成他人损害的，应当承担无过错责任，这也是大部分国家的普遍做法。

3. 关于减免责任事由。

作为高度危险责任的一般规定，这一规定没有写明哪些情形可以不承担责任或者减轻责任。这不是说高度危险责任没有任何的不承担责任或者减轻责任情形。如果针对具体的高度危险责任，法律规定不承担责任或者减轻责任的，应当依照其规定。如《铁路法》第 58 条规定，因铁路行车事故及其他铁路运营事故造成人员伤亡的，铁路运输企业应当承担赔偿责任；如果人身伤亡是因不可抗力或者受害人自身原因造成的，铁路运输企业不承担赔偿责任。违章通过平交道口或者人行过道，或者在铁路线路上行走、坐卧造成的人身伤亡，属于受害人自身的原因造成的人身伤亡。又如，《电力法》第 60 条第 2 款规定，电力运行事故由下列原因之一造成的，电力企业不承担赔偿责任：（1）不可抗力；（2）用户自身的过错。《民用航空法》第 124 条规定，因发生在民用航空器上或者在旅客上、下民用航空器过程中的事件，造成旅客人身伤亡的，承运人应当承担责任；但是，旅客的人身伤亡完全是由于旅客本人的健康状况造成的，承运人不承担责任。

还有一点需要注意，如果单行法、高度危险责任一章具体规定了不承担责任和减轻责任的情形，侵权责任编第一章的规定原则上不适用。例如《民法典》第1237条规定，民用核设施发生核事故造成他人损害的，民用核设施的营运单位能够证明损害是因战争、武装冲突、暴乱等情形或者受害人故意造成的，不承担责任。根据该条规定，因自然灾害引起的核事故，民用核设施的经营者也不能免责。受害人有重大过失的，也不能减轻责任。如果单行法和高度危险责任一章对某个高度危险行为没有作出具体规定，侵权责任编第一章的规定原则上可以适用，如损害是因受害人故意造成的，行为人不承担责任。

4. 关于责任方式。

这一条规定，从事高度危险作业造成他人损害的，应当承担侵权责任。这里的“侵权责任”不仅仅是损害赔偿责任。由于高度危险作业一旦造成损害，可能对周围环境带来很大的危害，因此，作业人不仅在事后应向受害人进行损害赔偿，而且在事发时就应当积极采取停止侵害、消除危险等措施并积极救助受害人，因此，我们在这里强调的是“侵权责任”而不是仅要求高度危险作业人承担赔偿责任。

54. 民法典对民用核设施致害责任是怎么规定的?

《民法典》第1237条规定，民用核设施或者运入运出核设施的核材料发生核事故造成他人损害的，民用核设施的营运单位应当承担侵权责任；但是，能够证明损害是因战争、武装冲突、暴乱等情形或者受害人故意造成的，不承担责任。

1. 这一规定调整的客体是民用核设施或者运入运出核设施的核材料。

依照《核安全法》第 2 条的规定，核设施是指：（1）核电厂、核热电厂、核供汽供热厂等核动力厂及装置；（2）核动力厂以外的研究堆、实验堆、临界装置等其他反应堆；（3）核燃料生产、加工、贮存和后处理设施等核燃料循环设施；（4）放射性废物的处理、贮存、处置设施。

核材料是指：（1）铀－235 材料及其制品；（2）铀－233 材料及其制品；（3）钚－239 材料及其制品；（4）法律、行政法规规定的其他需要管制的核材料。放射性废物，是指核设施运行、退役产生的，含有放射性核素或者被放射性核素污染，其浓度或者比活度大于国家确定的清洁解控水平，预期不再使用的废弃物。

2. 针对的是民用核设施或者运入运出核设施的核材料发生核事故造成的损害。

依照《核安全法》第 93 条的规定，核事故，是指核设施内的核燃料、放射性产物、放射性废物或者运入运出核设施的核材料所发生的放射性、毒害性、爆炸性或者其他危害性事故，或者一系列事故。

3. 承担责任的主体是民用核设施的营运单位。

《核安全法》第 93 条规定，核设施营运单位是指在中华人民共和国境内，申请或者持有核设施安全许可证，可以经营和运行核设施的单位。第 5 条第 1 款规定，核设施营运单位对核安全负全面责任。第 90 条第 1 款规定，因核事故造成他人人身伤亡、财产损失或者环境损害的，核设施营运单位应当按照国家核损害责任制度承担赔偿责任，但能够证明损害是因战争、武装冲突、暴乱等情形造成的除外。第2款规定，为核设施营运单位提供设备、工程以及服务等的单位不承担核损害赔偿责任。核设施营运单位与其有约定的，在承担赔偿责任后，可以按照约定追偿。

4. 民用核设施或者运入运出核设施的核材料发生核事故的致害责任，实行无过错原则，只有在能够证明损害是因战争、武装冲突、暴乱等情形或者受害人故意造成的，才可以不承担责任。

关于不可抗力是否免责的问题，在侵权责任法起草和民法典编纂过程中有不同意见。我们研究认为，为了更好地保护受害人，这一规定将受害人故意之外的不承担责任情形限制在“战争、武装冲突、暴乱等情形”，而没有一般规定为“不可抗力”，这与国际上的通行做法也是一致的。

5. 关于责任方式。

这一条规定，民用核设施的营运单位应当承担侵权责任，这里的“侵权责任”不仅仅是损害赔偿责任。由于发生核事故，可能对周围环境带来很大的危害，因此，民用核设施的经营者不仅在事后向受害人进行损害赔偿，而且在事发时就应当积极采取停止侵害、消除危险等措施并开展积极救助受害人。在损害赔偿责任上，由于核事故造成的危害面比较广，为了兼顾核工业的正常发展和保护受害人的权益，国际通行做法是通过立法规定民用核设施的赔偿限额。《民法典》也在第1244条对赔偿限额作了规定。

55. 民法典对民用航空器致害责任是怎么规定的?

《民法典》第 1238 条规定，民用航空器造成他人损害的，民用航空器的经营者应当承担侵权责任；但是，能够证明损害是因受害人故意造成的，不承担责任。

1. 这一规定调整范围限定在民用航空器。

民用航空器是指除用于执行军事、海关、警察等飞行任务外的航空器。民用航空器主要用途有两个方面：一是专门从事运送旅客、行李、邮件或者货物的运输飞行。二是通用航空，包括从事工业、农业、林业、渔业和建筑业的作业飞行，以及医疗卫生、抢险救灾、气象探测、海洋监测、科学实验、教育训练、文化教育等方面的飞行活动。

2. 责任主体是民用航空器的经营者。

这里的“经营者”主要包括从事运输旅客、货物运输的承运人和从事通用航空的民用航空器使用人。从事旅客、货物运输的承运人主要是公共航空运输企业。公共运输企业运送旅客的，应当出具客票，客票是航空旅客运输合同订立和运输合同条件的初步证据。公共运输企业运送货物的，应当与托运人订立合同，接受托运人出具的航空货运单，航空货运单是航空货物运输合同订立和运输条件以及承运人接受货物的初步证据。公共运输企业应当按照约定将旅客、货物及时送到目的地。从事通用航空的民用航空器的使用人，在组织实施作业飞行时，应当采取有效措施，保证飞行安全，保护环境和生态平衡，防止对环境、居民、作物或者牲畜等造成损害。

3. 承担责任的前提是民用航空器在使用中造成他人损害。

民用航空器造成他人损害的，包括两种情形：一是民用航空器在从事旅客、货物运输过程中，对所载运的旅客、货物造成的损害。按照民用航空法的规定，在从事公共运输航空中，因发生在民用航空器上或者在旅客上、下民用航空器过程中的事件，造成的旅客人身伤亡和其随身携带物品毁灭、遗失或者损坏的，承运人应当依法承担侵权责任。对托运的行李、货物而言，因发生在航空运输期间的事件，造成货物毁灭、遗失或者损坏的，承运人应当依法承担侵权责任。这里的“航空运输期间”，是指在机场内、民用航空器上或者机场外降落的任何地点，托运行李、货物处于承运人掌管之下的全部期间。二是民用航空器对地面第三人的人身、财产造成的损害。具体来说，就是飞行中的民用航空器或者从飞行中的民用航空器上落下的人或者物，造成地面（包括水面）上的人身伤亡和财产损害。这里的“飞行中”，是指自民用航空器为实际起飞而使用动力时起至着陆冲程终了时止；就轻于空气的民用航空器而言，“飞行中”是指自其离开地面时起至其重新着地时止。

需要特别说明这一条的立法原意：这一条既适用于民用航空器在航空运输期间造成的损害，又适用于民用航空器在飞行中对地、水面的损害。既适用于民用航空器机上的损害，也适用于民用航空器对机外的损害。

4. 民用航空器的经营者承担无过错责任。

民用航空器作为一种高速运输工具，民法通则和民用航空法都规定了民用航空器的经营者应当承担无过错责任，这与国际公约和世界上通行做法是一致的。本条也坚持这个原则：民用航空器造成他人损害的，民用航空器的经营者应当承担侵权责任。关于不承担责任的情形，根据这一条规定，能够证明损害是因受害人故意造成的，民用航空器经营者不承担责任；即使是因为自然原因引起的不可抗力事件，造成他人损害的，民用航空器的经营者也要承担责任，这也与民法通则的规定是一致的。当然，民用航空法针对不同情况，规定了较为详细的不承担责任和减轻责任情形：如旅客的人身伤亡完全是由于其本人的健康状况造成的，承运人不承担责任。因货物本身的自然属性、质量或者缺陷造成的货物毁损，承运人不承担责任。在旅客、行李运输中，承运人能够证明损失是由旅客过错造成的，可以相应免除或者减轻承运人的赔偿责任。因武装冲突直接造成的飞行中民用航空器对地面第三人损害的，民用航空器经营者不承担责任。这一条没有如《民用航空法》，把所有的不承担责任情形都一一写出来，是因为《侵权责任法》作为处理侵权纠纷的基本法，只需对民用航空器致害责任的基本原则作出规定，《民用航空法》中关于不承担责任情形的具体规定，仍然适用。

56. 民法典对高度危险物致害责任是怎么规定的？

《民法典》第 1239 条规定，占有或者使用易燃、易爆、剧毒、高放射性、强腐蚀性、高致病性等高度危险物造成他人损害的，占有人或者使用人应当承担侵权责任；但是，能够证明损害是因受害人故意或者不可抗力造成的，不承担责任。被侵权人对损害的发生有重大过失的，可以减轻占有人或者使用人的责任。

1. 这一条调整范围涉及易燃、易爆、剧毒、高放射性、强腐蚀性、高致病性等高度危险物。

对易燃、易爆、剧毒、放射性物品的认定，一般根据国家颁布的2个标准：GB6944—2012《危险货物分类和品名编号》和GB12268—2012《危险货物品名表》。如《危险货物分类和品名编号》规定，危险货物是指具有爆炸、易燃、毒害、感染、腐蚀、放射性、致病性等危险特性，在运输、储存、生产、经营、使用和处置中，容易造成人身伤亡、财产损毁或环境污染而需要特别防护的物质和物品。

当然，这一条调整的高度危险物，不仅仅涉及易燃、易爆、剧毒、高放射性、强腐蚀性、高致病性等这几类，其他因其自然属性极易危及人身、财产的物品也适用这一条的规定。

2. 这一条规范的行为是对高度危险物的占有或者使用，承担责任的主体是占有人和使用人。

在高度危险责任中，由于其归责的基础在于危险的存在，因此，责任的承担者原则上是控制或者应当控制该危险的人。高度危险物本身具有危及他人人身、财产的自然属性，但往往是因为在占有和使用当中造成他人损害。这里的“占有”和“使用”包括生产、储存、运输高度危险品以及将高度危险品作为原料或者工具进行生产等行为。因此，高度危险物的占有人和使用人必须采取可靠的安全措施，避免高度危险物造成他人损害。例如《放射性污染防治法》第31条明确规定，放射性同位素应当单独存放，不得与易燃、易爆、腐蚀性、致病性物品等一起存放，其贮存场所应当采取有效的防火、防盗、防射线泄漏的安全防护措施。《危险化学品安全管理条例》第20条也明确要求，生产、储存危险化学品的单位，应当根据其生产、储存的危险化学品的种类和危险特性，在作业场所设置相应的监测、监控、通风、防晒、调温、防火、灭火、防爆、泄压、防毒、中和、防潮、防雷、防静电、防腐、防泄漏以及防护围堤或者隔离操作等安全设施、设备，并按照国家标准、行业标准或者国家有关规定对安全设施、设备进行经常性维护、保养，保证安全设施、设备的正常使用。生产、储存危险化学品的单位，应当在其作业场所和安全设施、设备上设置明显的安全警示标志。

3. 占有人或者使用人承担无过错责任。

这与民法通则的规定和实践做法是一致的。只要是易燃、易爆、剧毒、高放射性、强腐蚀性、高致病性等高度危险物造成他人人身、财产损害的，占有人或者使用人应当承担侵权责任。这里的“侵权责任”并不限于赔偿损失，而且应当包括在事故发生后，占有人或者使用人应当迅速采取有效措施，如组织抢救，防止事故扩大，减少人员伤亡和财产损失等。

4. 不承担责任和减轻责任情形。

这一条规定，能够证明损害是因受害人故意或者不可抗力造成的，占有人或者使用人不承担责任。规定这一免责事由主要有两点考虑：第一，高度危险物虽然本身具有危险属性，但危险程度不及民用核设施和民用航空器，因此，在不承担和减轻责任上，应有所区别。第二，这一条规定不可抗力作为不承担责任情形，符合实践中的实际情况。需要指出的是，不承担责任情形的举证责任在于占有人或者使用人，由其来证明损害是因为受害人故意或者不可抗力引起的，才能依法不承担责任。

此外，这一条还明确规定了减轻责任的情形：被侵权人对损害的发生有重大过失的，可以减轻占有人或者使用人的责任。该规定也体现了高度危险物致害责任与民用核设施发生核事故致害责任的不同。民用核设施如果发生核事故损害，波及的范围广，损害后果非常严重，因此责任更为严格，不论受害人有无过失，过失程度如何，民用核设施的经营者都不能减轻责任。相比之下，高度危险物发生损害的危险程度一般逊于民用核设施，因此，在高度危险物占有人或者使用人已经尽到注意义务的前提下，在受害人有重大过失的情况下，可以减轻占有人或者使用人的赔偿责任，也是合理的。毕竟高度危险物的危险性很高，一旦造成损害，对其周围的环境和人民群众人身、财产安全影响也很大。因此，这一条将减轻责任的情形，严格限定在受害人的“重大过失”，受害人有一般过失的，不能减轻占有人或者使用人的赔偿责任。至于什么是“重大过失”，可以在实践中根据占有人或者使用人是否已经尽到注意义务、受害人行为方式、因果关系等因素作具体判断。

57. 民法典对从事高空、高压、地下挖掘活动或者使用高速轨道运输工具致害责任是怎么规定的?

《民法典》第1240条规定，从事高空、高压、地下挖掘活动或者使用高速轨道运输工具造成他人损害的，经营者应当承担侵权责任；但是，能够证明损害是因受害人故意或者不可抗力造成的，不承担责任。被侵权人对损害的发生有重大过失的，可以减轻经营者的责任。

1. 高空作业及责任承担。

高空作业又称为高处作业，根据高处作业标准规定，凡距坠落高度基准面2米及其以上，有可能坠落的在高处进行的作业，称为高处作业。坠落基准面是指从作业位置到最低坠落着落点的水平面，坠落高度（又称作业高度）是指从作业位置到坠落基准面的垂直距离。高处作业分为一级、二级、三级和特级高处作业。作业高度在2米以上低于5米时，为一级高处作业；作业高度在5米以上低于15米时，为二级高处作业；作业高度在15米以上低于30米时，为三级高处作业；作业高度在30米以上时，为特级高处作业。高空作业在实践中很常见，包括高层建筑施工、在建筑物顶部安装广告牌、对高层建筑物表面进行清洁工作等，都属于高空作业。根据这里的解释，民用航空运输不属于高空作业，在民用航空器飞行中因坠落物体造成地面人员损害的，应当适用民用航空法和民法典关于民用航空器致人损害责任。如果是高空缆车造成他人损害的，则应属于高空作业，适用这一条规定。

根据这一条规定，从事高空活动造成他人损害的，应当承担无过错责任。如果能够证明损害因受害人故意或者不可抗力造成的，作业人不承担责任。如果从事高空活动的经营者能够证明被侵权人对损害的发生有重大过失的，可以减轻经营者的责任。

2. 高压作业及责任承担。

“高压”指较高的压强，在工业、医学和地理上都有高压的概念，在这一条里的“高压”则属于工业生产意义上的高压，包括高压电、高压容器等。在不同行业里认定高压的标准不同。例如，在压力容器中，高压容器的设计压力为10 MPa以上低于 100 MPa；100 MPa 以上为超高压容器。在电力行业，何谓高压，也有不同标准。根据有关技术标准的规定，设备对地高压高于 250 伏为高电压；输送电力线路 10 千伏以上的为高压线路。在日常生活中，一般居民用电的电压单相是 220 伏，三相是 380 伏。对人体而言，无论是 380 伏，还是 220 伏，都不是安全电压，都可以致人伤亡。但是人体接触 220 伏或者 380 伏的电，都有自救的可能，而 1 千伏及以上的电压等级的电，对人体会有严重的伤害，人体没有自救的可能。因此，2001 年《最高人民法院关于审理触电人身损害赔偿案件若干问题的解释》中规定的高压电是指 1 千伏以上电压等级。该司法解释中所称高电压的具体指标，是以电对人体的危害性作为判断标准，是一个法律标准，并非电力行业上的技术标准。虽然该司法解释已经失效，但是人体所能允许通过的电流是不变的，即人体电阻基本上是不变的。因此，目前在司法实践中，认定高压电的标准仍然是 1 千伏以上电压。

根据这一条规定，从事高压活动造成他人损害的，经营者应当承担侵权责任。如果是高电压造成损害的，作为责任主体的经营者则依具体情况而定。因为电必须有一定的载体才能存在，高电压对周围环境的危害是以电的载体来衡量的。高电压的载体应当包括高电压变压器、高电压电力线路、高电压电力设备等。从过程上看，发电、输电、配电、用电等环节必须以一个网络联系起来，并且同时进行。而发电、输电、配电和用电一般情况下分属不同主体。如果是在发电企业内的高压设备造成损害的，作为责任主体的“经营者”就是发电企业。如果是高压输电线路造成损害的，责任主体就是输电企业，在我国主要是电网公司。

如果是在工厂内高压电力生产设备造成损害的，责任主体就是该工厂的经营者。在责任免除方面，从事高压作业的经营者能够证明损害是由受害人故意或者不可抗力造成的，不承担责任。受害人对损害的发生有重大过失的，可以减轻经营者的责任。

3. 地下挖掘及责任承担。

地下挖掘就是在地表下一定深度进行挖掘的行为。近年来，因地下采矿、地下施工造成的损害日益增多。特别是城市隧道（主要是地铁工程及各类市政地下工程）施工往往处于建筑物、道路和地下管线等设施的密集区，从而导致城市隧道建设中经常出现塌陷事件，造成他人伤害。因此，在这一条中明确规定，地下挖掘活动造成他人损害的，由经营者承担侵权责任。这里的“经营者”就是从事挖掘活动的作业单位。如果能够证明损害是因受害人故意或者不可抗力造成的，经营者不承担责任；能够证明被侵权人对损害的发生有重大过失的，可以减轻经营者的责任。需要指出的是，现实中，因地下挖掘如采矿而造成人员伤亡的，受害人多属于作业企业的职工。对受害职工的赔偿，应当依据工伤保险有关规定处理。

4. 高速轨道运输工具及责任承担。

高速轨道运输工具就是沿着固定轨道行驶的车辆。通常包括铁路、地铁、轻轨、磁悬浮、有轨电车等。高速轨道运输工具的另一个主要特点就是不可避让性。因为高速轨道运输工具只能在固定的轨道上运行，如果在前方轨道上出现人员或者其他物体，列车无法避让，即使紧急制动，也会因为高速和本身的重量大，由于惯性向前滑行一段距离。正因为这种高速性和不可避让性，使用高速轨道运输工具便会产生高度危险性。

根据这一条规定，责任主体是经营者，具体到高速轨道运输工具而言，经营者就是从事高速轨道运输的运输企业。例如在铁路运输中，责任主体就是铁路运输企业。只有能够证明损害是因受害人故意或者不可抗力造成的，经营者才不承担责任。被侵权人对损害的发生有重大过失的，可以减轻经营者的责任。

58. 民法典对遗失、抛弃高度危险物造成他人损害的侵权责任是如何规定的?

《民法典》第 1241 条规定，遗失、抛弃高度危险物造成他人损害的，由所有人承担侵权责任。所有人将高度危险物交由他人管理的，由管理人承担侵权责任；所有人有过错的，与管理人承担连带责任。

1. 遗失、抛弃高度危险物造成他人损害的，由所有人承担侵权责任。

按照有关高度危险物的生产、储存和处置的安全规范，所有人应当采取必要的安全措施保管或者处置其所有的高度危险物。如果违反有关规定抛弃或者遗失高度危险物造成他人损害的，就应当承担侵权责任。这里的“侵权责任”不仅包括对受害人的赔偿，也包括应当积极采取补救措施，立即将抛弃的高度危险物妥善回收，防止损害扩大。如果遗失高度危险物的，应当立即组织力量追查寻找遗失的高度危险物，采取一切可能的警示措施，同时还要立即报告公安、环保等有关主管部门并配合采取应急措施。由于高度危险物本身的危险特性，这里的“侵权责任”是无过错责任。同时，考虑到遗失、抛弃高度危险物，其所有人往往是违反有关安全规范，本身有过错，因此，这里的责任应当更严格。

2. 所有人将高度危险物交由他人管理的，由管理人承担侵权责任。

现实中，所有人根据生产、经营需要，将其所有的高度危险物交由他人管理。例如所有人可能不具备大量储存高度危险物的条件，将生产所需的高度危险物交由符合条件的储存单位保管。有的因生产、经营需要将高度危险物通过运输交由他人占有、使用。管理人在这里就是指根据所有人的委托，对高度危险物进行占有并进行管理的单位，如专业的危险化学品仓储公司、危险化学品运输公司等。高度危险物的管理人应当具有相应的资质，并应当按照国家有关安全规范，妥善管理他人所交付的高度危险物。如果因为管理不善，遗失、抛弃高度危险物的，管理人应当承担侵权责任。

3. 所有人有过错的，与管理人承担连带责任。

所有人将高度危险物交由他人管理的，应当选择有相应资质的管理单位，并如实说明高度危险物的名称、性质、数量、危害、应急措施等情况。如果所有人未选择符合资质的管理人，或者未如实说明有关情况，所有人即有过错。如果管理人抛弃、遗失高度危险物造成他人损害的，所有人与管理人承担连带责任。被侵权人可以要求所有人承担侵权责任，或者要求管理人承担侵权责任，也可以要求所有人和管理人共同承担侵权责任。在对内关系上，所有人和管理人根据各自的责任大小确定各自的赔偿数额；难以确定的，平均承担赔偿责任。支付超出自己赔偿数额的连带责任人，有权向其他连带责任人追偿。

59. 民法典对非法占有高度危险物造成他人损害的侵权责任是如何规定的?

《民法典》第1242条规定，非法占有高度危险物造成他人损害的，由非法占有人承担侵权责任。所有人、管理人不能证明对防止非法占有尽到高度注意义务的，与非法占有人承担连带责任。

1. 非法占有高度危险物造成他人损害的，由非法占有人承担侵权责任。

所谓非法占有，是指明知自己无权占有，而通过非法手段将他人的物品占为己有。现实中，盗窃、抢劫、抢夺是非法占有的主要形式。按照高度危险物致害责任原理，一般由实际控制人承担侵权责任。在高度危险物被非法占有的情况下，高度危险物已经脱离所有人或者管理人的实际占有，由非法占有人实际控制。因此，应当由非法占有人承担侵权责任。为了加重非法占有人的责任，非法占有高度危险物造成他人损害的，非法占有人承担无过错责任。

2. 所有人、管理人与非法占有人的连带责任。

按照有关高度危险物安全规范，所有人或者管理人对其占有的高度危险物要尽到高度注意义务，采取严格的安全措施，妥善保管高度危险物，将高度危险物放置在特定的区域，并由专人看管，防止高度危险物被盗或者非法流失。如果所有人或者管理人未尽到高度注意义务，一旦导致高度危险物被非法占有，将对社会产生巨大危害，严重威胁周围人民群众的人身财产和公共安全。因此，应当加重所有人、管理人的责任，使其对自己的过失行为负责。此外，考虑到非法占有人可能没有赔偿能力，如果仅让其承担侵权责任，受害人得不到合理的赔偿，对受害人保护不力，也不利于促使高度危险物的所有人或者管理人加强管理，采取有效的安全措施。所以，所有人、管理人不能证明对防止非法占有尽到高度注意义务的，与非法占有人承担连带责任。如果是所有人自己的原因导致他人非法占有高度危险物的，由所有人与非法占有人承担连带责任。如果所有人将高度危险物交由他人管理，管理人的原因造成他人非法占有高度危险物的，由管理人与非法占有人承担连带责任。如果所有人和管理人都有过错的，所有人、管理人和非法占有人一起承担连带责任。需要指出的是，是否尽到高度注意义务的举证责任在所有人、管理人，如果他们不能证明已尽到高度注意义务，就推定其有过错，应当与非法占有人承担连带责任，受害人可以要求所有人、管理人、非法占有人中任何人，部分或者全部承担侵权责任。

60. 未经许可进入高度危险活动区域或者高度危险物存放区域致害的，侵权责任如何承担？

《民法典》第 1243 条规定，未经许可进入高度危险活动区域或者高度危险物存放区域受到损害，管理人能够证明已经采取足够安全措施并尽到充分警示义务的，可以减轻或者不承担责任。

要正确理解这一条规定，需要看到高度危险责任的类型非常复杂，一般来说，对于高度危险作业活动，即高度危险作业人积极、主动地对周围环境实施具有高度危险的活动，作业人应当承担无过错责任。无过错责任非常重要的一个特点，就是它的免责或者减责事由仅限于法律规定，即只有在法律明文规定不承担责任或者减轻责任的情况下，作业人才可以提出抗辩。否则，即使存在民法典规定的对于其他侵权责任一般适用的不承担责任或者减轻责任的情形，高度危险作业人仍然无法减轻或者免除责任。但是，高度危险责任中除了这一类对周围环境实施积极、主动危险活动的高度危险作业外，还包括另一类，它并非积极、主动实施对周围环境造成高度危险的活动，而是因其管理控制的场所、区域具有高度危险性，如果未经许可擅自进入该区域，则易导致损害的发生，即高度危险活动区域或者高度危险物存放区域责任。如果将对高度危险场所、区域的控制和管理也视为高度危险活动，这一类高度危险活动是静态的，不像高度危险作业活动一样对周围环境实施了积极、主动的危险。虽然二者都属于高度危险责任，但在免责和减责事由上，二者应有所区别。因此，这一条规定，未经许可进入高度危险活动区域或者高度危险物存放区域受到损害，管理人能够证明已经采取足够安全措施并尽到充分警示义务的，可以减轻或者不承担责任。

一般来说，高度危险活动区域或者高度危险物存放区域都同社会大众的活动场所相隔绝。如果在管理人已经采取足够安全措施并且尽到充分警示义务的情况下，受害人未经许可进入该高度危险区域这一行为本身就说明受害人对于损害的发生具有过错。例如，出于自杀的故意积极追求损害的发生；或者出于过失，虽然看到警示标识但轻信自己能够避免。上述两种情况下，高度危险活动区域或者高度危险物存放区域的管理人可以减轻或者不承担责任。

61. 饲养的动物致人损害的归责原则是什么？

《民法典》第 1245 条规定，饲养的动物造成他人损害的，动物饲养人或者管理人应当承担侵权责任；但是，能够证明损害是因被侵权人故意或者重大过失造成的，可以不承担或者减轻责任。

1. 饲养的动物致人损害的归责原则。

法律规定饲养的动物造成他人损害的，动物饲养人或者管理人应当承担侵权责任，目的就是要促使动物饲养人或者管理人能够认真、负责地担负起全面的注意、防范义务，以保护公众的安全。任何动物，其本性决定了都不同程度地存在致人损害的危险。由于动物的饲养人或者管理人对动物负有管束的义务，因而也就必须对动物所具有的危险性负责，保证其动物不至于造成他人损害。而一旦这种危险性造成损害，动物的饲养人或者管理人就应承担民事责任，除具有法定的抗辩事由外，不能免责。

动物致人损害的构成要件是：饲养的动物；动物的加害行为；造成他人损害的事实；动物加害行为与损害之间的因果关系。

2. “饲养的动物”范围。

普遍认为，“饲养的动物”应同时具备：为特定的人所有或者占有；饲养人或者管理人对动物具有适当程度的控制力；依动物自身的特性，有可能对他人或者财产造成损害；该动物为家畜、家禽、宠物或者驯养的野兽、爬行类动物等。因此，饲养的动物必须是能够为人所占有或者控制的动物。对于自然保护区或者野生动物保护区的野兽，虽然可能为人们在一定程度上所饲养或者管理，如定期投放食物，甚至为其生存和繁殖提供了适宜的条件和环境，但人们对它的控制力较低。因此，野生动物不能列入“饲养的动物”。

3. 动物致害责任的赔偿主体。

动物的饲养人或者管理人都是责任主体。动物的饲养人是指动物的所有人，即对动物享有占有、使用、收益、处分权的人；动物的管理人是指实际控制和管束动物的人，管理人对动物不享有所有权，而只是根据某种法律关系直接占有和控制动物。在实际生活中，动物的饲养人与管理人有时为同一人，有时则为不同人。动物的饲养人与管理人为同一人时，也就是由动物的所有人自己占有和管束动物，在这种情况下，赔偿主体是很清楚的。当动物的饲养人与管理人为不同人时，管束动物的义务由饲养人转移给管理人，这时的赔偿主体应为管理人。至于管理人是有偿管理还是无偿管理，是长期管理还是临时管理，在所不问。

有的意见提出，“动物的饲养人或者管理人”说明不了物权关系，建议修改为“所有人”“管理人”“占有人”或者“保有人”。有人认为，还是沿用民法通则“动物的饲养人或者管理人”为好。对于责任主体，德国是占有人或者管理人；法国是所有人或者使用人；意大利是所有人或者管理人；瑞士债务法是动物的管理人。侵权责任法沿袭了民法通则的表述，民法典沿袭了侵权责任法的表述，仍用“动物的饲养人或者管理人”。这一条的目的是规定承担责任的主体，而不是规范物的归属关系，因此使用了“动物饲养人或者管理人”的表述。

4. 抗辩事由。

饲养动物致人损害的民事责任的抗辩事由，是指动物的饲养人或者管理人依法用以减轻或者免除其承担民事责任的事由或者理由。并非动物的饲养人或者管理人需要对其饲养或者管理的动物造成的一切损害都要承担赔偿责任。本条规定，因被侵权人自己故意或者重大过失造成损害的，动物的饲养人或者管理人可以不承担或者减轻责任。

在动物致害中，有时被侵权人故意或者重大过失应该是诱发动物致害的直接原因，是引起损害的全部或者主要原因。也就是说，被侵权人致害，是因自己挑逗、刺激等诱发动物的行为直接造成的，如果被侵权人的行为不足以诱发动物，其过失只是引起损害的部分原因或者次要原因，则不能认为被侵权人在该损害中存在故意或者重大过失。例如，甲明知乙有一条性情暴躁的狗且经常咬人，但甲必须从乙的家门路过，当甲路过乙的门口时，乙的狗突然蹿出来把甲咬伤。此案中就不得认定甲明知乙的狗有咬人的恶习、有危险的存在，疏于防范，因此而认为甲是有重大过失的。因为甲的行为本身不能直接诱发动物损害，与动物损害没有必然的因果关系，因此，动物饲养人或者管理人就不能认为被侵权人有重大过失而减轻或者不承担责任。

被侵权人是否存在故意或者重大过失，具体行为在不同的案件中是不相同的。在动物侵权案件中，对于被侵权人有故意或者重大过失的认定都是非常严格的，否则，任何主动接近动物的行为如果被认定为是故意或者重大过失的行为，那就会造成对动物饲养人或者管理人的偏袒，失去社会的公平。同时，被侵权人有故意或者重大过失的，动物饲养人或者管理人可以不承担或者减轻责任，这对饲养人或者管理人也是公平的。

5. 举证责任倒置。

这一条规定，饲养的动物造成他人损害的，动物饲养人或者管理人应当承担侵权责任，但能够证明损害是因被侵权人故意或者重大过失造成的，动物饲养人或者管理人可以不承担或者减轻责任，表明了这一条适用举证责任倒置。动物饲养人或者管理人如果想要减轻或者不承担责任，就必须证明被侵权人的损害是因为他自己行为的故意或者重大过失造成的。如果举证不足或者举证不能，动物饲养人或者管理人就应承担动物致害的赔偿责任。

6. 动物饲养人或者管理人的义务。

动物饲养人或者管理人既然占有或者控制着动物，就应该谨慎管束，肩负起对自己、对社会、对公众负责任的义务，而不能只图自己的喜好，只享受宠物带来的快乐，而疏于对动物的管理。否则，动物致他人损害的，就要承担无过错责任予以的赔偿。这一条这样规定有利于切实保障广大人民群众的人身和财产安全，维护社会稳定和正常秩序。

62. 因第三人的过错致使动物造成他人损害的，如何承担侵权责任？

《民法典》第1250条规定，因第三人的过错致使动物造成他人损害的，被侵权人可以向动物饲养人或者管理人请求赔偿，也可以向第三人请求赔偿。动物饲养人或者管理人赔偿后，有权向第三人追偿。

现实中经常发生的动物伤人事件，并非被侵权人自己有过错，也非动物独立行为致人伤害，很多情形是由于第三人的原因致使动物伤及他人。如某甲故意在马身边按车喇叭，致使拴在木桩上的马受惊挣脱绳子，冲出去撞伤了行人。因为无法要求动物具有识别行为后果的能力，在人的强制或者驱使下损害他人权益的行为，表面看似乎是动物致人伤害，其实动物已成为人的工具。这一条就是要解决因第三人的原因，造成动物伤害他人的赔偿问题。

1. 第三人的过错。

第三人的过错是指被侵权人和动物饲养人或者管理人以外的人对动物造成损害有过错。第三人的过错在大多数场合表现为：有意挑逗、投打、投喂、诱使动物，其后果是致使他人受到人身或者财产的损害，其实质是实施了诱发动物致害的行为。

2. 对被侵权人救济的选择权。

这一条赋予了被侵权人的选择权。因第三人的过错致使动物造成被侵权人损害的，被侵权人既可以请求第三人承担赔偿责任，也可以请求动物饲养人或者管理人承担赔偿责任。这样规定，就可以使被侵权人根据具体情况要求赔偿。例如，甲饲养了一匹马，拴在自家的院内，乙路过此院看马很漂亮，便拿小棍子拍马，马受惊挣脱绳子冲出门，把路过的丙撞伤。这时被撞伤的丙既可以要求动物饲养人甲赔偿，也可以要求第三人乙赔偿。如果乙是个流浪汉，那么，作为第三人的乙与动物饲养人甲哪个更有赔偿能力就很明显了，被侵权人当然会选择经济实力强的动物饲养人甲进行赔偿。法律赋予被侵权人的选择权，一方面可使被侵权人获得法律救济、得到实际赔偿的可能性增大；另一方面也可使动物饲养人对动物的管理更加尽注意义务，从而减少动物伤人的机会。这样的设计可以让被侵权人受到更多的保护。

3. 动物饲养人或者管理人的追偿权。

这一条还赋予了动物饲养人或者管理人的追偿权。动物饲养人或者管理人对被侵权人赔偿后，有权向第三人追偿。动物饲养人或者管理人之所以享有追偿权，是因为动物饲养人或者管理人实际上是代替第三人履行了赔偿义务，在动物饲养人或者管理人与第三人之间，第三人仍然是责任的最终承担者。法律规定，允许动物饲养人或者管理人在赔偿了被侵权人的损害后对第三人进行追偿，一方面有利于被侵权人及时获得救济，另一方面也是维护动物饲养人或者管理人自身权益的一项重要手段。

63. 建筑物、构筑物或者其他设施倒塌、坍塌造成他人损害的，侵权责任如何承担？

《民法典》第 1252 条第 1 款规定，建筑物、构筑物或者其他设施倒塌、坍塌造成他人损害的，由建设单位与施工单位承担连带责任，但是建设单位与施工单位能够证明不存在质量缺陷的除外。建设单位、施工单位赔偿后，有其他责任人的，有权向其他责任人追偿。第 2 款规定，因所有人、管理人、使用人或者第三人的原因，建筑物、构筑物或者其他设施倒塌、坍塌造成他人损害的，由所有人、管理人、使用人或者第三人承担侵权责任。

1. 建设单位与施工单位的连带责任、例外情形以及追偿权。

（1）建筑物、构筑物或者其他设施倒塌、坍塌造成他人损害的，由建设单位与施工单位承担连带责任。

一是建设单位。通常情况下，建设单位依法取得土地使用权，在该土地上建造建筑物、构筑物或者其他设施，是建设工程合同的总发包人。实践中，房地产开发企业、机关和工厂是比较常见的建设单位。建设单位是建设工程合同的发包人，通过选择、确定勘察单位、设计单位、施工单位和监理单位等，参与工程建设的很多环节，对建设工程的质量有很大的影响。因此，很多相关的法律、法规都对建设单位的义务进行了规定。根据民法典合同编和建设工程质量管理条例的规定，建设单位应当将建设工程发包给具有相应资质等级的单位，建设单位可以与总承包人订立建设工程合同，也可以分别与勘察人、设计人、施工人订立勘察、设计、施工承包合同。但是，不得将应当由一个承包人完成的建设工程肢解成若干部分发包给几个承包人。建设单位依法对建设工程质量负责。建设单位违反建设工程质量管理条例的规定，对建设工程未组织竣工验收，擅自交付使用，或者验收不合格，擅自交付使用，或者对不合格的建设工程按照合格工程验收，造成损失的，依法承担赔偿责任。

二是施工单位。施工单位与建设单位或者其他发包人签订建设工程合同，对建设工程进行施工。实践中，建筑公司是比较常见的施工单位。建设工程施工企业要符合法律、法规规定的条件。根据建筑法的规定，承包建筑工程的单位应当持有依法取得的资质证书，并在其资质等级许可的业务范围内承揽工程。建筑施工企业不能超越本企业资质等级许可的业务范围或者以任何形式用其他建筑施工企业的名义承揽工程，也不能以任何形式允许其他单位或者个人使用本企业的资质证书、营业执照，以本企业的名义承揽工程。施工单位负责建设工程的具体施工工作，对建设工程质量有比较直接的影响，应当对建设工程的质量负责。施工单位既包括总承包施工单位，也包括分包施工单位。我国相关的法律对施工单位的责任作了规定，《建筑法》第 55 条规定："建筑工程实行总承包的，工程质量由工程总承包单位负责，总承包单位将建筑工程分包给其他单位的，应当对分包工程的质量与分包单位承担连带责任。分包单位应当接受总承包单位的质量管理。"第 58 条规定："建筑施工企业对工程的施工质量负责。建筑施工企业必须按照工程设计图纸和施工技术标准施工，不得偷工减料。工程设计的修改由原设计单位负责，建筑施工企业不得擅自修改工程设计。"第 67 条规定，"承包单位将承包的工程转包的，或者违反本法规定进行分包的，……对因转包工程或者违法分包的工程不符合规定的质量标准造成的损失，与接受转包或者分包的单位承担连带赔偿责任"。

根据这一条第 1 款第 1 句的规定，建筑物、构筑物或者其他设施倒塌、坍塌造成他人损害的，由建设单位与施工单位承担连带责任。建筑物倒塌、坍塌造成他人损害的，被侵权人既可以要求建设单位承担侵权责任，也可以要求施工单位承担侵权责任，还可以要求二者共同承担侵权责任。

（2）建设单位与施工单位能够证明不存在质量缺陷的除外。

一律规定建设单位与施工单位承担连带责任，在不存在工程质量的情况下，是不合适的。因此这一条第 1 款规定，建设单位与施工单位能够证明不存在质量缺陷的，不承担连带责任。

（3）建设单位和施工单位赔偿后，有其他责任人的，有权向其他责任人追偿。

建筑物、构筑物或者其他设施倒塌、坍塌的，除了建设单位、施工单位以外，可能还存在其他责任人。例如，如果设计人的设计存在缺陷，造成建筑物倒塌、坍塌，根据建筑法和建设工程质量管理条例的规定，设计单位应当对建筑物的倒塌、坍塌负责。根据第 1 款的规定，对被侵权人承担责任的直接主体是建设单位和施工单位，不包括设计单位。此时，设计单位属于第 1 款所说的其他责任人，建设单位、施工单位赔偿后，有权向设计单位追偿。一般来讲，第 1 款规定的"其他责任人"，主要包括以下范围：

一是勘察单位、设计单位等。《建筑法》第 56 条规定："建筑工程的勘察、设计单位必须对其勘察、设计的质量负责。勘察、设计文件应当符合有关法律、行政法规的规定和建筑工程质量、安全标准、建筑工程勘察、设计技术规范以及合同的约定。设计文件选用的建筑材料、建筑构配件和设备，应当注明其规格、型号、性能等技术指标，其质量要求必须符合国家规定的标准。"第 73 条规定："建筑设计单位不按照建筑工程质量、安全标准进行设计的，责令改正，处以罚款；造成工程质量事故的，责令停业整顿，降低资质等级或者吊销资质证书，没收违法所得，并处罚款；造成损失的，承担赔偿责任；构成犯罪的，依法追究刑事责任。”《建设工程质量管理条例》第19条规定：“勘察、设计单位必须按照工程建设强制性标准进行勘察、设计，并对其勘察、设计的质量负责。注册建筑师、注册结构工程师等注册执业人员应当在设计文件上签字，对设计文件负责。”

二是监理单位。《建筑法》第35条规定，工程监理单位不按照委托监理合同的约定履行监理义务，对应当监督检查的项目不检查或者不按照规定检查，给建设单位造成损失的，应当承担相应的赔偿责任。工程监理单位与承包单位串通，为承包单位谋取非法利益，给建设单位造成损失的，应当与承包单位承担连带赔偿责任。《建设工程质量管理条例》第36条规定，工程监理单位代表建设单位对施工质量实施监理，并对施工质量承担监理责任。

三是勘察、设计、监理单位以外的责任人。例如，根据《建筑法》第79条的规定，负责颁发建筑工程施工许可证的部门及其工作人员对不符合施工条件的建筑工程颁发施工许可证，负责工程质量监督检查或者竣工验收的部门及其工作人员对不合格的建筑工程出具质量合格文件或者按合格工程验收，造成损失的，由该部门承担相应的赔偿责任。

2. 因所有人、管理人、使用人或者第三人的原因，建筑物、构筑物或者其他设施倒塌、坍塌造成他人损害的，由所有人、管理人、使用人或者第三人承担侵权责任。

建筑物、构筑物或者其他设施倒塌、坍塌有多种原因，有的是因质量不合格，有的是由于年久失修，有的是业主擅自改变承重结构，不宜都由建设单位、施工单位承担责任。因此，第2款规定，因所有人、管理人、使用人或者第三人的原因，建筑物、构筑物或者其他设施倒塌、坍塌造成他人损害的，由所有人、管理人、使用人或者第三人承担侵权责任。如果建筑物等设施倒塌是因超过合理使用期限、业主擅自改变承重结构等特殊情形造成的，被侵权人可以根据第2款的规定，依法直接请求造成建筑物等设施倒塌的所有人、管理人、使用人或者第三人承担侵权责任。《建设工程质量管理条例》第42条规定，“建设工程在超过合理使用年限后需要继续使用的，产权所有人应当委托具有相应资质等级的勘察、设计单位鉴定，并根据鉴定结果采取加固、维修等措施，重新界定使用期。”如果建筑物等设施已经超过合理的使用年限，所有人不采取必要的加固、维修等安全措施，导致建筑物等设施倒塌、坍塌造成他人损害的，所有人即属于第2款规定的承担责任的主体，被侵权人可以依照这一条第2款的规定，要求所有人承担侵权责任。《建设工程质量管理条例》第69条规定，房屋建筑使用者在装修过程中擅自变动房屋建筑主体和承重结构，造成损失的，依法承担赔偿责任。如果业主或者其他房屋使用者在装修房屋的过程中，擅自拆改房屋的承重墙导致房屋倒塌、坍塌造成他人损害的，该业主或者其他使用人即属于第2款规定的责任主体，应当承担侵权责任。

64. 建筑物、构筑物或者其他设施及其搁置物、悬挂物发生脱落、坠落造成他人损害的，侵权责任如何承担？

《民法典》第1253条规定，建筑物、构筑物或者其他设施及其搁置物、悬挂物发生脱落、坠落造成他人损害，所有人、管理人或者使用人不能证明自己没有过错的，应当承担侵权责任。所有人、管理人或者使用人赔偿后，有其他责任人的，有权向其他责任人追偿。

1. 建筑物、构筑物或者其他设施及其搁置物、悬挂物发生脱落、坠落造成他人损害，所有人、管理人或者使用人不能证明自己没有过错的，应当承担侵权责任。

（1）关于建筑物、构筑物或者其他设施及其搁置物、悬挂物。

建筑物是指人工建造的、固定在土地上，其空间用于居住、生产或者存放物品的设施，如住宅、写字楼、车间、仓库等。

构筑物或者其他设施，是指人工建造的、固定在土地上、建筑物以外的某些设施，如道路、桥梁、隧道、城墙、堤坝等。

建筑物、构筑物或者其他设施上的搁置物、悬挂物，是指搁置、悬挂在建筑物、构筑物或者其他设施上，非建筑物、构筑物或者其他设施本身组成部分的物品。例如，搁置在阳台上的花盆、悬挂在房屋天花板上的吊扇、脚手架上悬挂的建筑工具等。

建筑物、构筑物或者其他设施及其搁置物、悬挂物脱落、坠落，是指建筑物、构筑物或者其他设施的某一个组成部分以及搁置物、悬挂物从建筑物、构筑物或者其他设施上脱落、坠落。例如，房屋墙壁上的瓷砖脱落、房屋天花板坠落、吊灯坠落、屋顶瓦片滑落、房屋窗户玻璃被风刮碎坠落、阳台上放置的花盆坠落等。

（2）所有人、管理人或者使用人不能证明自己没有过错的，应当承担侵权责任。

建筑物、构筑物或者其他设施的所有人、管理人或者使用人应当对建筑物、构筑物或者其他设施及其搁置物、悬挂物进行合理的管理、维护，避免给他人造成损害。例如，要保证建筑物等设施及其搁置物、悬挂物的稳固；应当进行必要的检查，发现可能造成他人损害的，要及时采取相应的安全措施等。建筑物、构筑物或者其他设施及其搁置物、悬挂物脱落、坠落造成他人损害，这一条规定了三个侵权责任主体：

一是所有人，指对建筑物等设施拥有所有权的人。建筑物、构筑物或者其他设施多为不动产。一般来讲，不动产的所有人是指不动产登记机构依法登记确定的人。在农村宅基地上自建的房屋和城市中一些依法新建的房屋，虽然没有来得及登记，仍然可以依法确定具体的所有人。

建筑物、构筑物等设施的所有人依法享有所有权，同时也承担维护、管理的义务，建筑物、构筑物或者其他设施及其搁置物、悬挂物脱落、坠落造成他人损害的，所有人应当依法承担侵权责任。许多国家和地区的法律都明确规定了建筑物等设施致人损害时所有人的责任。

二是管理人，指对建筑物等设施及其搁置物、悬挂物负有管理、维护义务的人。我国国有资产一般由特定的机关或者单位进行管理。

三是使用人，指因租赁、借用或者其他情形使用建筑物等设施的人。实践中，建筑物等设施的所有人将其出租或者出借，使用人的不当使用是导致建筑物等设施及其搁置物、悬挂物发生脱落、坠落的原因之一。因此，建筑物等设施及其搁置物、悬挂物脱落、坠落致人损害，使用人不能证明自己没有过错的，也应当承担侵权责任。一般来讲，使用人承担责任有两种情形：

第一，使用人依法对其使用的建筑物、构筑物或者其他设施负有管理、维护的义务时，因其管理、维护不当造成他人损害。当根据合同约定，房屋承租人对房屋有管理、维护义务时，房屋及其搁置物、悬挂物脱落、坠落造成他人损害，承租人不能证明自己没有过错的，要承担侵权责任。第二，使用人对建筑物、构筑物或者其他设施的搁置物、悬挂物管理、维护不当，造成他人损害。例如，承租人在阳台上放置的花盆或者晾晒的物品坠落造成他人损害，承租人不能证明自己没有过错的，要承担侵权责任。

（3）归责原则。

这一条采用过错推定原则。损害发生后，被侵权人证明自己的损害是因建筑物等设施或者其搁置物、悬挂物脱落、坠落造成的，所有人、管理人或者使用人对自己没有过错承担举证责任，其不能证明自己没有过错的，应当承担侵权责任。

所有人、管理人或者使用人控制着建筑物等设施及其搁置物、悬挂物，一般情况下，这些设施或者物体的脱落、坠落与所有人、管理人或者使用人在管理、维护时存在过错有很大关系。另外，被侵权人通常并不了解建筑物等设施及其搁置物、悬挂物的管理、维护情况，很难获得足够的证据。因此，让被侵权人来证明所有人、管理人或者使用人的过错，对被侵权人来说不公平。采用过错推定原则，既符合社会生活的实际情况，也有利于保护被侵权人的合法权益。多年的司法实践也证明，对建筑物等设施及其搁置物、悬挂物脱落、坠落致人损害责任采用过错推定原则，是科学合理的。

2. 所有人、管理人或者使用人赔偿后，有其他责任人的，有权向其他责任人追偿。

其他责任人是指所有人、管理人或者使用人之外的对损害的发生负有责任的人。建筑物、构筑物或者其他设施及其搁置物、悬挂物脱落、坠落造成他人损害，所有人、管理人或者使用人不能证明自己没有过错的，应当对被侵权人承担侵权责任。实践中，有时损害的发生除了与所有人、管理人或者使用人的过错有关外，还与其他人有关，只是该其他人不直接对被侵权人承担侵权责任。但是，所有人、管理人或者使用人向被侵权人赔偿后，有权向该其他责任人追偿。例如，房屋所有人与承揽人签订承揽合同，由承揽人为房屋安装防盗网。由于承揽人的过错，防盗网没有安装牢固，后来坠落将他人砸伤。房屋所有人不能证明自己没有过错的，应当对被侵权人承担侵权责任。另外，由于防盗网的坠落与承揽人的过错有关，根据《民法典》第 1192 条的规定，承揽人应当向房屋所有人承担责任。因此，房屋所有人对被侵权人赔偿后，有权向承揽人追偿。

65. 高空抛物坠物造成他人损害，如何承担责任？

《民法典》第 1254 条第 1 款规定，禁止从建筑物中抛掷物品。从建筑物中抛掷物品或者从建筑物上坠落的物品造成他人损害的，由侵权人依法承担侵权责任；经调查难以确定具体侵权人的，除能够证明自己不是侵权人的外，由可能加害的建筑物使用人给予补偿。可能加害的建筑物使用人补偿后，有权向侵权人追偿。第 2 款规定，物业服务企业等建筑物管理人应当采取必要的安全保障措施防止前款规定情形的发生；未采取必要的安全保障措施的，应当依法承担未履行安全保障义务的侵权责任。第3款规定，发生本条第1款规定的情形的，公安等机关应当依法及时调查，查清责任人。

1. 禁止从建筑物中抛掷物品。

这一条开宗明义，规定禁止从建筑物中抛掷物品。我国的民事法律规范极少使用“禁止”性的表述，盖因民事法律是调整平等主体之间权利义务的规范，以自由意志为导向。这一条禁止性规定，是对从建筑物中抛掷物品行为的严厉谴责和禁止。

2. 从建筑物中抛掷物品或者从建筑物上坠落的物品。

如果物体并非从建筑物中抛掷或坠落，不适用该规定。例如，在群众性活动中被他人从人群中抛掷的物品砸伤而无法确定具体的侵权人时，被侵权人不能依据这一条主张由参加活动的所有可能的侵权人承担赔偿责任。在道路上被机动车撞伤而无法确定具体的加害车辆时，被侵权人不能主张由当时所有经过的可能加害的车辆承担赔偿责任。

3. 由侵权人依法承担侵权责任。

虽然没有明说，但从逻辑上可以推出，从建筑物中抛掷物品或者从建筑物上坠落的物品造成他人损害的，应当由侵权人依法承担侵权责任，这是过错责任的体现。只有难以确定具体侵权人的，才适用这一条的补偿规定。

4. 经调查难以确定具体侵权人。

难以确定具体侵权人是指无法确定物品具体是从哪一个房间抛掷、坠落的，因此无法确定具体的侵权人。这一条在《侵权责任法》第87条的基础上，增加了“经调查”的表述。我们认为，从建筑物中抛掷物品或者从建筑物上坠落的物品，造成他人损害的，小区物业管理企业、公安等机关均应及时、缜密地调查取证，尽量查明侵权人。

5. 关于可能加害的建筑物使用人。

在建筑物使用人是多人的情况下，从建筑物中抛掷物品或者从建筑物上坠落的物品造成他人损害，经调查难以确定具体侵权人的，要从这些使用人中确定可能的侵权人。这一条规定的建筑物使用人，是指在侵权行为发生时建筑物的实际使用人。建筑物使用人在建筑物内进行活动，控制、管理着建筑物和建筑物内的物品，建筑物抛掷物、坠落物致人损害，经调查确实无法确定具体侵权人时，在他们中间确定可能的侵权人，符合社会生活实践经验。使用人包括使用建筑物的所有权人、承租人、借用人以及其他使用建筑物的人。物业服务公司是否属于建筑物使用人，要视具体情况而定，一般情况下，物业服务公司只是与业主签订合同，负责对物业的管理、服务，并不占有、控制建筑物本身，其不属于建筑物使用人。但是，如果物业服务公司实际占有、使用建筑物，则其也属于建筑物使用人。

如果按照社会生活实践经验、科学手段、监控手段、侦查措施等其他方法，可以推测认为抛掷物、坠落物有可能是从某人使用的建筑物中抛掷或坠落的，则该使用人就是这一条所说的“可能加害的建筑物使用人”。当然，这种可能性必须在一定的合理范围内。例如，如果被侵权人在街上被建筑物上的抛掷物、坠落物砸伤，难以确定具体侵权人的，并非该条街上所有的建筑物的使用人均要承担责任，而是首先要将范围界定在侵权行为发生地周围合理范围内的建筑物的使用人。再如，如果被侵权人在一座居民楼的北面被从该楼上抛掷或坠落的物品砸伤，一般认为，居住在该楼南面的居民不属于“可能加害的建筑物使用人”。

6. 除能够证明自己不是侵权人的外，由可能加害的建筑物使用人给予补偿。

这一条采用举证责任倒置。根据这一条规定，无法确定具体的侵权人的，由被侵权人证明自己是被建筑物上的抛掷物、坠落物伤害的，由建筑物使用人证明自己不是侵权人。建筑物使用人不能证明自己不是侵权人的，要对被侵权人受到的损害进行补偿。如果有证据能够确定具体的侵权人，则其他可能加害的建筑物使用人无须再举证证明自己不是侵权人。

7. 发现真正侵权人后，承担了补偿的建筑物使用人具有追偿权。

由可能加害的建筑物使用人对被侵权人给予补偿的，各个可能加害的建筑物使用人之间不承担连带责任，而是按份分别对被侵权人进行补偿。被侵权人不能要求某一个或一部分可能加害的建筑物使用人补偿其全部的损害，可能加害的建筑物使用人按照自己应承担的份额对被侵权人进行补偿后，也不能向其他可能加害的建筑物使用人追偿。但是，发现了真正侵权人的，可以向真正的侵权人进行追偿，以体现责任自负、社会公平。

8. 物业服务企业等建筑物管理人的义务。

物业服务企业与业主签订物业服务合同，应当履行合同约定的义务。《民法典》第937条规定，物业服务合同是物业服务人在物业服务区域内，为业主提供建筑物及其附属设施的维修养护、环境卫生和相关秩序的管理维护等物业服务，业主支付物业费的合同。第942条规定，物业服务人应当按照约定和物业的使用性质，妥善维修、养护、清洁、绿化和经营管理物业服务区域内的业主共有部分，维护物业服务区域内的基本秩序，采取合理措施保护业主的人身、财产安全。对物业服务区域内违反有关治安、环保等法律法规的行为，物业服务人应当及时采取合理措施制止、向有关行政主管部门报告并协助处理。因此，物业服务企业具有一定的安全保障义务，依照第2款的规定，物业服务企业等建筑物管理人应当采取必要的安全保障措施防止前款规定情形的发生；未采取必要的安全保障措施的，应当依法承担未履行安全保障义务的侵权责任。

9. 公安等机关的及时调查义务。

本条第3款规定，从建筑物中抛掷物品或者从建筑物上坠落的物品造成他人损害的，公安等机关应当依法及时调查，查清责任人。公安等机关是具有侦查权的机关。这里的有关机关主要指的是公安机关等具有侦查权的机关。因为从建筑物中抛掷物品或者从建筑物上坠落的物品，一般会造成被侵权人轻伤以上的伤害，甚至死亡。公安机关应当积极履职、为民服务，立案侦查，调查清楚具体的侵权人，尽可能减少难以确定具体侵权人的可能性，不能推诿扯皮、以案多人少为由不予立案，否则便是渎职。在民法典侵权责任编编纂过程中，我们经过调研和收集有关案例，发现公安机关立案侦查的从建筑物中抛掷物品或者从建筑物上坠落的物品造成他人损害的案件，基本上均能查到具体侵权人。

66. 如何理解《民法典》第1254条对高空抛物坠物造成他人损害承担责任这一规定的意义?

1. 填补被侵权人的损失，实现社会公平正义。

随着我国城镇化进程的加快，高层建筑越来越多，从建筑物抛掷物品、坠落物品造成他人损害的情形时有发生，造成他人重伤、死亡。虽然，从理论上讲，受害人的损害可以通过保险和基金得到填补，但是，由于我国的保险制度和社会救助制度还不完善，实践中被侵权人往往无法通过这些渠道获得救济，这不利于保障被侵权人的权利，有损社会公平正义。民事责任一个重要的功能就是补偿被侵权人的损失，民法中的举证责任倒置制度是为了平衡当事人之间的利益，合理地保护被侵权人，最终实现实质意义上的公平。因此，从建筑物中抛掷物品或者从建筑物上坠落的物品造成他人损害的，首先应当由侵权人依法承担侵权责任。经调查难以确定具体加害人时，让可能加害的建筑物使用人举证证明自己不是真正的加害人，符合民法公平正义的精神。

2. 合理分散损失，促进社会和谐稳定。

从建筑物中抛掷物品或者从建筑物上坠落的物品造成他人损害的，特别是造成他人重伤、残疾的，如果让被侵权人自己承担损害后果，可能会导致其陷入生活的困境。而让可能加害的建筑物使用人对被侵权人进行补偿，每一个可能加害的建筑物使用人只承担整个损失的一小部分。总体上来讲，这一规定有利于合理分散损失，有利于促进社会和谐稳定。

3. 有利于维护社会秩序。

在现实生活中，由于物业管理水平、人们的生活习惯和安全意识等多种原因，出现了建筑物抛掷物、坠落物造成他人损害的情形，这给人们的安全生活秩序造成了不好的影响。这一条的规定，可以促进人们对相关问题的关注，依法通过各种途径减少或者避免类似情形的发生，改善整体的生活环境，形成良好的生活秩序。物业服务企业等建筑物管理人应当安装监控设备、加强巡逻、张贴告示标语等加强管理，增强业主的意识，减少从建筑物中抛掷物体的行为。在发生从建筑物中抛掷物品或者从建筑物上坠落的物品造成他人损害的案件后，公安等有关机关应当及时立案调查，查明责任人，维护社会稳定和人民安全。

4. 治理高空抛物坠物需要全社会共同发力。

从建筑物中抛掷物品或者从建筑物上坠落的物品的行为严重危及人民群众生命、财产安全，为了遏制这类行为的发生，保障人民群众“头顶安全”，必须对此类行为予以从严处理。从近期频发的高空抛物坠物事件看，产生这个问题的原因是多方面的，治理这个问题需要综合施策。首先，要及时查清责任人。目前，解决高空抛物坠物问题面临的最大难题不是无法可依，而是事故发生后，难以查清责任人。要从根本上解决这个问题，在受害人不能举证或者难以举证的情况下，公安等机关应当及时立案调查，查清责任人。其次，要充分发挥法律的威慑作用。我国现行法律已对治理高空抛物坠物问题作了较为明确的规定，相关机关应当严格执法，依法明确各方责任，综合运用民事、行政和刑事手段，遏制此类事件的发生。对于造成损害后果的，责任人除了要依法承担民事责任外，应当依法给予其治安管理处罚；构成犯罪的，还应当依法追究其刑事责任。从民法典整体来看，关于民事、行政和刑事三种法律责任的关系，《民法典》第187条中已经作了基本规定：民事主体因同一行为应当承担民事责任、行政责任和刑事责任的，承担行政责任或者刑事责任不影响承担民事责任。因此，关于高空抛物坠物行为应当承担的行政责任和刑事责任，在侵权责任编中不再作规定。最后，还需要明确建筑物管理人、施工者、作业者的责任，提高建筑物设计施工质量、提高公民道德素质，做到多管齐下，共同发力。

67. 从建筑物中抛掷物品或者从建筑物上坠落的物品造成他人损害，与共同危险行为的区别是什么？

一是通常情况下，从建筑物中抛掷物品或者从建筑物上坠落的物品造成他人损害，是某一个人抛掷物品或者其管理的物品坠落；共同危险行为是多个人同时实施危害他人安全的行为。

二是从建筑物中抛掷物品或者从建筑物上坠落的物品造成他人损害，经调查难以确定具体侵权人的，由可能加害的建筑物使用人给予补偿，尽管这些建筑物使用人实际上并没有抛掷物品或者其物品并没有坠落；共同危险行为中，不能确定具体侵权人的，因为共同危险行为人都实施了危及他人安全的行为，因此由共同危险行为人承担责任。

三是从建筑物中抛掷物品或者从建筑物上坠落的物品造成他人损害，难以确定具体侵权人的，由可能加害的建筑物使用人对受害人给予补偿；共同危险行为中，不能确定具体侵权人的，行为人承担连带责任。

68. 在公共道路上堆放、倾倒、遗撒妨碍通行的物品造成他人损害的，侵权责任如何承担？

《民法典》第1256条规定，在公共道路上堆放、倾倒、遗撒妨碍通行的物品造成他人损害的，由行为人承担侵权责任。公共道路管理人不能证明已经尽到清理、防护、警示等义务的，应当承担相应的责任。

1. 关于公共道路。

公共道路是指公共通行的道路。根据公路法和公路管理条例的规定，公路是指经公路主管部门验收认定的城间、城乡间、乡间能行驶汽车的公共道路，公路包括公路渡口、公路路基、路面、桥梁、涵洞、隧道。根据道路交通安全法的规定，道路是指公路、城市道路和虽在单位管辖范围但允许社会机动车通行的地方，包括广场、公共停车场等用于公众通行的场所。这一条所说的公共道路包括但不局限于公路法、公路管理条例中的公路以及道路交通安全法中的道路。公共道路既包括通行机动车的道路，也包括人行道路。另外，广场、停车场等可供公共通行的场地、建筑区划内属于业主共有但允许不特定的公众通行的道路都属于公共道路。

2. 关于堆放、倾倒、遗撒妨碍通行物。

这一条规定的堆放、倾倒、遗撒妨碍通行物，是指在公共道路上堆放、倾倒、遗撒物品，影响他人对该公共道路正常、合理的使用。公共道路的使用关系到公众的利益，在道路上堆放、倾倒、遗撒妨碍通行物，会对他人的安全造成不合理的危险。《公路法》第 46 条规定，任何单位和个人不得在公路上及公路用地范围内摆摊设点、堆放物品、倾倒垃圾、设置障碍、挖沟引水、利用公路边沟排放污物或者进行其他损坏、污染公路和影响公路畅通的活动。根据《道路交通安全法》第 48 条规定，机动车载物的长、宽、高不得违反装载要求，不得遗洒、飘散载运物。

在公共道路上堆放、倾倒、遗撒妨碍通行物，既可以是堆放、倾倒、遗撒固体物，如，在公共道路上非法设置路障、晾晒粮食、倾倒垃圾等；也可以是倾倒液体、排放气体，如，运油车将石油泄漏到公路上、非法向道路排水、热力井向道路散发出大量蒸汽。被侵权人被堆放、倾倒、遗撒的妨碍通行物损害有多种情形。例如，行人在公共道路上被妨碍通行物绊倒、滑倒；司机被公共道路上非法堆放的物体遮挡视线，驾驶机动车撞到路旁的建筑物上、发生交通事故；等等。

3. 直接侵权人与公共道路管理人。

在公共道路上堆放、倾倒、遗撒妨碍通行的物品的主体大致可分为两类，一类是具体实施该行为的侵权人。任何人都应当遵守道路管理规则，避免在道路上堆放、倾倒、遗撒妨碍通行物，在公共道路上堆放、倾倒、遗撒妨碍通行物造成他人损害的，应当由行为人承担责任。另一类是对公共道路具有养护、管理职责的主体。公共道路涉及公共安全，公共道路管理人对道路的管理职责中当然就包括了法定的防止因第三人的堆放、倾倒、遗撒等行为造成他人损害的义务。为了保障公共道路具有良好的使用状态，公共道路的管理、维护者要及时发现道路上出现的妨碍通行的情况并采取清理、防护、警示等合理的措施。如果没有尽到这种义务，应在未尽到职责的范围内承担相应的侵权责任。这一条分别对直接侵权人和公共道路管理人两种情况作了规定，直接侵权人承担的是过错责任，公共道路管理人承担的是过错推定责任。

69. 林木造成他人损害的，怎么承担侵权责任？

《民法典》第1257条规定，因林木折断、倾倒或者果实坠落等造成他人损害，林木的所有人或者管理人不能证明自己没有过错的，应当承担侵权责任。

1. 关于林木折断、倾倒或者果实坠落等情形。

这一条所说的林木，包括自然生长和人工种植的林木，并未限定林木生长的地域范围，林地中的林木、公共道路旁的林木以及院落周围零星生长的树木等折断、倾倒或者果实坠落造成他人损害，林木的所有人或者管理人不能证明自己没有过错的，均要承担侵权责任。当然，根据林木生长的具体情况，认定林木所有人或者管理人的过错应有所区别。

林木造成他人损害，不仅包括林木枝蔓等的掉落造成他人损害，还包括其他情形，如实践中出现的椰树果实坠落砸伤路人、树木倒伏压坏路旁汽车等。

2. 关于林木的所有人或者管理人。

我国《森林法》第20条规定，国有企业事业单位、机关、团体、部队营造的林木，由营造单位管护并按照国家规定支配林木收益。农村居民在房前屋后、自留地、自留山种植的林木，归个人所有。城镇居民在自有房屋的庭院内种植的林木，归个人所有。集体或者个人承包国家所有和集体所有的宜林荒山荒地荒滩营造的林木，归承包的集体或者个人所有；合同另有约定的从其约定。其他组织或者个人营造的林木，依法由营造者所有并享有林木收益；合同另有约定的从其约定。

林木的所有人或者管理人应当对林木进行合理的维护，防止林木出现危害他人安全的情形。例如，所有人或者管理人应当固定好新栽的树木，在林木可能危害他人的安全时，要设置明显标志并采取相应的安全措施，及时消除危险状态。例如，要及时修剪干枯的树枝、采伐干枯的树木，及时清理树上的积雪，及时采摘成熟的果实等。

3. 这一条的归责原则。

对于折断、倾倒或者果实坠落等造成他人损害，适用过错推定的归责原则，林木的所有人或者管理人不能证明自己没有过错的，应当承担侵权责任。

所有人或者管理人要证明自己没有过错，通常要证明其对林木已经尽到了管理、维护的义务。需要说明的是，很多时候，林木的折断表面上是由于自然原因或者第三人等的原因造成的，但实质上与所有人或者管理人的过错有关。例如，大风将因虫害而枯死的大树刮倒，砸伤了过路的行人。大风和虫害是导致树木折断的因素，但由于虫害可能是因所有人或者管理人没有尽到管理、维护的义务造成的，因此，所有人或者管理人不能证明自己没有过错的，仍然要承担侵权责任。再如，他人驾驶机动车撞到树木上，造成树木倾斜，后来树木倾倒或者折断造成他人损害，所有人或者管理人不能证明在该树木被撞倾斜后，自己为了防止该树木倾倒或者折断而及时采取了合理措施的，仍然要承担责任。

如果林木的折断完全是因自然原因、第三人或者受害人的过错造成，林木的所有人或者管理人能够证明自己没有过错的，不承担侵权责任。

70. 在公共场所或者道路上挖坑、修缮安装地下设施等造成他人损害的，如何承担侵权责任？

《民法典》第 1258 条第 1 款规定，在公共场所或者道路上挖掘、修缮安装地下设施等造成他人损害，施工人不能证明已经设置明显标志和采取安全措施的，应当承担侵权责任。第 2 款规定，窨井等地下设施造成他人损害，管理人不能证明尽到管理职责的，应当承担侵权责任。

1. 关于第 1 款规定的理解和使用。

（1）在公共场所或者道路施工。

在公共场所或者道路上施工，是指在公共场所或者道路上挖坑、修路、修缮安装地下设施等，如架设电线、铺设管道、维修公路、修缮下水道等。

公共场所是不特定人聚集、通行的场所，在这些场所施工，很有可能对他人造成损害，因此，需要更加注意保护他人的安全。在公共场所或者道路上施工，应当取得有关管理部门的许可，必须设置明显的警示标志和采取有效的安全措施。依照《道路交通安全法》第 32 条、第 104 条的规定，因工程建设需要占用、挖掘道路，或者跨越、穿越道路架设、增设管线设施，应当事先征得道路主管部门的同意；影响交通安全的，还应当征得公安机关交通管理部门的同意。施工作业单位应当在经批准的路段和时间内施工作业，并在距离施工作业地点来车方向安全距离处设置明显的安全警示标志，采取防护措施；施工作业完毕，应当迅速清除道路上的障碍物，消除安全隐患，经道路主管部门和公安机关交通管理部门验收合格，符合通行要求后，方可恢复通行。未经批准，擅自挖掘道路、占用道路施工或者从事其他影响道路交通安全活动，致使通行的人员、车辆及其他财产遭受损失的，依法承担赔偿责任。依照《公路法》第 32 条的规定，改建公路时，施工单位应当在施工路段两端设置明显的施工标志、安全标志。需要车辆绕行的，应当在绕行路口设置标志；不能绕行的，必须修建临时道路，保证车辆和行人通行。根据《城市道路管理条例》第 24 条、第 35 条的规定，城市道路的养护、维修工程应当按照规定的期限修复竣工，并在养护、维修工程施工现场设置明显标志和安全防围设施，保障行人和交通车辆安全。经批准挖掘城市道路的，应当在施工现场设置明显标志和安全防围设施；竣工后，应当及时清理现场，通知市政工程行政主管部门检查验收。

在公共场所或者道路上施工，应当设置明显标志和采取安全措施，包括以下三个方面的内容：

第一，设置的警示标志必须具有明显性。施工人设置的警示标志要足以引起他人对施工现场的注意，从而使他人采取相应的安全应对措施，如减速、绕行等。例如，在高速公路上施工，必须在距离施工现场较远的地方设置警示标志，而不能只在直接施工的地点设置警示标志；阴天或者夜间施工，应当设置必要的照明设备等。

第二，施工人要保证警示标志的稳固并负责对其进行维护，使警示标志持续地存在于施工期间。例如，应当保证警示标志牢固，防止被风刮走；在警示标志毁损时，应当及时修复等。

第三，仅设置明显的标志不足以保障他人的安全的，施工人还应当采取其他有效的安全措施。例如，在道路上挖坑，通常应当将施工现场用保护设施围起来，而不仅仅是提醒行人注意道路上的坑。施工人采取的措施，在正常情况下必须足以保证他人的安全。

（2）关于施工人。

公共场所或者道路施工致人损害的责任人是施工人。施工人直接控制着施工场地，因此应当承担对施工场地的管理和维护义务，保障他人的安全。施工人是指组织施工的单位或者个人，而非施工单位的工作人员或者个体施工人的雇员。施工人一般是承包或者承揽他人的工程进行施工的单位或者个人，有时也可能是为自己的工程施工。

（3）在公共场所或者道路上施工与在公共道路上设置妨碍通行物。

本条第1款与《民法典》第1256条规定的情形，主要有如下区别：

一是发生的原因不同。公共场所或者道路上施工致人损害责任，是施工人在施工过程中没有设置明显标志和采取安全措施，造成他人损害时应当承担的侵权责任。在公共道路上设置妨碍通行物致人损害责任，是在公共道路上堆放、倾倒、遗撒妨碍通行的物品造成他人损害，有关的单位和个人应当承担的侵权责任。

二是责任主体不同。公共场所施工致人损害的责任主体是施工人，在公共道路上堆放、倾倒、遗撒妨碍通行的物品造成他人损害的责任主体是行为人和公共道路管理人。

（4）归责原则。

施工人责任采用过错推定归责原则，施工人不能证明已经设置明显标志和采取安全措施的，应当承担侵权责任，理由主要有：一是公共场所是人们经常聚集、活动和通行的地方，施工人必须采取严格的安全措施方能避免，采用过错推定与在公共场所施工的危险程度是相符合的。二是从救济受害人的角度考虑，施工人距离证据较近，有利于查明事实真相，采用过错推定更利于对受害人的救济。

2. 关于第 2 款规定的理解和使用。

（1）窨井、地下设施及其管理人。

窨井是指上下水道或者其他地下管线工程中，为便于检查或疏通而设置的井状构筑物。其他地下设施包括地窖、水井、下水道以及其他地下坑道等。

窨井等地下设施的管理人，是指负责对该地下设施进行管理、维护的单位或者个人。城市地下设施复杂，有输水、输油、输气、输电设施等不同的地下设施。不同的地下设施可能属于不同的单位管理，在损害发生后要明确具体的管理人，由相关的管理人依法承担侵权责任。

（2）归责原则。

实践中，经常出现地下设施缺乏防护措施而致人损害的情形。《城市道路管理条例》第 23 条规定："设在城市道路上的各类管线的检查井、箱盖或者城市道路附属设施，应当符合城市道路养护规范。因缺损影响交通和安全时，有关产权单位应当及时补缺或者修复。”《治安管理处罚法》第 37 条规定，在车辆、行人通行的地方施工，对沟井坎穴不设覆盖物、防围和警示标志的，或者故意损毁、移动覆盖物、防围和警示标志的；盗窃、损毁路面井盖、照明等公共设施的，处 5 日以下拘留或者 500 元以下罚款；情节严重的，处 5 日以上 10 日以下拘留，可以并处 500 元以下罚款。

后　记

《中华人民共和国民法典》已由第十三届全国人民代表大会第三次会议通过，自2021年1月1日起施行。《中华人民共和国民法典》共7编1260条、10万多字，是我国法律体系中条文最多、体量最大、编章结构最复杂的一部法律。

为了更好地宣传民法典，让民法典走到群众身边、走进群众心里，我们编写了这本《中华人民共和国民法典学习问答》，对《中华人民共和国民法典》的主要问题进行了说明。本书由全国人民代表大会常务委员会法制工作委员会民法室副主任杜涛同志任主编，参与本书撰写工作的还有黄薇、杨明仑、杜涛、石宏、段京连、庄晓泳、孙娜娜、李恩正、朱书龙、宋江涛、孙艺超、马吾叶、罗鑫煌、魏超杰、王灯、朱虎、龙俊等。

本书力求准确、通俗地解答民法典的问题，但因时间和水平有限，不妥和疏漏之处在所难免，敬请读者批评指正。

作者

2020年7月

图书在版编目（CIP）数据

中华人民共和国民法典学习问答／杜涛主编．—北京：中国法制出版社，2020
ISBN 978－7－5216－1046－8

Ⅰ．①中…　Ⅱ．①杜…　Ⅲ．①民法－中国－问题解答　Ⅳ．①D923.05

中国版本图书馆 CIP 数据核字（2020）第 076837 号

策划编辑：袁笋冰　　责任编辑：王林林　　封面设计：李　宁

中华人民共和国民法典学习问答

ZHONGHUA RENMIN GONGHEGUO MINFADIAN XUEXI WENDA

主编／杜涛
经销／新华书店
印刷／三河市紫恒印装有限公司
开本／880 毫米×1230 毫米　32 开　　印张／54.75　字数／1024 千
版次／2020 年 7 月第 1 版　　2020 年 7 月第 1 次印刷

中国法制出版社出版
书号 ISBN 978－7－5216－1046－8　　定价：218.00 元

北京西单横二条 2 号
邮政编码 100031　　传真：010－66031119
网址：http://www.zgfzs.com　　**编辑部电话：010－66067369**
市场营销部电话：010－66033393　　**邮购部电话：010－66033288**

（如有印装质量问题，请与本社印务部联系调换。电话：010－66032926）